Joël Kotek / Pierre Rigoulot
Das Jahrhundert der Lager

Joël Kotek / Pierre Rigoulot

DAS JAHRHUNDERT DER LAGER

Gefangenschaft, Zwangsarbeit, Vernichtung

Propyläen

Veröffentlicht mit Unterstützung des französischen Ministeriums
für Kultur – Centre National du Livre und der Maison
des Sciences de L'Homme, Paris.

Originaltitel: *Le siècle des camps*
© 2000 by Editions JC Lattès
Aus dem Französischen von Enrico Heinemann,
Elsbeth Ranke, Ursel Schäfer und Reiner Pfleiderer
Deutsche Ausgabe © 2001 by
Econ Ullstein List Verlag GmbH & Co. KG, Berlin · München
Propyläen Verlag
Alle Rechte vorbehalten
Satz: Pinkuin Satz und Datentechnik, Berlin
Druck und Verarbeitung: Fa. Bercker, Kevelaer
ISBN 3 549 07143 4
Printed in Germany 2001

INHALT

Einführung   11
  Lager oder Gefängnis?   12
  Lager für Soldaten und Lager für Zivilisten   16
  Konzentrationslager – Eine Definition   17
  Wozu dient ein Lager?   19
  Drei Typen von Lagern   20
  Der Ursprung des Phänomens Konzentrationslager   22
  Eine Antwort auf das Problem der Überwachung
    verdächtiger Massen   24
  Die Internierung von Militärpersonen   25
  Die Internierung von Zivilisten   26
  Die Internierung von Kolonisierten   27
  Die Internierung von Bürgern des eigenen Landes:
    Die bolschewistische »Revolution«   29
  Schlüsselerlebnis Erster Weltkrieg: Die Verrohung
    der Gesellschaft   30
  Autoritarismus: Lager als Provisorium   32
  Totalitarismus: Lager als Dauereinrichtung   33
  Ideologie als Grundlage totalitärer Lagerhaft   34
  Zur Rolle der Zwangsarbeit   38
  Warum Lager?   41
  Versuch einer Klassifikation der Lager   42

1896 – Kuba   45

1900 – Die Buren   57
  Die Vorläufer der Konzentration   62
  Die Herausbildung der Konzentrationslager   64
  Demokratie und Konzentrationslager: Ein Widerspruch   69

1904 – Die Herero   75

1914 – Der Erste Weltkrieg ... 87
Lager in Frankreich und Großbritannien ... 91

1915 – Die Armenier ... 99
Die Todeslager ... 104
Augenzeugenberichte über die armenischen Lager ... 111

1918 – Der GULag ... 117
Die Geschichte des GULag ... 128
Die Topographie des GULag ... 149
Wie viele Gefangene? ... 152
Die Verhaftungen ... 157
Die Verurteilungen ... 164
Die Transporte ... 168
Das Lagergelände ... 169
Die Strafen ... 172
Verwaltung und Selbstverwaltung ... 175
Die hygienischen Verhältnisse ... 177
Die Ernährung ... 180
Die »Freizeit« ... 190
Der Widerstand: Ausbrüche, Streiks, Aufstände ... 192
Gemeinsamkeiten und Unterschiede der Lager ... 196
Die Öffentlichkeit ... 200
Die Aufgaben der Konzentrationslager ... 201

1926 – Von Mussolini bis Vichy ... 215
Italien 1926–1944: Mussolinis Lager ... 215
Portugal 1936: Salazars Lager Tarrafal ... 222
Spanien 1936: Die Lager Francos und der Republikaner ... 228
Frankreich 1938–1944: Von den Lagern der Dritten
    Republik zu den Lagern Vichys ... 234
1939–1943: Die Lager in Nordafrika ... 255

1933 – Der Nationalsozialismus ... 269
1933–1939: Die nationale Periode ... 269
1933–1934: Die ersten Lager ... 270
1934: Göring oder Himmler? ... 275
1935: Die totalitäre Wendung ... 282

Die Funktionen der Lager ... 287
1938: Auf dem Weg zur Internationalisierung der Lager ... 301
Die Juden ... 302
Häftlinge als Arbeitskräfte ... 303
Das Ende der nationalen Periode ... 305

1939–1945: Die Internationalisierung der Lager ... 307
Die Konzentrationslager und ihre Funktionen ... 309
1942: Die große Wende. Vernichtung durch Arbeit ... 322
1944: Die Auflösung ... 335

Leben und Sterben in den Lagern ... 338
Die SS-Hierarchie ... 340
Die Häftlingshierarchie ... 342
Selbstverwaltung: Ursprung und Funktion ... 348
Überleben ... 355
Grüne Winkel gegen rote Winkel ... 375
Sieg der roten Winkel ... 377
Kommunistische Herrschaft ... 380
Die Priester ... 382
»Nichtrassische« Juden ... 383
Privilegierte ... 385
Fazit: Eine unerbittliche Ordnung ... 389

1941–1944: Gehenna. Die sechs nationalsozialistischen Vernichtungszentren ... 393
Die Vorstufen des Genozids ... 396
Die Ghettos im Osten ... 398
Auf dem Weg zum Genozid: Die Einsatzgruppen ... 401
Die Gaswagen im ersten Vernichtungszentrum: Chelmno ... 404
Der Ursprung der Gaskammern: Das Euthanasieprogramm T4 ... 405
Die Todesfabriken Belzec, Sobibor und Treblinka ... 406

Das Paradies. Das Konzentrationslager als Vorwegnahme des SS-Staates ... 420
Erschaffung des »Homo hitlericus« ... 420
Nationalsozialistische Lager und Vernichtungszentren ... 423
Die Einzigartigkeit des Holocaust ... 426

1940 – Amerika und Japan — 429
- 1940–1945: Verdächtige Mitbürger — 429
- Japaner nach Abstammung oder Staatsangehörigkeit — 432
- 1942: Japan und seine zivilen Gefangenen — 442

1945 – Juden und Kollaborateure — 451
- 1945–1951: Durchgangslager als Dauereinrichtung für Juden — 451
- 1945–1948: Die Internierung französischer Kollaborateure — 468

1945 – Der Ostblock — 473
- Die Speziallager in der Sowjetischen Besatzungszone — 473
- Die Arbeitslager in der Tschechoslowakei — 485
- Die Lager in Polen — 496
- Die Lager in Ungarn — 499
- Die Lager Titos — 508
- Die Lager in Rumänien — 515
- Die Lager in Bulgarien — 526
- Die Lager in Albanien — 533

1947 – Diktaturen und Kolonien — 541
- 1947–1974: Die Internierungslager in Griechenland — 541
- 1955: Internierungen in Algerien — 546
- 1963: Die strategischen Dörfer in Vietnam — 554

1950 – Asien — 561
- Chinas Laogai — 561
- Die Lager in Vietnam: 1946–2000 — 590
- Die Lager in Laos — 603
- 1975–1979: Kambodscha unter den Roten Khmer — 612
- Die Lager Nordkoreas — 615
- 1966: Das »Humanitäre Projekt« General Suhartos — 631

1964 – Lateinamerika — 639
- 1964: Die Lager Castros — 639
- Das Lateinamerika der Generäle: Chile (1973) und Argentinien (1976) — 646

1992 – Ex-Jugoslawien	649
1992–1993: Die Konzentrationslager in Ex-Jugoslawien	649
Chronik eines absehbaren Krieges	651
1941–1945: Das kroatische Todeslager Jasenovac	652
Von der serbischen Paranoia zum KZ-System	654
Das Lager Omarska	658
Die Konzentrationslager: Das Ende einer unendlichen Geschichte?	661
Anmerkungen	673
Bibliographie	730
Danksagung	746
Ortsregister	747
Personenregister	759

Einführung

Man kann das 20. Jahrhundert im Spiegel der Geschichte seiner Lager sehen. Sei es im kubanischen und im algerischen Befreiungskrieg, während der kolonialen Unterdrückung in Afrika oder der bolschewistischen Revolution, im Zweiten Weltkrieg – in Indonesien, unter dem französischen Vichy-Regime und in den Vereinigten Staaten –, während des Zerfalls von Jugoslawien und in Tschetschenien: so genannte Konzentrationslager begegnen einem allenthalben, auch wenn sich hinter der Bezeichnung unterschiedliche Dinge verbergen.

Nicht ohne Grund gelten Totalitarismus und die Herrschaft der Lager als zwei Seiten einer Medaille: In den Augen der meisten Beobachter bilden sie eine erschreckende, aber zusammenhängende und gewissermaßen logische Einheit. Dabei sind die (zivilen) Konzentrationslager des Totalitarismus keineswegs aus dem Nichts heraus entstanden. Ihre Anfänge gehen weder auf das faschistische Italien, die Sowjetunion oder den NS-Staat noch auf das Spanien Francos zurück, sondern vielmehr auf das Ende des 19. Jahrhunderts, auf den nationalen Befreiungskampf in Kuba und auf den Burenkrieg in Südafrika. Die Lager haben somit eine komplexere Beziehung zur Moderne als gemeinhin angenommen.

Was ist ein Lager? Ein eilig und oberflächlich ausgestattetes, zumeist hermetisch abgeriegeltes Gelände, auf dem massenhaft, unter prekären Umständen und fast ohne Rücksicht auf elementare Rechte Einzelne oder Gruppen, die als schädlich oder gefährlich gelten, eingesperrt werden. Der wichtigste Zweck eines Lagers ist die Eliminierung im etymologischen Wortsinn: das lateinische *eliminare* bedeutet »aus dem Haus treiben«. Das Lager macht es möglich, alle Personen, die als politisch, rassisch oder sozial verdächtig oder als objektiv (bzw. subjektiv) gefährlich eingestuft werden – zum Beispiel wehrfähige Männer –, abzusondern, verschwinden zu lassen (lateinisch: *exterminare*), aus dem sozialen Gefüge auszuschließen.

Lager galten ursprünglich als vorübergehende Einrichtungen,

ausgelegt für einen massiven Zustrom künftiger Insassen während größerer innenpolitischer oder militärischer Krisen. Sie bestehen aus Zelten oder zweckentfremdeten, von den Gefangenen hastig »renovierten« Gebäuden, wobei das Gelände anstatt von Mauern meist von Stacheldraht umgeben ist.

Lager oder Gefängnis?

Die Trennlinie zwischen Lager und Gefängnis ist nicht immer einfach zu ziehen. Zwangsarbeit, so symbolträchtig sie für die Welt der Lager sein mag, ist nicht deren ausschließliches Kennzeichen. Nicht sie macht die Besonderheit des Lagers gegenüber der Welt der Kerker aus. Gearbeitet wird auch in chinesischen Gefängnissen, und sogar sehr hart.

Auch Gewaltanwendung reicht nicht als Kriterium zur Unterscheidung: Waren doch gerade Stalins Gefängnisse die Stätten, wo man mit allen Mitteln, auch mit Folter, Geständnisse erzwang. Fast 700 000 Sowjetbürger, unter anderem die »Altbolschewiken«, verschwanden in ihren Kellern.

Was also sonst ist das ausschlaggebende Kennzeichen der Lager? Nach unserer Auffassung liegt der Unterschied zum Gefängnis zunächst einmal im juristischen Rahmen. Das Gefängnis ist im Allgemeinen für rechtskräftig verurteilte Delinquenten bestimmt.[1] Der Gefangene sitzt in ihm eine Strafe ab. Die Insassen der Lager dagegen sind keine verurteilten Rechtsbrecher. Ihre Haft ist meist behördlich verordnet. Im Lager sitzen »zwielichtige« Elemente ein, Verdächtige und Schädlinge. (Sie haben sich noch keines Verbrechens schuldig gemacht, aber es wird davon ausgegangen, dass sie eines begehen könnten. Deshalb sind sie potenziell gesellschaftsschädigend.)

Dagegen sitzen im Gefängnis Individuen ein, die für die Gesellschaft als besonders schädlich und gefährlich gelten und deshalb verurteilt wurden. Im Gefängnis saßen beispielsweise der ehemalige Mandschu-Kaiser Pu Yi, die Würdenträger des Kuomintang (chin. Nationale Volkspartei), Maos Witwe Jiang Qing, der demokratische Aktivist Wei Jingsheng, der katholische Priester Hong Pinmeiu und der ehemalige Staatschef Liu Shaoqi.[2] Und auch Hans und Sophie Scholl, die Führer der studentischen Widerstandsgruppe Weiße Rose, saßen bis zu ihrer Ermordung im Gefängnis.

Wie Olga Wormser-Migot treffend schreibt, dienen Konzentrationslager als ein parallel zum legalen und offiziellen Unterdrückungsapparat bestehendes Mittel der Gesellschaft zur Ausschaltung von Menschen, die im juristischen Sinne kein Verbrechen begangen haben und deshalb nicht unter die Zuständigkeit des regulären Justizapparates fallen. »Wegen der Schwierigkeit, sie von Rechts wegen für schuldig zu erklären, und aus dem zwanghaften Willen heraus, sie unschädlich zu machen [...] errichtet man für sie in einer möglichst abgelegenen Region Festungen. In dieses Niemandsland gelangen weder Gesetze noch Menschen, sondern nur Henker und Opfer, die allein den Regeln des sich etablierenden tödlichen Spiels unterworfen sind.«[3] Es ist nicht Aufgabe des Lagers, Täter nach einer ordnungsgemäßen Überführung und Verurteilung Vergehen oder Verbrechen abbüßen zu lassen, sondern einem mit allen Befugnissen ausgestatteten und allmächtigen Regime Menschen vom Hals zu schaffen, die ihm im Weg zu stehen scheinen: »Ein ganzes Arsenal an Misshandlungen und Foltern, das sich nicht gegen Täter richtet, sondern gegen eine Hautfarbe, ein Denken oder eine Intelligenz – gegen eine undefinierbare Schuld, der nur durch absurde Maßnahmen und Verbrechen beizukommen ist.«[4]

Als Willkürherrschaft zielt das *Konzentrations*lager auf die Massen, auf das kollektive Individuum. Seine Funktion besteht darin, weniger Individuen als vielmehr Mitglieder »nationaler«, »rassischer« oder »gesellschaftlicher« Gruppen, die *per Definition* Verdächtige oder Schädlinge sind, massenhaft zu *konzentrieren*. Im August 1918 verlangte Lenin, »zwielichtige Personen in Konzentrationslager außerhalb der Stadt« einzusperren«, »nicht schuldige, *zwielichtige*«, wie Solschenizyn mit Recht hervorhebt.[5] Am 5. September 1918 wurde die Maßnahme durch ein Dekret der Volkskommissare offiziell beschlossen. Das Ziel war »die Absicherung der Sowjetrepublik gegen Klassenfeinde vermittels deren Isolierung in Konzentrationslagern«.

Von dem Begriff des »gesellschaftlich gefährlichen Elements« bis hin zur außergerichtlichen und vorbeugenden Haft entstand so ein ganzes Instrumentarium, das der Ausschaltung gesellschaftlicher

Gruppen diente. Im neu entstandenen Sowjetrussland ordnete Lenin Freiheitsentzug für Menschen an, die kein juristisch zu ahndendes Verbrechen begangen hatten und nur verdächtigt wurden, den Werten einer bestimmten Klasse anzuhängen. Am 1. Oktober 1918, während des *Roten Terrors* der Tscheka, wurde das Prinzip der »kollektiven Verantwortlichkeit« nach langer Erörterung schließlich zu einem wichtigen Teil des theoretischen Arsenals, aus dem der künftige GULag entstand: »Wir bekämpfen keine Individuen«, heißt es da, »wir wollen die gesamte Bourgeoisie als Klasse vernichten.«[6]

Nicht zufällig fiel die Aufgabe der Verurteilung in der Sowjetunion vornehmlich Polizeiorganen zu (ab 1917 Tscheka, ab 1922 GPU und ab 1934 NKWD). Millionen Unschuldiger wurden nicht von regulären Rechtsinstanzen, sondern von der OSO, dem Sonderkollegium des NKWD, in Abwesenheit und behördlich angeklagt und verurteilt. Die Verfahrensweise war einfach und stets die gleiche. Nach Abschluss der Ermittlung wurde der Delinquent aus der Zelle geholt und auf einen Flur oder in das Büro der Gefängnisverwaltung geführt. Ein Unteroffizier des NKWD las ihm das kurze Urteil vor: »Das Sonderkollegium des NKWD in Moskau hat in der Sitzung vom ... beschlossen, den Bürger X. Y. wegen konterrevolutionärer Umtriebe – nach Art. 58 § 10 – (oder wegen eines anderen Deliktes) zu ... Jahren Arbeitslager in ... zu verurteilen.« Der Gefangene erfuhr, dass sein Prozess an einem bestimmten Tag in Moskau stattgefunden hatte. Im Lager landeten gelegentlich zwar auch Menschen nach einem Prozess, aber, wie Solschenizyn bemerkt, kennzeichnete »den Strom nicht die Verurteilung, sondern das Kriterium der feindlichen Gesinnung«.[7]

Den Stempel der Willkür trugen auch die Verhaftungen im NS-Staat. Nach der Festnahme von 12 000 Personen am 28. Februar 1933, dem Tag nach dem Reichstagsbrand, überredete Hitler den Reichspräsidenten von Hindenburg zum Erlass einer Notverordnung zum »Schutz von Volk und Staat«. Die Verordnung sah die Internierung von politisch Verdächtigen vor. Ziel war die Absonderung aller als Regimegegner verdächtigen Elemente – ohne vorherigen Gerichtsbeschluss. Diese Vorgehensweise machte ein langwieriges Verfahren mit möglichen unliebsamen Überraschungen überflüssig. Die so genannte *Schutzhaft*, die Verhaftung von Unschuldigen, wurde »als repressive Maßnahme zur Verteidigung gegen alle gegen Staat und Volk gerichtete Tendenzen und gegen alle Personen angeordnet, die durch ihr Verhalten das Volk und den Staat in Gefahr bringen ... Die Schutzhaft darf nicht als Strafmaßnahme angeordnet werden. Kriminelle Umtriebe müssen durch die Gerichte abgeurteilt werden.«[8] Dementsprechend steht über dem Eingang des am 21. März 1933 eröffneten Lagers Dachau *Schutzhaftlager*.

Die Betroffenen wurden im Allgemeinen in einer Nacht-und-Nebel-Aktion zu Hause verhaftet und aufs nächste Polizeirevier geschleppt. Nach dem obligatorischen Verhör erfolgte die Unterzeichnung eines Schutzhaftbefehls, der oben links das Zeichen DII Nr. ... trug.[9] Enthalten waren Angaben zur Person des Verhafteten und der Grund für die Verhaftung: die Gefahr, dass sie sich, in Freiheit belassen, gegen den NS-Staat einsetzten.

Im Januar 1938 erhielt in einem Rundschreiben des Reichsinnenministeriums die Gestapo die alleinige Verantwortung für die Schutzhaft. Im August 1939[10] wurde die Verantwortung für die in Schutzhaft befindlichen Personen per Verordnung der Reichskanzlei vom Reichsjustizministerium auf den Reichsführer SS übertragen.[11] In dem Zusammenhang ist hervorzuheben, dass die große Mehrheit der NS-Gegner im Zuge einer Sicherheitsverwahrung, also ohne Verurteilung, in die Lager deportiert wurde.

Die gleiche Aufgabenteilung herrschte lange Zeit und herrscht noch heute in China, Vietnam und Nordkorea vor: Die Gefängnisse waren nach wie vor rechtskräftig verurteilten Personen vorbehalten, während die Lager für alle Arten »Konterrevolutionäre« dienten. Auch hier wurden – und werden – Unschuldige verhaftet und unter Missachtung von Recht und Gesetz ohne reguläres Verfahren deportiert. Jean Pasqualini, der mindestens sieben Jahre in der *Laogai*, einer Lagerhaft zur »Besserung durch Arbeit«, verbracht hat, berichtete, dass die Gefangenen dort keinen Anspruch auf einen regulären Prozess hatten. Es gab lediglich ein knapp halbstündiges förmliches Verfahren, das nach festgelegten Regeln ohne Anwalt oder eine Möglichkeit zur Berufung verlief.[12] Er selbst erfuhr sein Urteil durch einen Vertreter des »Volksgerichts« im Büro seiner Bewacher. Die Familie des Nordkoreaners Kang Chul Hwang erfuhr bei einer Durchsuchungsaktion durch die Agenten der Staatssicherheit, dass sie zu einer Lagerhaft verurteilt worden war (allerdings nicht für wie lange) und mitkommen musste.

Dass ein vorangehendes ordentliches Gerichtsverfahren fehlt, ist allerdings nicht immer das entscheidende Kriterium für Lagerhaft. Manche Betroffene landen auch nach einem Prozess im Lager, und umgekehrt werden andere ohne einen Prozess ins Gefängnis geworfen. Zudem kann ein Urteil auch rechtswidrig zustande kommen. Von der behördlichen Entscheidung zur Inhaftierung bis zur Haft nach einem regulären Prozess gibt es viele Abstufungen.

Helfen zur Unterscheidung der materielle und der topographische Rahmen weiter? Das Gefängnis beinhaltet eher eine individuelle Behandlung, während das Lager auf Massen zielt. Im ersten Fall sind Zellen obligatorisch, während sie im zweiten eher die Ausnahme bilden: Im Lager schläft, arbeitet und verrichtet man seine menschlichen Bedürfnisse meistens in Gemeinschaft. Gefängnisse wie Lager sind abgeschottete Bereiche, aber das Lager braucht nicht unbedingt eine Abriegelung. Manche Sowjetlager kamen sogar ohne Umzäunung und Stacheldraht aus. Wohin hätten die Gefangenen in der winterlichen Schneewüste oder im sommerlichen Morast auch fliehen sollen? Wie weit wären sie gekommen in einer Umgebung, deren Bevölkerung nach Bekanntwerden einer Flucht sofort auf Menschenjagd ging? In manchen Fällen war die Umzäunung gewissermaßen von der Natur vorgegeben, so in Yodok in Nordkorea oder auf der indonesischen Insel Buru – abgelegene und unzugängliche Gebiete zwischen Bergen. Die Welt der Gefängnisse hingegen ist ein Reich abgeschlossener Türen, hoher Mauern und Betondecken. Der Himmel über der »Dornenkrone des Stacheldrahtes« erinnert den Lagerinsassen schmerzlich an die verlorene Freiheit, während der Gefängnisinsasse durch die schummrige Lampe, Ritzzeichnungen in der Mauer, Parasiten und Schimmelflecken an seine missliche Lager gemahnt wird.

Lager für Soldaten und Lager für Zivilisten

Auf den folgenden Seiten geht es auch um Lager für Kriegsgefangene, wenn auch nur deshalb, weil während des Ersten Weltkriegs Lager für gefangene Soldaten meist als »Konzentrationslager« bezeichnet wurden. So schreibt beispielsweise *Le Miroir* in seiner Ausgabe vom 13. Oktober 1918 über die deutschen Soldaten, die General Gourauds Armee in die Hände gefallen waren: »Sie defilieren durch die Straßen von Châlons und werden in die Konzentrationslager verschifft.« Leo Trotzki überschreibt das 23. Kapitel seiner Autobiographie mit dem Titel »*Im Konzentrationslager*«. Den April 1917 verbrachte er im kanadischen Militärlager Amherst, zusammen mit den Matrosen deutscher Kriegsschiffe, die im Atlantik versenkt worden waren.[13] Angesichts der Gewalt und der täglichen Schrecken konnte von einer Behandlung nach den Gesetzen des Krieges keine Rede mehr sein. Ihr Schicksal führt zum Kern des Problems des Konzentrationslagers und berührt die grundsätzlichen Fragen zur Entstehung, Bedeutung und zu den Aufgaben der verschiedenen Kategorien solcher Lager. Während des Zweiten Weltkrieges schnellte die Sterblichkeit unter den Sowjets in deutscher Kriegsgefangenschaft und die der Deutschen in sowjetischer Kriegsgefangenschaft in nie dagewesene Höhen. Die Haftbedingungen in den Lagern der Vietminh – von der »Gehirnwäsche« vor allem im berüchtigten Lager 113, das Georges Boudarel beschrieben hat, ganz zu schweigen – oder im sowjetischen Lager 108 in Tambow – hier kam fast ein Drittel der elsässisch-lothringischen Gefangenen um, von denen sich viele den Sowjets kampflos ergeben hatten – waren mit den Regeln für die Behandlung von Kriegsgefangenen nicht mehr vereinbar. Trotzdem werden sie eher als Internierungslager denn als Konzentrationslager bezeichnet.

Konzentrationslager – Eine Definition

Nachdem wir in einem ersten Schritt zwischen Gefängnis und Konzentrationslager unterschieden haben, müssen wir jetzt den Begriff des »Konzentrationslagers« genauer definieren. Hier ist ein wichtiger Hinweis angebracht: Dass die Lager eine Erfindung der modernen Welt sind, ist ebenso unstritten wie die Tatsache, dass sich hinter dieser Bezeichnung ganz unterschiedliche Realitäten verbergen. Wenn das Konzentrationslager auch eine Erfindung der Briten während des Burenkrieges war, so versteht sich von selbst, dass diese *laagers* am Oranje-Fluss nichts mit den späteren Konzentrationslagern der Nationalsozialisten gemein hatten. Ein und derselbe Begriff dient hier zur Bezeichnung von Inhaftierungszentren, Internierungslagern und Arbeitslagern, von Konzentrationslager im eigentlichen Sinn und von Vernichtungslagern bzw. -zentren.

Unübersehbar gehört das Wort »Konzentrationslager« zu jenen »Problembegriffen«, die, wie die Begriffe »Völkermord« und »Holocaust«, Verwirrung gestiftet haben und zum Gegenstand von übermäßigen Relativierungen geworden sind. Denn mit den Orten, die mit dem Namen »Konzentrationslager« bezeichnet werden können, verbindet man in unterschiedlichen Situationen und Systemen ganz verschiedene Vorstellungen. Bezeichnend ist hierbei die lange herrschende Blindheit des Westens gegenüber den Lagern in der kommunistischen Welt. So sei daran erinnert, dass es in einer neueren Ausgabe der *Encyclopedia Britannica* heißt, im Zuge der »stalinistischen Säuberungen von 1936–38« seien »weitere Tausende von Menschen in Lager verschickt worden«, also zehnmal weniger als in Wirklichkeit. Umgekehrt ist festzustellen, dass zahlreiche Autoren aus Unkenntnis oder dem legitimen Bedürfnis heraus, die Schrecken der Repression bildhaft zu veranschaulichen, undifferenziert von Konzentrationslagern im Malaysia der unmittelbaren Nachkriegszeit oder vom amerikanischen beziehungsweise südafrikanischen GULag reden. Und für andere war das Stadion von Santiago de Chile 1974 das größte Konzentrationslager in der Geschichte ...[14]

Entgegen solchen Äußerungen werden wir nachweisen, dass man Auschwitz – und zwar nicht nur aus quantitativen Gründen – weder mit Manzanar, einem Internierungslager für japanischstämmige Amerikaner, noch mit dem serbischen Lager von Omarska oder mit Workuta, dem mörderischen Zwangsarbeiterlager im sowjetischen Eis, vergleichen kann. Eben deshalb ist der vergleichende Ansatz auch der beste.

Vergleichen heißt keineswegs über einen Kamm scheren. Wir halten uns hier an das Prinzip von Wolfgang Sofsky: »Einem Ereignis das Prädikat ›unvergleichbar‹ zuzusprechen setzt voraus, dass man dieses Ereignis bereits mit anderen Ereignissen verglichen hat und zu dem Schluss gekommen ist, dass es radikal von anderer Art ist.«[15] Die Behauptung, Treblinka sei »unvergleichlich«, setzt also einen Vergleich mit anderen Lagern voraus. Die vergleichende Betrachtung des Phänomens der Konzentrationslager ist somit nicht nur legitim, sondern notwendig, will man die Besonderheiten des jeweiligen Einzelfalls herausarbeiten.

Die Heterogenität des Begriffs macht eine vorherige Klassifizierung erforderlich. Dank eines einfachen Kriteriums kommt man direkt und ohne große Mühe an dieses Ziel: das der *Funktion*. Welche Aufgabe hat ein solches Lager, welche Rolle kommt ihm zu und welchen Nutzen bringt es in der umfassenden Ökonomie des politischen Systems, in dem es ausgedacht und eingerichtet worden ist? Die *Funktion* von Treblinka war die der Vernichtung, die von Dora die einer totalen Ausbeutung durch Arbeit und die von Manzanar die einer vorübergehenden Absonderung verdächtiger Bürger. Das Kriterium der Funktion bildet so den Ausgangspunkt für eine umfassende Untersuchung des Phänomens Konzentrationslager in seiner Vielfalt und Einheit.

Wozu dient ein Lager?

Lager erfüllen global sechs Aufgaben, die sich nicht immer unbedingt überschneiden. Sie werden eingerichtet:

Zur vorbeugenden Isolierung eines Teils der Gesellschaft, das heißt von Individuen oder Gruppen von Individuen, die als Verdächtige oder gar als »Schädlinge« eingestuft werden. Verdächtig bedeutet, dass sie weder schuldig noch rechtskräftig durch die Justiz des Landes verurteilt worden sind. Das Axiom der Nationalsozialisten lautet: »Lieber zehn Unschuldige hinter Stacheldraht setzen, als einen wirklichen Gegner aus den Augen verlieren!« Dem entspricht das chinesische Prinzip: »Ein Schuldiger in Freiheit ist ein schwerer Fehler. Ein Unschuldiger hinter Gittern ist ein Fehler bei den Arbeitsmethoden.« Und auch »das sowjetische Gesetzbuch«, so schreibt Raymond Aron, »ist mehr darauf ausgerichtet, die Straflosigkeit eines Schuldigen als die Bestrafung eines Unschuldigen zu verhindern«.[16]

Zur Bestrafung und Umerziehung von Bürgern, die irrigen oder gefährlichen Ideologien anhängen. Die Maßnahmen zur Besserung können positiv (»Sauberkeit und Ordnung« im NS-Staat,

»Selbstkritik« bei den Chinesen) oder negativ (Einschüchterung im NS-Staat) sein. Das Lager, das als eine mörderische wie erlösende Sozialordnung fungiert, selektiert zwischen denen, die überleben dürfen, und denen, die sterben müssen.

Zur Terrorisierung der Zivilbevölkerung. Die Einschüchterung der Gesellschaft ist Teil eines umfassenden Projektes zur Kontrolle der Gesellschaft. Die Lager illustrieren die Aussage Montesquieus, wonach die Despotie die Angst zum Prinzip hat, eine schleichende Angst, die sich schrittweise aller Individuen einer Gemeinschaft bemächtigt.

Zur Ausbeutung frei verfügbarer Arbeitskräfte.

Zur Umgestaltung der Gesellschaft. Als ein Instrument rassischer oder sozialer Säuberung nimmt das Lager die gesellschaftliche Vision des Totalitarismus vorweg. Das KZ kündigt den SS-Staat an, der nach Himmler eine »Demokratie« nach hellenischem (*sic*) Vorbild sein sollte – unter der Führung einer Aristokratie mit einer breiten Basis an Heloten. Fünf bis zehn Prozent der Bevölkerung waren dazu berufen, den Rest zu führen, der zu arbeiten und zu gehorchen hat. Dem Lager kommt so die Aufgabe zu, diese neue Elite darin zu schulen, das Kommando zu führen und die Aufgaben zu erfüllen, die mit einer Kolonisierung in großem Maßstab anfallen.

Zur Vernichtung von »Elementen«, die aus rassischen oder sozialen Gründen als »Schädlinge« gelten. Die Vernichtung kann langsam oder schnell erfolgen. So verbrachte der ehemalige Münchner Polizeipräsident Humer, der als Demokrat bekannt war, nur einen Tag in Buchenwald und wurde »auf der Flucht erschossen«.[17]

Drei Typen von Lagern

Aus diesen sechs Aufgaben ergeben sich drei unabhängig voneinander existierende Typen von Konzentrationslagern.

Internierungslager. Ihre Aufgabe besteht in der vorübergehenden Isolierung von verdächtigen oder als gefährlich eingestuften Individuen. Zu dieser Kategorie gehören die Lager, die in Kriegszeiten eingerichtet wurden: Zur Internierung von Menschen, die einer »feindlichen« Nation angehörten oder entsprechender Abstammung waren (zum Beispiel die Japaner in den USA). Mehr noch gehörten dazu die Lager, die vor dem Hintergrund eines Kolonialkriegs eingerichtet wurden. Zwangsarbeit spielte in ihnen zumeist keine Rolle: Ihre Funktion war präventiver, nicht wirtschaftlicher Art. Dennoch waren die Lebensbedingungen in ihnen zuweilen furchtbar, man denke nur an die Herero-Lager. In den Internierungslagern der Japaner im Zweiten Weltkrieg wurde auch Zwangsarbeit praktiziert. Die Lebensbedingungen waren für Militärs (Sterblichkeit um 27 Prozent) wie für Zivilisten (17 Prozent unter den internierten Niederländern) geradezu mörderisch.

Konzentrationslager. Diese Lager bilden die zentrale Kategorie, den Kern des Phänomens totalitärer Lager, seien es die NS-Lager, der GULag oder die kommunistischen Konzentrationslager Asiens (u. a. Laogai). Sie zeichnen sich durch Erniedrigung, Umerziehung, Zwangsarbeit und Vernichtung aus. Und sie spielen für das jeweilige Regime, das sie hervorgebracht hat, eine substanzielle Rolle. Als Instrument des Terrors und der Umgestaltung der Gesellschaft sind sie auf Dauer ausgelegt: »Vorübergehend« sind an ihnen nur die Insassen. Nur diese Lager prosperieren auch außerhalb von Kriegs- und Krisenzeiten: Sie sind ein Bestandteil der Ideologie und des politischen Projektes, das sie trägt.

Zentren zur Vernichtung oder sofortigen Tötung. Die Shoah, die Ausrottung der Juden, vollzog sich paradoxerweise unabhängig vom KZ-System. Selbst der Begriff »Lager« ist problematisch, wenn man von den vier Zentren zur sofortigen Vernichtung (Belzec, Chelmno, Sobibor, Treblinka) und den beiden gemischten Einrichtungen (Auschwitz-Birkenau und Majdanek) spricht. Als Endstationen der Eisenbahn dienten diese Stätten, die wir als *Vernichtungszentren* oder mit Raul Hilberg als *Zentren zur sofortigen Tötung* bezeichnen werden, nicht zur Aufnahme von Internierten, sondern zur Vernichtung durch Gas nach der Ankunft. In Treblinka, wo nicht selten 9000 Juden täglich ankamen, gab es keine Infrastruktur, die ihre Unterbringung oder Ernährung über 24 Stunden hinaus ermöglicht hätte.[18] Treblinka diente einer einzigen Aufgabe: der Vernichtung der Juden Europas.

Workuta und Magadan stehen zwar Mauthausen und Dora in nichts nach (die Sterblichkeit war dort mindestens ebenso hoch), dennoch sind sie mit den sechs NS-Todesfabriken nicht zu vergleichen. Für Belzec, Auschwitz-Birkenau, Chelmno, Majdanek, Sobibor und Treblinka gibt es in der Geschichte keine Entsprechung. Aus Sicht ihrer Infrastruktur können sie nicht als Lager gelten, auch nicht als Vernichtungslager. Dagegen sind Magadan und Mauthausen de facto Vernichtungslager. Die Nationalsozialisten bezeichneten die sechs Zentren zur sofortigen Vernichtung selbst nicht als Konzentrationslager (KL/KZ),[19] sie sprachen von Sonderkommandos (SK). Vom KZ-System des NS-Staates unabhängig, unterstanden sie auch nicht der üblichen Aufsicht – abgesehen von Auschwitz und Majdanek, die anfangs »einfache« Konzentrationslager waren und die später als »gemischte« KZs beide Aufgaben, Konzentration und Vernichtung, erfüllten.

Die Existenz dieser SK belegt die Unsinnigkeit jüngster deutscher Versuche, insbesondere von Ernst Nolte, das KZ-System der Nazis mit dem Hinweis auf das schon vor der Zeit entstandene sowjetische Lagersystem zu relativieren. Der Hinweis, wonach der GULag vor Auschwitz existiert habe, ist nicht falsch, aber aus mindestens zwei prinzipiellen Gründen überflüssig: Zunächst einmal, weil sich die Shoah, die Vernichtung der Juden, *stricto sensu* außerhalb des nationalsozialistischen KZ-Systems vollzog, und vor allem deshalb, weil es im GULag für die nationalsozialistischen Vernichtungszentren keine Entsprechung gab.[20]

Der Ursprung des Phänomens Konzentrationslager

Die Frage nach dem ersten Konzentrationslager ist eigentlich müßig. Blickt man in die Vergangenheit, entdeckt man vereinzelt immer wieder Einrichtungen, die einem Konzentrationslager ähneln. Wo und unter welchen Umständen lebten beispielsweise die Hebräer, die von den Ägyptern für manche Großprojekte eingesetzt wurden? Und die schwarzen Sklaven auf den Großplantagen des kolonialen Amerika?

Obwohl im 20. Jahrhundert mehr als in jedem anderen in Europa Bedingungen entstanden, die das KZ zu einer Dauererscheinung machten, findet man Entsprechungen vereinzelt schon in früheren Jahrhunderten und Entwürfe und Prämissen schon einige Jahrzehnte zuvor.

Buonarroti gibt in seiner *Conspiration pour l'égalité, dite de Babeuf* einen Auszug aus »einem Entwurf einer Polizeiverordnung« von Gracchus Babeuf wieder. Hier die letzten Artikel:[21]

Art 13. Binnen kürzester Zeit werden in der Umgebung von Toulon, Valence, Grenoble, Mâcon, Metz, Valenciennes, Saint-Omer, Angers, Rennes, Clermont, Angoulême und Toulouse Lager eingerichtet werden mit dem Ziel, die Ruhe aufrechtzuerhalten, die Republikaner zu schützen und die Reform zu fördern.

Art. 14. Zu diesem Zweck werden die revolutionären Komitees vier Republikaner bezeichnen und diese in Begleitung vollständig bewaffneter, ausgerüsteter und mit Materialien für Lager versehener Nationalgarden zu den bezeichneten Orten entsenden.

Art. 15. Die Verfügungen der Militärverordnung sind auf die oben stehenden Lager anzuwenden.[22]

Art. 16. Die Lager werden aufgelöst, sobald Ruhe herrscht und die neuen Gesetze befolgt werden.

Art.17. Die Inseln Marguerite und Honoré d'Hyères, Oléron und Ré werden in Besserungsanstalten umgewandelt; verdächtige Ausländer und Individuen, die nach der Proklamation an die Franzosen verhaftet wurden, werden dort gemeinnützige Arbeiten ausführen.[23]

Art. 18. Diese Inseln werden unzugänglich gemacht; dort werden Verwaltungen eingerichtet, die direkt der Regierung unterstehen.

Art. 19. Diejenigen Gefangenen, die Besserung, besonderen Arbeitseifer und gute Führung zeigen, können in die Republik zurückkehren und dort das Bürgerrecht erlangen.

Bei Ausbruch eines Krieges befinden sich von da an alle Bürger mit den Bürgern der verfeindeten Nation im Krieg. Nach Artikel 7 der erwähnten Polizeiverordnung unterstehen »die Ausländer der direkten Überwachung der obersten Verwaltung, die sie ihres Wohnsitzes verweisen und in die Besserungsanstalt schicken kann«. So wundert es denn nicht, dass erstmals unter dem Nationalkonvent Ausländer interniert wurden, die Untertanen eines mit Frankreich verfeindeten Staates waren. Noch dreißig Jahre zuvor hätten sich während des Siebenjährigen Krieges (1756–1763) britische oder preußische Staatsangehörige im Königreich Frankreich völlig frei bewegen können.

Eine Antwort auf das Problem der Überwachung verdächtiger Massen

Es wäre verkehrt, den Begriff der »Konzentration« allzu eng mit dem Kampf gegen eine verfeindete Nation zu verbinden. Revolutionen bringen eine massive Repression gegen bestimmte gesellschaftliche Gruppen oder Individuen mit sich. Sie sind ohne die »Säuberung«, ohne Ausgrenzung, Gefängnisse und Lager undenkbar. Proudhon kalkuliert sie bewusst mit ein und entwickelt daraus das *Programme des Ègaux* weiter. In seinen *Carnets* schreibt er: »Nach vollendeter Revolution werden wir einige Millionen Individuen beiderlei Geschlechts zu Zwangsarbeit verurteilen müssen: Stricher und Huren, Kuppler und Kupplerinnen, Entführer, Verführer, Vergewaltiger junger Mädchen, die öffentlich angezeigten, aber straflos ausgegangenen Diebe, etc.«[24]

An dieser Stelle kann nicht auf die vornehmlich sexuelle Dimension des »konterrevolutionären Übels«, das Proudhon hier beschreibt, eingegangen werden. Auf Anhieb auffällig an dieser von ihm gepredigten Repression ist indes ein Zug, der den gesamten Prozess der Internierung in Konzentrationslager im 20. Jahrhundert kennzeichnen wird: An die Stelle der bekennenden Feinde – ausländische Soldaten oder konterrevolutionäre Aktivisten – tritt jetzt die »großen Masse«, der Ballast, der Abschaum der alten Gesellschaft, der Nachhall der alten sozialen Probleme. Die Repression ist so offensichtlich notwendig, dass die angekündigte Zahl von Opfern kaum eine Rolle spielt. So fährt Proudhon fort: »Die Revolution, sagt Lamartine, hat 300 000 Opfer gekostet. Wir werden vielleicht drei Millionen Schuldige bekommen. Meinetwegen. Nehme die Gerechtigkeit ihren Lauf ...«

Das KZ muss also als Institution auch mit Blick auf seine ursprüngliche Funktion betrachtet werden: als eine Antwort auf die Frage, wie man im demokratischen, nationalen und kolonialen Zeitalter die Massen unter Kontrolle hält. Die ersten Arbeitslager, das darf nicht vergessen werden, gehen auf das Jahr 1905 zurück. Sie waren eine »Erfindung« für die Überlebenden des ersten Völkermords im 20. Jahrhundert, den an den Herero in Deutsch-Südwestafrika.

Die Internierung von Militärpersonen

Die beiden große Begeisterung auslösenden Elemente der modernen Politik – die Nation und die Revolution – waren eine Sache der Massen. Durch die Wehrpflicht wurden beide zu wichtigen Triebfedern des modernen Kriegs. Europa übernahm das französische Modell der *levée en masse*, der Massenaushebung: Napoleons große Armee wurde mit über 600 000 Mann zur bislang größten Streitmacht in Europa. Die Konfrontation gigantischer Armeen, die ihr Ziel entschlossener angingen als je zuvor, brachte eine seit der Antike unbekannte Problematik mit sich: Wohin mit den Kriegsgefangenen? Ein gewaltiges Problem. Anders als früher konnte man die zahlreichen Gefangenen nicht mehr über kurz oder lang auf freien Fuß setzten. Sie waren und blieben, zumindest für die Zeit des Krieges, potenzielle gefährliche Feinde. Folglich mussten sie für die Dauer des Konfliktes interniert werden.

Während des amerikanischen Bürgerkriegs, des so genannten Sezessionskriegs, kam es zu den ersten großen Konzentrationen von Gefangenen. Ihre Lager, notdürftig und unter schwierigen Umständen für die Massen der Gefangenen beider Seiten eingerichtet (die Stärke beider Armeen ist ebenso beachtlich wie die Anzahl der Gefangenen), bestanden aus Zelten und waren mit Draht, aber noch nicht mit Stacheldraht, umzäunt. Der Norden zählte 2,76 Millionen Soldaten auf 22 Millionen Einwohner, der Süden 800 000 auf fünf Millionen Weiße. Angesichts des hohen Einsatzes wurden gewaltige Kriegsanstrengungen unternommen: Deshalb sollte dieser Krieg später oft auch als der erste *totale Krieg* bezeichnet werden. Die Akteure zielten schlicht auf die Vernichtung des Feindes. Dazu wurden alle Mittel aufgeboten, auch die systematische Zerstörung von Städten, Ernten und Transportmitteln sowie das Töten von Menschen. Der amerikanische Bürgerkrieg forderte über 600 000 Opfer, von denen viele an den in den Hospitälern und Gefangenenlagern grassierenden Epidemien zugrunde gingen. In den aus dem Boden gestampften Lagern schnellte die Sterblichkeit in bis dahin unbekannte Höhen. Im Lager Andersonville, das im Februar 1864 von den Südstaatlern in Georgia eröffnet wurde, kamen in 15 Monaten 13 000 internierte Nordstaatler um. »Andersonville, ein Lager von acht Hektar«, schreibt James Mac Pherson, »war sehr rasch überfüllt; zu den Gefangenen aus Shermans Armee kamen andere von den Kriegsschauplätzen im Osten. In manchen Wochen des Sommers 1864 kamen dort über 100 Gefangene täglich um. Insgesamt starben von den Internierten 45 000 Männern 13 000 an Krankheiten, dem mörderischen Klima und am Hunger.«[25] Dabei war Andersonville im Süden nicht das schlimmste Lager: Diese traurige Ehre gebührt dem Lager Salisbury in North Carolina, wo 10 321 Gefangene, also 34 Prozent aller Insassen (gegenüber 29 Prozent in Andersonville) den Tod fanden. In den Nordstaaten war das Lager Elmira im Staat New York mit 3000 Toten (24 Prozent aller Internierten) offenbar das verheerendste.

Der amerikanische Bürgerkrieg markiert den Beginn der Internierungslager und Drahtverhaue. Der Stacheldraht wurde allerdings erst 1867 eingeführt, zwei Jahre nach der Kapitulation der Südstaaten. Zur Einzäunung und Überwachung der großen Viehherden des amerikanischen Westens erfunden, trat er bald darauf seinen Siegeszug an. Tatsächlich hatte er zwei entscheidende Vorteile: Er war billig zu fertigen und leicht zu installieren. Ein echtes Wunder ...

Die Internierung von Zivilisten

Der Schritt vom Rind zum »menschlichen Vieh« wurde schon 1896 von den Spaniern auf Kuba und 1900 von den Briten in Südafrika vollzogen. Letzere nutzten Stacheldraht zur Umfriedung der Lager für die burischen Männer und Familien, die ihnen in die Hände gefallen waren. Zweckentfremdet, wurde diese Neuerung von da an zu einem Symbol für das Konzentrationslager schlechthin.

Bleibt die Frage, warum die Briten es sich in den Kopf gesetzt hatten, eine ganze Zivilbevölkerung mit Männern, Frauen, Kindern und Alten zu isolieren. Die Antwort ist einfach: Im Zeitalter der Massen, das mit dem 20. Jahrhundert begann, verschmolzen die bislang isolierten Bestandteile der Gesellschaft zu einem homogeneren Ganzen, in dem jedes Rädchen im Getriebe eine Rolle spielte: Auch der bescheidenste Bürger war ein tätiges Subjekt der Nation und, im Fall neuer Konflikte, vollwertiger Akteur und potenzieller Feind.[26]

Mit Napoleons Feldzügen in Spanien und Russland waren Zivilisten zu Handelnden geworden, die ein Staat nicht mehr ignorieren konnte. Ob passiv (durch Unterstützung Aufständischer) oder aktiv (als Guerilla) standen sie im Zentrum des Konflikts und wurden so zur Zielscheibe maßloser Vergeltungsaktionen: Die französischen Besatzungstruppen reagierten auf den Aufstand der spanischen Bevölkerung mit blindem Terror. 65 000 Spanier wurden als Arbeitskräfte ins übrige Kaiserreich verschickt.[27] Mindestens 10 000 von ihnen landeten in Lagern, aber immerhin lebten sie in den Baracken unter passablen Umständen. Sie wurden bezahlt (ungefähr 50 Prozent des Normallohns), lax oder zuweilen nur symbolisch bewacht und konnten mitunter bessere Verpflegung und Arbeitskleidung verlangen. Aber wie wir noch sehen werden, waren auch die Lager des 20. Jahrhunderts nicht durchweg Todeslager; sogar in einigen der schlimmsten erhielten die Zwangsarbeiter eine Bezahlung und hatten die Möglichkeit, bessere Lebensbedingungen einzufordern.

An dieser Stelle ist entscheidend, dass Zivilisten »konzentriert«, das heißt durch einen behördlichen Beschluss der Zivil- oder Militärregierung gegen ihren Willen gemeinschaftlich an einem Ort festgehalten wurden.[28] Das massenhafte Auftauchen von Zivilisten im Kampfgebiet im weitesten Sinn veränderte das Gesicht des Krieges. Bis zur Französischen Revolution, so schreibt Bertrand de Jouvenel, seien »die individuellen Beziehungen zwischen den Bürgern der Krieg führenden Länder nicht abgerissen, ebenso wenig wie Briefkontakte oder sogar Reisen«. Deshalb habe Napoleon besonders barbarisch gehandelt, als er »den in Frankreich lebenden Engländern nach dem Bruch des Friedens von Amiens Zwangswohnsitze zuwies«.[29] Dies zeigte, dass von nun an auch Zivilisten als Feinde gelten konnten und von Haft bedroht waren.

Die Internierung von Kolonisierten

Mit der Einbeziehung der Zivilisten in den Krieg wurde rasch das Bedürfnis spürbar, die Masse der potenziellen Feinde unter Kontrolle zu halten, daher die Entscheidung der spanischen und später der britischen Kolonialbehörden, so genannte Lager *de reconcen-*

tración (Kuba) beziehungsweise *concentration camps* (Südafrika) einzurichten. In beiden Fällen ging es nicht darum, die Zivilbevölkerung auszulöschen. Vielmehr sollte der Guerilla die Unterstützung entzogen werden. Die Aufgabe war überwältigend: Um ihr Vorhaben durchzuführen, mussten die Briten unter Lord Kitchener nicht weniger als 120 000 Zivilisten »in Ketten legen«.

Obwohl die Maßnahme zeitlich klar beschränkt war, zeigte sie alle Eigenschaften des Skandals der Internierung: den Gedanken der Kollektivstrafe (betroffen waren nicht Einzelne, sondern eine Kategorie suspekter Individuen: die Buren), die vorbeugende Internierung (von Menschen, die nicht gegen Gesetze verstoßen hatten), die zudem von einer Behörde angeordnet worden war (man kann nur mutmaßliche Gesetzesbrecher anklagen und verurteilen) sowie erbärmliche Lebensbedingungen (mit einer von Anfang an hohen Sterblichkeit). Die hygienischen Verhältnisse waren katastrophal, medizinische Behandlungen selten, Verpflegung und Versorgung mit Trinkwasser unzulänglich: Epidemien forderten bald einen hohen Tribut. Auf eine Anfrage hin erklärte Kitchener als echter Militär ohne Umschweife seine Absichten: Er wolle nicht den Tod der gefangenen Frauen und Kinder – ihr Schicksal war ihm in Wahrheit gleichgültig. Sie würden festgehalten, weil sie die Guerilla unterstützten und der Krieg sich deshalb endlos in die Länge zu ziehen drohe. Sein einziges Ziel sei ein möglichst rascher Sieg.

Die Entwürdigung des Menschen nahm ihren Lauf, und nichts sollte sie mehr aufhalten. Keine drei Jahre später fand die »hispanoenglische« Erfindung, zur Verhinderung eines patriotischen Aufstands *a priori* unschuldige Volksmassen zu internieren, erste Nachahmer. Schauplatz war diesmal die deutsche Kolonie in Südwestafrika, genauer das Land der Herero, eines kleinen Volkes, das verzweifelt um sein Überleben kämpfte. Obwohl ihr Name im heutigen Namibia kaum noch bekannt ist, waren die Herero das erste Volk, das Opfer eines Genozids werden sollte.[30] (Im 20. Jahrhundert folgten dann die Armenier, die Juden und die Tutsi.) Das Unglück der Herero war ihre schwarze Hautfarbe, derentwegen sie zur Ausrottung freigegeben waren. (Die Buren verdanken ihr Überleben ihrer Zugehörigkeit zur weißen Rasse.) Auch wurde ihnen zum Verhängnis, dass sie offen in Konflikt mit einem Regime gerieten, das nicht nur autoritär, sondern im hohen Maße *rassen-*

bewusst war. Deshalb führte der deutsche General Lothar von Trotha einen Vernichtungskrieg gegen die Herero. Seine Abberufung (bis dahin waren über 50 Prozent umgekommen) änderte nichts an ihrem Schicksal: Die Überlebenden des Völkermords wanderten in Arbeitslager.

Manch einer könnte das Schicksal der Herero als typischen Fall des Kolonialsystems betrachten. Von Madagaskar bis Indonesien wurden den Ureinwohnern elementarste Rechte verweigert, wurden ihre Ansprüche verhöhnt und mit Füßen getreten. Was zählte, war allein die Ausbeutung von Mensch und Ressource. Aber dies ändert nichts daran, dass das Deutsche Reich mit der Einrichtung der Hererolager der Vernichtung durch Arbeit den Weg gebahnt hatte. Die Lager wurden zu einem, wenn auch ergänzenden, Instrument des Völkermords.

Der Burenkrieg und die Vernichtung der aufständischen Herero stehen auf jeweils eigene Art für die massenhafte Internierung einer objektiv feindlichen Bevölkerung. Diese neue Art der Haft setzte sich durch, weil sie zügig und mit geringen Kosten verwirklicht werden konnte. Die Kosten für die Einrichtung von Lagern und deren Bewachung standen in keinem Verhältnis zu denen der Gefängnisse. Der »vorübergehende« Charakter der Unterbringung rechtfertigte alle Risiken: Zwar erschienen Zelte (noch) recht unsicher, aber dieses Handicap wurde durch die Art der Insassen – wehrlose unschuldige Zivilisten – weitgehend ausgeglichen.

Die Internierung von Bürgern des eigenen Landes: Die bolschewistische »Revolution«

Von nun an war jeder Konflikt mit der Eröffnung neuer Lager verbunden. Kein Land blieb ausgenommen. Frankreich baute bereits 1914 Einrichtungen auf, die von den eigenen Behörden als *Camp de concentration* bezeichnet wurden. Bestimmt waren sie vornehmlich für die in Frankreich lebenden Angehörigen der feindlichen Nationen: für Deutsche (darunter Bewohner des Elsass und des Département Moselle), für Bürger Österreich-Ungarns und für Osmanen.[31] Sehr bald nutzten die Behörden die Lager auch zur Internierung unerwünschter gesellschaftlicher Gruppen wie Prostituierte und Zigeuner.³² In Italien wurden in den Lagern neben den Bürgern Österreich-Ungarns und des Deutschen Reichs auch pazifistische Anarchisten festgehalten.

Den Schritt vom Gefangenenlager für äußere (zivile oder militärische) Feinde zu einem für innere Gegner vollzogen die Bolschewiken. So ordnete Trotzki am 8. August 1918 an, dass in Murom und Arsamas zwei Lager eingerichtet würden – für »zwielichtige Agitatoren, konterrevolutionäre Offiziere, Saboteure, Parasiten und Spekulanten ..., die dort bis zum Ende des Bürgerkriegs festgehalten werden«.³³ Nicht ohne Grund hebt Solschenizyn hervor, erstmals werde »das Wort [Lager] auf die Bürger des Landes angewendet«. Der Bedeutungswandel ist nachvollziehbar: Von jetzt an stand der Feind im Innern. Der Konterrevolutionär, der seinem Wesen nach suspekt war, musste vorbeugend in Gewahrsam genommen werden.³⁴

Ein sowjetisches KZ-System wurde aufgebaut, denn die zaristischen Gefängnisse und Festungen hätten nicht ausgereicht, um die Massen der Verdächtigen aufzunehmen. Einmal mehr bestand die Aufgabe nicht in der Bestrafung von Delinquenten. Vielmehr sollten »subjektiv Schuldige«³⁵ vorbeugend daran gehindert werden, Schaden anzurichten.

Schlüsselerlebnis Erster Weltkrieg: Die Verrohung der Gesellschaft

Die Beziehung zwischen Militär- und Zivillager ist offenkundig. Ganz allgemein versteht man das KZ-System zwischen den beiden Weltkriegen nicht ohne eine Betrachtung des Krieges von 1914/18 und dessen Folgen sowie des russischen Bürgerkriegs.

Der Erste Weltkrieg bedeutete einen Bruch mit der bisherigen Kriegführung: Er verlief ungleich brutaler als alle vorangegangenen Kriege. Die Bilanz war furchtbar: ungefähr zehn Millionen Tote, fast ausschließlich Soldaten. Serbien hatte 37 Prozent, Frankreich 16,8 Prozent und das Deutsche Reich 15,4 Prozent seiner Einberufenen verloren. Zwischen 1914 und 1918 kamen täglich fast 900 Franzosen und 1300 Deutsche ums Leben.³⁶ Fast alle starben eines gewaltsamen Todes. Niemals zuvor standen die Männer im Gefecht der aufgebotenen Zerstörungskraft so ohnmächtig gegenüber. In den Schützengräben von Verdun und in der Ukraine durchlitten die Männer buchstäblich die Hölle, ein Grauen, das sie nachhaltig und tiefgreifend veränderte. Nicht zu Unrecht sprach der amerikanische Historiker George Mosse im Zusammenhang mit dem Ersten Weltkrieg von der »Verrohung« der Verhaltensnormen.[37] Den Männern, die an den mörderischen Schlachten teilgenommen und sie wie durch ein Wunder überlebt hatten, war die Gewalt in Fleisch und Blut übergegangen. Manche bildeten später, in der Zeit zwischen den Weltkriegen, die Kader der Revolution und Konterrevolution. Die blinde Gewalt des Krieges hatte diese Menschen zu kompromisslosen Eiferern gemacht, die gegenüber dem Feind, auch gegenüber Zivilisten und vor allem gegenüber dem Einzelnen, kein Erbarmen kannten. Zudem hegte eine Anzahl ehemaliger Frontkämpfer Hass gegen das *Hinterland*, das angebliche Reich der Geschäftemacher, Drückeberger und Verräter. Bereits 1918 kam in Deutschland die Dolchstoßlegende auf, wonach linke Gruppen der Heimatbevölkerung dem »im Feld unbesiegten« Frontheer in den Rücken gefallen seien. Der Krieg sei nicht an der Front, sondern im Heimatland durch Komplotte von Verrätern verloren worden. Auch in Russland war der Gedanke verlockend, Zivilisten für die Leiden in den Schützengräben (und den Gefangenenlagern) büßen zu lassen. (Nicht zufällig führte das rote Russland von 1918 das System von Konzentrationslagern ein, das in der Zarenzeit unbekannt war, und ergänzte es durch ein weiteres Instrument der Unterdrückung: die Geiselnahme, natürlich von Zivilisten.)

Aus den *totalen* Kriegen ging der *Totalitarismus* hervor. Die Welt der Lager ist ein Ergebnis ihrer brutalen Gewalt, die Folge jener »Verrohung« der Gesellschaften und der Verhaltensnormen in Europa, die mit einer wachsenden Verachtung der so genannten Zivilgesellschaft einherging. Zwischen den beiden Weltkriegen, so George Mosse, waren alle Voraussetzungen erfüllt, damit »die Politik als die Fortsetzung des Großen Krieges mit anderen Mitteln betrachtet werden« konnte.[38] Mit anderen Worten: Dachau und auch die Solowezki-Inseln waren »Kinder« der Schützengräben.

Autoritarismus: Lager als Provisorium

Im Fall der demokratischen Systeme erscheint das Lager vor allem als ein vorübergehendes Instrument zur Überwachung der Gesellschaft. Die Einrichtung von KZs ließ sich hier außerhalb einer Krisen- oder Kriegssituation nur schwer rechtfertigen. Demokratie und Konzentrationslager passten schlecht zusammen, und nicht zufällig ging mit der Einrichtung des ersten KZ-Systems in einem demokratischen Staat die erste öffentliche Kampagne gegen KZs einher. Geführt wurde sie, nicht ohne Erfolg, von der liberalen Aktivistin Emily Hobhouse, deren Berichte über die Situation in Südafrika in Großbritannien eine Welle der Empörung auslösten: »Seit der Zeit des Alten Testaments«, so Hobhouse, »hat man keine verfeindete Nation mehr in ihrer Gesamtheit in Gefangenschaft geführt.« Lloyd George, der damalige Oppositionsführer, warf der Regierung einen Vernichtungskrieg gegen Frauen und Kinder vor. Die Burenlager drangen ins kollektive Bewusstsein ein. Sogar Hitler nutzte die Episode in seiner Rede im Berliner Sportpalast vom 30. Januar 1941 (anlässlich des Jahrestags seiner Ernennung zum Reichskanzler 1933), um den britischen Gegner vorzuführen und ihm Heuchelei vorzuwerfen: »Konzentrationslager sind nicht in Deutschland erfunden worden, sondern Engländer sind ihre Erfinder, um durch derartige Institutionen anderen Völkern allmählich das Rückgrat zu zerbrechen, ihren nationalen Widerstand zu zermürben und aufzulösen, um so endlich die Völker geneigt zu machen, das britische Joch der Demokratie zu übernehmen.«

Wie Bédarida im Vorwort zu dem mit Gervereau herausgegebenen Werk zu den NS-Konzentrationslagern hervorhebt, verbrachte Hermann Göring, der »Erfinder« des deutschen KZ-Systems, einen Teil seiner Kindheit in Südafrika. Während der Nürnberger Prozesse berief er sich darauf, die Erinnerung an Erzählungen aus seiner Jugend habe ihn auf den Gedanken gebracht.[39]

Während die Praktiken der Internierung in einer Demokratie, wo öffentlicher Druck mehr oder weniger erfolgreich als Regulator wirkt, niemals länger Bestand hatte, konnten sich die totalitären Regime den »Luxus« dauerhafter KZ-Systeme leisten. Dass nur diese Art Herrschaft sich *dauerhaft* auf Lager stützt, bedeutet keineswegs, dass klassische Diktaturen auf die Einrichtung von Lagern verzichtet hätten, aber in ihrem Fall bilden diese nur eine vorübergehende Etappe zur Normalisierung. Von Francos Spanien bis zu Suhartos Indonesien, allenthalben entstanden Lager für Verdächtige, die keine Verbrechen begangen hatten und folglich auch nicht durch ordentliche Gerichte verurteilt werden konnten. Im Fall der autoritären Regime erfüllte das Lager zwei genau umrissene Aufgaben: die Terrorisierung der Zivilbevölkerung und die Isolierung bzw. Eliminierung der Gegner des neuen Regimes. Als Institution hielten sich die Lager selten bis über diese erste Etappe hinaus. Diktaturen sehen ihre Aufgabe in der Unterwerfung der Massen und nicht in der Veränderung des Individuums, in der Überwachung und nicht in der Besserung der Gesellschaft. Nach Absicherung ihrer Macht greifen sogar die blutigsten Diktaturen auf das klassische Arsenal der Unterdrückung zurück: auf Gefängnis und Zuchthaus einerseits und auf Hinrichtungen oder Morde (Todesschwadronen) andererseits. Seit Auschwitz versucht man KZ-ähnliche Einrichtungen tunlichst zu vermeiden.

Totalitarismus: Lager als Dauereinrichtung

In den ersten Jahren der bolschewistischen Revolution glaubten die sowjetischen Behörden anscheinend nicht an die Unabwendbarkeit und weniger noch an die Dauerhaftigkeit der Lager. Sie beschrieben sie als eine vom Ausnahmezustand diktierte Notwendigkeit mit vorübergehendem Charakter. Ganz ähnliche Vorstellungen sollten einige Jahre später die Nationalsozialisten äußern. Dennoch scheint sich das KZ-System nicht zufällig durch eine fortschreitende Verselbständigung auf Dauer etabliert zu haben. Angesichts eines Willens, die bestehende Ordnung nach Maßgabe einer Ideologie – hier einer gesellschaftlichen, dort einer rassistischen – grundlegend zu verändern, setzten sich die Lager nicht als Betriebsunfall, sondern vielmehr als absolute Notwendigkeit durch. In Regimen mit totalitärer Bestimmung spielen sie eine zentrale Rolle. Der Ausdruck *totalitäre Bestimmung* ist absichtlich gewählt, denn der Totalitarismus entsteht niemals zufällig. Er ist im Weberschen Sinn ein idealtypisches Konzept, das politische Regime kennzeichnet, die nicht auf die Überwachung, sondern auf die Veränderung der Gesellschaft nach einem vorgegebenen Modell zielen. In seinen Erinnerungen berichtet der Menschewik Raphael Abramowitsch über eine aufschlussreiche Unterhaltung, die er im August 1917 mit Felix Dserschinski, dem zukünftigen Chef der Tscheka, hatte:

›»Abramowitsch, erinnerst du dich an Lassalles Rede über das Wesentliche einer Verfassung?‹

›Natürlich.‹

›Er sagte, dass jede Verfassung festgelegt sei durch das zu einem bestimmten Zeitpunkt in einem Lande bestehende Verhältnis der sozialen Kräfte. Ich frage mich, wie sich diese Wechselbeziehung zwischen dem politischen und sozialen Bereich ändern kann.‹

›Nun, durch unterschiedliche wirtschaftliche und politische Entwicklungsprozesse, durch die Entstehung neuer Wirtschaftsformen, das Aufsteigen bestimmter sozialer Schichten usw. Alles Dinge, die du genau kennst, Felix.‹

›Ja, aber könnte man diese Wechselbeziehungen nicht radikal verändern? Durch Unterwerfung oder Ausrottung bestimmter Gesellschaftsschichten beispielsweise?‹«[40]

Ob man möchte oder nicht, diese nüchterne und grausame Sichtweise wurde von der Mehrheit der Bolschewiki geteilt. So erklärte im September 1918 Grigori Sinowjew: »Um uns von unseren Feinden zu befreien, brauchen wir unseren eigenen sozialistischen Terror. Etwa 90 der 100 Millionen Einwohner des sowjetischen Russlands müssen wie auf unsere Seite bringen. Den anderen haben wir nichts zu sagen. Sie müssen vernichtet werden.«[41]

Ideologie als Grundlage totalitärer Lagerhaft

Das Ziel, die menschliche Natur zu verändern und einen neuen Homo sapiens zu schaffen, unterscheidet den Totalitarismus von klassischen autoritären Systemen. Dazu werden alle verfügbaren politischen und wirtschaftlichen Zwangsmittel eingesetzt. Um dieses Ziel zu erreichen, fungiert als einziges Instrument eine aus einer Minderheit bestehende Partei (eine Elite), die sich dank eines angeblich überlegenen Bewusstseins zur Führung der Massen berufen fühlt.

Während die Monarchie auf dem Glauben, die Demokratie auf

dem Gesetz und die Tyrannei auf Willkür beruht, zeigt sich der Totalitarismus als ein Regime, dessen »Wesen der Terror und dessen Handlungsprinzip die Ideologie ist«. Der Wille und Ehrgeiz, den Menschen zu verändern, führt zum Aufbau eines auf Dauer angelegten KZ-Systems, bei dem es nicht mehr um den »Schutz« (Demokratie) oder die Kontrolle (Diktatur), sondern vielmehr um die Umwandlung der Gesellschaft geht.

Die Logik der Lager in nicht totalitären Systemen (die im Burenkrieg zum Beispiel) ließe sich in die alte Devise fassen: »Wer nicht für mich ist, ist gegen mich.« Anders ist diese Logik im Totalitarismus. Dort gilt eher die Formel: »Wer nicht in den Lauf der Geschichte passt, muss beseitigt oder zumindest umerzogen werden.« Totalitaristische Ideologien wenden sich vor allem gegen den Individualismus. Ihr Ideal ist der Zusammenhalt eines geeinten Volkes. Entsprechend zielt eine Maßnahme, die solche Regime gleich nach der Machtergreifung treffen, auf die Ausmerzung von allem, was für Vielfalt und Pluralismus steht: das Verbot von politischen Parteien, Gewerkschaften und Berufsverbänden. An deren Stelle treten Einheitsorganisationen, die sich durch Regime- und Parteitreue auszeichnen. Nichts darf einer Einheit im Weg stehen, die sich um den Führer, die Partei und das Regime dreht.[42] Dem Lager kommt dabei die Aufgabe zu, Bürger, deren Existenz nicht in die Entwicklung der Gesellschaft passt, aus dem Verkehr zu ziehen. Dabei funktioniert das Lager als eine Art Laboratorium. Es erfüllt die *zweifache* Rolle, störende Elemente zu entfernen und die neue Gesellschaft vorwegzunehmen.

Die nationalsozialistischen KZs bereiteten auf die finstere Aufgabe der SS-Ordnung vor: die Kolonisierung des europäischen Ostens. Sie gaben einen Vorgeschmack auf den SS-Staat: eine zweigeteilte Sklavenhaltergesellschaft. Der GULag nahm die neue Sowjetgesellschaft vorweg: egalitär (alle Unterschiede von Klassen und Ethnien sollten ausgemerzt werden) und produktivistisch (man starb an seiner Aufgabe). Die Laogai, »Besserung durch Arbeit«, ist das getreue Abbild der idealen chinesischen Gesellschaft: eine Gesellschaftsordnung, die der Orwells zweifellos am nächsten kommt. Sie zielt auf die radikale Umgestaltung des Bewusstseins, der politischen Meinung, der religiösen Überzeugungen und der moralischen Werte der Gefangenen. Techniken der Gehirnwäsche

(»geistige Erneuerung« oder auch »Selbstkritik«) zielen »erstens auf eine Auslöschung der ideologischen Widerstände, zweitens auf eine Verbesserung der Produktivität« ab.

Dass die nationalsozialistischen, sowjetischen und chinesischen KZ-Systeme mit der Zeit und dem Verschwinden der mutmaßlichen Bedrohung keineswegs an Bedeutung verloren und sich vielmehr regulär und kontinuierlich weiterentwickelten, ist für ihre weltschöpferische Mission symptomatisch. Als eine Religion der Gruppe zielt der Totalitarismus auf die Umgestaltung des Individuums ab, und zwar je nach Lage des Falls durch positive (Propaganda) oder negative (Beseitigung der Parias) Maßnahmen.

Alle Experimente mit totalitaristischen Konzentrationslagern sind durch diese zweifache – terroristische und »pädagogische« – Perspektive gekennzeichnet. Unter diesem Blickwinkel muss die Entscheidung der Bolschewiki gesehen werden, ab 1918 zwei Typen von Lagern einzurichten: Das »Konzentrationslager« diente der Isolierung der »Feinde der Revolution« (Terror), das so genannte Umerziehungslager sollte widerspenstigen Elementen ein neues Bewusstsein schmackhaft machen. 40 Jahre später riefen die Chinesen die Laogai (Straflager zur Besserung durch Arbeit) und die Laojiao (Lagerhaft zur Umerziehung durch Arbeit) ins Leben.

In »Von der richtigen Behandlung der Widersprüche im Volke« schrieb Mao Zedong über seine Feinde, das »Volk« benutze die Methoden der Diktatur:

»Wir werden sie zwingen, sich den Gesetzen der Volksregierung zu unterwerfen, wir werden sie zur Arbeit zwingen, damit sie sich durch Arbeit in neue Menschen verwandeln.«[43] Nach der Theorie vom Klassenkampf besteht das letzte Ziel der Revolution in der Abschaffung aller Klassen, angefangen von den besitzenden: Zur Erreichung dieses Ziels, schreibt Harry Wu, der 19 Jahre in sechs Lagern der Laogai verbrachte, »stellen die Arbeitslager ein Mittel dar«.[44]

Unter dem gleichen Blickwinkel ist auch die Einrichtung von Dachau und die berüchtigte Parole »Arbeit macht frei« zu verstehen. Dachau, das zwei Monate nach der Machtergreifung Hitlers aufgebaut wurde, war als vorbeugendes Gefangenenlager dafür gedacht, Volksfeinde auszuschalten oder sie auf den rechten Weg zu bringen.

So versicherte der erste Lagerkommandant Eicke den Regimegegnern: »Es bleibt jedem Schutzhaftgefangenen überlassen, darüber nachzudenken, warum er in das Konzentrationslager gekommen ist. Hier wird ihm Gelegenheit geboten, seine innere Einstellung gegen Volk und Vaterland zugunsten einer Volksgemeinschaft auf nationalsozialistischer Grundlage zu ändern oder, wenn es der Einzelne für wertvoller hält, für die schmutzige 2. und 3. Juden-Internationale eines Marx oder Lenin zu sterben.«

Den ideologischen – wohlgemerkt arischen – »Abweichlern«, einschließlich der Kommunisten, wird ein rettender Strohhalm hingehalten. Wie man bei Langbein erfährt, erreichte Julius Streicher, der Gauleiter von Franken, im Lager Dachau alljährlich die Freilassung von zwei Dutzend frisch zum Nationalsozialismus »bekehrten« Kommunisten.[45]

Das Lager erscheint so als eine Stätte der Erlösung durch Arbeit, in der der Gefangene – meist um den Preis des Erschöpfungstodes – an der eigenen Rehabilitierung arbeiten kann, aber zugleich auch einfach als Stätte der Vernichtung. Wer die gesellschaftlichen und rassischen Kriterien nicht erfüllt, ist ein Feind der heiligen Mission und damit des schwersten Verbrechens schuldig, das die Höchststrafe verdient: den Tod. Das Ziel des nationalsozialistischen, sowjetischen und chinesischen Terrors ist die Schaffung einer Gesellschaft, die sich zu 100 Prozent mit dem gesellschaftlichen beziehungsweise rassischen Ideal deckt. Hannah Arendt schreibt dazu: »Dieses Resultat versucht die totalitäre Herrschaft gleichzeitig durch ideologische Indoktrination in den Eliteformationen und durch absoluten Terror in den Lagern zu erreichen, wobei die Gräueltaten, zu denen man die Eliteformationen rücksichtslos einsetzt, gleichsam die praktische Fortsetzung der ideologischen Indoktrination sind, dasjenige, an dem sie sich zu beweisen hat, während das unerhörte Schauspiel der Lager selber einer ›theoretischen‹ Verifikation der Ideologie dienen soll.«[46]

Die Konzentrationslager der totalitären Regime verkörpern par excellence das Reich dessen, was Hannah Arendt die »totale Herrschaft« und Sofsky die »absolute Macht« nennt. Sie dienen als ein Laboratorium, in dem die Grundanschauung des Totalitarismus, wonach alles machbar ist, ihre Bestätigung findet. Unter diesem Blickwinkel erscheinen die Lager auf doppelte Weise als ein Symbol für die totalitäre Herrschaft, denn sie sind zugleich Instrumente des totalen Terrors wie des gesellschaftlichen Umbaus. Sie verkörpern für die einen die *reale Hölle* und für die anderen das *zukünftige Paradies*. Aus Sicht ihrer Erlösungsideologie waren die nationalsozialistischen wie die sowjetischen KZs anscheinend rational erklärbar und sich sehr ähnlich, auch wenn ihre jeweiligen Regime eine diametral entgegengesetzte Ausrichtung aufwiesen.

Wie sollte man leugnen, dass das sowjetische Regime, historisch gesehen, aus einem revolutionären Willen hervorging, der von einem humanitären Ideal gespeist wurde? Das »Ziel«, schreibt Aron, »war die Errichtung des humansten Regimes der Geschichte, in dem alle Menschen zu Menschen würden, in dem es keine Klassen mehr gäbe, indem die Homogenität der Gesellschaft eine gleichberechtigte Zusammenarbeit der Bürger ermöglichte. Die auf die Verwirklichung dieses Zieles hinarbeitende Bewegung schreckte jedoch vor keinerlei Mittel zurück, weil die absolut gute Gesellschaft der Doktrin zufolge nur durch Gewalt geschaffen werden konnte [...].«[47]

Die Kombination aus einem erhabenen Ziel und gnadenlosen Mitteln zu seiner Verwirklichung führt zwangsläufig in das Grauen der Lager. Dafür sollte Stalin sorgen. Dazu schreibt Furet: »Die totalitäre Partei, eine Mischung aus Ideokratie und Staatsterrorismus, die ihre alte Garde um jeden Preis liquidieren will, das ist [nicht Lenin, sondern] Stalin.«[48]

Zur Rolle der Zwangsarbeit

Nicht die Wirtschaft begründete das KZ-System, sondern der Wille zur Schaffung eines neuen, eines erneuerten Menschen. Das bedeutet nicht, dass Arbeit darin keinen Platz hätte, im Gegenteil. Was unter ihr zu verstehen ist, muss allerdings erst noch festgelegt und eines dabei hervorgehoben werden: Auch wenn sich der Gedanke an eine produktive Arbeit in allen auf Dauer angelegten KZ-Systemen durchgesetzt hat, so war er ihnen doch keineswegs immanent.

Die wirtschaftliche Funktion – das heißt produktive Arbeit –, ganz zu schweigen von Zwangsarbeit, ist mit dem Lagerleben nicht notwendigerweise verbunden. In den KZs der III. französischen Republik wurde ebenso wenig gearbeitet wie in den Lagern des Algerienkrieges, in den britischen Lagern während des israelischen Unabhängigkeitskrieges oder in den amerikanischen Lagern für Japaner im Zweiten Weltkrieg. In nicht totalitären Systemen ist Arbeit kein Bestandteil des Lagers. (Eine auffällige Ausnahme bilden die deutschen Lager in Deutsch-Südwestafrika. Ein Rolle spielt dabei, dass sie vor dem Hintergrund eines rassistischen Krieges eingerichtet wurden). Folglich kann man das KZ-System auch nicht danach definieren, ob es eine produktive Funktion erfüllt oder nicht – entgegen der Behauptung von Jean-Jacques Marie in einem neueren Werk über den GULag.[49] Marie bedient sich einer einfachen Argumentation: Das Gesetz der Sowjets vom 15. April 1919 sah die Einrichtung eines Systems von Lagern zur »Konzentration« *(sic)* vor, in denen Arbeit aber nicht an der Tagesordnung gewesen sei. Für Marie sind Konzentrationslager durch Arbeit definiert: In der Sowjetunion habe es folglich kein KZ-System gegeben.

Auch wenn der Grund für eine solche Sichtweise einleuchtet (die Einrichtung des KZ-Systems soll um zehn Jahre vorverlegt werden, um Lenin und Trotzki freizusprechen), muss man auf die Schwächen und Gefahren dieses theoretischen Ansatzes hinweisen. Konsequent weitergedacht, hätte es nach diesem Modell vor 1937 und nicht einmal vor 1942, dem Jahr der Einbeziehung der Lager in die Kriegswirtschaft, auch unter den Nationalsozialisten kein KZ-System gegeben.[50]

Halten wir uns streng an die Fakten: Lager waren ursprünglich ein Instrument zur Überwachung der Gesellschaft, wobei Arbeit bald der Umerziehung (Freude an der Arbeit), bald der Zermürbung der Gefangenen (durch sinnlose Arbeiten) diente. Die Arbeit sollte die Gefangenen zermürben, ihre physische Widerstandskraft schwächen und ihre moralische Kraft brechen. Die NS-Lager dienten bei der Einrichtung keinem produktiven Ziel oder wirtschaftlichen Zweck. Ihre wesentliche Aufgabe bestand darin, Abweichler auf Kurs zu bringen, Rebellen und Opponenten (unter denen es nur wenige Juden gab) moralisch zu brechen. Zu dieser Zeit experimentierten Nationalsozialisten mit einer »Umerziehung« in »Erziehungsanstalten für Marxisten«. So begrüßte im April 1933 die *Tägliche Rundschau* begeistert die Einrichtung von Lagern:

»Überall im Reich sind solche Konzentrationslager eingerichtet worden, um die Amtsgerichtsgefängnisse zu entlasten. Man will einen direkten Einfluss auf die von ihren Führern verhetzten Menschen bekommen, um ihnen wieder Begriffe wie Ordnung, Disziplin und Gehorsam beizubringen und um zu zeigen, dass der Terror der Straße ein Ende zu nehmen hat, wenn der Staat aufbauen soll. ... Welche Erfolge man von diesen Maßnahmen, die täglich durch die Einrichtung von neuen Lagern ausgedehnt werden, erwarten kann, ist ungewiss. Denn wie weit auf dieser Basis eine wirkliche innere Umschulung der Marxisten möglich ist, kann so lange nicht festgestellt werden, bis man den Kern der Menschen erkennen kann. Der Marxismus ist eine Idee, die nur durch die Praxis eines anders und besser geformten Lebens ausgerottet werden kann, wenn nicht sogar durch Veredelung derjenigen Prinzipien, die in ihr wahr sind. Wenn es etwas Gutes an den Konzentrationslagern gibt, dann ist es das menschliche Näherkommen beider Gruppen, denn alle sind sie Volksgenossen, die mit dem Schicksal unserer Nation eng verknüpft sind.«[51]

Arbeit als Instrument der Erlösung: Aber die Wirklichkeit vor Ort sah anders aus. Vor der Internationalisierung der Lager dominierte der Gedanke einer Bestrafung durch überflüssige und demütigende Arbeiten. Wie Langbein hervorhob, mussten die Gefangenen besonders sinnlose Aufgaben erfüllen: Steine im Laufschritt von einem Ort zum anderen tragen, sorgfältig aufschichten und wieder im Laufschritt zurücktragen. Arbeit im Konzentrationslager erfüllte zwei wesentliche Aufgaben: Drill und Strafe.

Bis 1938, so schreibt Olga Wormser-Migot, »deutet nichts darauf hin, dass Häftlinge zu anderen als zu handwerklichen Aufgaben innerhalb des Lagers herangezogen werden. Die KZ-Arbeitskräfte kommen nicht in der Industrie zum Einsatz. Sie werden zu den täglichen Aufgaben im Lager und erst ab 1937 zur Ausbeutung von Steinbrüchen, Sandgruben und Wäldern herangezogen und in SS-Unternehmen beschäftigt.«[52]

Erst 1937/38 wird die Arbeit weitgehend den wirtschaftlichen Bedürfnissen der SS angepasst. (Die Lager wurden in der Nähe von Steinbrüchen und Fabriken der SS errichtet). Und erst ab 1942 waren sie Teil der Kriegsanstrengungen des NS-Staates.[53] Wie Wormser-Migot schreibt, arbeiteten die »KZ-Insassen erst ab 1942 in den geheimen Industrien«.⁵⁴ Von da an wurde die Zwangsarbeit zu einem vordringlichen wirtschaftlichen Anliegen des Reichs, denn die Kriegswirtschaft benötigte immer mehr Arbeitskräfte. In einem Brief vom 26. Januar 1942 gab Himmler dem Chefinspekteur aller KZs seine Absicht bekannt, in den nächsten vier Wochen 150 000 Juden zur Erledigung dringender wirtschaftlicher Aufgaben heranzuziehen. Dadurch überlebten einige »Untermenschen«, die ansonsten im Zuge der »Endlösung« vernichtet worden wären, die Hölle der Lager.⁵⁵

Warum Lager?

Die nationalsozialistischen und sowjetischen Konzentrationslager bildeten vor allem Systeme zur Überwachung der Gesellschaft. Sie dienten folglich nicht wirtschaftlichen, sondern ideologischen Zwecken. Wie David Rousset schreibt, waren diese »Lager keine einfachen ökonomischen Organismen, wie behauptet worden ist, sondern vor allem Organismen der gesellschaftlichen und politischen Sühne. ... Der Aufbau der Führung und die Rolle der Lager werden vor allem beherrscht durch das Anliegen der politischen wie sozialen Strafe, der Repression unter jedweder Gestalt.«⁵⁶ Gleichwohl anerkannte Rousset, dass »die wirtschaftliche Rolle der Lager dennoch beträchtlich ist, da sie die Erledigung von erniedrigenden und besonders harten Arbeiten ermöglichen«.⁵⁷

Dass sich der Rentabilitätsgedanke schrittweise bis zu dem Punkt hin durchsetzt, an dem die Lager zu regelrechten Fabriken wurden, hängt mit der langfristigen Etablierung des KZ-Systems zusammen. Da die Lager auf Dauer ausgelegt waren, sollten sie auch wirtschaftlichen Nutzen haben und Profite abwerfen. Der Gedanke, die Häftlinge für die Kosten ihrer Inhaftierung selbst aufkommen zu lassen, tauchte zeitgleich in Deutschland und in der UdSSR auf, wo das Prinzip des Wirtschaftens auf eigene Rechnung (*Chosrastschot*) entwickelt wurde. Hier wie dort profitierte man unbegrenzt von kostenlosen und beliebig ausbeutbaren Arbeitskräften.⁵⁸ Die Deportierten waren tageweise anzumieten. Das Unternehmen wurde so lukrativ (weniger für das System als für seine Führer), dass die Zahl der Gefangenen unablässig wuchs, während sich die Reihen der inneren Opposition lichteten – ein Phänomen, das in Russland, Deutschland und China zu beobachten war.

In China bilden die Lager heute echte Wirtschaftsunternehmen. Die Erzeugnisse der Zwangsarbeiter werden auf den Märkten im In- und Ausland verkauft und leisten einen bedeutenden Beitrag zur nationalen Wirtschaft. Dennoch erfüllten die Lager hier wie dort ursprünglich eine rein ideologische Funktion. Nach der Theorie, die dem System der Laogai zugrunde liegt, wurzelt jedes politische oder strafrechtliche Delikt in der Ideologie der besitzenden Klassen. Nur harte Arbeit kann dieses falsche Klassenbewusstsein überwinden und ein Gefühl der Solidarität mit dem Proletariat wecken. Die chinesische Regierung rechtfertigt ihre Praktiken der Sklavenhaltung mit einer »Theorie« der Produktivität und Arbeitsteilung. Demnach begehen Menschen nur deshalb Verbrechen, weil sie von der Ideologie der Ausbeuterklassen infiziert sind. Um das Übel an der Wurzel zu packen, muss die Ideologie des Kriminellen korrigiert werden, und dies ist nur durch den Zwang zu harter Arbeit zu bewerkstelligen. »Die Besserung der Konterrevolutionäre und anderer Krimineller durch Arbeit«, erklärt Chinas KP, »muss Strafe und geistige Umformung voll umfassen – im Interesse der Produktion und der politischen Erziehung.«[59]

Obwohl sich hinter diesem bis heute praktizierten Ansatz nichts anderes als Heuchelei und Zynismus verbergen, erklärt er die Tatsache, warum die zu Laogai und Laojiao Verurteilten nicht sofort zu körperlicher Arbeit gezwungen werden. In Gruppen eingeteilt, absolvieren sie eine »Studienzeit« von zwei Wochen bis zu drei Monaten, je nach ihrer Bereitschaft, ihre Schuld zu erkennen und einzugestehen – und nach der Aufrichtigkeit ihrer Reue.[60] Erst nach dieser unumgänglichen Phase kann der Prozess der »Erlösung von Sünden durch Fron« beginnen.

Versuch einer Klassifikation der Lager

Auf der Grundlage von Hannah Arendts Modell kann man die KZs durch eine Unterscheidung von drei Typen klassifizieren, die drei grundlegenden Jenseitsvorstellungen entsprechen: *Hades, Fegefeuer* und *Hölle*. Dabei ist es Hannah Arendt jedoch nicht gelungen, die Besonderheit der »Vernichtungszentren« zu berücksichtigen. Sie sieht sie als Teil des Phänomens der Lager und platziert sie deshalb in der Hölle. Um die Einzigartigkeit der NS-Vernichtungszentren wiederzugeben, fügen wir diesen drei Vorstellungen eine vierte hinzu: die *Gehenna*.

Dem **Hades** entsprechen die früher auch in nicht totalitären Ländern angewandten Methoden der Absonderung von unerwünschten Elementen: Flüchtlingen, der kolonisierten Urbevölkerung, Staatenlosen, Asozialen und Arbeitslosen.[61] Unter diese Kategorie fallen beispielsweise die spanische *»reconcentración«* in Kuba, die britischen Lager in Südafrika und die Lager von Vichy. Den Lagern des *Hades* fielen Hunderttausende Menschen zum Opfer.

Das **Fegefeuer** bezeichnet die sowjetischen und asiatischen Arbeitslager sowie die Lager in der nationalen Zeit des Hitler-Regimes (1933–1940). Bei ihnen gingen Absonderung und chaotische Zwangsarbeit mit einem gewissen Umerziehungsanspruch einher. Das Fegefeuer führt direkt in die Hölle und geht häufig in diese über. Ziel ist allerdings nicht die Vernichtung, sondern eine »Säuberung«. Es geht darum, die Betroffenen abzusondern, zur Arbeit zu zwingen und sie, kurz gesprochen, daran zu hindern, die »gesunden« Elemente der Gesellschaft zu »infizieren«.

Die **Hölle** im wörtlichen Sinne verkörperten die Konzentrationslager der Nationalsozialisten der so genannten internationalen Zeit (1940–1945): Alles ist dort minutiös und systematisch darauf angelegt, das Individuum physisch und moralisch zu erniedrigen und zu zerstören. Die Hölle ist das Reich des absolut Bösen. Alles wird darangesetzt, den Menschen, mit Vorliebe unter den schlimmsten Leiden, zu vernichten.

Die **Gehenna** beschreibt die Welt der sechs NS-Zentren zur sofortigen Vernichtung (SK). Hier gibt es weder eine Geschichte noch Heldentum, sondern nur den sofortigen Tod in vollständiger Anonymität. Menschenmassen werden behandelt, als existierten sie nicht mehr. Die überwiegende Mehrheit dieser Menschen werden gleich nach der Ankunft ermordet.

Die Unterscheidung zwischen den Lagern des Fegefeuers und denen der Hölle ist häufig nur sehr subtil. So muss der Tatsache Rechnung getragen werden, dass in einigen sowjetischen Lagern die Sterblichkeit oft höher war als in den NS-Lagern ab 1940. Hier ist der Unterschied kein quantitativer, sondern ein wesentlicher: In den NS-Lagern während der Kriegszeit war alles auf die Vernichtung des Gefangenen hin *angelegt*; in den sowjetischen Lagern *trugen* alle äußeren Umstände *dazu bei*, dass die Gefangenen umkamen. Die Inkompetenz, die fehlende Vorbereitung, die Arbeitsbedingungen, das Klima, die Menschenverachtung und die Macht von Kriminellen sorgten dafür, das die Häftlinge wie Fliegen starben.

1896 – Kuba

Die erste organisierte massive Konzentration einer bestimmten Gruppe von Zivilbürgern in einem begrenzten und bewachten – freilich nicht abgesperrten – Raum wurde von Seiten der Spanier durchgeführt. Zu dieser Maßnahme griffen sie im Lauf des kubanischen Befreiungskrieges. Was da am Ende des 19. Jahrhunderts in Kuba geschah, erregte die Gemüter der Zeitgenossen, und als einige Jahre später ein Teil Europas gegen die Lager protestierte, die die Briten während des Burenkriegs einrichteten, wurde wiederholt Bezug auf die Ereignisse in Kuba genommen: Sie galten damals als Inspirationsquelle der Briten und zudem als ein neuer Beweis für ihre Unmenschlichkeit. In Kuba wurde zum ersten Mal der Begriff der »Konzentration« – genauer gesagt, der »Re-Konzentration« – verwendet. 1895 benutzte ihn der Armeechef, der die Insel, eine der letzten verbliebenen Kolonien der Spanier, für die Krone zu retten versuchte. Damit wurde er gleichsam zum Erfinder des Hades.

Seit Diego de Velázquez 1511 die Insel erobert hatte, stand Kuba unter spanischer Herrschaft; jetzt wurde es von der großen nationalen Bewegung ergriffen, die durch alle ehemaligen Kolonien in Südamerika rollte. 1850, 1851 und 1855 kam es zu Volksaufständen. 1867 begab sich eine kubanische Delegation nach Madrid und forderte eine Reihe von Reformen, die aber verweigert wurden. Ein Jahr später brach ein Unabhängigkeitskrieg aus – zehn Jahre sollte er dauern. Zwar wurden die Abschaffung der Sklaverei und die Zuerkennung begrenzter Reformen erreicht, aber weiter gingen die Spanier nicht, deren »Befriedungsmaßnahmen« unter General Arsenio Martínez de Campos nach einigen Schwierigkeiten von Erfolg gekrönt waren.

Im Februar 1895 kam es erneut zu einem Aufstand: Die Rebellen klagten Spanien wegen seiner Steuergängelei an, warfen seinen Beamten vor, die kubanischen Verhältnisse völlig falsch einzuschätzen, und lehnten sich gegen die Verweigerung einer kubanischen Mitverwaltung der Insel auf.[1] Die Rebellion wuchs sich zu einem

1896–1898: Die »Rekonzentration« in Kuba

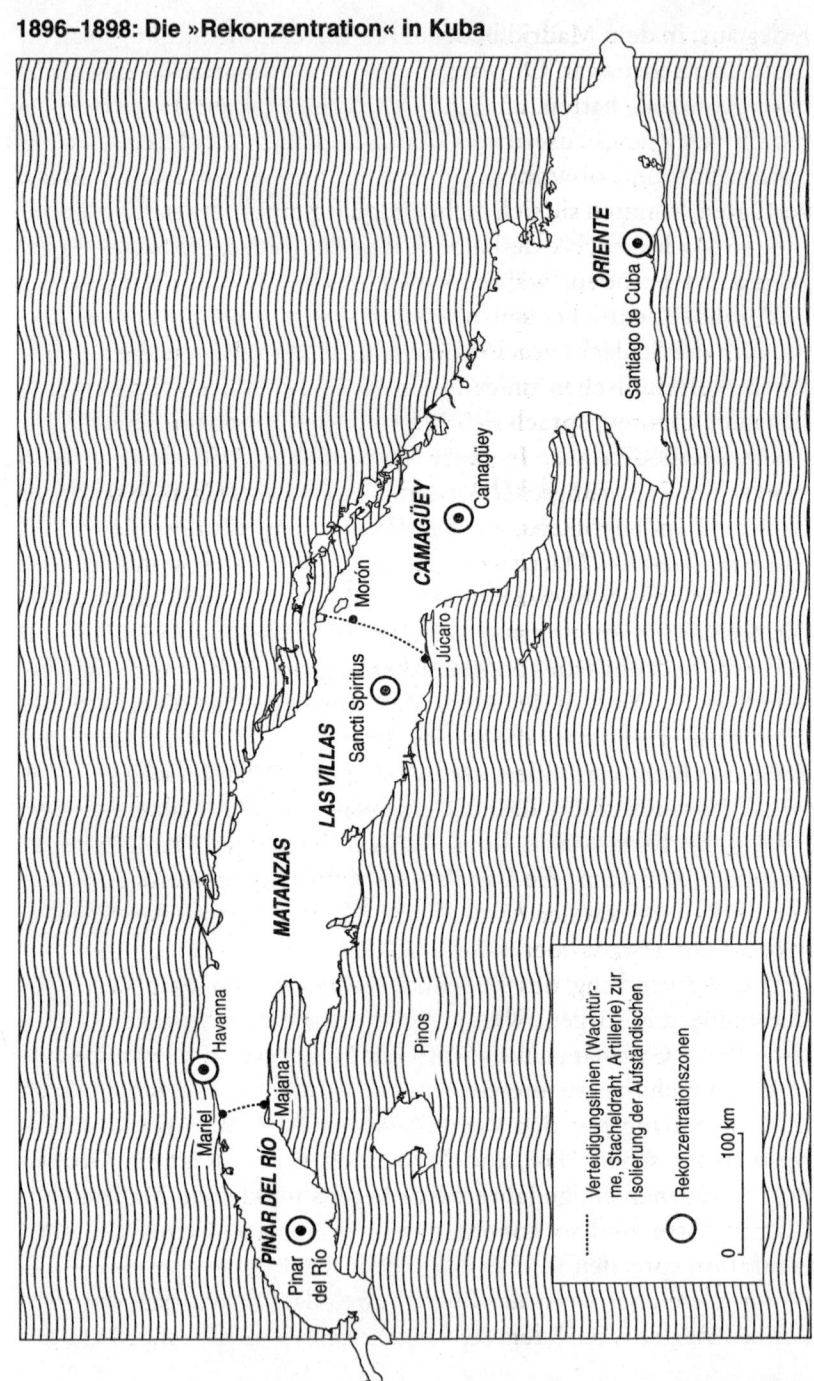

Krieg aus, in dem Madrid bedeutende Verluste erlitt, ohne dass ein Ende abzusehen war. Obwohl die Spanier die Situation genügend unter Kontrolle hatten, um zahlreiche Freiheitskämpfer einzusperren (in den Zuchthäusern von Ceuta, Melilla und auf den Chafarinas-Inseln), und obwohl sie über eine Armee von 250 000 Mann verfügten, konnten sie sich nicht endgültig durchsetzen. Die Regierung in Madrid suchte deshalb nach einem Mittel, die Sache ein für allemal zu beenden, während gleichzeitig die Gegnerschaft der USA immer deutlicher spürbar wurde.

Nach der Schlacht von Peralejo am 13. Juli 1895, die die kubanischen Aufständischen unter ihrem Anführer Maceo für sich entscheiden konnten, sprach sich Martínez de Campos für neue, radikalere Methoden aus. In einer vertraulichen Mitteilung an den spanischen Regierungschef Antonio Cánovas del Castillo schlug er vor, »die Landbevölkerung in den städtischen Ballungsräumen [zu] *rekonzentrieren*«. Martínez war sich der Schwierigkeiten bei der Umsetzung dieser Maßnahme sehr wohl bewusst und räumte selbst ein, dass die so zusammengedrängten Menschen von »Armut und Hunger« bedroht sein könnten. Aber zugleich hob er auch die Vorteile hervor: Dank dieser Methode »würde die Bevölkerung vom Land isoliert«, so dass die Spionagetätigkeit der Frauen und Kinder, wenn nicht verhindert, so doch begrenzt werden könne. »Unter der Voraussetzung, dass diese Rekonzentration« ohne Ausnahme durchgeführt werde, könne sie durchaus zum Erfolg führen.[2] Es ging also darum, die Landbevölkerung zwangsweise an einem vorgegebenen, von der Armee kontrollierten Ort zu versammeln, meist in einer Stadt oder in der Nähe einer Stadt.

Die Verwendung des Begriffs *reconcentración* mag heute für Verwunderung sorgen. Warum nicht einfach *concentración*? Francisco Pérez Guzmán, ein kubanischer Historiker, dem wir die beste Untersuchung zu diesem Thema verdanken, vermutet einen Zusammenhang mit den vorausgegangenen Konzentrationsmaßnahmen zwischen 1868 und 1878. Man führte jetzt im Großen durch, was man einige Jahre zuvor bereits im kleinen Maßstab begonnen hatte, und so konnte man tatsächlich von einer Re-Konzentration sprechen.[3]

Vor allem aber weist der Begriff doch darauf hin, dass die »Rekonzentrierten«, nachdem sie aus ihrer gewohnten Umgebung herausgerissen waren, an dem ihnen zugewiesenen Ort in einem großen Kollektiv leben mussten, man hatte sie »konzentriert«. Und tatsächlich belegen die Quellen, dass »Rekonzentration« und »Konzentration« ohne Unterschied verwendet wurden, und zwar sowohl von den Spaniern als auch von den kubanischen Aufständischen. Aber unabhängig davon, welchen Namen sie nun trägt, wird die eigentliche Funktion dieser Strategie ganz deutlich, wenn man die militärische Situation betrachtet. Cánovas folgte zwar dem Vorschlag, schärfere Maßnahmen zu ergreifen, ließ die Sache aber paradoxerweise nicht von Martínez de Campos durchführen, sondern beschloss dessen Ablösung durch Valeriano Weyler y Nicolau, der am 17. Januar 1896 *Capitán general* auf der Insel wurde.

Weyler hatte den Auftrag, den Konflikt rasch zu beenden oder, so eine zeitgenössische Formulierung, »dem Krieg den Krieg zu erklären«. Sofort nach seiner Ankunft auf der Insel am 10. Februar 1896 stellte der neue Generalgouverneur in einem feierlichen Aufruf an die Aufständischen Strafminderung für alle in Aussicht, die innerhalb von acht Tagen ihre Waffen niederlegen und als Kronzeugen aussagen würden; jegliche Unterstützung der Rebellen werde dagegen ausdrücklich vor dem Militärgericht geahndet.[4]

Sodann ließ Weyler an der schmalsten Stelle der Insel eine militärische Sperrlinie errichten, und zwar zwischen der Hafenstadt Mariel im Norden und der Bucht von Majana im Süden. Es handelte sich dabei um eine breite Trasse, auf der Truppen der Artillerie und der Kavallerie ungehindert vorankommen und stationiert werden konnten, mit Lauf- und Schützengräben sowie Stacheldrahtabsperrungen auf beiden Seiten. Offensichtlich steckte dahinter eine Taktik der Isolierung, der Aufteilung des Territoriums in verschiedene Teilzonen, die dann leichter »befriedet« werden konnten. Stacheldraht wurde übrigens erst seit 1874 in den Vereinigten Staaten industriell hergestellt und kommerziell vertrieben. Mit dieser Erfindung veränderte sich nicht nur rapide der Anblick der nordamerikanischen Prärienlandschaft, sondern es ergaben sich auch ganz neue Möglichkeiten für die Kriegführung. Doch die Isolierung der kubanischen Rebellen war noch nicht vollendet, solange man sie nicht auch von der Bevölkerung abschnitt, die auf dem Land lebte. Und so beschloss Weyler, die Landbevölkerung an bestimmten Orten zu versammeln, die unter seiner Kontrolle standen. Laut Pérez

Guzmán spielte die Rekonzentration für Weyler »eine entscheidende Rolle bei der Erreichung seines Ziels, einen Frieden auf einem militärischen Sieg aufzubauen«.[5] Der militärische Sieg rechtfertigte die Isolierung der Freiheitskämpfer allemal. Was bei seinem Vorgänger nur ein Projekt, gerade einmal eine vage Vorstellung war, wurde jetzt eine konkrete politische Maßnahme. Weyler wollte mit der Konzentrierung der Landbevölkerung verschiedene Ziele erreichen:
- den *mambises* – so nannte man die Aufständischen – ihre Lebensgrundlage entziehen,
- verhindern, dass die Bauern die spanischen Truppenbewegungen beobachten konnten,
- die revolutionäre Propaganda unterbinden,
- die Ausbreitung der Rebellion stoppen,
- die Rebellen demoralisieren, weil ihre Verwandten den Spaniern als Geiseln ausgeliefert waren.

Ein erstes von Weyler unterzeichnetes Dekret vom 16. Februar 1896 zwang die Bewohner der ländlichen Gebiete um Sancti Spíritus, Puerto Príncipe und Santiago de Cuba, sich innerhalb von acht Tagen zu »rekonzentrieren«; das heißt, sie durften sich fortan nur im engen Umkreis ihrer Dörfer bewegen. Weyler wählte die harte Methode: die Rekonzentration einerseits, aber zusätzlich noch militärgerichtliche Schnellverfahren und standrechtliche Erschießungen sowie Massendeportationen nach Afrika, Spanien oder auf die Isla de Pinos (heute Isla de la Juventud). Sein Ziel, das in einer ganzen Reihe von Kolonialkriegen (einschließlich Algerien- und Vietnamkrieg) immer wieder eine Rolle spielen wird, bestand darin, zu verhindern, dass die Rebellen sich inmitten der Bevölkerung gleichsam »wie der Fisch im Wasser« bewegten.

So weit also die Zielsetzung der Rekonzentrationspolitik, die ab Januar 1897 auch in weiteren Regionen durchgeführt wurde. Ein erneutes Dekret dehnte die Maßnahme auf die Regionen Havanna und Matanzas aus; am 27. Mai auch auf die Zone zwischen Las Villas und Camagüey sowie den Oriente. Etwa ab Juni 1897 wurde die Rekonzentration flächendeckend von Pinar del Río bis Sancti Spíritus angewendet.

Auf diese Weise entvölkerte Weyler einen großen Teil des kubanischen Landraums.[6] Die neuen Sammelstätten lagen am Rand der

Zonen, in denen die »rekonzentrierte« Bevölkerung sich frei bewegen durfte. Sie mischte sich mit der Stadtbevölkerung. Es herrschten keine ausdrücklich vorgegebenen Verhaltensregeln; vielmehr war eben die Stadt in ihrer Gesamtheit abgeriegelt. Es war verboten, sich in den Dörfern mit Lebensmitteln zu versorgen, und ohne Erlaubnis der Militärverwaltung durfte man weder zu Lande noch zu Wasser reisen.

Die Zonen wurden so gewählt, dass zumindest theoretisch das Wohlergehen der Rekonzentrierten gesichert war: angemessene sanitäre Einrichtungen und Unterkünfte, ausreichende Wasserstellen, Anbauflächen in unmittelbarer Nähe der bewachten Gebiete, so dass die *reconcentrados* die Nahrungsmittel für ihre eigenen Bedürfnisse selbst produzieren konnten.

Allerdings klafften Absicht und Wirklichkeit weit auseinander. Baracken baute man bestenfalls im Stil von Notunterkünften. Oft verwendete man »alte Schuppen, verlassene Häuser und improvisierte Unterschlüpfe«. Die Menge der heranströmenden Männer, Frauen und Kinder war so groß, dass Unzählige von ihnen da schlafen mussten, wo sie gerade einen Platz fanden, in Hauseingängen, Höfen oder Hausfluren.

»Wenn man hereinkam, sah man rechts und links die verschiedenen Grüppchen der einzelnen Familien; sie hockten auf dem Boden, auf Säcken, und ganz wenige auch in Hängematten; alle waren praktisch nackt, regelrecht lebendige Skelette«, zitiert Guzmán einen Zeugen. Ein anderer Besucher schildert eine der Schlafstätten, eine verlassene Scheune. Der Boden war uneben, das Dach durchlöchert. Keine Toiletten, keine Betten. Ein Einwohner von Havanna schreibt: »Die Zahl der Kranken unter diesen Leuten steigt von Tag zu Tag. Die spanischen Truppen belegen so viele Unterkünfte, dass man all diese zusätzlichen Leute einfach nicht mehr unterbringen kann. Die Orte, wo die *reconcentrados* leben, sind kaum bessere Schweineställe, und die Leute atmen dort wahrlich nicht die gute Luft, an die wir hier gewohnt sind: Zusammen mit der Nahrungsknappheit sorgt das für Hunderte von Todesfällen.«

Im Mai und Juni 1897 untersuchte ein weiterer Zeuge, der amerikanische Regierungsvertreter für Kuba William J. Calhoun, die Lage der »Rekonzentrierten« in fünf kubanischen Städten. Er besuchte vor allem die Lager in der Umgebung der Stadt Matanzas:

»Ich trat in ihre Baracken ein, ich sprach mit den Leuten, und ich hatte ihr Elend und ihr Leid so deutlich vor Augen, dass mein Herz für diese armen Kreaturen blutete. ... Wir sahen Kinder mit geschwollenen Gliedern, die aussahen wie wassersüchtig – man sagte mir, das komme von der unzureichenden Ernährung. ... Es genügt nicht, bei dieser traurigen und allzu brutalen Schilderung stehen zu bleiben. Meiner Meinung nach wird diese Politik, wenn sie so weitergeführt wird, die schrittweise, aber sichere Ausrottung dieser Menschen zur Folge haben. Überall auf der Insel habe ich völlig unvoreingenommen mit zahlreichen Beobachtern gesprochen, und alle berichteten über die unglücklichen *reconcentrados* dieselbe Geschichte von Leid und Tod.«

In einem heutigen kubanischen Schulbuch ist zu lesen: »Wer sich aus der abgesperrten Zone herauswagte, und sei es nur, um ein Bedürfnis zu verrichten, wurde ohne Wimperzucken niedergeschossen. ... Die rekonzentrierten Bauern aßen die Abfälle aus den Kasernen der spanischen Truppen.« Die Lage der *reconcentrados* war um so schwieriger, als die Pflanzung von Mais und Kochbananen, später auch von Zuckerrohr, verboten war, sobald ein Radius von 500 Metern jenseits der Überwachungslinien überschritten wurde.

Die Nahrung, die in den meisten Städten auch schon vor der Ankunft der *reconcentrados* knapp war, reichte nun kaum mehr aus. Der amerikanische Historiker Foner schreibt:

»Nahrung wurde von den Machthabern unregelmäßig verteilt; sie bestand aus dem, was gerade in den Kantinen der Militärstützpunkte übrig blieb. Augenzeugen berichten, dass ausgehungerte Gestalten um diese magere Nahrung kämpften wie Tiere. Tausende von ausgemergelten Gestalten, von Kranken und Sterbenden zogen wie Gespenster durch die Straßen der kubanischen Ortschaften und Städte, suchten nach Nahrungsresten und bettelten bei Spaniern und Ausländern, oft starben sie mitten auf den Fußwegen. Junge Mädchen prostituierten sich bei den spanischen Soldaten und Zivilisten, um an ein Stück Brot, Medikamente oder etwas zum Anziehen zu kommen. Obwohl die Konzentrationszonen eigentlich bewacht waren, um die Internierten daran zu hindern, aufs Land zurückzukehren, ermutigten manche spanischen Offiziere die *reconcentrados*, aufs Land zu gehen, um nach Nahrung zu suchen; sie dachten wohl, es sei für sie immer noch besser, von den

spanischen Soldaten wegen einer Verletzung der Weylerschen Dekrete getötet zu werden, als weiter in diesem Elend zu leben.«[7]
Angesichts der schlechten Ernährung und der allgemeinen medizinischen Unterversorgung breiteten sich bald alle möglichen Krankheiten aus: Typhus, Malaria, Ruhr, Parasitosen, Hauterkrankungen, Gelbfieber, Pocken, Darmentzündungen. Die Todeszahlen erreichten alarmierende Größenordnungen. Oft wurden die Toten in Massengräbern verscharrt, ohne vorher identifiziert zu werden. Waren sie zu Beginn noch störende Zuwanderer gewesen, so galten sie jetzt auch noch als Überträger von Epidemien. Allerdings bedeutete das Elend dieser Bevölkerung für manche auch eine reiche Einnahmequelle: Soldaten begannen Nahrung, die sie anderswo gestohlen hatten, zu verkaufen.[8]

Wenn in einem Gebiet die Rekonzentration durchgeführt wurde, so galt jede Person, die sich außerhalb der kontrollierten Zone aufhielt, als Straftäter. Ihnen gegenüber kannte die Armee keine Gnade. Ein kubanisches Schulbuch zitiert aus dem Brief eines Soldaten: »Jetzt hängen unsere Chefs nicht länger mit den Mädchen herum: Jeden, der uns auf dem Weg begegnet, machen wir einen Kopf kürzer ...«

Und die Soldaten beließen es nicht bei den Hinrichtungen. Sie zerstörten die Ernte, töteten das Vieh, vergifteten die Brunnen. Calhoun schreibt: »Ich bin mit dem Zug von Havanna nach Matanzas gefahren. Sobald wir die Militärposten hinter uns hatten, war das Land praktisch menschenleer. Jedes Haus hatte man niedergebrannt, die Bananenstauden abgehauen, die Felder verbrannt und alles, was nur im entferntesten essbar aussah, zerstört. ... Ich habe nicht ein Haus gesehen, nicht einen Mann, eine Frau oder ein Kind, kein Pferd, kein Maultier, keine Kuh, nicht einmal einen Hund. Ich habe keine Spur von Leben entdeckt, höchstens ab und an einen Geier oder einen Bussard, der in der Luft seine Kreise zog. Das Land versank in der Starre des Todes und im Schweigen der Verzweiflung.«

Die Zahl der Todesopfer ist umstritten. Die verfügbaren Zahlen beziehen sich auf alle Todesfälle der betreffenden Zeit, man kann nur sehr schwer zwischen den Opfern des Krieges und der Rekonzentration unterscheiden. Eine der ersten Schätzungen aus dem Jahr 1925 spricht von 90 000 Opfern unter der »nicht kämpfenden«

Bevölkerung für den Zeitraum von 1896–98, also für die Jahre der »Rekonzentration«. 1931 sprach der amerikanische Historiker Walter Millis von bis zu 200 000 Opfern, die aber Zivilisten und Soldaten umfassen. Kubanische Historiker wie Ramiro Guerra, Emilio Roig, Fernando Portuondo und Juan Pérez de la Riva gaben ihrerseits höhere Schätzungen ab. In jedem Fall bleibt eine Unsicherheit: Die spanischen Behörden führten keine Statistiken und ließen die Toten rasch beerdigen. Die Schätzung von Carlos M. Trelles y Govín über 300 000 Opfer scheint jedenfalls unangemessen hoch, obwohl es sich auch hier um die Gesamtzahl aller Todesfälle handelt. Immerhin sind sich die meisten Spezialisten über die Zahlen in einem begrenzten Gebiet einig: Allein in der Provinz Havanna kamen 50 000 Menschen ums Leben. Das ist eine sehr hohe Zahl, auch wenn sie die gesamte nicht kämpfende Bevölkerung umfasst. Trotzdem ist sie glaubhafter als die 200 000 *reconcentrados*, von denen im Dezember 1897 der Konsul der Vereinigten Staaten ebenso sprach wie das *Central Cuba Relief Committee*, das sich in seiner Schätzung auf offizielle spanische Quellen berief. Jedenfalls belegen die Statistiken einen deutlichen Anstieg der Todesfälle in den Jahren 1896 und 1897, den Jahren also, in denen die Rekonzentration stattfand.

Todesstatistik			
Provinz	*1895*	*1896*	*1897*
Pinar del Río	2900	8 600	15 400
Havanna	7400	11 700	18 100
Matanzas	7000	10 500	25 300
Santa Clara	9700	14 700	45 500

Unabhängig davon, wie hoch die Todeszahlen nun genau waren, steht jedenfalls fest, dass die Sterblichkeit in den »Rekonzentrations«-Zonen sehr hoch war. Soll man nun so weit gehen, mit Guzmán von einem »Holocaust gigantischen Ausmaßes« zu sprechen? Ist die Verwendung dieses Begriffs mit all seinen Konnotationen gerechtfertigt? Sicherlich nicht. In der Tat bestand von Seiten der

Spanier nicht die politische Absicht, die kubanische Bevölkerung auszuhungern. Wie Foner belegt, gibt es zahlreiche Gründe für die vielen Opfer, unter anderem schlechte hygienische Bedingungen, Überbevölkerung, Umstellung der Lebensumstände, zu wenig und zu schlechte Nahrungsmittel, mangelnde medizinische Versorgung, keine Arbeit, kaum Finanzmittel und allgemein eine große Gleichgültigkeit gegenüber der besonderen Situation der Frauen, Kinder und Alten. Hinzu kam, dass der spanische Staat all denen jede Hilfe versagte, deren Vater, Bruder oder Ehemann sich den Aufständischen angeschlossen hatte, und stattdessen bevorzugt diejenigen unterstützte, die sich offen zu der Sache Spaniens bekannten.

Ob aufgrund der Rekonzentration oder nicht, jedenfalls gewann Weyler schon im Dezember militärisch die Oberhand. Am 7. Dezember 1896 gelang es seinen Truppen, den alten Rebellenchef Maceo aus einem Hinterhalt heraus zu ergreifen und zu töten: »Das war der größte Sieg, den die Spanier seit dem Tod von Martí errungen haben.« Die Befriedung der westlichen Provinzen Pinar del Río, Havanna und Matanzas war damit erreicht. Die Spanier hatten umso leichteres Spiel, als unter den Rebellen keine Einigkeit mehr herrschte. Ihr Chef Máximo Gómez galt sogar bei den Anhängern der kubanischen Sache als brutal und unmenschlich. Im Frühsommer 1897 gelangen den spanischen Truppen entscheidende Vorstöße. Paradoxerweise wurde ein Sieg dennoch immer unwahrscheinlicher, denn wie es sich nun zeigte, war der Einsatz der gewählten Methoden ein zweischneidiges Schwert gewesen.

Die Rekonzentration bot nämlich dem US-Präsidenten die Gelegenheit, sich in die inneren Angelegenheiten Kubas einzumischen. So protestierte der gerade gewählte William McKinley in einem offiziellen Schreiben gegen die unmenschliche Politik Spaniens und stellte deren Regierung über seinen Botschafter in Madrid ein Ultimatum. Darin wurde Spanien aufgefordert, bis Ende Oktober 1897 alle kriegerischen Handlungen einzustellen. Als der spanische Premier einem Attentat zum Opfer fiel, schien sich die Situation zunächst zu klären. Die ersten Maßnahmen des Amtsnachfolgers, des Liberalen Práxedes Mateo Sagasta, gingen in der Tat in die von den Amerikanern geforderte Richtung. General Weyler wurde am 8. Dezember 1897 abberufen, in Kuba wurde eine autonome Regierung eingerichtet, und am 10. November vereinbarte man einen Abbruch der Rekonzentrationspolitik. Aber das alles nützte nichts, der Druck der Vereinigten Staaten nahm noch zu. Der amerikanische Konsul berichtete in seinen Depeschen an das State Department von alarmierenden Zuständen. Berichte und Erklärungen von allen Seiten stellten an den Pranger, was den Kubanern angetan wurde. Eine besonders große Rolle spielte in diesem Zusammenhang die Vorsitzende des nordamerikanischen Roten Kreuzes. Nach ihren Worten waren die Massaker an den Armeniern durch die Türken gegen das, was sie in Havanna gesehen hatte, noch regelrecht barmherzig. In der Presse erschienen Fotos – einige davon waren retuschiert. Der Senator Rodfield Proctor beschrieb die »Rekonzentrierten« so: »Sie sind aus ihrer Heimat verschleppt worden, sie leben auf einem stinkenden Boden, atmen ungesunde Luft, trinken verdorbenes Wasser und ernähren sich von verfaulter Nahrung, wenn sie überhaupt welche finden. Wer soll sich da noch wundern, dass die Hälfte von ihnen bereits tot ist und dass ein Viertel derer, die noch leben, so krank ist, dass keinerlei Hoffnung mehr besteht? Man sieht – welch unsäglicher Anblick – Kleinkinder, die mit verkrüppelten Armen und Beinen herumlaufen, mit verschwollenen Augen und mit einem Bauch, der dreimal so dick ist wie normal: Die Ärzte sagen, dass es für diese Kinder keine Rettung gibt.«

Die Zeichen standen auf gewaltsamer Konfrontation. In seiner traditionellen Rede »Zur Lage der Nation« wandte sich Präsident McKinley gegen »die grausame Konzentrationspolitik, die seit dem 16. Februar 1896 verfolgt wird, ein Mittel in einem unzivilisierten Krieg, in einem Vernichtungskrieg«. Als am 15. Februar 1898 in der Bucht von Havanna das US-Kriegsschiff *Maine* explodierte, war das der Auslöser für den Krieg. Zwar wurde zum 30. Mai das definitive Ende der »Rekonzentration« angekündigt (das bereits am 30. März in Aussicht gestellt worden war), aber das vermochte nichts mehr zu ändern: Am 19. April stimmten die beiden Kammern des US-Kongresses für den Krieg. Es wurde eine sehr kurze Auseinandersetzung, an deren Ende die Insel zwar die Unabhängigkeit erlangte, jedoch unter die wirtschaftliche Kontrolle der Vereinigten Staaten geriet.

Die *reconcentración* war vorüber. Gleichzeitig war dies die Geburtsstunde des Interventionsrechts aus humanitären Gründen.

1900–1902: Die wichtigsten britischen Konzentrationslager in Südafrika

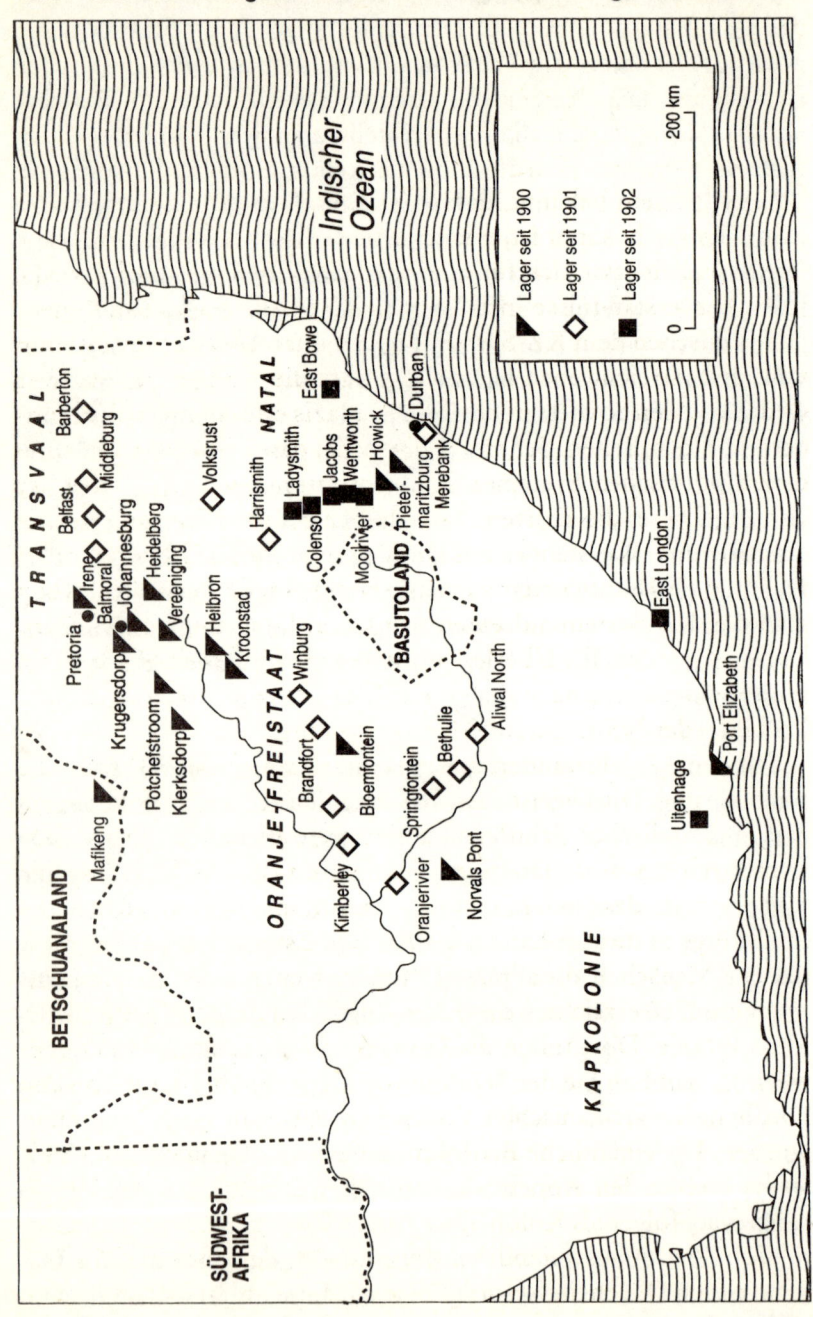

1900 – Die Buren

Es ist allgemein bekannt, dass es während des Burenkriegs Lager gab. Weniger bekannt ist, wie man sie sich vorzustellen hat. Diese Unwissenheit lässt sich für alle möglichen ideologischen Zwecke und Missverständnisse instrumentalisieren. Wer den Zusammenhang zwischen dem KZ-System und totalitären Systemen auflösen will, unterstreicht eben hartnäckig, dass die Konzentrationslager weder von den Sowjets noch von den Nazis erfunden wurden, sondern von den Briten. Schon die Tatsache, dass es in ganz verschiedenen politischen Systemen Konzentrationslager gibt, widerlegt also die These, die Existenz von Lagern sei eine Eigenheit totalitärer Regime. Wie steht es nun im Einzelnen damit? Bevor wir diese Frage zu beantworten suchen, sei am Rande vermerkt: Wenn man das KZ-System auf einen britischen Ursprung zurückführt, lassen sich jedenfalls Überlegungen mancher Historiker wie Ernst Nolte widerlegen, nach denen die Idee – wenn nicht das direkte Vorbild – der NS-Lager im GULag zu suchen sei.

Seit dem 17. Jahrhundert gab es in Südafrika eine niederländische Bevölkerung. Die begeisterten Erzählungen von ein paar Matrosen eines holländischen Schiffes und eine erste Entsendung von Siedlern durch die niederländische Vereinigte Ostindische Kompanie führten dazu, dass sich schon kurz darauf, im Jahr 1652, die ersten Freibürger in diesem Land niederließen. Es waren zwei- bis dreitausend Menschen, die allmählich immer weiter in den Norden vordrangen. 1760 erreichten die Buren (niederländisch für Bauern) den Fluss Oranje. Dort trafen die Pioniere auf eine andere Wanderbewegung, nämlich die der Stämme von Ureinwohnern, die von den nördlicheren afrikanischen Völkern in Richtung Süden gedrängt wurden. Die eigentliche Bedrohung aber lag anderswo. Denn Südafrika erregte den Appetit des britischen Empire, das 1814 Hollands Nachfolger als Kolonialmacht am Kap wurde. Damit kündigte sich die unausweichliche Britisierung der niederländischen Kolonie an: Durch die »Hottentotten-Charta« hoben die Briten im

Jahr 1828 gegen den Willen der Buren jegliche Rassendiskriminierung auf, und im Jahr 1833 wurde die Sklaverei abgeschafft. Die aus den Niederlanden stammenden Siedler beschlossen nun, die Kapkolonie zu verlassen und ins Landesinnere zu ziehen. Ihre große Migration, die als der »große Treck« in die Geschichte einging, führte sie bis in die Regionen jenseits des Vaal (die daher den Namen Transvaal erhielten) und nach Natal, von wo sie aber schließlich von den britischen Siedlern vertrieben wurden. Die meisten Buren lebten seither zwischen dem Oranje und dem Vaal. Zwei unabhängige Republiken riefen sie dort aus, Transvaal und den Oranje-Freistaat, beide wurden von den Engländern 1852 bzw. 1854 anerkannt. Die Kapprovinz dagegen blieb nominell unter der Herrschaft der britischen Krone, erhielt aber eine autonome, binationale Regierung; die Mehrzahl ihrer Bürger stammte noch immer von Niederländern ab.

Obwohl beide niederländische Republiken von der britischen Krone anerkannt wurden, stellten sie weiterhin eine große Verlockung dar. Der erste Versuch Englands, Transvaal zu annektieren, fiel ins Jahr 1877. Dieser »erste Freiheitskrieg« endete mit der völligen Niederlage der britischen Truppen am Majuba Hill. Am 23. März 1881 wurde der Friedensschluss unterzeichnet. Damit wurde die Unabhängigkeit der beiden Burenrepubliken bestätigt; allerdings behielt sich England ein Mitspracherecht bei deren Außenpolitik vor. 1884 wurde Transvaal offiziell zur »Südafrikanischen Republik«, ihr Präsident war Paulus »Ohm« Krüger. Wesentliche Merkmale dieser Republik waren die Einsetzung des Afrikaans als Amtssprache und des Calvinismus als Staatsreligion sowie die Rassendiskriminierung.

Die Haltung der Buren war doch recht erstaunlich. Sie waren nicht mehr als 50 000 auf einer Fläche von der Größe Frankreichs, blockten aber jegliche Reformen ab, während gleichzeitig die Eröffnung der Goldminen mehr und mehr Weiße aus dem Ausland anzog. Zumindest die ländlichen Farmer blieben starre Puritaner und hielten sich gleichsam für ein erwähltes Volk; die Ankunft von immer neuen Einwanderern, die es in die diamantenreichen Gebiete und seit 1886 vor allem zu den Goldvorkommen in Transvaal zog, erregte ihre Besorgnis. Und das nicht ohne Grund. Die Buren waren zahlenmäßig unterlegen und hatten dem wachsenden Druck der Briten nichts entgegenzusetzen. 1895 zettelten diese einen Aufstand an, unterstützt durch den damaligen Gouverneur der Kapkolonie, Cecil Rhodes. Am 29. Dezember 1895 kam es mit dem »Jameson Raid« zu einem versuchten Staatsstreich, ohne das Einverständnis der Krone zwar, wohl aber auf Initiative von Cecil Rhodes. Zum zweiten Mal mussten die britischen Truppen eine vernichtende Niederlage hinnehmen.

Im Vertrauen auf ihre zahlenmäßige Überlegenheit gaben die Briten dennoch die Hoffnung nicht auf, die beiden Republiken und ihre Goldminen letzten Endes doch noch annektieren zu können. Schon bald schien ein dritter Krieg unausweichlich zu sein: Und erstaunlicherweise erklärten ihn am 11. Oktober 1899 die Buren selbst, denn sie empfanden die massive Truppenpräsenz an ihren Grenzen zunehmend als Bedrohung. Dieser so genannte Burenkrieg endete erst am 31. Mai 1902 mit dem Abkommen von Vereeniging. Für die britische Krone war dies seit 1815 der längste, der teuerste und auch der blutigste Krieg: 22 000 Briten kamen in seinem Verlauf ums Leben, dazu 12 000 Kämpfer aus afrikanischen Hilfstruppen.[1]

Die Buren verfügten über 32 000 Mann in Transvaal, 22 000 im Oranje-Freistaat und dazu noch über Söldner und weitere Siedler niederländischer Herkunft, die in der britischen Kapkolonie lebten. Während der ersten Kampfwochen mussten die Briten auf eigenem Territorium harte Rückschläge einstecken: Im Nordosten besetzten die Buren Betschuanaland, es gelang ihnen die Isolierung Kimberleys im Osten und ein Vorstoß über etwa 100 Kilometer ins Innere der Kapkolonie bis in die Gegend von Stormberg. Auch den Norden von Natal besetzten die Streitkräfte der Buren. Erst im Februar 1900 bekamen die Briten das Kriegsgeschehen langsam in den Griff. Sie befreiten den Norden von Natal und das Gebiet um Kimberley und konnten zudem mit der Einnahme von Paardeberg auf gegnerisches Territorium vordringen. Einen Monat später wurde Bloemfontein, die Hauptstadt des Oranje-Freistaats, besetzt. »Ohm« Krüger gestand die Niederlage ein und schlug einen Waffenstillstand vor, forderte aber die Anerkennung der Unabhängigkeit der beiden Republiken. Großbritannien aber war sich seines Sieges sicher und lehnte diesen Vorschlag ab. Die britischen Truppen ließen sich nicht mehr aufhalten: Im Juni 1900 fielen Pretoria und Johannesburg. Für die Buren bedeutete das das Ende des traditionellen Kriegs: Die Stunde der Guerilla war gekommen.

Diese neue Situation schien das britische Oberkommando zunächst nicht weiter zu kümmern, doch bald schon stand man vor vielen offenen Fragen: »Wie sollte man denn umgehen mit einem Gegner, der genauso schnell verschwand, wie er aufgetaucht war, und der mit den riesigen Maßstäben Südafrikas spielend fertig zu werden schien?«[2]

Im Februar 1901 beschwerte sich Lord Roberts, oberster General des britischen Heeres, beim Kommandanten der burischen Truppen, Louis Botha: »Ich sehe mich gezwungen, Euer Ehren darauf hinzuweisen, dass ihre Taktik [die der Buren] nicht dem Vorgehen organisierter Truppen entspricht, sondern dass sie sich zu einem Guerillakampf ausgewachsen hat, den ich mit außergewöhnlichen Mitteln zu bekämpfen gezwungen bin, zu denen die zivilisierten Nationen in vergleichbaren Situationen schon immer haben greifen müssen.« Im April kritisierte auch Lord Kitchener, der neue Oberkommandierende der britischen Truppen, Botha gegenüber in unmissverständlichen, drohenden Worten die »unzivilisierte« Kriegführung der Buren.

»Wie ich Euer Ehren bereits in Middleburg mitteilte, habe ich angesichts der regelwidrigen Kriegführung, die auf Eurer Seite stattfand und noch immer stattfindet, und im Rahmen derer friedfertige Bürger gegen ihren Willen gezwungen werden, Euren Kommandos beizutreten, keine andere Wahl, als unangenehme, ja abstoßende Maßnahmen gegen Frauen und Kinder zu ergreifen.«

Was folgte, war die Internierung der Zivilbevölkerung. Zunächst zerstörten die Briten die Refugien und hinteren Stellungen der Buren; dann richteten sie provisorische Auffanglager für die Menschen ein, die in diesen Rückzugsgebieten lebten. Die Familien der Kämpfer wurden re-konzentriert (nachdem man sie aus ihrer »natürlichen Konzentration«, den Dörfern, Weilern und Städten, herausgerissen hatte), und zwar an Sammelplätzen, die man »Konzentrationslager« nannte.

In einem Memorandum vom 21. Dezember 1900 unterstrich Kitchener die Vorteile, die sich aus der Überführung »aller Männer, Frauen und Kinder sowie der Eingeborenen aus den Gebieten, in denen die feindlichen Pulks so hartnäckig festsitzen«, ergeben würden. Er behauptete sogar, damit schutzlose Frauen und Kinder in Sicherheit bringen zu wollen. Doch erst nach dem Scheitern der Verhandlungen mit Louis Botha am 28. Februar 1901 in Middleburg entschloss sich Kitchener, die Internierungspolitik tatsächlich konsequent anzuwenden. Im Laufe der erwähnten Verhandlungen hatte er versucht, mit Botha einen Kompromiss auszuhandeln: Er werde die Familien der Rebellen ungeschoren lassen, wenn diese wiederum die außenstehenden und neutralen Buren in Ruhe ließen. Bothas Ablehnung besiegelte das Schicksal von Tausenden von Frauen und Kindern.

Nach der Zählung von Lugan wurden ab 1900 insgesamt etwa 58 Lager eingerichtet; zu den ersten zählten Springfontein (Februar), Mafikeng (Juli), Bloemfontein und Pietermaritzburg (August), Kroonstad, Potchefstroom und Vereeniging (September).[3]

Wir stoßen hier wieder auf das Prinzip der Lager im kubanischen Befreiungskrieg. Standen aber für die Briten tatsächlich Weylers Methoden Modell?

Die Antwort lässt keinen Zweifel zu: Die Idee für diese Maßnahme stammte ganz sicher aus Spanien. Emily Hobhouse, Gattin eines britischen Abgeordneten und eifrige Verfechterin der Sache der Buren, bestätigt das in ihrem Buch *The Brunt of the War*: »Auf Antrieb von Lord Roberts und Lord Kitchener hat England die Politik der Spanier übernommen, allerdings nicht ohne die Methoden noch zu verfeinern. Sie haben ihr Siegel unter ein abscheuliches System gesetzt.« Auch in der zeitgenössischen britischen Presse wurden Bezüge zur spanischen *reconcentración* hergestellt, allerdings mit einer positiven Stellungnahme. Ein Teil der britischen Öffentlichkeit forderte ganz offen die Anwendung der »spanischen Methode« auf Südafrika:

»Wir haben bereits zum Ausdruck gebracht, dass es ganz in unserem Interesse ist, die kubanische Rekonzentrationspolitik des Generals Weyler zu verfolgen. Nach etlichen Ausflüchten neigt inzwischen auch Lord Roberts unserer Ansicht zu. Wir beobachten nicht ohne einige Genugtuung, dass diese Übernahme der Weylerschen Methoden auf ein allgemeines Einvernehmen stößt und auch in den Kreisen nur halbherzig verurteilt wird, in denen vormals wortgewandte Redakteure mit himmelschreiendem Entsetzen reagiert hätten. Für diesen Richtungswechsel gibt es Gründe, die nicht

ganz ohne Bezug zu den Verkaufszahlen des betreffenden Blattes sind. Wo Frauen und Kinder aktive Hilfe leisten, sind in der Tat alle Kämpfer. Wir haben nun einmal die Eroberung von Transvaal unternommen, und wenn man sie nur vollenden kann, indem man die gesamten niederländischen Einwohner umsiedelt, dann muss man sie eben umsiedeln – Männer, Frauen und Kinder.«[4]
Solche Worte klingen schockierend brutal, gemessen an unserem fast mythischen Verständnis von der Guerilla. Aber was ist die Guerilla anderes als die Anpassung einer bewaffneten Streitkraft an ihre Unterlegenheit gegenüber einer anderen? So betrachtet, war die »Rekonzentrations«-Methode wiederum eine Anpassung an die Guerilla und an ihre eigenen Methoden, genauso wie die Ergänzung durch die Politik der »verbrannten Erde«, die im großen Stil seit Oktober 1900 angewandt wurde: Jede Farm, von der aus ein Schuss gefallen war oder in der die bewaffneten Kommandos Unterschlupf finden konnten, wurde niedergebrannt.

Die Vorläufer der Konzentration

Das britische Memorandum vom 21. Dezember 1900, in dem die Errichtung von Lagern gesetzlich gestattet wurde, legalisierte im Nachhinein eine Praxis, die schon seit langem verbreitet war. Zu Beginn des Jahres 1900 hatten zahlreiche Burenfamilien bei Bekannten oder Verwandten Zuflucht gefunden, und zwar in der Stadt oder auf anderen Farmen, manchmal gar in Lagern, die die Buren selbst eingerichtet hatten, oder in afrikanischen Dörfern. Bald aber zwang die wachsende Zahl der Flüchtlinge die britische Obrigkeit zum Handeln. Im Juli wurde in der Nähe von Mafikeng ein Lager eröffnet, in dem man die Buren auffing, die im nordwestlichen Teil von Oranje umherirrten. Da die Briten aber nicht gerade darauf aus waren, für das Wohl der »Rebellenfamilien« zu sorgen, entschied man sich dafür, sie in Gebiete zurückzudrängen, die unter der Kontrolle der Buren standen. Die Vorteile waren offensichtlich: Somit war es am Feind, sie zu ernähren und medizinisch zu versorgen, und das hieß, dass er Kräfte abziehen musste. Im September 1900 wurden die Frauen und Kinder der Untergrundkämpfer in die Zonen der Guerilla getrieben.[5] In einem scheinheiligen Brief an Botha gab

Roberts den Buren in süßen Worten voll falschen Bedauerns zu verstehen, welche Strapazen diese Reise für die betroffenen Familien bedeutete. In seinem Antwortschreiben bedauert Botha außerordentlich, dass sich seine eigene Entschlossenheit und die seiner Mitbürger, im Kampf für ihre »Unabhängigkeit standhaft zu bleiben, offensichtlich gegen unsere Frauen und Kinder richten wird«. Es sei, so fährt er fort, seines Wissens das erste Mal, dass ein zivilisierter Staat in einem Krieg auf diese Weise vorgehe:

»Ich kann gegen die Maßnahmen, die Sie ergreifen, nur protestieren, denn sie widersprechen allen Grundsätzen der Kriegführung unter zivilisierten Ländern und sind ausgesprochen grausam gegenüber Frauen und Kindern, insbesondere gegenüber den alten Frauen, und ganz besonders gegenüber der Gattin des Präsidenten dieses Staates, die, wie Sie sicherlich wissen, außerstande ist, ohne Gefahr für ihr Leben zu reisen; sie zu dieser Reise zu zwingen kommt einem Mord gleich. Der Vorwand, den Sie vorbringen, dass nämlich Euer Exzellenz sich mit diesem Vorgehen gegen die Übermittlung von Informationen zu unseren Gunsten schützen wolle, entbehrt jeglicher Grundlage, denn solche Maßnahmen galten noch nicht einmal zu dem Zeitpunkt als unverzichtbar, als unsere Truppen sich in unmittelbarer Nähe von Pretoria aufhielten. Es ist wohl kaum vonnöten zu erklären, dass wir durch die Vermittlung von Frauen und Kindern noch zu keinem Zeitpunkt Informationen erhalten haben, die im Zusammenhang mit den Kriegsereignissen gestanden hätten.«[6]

Im September 1900 waren weitere britische Konzentrationslager gegründet worden, in denen diejenigen Buren beherbergt werden sollten, die bereit waren, sich der Obrigkeit zu beugen, und die dafür von ihren Landsleuten nicht ohne Verachtung als *hands up* bezeichnet wurden. Am 22. September 1900 hatte der Gouverneur von Transvaal, Generalmajor J. G. Maxwell, die Einrichtung zweier solcher Lager in Pretoria und Bloemfontein angekündigt. Diese Lager für Überläufer, die im Verlauf des Krieges immer zahlreicher wurden, sind aber nicht zu verwechseln mit den Lagern, die man bald für die Rebellen eröffnete.

Die Herausbildung der Konzentrationslager

Nach den Zahlen, die der britische Kolonialminister Joseph Chamberlain im Mai 1902 nannte, hielten sich in den Lagern insgesamt 116 000 Personen auf. Die Lager in Transvaal zählten 43 000 internierte Zivilisten, die im Oranje-Freistaat 45 000, dazu kamen die Lager in Natal mit ihren 25 600 Insassen; letztere waren seit 1901 eingerichtet worden, um Transvaal zu entlasten. Überall waren Frauen und Kinder in der Überzahl: Von den 25 600 Internierten in Natal waren 10 800 im Kindesalter.[7] Manche Lager wie etwa das von Kimberley oder von Port Elizabeth waren mit drei Meter hohen Stacheldrahtzäunen umgeben. Sie verfügten über Einzelzellen für »Widerspenstige«. Manchmal, so etwa in Nylstroom, wurden die Deportierten von Schwarzen bewacht, »um sie noch weiter zu demütigen«, wie die Buren behaupteten.[8]

Emily Hobhouse gründete den *South African Women and Children Distress Fund*. Ende Dezember 1900 hielt sie sich am Kap auf und bekam die Erlaubnis, einige Lager zu besuchen. Nach ihrer Rückkehr nach England verfasste sie einen Bericht und alarmierte die Öffentlichkeit in Großbritannien und Europa. Im Oktober 1901 reiste sie erneut nach Südafrika, erhielt diesmal jedoch keine Einreisegenehmigung in die Kapkolonie und musste unverrichteter Dinge zurückkehren. Daraufhin ließ sie sich in Frankreich nieder, wo sie ihr Buch verfasste. *The Brunt of the War and where it fell* erschien 1902 in London.[9] Darin prangerte sie die Existenz der Lager an und stützte sich dabei überwiegend auf Zeugenaussagen, vor allem auf Briefe von internierten Frauen. So zitierte sie etwa den folgenden Brief vom 20. Dezember 1900, in dem die Gattin von General Botha über die harten Lebensumstände klagt. Und das nicht ohne Grund. Frau Botha war mit ihren fünf Kindern in einem Zelt eingepfercht: »In der trockenen Jahreszeit ist es sehr heiß, aber von der Regenzeit will ich gar nicht erst reden, dann dringt das Wasser von unten her ein, durchnässt alle Betten und breitet sich auch von oben her aus ... Die Essensrationen bestehen aus Fleisch, Zucker, Brot, Kaffee, von allem nur das Nötigste! Dennoch sind wir zufrieden; es hätte auch noch schlimmer kommen können.« Sie durfte weder Besuch empfangen noch Nahrungsmittelpakete entgegennehmen.

Emily Hobhouse beanstandete zunächst die äußeren Bedingungen in den Lagern: die unzureichende Unterbringung (heruntergekommene Scheunen oder Zelte, so genannte *bell-tents*, in denen bis zu zwölf Personen schliefen), fehlende Lagerstätten, ungenügende Seifenrationen, zu wenig Brennmaterial, und das alles unter ausgesprochen harten Wetterbedingungen: Der Winter im Süden war eisig, der Sommer dagegen heiß und trocken, und weil es keinen Schatten gab, konnten die Kinder nicht einmal draußen spielen. Dagegen ist niemals die Rede von Misshandlungen oder Gewalt von Seiten der Bewacher.

Im Lager von Bloemfontein klagte man über den wenigen Platz, den Wassermangel, das Fehlen von Dienern *(sic)* und die sich daraus ergebende Notwendigkeit, selbst Holz holen zu gehen und das Feuer zu entzünden, wozu man sich mit Pferdemist behelfen musste. Überall herrschten spartanische Zustände: In Bloemfontein verbreiteten etwa die Latrinenwannen, die mitten in der Sonne standen, einen unerträglichen Gestank. In Pietermaritzburg bestand die Welt der Insassen aus wenigen Dingen: ein Zelt, eine Strohmatratze, fünf Decken, ein Tisch und zwei Bänke, ein Zinnteller, ein Eimer und ein Wasserkessel. Wenn auch genügend Nahrung zur Verfügung stand, so beklagten sich die burischen Frauen doch darüber, dass sie selbst kochen und waschen mussten, worüber sie offenbar ernsthaft empört waren. Denn ihre schwarze Dienerschaft durften die Buren nicht mitnehmen.

Emily Hobhouse führte die Tagesrationen auf, die die Familien der burischen Untergrundkämpfer im Lager von Bloemfontein erhielten:

Getreide: drei Pfund (für Kinder unter sechs Jahren die Hälfte),
Fleisch: zweimal pro Woche je ein Pfund (für Kinder die Hälfte),
Kaffee: 30 Gramm (für Kinder ein Viertel),
Zucker: 60 Gramm (für Kinder ein Viertel),
Salz: 15 Gramm (für Kinder ein Viertel).

Dies waren die vorgesehenen Rationen, die allerdings nicht immer ausgegeben wurden. Hinzu kam, dass Kaffee und Zucker von minderer Qualität und das Fleisch oft nicht mehr frisch war. Von Militärärzten wurde übrigens beim Militärgouverneur in Johannesburg eine Anhebung der Rationen angefordert. Sie verlangten mehr

Fleisch und frisches Gemüse, denn »die meisten Frauen und praktisch alle Kinder leiden bereits an mehr oder weniger fortgeschrittenen Formen von Diarrhö«.[10] Auch ein Major der britischen Armee musste im Verlauf einer Konferenz in Johannesburg zugeben, dass »die Kost nicht ausreiche, und er erklärte, dass er auf eigene Verantwortung eine Erhöhung auf zwei Pfund Mehl und fünf Pfund Mais statt sieben Pfund Mais gestattet habe. Angesichts dieser Tatsachen braucht man gar nicht darauf hinzuweisen, dass die Kriegsgefangenen auf Sankt Helena und auf Ceylon unter sehr viel besseren Bedingungen leben als diese Frauen und Kinder, die sie in der Heimat zurücklassen.«[11]

Zur Entlastung der Briten sei immerhin gesagt, dass die Lagerinsassen sich aus eigenen Mitteln zusätzlich versorgen konnten. In etlichen Lagern war es den Frauen außerdem möglich, in die nächstgelegene Stadt zu fahren. Allerdings brauchte man dazu das nötige Geld. Beunruhigend war dagegen die Tatsache, dass sich die Bedingungen zunehmend verschlechterten. Emily Hobhouse stellte fest, dass seit ihrem letzten Besuch »die Krankheiten häufiger geworden und der Anblick der Menschen ausgesprochen erbärmlich« sei. »Sie waren schon von Krankheit und Tod gezeichnet.« Manche Insassen, die bei ihrem letzten Besuch noch bei guter Gesundheit gewesen waren, seien jetzt kaum wiederzuerkennen gewesen. »Das ganze Lager war von einer Katastrophe bedroht, wenn nicht schnellstens Ärzte, Krankenschwestern und die verschiedensten Handwerker hergeschafft würden, vor allem aber Nahrung, Kleidung und Wäsche, in großen Mengen und ohne jeden Verzug.«[12]

Angesichts dieser Umstände von Todeslagern zu sprechen, ginge aber trotz allem zu weit, und auch Emily Hobhouse tut das nicht. Sie verschweigt nicht, dass es in den Lagern Schulen gab, und zwar ausgezeichnete Schulen. Ihre Anklage richtete sich einerseits gegen die Gleichgültigkeit der britischen Obrigkeit gegenüber den Buren und andererseits gegen Arthur Conan Doyle und seine »blühende Phantasie«: Der Vater von Sherlock Holmes hatte doch allen Ernstes behauptet, jedes Kind unter sechs Jahren erhalte jeden Tag eine Flasche Milch! Doch die Haftbedingungen waren hart, und unter den Kindern befanden sich die meisten Todesopfer.

Wie viele Tote gab es nun in diesen Lagern? Und woran starben diese Menschen? Dem Antwortschreiben von Kolonialminister

Joseph Chamberlain auf den *Appeal to the civilized world*, den die Generale der Buren verfasst hatten, ist zu entnehmen, dass die Sterblichkeit in den Lagern bei 21 Opfern pro 1000 Insassen im Jahr lag, »eine sehr viel niedrigere ... Rate als unter ganz normalen Bedingungen vor dem Krieg«.[13] Der britische Historiker Thomas Pakenham dagegen, der die maßgeblichen Untersuchungen über den Burenkrieg vorgelegt hat, spricht von 20 000 bis 28 000 zivilen Opfern in den Lagern, eine Zahl, die weit über der der direkten Kriegsopfer liegt.

Als hauptsächliche Todesursache gelten die Krankheiten, wie es auch Bernard Lugan in seinem Buch über den Burenkrieg hervorhebt: »Die Lager waren extrem belastet und überbevölkert. Im Lager von Irene in Transvaal mussten sich 20 Personen in einem 5-Mann-Zelt zusammendrängen. Im Lager von Bloemfontein schliefen die Deportierten auf dem blanken Boden, ohne Matratze oder wenigstens Strohmatten. Die hygienischen Zustände waren schrecklich. Ruhr, Lungenentzündung, Bronchitis, Masern und Keuchhusten rafften Hunderte von Kindern hinweg. Da sie in ihren Lumpen der Kälte und dem Regen ausgesetzt waren, zahlten die Kinder tatsächlich einen schweren Tribut. Im Lager von Bethulie kamen 1714 der 4800 Insassen um, die Opfer waren zu 80 Prozent Kinder.«[14]

Seit 1901 waren diese bitteren Statistiken der britischen Öffentlichkeit zugänglich. So kommentierte etwa die Londoner *Times* in einem Artikel vom 8. November 1901 eine Studie, die in dem seriösen *British Medical Journal* erschienen war: »Mit Sicherheit sind für die meisten Missstände die Lebensbedingungen in diesen Lagern verantwortlich: Die häufigsten Krankheiten sind Ruhr und Diarrhö, Enteritis und Lungenentzündung sowie Masern. Die Lebensgewohnheiten der Buren (mangelnde Hygiene, medizinische Hausmittelchen) sind wahrscheinlich auch nicht ganz unschuldig, aber ist das nicht gerade noch ein Argument mehr für die Forderung, die Konzentrationspolitik unter diesen unbefriedigenden Umständen aufzugeben?«[15]

Am 29. September 1901 rückte Emily Hobhouse in einem offenen Brief an einen hohen Beamten des britischen Kriegsministeriums das Massensterben in den Lagern Südafrikas ins Licht der Öffentlichkeit:

»In den Lagern sind mehr erwachsene Buren ums Leben gekommen als auf dem Schlachtfeld, und viermal so viele Kinder ... Im August hat es unter den Weißen 1878 Tote gegeben, davon 1545 Kinder. In den drei Monaten, für die wir über Zahlenmaterial verfügen, beläuft sich die Gesamtzahl auf 4067 Tote, davon 3245 Kinder. Wir haben keine Angaben über die Hunderte von Menschen, die in der ersten Jahreshälfte und Ende des letzten Jahres ums Leben kamen. Aber warum sollte denn diese furchtbar hohe Sterblichkeit damals weniger schlimm gewesen sein? Zum Glück sind die kalten Winternächte allmählich vorbei, aber überall fällt jetzt der Regen, und unter der zunehmenden Hitze werden sich ganz neue Krankheiten entwickeln. Es sind bereits einige Skorbutfälle aufgetreten. Tag für Tag sterben weitere Kinder, und wenn nicht wider Erwarten die Todeszahlen plötzlich sinken, wird es nur noch wenige Monate dauern, bis sie in ihrer großen Mehrzahl vernichtet sind.«

Mit Blick auf offizielle Statistiken schätzte die Pionierin der Verteidigung der Menschenrechte die Zahl der Todesopfer in den Konzentrationslagern auf 16000 Kinder und 4000 Erwachsene. Die Meinungsschlacht war eröffnet, denn natürlich bestritt die britische Obrigkeit diese Zahlen. Joseph Chamberlain warf sich sogar höchst persönlich in den Kampf: Er rief ins Gedächtnis, dass drei Millionen Pfund für die Unterstützung zur Wiedererstarkung der burischen Bevölkerung bewilligt worden waren, kündigte günstige Kredite für den Wiederaufbau an und hob zudem die umfangreiche internationale Unterstützung für die Internierten hervor. Für Chamberlain waren die Lager ohne jeden Zweifel »das einzige Mittel, um das Leben von Tausenden von Frauen und Kindern zu schützen und um letzteren eine bessere Ausbildung zu ermöglichen, als man sie ihnen bisher hat angedeihen lassen ...« Zudem wies er den Vorwurf weit von sich, die britischen Militärs hätten das Leid der Frauen und Kinder dafür instrumentalisiert, die Rebellen zur Niederlegung der Waffen zu bewegen: »Niemand bedauert die hohe Sterblichkeit in den Lagern im Lauf der Lungenentzündungs- und Masernepidemien mehr als die britische Regierung, aber zugleich wurde nichts unterlassen, was Geld und Wissenschaft für eine Verbesserung der Umstände anzubieten hatten.«

Wie sieht also die Bilanz aus? Zunächst einmal bleibt festzuhalten, dass die Briten nicht in der Absicht handelten, die Buren auszurotten, sondern dass sie sie für die Zeit der militärischen Operationen im »Hades« isolieren wollten. Dass die Briten, als sie sich plötzlich mit einer neuen Form der Kriegführung konfrontiert sahen, zu der spanischen Methode der »zivilen Rekonzentration« griffen, ist wohl eher als Akt der Improvisation und der mangelnden Vorbereitung zu verstehen – eine Art Notlösung. Jedenfalls ist nicht zu bestreiten, dass die Planlosigkeit und die mangelhaften Kenntnisse in Hygiene und Medizin verheerende Folgen hatten, und zwar vor allem für die Kinder. Nahezu alle Umstände förderten eine hohe Sterblichkeit, die regionalen klimatischen Bedingungen genauso wie die damaligen sanitären Gegebenheiten, und das in einem Umfeld, in dem beinahe zwangsläufig jede größere Menschenansammlung von Epidemien heimgesucht wurde. Richtig ist allerdings auch, dass außerhalb der Lager kaum bessere hygienische Verhältnisse herrschten. Auch die britischen Soldaten waren den Epidemien ausgesetzt: »Allein in Bloemfontein«, so Conan Doyle, »starben täglich bis zu 50 Mann; wie schlimm die Epidemie wütete, kann man an den 1000 frischen Gräbern ablesen.«[16] Auch Bernard Lugan, der doch deutlich für die Buren Stellung bezieht, räumt ein: »Man darf auch den Gesundheitszustand der britischen Armee nicht vergessen, denn der ließ stark zu wünschen übrig: Die Landser litten unter diversen Krankheiten (Typhus, Malaria, Amöbenruhr oder Enteritis usw.). Nach Angaben der Sanitätsdienste lagen zu keinem Zeitpunkt weniger als 10 000 Soldaten im Lazarett, im Jahr 1902 betrug die Zahl gar 70 000. Auch ein großer Teil der britischen Verluste ist auf Krankheiten zurückzuführen.«[17]

Demokratie und Konzentrationslager: Ein Widerspruch

Eines darf man keinesfalls vergessen: Die Insassen der Burenlager waren nicht isoliert. Sie verfügten über Nahrungsmittelhilfen, politische Unterstützung und den Zuspruch der internationalen Presse. Immer nachdrücklicher stellte die internationale Öffentlichkeit die Briten an den Pranger. Das Buch von Emily Hobhouse war nur einer von etlichen Mosaiksteinen der internationalen Kampagne, die zu Gunsten der Buren gestartet wurde. Von überall her ertönten Hilferufe: von der »Frauenliga für die Beförderung der internationalen Abrüstung« bis zur »Schweizerischen Evangelischen Allianz«, nicht zu vergessen die Quäker-Gemeinschaften aus Deutschland, Großbritannien und den Niederlanden. Es brauchte dazu kein Satellitenfernsehen. Die Presse allein genügte.

In der Tat erwies sich die »zivile Konzentration« als so katastrophal, dass Sir Arthur Conan Doyle sich zur Verurteilung dessen veranlasst sah, was er bildhaft einen »fast einstimmigen, unerträglichen Freudenchor« nannte, »den die Presse überall in Europa anstimmt. Mag der Grund dafür der gegen uns gehegte Hass sein oder eine Art sportlicher Instinkt, der den Kleineren im Kampf gegen den Größeren anspornt, oder vielleicht doch der Einfluss des unvermeidlichen Dr. Leyds und seines geheimen Vermögens, jedenfalls steht fest, dass die Zeitungen auf dem Kontinent noch nie so einhellig ihrer voreiligen Freude über das Ausdruck verliehen haben, ... was sie für einen schweren Schlag gegen das Britische Empire halten.«[18]

Wie einige Jahre zuvor bei der kubanischen Unterdrückung richtete sich also auch hier die Politik der »zivilen Rekonzentration« gegen ihre eigenen »Erfinder«. Großbritannien, damals die größte Weltmacht, erlebte dasselbe wie einige Jahrzehnte später die Vereinigten Staaten anlässlich des Vietnamkriegs.

In Frankreich ergriff die öffentliche Meinung Partei für die Buren und trat damit in Widerspruch zur offiziellen Haltung der Regierung. Im Juni 1900 wurde ein Komitee für die Unabhängigkeit der Buren gegründet, an seiner Spitze stand der Senator Louis Pauliat. Er konnte Zehntausende von Mitgliedern registrieren. Als am 22. November 1900 Ohm Krüger in Marseille an Land ging, wurde er von mehr als 100 000 Menschen begeistert empfangen. Die französischen Nationalisten ergriffen Partei für die Buren, in denen sie Kämpfer gegen Gleichmacherei und den Kult des Individuums sahen. Nach den ersten größeren Niederlagen der Buren kam es zur Gründung weiterer Komitees: ein Komitee zur Verteidigung der Buren unter der Leitung von Henri Rochefort, den *Sou des Boers* (»Burenpfennig«), *La Vie aux enfants boers* (»Leben für die Burenkinder«) usw.[19] Und dieses Interesse für die Buren sollte bis zum Zweiten Weltkrieg anhalten.

In Großbritannien erklärte außer dem Ehepaar Hobhouse ein Teil der Presse seine Missbilligung der verwendeten Mittel; die deutlichste Kritik an der »Ungerechtigkeit« der britischen Südafrika-Politik stammt aus der Feder des Journalisten William Steed. Und sie blieb nicht ungehört. Als sich Ende 1901 auch in der britischen Öffentlichkeit langsam Zweifel zu regen begannen, besserte sich die Lage merklich: Die Lager wurden der Aufsicht der Zivilverwaltung des britischen Hochkommissariats am Kap unterstellt. Die Zahl der Todesfälle ging deutlich zurück. Einen wichtigen Beitrag dazu hatten die liberalen britischen Kreise mit ihren Protesten geleistet, allen voran Lord Hobhouse, Emilys Gatte, aber auch Campbell-Bannermann, der die »barbarischen Methoden« verurteilt hatte, Sir Alfred Milner oder etwa Lady Maxwell, immerhin die Gattin des Militärgouverneurs in Pretoria. Die Burenlager wurden mit dem Abklingen der Kriegshandlungen nach und nach aufgelöst. Die Demokratie und die Demokraten dulden nicht gerne ein solches Vorgehen der Unzivilisiertheit, wenn nicht der »Barbarei«.

Kann man die südafrikanischen Lager als »Konzentrationslager« bezeichnen? Ja, aber nur deshalb, weil die Briten selbst diesen Begriff verwendeten. Trotz allem sind die »Burenlager« keinesfalls mit den nationalsozialistischen oder den sowjetischen Lagern vergleichbar. Ihre Funktion bestand, um es noch einmal zu wiederholen, darin, die Zivilbevölkerung vorübergehend zu isolieren, und keinesfalls darin, sie zu vernichten oder zur Arbeit heranzuziehen. Zur Entlastung der Briten sei auch noch die Durchlässigkeit der Absperrungen erwähnt: Den Zivilisten unter den Buren wurden in der Tat regelmäßig Ausgangsgenehmigungen erteilt.[20] Wir sind also sehr weit entfernt von den totalitären Lagern, die unter dem Siegel der Verschwiegenheit und vor allem ohne jede Beachtung der Menschenrechte geführt wurden, ganz egal, was die Nationalsozialisten auch behaupten mochten.

Diese nämlich, das steht zweifelsfrei fest, beriefen sich auf die britische »Vaterschaft« an den Konzentrationslagern – man denke nur an Hitlers Berliner Sportpalastrede vom 30. Januar 1941. Diese Vorläuferschaft machte die NS-Propaganda sogar zu einem zentralen Aspekt. In einem Flugblatt an die französische Bevölkerung kann man etwa lesen, dass die »Konzentrationslager« im Jahr 1900 von England erfunden wurden, und zwar als ein »Mittel zur Vernichtung der unterworfenen Völker«. Acht Monate lang, so heißt es weiter, »von Juli 1901 bis Februar 1902, hielt man durchschnittlich 115 000 Frauen und 55 000 Kinder unter zwölf Jahren in diesen Lagern fest«. Mit dem Ziel, bei den Franzosen Empörung hervorzurufen, hebt der Text die »unerhörte Grausamkeit« der Engländer hervor, mit der sie mordeten, vergewaltigten, Farmen und Weiler niederbrannten und sogar »– ein noch unwürdigeres Vorgehen – die Schwarzen aufhetzten und bewaffneten«. Und zu Propagandazwecken stellte man natürlich Winston Churchill als Hauptinitiator der Internierung der Buren dar. Man schrieb ihm Worte zu, die von Himmler selbst hätten stammen können: »Es gibt nur ein einziges Mittel, den Widerstand der Buren zu brechen: ihre brutale Unterwerfung. Mit anderen Worten, wir müssen die Eltern töten, damit die Kinder uns respektieren.« Die Auseinandersetzung über die Herkunft der Lager erschien Joseph Goebbels so wichtig, dass er 1941 Hans Steinhoff, einem der Filmemacher des Dritten Reichs, den Auftrag zu einem monumentalen Spielfilm über den Burenkrieg erteilte: *Ohm Krüger*, ein Film mit 40 000 Darstellern.

Nichts blieb unversucht, um die Briten der schlimmsten Grausamkeiten zu bezichtigen. Ein Zeugnis davon ist etwa das erstaunliche Buch *Das Konzentrationslager*, das 1940 im Zentralverlag der NSDAP erschien.[21] Die Zielsetzung dieses Werkes ist nicht zu verkennen: Anhand des tragischen Schicksals einer Burenfamilie, die im Konzentrationslager ermordet wurde, sollte der grundsätzlich kriminelle Charakter der Briten nachgewiesen werden. Hier richtete sich der Hauptangriff gegen Neville Chamberlain, denn der hatte ein Weißbuch über die Schrecken der deutschen Konzentrationslager in Auftrag gegeben. Nach der Devise »Wie der Vater, so der Sohn« stellt das Buch die Grausamkeiten des Vaters (Joseph Chamberlain) dar, um damit die Niederträchtigkeit des Sohnes aufzuzeigen. Diesem nationalsozialistischen Machwerk zufolge waren nicht einmal kulturlose Völker jemals auf ähnliche Weise gegen Frauen und Kinder vorgegangen. Als Beispiele dienten die »wilden Herero und die grausamen Hottentotten«, die bei ihren Aufständen zwar Hunderte von Bauern getötet, es bei dieser Metzelei aber nie auf die Frauen und Kinder abgesehen hätten – und das, obwohl sie doch Wilde seien.

In der nationalsozialistischen Propaganda zeigten sich also die Briten in Südafrika noch barbarischer als die schlimmsten Wilden. Besonders interessant ist das Buch auch deshalb, weil dort ohne zu zögern die britischen Lager mit den nationalsozialistischen verglichen werden. In den NS-Lagern würden ausschließlich Kriminelle, Politische, Alkoholiker und Leute festgehalten, die gegen Gesetze verstoßen hätten, und nicht Frauen, Kinder und Alte. Auch die Lebensumstände seien unvergleichlich besser, denn in den NS-Lagern erreichten die Todeszahlen nicht einmal einen Bruchteil der Sterblichkeit in den britischen Lagern. In den deutschen Lagern wären keine 26 000 Frauen und Kinder gestorben.

Diese Instrumentalisierung der britischen Lager durch die NS-Propaganda verdient nicht nur deswegen Beachtung, weil die Nationalsozialisten zur selben Zeit ein wesentlich effektiveres und mörderischeres KZ-System entwickelten, sondern auch, weil das Drama der Herero zur Sprache gebracht wird. Denn wenn auch die Herero in der Tat die Frauen und Kinder der weißen Bauern in Deutsch-Südwestafrika verschonten, so entschied sich im Gegenzug die kaiserliche Schutztruppe dafür, die Herero komplett auszurotten – und zwar einschließlich der Frauen und Kinder.[22]

1904: Die Arbeitslager in Deutsch-Südwestafrika

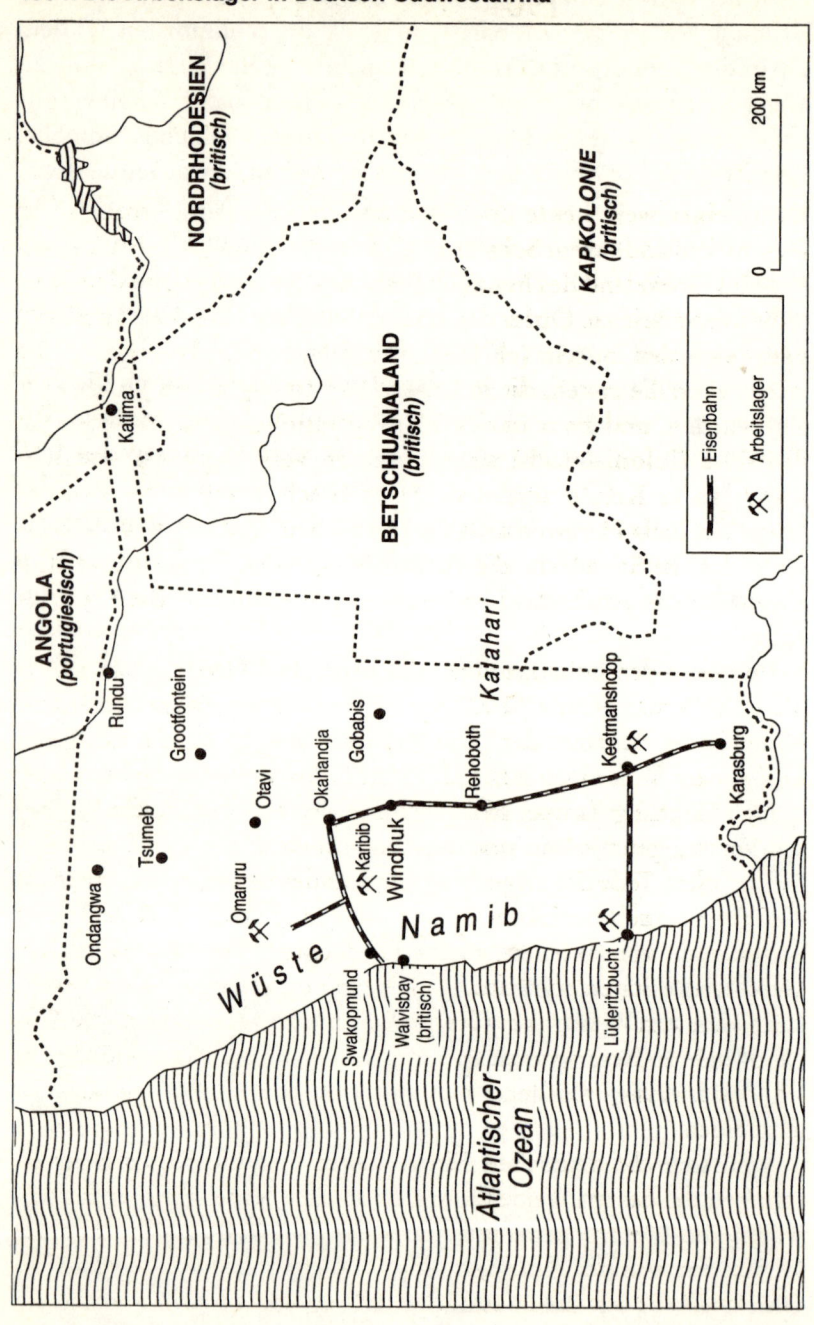

1904 – Die Herero

Kaum einer weiß heute noch von der Existenz der Herero, ihrer Geschichte und ihrem Schicksal. Und doch kommt diesem kleinen Volk im Grenzland des heutigen Namibia die wenig beneidenswerte Besonderheit zu, Opfer des ersten Völkermords im 20. Jahrhundert geworden zu sein (elf Jahre vor dem an den Armeniern). Sie waren auch die ersten, die in Lagern zur Zwangsarbeit herangezogen wurden, und zwar in den Konzentrationslagern, in denen die deutsche Kolonialmacht sie nach ihrer Verschleppung festhielt. Zwar gab es Konzentrationslager auch schon vor der »Abwicklung« des Falls Herero durch die Deutschen, doch in diesem Kontext, das heißt durch die Verbindung von Inhaftierung und Zwangsarbeit, erfuhr das Lagersystem eine entscheidende Veränderung.

Entgegen den Behauptungen des deutschen Generalstabs stellte dieses Volk von gerade 80 000 Seelen wohl kaum eine echte Bedrohung für die Besatzer dar.[1] Die Herero waren nicht auf Krieg aus: Um seinem Volk einen ausreichenden Lebensraum zu sichern, hatte ihr Häuptling Samuel Maherero mit der Kolonialmacht Vertrag um Vertrag geschlossen und den Deutschen so nach und nach immer größere Teile des angestammten Landes überlassen.[2] Aber was die Herero auch hergaben, es war nie genug, denn die Deutschen hatten nicht vor zu teilen, sondern gedachten von allen wertvollen Gebieten Besitz zu ergreifen. Ihr Ziel war es, Deutsch-Südwestafrika in eine von Weißen bevölkerte Kolonie zu verwandeln, die Eingeborenen in Reservate zu sperren, und wenn sie allzu widerspenstig und lästig wurden, sich ihrer schlicht und einfach zu entledigen.

Weil sich die deutschen Einwanderer und die Kolonialgesellschaften die besten Weideflächen unter den Nagel gerissen hatten, waren die Herero geradezu zur Rebellion gezwungen. Für die Deutschen war der Aufstand, der 1904 ausbrach, ein regelrechter Glücksfall: Er bot ihnen endlich den lang ersehnten Vorwand, ein für allemal dieses verachtete Volk loszuwerden, das ja doch nur ihren Fortschritt bremste. Der Krieg, der im Eiltempo durchgezogen wurde, nahm sehr schnell die Form eines Rassen- statt eines Kolonialkrieges an, und sein Ziel lag nicht so sehr darin, den Feind zu unterwerfen und ihn wirtschaftlich auszubeuten, als ihn vielmehr zu vernichten.

Allein bei der Schlacht am Waterberg am 11. August etwa sollte die deutsche Armee unter dem Befehl von Lothar von Trotha nicht nur die 5000 bis 6000 gegnerischen Kämpfer niedermetzeln, sondern zudem und vor allem auch deren 20 000 bis 30 000 zivile Begleiter.

Dass die Kolonialmacht die Ausradierung der lokalen Bevölkerung zum Ziel hatte, geht ganz eindeutig aus dem so genannten »Schießbefehl« vom 2. Oktober 1904 hervor, der die ersten Maßnahmen logisch ergänzte. Dieser Text des Generalleutnants von Trotha in »Negersprache« lässt an Deutlichkeit nichts zu wünschen übrig: Die Deutschen strebten, wenn nicht den Völkermord, so doch die »ethnische Säuberung« der Region an. Hier der vollständige Wortlaut der »Proklamation«:

»Ich, der große General der Deutschen Soldaten, sende diesen Brief an das Volk der Herero.

Die Herero sind nicht mehr deutsche Untertanen. Sie haben gemordet und gestohlen, haben verwundeten Soldaten Ohren und Nasen und andere Körperteile abgeschnitten und wollen jetzt aus Feigheit nicht mehr kämpfen. Ich sage dem Volk: Jeder, der einen der Kapitäne an eine meiner Stationen als Gefangenen abliefert, erhält 1000 Mark, wer Samuel Maherero bringt, erhält 5000 Mark. Das Volk der Herero muß jedoch das Land verlassen. Wenn das Volk dies nicht tut, so werde ich es mit dem Groot Rohr dazu zwingen.

Innerhalb der Deutschen Grenzen wird jeder Herero mit und ohne Gewehr, mit oder ohne Vieh erschossen, ich nehme keine Weiber oder Kinder mehr auf, treibe sie zu ihrem Volke zurück oder lasse auf sie schießen. Dies sind meine Worte an das Volk der Herero.

Der große General des mächtigen Deutschen Kaisers.«[3]

Der Krieg, den von Trotha führte, war ein Rassenkrieg. Der Rapport an den Generalstabschef des deutschen Expeditionskorps in Afrika bezeugt das zur Genüge:

»Die Ansichten bei dem Gouverneur und einigen ›alten Afrikanern‹ einerseits und mir andererseits gehen gänzlich auseinander. Erstere wollten schon lange verhandeln und bezeichnen die Nation der Herero als notwendiges Arbeitsmaterial für die zukünftige Verwendung des Landes ... Ich glaube, dass die Nation als solche vernichtet werden muß, oder, wenn dies durch taktische Schläge nicht möglich war, operativ und durch die weitere Detail-Behandlung aus dem Lande gewiesen wird. ... Deshalb halte ich es für richtiger, daß die Nation in sich untergeht ...
Diese Gewalt mit krassem Terrorismus und selbst mit Grausamkeit auszuüben, war und ist meine Politik. Ich vernichte die aufständischen Stämme mit Strömen von Blut und Strömen von Geld. Nur auf dieser Aussaat kann etwas Neues entstehen, was Bestand hat.«[4]
Und doch war die Ansicht der Militärs nicht unangefochten. Vor allem die zivile Kolonialverwaltung sperrte sich dagegen, allen voran der kaiserliche Gouverneur Leutwein: »... kann ich mich auch nicht mit denjenigen unüberlegten Stimmen einverstanden erklären, welche die Hereros nunmehr vollständig vernichtet sehen wollen. Abgesehen davon, daß ein Volk von etwa 70 000 Seelen sich nicht so leicht vernichten läßt, würde ich eine solche Maßregel für einen schweren wirtschaftlichen Fehler halten. Wir bedürfen der Hereros noch als kleine Viehzüchter und besonders als Arbeiter. Nur politisch tot muß das Volk gemacht werden.«[5]
Seiner Sache und seines Auftrags gewiss, ließ sich von Trotha von den Argumenten der »Realisten« wie Leutwein nicht überzeugen. In seinem Brief vom 4. Oktober 1904 an den kaiserlichen Generalstabschef General von Schlieffen versuchte er das nicht zu vertuschen, sondern vertrat weiterhin die Forderung nach der vollständigen Ausrottung des unliebsamen Volkes. Außerdem berichtete er: »Ich habe ... die in den letzten Tagen Ergriffenen kriegsgerichtlich verurteilt, aufhängen lassen und habe alle zugelaufenen Weiber und Kinder wieder in das Sandfeld ... zurückgejagt. ... Dieser Aufstand ist und bleibt der Beginn eines Rassenkampfes.«[6]
Mit dem Rückhalt des Kaisers gewann von Trotha leicht die Oberhand über seinen zivilen Widersacher, den er bis zur Abdankung trieb. Für die Herero waren die Folgen dieses »diplomatischen« Sieges dramatisch, denn sie wurden unerbittlich dezimiert

und verjagt. Es blieb ihnen keine andere Wahl als der Weg in die Kalahariwüste – Omaheke in ihrer eigenen Sprache –, wo ihre Überlebenschancen noch dadurch gemindert wurden, dass die Deutschen die wichtigsten Wasserquellen auf ihrem Weg vergiftet hatten.

So habe die gnadenlose Blockade der Wüstenzonen, und das über Monate hinweg, schließlich das Werk der Vernichtung vollendet, schrieb der Generalstabschef in seiner offiziellen Militärchronik. Das Röcheln der Sterbenden und ihr tolles Schreien habe in dem übernatürlichen Schweigen der grenzenlosen Weite widergehallt, und die Stunde der Strafe habe geschlagen. So hätten die Herero aufgehört, als unabhängiges Volk zu existieren. Zu Beginn der Regenzeit hätten deutsche Patrouillen Skelette am Rand von 12 bis 16 Meter tiefen trockenen Löchern gefunden, die die Afrikaner auf ihrer vergeblichen Suche nach Wasser gegraben hatten.[7]

Die Wüste wurde etwa 30 000 Herero zum Verhängnis, genauso wie elf Jahre später den armenischen Einwohnern der Türkei.

Anfang 1905 war der Aufstand niedergeschlagen. Der einst blühende Volksstamm war nur noch ein Schatten seiner selbst. Wie viele von den 80 000 Angehörigen, die er noch ein Jahr zuvor gezählt hatte, waren übrig geblieben? Höchstens wohl etwa 10 000 Personen, die in den benachbarten britischen Kolonien Zuflucht gesucht hatten, und dazu noch ein paar tausend Mann, die sich erfolgreich in den Busch geschlagen hatten.

Noch im selben Jahr wurde der Vernichtungsbefehl aufgehoben. Im wilhelminischen Deutschland brodelte zwar der Rassismus, aber es war doch nicht Hitlers Deutschland. Noch reagierte man auf Meinungsumschwünge in der Öffentlichkeit. Und heftige Kritik an der Afrikapolitik setzte es von allen Seiten, von innen her (von christlichen Missionen und der liberalen und sozialdemokratischen Opposition im Reichstag) wie von außen (von der internationalen Presse). Aber auch ganz pragmatische wirtschaftliche und militärische Überlegungen spielten eine Rolle.

Im November 1904 begann von Schlieffen sich darüber Gedanken zu machen, warum die Vernichtungspolitik von Trothas zum (natürlich sehr relativen) Scheitern verurteilt war. Nach seiner Ansicht konnten »zu viele« Herero den Massakern durch Flucht auf britisches Territorium entkommen; es bestand die Gefahr, dass sie sich von dort aus als Guerilla formieren könnten, vor allem wenn die Engländer sie womöglich bewaffneten. Von Schlieffen plädierte also dafür, den Krieg schnellstmöglich zu beenden und die Überlebenden in die Heimat zurückzuführen.[8]

Auch andere, und zwar ökonomische Umstände zwangen zu einer schnellen Lösung des Konflikts. Wie es der Zivilgouverneur Leutwein schon befürchtet hatte, hatte der Krieg zu einem echten Mangel an Arbeitskräften geführt. Die Unternehmer vor Ort forderten bei der Regierung nachdrücklich die Zuteilung von Kriegsgefangenen an: »Uns wird berichtet, dass in der Schlacht am Waterberg bereits zahlreiche Herero gefangen genommen wurden. Auch wenn ihre Internierung ... große Schwierigkeiten machen könnte, hat die *Gibeoner Schürf- und Handelsgesellschaft* die Forderung erhoben, dass diese Gefangenen, d. h. 50 bis 100 Mann, ihr als Bergarbeiter zur Verfügung gestellt werden. ... Es wäre vielleicht wünschenswert, diese Herero vor ihrem Transport in den Süden jeweils zu zehn aneinander zu ketten.«[9]

Der Niedergang des deutschen Ansehens, die Furcht vor der Herausbildung einer organisierten Guerilla und der Mangel an Arbeitskräften: All das veranlasste von Schlieffen und Reichskanzler von Bülow, mit der Politik von Trothas zu brechen. Dafür musste aber zuerst Wilhelm II. überzeugt werden. Von Bülow stützte sich dabei auf vier Hauptargumente: Die totale Vernichtungspolitik stehe erstens im Widerspruch zu den Prinzipien des Christentums (der schwächste Punkt seiner Argumentation, denn der Kaiser war der Meinung, dass die christlichen Grundsätze für Heiden und Wilde nicht galten) und sei zweitens undurchführbar. Drittens sei sie wirtschaftlich unvertretbar, und viertens drohe sie das Ansehen der Deutschen bei den zivilisierten Nationen zu beschädigen.

Nach drei Wochen dauernden Gesprächen und Debatten beugte Wilhelm II. sich diesen Argumenten. Es war das Ende der systematischen Vernichtungspolitik. Dafür begann jetzt die Sklaverei: Ab sofort wurde jeder Herero, der sich der Obrigkeit stellte, nicht mehr erschossen, sondern als Gefangener betrachtet und zur Zwangsarbeit herangezogen; zur Kennzeichnung trug er die Buchstaben G. H. für »Gefangener Herero«. Die Überlebenden des Völkermords durften sich nicht wieder im Hereroland ansiedeln – dieses galt fortan als Reichsgrund –, sondern wurden in Konzentrationslagern gesammelt. Das Wort »Konzentrationslager« tauchte zum ersten Mal am 14. Januar 1905 in einem Telegramm der Reichskanzlei auf.[10] Die Deutschen hatten nicht nur von den Spaniern und den Engländern gelernt (die Benutzung des Begriffs »Konzentrationslager«[11] sowie die Verwendung von Stacheldraht ist bezeugt), sondern sie verfeinerten das System noch durch die Kombination mit der Zwangsarbeit. In der Tat gingen Konzentrationslager und Zwangsarbeit hier zum ersten Mal miteinander einher, und zum ersten Mal tauchte die Lagerpraxis außerhalb eines militärischen Kontextes auf.

Wenn man auch für diesen Zeitpunkt nicht mehr von einem Willen zum Völkermord sprechen kann (die Konzentrationshaft stand in einer Phase des Post-Genozids), ist die Behandlung, die nun üblich wurde, doch vergleichbar mit dem, was später in den NS-Lagern stattfinden sollte: Man entledigte sich der Inhaftierten in Form der Vernichtung durch Arbeit. Eine Statistik aus den Archiven des deutschen Kolonieministeriums – die Glaubwürdigkeit steht also nicht in Frage – bestätigt das. 1905 wurden von der deutschen Kolonialmacht 10 632 Frauen und Kinder sowie 4137 Männer interniert, und zwar überwiegend Herero (vereinzelt auch Angehörige anderer Stämme). Die Lebensumstände in den Lagern waren außerordentlich ungünstig, und mehr als die Hälfte der Insassen – genau 7862 Personen – kam bereits im ersten Jahr ihrer Gefangenschaft ums Leben.[12]

Zunächst behielten die Militärs sich den Einsatz der Herero für ihre eigenen Zwecke vor. Erst ab 1905 erhielten die zivilen Unternehmen nach mühsamen Verhandlungen eine eigene Zuweisung von Gefangenen, die wertvolle Arbeitskraft bedeuteten; denn, so hieß es ausdrücklich in einem Rundbrief, »da es sich um Gefangene handelt, steht eine Bezahlung für ihre Arbeit außer Frage«.[13]

Die Zuteilungsanträge waren an die örtliche Behörde zu richten, die die zivilen Anfragen zusammenstellte und an die weiterhin vorrangige Militärbehörde weitergab. Die Zivilunternehmen mussten ihre Zuteilung an »Arbeitern« Tag für Tag in den verschiedenen Lagern abholen, die überall im Land eingerichtet worden waren; manche große Privatunternehmen wie die Marinekompanie Woermann verfügten auch über eigene Lager.

Die Herero wurden zum Beispiel für den Bau der Eisenbahnstrecke Lüderitzbucht–Keetmanshoop eingesetzt. Der Brite Leslie Cruikshank Bartlet, Zeuge dieses Einsatzes, berichtete von unmenschlichen Bedingungen im Umfeld dieser Arbeit: Unterernährung, Schreie und Flüche, Peitschenhiebe, Vergewaltigungen, Männer und Frauen, die völlig erschöpft oder verletzt am Rand der Eisenbahntrasse erschlagen wurden.[14]

Der Volksschullehrer Samuel Kariko, selbst Herero, bestätigt diese Zeugenaussagen: Der neue deutsche Gouverneur habe versprochen, den paar tausend Überlebenden, die sich noch im Busch versteckt hielten, das Leben zu lassen – die meisten waren ohnehin schon lebende Skelette. Man habe sie alle auf der Insel von Lüderitzbucht versammelt, und das unter sehr üblen Bedingungen, sodass die Leute dort gestorben seien wie die Fliegen: zuerst die Kinder und die Alten, dann die Frauen und die schwächeren Männer. Die gesunden Männer seien zur Arbeit in den Hafen- und Eisenbahndepots gezwungen worden; die jungen Frauen, auch wenn sie verheiratet waren, hätten die Soldaten sich als Konkubinen genommen.[15]

Bestätigt werden diese Aussagen auch von Traugott Tjienda, einem Herero-Häuptling, der in den folgenden zwei Jahren am Bau der Eisenbahnstrecke von Otavi mitwirken musste, obwohl man ihm eine Amnestie versprochen hatte, falls er sich ergeben würde: »Sowie unser Volk aus dem Busch kam, wurde es unverzüglich zur Arbeit geschickt. Unsere Leute waren nur noch Haut und Knochen. Sie waren so abgemagert, dass man durch sie hindurchschauen konnte. Sie sahen aus wie Besenstiele.«[16] In der Brigade, deren Vorarbeiter er war, zählte man 148 Tote bei einer Gesamtzahl von 528 Arbeitern.

Lüderitzbucht, Swakopmund oder Karibib – alle Berichte stimmen darin überein, welche Brutalität in diesen Arbeitslagern herrschte. Hendrick Fraser sagte unter Eid aus:

»Bei meiner Ankunft in Swakopmund habe ich viele gefangene Herero gesehen. ... Es müssen da etwa 600 Männer, Frauen und Kinder gewesen sein. Sie hielten sich innerhalb einer Absperrung am Strand auf, die mit Stacheldraht umgeben war. Die Frauen mussten arbeiten wie die Männer. Und es war schwere Arbeit. ... Über mehr als zehn Kilometer mussten sie bis oben beladene Wagen schieben. ... Sie mussten schlichtweg verhungern. Wer nicht arbeitete, wurde brutal ausgepeitscht. Ich habe sogar Frauen gesehen, die mit Schaufelstielen niedergeschlagen wurden. Die Deutschen machten das. Ich bin persönlich sechs Mal Zeuge gewesen, wie eine Frau von deutschen Soldaten ermordet wurde. Sie wurden mit dem Bajonett erstochen. Ich habe ihre Leichen gesehen. Ich bin sechs Monate lang dort gewesen. Tag für Tag starben die Herero an Erschöpfung, der schlechten Behandlung und den üblen Haftbedingungen. Sie wurden sehr schlecht ernährt und bettelten mich und alle anderen Reisenden aus der Kapkolonie ständig um Essen an. ... Die deutschen Soldaten missbrauchten junge Herero-Mädchen.«[17]

Zuletzt sei der Bericht von Johann Noothout zitiert, einem jungen Briten holländischer Herkunft:

»Wenige Minuten nach meiner Ankunft in Lüderitzbucht habe ich etwa 500 Eingeborenenfrauen gesehen, die auf dem Strand lagen. Sie waren ganz offensichtlich zum Tod durch Entkräftung verurteilt. Jeden Morgen und jeden Abend mussten sie vier oder fünf Gräber ausheben ... Anderswo habe ich Leichen von Frauen gesehen, ... die von Aasgeiern zerfressen wurden. Manche dieser Frauen waren ganz offensichtlich zu Tode geprügelt worden. ... Jeder Gefangene, der außerhalb eines Herero-Lagers aufgegriffen wurde, wurde vor den Oberleutnant geführt, wo man ihm 50 Peitschenhiebe auferlegte. Die Strafe wurde mit aller nur erdenklichen Grausamkeit vollzogen; ganze Fetzen von Fleisch flogen durch die Luft ...

Der Schluss, den ich aus meinem Aufenthalt gezogen habe, lautet, dass die Deutschen nicht für die Kolonisation gemacht sind und dass die grausamen Verbrechen und die kaltblütigen Morde nur ein einziges Ziel hatten: die Vernichtung der eingeborenen Bevölkerung.«[18]

Natürlich sind wir hier noch weit von den Bedingungen entfernt, die in den NS-Lagern herrschten; aber trotzdem gibt es bereits erstaunliche Parallelen. So zum Beispiel die penible, starre Bürokratie: Die Lagerchefs hatten in monatlichen Berichten an die Zentralregierung Angaben zu machen über »die Zahl der Insassen, aufgestellt nach Männern, Frauen und Kindern, die an Zivilpersonen bzw. an die Regierung abgestellt werden«. Da diese Listen über die tatsächlich verfügbaren Arbeitskräfte Aufschluss geben sollten, wurden die Gefangenen als »arbeitsfähig« bzw. »arbeitsunfähig« eingestuft.

Für das Lager von Swakopmund lag der Liste der örtlichen Behörde auch ein »Totenregister« bei, das genaue Angaben über die jeweilige Todesursache lieferte: Erschöpfung, Bronchitis, Herzstillstand, Fleckfieber.[19] Noch verblüffender ist aber wohl die Heranziehung von inhaftierten Herero für medizinische Experimente.[20] In ihrer Doktorarbeit erwähnt Carla Krieger-Hinck, dass an die Universitäten von Breslau und Berlin Sammlungen von Herero-Schädeln geschickt wurden, die Kriegsgefangene zuvor mit Glasscherben gereinigt hatten. Auch zahlreiche Leichen gehängter Herero oder Nama wurden nach Deutschland verschifft und dort seziert. 40 Jahre später sollten NS-Ärzte die Skelette von deportierten Juden sammeln.[21]

Unter anderem wegen des Drucks der Opposition im Parlament wurden die Lager 1908 aufgelöst. Doch noch immer durften die Überlebenden nicht in ihre angestammte Heimat zurückkehren. Sie wurden auf verschiedene Farmen verteilt, am Hals trugen sie eine Blechmarke mit ihrer Identifikationsnummer. Im selben Jahr wurden Mischehen zwischen verschiedenen Rassen verboten bzw. aufgelöst. Den betroffenen Deutschen wurden die Bürgerrechte entzogen.

1911 zählten die deutschen Kolonialbehörden noch 15 130 Herero. Das heißt, dass im Verlauf von sieben Jahren mehr als 80 Prozent von ihnen umgekommen waren – womit in den offiziellen Akten der deutschen Kriegsgeschichtlichen Abteilung die Ansicht begründet wird, die Herero hätten als Volk aufgehört zu existieren.[22]

Der Holocaust, so lautet die Lehre, die man aus dem eben Beschriebenen ziehen könnte, lässt sich einerseits durch die gesamteuropäische Tradition des Antisemitismus erklären, und andererseits durch die korrumpierenden Erfahrungen aus der Kolonialzeit. Indem der Kolonialismus den Mythos von der Überlegenheit der Weißen förderte und die Anwendung brutalster Gewalt gegen alles, was nicht weiß war, legitimierte, bereitete er den Weg für die schlimmsten Katastrophen des 20. Jahrhunderts. Im Busch kündigten sich bereits die Schrecken des Ersten Weltkrieges und des nationalsozialistischen Völkermordes an. Hannah Arendt macht die »schrecklichen Massaker« und die »brutalen Morde« der europäischen Kolonialmächte verantwortlich für den triumphierenden Einzug von Befriedungsmaßnahmen, die schließlich zu Totalitarismus und Genozid führten. Wenn der Imperialismus siege, schreibt sie, werde der Rassismus zur Notwendigkeit, denn nur er könne eine Grundlage und damit eine Entschuldigung für die Anwendung von Gewalt liefern. Bereits damals hätten für jedermann sichtbar eine Vielzahl von Elementen dagelegen, die in ihrem Zusammenspiel ein totalitäres System auf der Grundlage des Rassismus hervorbringen konnten.[23]

1912 schrieb Paul Rohrbach in seinem Bestseller *Der deutsche Gedanke in der Welt*: »Weder unter den Völkern noch unter den Einzelwesen gilt als Recht, daß Existenzen, die keine Werte schaffen, einen Anspruch aufs Dasein haben.« Diese Kolonistenphilosophie hat er sich als Leiter der Einwanderungsbehörde für Deutsch-Südwestafrika zu Eigen gemacht: »Keine falsche Philanthropie oder Rassentheorie ist imstande, für vernünftige Menschen zu beweisen, daß die Erhaltung irgendwelcher viehzüchtender südafrikanischer Kaffern ... für die Zukunft der Menschheit wichtiger sei, als die Ausbreitung der großen europäischen Nationen und der weißen Rasse überhaupt. ... Erst dadurch, daß der Eingeborene im Dienst der höheren Rasse, d. h. im Dienste ihres und seines eigenen Fortschritts, Werte schaffen lernt, gewinnt er ein sittliches Anrecht auf Selbstbehauptung.«[24]

Man könnte versucht sein, das Schicksal der Herero als Folge nicht einer typisch deutschen Kolonialmacht anzusehen, sondern als Folge der ganz allgemeinen Logik des Kolonialismus. Dennoch steht fest, dass zwar die Belgier, Franzosen, Briten und Holländer ihre Macht auch mit Hilfe von Gangstermethoden aufrechterhielten, dass aber trotzdem nicht das viktorianische Großbritannien, sondern das wilhelminische Deutschland ein Modell für die nationalsozialistischen Lager oder gar für den Holocaust schuf.[25] In Deutsch-Südwestafrika, und nicht in Indien, entstanden Lager, wo Männer, Frauen und Kinder festgehalten wurden, um durch Arbeit vernichtet zu werden. Dort wurden Wissenschaftler eingesetzt, die eine objektive »Basis« für die Verbrechen der Kolonialmacht liefern sollten. Zwei der Lehrer von Josef Mengele, Theodor Mollisson

(1874–1952) und Eugen Fischer, forschten dort; Mollisson[26] 1904, das heißt genau im Jahr des Genozids an den Herero, und Eugen Fischer 1908. Er war einer der ersten Wissenschaftler, der die Gültigkeit der mendelschen Gesetze nicht nur für Pflanzen und Tiere, sondern auch für den Menschen behauptete. Dieser brillante Professor von der Freiburger Universität traf 1908 in Südwestafrika ein, um an der Mischlingsbevölkerung der deutschen Kolonie die Vererbung verschiedener Körpermerkmale (Augenfarbe, Hautfarbe etc.) zu untersuchen. Was ihn interessierte, war also die »Rassenqualität« der Kinder aus Mischehen. Die Bevölkerung der »Rehobother Bastards«, wie man sie damals bezeichnete, lieferte ihm Versuchsbedingungen, die mit denen des Pflanzenforschers und Entdeckers der Kreuzungsregeln vergleichbar waren: Anhand der vorhandenen Hochzeits- und Geburtenregister konnte er die Stammbäume der Nachkommen von Kolonisten und eingeborenen Frauen aufstellen; je nach dem Grad der Rassenmischung ließen sich dann die Nachkommen in Gruppen einteilen und jeweils die dominanten und rezessiven Formen der Vererbungsmerkmale bestimmen. Sein Buch *Die Rehobother Bastards und das Bastardierungsproblem beim Menschen* erschien im Jahr 1913.[27] Dort legte er die schädlichen Einflüsse der Rassenmischung dar – schädlich aus Sicht der Deutschen natürlich, denn für die Schwarzen konnte jede Veränderung ja nur positiv sein. In seinen Augen stand zweifelsfrei fest, dass die Kinder aus schwarzweißen Mischehen über einen geringeren Grad an Intelligenz verfügten als Kinder zweier weißer Eltern. Über die »Mischlinge« in der deutschen Kolonie schrieb er: »Also man gewähre ihnen eben das Maß von Schutz, was sie als uns gegenüber minderwertiger Rasse gebrauchen, um dauernden Bestand zu haben, nicht mehr und nur so lange, als sie uns nützen – sonst freie Konkurrenz, d. h. meiner Meinung nach Untergang.«[28]

Diese Untersuchungen sollten später nationalsozialistischen Rassenforschern wie Hans Günther und Otmar von Verschuer als Grundlage dienen. Da sie eine Übertragung der mendelschen Regeln auf den Menschen erlaubten, konnte nun die alte Auffassung von der Rassenmischung korrigiert werden: Vererbung verstand man fortan nicht mehr als Vermischung im Sinne einer Verschmelzung, sondern als Kombination an sich unveränderlicher Elemente.²⁹ In Ermangelung von Forschungsmaterial aus den Kolonien (im Ersten Weltkrieg hatte Deutschland all seine kolonialen Besitzungen verloren) arbeiteten Fischers Schüler bei ihren Untersuchungen überwiegend an jüdisch-deutschen und Zigeuner-»Mischlingen« sowie an Zwillingen.³⁰ Für die Anhänger der nordischen Doktrin blieben die einzelnen Bausteine bei der Kreuzung identisch, die Hybridisierung verursachte keine Veränderung der Gene. Die Kreuzung hatte damit keinen Einfluss auf das rassische Erbgut. Der logische Schluss der Befürworter einer »Renordifizierungspolitik« lautete also: Durch geeignete Kreuzungen können die Spuren der Kreuzung ausgemerzt werden, sodass die nordische Rasse in ihrer »Reinform« wieder hervortritt.

Diese Gedanken formulierte Fischer in einem Handbuch, das er gemeinsam mit Erwin Baur und Fritz Lenz herausgab: *Menschliche Erblichkeitslehre und Rassenhygiene*. Dieses Werk blieb nicht ohne Wirkung. Als Hitler 1923 in der Festung von Landsberg am Lech in Haft saß, ließ er sich durch diese Lektüre für zahlreiche Passagen von *Mein Kampf* inspirieren.³¹

1927 wurde in Berlin-Dahlem ein »Kaiser-Wilhelm-Institut (KWI) für Anthropologie, menschliche Erblehre und Eugenik« gegründet. Als sein Leiter wurde Eugen Fischer nominiert. Am 30. Januar 1933 wurde Hitler Reichskanzler; am 1. Februar hielt Professor Eugen Fischer im Harnack-Pavillon des KWI einen Vortrag über »Rassenkreuzung und intellektuelle Leistung«. Im Juli 1933 wurde er zum Rektor der Universität von Berlin ernannt, wo er Medizin lehrte.³² In seiner Regimetreue war dieser Wissenschaftler überall dort zur Stelle, wo man es von ihm erwartete. So erklärte er zum Beispiel bei einer internationalen Konferenz in Paris, an der er auf eigenen Wunsch teilnahm: »… die Moral und die Tätigkeit der bolschewistischen Juden zeugt von einer solchen ungeheuerlichen Mentalität, dass man nur noch von Minderwertigkeit und von Wesen einer anderen Spezies sprechen kann.«³³ Noch im Juni 1944 nahm Eugen Fischer, der nach den Aussagen seiner Tochter weder Antisemit noch Nationalsozialist war, eine Einladung nach Krakau an, wo er an einem »Antijüdischen Kongress« teilnahm.³⁴

1914 – Der Erste Weltkrieg

Der Krieg der Spanier gegen die kubanischen Unabhängigkeitskämpfer und der Krieg der Briten gegen die Buren hatten eines gemeinsam: In beiden Fällen war die Kolonialmacht mit Guerillakämpfern konfrontiert, gegen die sie mit einer Isolierungstaktik vorging. Die Grenze zwischen aktiven Kriegsteilnehmern und Zivilisten wurde also sehr unscharf, denn für einen Sieg brauchten die einen die Unterstützung der anderen.

Dieser Zusammenschluss von Kämpfern und Nichtkämpfern ist nicht nur im Fall von Guerillakriegen relevant. Seit jeder Mann im waffenfähigen Alter zum Kriegsdienst mobilisiert werden kann, ist jeder auch ein potenzieller Gegner. Man kann, oder besser gesagt, man muss ihn also internieren. Jean-Claude Farcy schreibt dazu: »Die Lager sind nur ein sichtbarer Ausdruck für die Tatsache, dass der Krieg am Anfang des 20. Jahrhunderts total wird und dass er die Zivilbevölkerung genauso betrifft wie das Militär. Jeder Krieg wird fortan die Frage aufwerfen, was mit den Zivilisten geschehen soll, die Bürger des feindlichen Landes sind ...«[1]

Im Ersten Weltkrieg bildete sich eine neue Auffassung heraus: In jedem kriegführenden Land war man der Ansicht, dass die gesamte Bevölkerung des Gegners – und eben nicht nur die an sich schon bedeutende Zahl der Mobilisierten – potenziell dem gegnerischen Kriegseinsatz dienen könnte. Wie anders konnte man nach dieser Überlegung also reagieren als mit deren Neutralisierung? Sie erfolgte in Form einer Internierung. Farcy blickt, wie wir es auch getan haben, in die Vergangenheit zurück und erwähnt die Guerillakriege und ihre Niederschlagung: »Wenn die Bevölkerung im Rahmen einer Guerilla am Krieg mitwirkt, sehen sich die Besatzerheere veranlasst, mit einer generellen Internierung zu reagieren.« Auch er erwähnt General Weyler, der, so Farcy, »die nicht-kämpfende Bevölkerung in Konzentrationslager verbrachte, um den kubanischen Aufstand von 1896 niederzuschlagen«. Farcy gibt an, dass dieselbe Methode 1899 von den Vereinigten Staaten auf den

1915: Die französischen Konzentrationslager im Ersten Weltkrieg

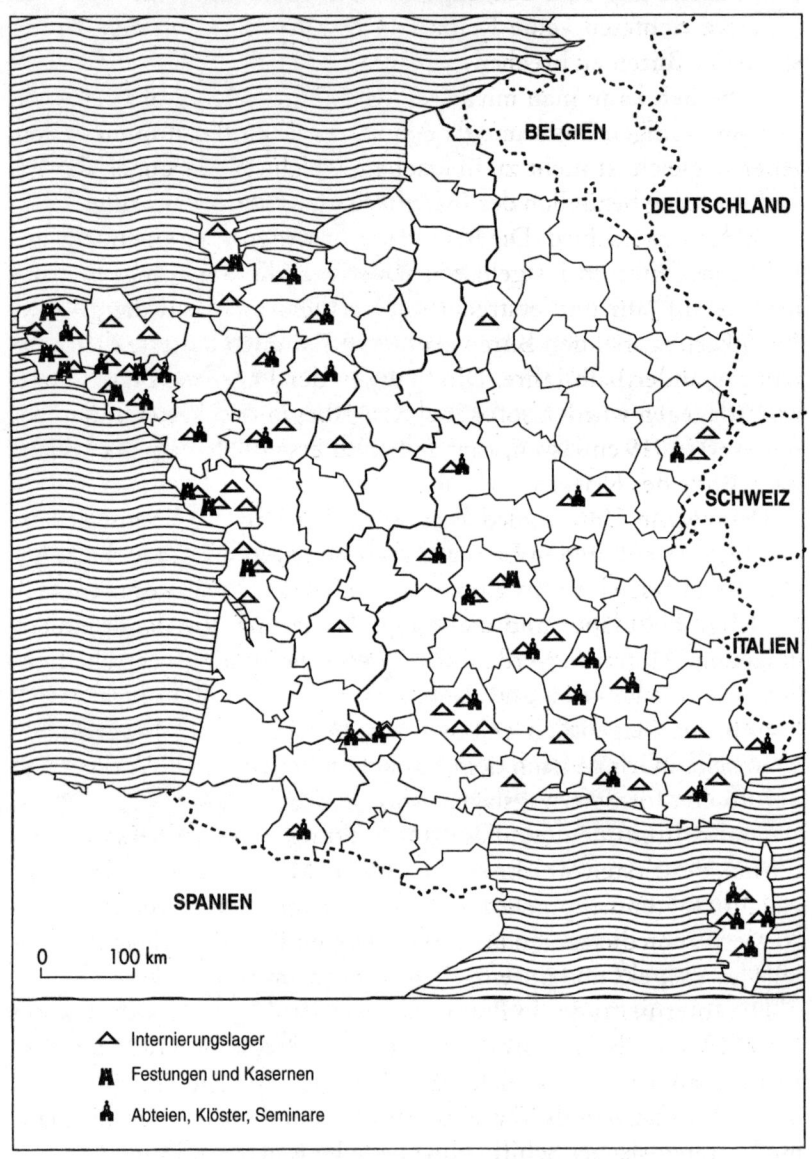

△ Internierungslager
🏰 Festungen und Kasernen
⛪ Abteien, Klöster, Seminare

Philippinen und von den Briten in Südafrika angewandt wurde. Letztere richteten »eine Reihe von Lagern (ein), um den Widerstand der Buren zu brechen«.² Sicherlich kann man mit Farcy die Maßnahmen von 1914 in einen geradlinigen Zusammenhang mit den Guerillakämpfen stellen. Aber zugleich ist nicht zu übersehen, welche Neuerungen der Erste Weltkrieg bezüglich der Internierungen mit sich brachte.

Erster Unterschied: Die Betroffenen wurden über einen sehr viel längeren Zeitraum festgehalten. Die Tragödie der *reconcentrados* dauerte ein Jahr und erstreckte sich zudem nicht auf die gesamte Bevölkerung. Bei den Buren und ihren Familien dauerte die Internierung anderthalb Jahre. Die Insassen der Lager im Ersten Weltkrieg dagegen wurden sofort bei Kriegsbeginn verhaftet und in der Regel erst 1919 entlassen, zum Teil sogar erst 1920, mehr als ein Jahr nach Ende des Krieges.

Der zweite Unterschied besteht in den Lagerbedingungen, die im Allgemeinen in den Lagern des Ersten Weltkrieges nicht so katastrophal waren wie in Kuba und Südafrika. Zwar konnten auch die lange Haftdauer und die völlige Isolierung, die damit einherging, zum Alptraum werden, aber häufiger waren Folgeerscheinungen wie Langeweile und Depressionen. Speziell in Frankreich konnte man eigentlich erst seit dem Ausbruch der berüchtigten Spanischen Grippe nach dem Krieg von bedeutenden Verlusten in den zivilen Internierungslagern sprechen.

Und drittens deutete diese Internierung von Zivilpersonen anlässlich des Ersten Weltkriegs bereits die Möglichkeit an, dass einige Jahre später nicht mehr nur Ausländer verhaftet werden würden, sondern auch diejenigen unter den eigenen Bürgern, die man ebenfalls für suspekt und potenziell gefährlich ansah.

Die Internierungen in Frankreich von 1914 bis 1918 waren nichts Neues. Jean-Claude Farcy erwähnt, dass Napoleon 1803 die Verhaftung aller in Frankreich lebenden wehrfähigen Engländer anordnete, und zwar als Vergeltungsmaßnahme für die Beschlagnahmung französischer Schiffe ohne jegliche Kriegserklärung.³

Man kann sogar noch weiter zurückgehen und sich ins Gedächtnis rufen, dass schon der revolutionäre Nationalkonvent die Untertanen feindlicher Länder verhaften lassen wollte. In einem Gesetz vom 25. Vendémiaire des Jahres II (16. Oktober 1793) heißt es in Artikel 1: »Die Ausländer, die auf dem Territorium einer Macht geboren sind, welche mit der Republik im Krieg steht, werden in Schutzhäusern in Haft genommen; es obliegt ihnen, von zwei Bürgern ihres Wohnortes ihren erklärten Patriotismus bezeugen zu lassen.« In Artikel 5 heißt es weiter: »Jeder Bürger hat das Recht, gegen andere Personen Tatsachen vorzubringen, die ihm zu Gehör gekommen sind und die etwa die Reinheit ihrer Prinzipien in Frage stellen könnten; und wenn diese Umstände sich als wahr erweisen und gegen die Betreffenden einen begründeten Verdacht aufkommen lassen, so werden sie in Haft genommen.«

Ebenfalls seit langer Zeit war es gängige Praxis, sich bei einer Belagerung der überflüssigen Münder zu entledigen. Dieses Vorgehen wurde sogar in einem Gesetzestext von 1849 legalisiert; eine Passage, auf die bei den späteren Proklamationen des Kriegsministeriums, vor allem in den Jahren 1887 und 1889, Bezug genommen wurde. Unmissverständlich sahen diese Bestimmungen die Evakuierung der »unnützen oder gefährlichen« Einwohner vor. Dies konnte sich auch auf die eigenen Bürger beziehen. So kam es, dass man in den Lagern neben den »Bürgern feindlicher Nationen« auch Personen fand, die unter dem Verdacht standen, sie könnten der Kriegsleistung im Wege stehen: wegen »moralzersetzenden« Einflusses oder weil sie sich bereits zu lange in der Nähe des Feindes aufgehalten hatten. Das traf auf Prostituierte zu, auf verschiedenste Randgruppen sowie auf die Bevölkerung von Gebieten, die lange Zeit vom Feind besetzt gewesen waren. In Frankreich galt das zum Beispiel für die Einwohner von Elsass-Lothringen, das 1871 von Deutschland annektiert worden war.

Alle Internierten waren Opfer von Maßnahmen einer im weitesten Sinne militärischen Zielsetzung, die auch den ideologischen Kampf mit einschloss. Es ging darum, die betreffenden Personen daran zu hindern, dem eigenen Kriegseinsatz zu schaden oder für den Kriegseinsatz des Gegners nützlich zu sein. Man könnte auch sagen, dass diese Verhaftungen die Erkenntnis dokumentieren, wie wichtig die Motivation nicht nur der Streitkräfte, sondern der gesamten Nation ist, also die Einheit und ein kollektiver Wille.

Lager in Frankreich und Großbritannien

Schon Anfang 1913 hatte man hinter verschlossenen Türen über geeignete Maßnahmen beraten. Gegen die Staatsangehörigen feindlicher Länder sowie Prostituierte und Vorbestrafte jeder Nationalität bestand ab dem 1. September 1914 die Möglichkeit der Internierung. Familienangehörige von Ausländern hatten grundsätzlich Bewegungsfreiheit, man verweigerte ihnen jedoch die Ausreise, zumindest bis im Oktober 1914 ein Vertrag unterzeichnet wurde, dem zufolge sie in ihr jeweiliges Heimatland zurückkehren konnten. Zur Heimkehr ermächtigt waren die weibliche Bevölkerung, Knaben unter 17, Männer über 60 und Invaliden ab 45 Jahren. Einige Ausländer gelangten noch am ersten Mobilisierungstag über die Grenze, ansonsten wurden sie in Auffanglagern überall im Land zusammengezogen – eben »konzentriert«.

Die Organisation von Unterkünften und Transport war insgesamt schwierig. Verantwortlich dafür war aber nicht so sehr ein erklärter Wille, den Betroffenen Schaden zuzufügen, als vielmehr die Zwänge der Improvisation, die allgemeine Gewaltbereitschaft gegenüber Fremden in der gesamten Bevölkerung und der Zusammenbruch des zivilen Verkehrswesens. In gewisser Weise war man in Paris wie in Berlin der Ansicht, die Ausländer sollten den Übergriffen patriotischer Gewalt besser entzogen werden, und die Lager, in die sie verbracht wurden, übernahmen auch eine – sicherlich nebensächliche, aber von Beginn an reale – Schutzfunktion.

Dass sich die Bedingungen der Internierung im Laufe der Zeit verschlechterten, war zwar nicht geplant, aber doch traurige Realität. Von dem Ungarn Aladar Kuncz stammt ein aufschlussreiches Zeugnis über seine Internierung. Er erwähnt zunächst das Versprechen der Regierung Viviani, die Internierung der Staatsangehörigen feindlicher Länder werde nicht länger andauern als die Zeit der Mobilmachung. Danach würden sie in ein neutrales Land abgeschoben. Dieses Versprechen wurde aber nicht eingelöst, und so verloren zahlreiche deutsche und österreichisch-ungarische Bürger, die bisher friedlich in Frankreich gelebt hatten, von heute auf morgen ihre Wohnung und ihre Arbeit, bevor man sie schließlich »wie eine Schafherde in ein Konzentrationslager auf dem Land« trieb.[4]

Auch Franzosen waren ab der Mobilmachung von ähnlichen

Maßnahmen betroffen; an erster Stelle die Bürger im Elsass und im Département Moselle, alle mehr oder weniger verdächtig; denn bei ihnen war es kaum möglich, zu unterscheiden zwischen den »Patrioten«, die Frankreich treu geblieben waren, den Anhängern des deutschen Kaiserreichs und den Deutschen, die seit 1871 ins Elsass eingewandert waren. Laut Farcy wurden alle Familien, aus denen ein Mitglied einem deutschen Einberufungsbefehl gefolgt oder deren nationale Gesinnung unbekannt (oder zweifelhaft) war, ab dem 1. September 1914 interniert.

Von den vier Durchgangslagern waren folgende drei ständig in Betrieb: La Ferté-Macé, Besançon und Fleury-en-Bière; dazu kam bis 1917 Blanzy (Saône-et-Loire). Es ist bekannt, dass von Februar 1915 bis Sommer 1919 mindestens 15 000, eventuell bis zu 16 000 Personen durch diese Lager gegangen sind. Aber wie viele von ihnen wurden nach der Klassifizierung tatsächlich in ein »Konzentrationslager« verbracht? In Ferté-Macé zum Beispiel wurde nur ein Fünftel der »Klassifizierten« tatsächlich »konzentriert«, aber hinter dieser Zahl verbirgt sich ein großes Ungleichgewicht: Etwa 90 Prozent der Staatsangehörigen feindlicher Mächte und 50 Prozent der Elsass-Lothringer kamen ins Konzentrationslager, dagegen gerade einmal ein Prozent der übrigen Franzosen. Von den 15 000 Deportierten von 1915 bis 1919 wurden 3000 (also wiederum ein Fünftel) in Konzentrationslager verschickt, davon 1200 in Lager für feindliche Wehrfähige und 1800 in Lager für sonstige Verdächtige.[5]

Dazu kamen zahlreiche Ausländer, die wie der eben zitierte Ungar gar nicht klassifiziert, sondern direkt in ein Übergangslager und nach einigen Wochen in ein endgültiges Lager transportiert wurden.

Über 50 solcher Lager wurden eingerichtet; besonders zahlreich waren sie in zwei Regionen: in Westfrankreich (Bretagne, Vendée, Charentes) und im Südosten, vom Département Aveyron bis nach Nizza und Korsika. Ihre genaue Zahl ist schwer zu bestimmen, zumal viele sehr schnell wieder geschlossen wurden. Insgesamt wurden jedenfalls etwa 60 000 Menschen festgenommen. Darunter befanden sich an die 40 000 Wehrfähige aus kriegführenden Herkunftsländern und ihre Familien, dazu 20 000 sonstige Verdächtige und verschiedene »gefährliche Zersetzer«. Die Hälfte der Gefangenen war in Festungen und Kasernen untergebracht. Auch Klöster,

Abteien und Seminare wurden herangezogen, ebenso wie (meist private) Schulen. Ein einziges Lager wirkte wirklich wie ein »Lager«, denn in der Tat befand es sich in einem ehemaligen Militärlager auf der Île Longue vor Brest – hier gab es Baracken und Stacheldraht. Aladar Kuncz verbrachte dort drei Wochen, bevor er im April 1919 entlassen wurde.

Auch in ihrer Belegung unterschieden sich die Lager voneinander: Es gab Lager für hochgestellte Persönlichkeiten, solche für Familien, die auf ihre bevorstehende Ausreise warteten, Vorzugslager für profranzösische Ausländer, Disziplinarlager, Lager für Elsass-Lothringer, für Österreicher und Deutsche usw. Sogar für Prostituierte und für Geistliche existierten eigene Lager.

In den einzelnen Lagern gab es Probleme mit der Post. Außerdem kam es vor, dass den Gefangenen ein Teil ihrer Verpflegung vorenthalten und auf dem Schwarzmarkt verkauft wurde. Es gab mehr oder weniger strenge Disziplinarmaßnahmen, aber je nach Lagerchef fielen sie sehr unterschiedlich aus: In manchen Lagern konnte man sogar von Zeit zu Zeit Ausgang bekommen, Spaziergänge machen und ins Café oder ins Gasthaus gehen.

Die Hygiene wurde nicht immer aufrechterhalten, aber es gab immerhin Regeln, die das im Prinzip vorsahen. Die Beheizung war sehr spärlich, die Nahrung nicht gerade üppig, eine Brotration betrug 600 Gramm, und viermal pro Woche gab es 200 Gramm Fleisch. Auch wenn es zu Beschwerden über die »Eintönigkeit der Ernährung« kam, so hätte doch der Speisezettel jeden Insassen in einem GULag oder in einem nationalsozialistischen KZ zum Träumen gebracht, denn man bekam hier dicke Eintöpfe, Gemüse und häufig auch ein Stück Fleisch. Es waren zwar bestimmte Arbeiten zu erledigen, aber doch nur in begrenztem Umfang. Auffällig ist, dass Farcy nur äußerst selten von Opfern spricht. Im Département Finistère etwa erwähnt er eine Liste aus dem Jahr 1919, auf der immerhin von 43 Todesfällen in den Lagern die Rede ist, aber »in Anbetracht der Zahl der Lagerinsassen erscheint diese Zahl doch niedrig«. Die einsehbaren Gefängnisakten bestätigen die relativ niedrigen Sterblichkeitsraten: 2,2 Prozent in Le Jouguet, 3,3 Prozent in Précigne (Département Sarthe) – ein Drittel davon waren jeweils Opfer der Spanischen Grippe gegen Ende des Krieges.

»Auch wenn man bedenkt, dass die meisten Insassen erwachsene Männer waren (nämlich die Wehrfähigen), hat die Internierung offenbar keine auffällige Erhöhung der Sterblichkeit zur Folge gehabt«, schreibt Farcy.[6]
Die Bewachung war nicht immer sehr streng. Wohl vor allem aus Kostengründen war die Absperrung aus Stacheldraht. Und in der Tat stand die Internierung ja unter der Kontrolle der internationalen Öffentlichkeit: Wäre das »Niveau« der Lager gesunken, so hätte das sofortige Gegenmaßnahmen zur Folge gehabt. So kamen Pakete an, auch Zeitungen; manchmal war von einer Bibliothek die Rede, oder es gab ein Orchester. Aladar Kuncz, der viereinhalb Jahre in verschiedenen Lagern verbrachte (Périgueux, auf Noirmoutier und auf der Île d'Yeu), beschreibt ausführlich seine Langeweile, die dürftige Ernährung, die oft pedantische Überwachung seitens der älteren Unteroffiziere, die Isolierung. Natürlich gab es von Zeit zu Zeit Post, Pakete oder eine Geldsendung, aber das alles war so ungenügend! Er und seine Freunde waren verbittert: Obwohl profranzösischer Gesinnung, wurden sie als Feinde angesehen, und obwohl Patrioten, wurde ihnen verwehrt, ihr Vaterland zu verteidigen.

Es herrschten innere Leere und äußerlicher Mangel: »Allmonatlich ein Badefass im rattenverseuchten Keller ..., in die Toiletten regnet und schneit es herein ..., die Zimmer sind überbelegt und wimmeln von Ungeziefer ..., in den Schlafsälen stinkt es ...«[7]
1915 erfolgte eine Inspektion durch einen Vertreter der US-Botschaft, 1917 eine ärztliche Visite. Orte wie die alte Festung auf Noirmoutier und die Zitadelle auf der Île d'Yeu, erbaut 1872–1875, waren keine Schauplätze besonderer Gräuel, vielmehr herrschte dort eher alltägliches Mittelmaß. Es wurde gelacht, gespielt, es gab Kurse und Vorträge, eine kleine Theateraufführung an Weihnachten, auch Ausbruchsversuche kamen vor ... und das eher aus Patriotismus als deshalb, weil die Lagerbedingungen so unmenschlich gewesen wären.

Allerdings hatten andere Lager als die, von denen unser Zeuge spricht, einen sehr viel schlechteren Ruf: das Lager auf der Île de Groix zum Beispiel, wo »eine Disziplin von unmenschlicher Härte« herrschte. Dort traten bei den Inhaftierten Depressionen und andere psychische Störungen auf.

In den anderen kriegführenden Ländern herrschten in etwa die gleichen Bedingungen. Einige Besonderheiten seien jedoch erwähnt: In Deutschland internierte man als Reaktion auf die in Frankreich ergriffenen Maßnahmen die Zivilbevölkerung, aber die Lager glichen dort eher wirklichen Lagern »nach dem Modell von Kriegsgefangenenlagern«. In Österreich wurden die britischen und französischen Staatsangehörigen nicht interniert, sondern »festgesetzt«, das heißt sie standen unter Hausarrest. England dagegen begann mit gezielten Verhaftungen. Ende September 1914, so berichtet Panikos Panayi, waren bereits mehr als 13 000 Personen interniert.[8] Im Jahr darauf sank diese Zahl auf 10 000, denn angesichts der ungenügenden Unterbringungsmöglichkeiten wurden weitere Internierungen auf später verschoben; der Befehl kam vom damaligen Heeresminister Lord Kitchener. Außerdem blieben bestimmte Gruppen ohnehin verschont: Priester, Ärzte, Alte und Behinderte.

Als der Konflikt sich immer länger hinzog und einzelne Ereignisse, wie etwa die Versenkung des britischen Passagierschiffs *Lusitania* am 7. Mai 1915 durch ein deutsches U-Boot (1198 Tote), bei der Bevölkerung für große Empörung sorgten, plädierte die britische Öffentlichkeit immer deutlicher für die Verhaftung all derer, die auf Seiten der Deutschen standen oder stehen könnten. So setzte sich ein neues Vorgehen durch: Alle wehrfähigen Männer wurden festgehalten, die Älteren ausgewiesen. Die Zahl von 19 000 Internierten Mitte Mai (zu dieser Zeit waren noch 24 000 Frauen und 16 000 Männer in Freiheit) stieg nun auf 32 000, die restlichen Deutschen wurden strengstens überwacht. Es dauerte lange, bis die Internierung abgeschlossen war, zumal die Briten Probleme hatten, geeignete Unterkünfte zu finden. So schickte man die potenziellen Feinde nach Olympia, Newbury, Frimley, Stratford und auf die Isle of Man … Man stellte Zelte auf, errichtete Baracken aus Wellblech und umgab das Ganze mit den üblichen Stacheldrahtzäunen. Aber auch alte Gebäude konnten herangezogen werden, in Newbury zum Beispiel die Stallungen an der Pferderennbahn.

Die äußeren Bedingungen waren also nicht gerade vorzüglich, aber es war bekannt, dass man sich im Kriegsministerium der Missstände bewusst war und zum Winter hin mehrere Lager schließen wollte. Doch letztlich blieben sie in Betrieb.[9] Der Platzmangel ließ die Behörden schließlich auf Ozeandampfer zurückgreifen, die in

Ryde, Gosport und Southend vor Anker lagen: 1000 Menschen wurden dort festgehalten. Eisenbahnwaggons und ehemalige Werkhallen wurden ebenso belegt wie Vergnügungsparks, etwa Alexandra Palace nördlich von London.

Auf der Isle of Man wurde ein Feriencamp zu einem Internierungslager umfunktioniert: Stacheldraht, Gas und Strom sowie Wachposten genügten zur Umwandlung. Die Isle of Man wurde zu einem Hauptzentrum der Internierungen im Ersten Weltkrieg: 2500 Personen wurden im Ferienlager von Douglas festgehalten und mehr als 20 000 in Knockaloe bei Peel Harbour. Meist sorgten die Gefangenen selbst für ihre Verpflegung. In vom Lager unabhängigen Nahrungsmittelgeschäften konnte man die üblichen Rationen aufbessern. Aber die Verpflegung war insgesamt korrekt und gab keinen Anlass zu Protesten. Ihre Qualität sank erst mit den deutschen Blockadeversuchen.

Die größte Schwierigkeit lag darin, all diese Menschen zu beschäftigen. Sie wurden selbst in der Lagerverwaltung tätig. Manche arbeiteten in ihren Berufen – Schneider, Friseure, Schuster. Es gab Handwerker, die Bürsten, Taschen oder medizinische Geräte herstellten. Manch einer betätigte sich als Lehrer, andere als Gärtner. Nur anfangs kam es zu einigen Beschwerden bezüglich der hygienischen Zustände. Die Sterblichkeitsrate scheint in diesen Lagern sehr niedrig gewesen zu sein. Dem Britischen Roten Kreuz zufolge lag sie auf der Isle of Man mit 2,5 Promille sechsmal unterhalb (!) der Quote auf dem Rest der Insel. Für jedes Lager gab es ein Krankenhaus, in dem riesigen Lager von Knockaloe sogar eines in jeder Abteilung. Die häufigsten Krankheiten waren Tuberkulose und Bronchitis. Auch zahlreiche psychische Störungen sind bezeugt. Ein Schweizer Arzt (die Schweiz vertrat in London die deutschen Interessen) untersuchte das »Stacheldrahtsyndrom«: Demnach sorgten das Fehlen regelmäßiger Arbeit, die Ungewissheit über die Dauer der Internierung, die unregelmäßigen Kontakte nach außen und die Belastung durch die öffentliche Meinung für die Entwicklung einer spezifischen Form der Depression.[10]

Nochmals bleibt festzuhalten: Wir sind weit entfernt von jeder Form von Lagern des Zweiten Weltkriegs. Weder die NS-Lager noch die der Vichy-Regierung sind mit den hier untersuchten Lagern vergleichbar.[11]

Eine eigene Bemerkung muss den Geiseln gelten, die – in Deutschland genauso wie in Frankreich – willkürlich ausgewählt wurden. Sie stammten aus den ohnehin bereits betroffenen Bevölkerungsgruppen in den angegriffenen, später besetzten Gebieten: »Nord- und Nordwestfrankreich, Belgien, Serbien, Ostpreußen, Westrussland«.[12] Annette Becker nennt keine Gesamtzahl, aber sie betont, wie hart das Schicksal dieser Geiseln war: Manche von ihnen verbrachten den ganzen Krieg in Lagern, die nach dem Standard von Kriegsgefangenenlagern ausgestattet waren. Sie zitiert etwa das Beispiel von 1500 Bürgern der Stadt Amiens, »die 1914 verhaftet und bis 1918 festgehalten wurden«.[13] Manche dieser Geiseln wurden in Ostpreußen und bis nach Litauen dauerhaft in »Vergeltungslagern« interniert. Annette Becker gibt an, dass diese Lager im militärischen Stil gehalten wurden, das heißt mit Holzbaracken und Stacheldrahtzäunen.[14]

Im Großen und Ganzen waren die Bedingungen wohl erträglich, obwohl diese Zivilisten entgegen jeder Rechtsordnung wie Militärs behandelt wurden[15] und als Gefangene auch unter der Verlassenheit, der Armut, der Scham und der zeitlichen und räumlichen Entwurzelung zu leiden hatten; und das muss umso schwerer zu ertragen gewesen sein, als sie keinerlei Vorstellung davon hatten, wie lange diese Situation andauern würde.[16]

1915: Der Völkermord an den Armeniern

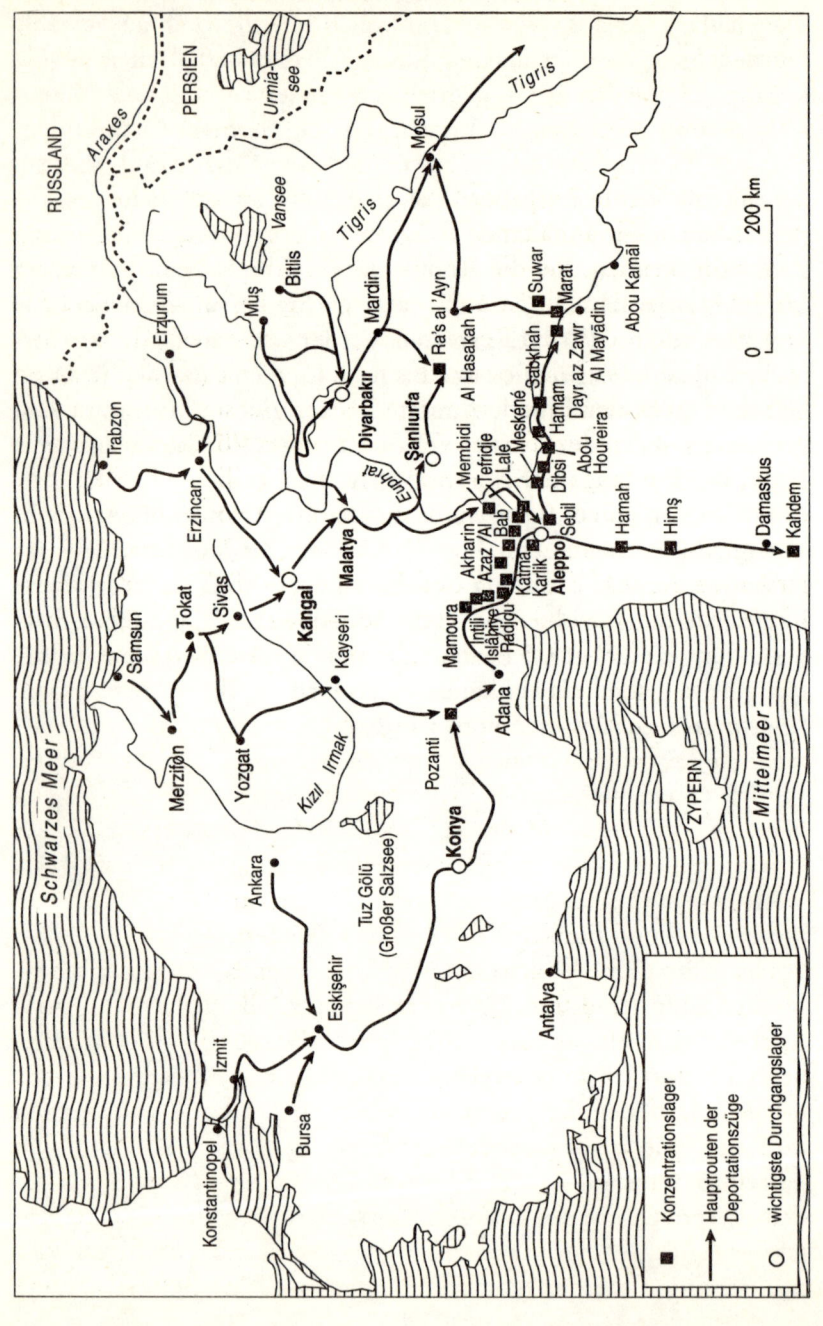

1915 – Die Armenier

Es ist keine leichte Aufgabe, den Völkermord an den Armeniern zu untersuchen. Die anhaltende Weigerung der türkischen Regierung, ihn anzuerkennen und die Archive zu öffnen, ist noch immer ein großes Hindernis.[1] Die Kontroverse ist bekannt: Die einen sind davon überzeugt, dass die Regierung des Osmanischen Reiches den Völkermord tatsächlich beschlossen und geplant hat, die anderen negieren trotz der Hunderttausende von Todesopfern unter den Armeniern jeden dezidierten Willen zu einem Völkermord. Angesichts des Umfangs der Massaker sind wir freilich der Meinung, dass man von einem Genozid oder zumindest von genozidartigen Massakern sprechen muss. Die Funktionäre der Jungtürken-Partei *İttihat ve Terakki* (»Einheit und Fortschritt«) ließen der zwangsumgesiedelten Bevölkerung von Südostkleinasien (Kilikien) keinerlei Ausweg. Wo 1915 noch an die zwei Millionen Armenier lebten, gibt es heute keine mehr.

Abgesehen von diesen Fragen, die mit dem Völkermord zusammenhängen, haben wir wieder besonderes Augenmerk auf unser eigentliches Thema gelegt: die Konzentrationslager. Gab es sie auch beim zweiten Genozid des 20. Jahrhunderts? Im Rahmen dieser Untersuchung sollen insbesondere die verschiedenen Phasen des Völkermords herausgearbeitet sowie Daten zur Existenz, Entstehung, Form und Funktion dieser Lager geliefert werden.

Der armenische Völkermord markiert einen Bruch in der osmanischen Kulturtradition. Bevor nämlich Zar Nikolaus I. das Osmanische Reich als »kranken Mann am Bosporus« bezeichnete, herrschte dort jahrhundertelang das so genannte *Millet*-System, das den Minderheiten der Juden, Armenier und orthodoxen Christen im Reich eine weitreichende Autonomie garantierte. Doch in den Jahren 1910 bis 1914 radikalisierten sich die Jungtürken und wurden zu Verfechtern des *Pantürkismus*, jener Ideologie, nach der unter der Ägide der osmanischen Türkei alle türkischsprachigen Länder vereinigt werden sollten.[2] Diese pantürkische Zielsetzung steigerte sich unter dem Einfluss von Intellektuellen wie Ziya Gökalp oder Dr. Behaeddin Şakir, später einer der Hauptverantwortlichen des Völkermords. Doch dem Pantürkismus stellten sich zwei Hindernisse in den Weg, ein physisches und ein geostrategisches: die Armenier und das russische Zarenreich. Die Aussicht, dass die Armenier ihre Autonomie oder gar ihre Unabhängigkeit betreiben könnten, empfanden die Jungtürken als massive Bedrohung, die sie sofort und kompromisslos abwenden mussten.³

Als Beginn des Völkermords an den Armeniern wird üblicherweise die Razzia am Samstag, dem 24. April 1915 angesehen. Innerhalb von zwei Tagen wurden damals in Konstantinopel 2345 Journalisten, Ärzte, Anwälte, Priester und Schriftsteller verhaftet, ein Großteil der armenischen politischen und kulturellen Elite – die Armenier waren von nun an »eine Herde ohne Hüter«.⁴ Am 20. Mai 1915 verkündete der jungtürkische Innenminister Mehmed Talaat einen provisorischen Umsiedlungsbeschluss.⁵ Für die Armenier, die wie die Juden Pogrome durchaus gewohnt waren, kam diese Entscheidung völlig überraschend. Offiziell sollte die Generalanordnung vom Mai 1915 der Sicherheit der Frontzonen dienen, indem verdächtige Einwohner ins Landesinnere verbracht wurden. In den Augen der *İttihat* diente nämlich die armenische Bevölkerung den Ententemächten seit Ausbruch des Ersten Weltkrieges als eine Art trojanisches Pferd. Das Gesetz sah nun vor, die armenischen Deportierten »unter bestmöglichen Bedingungen« in die syrischen Wüsten abzuschieben, wo sie sich, weit entfernt von den Frontlinien, wieder niederlassen sollten. Ihr beschlagnahmtes Eigentum sollte später ihrer Ansiedelung in Syrien dienen. In der Tat gibt es in Kriegszeiten wohl kaum eine einfachere Methode, gegen eine schutzlose Minderheit vorzugehen, als den Vorwurf »innerer Feindschaft«.⁶ Man beschuldigte die armenische Bevölkerung außerdem verräterischer und separatistischer Aktionen.⁷ Das Gesetz verfolgte eine doppelte Zielsetzung. Zunächst einmal wurde die Aufmerksamkeit der Opfer von der wirklichen Absicht, nämlich der totalen Vernichtung, abgelenkt, vor allem aber legte man damit ganz bewusst bereits die ersten Grundlagen für die Haltung, die man nach dem Völkermord einnahm: die Zurückweisung jeglicher Schuld.⁸

In Wirklichkeit war der Deportationsbefehl zu keinem Zeitpunkt etwas anderes als eine Täuschung. Zahlreiche Zeugnisse – an erster Stelle diplomatische Korrespondenzen – beweisen, dass auch armenische Volksgruppen aus Gebieten völlig abseits von den Kampfzonen in den Tod geschickt wurden. Aus denselben Briefen geht hervor, dass die türkische Regierung die armenische Frage ausdrücklich ein für allemal regeln wollte: »Wir werden schon ein Mittel finden, uns aller Armenier zu entledigen.«[9] Sogar der armenische Bevölkerungsanteil von Konstantinopel war von den Deportationen betroffen, obwohl er durch die Präsenz zahlreicher Ausländer in der Stadt unter einem gewissen Schutz stand.[10]

Im Verlauf des Völkermords an den Armeniern lassen sich vier Phasen unterscheiden.[11] Die erste Phase erstreckte sich auf die Monate April und Mai 1915. In dieser Zeit vollzogen die Türken die ethnische Säuberung von Armee und Verwaltung. So wurden alle Armenier in den osmanischen Armeekorps entwaffnet: Zunächst sammelte man sie in Arbeitstrupps und setzte sie beim Straßenbau ein. Später wurden sie fast vollzählig hingerichtet. Die Türken waren offenbar der Ansicht, dass ihr Vorhaben, die armenische Gemeinschaft zu eliminieren, sich leichter durchführen ließe, wenn erst einmal die armenischen Soldaten getötet und die städtische Elite vernichtet wären.[12]

Die zweite Phase war schon wegen ihres größeren Umfangs wesentlich umfassender; sie erstreckte sich über die Monate April bis Juni 1915. Drei Monate, in denen die Jungtürken wenige Kilometer vor den Toren der jeweiligen Siedlungen die örtliche Oberschicht und die Mitglieder der armenischen Parteien hinrichten ließen, ebenso sämtliche gesunden Männer im waffenfähigen Alter. Allerdings wurden nicht alle sofort getötet, manche hatten zunächst noch Zwangsumsiedlung und Todesmärsche zu erleiden. Zu massiven und umfassenden Deportationen allerdings kam es erst in der dritten Phase des Völkermords. Nach dem Willen der Türken sollten im Frühsommer 1915 nur noch Frauen, Kinder und Greise am Leben sein. Und diese buntgemischte Bevölkerung wurde von heute auf morgen in Richtung Wüste geschickt. Die Maßnahmen, die die Türken gegen sie ergriffen, waren ganz einfach: Während der langen Märsche durch die Wüsten und das Hochland des Reiches sollten möglichst viele Menschen umkommen. Parallel zu diesen Deportationen beschloss die türkische Regierung die Einrichtung von Lagern im Süden des Reiches, an der heutigen Grenze zu Syrien. Diese dritte Phase bezog sich auf drei voneinander getrennte geographische Gebiete: den Norden Kleinasiens, die Regionen im Osten und Südosten sowie das Gebiet an der Eisenbahnstrecke von Konstantinopel nach Pozanti. Am Ende der dritten Phase waren etwa 870 000 Armenier deportiert und nach Syrien zwangsumgesiedelt worden – das entspricht einem Anteil von 40 Prozent aller Armenier, die am Vorabend des Ersten Weltkrieges im Osmanischen Reich lebten.

Während dieser drei ersten Phasen unterstand die Vernichtung der Armenier der Aufsicht der *Teşkilâtı Mahsusu ittihat,* die die Regierung vollständig dominierte. Diese Sonderorganisation verfügte über eigene Gelder, Funktionäre, Waffen und Spezialmunition; sie glich einem »Staat im Staate«. Ihre Aufgabe bestand darin, das türkische Binnenland zu durchstreifen und die Züge der deportierten Armenier zu verfolgen und zu vernichten. Die Mitglieder dieser Organisation waren überwiegend ehemalige Strafgefangene, die aufgrund einer Sonderbewilligung des Innen- und Justizministeriums freigekommen waren.[13] Zu ihren Aufgaben zählten offiziell geheimdienstliche Tätigkeiten, Spionageabwehr und die Verhinderung von Sabotage.[14] Dahinter verbarg sich jedoch ihre einzige echte Funktion: Sie war der bewaffnete Arm der Jungtürken bei der Durchführung des Völkermords. Im Herbst 1915 waren bereits 800 000 Armenier umgekommen.[15]

Wie bereits erwähnt, war ein Teil der Deportierten von den türkischen Truppen getötet worden, noch bevor sie überhaupt die Steppe erreicht hatten. In Ermangelung ausreichender Infrastrukturen zur Versorgung der Deportierten ließen die langen, grausigen Flüchtlingskonvois verwesende Leichen hinter sich zurück und lösten so Epidemien aus, die ganze Landstriche der arabisch bevölkerten Nachbargebiete heimsuchten.

Fleckfieber, Ruhr, Erschöpfung, Hunger und Massaker gehörten zum Alltag dieser Todesmärsche. Eingezwängt zwischen den türkischen Truppen und den Milizen der Kurden und Tschetschenen, waren die Armenier den schlimmsten Gräueltaten ausgesetzt. Weit verbreitet waren Schutzgelderpressungen, und ständig kam es zu Vergewaltigungen. Zahlreiche übereinstimmende Zeugenaussagen beschreiben auch spezielle Techniken, mit denen man die Menschen massakrierte: So wurden etwa Männer, Frauen und Kinder Rücken an Rücken aneinander gefesselt und vom Rand der Schluchten in den Fluss gestürzt. Nicht selten wurden die Kolonnen der Zwangsumgesiedelten bei ihrer Ankunft in den Durchgangslagern schon von den Leichen im Euphrat eingeholt. Mindestens 100 000 Menschen sollen in diesem Fluss ertrunken sein.

Ebenfalls aus Zeugenaussagen wissen wir, dass Flüchtlinge auf die Frage, wohin man sie denn bringe, von den Türken die immer gleiche Antwort erhielten: »So weit, wie eure Beine euch tragen können.«

Nun zur vierten Phase. Wie bereits erwähnt, machte sich die *İttihat ve Terakki* erst im Juli 1915 an die Umsetzung des vierten Punktes aus ihrem Plan: der systematischen Umsiedlung der Armenier aus Anatolien, Thrazien und Kilikien in Lager in Syrien bzw. Mesopotamien.[16] Die Deportationsbefehle, die durch Aushänge oder öffentliche Ausrufer bekannt gemacht wurden, ließen der Bevölkerung ganze zwei bis drei Tage Zeit, um ihre Angelegenheiten zu regeln und ihre Sachen zu packen. Angesichts des riesigen Andrangs auf den Straßen in Richtung Wüste – immerhin mehrere Zehntausend Menschen von einem Tag auf den anderen – legten die türkischen Obrigkeiten im Schnellverfahren eine größere Zahl von Zielorten für die Betroffenen fest. Die Anweisungen aus Konstantinopel an die örtlichen Behörden waren da sehr präzise: Die Siedlungen mussten mindestens 25 Kilometer von Eisenbahnlinien entfernt sein, und die armenische Bevölkerung durfte nicht mehr als zehn Prozent der muslimischen Einwohner der entsprechenden Regionen umfassen.

Zu Beginn des Völkermords im Frühjahr und Sommer 1915 spielte die Sonderorganisation eine entscheidende Rolle; für die letzte Phase des Genozids aber, die sich gegen die 870 000 Menschen richtete, die bis nach Syrien und Mesopotamien gelangt waren, verhielt es sich anders.[17] Im Verlauf des Septembers 1915 richtete die Regierung in Aleppo eine Untereinheit ein, deren Aufgabe in der physischen Ausrottung der Deportierten bestand. Diese Einheit war ab Oktober einsatzfähig; sie unterstand direkt dem Innenministerium, geführt wurde sie von Şükrī, einem Schergen des Innenministers Talaat. Ab sofort wurden alle Flüchtlingstrecks, die aus dem ganzen Reich kamen, systematisch in die Gegend von Dayr az Zawr und nach Mesopotamien geleitet. Allerdings geht aus umfangreichem Beweismaterial hervor, dass die Mitglieder der Sonderorganisation, insbesondere deren Anführer Behaeddin Şakir, weiterhin eng mit den Funktionären in Aleppo zusammenarbeiteten. Ohne jeden Zweifel unterstanden diese beiden Organisationen, obwohl sie offiziell zwei verschiedenen Ministern zugeordnet waren, Şakir und den jungtürkischen Ittihatisten.[18]

Die Todeslager

Die Zeugenaussagen sowie Archivmaterial belegen die Existenz von 25 Lagern, die zum Großteil am Verlauf des Euphrat lagen.[19] Außerdem sind fünf Durchgangslager bezeugt, überwiegend im heutigen Grenzgebiet zwischen Irak und Syrien. Immer wieder ist in den Dokumenten über den Völkermord an den Armeniern von Konzentrationslagern die Rede. Ohne die Existenz der Lager bezweifeln zu wollen, ist es doch wichtig, sie in ihrem Kontext zu sehen und sie nach ihrer Gestalt, ihrer Funktion und (unserer) Definition neu zu bewerten. Zunächst sei gesagt, dass die türkischen Lager sich grundlegend von den »klassischen« Lagern der Nationalsozialisten, der Sowjets oder Chinas unterschieden. In den türkischen Lagern gab es weder Wachtürme und Stacheldraht noch Hunde, Baracken oder unzählige Soldaten, also keine der üblichen Symbole jedes KZ-Systems.

Nun zur Frage nach der Funktion. Im vorliegenden Fall ging es nicht um Isolierung, Bestrafung, Umerziehung, und noch weniger um die Ausbeutung von Arbeitskraft.[20] In dieser Hinsicht kann man also nicht von »Konzentrationslagern« sprechen, sondern vielmehr von einem neuen und ganz einzigartigen Lagertyp, dessen Zweck allein darin bestand, die Insassen vor Ort für einige Tage oder Wochen ihrem Schicksal zu überlassen, um sie dann mit einem anderen Ziel wieder weiterzuschicken – und das so lange, bis die einzelnen Konvois auf wenige Personen zusammengeschrumpft waren.[21] Jean-Jacques Becker kommt nach einem Vergleich der Vernichtungsprozesse an Juden und Armeniern zu folgender Bewertung: »Es hat hier die Ausrottung eines Volksgruppe stattgefunden, und das sogar ohne den Vorwand, den man im sowjetischen KZ-System stets vorgeschoben hat: die Umerziehung durch Arbeit. Der Mord an den Juden und der Mord an den Armeniern, das sind, wenn man einmal von den unabweislichen Unterschieden absieht, doch beides Katastrophen, die nach bewusster Planung vor einem ideologischen Hintergrund herbeigeführt wurden und die dieses Jahrhundert unauslöschlich beflecken werden.«[22]

Die armenischen Lager hatten ebenso viel von Flüchtlingslagern wie von Konzentrationslagern und sind daher am ehesten mit den späteren Judenghettos in Polen, der Ukraine und Weißrussland zu vergleichen: Es waren Vorkammern des Todes, riesige Sterbeheime. Auch dass diese Lager ganz allmählich entstanden, dass sie völlig unorganisiert und im Grunde doch gut durchdacht waren, erinnert an die Entstehungsgeschichte der Ghettos im Zweiten Weltkrieg. Hier wie dort lief alles darauf hinaus, dass die Flüchtlinge umkamen – zumindest wurde nichts dafür getan, ihr Überleben wahrscheinlicher zu machen. Und wenn sie nicht schnell genug starben, blieben noch Strafexpeditionen innerhalb der Lager oder weitere Deportationen. So bestanden die Durchgangs- oder Sterbelager aus nichts anderem als aus brachliegendem Land, weit genug von den nächsten Ortschaften entfernt, damit die Deportierten nicht von den Einheimischen mit Nahrung versorgt werden konnten, und so abgelegen, dass vom Ausland keinerlei Hilfe zu erwarten war.

Diese Durchgangslager waren weder streng bewacht, noch herrschten dort brutale Regeln. Das überrascht nicht, wenn man den Gesundheitszustand der Deportierten berücksichtigt. Sie waren ausgehungert, krank, von Epidemien gezeichnet, in Lumpen gekleidet, kurz, sie waren zu schwach, um Widerstand zu leisten; und die wenigen Waghalsigen, die einen Ausbruch versuchten, hatten in den unendlichen Weiten der Wüste ohnehin keinerlei Überlebenschance. Die Flüchtlingskonvois wurden von »Gendarmen« überwacht, meist syrischen Söldnern. Die Lagerwachen dagegen waren oft mittellose Armenier, denen man im Gegenzug Leben und Unversehrtheit versprach (man denkt hier gleich an die jüdische Ghettopolizei). Als geschickter Schachzug erwies sich dabei die Taktik, als Wächter nur arme oder gewaltbereite Leute einzusetzen. Die Kluft zwischen den Reichen, die sich noch verpflegen konnten, und den Armen wurde mit jedem Tag größer. In dieser Situation waren die armenischen Garden besonders aggressiv und gingen mit viel größerer Brutalität vor als ihre osmanischen Kollegen.[23] Geld konnte den Besserbemittelten auch dazu dienen, sich in den Lagern ein »Bleiberecht« zu kaufen und nicht mit den Konvois weitergeschickt zu werden, die regelmäßig in Richtung Süden abgingen, in Richtung Tod, um den Neuankömmlingen Platz zu machen – vor allem, wenn die Zahl der »natürlichen Todesfälle« nicht ausreichte, um im Lager genügend Platz zu schaffen.

In materieller Hinsicht waren die Lager mit aller nur erdenklichen Einfachheit organisiert. Wer Glück hatte, kam in Zelten unter, die aus Stoffbahnen und Lumpen improvisiert wurden; ganze Familien drängten sich dort zusammen und blieben doch Hunger und Kälte ausgesetzt. Bei Regen oder Schnee verwandelten sich die Lager in eine Wasserwüste. Die weniger Glücklichen hatten gar nichts. Ohne Dach über dem Kopf und ohne Nahrung starben sie als Erste.

Um sich vor den Angriffen der Einheimischen zu schützen, die innerhalb der Lager völlig ungestraft wüten konnten, reihte sich ein Zelt dicht an das andere. Bis auf ganz wenige Ausnahmen war für die Verpflegung keinerlei Vorsorge getroffen worden. Die Deportierten mussten selbst für ihre Nahrung sorgen und sich dafür an die Einheimischen wenden. Dank großzügiger Kommissionen an die Lagerchefs verkauften fahrende Händler ihr Brot oder Mehl zu Wucherpreisen an die Häftlinge, unter denen eine Hierarchie entstand zwischen denen, die zahlen konnten, und denen, die es eben nicht konnten. Allerdings kam es auch vor, dass die Lagerleitung an die Allerärmsten Nahrungsmittelrationen verteilte, die aber aus nichts als Mehl bestanden. Nicht selten zählte man an einem einzigen Tag 700 bis 800 Tote. Viele dieser Lager oder Zentren glichen bald riesigen Friedhöfen. In Lale, Tefridje oder Dibsi hatte kein Neuankömmling eine höhere Lebenserwartung als ein paar Tage. ... Zahlreiche Zeugen berichteten von Fällen von Kannibalismus. Viele Mütter kochten ihren eigenen Säugling oder verkauften ihn für eine Handvoll Brot an die Nomadenstämme. Solche Vorkommnisse symbolisieren den Grad der Entmenschlichung, deren Opfer die armenische Minderheit in dieser Zeit wurde.

Bald häuften sich in der Nähe der Zelte oder am Lagereingang die Leichen, es gab nicht mehr genügend kräftige Leute, die sie hätten begraben können. Dies begünstigte natürlich die Ausbreitung von Krankheiten. Offiziell hatten die Behörden Begräbniskomitees aufgestellt, bestehend aus Deportierten, die im Gegenzug mit ihren Familien bis zur Auflösung der Lager vor Ort bleiben durften. Doch in den meisten Fällen war das nur eine theoretische Lösung, denn Männer wurden stets als erste getötet, und in den nachfolgenden Konvois befanden sich nur selten männliche Häftlinge.

Jedes neue Lager bedeutete nur eine weitere Station auf dem Leidensweg, einen Zwischenstopp auf dem unaufhaltsamen Marsch in die Wüste. Nur wenige kamen überhaupt dort an; wieder herauszukommen grenzte an ein Wunder. Dieses menschliche Dominospiel ist in dieser Form wohl einzigartig: Die Ersten machten sich wieder auf den Weg, wenn die Nächsten ankamen, und so ging es endlos, so lange, wie die Deportierten noch am Leben waren und laufen konnten. Häufig wurden die Flüchtlingstrupps von arabischen Stämmen angegriffen, die die Gegend durchkämmten, und das unter den wohlwollenden Augen der Türken und der kurdischen und tschetschenischen Milizen. Bei der Durchsetzung ihres Fernziels, des Pantürkismus, der die endgültige und unwiderrufliche Ausrottung der Armenier predigte, kümmerten sich die Behörden in Konstantinopel und die Milizen in Mesopotamien nicht weiter um die Details.

Unter dem Vorwand, zu wenig Personal und Transportmittel zur Verfügung zu haben, ließ manche Lagerleitung gelegentlich mehrere Konvois in einem Lager aufeinandertreffen, sodass jede Chance auf angemessene Verpflegung sofort zunichte gemacht und die Ausbreitung von Epidemien noch gefördert wurde. Andererseits führte die Armee wiederholt eine »Reinigung« der Lager durch, und zwar mit Hilfe der Bajonette für die Schwächsten – denn ein Armenier war keine Kugel wert – oder durch einen mit Gewalt erzwungenen Aufbruch zu einem anderen Zentrum für die weniger Kranken. Einige der Zentren, allen voran Radjou, Katma und Azaz, wurden gegen Ende des Jahres 1915 geschlossen, um ein Übergreifen der unter den Deportierten grassierenden Epidemien auf die Armee zu verhindern und um die Eisenbahn zu entlasten, die für den Transport von Truppen in die nahen Kampfzonen benötigt wurde. Diese Schließung von Lagern nach nur wenigen Monaten war kein Einzelfall. Nach und nach wurden im Zuge der fortlaufenden Umsiedlungen die Lager in der Umgebung von Aleppo geschlossen, während man die Flüchtlinge in diesen Lagern zwang, am Euphrat entlang weiter in Richtung Süden zu ziehen. Dies erleichterte es der Regierung in Konstantinopel, gewisse Zonen vollständig zu säubern. Ihr Ziel war ein klar begrenzter Bereich, nämlich das Gebiet von Mesopotamien, das so letztlich zum Zentrum der Vernichtung der Armenier wurde.

Andererseits aber war die Korruption im Osmanischen Reich eine so weit verbreitete Praxis, dass die Wohlhabendsten unter den Verschleppten sich eine bevorzugte Behandlung erkaufen konnten. Zahlreiche Zeugnisse bestätigen, dass es einigen Deportierten gelang, sich in den Dörfern nahe der Todeslager als Händler niederzulassen, womit sie sogar noch zum Florieren der lokalen Wirtschaft beitrugen. Andere konnten sich, auch dank ihres Geldes, eine Zeitlang vom Joch der Milizen befreien: Sie erkauften sich die Erlaubnis, die Durchgangslager zu verlassen und sich in den arabischen Dörfern oder in Aleppo niederzulassen. Allerdings beschloss Konstantinopel im Januar 1916, dieser Situation ein Ende zu machen. Die ganze Region von Aleppo sollte nun komplett von Armeniern »gesäubert« werden. Alle die, die zunächst in den Städten und Dörfern Zuflucht gefunden hatten, wurden nun von der Polizei systematisch verfolgt und wieder zu den langen Todesmärschen gezwungen.

In der Tat waren in Aleppo seit dem Spätsommer 1915 Tausende von Armeniern in der Hoffnung auf einen Unterschlupf zusammengeströmt, denn in diesem bedeutenden kulturellen und urbanen Zentrum schien es leichter möglich unterzutauchen. In Wirklichkeit aber sollte Aleppo zu einer gigantischen Falle werden: Die Stadt wimmelte von Polizisten und Spitzeln. Die Reichsten konnten die Behörden bestechen und sich in gemieteten Unterkünften verbergen; für die anderen kam nach der Armut der Tod. Der Beschluss, die gesamte Region um Aleppo zu durchkämmen, wurde im Dezember 1915 oder im Januar 1916 gefasst. Dieses Dekret war besonders schwer durchzusetzen, denn es traf auf die entschiedene Ablehnung der arabischen Bevölkerung, die sich durch das Verschwinden der Armenier ihrer wichtigsten Einnahmequellen beraubt sah.

So wurde das Tal des Euphrat ab Februar und vermehrt ab Mai

1916 von Deportationszügen regelrecht überrollt.[24] Außerdem musste noch die Stadt Zawr von ihren Tausenden von Flüchtlingen geräumt werden, die sich dort seit mehreren Monaten aufhielten. Bis zu 21 Konvois, darunter sechs außerordentlich große, verließen ab dem 15. Juli 1916 die Stadt. Vor allem in diese Zeit fallen die massivsten Angriffe der Tschetschenen: Sie raubten systematisch die Reichsten unter den Armeniern aus; den Beduinen, denen die endgültige Vernichtung in der Wüste oblag, blieb kaum mehr etwas übrig. Die letzten Flüchtlingstrecks aus dem Durchgangslager Marat wurden in Gruppen von 2000 bis 5000 Menschen eingeteilt und nacheinander ins Khaburtal geschickt. Dort trennte man die letzten verbleibenden Männer – um sie sofort zu töten – von den Frauen und Kindern. Danach wurde erneut sortiert, diesmal nach Herkunftsregion.

Zum Abschluss der Vernichtung nahmen die Türken sich die 2000 Waisen aus Zawr vor. Nachdem sie nur dank ihrer außerordentlichen Gewitztheit so lange hatten überleben können, wurden sie nun unter unsäglichen Bedingungen festgehalten. Alle waren übersät von Wunden, die an den Rändern von Würmern zerfressen wurden, und was sie zum Überleben brauchten, mussten sie im Müll und in Tierexkrementen suchen. Manche von ihnen wurden in ihren Karren in einem verlorenen Stück Wüste mit Dynamit in die Luft gejagt, andere bei lebendigem Leibe verbrannt. Schätzungen zufolge fielen in der Zeit von Ende Juli bis Ende Dezember 1916 den Massakern an die 193 000 Menschen zum Opfer.

Angesichts des allgegenwärtigen Todes bewiesen die Armenier einen außerordentlichen Überlebenswillen und eine kaum zu übertreffende Anpassungsfähigkeit. Ein Beispiel dafür ist die Einrichtung eines Kommunikationssystems zwischen einzelnen Deportierten in Form einer lebendigen Zeitung: zehn- bis zwölfjährige Kinder, die zwischen den einzelnen Todeslagern pendelten und den Deportierten Botschaften überbrachten. Das bestätigt, nebenbei gesagt, unsere These, dass die Lager nur sehr mangelhaft bewacht waren, ganz im Unterschied zu den meisten anderen KZ-Systemen.

Auch der Einsatz einzelner Armenier sei hervorgehoben, denen es gelang, das Eigentum der Deportierten aus ihrer Stadt zu verkaufen und damit übereilte Veräußerungen zu verhindern; mit dem Gewinn konnten sie dann andere unterstützen.[25]

Etwa 870 000 Menschen gelangten bis an die Grenze Syriens, wo die letzte Phase des Völkermords stattfand. Von ihnen sollen 630 000 in den Lagern umgekommen sein, rund 220 000 wurden bereits auf den Märschen massakriert. Unter den geschätzten 240 000 Überlebenden wurden 20 000 bis 30 000 Frauen von den Nomadenstämmen verkauft oder verschleppt. Etwa 7000 Menschen konnten trotz der ständigen Razzien der Türken in Aleppo und Umgebung untertauchen. Mit dem Leben davon kamen schließlich an die 120 000 islamisierte Armenier entlang der Achse Hamah–Damaskus–Jerusalem, die Djemal Pascha unterstand. Der war einer der Initiatoren des Völkermords; allerdings soll er gegen Ende nicht mehr für die Massentötung plädiert und sich damit gegen den radikalen Flügel der *İttihat ve Terakki* gestellt haben.[26]

Der Genozid an den Armeniern erstreckte sich über einen relativ kurzen Zeitraum, nämlich von April 1915 bis Juni 1916. Innerhalb dieses Jahres wurden von den Osmanen etwa 1,2 Millionen Menschen ermordet. Die Übrigen verdankten ihr Überleben allein dem glücklichen Zufall oder einer gelungenen Flucht ins Ausland, das heißt nach Europa oder in das spätere sowjetische Armenien. Heute erkennt die Türkei für den genannten Zeitraum maximal 300 000 Opfer unter den Armeniern an und weigert sich, darin eine geplante Vernichtung und damit einen Völkermord zu sehen. Die türkische Regierung streitet jeden Vorwurf ab und vertritt die Auffassung, diese Menschen seien vor allem den Hungersnöten und den Epidemien zum Opfer gefallen, die als normale Kriegsfolgen zu gelten hätten. Amerikanische und deutsche Diplomaten aber, Schweizer, amerikanische, deutsche und skandinavische Gesandte, deutsche Offiziere im Dienst der osmanischen Armee – sie alle berichteten von denselben Gräueltaten und denselben Qualen für die Zivilbevölkerung.[27]

Der Völkermord an den Armeniern nimmt eine Sonderstellung in der Geschichte der KZ-Systeme ein. Die völlige Unorganisiertheit, die minimale Bewachung und die fehlenden Infrastrukturen stehen im Gegensatz zu der sorgfältigen Methodik und dem Pragmatismus, mit dem später die russischen und asiatischen Kommunisten und die Nationalsozialisten ihre Lagersysteme aufbauten. Alles weist darauf hin, dass die einzige Funktion der türkischen Lager die von Todeslagern war. Aber die spezifische Besonderheit dieses Genozids liegt zweifellos in den endlosen Märschen quer durch das ganze Reich, die die Deportierten auf sich nehmen mussten. Und das einzige Ziel dieser Märsche war es, die Menschen auf verschiedene Arten in den Tod zu treiben, sei es in der Wüste oder in den Lagern.

Augenzeugenberichte über die armenischen Lager

Zaréh E. Ghougassian
Szenen aus dem Leben der Deportierten von Ra's al 'Ayn[28]

Als die türkische Regierung mit der Deportation der unglückseligen armenischen Nation begann, ahnten schon viele, dass sie in den Tod gingen. Als wir an der Reihe waren, mussten auch wir unsere verfluchte Heimat verlassen, und nachdem wir unterwegs unter körperlichen Qualen und Plünderungen zu leiden gehabt hatten, kamen wir schließlich nach Katma. Die Zahl der Todesopfer stieg bereits allmählich an. Ein paar Tage später fingen sie an, die Armenier im Dampfzug weiter zu transportieren. Schließlich stiegen wir sieben Familien aus Akşehir gemeinsam in einen Zug. Zwei Tage lang fuhren wir in eine Gegend, wo sogar die Natur zur Tortur beitrug. Wir wollten gerade aussteigen, als ein regelrechtes Monster auf uns zukam, dessen blutrünstiger Raubtierblick uns vor Angst erstarren ließ – zumal es ihn nach armenischem Blut gelüstete. Bei allem, was er sagte, verwendete er den herablassenden Ausdruck *gâvur* (Ungläubiger). Später erfuhren wir, dass dieser Mann der Chef des Konzentrationslagers war. Wir stiegen aus dem Zug und gingen an die Stelle, wo die Zelte standen. Da war eine riesige Menge von Deportierten, die ihre Zelte am Rand der arabischen Wüste aufgestellt hatten. Ihr Leben war bestimmt von der Angst vor den Verfolgungen und Misshandlungen, denen sie von allen Seiten her ausgesetzt waren, und andererseits von der Suche nach irgendetwas Essbarem. Man konnte die zweite dieser Sorgen aufschieben, indem man sich mehr oder weniger auf die Araber einließ. Auch der Winter trug zur Erschöpfung bei: Der Regen quälte die Unglücklichen, die Kälte nagte an ihren geschwächten Körpern. Die Reichen konnten sich noch teilweise vor den unwirtlichen Bedingungen schützen. Verglichen mit den Bedürftigsten ging es ihnen noch ausgesprochen gut. Als die Dunkelheit ihre unheilvollen Arme ausstreckte, begannen die Monster mit der Plünderung der Ärmsten, sie stahlen und verschleppten Besitz und Geld. Ein Gewehrschuss folgte auf den anderen. Man hörte Schreie und herzzerreißendes Klagen. Das Lager war auf allen Seiten von Räubern und Mördern umzingelt. Die Tage bestanden aus nichts als Leid: Weder tags noch nachts gab es einen Moment der Ruhe. Alle Elemente der Natur weckten in den geschwächten Herzen der Vertriebenen die Todesangst. Diese nächtlichen Aktivitäten dauerten bis zum Morgen an.

Am nächsten Tag gingen wir bis mittags nicht hinaus, denn es war neblig und furchtbar kalt. Als wir am Nachmittag ins Freie kamen, erblickten wir ein erbärmliches Spektakel. Armselige, wackelige Zelte waren in sich zusammengestürzt, Leute, die im Regen an Kälte oder Hunger gestorben waren, andere, die wie Gespenster geradewegs aus einem Friedhof zu kommen schienen. Viele wimmerten, riefen um Hilfe, während andere sterbend auf dem Boden lagen. An den Zelteingängen stapelten sich Leichen. Jeden Tag wiederholte sich vor unseren Augen dieses schreckliche Schauspiel: Im Durchschnitt starben jeden Tag 120 Menschen. Alle Flächen rund um das Zeltlager waren zu armenischen Friedhöfen geworden. Dieses Grauen dauerte drei Monate lang an.

Am 3. März wurde offiziell bekannt gegeben, dass die Lagerinsassen am nächsten Tag nach Mosul verlegt würden und dass man sich bis dahin fertig zu machen habe. Als wir am nächsten Morgen aufstanden, war das ganze Lager von Tschetschenen umzingelt. Das ist ein moslemisches Volk von Tscherkessen, die aus dem Kaukasus emigriert sind, weil sie angeblich von den Armeniern verfolgt wurden. Deshalb sind sie uns gegenüber voller Rachlust. Ihr Blick ist noch furchteinflößender als der der Raubtiere. Unsere Bewacher überließen ihnen uns Armenier völlig, und sie taten, was die Regierung wollte. Sie stürzten sich mit wilden Schreien auf die Zelte: »Ihr treulose, ungläubige Bande!« Sie zerstörten, zerschlugen, hieben alles nieder. Wehe denen, die zu spät fertig wurden: Sie schlugen sie zu Tode. Allen voran war das Raubtier namens Adil Bey, der Chef des Konzentrationslagers, der sich noch immer weigerte, einen Armenier als Gehilfen einzustellen. Beim ersten Mal sortierten die Tschetschenen 500 Mann aus und trieben sie unter Plünderungen und Demütigungen in den Tod. Sie nahmen sie drei Tage lang, jeweils in kleinen Gruppen zusammengefasst, mit. Ich fand mich im fünften Konvoi wieder und wurde also Zeuge dessen, was da passierte. Wie die anderen Konvois auch trieben sie uns aus Ra's al 'Ayn hinaus, wo wir aber den Großteil unserer Habseligkeiten zurücklassen mussten. Wir durften nur so viel mitnehmen, wie wir tragen konnten, eine Decke oder etwas Ähnliches.

Am ersten Tag marschierten wir sechs oder sieben Stunden lang, dann kamen wir in die Nähe eines arabischen Dorfes. Dort mussten wir uns hinsetzen, und einem nach dem anderen nahmen sie uns unser Geld ab. Wehe denen, die es nicht hergeben wollten. Unter dem Vorwand, sie würden nach Geld suchen, zogen sie junge Mädchen aus; manchen Leuten schlitzten sie aus demselben Grund den Bauch auf. Schluchzen, Schreie, Stöhnen, Flehen, all das half nichts. Und nach ihnen stürzten sich die Araber auf uns. Viele von uns versuchten, in Richtung des Flusses zu laufen, um sich hineinzuwerfen, aber die Tschetschenen hielten sie zurück. In der Nacht vergewaltigten die Tschetschenen die jungen Mädchen. Allein in dieser Nacht brachten sich an die 150 Menschen, Männer und Frauen, um: Manche nahmen Opium, andere gingen ins Wasser. Am nächsten Tag marschierten wir weiter. Wir liefen hungrig und durstig durch die leblose Wüste. Wir kamen jeden Tag kaum eine Stunde voran. Die meisten Mädchen verkauften sie an Kurden oder Araber. Viele von den wenigen Jungfrauen in der Gruppe begingen im Wasser Selbstmord. Schließlich trennten sie die Männer von den Frauen. 52 000 Menschen haben sie so umgebracht.

KRIKOR ANKOUT
Abou Houreira[29]

Ende April (1916) wurden wir von Dibsi nach Abou Houreira verlegt. Wir waren der letzte Konvoi, der Dibsi verließ, und das dortige Vertriebenenlager wurde damit geschlossen. Die Konvois aus Maskanah mussten von da an direkt nach Abou Houreira ziehen. Wir nahmen einen Weg ein paar Kilometer vom Ufer des Euphrat entfernt, an dem es keine einzige Wasserstelle gab. Dort begegneten uns unendliche Schafherden; wir liefen über brachliegende Felder; ich war noch nicht ganz über meinen Typhus hinweg, und ich ging ganz langsam mit den Leuten in der Nachhut des Zuges. Ein 16-jähriges, völlig ausgetrocknetes Mädchen saß am Wegrand, es weigerte sich weiterzugehen und sagte dauernd: »Mama, ich sterbe vor Durst.« Es gab kein Wasser. Sie bat, sie flehte die Vorbeikommenden an, ihr einen Tropfen Wasser zu geben, aber vergeblich. Spät abends kamen wir schließlich in Abou Houreira an – dabei braucht man für diesen Weg (normalerweise) vielleicht drei bis vier Stunden. Kurz vor Abou Houreira teilt sich der Euphrat in zwei Arme, die ein Stück weiter wieder zusammenfließen, sodass eine kleine Insel voller grünem Buschwerk entsteht.

Genau gegenüber dieser Insel liegt Abou Houreira, wo ein oder zwei verfallene Karawansereien stehen. Auf einer Ebene nahe beim Euphrat standen die Zelte, gegenüber der Insel, auf der arabische Nomaden viele Kühe, Schafe und Ziegen hielten. An dieser Stelle hat der Euphrat eine sehr starke Strömung, ständig reißt er große Erdbrocken vom Ufer ab, sodass das Flussbett von Jahr zu Jahr immer breiter wird. Um von der Insel herüberzukommen, legen die Araber sich auf aufgeblasene Schläuche und schwimmen so herüber, und auf dem Kopf tragen sie ihre Kleider und den Joghurt oder das bisschen Bulgur [geschroteter Weizen], das sie zu verkaufen haben. Ständig überquerten die Araber den Fluss, um Nahrung herzubringen und sie an die Verschleppten zu verkaufen.

Sechs- oder siebenhundert Zelte standen in Abou Houreira, in denen die Ärmsten aber nicht sehr lange bleiben konnten, denn der Lagerchef, Rahmeddin Çavus, war ein Raubtier. Er ließ nicht zu, dass die armen Deportierten hierblieben, manche prügelte er mit einem Stock zu Tode. Mit einem Knüppel erschlug er persönlich 20 oder 30 Menschen. Dieses kleine Monster, ein magerer Bursche mit braungebranntem Gesicht und einem feurigen Blick, war ein junger Feldwebel. Nur die Reichsten konnten dank eines kräftigen Schmiergelds ihr Zelt vor Ort behalten. Der oberste Wachmann war ein 30- bis 35jähriger Mann aus Ovacık (in der Nähe von Izmit), er hieß Hagop çavuş [Unteroffizier]. In seinem Dorf war er seinerzeit bei allen respektiert und angesehen, er war sogar Mitglied der sozialdemokratischen Partei Hentschaguian, aber jetzt war sein Verhalten gegenüber den armen Leuten gelinde gesagt unerklärlich. Er folgte dem Beispiel des Feldwebels, und er war genauso schnell dabei, die Deportierten mit Stöcken und Knüppeln auf den Kopf zu schlagen. Er war zur brutalsten Gewalt fähig und konnte die Bauern aus seinem eigenen Dorf wegschicken, obwohl es die Elendsten und Ärmsten waren. Für die Verschleppten gab es vor Ort ziemlich viel Nahrung. Ein oder zwei Händler aus Aleppo betrieben in ihren Zelten recht erfolgreiche Geschäfte; es gab genügend Mehl; nur ein einziges Mal stieg (der Preis für) das Maß Mehl bis auf sechs Asper. Auch andere Nahrungsmittel wurden ständig geliefert.

... Krikor çavuş stellte sich so geschickt an, dass er es schaffte, sich zu Hagop çavuş' Stellvertreter ernennen zu lassen. Schon am nächsten Tag verlangten sie von jedem Zelt ein Goldpfund und einen Medjidije, damit sie [die darin wohnten] nicht [mit dem ersten Konvoi] fortgeschickt würden. Etwa 200 Zeltbesitzer gaben ihnen die geforderte Summe und konnten bleiben, alle anderen wurden innerhalb von einem oder zwei Tagen zu Fuß, in Autos oder zu Pferd nach Hamam verlegt. Der Feldwebel steckte die Goldpfunde ein, und Hagop çavuş und sein Gehilfe bekamen die Medjidijes. Der Feldwebel achtete sehr auf Sauberkeit, aber nicht aus gesundheitlichen Gründen, sondern weil er der Meinung war, dass arme Leute sich nicht sauber halten können und dass man sie deshalb fortschicken muss. Er inspizierte ein Zelt nach dem anderen [...]. Alle zitterten sie vor ihm – er hatte einen dicken handgeschnitzten Stock dabei. Abends trank der Feldwebel, und zu seiner Unterhaltung ließ er ein paar Knaben zu sich kommen. ...

Wie bereits erwähnt, war der Feldwebel besonders brutal zu den Armen, und da wieder ganz besonders zu unverheirateten jungen Leuten. Um sie zu verhaften, war ihm jedes Mittel recht. Eines Tages wurde durch einen öffentlichen Ausrufer bekannt gegeben, dass an alle Armen Brot verteilt würde. Daraufhin kamen viele Leute, aber sie bekamen weder Brot noch etwas anderes zu essen. Sie wurden verhaftet und noch am selben Tag mit gefesselten Händen fortgeschickt. Später gab es noch mehrmals Bekanntmachungen der Ausrufer, aber niemand ging mehr hin. Die Zusammenstellung der Deportiertenkonvois ging unter furchtbaren Umständen vor sich. Der Feldwebel persönlich überwachte die Aktion und ordnete an, [die Bewohner von] diesem oder jenem Zelt fortzuschicken. Ich erinnere mich sehr gut an eine Familie aus Adrianopel (Edirne), Vater, Mutter und zwei Töchter; sie waren einmal ziemlich wohlhabend gewesen, inzwischen aber völlig mittellos. ... Die Wächter rissen ihr Zelt ab, während der Vater sie anflehte [es stehen zu lassen]. Aber ihr Aufbruch war einfach unausweichlich. Die Mutter war schließlich ganz außer sich, sie raufte sich die Haare und lief zum Fluss, um sich hineinzustürzen; die eine Tochter war ohnmächtig aufs Bett gefallen, während die Jüngere ihrer Mutter nachlief. Es war ein erschütterndes Spektakel, ein bisschen wie der letzte Akt einer Tragödie. Sie sind schließlich unter Stockschlägen und Beschimpfungen davongetrieben worden.

1918 – Der GULag

Darf man den GULag mit dem KZ-System (nicht den Vernichtungszentren wie Sobibor) der Nationalsozialisten vergleichen, das an der Ausrottung der Juden zumindest beteiligt war? Noch heute, Anfang des 21. Jahrhunderts, haftet der Diskussion um diese Frage der Geruch des Sakrilegs an – so wie einst der Diskussion darum, ob es die sowjetischen Lager überhaupt gegeben habe. Diese zweite, 50 Jahre lang währende Diskussion ist inzwischen abgeschlossen. Das sowjetische Lagersystem wird heute nicht mehr bestritten, vielmehr ist es im kollektiven Bewusstsein der ganzen Welt verankert. Problematisch ist allenfalls noch die Frage, warum man so lange über das Offenkundige diskutiert und das Unleugbare bestritten hat.

Auch wenn sich die Meinungen radikal veränderten, hat die ursprüngliche Diskussion ihre Spuren hinterlassen: So enthält eine Jahrzehnte alte Ausgabe des französischen *Larousse du XXe siècle* einen Artikel über Konzentrationslager: Als Beispiele angeführt werden die spanischen Lager in Kuba am Ende des 19. Jahrhunderts, die englischen in Südafrika am Anfang des 20. Jahrhunderts und ... die NS-Lager in Deutschland ab 1933. Erwähnt werden zudem Kriegsgefangenenlager. Dagegen findet sich nirgendwo ein Hinweis auf die sowjetischen, tschechischen oder chinesischen Konzentrationslager. *GULag* und *Laogai* sind in dem Artikel unbekannte Begriffe.

Im krassen Gegensatz dazu werden die kommunistischen Lager beispielsweise in einem neueren historischen Wörterbuch wie dem von Michel Mourre wahrgenommen. Ohne die Lager für Kriegsgefangene zu nennen, werden Konzentrationslager definiert als »Internierungs- und Arbeitslager, die von bestimmten totalitären Staaten eingerichtet wurden, um – im Allgemeinen auf einfachen Beschluss der Polizei- oder Militärbehörden – Individuen zu inhaftieren, die in politischer Hinsicht als gefährlich gelten«. Auch hier werden die hinlänglich bekannten Beispiele für den sporadischen

1918: Der sowjetische GULag

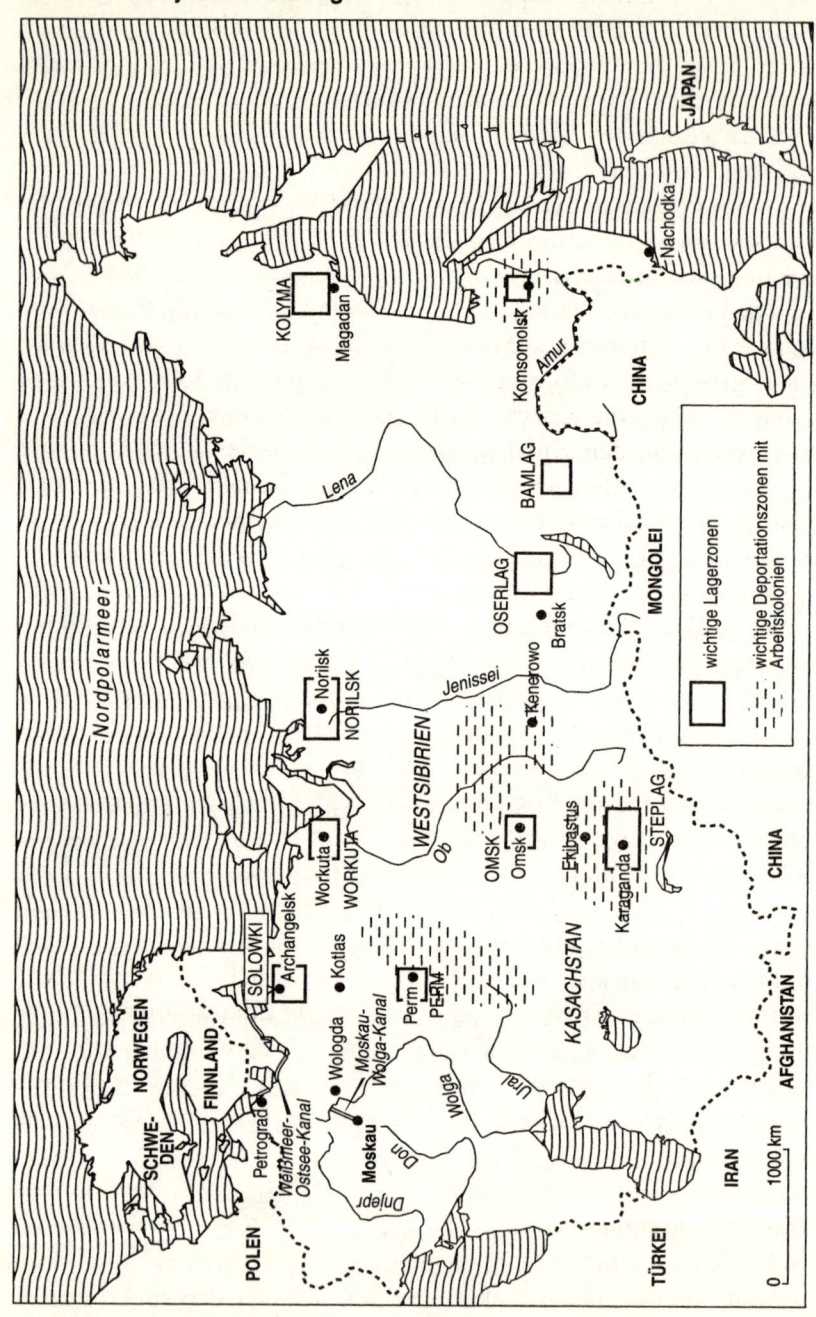

Einsatz von Lagern angeführt (Spanien, das britische Empire), dann aber wird kurz und bündig erklärt, dass »als erster europäischer Staat die UdSSR ein dauerhaftes KZ-System eingerichtet hat«.[1] Hitlers Lager werden erst im Anschluss genannt, wobei Mourre jedoch den Vernichtungszentren unter ihnen eine Sonderstellung einräumt.

Solche Gegensätze spiegeln einen Aspekt der Geschichte des Bekanntwerdens der kommunistischen und insbesondere sowjetischen Konzentrationslager wider, eine chaotische Geschichte, die sich dadurch auszeichnet, das zu ein und derselben Zeit ganz unterschiedliche Stufen der Aufgeklärtheit herrschten. Während Mourre die Ergebnisse der jüngsten Veröffentlichungen über die Lager verarbeitet, trägt eine Enzyklopädie wie die *Britannica* mit der Behauptung, von den Kulaken-Deportationen seien nur »Tausende Personen« betroffen gewesen, noch immer zu einer Verharmlosung bei. Der französische *Robert* wiederum bezeichnet den GULag als »Verbannungsort für politische Gefangene«, was nur insofern richtig ist, als deren Internierung durch eine politische Entscheidung erfolgte: Die Häftlinge saßen in der großen Mehrheit »grundlos« im Lager und wussten selbst oft nicht warum.

Dabei gab es schon seit langem Informationen über die Lager: In den Monaten nach dem Staatsstreich der Bolschewiken alarmierten geflohene oder ausgewiesene russische sozialistische Reformer rasch die internationale Öffentlichkeit über die Vorgänge in ihrem Heimatland. Dazu stellten ihnen die Genossen in Westeuropa ihre Kolumnen und Blätter zur Verfügung. Trotzdem waren die Konzentrationslager wie auch das Problem des Machtmissbrauchs durch das Sowjetregime jahrelang eher Anlass zu Polemiken gegen politische Gegner. Es war nicht die Zeit der nüchternen Analysen, sondern die des Entsetzens, der Empörung oder ... der Verblendung. Vielsagend sind die Titel der ersten Zeugnisse über die Verhältnisse in der UdSSR: *Die bolschewistische Hölle* von Robert Vauchers (Paris 1920) und *Im Reich des Hungers und des Hasses* von Stanislaw Wolsky (Paris 1920). Die erste französische Untersuchung über die Lager trägt den Untertitel: *Solowki, die Insel des Hungers, der Qualen und des Todes*, Raymond Duguet, Paris 1927. In Englisch erschien *The Island of Hell*.

Wen wundert es, dass in einem solchen Klima die damals genannten Zahlen von Häftlingen mit Vorsicht zu behandeln sind? So schrecklich diese ersten Schilderungen der Lager auch sind, sie spiegeln Erfahrungen von Gefangenen mit einem zwangsläufig eingeschränkten Blickfeld wider: Ihre Schätzungen zu den Gesamtzahlen der Insassen des sowjetischen GULag haben für Übertreibungen gesorgt. Diese Tendenz ist im Übrigen auch bei Berichten aus anderen Lagern zu beobachten. So stand beispielsweise im französischen Drancy lange Zeit auf einer Tafel zu lesen, durch dieses Lager seien 100 000 Juden gegangen, während tatsächlich in ganz Frankreich »nur« 77 000 Juden interniert gewesen waren. Und bis 1986 verkündete ein Schild, im Vélodrome d'Hiver seien 30 000 – statt in Wahrheit 7000 – Juden zusammengepfercht gewesen.²

Dass allerdings auch Souvarine, ein ausgewiesener Kenner der sowjetischen Verhältnisse, die Schätzung von 15 Millionen GULag-Häftlingen übernimmt, sagt viel aus über das damals herrschende politische Klima und den heftigen Streit um den Kommunismus, der zwar notwendig, aber zugleich auch durch Vereinfachungen und Übertreibungen gekennzeichnet war. Aber wie hätte man die tatsächlichen Zahlen damals genauer einschätzen sollen, da die Archive doch erst Anfang der 90er Jahre allmählich zugänglich wurden?³

Die damalige Linke sah in der Geißelung des sowjetischen Lagersystems eine einseitige Kritik am Kommunismus: Als David Rousset 1949 die sowjetischen Lager anprangerte, machte Sartre es ihm zum Vorwurf, dass er sich über die griechischen oder tunesischen Lager ausschwieg. Die linken und kommunistischen Intellektuellen Frankreichs hielten den GULag-Kritikern zudem vor, sie spielten »das Spiel der Bourgeoisie«. So bekannte Sartre sich dazu, er reagiere sensibler auf die Instrumentalisierung der Lager durch die Bourgeoisie als auf deren Existenz. Und die Kommunisten warfen David Rousset und Victor Krawtschenko vor, sie bereiteten die öffentliche Meinung auf den »Krieg gegen die UdSSR« vor. Manche fragten sich sogar, ob André Gide sich mit seinem Reisebericht »Zurück aus Sowjetrussland« (1936) und den »Retuschen zu meinem Russlandbuch« (1937) nicht an einer Sowjetunion rächen wollte, die den Homosexuellen moralisch zu gefestigt sei! Und d'Astier de la Vigerie stellte öffentlich die Frage, ob man Krawtschenko als einen zwielichtigen Agenten, der sein Land im Krieg verraten und der sein Buch nicht selbst geschrieben habe, nicht erschießen müsse. Ein

Großteil der Kommunisten ging sogar so weit, die Existenz der Lager zu leugnen, während die Linke deren Existenz zwar einräumte, aber die Kritiker der Sowjetunion diffamierte.

So behauptete Pierre Daix in *Les Lettres Français*, die sowjetischen Lager seien eine Mär. Es gebe lediglich »Umerziehungszentren«, deren Existenz in der *Großen sowjetischen Enzyklopädie* – als legitime Einrichtungen – bestätigt wurde. Mit Konzentrationslagern im Sinne der NS-Lager hätten sie nichts gemein. Es handle sich um »Stätten zur Isolierung von Kriegsgefangenen, Geiseln und gesellschaftlich gefährlichen Personen, die keine kriminellen Handlungen begangen haben, die aber zur Aufrechterhaltung der Ordnung und als gesellschaftliche Strafmaßnahme isoliert werden müssen«.

Deutlich verkündete die Enzyklopädie in der Ausgabe von 1935, wo sich Konzentrationslager in Wahrheit befanden: »Das Konzentrationslager ist eine besondere Art Zuchthaus, eingerichtet von den faschistischen Staaten in Deutschland, Polen, Österreich usw. Als eine Herrschaft der Barbarei und der Unterdrückung der Völker erhöhen sich im Faschismus die Zahlen der Gefangenen ständig: Die gewöhnlichen Gefängnisse genügen ihnen nicht mehr. Ein ergänzendes System zu den Gefängnissen bildet sich, das der Konzentrationslager.«

Nicht nur die Kommunisten betrieben Augenwischerei. Die Intellektuellen haben lange gebraucht, bis sie die Lager zum Gegenstand wissenschaftlicher Untersuchungen und politisch-philosophischer Überlegungen machten. 1957 schrieb David Rousset in seinem Vorwort zu Paul Bartons Buch *L'Institution concentrationnaire*, einer der wichtigsten Studien zu den Sowjetlagern: »Man konsultiere die gelehrtesten soziologischen Veröffentlichungen: Das KZ-Phänomen existiert nicht, obwohl es doch in Wahrheit als weltweite Konstante auftaucht ... Auch nichts im psychologischen Bereich, nichts oder fast nichts über diese außergewöhnliche Prüfung, die das Lager für Millionen von Menschen dargestellt hat und noch darstellt.«[4]

Wann haben die Kommunisten die Existenz der Lager schließlich anerkannt? Unleugbar nach dem XX. Parteitag der KPdSU 1956. Doch wurden die Lager mit ihrer Anerkennung als Werk Stalins zugleich als historisch überwundene Praxis dargestellt. So schien zugleich der Beweis erbracht, dass der Kommunismus die Fähigkeit hatte, Irrtümer einzuräumen, wobei es freilich um bereits überwundene und nur zufällig entstandene Irrtümer ging.

In Wahrheit haben die kommunistischen Parteien die Konzentrationslager, ihre Aufgaben, Bedeutung und ihren Bezug zu der Gesellschaft, die sie hervorbringt, niemals ernsthaft reflektiert. Und noch schlimmer: Als Alexander Solschenizyn in den 70er Jahren mit der Veröffentlichung des *Archipel GULag* die Welt der Lager bekannt machte – ein entscheidender Schritt –, reagierten sie mit dem üblichen Sperrfeuer: mit persönlichen Diffamierungen (Solschenizyn als verbitterter Reaktionär), mit dem Vorwurf, er sei auf einem Auge blind (warum sagt er nichts über Pinochet?), mit der Verdächtigung, er wolle die bürgerlichen Parteien unterstützen (warum wurde er gerade im Vorfeld der Kantonalswahlen zum Fernsehauftritt geladen?), und so weiter.

Diese Haltung, dass man bekannte, aber vergangene Schrecken nicht mehr erwähnen müsse, weil einen solchen Kommunismus heute niemand mehr wolle, war anlässlich der Veröffentlichung des *Schwarzbuchs des Kommunismus* im Herbst 1997 in Frankreich wieder zu beobachten. Dem Buch wurde Inaktualität und eine zeitlich irrelevante Behandlung des Themas vorgeworfen. Die im Namen des Kommunismus begangenen Verbrechen habe es zwar gegeben, aber das sei Vergangenheit. Die Lager hätten existiert, seien aber längst einer regulären Kritik unterzogen worden und hätten nichts mit dem gegenwärtigen Kommunismus zu tun ...

Das sowjetische Lagersystem selbst machte – wie deren Wahrnehmung – eine Entwicklung durch. Die Lager aus den ersten Tagen der Revolution hatten andere Aufgaben und waren anders organisiert als die der 30er und 40er Jahre. Sogar ihr Name veränderte sich: Die Bezeichnung »GULag« tauchte in offiziellen Dokumenten erstmals 1934 auf. In den 70er Jahren avancierte dank Solschenizyn der »GULag« zu einem allgemeingültigen Begriff, der nicht nur die sowjetischen Konzentrationslager bezeichnet. Heute spricht man auch vom chinesischen, vom vietnamesischen und vom indonesischen »GULag«.

Repräsentativ für diese Sichtweise und diese Zeit ist hier Claude Roys Vorwort zur französischen Ausgabe von Dostojewskis *Aufzeichnungen aus einem Totenhaus*, wonach »die berüchtigten russischen *(sic)* Lager gegenwärtig nur einen Bruchteil des gewaltigen weltumspannenden GULag darstellen. Lateinamerika, die arabischen Länder, der Iran, die afrikanischen Republiken, Indien, China und Südostasien wetteifern mit den so genannten sozialistischen Ländern im endlosen Streben nach dem perfekten KZ-System.«[5]

Im eigentlichen Wortsinn ist »GULag« das Akronym für *glawnoje uprawlenije lagerei:* Hauptverwaltung der Lager. Der Begriff löste die Abkürzungen GUMS (Hauptverwaltung der Haftverbüßungsorte), GUPR (Hauptverwaltung für Zwangsarbeit) und GUITU (Hauptverwaltung der Besserungsarbeitseinrichtungen) ab. Solschenizyn kommentierte die wechselnden Etiketten spöttisch so: »Und wieviel Nervenaufwand das kostete! Und wie viele Treppen, Arbeitszimmer, Wachposten, Passierscheine, Stempel und Türschilder! Der GUITL aber, Sohn des GUMS, zeugte schließlich unseren GULag.«[6] In seiner umfassenden Bedeutung ist der GULag untrennbar mit der Sowjetmacht verknüpft. Zum einen brachte sie unabhängig von den Praktiken des Zarenreichs ein ganz eigenes Lagersystem hervor. Zum anderen begleitete der GULag die Sowjetunion bis zu deren Untergang.

Dostojewskis *Aufzeichnungen aus einem Totenhaus,* Tolstois *Auferstehung* und Tschechows *Die Insel Sachalin* spiegeln zweifellos eine repressive Realität wider. Aber ist diese Wirklichkeit mit der des GULag vergleichbar? Der französische Herausgeber von Dostojewskis Werk scheut hier keinen Vergleich: »Das *Totenhaus* ist zugleich auch der GULAG. Dostojewskis Russland ist bereits das Russland Stalins, Berijas und Wyschinskis.«[7]

Ein solcher Vergleich forderte jedoch Solschenizyns bissigen Spott heraus. Er geißelte die Weigerung, die Unterschiede zwischen diesen beiden Welten anzuerkennen, und erinnert an die Arbeitssatzung von 1869. Nach ihr war die Zwangsarbeit im Winter auf sieben Stunden und im Sommer auf elfeinhalb begrenzt. »In der grimmigen Katorga von Akatui (Jakubowitsch, um und nach 1890) war das Arbeitspensum ... leicht zu erfüllen gewesen. Der sommerliche Arbeitstag betrug samt Anmarsch acht Stunden, ... im Winter ... bloße sechs ...«[8]

Der Katorga hafteten zwar wegen Zwangsarbeit und Verbannung Schrecken an, aber das Arbeitspensum war eher moderat: So soll man sich nach Solschenizyn in Omsk, wo sich Dostojewski aufgehalten hat, kein Bein ausgerissen haben: »Nach der Arbeit gab es für die Zuchthäusler von Dostojewskis ›Totenhaus‹ lange Spaziergänge über den Hof, werden sich folglich nicht über Gebühr verdreckt haben in der Fron! ... Bei uns gingen nur die *Pridurki* an den Sonntagen spazieren, aber auch nicht vor aller Augen.«[9] Die zaristische Katorga war ein abgeschlossener Ort, vergleichbar mit modernen Lagern, wenn auch mit einem besonderen Stil: Ihre Architektur »ähnelte unveränderlich der der amerikanischen Forts im Westen im 19. Jahrhundert.«[10] Ein Pfahlzaun, das Tor von bewaffneten Soldaten bewacht, ein zentraler Versammlungsplatz, ein Bau für die Leitung, ein anderer für die Häftlinge – abseits Küchen, ein Getreidespeicher und ein Schuppen. Die Schlafsäle der Gefangenen waren niedrig und finster, die Latrinen einsehbar. Geschlafen wurde auf durchlaufenden Pritschen an der Wand.

So gesehen, waren die Bedingungen mit dem GULag vergleichbar. Besser war dagegen die Verpflegung. Dem einzelnen Gefangenen standen 820 Gramm Roggenbrot zur Verfügung – gegenüber den 750 Gramm der sowjetischen Gefangenen –, eine Suppe mit 50 Gramm Getreide (gegenüber 80 g) und 20 Gramm Speck (gegenüber neun Gramm Fett). Diese Ration stand den Sträflingen unabhängig von der Arbeitsleistung zu, während die sowjetischen Sträflinge für die volle Ration ihre Arbeitsnorm zu mindestens 90 Prozent erfüllt haben mussten. Zudem profitierten die zaristischen Gefangenen im Gegensatz zu den sowjetischen von 80 Ruhetagen im Jahr und einer Verringerung der Arbeitszeit im Winter um vier Stunden.[11] Solschenizyns Darstellung wird allerdings durch Tschechows Bericht von 1890 von der Insel Sachalin relativiert.[12] Er zeichnete das Bild von Sträflingen, die an Karren angekettet waren, von Körperstrafen und quälendem Hunger. Die Sträflingskolonnen hießen damals »Besserungskolonnen«. Tschechow kritisierte insbesondere, dass nichts und niemand dafür sorgte, die Gefangenen zu bessern. Zudem wies er darauf hin, dass die Gefangenen die Bürgerrechte und sogar den Anspruch verloren, bei ihrem Namen genannt zu werden. Unmittelbar vor der Deportation nach Sibirien fand ein ritueller Akt des »staatsbürgerlichen Todes« statt.[13] Als ein weiteres Zeichen des sozialen Ausschlusses trugen die Häftlinge auf ihren grauen Häftlingskleidern ein kleines rechteckiges Stück

Stoff, die jeweilige Farbe gab einen Hinweis auf das begangene Verbrechen. Diese Karos erinnern an die farbigen Winkel in den NS-Lagern – eher als an die Nummern, die zuweilen im GULag an Jacke und Hose getragen wurden.
»Mörder und politische Gefangene trugen ein rotes, Brandstifter ein gelbes Rechteck. Diebe waren mit einem schwarzen Rechteck gekennzeichnet. Unter Alexander II. wurden diese Unterscheidungen abgeschafft. Nur das Stoffkaro blieb. Von da an bezeichnete es nicht mehr das begangene Verbrechen, sondern nur noch die Art der Strafe des Gefangenen. Ein gelbes Karo kennzeichnete einen Verbannten, zwei gelbe Karos einen Zwangsarbeiter. Die Insassen der Strafkolonie hoben sich von den anderen Verbannten ab, weil sie die Hälfte ihres Kopfes kahl rasieren mussten.«[14]

Auch im Hinblick auf den Transport zum Verbannungsort spricht einiges für vergleichbare Verhältnisse unter beiden Systemen: Anfang des 19. Jahrhunderts erfolgte er zu Fuß, über Wasser, mit Zügen und Schlitten. Nach Sachalin gelangten die Verbannten Ende des 19. Jahrhunderts auf dem Seeweg. (Durch den Suezkanal!) Die Beschreibung der Pausen erinnert an spätere Berichte von Insassen sowjetischer Konzentrationslager. Die Notdurft wurde öffentlich im Kübel in der Mitte des Raumes verrichtet.

Tschechows Bericht legt einen weiteren Vergleich nahe: die der Arbeiten, die den Gefangenen auferlegt wurden: »In Sachalin waren die Zwangsarbeiten extrem vielfältig. Manche Sträflinge arbeiteten in den Gold- oder Kohleminen, die Mehrheit wurde im Bau, bei Forstarbeiten, beim Trockenlegen von Sümpfen, im Schiffsbau, bei der Heuernte und beim Fischfang eingesetzt.«[15]

In der UdSSR arbeiteten die Gefangenen in Minen im arktischen Norden (Kohleminen), in Kasachstan (Kohle, Kupfer) und an der Kolyma (Gold); sie rodeten in fast allen Gegenden, verlegten Eisenbahnschienen (vor allem um den Baikal-See), gruben Kanäle und erfüllten eine Vielzahl von Aufgaben in der Landwirtschaft, in der Bauwirtschaft und beim Ausbau der Infrastruktur.

Eher negativ fällt die Bilanz aus, wenn man die Beziehungen zwischen »Politischen« und »Kriminellen« in den Lagern des Zarenreichs mit den späteren der UdSSR vergleicht: Wurden die »Politischen« unter dem Zaren von den »Kriminellen« getrennt, so stellte für die politischen Gefangenen des sowjetischen KZ-Systems das Zusammenleben mit den »Berufsverbrechern« ein besonderes Problem dar. In diesem Punkt hatten es die politischen Häftlinge unter den Zaren leichter. Allerdings galten die Politischen in beiden Systemen als besonders gefährlich. Sie wurden strenger bewacht und waren häufiger Schikanen ausgesetzt als die »gewöhnlichen« Straftäter. Die unterschiedliche Behandlung hatte in den jeweiligen Systemen allerdings verschiedene Ursachen. Im zaristischen Straflager hing die Diskrimierung häufig mit einer institutionellen Benachteiligung der politischen Gefangenen zusammen. Ein Straftäter, der unter dem Zaren zu zehn Jahren Zwangsarbeit verurteilt wurde, leistete statt 120 Monate nur 100 Monate ab. Ein »Politischer« profitierte von dieser Gnade nicht. In der UdSSR war die üble Lage der Politischen jedoch vor allem auf die spontanen Schikanen durch die Kriminellen zurückzuführen. Ursache der Benachteiligung waren im GULag somit vor allem die Verhältnisse vor Ort, während sie unter dem Zaren auf eine Entscheidung der Autorität beruhte. Allerdings nicht ausschließlich: Auch in der Geschichte des GULag gab es klare Benachteiligungen der »Politischen« gegenüber den »Kriminellen«. So wurden 1943 manche Ganoven aus den Lagern entlassen und in die Sowjetarmee eingegliedert, während die nach Artikel 58 verurteilten politischen Häftlinge, die so genannten 58er, unter Kriegsbedingungen weiterhin im Lager litten. Sie galten als zu gefährlich oder unwürdig, um ihr Vaterland an der Front zu verteidigen.

Es lassen sich noch weitere Umstände ausmachen, bei denen die Haftbedingungen unter dem alten Regime in einem günstigeren Licht erscheinen. So durfte bis 1872 Zwangsarbeit als Strafe 20 Jahre nicht übersteigen. Jocelyne Fenner jedoch sieht in dieser Verfügung einen zynischen Scherz, denn die Gefangenen starben in der Regel vor ihrer Entlassung. Immerhin konnten sich viele Sträflinge ohne Bewachung und Fußfesseln, einzeln oder in Gruppen frei bewegen. Auf Sachalin mussten manche Sträflinge ihre Strafe nur zu einem Viertel abbüßen. Anschließend lebten sie als freie Verbannte mit dem Status von »Zwangssiedlern«, die ihre Angehörigen nachkommen lassen konnten. Gegen Ende des 19. Jahrhunderts wurde die Strafe jedes Häftlings, der mit seiner Frau zusammen lebte, in eine einfache Verbannung umgewandelt. Eheschließungen zwischen Verbannten wurden im Übrigen gefördert.

Auch wenn man die Straflager unter den Zaren nicht idealisieren darf, sei an einige Elemente erinnert, die eine voreilige Gleichsetzung mit den sowjetischen Arbeitslagern verbieten. Fenner spricht von der Brutalität des zaristischen Straflagers mit Körperstrafen wie der Knute oder den Ruten. Dazu ist allerdings zu sagen, dass die Knute unter Nikolaus I. in der Mitte des 19. Jahrhunderts außer Gebrauch kam und 1863 sämtliche Körperstrafen abgeschafft wurden. Hervorzuheben sind zudem drei wesentliche Unterschiede zwischen dem zaristischen Straflager und dem GULag.

Der erste Unterschied liegt in den Verfahrensweisen der Einweisung. Unter dem Zaren gab es zwei Möglichkeiten: ein ordentliches Gerichtsverfahren – was meistens der Fall war – oder einen außergerichtlichen Beschluss, dem jedoch eine Untersuchung durch die Dorfgemeinschaft oder den russischen Artel (Genossenschaft) vorausging. Diese gab es in der UdSSR nicht mehr. Zumindest in der Stalin-Ära wurden Bürger auf einen einfachen administrativen Beschluss hin in die Lager gesteckt. Falls es doch ein Gerichtsverfahren gab, verlief es als reine Farce.

Der zweite Unterschied betraf die Anzahl der Gefangenen. Entgegen der landläufigen Meinung nahm die Anzahl der Verbannten und Gefangenen unter dem Zaren keine gewaltigen Ausmaße an. Wie Leroy-Beaulieu anhand der Berichte der Gefängnisverwaltung von 1883 schätzte, waren von der administrativ verordneten Verbannung aus politischen Gründen zwischen 1871 und 1878 nur 271 Russen und Polen betroffen, also durchschnittlich 38 Personen pro Jahr. In den zaristischen Straflagern in Sibirien sollen in den 30er Jahren des 19. Jahrhunderts »nur« 8000 Personen, in den 70er Jahren zwischen 15 000 und 20 000 und Anfang des 20. Jahrhunderts vermutlich 30 000 Sträflinge eingesessen haben, wobei die Verbannungsorte immer weiter nach Osten rückten – verschwindend geringe Zahlen angesichts der Millionen von Gefangenen in späterer Zeit.

Der dritte Unterschied bestand darin, dass die Sträflinge unter dem Zaren nicht bis zur völligen Erschöpfung arbeiten mussten. Sie vertrieben sich abends die Zeit mit Spielen oder tranken mitunter (geschmuggelten) Alkohol. Für die Arbeit wurden geringe Löhne gezahlt. Es gab zwar weder Komfort noch gesunde Lebensverhältnisse, aber viel besser sah das Leben der meisten Russen auch nicht aus. Zwar waren die Sträflinge gelegentlich brutalen und mitunter sadistischen Übergriffen durch ihre Wärter ausgesetzt, und neben dem erwähnten Anketten an Schubkarren waren Peitschenhiebe und Minenarbeit grausame Strafen. Dennoch erfuhren die Verbannten, die entlegene Gebiete urbar machten, trotz geringer Produktivität für ihre Arbeit eine gewisse Wertschätzung und waren zu gewissen Zeiten am Tag vor Gewalt relativ sicher. In den Berichten ehemaliger GULag-Häftlinge findet sich keine Entsprechung zu Dostojewskis ersten Eindrücken im Omsker Lager: »Die Sträflinge gingen – allerdings in Ketten – frei im ganzen Ostrogg [dem von Palisaden umgebenen inneren Lagerbereich] umher, beschimpften sich gegenseitig, sangen Lieder, arbeiteten für sich, rauchten Pfeifen, sie tranken sogar Branntwein (wenn auch verhältnismäßig nur wenige), und in der Nacht spielten sie Karten. Die Arbeit selbst erschien mir durchaus nicht so schwer, durchaus nicht so ›sibirisch‹. ...«[16]

Auch standen die zaristischen Straflager von Zeit zu Zeit Besuchern offen: Tschechow, der eine Untersuchung über Sachalin durchführen wollte, traf beispielsweise auf der Insel ohne Genehmigung ein, wurde dennoch vom Kommandanten freundlich empfangen und erhielt vom Gouverneur die Erlaubnis, sich umzusehen.[17] Die sowjetischen Behörden praktizierten dagegen eher die Kunst, Beobachter hinters Licht zu führen: Sie organisierten »begeisternde« Visiten für Schriftsteller wie Gorki und ersannen allerlei Vorwände, um unliebsame Besucher abzuwimmeln.

Die Geschichte des GULag

Der Hades,
erste Phase: 1917–1922

Schon sehr früh gebrauchten die sowjetischen Führer den Begriff »Konzentrationslager«, wenn auch in einer anderen Bedeutung als der heute üblichen. Im Dezember 1917 äußerte sich Lenin schriftlich zum Einsatz der Zwangsarbeit – für streikende Beamte![18] Im Februar 1918 verlangte er die Einrichtung zusätzlicher Haftanstalten, da Korruption mit einem Minimum von zehn Jahren Gefängnis plus zehn Jahren Zwangsarbeit bestraft werden müsse.[19] Einige Monate später wurde der erste öffentliche Appell, in dem Lager erwähnt wurden, durch Leo Trotzki lanciert. Am 4. Juni 1918 verlangte der Chef der Roten Armee, »die Tschechoslowaken, die sich weigern, die Waffen abzugeben, in Konzentrationslagern zu internieren«. Am 26. Juni griff der Rat der Volkskommissare, der SNK, diese Empfehlung auf: Ehemalige zaristische Offiziere, die den Eintritt in die Rote Armee verweigerten, sollten in »Konzentrationslagern« interniert werden. Nach den feindlichen ausländischen Kräften geriet damit die innere Opposition ins Visier der Staatsmacht. Am 8. August billigte Trotzki die Einrichtung von Konzentrationslagern für konterrevolutionäre Offiziere, Saboteure, Parasiten und Spekulanten in »Murom, Arsamas und Swiask«. Von da an, so Michel Heller, wurde das Konzentrationslager »zu einem universellen Mittel des Terrors«.[20]

Wie die Archive belegen, wurden diese Lager von da an regulär eingesetzt: Am 10. August 1918, so liest man in einem Telegramm Lenins, erging der Befehl, »die Kulaken, Priester, Weißgardisten und andere zwielichtige Personen in Konzentrationslager außerhalb der Stadt einzusperren«. Ein KZ war zu dieser Zeit mitunter ein einfaches »administratives« Internierungslager. »Administrativ« heißt in diesem Zusammenhang ohne Gerichtsurteil, und »Konzentration« meinte etwas anderes als Sicherungsverwahrung. Dahinter steckte der Wille zur massiven Ausübung von Terror. Mit Blick auf Lenins Kerngedanken, »die russische Erde von schädlichen Insekten zu säubern«, schreibt Heller, »die Konzentrationslager [würden] – ab ihrer Entstehung – zu einer Peitsche, mit der die Partei der Bolschewiken das widerstrebende Volk ins Paradies treiben« wolle.[21]

Das entstehende System der Haftverbüßungsorte unterstand im Übrigen der Tscheka, der »Allrussischen Außerordentlichen Kommission zur Bekämpfung von Konterrevolution und Spionage«, die die politischen Gegner der neuen Herrschaft ins Visier nahm, sowie dem am 27. April 1918 ins Leben gerufenen »Zentralkollegium für Kriegsgefangene und Flüchtlinge«. Eine Obliegenheit dieses »Kollegiums« bestand in der Leitung jenes ausgedehnten Netzes von Lagern, in denen die Kriegsgefangenen aus dem Ersten Weltkrieg (Anfang 1918 waren das 2,2 Millionen Männer!) untergebracht waren. Schon im Sommer 1918 wurden einige der Lager dazu genutzt, nach der Rückführung der ausländischen Soldaten Gefangene des Bürgerkriegs unterzubringen.[22] In einem Dekret des Rates der Volkskommissare zum Roten Terror vom 5. September 1918 wurde die Absicht bekundet, die Sowjetrepublik vor ihren Klassenfeinden durch »Isolierung letzterer in Konzentrationslagern« zu schützen.

Der Wandel vom Konzentrationslager als Waffe im Kampf gegen den äußeren Feind und dessen Verbündete im Inneren in ein Lager, das zur Bekämpfung des inneren Feindes diente, war damit klar vollzogen. Und schlimmer noch diente das Lager von nun an auch zur Bekämpfung der »potenziellen Feinde« und nicht nur solcher Personen, die sich wirklich schuldig gemacht hatten. Es sollte sogar im Kampf gegen diejenigen gesellschaftlichen Schichten eingesetzt werden, in deren Namen die Revolution durchgeführt worden war: gegen Arbeiter und Bauern.

Dabei ist eines als wesentlich hervorzuheben: Die Verschleppung in ein Lager war eine *außergerichtlich* verfügte Strafe, die als solche gesetzlich abgedeckt war. Als am 17. Februar 1919 eine Verordnung des Zentralen Exekutivkomitees der Sowjets Russlands der Tscheka faktisch das Recht zuerkannte, Gegner und Konterrevolutionäre »in Konzentrationslagern« festzuhalten, war eine wichtige Hürde genommen: Inhaftierungen ohne vorheriges Urteil wurden damit legalisiert, die Lager institutionalisiert. Sie waren jetzt nicht mehr Teil vereinzelter Maßnahmen im Zusammenhang mit dem Krieg, sondern bildeten eine feste Einrichtung der Sowjetherrschaft. Karl Kautzky sollte diesen Punkt in seiner ganzen Bedeutung erkennen und in seinem Werk *Terrorismus und Kommunismus* erörtern. Später kam David Rousset auf ihn zurück: »Das Übel des KZ-Systems wiegt deshalb so besonders schwer, weil es offenkundig nicht mit spontanen Gewalttaten verknüpft, sondern institutionalisiert ist. Es betrifft nicht nur das Individuum, sondern die gesamte Menschheit in ihrem historischen Werden. Hier bilden die Opfer keine genetischen, sondern gesellschaftliche Untermenschen. Die Abhängigkeitsverhältnisse der Konzentrationslager prägen die Gesellschaft.«[23]

Lager entstanden bis in die frühen 20er Jahren hinein. Trotz der

Dekrete, die für einen gut organisierten Aufbau sprechen, verlief diese Entwicklung jedoch chaotisch und unsystematisch. Die Unterbringung – es musste oft genug improvisiert werden – erfolgte oftmals in zweckentfremdeten Klöstern. Solschenizyn nennt die Klöster Andronnikow, Nowospasski, Iwanowo sowie das Kasaner Frauenkloster. Die Haftbedingungen waren zu dieser Zeit noch keineswegs »normalisiert«. Die Arbeitsordnung eines Achtstundentages mit Entlohnung wurde buchstabengetreu umgesetzt. Die Haftbedingungen waren annehmbar. Selbst Solschenizyn muss einräumen, dass es in manchen Lagern für »Gutwillige« eine »Begünstigung« gab: Sie »durften in Privatquartieren wohnen, brauchten nur zur Arbeit im Lager zu erscheinen«![24] Andernorts waren die Gefangenen dagegen brutaler Gewalt ausgeliefert. Die Sowjetmacht schreckte nicht vor Geiselnahmen zurück: Die Frauen und Kinder der zaristischen Offiziere, die in der Roten Armee dienen mussten, wurden gefangen gehalten, um deren Einsatzbereitschaft zu gewährleisten.[25] In gewisser Weise wurde hier die Praxis der Engländer im Burenkrieg, Frauen und Kinder abzusondern, um dem Gegner die Unterstützung zu entziehen und sie zur Aufgabe zu bewegen, ins Gegenteil verkehrt.

Chaos, Improvisation und Willkür: Die Desorganisation in den Lagern sollte noch drei bis vier Jahre anhalten. Während man auf lokaler Ebene die Situation zu beherrschen versuchte, häuften sich Ausbrüche: 1922 flohen aus den Haftanstalten des Justizministeriums zehn Prozent der Insassen!

Manches war von der Zarenherrschaft geblieben: Für die Gefängnisse war das Justizministerium verantwortlich, also jetzt das Volkskommissariat für Justiz (NKJu). Die zentrale Gefängnisverwaltung des Justizministeriums wurde in »Hauptverwaltung der Haftverbüßungsorte« (GUMS) umgetauft. Das änderte allerdings nichts daran, dass ihr bald darauf die Kontrolle über die Einrichtungen in der Provinz entzogen wurde. Aber die Sowjetmacht führte gegenüber der Zarenherrschaft auch Neuerungen ein: Zunächst sollte das inhaftierte »Gesindel« kein Geld kosten: Die Lager mussten ihre Unterhaltskosten durch die Arbeitsleistung der Gefangenen bestreiten. Zudem sollten diese umerzogen und gebessert werden, eine Anweisung, die in der Praxis keine Auswirkungen hatte. Nach *Memorial*, der russischen Vereinigung, die sich mit der Auswertung der seit kurzem zugänglichen Archive befasst, bekamen 1918 nur zwei Prozent der Gefangenen Aufgaben übertragen, die ihnen die Wiedereingliederung in die Gesellschaft erleichtern sollten.

Die Lager waren Teil einer Gesamtstrategie im Kampf gegen die Revolutionsfeinde; sie waren nur eine, und nicht einmal die schlimmste, von mehreren Waffen. Eine gewisse Anzahl dieser Feinde, die als unresozialisierbar galten – Prostituierte, Banditen, »Parasiten« – wurden zur Abschreckung kurzerhand erschossen. Die Lagerinsassen hatten somit noch Glück. Aber in der Haft hing ihr Schicksal vom Zufall ab: Die improvisierte Organisation hatte neben positiven auch negative Auswirkungen. Ein Lagerleiter konnte aus einer Laune heraus einen Gefangenen erschießen. Eine Vorstellung von diesen ersten Lagern geben die 1923 eingerichteten Konzentrationslager für Regimegegner auf den Solowezki-Inseln im Weißen Meer: Folter und physische Vernichtung standen dort noch auf dem Programm.

Eine »Normalisierung« war, wie bereits erwähnt, noch nicht eingetreten, aber sie stand bevor. Am 3. April 1919 bildete die Tscheka aus den eigenen Reihen eine »Leitung für die Arbeitslager«. Ihr Chef Felix Dserschinski schlug bereits eine Gestaltung der Lager als »Schule der Arbeit« vor.[26] Am 15. April erließ das Allrussische Zentralexekutivkomitee (ZEK) der Arbeiter-, Bauern- und Soldatenräte ein Dekret über die Zwangsarbeitslager. Zwei Typen von Lagern wurden darin unterschieden: die »Besserungsarbeitslager« und die »Konzentrationslager« im eigentlichen Sinn, die mit tatsächlichen oder mutmaßlichen Regimegegnern, also mit »gesellschaftlich gefährlichen Elementen«, belegt waren.

Aber gab es einen Unterschied zwischen den beiden Arten von Lagern? Arbeit oder nicht, es ging darum, angebliche oder tatsächliche Regimegegner zu einer wohlwollenderen Einstellung gegenüber der neuen Herrschaft zu zwingen oder sie zumindest außer Gefecht zu setzen. Der notwendige Zwang wurde dabei vor allem in Form von Arbeit ausgeübt. Auch die Arbeiterklasse musste erzogen, geführt und angespornt werden. Michel Heller zitiert in diesem Zusammenhang Lenin: »Von dem Arbeitsdienst, der bei den Reichen Verwendung findet, muss die Sowjetmacht dazu übergehen, die Frage zu beantworten, oder besser, sie auf die Tagesordnung zu setzen, wie die Prinzipien auf die Mehrheit der Werktätigen, Arbeiter und Bauern anzuwenden seien.«[27]

Die »vorübergehenden« Konzentrationslager (noch herrschte die Überzeugung vor, die Repression würde nicht dauern) unterschieden sich auf dem Papier folglich von den Lagern für Zwangsarbeit. Zudem unterstanden sie unterschiedlichen Institutionen. Die Konzentrationslager waren der Tscheka angegliedert, während für die Arbeitslager verschiedene regionale oder zentrale Institutionen zuständig waren. Die KZs hatten politische Gegner im Visier, die Arbeitslager alle gesellschaftlich zwielichtigen oder potenziell gefährlichen Gruppen.

In einem Erlass des ZEK vom 17. Mai 1919 wurden die Bestimmungen des Dekrets vom 15. April in 38 Artikeln näher ausgeführt. In Art. 3 wurde die Internierung der Beamten des alten Regimes sowie von »sozialen Parasiten«, Kupplern und Prostituierten verfügt. Dabei wurde auf die Notwendigkeit hingewiesen, in »jedem größeren Ort ein Lager für Zwangsarbeit für mindestens 300 Personen einzurichten«.

Die »Zentrale Strafabteilung« (ZKO) wurde der Abteilung für Zwangsarbeit des NKWD eingegliedert und die Tscheka mit der Organisation der Arbeitslager betraut.

Nach der offiziellen Unterscheidung gab es fünf Typen von Lagern:
– Lager zur besonderen Verwendung;
– Konzentrationslager gewöhnlicher Art;
– Produktionslager;
– Lager für Kriegsgefangene;
– Durchgangslager, zu denen auch vorübergehende Lager wie die im Anschluss an den Bauernaufstand in der Region Tambow eingerichteten zählten.

Wie die russische Organisation »Memorial« hervorhebt, tauchen die Begriffe »Arbeitslager« und »Konzentrationslager« in den Unterlagen des NKWD allerdings oft als Synonyme auf.[28] Zudem stößt man dort auf die Bezeichnung »Konzentrationsarbeitslager«. Diese Unterscheidungen waren vor allem formaler Art. Sie befriedigten das Differenzierungsbedürfnis federführender Bürokraten, hatten auf das Lagerleben aber kaum Auswirkungen. Die Vereinheitlichung der KZ-Institutionen wurde in Angriff genommen, obwohl einige Haftanstalten nach wie vor dem Justizministerium unterstanden. Dass Dserschinski Chef des NKWD und der Tscheka war, vereinfachte offensichtlich die weitere Entwicklung.

Ein Organismus, in dem das NKWD, die Tscheka (wenn auch mit eigenem Netz) und die ZKO zusammenarbeiteten, existierte unter verschiedenen Namen, insbesondere als GUPR (»Hauptverwaltung für Zwangsarbeit«) bis 1922. 1920 beherbergten die Lager der GUPR ungefähr 25 000 und die Anstalten der ZKO 48 000 Häftlinge. Unklar bleibt, wie viele von ihnen in Gefängnissen oder in Lagern einsaßen. Im Januar 1921 gab es einschließlich der Kriegsgefangenen (24 000) 51 000 Häftlinge der GUPR und 55 000 der ZKO. Ende 1921 waren es 41 000 beziehungsweise 73 000 Häftlinge in 84 Lagern.[29]

Die Sterblichkeit in den Lagern war hoch. Neben den üblichen Gründen (Unterernährung, mangelnde Hygiene usw.) spielten dabei auch – mitunter grausame – Misshandlungen der Häftlinge durch die Aufseher eine Rolle. Solschenizyn berichtet beispielsweise, Gefangene seien wegen Nichterfüllung von Arbeitsnormen auf den Scheiterhaufen getrieben und lebendig verbrannt worden.[30] Das KZ-System steckte noch in seiner unorganisierten Phase. Ab den 30er Jahren kamen willkürliche Morde an Gefangenen sehr viel seltener vor. Von da an brauchte es ein Motiv, zum Beispiel einen »Fluchtversuch«. Die Vorschriften wurden in der Praxis freilich wie üblich unterlaufen. Zahlreich sind die Berichte ehemaliger Gefangener, nach denen Häftlinge von den Aufsehern unter dem Vorwand des Fluchtversuchs willkürlich umgebracht wurden.[31]

In dieser Phase der Instabilität liefen bereits die Vorbereitungen für die späteren Etappen: Auf den Solowezki-Inseln experimentierte die Führung mit der Übertragung von gewissen Machtbefugnissen über die politischen Häftlinge an »Kriminelle«, mit der willkürlichen Verlängerung der Lagerhaft, der Deportation und Verbannung der entlassenen Gefangenen. Nach der chaotischen Anfangsphase wurde in dieser Zeit zudem die Möglichkeit ausgelotet, die Gefangenen auf Grundlage eines Normsystems zu Sklavenarbeiten zu zwingen und die Erzeugnisse zu exportieren.

Es ist nicht leicht, diese Phase richtig einzuschätzen, in der sich zwar die herrschende Ideologie bis in die Durchführungsverordnungen hinein widerspiegelte, diese jedoch von den tatsächlichen

Verhältnissen ständig konterkariert wurden. So sah das neue Strafgesetz von 1922 Straflager nicht einmal vor, während sie in Wahrheit ganz offensichtlich existierten. Schwer auszumachen sind ebenso die Unterschiede zwischen »Kriminellen« und politischen Häftlingen, zwischen den Gefangenen des Bürgerkriegs und den Gefangenen außerhalb von Militäroperationen. So unterstanden dem Justizministerium zum Beispiel offenbar die »Kriminellen«, während die Lager von GUPR und NKWD »zur Isolierung der realen oder potenziellen Feinde der Sowjetmacht« dienten. In der Praxis wurde die Frage, wer politischer und wer krimineller Häftling war, allerdings von Sonderkommissionen und Revolutionstribunalen entschieden, deren Mitglieder sich mehrheitlich vom politischen Fanatismus leiten ließen. So konnte es durchaus vorkommen, dass Angeklagte wegen eines Vergehens wie Schwarzfahren in der Straßenbahn als »Politische« eingestuft wurden.[32] In den Lagern der GUPR fand man denn auch sämtliche Arten von Gefangenen vor: 28,5 Prozent »Delinquenten«, 18 Prozent Konterrevolutionäre (KR), neun Prozent Deserteure, fast ebenso viele, denen ein illegaler Grenzübertritt zur Last gelegt wurde, sowie zwei Prozent Spione. Gleichwohl es sich beim Konzept der »Umerziehung durch Arbeit« um eine Utopie handelte, wurde in den Lagern dennoch gearbeitet. Auf 80 Lager kamen nach offiziellen Statistiken 1921 352 Werkstätten und 18 Sowchosen.[33]

Nach den schriftlichen Äußerungen zu urteilen, beabsichtigten die Bolschewiken dabei stets, die Arbeitsbedingungen der Gefangenen – auch ihre Bezahlung – mit den Forderungen der Gewerkschaften in Einklang zu bringen. Tatsächlich war der Alltag der Gefangenen – sei es auch wegen der allgemeinen Lebensumstände im Land – ungemein hart und hatte nichts mit »gewerkschaftlichen Normen« zu tun. Nach Statistiken von »Memorial« wurden drei Prozent der Gefangenen mit weniger als 600 Kalorien, 27 Prozent mit bis zu 1000 Kalorien und 45 Prozent mit bis zu 1500 Kalorien am Tag ernährt. Auch wenn solche Zahlen stets mit Vorsicht zu genießen sind, geben sie eine Vorstellung von den Leiden der Gefangenen und entlarven die Mär von einer Umsetzung »gewerkschaftlicher Normen« als Propagandalüge.

Im Herbst 1922 wurden die Haftanstalten der Ministerien für Justiz und für Inneres unter der Leitung E. G. Shirwindts zur

Hauptverwaltung der Haftverbüßungsorte (GUMS) des NKWD zusammengelegt. Die GPU, die Staatliche politische Verwaltung, die auf die Tscheka folgte, unterhielt dabei aber nach wie vor ein eigenes System von Haftanstalten. Sie konnte weiterhin ohne Gerichtsverfahren verhaften, exekutieren und »gesellschaftlich gefährliche« Element beliebig in Lager stecken.

Das Fegefeuer, zweite Phase: 1923–1930

Warum von einer neuen Phase sprechen? Die Anzahl der Gefangenen hatte sich nicht stark verändert: Anfang 1923, als alle Haftverbüßungsorte noch der GPU (die im November des gleichen Jahres zur OGPU, zur Vereinigten staatlichen politischen Verwaltung werden sollte) unterstanden, zählte man in den Lagern rund 80 000 Gefangene. Im Oktober 1923 gab es 355 Lager, fast 70 000 Gefangene, die Besserungs- und Gefangenenhäuser nicht mitgerechnet, und zudem 35 landwirtschaftliche Arbeitskolonien allein in der russischen Republik.[34]

Für diese sechs bis sieben Jahre dauernde Phase ist kennzeichnend, das der Begriff Konzentrationslager 1923 aus dem offiziellen Sprachgebrauch gestrichen wurde, während die KZs sich de facto, von den Solowezki-Inseln ausgehend, weiterentwickelten. Gleichzeitig wurde diese Methode der Repression intensiv überdacht.

Die Solowezki-Inseln im Weißen Meer waren 1922 der GPU zur Verfügung gestellt worden – zur Verlegung der Gefangenen aus den Lagern Chomolgory und Petrominsk und etwas später dann auch aus Kem. Am 13. Oktober 1923 wurde aus der Verwaltung der Nördlichen Lager zur besonderen Verwendung die »Verwaltung der Solowezker Lager zur besonderen Verwendung« (USLON). Sie sollten bis 1939 in Betrieb bleiben. Anfang 1923 waren diese Lager (SLON) nach Schätzungen mit 7000 Gefangenen belegt, also mit knapp zehn Prozent der Insassen der GUMS in der Russischen Sozialistischen Föderativen Sowjetrepublik (RSFSR). Inhaftiert waren dort übrigens nicht nur politische Gefangene, sondern auch Schwerverbrecher.

»Anfangs beschränkte sich die Aktivität der USLON auf die Solowezki-Inseln und auf Karelien. Sie wurde anschließend auf den

Die Geschichte des GULag

Ural und dann auf die Halbinsel Kola ausgedehnt. Die Gefangenenzahl wuchs dabei rapide: Am 1. Oktober 1927 wurden in den SLON fast 13 000 Menschen gezählt.«[35]

Die Solowezki-Inseln mit ihrem feuchtkalten Klima liegen im südlichen Teil des Weißen Meeres nahe am Kontinent. Ein Kloster, das während der Intervention der Alliierten geschlossen wurde, diente den Bolschewiken anschließend als Haftanstalt. Die Einrichtung des Lagers auf diesen Inseln geht auf den 6. Juni 1923 zurück. Während der ersten sechs Monate hörte man von Hinrichtungen an erschöpften Gefangenen durch ihre Aufseher, von brutalen Übergriffen, Unterernährung (Skorbut wurde rasch zum Problem), von einer sommerlichen Stechmückenplage und einem eisigen Klima im Winter. Eine Wochenzeitschrift zur Unterdrückung in Russland gibt folgendes Zeugnis wieder:

»Die Gefangenen wurden unwahrscheinlich schlecht ernährt. Sie waren in vier Kategorien unterteilt. Zur ersten gehörten die verwaltenden Gefangenen, von wenigen Ausnahmen abgesehen übelste Halunken; zur zweiten die Angestellten, die glücklichen Sterblichen, die in den Werkstätten arbeiteten, und alle Fachleute; zur vierten die Kranken und die buchstäblich Arbeitsunfähigen. ... Manche erhielten als besondere Vergünstigung die Krankenhausration. Die anderen bekamen für 24 Stunden ein Pfund Schwarzbrot und eine trübe Brühe, die Suppe hieß. Die erdrückende Mehrheit schließlich gehörte der dritten Kategorie an. Sie erhielt ein Pfund, also ein Viertel Brot, die gleiche trübe Brühe und am Abend etwas Grütze.

Bei der Arbeit konnten die Leute sogar im Sommer kaum die Beine bewegen, und erst im Winter! Im Frühjahr litten 20 bis 30 Prozent an Skorbut, trotz der von der Lagerleitung angeordneten dauernden Bewegung. Im Krankenrevier wurde ich Zeuge grauenhafter Szenen: angeschwollene, völlig blaue Beine, die anderthalbmal so dick waren wie gewöhnlich. Mit Bagatellen blieb man nicht im Krankenhaus.

Die Ernährung, die schon unter normalen Lebensumständen unzulänglich war, konnte einen Organismus im äußersten Norden, wo Skorbut grassierte, nur umbringen. Die Soldaten der Solowezker Division erhielten eine Sonderration mit viel Fett. Im Herbst 1923 wurde der Versorgungsplan angesichts der Marktlage einer Überprüfung unterzogen und die erbärmlichen Rationen im Frühjahr weiter gekürzt. Die Menschen verhungerten, sie verfielen an Körper und Moral. Schließlich waren es nur noch animalische Existenzen. Mehrere hängten sich auf.«

Diese Beschreibung gibt anscheinend einen Vorgeschmack auf spätere Lager wie Workuta oder Kolyma. Nicht umsonst sieht Solschenizyn in den Lagern der USLON die Primärgeschwulst, von der aus sich die Metastasen des sowjetischen KZ-Krebses verbreiteten. Andere teilen diese Sichtweise nicht. Sie verweisen darauf, dass in den SLON noch einige Zeit unterschieden worden sei »zwischen der repressiven Aufgabe bei politischen Gefangenen, die nicht zur Arbeit herangezogen werden, und der so genannten Aufgabe der Umerziehung durch Arbeit bei Kriminellen, die zur Arbeit gezwungen werden, und bei ›Konterrevolutionären‹ ..., die die Verwaltungsaufgaben erfüllten, die Arbeiten dirigierten und die Büros bevölkerten«.[36] Demnach sei der GULag erst später, gegen Ende der 20er Jahre, richtig entstanden – mit der Einrichtung zahlreicher weiterer Lager, mit einem Ende der Sonderbehandlung von politischen Gefangenen und damit, dass dem KZ-System eine bedeutende wirtschaftliche Rolle zugewiesen wurde. Erst ab dieser Zeit, so Dallin und Nicolaievski, könne von einer großen Wende gesprochen werden[37]: Damals hielt es eine Kommission des Politbüros für angebracht, die bis dahin existierenden Haftanstalten durch ... Konzentrationslager zu ersetzen und diese Aufgabe der GPU zu übertragen. »Der GULag ist unterwegs«, versicherte Jean-Jacques Marie.[38]

Tatsächlich verlief der Aufbau des GULag in einer kontinuierlichen Entwicklung, bei der sämtliche Elemente eines Stadiums ins folgende einflossen: Dass Gefangene, politische wie kriminelle, als Staub oder schädliche Insekten galten und die KZ-Haft immer häufiger verordnet wurde, war bereits unter Lenin ersichtliche Politik, auch wenn sie erst unter Stalin ungeheure Ausmaße annehmen sollte. Oder geht sie sogar auf die Zaren zurück?

Mit dem GULag als »Terroreinrichtung zur Zwangsarbeit« wurde zwar eine zaristische Politik zur Ausbeutung und Kolonisierung aufgegriffen und weiterentwickelt. Aber warum sollte man Lenin deshalb aus der Verantwortung entlassen? Für ihn ging es darum, »die menschlichen Hindernisse des revolutionären Unternehmens« aus dem Weg zu räumen. Obwohl sich die Zwangsarbeit allgemein durchsetzte, zielte sie nicht auf die Schaffung eines Mehrwertes, sondern auf eine Bestandssicherung der Orte, in denen der Terror ausgeübt wurde: der Lager selbst, und allgemeiner des Staates und der Sowjetgesellschaft, zu denen sie – scheinbar – eine feindliche Gegenwelt darstellten. Wenn man von der Zeit vor 1930 vom Beginn einer neuen Phase reden kann, so deshalb, weil sich »Memorial« zufolge die Lager angesichts ihrer niedrigen Produktivkraft nicht mehr selbst tragen konnten, »ohne einen Teil der Gefangenen in großem Stil zu unqualifizierten Arbeiten heranzuziehen«. Die Zwangsarbeit machte nicht das Wesen der Unterdrückung aus: Die Gefangenen wurden zur Arbeit gezwungen, um die Bedingungen einer Repression aufrechtzuerhalten, die schon unter Lenin heftig wütete und die unter Stalin weiter verschärft werden sollte. So empfahl schon Ende 1926 der oberste nationale Wirtschaftsrat der RSFSR, die Gefangenen zum Holzfällen einzusetzen, auch wenn zu erwarten sei, dass »ihre Arbeit bestenfalls die Staatsausgaben für den Unterhalt der Hafteinrichtungen« decken würde.

Absonderung, Bestrafung, Eliminierung und die Nutzung der Arbeitskraft der Gefangenen bildeten so ein Gesamtkonzept, das sich bis zu Lenin zurückverfolgen lässt. Die Unterdrückung, mit oder ohne Ausbeutung der Arbeitskraft, war der primäre politische Zweck. Obwohl die Repression in größerem Maßstab unter Stalin weiterentwickelt wurde und der Wille vorherrschte, die Kosten für diese Millionen von Parias zu senken, kann man nicht von einer kontinuierlichen Entwicklung unter Lenin und Stalin sprechen. Wie an späterer Stelle noch gezeigt werden wird, sollte zeitweise die repressive Funktion gegenüber der wirtschaftlichen, die angeblich hinter der stalinistischen KZ-Praxis stand, klar die Oberhand gewinnen.

Gewiss wäre es irrig zu behaupten, vor dem berüchtigten Jahr 1930 habe eine einheitliche Situation geherrscht. »Memorial« legt vielmehr dar, dass sich in der zweiten Hälfte der 20er Jahre die Gefangenenzahl in den Haftverbüßungsorten deutlich erhöhte.

So zählte man in der RSFSR:
– im Oktober 1924 78 000,
– im Oktober 1925 93 000,
– im Juli 1926 123 000,
– und im Juli 1927 111 000 Gefangene.

Davon ausgehend, dass die Gefangenenzahlen in den anderen Sowjetrepubliken ungefähr im gleichen Verhältnis zur Bevölkerung standen, dürfte die Gesamtzahl der Gefangenen in der UdSSR Mitte 1927 – nach »Memorial« – bei etwa 200 000 gelegen haben.
Zehn Jahre nach der Revolution war die Anzahl der Gefangenen noch mit der unmittelbar vor dem Krieg vergleichbar. Das betreffende Gebiet war allerdings kleiner als das Russland unter dem Zaren, und zudem waren die Bedingungen der Konzentrationslager jetzt andere: Die Eliminierung, die nie Aufgabe der Strafkolonie unter dem Zaren gewesen war, sollte sich schrittweise als eine zentrale Funktion der sowjetischen Lager durchsetzen.
Unmittelbar nach der Amnestie zum 10. Jahrestag der Revolution, mit der die Hälfte der Gefangenen der RSFSR freikam, wurde Druck auf die Gerichte ausgeübt, um eine möglichst große Anzahl von Delinquenten zu Lagerhaft zu verurteilen. So zählte das russische NKWD 1929 118 000 und schon ein Jahr später 179 000 Inhaftierte. Derweil hatte sich die Anzahl der Gefangenen der USLON in zwei Jahren (von 1928 bis 1930) von 21 000 auf 63 000 verdreifacht.

Zur Hölle,
dritte Phase: 1930–1953

Bis hierher ging es um Isolation, Strafe und – offiziell – um Umerziehung. Die Unterweisung durch Arbeit, ihr Ertrag und die Beseitigung von Widerständen, die den Lauf der Revolution aufzuhalten drohten, bildeten gleichrangige Ziele. Mit der Annahme einer »beschleunigten Variante« des ersten Fünfjahresplans Mitte 1929 und der radikalen Kollektivierung des Bodens von 1930 bis 1932 veränderte sich die Lage: Der Ausbau des KZ-Systems vollzog sich von nun an im Einklang mit den großen wirtschaftspolitischen Entscheidungen.
Am 27. Juni 1929 verlegte das Politbüro der bolschewistischen Partei alle Delinquenten, die zu mehr als drei Jahren Gefängnis verurteilt worden waren, in die nun so genannten »Arbeits- und Umerziehungslager« der GPU. Außerdem wurde beschlossen, weitere Lager in abgelegenen und unwirtlichen Gegenden einzurichten, um diese zu besiedeln und ihre natürlichen Rohstoffe auszubeuten.

Vorgesehen war zugleich eine Besiedelung der dortigen Gebiete mit Gefangenen, die ihre Strafen abgebüßt hatten, und die Umwandlung von vorzeitig Entlassenen in »freie Siedler«.

Im Juli 1929 wurden zwei Strukturen geschaffen: die eine, die der OGPU der UdSSR unterstand, kümmerte sich um die Einrichtung von Lagern in abgelegenen Regionen, während die andere vom NKWD der jeweiligen Republiken abhing und für Verurteilte mit kurzen Haftstrafen verantwortlich war.

Die Sowjets stellten einen großen Einfallsreichtum unter Beweis: es gab Lager für Invaliden, Lager zur besonderen Verwendung und OLShIR (Sonderlager für Ehefrauen von Vaterlandsverrätern). Allein in der Region von Akmolinsk in Kasachstan entstanden Dutzende solcher Lager. Belegt waren sie mit den Frauen »trotzkistischer« Familien, die vornehmlich nach dem Kollektivschuldprinzip verurteilt worden waren. Gleichzeitig wurden die Haftbedingungen im Gefängnis und vor allem die strenge Gefängnishaft verschärft. Davon ist allerdings auch heute nur selten die Rede: Die Aufmerksamkeit konzentrierte sich lange Zeit ausschließlich auf die Schrecken der Lagerhaft. In Wahrheit äußerte sich die Unterdrückung in Stalins UdSSR gleichermaßen in individuellen Exekutionen in der Lubjanka, in Massenerschießungen, Inhaftierungen in sibirischen Lagern und Verbannung in die »Zwangskolonien«.

Am 7. April 1930 richtete das Politbüro in der GPU die »Hauptverwaltung der Besserungsarbeitslager« (GUITL) ein. Die einstigen Konzentrationslager verschwanden damit und wurden in »Besserungsarbeitslager« umgetauft, ohne dass sich an der Leitung oder den Haftbedingungen etwas änderte. Bei diesen Lagern handelte es sich um die so genannten allgemeinen Lager. Die Gefangenen sprachen freilich nicht von *Isprawitelno trudowych lagerei* – »Lager zur Besserung durch Arbeit«, sondern von *Istrebitelno trudowych lagerei* – »Lager zur Ausrottung durch Arbeit«.

Diese Periode markiert eine Hochzeit der Einrichtung neuer Lager auf dem gesamten Territorium der UdSSR: »Millionen von Stacheldrahtkilometern wurden gezogen, kreuz und quer durcheinander, fröhlich winkten und blitzten ihre Stacheln zu den vorbeifahrenden Zügen, den vorbeifahrenden Autos und den nahe gelegenen städtischen Vororten hinüber.«[39]

Ende 1929 entstanden zwei Komplexe mit Besserungsarbeitslagern (ITL), einer im Fernen Osten und einer in Sibirien (Leitung in Nowosibirsk). Anfang 1930 kamen einer in Kasachstan (Leitung in Alma-Ata) und einer in Zentralasien (Leitung in Taschkent) hinzu. Die Ausweitung des Lagerwesens und der gewaltige Zuwachs an Lagerhäftlingen sorgten für die Entstehung einer russischen Redensart: »Wer noch nicht deportiert ist, wird es noch werden.« Inzwischen ging es weniger um eine Umerziehung oder Besserung von Gefangenen, die Opfer der unzulänglich revolutionierten Gesellschaft geworden waren: Vielmehr sollten die Häftlinge, die für die politische und wirtschaftliche Entwicklung der UdSSR ein potenzielles Hindernis darstellten, jetzt für die Sowjetmacht arbeiten. »Die Strafe funktioniert nicht mehr nach der Schuld, sie funktioniert nach den familiären Beziehungen, der gesellschaftlichen Situation, der ausgeübten Arbeit. Die Strafe trifft nicht mehr auf Grund einer Sache, sondern weil man strafen muss. [...] Aus der Zentrale kommen ständig die gleichen Forderungen: die Arbeit der Gefangenen intensivieren, die Anzahl derer erhöhen, die man mit den wichtigsten Aufgaben betraut, die Arbeit der Invaliden rationalisieren. Am 1. Januar 1933 waren 81 Prozent der Gefangenen in der Produktion tätig.«[40]

Das wichtigste Beispiel für die Zwangsarbeit in dieser Zeit waren die Grabungen für den Weißmeer-Ostsee-Kanal. Sie wurden 1931 begonnen und 1933 »abgeschlossen«. 140 000 Gefangene waren an ihnen beteiligt. Der Plan wurde zwar erfüllt, doch wegen der knappen Zeitvorgaben konnte nicht sehr tief gegraben werden, so dass der Kanal nur von Schiffen mit geringer Tonnage passiert werden konnte. Der tatsächliche Nutzen war relativ gering und die Rentabilität des gesamten Unternehmens äußerst fragwürdig. Wegen der gigantischen Ausmaße, der Leiden der beteiligten Häftlinge und der Anzahl der Toten (ein Drittel der beteiligten Sträflinge soll umgekommen sein) hinterließ dieses Projekt tiefe Spuren im kollektiven Gedächtnis.

Es sollten noch weitere Kanäle entstehen, einer zwischen Moskwa und Wolga und ein weiterer zwischen Wolga und Don. Ganze Städte wurden aus dem Boden gestampft: Magadan in Ostsibirien, Dscheskasgan in Kasachstan, Workuta nördlich des Polarkreises und westlich des Ural. Andere Häftlinge wurden in der Forstwirtschaft, im Bergbau, in der Ölindustrie und sogar im Automobilbau eingesetzt.

Bei der Arbeit am Weißmeer-Ostsee-Kanal wurde eine Art Gefangenen-Selbstverwaltung aufgebaut: Gerade mal 40 Aufseher kontrollierten Tausende von Gefangenen, aus denen Führungskräfte rekrutiert wurden – Mannschaftsführer, Brigadeführer usw. Zur eigenen Rettung sorgten diese für Disziplin und ein Minimum an Leistung. Ähnlich funktionierten später auch die NS-Lager. Die Sterblichkeit in den Lagern schnellte damals fast überall in die Höhe. Kamen 1931 7300 (knapp drei Prozent der durchschnittlichen Anzahl der Häftlinge) ums Leben, so waren es 1933 bereits 67 000 Häftlinge (ca. 15 Prozent).

Selbstverständlich hatten die sowjetischen Behörden kein Interesse daran, die hohe Anzahl von Zwangsarbeitern bei der Durchführung dieser Projekte allzu lautstark zu verkünden. Als Anfang der 50er Jahre Gefangene in Workuta ein Theater errichteten, beglückwünschte die Zeitschrift *Ogoniok* in einem Artikel die »jungen Freiwilligen des Komsomol« (der kommunistischen Jugendorganisation): »Nur der patriotischen Begeisterung und der Opferbereitschaft angesichts von Lenins Ideal gehorchend, errichteten sie mit ihren Händen am äußersten Ende des Landes in vollendeter Schönheit ein Kulturzentrum. Möge ihre Arbeit allen Komsomols unseres sowjetischen Vaterlandes als Beispiel dienen. Möge sich dank ihnen und ihrer Arbeit der siegreiche Marsch des Kommunismus unter der genialen Führung des Genossen Stalin vollziehen!«[41]

Neben der OGPU unterhielten von 1930 bis 1934 auch das NKWD und das Volkskommissariat für Justiz Besserungsarbeitslager. Beide Organe waren mit repressiven Maßnahmen, der Umerziehung, aber auch mit der Erfüllung staatlicher Pläne betraut, also mit dem Aufbau »von sich selbst finanzierenden Einrichtungen, die noch einen Gewinn zugunsten des Staatshaushaltes der Republik erwirtschafteten«.[42]

Die Zusammenführung aller dieser Lager und ihre Unterstellung unter die Kontrolle des NKWD erfolgte erst 1934. Am 10. Juli dieses Jahres wurde dabei die GPU mit einem Dekret »über die Bildung eines Volkskommissariats für Inneres (NKWD) der gesamten Sowjetunion« in eine Abteilung des NKWD verwandelt. Dieses

Dekret begründete die »Hauptverwaltung der Lager« (GULag) – *glawnoje uprawlenije lagerei*. Dem GULag oblag fortan die Verwaltung aller zuvor der GPU unterstehenden Lager sowie der Lager und Besserungsarbeitskolonien des Volkskommissariats für Justiz. Der zuvor schon von vielen Gefangenen gebrauchte Ausdruck GULag wurde jetzt vom Volkskommissar des Innern Genrich G. Jagoda mit einem offiziellen Stempel versehen.

Anfang 1934 waren die Lager mit rund 500 000 Menschen belegt, von denen 220 000 in den drei wichtigsten KZ-Komplexen lebten: dem DMITLag (für den Bau des Moskwa-Wolga-Kanals zwischen 1932 und 1937), dem BELBALTLag (für den Weißmeer-Ostsee-Kanal) – und dem BAMLag (für den Bau der Baikal-Amur-Magistrale und der zweiten Spur der Transsib).

Im November des gleichen Jahres wurde die GUITU, die »Hauptverwaltung der Besserungsarbeitseinrichtungen«, aufgelöst. Von da an unterstanden sämtliche einschlägigen Einrichtungen dem NKWD. In dieser Phase saßen etwa 725 000 Menschen in Lagern, Zigtausende befanden sich auf dem Transport dorthin, und weitere 290 000 Menschen waren in GUMS (Hauptverwaltung der Haftverbüßungsorte, auch als OMS bezeichnet) interniert. Zu der Zeit gab es in der UdSSR also über eine Million Gefangene.

Entgegen einer weit verbreiteten Ansicht verlangsamte sich von 1935 bis 1937 der Zuwachs der Gefangenen. Anfang 1937 ging die Gesamtzahl sogar leicht zurück.

In der zweiten Hälfte des Jahres 1937 sowie 1938 erhielt die strafende Funktion der Haftanstalten für die Führung des Landes oberste Priorität. »Für den GULag wurden Aufnahme, Verteilung, Organisation und Überwachung dieser gewaltigen Menschenströme jetzt zu einem Hauptproblem.«[43] 1936 gab es ungefähr 1000 Erschießungen, 1937 waren es über 350 000! In neun Monaten, vom 1. Juli 1937 bis zum 1. April 1938, stieg die Anzahl der Häftlinge im GULag um 800 000 an. Bald gab es in der UdSSR mehr als zwei Millionen Gefangene. Die Verwaltung war diesem Zuwachs offenkundig nicht gewachsen, denn die Sterblichkeitsquote kletterte 1937 auf 6,7 Prozent. So wundert es auch nicht, dass im GULag damals nur 40 Prozent des Plansolls erfüllt wurden.

Neben den eigentlichen Häftlingen verfügte die Staatsmacht über eine Million Siedler und Sonderkontingente. Die Anzahl der

Die Geschichte des GULag

»Sonderumsiedler« sollte mit dem Krieg und am Ende der 40er Jahre zurückgehen: Anfang 1949 waren es noch 120 000 und Anfang 1953 »nach einem natürlichen Aussterben« nur noch 25 000.[44] Ihren Platz nahmen die deportierten Völker wie die Tschetschenen, Kalmücken und Tataren ein. Auch unter diesen Deportierten, denen Kollaboration mit den Nationalsozialisten vorgeworfen wurde, herrschte eine hohe Sterblichkeit. Von den Ende 1944 deportierten 580 000 Bewohnern des Nordkaukasus (vor allem Tschetschenen) kamen bis zum 1. Oktober 1948 25 Prozent um. Vergleichbare Zahlen gab es auch bei den anderen verschleppten Völkern.

Durch den Krieg verschlechterten sich die Lebensbedingungen in den Lagern nochmals. Im Herbst 1941 stieg die Sterblichkeit enorm an. 1942 kamen von etwa 1,1 Millionen Gefangenen 250 000 um. Insgesamt starben in den Lagern und Kolonien 25 Prozent der Häftlinge und Siedler, in absoluten Zahlen 351 000 Menschen. Ungefähr gleich viele Menschen waren im Jahr 1937 erschossen worden. Die schlechtere Versorgungslage und die Gefangenentransporte gen Osten unter mörderischen Bedingungen trugen zu diesem Massensterben bei.

»Memorial« gibt für die Zeit des Kriegsausbruchs eine Zahl von 2 350 000 Gefangenen an.[45] Drei Jahre später waren es nur noch halb so viele. Neben der erhöhten Sterblichkeit war dafür die Verschickung von fast einer Million Gefangenen an die Front verantwortlich – vor allem von Kriminellen, da politische Häftlinge insgesamt abgesondert wurden. Daraus erklärt sich auch ihr erhöhter Anteil an der Gesamtbelegung der Lager 1944/45. Für diese »gefährlichen« Insassen gab es keinen Pardon: Am 19. April 1943 wurden per Verordnung neue Strafen eingeführt, so die bislang unbekannte Hinrichtung durch den Strang.

Nach dem Krieg, im Jahr 1948, wurde die Einrichtung von Sonderlagern beschlossen, bestimmt zur Inhaftierung von allen wegen Spionage oder Terrorismus zu Freiheitsstrafen Verurteilten sowie von Trotzkisten, Menschewiken, Anarchisten, Nationalisten, »weißen« Emigranten, Mitgliedern der antibolschewistischen Organisationen und Personengruppen, die wegen ihrer antisowjetischen Beziehungen eine Gefahr darstellen. 1947 folgte eine kleine Welle von Freilassungen. Von ihr betroffen war ein Teil der Gefangenen von 1937. Anschließend schwollen die Lager wieder an, eine Entwicklung, zu der Rückkehrer aus der Kriegsgefangenschaft beitrugen. Entgegen einer Behauptung landeten allerdings nicht alle, sondern »nur« ein großer Teil von ihnen im GULag.

Der Zuwachs an Gefangenen setzte sich bis zum Frühjahr und Sommer 1950 fort. In dieser Zeit klettern die Zahlen auf ein Maximum von 2,6 Millionen Personen in Lagern und Kolonien (ohne die 180 000 Häftlinge in den Gefängnissen). Anschließend pendelte sich die Belegung der Lager bei ca. 2,5 Millionen Häftlingen ein.

Der Mangel an Arbeitskräften hatte für das sowjetische Wirtschaftssystem insgesamt katastrophale Folgen. Kein bedeutendes Unternehmen unter der Leitung des Innenministeriums (MWD) erfüllte 1951/52 den Plan. Das System der Lager war in eine Krise geraten, und nicht nur in wirtschaftlicher Hinsicht. Das war der Hauptgrund für die grundlegende Neuorganisation nach Stalins Tod.[46]

Rückkehr zum Fegefeuer, vierte Phase: die poststalinistische Ära

Die von Berija am 27. März 1953 erlassene Amnestie bedeutete eine bedeutende Etappe in der Geschichte des GULag. Allerdings blieb sie insofern beschränkt, als von ihr nur »Kriminelle« mit Strafen bis zu fünf Jahren und »Politische« (die mehrheitlich zu Strafen von mindestens zehn Jahren verurteilt worden waren) mit Strafen bis zu drei Jahren profitierten.

Am 17. März entzog Berija dem Innenministerium die Verantwortung für den gesamten Wirtschaftssektor und unterstellte die Besserungsarbeitslager (mit Ausnahme der Sonderlager) und die Arbeitskolonien dem Ministerium für Justiz. Mehrere übertrieben ehrgeizige wirtschaftliche Ziele wurden aufgegeben, die über Lager verfügenden Direktionen des MWD (Ministerium für Inneres, das 1946 dem NKWD nachgefolgt war) aufgelöst. Dagegen wurden dem MWD die Sonderlager und die Lager für Kriegsverbrecher unterstellt. Am 2. April wurden der GULag, die Abteilung der Kinderkolonien und eine gewisse Anzahl regionaler Organismen ebenfalls dem Justizministerium angegliedert. »Auf diese Art«, so kommentiert »Memorial« die Entwicklung, »kehrte das

Lagersystem in der UdSSR zu den ersten Jahren seiner Existenz zurück.«

Von März bis Dezember 1953 sank die Anzahl der Lagerkomplexe von 177 auf 81 und die der Gefangenen von 2,5 Millionen auf eine Million. Gleichzeitig begehrten die in den Lagern verbliebenen Häftlinge auf. Streiks brachen aus, vor allem in Workuta, Norilsk, Kingir, Taischet, Ekibastus und Dscheskasgan. Die Streiks endeten mit einer Serie von Amnestien. Am 24. April 1954 wurden alle Personen auf freien Fuß gesetzt, die vor dem 18. Lebensjahr wegen eines Verbrechens verurteilt worden waren. Am 17. September 1955 erfolgte die Freilassung der Sowjetbürger, die mit dem Besatzer kollaboriert hatten, zumindest von denjenigen mit Strafen bis zu zehn Jahren. Die Strafen der Übrigen wurden auf die Hälfte reduziert. Im selben Monat wurde – nach der legendären Adenauer-Visite in Moskau – den deutschen Kriegsgefangenen, die wegen »Kriegsverbrechen« verurteilt worden waren, die Rückkehr in die Heimat gestattet. Nach einer unveröffentlichten Verordnung vom 14. September 1956 erhielten zudem die ehemaligen sowjetischen Kriegsgefangenen in Deutschland die Freiheit zurück. Am 13. Dezember 1956 wurden schließlich auch sämtliche japanischen Kriegsgefangenen repatriiert.

Ab 1956 verschwand der Begriff »Lager« aus den offiziellen sowjetischen Verlautbarungen und wurde durch »Kolonie« und dann durch »Anstalt« ersetzt. (In der Bevölkerung blieb der Begriff den tatsächlichen Verhältnissen entsprechend in Gebrauch). Bereits 1953, nach Berijas Sturz, war das Sonderkollegium des NKWD (Osboje Sowestschanije, OSO), das mit der Verhängung von Strafen durch einen einfachen Verwaltungsakt betraut gewesen war, aufgelöst worden.[47]

Im Oktober 1956 blieben noch 37 von der Zentrale abhängige Lagerkomplexe und KZ-Einheiten übrig. Die berüchtigten Lager von Norilsk und des Nordostens gehörten zu den 1957 aufgelösten Einrichtungen. Am 13. Januar 1960 wurde zudem die »Hauptverwaltung der Kolonien zur Umerziehung durch Arbeit« abgeschafft. »Das System der zentralen Leitung der Haftverbüßungsorte auf nationaler Ebene hörte damit vorübergehend zu existieren auf.«[48]

Drei Jahre später wurden »Kolonien zur Besserung durch Arbeit und zur Besiedelung« für Gefangene eingerichtet, die mindestens die Hälfte ihrer Strafe abgebüßt und von der Lagerleitung gute Führung bescheinigt bekommen hatten. Wie Jacques Rossi unter Hinweis auf die Gesetzgebung zur Besserung durch Arbeit von 1970 erläutert, konnten sich die Insassen »dieser Kolonien ... von Sonnenaufgang bis zur Ausgangssperre auf dem Gebiet der Kolonie frei bewegen, mit ihren Familien leben, Zivilkleidung tragen usw.«.[49] Warum diese »Abmilderung« der Haftbedingungen im Lager? Die Politik der Eliminierung wurde deshalb aufgegeben, weil die umgekommenen Gefangenen jetzt nicht mehr so rasch durch neue ersetzt werden konnten: »In Ermangelung von Neuzugängen, die die Todesfälle ausglichen, drohte dem Lager die vollständige Entvölkerung.« Deshalb versuchte man die Sterblichkeit unter Kontrolle zu bekommen. Ein von Barton zitierter Zeitzeuge merkte dazu bissig an: »Man durfte nicht einmal mehr sterben!«[50]

Dennoch funktionierten die Lager auch unter Leonid Breschnew weiter. Sie erfüllten nicht mehr die »zweifache zusammenhängende und organische Aufgabe des ursprünglichen GULag: als System der allgemeinen politischen Repression und der Zwangsarbeit der Massen. Sie haben jetzt eine im Wesentlichen strafende Funktion, begleitet von einer repressiven politischen Rolle, die nicht mehr auf die Masse der Bevölkerung zielt, sondern auf eine beschränkte Schicht von Dissidenten und ›Nationalismus‹-Verdächtigen.«[51]

In den Erinnerungen des »späteren« Gefangenen Anatolij Martschenko (am Ende der Chruschtschow-Ära und zu Beginn der Ära Breschnew) ist der schrittweise Substanzverlust der Repression zu spüren. Vor dem Hintergrund des Lagers in der posttotalitären Phase schildert Martschenko Erlebnisse, die jedoch noch immer stark durch Gewalt und Grausamkeiten geprägt sind – mit der Ermordung von Gefangenen beim Fluchtversuch, mit quälendem Hunger und Durst. Martschenko selbst starb in der Gefangenschaft.[52]

1970 trat eine neue Gesetzgebung zur »Besserungsarbeit« in Kraft. Unterschieden wurde darin in Lager unter allgemeiner, verschärfter, strenger oder besonderer Kontrolle. Politische Gefangene gab es noch bis zu Gorbatschows Perestroika, als die letzten Regimekritiker entlassen wurden. Heute gibt es nur noch wenige Lager für Straffällige und Kriminelle.

Die Topographie des GULag

Als Stalin am 5. März 1953 starb, hatte das sowjetische Lagersystem seine größte Ausdehnung erreicht und umfasste acht Regionen:
- Ostsibirien oder den SEWWOSTLag, also das Nordostlagergebiet. Mit seinem Zentrum Magadan erstreckte es sich zwischen Jakutien im Westen und dem Ochotskischen Meer im Osten mit der Bucht von Nogajew und der Mündung der Kolyma. Nach Barton sollen 1940 drei Millionen Menschen mit diesem Lagersystem mehr oder weniger direkt verbunden gewesen sein, ein »grenzenloses, fast ausschließlich von Gefangenen, Ex-Gefangenen und Verwaltungspersonal bevölkertes Land«. Dass Kolyma die höchsten Sterblichkeitsraten des GULag hatte, überrascht nicht: Die Temperaturen fielen dort bis auf minus 60 Grad.
- Den Süden des Fernen Ostens (BAMLag) mit den Besserungsarbeitslagern, die mit dem Bau der Eisenbahnlinie Baikal-Amur befasst waren, und den AMURLag mit den Lagern in der Region um den Fluss Amur.
- Ostsibirien mit den Gebieten GORLag – Jacques Rossi deutet den Namen als »Staatslager mit besonderem Regime« oder »Lager der Minen« – und NORILag, das seinen Namen der umliegenden Region von Norilsk verdankte. Diese Lager wurden 1936 am rechten Ufer des Jenissei in einer Minenregion eingerichtet. Zu Ostsibirien gehörte zudem OSERLag im Westen des Baikalsees und der in einer bewaldeten Gegend liegende TAISCHETLag, der nach der Stadt Taischet benannt worden war.
- Westsibirien (OMLag um die Stadt Omsk und KEMERLag um die Stadt Kemerowo).
- Kasachstan (KARLag um die Städte Karaganda und Dscheskasgan), eine Minenregion mit Vorkommen an Kohle und Nichteisenmetallen, vor allem Kupfer.
- Den Ural, unter anderem mit dem Kohlegebiet Workuta im Norden.
- Das südliche Zentrum des europäischen Teils von Russland mit dem UNJLag, der nach dem Wolga-Zufluss Unja benannt war.
- Den Nordwesten (darunter die Solowezki-Inseln und Karelien).

Die verschiedenen Typen von Lagern verteilten sich in unterschiedlich dichter Konzentration über die Topographie der UdSSR. Nach

Avraam Shifrins *UdSSR-Reiseführer der Gefängnisse und Konzentrationslager in der Sowjetunion* (3. Aufl., Uhldingen 1987), der den Zustand in den 70er Jahren beschreibt, lagen beispielsweise die Kinderlager hauptsächlich in dichter besiedelten Regionen, so im europäischen Teil Russlands, in der Ukraine, in Weißrussland und im Süden Zentralasiens, also außerhalb der Zonen mit besonders rauem Klima (Ostsibirien oder der arktische Norden). Beispiele in den 70er Jahren waren Orel, 350 Kilometer südlich von Moskau, sowie Gomel, an dessen Eingang ein Schild verkündete: »Eine ehrliche Arbeit: der Weg zur Familie«. Weitere Beispiele waren Charkow und Chersson in der Ukraine. Kinderlager gab es allerdings auch in der Region von Nowosibirsk im asiatischen Teil Russlands. Die Lebensbedingungen waren dort besonders hart. Selbst die jüngsten Insassen waren den Knüppelhieben von Aufsehern, Diebstählen und gewaltsamen Übergriffen durch Größere ausgeliefert. Zudem mussten sie bereits mühselige und gefährliche Arbeiten verrichten.[53]

Lager, die an die Rüstungsindustrie oder den Uranabbau angegliedert waren, befanden sich in Regionen mit Vorkommen der entsprechenden Rohstoffe und unterlagen gewöhnlich einer besonderen Geheimhaltung. Zu nennen sind die gesamte Zone des Ural von Norden bis Süden, aber auch Ostsibirien, der arktische Norden (die Waigatsch-Inseln und Nowaja-Semlja) sowie der zentralasiatische Teil der Sowjetunion (Kasachstan, Usbekistan und Tadschikistan).[54]

Die Lager verteilten sich folgendermaßen auf die Republiken:[55]

Weißrussland: ungefähr 30 Haftverbüßungsanstalten
Ukraine: über 120 Lager
Moldawien: 28 Lager
Litauen: 11 Lager
Lettland: 12 Lager
Kasachstan: fast 90 Lager
Tadschikistan: etwa 12 Lager
Estland: 5 Lager
Georgien: 11 Lager
Armenien: 5 Lager
Aserbaidschan: 16 Lager

Die Topographie des GULag

Usbekistan: 20 Lager
Turkmenistan: 8 Lager
Kirgisien: 12 Lager

Im Hinblick auf die RSFSR sind genaue Schätzungen für die 70er Jahre schwierig. Es dürfte mehrere hundert Lager und einschließlich der Kolonien ungefähr 1000 entsprechende Einrichtungen gegeben haben. Einige der berüchtigsten Regionen:
- Kolyma, das als eine der schrecklichsten Regionen des Archipels gilt. Wegen ihrer Sonderstellung nannten die Häftlinge sie auch »die Insel«. Im Nordosten Sibiriens gelegen, trug Kolyma den Namen des ins Polarmeer mündenden Flusses. Die wichtigste Stadt war Magadan am Ochotskischen Meer. Den natürlichen Reichtum der Region bildeten ihre Minen. Die umfassendsten Zeugnisse über die dortigen Lager stammen von Warlam Schalamow *(Geschichten aus Kolyma)*, A. Krakowiecki *(Kolyma, le bagne de l'or,* zunächst auf Polnisch erschienen) und Elinor Lipper *(Elf Jahre in sowjetischen Gefängnissen und Lagern).*
- Workuta und RegLag. Dieser Lagerkomplex war mit Gefangenen zahlreicher Nationalitäten belegt. Die oft erwähnten Streiks vom Juli 1953 wurden von einem kleinen Ausschuss geleitet, der aus einem ukrainischen, einem russischen und einem westeuropäischen Vertreter bestand. Daran erinnern die Berichte von Joseph Scholmer, Armand Maloumian und Pierre Danzas.[56] In Workuta wurden zahlreiche Westeuropäer, vor allem Franzosen, gefangengehalten.
- Das Lagergebiet Karaganda – KARLag – war einer der wichtigsten Verbannungsorte der Sowjetunion. Zu den prominentesten »Insassen« gehörte Margarete Buber-Neumann, die Lebensgefährtin Heinz Neumanns, eines Führers der deutschen KP in den 30er Jahren. Buber-Neumann wurde 1938 in Moskau verhaftet und nach Kasachstan gebracht. 1940 wurde sie mit Hunderten anderer deutscher Kommunisten von Stalin an Hitler ausgeliefert.[57]
- Mordwinien, vor allem der Südwesten der autonomen Republik mit Potma und dem DUBROWLag oder DUBLag: »Die ganze südwestliche Ecke Mordwiniens ist von Stacheldraht, von besonders konstruierten Zäunen durchkreuzt, mit Wachtürmen

übersät, nachts vom Scheinwerferlicht überstrahlt. Es sind überall kleine Täfelchen angebracht: ›Halt! Sperrzone!‹, und dann dasselbe noch einmal in mordwinischer Sprache. Häufiger als auf Mordwinen triffst du hier auf Begleitsoldaten, Wachen, Offiziere. Auf eine Menschenseele kommen hier mehr Hunde als im Kaukasus auf ein Schaf.«[58]

Wie viele Gefangene?

Die Frage nach der Anzahl der GULag-Häftlinge ist kompliziert und kann immer noch nicht abschließend beantwortet werden. Die Statistiken wurden von den Bolschewiken zunächst noch veröffentlicht, unterlagen aber in den 30er Jahren der Geheimhaltung.

1920 zählte man in den Lagern der GUPR, der »Hauptverwaltung für Zwangsarbeit«, ungefähr 25 000 Gefangene (wie viele davon waren Gefangene des Bürgerkriegs?) und 48 000 Gefangene in den Einrichtungen der ZKO, der »Zentralen Strafabteilung« (wie viele davon waren Gefängnis- und wie viele Lagerinsassen?). Bis zum Januar 1921 hatte sich diese Statistik kaum verändert: Einschließlich der 24 000 Gefangenen des Bürgerkriegs wurden in den Einrichtungen der GUPR 51 000 und in denen der ZKO 55 000 Menschen festgehalten. Bis Ende 1921 waren es 41 000 beziehungsweise 73 000. In den Haftanstalten des Systems der Tscheka zählte man Ende 1921/Anfang 1922 weitere 50 000 Gefangene.

Insgesamt lebten folglich, grob gerechnet, ungefähr 150 000 Menschen in Gefangenschaft. Für das Jahr 1924 gab die kommunistische Staatsgewalt eine Zahl von 86 000 Gefangenen an. Für die Zeit danach muss man sich mit Schätzungen begnügen. 1927 dürften es um die 200 000 gewesen sein.

In der Stalin-Ära wuchs die Anzahl der Häftlinge, wie erwähnt, stark an. Aber um wie viel? Heute kann man sich natürlich nicht mehr mit den Angaben von Gefangenen oder mit den Zahlen begnügen, die Gefangene vom Wachpersonal erfahren hatten: So soll es in der UdSSR beispielsweise ebenso viele Häftlinge gegeben haben wie Polen Einwohner hatte – ungefähr 40 Millionen! Mora und Zwierniak zweifeln diese Angaben an und versuchen eine andere Methode der Schätzung.[59] Nach ihrer Hochrechnung hat ein Lagerkom-

Wie viele Gefangene? 153

plex aus ungefähr 20 Regionen mit je zehn Lagern à 1200 Gefangenen bestanden und war so insgesamt mit 240 000 Häftlingen belegt. Bei 38 Lagerkomplexen gelangten sie so zu einer Gesamtzahl von über neun Millionen Häftlingen. Mit den Verhafteten und Gefängnisinsassen, den Gefangenen der Lager außerhalb des Systems und den Verbannten kommen sie sogar auf eine Zahl von 15 Millionen – aus heutiger Sicht eine sicher zu hoch gegriffene Schätzung.

1948 sprachen Dallin und Nicolaievski[60] von sechs Millionen Gefangenen für das Jahr 1938 und neun Millionen für 1948, Schätzungen, die von Robert Conquest in *The Great Terror* sowie von Alexander Solschenizyn im *Archipel GULag* verbreitet worden sind. Nach Robert Conquest gab es in der UdSSR Anfang 1937 fünf Millionen, zwischen 1937 und 1938 sieben Millionen und 1939 neun Millionen Gefangene. Conquest nennt zudem die astronomische Zahl von 20 Millionen Toten. Nach Nicolas Werth sind diese Zahlen durch Sacharow, Roy Medwedew und später in Frankreich durch Jacques Rossi verbürgt, einen Ex-Gefangenen, der die russische Sprache und sowjetische Welt ausgezeichnet kennt. Auch Rossi nennt enorme Zahlen: 10 bis 15 Millionen Gefangene während der Stalin-Ära.

Vorsichtiger zeigten sich Dallin und Nicolaievski, die zu den Experten aus der Zeit vor Öffnung der Archive zählen. Ihre Schätzungen waren indirekter Art. Ein Ausgangspunkt war beispielsweise die Anzahl von Zeitungsabonnements in den Zonen der Lager: Bei 400 000 Periodika zu je fünf Lesern kamen sie für Anfang der 30er Jahre auf zwei Millionen Gefangene. Obwohl ihre Schätzungen hinter den gewaltigen Zahlen ihrer Vorgänger zurückbleiben, gelten auch diese bei den Experten, die sich mit der Auswertung der kürzlich geöffneten Archive befassen, noch immer als stark übertrieben. Nach ihren Quellen sollen die Lager Anfang 1934 mit ungefähr 500 000 Häftlingen belegt gewesen sein. Die Gefängnisinsassen hinzugenommen, kommt man so auf eine Anzahl von maximal 800 000 Gefangenen.

Dallins und Nicolaievskis Schätzungen für die späteren Jahre liegen ebenfalls höher als die aufgrund des neuesten Archivmaterials: Nach ihnen gab es neun Millionen Gefangene, Zahlen, die von »deutschen Schätzungen« von 1941 bestätigt werden. Demnach hätten die Verhältnisse so ausgesehen:

- 1931 2 Millionen Gefangene
- 1934 4 bis 5 Millionen
- zwischen 1940 und 1941 etwa 10 Millionen

Für das Jahr 1953 schätzt Dallin in *Das wirkliche Sowjetrussland* die Anzahl der Gefangenen auf sieben bis zwölf Millionen, eine Zahl, die »ungefähr richtig« gewesen sein soll. Schon vor der Öffnung der Archive legten einige Fachleute wie A. Bergson, S. Wheatcroft, N. Jasny (mit höchstens zwei bis vier Millionen Gefangenen) zurückhaltendere Schätzungen vor, die nahe bei den heutigen liegen.

Nach Öffnung der Archive, die für die Erforschung der Sowjetunion eine regelrechte Revolution bedeutete, gelangte man zu folgenden Zahlen:
- 1935 0,96 Millionen
- 1937 1,19 Millionen
- 1939 1,67 Millionen (über ein Drittel davon aus »politischen« Gründen
- 1941 1,93 Millionen
- 1943 1,48 Millionen
- 1945 1,45 Millionen
- 1947 1,72 Millionen
- 1948 2 Millionen
- 1949 2,36 Millionen
- 1950 2,56 Millionen, davon 55 Prozent in Lagern und die anderen in den Kolonien – ein Gipfelpunkt, nach dem die Zahlen zunächst langsam (1953 gab es noch 2,47 Millionen Gefangene) und nach Stalins Tod dann rapide zurückgingen.
- Januar 1953 2,5 Millionen.[61]

Nicolas Werth, angesehener Kenner des sowjetischen KZ-Systems, schließt nach der Archivlage darauf, das in 15 Jahren durchschnittlich und ständig »2 bis 2,5 Millionen Menschen im GULag« inhaftiert gewesen seien, neben einem »weiteren Kontingent von 1,5 bis 3 Millionen Siedlern und ›Sonderumsiedlern‹ – ohne die im Lager oder während des Transports Umgekommenen und Hingerichteten«.[62]

Die Auswertung der Archive hat die Diskussion freilich keineswegs beendet. Die sowjetischen Statistiken wurden angezweifelt.

Wie viele Gefangene?

Beziehen sie sich auf den GULag im engeren oder im weiteren Sinn? Wie zuverlässig sind die Angaben? Wie viele Gefangene umfassten die Transporte? Wie groß war die Fluktuation in den Lagern? Obwohl in der KZ-Literatur kaum auf sie eingegangen wird, kommt ihr eine große Bedeutung zu. 1940 lagen 60 Prozent der Strafen unter fünf Jahren. Die Neuzugänge lagen zwischen 1934 und 1947 nach Schätzungen bei 15 Millionen Menschen (während gleichzeitig sechs Millionen freigelassen wurden).

Dem GULag im eigentlichen Sinne muss man die Besserungsarbeitskolonien (ITK) hinzurechnen. Die dort gefangen gehaltenen Menschen stellten eine »geringere gesellschaftliche Gefahr« dar und verbüßten deshalb Strafen unter drei Jahren. Und warum nicht auch jene Lagerhäftlinge mitzählen, die in der Verwaltung eingesetzt wurden? Was war mit den Hinrichtungsstätten? Die Verurteilten blieben bis zur Vollstreckung ebenfalls inhaftiert. Fielen auch sie unter die Rubrik »GULag«? Angesichts ihrer Anzahl können diese Opfer nicht einfach übergangen werden. Edwin Bacon, ein britischer Forscher von der Universität Warwick, räumt ein, dass »mögliche Hinweise auf die Ausmaße der Lager, in denen einzelne Hinrichtungen stattfanden, entsetzlicherweise aus der Entdeckung von Massengräbern stammen, so die von Kurapaty in Weißrussland und von Bykowna in der Ukraine (man könnte Butowo bei Moskau hinzufügen). Die sowjetische Regierung hat die Anzahl der Leichen in Kurapaty auf 30 000 und derjenigen in Bykowna auf 50 000 geschätzt!«[63] »Memorial« hat sogar Zahlen von 150 000 beziehungsweise 200 000 Leichen genannt. Sie geben zwar eine Vorstellung von der Größenordnung dieser Lager, in denen Hinrichtungen stattfanden, nicht aber von der Ausdehnung des gesamten Netzes.

Und wo tauchen andererseits die Gefangenen der Prüf- und Filtrationslager (PFL) auf? Ihre Anzahl dürfte allerdings nicht so groß gewesen sein. Eine viel wichtigere Rolle spielten dagegen die *Spezpereselenzy*, die Zwangsumsiedler, die in die Arbeitskolonien deportiert wurden. Sie durften diesen Ort nicht verlassen, hatten keinen Pass und mussten sich regelmäßig bei den Behörden melden. Ihre Anzahl ging alljährlich möglicherweise in die Hunderttausende. Semskow räumt zwar ein, dass es sie gegeben hat, sieht sie indes nicht als GULag-Häftlinge, obwohl auch sie im Grunde Zwangsarbeiter waren, denen das Sowjetregime die Freiheit entzogen hatte. Kann man Äußerungen vom Führungspersonal der Sowjetunion, das doch gewöhnlich gut informiert war, einfach ignorieren? So geht Chruschtschow in seinen Memoiren von ungefähr zehn Millionen Gefangenen um die Zeit von Stalins Tod aus. Zwischen 1937 und 1953 sollen ihm zufolge 17 Millionen Menschen die Lager durchlaufen haben. Olga Satunowskaja, eine Ex-Gefangene, die der Kommission angehörte, die sich mit Kirows Tod befasste, versicherte, ihr habe ein Bericht des KGB vorgelegen, in dem die Anzahl der Opfer der Säuberungen zwischen 1935 und 1941 auf fast 20 Millionen veranschlagt wurde. Sieben Millionen von ihnen seien hingerichtet worden. Und N. W. Grashowen, Chef der Rehabilitierungskommission des Russischen Sicherheitsministeriums, schätzte die Zahl der von Säuberungen Betroffenen auf 18 Millionen – allerdings von 1935 bis 1945, ebenfalls mit sieben Millionen Hinrichtungsopfern. Diese Zahlen liegen nahe bei denen der Auswerter der Statistiken.

Ein Beispiel für die Diskussion um die Anzahl der Gefangenen gibt Jacques Rossi. Zu den von Semskow angegebenen 2,5 Millionen Gefangenen für Anfang 1953 meint er beispielsweise, eine solche Schätzung sei »grotesk für jeden, der lange Jahre im GULag verbracht hat. Wenn trotz der mörderischen Behandlung des Menschenmaterials der Plan nicht erfüllt wird, werden die Berichte gefälscht, um Strafmaßnahmen wegen Sabotage zu vermeiden«. Rossi bestätigt die Angaben mancher renommierter Vorgänger und spricht von 16 Millionen Gefangenen 1937 und etwas mehr (zwischen 17 und 20 Millionen) zwischen 1940 und 1950. Mit anderen teilt Rossi die Auffassung, dass die politische Polizei im Allgemeinen und die Lagerkommandanten im Besonderen Interesse daran hatten, die Gefangenenzahlen zu niedrig zu veranschlagen, um wegen der niedrigen Produktivität im jeweiligen Lager nicht unter Beschuss zu geraten. Allerdings hätte diese Strategie auch eine Verringerung der Zuteilung von Lebensmitteln, Kleidung und Ausrüstung zur Folge gehabt. Und ist eine Verheimlichung von 80 Prozent der Belegung der Lager überhaupt vorstellbar?[64]

Dieser Streit um Zahlen muss relativiert werden. Es sei daran erinnert, dass die sowjetischen Statistiken gewöhnlich nicht den Tatsachen entsprechen. So beklagt sich Berman, der Chef der GULag-

Verwaltung, beispielsweise in einem Bericht an Jagoda vom 8. Juni 1933 über den schlechten Zustand seiner Neuzugänge. Neben der hohen Sterblichkeit und dem großen Anteil an Arbeitsunfähigen weist er auf »die vollständige Nachlässigkeit im Hinblick auf die Registrierung der Gefangenen und Verbannten« hin[65] – ein eindeutiger Beleg dafür, dass die angegebenen Zahlen in den Statistiken mit Vorsicht zu behandeln sind. Interessant sind in diesem Zusammenhang auch die Statistiken zur Arbeitsleistung der Gefangenen. Nach ihnen müsste sich die Produktivität zwischen 1940 und 1944 trotz härterer und ungünstigerer Bedingungen verdoppelt haben.

Schließlich ist bei den einzelnen Schätzungen zu klären, worauf sie sich beziehen: Sind die deportierten Volksgruppen mit aufgenommen? Sämtliche Bauern, die 1929/30 verschleppt worden sind? Vielen von ihnen war »lediglich« ein Wohnsitz zugewiesen worden, wo sie einer ständigen Polizeikontrolle unterstanden. Als Opfer einer Terrormaßnahme lebten sie unter erbärmlichen Bedingungen, ähnlich denen in den Konzentrationslagern. Sie waren der Willkür des NKWD ausgeliefert, lebten mit eingeschränkter Bewegungsfreiheit und mussten als billige Arbeitskräfte herhalten. Trotzdem waren sie keine Lagerinsassen im eigentlichen Sinn. Sie waren vielmehr »freie Arbeiter«, die »freiwillig verpflichtet« waren, so der merkwürdige Ausdruck Jejows.[66] Während Stalins Säuberungen war ihre Anzahl durchaus beachtlich. Um die Zeit seines Todes waren die deportierten Volksgruppen zahlenmäßig so stark wie die Insassen des GULag.

Die Verhaftungen

Wie kamen die Menschen ins Lager? Bis 1956 wurde ungefähr die Hälfte aller Fälle von außergerichtlichen Organen verhandelt, also vom OSO (dem »Sonderkollegium« des NKWD), das seine Urteile in Abwesenheit des Beschuldigten fällte. Falls überhaupt ein Prozess stattfand, war er eine Farce. In diesem Zusammenhang heben Mora und Zwierniak hervor: »Die Technik der Ermittlung und die strafrechtliche Untersuchung gründen sich auf das Prinzip von Geständnis und Reue. ... Das Schuldbekenntnis ist der absolute Beweis für das Delikt.«[67] Und da das Regime seine Prinzipien nicht offen legte, liefen die Verhandlungen zumeist hinter verschlossenen Türen ab. Der Wortlaut des Urteils wurde nicht mitgeteilt. In den 60er Jahren räumte Martschenko allerdings ein: »Im Lager waren tatsächlich ... einige Dutzende, die öffentlich verurteilt worden waren – es waren Polizisten, Leute aus dem Strafvollzug, Kriegsverbrecher, denen Bluttaten vorgeworfen wurden, Verbrechen gegen die Menschlichkeit. ... Aber sie haben denselben Artikel wie du und ich; und so denkt das Volk, hier, in den Lagern, seien allesamt Verbrecher.«[68]

Zu einer GULag-Haft konnte man folglich nach einem beliebigen Paragraphen von Artikel 58 verurteilt werden: 58.8: Terrorismus, 58.10: Propaganda oder politische Agitation, 58.11 organisatorische Tätigkeit ...[69] Das Recht war ein Instrument der Herrschaft und wurde je nach den augenblicklichen politischen Forderungen der Partei angewandt. Der Anteil der Gefangenen im GULag, die wegen konterrevolutionärer Aktivitäten nach Artikel 58 verurteilt worden waren, schwankte in drei Jahrzehnten mindestens zwischen einem Viertel und einem guten Drittel und spiegelt – neben den Deportationen und Hinrichtungen – die jeweilige Intensität der »politischen« Unterdrückung wider. Selbstverständlich waren auch die anderen Häftlinge keine »Straftäter« im gewöhnlichen Wortsinn: Repressive Gesetze stellten alle möglichen Bagatellen unter Strafe: »Vergeudung von Kolchos-Eigentum«, Zuspätkommen oder schlechte Abwicklung von Eisenbahntransporten konnten dazu führen, dass man sich als »politischer Häftling« im GULag wiederfand. Alle möglichen Kategorien (Verräter, Agitator, Zugehörigkeit zu einem verurteilten Volk, Kriegsverbrecher, Saboteur) dienten als Grund für eine Verurteilung.[70] Viele Gefangene begriffen überhaupt nicht, warum sie ins Lager gesteckt worden waren. So hatte beispielsweise eine wegen »Trotzkismus« angeklagte unbescholtene Bäuerin »Traktorismus« als Grund für ihre Verurteilung verstanden. Wer in der Hölle war, war schuldig. Zwar waren die meisten Gefangenen unschuldig, aber die Propaganda vor und im Lager sorgte dafür, dass Stalin und das Regime nur selten in Frage gestellt wurden.

Viele internierte Kommunisten hielten sich für Opfer eines Justizirrtums und hielten dem Regime die Treue. Sie empfanden Scham, weil sie großen Wert darauf legten, als würdige Sowjetbür-

Die Verhaftungen

ger zu gelten. Besonders unerschütterlich in ihrem Glauben an die Sache waren die politischen Aktivisten: »Stirb, aber glaub«, sagte ein altgedienter Kommunist, der nach 1935 eingesperrt wurde. Italienische Kommunisten, die Jahre in Lagern zugebracht hatten, unterwiesen ab 1943 oder 1944 Gefangene aus der italienischen Armee im Antifaschismus. In seinen »Geschichten aus Kolyma« berichtet Schalamow von Gefangenen, die einen Goldklumpen finden und ihn den Aufsehern übergeben, obwohl sie der Hunger quält und sich der Fund auf dem Schwarzmarkt gegen Berge Brot eintauschen ließe: Ihr »kommunistisches Herz« befiehlt ihnen, ihr Land und den Krieg gegen die Faschisten zu unterstützen. Bei dem Strafgefangenen Tinki stößt diese für Hungernde völlig abnorme Haltung auf Unverständnis und Empörung: »Kommunisten, Mitglieder des Komsomol! Stalin tut gut daran, euch in die Lager zu stecken! Ihr krepiert hier, und recht geschieht euch!«

Zahlreiche ausländische Kommunisten erlitten dieses bittere Schicksal: Sie zogen aus, um im Land ihrer Träume zu arbeiten, flohen vor dem Faschismus in die UdSSR, folgten Stalins Appellen und ihrem Nationalgefühl – so Tausende von Weißrussen 1945 oder Armenier 1947 – und lernten dann einen harten Sowjetalltag und nicht selten das Lagerleben kennen. Im GULag kursierte der Witz, wonach eine Nationalität, die in den Lagern nicht vertreten sei, auch nicht existiere. Zahllos waren die Wege, auf denen Ausländer ins Lager geraten konnten. Keineswegs handelte es sich nur um enttäuschte Kommunisten oder um Opfer von Stalins Paranoia gegenüber Menschen, die eine Welt außerhalb der UdSSR kennengelernt hatten: Opfer waren auch Priester wie Pater Nicolas, der vom Vatikan zur Verkündung des Evangeliums ausgesandt worden war und der acht Jahre in Lagern Kasachstans und im polaren Norden verbrachte; eine Volksfeindin, die ihren Ehemann nicht denunzieren wollte, wie Andrée Sentaurens[71]; ein Sohn, der seine Familie in der sowjetisch besetzten Zone in Deutschland suchte und wegen Spionage verurteilt wurde, wie Johann Urwich[72]; ein französischer Soldat, der eine Freundin in der sowjetisch besetzten Zone Österreichs besuchte, wie Bernard Germe[73]; ein anderer Franzose, der zum Arbeitsdienst nach Deutschland geschickt, von der Roten Armee gefangen genommen und nach Karaganda und Workuta verfrachtet wurden, wie Pierre Danzas[74]; italienische Kommunisten und Soldaten der italienischen Armee, Falangisten der División Azul, baskische oder asturische Kinder, die 1938 in die UdSSR geflohen waren und niemals in ihr Heimatland zurückkehrten, Koreaner, Briten, Japaner, Belgier, Ungarn und Polen – sie alle bevölkerten die Lager.

Interessant ist hier der Fall der spanischen Kinder, die oft zu »Kriminellen« wurden. Aus Spanien geflohen, konnten sie nach Ende des Bürgerkrieg nicht mehr in ihr Heimatland zurückkehren. Obwohl sie in sowjetischen Institutionen aufwuchsen, blieben sie sich ihrer Besonderheit bewusst, fügten sich schlecht in die Gesellschaft ein und versuchten die Zwänge des Sowjetstaates abzustreifen. Hunderte landeten im Lager, wo sie eine der am schwersten beherrschbaren Gruppen bildeten. Sie zeigten die Unbeugsamkeit und den Zusammenhalt von »Kriminellen« und zugleich von Mitgliedern ethnischer Gruppen. Die »Juans«, wie Lew Rasgon sie nennt, führten einige der hartnäckigsten Streiks durch, die in den Lagern in den Jahren unmittelbar nach Stalins Tod ausbrachen.[75]

Individuelle Motive spielten bei der Internierung von Ausländern so gut wie keine Rolle. Die Gründe waren vielmehr kollektiver Art. Ausländer stellten eine Bedrohung dar, denn sie kamen von der anderen Seite der nicht frei passierbaren Grenze. Ihre tatsächlichen oder mutmaßlichen Beziehungen zu der anderen Welt bildete die Grundlage für ihre Verurteilung. Ein geeigneter Vorwand ließ sich schon finden. Auch viele Sowjetbürger ereilte dieses Schicksal: Eine Näherin, die für eine japanische Diplomatenfrau ein Kleid genäht hatte, landet wegen illegaler Beziehungen zu einer ausländischen Macht im GULag. Ebenso zahlreich waren ehemalige Soldaten, die in Deutschland in Kriegsgefangenschaft waren. Der Vorwurf lautete auf »Vaterlandsverrat«, der nach Artikel 58.1, vor allem ab 1949, mit 25 Jahren Lagerhaft geahndet wurde.

1937 war das Land in Zonen unterteilt, jede mit einer bestimmten Gefangenenquote. Barton hebt in diesem Zusammenhang hervor, dass ein großer Teil der Häftlinge »nicht wegen eines Gesetzesverstoßes, sondern wegen der Zugehörigkeit zu einer unerwünschten gesellschaftlichen Kategorie eingesperrt« wurde.[76] Das Lager diente als Auffangbecken für Menschen, deren Existenz sich nicht in die vorgesehene Entwicklung der Gesellschaft fügte. Dabei wechselten die verfemten Kategorien natürlich je nach politischer Lage. Die

Die Verhaftungen

Deportationen und Verhaftungen vollzogen sich in Wellen: Kulaken, Opfer der großen Säuberungen, Ausländer, Vaterlandsverräter wanderten so Zug um Zug in die Lager.
»Das KZ-System bildet so das Gegenstück zur Gesellschaft. Jede Kategorie von Bürgern, die von der Regierungspolitik aus der Gemeinschaft ausgeschlossen wird, verwandelt sich automatisch in eine bedeutende KZ-Gruppe. Mit der Gesellschaft entwickelt sich als logische Folge auch die Anzahl der Lagerinsassen weiter, deren Höhe die gesellschaftliche Entwicklung gewissermaßen im Negativ widerspiegelt.«[77]

Dass in der UdSSR ohne eine gerichtlich erwiesene individuelle Schuld verurteilt wurde, war auch Folge des unter Stalin geltenden Kollektivschuldprinzips: Die Kulaken wurden zusammen mit Kindern und Enkeln aus den Kolchosen vertrieben. Wenn Kinder sich von ihren Eltern distanzierten, wurde dies mitunter als Täuschungsmanöver einer Klasse aufgefasst![78] Dieses Prinzip der Kollektivschuld von Familien oder ganzen Nationen für Fehler einzelner Mitglieder oder Einwohner fand weithin Anwendung. »Die Verbannung oder die Verschickung von Familien in Konzentrationslager wegen einer Verfehlung oder unorthodoxer Gedanken eines Angehörigen, die Zwangsumsiedlung einer ganzen Nation sind an der Tagesordnung. Sich vom Ehemann nicht loszusagen, kann zu einer Verurteilung führen.«[79]

Und selbst in den Fällen, in denen nicht die ganze Sippe in Haft genommen wurde, hatte die Bestrafung eines Einzelnen Auswirkungen für alle: Ein gewaltiger Druck lastete auf den Familien, die wegen der »Strafe« eines Angehörigen gewissermaßen auf Bewährung draußen waren. In sowjetischen Lagern fanden sich auch Ehefrauen oder nahe Verwandte von Stalins Stellvertretern wieder: Ein Bruder des ZK-Sekretärs (1928–29) Lasar M. Kaganowitsch wurde erschossen, ebenso der Schwiegersohn des Staatsoberhaupts (1946–53) Nikolaj M. Schwernik. Als Molotows Frau verhaftet wurde, rührte er für sie keinen Finger, während Michail I. Kalinin, als nominelles Staatsoberhaupt Vorgänger von Schwernik, Stalin immerhin das Versprechen entlockte, seine Frau nach Kriegsende freizulassen. Das Ungeheuer im Kreml hatte offenbar ein Interesse daran, dieses Versprechen zu halten: Jekaterina Kalinina kam 1945 auf freien Fuß und durfte sogar – ein Privileg, denn die meisten ehemaligen Gefangenen durften Moskau und zahlreiche andere Städte nicht mehr betreten – zu ihren Töchtern in die Hauptstadt ziehen.[80]

Trotz der kollektiven Bestrafung wurden die betroffenen Familien oder Gruppen auseinandergerissen, Angehörige und Freunde voneinander getrennt. Dieses Vorgehen sorgte für eine gleichmäßige Verteilung aller Gruppen und Schichten in den Lagern: Unter den Männer, die einen überproportional hohen Anteil stellten (1938 94 Prozent, 1948 noch 81 Prozent) waren Gesunde wie Kranke, Arbeiter wie Intellektuelle, Junge wie Alte vertreten. »Weder Alter noch Krankheit sind ein Grund zur Entlassung«, erklärt ein von Mora und Zwierniak zitierter Zeitzeuge. »Ich habe 70jährige Alte gesehen, weiß gewordene Gespenster, unheilbar Kranke, Blinde, die sich an den Wänden festklammerten; sie hätten in beheizte Krankenhäuser gehört, rücksichtsvoll behandelt und unabhängig von ihrer individuellen Schuld von Strafe ausgenommen werden müssen. Ich sah schwindsüchtige oder gelähmte Alte, die seit Jahren bewegungsunfähig im Gestank der Baracken vor sich hin faulten. Und sie hatten noch drei, fünf oder sieben Jahre vor sich.«[81]

Was den Kreis der Jungen angeht, so waren Minderjährige unter 17 Jahren bis 1935 offiziell von der Haft ausgenommen. Dann wurde die Altersgrenze auf zwölf Jahre abgesenkt. Die »Besserungsarbeitskolonien für Kinder« entstanden. Viele landeten aber aus Platzmangel in den Erwachsenenlagern. Lew Rasgon beschreibt den Fall von Jugendlichen zwischen 13 und 15 Jahren, die aus nichtigen Gründen verhaftet wurden – weil sie nach ihren Eltern gesucht hatten oder bei der Verlegung mit ihrem Betrieb während des Krieges in eine Hölle geraten waren: »verkauft für einen Bissen Brot oder eine Konservendose an Banditen, die sie zu ihren Knechten gemacht hatten«. Der auf freien Fuß gesetzte Rasgon bot einmal einem solchen Mädchen eine Mahlzeit an:

›»Setz dich an den Tisch und iss.‹

Sie aß ganz manierlich und langsam. Man spürte, dass ihr diese Manieren zu Hause in der Familie beigebracht worden waren. Das war das Netteste an diesem Mädchen: eine häusliche Artigkeit, die Sauberkeit ihres Kleides aus Barchent – das Lagerkleid. Gott weiß, warum ich dachte, dass meine Natascha ihr ähnlich sehen musste…

Das Mädchen aß, räumte sorgfältig das Geschirr auf das Holzta-

Die Verhaftungen

blett. Dann hob sie ihr Kleid, zog das Höschen aus, hielt es in der Hand und wandte mir ihr ernstes Gesicht zu.

›Soll ich mich schon hinlegen?‹, fragte sie.

Erschrocken und verständnislos über meine Reaktion, fügte sie noch immer ernst und wie zur Entschuldigung hinzu:

›Ohne das bekomme ich sonst nichts zu essen.‹«[82]

Solschenizyn hat den »Frischlingen« eines seiner erschütterndsten Kapitel gewidmet. Er erinnert daran, dass § 12 des Strafgesetzes von 1926 eine – freilich »milde« – Verurteilung von Jugendlichen ab 12 Jahren ermöglichte, und nennt das Jahr 1935 als die Wende, ab der Kinder auch in Lagern interniert werden konnten: »Da hat in jenem Jahr der Große Bösewicht wieder einmal seinen Finger in den weichen Lehm der Geschichte gesteckt und seinen Abdruck drin hinterlassen. Vollauf mit seinen großen Unterfangen beschäftigt: ... fand er dennoch Zeit genug, sich an die Kinder zu erinnern, jene Kinder, die er so fest ins Herz geschlossen, dass er sich immerzu – ihr bester Freund! – mit ihnen fotografieren ließ. Und da er keinen anderen Ausweg sah, um diese stets zu bösen Streichen aufgelegten Lausejungen, diese immer ungestümer wuchernde, immer unbändiger sich vermehrende, immer unverschämter die sozialistische Gesetzlichkeit verletzende Proletenbrut in den Griff zu bekommen, befand er es für das Beste, diesen Kindern vom zwölften Lebensjahr an ... das *volle* Strafmaß des Gesetzes zuteil werden zu lassen! ... (Somit bis hin zur Erschießung).«[83]

Besonders erschütternd war das Schicksal der kleinen Kinder im Lager. Denn einige wurden im Lager geboren. Jewgenia Ginsburg beschreibt diese Kinder, die ohne Zuwendung, mit unzulänglicher Ausstattung und ohne angemessene Ernährung aufgezogen wurden: »Nur einige dieser bereits vierjährigen Kinder sprachen gewisse Worte, und die noch unzusammenhängend. Unartikuliertes Geschrei, Gestikulieren und Raufen herrschten vor. Diesen geistig zurückgebliebenen Kindern fehlt Zuwendung. Aber können die Gefangenen, die sich um sie zu kümmern haben, denn Besseres leisten? Wie beim Holzfällen oder der Förderung von Kohle ist die Aufgabe erdrückend ... Viermal am Tag Wasser vom Kamin am anderen Ende der Zone holen und den gleichen Weg mit schweren Kesseln voller Essen gehen. Und dann natürlich die Kinder abfüttern, sie auf den Topf setzen, ihnen die Hose wechseln, sie vor den riesigen hellen

Stechmücken schützen.«[84] Ansteckende Krankheiten wüteten in diesen kleinen Körpern, die durch unzulängliche Ernährung und fehlende menschliche Wärme geschwächt waren. Sie blieben anfangs bis zum vierten und später nur noch bis zum zweiten Lebensjahr in dem Lager. Bei der Verlegung, wenn sie aus ihrem vertrauten Umfeld herausgerissen wurden, gab es schreckliche Szenen. Diese künstlichen Waisen wurden mit unbekanntem Ziel verschickt. Die Adresse ihres Bestimmungsortes wurde nicht erwähnt.

»Wer könnte die Kinder von Elgen [Ein Frauenlager von Kolyma] jemals vergessen. Nein, nein, sicher kein Vergleich mit den jüdischen Kindern in Hitlers Reich. Die Kinder von Elgen wurden nicht in Gaskammern vernichtet, keineswegs. Sie wurden sogar behütet. Und sie konnten sich satt essen. Das muss ich der Wahrheit halber hervorheben. Und dennoch, wenn ich mir die Landschaft von Elgen vor Augen führe – flach, grau, von der Tristesse des Nichts verhüllt – dann scheint mir, dass die teuflischste Erfindung dort gerade diese Lagerbaracken mit den Inschriften ›Säuglinge‹, ›Abgestillte‹ und ›Selbstständige‹ waren.«[85] Schwangere wurden in diesen Lagern oft abgesondert und mussten nicht arbeiten. Das ermunterte manche Frauen dazu, sich »zum Durchatmen« ein Kind machen zu lassen, wie Barton berichtet. Im Lagerjargon hießen sie *mamki*, Omas.

Die Frauen erwiesen sich in den Lagern als leidensfähiger als die Männer: »Unsere unglücklichen Gefährten! Das schwache Geschlecht ... Dort, wo wir Frauen einknickten, aber am Leben blieben, fielen sie tot um. In der Kunst, mit Hacke, Pickel oder Schubkarre umzugehen, waren sie uns überlegen, blieben aber in der Kunst, Qualen zu ertragen, weit hinter uns zurück.«[86]

Die Verurteilungen

Die Dauer der festgesetzten Strafen war in Wahrheit eine Täuschung. Ein Witz aus den 30er Jahren lautet: »Er hat ein Jahr aufgebrummt bekommen und wird schon nach 24 Monaten vorzeitig entlassen.« Auch im Lager selbst konnten die Gefangenen für tatsächliche oder angebliche Verfehlungen Haftverlängerung bekommen. Spitzel und Denunzianten gab es überall. Für ein Päckchen

Die Verurteilungen

Tabak bezeugten sie alles, was von ihnen verlangt wurde. Und die Gefangenen erfuhren erst im allerletzten Moment, ob sie tatsächlich freikamen oder ob die Entlassung aufgeschoben wurde.

Strafverlängerung konnte auch *nach* der Entlassung verhängt werden. Manche wurden unmittelbar nach der Freilassung erneut verurteilt oder, was häufiger der Fall war, mit dem Status des »Freien« deportiert. Diese »freien Bürger« mussten zuweilen auf der Basis eines Vertrags mit der Lagerleitung weiterhin im Lager arbeiten. Ihre Lebensbedingungen unterschieden sich von denen der regulären Gefangenen insofern, als sie sich im Lager frei bewegen durften und eine Bezahlung erhielten. Die Entscheidung mancher Gefangener für diese vertragliche Option stieß in der Öffentlichkeit zumeist auf Unverständnis. Sie erklärt sich indes aus der Tatsache, dass den Häftlingen nach der Entlassung nicht erlaubt wurde, an ihren Wohnort zurückzukehren, dass sich die Lebensbedingungen in Freiheit von denen im Lager kaum unterschieden und dass sie im Lager noch ihre Freunde und Bekannten hatten. Nur in Ausnahmefällen kehrte ein entlassener Sträfling in der Sowjetunion in ein normales Leben zurück. Selbst wenn er anfangs einer repressiven Maßnahme entging, war er sozialer Isolation ausgesetzt. Betroffen waren in erster Linie die Opfer der Säuberungswellen. »Deshalb beschließen viele freigelassene Häftlinge, die Lagerregionen nicht zu verlassen: Sie nehmen dort, wo sie ihre Strafe abgebüßt haben, eine Arbeit an, bald als Angestellter in der Lagerverwaltung, bald als unqualifizierter Arbeiter.«[87]

Die Willkür manifestierte sich allerdings auch im gegenteiligen Sinn, also in einem unverhofften Strafnachlass. Von einer Wiedereingliederung ins »zivile« Leben nach jahrelanger Lagerhaft profitierten vor allem manche hohen kommunistischen Parteifunktionäre. General Konstantin K. Rokossowski, der zwischen 1937 und 1941 in Workuta einsaß, wurde beispielsweise vor Ablauf der Strafe entlassen und 1944 sogar zum Marschall befördert![88]

Deportation und Internierung war vor allem ein verwaltungstechnischer Unterschied, denn angesichts der strengen Überwachung ähnelte das Leben der Deportierten fast dem von Gefangenen. Sogar Kolchosbauern waren Gefangenen vergleichbar. Mit einem Passierschein konnten sich Verbannte nur auf engem Raum frei bewegen. Genau genommen war dies bei allen Bürgern der

UdSSR der Fall. Dem klar umrissenen »kleinen Lager« entsprach das »große Lager«, die gesamte Sowjetunion Stalins. Der Dissident Wladimir Bukowski antwortete denn auch auf die Frage, wie viele Gefangene es in der UdSSR gebe, spontan: »180 Millionen«.

Dennoch gab es wesentliche Unterschiede: Die »Freiwillig-Verpflichteten«, Halbfreie, wenn man so will, konnten heiraten, Kinder großziehen und ein Familienleben führen. Weder Stacheldraht noch Wachtürme schränkten ihre Bewegungsfreiheit ein. Männer und Frauen waren nicht getrennt. Sie waren nicht von bewaffneten Aufsehern oder direkt vom Lagerterror bedroht. Und der Karzer, der Schmutz und die Appelle blieben ihnen erspart. Kurz, der GULag hatte seine Eigenart. Seine Ausdehnung, seine Funktion als Staat im Staat, seine Aufgaben bei der Industrialisierung und Russifizierung des Landes sowie bei der Ausschaltung unerwünschter Elemente machten aus ihm eine hinreichend abgegrenzte Institution *sui generis*.

Welche Gefangenen galten als »Politische«? Obwohl die Kategorie offiziell nicht existierte, gab es sie, und die Betroffenen erlitten ein härteres Schicksal als andere Gefangene. Bis zum Krieg hießen sie »KR« (für »Konterrevolutionäre«), ab Anfang der 30er Jahre dann »58er« nach dem Art. 58 des Strafgesetzes, nach dem sie gewöhnlich verurteilt wurden. Weitere Bezeichnungen waren »antisowjetische Elemente«, aber auch »Faschisten«, »Volksfeinde«, »Feinde der Revolution« usw.[89]

In den 30er Jahren bestand ein Viertel der GULag-Häftlinge aus angeblichen Agitatoren, die Kraft des Artikels 58.10 – »Propaganda und Agitation zur Aufstachelung, die Sowjetmacht zu stürzen, ihr zu schaden oder sie zu schwächen« – zu Strafen von zehn Jahren verurteilt worden waren. Der so genannte (Rossi) »inoffensivste« Absatz 10 von Artikel 58 sah eine Lagerhaft zwischen drei und zehn Jahren, unter erschwerenden Tatbeständen aber auch die Todesstrafe vor.

Die Übergänge zwischen politischen und nicht politischen Verbrechen waren fließend: Zuspätkommen bei der Arbeit, kleine Diebstähle oder versuchte Grenzübertritte konnten als politisch bewertet und nach Artikel 58 geahndet werden. Umgekehrt konnten politische Häftlinge auch wegen angeblicher krummer Geschäfte verurteilt werden.

Die Verurteilungen

In den Lagern spielten diese Unterscheidung eine große Rolle, ganz unabhängig vom Paragraphen, nach dem der Betreffende verurteilt wurde. Alle Häftlinge berichteten von Konflikten zwischen den Politischen und den Kriminellen. Im Zusammenleben mit den Verbrechern sahen viele der Politischen den übelsten Aspekt ihrer Gefangenschaft. Die Kriminellen stahlen und töteten rücksichtslos, bildeten im Lager aber zugleich auch einen realen machtpolitischen Gegenpol zur Lagerleitung. Selbst die Aufseher mussten sich vor ihnen in Acht nehmen. Von diesen Auseinandersetzungen berichten die meisten Ex-Gefangenen, unter anderen auch Solschenizyn und Buber-Neumann. Zum Schutz vor Diebstählen schliefen die Häftlinge auf ihren wenigen Habseligkeiten, vollständig bekleidet und die Handschuhe mit einer Schnur am Handgelenk gesichert. Und häufig nutzten nicht einmal diese Vorsichtsmaßnahmen etwas. Warlam Schalamow beklagt sich über die Kriminellen im Lager, im Gegensatz zur romantisierenden Darstellung in der russischen Literatur: »Das Lager ist das Verbrecherviertel des Lebens. Die Unterwelt ist dabei nicht die unterste Stufe der Gesellschaft, sie ist etwas völlig anderes, hat nichts Menschliches.« Ein ehemaliger polnischer Häftling berichtet: »Einen Menschen verletzen oder töten war für sie wie eine Fliege klatschen. Sie übten alle Ämter aus, und sie legten das Arbeitspensum für die Gefangenen fest.«[90]

Bei Solschenizyn ist von ihrem »eigentümlichen Sittenkodex« die Rede. Sie hatten strengere Grundsätze als die 58er: Ein Dieb schlug keinen Pflock in den Boden, er wickelte keine Rolle Stacheldraht ab, ungeachtet sämtlicher Drohungen. Solschenizyn zeichnet das Bildnis eines Unterweltlers, der über den einfachen Dieb hinausgewachsen ist: Er ist weniger teuflisch, eher unmenschlich, und hat dabei sogar etwas Faszinierendes: Diese Menschen stehlen, töten und verstümmeln nach Belieben, zum Beispiel beim Kartenspiel, weil das Ausstechen eines Auges den Einsatz bildet. Sie richten nach eigenen Gesetzen und strafen. Und sie nehmen Drogen. Aber auch ihre Schwäche hat Solschenizyn ausgemacht: Sie leben von denen, die nicht zu ihnen gehören. Ihre Schattenwelt braucht die Welt der gewöhnlichen Gefangenen. Das Wesen der Ganoven ist das Parasitentum. Stalin hat das erkannt. Er brach Anfang der 50er Jahre ihre Macht, indem er neue Gefängnisse mit Einzelzellen einführte.[91]

Die Transporte

Die Transporte wurden meistens in so genannten Stolypin-Waggons durchgeführt, einem gewöhnlichen Waggon, der mit vergitterten Fenstern, mattierten Scheiben und Gittern an den Gängen nachgerüstet worden war. Die Häftlinge schliefen unterwegs auf Bettgestellen auf beiden Seiten des Ganges. Gewöhnlich gab es im Waggon einen Ofen. Die Frage der Transporte ist wichtig, weil sie häufig vorkamen und bei den Gefangenen schreckliche Erinnerungen hinterließen. Die Menschen wurden nicht nur von ihrem Wohnort in ein Lager, sondern auch von einem Lager zum anderen verschleppt. In den 30er und 50er Jahren waren regelmäßig Zigtausende auf Transporten unterwegs – und dadurch auch den Statistiken entzogen. Ein polnischer Zeitzeuge erinnert sich: »Am 12. Juli [1940] luden sie mehrere hundert Gefangene auf die berüchtigten Stolypinski, und wir wurden in den Osten deportiert. In jedes kleine Abteil wurden mindestens 20 Personen hineingepfercht. Die Hitze war entsetzlich. In dem Gedränge im Abteil, bei Hunger und Durst kamen unterwegs mehrere um. Auch ich war schwer krank und sollte am nächsten Bahnhof aus dem Zug geworfen werden. Sie zogen mich jedoch aus dem Abteil und ließen mich im Gang liegen. ... 44 Tage lang war ich ohne medizinische Versorgung. Ein einziges Mal, in Irkutsk, holten sie einen Arzt, aber nur, damit sie einen seit mehreren Tagen bewusstlosen Rumänen aus dem Zug werfen konnten. Der Arzt schreckte aber davor zurück, den noch lebenden Gefangenen hinauswerfen zu lassen. Folglich warteten sie, bis er tot war.«[92]

Transporte erfolgten auch per Schiff – unter unsäglichen Bedingungen. Die Gefangenen wurden in den Frachtraum gepfercht. Ein Zeuge berichtet: »Ich fuhr mit dem Schiff *Minsk* ab. Durch das Japanische und das Ochotskische Meer gelangten wir in den Hafen von Magadan in Kolyma. Dantes Inferno ist nichts im Vergleich zu den Vorkommnissen auf diesem Schiff ... 300 Polen waren eingezwängt zwischen 8500 Banditen. Mir wurde alles geraubt, ich war nackt, wie Gott mich geschaffen hat. Zehn Tage lang verteilten sie ein paar Brotkrümel, die mir von den Banditen aus den Händen gerissen wurden. Viele Polen wurden durch Messerstiche verletzt, weil sie sich weigerten, ihre Kleider und sonstigen Habseligkeiten abzuliefern.«[93]

Das Lagergelände

In der Sowjetterminologie bezeichnete der Ausdruck »Lager« einen ganzen KZ-Komplex und nicht nur ein Lager im gewöhnlichen Wortsinn. Der DUBROWLag – ein Lagerkomplex in Mordwinien – oder das Lagergebiet Karaganda (KARLag) – ein gewaltiges Konglomerat aus Lagern in der kasachischen Steppe – waren zu bestimmten Zeiten mit Hunderttausenden von Gefangenen belegt.[94] Diese »Komplexe« unterteilten sich in mehrere Dutzend »Sektoren«, die später auch »Zonen« genannt wurden. So zählte beispielsweise Workuta (oder, genauer gesagt, der KZ-Komplex von Workuta) ungefähr 20 Sektoren oder Zonen, also »Lager« in dem im Westen gebräuchlichen Sinn mit Gittern, Stacheldraht, Wachtürmen und bewaffneten Aufsehern.[95] Der Sprachgebrauch war hier allerdings ungenau: Der Begriff »Zone« bezeichnete zugleich jedes abgegrenzte Gelände, das von Stacheldraht umgeben war und von bewaffneten Aufsehern bewacht wurde, so auch die Wohnzone oder die Produktionszone, von der Jewgenia Ginsburg in *Le Ciel de la Kolyma* spricht. Die Umfriedung wurde gebildet von Holzpfählen mit je sechs Metern Abstand, die durch Stacheldrähte, zwei davon diagonal verlaufend, miteinander verbunden waren. In der Nähe von menschlichen Ansiedlungen waren auch Umfriedungen aus Holz oder Stein zur Verhinderung von Einblicken üblich. Solche Umfriedung wurde oben von Stacheldraht abgeschlossen.[96]

Wichtig waren auch die »Lagerpunkte« (LagPunkt), das heißt die Nebengebäude des Lagers (beziehungsweise des Sektors oder der Zone), also Produktionsstätten, die zur Verkürzung der Wege der Gefangenen direkt im Lager errichtet wurden. Auch hier herrschte das klassische Erscheinungsbild mit Stacheldraht und Wachtürmen.

Von einem Lager Karaganda zu sprechen, vermittelt folglich nicht die richtige Vorstellung von dieser Einheit (sie würde 1,5 Millionen Hektar Land umfassen!): Es gab das Verwaltungszentrum von Dolinskoi, 50 Kilometer von Karaganda entfernt, und die verschiedenen, oft weit auseinander liegenden »Sektoren«: Watyk, Akmolinsk, Djaltas usw.

Bei den mobilen Lagern, die zum Beispiel am Bau von Eisenbahnlinien beteiligt waren, spricht man eher von »Arbeiterkolonnen«. Alle diese Lager oder »Lagerpunkte« bestanden aus bis zu mehreren tausend Gefangenen. Eine »Kolonne« zählte 600 bis 800 Gefangene.[97]

Die unterste Einheit im Lager war die Baracke. Sie maß ungefähr 35 Meter Länge und sechs Meter Breite und war für mindestens 170 Menschen ausgelegt. Es gab welche mit durchlaufenden Bretterreihen und andere mit Schlafkojen. Beide hatten gewöhnlich zwei, selten auch drei Ebenen. »In den unteren Stock der Bettstelle kommt man nur kriechend hinein und es stinkt. Auf der oberen ist es kälter.«[98]

»Mitten in der Baracke steht ein zum Ofen umgebautes Benzinfass, ein Glück, wenn er glüht, denn dann zieht alsbald ein stickiger Fußlappendunst durch den Raum, aber meistens wollen die nassen Holzscheite nicht brennen. Manche Baracken sind derart mit Insekten verseucht, dass auch eine viertägige Schwefelung nicht viel ausrichtet; wenn Sommer ist, ziehen die Seki ins Freie, die Wanzen kriechen ihnen nach und holen die auf der Erde Schlafenden ein. Die Wäscheläuse hingegen kochen die Häftlinge mit ihren eigenen Eßtöpfen zu Tode.

All dies ist erst im 20. Jahrhundert möglich geworden, nichts davon lässt sich mit den Gefängnischroniken des vorigen Jahrhunderts vergleichen. Sie erwähnen derlei nicht.«[99]

Die Baracken wurden im Allgemeinen von den Häftlingen selbst errichtet. Es gab zudem Hütten oder *Semlanka*, also Baracken, die zum Schutz vor Wind und Kälte in den Boden hineingebaut wurden.

Bis Anfang der 50er Jahre waren in den Lagern Pakete aus der UdSSR zulässig. Gefangenen mancher Kategorien wurden auch Sendungen aus dem Ausland zugestellt. Verboten waren Alkohol, Metallgegenstände, Gürtel und Schnürsenkel. Rasiermesser wurden in den 60er Jahren erlaubt.

Ebenfalls in den 60er Jahren, also sehr spät, wurden Beschränkungen im Hinblick auf das Gewicht, den Inhalt (kein Fleisch, keine Schokolade) und die Anzahl der Pakete eingeführt. Die Empfänger mussten die Strafe abgebüßt und sich im Lager tadellos geführt haben.

Briefe, auch aus dem Ausland, waren bis 1930 zulässig. Anschließend konnten die Gefangenen (außer bestimmten Kategorien »Politischer«) nur noch mit dem engsten Familienkreis briefliche Kontakte aufrechterhalten. In den Speziallagern bestand Anspruch auf zwei Briefe pro Jahr. Ab Anfang der 60er Jahre musste der zuständige Untersuchungskommissar einem Briefwechsel zustimmen. Eingehende Briefe wurden zensiert, die nach draußen gehenden Briefe mitunter – oft ohne Wissen des Häftlings – nicht weitergeleitet.

Zehn Jahre später gab es im Postverkehr in Lagern mit normalem Regime keine Einschränkungen mehr. Bei Lagern mit verschärftem Regime waren bis zu 36 Briefe erlaubt, mit strengem Regime 24 und mit besonderem Regime zwölf. Eine ähnliche Abstufung galt bei der Anzahl der Besuche und der zu empfangenden Pakete sowie bei den Ausgaben.[100]

Obwohl der GULag als eine Art »Konzentrat« der Gesellschaft draußen bezeichnet werden kann, war alles darauf angelegt, die Beziehungen zwischen beiden Welten auf ein Minimum zu beschränken. So wurde Post an die Häftlinge und von diesen niemals direkt adressiert und jeder Hinweis auf ein Lager vermieden. Die Briefe ins Lager wurden beispielsweise an eine Adresse in Moskau gerichtet, von wo aus sie von der Verwaltung, mit einem Buchstaben und einem Datum versehen, weitergeleitet wurden.

Die Disziplin war die ständiger Begleiterin der Häftlinge. Die *Prowerka*, der Appell, diente zur Überprüfung der Anwesenheit aller Häftlinge im Lager. Jedes Fernbleiben wurde streng bestraft: Jacques Rossi erinnert daran, dass das Fehlen eines Gefangenen als Flucht betrachtet wurde (zunächst ab einer Verspätung von sechs Stunden, ab 1937 bis in die 50er Jahren dann ab sofort). Der Appell fand morgens vor dem Abmarsch zur Arbeit und abends bei der Rückkehr statt. Rechenfehler des Aufsehers machten ihn langwierig und anstrengend. Und er fand immer und bei jedem Wetter statt.[101]

»Männer in Lumpen, verdreckt und mit Schnüren als Gürtel, in zerfetzten Lederjacken, aus denen angesengte Wattierung herausquillt, ein Mosaik aus mongolischen, slawischen, jüdischen und chinesischen Fratzen, wo man alles findet: Verbrechervisagen, Banditen, bärtige Rabbiner, ausgemergelte Patriarchen, Intellektuelle mit blau geschlagenen Hinterbacken, Gesichter, auf denen ganze Leidensgeschichten oder vollständiger Stumpfsinn geschrieben steht ...

Und dann läuft ein Aufseher die Kolonnen entlang, und hinter ihm, zur Sicherheit, ein zweiter. Beide berühren mit dem Finger jede Brust und zählen laut. Dann ist alles vorbei, aber gehen darf man trotzdem nicht. Lange wird gewartet, manchmal im Regen: Die aus der Reihe treten und sich auf den Boden setzen, werden brutal an ihren Platz zurückgescheucht. Und alles beginnt wieder von vorn. Manchmal fehlen Männer, manchmal sind welche zuviel ... Schließlich stimmt alles auf dem Papier! Aber in Wahrheit stimmt es nie. Die Zahlen jagen die Menschen und die Menschen die Zahlen.«

Zur Überwachung gehörten zudem regelmäßige Durchsuchungen. Sie erinnerten die Häftlinge daran, dass ihre spärlichen Habseligkeiten keine Privatsache waren. Das Dein und das Mein war nicht ihre Entscheidung. Die Demonstration der Macht war bei diesen Aktionen mindestens so wichtig wie die Sicherung des Lagers. Aber der zweite Zweck wurde unleugbar ebenfalls erfüllt. Waffen und alles, was als solche benutzt werden konnte, wurden systematisch beschlagnahmt: Messer, Hacken und Werkzeug von der Baustelle, aber auch alles, was der Vorbereitung eines Ausbruchs dienen könnte: »große Geldsummen, Lebensmittelreserven, Zivilkleidung«.[102]

Die Strafen

Im Lager wurde selbstverständlich jeder Verstoß gegen die Disziplin bestraft. Die Höchststrafe, der Tod, lag stets drohend über allem. Die in Kolonnen zur Arbeit marschierenden Häftlinge wurden mit folgenden Worten gewarnt: »Ein Schritt rechts oder ein Schritt links, und ich schieße.« Und sie schossen tatsächlich.

Es gab Baracken mit verschärftem Regime, die BUR (*Baraki Usilennogo Reschima*). Sie dienten dazu, Aufsässige zur Räson zu bringen. Die BUR waren im Lager untergebracht, und ihre Insassen verbrachten ihre Zeit dauerhaft hinter Schloss und Riegel. Falls ein Ortswechsel unbedingt notwendig war, wurde er mit Eskorte durchgeführt.[103] Die BUR tauchten Ende der 20er Jahre auf. Die Unglücklichen, die in ihnen landeten, wussten nicht für wie lange (mehrere Wochen bis zu einem Jahr). Anders war dies bei denen, die zu einem Aufenthalt im »gewöhnlichen« Karzer (dem »SchIso«,

Schtrafnije Isolatory oder Strafisolator) verurteilt wurden. In den 30er Jahren eingerichtet, handelte es sich um einen fensterlosen, zumeist feuchten und kalten Keller mit Zementboden und einem Abortkübel. Der dort Eingesperrte trug tagsüber Unterwäsche und erhielt erst nachts seine Kleidung zurück. Er hatte Anspruch auf sechs Stunden Schlaf. Nach Stalins Tod behielten die Gefangenen tagsüber ihre Kleider und hatten Anspruch auf mindestens eine warme »Mahlzeit« pro Tag.[104]

Wofür kam ein Seki in den Strafisolator? »Für alles Erdenkliche«, wie Solschenizyn sagt. »Dafür, dass er dem [Kapo] in die Quere kam, falsch gegrüßt hat, nicht rechtzeitig aufgestanden, nicht rechtzeitig schlafen gegangen ist, sich zum Appell verspätet, den falschen Weg eingeschlagen oder unerlaubt geraucht hat, nicht ordnungsgemäß gekleidet war oder ein Zuviel an Sachen in seiner Baracke aufbewahrte. Wenn er die Norm nicht erfüllt, mit einem Frauenzimmer erwischt wird.«[105]

Die Karzer gehörten zu jenen Einrichtungen, die einer Reform unterzogen oder von Abmilderungen oder anderen Erleichterungen des sowjetischen KZ-Systems betroffen waren. »Was war der Strafisolator im Jahre 61? Eine gewöhnliche, in Zellen aufgeteilte Lagerbaracke. Zellen gab es verschiedene, für Einzelhaft, für zwei, für fünf und auch für 20 Mann; wenn es sich als nötig erwies, konnten auch 30 oder 40 hineingesteckt werden«, schreibt Martschenko. Die Lebensmittelration wurde herabgesetzt. Das Frühstück »bestand aus einer Henkeltasse warmem Tee und der Brotration – 450 Gramm für den ganzen Tag. Zum Mittagessen gab es eine Schüssel gehaltloser Gemüsesuppe – fast nur Wasser, in dem übel riechender, angesäuerter Kohl verkocht war; nur wenige Stücke davon schwammen in der Suppe! Ochsen hätten diese Suppe bestimmt nicht gegessen, aber ein Gefangener im Karzer trinkt sie, streicht mit Brotrinde noch den Napf aus und wartet mit Ungeduld auf das Abendessen. Zum Abendessen gab es ein kleines Stückchen gekochten Dorsch, so groß wie eine Streichholzschachtel, schleimig und nicht mehr frisch. Im Karzer gibt es weder ein Gramm Zucker noch ein Gramm Fett.«[106]

Offiziell durften Gefangene maximal zwei Wochen im Karzer sitzen. Aber manche wurden einfach für 24 Stunden herausgeholt und erneut eingesperrt. In der Stalin-Ära waren richtige Kerkerzellen mitunter ein Luxus: 1937 bestand der Karzer in einem Lager von Workuta aus einer einfachen Grube ohne Überdachung. Wärme war ebenfalls ein Luxus und für die so genannten 58er oftmals unerreichbar. So hatten zum Beispiel 1938 in Kolyma nur die Kriminellen Anspruch auf beheizte Karzer.

Im Frauenlager von Elgen, ungefähr 500 Kilometer nordöstlich von Magadan, sah die Strafbaracke so aus: »Sie ist die schlechteste, niedrigste und wanzenreichste Baracke des Lagers. Nach dem abendlichen Appell wird sie von außen verschlossen. Ihre Bewohner werden unter schärfster Bewachung und mit Hunden auf die schwersten Arbeiten geführt. Meistens handelt es sich um die verstockteste und verkommenste Sorte von Kriminellen, die Arbeitsverweigerung, Fluchtversuche, Diebstähle, Messerstechereien, Saufereien und Kartenspiel auf ihrem Konto haben. Wenn man Pech hat, kann man aber auch wegen eines kleinen Vergehens in diese Baracke kommen.«[107]

Die Strafbaracken waren oftmals nur die Vorstufen zu noch härteren Einrichtungen, und man konnte – wenn man Pech hatte – in eine tödliche Spirale hineingeraten. Wie Elinor Lipper berichtet, war im Lager Elgen die Strafbaracke der Wartesaal zum Abtransport in ein anderes Lager, gegen das Elgen das reinste Paradies war. In dieser besagten Hölle gab es wiederum eine eigene Hölle, gegenüber der diese als paradiesisch erschien: »Doch auch das ist noch nicht die letzte Stufe, auch das Straflager Mylga hat noch sein eigenes Straflager, genannt Iswestkowoje, Gipsbrüche für Frauen. Die dort die Spitzhacke schwingt, braucht nicht mehr nachzurechnen, wie viel Jahre der Gefangenschaft sie noch vor sich hat. Sie kann ganz sicher sein, dass sie in einem Jahr von allem irdischen Leid erlöst sein wird.«[108]

Je nach Kategorie waren die Lager unterschiedlich umzäunt. Eine Strafkolonie umgab unabhängig vom Standort oft ein Stacheldrahtverhau mit Wachtürmen, ein normales Lager dagegen je nach Dichte der Besiedelung in der Umgebung Stacheldraht von 2 bis 2,50 Metern Höhe. In menschenleeren Gegenden genügte ein geeggter Streifen Erde von zehn bis 20 Metern Breite, an denen Soldaten patrouillierten. Im Winter setzte der Schnee möglichen Ausbruchsversuchen Grenzen. An Wäldern oder an Eisenbahnlinien wurden zusätzliche Wachen eingesetzt.

Systematisch gefoltert wurde im GULag eher selten. Dafür waren die Gefangenen Schlägen und indirekten Foltern ausgesetzt: Sie wurden beispielsweise nackt und ohne Schuhe zur Arbeit geschickt. Der russische Winter oder die Stechmücken im Frühjahr erledigten die Aufgaben des Folterknechtes.

Verwaltung und Selbstverwaltung

Der GULag, zumindest in der Zeit, als er zugleich der Unterdrückung und der Produktion diente, gliederte sich in Hauptverwaltungen nach dem jeweiligen Wirtschaftszweig (Hauptverwaltung der Lager der Forstwirtschaft, des industriellen Aufbaus, der Bergwerks- und Hüttenindustrie usw.). Außerdem gab es eine Vielzahl verschiedener Abteilungen wie Leitung der Akten, Kulturabteilung usw.[109]

Lange Zeit überlagerten sich die Zuständigkeiten von GULag und NKWD. »Die Verwaltung eines Lagers zeigt so jene undurchsichtige Hierarchie, die für einen aufgeblähten Polizeiapparat charakteristisch ist. Allerdings ist dies ein großer Vorteil, wenn es darum geht, die Gefangenen im Zaum zu halten. Die Verwaltung ist in der Tat so kompliziert, dass der Gefangene den Aufbau nicht durchschaut. Er steckt im Räderwerk einer gewaltigen Maschinerie, der er keinen Widerstand entgegensetzen kann, weil er ihre Funktionsweise nicht versteht.«[110]

Auf lokaler Ebene – die Verwaltung eines einzelnen Lagers – unterschied man die Politische Abteilung, die Abteilung für Kultur und Erziehung, die Wache, die eigene Gerichtsbarkeit, die Buchführung, die Funktionärsabteilung, die Abteilung für Registrierung und Verteilung, die Versorgungsabteilung und schließlich die Abteilung für Polizeioperationen, die ihrerseits Unterabteilungen hatten.

Die Gefangenen standen dieser gewaltigen Maschinerie nicht einfach passiv gegenüber. Sie waren vielmehr zur »Kollaboration« gezwungen, da die Grenzen zwischen Verwalteten und Verwaltenden verwischt wurden. Die Lagerleitung setzte Spitzel, aber auch »Mustergefangene« ein, so genannte »Aktivisten«, die bei der politischen Erziehung, beim Wettbewerb als Arbeitsansporn, bei Propagandakampagnen usw. mitwirkten. Die kürzlich zugänglich gemachten sowjetischen Archive verzeichnen für Januar 1940 17 000 und für das 1947 14 000 Spitzel.

»Auf die 3500 Internierten des Lagers 6 [von Workuta]«, schreibt Joseph Scholmer, »zählt man nach den Aussagen der Widerständler ungefähr 120 ›Stukatschi‹ oder Schafe, fast alles Russen. Entlohnt werden sie gewöhnlich mit der Übertragung leichter und einträglicher Arbeiten. Solange sie ihre Aufgabe zur Zufriedenheit erfüllen, bleiben sie auf ihrem Platz. Wenn sie missfallen, werden sie einer Brigade zur Verfügung gestellt, die mit den härtesten und unangenehmsten Arbeiten betraut ist, zum Beispiel mit den Latrinen ... Die Mittel der Kommunikation zwischen Informanten und Offizieren des NKWD sind genau bekannt. In jedem Lager gibt es einen Postkasten mit den Namen der offiziellen Dienststellen, an die Verurteilte Beschwerden oder Gesuche richten können ... Er wird jeden Abend geleert. Viele der enthaltenen Briefe – zum Beispiel die an den Staatsanwalt – sind in Wahrheit Berichte von Stukatschi, versehen mit Nummern, die eine Identifizierung des Absenders ermöglichen.«[111]

Später wurde versucht, durch Schaffung eines Sowjets eine offizielle Mitbestimmung der Gefangenen einzuführen. Anatoli Martschenko leuchtet zwar ein, dass die Wahlen zu diesem Sowjet der Aufrechterhaltung der Ordnung dienen, äußert sich als Gefangener aber verächtlich über dieses Organ. »Jeder Beschluss richtet sich gegen die Häftlinge, entweder gegen alle oder gegen einen Einzelnen. Es wird zum Beispiel beschlossen, in der Freizeit die Baracken zu reparieren ... Die Führung eines Häftlings wird erörtert und getadelt, man zwingt den Menschen, über seine Kräfte zu arbeiten, und weiß gleichzeitig, dass er krank, dass er nicht in der Lage ist, die Norm zu erfüllen.«[112]

Aber mehr noch als Kollaboration strebte die Lagerleitung gleich nach Einrichtung des Systems eine echte Selbstverwaltung an. Bei der Eröffnung der Solowezki-Inseln 1923 waren mit Ausnahme des Lagerleiters, seines Stellvertreters und des Chefs der Sonderabteilung alle Posten mit Gefangenen besetzt. Anschließend wurde die Selbstverwaltung auf andere Lager ausgedehnt, Mitte der 30er Jahre aber fast überall wieder abgeschafft.

Wie in den NS-Lagern wurden die Verwaltungsaufgaben im Lager von Gefangenen erfüllt. Lediglich der Kommandant war in keinem Fall ein Häftling, doch sogar seine Stellvertreter konnten Häftlinge sein. Auch der Posten des Politischen Erziehers konnte nicht mit einem Gefangenen besetzt werden. Michel Heller gibt für die Grabung des Weißmeer-Ostsee-Kanals ein Verhältnis von 37 Tschekisten zu 100 000 Gefangenen an. Der gesamte gewaltige Verwaltungsapparat und das gesamte Wachpersonal bestand aus Gefangenen. Vornehmlich unter den »sozial schädlichen« Elementen rekrutiert, halfen diese Aufseher der OGPU bei der Überwachung und Organisation des Lagers.[113]

Die Selbstverwaltung hatte schließlich auch eine materielle Dimension. Ein weiterer Aspekt bestand nämlich darin, dass die Gefangenen ihr Lager selbst errichteten: »Die neuen Lager werden auf ganz primitive Weise errichtet: Eine Gruppe Gefangener wird in den Wald geführt, dann wird zunächst einfach ein Schild mit dem Namen und der Nummer des Lagers aufgestellt. ›Baut euer Leben auf‹ ... lautet der Befehl des Chefs der Eskorte, und die Gefangenen fällen Bäume für Gebäude, errichten Baracken, schlafen in der Nacht unter freiem Himmel an Feuern oder im glücklicheren Fall in Zelten.«[114] Die Verluste an Menschenleben waren immens. Aber was spielten sie schon für eine Rolle? »Wir blieben auf dem Sand, und um uns herum wurde Stacheldraht verlegt, während man uns in mehrere Abteilungen aufteilte, jede von der anderen durch ein bisschen Stacheldraht getrennt«, berichtete ein von Barton zitierter Zeitzeuge aus der Region von Akmolinsk. »Die Menschen starben zu Hunderten. Die Lagerleiter kümmerte das überhaupt nicht.«

Die hygienischen Verhältnisse

Unzulängliche Ernährung, fehlende medizinische Versorgung und mangelnde Hygiene setzten der Gesundheit rasch zu: Die Seki trugen abgewetzte Kleidung, im Winter eine winddichte gefütterte Hose. Die Schuhe taugten wenig, »Walenki« waren selten: Allzu oft hatten sie nur Gummistiefel oder Schuhe aus minderwertigem Schweinsleder.

Die Ausstattung mochte auf den ersten Blick passabel erscheinen: Ausgegeben wurden angeblich zwei Hemden, zwei Unterhosen, eine Jacke, Wickelgamaschen, ein Paar Hosen (im Winter abgesteppt), eine warme Jacke und mit Filz gefütterte Beinkleider für den Winter. Tatsächlich aber war »der erbärmliche Zustand dieser Gefangenenuniform unvorstellbar. Sie nutzte sich rasch ab, bald gaben die Häftlinge ein klägliches Erscheinungsbild ab«.[115]

Fehlernährung und harte Arbeit führten häufig zur völligen Entkräftung. Pellagra, Skorbut und andere auf Vitaminmangel beruhende Erkrankungen grassierten neben Typhus, kardialer Paralyse und Tuberkulose. Ab den 30er Jahren wüteten zudem schreckliche Seuchen.[116]

Ein anderer Aspekt des Lagerlebens war die Qualität der medizinischen Versorgung. Zuständig war häufig der so genannte *Lekpom* (ein Arzt, Heilgehilfe, Veterinär oder Ähnliches). Er führte dringende Behandlungen durch und stellte Häftlinge gegebenenfalls von der Arbeit frei. Das Arbeitsprogramm der Kolonne legte allerdings eine maximale Ausfallquote fest, sodass Krankschreibungen nur in besonders schweren Fällen erfolgten. Im Regelfall begnügte sich der Lekpom damit, den Kranken den Puls zu fühlen und sie als »gesund« zu befinden. Wer dann nicht zur Arbeit ging, riskierte Karzerhaft. Schlimmer noch als das routinemäßige Gesundschreiben wirkten sich die Verhältnisse in den Krankenrevieren aus. Sie waren schlichtweg haarsträubend. Selbst in einem anscheinend passablen Krankenhaus wie dem, das Elinor Lipper aus Kolyma beschreibt, war die Sterblichkeit hoch: »In unserer Abteilung gab es auf 50 Betten monatlich zwischen 11 und 12 Todesfälle, eine Zahl, die mir auch in anderen Krankenhäusern, wo ich gearbeitet habe, begegnete. Etwas höher lag sie auf der chirurgischen Abteilung, deutlich niedriger in den Frauenabteilungen. Die großen Krankenhäuser verzeichneten nur etwa die Hälfte der gesamten Todesfälle, die andere Hälfte verteilte sich auf die Lager, auf deren Krankenreviere und auf die Invalidenlager.«

Die Ärzte hatten, wie man heute sagt, ein eher positives Image. Allerdings nicht immer. Im GULag gab es zwar weder einen Mengele noch medizinische Experimente an Gefangenen, aber manchen Ärzten war das Schicksal der Häftlinge gleichgültig. So beschreibt Elinor Lippert beispielsweise den Chefarzt des Krankenhauses von Magadan in den 40er Jahren:

»Der große fette Mann mit dem eiförmigen Schädel, der fleischigen Nase und den breiten Händen ähnelte mehr einem Fleischer als einem Chirurgen. Er gehörte zu den wenigen Sowjetbürgern, die einen Hut tragen, den er bei der Untersuchung eines Gefangenen auf dem Kopf behielt. Auch hielt er es für eine überflüssige Anstrengung, wegen eines kranken Gefangenen das Hörrohr aus der Tasche zu ziehen, sondern er legte dem Patienten das riesige fleischige Ohr an den Rücken, der zu diesem Zweck mit einem Handtuch bedeckt wurde.«[117]

Dennoch erscheint das Krankenhaus nach den Erinnerungen ehemaliger Gefangener eher als schützender Hafen denn als Alptraum. Martschenko äußerte sich beispielsweise so: »Selbst die allgemeine Verpflegung war ... besser als die Lagerkost. Erstens bekam man hier tatsächlich, was einem nach dem Tagessatz zustand: wenn es hieß ›50 Gramm Fleisch pro Tag‹, dann bekam der Häftling im Lager dieses Fleisch nicht einmal zu riechen, während er [hier] immerhin etwa 30 Gramm in Form einer Bulette oder eines Klopses bekam.«[118] Freilich währte dieses Glück immer nur kurze Zeit.

Die augenfälligste Folge der schlechten medizinischen Versorgung, die zur Ausbeutung und zur schlechten Ernährung hinzukam, war eine hohe Sterblichkeit. In dem bereits zitierten Artikel (siehe Anmerkung 63) gibt Edwin Bacon deren Entwicklung in den verheerenden Kriegsjahren wieder. Eine vereinfachte Darstellung sieht wie folgt aus:

Jahr Tote pro 1000 Gefangene

1937 31
1938 91
1939 38
1940 35 (doppelt so hoch wie im Landesdurchschnitt)
1941 67 (dreimal so hoch wie im Landesdurchschnitt)
1942 176 (siebenmal so hoch wie im Landesdurchschnitt!)
1943 170
1944 92
1945 61 (deutlich verringert, aber noch immer siebenmal so hoch wie im Landesdurchschnitt)

Die Ernährung

Michel Heller erinnert daran, dass »Hunger in den Straflagern [unter den Zaren] unbekannt war.[119] Vergleicht man Dostojewskis ›Totenhaus‹ und die Schriften über sowjetische Konzentrationslager, so springt eines ins Auge: Die damaligen Sträflinge betrachteten ihre Mahlzeiten als angenehmen Zeitvertreib, während die Häftlinge moderner Zeiten in ihnen nur das seidene Fädchen erblickten, das sie noch am Leben hielt.«

Solschenizyn vergleicht die Rationen der Minenarbeiter von Workuta – sie waren besser als die in vielen anderen Lagern – mit denen des zaristischen Akatui. Die Brotration für Arbeiter über Tage betrug bei 100-prozentiger Normerfüllung 1,3 Kilogramm pro Tag. Barton gibt 1,2 Kilogramm pro Tag an, neben 1,5 Liter Suppe, 1,25 Pfund Kascha, 50 Gramm Öl, 120 Gramm Fisch und 25 Gramm Zucker.[120] Dabei waren die Minenarbeiter von Workuta im Hinblick auf das Essen noch privilegiert. Solschenizyn gibt einen Vorwurf Schalamows wieder, der Klagen aus einem anderen Lager zurückweist: »Was schreiben Sie da über einen Kater im Krankenrevier? Warum ist er nicht längst abgeschlachtet und verspeist worden?«[121]

Von den Jahren nach der Revolution bis zu den letzten der UdSSR stimmen alle Beschreibungen überein: Die sowjetischen Lager waren zwar nicht immer Todeslager, aber in ihnen herrschte fast immer der Hunger.

Solschenizyn beschreibt das Essen auf den Solowezki-Inseln in den 20er Jahren: »Verfaulter Dorsch, getrocknet oder eingesalzen, die übliche *Balanda* [Hefe] mit spärlichen Graupen, ohne Kartoffeln, keinmal *Schtschi*, keinmal *Borschtsch*. Und bald tritt Skorbut auf ... von den entfernten Außenstellen kommen die ›Kriechtransporte‹ zurück (sie kriechen tatsächlich auf allen vieren vom Hafen herauf).«[122]

Elinor Lipper beschreibt die Kost der Gefangenen von Kolyma 20 Jahre später:

»Frühstück: ein halber Hering oder 50 Gramm gesalzener Fisch, gesüßter Fruchttee = 2,5 dl, 1/3 der Brotration.

Mittagessen: Kohlblättersuppe, einen halben Liter. Grütze = 3 dl, 1/3 der Brotration.

Abendessen: Kohlblättersuppe mit einzelnen herumschwimmenden Körnern von Nährmitteln und zerkochten Fischköpfen. ⅓ der Brotration.«[123]

So überrascht es denn nicht, dass man in allen oder fast allen Erinnerungen von Gefangenen liest, dass Tote für einige Stunden unter den Bettgestellen versteckt wurden, um an ihre Ration zu kommen. Die Verpflegung im Lager hing freilich auch von der allgemeinen Lage im Land ab: So sieht Dallin, der die Schwankungen untersucht hat, bei der Versorgung eine Entspannung in den Jahren 1938/39 und eine Verschärfung ab 1940. In dieser Zeit – sie ist sicher eine der schlimmsten – wurden Polizeihunde besser ernährt als Häftlinge: 400 Gramm Fleisch pro Tag gegenüber 30 Gramm pro Tag als eine der besten Rationen in Lager von Uchta-Petschora. Ab 1948 verbesserten sich die Rationen wieder spürbar. Eine Rolle spielten zudem Unterschlagungen durch die Lagerverwaltung: Nach einer Untersuchung zum oben genannten Lager wurden von der Leitung der zentralen Basis eines KZ-Komplexes vier bis fünf Prozent, von den Verteilungsdiensten acht Prozent und auf Transporten zwei bis drei Prozent der Lebensmittel gestohlen.[124]

Die Rationen, die morgens um fünf Uhr und abends zwischen 17 und 19 Uhr ausgegeben wurden, richteten sich nach Erfüllung der Arbeitsnorm. Wer nicht arbeitete, brauchte nicht zu essen. Wer viel arbeitete, bekam mehr zu essen. Dieses System ging nach Solschenizyn auf Frenkel zurück: »Frenkel war es, der bei dieser Begegnung die Absage an das reaktionäre Gleichheitssystem bei der Beköstigung ins Gespräch brachte und das für den ganzen Archipel geltende System der Umverteilung der kärglichen Rationen entwarf, nämlich die *Brotskala* und die *Warmkostskala,* ein System, das er, nebenbei gesagt, von den Eskimos übernahm: den laufenden Hunden den Fisch an einer Stange vor die Nase hängen.«[125]

Wer die Norm nicht erfüllte, erhielt nur eine verringerte Ration. Gleichzeitig verlor er den Anspruch, Pakete in Empfang zu nehmen. In den 40er Jahren funktionierte dieses System in Magadan so: Bei 100-prozentiger Normerfüllung hatte eine Frau Anspruch auf 600, ein Mann auf 800 oder 900 Gramm Brot. Bei 70 bis 99 Prozent erhielten Frauen 500 und Männer 700 g, zwischen 50 und 69 Prozent 400 bzw. 500 g. Die Strafration lag für beide Geschlechter bei 300 Gramm Brot. Elinor Lipper fügt hinzu, in dieser besonders schwierigen Zeit hätten nur die Arbeiter im Bergbau die maximale Ration erhalten. »Sobald ein männlicher Gefangener auf leichteren Arbeiten wie Wald- oder Bauarbeiten beschäftigt ist, erhält er die kleinere Ration, die für Frauen bestimmt ist.«[126]

1950 herrschten in Workuta und Potma leicht verbesserte Bedingungen. Paul Barton zitiert einen ehemaligen Gefangenen in Potma: »Die Verköstigungsnorm verbesserte sich in den letzten Jahren unablässig und stieg schließlich auf 700 Gramm feuchtes Schwarzbrot, 13 Gramm Fett, 20 Gramm Zucker, ungefähr 100 Gramm Salzfisch, gelegentlich etwas Fleisch, ungefähr 120 Gramm zerstampfte Gerste und ungefähr 600 Gramm Gemüse.« Barton weist auf die Konsequenz hin, wonach die Rationen vor 1953 spürbar unter der Norm gelegen haben mussten. Im Übrigen habe »in diesen letzten Jahren der schreckliche Hunger, der bis 1950 grassierte, nicht mehr geherrscht«.[127]

Neben der mangelhaften medizinischen Versorgung und dem Übermaß an Arbeit diente auch die spärliche Versorgung dazu, die Seki unter Kontrolle zu halten und sie die Willkür der Lagerleitung spüren zu lassen. Hunger war ein probates Mittel, Widerstände zu brechen. Eine ähnliche Funktion hatte er Berichten zufolge auch in den Gefangenenlagern des Vietminh oder den Lagern in China und Nordkorea.

»Die solideste Kette war die allgemeine Erschöpfung«, schreibt Solschenizyn, »die vollständige Resignation der Gefangenen gegenüber ihrem Sklavendasein ... Die zweite Kette war die Herrschaft des Hungers im Lager. Auch wenn der Hunger die verzweifelten Menschen bisweilen in die Taiga trieb, wo sie mehr Eßbares zu finden hofften als im Lager, so war es auch der Hunger, der sie so sehr schwächte und ihnen nicht mehr die Kraft ließ, um etwas weiter zu fliehen und der sie daran hinderte, sich Vorräte für unterwegs anzulegen.«[128]

Der ständige Hunger sorgte folglich zunächst für eine allgemeine Schwächung. Bei vielen wurde er schnell lebensbedrohlich. Durch den Mangel an Vitamin B litten die Gefangenen massiv an Pellagra in unterschiedlichen Stadien. Zur Bekämpfung wurden 50 Gramm der Brotration durch einen Arzneitrank aus Mehl und Hefe ersetzt, der dem Mangel abhelfen sollte. Trotzdem lautete die häufigste Diagnose bei Todesfällen an der Kolyma auf Erkrankungen aufgrund von Vitaminmangel.

Für eine richtige Einschätzung dieser Rationen ist zu beachten, dass sie Menschen ernährten, die zwölf, 14 oder sogar 16 Stunden Schwerstarbeit verrichteten – in einem Land mit einem acht Monate währenden Winter und mit den tiefsten Temperaturen in der bewohnten Welt: »Die Einförmigkeit dieser Kost allein schafft eine Voraussetzung für Skorbut, ganz abgesehen von dem Mangel an Vitamin C. Es gibt keinen Gefangenen von Kolyma, der nicht mehr oder weniger fortgeschrittene Symptome von Skorbut zeigt. Zu dessen Bekämpfung wird in den Essräumen der Lager den Gefangenen zwangsweise eine Portion ›Konzentrat‹ verabreicht.«[129]

Bei dem »Konzentrat« handelte es sich um einen Kiefernextrakt, dessen Wirkung umstritten war. Während er sich nach Elinor Lipper als »sehr wirksam erwiesen« habe, zeigt sich Warlam Schalamow skeptischer: Die Gefangenen seien völlig sinnlos zur Einnahme gezwungen worden:

»Man konnte die Kantine nicht betreten, ohne am Verteiler für den Kiefernextrakt vorbeizukommen. Alles, was der Gefangene besonders liebte – die Mahlzeit, das Essen – wurde durch diesen zwangsweise verabreichten Aperitif unweigerlich verdorben. Das ging zehn Jahre so ... Die kundigsten Ärzte regten sich auf: Wie sollte sich Vitamin C in dieser schleimigen Brühe halten, wo es auf jede noch so kleine Temperaturschwankung empfindlich reagierte. Die Behandlung hatte keinerlei Wirkung, aber man verabreichte den Extrakt weiterhin ... Erst sehr viel später, nach dem Krieg, 1952, glaube ich, traf ein Brief von den örtlichen Gesundheitsbehörden ein, der die Ausgabe von Kiefernextrakt wegen der die Leber zerstörenden Wirkung kategorisch untersagte.«[130]

Die chronische Fehlernährung führte zu einer ganzen Serie von Mangelerkrankungen: so Pellagra, Skorbut und Hemeralopie (Sehschwäche durch Lichtmangel). Die einzige Krankheit, die nur sporadisch auftrat, während sie in allen vorübergehenden Internierungslagern (zum Beispiel in den Flüchtlingslagern im Südwesten Frankreichs 1939) wie eine Seuche grassierte, war die Ruhr.

Der organisierte Hunger war zugleich ein einfaches Mittel, eine Solidarisierung der Seki zu verhindern: Der Anreiz durch eine bessere Verpflegung – oder durch eine Linderung des Hungers über einen privilegierten Posten – sorgte für eine effizientere Normerfüllung als Prügel oder Appelle an das Pflichtbewusstsein. Die Häftlinge wetteiferten um einen »Druckposten«, eine Arbeit im Büro, als Friseur oder besser noch als Koch. Oft hing davon ihr Überleben ab. Wer im Lager solche Privilegien erobert hatte, stützte nach klassischem Muster natürlich die Macht der Aufseher:

»Im Grunde ist die Lagerleitung nicht sehr daran interessiert, den Zufluss an Lebensmitteln und Geld von draußen in die Zone zu unterbinden. Ein hungriger Häftling, ein ›Verreckter‹ ist kein Arbeiter; und die Produktion darf nicht stillstehen. Für Planerfüllung bekommt die Lagerleitung Prämien – weshalb sollte sie darauf verzichten? ...

In Wirklichkeit ernährte der im Lager betriebene Schwarzhandel alle, die Häftlinge errettete er vor dem Verhungern, den Freien half er, ihre Familien zu ernähren, der höheren Lagerleitung sicherte er einen entsprechenden Lebensstandard.«[131]

Im Lager Nr. 188 von Tambow (wo zwischen 1943 und 1945 so genannte *Malgré-nous*, Elsässer und Lothringer, die gegen ihren Willen in der Wehrmacht dienen mussten, Rumänen, Italiener, Luxemburger und ab Herbst 1945 auch Japaner einsaßen), litt die große Mehrheit der Gefangenen ständig Hunger. Eine Hundertschaft hatte dagegen Glück: »Um wen handelt es sich? Zunächst die mit Zugang zu den Küchen: Die Kapos der Essbaracken, Kontrolleure, Diener, Geschirrwäscher, Träger. Dann die verschiedenen spezialisierten Arbeiter: eine Tätigkeit im Kleidermagazin verschaffte zum Beispiel eine zusätzliche Suppe. Oder eine Aktivität bei der Ausschmückung des Lager. Wie viele Hämmer und Sicheln, Stalins und rote Sterne entstanden nicht für ein bisschen mehr Suppe!«[132]

»Der Hunger«, schreibt Martschenko dazu, »bringt den Menschen so weit, dass er mehr als das Ende der Frist die Entlassung in die Zone erwartet. Auch die allgemeine Hungerration im Lager erscheint ihm wie ein unwirkliches Festmahl.«[133]

Bei den Privilegierten gab es zudem große Unterschiede: Ein Zwangsarbeiter in der Küche hoffte auf einen zusätzlichen Becher Suppe, während der Koch Hunger überhaupt nicht kannte. Und auch ein »Kapo« – ebenfalls ein Häftling – konnte sich satt essen, während für seinen Stellvertreter wenigstens Reste abfielen.

Die Verpflegung sorgte für Missgunst, Streit und Kämpfe unter den Gefangenen. Besonders gewalttätig reagierten die »Kriminellen«:

»Blutigen Streitereien entbrannten oft während der Zuteilung des Brotes. Der Brigadechef, ein Politischer, bemühte sich um Gerechtigkeit. Die mehr gearbeitet hatten, erhielten mehr. Die Kriminellen – sie hatten weniger gearbeitet als die Politischen – hatten etwas dagegen. Sie bedrängten ständig den Brigadechef und schlugen manchmal auch zu. Einmal versuchte ein Krimineller, ein großes, noch in der Kiste liegendes Stück Brot an sich zu reißen. ... Als der Brigadier ihm in den Arm fiel, zückte er ein Messer und stach ungefähr 15-mal auf ihn ein.«[134]

Der Hunger im Lager ließ sich zudem ganz gezielt für bestimmte Zwecke einsetzen. So setzten ihn vor allem Männer – im Allgemeinen, aber nicht immer Aufseher – dazu ein, um Frauen sexuell gefügig zu machen. Margarete Buber-Neumann erinnert sich in diesem Zusammenhang an eine geradezu komische Episode: Sie geht wahrscheinlich auf das Jahr 1939 zurück, kurz nach ihrer Ankunft in Karaganda. Ein Häftling bot ihr und ihrer Freundin »ein Butterbrot und eine Gurke« an. Die Frauen staunten nicht schlecht.

»Er ging fort und kam wahrhaftig mit zwei Butterboten und zwei sauren Gurken zurück. Wir dankten ihm strahlend und aßen alles heißhungrig auf. Kaum war der letzte Bissen hinuntergeschluckt, als sich der Dieb vertrauensvoll näherte ... Er beuge sich zu mir und flüsterte: ›*Paidjom krusnitza sammoj!*‹ (Komm, wir wollen uns umeinander drehen!) Und dabei drehte er die Daumen umeinander und machte eine einladende Kopfbewegung in der Richtung zur Badestube hin. ... Als er noch einige andere Handbewegungen hinzufügte, war kein Zweifel mehr, unser Dieb wollte die Rechnung für Butterbrote und Gurken einkassieren.« Die Frauen schützten vor, sie könnten kein Russisch, und sagten, in Deutschland würden solche Angelegenheiten anders geregelt. »Er lachte schallend: So, Deutsche seid ihr, nein, Häftlinge seid ihr in Karaganda, und wenn ihr das nicht lernt, so werdet ihr bald verhungern.«[135]

Angesichts des Hungertods verkauften sich Gefangene für einen Kanten Brot, egal an wen. Für trockenen Kuchen, Bonbons und Zigaretten verriet man seine Freunde. Mit Hilfe des Hungers konnte man sich auch eine Klientel schaffen und insbesondere ein Netz von Informanten aufbauen. Eine Hand wäscht die andere, so das Prinzip bei der Anwerbung von Spitzeln.[136] Die Sicherheitsoffiziere eines Lagers verschafften ihren Schützlingen Posten, wo sie Essbares dazuverdienen oder stehlen konnten. Kantinenleiter wurden angewiesen, einem Protegé Tabak zu verkaufen, oder er wurde durch Fürsprache für einige Tage ins Krankenrevier aufgenommen.[137] Neben einer willkommenen Arbeitspause erwartete ihn dort oft eine bessere Verpflegung. Qualität und Menge der zugeteilten Ration waren zugleich auch Statussymbole, die die Position innerhalb der Lagerhierarchie wiedergaben. Sie konnten ständig oder punktuell während einer Essensausgabe verliehen werden. Die verschiedenen Kategorien werden von den Zeitzeugen oft erwähnt. So schrieb Scholmer als Häftling in Workuta 1950:

»Eine gewöhnliche Mahlzeit besteht aus einer Wassersuppe, 25 Gramm Kascha, 75 Gramm Fisch, 19 Gramm Öl und 40 Gramm Brot. Dies war die Mindestration für Arbeitsunfähige, nicht spezialisierte Arbeiter und solche, die ihre Aufgaben nicht regulär erfüllen könnten. Ration Nr. 2 für Spitzenarbeiter bestand aus 750 Gramm Brot pro Tag und 150 Gramm Kascha zum Frühstück. Ration Nr. 3, die für die Holzarbeiter bestimmt war, setzte sich aus 1250 Gramm Brot pro Tag und 400 Gramm Kascha zusammen. Und so ging es weiter mit den Rationen für Kranke, für Minenarbeiter, bis hin zu Ration Nr. 7, die der Lageraristokratie vorbehalten war – Brigadechefs, Blockführer usw. Die Nutznießer von Ration Nr. 7 kannten keinen Hunger.«[138]

Die Rituale bei der Essensausgabe (das Abwiegen des Brotes, die Dicke der Suppe) erinnerten an die privilegierten Positionen und dass diese unsicher waren und gegebenenfalls mit allen Mitteln verteidigt würden.

»Alle nahmen sich in Acht: Was, wenn der andere bei der Verteilung des Brotes ein paar Gramm mehr abbekäme? Die Barackenchefs nahmen sich folglich dieser heiklen Aufgabe an: Sie wurde mit Hilfe kleiner Handwerkerwaagen über einem Mantel erfüllt, damit kein Krümel verschwinden konnte. Falls etwas übrig blieb, wurde es in zehn oder 20 Stücke zerschnitten und umlaufend verteilt.«[139]

Dass die Häftlinge dem systematischen Aushungern Widerstand entgegensetzten, war in gewisser Weise einkalkuliert. Ohne illegale

Die Ernährung

Lebensmittelbeschaffung war ein Überleben im Lager mitunter unmöglich: »Von der Lagerration für Gefangene kann man aber nicht leben«, schreibt Elinor Lipper. »Jedenfalls nicht länger als zwei Jahre. Im dritten Jahr ist man ein Wrack, im vierten Jahr arbeitsunfähig, und im fünften Jahr beißt man ins Gras, beziehungsweise in den Schnee.«[140]
Die Vorschriften waren also reine Augenwischerei, konnte man sich doch nur dann über Wasser halten, wenn man die Illegalität, den Tod oder den Karzer (was zuweilen auf dasselbe hinauslief) billigend in Kauf nahm. Die Regeln funktionierten als ideologische Struktur, die auf Kosten der Häftlinge die KZ-Wirklichkeit und ihre Beziehungen leugnete, die von Gewalt, Willkür und krasser Ungleichheit geprägt waren. Der Häftling musste sich im Kampf gegen den Hunger einfallsreich zeigen und seine Ration durch Mittel ergänzen, die in den Vorschriften nicht vorgesehen waren. Er legte Fallen aus und verschlang alles, was ihm unter die Hände kam: »Ich hatte Nacktschnecke, Hund und Pferd gegessen, und wahrscheinlich sogar Menschenfleisch, wenn ich es auch nie sicher gewusst hatte. ... Mein Sehvermögen besserte sich, auch wenn die Erblindung zeitweise zurückkehrte. Als ich auch Ratten zu essen begann, änderte sich dies alles. Ich aß sie mindestens sechs Monate lang täglich. Wahrscheinlich dank dieser Zeit war ich überhaupt in der Lage, die folgenden schwierigen Jahre zu überleben und die Prüfungen zu bestehen. Die Ratten brachten mich ins Leben zurück. Ich mochte Ratte, sie schmeckte gut. Sagt dies nicht viel darüber aus, was diese Jahre aus mir gemacht haben? Und was man aus einem Menschen doch machen kann, wenn man nur genug Zeit zur Verfügung hat? Wahrscheinlich. In Gedanken genieße ich diesen Geschmack noch heute.«[141] Beispiele zum Verzehr von Ratten, Fröschen oder Schlangen findet man auch in anderen Lagererinnerungen.
Im Garagenkommando des Lagers Nr. 188 hatten die Häftlinge 1944 Anspruch auf ein paar Fische und seltener auf ein paar zusätzliche Stücke Zucker, die den großen Energieverbrauch bei der harten Arbeit in der Reparaturwerkstatt ausgleichen sollten. Trotzdem war der Hunger noch so groß, dass die Häftlinge zu Mitteln griffen, die dem heutigen Wohlstandsbürger die Haare zu Berge stehen lassen.
»Am Ende des Hofs lag ein kleines Stück Garten, in dem nichts

mehr wuchs. Die Regenwürmer fanden darin allerdings noch Nahrung. Ich grub mit einer alten Schaufel die schwarze Erde um und füllte die größten Regenwürmer in eine Schachtel. Das Schwierigste war, sie mit einem Rasiermesser zu durchtrennen, um sie dann zu säubern. Aber es gelang mir. Ich wusch diese schmierige Masse mit dem Wasser der Schmiede, machte ein Feuer und garte dann auf einem Stück Blech diese Mahlzeit, die ich mir bis dahin nicht hätte vorstellen können. Ich schluckte sie mit geschlossenen Augen und dachte an etwas anderes. Der Geschmack war nicht besonders unangenehm und der Hunger verschwand langsam. Ich wiederholte das Ganze, aber beim drittenmal hatte ich die Regenwürmer satt. Ich glaube, ein Kamerad hat mich beobachtet und dann auch Regenwürmer geröstet.[142]

Der Hunger kann Menschen zu einem erniedrigenden Verhalten treiben, das nur der ganz versteht, der selbst schon im Konzentrationslager gesessen hat. Jacques Rossi erläutert in seinem *Manuel du goulag* den Begriff der »Kuh« im Gaunerjargon des Lagers: Gemeint war ein Neuling, der von Alteingesessenen zur Beteiligung an einem Fluchtversuch überredet wurde. Was der Betreffende nicht wusste: Falls auf der Flucht die Vorräte ausgingen, musste er buchstäblich als Schlachtvieh herhalten. Die anderen verzehrten roh seine Nieren und tranken sein Blut (um nicht entdeckt zu werden, entzündeten die Ausbrecher kein Feuer). Wenn alles glatt gelaufen war oder die Ausbrecher frühzeitig gefasst und die »Kuh« noch am Leben war, erfuhr mancher Betroffene später, wie knapp er dem Tod entronnen war. Ausbrecher, die eine »Kuh« verzehrt hatten, hießen in den Lagern und Gefängnissen »Kannibalen«. »Der Kannibalismus ist eine Praxis, mit der sich die Kuhkoster *(sic)* merkwürdigerweise nicht brüsten, obwohl sie doch sonst zu gerne von ihren Bluttaten erzählen.«[143]

Weitere Beschreibungen unglaublicher Szenen finden sich in Zeugnissen, die Sylvestre Mora und Pierre Zwierniak gesammelt haben:

»Zahlreiche Personen kauerten lauernd hinter der Tür. Plötzlich tauchte der Koch auf und schüttete das Spülwasser und die Abfälle aus. Alle fielen darüber her, wühlten, sich drängend und um sich schlagend, in diesem Müll, um faulen Salat oder anderes zu ergattern. Wer Glück hatte und auf einen guten Happen stieß, brachte ihn eilig in Sicherheit, setzte sich abseits und verschlang die Beute. Im Nu war jede Spur von den Abfällen verschwunden. Und die Menschen, die keine mehr waren, ließen sich wieder an ihrem vorigen Platz nieder und starrten wartend auf die Küchentür.«[144]

Ein anderer Zeuge schildert eine Seuche, der massenhaft Pferde zum Opfer fielen. »Ein Pferd, das einen Augenblick zuvor noch einen Schlitten gezogen hatte, brach zusammen und wurde innerhalb von Sekunden von seinen Leiden erlöst. Es blieb nichts zurück außer den Hufen und dem Schwanz des Tieres: Die von der Brigade da waren, stritten sich mit Geschrei und Schlägen um den Kadaver. ... Ein guter Freund, mit dem er ein brüderliches Verhältnis gepflegt hatte, bedrohte ihn mit einer Hacke, um ihm einen Happen zu entreißen, den er sich in den Mund gesteckt hatte.« Derselbe Zeitzeuge schildert eine weitere Szene, die er selbst miterlebt hat. »Männer, die 15 oder 16 Jahre im Lager erzogen worden waren, rissen lebende Hunde in Stücke und verschlangen das blutende rohe Fleisch.«

Manchmal wurden die Tiere besser behandelt als die Menschen: »Ein Polizeihund erhielt 400 Gramm Fleisch pro Tag, während ein Häftling, der nach der Ration Nr. 4 verköstigt wurde (sehr gut für körperliche Arbeiter) 890 Gramm pro Monat erhielt, also knapp 30 Gramm pro Tag ... Nach einem Hinweis auf dem Speiseplan für Polizeihunde konnte der Haferbrei durch einen Mais- oder Hirsebrei und, je nach dem Gesundheitszustand eines jungen Hundes, durch Reis oder Grütze ersetzt werden. Nach den Vorschriften zur Verköstigung kamen Kinder nicht in den Genuss einer solchen Behandlung.«[145]

Hier wird der ganze Wahnsinn des Lagerlebens deutlich, in dem die Grenzen zwischen Mensch und Tier verschwammen. Diese Verkehrung der Welten kommt auch in einer Geschichte zum Ausdruck, die Elinor Lipper als authentisch wiedergibt: Ein Häftling übergab dem Kommandanten eines Lagers in Kolyma ein seltsames schriftliches Gesuch. Nachdem der Kommandant es gelesen hatte, schickte er den Häftling wütend in den Karzer. Fünf Tage später bestellte er ihn in sein Büro: »Sage mir, du Hurensohn, wie kommst du dazu, mir solch eine Eingabe zu schreiben? Ich soll dich in den Stand eines Pferdes überführen? Was willst du damit sagen, du Sohn einer Hündin? Antworte!«

Und das, was einmal ein Mensch war, antwortete:
»Sehr einfach zu erklären, Bürger Kommandeur. Wenn ich ein Pferd wäre, hätte ich wenigstens alle zehn Tage einen freien Tag. So habe ich keine freien Tage.

Wenn ich ein Pferd wäre, könnte ich mich auch während der Arbeitszeit ab und zu ausruhen, als Gefangener kann ich das nicht. ...

Wenn ich ein Pferd wäre, bekäme ich genug zu fressen, um bei Kräften zu bleiben. Als Gefangener bin ich immer hungrig, und wenn ich mein Arbeitspensum nicht erfülle, bekomme ich weniger Brot, dadurch leiste ich wiederum weniger Arbeit, und schließlich bekomme ich so wenig Brot, dass ich kaum mehr auf den Beinen stehen kann. ...

Wenn Fuhrleute ein Pferd zu viel schlagen und antreiben, werden die Fuhrleute bestraft. Denn ein Pferd ist kostbar in Kolyma. Wer aber bestraft die Wachsoldaten und Brigadiere, die mich schlagen und treten, weil ich zu schwach geworden bin?

Was ist ein Gefangener in Kolyma? Nichts. Aber ein Pferd – das ist noch etwas!«[146]

Die »Freizeit«

Theoretisch zielten die sowjetischen Lager wie andere im kommunistischen Asien auf eine »Umerziehung« der Häftlinge. Im GULag begnügte man sich allerdings eher mit symbolischen Aktionen. Die individuellen Bemühungen und die Überzeugungsarbeit, von denen Harry Wu und Jean Pasqualini aus den chinesischen Lagern berichten, fehlten hier.

In den Lagern gab es eine »Kultur- und Erziehungsstelle«, die KWTsch – »Kawetsche« –, die gewöhnlich von einem altgedienten KP-Mitglied geleitet wurde, oft mit Unterstützung einer gemischten Mannschaft aus freien Arbeitern und Häftlingen. Manchen Gefangenen stand eine Bibliothek, ein Lesesaal und eine Leihstelle für Zeitungen zur Verfügung, mitunter gab es Theateraufführungen, Konzerte und Filmvorführungen. Für die erschöpften Menschen machte ein solches Kulturangebot freilich keinen Sinn. Die Vorträge oder Schauspiele, die bisweilen von einem Inspektor oder Instruktor organisiert wurden, sollten »bei den Arbeitern den Wunsch nach einer höheren Produktion« wecken.[147] Die KWTsch war für die körperliche wie geistige und ideologische Gesundheit zuständig. So unterlag ihr die Aufstellung von Schildern und Spruchbändern mit stolzen Parolen: »Vor dem Essen Hände waschen!«; »Zedernextrakt schützt vor Skorbut«; »Durch aufopferungsvolle Arbeit kehren wir in die Familie der Werktätigen zurück«; »Wir erfüllen und übererfüllen den Produktionsplan der Sowchose für das laufende Quartal« usw.[148]

20 Jahre nach dem Zeugnis von Jewgenia Ginsburg hatte sich nichts geändert: Überall hingen Fotos von Chruschtschow. Spruchbänder verkündeten: »Die heutige Generation sowjetischer Menschen wird unter den Bedingungen des Kommunismus leben«, »Der Kommunismus ist die leuchtende Zukunft für die ganze Menschheit« und »Lenin ist immer mit uns«.[149] Verändert hatte sich lediglich das Etikett der mit den entsprechenden Aufgaben betrauten Verwaltungsstelle. Nach Stalins Tod wurde die KWTsch durch die Abteilung für Politische Bildung ersetzt. Martschenko schildert aus dieser Zeit ein Klima, das bereits den Niedergang des Sowjetsystems verrät:

»Auf der Bühne sang der Polizeichor: ›Die Partei ist unser Steuermann‹, ›Lenin ist immer mit uns‹. Im Saal ertönte Gelächter, Gejohle, die Aufseher schrien: ›Ihr kommt wegen Störung der Aktivität in den Karzer!‹ ... Einmal brachten sie das Lied: ›Das Sturmgeläute von Buchenwald‹, aus irgendeinem Grund gefiel es aber der Lagerleitung nicht.«[150]

Auch Orchester sollten den Arbeitseifer der Gefangenen stimulieren. Die Aufführungen fanden zu seltsamen Uhrzeiten statt. »Versucht euch beispielsweise einen Augenblick vorzustellen, es ist fünf Uhr morgens an einem regnerischen und grauen Herbsttag: Die Aufseher treiben die ausgehungerten, klammen und gereizten Menschen ins Freie, in Lumpen und abgelaufenen Schuhe, die meisten so erschöpft, dass sie sich kaum vorwärts bewegen können. Und derweil spielt auf einer Estrade neben dem Schlagbaum ein Orchester einen schwungvollen fröhlichen Marsch.«[151]

Auch die polnischen Gefangenen von Maldiak berichteten von Orchesterbegleitung zu ihrer Arbeit. Während die Musik erklang, wurden manche Gefangene von den Wachen wegen mangelhafter

Arbeitsleistung misshandelt. Hier und da knallten auch Schüsse. Die Leichen wurden dann unter den Büschen über den Minen verscharrt.[152]

Der Widerstand: Ausbrüche, Streiks, Aufstände

Wie unter dem Zaren setzten die Behörden auf jeden gefassten Ausbrecher eine Belohnung aus. Aber während die Flüchtlinge unter dem Zaren lebend zurückgebracht werden mussten, galt unter den Kommunisten die Devise »lebend oder tot«. Ausbrüche waren zuvor im Übrigen auch sehr viel leichter: So brach Dserschinski dreimal aus, und auch Trotzki und Stalin gelang mehrfach die Flucht.

Das Sowjetregime stellte den Ausbruch unter Strafe, ergriff abschreckende Maßnahmen gegen Unterstützer von draußen und ermunterte die Bevölkerung zur Anzeige. Wer nur den Kopf eines Ausbrechers vorweisen konnte, erhielt eine Belohnung in der doppelten Höhe eines durchschnittlichen Wochenlohns. Die nationalen Minderheiten lieferten die Häftlinge erbarmungslos aus, so die Komi oder die Jakuten, denen es weniger ums Geld als vielmehr um Alkohol und Tee ging, die das NKWD zur Belohnung dazulegte. Dabei muss man die damaligen Verhältnisse berücksichtigen: Ohne Pass konnte man nicht durch das Land reisen, es wimmelte von Polizisten und Spitzeln, und »Unterstützergruppen« besonders beflissener Sowjetbürger halfen bei der Suche.

Fall sie tot aufgefunden oder getötet wurden, stellte man ihre – oft verstümmelten – Leichen nach der Überstellung »mehrere Tage vor dem Lagertor aus«. Die Beamten, die für die Flucht verantwortlich waren, wurden im Übrigen mit einer administrativen Strafe belegt. In gravierenden Fällen drohte sogar ein Prozess.[153]

Wie Jacques Rossi erklärt, waren Ausbrüche aus sowjetischen Lagern eher selten. Trotz der Verlockungen waren die Hürden für die Gefangenen so hoch, dass sie ihren Traum von der Freiheit nur in außergewöhnlichen Fällen zu verwirklichen suchten. Besonders schwierig war ein Ausbruchsversuch in menschenleeren Regionen. Die Mitnahme einer »Kuh« sicherte noch nicht den Erfolg des Unternehmens ... »Manche Ausbrüche glückten dennoch. Besonow und El Campesino können das bezeugen. Auch andere, die die

Wüste Gobi und Tibet durchquert haben.«[154] (Michel Heller ist hier allerdings sehr skeptisch.[155])

In den Lagern gab es aber auch direktere Formen des Widerstands: Es gab Fälle von Arbeitsverweigerung, die allerdings nicht alle dem von Susanne Leonhard gezeichneten Schreckensbild entsprachen:

»In den meisten Fällen meldeten sich die Verweigerer krank und waren es oft tatsächlich. Schreckliche Szenen spielten sich am Lagertor ab. Ein lebendes männliches Skelett, zerlumpt und ohne feste Schuhe, weigert sich hinauszugehen. Es meldet sich krank. Es gibt keinen Arzt vor Ort. Die Krankenschwester fühlt eine Sekunde seinen Puls und erklärt: ›Gesund.‹ Die Kommandanten schieben und stoßen ihn hinaus. Er setzt sich auf den Boden und lässt sich schleppen. Man zerrt ihn an dem Wachposten vorbei, und er wird registriert, als sei er zur Arbeit gegangen. Oft verfrachten sie auch welche zum Strafisolator.«[156]

Der Widerstand manifestierte sich auch in Form von Streiks – seien es individuelle Hungerstreiks oder kollektive Arbeitsniederlegungen. Zu einem großen Streik kam es 1936 in Workuta: Trotzkisten verlangten ihre Anerkennung als politische Gefangene. Mora und Zwierniak berichten detailliert darüber:

»Mehrere Dutzend der bedeutendsten ›Trotzkisten‹ wurden nach Workuta deportiert. Da sie noch alle zusammen waren, beschlossen sie, ihr Andenken durch eine letzte Demonstration ihres unbeugsamen Willens zu verewigen ... Sie machten mehrere Eingaben vor allem mit folgenden Forderungen:
1. die Privilegien politischer Gefangener zu genießen, das heißt vor allem, von den Kriminellen abgesondert zu werden;
2. nur zu Arbeiten herangezogen zu werden, die ihrem Beruf entsprachen, also zu geistigen Tätigkeiten;
3. nie voneinander getrennt zu werden.«[157]

Nach Solschenizyn gehörten zu ihren Forderungen außerdem der Achtstundentag und die Auflösung der OSO. Da das NKWD ihr Gesuch ablehnte, traten sie in den Hungerstreik. Trotz Zwangsernährung gab es mehrere Todesfälle. Sie wurden auf verschiedene Lager verteilt und offenbar später alle erschossen.

Im August 1941 kam es zu einem Streik in einem Lager bei Leningrad: 300 Gefangene wurden auf der Stelle erschossen. 1947 endeten Streiks in Igarka und Workuta mit Blutbädern. Jacques Rossi berichtet von einer Meuterei im Laderaum der *Kim*, eines Frachters, der Gefangene nach Kolyma transportierte. »Sie werden bei einer Temperatur unter Null Grad ... nassgespritzt. In Magadan, dem Hafen von Kolyma, werden Hunderte erfrorene Leichen und eine Menge Invaliden mit Erfrierungen an den Gliedern von Bord gebracht.«[158] Im September 1948 endet eine Massenflucht aus dem Lager von Workuta mit einem Massaker und der Verurteilung der Überlebenden.

Ab 1952/53 erhielten die Häftlinge eine Bezahlung – oder besser eine kleine Vergütung –, allerdings ohne das gewünschte Ergebnis: Die Revolten gingen weiter. Tocquevilles Formulierung zur Schwäche der Staatsgewalt in Phasen der Reform ist bekannt – Gustav Herling, ein ehemaliger Insasse des Lagers Jerzewo am Weißmeer, hätte ihr sicher zugestimmt, als er schrieb:

»Alle Regierungen, die ihren Untertanen wenig zu bieten haben, müssen diesen einfach anfangs alles nehmen. Die kleinste Gunst, die sie ihnen anschließend gewähren, wird dann zu einem besonders großzügigen Zugeständnis. Wenn die Lagerleitung so eines Tages eine Rückkehr zur biblischen Woche mit sechs Tagen Arbeit auf einen Ruhetag verkündet hätte, dann wären wir uns wahrscheinlich alle darüber einig gewesen, dass die sowjetischen Arbeitslager die höchsten Vorstellungen verwirklichen, die man von einer humanen Behandlung von Gefangenen haben kann. Aber schon am nächsten Tag hätten wir uns wahrscheinlich gegen die Gefangenschaft als solche aufgelehnt.«[159]

1953 und 1954 wurden zahlreiche Lagerkomplexe, unter anderem Workuta, Norilsk, Kingir, Taischet, Ekibastus und Dscheskasgan, von Massenaufständen erfasst. In Norilsk lebten Anfang 1953 Tausende von Gefangenen. Ausgelöst wurde die Revolte von Ukrainern, die gerade aus Karaganda eingetroffen waren. Dort waren sie bereits im Vorjahr in Aufstände verwickelt gewesen. Der Streik brach am 18. Mai 1953 aus, nachdem Wachen grundlos auf Gefangene gefeuerten hatten. Die Seki rebellierten gegen die Willkür und kämpften für bessere Haftbedingungen in den Sonderlagern. Die Streikenden übergaben einer Delegation aus Moskau einen Katalog mit konkreten Forderungen. Verlangt wurde die Abschaffung der Nummern auf der Kleidung, der verriegelten Ba-

Der Widerstand: Ausbrüche, Streiks, Aufstände

racken und der vergitterten Fenster, die Herabsetzung der Arbeitszeit auf zehn Stunden, die Abschaffung der Einschränkungen im Briefverkehr mit den Familien, die Wiedereinführung des Strafabzugs (das heißt der vorzeitigen Entlassung bei Übererfüllung der Produktionsnorm), die Abschaffung der Trennung von Männern und Frauen am Arbeitsplatz, eine humanere Behandlung durch die Lagerleitung, ein Ende des Denunziantenwesens, die Ausweitung der Amnestie vom 27. März 1953 und bessere Verpflegung.

Der Sturz Berijas im Juni 1953 und der Aufstand in der DDR im selben Monat, der Appell Eisenhowers, der im April die Freilassung »von Tausenden noch immer festgehaltenen Gefangenen des Zweiten Weltkriegs« forderte (der Appell sollte, wie wir noch sehen werden, in den anderen kommunistischen Ländern Folgen haben), heizten die Proteste gegen die Haftbedingungen weiter an. Auch in Workuta brach ein Streik aus. Von Lager Nr. 7 ausgehend, griff er auf andere über. Einer Untersuchungskommission wurde ein 16 Punkte umfassendes Memorandum zugeleitet – mit ähnlichen Forderungen wie in Norilsk. Koordiniert wurde der Streik von einem Geheimkomitee aus einem baltischen, einem ukrainischen, einem russischen und einem west- bzw. mitteleuropäischen Vertreter. Er endete blutig, machte aber nachhaltig Eindruck: Ein beachtlicher Teil der Forderungen wurde schließlich erfüllt, zumindest auf dem Papier.

In Kasachstan, Kingir und im Lagerkomplex Dscheskasgan brachen ebenfalls im Mai 1953 sowie im Januar und April 1954 mehrere Streiks aus. Die Forderungen ähnelten denen von Workuta und Norilsk. Aber hier mangelte es an der Solidarität zwischen politischen und kriminellen Häftlingen. Und anders als in den vorangegangenen Fällen bemühten sich die lokalen Behörden hier auch nicht, die Vorgänge herunterzuspielen (zuvor hatten die Lagerleitungen aus Furcht vor Sanktionen aus Moskau die Streikenden sogar mit Lebensmitteln versorgt). Moskau reagierte angesichts des Ausmaßes der Bewegung schließlich mit der Entsendung von Truppen. Mehrere Dutzend Aufständische wurden von Panzern niedergewalzt. Der französische Häftling Jean-Jacques Remetter wurde Zeuge des Gemetzels. Erschüttert vertraute er seine Erinnerungen einem Journalisten mit der Anweisung an, diese erst nach seinem Tod zu veröffentlichen. Remetter, der als letzter französischer Zwangseingezogener der Wehrmacht *(Malgré-nous)* in seine Heimat zurückkehrte, starb im Februar 1984. Sein Bericht erschien in den *Dernières Nouvelles d'Alsace*.

Mehrere der erstreikten Zugeständnisse wurden später wieder zurückgenommen: So tauchten Ende der 50er Jahre wieder Häftlingsnummern und vergitterte Fenster auf.

Weitere Formen des Widerstands bestanden aus Selbstverstümmelungen: Gefangene schnitten sich ein Ohr ab, verschluckten ein Stück Stacheldraht, Löffel oder Schachfiguren, oder sie tätowierten sich Anklagen in die Haut. Martschenko erinnert sich:

»Ein junger Bursche namens Nikolai Tschtscherbakow wohnte in unseren Baracken im Lager mit besonderem Regime. Als ich ihn vom Fenster aus im Spazierhof sah, stockte mir der Atem: Auf seinem Gesicht war nicht mehr die kleinste freie Stelle sichtbar: Auf einer Wange stand: ›Lenin = Henker‹; auf der anderen: ›Chruschtschow, Breschnew, Woroschilow = Henker‹.«[160]

Gemeinsamkeiten und Unterschiede der Lager

Als Jewgenia Ginsburg in die »Kreidebrüche« von Kolyma geschickt wurde, schrieb sie: »Elgen ist das Zuchthaus von ganz Kolyma. Mylga das von Elgen, und die Kreidebrüche sind das von Mylga.« Es gab kein einheitliches Modell eines sowjetischen Lagers. Offiziell oder offiziös untergliederten sie sich in mehrere Arten. Jacques Rossi differenziert in seinem *Manuel du Goulag* 18 Kategorien! Diese offiziellen Unterscheidungen wechselten je nach Ära und deckten nicht immer die gleichen Sachverhalte ab. In den 70er Jahren unterschied man bei den »normalen«, also den verbreitetsten Lagern solche mit gewöhnlichem Regime, mit verschärftem Regime und mit Strafregime. Aber wie lassen sich diese Kategorien mit denen zuvor vergleichen?

Nach Rossi sind zu unterscheiden:
- »geschlossene« *Lager,* in denen den Gefangenen jedweder Kontakt zur Außenwelt verboten war. Sie hießen auch »entfernte Lager ohne Anspruch auf Briefkontakt«. Sie dienten mitunter dazu, den Tod eines Verhafteten zu vertuschen. Rossi merkt an, dass in

den 60er Jahren auf der Wrangel-Insel in Ostsibirien mindestens ein solches Lager existierte.
– die *Lager für Kinder,* eine offizielle Bezeichnung, die seit Anfang der 20er Jahre gebraucht wurde, aber rasch durch »Kolonien« ersetzt wurde. Ab 1935 und während der Stalin-Ära konnten Kinder von Volksfeinden, die von der OSO verurteilt worden waren, ab einem Alter von zwölf Jahren für drei, fünf oder acht Jahre in ein Lager verschickt werden. Wurden beide Elternteile verhaftet und es fanden sich keine Angehörigen zur Betreuung ihrer jüngeren Kinder, so wurden diese in ein Waisenhaus des NKWD gesteckt.
– die *Frauenlager:* Frauen und Männer begegneten sich nur auf den Baustellen. Rossi schätzt den Anteil an Frauen auf 17 bis 20 Prozent.
– *Lager für Alte und Gebrechliche.*
– *Speziallager:* Diese »Lager für Zwangsarbeit mit besonders strengem Regime« (auch *Regimelager* genannt) waren ausschließlich für politische Häftlinge (»KR« für Konterrevolutionäre) bestimmt. Sie wurden erst ab 1948 eingerichtet, vor allem um zu verhindern, dass diese Häftlinge allzu »bequeme« Arbeitsbedingungen genossen. Es ging hier klar um Strafe durch Arbeit. Diese Lager wurden meist isoliert an abgelegenen Plätzen innerhalb eines ITL-Lagergebiets eingerichtet. Sie hatten eine eigene Verwaltung und ein eigenes System von Aufsehern. Die Brigadechefs waren mehrfach bestrafte Kriminelle und erhielten ihre Essensrationen erst nach Rückkehr von der Arbeit. Daraus erklärt sich ihr besonders brutales Vorgehen gegen die Häftlinge. Es herrschten andere Vorschriften und Quoten. So war für eine Krankmeldung höheres Fieber notwendig als in normalen Lagern. Die Häftlinge mussten nicht nur einmal, sondern zweimal täglich zum Appell antreten. Und sie trugen eine Nummer an der Kleidung.
In den Baracken selbst herrschte fast ein Zuchthausregiment (die Fenster waren vergittert, und die Gefangenen durften sie außerhalb der Arbeitszeiten nicht verlassen). Dem einzelnen Häftling stand nur ein Drittel der im normalen Lager üblichen Fläche zu. Postverkehr und der Empfang von Paketen waren sehr viel strikter reglementiert oder sogar vollständig verboten.
Schließlich herrschte dort ausschließlich Zwangsarbeit. Den

Häftlingen war am Arbeitsplatz jedes Gespräch verboten. Eine doppelte Umfriedung der Produktions- und Wohnzonen machte Ausbrüche so gut wie unmöglich. Außerhalb der Arbeitszeiten wurden die Gefangenen in den Baracken eingeschlossen.[161]

Diese Sonderlager hatten einen einzigen »Vorteil«. Da sie ausschließlich politischen Häftlingen vorbehalten waren, gab es keine Spitzel![162] Zwischen 1953 und 1955 wurden sie infolge der Massenaufstände als gesonderte Einrichtung abgeschafft.

- Die *Katorga* (KTR) wurde 1943 für angebliche oder tatsächliche Kollaborateure eingerichtet. Die Arbeit in diesen Strafkolonien war noch härter als in Lagern mit strengem Regime. Katorga-Lager verteilten sich über das gesamte Territorium des GULag bis in die entlegensten Orte. Kontakte zwischen KTR und Seki waren trotzdem praktisch unmöglich. Die Arbeitsbedingungen waren mörderisch. Die Häftlinge trugen als Erkennungszeichen Buchstaben und Zahlen an der Uniform.
- Die *Scharaschkas*, »Institute für wissenschaftliche Geheimforschungen, an denen Wissenschaftler und Ingenieure unter Kontrolle der politischen Polizei« arbeiteten.[163] Am Anfang wurden diese spezialisierten Häftlinge von der Polizei an Unternehmen vermietet. Dann verwertete die für die Lager zuständige Behörde ihre Arbeit selbst. Die erste Scharaschka entstand 1930. Damals wurden Mikrobiologen verhaftet und in Susdal inhaftiert (einige auch erschossen), das dann zum Gefängnislabor ausgebaut wurde. Die Leitung unterstand dem BON, dem »Büro mit besonderer Bestimmung«, das von 1930 bis 1937 an der Entwicklung bakteriologischer Waffen arbeitete. Aber auch in den 30er Jahren konnten sich verschiedene Unternehmen Wissenschaftler ausleihen.

Mitte der 40er Jahre richtete das Ministerium für Staatssicherheit (MGB) zur verbesserten Nutzung der Scharaschkas einen Sonderdienst ein. Die Pflichten und Rechte der inhaftierten Wissenschaftler wurden genauer festgelegt: Sie arbeiteten für ihre Essensration, die allerdings besser war als die in den Lagern übliche. Sie durften Geld an ihre Familie schicken und mit Angehörigen Briefe wechseln: »Die Hochzeit der Scharaschkas war die Nachkriegszeit und der Wettlauf um die Entwicklung der Atombombe: Institute entstanden, die ebenso abgeschottet waren wie Konzentrationslager.

Die inhaftierten Wissenschaftler und deutschen Kriegsgefangenen arbeiteten darin zwölf bis 14 Stunden am Tag.«[164]

Zu diesem »Reservoir an erfinderischen und zumeist besonders wertvollen Instrumenten, die an einem sicheren Ort und in gutem Betriebszustand verwahrt werden mussten« – so die Formulierung des Mathematikers Lucienne Félix – gehörten Männer wie Tupolew, der 1937 aus Zelle Nr. 58 in Butyrki geholt worden war, wo er auf seine Hinrichtung wegen »Verrats« gewartet hatte, der Mathematiker und Physiker Karl Szillard, der Biologe Nikolai Timofejew-Ressowski, die Atomphysiker Krutkow und Rumer. Im (kleinen) Lager Bolschewo, 30 Kilometer von Moskau entfernt, arbeiteten beispielsweise 200 Wissenschaftler und Techniker, unterstützt von je einem Dutzend Helfern. Ihr Arbeitsumfeld hatte wenig mit dem Bild gemein, das man sich von einem Lager macht: Dieser achtgeschossige Bau mit den vergitterten Fenstern, bewaffneten Wachen, den schwarzen Häftlingsuniformen und der besseren Kost erinnerte eher an ein Gefängnis. Scharagin, der eigentlich Oserow heißt, erwähnt als Entwicklungen der Scharaschkas den so genannten Ramsin-Kessel, eine Art Durchlauferhitzer, die Bomber von Grigorowitsch und Polikarpow, die Lokomotiven Fd und IS, die Bindeverfahren von Konzen und Berg, die Artilleriesysteme von Blaguranow und Pobeduszew, die Panzer von Kotin und Kossozior, die Flugzeuge Pe-2 und Tu-2 von Petliakow und Tupolew, die interplanetarischen Raketen von Koroljow und sogar die Errungenschaften in der Atomphysik von Landau, Frank, Rumer und Krutkow.

In der gleichen Region und zur gleichen Zeit waren ganz verschiedene Typen von Lagern anzutreffen. Marschall Michail N. Tuchatschewski ließ beispielsweise 1921 die Familien von »Banditen« internieren. »Die Provinz [Tambow] war übersät mit Konzentrationslagern für Bauernfamilien, die am Aufstand [1921] teilgenommen hatten. Parzellen brach liegender Felder wurden mit Pfählen umfriedet, die dann durch Stacheldraht miteinander verbunden wurden. Drei Wochen lang wurden dort sämtliche Familien festgehalten, von denen ein Mitglied der Teilnahme am Aufstand verdächtigt wurde. Wenn sich der Betreffende nicht innerhalb von drei Wochen stellte, wurde seine gesamte Familie in die Verbannung geschickt.«[165]

Man hat auch vom »psychiatrischen GULag« gesprochen, in dem verschiedene Psychopharmaka verabreicht wurden. Entsprechende Einrichtungen gehörten allerdings eher zur Welt der Gefängnisse. In der Schlussphase experimentierte die Staatsmacht der UdSSR mit Einrichtungen außerhalb des KZ-Systems, die ebenfalls der Eliminierung und Inhaftierung dienten.

Die Öffentlichkeit

In gewisser Weise zielten die Lager auf die Öffentlichkeit im Innern: Es ging um Einschüchterung, aber auch um Vertuschung des Grauens, das im Namen des Sozialismus begangen wurde. Das Ziel: terrorisieren, ohne Mitleid zu wecken, strafen, ohne Empörung auszulösen. Die »Konterrevolutionäre« und »Asozialen« sollten aus der Volksgemeinschaft ausgeschlossen werden. Die Brücken zu den Häftlingen wurden so weit wie möglich abgebrochen. Postverkehr und Besuche wurden auf ein Mindestmaß beschränkt. Scham, Verdächtigungen und Drohungen, die das Leben der Angehörigen täglich belasteten, trugen zum Totschweigen der Gefangenenschicksale bei.

Eine gewisse, aber recht begrenzte Rolle beim Bekanntmachen der Sowjetlager spielten die Berichte ehemaliger Häftlinge, vor allem von Polen (*Kolyma* von Krakowiecki, *Unmenschliche Erde* von Jósef Czapski, *A World Apart* von Gustav Herling), von Deutschen (*Als Gefangene bei Stalin und Hitler* von Margarete Buber-Neumann, *Gestohlenes Leben* von Susanne Leonhard, *Arzt in Workuta* von Joseph Scholmer) sowie von Franzosen (*Onze ans au paradis* von Père Nicolas, *Les Fils du Goulag* von Armand Maloumian, *Dix-sept ans dans les camps soviétiques* von Andrée Sentaurens). Hinzu kamen die Bemühungen von Zeitschriften wie *Preuves* und *Est et Ouest* in Frankreich, *Encounter* in Großbritannien, *Die Monate* in Deutschland sowie die Arbeiten einiger Forscher (David Dallin und Boris Nicolaievski sowie Paul Barton).

Erst mit dem Erscheinen von Solschenizyns Werk 1974 drang das Faktum der sowjetischen Konzentrationslager massiv ins öffentliche Bewusstsein ein und bildete fortan den Kern der moralischen und politischen Kritik des Westens am Osten. Solschenizyn beklagte sich über die Gleichgültigkeit im Westen angesichts der bereits veröffentlichten Berichte über die sowjetischen Lager. »Ach!«, stöhnte er, »Ihr gutgenährten, sorglosen, kurzsichtigen, verantwortungslosen und mit Notizbuch und Kugelschreiber bewaffneten Ausländer – seit der Zeit dieser Korrespondenten, die den Seki schon in Kem ihre Fragen in Gegenwart der Lagerleiter stellten! Wie sehr habt ihr uns geschadet mit eurem eitlen Ruhm, mit Einsichten in Dinge zu glänzen, von denen ihr gar nichts begriffen habt!«[166] Seltsamerweise dauerte es bis zum Rückgang der Zahl der GULag-Gefangenen – Breschnew war nicht Stalin und die Lager von 1980 nicht die von 1950 –, ehe die Lager im Westen als unerträglich und barbarisch kritisiert wurden.

Die Aufgaben der Konzentrationslager

Umerziehen, arbeiten, besiedeln

Anfangs wurden, wie schon erwähnt, politische Gefangene, die als umerziebar galten, von anderen Insassen der Arbeitslager getrennt. Sie mussten nicht arbeiten, während die anderen in immer stärkerem Maße als billige Arbeitskräfte herhielten. Ende der 20er Jahre erhielt der Arbeitseinsatz der Gefangenen zunehmend größere Priorität: Die Häftlinge, die politischen wie die anderen, wurden für ihre Arbeit nicht mehr entlohnt, sie wurden Teil der staatlichen Wirtschaftsplanung. Der Zuwachs an Gefangenen wurde sogar im Fünfjahresplan festgelegt. So beschloss am 26. März 1928 der Rat der Volkskommissare, die Repression gegen »soziallabile« Elemente zu verschärfen und ihre Inhaftierung so zu organisieren, dass sie für den Staat einen wirtschaftlichen Nutzen darstellten. Schließlich sollte die »Erweiterung der Aufnahmekapazität von Arbeitskolonien in Angriff« genommen werden. Solschenizyn kommentiert: »Mit simplen Worten gesagt: möglichst viele Lager für die geplanten umfangreichen Aushebungen bereitzustellen. (Die gleiche wirtschaftliche Notwendigkeit hatte auch Trotzki vorausgesehen, bloß dass er als Lösung seine Arbeitsarmee mit Zwangsrekrutierten anbot. Ach, Teufel wie Beelzebub ... Und ob bei Stalin der Widerspruchsgeist gegen seinen ewigen Opponenten ausschlaggebend war oder der Wunsch obsiegte, den Menschen das Klagen und Hoffen mit einem Schlag auszutreiben, wie auch immer: Er verordnete die vorherige Bearbeitung der Arbeitsfrontler in der Faschiermaschine der Gefängnisindustrie.) Der Arbeitslosigkeit im Lande war der Kampf angesagt und somit die Erweiterung der Lager *ökonomisch* begründet.«[167]

Dass die Lager auch wirtschaftliche Aufgaben erfüllten, steht außer Zweifel. Fraglich ist hingegen, welche Bedeutung dieser Aufgabe wirklich zukam und was sich dadurch für das sowjetische KZ-System wirklich änderte. Für David Rousset waren die Lager vor allem Organismen der Haftverbüßung, der gesellschaftlichen und politischen Strafe. Er hielt die wirtschaftliche Rolle der Lager für dennoch beachtlich, ermöglichten sie doch die Erledigung von erniedrigenden und besonders harten Arbeiten. Paul Barton hält sich in dieser Hinsicht eher bedeckt, während Nicolas Werth und Gaël Moullec in ihren *Rapports secrets soviétiques* versichern, dass im stalinistischen System die wirtschaftliche Funktion des Lagers maßgebend gewesen sei.

Der GULag, so schrieben schon Mora und Zwierniak, »ist nicht nur eine Strafanstalt, er ist zugleich auch ein industrielles und kommerzielles Unternehmen, das sich, wie gewöhnlich bei solchen Unternehmen, auf Verträge, Kostenkalkulationen, Kredite usw. gründet. Der GULag erfüllt in vielen Fällen die Rolle eines Unternehmers, der die Aufträge verschiedener Einrichtungen ausführt, so die der Volkskommissariate des Postwesens, der militärischen Angelegenheiten, der Forstwirtschaft, der Industrie usw. Der GULag führt im Rahmen geeigneter Verträge alle vom nationalen Plan vorgesehenen Arbeiten durch, und ebenso öffentliche Arbeiten wie den Bau von Schienenwegen, Befestigungsanlagen, die Ausbeutung von Minen (einschließlich Goldminen) und die Nutzung von Wäldern usw. ... Alle Verträge ... werden auf der Grundlage gewöhnlicher Vergütungen für Arbeitsleistungen geschlossen, wie bei einem Unternehmen, das freie Arbeitskräfte beschäftigt. Da die Arbeit von Gefangenen besonders billig zu bekommen ist, kann der Überschuss zum Unterhalt des gewaltigen und kostspieligen Überwachungsapparates des NKWD sowie für die Gefangenen verwendet werden, die aus irgendeinem Grund vorübergehend nicht arbeiten.«[168]

Dank der Lager konnte – durch die Arbeitskraft von Gefangenen – der Mangel an Maschinen ausgeglichen werden, vor allem in entlegenen Regionen. Die Besiedelung unwirtlicher Gegenden (Dalstroï, Magadan, aber auch Workuta) spielte bei der schrittweisen Ausdehnung des GULag eine bedeutende Rolle, ganz zu schweigen von der damit einhergehenden Russifizierung und Sowjetisierung des Landes: Immerhin war der GULag auch ein gewaltiges Unternehmen zur ethnischen Durchdringung des Landes.

Insgesamt realisierte das NKWD 1948 13 Prozent der Großprojekte in der sowjetischen Wirtschaft, ein Beleg für die – jedoch nicht primär – wirtschaftliche Bedeutung des GULag. Paul Barton schreibt, die Lager »erscheinen nicht nur als vorrangige Wirtschaftsunternehmen, sondern auch als Reservoire für Arbeitskräfte, die sich in anderen Produktionssektoren einsetzen lassen«.[169] Seine statistischen Schätzungen liegen nahe bei denen gegenwärtiger Historiker, die sich auf das Archivmaterial stützen: Semskow, Bacon, Werth und Moullec. Barton verwahrt sich freilich gegen den Gedanken, die Hauptaufgabe der Lager sei wirtschaftlicher Natur gewesen. Vielmehr spricht er von einer systematischen Verschwendung von hochqualifizierten Arbeitskräften.[170]

Bei den Arbeiten ging es zunächst um die Realisierung von Großprojekten, von Staudämmen, Kanälen und aus dem Boden gestampften Städten (Magnitogorsk, Dnjeprogress, dem Weißmeer-Ostsee-Kanal). Zudem arbeiteten die Häftlinge an der wirtschaftlichen Erschließung unwirtlicher Gebiete: Workuta, Temir, Kolyma. Der GULag bildete seine Verzweigungen nach den Vorgaben einer angestrebten Produktion. So gab es einen GULGMP (*Glawnoje Uprawlenije Lagerei Gorno-Metallurgitscheskoi Promyschlenosti*), eine Hauptverwaltung der Lager in der Bergbau- und metallurgischen Industrie, aber auch einen *GlawLesLag*, eine Hauptverwaltung der Lager in der Holzwirtschaft, einen *GlawPromStroi*, eine Hauptverwaltung der Lager für Industriebauten, usw.[171] Die gesamte Organisation der Lager war in verschiedene Systeme unterteilt, die jeweils eine bestimmte Zone mit genau festgelegten wirtschaftlichen Aufgaben abdeckten. So war der Lagerkomplex BESYMENLag in der Region Kuibyschew mit dem Aufbau eines größeren Rüstungszentrums befasst.[172]

Jedes Lager hatte eine wirtschaftliche Dimension, die sich auch auf seine Organisation auswirkte. Beim Eintritt ins Lager stellte eine Kommission die Stufe der Arbeitseinsatzfähigkeit des Gefangenen fest.[173] Die Gefangenen wurden in Arbeitsbrigaden zwischen 15 und 40 Personen eingeteilt: an der Spitze der Brigade stand jeweils ein Brigadier, also ein Häftling, der die Arbeitsorganisation leitete, und ein *Desjatnik*, ein Stellvertreter, der den Prozentsatz der erfüllten Arbeitsnorm berechnete. Jede Brigade arbeitete unter der Aufsicht eines bewaffneten Soldaten, der über die Häftlinge als Herr über Leben und Tod herrschte.

Bis 1936 wurde ab einer Temperatur von −35 °C im Freien nicht mehr gearbeitet. 1936 lag das Limit bei −40 °C, in Kolyma allerdings bei −55 °C. Infolge der Massenaufstände in den Jahren 1953 und 1954 kehrte die Lagerleitung zu den ursprünglichen Vorschriften (Arbeit im Freien nur bis −35 °C) zurück, aber ab den 60er Jahren lag die Grenze erneut bei −40 °C. Die Arbeitszeiten variierten je nach Lager zwischen zehn und zwölf Stunden. Die Arbeitsbedingungen waren allerdings so schlecht, dass die vorrangig wirtschaftliche Aufgabe der Lager eher in den Hintergrund geriet. Diese Funktion – die Nutzung der Arbeitskraft von Häftlingen – spielte zwar ab den 30er Jahren in allen Lagern eine Rolle, aber stand sie deshalb auch im Vordergrund? Angesichts der Umstände, unter denen die Gefangenen arbeiteten, scheint es doch mehr um deren Bestrafung und Eliminierung gegangen zu sein, auch wenn alles daran gesetzt wurde, die maximale Arbeitsleistung aus ihnen herauszuholen.

Die Arbeit im Lager, wie Scholmer, als Sklavenarbeit darzustellen, ist sicher eine falsche Analogie: Der Sklave war für den Sklavenhalter ein wertvoller Rohstoff, für den er bezahlt hatte und mit dem er deshalb auch eher rücksichtsvoll umging. Dagegen konnte sich der Sowjetstaat sein Menschenmaterial kostenfrei aneignen. Und GULag-Häftlinge wurden nicht nur als Arbeitskräfte ausgebeutet, sie waren zugleich auch Objekte absoluter Machtausübung.

Faktisch richteten sich die mitunter mörderischen Arbeitsbedingungen gegen das eigentliche Ziel der Arbeit: die Produktivität. Angedrohte Strafen zur Erhöhung der Arbeitsleistung, die Unterernährung zur Ersparnis von »Brennstoff« für das »beseelte Werkzeug«, wie Aristoteles es einst nannte, führten im Hinblick auf die Produktivität letztlich in eine Sackgasse, auch wenn die verschlissenen Arbeitskräfte mehrere Jahrzehnte lang durch neue ersetzt werden konnten. Dallin und Nicolaievski beschreiben die Arbeitsbedingungen im Lager lange und ausführlich als sklavereiähnlich. Abschließend kommen sie auf die mageren Erträge der Zwangsarbeit zu sprechen. Diese sei letztlich unproduktiv, verschwende Menschenleben und führe nur zum Sittenverfall und zum Untergang des staatsbürgerlichen Bewusstseins. Solschenizyn hebt hervor, dass die Lager ihre Kosten nicht deckten. Die Kohle aus Workuta kostete doppelt soviel wie die aus dem Donezbecken.

Eine Rolle spielt auch der passive Widerstand der Gefangenen: Unter diesen repressiven und mörderischen Bedingungen äußerte er sich in der so genannten »Tufta«. Elinor Lipper erläutert den Begriff:

»Tufta ist die Vorspiegelung falscher Tatsachen. Tufta ist eine Kunst, die von vielen Verbrechergenerationen in langen Jahren der Gefangenschaft entwickelt worden ist. Tufta gibt es auf sämtlichen Arbeitsgebieten. Wer sich auf Tufta versteht, dessen Arbeit ist immer ausreichend und in Ordnung, obwohl in Wirklichkeit gar nichts in Ordnung ist. Abends liefern zwei Holzfäller dem freien Brigadier ihren Holzstapel ab. Er kontrolliert, er misst nach und notiert: zwölf Kubikmeter, eine respektable Leistung. Trotzdem sind die beiden Holzfäller nicht besonders erschöpft: Denn sie haben gerade so viel Holz gefällt, wie man zur kunstvollen Tarnung eines Reisighaufens gebraucht. Das ist Tufta.«[174]

Ein gutes Beispiel für die kontraproduktive Wirkungsweise dieser Faktoren ist der bereits erwähnte Bau des Weißmeer-Ostsee-Kanals. Dieses Großprojekt, das ohne Rücksicht auf das Leben der Gefangenen durchgezogen wurde, zeigt deutlich, dass die Lager vor allem der Ausbeutung und Eliminierung von Menschen dienten: Ihre inhumane Behandlung sowie die allgemeine Verschwendung und das Bedürfnis, (für die Führung und vor allem für Stalin) erkennbare, aber nicht unbedingt tatsächliche Fortschritte zu erzielen, lassen hinter dem Unternehmen vor allem ideologische Ziele vermuten; in wirtschaftlicher Hinsicht war es eher überflüssig. Obgleich der Kanal Ende 1933 eingeweiht, von Aragon 1934 besungen und von zahlreichen russischen Intellektuellen (leider auch von Gorki) – wie es sich gehörte – begeistert besichtigt wurde, war dessen ökonomischer Nutzen gering.

Aber auch in ideologischer Hinsicht fiel die Bilanz des Kanalbaus negativ aus. Während Wyschinski versicherte: »Unser Ziel besteht hingegen in der tatsächlichen Besserung; das Lager soll aus Häftlingen bewusste Werktätige machen«,[175] trugen die Arbeitsbedingungen in den Lagern vor allem zu ihrer physischen und moralischen Zerstörung bei. Arbeit unter solchen Bedingungen musste zwangsläufig zu einer kompletten Verrohung des mitmenschlichen Umgangs führen. So charakterisieren die Überlebenden die Verhältnisse im Lager denn auch als die Atomisierung des Einzelnen und das Fehlen jeder menschlichen Solidarität. Hunger und Arbeit bis zur völligen physischen Erschöpfung, die Jagd nach Erfüllung der Norm, um an Essbares zu kommen, zerstörten jedes Individuum. Schließlich zerbrachen alle menschlichen Bindungen.

Nach dem Esten Ernest Tallgren gab es unter den Gefangenen »weder Kameradschaft noch Solidarität. Die einzige noch existierende Solidarität war nationaler Art.« Für Schalamow kann die Zwangsarbeit im Lager nicht als menschliche Tätigkeit bezeichnet werden. Sie sei vielmehr nur in Bezug auf das Lagerleben begreiflich: als mörderische, inhumane Quälerei. Entsprechendes gilt für Freundschaft: »Wenn aus Unglück und Not eine Freundschaft hervorgeht, so bedeutet dies, dass es nicht die äußerste Not und auch kein großes Unglück ist.«[176]

Für Schalamow wird selbst die Hoffnung zum Übel, wenn der Tod einem Leben in der Hölle vorzuziehen sei. »Hoffnung bedeutet Abwesenheit von Freiheit. Ein Mensch, der noch etwas Hoffnung hat, verändert sein Verhalten, ist zuweilen mehr seelischen Zwängen unterworfen als ein Mensch ohne Hoffnung.« Die Hoffnung, die den Lebenswillen aufrechterhält, macht den Menschen wehrlos und nimmt ihm die Möglichkeit zu einem würdigen Tod.

Geht man eher von den Fakten – der fehlenden oder mangelhaften Produktivität – als von den offiziell bekundeten Absichten aus, so erscheint die wirtschaftliche Funktion der Lager zweitrangig. Welche Ergebnisse die andere Zielsetzung, die »Besserung durch Arbeit«, erbrachte, wurde bereits erörtert. Das Resultat bestand in der Terrorisierung der Bevölkerung und im Leiden und der Eliminierung der Gefangenen.

Die Arbeit erscheint so als Mittel zur Erfüllung anderer Aufgaben. Die Repression, das Beibringen »sowjetischer Disziplin«

funktionierte kraft einer Drohung, die jeden Ansporn zur Arbeit begleitete: *Arbeite oder stirb.*

Strafen, isolieren

Die wirtschaftliche Ausbeutung der Gefangenen ist mit Unterdrückung, ja mit institutioneller Eliminierung verbunden. Lager sollten terrorisieren, und zwar nicht nur die Insassen, sondern die gesamte Bevölkerung. Wie es die Chinesen ausdrücken: »Den Hahn erdrosseln, um die Affen zu erschrecken.« Die »schädlichen Insekten« wurden vertrieben und nicht etwa umerzogen, auch wenn Wischinski und andere dies behaupteten. Die »Umerziehung« diente den Peinigern als Etikett zur Erleichterung ihres Gewissens und trug gleichzeitig der Naivität der westlichen linken Intellektuellen Rechnung, auch wenn Marx in seiner *Kritik des Gothaer Programms* die »produktive Arbeit als einziges Mittel zur Besserung von Verbrechern« bezeichnet hatte. Dieser Gedanke wurde in der »provisorischen Anweisung zum Freiheitsentzug« vom Juli 1918 aufgenommen: »Die Personen, denen die Freiheit entzogen worden ist und die arbeitsfähig sind, werden zwangsweise aufgefordert *(sic)*, körperlich zu arbeiten.« Und auf dem VII. Sowjet-Kongress heißt es: »Die Arbeit ist das beste Mittel, den pervertierenden Einfluss ... der Unterhaltungen zwischen den Gefangenen zu unterbinden.«[177]

Wurden zunächst, wie erwähnt, nicht alle Gefangenen zur Arbeit gezwungen, so bildete Zwangsarbeit oder die so genannte Besserungsarbeit in den 30er Jahren den Kern einer Vereinheitlichung innerhalb des sowjetischen KZ-Systems. Entsprechend hießen die Lager »Besserungsarbeitslager«.

Besser wurde in Wahrheit natürlich niemand. Und falls einige Insassen wie Solschenizyn dem GULag seelisch gereift entkamen, so gewiss nicht – im Sinn des herrschenden Systems – als Helden. »Wenn ich heute noch lebe, so deshalb, weil man letzte Nacht einen anderen, der auf der Liste stand, zur Erschießung geführt hat. Wenn ich heute noch lebe, so deshalb, weil statt meiner ein anderer im inneren Bunker erstickt ist. Wenn ich heute noch lebe, so deshalb, weil ich Anspruch auf die 200 Gramm Brot zusätzlich hatte, die demjenigen fehlten, der umgekommen ist.«[178]

Die Strafe des GULag bestand nicht nur in den unmittelbaren Leiden, dem Hunger, der übermäßigen Arbeitsbelastung oder dem Karzer. Sie stellte zugleich einen Angriff auf die gesamte Persönlichkeit des Häftlings dar. »Die Lagerbedingungen machten es den Menschen unmöglich, Menschen zu bleiben«, schreibt Schalamow. »Dafür waren sie nicht eingerichtet worden. Alle menschlichen Empfindungen: Liebe, Freundschaft, Eifersucht, Mitleid, Barmherzigkeit, Ehrgeiz, Ehrenhaftigkeit waren mit dem Fleisch unserer Muskeln von uns gewichen. ... Wir kannten weder Stolz noch Eigenliebe. Eifersucht und Leidenschaft erschienen uns wie Vorstellungen von einem anderen Planeten. ... Geblieben war uns nur der Hass, die am hartnäckigsten sich haltende menschliche Empfindung ... Das Lager ist zwangsläufig eine durch und durch negative Schule des Lebens. Der Häftling lernt darin Schmeichelei, Lüge, kleine und große Gemeinheiten ... Wieder zu Hause, bemerkt er, dass er während seines Durchgangs durch die Lager nicht nur nicht weitergekommen ist, sondern dass auch seine Besorgnisse erbärmlich und primitiv geworden sind.«[179]

Zerstören, ausrotten

Das Lager zielte nicht nur auf Bestrafung. Vielmehr konnten die Maßnahmen gegen »Elemente«, die als »Relikte der Geschichte« galten, bis zu deren Vernichtung gehen. Eine moralische wie körperliche Zerstörung.

In einem Zeitraum von 14 Jahren wurden nach Nicolas Werth allein in den Besserungsarbeitslagern (ITL) eine Million Todesfälle registriert. Auf die Gesamtheit des Systems (ITL und Kolonien zusammen) hochgerechnet, gelangt man für einen Zeitraum von 20 Jahren auf zwei Millionen Tote. Solschenizyn stellt dies so dar:

»Von Herbst 1938 bis Februar 1939 starben in einem der Lager von Ust-Wym von 550 Gefangenen 385. Ganze Brigaden, einschließlich den Brigadiers, kamen um. Im Herbst 1941 standen auf den Listen des PETSCHORALag 50 000 Gefangene, im Frühjahr 1942 10 000. Kein Transport hat das Lager in dieser Zeit verlassen. Wo also sind die 40 000 fehlenden Gefangenen geblieben? [...] Im Kernbereich des Lagers Burepolom, in den Baracken der Verrecker, konnten im Februar 1943 in einer Nacht von 50 Gefangenen bis zu einem Dutzend sterben, und nie starben weniger als vier. Am Morgen nahmen ihre Plätze andere Verrecker ein, die davon träumten, sich bei der Kost aus flüssigem Brei plus 400 Gramm Brot etwas hochzurappeln.«[180]

Müssen die im sowjetischen KZ-System begangenen Verbrechen mit denen der Nationalsozialisten auf eine Stufe gestellt werden? Solschenizyn bejaht dies ohne den Anflug eines Zweifels: »So klar wie die Zeilen der Klassendoktrin sind – allerorts zur Schau gestellt, verkündet und nie unter Verschluss gehalten –, also dass die Ausrottung das einzige Los ist, das der Feind verdient, so ändert dies nichts daran, dass die Ausrottung jedes einzelnen konkreten menschlichen Zweibeiners mit Haaren, Augen, Mund, Körper, Schultern eine Sache ist, die man sich unmöglich vorstellen konnte. Stand es einem nicht frei, zu glauben, dass das, was ausgerottet wurde, die Klassen seien, aber dass die aus diesen Klassen hervorgegangenen Menschen mehr oder weniger fortdauern würden? […] Den Augen der Russen, die auf noch weitere ebenso vage wie großzügige Prinzipien blickten, gelang es wie Augen mit ungeeigneten Brillen nicht, diese Zeilen der grausamen Doktrin genau zu lesen.«[181]

Solschenizyn stellte diese Anklage dem zweiten Band seines *Archipel GULag* als Motto voran: »Arbeit und Ausrottung.«[182] Die Ausrottung bildet für ihn das Wesen des sowjetischen KZ-Systems. An etwas späterer Stelle kommt er beim Thema Weißmeer-Ostsee-Kanal darauf zurück: »Stalin brauchte *irgendwo* eine große Baustelle – auf dass die Sträflinge dort zum Einsatz kämen und dass sie viele Arbeitskräfte und viele Menschenleben verschlänge (den Überrest von der Kulakenliquidierung) und eine rechte Knochenmühle würde, aber eine billige, und zugleich: ein gewaltiges Denkmal seiner Herrschaftszeit, von Pyramidenart ein Denkmal.«[183] Und noch bitterer fügt er hinzu: »Darin bestand ja die Metzelei. Für Gaskammern hatten wir ja kein Gas.«[184]

Für Solschenizyn gibt es eine echte Übereinstimmung zwischen dem nationalsozialistischen und dem stalinistischen Vernichtungsprojekt. Der Vergleich ist zunächst einmal zulässig. Mit der Einschränkung freilich, dass die NS-Lager, mit denen Solschenizyn die sowjetischen Lager gleichsetzt – selbst die mit Gaskammern ausgestatteten wie Sachsenhausen – nicht für die Vernichtung erfunden worden sind. An späterer Stelle soll noch die Rede davon sein, dass der Völkermord an den Juden außerhalb des KZ-Systems im strengen Sinn durchgeführt wurde.

Dennoch waren Einrichtung und Unterhalt der sowjetischen Lager wie die der Lager des NS-Staates ein Verbrechen. Schon in der Anfangsphase regierte dort der Tod, und dies trotz angeblich »akzeptabler« Lebens- und Arbeitsbedingungen. Wie den deutschen »Kollegen« mangelte es den sowjetischen Menschenschindern niemals an Phantasie, wenn es darum ging, sich neue Quälereien einfallen zu lassen: »Einem Holz fällenden Gefangenen wurde befohlen, sich im Wald auszuziehen. Dann musste er bei der eisigen Kälte dieser polaren Gegend in Unterwäsche und ohne Schuhe auf einem Baumstumpf strammstehen. Wenn er zusammenbrach, versetzte ihm der Aufseher Fußtritte oder Hiebe mit dem Gewehrkolben, und mitunter wurde diese Behandlung so lange fortgesetzt, bis der Gefangene seinen letzten Seufzer ausstieß.«[185]

Auf den Solowezki-Inseln wurde noch raffiniertere Foltern praktiziert, so die der Treppe: »Mitten im Winter befahl man dem Gefolterten, zwei Eimer zu nehmen, barfuß bis zum See zu gehen und die Eimer zu füllen. Der Weg führte über eine Treppe mit 273 von Eis bedeckten Stufen hinab. Der Gefangene stürzte die Treppe hinunter, füllte die Eimer in einem ins Eis geschlagenen Loch und begann den Aufstieg nach oben. Seine steif gefrorenen Beine versagten ihm schließlich den Dienst, sodass er beim Sturz das Wasser verschüttete. Der Aufseher oben an der Treppe befahl ihm brüllend, wieder zum See hinunterzusteigen und die Eimer erneut zu füllen. Die meisten, denen diese Strafe auferlegt wurden, beschlossen ihre Tage erfroren am Fuß dieser Höllentreppe.«[186]

Ähnliche Foltermethoden wurden, wie an späterer Stelle noch erörtert werden wird, auch in den NS-Lagern Mauthausen und Struthof-Natzweiler praktiziert.

Auch wenn besonders sadistische Strafen in der Folgezeit bestraft und unterbunden wurden, so verschlechterten sich die Lebensbedingungen der Seki doch auf brutale Weise. Ihre Kleidung bestand nur noch aus Fetzen, angesengt, notdürftig geflickt und verdreckt, als seien sie durch den Schlamm gezogen worden. Die Arbeitszeit dauerte manchmal bis Mitternacht, während die Häftlinge am nächsten Tag um fünf Uhr wieder auf den Beinen waren. Die Verpflegung war eine Hungerkost: Den Gefangenen an der

Petschora standen offiziell 2500 Kalorien zur Verfügung ... abzüglich der gestohlenen Lebensmittel, während sie in den Hohen Norden unterwegs waren.[187]

In den sowjetischen Lagern kamen viele um, und wie Paul Barton betont, wurden noch mehr umgebracht. Auch wenn zumeist indirekt getötet wurde (in der UdSSR »gibt es keine Gaskammern, die Häftlinge sterben an den Produktionsorten«), so konnten die Lager auch zu Stätten von Massenexekutionen werden.[188] Mindestens zwei fanden 1937/38 statt, als die *Jeshowschtschina,* die »große Säuberung« mit Massenverhaftungen über das Land hereinbrach. Spezialabteilungen des NKWD wurden in die Lager entsandt oder vor Ort zusammengestellt, um groß angelegte Erschießungen durchzuführen.

Golubowitsch, ein Exgefangener, der am Bau der Eisenbahnlinie Baikal-Amur beteiligt war, sagte dazu aus: »1937 hatte man in die Stadt Swobodny, wo die Hauptverwaltung des NKWD untergebracht war, eine Sonderbrigade aus Moskau entsandt, an deren Spitze Major Gradschy stand. ... Diese Brigade erschoss nicht nur die Gefangenen, sondern auch die zivilen, freien Arbeiter, die in den Lagern beschäftigt waren. Ich persönlich weiß, dass die Brigade 150 Zivilisten erschossen hat. Die genaue Anzahl der erschossenen Häftlinge kenne ich nicht, aber sie geht sicher in die Tausende.«[189]

Zu den Lagern in Karaganda sagte Oberst Andrejew in seiner mündlichen Aussage während der gleichen Sitzung aus: »Dies war während der Zeit der Verschwörung Tuchatschewskis, die sich auch auf die Lager auswirkte. ... Ich wurde aus dem Gefängnis entlassen und kam nach Karaganda, wo ich zum Chef der Lagerleitung ernannt wurde. Ungefähr zwei Monate später bestellte mich der Chef der Verwaltung zu sich und gab mir den Befehl, in den Divisionen 20 der besten Soldaten auszuwählen, disziplinierte, energische Mitglieder des Komsomol oder der Partei ohne Familie, und sie der operativen Abteilung der Tscheka zu unterstellen. ... Zwei Wochen später tauchte ein junger Kommunist bei mir in der Leitung auf. ... Er berichtete mir ganz aufgeregt, er habe zwei Wochen lang in den Steppen von Karaganda gewaltige Gruben ausheben müssen. Und jetzt war er schon drei Tage damit beschäftigt, Menschen zu erschießen und sie in diesen Gruben zu verscharren.

... Ungefähr zwei Monate später wurde dieses Kommando aus dem Lager abgezogen. Wohin sie gegangen sind, wie ihr Schicksal aussah und was aus ihnen geworden ist, weiß ich nicht.«

An anderer Stelle berichtete der Zeuge, am Anfang »wurden fünf Tagesbefehle mit den Listen der Erschossenen publik gemacht. Später wurde die Veröffentlichung dieser Tagesbefehle verboten. Es gab 250 mit 300 Namen. ... Das Lager Karaganda war ein kleines Lager.«[190]

Wie Barton hervorhebt, gab es 1941, nach der deutschen Invasion, eine zweite Säuberung dieser Art, allerdings in geringerem Umfang.

Bleibt abschließend noch ein fundamentaler Unterschied zwischen den Lagern der Sowjets und denen des NS-Staates hervorzuheben: Absolut zuverlässige Zeugen oder Analytiker wie Barton oder Solschenizyn sprechen von einer entsetzlich hohen Sterblichkeit (in den Kriegsjahren bis zu einem Prozent der Lagerinsassen pro Tag). Sie beschreiben die schleichende Vernichtung der Gefangenen durch eine Arbeit, die der Umerziehung oder der sowjetischen Wirtschaft dienen sollte (so wurden mitten im Winter auf den Solowezki-Inseln elf Kilometer nutzloser Eisenbahnschienen verlegt). Und sie beziffern die Todesopfer beim Bau des Weißmeer-Ostsee-Kanals auf 60 000. Aber all dies ändert nichts daran, dass GULag und Holocaust sich auf ideologischer Ebene diametral entgegenstanden.

Im NS-Staat war die Ausrottung ethnischer Gruppen ein erklärtes Ziel. Bei den Sowjets war dies nicht der Fall. So wie man ihre Ideologie, wonach die Deportierten des GULag angeblich wieder zu humanen Menschen gemacht werden sollten, nicht wörtlich nehmen kann, so wenig darf man aus den feststellbaren Auswirkungen der Lebensbedingungen in ihren Lagern, also aus dem massenhaften Sterben unschuldiger Menschen, einen beabsichtigten Zweck ableiten. Die Sterblichkeit war zwar in den Lagern beider Systeme erschreckend hoch, aber in den Lagern der Sowjets war der Tod nicht das automatische und vorprogrammierte Schicksal der Gefangenen. Gleichwohl waren menschliche Tragödien, der Freiheitsentzug, die Unterwerfung unter eine stupide Lagerordnung, der Hunger, die Schikanen, die Schläge, die Krankheiten und die katastrophalen hygienischen Verhältnisse nicht zu leugnende

Tatsachen. 1941 starben von über zwei Millionen Gefangenen im GULag etwa 100 000 und im Jahr 1942 250 000 Menschen.

Jewgenia Ginsburg veranschaulichte den Unterschied zwischen den Lagern beider Systeme so: »Unsere Hölle von Elgen besaß diese Besonderheit, dass über dem Tor nicht die Inschrift prangte: ›Lasset alle Hoffnung fahren‹. Hoffnung hatten wir. Man schickte uns nicht in die Gaskammer oder zum Galgen. Neben Arbeiten, die praktisch einem Todesurteil gleichkamen, gab es andere, die das Überleben ermöglichten.«[191] Zwar waren die Überlebenschancen in einem Lager wie Elgen auf lange Sicht geringer als die Aussichten, einen schrecklichen Tod zu sterben, aber immerhin gab es überhaupt welche. Und während sadistische Übergriffe in den NS-Lagern an der Tagesordnung waren, steckten hinter den Leiden der GULag-Häftlinge oft andere Mechanismen: »Kaldymow war kein Sadist. Unsere Leiden bereiteten ihm kein Vergnügen. Wir waren für ihn einfach nicht vorhanden, weil er uns aus innerster Überzeugung nicht als Menschen betrachtete. Ein ›plötzlicher Anstieg an Verlusten‹ bei den gefangenen Arbeitskräften war für ihn eine technische Panne, etwa vergleichbar mit der endgültigen Abnutzung eines Hackbeils für Viehfutter. In beiden Fällen gibt es nur eine Lösung: Durch neue ersetzen!«[192]

In den Lagern der UdSSR ging es um Isolation, Strafe und Produktion, wobei Verluste an Menschenleben billigend in Kauf genommen wurden. Dagegen ging es bei den deportierten Juden des NS-Staates um eine Vernichtung, selbst wenn die Arbeitskraft mancher vor dem Gang in die Gaskammer noch ausgebeutet wurde. Aus den Augen von Opfern mag der Unterschied spitzfindig erscheinen. Aber er ist dennoch entscheidend.

1926: Das faschistische Italien

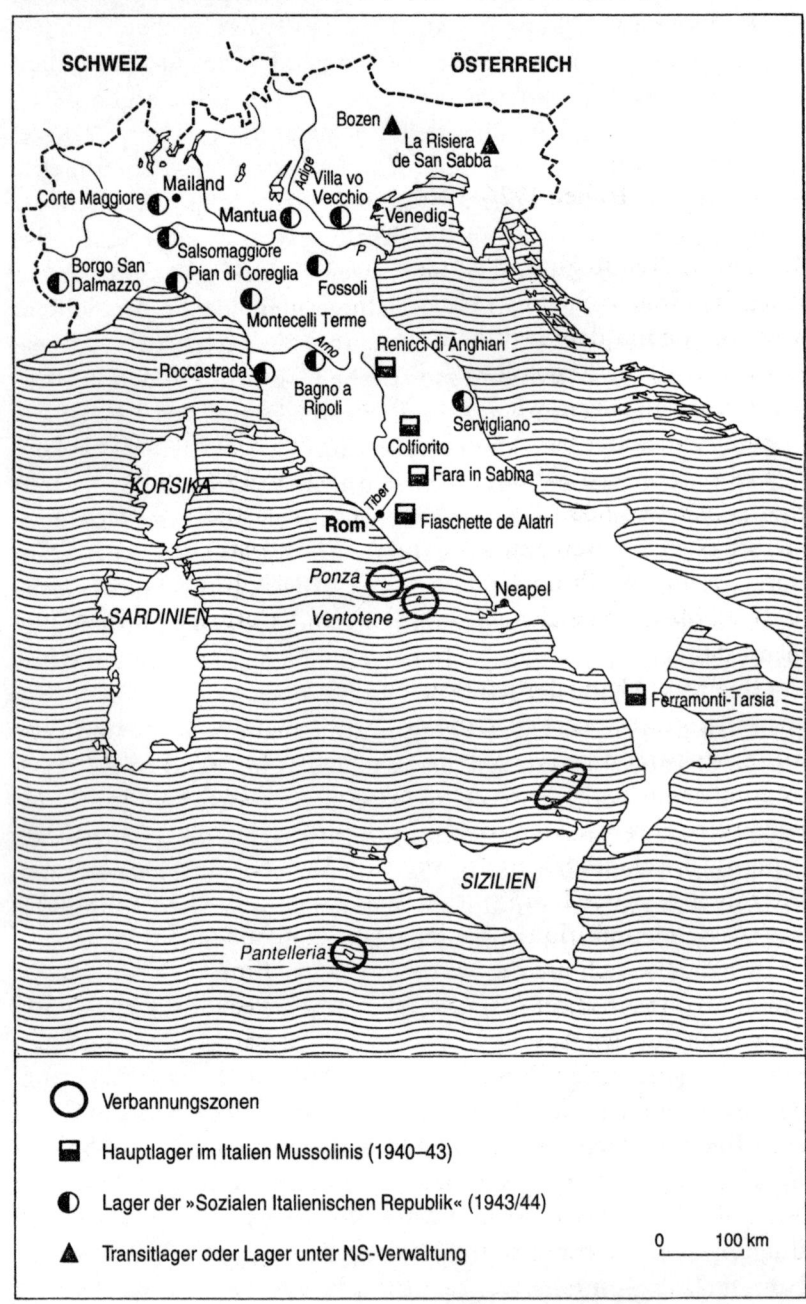

○ Verbannungszonen

▬ Hauptlager im Italien Mussolinis (1940–43)

◐ Lager der »Sozialen Italienischen Republik« (1943/44)

▲ Transitlager oder Lager unter NS-Verwaltung

1926 – Von Mussolini bis Vichy

Italien 1926–1944: Mussolinis Lager

Die autoritären Regime, die in der Zeit zwischen den beiden Weltkriegen in Italien, Spanien, Portugal oder Japan herrschten, sind etwas voreilig mit dem Dritten Reich gleichgesetzt worden. Gewiss, das faschistische Regime Mussolinis ist mit seinen Gegnern nicht sanft umgesprungen, wie Pierre Milza schreibt: »Seine Geschichte beginnt und endet mit Ausbrüchen extremer Gewalt, und ab 1926 legt es sich bleiern auf das Land.«[1] Zwischen 1930 und 1934 wurden annähernd 6000 Personen aus kommunistischen und antifaschistischen Kreisen festgenommen. Die meisten wurden weder vor Gericht gestellt noch rechtskräftig verurteilt. Und am 10. Juni 1924 wurde der Sozialistenführer Giacomo Matteotti entführt und ermordet.

Gleichwohl kann der faschistische Terror nicht mit dem NS-Terror gleichgesetzt werden, denn im Gegensatz zu Deutschland und zur Sowjetunion kannte das Italien Mussolinis kein Lagersystem, zumindest nicht vor 1939. Sein bevorzugtes Mittel war die Zuweisung eines Zwangsaufenthalts (»il confino«), das heißt die Verbannung auf Inseln im Süden des Stiefels – Ponza, Ventotene, Ustica – oder in abgelegene Dörfer der Abruzzen oder Kalabriens. Von einer Massendeportation oder -verbannung kann keine Rede sein.

Es handelte sich um die Verbannung von Einzelpersonen, nicht um die Konzentration von Gruppen zum Zweck der Vernichtung oder auch nur der Ausbeutung durch Zwangsarbeit. Die Maßnahme traf hochkarätige Persönlichkeiten: So wurden Sandro Pertini, der spätere italienische Staatspräsident, Luigi Settembrini und Guerrino Tommasi nach San Stefano, Umberto Terracini, Altiero Spinelli, Alberto Jacometti und Ernesto Rossi nach Ventotene, Giorgio Amendola und Pietro Nenni nach Ponza »verbannt«. Die Haftbedingungen waren hart und trugen absurde Züge. So war es den Verbannten laut »Konfiniertenpass« *(libretto del confino)* verboten,

- ein Kartenspiel zu besitzen;
- ins Kino oder Theater zu gehen;
- Bistros, Cafés oder Restaurants zu besuchen;
- in die Kirche zu gehen (außer mit ausdrücklicher Genehmigung);
- ohne Erlaubnis zu korrespondieren;
- sich in einer Fremdsprache zu unterhalten;
- mehr als einen Brief pro Woche zu verschicken;
- mehr als 100 Lire bei sich zu tragen;
- über Politik zu sprechen;
- das Tagesgeschehen zu kommentieren.[2]

Immerhin durften die Internierten mit ihren Angehörigen zusammenwohnen und hatten Anspruch auf mietfreie Unterbringung, ja sogar auf ein Tagesgeld in Höhe von 6,50 Lire, sofern sie über keine Mittel verfügten, ihren Lebensunterhalt zu bestreiten. Und sie hatten – der Gipfel der Paradoxie – das Recht, von 8 bis 14 Uhr an den Strand zu gehen, unter strenger Bewachung, versteht sich.[3] Kurzum, auch wenn, vor allem nach dem Kriegseintritt Italiens, häufig Hunger herrschte und die Lebensbedingungen schwierig waren, so war man in Italien doch weit von den Verhältnissen in Deutschland entfernt, und das galt selbst für jüdische Internierte wie Carlo Levi, den Autor des berühmten Romans *Christus kam nur bis Eboli*. Nicht von ungefähr fühlten sich die ausländischen Juden trotz der antisemitischen Gesetze von 1938 in Italien und der italienischen Besatzungszone von Dalmatien bis Nizza sicher. Eigentlich hätten ab Herbst 1938 alle ausländischen Juden, die sich nach dem 1. Januar 1919 in Italien niedergelassen hatten, ausgewiesen werden müssen. Doch die entsprechende Verordnung wurde nie in die Praxis umgesetzt. Bemerkenswert ist auch, dass Touristenvisa erst am 19. August 1939 abgeschafft und jederzeit Transitvisa für italienische Häfen ausgestellt wurden, die Ausländern die Möglichkeit gaben, ins Land einzureisen ... und dann unterzutauchen.

Mit Kriegsbeginn 1939 verschlechterte sich die Lage. Italien erwog, sich mit einem Lagersystem auszustatten. So steckte das Innenministerium am 1. September 1939 einen umfassenden und theoretischen Rahmen ab, der erstmals und ausdrücklich die Errichtung von Konzentrationslagern vorsah. Danach waren
- 1679 Ausländer auszuweisen;

- 1451 Ausländer und 458 Italiener in Konzentrationslagern zu internieren;
- 2431 Ausländer und 296 Italiener in den *confino* zu verbringen;
- 253 Ausländer und 360 Italiener scharf zu überwachen.

Mit dem italienischen Kriegseintritt 1940 überstürzten sich die Ereignisse. Am 26. Mai 1940 teilte Guido Buffarini Guidi, Unterstaatssekretär im Innenministerium, dem Polizeichef Arturo Bocchini in einem Schreiben mit, »dass der Duce für den Kriegsfall die Vorbereitung von Konzentrationslagern für die Juden wünscht«.[4] Am 8. Juni 1940, zwei Tage vor der Kriegserklärung Italiens an Frankreich und Großbritannien, wurden die Verfügungen bezüglich der Lager erlassen. Ab dem 10. Juni 1940 wurden die Juden aus »Sicherheitsgründen« festgenommen.[5] Maria Eisenstein schildert in *L'Internata n° 6* ihre Verhaftung, berichtet aber auch, dass sie den Status einer freien Internierten *(sic)* erhielt, das heißt einen Wohnsitz in einem Dorf zugewiesen bekam, verbunden mit der Auflage, sich zweimal am Tag bei der örtlichen Polizeistation zu melden; anschließend verbrachte sie fünf Monate in dem Lager Lanciano in den Abruzzen. Die Juden wurden nicht misshandelt, und selbst Verstöße gegen die Vorschriften wurden ohne Anwendung körperlicher Gewalt geahndet.[6]

Ende Oktober 1940 wurden in Italien 1373 italienische Staatsbürger, darunter 331 jüdischen Glaubens, sowie 4251 Ausländer, darunter 2412 jüdischen Glaubens, in staatlichen Gewahrsam genommen. Nur etwas mehr als die Hälfte von ihnen, das heißt 2396 Ausländer und 853 Italiener, wurde tatsächlich in Konzentrationslagern interniert. Die anderen wurden verbannt. Beide Gruppen teilten das Schicksal mehrerer Tausend Antifaschisten, die zuvor bereits verhaftet und verbannt worden waren. Ende 1940 gab es in Italien insgesamt 10 356 »Internierte«, darunter mindestens 3000 bis 4000 KZ-Häftlinge.[7]

Bis zu diesem Zeitpunkt herrschte eine ähnliche Situation wie vor dem Ersten Weltkrieg. Damals waren die Staatsangehörigen der Kriegsgegner festgenommen worden, namentlich Bürger aus Österreich-Ungarn, die man nach Sardinien oder auf die Insel Ponza verfrachtete, aber auch »verdächtige« Italiener, insbesondere Anarchisten. 1941 wuchs die Zahl der Internierten jedoch: Mittlerweile lebten 11 000 Personen in Verbannung oder in Lagern. Ende

1942 zählten die Lager 5000 Insassen, Anfang 1943 stieg ihre Zahl auf annähernd 10 000, etwa 8000 Personen waren verbannt. Unter ihnen waren zahlreiche Juden deutscher, österreichischer oder tschechoslowakischer Herkunft. Mitte 1943 verfügte Italien auf dem Papier über 51 Konzentrationslager, die fast alle im Süden der Halbinsel lagen. Allerdings zögert man, von Lagern zu sprechen, denn meist handelte es sich um Schulen, Villen, Klöster und Schlösser, die behelfsmäßig für die Unterbringung einer kleinen Zahl von Häftlingen hergerichtet worden waren, seltener um Barackenlager mit Stacheldrahtzäunen. Einige wie die in Treia und Vinchiaturo hatten nur etwa 50 Insassen, andere, wie das Lager Renicci di Anghiari, konnten bis zu 5000 Personen aufnehmen. Manche Lager waren ausschließlich für Juden bestimmt, andere hatte eine »gemischte« Belegschaft.[8]

Die Lebensbedingungen dort waren zwar schwierig, aber keineswegs menschenunwürdig. In einem von Mussolini persönlich unterzeichneten Dekret vom 4. September 1940 wurde darauf hingewiesen, dass die Inhaftierten human zu behandeln seien, nicht misshandelt werden dürften und für ihre Arbeit, sofern man ihnen welche gab, entlohnt werden müssten. Man war weit entfernt vom Geist der NS-Lager, in denen von Anfang an jedem Gedanken an eine humane Behandlung der Häftlinge eine klare Absage erteilt wurde. Italienische Häftlinge bekamen tagsüber häufig Ausgang. In einem NS-Lager wäre dergleichen undenkbar gewesen.

Natürlich wurde diese Politik der Milde nicht immer praktiziert, namentlich in Ferramonti-Tarsia nicht, dem größten Lager, das für Juden reserviert war und mit Sicherheit zu den härtesten gehörte.

Das Lager Ferramonti

Das Lager Ferramonti in der kalabrischen Provinz Cosenza war genau genommen das einzige, das von vornherein als solches konzipiert worden war: Es war mit Stacheldrahtzäunen und Wachtürmen gesichert, Appelle wurden durchgeführt usw. Ferramonti war dem Innenministerium unterstellt (der Abteilung Bevölkerung und Rasse) und konnte 3000 Häftlinge aufnehmen. Es umfasste 92 Baracken unterschiedlicher Bauart. Typ 1 verfügte über 30 Plätze (335 m^2) und bestand aus zwei großen Sälen mit Küche, zwei Wasserzapfstellen und Gemeinschaftslatrinen. Der etwas kleinere Typ 2 (270 m²) bot acht fünfköpfigen Familien Platz und war mit Kochstelle und Gemeinschaftslatrinen ausgestattet. Typ 3 war für zwölf dreiköpfige Familien gedacht, auch er mit Kochstelle und Gemeinschaftslatrinen. Ein Wachposten, den die Insassen aus ihrer Mitte bestimmten, blieb in der Baracke und bewachte die Habseligkeiten.

Internierungen erfolgten kraft der »Rassengesetze«, aber auch aus Gründen der »öffentlichen Sicherheit«, beispielsweise wegen des Besitzes falscher Papiere oder wegen »subversiver und antifaschistischer Propaganda«. Laut Vorschrift sollten die Internierten dreimal am Tag zum Appell antreten (um 9 Uhr, 12 Uhr und 19 Uhr). Häufig fanden jedoch nur zwei Appelle statt, und sie hatten nichts gemein mit denen in den nationalsozialistischen oder sowjetischen Lagern, die sich in eisiger Kälte stundenlang hinziehen konnten. Einige Gefangene erinnerten sich später amüsiert an die Aussprache ihrer Namen. Ausgang war laut Vorschrift verboten, konnte jedoch in »Ausnahmefällen« gewährt werden, und das Lager machte von dieser Möglichkeit so häufig Gebrauch, dass die vorgesetzten Stellen in Rom 1943 mit Besorgnis reagierten. Die Häftlinge erhielten Ausgang, wenn etwa ein naher Verwandter gestorben oder schwer erkrankt war, wenn sie einen Facharzt konsultieren wollten oder ein Examen oder eine Prüfung ablegen mussten. Zwangsarbeit gab es nicht, die Insassen durften Pakete empfangen.

Gleichwohl war Ferramonti ein streng geführtes Internierungslager, und es war in einer äußerst ungesunden, Malaria verseuchten Gegend errichtet worden. Sobald es regnete, stand im Lager das Wasser. Die hygienischen Verhältnisse waren sehr schlecht, zumindest unmittelbar nach der Inbetriebnahme des Lagers im Sommer 1940, als die Baracken nur bedingt bezugsfertig waren.[9] Andererseits gab es im Lager ein richtiges Krankenrevier, und wenn der Chefarzt auch nicht sehr beliebt war, so tat er doch seine Arbeit. Das Essen war ausreichend, zumindest bis 1943. Danach verschlechterte sich die Lage deutlich. Mitte August 1943 wurde die Tagesration Brot auf 150 Gramm reduziert, dazu gab es eine Wassersuppe.

Ein Direktor mit der Dienstbezeichnung »Kommissar für die öffentliche Sicherheit« leitete das Lager. Ihm zur Seite standen ein Stellvertreter, der zugleich für Sicherheitsfragen zuständig war, ein

Dutzend Polizisten und 75 Männer der Freiwilligen Sicherheitsmiliz (MVSN). Jede Wohneinheit wählte einen Insassen zum Barackenältesten, und alle Barackenältesten bestimmten einen Lagerchef, der für die Lagerleitung der bevorzugte Ansprechpartner war. Carlo Capogreco, Autor einer Studie über »das Leben und die Menschen im größten faschistischen Internierungslager«, spricht von einem »außergewöhnlichen, selbstverwalteten Gemeinwesen mit einem eigenen Parlament, einer Schule, Sozialeinrichtungen und Sanitätsdienst, einer Synagoge, einem Speisesaal«, ja sogar von einer »Oase des Friedens«.[10] Hilfswerke wie »die Kinderkantine« hatten ungehinderten Zutritt. Die Synagoge hatte einen festen Platz im Lagerleben, und mit Billigung des Lagerleiters forderten – und erhielten – die Katholiken einen Priester. Ein aus Internierten gebildetes »Friedensgericht« schlichtete Streitigkeiten, man veranstaltete Fußballspiele (die deutsche Mannschaft bestand aus Juden, die vor den Nazis geflohen waren!) und Konzerte, führte Theaterstücke auf und richtete Kindergärten, Mittel- und Oberschulen ein. 1943 feierten Wärter und Insassen zusammen Silvester, und der Direktor hielt eine denkwürdige Rede, an die sich viele noch lange erinnern sollten: »Wer weiß? Vielleicht sind in einem Jahr die Rollen vertauscht ... Ich könnte Häftling sein, und ihr Wärter!«[11]

Ferramonti hatte mehr vom Hades als vom Fegefeuer oder gar von der Hölle. Der Direktor war verständnisvoll und aufgeschlossen für die Bedürfnisse der Internierten. Das Verhalten der Lagerleitung war korrekt und eher tolerant.[12]

Die 3682 ausländischen und 141 italienischen Juden, die das Lager durchliefen, konnten es bezeugen, und die Akten bestätigen es: In den drei Jahren, die es in Betrieb war, gab es vier Eheschließungen, 21 Geburten, 29 Todesfälle, vier Ausbrüche und acht Festnahmen – wegen der Verweigerung des Fahnengrußes oder des Absingens von *Bandiera rossa*, wegen Zuspätkommens beim Appell oder unsittlichen Verhaltens (zwei Männer sollen dabei ertappt worden sein, wie sie sich küssten!). Es war verboten, zwischen 7 und 21 Uhr die Baracken zu verlassen, ohne Genehmigung ausländische Zeitungen zu lesen, Karten oder jedes andere Spiel zu spielen, das »Streitigkeiten hervorrufen« konnte. Folino (siehe Anmerkung 11) schreibt: »Ferramonti ist nicht Dachau, es ist ein Lager Mussolinis.« Es war mit Sicherheit ein Konzentrationslager, aber auch ein

Übergangslager, ein Lager, in dem man zwar isoliert, aber auch geschützt war.

Nach Mussolinis Absetzung am 25. Juli 1943 kamen die meisten Häftlinge frei, nicht aber die Juden, insbesondere ausländischer Nationalität, die Kommunisten und die Anarchisten. Erst am 8. September, dem Tag des Waffenstillstands, wurden alle Internierten der Südzone von den alliierten Streitkräften erlöst. Ohne sich dessen bewusst zu sein, befreiten die Briten im September 1943 das erste Konzentrationslager in Europa.

September 1943: Die Katastrophe

Alles änderte sich im September 1943 mit der Gründung der »Sozialen Italienischen Republik« mit Regierungssitz in Salò. Binnen kurzer Zeit spitzte sich die Lage für die Juden dramatisch zu. Von nun an herrschten in Italien deutsche Verhältnisse. Der staatliche Antisemitismus, bislang eher vage in Erscheinung getreten, wurde im Oktober 1943 zum Programmpunkt des zweiten faschistischen Staates erhoben. Gemäß dem 18 Punkte umfassenden Manifest, das die Faschisten am 14. November 1943 auf ihrem Parteitag in Verona verabschiedeten, wurden die Juden mit einer »feindlichen Nationalität« gleichgesetzt.[13] Die italienische Staatsbürgerschaft wurde ihnen aberkannt. Die Verfechter eines extremen Antisemitismus gaben fortan den Ton an, die Jagd auf die Juden war eröffnet.

Am 30. November 1943 wurde per Dekret die Beschlagnahmung ihres Vermögens und ihre Internierung in Sammellagern angeordnet. Bereits am 16. Oktober 1943 hatte Rom die erste Großrazzia erlebt: Von den 1022 Deportierten sollten nur 17 überleben. Mit der aktiven Unterstützung der letzten faschistischen Kader wandte die deutsche Besatzungsmacht Methoden an, die sich überall in Europa bewährt hatten. Die Errichtung des Konzentrationslagers Fossoli in der Provinz Modena leitete eine neue Phase in der judenfeindlichen Politik ein. Die Lebensbedingungen in den 21 Lagern, über die Italien nunmehr verfügte und die insgesamt 8000 Personen aufnehmen konnten, verschlechterten sich beträchtlich. Die Deportationen in die Konzentrationslager und Vernichtungszentren in Deutschland und Polen (Auschwitz) führten meist über zwei Durchgangslager, die direkt den Nazis unterstanden. Das erste lag in der Nähe von Bozen, das zweite in San Sabba bei Triest. Ende 1944 in einer ehemaligen Reismühle errichtet, glich San Sabba in allem einem deutschen KZ. Nach Rainero verfügte es nicht nur über ein Krematorium, sondern auch über eine behelfsmäßige Gaskammer, in der zwischen 1000 und 2000 Personen vergast worden sein sollen.[14]

War der Faschismus ein Totalitarismus? Die Tatsache, dass das Mussolini-Regime weder zum systematischen Massenterror griff noch über ein Lagersystem verfügte, lässt daran zweifeln. Sollte man von einem gescheiterten Totalitarismus sprechen oder aber der These Hannah Arendts folgen, wonach der italienische Faschismus seinem Wesen nach und bis 1938 eine »gewöhnliche nationalistische Diktatur« war? Die Frage ist offen. Auf jeden Fall müssen wir mit Pierre Milza einräumen, dass »man sehr weit entfernt ist vom Massenterror und der nicht nur gegen die erbittertsten politischen Gegner, sondern auch gegen ganze Bevölkerungsgruppen gerichteten Vernichtungspolitik, die zur selben Zeit die Regime Hitlers und Stalins kennzeichnen«.[15] Mussolini war kein blutrünstiger Tyrann. In dieser Hinsicht trennte ihn ein tiefer Graben von Hitler und Stalin. So wurden 1938 500 zu Zuchthaus oder Verbannung verurteilte Personen auf freien Fuß gesetzt. In der »Sozialen Italienischen Republik« war das natürlich anders.

Portugal 1936: Salazars Lager Tarrafal

Der portugiesische Staat unter Salazar (Ministerpräsident 1932 bis 1968) verfügte nicht nur über Festungsgefängnisse wie Caxias in Lissabon, Peniche und Angra do Heroismo sowie über Haftanstalten in Lissabon und Porto, sondern errichtete zusätzlich auf den Kapverdischen Inseln, damals eine portugiesische Kolonie, das Konzentrationslager Tarrafal.[16] Das Lager lag in einer der unwirtlichsten Gegenden der Insel São Tiago, 80 Kilometer von der Stadt Praia entfernt; seine Errichtung hing mit dem Ausbruch des Spanischen Bürgerkriegs zusammen. Die portugiesische Regierung unterstützte als eine der ersten die nationalistischen Rebellen. In dem angespannten politischen Klima nach Ausbruch des Bürgerkriegs

1936 – Portugal: Das Lager Tarrafal

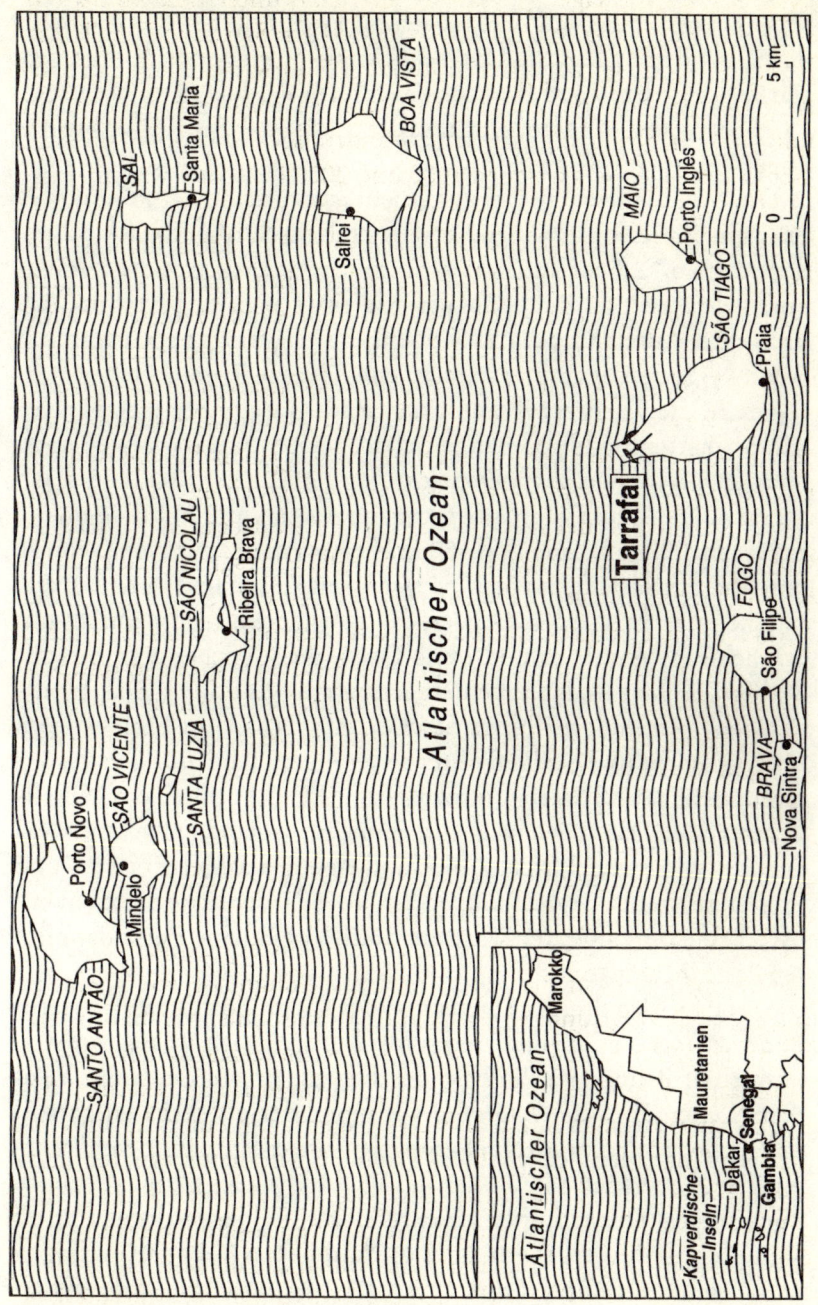

beschloss Salazar aus Angst vor einem Übergreifen republikanischer oder gar revolutionärer Ideen auf Portugal, die Überwachung der Bevölkerung und die Unterdrückung jeder Opposition zu verstärken. Der Aufstand Francos begann am 18. Juli 1936. Drei Monate später, am 29. Oktober, nahm die portugiesische Regierung das Lager Tarrafal in Betrieb.

Die ersten, die nach Tarrafal geschickt wurden, waren kommunistische Kader, unter ihnen KP-Generalsekretär Bento Gonçalves, der dort am 11. September 1942 starb. Ebenfalls zum ersten Transport gehörten politische Gegner wie ein Teil jener Matrosen, die nach dem Aufstand vom 8. September verhaftet worden waren.[17] Auch die Spanienkämpfer zahlten einen hohen Tribut: Neben Portugiesen, die als Freiwillige in den Reihen der Republikaner gekämpft hatten und in Gefangenschaft geraten waren, kamen auch Spanier, ein Litauer, zwei Deutsche, ein Pole und ein Italiener nach Tarrafal. Die erste Gruppe bestand aus 150 bis 160 Häftlingen, die auf einem 200 m langen und 150 m breiten Areal zwischen Gebirge und Meer in verfallenen Steinhäusern ohne Dach und in Zelten zusammenpfercht wurden. Unweit davon befanden sich, ebenfalls mit Stacheldraht umzäunt und ohne Dach, die »Küche« und die mit derben Tischen und Bänken eingerichtete »Kantine«. Das Wachpersonal war außerhalb des Stacheldrahtverhaus in Holzhäusern untergebracht und bestand unter anderem aus Angehörigen der Internationalen und Staatsschutz-Polizei (PIDE) und einem Militärkommando. Das Lager war auf sandigem Gelände errichtet worden, das von Stacheldrahtzäunen und einem vier Meter breiten und drei Meter tiefen Graben umgeben war. An jeder Ecke ragte ein mit MG-Schützen besetzter Wachturm auf, zwei kleine Forts flankierten das Eingangstor.

Das Lager lag drei Kilometer von der Kleinstadt Tarrafal entfernt und war unerträglich heiß und schwül. Die einzige Wasserzapfstelle war ein Brunnen außerhalb des Lagers. Er wurde ironisch auf den Namen *Poço de chao bom* (Brunnen der guten Erde) getauft und stellte auch die einzige Waschgelegenheit dar. Laut Befehl durften die Gefangenen das Wasser, das sie dort holten, weder abkochen noch filtern. Der vom permanenten Südwind aufgewirbelte Staub legte sich über alles, selbst über die kärglichen Verpflegungsrationen. Der Wind riss die Zelte um, trug Moskitos herbei und verbreitete überall den Gestank der Aborte. Schon im ersten Monat erkrankten nahezu alle Insassen an Malaria und Ruhr. Das Wasser war verseucht, und das Abkochverbot führte dazu, dass innerhalb von sechs Tagen zehn Häftlinge starben. Obwohl neben Malaria und diversen tropischen Fiebern bald Vitaminmangelkrankheiten und Fälle von Tuberkulose und Hepatitis auftraten, erhielten die Gefangenen keine Medikamente. Selbst von Angehörigen geschickte Arzneimittel wie Chinin wurden unter dem Vorwand konfisziert, sie stammten von der »Internationalen Roten Hilfe«. Außerdem unterschlug das Wachpersonal Pakete und verkaufte deren Inhalt an die Insassen, die noch über Geld verfügten.

Die Internierten klagten nicht nur über das unerträgliche Klima und die unzulängliche Unterbringung, sondern auch über das schlechte und unzureichende Essen, das ausschließlich aus Kürbissen, Bohnen oder Kartoffeln und gelegentlich etwas Fleisch von kranken Tieren bestand. Die schwere Arbeit, zu der sie gezwungen wurden, hatte oft keinerlei praktischen Nutzen. So mussten sie Steine klopfen und sinnlos von einem Ort zum anderen schleppen. Eine Schikane, die in aller Welt üblich ist und von der Phantasielosigkeit der Peiniger zeugt. Von sechs Uhr morgens bis Sonnenuntergang verlief der Tag der Häftlinge wie folgt:

Einteilung der Arbeit und Bildung von »Arbeitsbrigaden«: Die einen mussten Steine klopfen und schleppen, die anderen rund um das Lager Gras mähen, wieder andere Wasser holen, Abfall ins Meer kippen usw. In der Mittagspause gab es nur Brot und Wasser, danach wurde unter der sengenden Sonne weitergearbeitet, wobei hervorzuheben ist, dass es den Häftlingen in den ersten Jahren sogar verboten war, schützende Kopfbedeckungen zu tragen. Da die Zahl der Insassen unablässig stieg, aber auch weil die Proteste gegen die Haftbedingungen in Tarrafal in Portugal selbst immer lauter wurden, gab man die Zelte nach zwei Jahren auf und baute an den Hängen hinter dem Lager zunächst Baracken, später Kasernen. Zwischen September 1937 und Juni 1944 starben in Tarrafal 30 Häftlinge. Im selben Zeitraum verzeichnete man 67 Fälle von Bilharziose, die in 14 Fällen tödlich verliefen, 52 Fälle von Lungenerkrankungen, 498 Fälle von Malaria, 58 Fälle von Hauterkrankungen, aber auch Fälle von Nierentuberkulose. Arztbesuche waren sinnlos, denn der Lagerarzt erzählte jedem, der es hören wollte, dass er nur dazu da sei, Totenscheine auszustellen. Der Kontakt zur Außenwelt war stark eingeschränkt. Die Post der Insassen unterlag selbstverständlich der Zensur.

Mario Soares, der selbst allerdings nie interniert war, behauptet in seinen Memoiren, dass »die Misshandlungen in dieser Zeit Dachau und Buchenwald alle Ehre machten«. Das ist natürlich übertrieben, verdeutlicht aber, wie gefürchtet Tarrafal war und welche Bedeutung es im politischen Bewusstsein der Portugiesen hatte. Außerdem erinnert Soares an die so genannten *frigideiras* (»Eisschränke«): »winzige, fensterlose und mit Zementplatten ausgekleidete Räume, die nur durch eine 30 auf 40 Zentimeter kleine Öffnung mit etwas Licht versorgt wurden. Unter der tropischen Sonne wurden die Gefangenen darin buchstäblich gebraten ...«[18] Diese »Eisschränke« waren fünf Meter lang und drei Meter breit und in der Mitte durch eine Trennwand mit zwei Eisentüren unterteilt. Wenn zehn oder zwölf schwitzende Männer in einem »Eisschrank« dahinvegetierten, drohten sie in der Hitze, der Feuchtigkeit, die sich an den Wänden niederschlug, und der sauerstoffarmen, von den übelriechenden Ausdünstungen des Abortkübels verpesteten Luft buchstäblich zu ersticken.

Man kann sich leicht vorstellen, welche Höllenqualen die Männer durchlitten, die dort manchmal wochenlang ausharren mussten, ohne Decke auf dem nackten Betonboden schliefen, am Tag vor Hitze fast verschmachteten, in den kalten Nächten froren – und beim geringsten Anlaß von den Wärtern geschlagen wurden. Die Dauer des verschärften Arrests in der *frigideira* betrug mindestens zehn Tage und maximal zwei Monate. Strafen dieser Art trafen vornehmlich Häftlinge, die als Führer des politischen Untergrunds galten. In einer so genannten *brigada brava* zusammengefasst, waren sie allen erdenklichen Schikanen und Misshandlungen ausgesetzt und mussten besonders schwer arbeiten. Hacken und Spaten durften nie aus der Hand gelegt werden. Wollten sie etwas trinken oder sich den Schweiß abwischen, mussten sie das Wachpersonal vorher um Erlaubnis bitten. Brach ein Häftling erschöpft oder leblos zusammen, ließ man ihn bis zum Ende des Arbeitstages liegen.

Lagerkommandant in dieser Zeit war ein gewisser João da Silva, der eine gute Schule durchlaufen hatte: Als ehemaliger Kämpfer in der Franco-Armee soll er nach seinem Ausscheiden Deutschland bereist und Konzentrationslager der Nazis besichtigt haben. Fest steht, dass die *brigada brava* seine Erfindung war. Hervorzuheben ist – und das ist ein Charakteristikum aller Lagersysteme –, dass etliche Gefangene über ihr Strafmaß hinaus festgehalten und andere ohne Gerichtsurteil in Tarrafal eingeliefert wurden. Zu einem bestimmten Zeitpunkt waren 127 der insgesamt 226 Insassen ohne jede rechtliche Grundlage dort interniert: 72 waren ohne Urteil eingeliefert worden, und 55 blieben in Haft, obwohl sie ihre Strafe verbüßt hatten. Neun saßen seit über sieben Jahren ohne Urteil ein, 27 seit über sechs Jahren, drei seit über drei Jahren, zwei seit über einem Jahr. Acht hatten ihre Strafe seit über neun Jahren verbüßt, elf seit über sechs, 21 seit zwei bis vier Jahren. Von 1936 bis 1954 zählte das Lager insgesamt 340 Häftlinge. Alle blieben nach ihrer Freilassung noch lange physisch und psychisch gezeichnet.

Das Lager wurde 1954 geschlossen, 1961 jedoch wieder eröffnet. Diesmal wurden afrikanische Nationalisten interniert, die meist nur auf Grundlage einer behördlichen Entscheidung eingeliefert wurden. In einer Flugschrift des Internationalen Verbands demokratischer Juristen und der belgischen Liga für Menschenrechte wurde das Lager »zweiter Ordnung« wie folgt beschrieben:

»Das Stammpersonal besteht aus einem Direktor, einem Chef des Wachpersonals und einem Leiter der Verwaltung. Mit der Bewachung innerhalb des Lagers sind fünf weiße Wärter von der Sonderpolizei aus Luanda betraut, außerhalb 32 auf den Kapverden angeworbene Hilfskräfte, die nachts von einer Militäreinheit abgelöst werden. Die sanitären Verhältnisse lassen absolut zu wünschen übrig. Der Arzt kommt einmal pro Woche ... und untersucht nur eine sehr begrenzte Zahl von Häftlingen. Auf Anordnung des Direktors dürfen kranke oder bestrafte Insassen nicht in die Sprechstunde gehen. Die Medikamente, die nur in unzureichenden Mengen vorhanden sind, müssen bisweilen von den Kranken selbst bezahlt werden, denen es grundsätzlich untersagt ist, ihre Angehörigen zu bitten, welche zu schicken. Inzwischen leben Leprakranke Seite an Seite mit anderen Gefangenen. Vom Arzt angeforderte Röntgenbilder werden erst nach vielen Monaten gemacht. Die Verpflegung ist extrem eintönig und führt zu Entkräftung: wochenlang nur Reis und Fisch und selten etwas Ziegenfleisch. Was die Lektüre angeht, so sind nur Lehrbücher erlaubt (nach Zensur durch den Direktor) sowie die Sportzeitung *A Bola* und die Wochenzeitung *Noticia,* in der jedes Mal zahlreiche Seiten fehlen. Die Häftlinge aus Guinea wurden noch strenger von der Außenwelt abgeschnitten als die Angolaner. Einige Todesfälle infolge von Unterernährung sind dafür der Beleg.«[19]

Spanien 1936: Die Lager Francos und der Republikaner

Wir können hier nicht ausführlich auf die Unterdrückungsmaßnahmen des Franco-Regimes eingehen, sondern müssen uns auf die Konzentrationslager beschränken, die im Bürgerkrieg und nach dem Sieg des Franquismus entstanden. Unmittelbar nach dem Sieg der Franquisten kam es zu Exzessen, die im Zusammenhang mit dem gerade überstandenen Bürgerkrieg betrachtet werden müssen. Der Internierte war der Feind, der »Verräter«, der »Rote«, der noch vor kurzem versucht hatte, einen zu töten. Das soll keineswegs eine Entschuldigung für die Unterdrückung durch das Franco-Regime sein. Uns liegt nur daran, die Konzentrationslager in ihren historischen Kontext zu stellen. Eng mit dem Krieg und der noch frischen Erinnerung an ihn verknüpft, bildeten sie kein dauerhaftes System. Die Repression war zwar eine ebenso unbestreitbare Tatsache wie die Gewalt gegen Kommunisten, Revolutionäre und Demokraten. Doch die Lager sollten ziemlich rasch wieder verschwinden.

Zu dieser Einschätzung gelangte auch die Rousset-Kommission, die 1952 durch Spanien reiste und 17 Gefängnisse und fünf Arbeitslager mit insgesamt 14 000 Insassen inspizierte. Die Kommission stellte fest, dass die Häftlinge ihre Strafe abarbeiten konnten. Durch die Arbeitskommandos – *batallones de trabajadores* oder auch *destacamentos* (Sonderkommandos) genannt – wurde den Häftlingen ein vorzeitiges Ende der Haftzeit in Aussicht gestellt, denn die Behörden erließen für jeden Arbeitstag mindestens fünf Hafttage. Aus diesem Grund sprach die Rousset-Kommission im Unterschied zu den totalitären Lagern von einer zeitlich befristeten Situation.[20] 1952 waren in Spanien noch zwischen 28 500 und 30 000 Personen interniert. Dazu kamen 1200 »Abkommandierte« *(destacados)* in den Außenkommandos. Schätzungen zufolge durchliefen insgesamt 700 000 Personen die vor allem in Süd- und Zentralspa-

1936: Republikaner und Franquisten

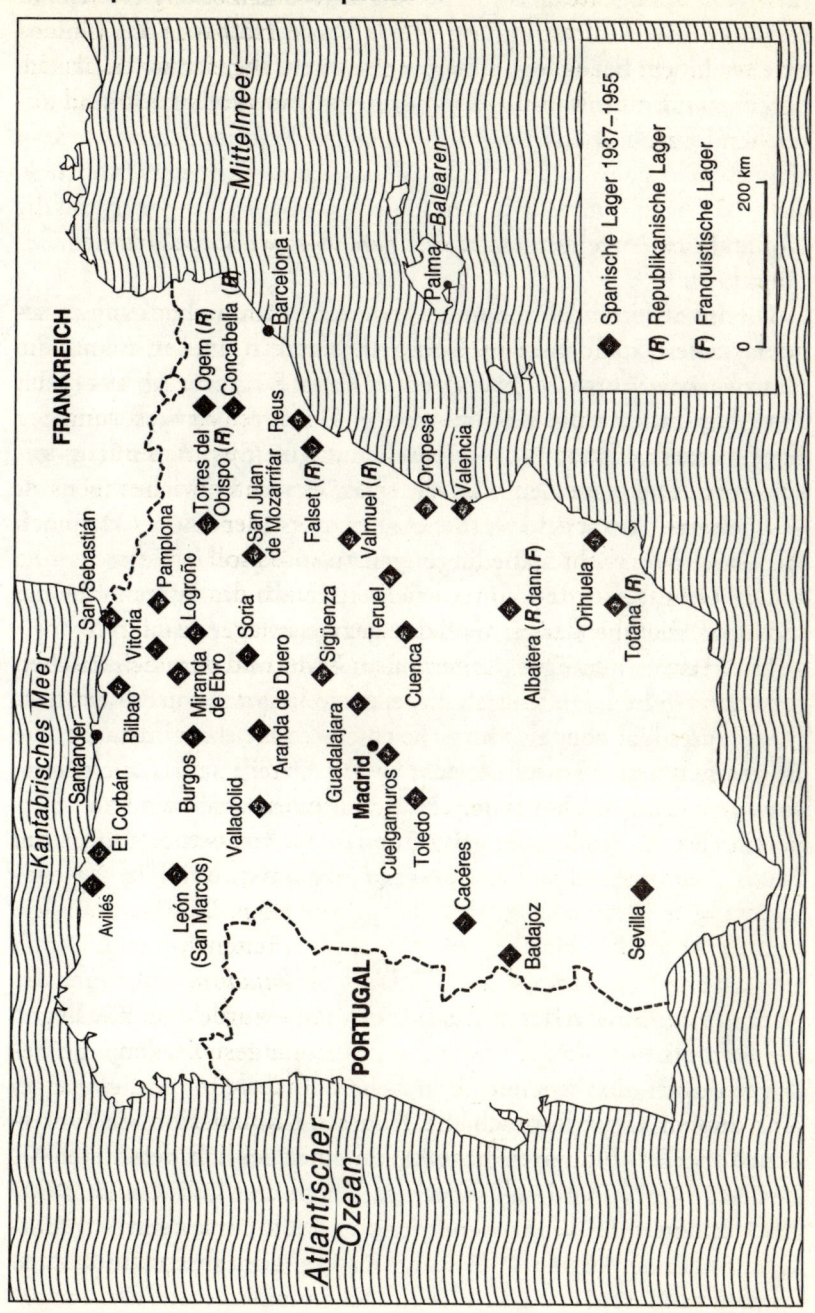

nien gelegenen 45 Lager und 50 »Arbeiterbataillone« des Franco-Regimes. Ihre Unterbringung wurde von der Rousset-Kommission als schlecht bezeichnet: überbelegte, nicht beheizbare Baracken, deren sanitäre Einrichtungen in drei von fünf Fällen völlig unzureichend waren. Zwischen Politischen und Kriminellen wurde kein Unterschied gemacht, doch die Kommission hatte den Eindruck, dass die Disziplinierung in den Lagern weniger streng war und die Kontakte zu Angehörigen stärker gefördert wurden als in den Gefängnissen.[21]

Die Inhaftierten bauten unter anderem Sozialwohnungen in Segovia, einen Staudamm in Buitrago, einen Tunnel in Sama, ein Kraftwerk in Santos del Nansa, einen Kanal bei Toro. Ab 1944 oder 1945 konstatierte die Kommission eine stetige Verbesserung der Lage, hatte davor aber von »menschenunwürdigen Zuständen« gesprochen. Die erste Zeit war sehr hart, es gab Hinrichtungen, als gescheiterte Ausbruchsversuche getarnte Morde usw. Dennoch fällt es schwer, von KZ-Bedingungen zu sprechen:
– Die Urteile wurden von Gerichten gefällt (auch wenn an der Unparteilichkeit dieser Gerichte gezweifelt werden darf).
– Die Haftbedingungen variierten, aber Methoden, wie sie die Nazis anwandten, fanden sich nirgends. Manchmal wurde der Strafvollzug sogar eher als »fortschrittlich« *(sic!)* bezeichnet.

Es versteht sich von selbst, dass solche Urteile etwas leichtfertig sind: Jeder Vergleich mit dem Nationalsozialismus war von vornherein absurd. Außerdem gab es in den Konzentrationslagern der Nazis ganz unterschiedliche Praktiken.

Miranda de Ebro

Miranda de Ebro in der altkastilischen Provinz Burgos wurde von der Kommission aus gutem Grund besucht, denn es war das größte Lager des Franco-Regimes und beherbergte während des Kriegs eine große Zahl ausländischer Gefangener. So saßen Ende 1942 in dem Lager 600 Franzosen, fast 900 Polen, 700 Belgier und über 100 Deutsche ein, außerdem Tschechen, Briten und Jugoslawen. Mitte 1943 bildeten die Franzosen mit etwa 1900 Personen die größte Gruppe. Ende August 1943 waren 2300 der insgesamt 3300 Ausländer Franzosen, etwa die Hälfte aller Insassen.

Das Lager wurde nicht nur von bewaffneten Posten bewacht, sondern »profitierte« in seinen Spitzenzeiten auch vom Sachverstand nationalsozialistischer Experten. Es handelte sich um ein »klassisches Lager mit Mauern, Stacheldraht, Wachtürmen«, das die Doppelfunktion hatte, Häftlinge zu verwahren und »Arbeiterbataillone« aufzustellen.[22] Die Neuankömmlinge empfing die über dem Tor angebrachte Devise: »*Todo por la patria*« (»Alles für das Vaterland«). Was der oberflächliche Betrachter zunächst für ein Schwimmbecken halten mochte, entpuppte sich später als der einzige Brunnen des Lagers. Er war nur sechs Stunden am Tag in Betrieb, sodass stets ein lange Schlange davor stand. In den schäbigen, auf gestampfter Erde errichteten Baracken (20 auf 4,5 Meter mit einem 75 Zentimeter breiten Mittelgang) hausten 120 bis 130 Personen. Die beiden Längswände säumten Verschläge, die 2,5 m breit, 1,85 m tief und 1,80 m hoch waren und jeweils fünf bis sechs Personen als Schlafplatz dienten. In einigen Baracken waren sie zweistöckig, was die Kapazität verdoppelte und die Unterbringung von über 300 Häftlingen erlaubte.

Appelle und Flaggenparaden prägten – von den Ansprachen der Falangisten und dem vorgeschriebenen gemeinsamen Singen einmal abgesehen – den Tagesablauf. Wer nicht wollte, mußte nicht arbeiten. Jede Baracke hatte einen Aufseher *(cabo)*. Der unterstand dem Chef-Cabo der jeweils drei Baracken unter sich hatte, und dieser wiederum dem »Gruppenchef«, von denen jeder eine Nationalität vertrat und über eine eigene Dienststube verfügte. Die Gruppenführer waren ausnahmslos Soldaten und hatten auch disziplinarische Aufgaben. Sie überwachten die Verteilung von Kleidung und Paketen, der französische Gruppenführer hielt überdies ständigen Kontakt zu der diplomatischen Vertretung seines Landes in Madrid. Morgens durfte ein Arzt konsultiert werden, Medikamente waren allerdings rar. Im August 1943 wurde ein Sanitätsdienst eingerichtet. Anfangs gab es nur 36 Toiletten für 3300 Personen, nach 1943 wurde das Verhältnis besser.

Nach der Landung der Alliierten in Algerien im Winter 1942/43 verbesserte sich das Los der Franzosen merklich: Sie bekamen mittags 100 Gramm Brot, zwei- bis dreimal die Woche Obst, morgens und abends Suppe, dazu einen Viertelliter Wein. Um dieselbe Zeit wurde ein zweiter Brunnen gebaut. Und endlich durften sich die

Häftlinge auch Pakete schicken lassen. Insbesondere die Hilfssendungen des Französischen Roten Kreuzes waren beträchtlich. Jeder Franzose durfte fortan ein Paket pro Woche empfangen, das zwei Dosen Milch, zwei Büchsen Schweinefleisch, 200 Gramm Zuckersirup, 500 Gramm Dörrpflaumen, 200 Gramm Schokolade, 300 Gramm Haferflocken und Margarine, drei Tütensuppen, 250 Gramm Ölsardinen, 500 Gramm Kekse und ein Brot enthielt. Auch wenn jeder Fluchtversuch mit dem Tod bestraft wurde, so war die Hauptaufgabe des Lagers nicht die Vernichtung, sondern die Isolation und Bestrafung der Häftlinge. Dennoch: Ein Insasse, den einige Jahre später die Rousset-Kommission befragte, musste nach wie vor Steine klopfen, und er berichtete über sadistische Methoden einiger Wachen.

Bei unseren Recherchen stießen wir auch auf andere Lager des Franco-Regimes: Laheras, in dem offenbar Strafbataillone zusammengefasst wurden, Sanatorio Portacoeli in der Nähe von Valencia, Albatera an der Ostküste und Avilés in Asturien. Dieses Lager wurde von den Internierten »die Glastür« genannt. Die Verhältnisse waren spartanisch. Geschlafen wurde auf nacktem Beton ohne Strohsack, daher das folgende Lied:

> *Wir schlafen auf Zement*
> *mit einem Ziegelstein als Kissen.*
> *Das ist das neue Spanien,*
> *das unser Caudillo will.*[23]

Viele ältere Häftlinge starben.[24] Weitere Konzentrationslager waren El Corbán bei Santander, El Cortijo de Cáceres an der portugiesischen Grenze, San Marcos in der Provinz León, San Juan de Mozarrifar bei Saragossa, San Lucas la Mayor in Andalusien, Aranda de Duero – das 13 000 Personen durchliefen –, Reus in Katalonien, Orihuela bei Alicante und Puente de Vallecas in Madrid. Das bekannteste Lager in der Umgebung der Hauptstadt war vermutlich Cuelgamuros, dessen Insassen auf der Baustelle im berühmten Valle de los Caídos (»Tal der Gefallenen«) zum Einsatz kamen. Diese von Franco in Auftrag gegebene Gedenkstätte zu Ehren der Bürgerkriegsopfer wurde von Häftlingen errichtet, denen als Lohn für ihre Fronarbeit Strafnachlass winkte.

Die meisten Internierungsorte wurden in aller Eile ausgesucht, als die Republik zusammenbrach. Auch ehemalige Klöster, Sportstadien, ja sogar alte Schiffe wie ein Kohledampfer, der im Hafen des galizischen El Ferrol lag, wurden für die Unterbringung von Gefangenen requiriert. Nach dem Krieg wurden zusätzlich zu den Lagern, die noch aus dem Bürgerkrieg stammten, Lager für »Asoziale« errichtet wie die für Prostituierte in Oropesa und in Sigüenza.

Die republikanischen Lager

Wir dürfen dieses Kapitel über Spanien nicht abschließen, ohne darauf hinzuweisen, dass auch in den von den Republikanern gehaltenen Zonen Arbeitslager existierten. Sie waren für politische Gefangene errichtet worden und dienten als Sammellager für Deserteure und Kriegsgefangene, ab 1937 jedoch auch für Anarchisten, Trotzkisten, Geistliche und diverse »Asoziale« wie Homosexuelle. Es handelte sich also keineswegs um reine Kriegsgefangenenlager, zumal die Insassen Zwangsarbeit leisten mussten und keineswegs alle Kombattanten waren.

Diese Lager wurden am 28. Dezember 1936 per Dekret ins Leben gerufen. Der Justizminister hieß Juan García Oliver ... und war Anarchist. In den Lagern musste man beweisen, dass man ein »nützliches Element« werden konnte, und so hießen sie *campos de trabajo condicional*, Bewährungsarbeitslager. Manche Lager der Republikaner wurden später von den Franquisten übernommen. Das oben erwähnte Albatera zum Beispiel, das García Oliver 1936 für die Internierung von Franco-Anhängern errichten ließ, beherbergte kaum mehr als 1500 Häftlinge. Später sollte es 25 000 Republikaner aus der Region Alicante aufnehmen![25] Das erste Lager der Republikaner war vermutlich Totana in Murcia, über dessen Eingangstor die Devise prangte: *Arbeite und verzage nicht.* In Valmuel bei Alcañiz gab es auch ein Frauenlager. In diesen »fortschrittlichen« Lagern fanden sich Geistliche, Homosexuelle und Linksextreme in gestreifter Sträflingskleidung wieder. Eines von ihnen war Torres del Obispo, wo die Häftlinge jeweils zu Fünfergruppen zusammengefasst wurden. Floh einer der fünf, wurden die anderen vier erschossen. In Katalonien zählte man fünf Lager »des Volkes«: Lager Nr. 1, Castillo de Montjuich, war in Wirklichkeit ein Gefängnis, Nr. 2 trug den Namen »Pueblo español«. Lager Nr. 3 lag in Nagaya, Nr. 4 in Concabella, Nr. 5 in Ogern und Nr. 6 in Falset y Cabeces.

Die Berichte von Insassen über die Arbeitsbedingungen in diesen »*campos del pueblo*« variieren. Im Allgemeinen mussten die Häftlinge einen Bewässerungskanal graben oder eine Bahnlinie bauen wie in der Region Tarancón, östlich von Madrid, Wasserleitungen verlegen wie in der Region Alicante oder Flugplätze planieren wie in Totana. Und schließlich wurden – als indirekte Opfer des Franco-Regimes, aber direkte Opfer der Dritten Republik und des französischen Vichy-Regimes – mindestens 1000 spanische Republikaner, die nach Algerien oder Französisch-Marokko geflohen waren, am Rande der Sahara interniert.[26]

Frankreich 1938–1944: Von den Lagern der Dritten Republik zu den Lagern Vichys

Zwischen den beiden Weltkriegen strömten Tausende von Flüchtlingen nach Frankreich: Weißrussen, die 1917 nach dem Staatsstreich der Bolschewiki emigrierten, Italiener, die Ende der 20er Jahren vor dem Faschismus flohen, Juden, die vom Antisemitismus bedroht waren, Demokraten, in deren Ländern während der 30er Jahre autoritäre Regime an die Macht kamen, spanische Republikaner, die 1939 vor Francos Truppen, und Balten, die 1940 vor dem Kommunismus flohen. Der Flüchtlingsstrom aus Deutschland setzte unmittelbar nach Hitlers Machtergreifung ein und veranlasste die französische Regierung schon sehr früh, östlich von Paris in Saint-Maur ein erstes Lager zu errichten. Sie betraute die Armee mit der Aufgabe, und *L'Humanité* sprach am 20. September 1933 von »Konzentrationslagern in Paris«.

In Anbetracht des nicht versiegenden Flüchtlingsstroms und des drohenden Krieges versuchte die Regierung Daladier im Mai 1938, also zwei Monate nach dem Anschluss Österreichs, die heimliche Einreise und den illegalen Aufenthalt von Ausländern in Frankreich zunächst mit einem Dekret, dann mit einem Gesetz einzudämmen. Am 18. November, zwei Monate nach dem Münchner Abkommen, verschärfte sie das Gesetz mit einem Dekret, das die

Schaffung von »Internierungslagern«, genauer gesagt von »Sondersammellagern«, vorsah. Von nun an drohte allen »Personen, die für die Landesverteidigung oder die öffentliche Sicherheit eine Gefahr darstellen«, die Internierung. Ende 1938 lebten 45 000 Flüchtlinge in Frankreich.

Die Lager der spanischen Flüchtlinge

Nach der Einnahme Barcelonas durch Francos Truppen[27] Ende Januar 1939 erreichte »ein Elendsstrom«[28] von 300 000 Zivilisten und 250 000 Soldaten die französische Grenze zwischen Andorra und der Mittelmeerküste. Die französischen Behörden wurden vom Rückzug der Republikaner, der *Retirada,* buchstäblich überrollt. Der Präfekt der Ostpyrenäen erklärte sich bereit, 2000 Flüchtling pro Tag aufzunehmen, doch schon bald wurde deutlich, wie lächerlich diese Quote war, und so beschloss Frankreich am 28. Januar, alle flüchtigen Zivilisten, die an seine Tore klopften, ins Land zu lassen.

»Über die Pässe Ares, Prégon und Sizern oberhalb von Prats-de-Mollo, über den Pass Perthus und über Cerbère, über Las Illas-Maureillas, Saint-Laurent-de-Cerdans, Bourg-Madame oder Port d'Envalira strömten die Flüchtlinge zu Tausenden herbei, auf Maultier- und Schmugglerpfaden, die manchmal verschneit waren, mit wenigen Habseligkeiten bepackt, die sie, am Rande der Erschöpfung, häufig auch noch zurücklassen mussten. Die behördlich festgesetzte Obergrenze von 2000 Einreisen pro Tag wurde bald überschritten. Bereits am 5. Februar 1939 wurde die Zahl der Flüchtlinge auf 130 000 geschätzt, und zur gleichen Zeit trafen die ersten Einheiten der spanischen republikanischen Streitkräfte ein.«[29]

45 000 Frauen, Kinder und Alte wurden im Januar und in den ersten Februartagen weiter nach Norden in die Departements Rhône, Allier, Nièvre, Sarthe, Haute-Vienne und Charentes geschickt. Den gesunden Männern – also den Resten der republikanischen Armee – wurde die Einreise vorübergehend verweigert, am 5. und 6. Februar jedoch an verschiedenen Grenzübergängen wieder erlaubt, obwohl man wusste, dass die Mittel fehlten, um sie aufzunehmen. Aber was hätte man sonst tun sollen? Der Andrang war

zu groß, und Frankreich, heute für sein Vorgehen geschmäht, wollte sich nicht vor seiner demokratischen Pflicht drücken. Und so reisten annähernd 250 000 Kombattanten nach Frankreich ein, unter ihnen auch 2000 gefangene Soldaten Francos, die in zwei gesonderte Lager in Amélie-les-Bains und Elne eingewiesen wurden (wo man sie eine Zeitlang in einem Stadion festhielt, ehe man sie nach Spanien zurückschickte). Die Neuankömmlinge wurden notdürftig in »Auffanglagern« – so die offizielle Sprachregelung – untergebracht: Le Boulou, Amélie-les-Bains, Prats-de-Mollo, Arles-sur-Tech, Saint-Laurent-de-Cerdans in der Cerdagne, Bourg-Madame (wo sich bereits am 17. Februar 25 000 Flüchtlinge drängten), La Tour-de-Carol im Haut-Vallespir, Les Haras (in Perpignan) und Mazères. Zwar sollten bald rund 100 000 Spanier, von den französischen Behörden gedrängt und von Francos Amnestieversprechen gelockt, in die Heimat zurückkehren, doch der Rest blieb und wurde zunächst auf fünf große Lager verteilt: Argelès, Saint-Cyprien, Le Barcarès, Arles-sur-Tech und Prats-de-Mollo, wo man sich fieberhaft um eine Verbesserung der Unterbringung bemühte. Diese ebenso chaotische wie dramatische Situation erinnert an den jüngsten Krieg im Kosovo, als in Mazedonien und Albanien Hunderttausende von Flüchtlingen in Lagern zusammengepfercht wurden.

Obwohl die französische Öffentlichkeit hin- und hergerissen war zwischen der Angst vor dem Kommunismus und Solidaritätsgefühlen mit den Republikanern, stand sie dem Zustrom dieser Flüchtlinge grundsätzlich ablehnend gegenüber, und so beschlossen die Zivil- und Militärbehörden, sie in verschiedenen Lagern im Süden des Landes festzusetzen. Denis Peschanskis Satz, »Internierung war die improvisierte und häufig dramatische Antwort auf einen Ausnahmezustand«[30], war niemals zutreffender als in dieser Situation, als die spanische Flüchtlingswelle über die Grenze rollte. Frankreich richtete also Konzentrationslager ein. Der Gebrauch dieses Worts war unproblematisch. Weit davon entfernt, Angst einzuflößen, wurde es anlässlich der Eröffnung des Lagers Rieucros am 21. Januar 1939 sogar im französischen Amtsblatt verwendet. Und nicht nur dort. Noch war es so wenig negativ besetzt, dass es selbst an den Toren der Lager prangte, so etwa in Saint-Cyprien, dessen triumphbogenartiges, auf beiden Seiten mit der Trikolore geschmücktes Tor über die ganze Breite die Inschrift »Konzentrationslager Saint-Cyprien« trug. Erst ab 1941 sprach man offiziell von »Beherbergungszentren«.

Die Errichtung des Lagers Argelès wurde am 30. Januar 1939 in aller Eile während eines Besuchs des Innenministers in den Ostpyrenäen beschlossen. Der Minister beeilte sich zu erklären: »Es handelt sich hier nicht um die Internierung von Gefangenen. Die Spanier werden keinerlei Schikanen ausgesetzt sein und keinerlei Zwangsarbeit leisten müssen ... Argelès-sur-Mer wird keine Strafanstalt, sondern ein Konzentrationslager. Das ist nicht dasselbe ...« Das Lager war auf drei Seiten von Stacheldrahtzäunen und auf der vierten vom Meer umschlossen. Man hatte eilends Hütten errichtet und beschloss, am 7. Februar mit dem Bau von Baracken zu beginnen. Allerdings war der Andrang bereits so groß, dass die Flüchtlinge sich Löcher in den Sand gruben und Decken oder Zweige darüber breiteten, die Männer auf der einen, Frauen und Kinder auf der anderen Seite.

»Das Grundmaterial ist Binse, die einzige Pflanze, die in diesem sumpfigen Gelände wächst; man stellt ein Geflecht aus Binsen her und bedeckt es mit einer Decke, einer alten Zeltplane oder Sandklumpen, sofern der Sand klebrig genug ist.« Die Glücklichsten ergatterten ein oder zwei Wellbleche.[31] Die Hütten oder *chabolas* jedes Blocks erhielten klangvolle Namen, die im krassen Widerspruch zum Zustand des Lagers standen: »Hotel Tausendundeine Nacht«, »Bristol«, »Royal« oder »Grandhotel Katalonien«. Es fehlte an Trinkwasser und Lebensmitteln. Das Departement Ostpyrenäen war hoffnungslos überfordert, und bald grassierten Krankheiten wie Ruhr, Typhus und Tuberkulose. 30 Prozent der Internierten litten unter Grindausschlägen. Besonders unangenehm machten sich die senegalesischen Infanteristen bemerkbar, »die großzügig Knüppelhiebe austeilen, um militärische Disziplin zu erzwingen« und »die Republikaner fatal an die ›maurischen‹ Truppen Francos« erinnerten.[32] Nach Marie-Claude Rafaneau-Boj nahm das Lager in Spitzenzeiten bis zu 180 000 Personen auf. Am 18. Februar 1940 waren es noch 90 000.

Am 5. Februar 1939 wurde das Lager Bram eröffnet, um Argelès zu entlasten, zwei Tage später Saint-Cyprien. Dort gab es zunächst keine Baracken. Die Isolierung der Flüchtlinge hatte Vorrang.

Während der Barackenbau nur schleppend vorankam, zäunte man 17 Areale von jeweils einem Hektar Größe mit Stacheldraht ein. Selbst die Gendarmen mussten eine Woche lang unter freiem Himmel nächtigen. Die Mehrzahl der Insassen schlief in Zelten oder behelfsmäßigen Hütten. Es mangelte an Latrinen, Wasserzapfstellen und Sanitätseinheiten. Die Folge der Unterversorgung, der schlechten hygienischen Verhältnisse und der unzureichenden Unterbringung war, zumindest zu Beginn, eine relativ hohe Sterblichkeit. Allein im Februar 1939 verzeichnete man pro Tag 25 Todesfälle. Im März 1939 drängten sich 30 000 Personen im Lager.

Im Lager Septfonds waren vorwiegend spanische Soldaten – rund 16 000 – interniert. 50 Kilometer Stacheldraht umgaben 45 Bretterbaracken mit Wellblechdächern, jeweils 48 Meter lang und sieben Meter breit. 7000 Personen lebten dort unter erbärmlichen hygienischen Bedingungen. So waren die Abortkübel, die anfangs zur Verfügung standen, nur für 200 Personen ausgelegt. Viele Spanier fielen den harten Haftbedingungen zum Opfer. Der Friedhof lag zwei Kilometer entfernt, und der Dichter Rafael Alberti erinnerte an die

Toten unter der Sonne, in Kälte, Regen und Frost ...
Die Saat junger Körper, so tragisch
der traurigen Erde entrissen, die sie gebar.[33]

Das Lager Le Vernet im Departement Ariège lag 30 Kilometer von der spanischen Grenze entfernt. Im Juni 1918 für die Unterbringung von Kolonialtruppen errichtet und am Ende des Ersten Weltkriegs in ein Lager für deutsche und österreichische Kriegsgefangene umgewandelt, hatte es danach als Militärdepot gedient. Am 10. Februar 1939 nahm es die ersten Flüchtlinge auf und am Ende des Monats einen Großteil der anarchistischen Milizionäre der Kolonne Durruti und der Interbrigadisten. Unter seinen namhaften »Gästen« befanden sich die Schriftsteller Arthur Koestler, Gustav Regler und Max Aub, der Anarchist Nicolas Lasarewitsch, die Kommunisten Franz Dahlem, der spätere DDR-Minister, und Iwan Gosniak, der spätere jugoslawische Verteidigungsminister, die Italiener Luigi Longo und Eugenio Reale, der Albaner Mehmet Chehu und der Ungar Lazlo Rajk.

Das Lager war etwa 50 Hektar groß und mit einem dreifachen

Stacheldrahtzaun und parallel laufenden Gräben gesichert. Die zehn Baracken, aus denen es anfangs bestand, reichten bei weitem nicht aus. Die Insassen mussten auf dem nackten Fußboden schlafen, obwohl die Temperaturen in dieser Jahreszeit nachts weit unter den Gefrierpunkt sanken. Zwei Monate später standen 50 Bretterbaracken mit Dächern aus Teerpappe.[34] Zwischen März und September 1939 starben 57 Insassen. Und die Lebensbedingungen waren in der Tat jämmerlich: »300 Gramm Brot pro Tag, morgens einen Becher ungezuckerten schwarzen Kaffee, mittags und abends jeweils eine Kelle Suppe. Die wenigsten Häftlinge besaßen Decken. Im Winter fiel das Thermometer auf 20 Grad unter Null.«[35] Strom gab es nicht. Die Anlage war schmutzig, es wimmelte von Ratten und Mäusen. Die Baracken waren 30 Meter lang und fünf Meter breit und an den Längsseiten mit Plattformen versehen, auf denen 200 Männer schliefen, denen jeweils ein 50 bis 75 Zentimeter breiter Platz zur Verfügung stand. Eine dünne Strohschütte diente als »Matratze«. Die Disziplin war streng. Jeden Tag gab es vier Appelle (die bis zu einer Stunde dauern konnten). Die Bereitschaftspolizisten schlugen die Internierten rücksichtslos mit Fäusten oder Ochsenziemern.

Le Vernet avancierte binnen kurzem zum »Reservat« für politisch Verdächtige und Straflager für aufsässige Häftlinge anderer Lager. So internierte man hier bevorzugt die überlebenden »Interbrigadisten« und Exilanten aus allen faschistischen Ländern wie etwa italienische Antifaschisten, die Mussolinis Kerkern, oder Rumänen, die der Siguranza, dem politischen Gefängnis in Bukarest, entkommen waren.[36] Etwa 20 Prozent der in Le Vernet Internierten waren Kriminelle, ein Anteil, der sich nahezu in allen Lagern findet. Anscheinend stellen die Kriminellen in jedem Lagersystem ein Instrument der Umerziehung dar, vor allem aber liefern sie offenbar willige Kader für die interne Lagerverwaltung und Bespitzelung.

Am 25. Februar 1939, vor der nächsten Flüchtlingswelle, beschloss man, weiter im Norden des französischen Staatsgebiets Lager zu errichten. Es wurde auch höchste Zeit. Am 10. März 1939 zählte man in Argelès 77 000, in Saint-Cyprien 90 000, in Le Barcarès 50 000 sowie in Arles-sur-Tech und in Prats jeweils 46 000 Flüchtlinge. Vom 15. März bis 25. April 1939 wurde in der Nähe von Oloron das Lager Gurs errichtet, das unter der Vichy-Regierung eines der wichtigsten Lager der Südzone werden sollte. Es war für 18 000 Personen geplant und nahm am 5. April 1939 die ersten Insassen auf. Am 10. Mai waren es bereits 19 000.[37] Le Barcarès verfügte über 300, von den Spaniern selbst im Eiltempo gezimmerte Baracken und nahm bis zu 70 000 Personen auf, obwohl es eigentlich nur für 13 000 Personen gedacht war. Bis Februar 1941 schrumpfte ihre Zahl auf 12 000, und ein Jahr später wurde das Lager aufgelöst.[38] Mittlerweile hatten 70 Departements spanische Flüchtlinge aufgenommen.

Bilanz der »spanischen« Lager

Was soll man über die Lager sagen, in denen die spanischen Flüchtlinge zusammengepfercht wurden? Gewiss, sie machten dem Mutterland der Menschenrechte keine Ehre, aber sie waren auch in keiner Weise Konzentrationslager im heutigen Sinn des Wortes.[39] Die französischen Lager waren zunächst weder Konzentrationslager noch Arbeitslager, sondern Auffanglager. Ihre ziemlich hohen Sterblichkeitsraten sind darauf zurückzuführen, dass sie wegen der unzureichenden Finanzmittel ihren Aufgaben nicht nachkommen konnten.[40] Außerdem stand man vor einer Ausnahmesituation. »Kein Land in Europa wäre in der Lage gewesen, eine so große und überdies heterogene Masse von Menschen anständig unterzubringen.« Immerhin waren Schikanen nicht der Alltag, sondern allenfalls eine Form der Bestrafung. So wurden aufsässige Insassen, die gegen die Lagerordnung verstoßen hatten, in ein mit Stacheldraht umzäuntes Areal gesperrt, das zehn auf zehn Meter maß. Da sie dort im Laufschritt rennen mussten, wurde der Ort »Rennbahn« genannt. Gleichwohl war man weit von den Haftbedingungen in den NS-Lagern entfernt. Was Louis Noguères allerdings nicht davon abhielt, die Zustände in den französischen Konzentrationslagern bereits am 17. Februar 1939 (und mit Recht) anzuprangern: »Käme Hitler hierher, würde er feststellen, dass er in der Kunst, Menschenmassen Gesetze aufzuzwingen, die, eine Schande im 20. Jahrhundert, über Leben und Tod entscheiden, nicht mehr vollbracht hat!«[41] Das ist natürlich übertrieben, aber Menschenrechte bleiben Menschenrechte.

Die Wirklichkeit hatte natürlich viele Gesichter. So boten die französischen Lager der ersten Generation auch Möglichkeiten der sportlichen und kulturellen Betätigung. Es gab Sprachkurse, Schachgruppen, Orchester, man organisierte Diskussionsveranstaltungen. Das Zivillager Argelès verfügte sogar über ein Bordell namens *Casa de la Sevillana,* eine mit Decken in mehrere Räume unterteilte Holzhütte, in der man zehn Francs oder eine Million republikanische Peseten bezahlte.[42] Ein weiterer Erwerbszweig war der Handel mit Lebensmitteln und Seife. Bereits im März 1939 fielen Journalisten in Argelès ein. Um die Lebensbedingungen der Insassen zu verbessern, leisteten humanitäre und politische Organisationen moralische und materielle Unterstützung. Die Quäker schickten Lebensmittel, Kleidung, Medikamente, chirurgische Instrumente, orthopädische Geräte[43], und verschiedene Komitees engagierten sich, wie das Internationale Koordinations- und Informationskomitee der Hilfe für das republikanische Spanien und das Internationale Sanitätswerk, oder auch Gruppen, die verschiedenen Parteien nahe standen, so etwa Juan Negrins SERE (Emigrationsdienst der spanischen Republikaner) bis zum März 1940 oder die JARE des ehemaligen sozialistisch ausgerichteten Verteidigungsministers Indalecio Prieto.

Dies ändert nichts daran, dass die französischen Lager in puncto Hygiene und Haftbedingungen (Stacheldraht und Gendarmen) typische Lager waren. Das Misstrauen der Franzosen gegen eine Bevölkerung und namentlich eine Armee, die bekanntermaßen mit dem Kommunismus sympathisierte, bildete in der Tat die eigentliche Gemeinsamkeit zwischen ihnen und dem repressiven Lager: Man wollte die Insassen isolieren, unter Kontrolle halten. Viele ehemalige Internierte erinnerten sich an die Demütigung, die sie empfanden, wenn man ihnen von einem Lastwagen aus Brotlaibe zuwarf. Ein Zeitzeuge berichtet von »diesem entwürdigenden Kampf ums Brot: Plötzlich stürzte sich eine Gruppe von Internierten auf die Brote, die ein Franzose von einem Lastwagen herunterwarf. Das in jedem Menschen schlummernde Tier erwachte. Menschenknäuel stritten sich, ihren primitivsten Instinkten folgend, um die Beute. Der Kerl, der das Brot warf, genoss das klägliche Schauspiel sichtlich (...) Das sind Tiere, und dementsprechend behandeln wir sie. Zum Glück schritt kurz nach der Verteilung die Lagerleitung ein ... Von da an gab es im Lager Argelès immer reichlich Brot ...«[44] Erniedrigend waren auch Krankheiten und andere Gesundheitsprobleme. Verunreinigtes oder nicht zum Trinken geeignetes Wasser verursachte Durchfall. Juan Carrasco, ehemaliger Lagerinsasse in Argelès, berichtete:

»Wenn es uns überkam, mussten wir zum Strand laufen. Wir schrien ›a la playa, a la playa‹, und jeder wusste, worum es ging. Manchmal war der Durchfall so heftig, dass die Leute sich buchstäblich in die Hosen schissen wie Kinder. Die Abortgrube war ein großes viereckiges Loch direkt am Wasser. Wir hockten so dicht gedrängt drum herum, dass wir uns gegenseitig berührten, alle durcheinander, Männer, Frauen und Kinder, Hunderte gleichzeitig. Ein Flugzeug der Fox Movietone hat uns sogar mehrmals aus der Luft in dieser Situation gefilmt.«[45]

Die sanitären Verhältnisse verbesserten sich ziemlich rasch. Man legte es also nicht bewusst darauf an, die Insassen ihrer menschlichen Würde zu berauben. Latrinen wurden errichtet, die aufgrund ihrer Anordnung in langen Reihen *tran vías* (Straßenbahnen) genannt wurden. Allerdings bekam man die Beseitigung der Fäkalien erst mit dem Bau einer kleinen Verwertungsanlage in den Griff. Zu all diesen Schwierigkeiten gesellten sich andere, die von Historikern bislang kaum beleuchtet wurden und mit den Versuchen der Kommunisten zusammenhingen, die Organisation der Lager unter ihre Kontrolle zu bringen. Rafaneau-Boj gibt in ihrer Untersuchung einige Hinweise darauf. So erinnert sie an die Denunziation anarchistischer Insassen in Argelès, »die für die unumschränkte Herrschaft der Stalinisten im Lager eine Gefahr darstellten«. Außerdem berichtet sie, dass in Saint-Cyprien Gelder unterschlagen und in Le Vernet antikommunistischen Insassen finanzielle Zuwendungen oder Lebensmittelrationen vorenthalten worden seien. Erst das Eingreifen der Lagerleitung machte dem Skandal ein Ende. In Gurs konnte erst nach wochenlanger Agitation und Revolte gegen die Stalinisten eine Neuverteilung der Insassen auf die Baracken vorgenommen werden.

Diese Lager hatten den Charakter von Durchgangs- und Übergangslagern, sie leerten sich ziemlich schnell: Von April bis Oktober 1939 kehrten Tausende von Flüchtlingen nach Spanien zurück, andere verteilten sich auf andere Departements, meldeten sich zur

Fremdenlegion oder zu den für Ausländer reservierten Sondereinheiten der französischen Armee. Wieder andere traten den am 27. September 1940 geschaffenen Fremdarbeitergruppen (GTE) bei, die eine Einbindung der »überzähligen Emigranten« in die französische Wirtschaft ermöglichen sollten. Frankreich drängte die Flüchtlinge zur Arbeit. So forderte Innenminister Albert Sarraut die Präfekten der betroffenen Departements am 5. Mai 1939 in einem Rundschreiben auf: »Jeder von Ihnen sollte sich darum bemühen, in seinem Departement, namentlich in der Landwirtschaft, Betätigungsmöglichkeiten für die spanischen Arbeitskräfte zu finden, und dafür Sorge tragen, dass die Ausländer, die in unserer Heimat leben, den Vorzug erhalten vor denen, die noch nicht hier weilen ... Ich bitte Sie, sich darum zu bemühen, die Vorurteile gegen die spanischen Flüchtlinge abzubauen. Die meisten von ihnen sind nur Unglückliche, die seinerzeit von der rechtmäßigen Regierung mobilisiert worden sind.«

Die Lager waren, zumindest in dieser Zeit und für die Spanier, in erster Linie Durchgangsstation: Militante, die einen Arbeitsvertrag (und viele wurden gefälscht!) für »land- oder forstwirtschaftliche Betriebe, Fabriken, Staudammprojekte oder Bergwerke«[46] hatten, konnten das Lager verlassen und ... ihren Kampf wieder aufnehmen. Acht Monate nach ihrer Ankunft kehrten die spanischen »Kostgänger« des Lagers Le Vernet wieder in ihre Heimat zurück; im September 1939 waren es nicht einmal mehr 400 Insassen. Flucht und Entlassung sorgten dafür, dass die Lager sich leerten: Am 1. Mai 1940 beherbergte Gurs nur noch knapp 2500 Personen. Auch Argelès und Saint-Cyprien verloren nach und nach ihre Belegschaft. Wie überhaupt in allen spanischen Lagern die Zahl der »Bewohner« rapide schrumpfte: in Argelès von 77 000 am 10. März 1939 auf 15 000 im Juli 1940, und in Saint-Cyprien im gleichen Zeitraum von 90 000 auf 5000. Anfang 1941 wurde in den Ostpyrenäen ein Lager nach dem anderen geschlossen. Im August 1943 zählte Rivesaltes nur noch 4500 und Le Barcarès nur noch 300 Insassen.

Nach der Besetzung durch die Nazis im Sommer 1940 wurden spanische Funktionäre nach Deutschland verschleppt. Da sie nicht den Status von Kriegsgefangenen genossen, wurden sie als »Politische« eingestuft und als solche nach Mauthausen deportiert. »Von den 7298 in diesem Lager registrierten Spaniern sollten 4676 den Tod finden.«[47]

Frankreich im Krieg

Am 10. Mai 1940 rückten Hitlers Truppen in Belgien und den Niederlanden ein. Am 13. Mai wurden Männer und Frauen deutscher Herkunft durch öffentliche Bekanntmachungen und Zeitungsaufrufe aufgefordert, sich in Sammelstellen einzufinden. Die Lage unterschied sich also grundlegend von der im Jahr 1914, als vor Ausbruch der Kampfhandlungen keine Internierungen vorgenommen worden waren. Zudem waren der Kriegserklärung vom September 1939 und der daraus resultierenden Internierung von Bürgern der kriegführenden Länder eine ganze Reihe von Maßnahmen gegen ausländischer Flüchtlinge vorausgegangen. Bereits im September 1939 wurden deutsche und österreichische Staatsbürger, ab Juni 1940 auch Italiener als »Verdächtige aus nationaler Sicht« festgenommen. Sogar Weißrussen kamen nach dem Abbruch der diplomatischen Beziehungen zwischen Vichy und Moskau im Juni 1941 in staatlichen Gewahrsam.

Auch die Briten internierten »ihre« deutschen und österreichischen, dann auch ihre italienischen Untertanen. Ihre Zahl stieg von anfänglich 16 000 auf 30 000, da ab Mai 1940 auch Frauen und Kinder interniert wurden.[48] Die Niederländer internierten Zivilisten vor allem im Lager Westerbork. Und die Sowjetunion? Sie räumte gründlich auf. Elinor Lipper, jene Deutsche, die wir bereits oben zitiert haben und die in den 30er Jahren der Komintern nahe stand, war während des Krieges in einem Lager in Ostsibirien interniert. Sie berichtet von einer Baracke, die speziell für Bürger aus feindlichen Staaten bestimmt gewesen sei: »In ihr wurden Deutsche aus Deutschland, aus dem Wolgagebiet, aus den sibirischen und kaukasischen Dörfern, Juden aus Deutschland, außerdem Österreicher, Rumänen, Ungarn, Finnen, Letten – also ›feindliche Ausländer‹, die aber alle bis auf ganz seltene Ausnahmen die Sowjetbürgerschaft besaßen – konzentriert. Sie wurden nur für die schweren, so genannten ›allgemeinen‹ Arbeiten verwendet, wurden in erster Linie zu den abendlichen Stoßarbeiten hinausgejagt, aber im Übrigen unterschied sich ihr Los nicht von dem der andern Gefangenen.«[49] Nicht einmal ein sowjetischer Pass bot diesen Verdächtigen Schutz. In die deutsche Baracke, für die verschärfte Haftbedingungen galten, wurden alle gesteckt, deren Familienname irgendwie deutsch klang: »Alle, die Namen wie Hindenburg oder Dietgenstein haben, vortreten!«, hörte Jewgenia Ginsburg, die nachweisen musste, dass sie Jüdin war, um nicht in die berüchtigte Baracke geschickt zu werden![50]

Doch zurück nach Frankreich. Einen Monat nach der Kriegserklärung wurde Arthur Koestler, obwohl jüdischer Herkunft, von der französischen Polizei in seiner Pariser Wohnung als »politisch Verdächtiger« verhaftet. Als Angehöriger der Gruppe von »Unerwünschten« und Verdächtigen (zu der auch Vertreter der Unterwelt gehörten) wurde er ins Tennisstadion Roland-Garros gebracht. Dort und im Stadion von Colombes wurden 8000 Verdächtige festgesetzt, darunter 3000 Juden, die nach dem militärischen Zusammenbruch in die südfranzösischen Lager verlegt wurden. Koestler wurde wenig später zusammen mit mehreren hundert Unerwünschten, spanischen Kommunisten oder Republikanern ins Lager Le Vernet verlegt. In alle Lager im Südwesten internierte Frankreich deutsche Antifaschisten, die seit 1933 geflohen waren. Ihre Odyssee lieferte Erich Maria Remarque den Stoff für den Roman *Arc de Triomphe*, in dem er den Leidensweg des sozialdemokratischen Reichstagsabgeordneten Rudolf Breitscheid nachzeichnete.

Es versteht sich von selbst, dass mit dem Krieg die Internierungsmaßnahmen verstärkt wurden.[51] Aus Deutschland, dem Saarland oder Danzig stammende Personen sowie solche mit anderer Staatsangehörigkeit, aber deutscher Abstammung, die im Departement Seine wohnhaft waren, wurden durch öffentliche Anschläge in Paris aufgefordert, folgenden Anordnungen nachzukommen:

1. Männer zwischen 17 und 55 Jahren einschließlich der Arbeitsdienstler;
2. ledige oder kinderlose verheiratete Frauen haben sich in folgende Sammellager zu begeben:
– Männer am 14. Mai 1940 in das Stadion Buffalo,
– Frauen am 15. Mai 1940 in den Sportpalast (Vélodrome d'Hiver).

Wer diesen Anordnungen nicht Folge leistet, wird verhaftet. Die oben bezeichneten Ausländer haben sich auf eigene Kosten mittels

Eisenbahn oder anderen öffentlichen Verkehrsmitteln in die oben genannten Sammellager zu begeben. Sie haben sich mit Lebensmitteln für zwei Tage und dem erforderlichen Essgeschirr (Gabeln, Löffeln, Trinkgefäßen usw.) zu versehen. Einschließlich der Lebensmittel soll das Gepäck nicht über 30 Kilogramm wiegen. Die Zivil- und Militärbehörden haben die Durchführung dieser Anordnungen zu überwachen.

gez. General Hering,
Militärgouverneur von Paris.[52]

Le Figaro begrüßte die Masseninternierung am 15. Mai auf der ersten Seite: »Weise Vorsichtsmaßnahme, die der Regierung durch die Ereignisse in Belgien und den Niederlanden aufgezwungen worden sind. Der Kampf gegen die ›fünfte Kolonne‹ ist wesentlicher Bestandteil der nationalen Verteidigung, und begreiflicherweise erfordern die zahlreichen in Paris lebenden und aus dem Dritten Reich emigrierten Personen eine sorgfältige Überprüfung und Sichtung. … Rund um die lange, graue Betonmauer des Stade Buffalo, die Neugierigen den Blick auf das weitläufige Gelände mit seinen Tribünen und Sportplätzen verwehrt, ein Kordon von Bereitschaftspolizisten in Khaki-Uniformen, die Helme tragen und mit Karabinern bewaffnet sind.«

Bald überzog ein Netz von annähernd 100 Lagern Frankreich. Die verhafteten Deutschen wurden als »feindliche Ausländer« im Stadion Yves-du-Manoir in Colombes, einem Vorort im Pariser Westen, zusammengepfercht und im Verlauf der letzten Maiwoche in Internierungslager in der Provinz verlegt, die meist harmlose Namen wie Beherbergungszentren und Aufnahme- oder Auffanglager trugen. Während die deutschen Truppen vorrückten, wurden all diese Inhaftierten zügig in die südfranzösischen Lager gebracht, die nach und nach von ihren bisherigen Bewohnern geräumt wurden. Die Maßnahme hatte etwas Groteskes. So schreibt Phil Casoar in seinem Vorwort zu Koestlers Werken: »Die ersten, die bei Ausbruch der Feindseligkeiten den Kopf hinhalten mussten, waren die aus Deutschland und Österreich geflüchteten Nazigegner und Juden, die als Staatsangehörige eines feindlichen Landes festgenommen wurden.«[53]

So hielt man die entschiedensten Feinde der Hitler-Regimes,

Gegner der ersten Stunde, die vor den Konzentrationslagern der Nazis hatten fliehen müssen, in französischen Lagern fest! Am 23. Mai 1940 trafen 2364 Frauen aus Paris und Umgebung im Lager Gurs ein. Ende Juni registrierte man dort 6356 Kinder, Jugendliche und Frauen, darunter zahlreiche Jüdinnen, von denen einige bereits vor 1933 gegen die Nazis gekämpft und ihre politische Arbeit auch in der Emigration bis zuletzt fortgesetzt hatten, da sie von den Verhaftungswellen 1939 verschont geblieben waren. Der im provenzalischen Lager Les Milles internierte deutsch-jüdische Schriftsteller Lion Feuchtwanger schreibt dazu: »Die Internierung so vieler Leute, die sich einwandfrei als erbitterte Gegner der Nazis erwiesen hatten, war eine dumme, ärgerliche Komödie.«[54]

Eine große Zahl dieser deutschen Juden und Antifaschisten wurde in Les Milles interniert, und damit außerhalb der Zone, die den republikanischen Flüchtlingen aus Spanien offenstand. Eine alte Ziegelei war auf zwei Seiten von einer Mauer, auf den beiden anderen von einer schanzenartigen Böschung umschlossen und zudem »ausgiebig mit Stacheldraht und mit Wachsoldaten gesichert«.[55] Hier wurden 1000 politische Flüchtlinge interniert (Deutsche, Österreicher, Tschechoslowaken). Ihre Zahl sollte auf 3000 steigen. Etwas Stroh und eine Decke bildeten ihr ganzes Bettzeug. Tische und Stühle gab es nicht. Das Wecksignal ertönte um 5.30 Uhr. 20 Minuten nach dem Aufstehen musste jede Häftlingsgruppe im Speisesaal ihren Eimer Kaffee und ihre tägliche Ration Brot abholen, und so rannte man zu den Latrinen und Waschräumen. In Les Milles, so bemerkte Feuchtwanger, musste man immer Schlange stehen – im Krankenrevier oder bei der Essenausgabe, wenn man einen kleinen Betrag von dem Geld abholen durfte, das einem bei der Einlieferung abgenommen worden war, oder wenn man eine Eingabe machen wollte. Anfangs verfügte das Lager über vier, später über sieben Latrinen. Nicht selten standen dort 100 Personen an. »Noch jetzt, wenn ich daran denke, wie ich in dieser Schlange stand und wartete, überkommt mich ein Gefühl des Ekels, der Trauer, der Empörung, der äußersten Erniedrigung.«[56] Beim Appell um 7.30 Uhr wurde die Arbeit für den Tag zugeteilt. Einige, insbesondere Handwerker, bekamen Arbeiten außerhalb des Lagers, andere wurden zum Putz- oder Küchendienst abkommandiert. Manche Arbeiten, zu denen die Insassen gezwungen wurden, grenzten ans Absurde: So mussten sie auf Befehl von Sergeanten und im Rhythmus ihrer Kommandos völlig sinnlos Ziegel stapeln.

In der übrigen Zeit warteten sie ebenso untätig wie diejenigen, die ohne Arbeit waren. Zeitungen gab es nicht, es sei denn, man kaufte sich heimlich welche – was sehr teuer war –, Post gab es selten. Post, die man selbst verschickte, ging nur alle zwei Wochen hinaus. 11 Uhr Mittagessen, 17 Uhr zweiter Appell, danach das völlig unzureichende Abendessen. Den orthodoxen Juden wurde eine Ecke des Lagers für ihre religiösen Riten zur Verfügung gestellt. Besuche waren offiziell nicht gestattet, doch mehrmals am Tag hörte man jemand rufen: »Ihre Frau ist da.« Oder ein Kind. Eines Tages ließ man einen kleinen Jungen ins Lager. Lion Feuchtwanger erzählt nichts anderes als die Geschichte des Films *Das Leben ist schön*. »Der Vater erfand eine gequälte Geschichte, er sei hier Offizier und müsse uns beaufsichtigen. Wir andern spielten mit und erwiesen dem Vater allerlei Ehrenbezeugungen. Das Kind war halbwegs getröstet.«[57] Nach der Unterzeichnung des Waffenstillstands wurde ein großer Teil der internierten Frauen freigelassen. Wer jedoch nicht über die nötigen Mittel verfügte, um außerhalb des Lagers zu leben, oder als aktiver Gegner des NS-Regimes um keinen Preis den deutschen Besatzungstruppen ausgeliefert werden wollte, blieb im Lager. Im Spätsommer 1940 sank die Zahl der Insassen auf 2523.[58]

War die Lage der internierten Hitler-Gegner aus Deutschland und Österreich vorher schon alles andere als beneidenswert gewesen, so wurde sie nach der Niederlage Frankreichs höchst bedrohlich, denn Artikel 19 des Waffenstillstandsvertrags sah die Auslieferung aller gesuchten deutschen Staatsbürger vor. So kam es, dass der Sozialdemokrat Breitscheid, seit 1939 als Bürger eines feindlichen Staates in einem Lager im Südwesten interniert, ein Jahr später an Deutschland ausgeliefert wurde. Die Auslieferung Breitscheids (er wurde nach Buchenwald deportiert und starb dort 1944) und anderer wie Rudolf Hilferding und Fritz Thyssen sollte gerade durch die »Bereitwilligkeit, mit der namhafte Persönlichkeiten ausgeliefert wurden«, so ein Vertreter der französischen Waffenstillstandskommission, für das »französische Verständnis« bürgen.[59]

Bilanz aus den Lagern der Dritten Republik

Die gleichgültige, ja verächtliche Haltung der französischen Polizei gegenüber den Internierten und die Weigerung der Behörden, die Kriterien der Internierung in Frage zu stellen (man verfuhr weiter nach den nationalen Kriterien von 1914, obwohl politische Kriterien vonnöten gewesen wären), löste bei den Betroffenen natürlich Empörung und Feindseligkeit aus. 1942 veröffentlichte Arthur Koestler, der in seinem 1940 erschienenen Roman *Darkness at Noon* (dt. *Sonnenfinsternis*) mit den Intellektuellen ins Gericht gegangen war, in England seine Erinnerungen an das Lager Le Vernet, in dem er als »Ausländer« mit dem »Abschaum der Erde« interniert gewesen war. Darin schreibt er, »dass Verpflegung, Unterbringung und hygienische Bedingungen hier sogar noch schlechter waren als in einem Nazi-KZ«, und fügt hinzu: »Ich selbst kann nur bestätigen, dass das Essen in Francos Gefängnis mitten im Bürgerkrieg nahrhafter und reichhaltiger war, obwohl wir nicht arbeiten mussten.«[60] Koestler mag noch so eindringlich an die Patrouillen außerhalb des Lagers oder an die häufige Ernennung von Schlägern zu Gruppenführern und Stubenältesten erinnern – obwohl »Kriminelle«, »gefährliche Extremisten« (im wesentlichen Kommunisten und Anarchisten) und »Verdächtige« normalerweise getrennt werden –, weder der Zweck des Lagers noch die Auswirkungen der schweren Arbeit oder der strengen Isolierung (es gab zahlreiche Fluchtmöglichkeiten) auf die Sterblichkeitsziffer erlauben es, die Lager der Dritten Republik im Allgemeinen und Le Vernet im Besonderen mit den kommunistischen oder nationalsozialistischen Lagern zu vergleichen. Tatsächlich wurde das Lager Le Vernet, wie im Übrigen derselbe Koestler schreibt, »mit einer für die französische Verwaltung typischen Mischung aus Dummheit, Korruption und Laisser-faire geleitet«. Eine Auffassung, die sich mit Feuchtwangers Urteil über das Lager Les Milles deckt:

»Ich glaube denn auch nicht, dass böse Absicht an unserm Unheil schuld war, ich glaube nicht, dass der Teufel, mit dem wir im Frankreich von 1940 zu tun hatten, ein besonders ausgekochter Teufel war, der seine Freude hatte an sadistischen Späßen. Ich glaube vielmehr, dass es der Teufel der Schlamperei war, der Gedankenlosigkeit, der Herzensträgheit, der Konvention, der Routine, eben jener Teufel, den die Franzosen mit dem guten Wort ›J'menfoutisme‹ bezeichneten ... Wenn man uns gleichwohl so elend unterbrachte und durch Vernachlässigung der primitivsten Regeln der Hygiene unsre Gesundheit schädigte, dann geschah das aus purer Gedankenlosigkeit, aus Mangel an Organisationstalent.«[61]

Eine Episode, die Feuchtwanger erzählt, gibt treffend das Klima im Lager wider: Einige Insassen spielen Fußball. Der Ball fliegt über die Mauer. Der Wachsoldat verbietet den Spielern, ihn zurückzuholen. Stattdessen reicht er den Gefangenen sein Gewehr und klettert selbst hinüber! »Der Teufel in Frankreich war ein freundlicher, manierlicher Teufel.«

Es erscheint daher bedenklich und höchst irreführend, die französischen Lager der Jahre 1939 und 1940 als »Vorzimmer des Gulag«[62] zu bezeichnen oder, um ihren verabscheuungswürdigen Charakter herauszustreichen, auch nur darauf hinzuweisen, dass sie »später« der Internierung der in der nicht besetzten Zone verhafteten Juden dienten, »ehe sie nach Drancy, der letzten Etappe vor den Todeslagern, überstellt wurden«. Die französischen Lager der Dritten Republik erfüllten diese Aufgabe nicht. Sie fiel eindeutig den Lagern des Vichy-Regimes zu. Die Verbundenheit mit dem Nationalsozialismus musste erst ab Sommer 1942 demonstriert werden, als bei Razzien massenhaft Juden verhaftet wurden, die sich bald in Auschwitz wiederfinden sollten. Der bis 1942 provisorische und offene Charakter der Lager wird daran deutlich, dass die Behörden darauf drängten, die Lager zu räumen und die Ausreise der Internierten aus Frankreich zu ermöglichen. Allerdings musste man auch irgendwo hingehen können, und ein Jude hatte diese Möglichkeit nicht.

1940, das Fegefeuer Vichys

Welche gesetzlichen Regelungen traf das Vichy-Regime für die Internierungslager in der nicht besetzten Zone? Der neuen französischen Regierung stellten sich zwei Aufgaben: Sie musste allen deutschen Auslieferungsersuchen nachkommen, und sie musste Maßnahmen der Zusammenlegung ergreifen, das heißt Ausländer und insbesondere Juden zusammenlegen und überwachen. So schreibt Renée Poznanski: »Die von der Dritten Republik übernommenen Lager in der Südzone wurden umgewandelt und zum sichtbarsten Ausdruck einer Ausgrenzungspolitik, die sich ausweiten sollte.«[63]

Bis zum Herbst 1940 unterstanden alle Internierungslager dem französischen Verteidigungs- und Kriegsministerium. Am 17. November erließ die Vichy-Regierung ein Dekret, das dem Innenministerium, also der Polizei, die Aufsicht über die Lager übertrug und zusätzliche Finanzmittel für »die Überwachungskosten der Lager von Unerwünschten« gewährte. Nach einem Rundschreiben des Innenministeriums vom 31. Oktober 1940 waren die Ausländer nach drei Kategorien auf folgende Lager zu verteilen: gefährliche nach Le Vernet, zu überwachende nach Gurs, ruhige Elemente nach Argelès.[64]

Die Lager füllten sich wieder, weil die südfranzösischen Präfekten das Gesetz vom 4. Oktober 1940 anwendeten, aber beileibe nicht nur deshalb. Paradoxerweise deportierten die Nazis mehrere Tausend deutsche Juden nach Gurs, so am 22. Oktober 1940, als sie 6504 Juden aus der Pfalz und Baden abschoben und in das Lager brachten, das sich damals in der noch unbesetzten Zone befand. Die Abwicklung des Transports erfolgte in Zusammenarbeit mit den französischen Behörden. Wie aus dem Telegramm Nr. 207 der deutschen Botschaft in Paris vom 28. Oktober 1940 hervorgeht, trafen diese Deportationen die französische Regierung völlig unvorbereitet, und es ging das Gerücht, dass es sich um einen Transport von Juden nach Portugal handele. Französische Regierungsvertreter ersuchten die deutsche Reichsregierung dringend um Auskunft über das endgültige Reiseziel der Abgeschobenen. Einen Monat später, als die Juden aus Baden und der Pfalz bereits in Gurs eingetroffen waren, hatten sie noch immer keine Antwort.[65] Das Lager Gurs unterstand der französischen Gerichtsbarkeit und wurde von den Deutschen während des gesamten Kriegs nur dreimal besucht. Es bestand aus 382 Baracken, jede 24 Meter lang und sechs Meter breit, und war in 13 Blöcke aus jeweils 24 bis 30 Baracken unterteilt. Jeder dieser Blöcke war mit Stacheldraht eingezäunt.

Die Baracken waren nicht beleuchtet, doch war das Lager in diffuses Licht getaucht. Auch Telefon war vorhanden. Es gab sogar ein Gefängnis für aufsässige Insassen. Geschlafen wurde auf Streu, ab Dezember 1940 auf Strohsäcken. In einem schlecht organisierten

Sprechzimmer durften zwei Stunden am Tag Besucher empfangen werden. Man gründete ein Orchester, veranstaltete Kurse und Fußballspiele. Die Insassen erhielten Hilfe von außen, insbesondere von den Quäkern. Im Winter 1940 bekamen Hilfsorganisationen sogar die Erlaubnis, in Gurs eine Sanitätsstation einzurichten, zunächst das protestantische Hilfswerk, dann der Schweizer Hilfsdienst und schließlich die Quäker. Dennoch blieben die Lebensmittelrationen völlig unzureichend. Die Insassen bekamen viel zu wenig Fett, Eiweiß und Kohlenhydrate. Ratten, Flöhe und Läuse setzten ihnen zu. Laharie zitiert einen Insassen von Gurs:

»Nachts kann ich nicht auf dem Rücken schlafen: Ich würde zuviel Platz wegnehmen und meinen Nachbarn stören. Da das Stroh nicht erneuert wurde und schon dünn und staubig ist (...), tut mir von den Dielen die Hüfte weh. Und ständig steht in der Nacht jemand auf, um zu den Latrinen zu gehen, stößt im Dunkeln gegen Füße, und Streit und Flüche sind die Folge. Und dann rennen überall Ratten herum und huschen ohne Scheu über uns hinweg. Auch die Parasiten lassen uns nicht schlafen, mehr noch die Flöhe als die Läuse.«[66]

Zum Glück blieb man von Seuchen verschont, wenn man einmal von der Ruhr absieht. Die Sterberate, in der Zeit der Dritten Republik noch relativ gering (13 Tote von Mai bis Juli 1939), schnellte in die Höhe: von November 1940 bis Januar 1941 registrierte man in Gurs 569 Todesfälle. Zwischen 1939 und 1945 starben insgesamt 1074 Insassen, darunter 820 Juden aus Baden und der Pfalz. Seit die ehemaligen Spanienkämpfer als »unerwünscht« galten, verschlimmerte sich die Situation, was sich an der Zahl der Toten ablesen lässt. Laharie spricht sogar von einem »auffallenden Kontrast«.[67] Es versteht sich von selbst, dass die katastrophalen Zustände im Lager Gurs für die deutsche Presse ein gefundenes Fressen waren und von ihr zu Propagandazwecken ausgeschlachtet wurden. So war in einem Artikel der *Badischen Presse- und Handelszeitung* vom 14. Februar 1941 unter dem Titel »So sieht das ›Leben wie Gott in Frankreich‹ der landesflüchtigen Verräter aus – So lebt man im Emigrationslager Gurs!« zu lesen: »Wenn die jüdisch-marxistischen Emigranten aus dem großdeutschen Reich geglaubt haben, in Frankreich ein Leben ›wie Gott in Frankreich‹ führen zu können, so sehen sie sich nun in dieser Hoffnung schwer getäuscht.«

Auch die *Basler Nachrichten* wiesen – gewiss aus anderen Gründen – auf die himmelschreienden Zustände im südfranzösischen Lager Gurs hin. So hieß es in einer »Zuschrift«:
»Die Zustände ... sind derart, dass, wer sie nicht mit eigenen Augen gesehen und am eigenen Leib erlebt hat, nicht für möglich halten würde. Im Lager von Le Vernet sind ehemals kräftige Männer durch Hunger und Kälte so geschwächt, dass sie ihr Menschenantlitz verloren haben. Den Frauen ergeht es ähnlich. Haare und Zähne fallen ihnen aus. Die Nägel schrumpfen zusammen aus Mangel an Nahrung. Schwere gesundheitliche Störungen mit nicht mehr kurierbaren Folgen sind die Regel. In dem Sammellager Gurs sterben wöchentlich etwa 45 Menschen. Wir liegen bei zehn Grad Kälte auf bloßem Fußboden ohne Matratzen und ohne Stroh, mit nur zwei dünnen Decken bedeckt. Als Nahrung erhalten wir morgens ein Glas schwarzen Ersatzkaffee, mittags einen Teller Suppe, die tatsächlich nur aus reinem Wasser besteht, in dem 20 bis 25 Erbsen oder ein paar Schnitten gelber Rüben herumschwimmen, gänzlich fett- oder geschmacklos. Abends genau dieselbe Suppe und dazu etwa 350 Gramm Brot. Das ist Tag für Tag die gleiche Nahrung. Es gibt nicht den geringsten Zusatz. Wir leiden derart unter diesen Verhältnissen, dass täglich mehrere vor Erschöpfung zusammenbrechen; und von den älteren Leuten sterben täglich 20 bis 30 an Entkräftung ...«[68]

La Voix du peuple, eine Arbeiterzeitung in der französischen Schweiz, brachte am 20. März 1941 einen Bericht über die französischen Internierungslager, der diese alarmierende Schilderung bestätigte. Nachdem die französische Verwaltung von der deutschen Regierung Kleidung, Lebensmittel usw. für die Juden aus der Pfalz und Baden angefordert hatte, schrieb Adolf Eichmann am 12. März 1941 an das Auswärtige Amt in Berlin: »Da ich mich mit Rücksicht auf die kriegswirtschaftlichen Belange in keinem Falle mit der Übersendung von Lebensmitteln, Textilien ... an die in das besetzte Frankreich abgeschobenen Juden, für deren Unterhalt im Übrigen die jüdischen Hilfsorganisationen aufzukommen haben, einverstanden erklären kann, bitte ich, künftig derartige Anträge unmittelbar von dort ablehnen zu wollen.«[69]

Im Mai 1941 verschlechterte sich die Verpflegung der Internierten noch mehr. Die Kranken bekamen keinerlei Sonderrationen.

Aus finanziellen Gründen war die französische Verwaltung stets darum bemüht, die Auswanderung der Internierten in Drittländer zu fördern. Wer eine Bürgschaft oder ein Einreisevisum für die Vereinigten Staaten oder ein anderes Land vorweisen konnte, kam in das Durchgangslager Les Milles bei Marseille und musste dort warten, bis das nächste Schiff auslief.

Im Herbst 1941 gab es in der Südzone zehn Hauptlager[70]: die Straflager Le Vernet und Rieucros (nur für Frauen), das als »halbes Straflager« geltende Gurs, die so genannten Aufnahmelager Bram, Argelès und Saint-Cyprien, ferner das Durchgangslager Les Milles und drei neue Lager, die speziell für Männer und Frauen über 65, Kranke, Gebrechliche und für Frauen mit Kindern eingerichtet worden waren: Noé, Récébédou und Rivesaltes. Wenn man einer statistischen Erhebung der Lagergeistlichen glauben darf, saßen Mitte März 1941 in den südfranzösischen Hauptlagern 35 200 Ausländer ein. In Gurs und in Les Milles betrug der Anteil der Juden 90 bzw. 80 Prozent, in Rivesaltes und Le Vernet hingegen nur 40 bzw. 20 Prozent.[71] Es lässt sich unmöglich sagen, worunter die Internierten mehr gelitten haben, unter der Kälte, dem Hunger oder der Angst vor der Deportation.

Pithiviers und Beaune-la-Rolande

Lager gab es nicht nur in der Südzone, also in der so genannten »freien« oder nicht besetzten Zone, sondern auch nördlich der Demarkationslinie. Abgesehen von Compiègne (Siebungslager und letzte Station vor den Konzentrationslagern), Drancy (ab 1943 unter unmittelbarer deutscher Zuständigkeit) sowie Struthof im mittlerweile deutschen Elsass, unterstanden alle Lager in der nördlichen Zone der Vichy-Regierung, was, wie Denis Peschanski unterstreicht, »einem der Ziele Vichys entspricht, das trotz der Demarkationslinie seine Souveränität im gesamten Staatsgebiet unter Beweis stellen möchte, auch wenn es zu diesem Zweck die unerfreulichsten Aufgaben übernehmen muss«.[72] Die beiden bekanntesten Lager sind Pithiviers und Beaune-la-Rolande.

Das ehemalige Kriegsgefangenenlager Pithiviers 80 Kilometer südlich von Paris nahm am 15. Mai 1941 die ersten Juden auf. Es handelte sich um 1570 mehrheitlich polnische Männer, die bei den ersten antijüdischen Razzien in Paris verhaftet worden waren. Da das Lager nur von 75 Gendarmen bewacht wurde, suchte man per Kleinanzeigen 200 Mann Verstärkung, hatte jedoch große Mühe, die angestrebte Personalstärke zu erreichen. Das Lager war mit einem doppelten Stacheldrahtzaun gesichert. An jeder Ecke und am Eingangstor stand ein Wachturm mit Scharfschützen und Scheinwerfern.

Beaune-la-Rolande, ein großes Dorf mit 1700 Einwohnern und rund 20 Kilometer von Pithiviers entfernt, verfügte über einige 1938 errichtete Baracken, in denen 1939 evakuierte Pariser und 1940 Flüchtlinge untergebracht worden waren. Danach diente Beaune-la-Rolande, ebenso wie Pithiviers, als Lager für französische Kriegsgefangene. Ihre Zahl betrug, wie in Pithiviers, 20 000. Ende September 1940 leerte sich das Lager, da fast alle französischen Kriegsgefangenen nach Deutschland gebracht wurden. Ab Mai 1941 nahm auch Beaune-le-Rolande ausländische Juden auf, die in Paris verhaftet worden waren, am 15. Mai allein 2140 Personen. Das Lager unterstand mittlerweile den Besatzungsbehörden, wurde aber von der Präfektur Orléans verwaltet. Es umfasste drei Hektar (zwei weniger als Pithiviers) und bestand aus 14 Baracken, die für 1600 Personen ausgelegt waren. »Ständig liegt ein furchtbarer Gestank über dem Lager. Am äußersten Ende hat man primitive Latrinengräben gezogen, die als Toiletten dienen, und in einer Ecke türmt sich der Kot. Eigentlich müsste er mit Lastwagen weggekarrt werden, doch wegen der Transportprobleme hat man beschlossen, ihn an Ort und Stelle zu vergraben.«[73]

1939–1943: Die Lager in Nordafrika

Bereits 1939 unterhielt Frankreich auch Internierungs- und Arbeitslager in Nordafrika. Eine Maßnahme, die von einem Teil der Öffentlichkeit durchaus gutgeheißen wurde. So war in der Presse zu lesen:

»Die Sowjetunion und andere Länder haben es anscheinend nicht sehr eilig, den spanischen Pöbel aufzunehmen. Es ist fatal, dass ein Teil dieser Unerwünschten in unserer Heimat bleiben wird. Die gefährlichen Hidalgos stellen eine ernst zu nehmende

Gefahr für unsere Sicherheit dar. Sie können mit einem Revolver umgehen, daher muss für ihre Unterbringung gesorgt werden. Die Fremdenlegion wäre genau das Richtige. Ist das Tor zum Süden offen, die Saharastraße gebaut? Sie wartet auf Arbeitskräfte, damit es weitergehen kann. In Richtung Bidon V. Denn eines nicht fernen Tages müssen wir reinen Tisch machen, all diese Revolutionäre und Kriminellen, schwarze wie rote, erbarmungslos vertreiben und, statt unsere Gefängnisse mit ihnen vollzustopfen, die Ozeane und die Meere zwischen uns und sie bringen.«[74]

Bereits 1940 wurden neben Kommunisten aus Algerien und Marokko auch verschiedene »Unerwünschte« aus dem Mutterland, die unter das Dekret der Regierung Daladier vom 18. November 1939 fielen, in Nordafrika interniert. Spanische Flüchtlinge und Internierte brachte man bis 1942 in die dortigen Lager, die ersten bereits 1939, unmittelbar nach dem Zusammenbruch der spanischen Republik. 8000 von ihnen, darunter 2000 Matrosen der republikanischen Flotte, hatten erfolgreich die Blockade durchbrochen und mit Booten aller Art die afrikanische Küste erreicht (in anderen Schätzungen ist von bis zu 20 000 Mann die Rede).

Die algerischen Lager befanden sich in Djelfa, 350 Kilometer südlich der Küste bei der Endstation der Schmalspurbahn Blida. Die Lager bestanden aus ehemaligen Rundzelten der Afrika-Armee, so genannten »Marabouts«, die, obwohl ursprünglich nur für sechs Soldaten gedacht, mit zwölf Häftlingen belegt wurden. Die Spanier, die zunächst in einem nahen Fort untergebracht wurden, errichteten das Lager selbst: Sie ebneten dort, wo die Zelte stehen sollen, die Erde, bauten Hütten für die Feldküchen und hoben einen Graben aus, der als Latrine dienen sollte – ein, zwei Bretter darüber, fertig. Kein Wunder, dass bald die Ruhr grassierte. Bis April 1941 nahm Djelfa fast ausschließlich Internierte aus dem Mutterland auf, danach auch Nordafrikaner, Spanier, Juden und »Brigadisten« aus Le Vernet, Gurs und Argelès. Im Oktober 1941 trafen Spanier aus Oran ein. Einer von ihnen sang:

Djelfa, Lager Djelfa,
Fenster zum Überleben
Djelfa, trauriges Ziel,
wohin es mich als Gefangener verschlug.

1941–1942: Die Zwangsarbeitslager in Nordafrika

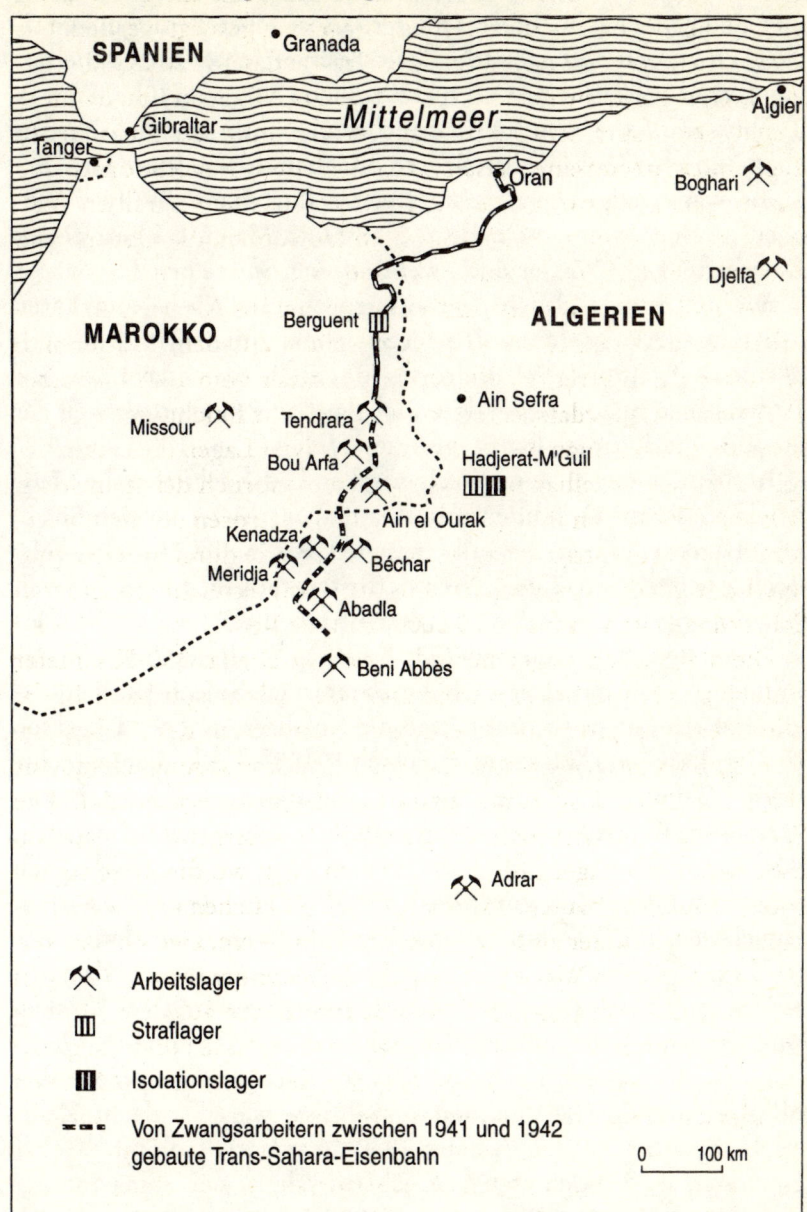

Die nordafrikanischen Lager unterstanden der französischen Armee und gehörten in Anbetracht der klimatischen Bedingungen sicherlich zu den härtesten, die Frankreich errichtet hatte. Die hygienischen Verhältnisse waren erbärmlich (Fliegen, Flöhe, Läuse), Typhus grassierte. Die Internierten arbeiteten in landwirtschaftlichen Betrieben, Schmieden, Schreinereien und Ziegeleien. Die Disziplin war streng. Die Arreststrafen im Fort Cafarelli (zwei Wochen in einer winzigen Zelle, 2,5 auf 1,25 Meter, bei nur einem Dreiviertel Liter Wasser und zwei Rationen Suppe pro Tag) waren gefürchtet. Einige Hilfsorganisationen wie die bereits erwähnten SERE und JARA nahmen sich der Spanier an. Im Mai 1939 besuchte eine Delegation des »Kongresses für den Frieden« das Lager. Ihr Leiter, Julien Benda, besichtigte auch das Lager Suzzoni unweit der Stadt Boghari. Einige Häftlinge kamen frei.

In Bossuet, einem weiteren algerischen Lager, schliefen die Männer in massiven Gebäuden mit 18 auf sechs Meter großen Sälen. Das Lager Hadjerat-M'Guil zwischen Ain Sefra und Colomb-Béchar beherbergte die »6. Fremdarbeitergruppe«, wie sie offiziell genannt wurde. Unter den 300 Internierten, die Schwerstarbeit leisten mussten, befanden sich 250 »Sträflinge«, namentlich von der Fremdenlegion, darunter auch Antifaschisten, die sich für die Dauer des Krieges verpflichtet hatten, und mehrere Dutzend Spanier. In Meridja, einem Wüstenfort, das seit 1940 als Lager diente, mussten die Gefangenen Steine schleppen und andere sinnlose Arbeiten verrichten. Fluchtversuche waren äußerst selten: Einheimischen, die einen Flüchtigen zurückbrachten, winkte ein Kopfgeld. Nach Streiks und Protesten wurde das Lager 1941 geschlossen, jedoch in Ain el Ourak, 100 Kilometer von Bou Arfa entfernt, wieder errichtet. Insassen berichteten von einer Foltermethode, bei der das Opfer bis zum Hals eingegraben wurde und so bis zu zwei Wochen lang Tag und Nacht ohne jeden Schutz ausharren musste. Grausamkeiten dieser Art forderten Tote. Es fehlte an Wasser, die Verpflegung und die hygienischen Verhältnisse waren schlecht. Zahlreiche Spanier wurden Anfang 1940 auch nach Colomb-Béchar geschickt, wo sie den ersten Streckenabschnitt der Trans-Sahara-Eisenbahn von Bou Arfa nach Kenadza bauen mussten. Auch Koestler berichtet, dass die französischen Behörden nach der Revolte vom 26. Februar 1941 1000 Internierte aus Le Vernet, vornehmlich Spanier, nach Nordafrika verschleppten und beim Eisenbahnbau in der Sahara einsetzten.

Ein Häftling notierte in sein Tagebuch: »Cayenne und die Teufelsinsel sind ein Paradies verglichen mit der Hölle Sahara.«

Das marokkanische Lager Djemin Bou Rezg (zwischen Colomb-Béchar und Ain Sefra) war eine mitten in einer Wüstenlandschaft gelegene Festung mit mehreren, von hohen Mauern umschlossenen Innenhöfen, aber nur einem Eingangstor. Die Mauern waren mit Wachtürmen bestückt. Nachts wurden die Insassen in einem Gebäude eingeschlossen. Sie schliefen auf dem Betonfußboden, nur mit einer Matte als Unterlage, bekamen nie genug zu trinken und schwebten ständig in der Gefahr, von Schlangen gebissen oder von Skorpionen gestochen zu werden. Nach Georges Sorias Schätzung kamen in den nordafrikanischen Lagern insgesamt 14000 Internierte um.[75]

1942: Vichy als Vorzimmer des Todes

1942 veränderte sich die Lage der Juden in der besetzten wie in der freien Zone radikal. Von Auswanderung war keine Rede mehr. Sie saßen in der Falle, einerlei in welchem Typ von Lager der Vichy-Regierung sie interniert waren. Die »Endlösung« wurde in Angriff genommen. Eine Zeitlang unterschied das Vichy-Regime noch zwischen französischen und ausländischen Juden. So wurden anfangs nur ausländische Juden an die Deutschen ausgeliefert und deportiert, doch in der Folgezeit sollte Tausende von französischen Juden das gleiche Los treffen. Im Sommer 1942 begann Vichy, in den besetzten Zone wohnhafte Juden aus Deutschland und anderen Ländern an die Besatzer auszuliefern. Am 18. Juli besuchte der mit der »Judenfrage« im besetzten Frankreich betraute Eichmann-Beauftragte, SS-Obersturmführer Dannecker, das Lager Gurs und erklärte bei dieser Gelegenheit dem Kommandanten, dass bereits 5000 Juden aus der besetzten Zone nach Osteuropa abtransportiert worden seien und weitere 10000 aus der nicht besetzten Zone folgen sollten. Die Insassen kleinerer Lager wie Noé oder Rivesaltes wurden zumeist erst nach Gurs verlegt, ehe man sie in den Osten deportierte.[76]

Auf Verlangen des Sicherheitsdienstes (SD) erfolgte am 27. März

1942 der erste Transport von Pithiviers nach Drancy. Die Organisation der Deportationen oblag dem Präfekten oder dem Chef der Polizei für Judenfragen, nicht dem Bürgermeister oder dem Unterpräfekten. Vom 19. bis 22. Juli 1942, wenige Tage nach der »Großrazzia vom Vel' d'Hiv«, wurden in Pithiviers 4900 und in Beaune-la-Rolande 3100 Juden interniert, in der Mehrzahl Familien mit Kindern, da kinderlose Paare und Ledige direkt nach Drancy oder Compiègne gebracht wurden.[77] Damit begann unbestreitbar eine neue Etappe in der Existenz dieser beiden Lager, bedingt durch die Zahl der Neuankömmlinge, die Verhältnisse bei ihrer Einlieferung, die Tatsache, dass Pithiviers zur Ausgangsbasis für die Transporte in die Vernichtungszentren wurde (es sollte sogar Transporte geben, die in Drancy gar nicht anhielten, sondern direkt nach Auschwitz fuhren), und nicht zuletzt durch die grausame Trennung von Müttern und Kindern, die hier vorgenommen wurde. Die Haftbedingungen waren schwierig, denn für die Unterbringung solcher Menschenmassen waren keinerlei Vorkehrungen getroffen worden. Eine angehende Sozialarbeiterin schrieb:

»Oh, die Ankunft, Maman! Es war ein unbeschreibliches Chaos, ein Bild des Jammers, das einem das Herz zusammenschnürte: so viele Babies auf dem Stroh! So viele hilflose Mütter! Man konnte kaum noch in Baracken hinein. Die Mütter versuchten verzweifelt, in diesem Durcheinander von brüllenden und weinenden Kindern einen Platz zu finden. Einige stießen die anderen zur Seite, stritten sich und versuchten, so viel Platz wie möglich mit Beschlag zu belegen, andere weinten still vor sich hin. Die Mutterliebe konnte so viel Leid nicht ertragen. Jede kämpfte für ihr Kleines. Andere Beherzte machten es ihnen vor.«[78]

Die Väter wurden von den Müttern und Kindern getrennt. Die Baracken boten nicht genug Platz. Man erhöhte die Belegschaft pro Baracke und quartierte Neuankömmlinge in kleinen Gebäuden ein, in denen Werkstätten untergebracht waren. Doch in den Baracken ließ sich nur Platz schaffen, wenn man die Bettstellen enger zusammenrückte, und das machte das Putzen noch schwieriger, wenn nicht unmöglich. »Der Tagesablauf wird streng eingehalten: 7 Uhr Aufstehen, Löschen der Lichter um 22.30 Uhr, von 8 bis 11 Uhr und von 14 bis 17.30 Uhr Reinigungs- und Stubendienst (…) Besuche sind nicht gestattet, Pakete dürfen nicht empfangen werden.

Das einzige Zugeständnis: Jeder Internierte darf pro Monat eine Postkarte absenden.«[79] Die Wärter machten Geschäfte und beförderten Briefe gegen Bezahlung. Auch Beaune-la-Rolande wurde im Frühjahr 1942 erweitert. Das Kontingent der Gendarmen wurde von 75 auf 125 aufgestockt und mit etwa 60 Zollbeamten und Hilfswärtern verstärkt. »Als die bei der Razzia vom Vel' d'Hiv festgenommenen Familien eintrafen, hatte die Lagerverwaltung, obwohl von der Ankunft der Internierten unterrichtet, nur Brot und Milch eingekauft, sonst nichts.«[80] Im Juli 1942 waren hier knapp über 3000 Juden interniert (gegenüber 4700 in Pithiviers).

Am 31. Juli verließ der erste, überwiegend aus Polen und Russen bestehende Transport Pithiviers in Richtung Auschwitz (von den 1049 Deportierten sollten 13 zurückkehren). Unter ihnen befanden sich etwa 350 Frauen, von denen die Hälfte von ihren Kindern getrennt worden war. Bald gingen zwei weitere Transporte nach Auschwitz ab: der erste am 3. August von Pithiviers (von den 1034 Deportierten sollten sechs überleben), der zweite am 5. August von Beaune-la-Rolande aus (im letzten Moment kamen die Deutschen zu dem Schluss, dass die Franzosen zu viele Kinder in dem Transport untergebracht hatten, und ließen 160 zurück!). Von den 1014 Deportierten sollten sechs überleben. Als die Insassen von Beaune-la-Rolande am 2. August erfuhren, dass ein Transport bevorstand und sie von ihren Kindern getrennt werden sollten, brach zunächst Panik aus, dann kam es zu einer Revolte, die von Gendarmen und einem deutschen Kommando niedergeschlagen wurde: »Man trennt die Eltern von den Kindern. Letztere müssen im Lager bleiben. Man kann sich vorstellen, was das bei 1200 Menschen bedeutet. Furchtbare Szenen. Man entreißt die Kinder den Eltern mit Gewalt. Eine Frau, wie von Sinnen, will ihr krankes Baby aus dem Krankenrevier holen. Ich habe an diesem Tag mehr als einen Gendarmen weinen sehen.«[81]

Am 7. August erfolgte der nächste Transport, diesmal von Pithiviers aus. Die Lagerleitung rekrutierte Bewohner aus der Umgebung, um die Durchsuchungen vorzunehmen. Der Stundenlohn betrug zwischen acht und zehn Francs, je nach Zeitpunkt der Durchsuchung. Ein Verdienst, der nicht zu verachten war. Bei der Trennung der Kinder von den Eltern spielten sich entsetzliche Szenen ab. Nach Abgang des Transports blieben die Kinder allein zurück: »Die Kleinen irrten weinend herum, Rotz an der Nase, der Hintern immer schmutziger, hilflos. Eine Tragödie, ein Jammer. Der Tod wäre vielleicht besser gewesen als dieses Elend. Ich glaube, es gibt noch eine Steigerung des Verbotenen: Kindern so etwas anzutun.«[82] Um sie von den Gittern fernzuhalten, rollte man Stacheldraht auf dem Boden aus. Am 15. August wurden auf Ersuchen der französischen Behörden auch die Kinder über Drancy nach Auschwitz deportiert.[83] Zusammen mit 217 Erwachsenen verließen an diesem Tag 1054 Kinder Pithiviers. Am 19. ging ein Transport von Beaune-le-Rolande ab. Die Kinder sangen, denn man hatte ihnen gesagt, dass sie ihre Eltern wiedersehen würden. Bald beherbergten die beiden Lager nur noch kranke oder nicht transportfähige Kinder.[84]

Drancy

War Drancy, wie zu lesen war, ein »ganz gewöhnliches Konzentrationslager«?[85] Nein, weil Drancy das Vorzimmer eines Vernichtungslagers war. Nein, weil die Nazis Ende Juni 1943 die direkte und alleinige Kontrolle über das Lager übernahmen.[86] Ja insofern, als sich in Drancy einige Hauptmerkmale finden, die jedes Lager kennzeichnen. 1940 war Drancy ein Internierungslager für französische Kriegsgefangene, dann für griechische und jugoslawische Zivilisten und schließlich für britische Kriegsgefangene. Ab August 1941 diente es als Durchgangslager für Juden, die vor der Deportation standen. Eine einzige Zahl genügt, um dies zu verdeutlichen: Von den 77 000 Juden, die aus Frankreich deportiert wurden, durchliefen 67 000 Drancy. Ganze drei Prozent von ihnen kehrten zurück. Unter den Deportierten waren unter anderem 26 000 Polen, 7000 Deutsche, 4600 Russen, 3300 Rumänen, 2500 Österreicher. Und wie viele Franzosen? Die nüchterne Statistik weist 24 000 aus, allerdings befanden sich unter ihnen, wie Maurice Rajsfus betont, 7000 in Frankreich geborene Kinder von Immigranten, und 50 Prozent waren erst in jüngerer Zeit eingebürgert worden.

Wer nach Drancy kam, wurde wie jeder andere Internierte behandelt: Er bekam Ausweis und Lebensmittelkarten abgenommen, wurde zugleich aber karteimäßig erfasst: Er wurde fotografiert und seines Namens beraubt. Von diesem schmerzlichen Verlust einmal

1939–1944: Frankreich

abgesehen, empfand er seine Situation vor allem als ungerecht und absurd: »Wenn man sich doch wenigstens etwas vorzuwerfen hätte! Selbst wenn man zu denen gehört, die kein reines Gewissen haben, so besteht doch zwischen Verfehlung und Strafe nicht der geringste Zusammenhang! Wenn man einen Menschen wegen eines Delikts ins Gefängnis sperrt, erhebt man Anklage gegen ihn, untersucht seinen Fall, oder vielmehr: Man teilt ihm den Grund für seine Festnahme mit. Hier gibt es nichts dergleichen.«[87]

In Drancy fanden sich die üblichen Lagerrequisiten: Wachtürme, Scheinwerfer, Maschinengewehre, Stacheldrahtzäune. Das Lager bestand aus hufeisenförmig angeordneten Wohnblöcken im Stil des sozialen Wohnungsbaus. Jeder Block unterstand einem Chef, der aus den zuvor bestimmten Treppenchefs ausgewählt wurde. Es gab fünf Blocks mit 22 »Treppen«. Bis auf einen einstündigen Spaziergang am Tag war den Insassen der Aufenthalt im Hof untersagt. Der Spaziergang erfolgte blockweise. Morgens und abends fanden Stuben- und Treppenappelle statt. Alle 14 Tage durfte man eine Postkarte absenden und empfangen. Im Oktober 1941 schaltete sich das Rote Kreuz ein. Zunächst schickte es Lebensmittel für alle Insassen, da Pakete erst ab 1. November 1941 erlaubt waren. Die Behörden überzogen das Lager mit einem Überwachungsnetz aus Angehörigen des Sicherheitsdienstes. Mit Schlägen oder Dunkelhaft wurde brutal für Disziplin gesorgt. Mit der Übernahme des Lagers durch die SS wurde es noch schlimmer. Es kam zu Prügelstrafen und Folter. Zur gleichen Zeit wurden wichtige Bauvorhaben verwirklicht. Die Zeit des französischen Laisser-faire war vorüber. Doch Leid und Erniedrigung nahmen bald auch Formen an, die weniger augenfällig waren. Da war zunächst der Hunger, eine Folge der miserablen und unzureichenden Verpflegung, bestehend aus Maggi-Brühe und einer »Ekel erregenden« Gemüsesuppe, von der es im Übrigen nur ein paar Löffel gab, dazu Brot, um das man sich prügelte.[88]

»Der Hunger lässt alle Grundsätze der Selbstachtung vergessen. Ist dieser Punkt erst einmal erreicht, irrt man, von den niedrigsten körperlichen Instinkten getrieben, ziellos umher. Der Verstand wendet sich mit Grauen ab, befasst sich mit nichts mehr. Hat sich der Geist unglücklicherweise einen Funken Klarheit bewahrt, dann nur um den Verfall noch deutlicher vor Augen zu führen. Man nimmt sich vor, dem rasenden Verlangen zu widerstehen, den Nachbarn zu erwürgen, nur weil er, ein langsamerer Esser, noch ein paar kümmerliche Reste verkochten Lauchs hat, die er schnaufend verzehrt. Doch sowie es wieder etwas zu essen gibt, sind alle guten Vorsätze vergessen!«

Was den rituellen Essensentzug angeht, so war Drancy ein getreues Abbild der fernen Lager der Nazis oder Sowjets. Die obligatorischen Begleiterscheinungen: Läuse und Krätze, Krankheiten, Grippe und bald die ersten Toten. In den ersten beiden Monaten starben rund 20 Insassen, mehrere durch Selbstmord. Das Krankenrevier spottete jeder Beschreibung: »Die Mittel waren, soweit überhaupt vorhanden, primitiv. Medikamente nicht vorhanden. Die Deutschen hatten das gesamte Lagerinventar konfisziert ... und plünderten die Apotheke. Der Arzt stellte ein Rezept aus, und ein Wärter besorgte das Mittel außerhalb des Lagers, nachdem er das Rezept vom Arzt der Präfektur hatte abstempeln lassen. Der Kranke konnte in der Zwischenzeit zehnmal krepieren, obwohl Ärzte da waren.«

Durchfall war weit verbreitet: »Über zwei Drittel der Lagerinsassen waren krank. Man hätte die Ernährung komplett umstellen müssen, um die Epidemie einzudämmen. Aber Woche für Woche, wenn Nudeln den Darm etwas beruhigt hatten, riss der gedünstete, schlecht gewaschene Salat die alten Wunden wieder auf, und die Internierten standen wieder vor den 60 Abortlöchern an. Einige flehten: ›Lasst mich vor. Ich muss dringend.‹ Doch die anderen hatten es genauso eilig. Eines Tages stand ein armer Teufel splitternackt in den Latrinen und versuchte unter Tränen, mit dem eiskaltem Wasser aus den Wasserhähnen seine besudelten Kleider zu waschen. Ein anderer, dem das Malheur mitten auf dem Hof passiert war, stand breitbeinig da und jammerte, da er nicht wusste, was er tun sollte. Zwei Gendarmen beobachteten die Szene belustigt und verhöhnten ihn als Schwein.«

Bei dem Wort Lager denkt man zunächst an Freiheitsverlust und Überwachung, an stumpfsinnige Arbeit (oder erniedrigende Beschäftigungslosigkeit), schlechte Hygiene und, am schlimmsten, unzureichende Ernährung. Aber zuallererst bedeutet es Scheiße, überall Scheiße und Latrinen, die jeder Beschreibung spotten und deren Zahl bei weitem nicht ausreicht, dünnflüssige Scheiße von

Insassen, die angesichts der hygienischen Verhältnisse zwangsläufig Durchfall bekommen, oder die Scheiße von anderen, die von der fettarmen Nahrung ebenso zwangsläufig Verstopfung bekommen. Calef berichtet von Behandlungsversuchen mit Einläufen, von Hämorrhoiden, vom Gestank und natürlich von der Scham. Das enge Zusammenleben, Krankheiten, Hunger und Angst verhindern einen auch nur halbwegs erholsamen Schlaf: »Mit allen erdenklichen Tricks versuchen Sie, den Körper einzuschläfern. Doch der Schlaf flieht Sie, denn Sie liegen sehr unbequem und Sie leiden, aber unter einem unerträglichen Schmerz, der Sie aus dem Bett triebe, wenn das Wissen um den nahen Wahnsinn Sie nicht zurückhielte ...«

Die Folge ist eine bleierne Müdigkeit, eine anhaltende Mattigkeit, die Hunger und Kälte noch schlechter ertragen lässt: »Zusammengekrümmt, verängstigt und durchgefroren lauschten sie dem Wind, der draußen heulte und dem Wellblech an den offenen Waschplätzen ein schauriges Stöhnen entlockte. In die herzzerreißende Klage des Blechs mischte sich das grauenerregende Gebrüll des Verrückten, der die Nächte in den Latrinen verbrachte. Man hätte meinen können, der Wind rüttele an dem Gebäude, erzürnt darüber, dass ihm dieses schwächliche Gerippe aus Juden und Beton widerstand.«

So vergeht die Zeit, ereignislos, in der Ungewissheit, was kommt. »Hatte man ihnen wenigstens gesagt, weshalb und wie lange man sie festhielt? Was man mit ihnen vorhatte? Über Nacht konnten unvorhersehbare Veränderungen eintreten ... Eine permanente seelische Folter, verstärkt durch die Ungewissheit, in der man sie ließ. Eine düstere Ahnung: wer weiß, ob morgen ...«

Man wartete also in Angst und betete, wenn auch nicht in so großer Zahl, wie man meinen könnte: Nur etwa zehn der 4500 Insassen gingen in die Synagoge, die in Drancy eingerichtet worden war. Doch jedes Lager hat auch seine Profiteure, und Drancy bildete da keine Ausnahme. Die Wachleute nutzten die Lagerordnung, um alle verbotenen Gegenstände in ihren Besitz zu bringen: »Für die Bereitschaftspolizisten war Drancy ein regelrechtes Schlaraffenland. Das ging so weit, dass sie für 100 Francs heimlich Briefe beförderten. ... Gegen ein Entgelt von 500 Francs ließen sie den verzweifelten Angehörigen eine Nachricht des Internierten zukommen ... Ja, sie brachten sogar Zigaretten mit und verkauften ein Päckchen

Gauloises für 1000, 1500, 2000 oder 2500 Francs. ›Also bitte, die Sache ist riskant!‹ Und nicht zuletzt konnten sie nach Belieben die Pakete der Insassen plündern.« Nur zu verständlich, dass die Wachleute bei Durchsuchungen Argwohn und Aggressionen weckten. »Mit angewiderter Miene nahmen die Kontrolleure die kleinsten Gegenstände in die Hand, betasteten sie, trennten oder rissen sie in der Hoffnung auf, etwas Verbotenes zu entdecken ... Auch Zigaretten, Tabak und Konservendosen entgingen ihnen nicht und wurden kurzerhand konfisziert. Für Bargeld, Schmuck, Ringe, Eheringe, Uhren, Kugelschreiber stellte die Kriminalpolizei eine Quittung aus. ... ›Man hat uns letztes Jahr im Roland-Garros gefilzt‹, bemerkten die Rosenfelds, die 1939 als ehemalige österreichische Staatsbürger interniert worden waren. ›Wir haben nichts davon wiedergesehen.‹«

Welche Bilanz ist aus den französischen Lagern zu ziehen? Nun, dass sie in keiner Weise mit den nationalsozialistischen und sowjetischen Lagern vergleichbar sind. Ein Gedanke Arthur Koestlers drängt sich uns auf: »In den Wertbegriffen der Freiheit gemessen«, schrieb er, »stand Le Vernet ganz unten, am Nullpunkt der Skala von Niedertracht und Verbrechen; legte man aber Dachau als Maßstab an, dann stand Vernet noch immer weit oben. In Vernet gehörten Prügel zur täglichen Routine, in Dachau wurden die Gefangenen zu Tode geprügelt. In Vernet starben die Menschen, weil ihnen ärztliche Hilfe fehlte, in Dachau wurden sie vorsätzlich umgebracht. In Vernet musste die Hälfte der Häftlinge bei 20 Grad minus ohne Wolldecken schlafen, in Dachau wurden sie in Ketten gelegt und nackt der Winterkälte ausgesetzt.«[89]

1939–1945: Lager und Vernichtungszentren der Nationalsozialisten

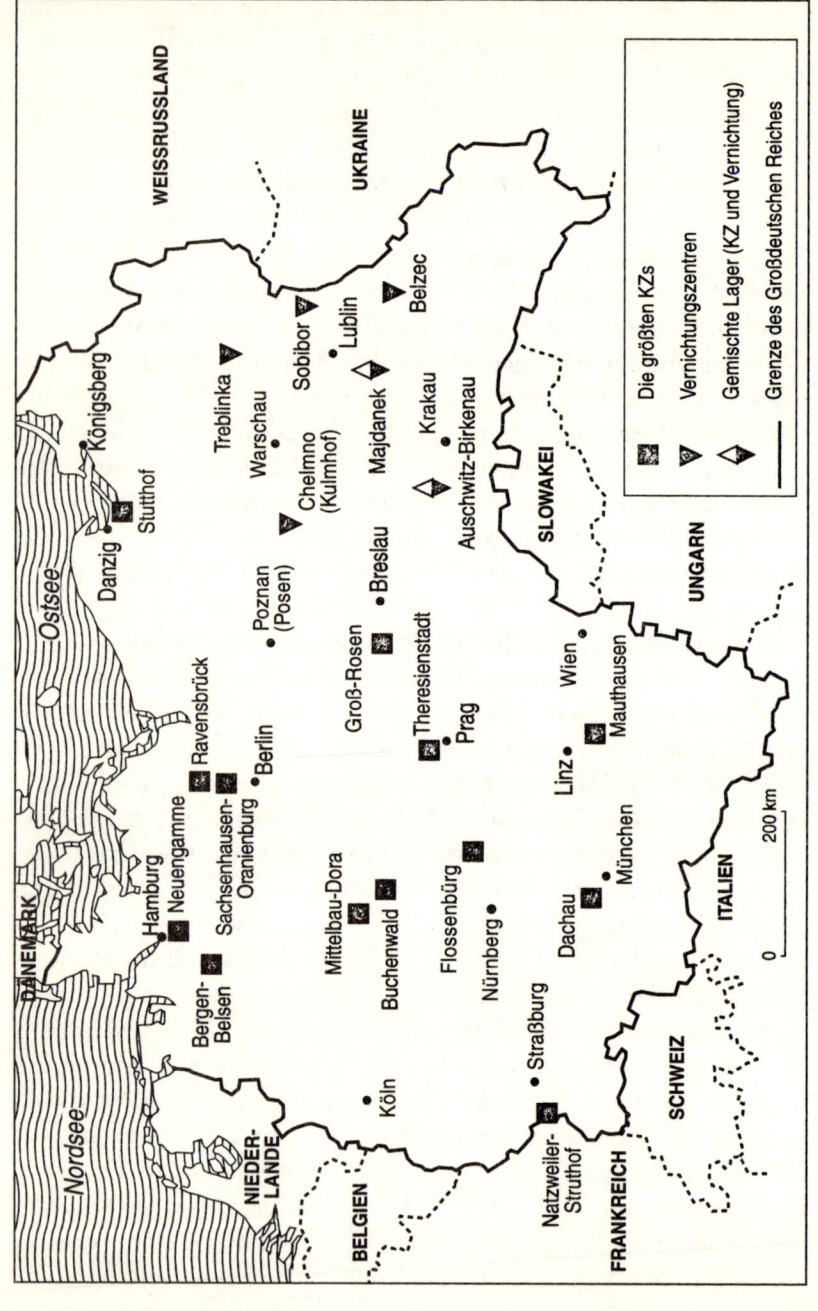

1933 – Der Nationalsozialismus

1933–1939: Die nationale Periode

Erste Phase. Nach der Machtübernahme setzten sich die Nationalsozialisten als oberstes Ziel, die Opposition zum Schweigen zu bringen. Tausende von Kommunisten, später auch Sozialisten und Christen, wurden in Lager gebracht, die, meist in aller Eile errichtet, überall im Land entstanden.[1]

Zweite Phase. Nach dem Einmarsch der Wehrmacht in Österreich und der Tschechoslowakei 1938 und 1939 kamen zu den deutschen Gegnern des Regimes Tausende weitere hinzu, und während der ersten Kriegsjahre folgten Millionen Männer und Frauen aus den nach und nach von den Deutschen besetzten Ländern Europas.

Die erste Phase bezeichnen wir als die *nationale* und die zweite als die *internationale.* Diese Unterscheidung ist wichtig für das Verständnis der NS-Lager, deren Maschinerie 1933 zu arbeiten begann und bald auf Hochtouren lief, sich aber nach 1939 veränderte.

In der ersten Phase sollten in den Lagern Regimegegner »konzentriert« werden, hauptsächlich Deutsche. Durch ihre Aussonderung aus der »Volksgemeinschaft« sollte verhindert werden, dass sie Schaden anrichten konnten. In der zweiten Phase veränderte sich die Situation vollkommen. Zwei Faktoren wirkten zusammen und verwandelten das Fegefeuer schrittweise in die Hölle. Der eine Faktor war der Krieg, der länger dauerte als erwartet. Angesichts dieser Perspektive führten sie zum einen die »produktive Arbeit« in den Lagern ein und ließen zum anderen keine Häftlinge mehr frei: Wer in einem Konzentrationslager saß, konnte nicht damit rechnen, jemals wieder herauszukommen. Aus der ursprünglich vorübergehenden Internierung wurde ein Dauerzustand. Und hinzu kam als zweiter Faktor die massive Einweisung von Nicht-Deutschen in die Lager. Bald befanden sich in den Lagern weniger »resozialisierbare« Deutsche als mehrheitlich »nicht-arische« Männer und Frauen, die man nach Belieben schikanieren konnte. »Nicht-Deutsche/Nicht-Germanen/Nicht-Arier« waren bis auf wenige Ausnahme nicht integrierbar.

1933–1934: Die ersten Lager

Oft heißt es, das am 22. März 1933 von Himmler eingeweihte Lager Dachau sei das erste nationalsozialistische Konzentrationslager gewesen. Tatsächlich entstanden die ersten so genannten Arbeits- bzw. Schutzhaftlager bereits im Februar 1933, knapp einen Monat nachdem Hitler Reichskanzler geworden war. Das ist nicht weiter verwunderlich: Die Einrichtung solcher Lager entsprach dem Wesen der nationalsozialistischen Herrschaft. Hermann Göring galt als einer der Väter oder sogar *der* geistige Vater der Konzentrationslager. In seiner Eigenschaft als kommissarischer Leiter des preußischen Innenministeriums billigte er mit einem Erlass vom 17. Februar 1933, dem so genannten Schießerlass, die Gewaltanwendung der preußischen Polizei zur Verteidigung des Staates, und am 22. Februar gründete er wegen »Überlastung der Staats-Polizei« eine rund 50 000 Mann umfassende »Hilfspolizei«, die sich hauptsächlich aus Mitgliedern der SA, der SS und des Stahlhelms rekrutierte. Einen Monat nach Hitlers Machtantritt verhängte Göring in Preußen den Ausnahmezustand und überließ es damit den nationalsozialistischen Sturmtrupps, das Land von seinen ideologischen Gegnern zu befreien. In diesem Kreuzzug wurden die regulären staatlichen Institutionen einfach umgangen. Der Reichstagsbrand am 27. Februar 1933 lieferte den idealen Vorwand, um die eine Woche zuvor geschaffene parallele Polizeiorganisation in einen offiziellen Status zu erheben. Während im Parlament die Flammen loderten, nahmen die »Hilfspolizisten« 12 000 Menschen vorbeugend fest, allein in Berlin 1500. Die Verhafteten wurden misshandelt, geschlagen und gefoltert, einige ohne große Umstände umgebracht.

Am Tag danach brachte Hitler Reichspräsident Hindenburg dazu, die berüchtigte »Notverordnung zum Schutz von Volk und Staat« zu erlassen.[2] Geschickt wurde als Grundlage der Notverordnung Artikel 48, Absatz 2 der Weimarer Reichsverfassung genannt, der besagte: »Der Reichspräsident kann, wenn im Deutschen Reiche die öffentliche Sicherheit und Ordnung erheblich gestört oder gefährdet wird, die zur Wiederherstellung der öffentlichen Sicherheit und Ordnung nötigen Maßnahmen treffen.«[3]

Dahinter standen die Absicht, einen rechtlichen Rahmen für Internierungen ohne objektiven und triftigen Grund zu schaffen, und das Ziel, jede beliebige Person ohne Richterspruch für Monate oder gar Jahre hinter Stacheldraht verschwinden lassen zu können. Die Internierung wurde kurzerhand als vorbeugende Maßnahme oder »Schutzhaft« deklariert und die Polizei damit zum Instrument der »gesellschaftlichen Hygiene«. Die Schutzhaftbestimmung legalisierte die Lager außerhalb der Justizverwaltung und schuf damit einen rechtsfreien Raum, den die SS nach Belieben nutzen konnte.

Diese Notverordnung wurde in erster Linie gegen Kommunisten, Pazifisten, Sozialdemokraten, Gewerkschaftler und jüdische Bürger, die der Arbeiterbewegung nahe standen, angewendet.[4] So wurde der pazifistische Journalist Carl von Ossietzky, der 1935 den Friedensnobelpreis erhielt, am 28. Februar verhaftet.[5] Opfer der ersten Welle von Internierungen wurden auch der Parteichef der preußischen Sozialisten Ernst Heimann und der Generalsekretär der KPD Ernst Thälmann.[6]

Die Verhaftungen gingen in großem Tempo weiter. Zwischen dem 1. und dem 15. März 1933 wurden allein im Bezirk Köln 980 Personen festgenommen, im Bezirk Düsseldorf sogar 1500. Im März 1933 belief sich die Zahl der Festnahmen in Preußen auf 15 000, das waren doppelt so viele wie im Monat zuvor. Für sie wurden die ersten »provisorischen« Konzentrationslager errichtet. Nach der Notverordnung vom 28. Februar sollten, wie Bezaut schreibt, »alle aus politischen Gründen verhafteten Personen grundsätzlich in Konzentrationslager gebracht werden mit Ausnahme derjenigen, die der Justiz dauernd zur Verfügung stehen sollten oder deren Haft erwartungsgemäß nur kurz sein würde«.[7]

Da man diese Menschen nicht ins Gefängnis schicken konnte – sie galten zwar als potenziell gefährlich, aber sie waren nicht rechtskräftig verurteilt –, verfiel Hermann Göring auf die Lösung der Schutzhaftlager.

»Hier war nun nur eine Möglichkeit gegeben, die der Schutzhaft, das heißt zunächst die Leute, gleichgültig, ob man ihnen in diesem Augenblick schon eine staatsfeindliche oder hochverbrecherische

Handlung nachweisen konnte, oder ob man sie von ihnen erwarten konnte, davon abzuhalten und sie durch die Schutzhaft auszuschalten ... Die Gefängnisse standen hierzu ... nicht zur Verfügung ... Ich sagte deshalb, diese Männer sollten zunächst in Lagern, ein bis zwei Lager waren damals vorgeschlagen, zusammengefasst werden, weil ich zu diesem Zeitpunkt noch nicht übersehen konnte, wie lange die Festhaltung dieser Leute notwendig war, auch noch nicht übersehen konnte, wie sich beim weiteren Aufdecken der ganzen kommunistischen Bewegung die Anzahl vergrößern würde.«[8]

Am 3. März 1933, zwei Tage vor den Reichstagswahlen, gab wiederum Göring die Richtung vor. Auf einer Kundgebung der NSDAP in Frankfurt am Main sagte er:

»Ich denke nicht daran, in bürgerlicher Manier und in bürgerlicher Zaghaftigkeit nur einen Abwehrkampf zu führen. Nein, ich gebe das Signal, auf der ganzen Linie zum Angriff vorzugehen!

Volksgenossen, meine Maßnahmen werden nicht angekränkelt sein durch irgendwelche juristischen Bedenken ... Hier habe ich keine Gerechtigkeit zu üben, hier habe ich nur zu vernichten und auszurotten, weiter nichts! ... Solch einen Kampf führe ich nicht mit polizeilichen Machtmitteln. Gewiss, ich werde die staatlichen und die polizeilichen Machtmittel bis zum Äußersten auch dazu benutzen, meine Herren Kommunisten, damit Sie hier nicht falsche Schlüsse ziehen, aber den Todeskampf, in dem ich euch die Faust in den Nacken setze, führe ich mit denen da unten, das sind die Braunhemden!«[9]

Mit der Zeit entstanden rund 70 Lager in allen Regionen Deutschlands. Beim Nürnberger Prozess ging Göring später auf den heute schwer vorstellbaren Umstand ein, dass die Lager nicht auf der Grundlage einer speziellen und direkten Anweisung der Regierung errichtet wurden, sondern gewissermaßen durch die Privatinitiative eifriger Parteianhänger und Funktionäre, die die Worte ihres Herrn sehr genau verstanden hatten und sich bemühten, seine Wünsche zu erfüllen: »Die Idee der Konzentrationslager ist nicht so entstanden, dass man sagte: Hier sind eine Reihe von Oppositionsmännern, die in Schutzhaft genommen werden, sondern sie entstanden durch den schlagartigen Einsatz gegen die Funktionäre der kommunistischen Partei, die uns ja gleich zu Tausenden und Abertausenden anfielen.«[10] Rudolf Diels, der Chef der ebenfalls von Göring am 26. April 1933 neu geschaffenen Gestapo (*Geheime Staatspolizei*), bestätigte die »spontane« Errichtung der ersten Lager: Es habe keinen ausdrücklichen Befehl gegeben, eines Tages seien die Lager einfach dagewesen. »Als die Polizei die Arrestierten nach kurzen Vernehmungen wieder entließ, ging die SA dazu über, eigene Gefängnisse und Konzentrationslager einzurichten ... Es entstanden damals die ›Heldenkeller‹, die geheimen Kellergefängnisse der SA.«[11] Einmal, etwa in Stettin, ergriff der Gauleiter die Initiative, ein anderes Mal, in Breslau, der Führer der SA. Aus der Improvisation heraus entstanden manche Lager an den seltsamsten Orten: Gewölbekeller, die an die finstersten Verliese des Mittelalters erinnern, Festungen, stillgelegte Fabriken, Kriegsgefangenenlager aus dem Ersten Weltkrieg, ein Schiff mit einem Schanzkleid aus Stacheldraht, Sportstadien – alles wurde als geeignet angesehen.

Kaum eine Region Deutschlands blieb ohne Lager, wie die folgende Liste – eine Übersicht über die Anfang Juli 1933 bestehenden Lager – beweist:[12]

Bad Dürrheim, Baden,
Börnicke, in der Nähe von Nauen,
Bremen,
Breslau,
Colditz,
Dachau, bei München,
Dürrgoy, bei Breslau,
Esterwegen, bei Oldenburg
Frankfurt-Fechenheim (eine Gasfabrik),
Fuhlsbüttel, bei Hamburg,
Gotteszell, Württemberg,
Grünhainichen, Sachsen
Hainewald, bei Zittau in Sachsen,
Heuberg, Baden
Hohenstein (Schloss), Sachsen
Kassel,
Kisslau, bei Bruchsal, Baden,
Langen, Hessen,
Mathildenschlösschen (Gefängnis), bei Dresden,

Moringen, bei Hannover,
Mülheim, Rhein,
Ohrdruf, Thüringen,
Oranienburg, bei Berlin,
Ortenstein (Schloss), bei Zwickau, Sachsen,
Osthofen, Bayern,
Papenburg, nahe der Ems,
Rastatt, Baden,
Rödelheim, bei Frankfurt,
Sachsenburg, im Erzgebirge,
Sonnenburg, Preußen,
Vechta, Oldenburg,
Wanne-Eickel, Westfalen,
Wilsede, in der Lüneburger Heide,
Zittau, Sachsen.

Am 31. Juli 1933 gab es bereits 27 000 Häftlinge in 70 Lagern, davon 14 906 in preußischen Lagern.[13] Die so genannten Schutzhaftlager unterstanden im Allgemeinen der örtlichen SA, ebenso die »Justizlager« Papenburg und Esterwegen in den Sümpfen um Oldenburg.[14]

In Oranienburg wurden alle Neuankömmlinge darauf hingewiesen, dass sie sich nicht in einem Gefängnis der Justizverwaltung befanden, sondern in einem Konzentrationslager, das von der SA geleitet wurde. Trunken von der neuen Machtfülle, ließen die SA-Angehörigen ihren niedersten Instinkten freien Lauf. Zwar war man noch weit von dem perfekt funktionierenden grausamen System entfernt, das später die SS praktizieren sollte, doch Sadismus und systematische Misshandlungen waren auch schon unter der SA die Regel. Die ersten Tage nach der Verhaftung waren meist ausgefüllt mit militärischem Drill, unterbrochen von Marschrunden durch das Lager, bei denen die Gefangenen im Gleichschritt marschieren und singen mussten.[15] Eugen Kogon schreibt:

»Das Leben in den ersten Konzentrationslagern spottete jeder Beschreibung. Die Schilderungen der wenigen alten ›Konzentrationäre‹, die jene Jahre überlebt haben, stimmen darin überein, dass es kaum eine Form des pervertiertesten Sadismus gab, die von den SA-Leuten nicht praktiziert worden wäre. Aber es waren durchweg Akte individueller Bestialität, es war noch kein durchorganisiertes, kaltes System, das Massen erfasste. Diese Leistung hatte erst die SS vollbracht.«[16]

1934: Göring oder Himmler?

Um die Kontrolle der Konzentrationslager gab es schon bald erbitterte Auseinandersetzungen. Hermann Göring versuchte seine Ansprüche durchzusetzen und hatte damit anfangs auch Erfolg. Neben der Tatsache, dass er für sich die geistige Vaterschaft für die KZs beanspruchen konnte, hatte er mit der Gestapo ein nahezu unbeschränktes Machtinstrument geschaffen, das auswählte, wer in ein Konzentrationslager eingeliefert und wer freigelassen wurde.[17] Göring hatte eine zentrale Stellung im Unterdrückungsapparat inne, man konnte ihn nicht umgehen. Außerdem wusste er, was er wollte. Um dem ungeordneten Terror ein Ende zu machen und einen staatlich geplanten und zentralisierten Terror durchzusetzen, ordnete er zum 15. August 1933 die Auflösung der preußischen Hilfspolizei an. Reichsinnenminister Wilhelm Frick folgte ihm und erließ entsprechende Anweisungen an die übrigen deutschen Länder. Im Oktober 1933 betrachtete Göring die Kommunisten, die Hauptfeinde des Reiches, als endgültig besiegt.[18] In einem Runderlass mit Datum vom 14. Oktober 1933 aus dem preußischen Innenministerium hieß es, nur die Konzentrationslager unter staatlicher Verwaltung würden weiter bestehen, alle anderen sollten bis Ende des Jahres aufgelöst werden. Im Interesse einer wirtschaftlichen Verwaltung sollte ein spezielles Amt geschaffen werden. Das Wirtschaftsverwaltungsamt für die Konzentrationslager war allem Anschein nach eher eine Liquidationsstelle. Am 13. Februar 1934 erließ Göring eine neue Verfügung, in der Zurückhaltung bei der Verhängung von Schutzhaft angeordnet wurde – weil die Belegung der Lager reduziert und ihre Zahl verringert werden sollte. Nach dieser Anordnung blieben nur noch vier KZs übrig, die als staatliche Konzentrationslager zu bezeichnen waren: Dachau, Papenburg, Sonnenburg und Brandenburg. Weiter gehörten dazu die Gefängnisse in Braunweiler bei Köln und in Moringen. Das von der SA verwaltete Konzentrationslager Oranienburg wurde von Göring weiter geduldet, weil es in der

Nähe von Berlin lag und weil die Verantwortlichen sich der Gestapo gegenüber entgegenkommend zeigten.

Diese radikale Reorganisation gefiel Görings gewichtigstem Rivalen Heinrich Himmler ganz und gar nicht: Sie passte nicht zu seiner Weltanschauung. Himmler, damals noch Polizeichef von München, lehnte 1933 jeden Gedanken an eine Normalisierung ab. Einige Jahre später erinnerte er bei einem Lehrgang der Wehrmacht daran, dass er sich 1933 als einziger der Freilassung von Häftlingen widersetzt habe. Gewiss sei die kommunistische Partei zerschlagen gewesen, aber deshalb habe man nicht den Schritt tun dürfen, die Konzentrationslager aufzulösen: »Lediglich ich in Bayern habe damals nicht nachgegeben und habe meine Schutzhäftlinge nicht entlassen.«[19] Himmler schlug den Ausbau des KZ-Systems um jeden Preis vor, seine Intensivierung, aber zu anderen Zwecken als den strikt politischen und polizeilichen, die man bis dahin verfolgt hatte. Seine Vorstellungen sollten sich letztlich durchsetzten; er wurde zum absoluten Herrscher über die Konzentrationslager.

Dachau, das SS-Lager, und Eicke, der SS-Kommandant: Zwei nationalsozialistische Modelle

Für Himmler begann alles am 21. März 1933. An dem Tag rief er in seiner Eigenschaft als kommissarischer Polizeipräsident von München die Presse zusammen und teilte mit, dass vor den Toren der Stadt ein Lager für politische Gefangene errichtet würde. Das Lager sei für 5000 Menschen konzipiert und werde »kommunistische und marxistische Funktionäre« aufnehmen, »die die Sicherheit des Staates gefährden ..., da es auf die Dauer nicht möglich ist, wenn der Staatsapparat nicht zu sehr belastet werden soll, die einzelnen kommunistischen Funktionäre in den Gerichtsgefängnissen zu lassen, während es andererseits auch nicht angängig ist, diese Funktionäre wieder in die Freiheit zu lassen. Bei einzelnen Versuchen ... war der Erfolg der, dass sie weiter hetzen und zu organisieren versuchen.«[20]

Am nächsten Tag trafen die ersten Gefangenen in Dachau ein. Ein Trupp SS-Männer empfing sie vor dem Verwaltungsgebäude. Die Worte eines SS-Mannes, der zu seinen Kameraden sprach, klangen Schrecken erregend in den Ohren der Neuankömmlinge: »Kameraden von der SS! Ihr wisst alle, wozu uns der Führer berufen hat. Wir sind nicht hierhergekommen, um diesen Schweinen da drinnen menschlich zu begegnen. Wir betrachten sie nicht als Menschen, wie wir sind, sondern als Menschen zweiter Klasse. Jahrelang haben sie ihr verbrecherisches Wesen betreiben können. Aber jetzt sind wir an der Macht. Wenn diese Schweine zur Macht gekommen wären, hätten sie uns allen die Köpfe abgeschnitten. Daher kennen wir auch keine Gefühlsduselei. Wer hier von den Kameraden kein Blut sehen kann, passt nicht zu uns und soll austreten. Je mehr wir von diesen Schweinehunden niederknallen, desto weniger brauchen wir zu füttern.«[21]

Binnen acht Monaten verschwanden mehr als 2000 Menschen in Dachau – die zur selben Zeit oder wenige Wochen zuvor in Preußen eröffneten Konzentrationslager wuchsen sehr viel langsamer. An die Spitze der Lagerverwaltung stellte Himmler einen Mann seines Vertrauens, Theodor Eicke, den man als den »Vater« des nationalsozialistischen Systems der Konzentrationslager bezeichnen könnte.[22] Eicke, Jahrgang 1892, war im Ersten Weltkrieg Offizier in der Verwaltung gewesen. Nach Kriegsende schlug er sich, wie so viele andere ehemalige Soldaten, irgendwie durch und schloss sich dann einem Freikorps an. Seit 1927 Mitglied der SA, trat er 1930 der SS bei. Trotz seiner wiederholten Zusammenstöße mit hohen Funktionären von Partei und Justiz und obwohl er einige Zeit in einer psychiatrischen Anstalt verbracht hatte, genoss er Himmlers Unterstützung. Um ihm eine Gelegenheit zur Bewährung zu geben, ernannte der ihn zum Kommandanten von Dachau. Er wurde zum Oberführer befördert und formulierte im Oktober 1933 eine Lagerordnung, die zum Vorbild für alle anderen Konzentrationslager wurde. Aber damit war sein Schwindel erregender Aufstieg noch nicht beendet. Im Januar 1934 wurde er zum Brigadeführer ernannt, im Juli desselben Jahres zum Gruppenführer.

Eicke machte Dachau zum Modell für die Umgestaltung des KZ-Systems. Dabei entwickelte er ein alles umfassendes Schema mit vier Komponenten: Klassifikation der Häftlinge; Arbeit als Repressionsinstrument, um die Häftlinge zu quälen; ein abgestuftes System von Strafen, die teils offiziell, teils informell verhängt werden konnten; die Anwendung von Standrecht bei schweren Verfehlungen wie Meuterei oder Fluchtversuch – Vorwände, mit denen häufig offene oder verschleierte Morde gerechtfertigt wurden.

Bereits in der Vorbemerkung zur »Disziplinar- und Strafordnung für das Gefangenenlager« gibt Eicke den Tenor vor:
»Toleranz bedeutet Schwäche. Aus dieser Erkenntnis heraus wird dort rücksichtslos zugegriffen werden, wo es im Interesse des Vaterlandes notwendig erscheint ... Den politisierenden Hetzern und intellektuellen Wühlern – gleich welcher Richtung – sei gesagt, hütet euch, dass man euch nicht erwischt, man wird euch sonst nach den Hälsen greifen und nach eurem eignen Rezept zum Schweigen bringen.«[23]

Es folgt die Aufzählung der unterschiedlichen Strafen für Verstöße gegen die Lagerregeln. Ganz unten auf der Stufenleiter der Strafen stand Arrest – mindestens acht Tage, dazu jeweils 25 Schläge auf das Gesäß bei Antritt und am Ende der Strafe. Acht Tage Arrest bekam beispielsweise ein Gefangener, der gescherzt oder sich über einen SS-Mann lustig gemacht oder wer durch sein Verhalten gezeigt hatte, dass er sich keiner Disziplin und keinen Regeln beugen würde. Arrest konnte für eine Dauer von 14, 20 oder 42 Tagen verhängt werden. Die Anwendung des jeweiligen Strafmaßes wurde durch genaue Bestimmungen geregelt. Die Bedingungen des Arrests waren um so härter, je länger er dauerte.

Für Eicke war jeder Häftling ein persönlicher Feind, und diese Einstellung blieb auch noch bestehen, als er nicht mehr Kommandant war. Er tat alles, um die Aufseher zu unerbittlicher Härte zu bewegen. Rudolf Höß, der sich seine ersten Sporen in Dachau verdiente, bevor er Kommandant von Auschwitz wurde, widmete Eicke mehrere Seiten in seinen Aufzeichnungen:

Eicke hatte den Begriff »Gefährliche Staatsfeinde« so eindringlich und überzeugend in seine SS-Männer hineingetrommelt und predigte ihn auch noch Jahre hindurch weiter, dass jeder, der es nicht besser wusste, fest davon durchdrungen war ... Eickes Absicht war, seine SS-Männer von Grund auf gegen die Häftlinge einzustellen, sie auf die Häftlinge »scharf zu machen«, jegliche Mitleidsregung von vornherein zu unterdrücken. Er erzeugte damit gerade bei den primitiveren Naturen einen Hass, eine Antipathie gegen die Häftlinge, die für Außenstehende unvorstellbar ist. Diese Wachmänner der Eickeschen Dachauer Kommandantenzeit sind die späteren Schutzhaftlagerführer, Rapportführer und anderen Funktionsführer der späteren Lager.[24]

Höß betont hier zu Recht, welch großen Einfluss Eicke auf die SS-Wachtruppen hatte, die ihm unterstanden. Einmal ließ Eicke vier niedere Offiziere wegen Schwarzhandel mit der Lagermetzgerei degradieren und erklärte, dieses Schicksal erwarte jeden, der in irgendeiner Weise Kontakt zu den Häftlingen anknüpfe, gleichgültig, ob es in krimineller Absicht geschehe oder einfach aus Mitgefühl. Beide Motive waren in seinen Augen gleich verwerflich. Mitleid gegenüber dem Feind war eines SS-Mannes unwürdig. Deutschland brauchte harte und entschlossene Männer, keine Schlappschwänze. Die sollten ins Kloster gehen.

Der Wachtruppe blieb nichts anderes übrig, als den Häftling in das System der moralischen Dressur mit einzubeziehen, das sie selbst durchlaufen hatte.[25] Eugen Kogon schreibt darüber aus der Erfahrung seiner langjährigen Gefangenschaft:

»Zuerst wurden die meist jungen Leute, die für den KZ-Wachdienst und als so genannte KZ-Stammmannschaften vorgesehen waren, nach allen Regeln preußischer Kasernenhofkunst gedrillt: bis ihnen das »Wasser im Arsch kochte«, wie der allen Soldaten bekannte Unteroffiziers-Fachausdruck lautete ... Hatten sie am eigenen Leibe genügend erfahren, was Kasernenhof bedeuten kann, so wurden sie auf die Schutzhäftlinge losgelassen. An ihnen tobten sie ihre doppelte Wut aus: die über das Ausbildungsreglement, das sie eben noch selbst zu erdulden hatten, das ihnen aber, kaum überwunden, schon als Vorbild und als Inbegriff männlichen Daseins erschien, und die Wut über die Gegnerschaft zum Nationalsozialismus. Wer sich in der Härtepraxis als besonders tüchtig erwies, wurde rasch befördert.«[26]

In der Nacht vom 29. auf den 30. Juni 1934 liquidierte Himmler, unterstützt von Göring, die SA. Ihre Führer wurden festgenommen, rund 150 SA-Mitglieder umgebracht, darunter SA-Stabschef Ernst Röhm in seiner Zelle im Gefängnis Stadelheim bei München. Im Laufe des 30. Juni umstellte Berliner Polizei das SA-Lager Oranienburg, das dann von der SS übernommen wurde.

Der 30. Juni 1934 kann als der Gründungstag des SS-Staates angesehen werden (als seine Vollendung die Vernichtung der Juden). Der Reichsführer SS dehnte seine Machtfülle rasch auf die kämpfenden Einheiten der Waffen-SS aus, auf die Dienststellen des Reichssicherheitshauptamtes (RSHA) und nicht zuletzt auf die rassenkundlichen Forschungseinrichtungen. Die »Nacht der langen Messer« war das Signal für den Machtantritt Himmlers und die endgültige Niederlage Görings. Im Juli 1934 erhob Himmler, der nun allein das Kommando hatte, Eicke in den Rang eines »Inspekteurs der Konzentrationslager« mit dem Auftrag, im ganzen Land das System einzuführen, das er in Dachau erprobt hatte.[27] Diesen spektakulären Aufstieg verdankte Eicke seinen in Dachau bewiesenen Fähigkeiten als KZ-Kommandant sowie seinem aktiven und entschlossenen Vorgehen bei der Zerschlagung der SA. An höchster Stelle hatte man nicht vergessen, dass er die Erschießungskommandos befehligt hatte, die die SA-Führer liquidierten, auch wenn Hitler selbst seinen Eifer zügeln musste und ihn hinderte, Röhm in Dachau unterzubringen (er ließ den Stabschef der SA am 1. Juli 1934 in seiner Gefängniszelle umbringen, nachdem er ihm vergebens den Selbstmord als die »elegantere« Lösung vorgeschlagen hatte).[28]

Außer mit der von Grund auf neuen Organisation der Konzentrationslager wurde Eicke mit zwei weiteren Aufgaben betraut: Er sollte eine eigene zentrale Verwaltung für die Lager aufbauen und innerhalb der SS spezielle Wachmannschaften zusammenstellen – die berüchtigten »Totenkopfverbände«. Deren Mitglieder und Führer rekrutierte er in gesellschaftlichen Unterschichten, oft in Österreich und auf dem Balkan, die seit langem glühende Anhänger des Nationalsozialismus waren und mit Knüppel und Revolver umgehen konnten. Er ließ die Männer nach preußischer Manier in Konzentrationslagern drillen, die die SS von der SA übernommen hatte. Die bei Angehörigen der Unterschicht häufig anzutreffenden Minderwertigkeitsgefühle, ihr Hass auf die Gesellschaft, auf die humanistischen Werte und die Kultur wurden noch dadurch verstärkt, dass viele nicht »reinblütig« waren und deshalb niemals das Ideal erreichen konnten, das die SS stolz für sich reklamierte, nämlich den Besitz eines makellosen arischen Stammbaums. Das machte sie in idealer Weise geeignet für die Aufgabe, die man ihnen /zugedacht hatte: widerstandslos und mit Begeisterung die Dreckarbeit der staatlichen Geheimpolizei auszuführen. Das Emblem, das sie an der Mütze und am Kragen ihrer Jacke trugen, einen Totenschädel mit gekreuzten Knochen, war das sinnfällige Zeichen für ihren gesellschaftlichen Aufstieg, Symbol ihrer Genugtuung.

Hitler persönlich hatte es ihnen im Juni 1935 in einer großen Zeremonie verliehen.

Der Werdegang von Karl Otto Koch, dem ersten Lagerkommandanten von Sachsenhausen, der danach Kommandant von Buchenwald wurde, ist symptomatisch. In Darmstadt als Sohn eines Standesbeamten zur Welt gekommen, hatte er von 1911 bis 1914 eine kaufmännische Lehre gemacht und war 1916 Büroangestellter geworden. Nach seiner Einberufung kam er nur kurz an die Front: zweimal 14 Tage und einmal sechs Wochen. 1920 arbeitete er noch einmal kurze Zeit in einem Büro. Er führte ein unstetes Leben und wechselte zwischen 1922 und 1930 siebenmal den Arbeitgeber. In der Zeit wurde er mehrfach wegen Diebstahls verhaftet. 1931 trat er in die NSDAP ein und unmittelbar darauf auch in die SS. Im gleichen Jahr wurde er geschieden. Ein Jahr später wurde er aus unbekannten Gründen aus der Partei ausgeschlossen, doch noch im selben Jahr wieder aufgenommen. 1935 wurde wegen Betrugs und Unterschlagung gegen ihn ermittelt; das hinderte die SS indes nicht, ihn 1936 zum Kommandanten von Sachsenhausen zu machen. Am 16. Juli 1937 übernahm er die Leitung von Buchenwald. 1937 heiratete er wieder. Seine zweite Frau Ilse erhielt den Beinamen »Hexe von Buchenwald«; unter anderem liebte sie Lampenschirme, die aus der Haut von Häftlingen gefertigt waren.[29]

Unter der Verwaltung von Göring und Frick waren die Konzentrationslager geschrumpft, doch nachdem Himmler 1934/35 die Kontrolle übernommen hatte, lief die Maschinerie wieder auf Hochtouren. Verhaftungen und willkürliche Internierungen ließen die Zahl der Häftlinge mit jedem Tag steigen. Eine neue Ära hatte begonnen. Hitler wusste, dass Krieg unausweichlich war, und er erkannte den Vorteil, den das strikte Regiment in den Lagern im Hinblick darauf hatte: Die »Totenkopfverbände« mussten sich nicht nur darauf vorbereiten, die Ordnung im Innern des Landes aufrechtzuerhalten, sondern auch darauf, die Eliten und Gegner in den Ländern zu versklaven, die Deutschland besetzen würde. In seiner Abschlussrede auf dem Parteitag 1935 verkündete er: »Nur härteste Grundsätze und eine eiserne Entschlossenheit vermögen es, eine infolge ihrer inneren nicht ganz einheitlichen Zusammensetzung ohnehin belastete Nation zu einem widerstandsfähigen Körper zusammenzufügen und damit politisch erfolgreich zu führen.«[30]

1935: Die totalitäre Wendung

Im September 1935 erklärte Hitler öffentlich die Rückkehr zur Politik der Schutzhaft, die Frick ausgesetzt hatte, und betraute Himmler mit der Verantwortung dafür. Bereits am 29. Juli 1935 hatte Heydrich das Terrain mit der Anordnung an alle politischen Polizeikräfte des Reiches vorbereitet, dass jeder, bei dem auch nur der leiseste Verdacht auftauchte, er könnte ein Gegner des Regimes sein, unschädlich zu machen sei.

In den folgenden zweieinhalb Jahren wurde das Konzept der Schutzhaft laufend weiterentwickelt, und in einem Erlass vom 25. Januar 1938 wurde es in seiner revidierten und korrigierten Fassung bestätigt. Durch diese Anordnung, die vom Reichsinnenministerium erlassen wurde (zu dem Zeitpunkt stand Himmler an der Spitze aller Polizeikräfte in Deutschland), wurden alle vorherigen aufgehoben. Schutzhaft war nicht mehr (wie im Erlass vom 12. April 1934) eine Maßnahme, die ergriffen wurde, wenn jemand aktiv die öffentliche Ordnung und den Staat bedrohte, sie konnte vielmehr präventiv »zur Abwehr aller volks- und staatsfeindlichen Bestrebungen gegen Personen angeordnet werden, die durch ihr Verhalten den Bestand und die Sicherheit des Volks und des Staates gefährden«.[31]

Monat für Monat, Jahr für Jahr wurden neue Lager errichtet: Sachsenhausen 1936, Buchenwald bei Weimar 1937, Flossenbürg bei Weiden 1938. Nach dem Anschluss Österreichs im März 1938 folgten Mauthausen bei Linz und das Frauenlager Ravensbrück. Von den alten Lagern blieb nur Dachau bestehen.

Die Standortwahl der neuen Konzentrationslager, die nicht mehr überstürzt, sondern nach reiflicher Überlegung und einem genauen Plan entstanden, war kein Zufall. Alle Lager wurden an geschützten Orten errichtet, zwar abgeschieden, aber in der Nähe größerer Städte. Die Lager sollten von der Außenwelt abgeschnitten sein, aber die SS-Männer sollten die Gelegenheit haben, die Annehmlichkeiten der Stadt zu genießen.

Jedes Lager war in drei Bereiche unterteilt: den Häftlingsbereich, den Kommandanturbereich und die SS-Siedlungen, die einige Kilometer vom Lager entfernt lagen und meist aus kleinen Häusern, teils mit Garten, bestanden. Die Häftlingsbaracken aus Holz, Ziegeln oder Beton waren von einem elektrisch geladenen Stacheldrahtzaun umgeben. Im Abstand von 50 bis 60 Metern erhoben sich Wachtürme. Sie waren rund um die Uhr besetzt, Wachposten hatten das Lager und seine unmittelbare Umgebung ständig im Blick. Mittelpunkt des Lagers war der Appellplatz: Dort versammelten sich die Häftlinge zu den täglichen Zählappellen, dort wurden die Arbeitstrupps zusammengestellt, von dort brachen sie auf und dorthin kehrten sie am Abend zurück, dort wurden Strafen verhängt und Bestrafungen vollzogen.

Im Zuge der Konsolidierung des Systems in den Jahren 1934 bis 1936 wurden die Arbeitsweise der Verwaltung formalisiert und die Haftbedingungen standardisiert. Die Gestapo verlor nach und nach an Einfluss und verschwand schließlich ganz. Nun führten die SS-Totenkopfverbände die wichtigsten Aufgaben aus.[32] Die KZs wurden zu Hauptinstrumenten der totalitären Gewaltausübung. Zwar war die Opposition zerschlagen, aber für die Nationalsozialisten bestand die von ihr ausgehende Drohung fort. Nach dem Willen Hitlers sollte der Terror ausgeweitet werden, und er wurde schrittweise auf Gruppen ausgedehnt, die bis dahin nichts zu befürchten hatten. Nach den Oppositionellen gerieten die »Volksschädlinge« ins Visier. Die Konzentrationslager, anfangs Orte der politischen Unterdrückung, wurden nach und nach zu Instrumenten einer Gesellschaftspolitik »zum Nutzen des Volkes«. Rücksichtslos entfernte die SS all jene aus der Volksgemeinschaft, die in ihren Augen unnütz, schädlich oder überflüssig waren.

Am 16. März 1935 wurde aus der Reichswehr die Wehrmacht, und die allgemeine Wehrpflicht wurde wieder eingeführt: Nun gerieten Wehrdienstverweigerer aus Gewissensgründen und die Zeugen Jehovas ins Fadenkreuz der Verfolgung.[33] Am 28. Juni desselben Jahres wurde Homosexualität zu einem Verbrechen erklärt, das Strafmaß reichte von zehn Jahren Zwangsarbeit bis zu lebenslanger Internierung: Die Konzentrationslager erlebten einen Zustrom von Homosexuellen – allein in Lichtenburg waren es 1935, als die Verfolgung sexueller »Verirrungen« begann, 325 Männer.

Am 15. September 1935 verabschiedete der Reichstag die so genannten Nürnberger Gesetze, unter anderem das Reichsbürgergesetz, das Juden das Wahlrecht nahm, und das »Gesetz zum Schutz des deutschen Blutes und der deutschen Ehre«, das Ehen zwischen

»Ariern« und »Nichtariern« verbot (Blutschutzgesetz). Der deutsche Kommunist Jan Valtin, der im Konzentrationslager Fuhlsbüttel im Norden von Hamburg interniert war, schildert die folgende grauenvolle Szene:

»Als ich eines Tages nach einer Runde ›Übungen‹ im Hof wieder in meine Zelle zurückmarschierte, sah ich, wie die Wachen einen Juden brachten, einen kleinen, vielleicht 40-jährigen Mann mit einem fetten, runden Gesicht und erstaunten Augen. Sie ließen ihn auf Händen und Knien rund um den Gang laufen. Zwei Wachen mit Gummiknüppeln beförderten ihn mit Fußtritten in die Zelle 27, die der meinen gegenüberlag. Die SS-Leute waren zu beschäftigt, um auf mich zu achten, der ich vor meiner Zellentür stand und wartete, wieder eingeschlossen zu werden. Da der Jude ein Neuankömmling war und noch Zivilkleider trug, hielt ich die Augen und Ohren offen, um zu erfahren, wer er wohl sein könnte. Was ich nun sah, ließ mir das Blut in den Adern stocken.

In Zelle 27 forderten die Wachen den Juden auf, sich auszuziehen. Er tat es und zitterte dabei wie Espenlaub. Plötzlich legte einer der SS-Leute den Arm um den Hals des Juden und hielt ihn in einer halb hängenden, halb stehenden Stellung fest. Der andere Wachmann schwang seinen Gummiknüppel und begann, dem Juden wohlgezielte Schläge zu versetzen. Mit schrecklichem Stöhnen hüpfte der Körper des Juden in die Höhe, und nach dem dritten Schlag zwischen die Beine sackte er zusammen, als sei jeder Knochen in seinem Körper gebrochen. Der Jude fiel auf den Boden. Er winselte schwach. Die beiden SS-Männer spuckten dem Juden ins Gesicht, verließen dann die Zelle 27 und schlossen die Tür ab.

Der eine von beiden, ein blonder Junge mit durchdringendem Blick, etwa 22 Jahre alt, schloss mich in meine Zelle ein.

›Hast du gesehen, was mit dem Hebräer passiert ist?‹, fragte er mich erregt.

›Ja, ich sah es.‹

›Dieses Dreckschwein ... Kannst du dir vorstellen, was er getan hat?‹

›Nein. Was denn?‹

›Er wollte ein arisches Mädchen vergewaltigen. Lauerte ihr in seiner Wohnung auf und versuchte, über sie herzufallen. Der Hund! Dieser widerwärtige Schurke!‹ Empörung blitzte aus seinen Augen.

1935: Die totalitäre Wendung

Den ganzen Nachmittag hockte ich, so nahe ich nur konnte, an der Tür, und ebenso die halbe darauffolgende Nacht und vergaß dabei ganz meinen eigenen Schmerz. Stunde auf Stunde trampelten Leute in die Zelle 27. Es war, als sei jeder Wachmann ins Lager Fuhlsbüttel gekommen, um den Juden zu besuchen. Flüche, Schläge, grausames Gelächter und zeitweise ein krächzendes Gewimmer klangen aus der Zelle 27. Und immer wieder eine Stimme, die wie ein Peitschenhieb klang: ›Ist das Arschloch immer noch am Leben?‹

Während der Nacht starb das Opfer.

Am nächsten Morgen um neun Uhr wurde ich aus meiner Zelle geholt.

Draußen im Hof, den eine bleiche Wintersonne erhellte, hoben die jüdischen Gefangenen des Lagers Fuhlsbüttel eine tiefe Grube aus. Etwa sechzig nichtjüdische Gefangene waren in einer Reihe an der Mauer entlang aufgestellt... Auf ein Kommando setzten die Juden die Bahre [mit dem verstümmelten Körper des Juden] in der Nähe der Grube ab. Mehrere Juden, die um die Grube herumstanden, bedeckten ihr Gesicht mit den Händen. Zweien von ihnen wurde schlecht. Sie wurden so lange gestoßen und geschlagen, bis sie wieder aufrecht standen.

›Hosen runter!‹, befahl Toussaint [der Adjutant des Lagerkommandanten].

Sie zogen ihre Hosen aus. Das waren keine Männer mehr, sondern willenlose Tiere, starr vor Angst.

›Los! Wichsen!‹

Einige wenige machten ein paar hilflose Bewegungen, der Wärter ohrfeigte die übrigen.

›Ich habe gesagt ‚wichsen‘!‹, donnerte Toussaint. ›Na los ... ihr Schweine!‹

Die Juden beschlossen, einer nach dem anderen, dass es besser war zu tun, was man von ihnen verlangte. Die SS-Leute grinsten.

›Schneller, ihr Dreckskerle!‹, brüllte Toussaint. ›Zeigt uns, was ihr nachts in euren Zellen macht.‹

Die Juden versuchten zu gehorchen. Sie wussten, dass sie geschlagen würden, wenn sie es nicht taten, und sie wagten nicht, ohnmächtig zu werden.

Toussaint wandte sich zu uns, die wir in einer Reihe an der Mauer standen. ›Singen!‹, befahl er. ›Drei Lilien!‹

Wir sangen, zuerst leise, dann so laut wir nur konnten:
Drei Lilien, drei Lilien,
die pflanzt' ich auf mein Grab,
juvivalleralleraaa ...
›Schaut euch diese Mistkerle an‹, rief Toussaint höhnisch. ›Bei unseren arischen Jungfrauen spielen sie sich auf mit ihrer Männlichkeit, und jetzt können sie nicht ...‹«[34]

Im Februar 1936 entfernte sich Himmler einen weiteren Schritt aus dem Einflussbereich Görings: Seine Zuständigkeit für die Konzentrationslager wurde offiziell anerkannt. Am 17. Juni wurde er Chef der deutschen Polizei im Reichsministerium des Innern. Nun ging alles Schlag auf Schlag.

Bereits am 6. Juni 1936 war ein erster Runderlass des Reichsinnenministeriums gegen die »Zigeunerplage« erschienen.[35] Das erste Lager für Angehörige des fahrenden Volkes wurde am 16. Juli in Marzahn errichtet. Es handelte sich eher um ein Sammellager, aber dessen Errichtung markierte den Beginn der Zigeunerverfolgung.[36] Methodisch wurde zwischen den verschiedenen Völkern, die auf deutschem Boden anzutreffen waren, unterschieden. Die beiden wichtigsten wurden für reinblütig befunden – denn sie wiesen die typisch indogermanischen physischen Erscheinungsmerkmale auf (dekretierte Himmler) – und entgingen so der Verfolgung.[37]

Am 23. Februar 1937 verfügte Himmler die sofortige Inhaftierung der »Berufsverbrecher«. Am 9. März nahm die Kripo bei einer Blitzaktion 2000 Personen mit einem mehr oder minder langen Strafregister fest. Am 12. Juni ordnete Reinhard Heydrich, seit 1934 Leiter des Geheimen Staatspolizeiamtes in Berlin, in einer Geheimanweisung an, dass alle jüdischen »Rassenschänder« nach Verbüßung ihrer regulären Gefängnisstrafe in »Schutzhaft« genommen werden sollten.

Am 20. Juni verteilten die Zeugen Jehovas im gesamten Reich ihren berühmten *Offenen Brief an das bibelgläubige und Christus liebende Volk Deutschlands*. Die Reaktion der Behörden folgte umgehend: Die Gestapo führte groß angelegte Razzien durch. Im August wurde durch Runderlass angeordnet, umgehend alle Zeugen Jehovas, die den Dienst an der Waffe verweigert hatten und von den Gerichten freigesprochen wurden beziehungsweise ihre Strafen verbüßt hatten, zu internieren. Am 1. Juli 1937 wurde der protestantische Pastor Martin Niemöller wegen seiner kritischen Haltung gegenüber den Nationalsozialisten verhaftet und bis 1945 als »persönlicher Gefangener Hitlers« in verschiedenen Konzentrationslagern, unter anderem in Dachau, festgehalten.

In einer Anordnung vom 14. Dezember 1937 wurde die vorbeugende Internierung von Verbrechern erlaubt. Am 28. Januar 1938 öffneten sich die Tore der Konzentrationslager für eine neue Kategorie von Häftlingen: die »arbeitsscheuen Elemente«. Am 1. Juni 1938 ordnete Heydrich Razzien der Kripo unter »Asozialen« an (dazu gehörten Bettler, Zigeuner, Landstreicher, Kuppler und Prostituierte). Sie wurden in Konzentrationslager deportiert, hauptsächlich nach Buchenwald. Die Arbeitsämter und die Hauptdienststellen der Staatspolizei erhielten den Auftrag, »arbeitsscheue Elemente« und »Asoziale« zu erfassen und zur Verhaftung vorzuschlagen. In diese Kategorie fielen neben den bereits genannten auch »Raufbolde«, Geschlechtskranke, Alkoholiker, »Psychopathen«, Verkehrssünder und »Querulanten«. Jeder, der das Pech hatte, bei irgendeiner Behörde missliebig aufzufallen, musste nun damit rechnen, in ein Konzentrationslager deportiert zu werden.

Die erste große »Asozialen-Aktion« im April 1938 erfasste etwa 1500 Personen. Im Juni wies Heydrich alle Bezirksstellen der Kriminalpolizei an, Arbeitskommandos mit einer Stärke von mindestens 200 Mann zusammenzustellen und alle vorbestraften Juden festzunehmen, um die Anzahl der Arbeitskräfte im Lager Buchenwald zu erhöhen. Damit waren die Konzentrationslager nicht mehr nur ein Ersatz für Gefängnisse: Nun wurden Menschen eingesperrt, weil man kostenlose und willfährige Arbeitskräfte für die SS-Betriebe benötigte. Die politischen Häftlinge gerieten gegenüber der Kategorie der »Asozialen« in die Minderheit. Im Krieg machten diese ungefähr zwei Drittel der nichtjüdischen deutschen Lagerinsassen aus.[38]

Die Funktionen der Lager

Werkzeug des politischen Terrors

Die Konzentrationslager waren zunächst Instrumente des politischen Terrors und der gesellschaftlichen Rache.[39] Am Anfang stand das Ziel, die politischen Gegner unschädlich zu machen, nicht sie zu vernichten. Dennoch boten die Lager auch eine Möglichkeit, Personen loszuwerden, die allzu lästig geworden waren. So überlebte beispielsweise der ehemalige Polizeipräsident von München, der als NS-Gegner bekannt war, in Buchenwald nur einen Tag.[40] Der Tod war allgegenwärtig. In der Nacht des 12. April 1933, als die Hundertschaft der bayerischen Landespolizei abrückte und Dachau einer SS-Einheit überließ, wurden vier jüdische Gefangene unter dem Vorwand umgebracht, sie hätten einen Fluchtversuch unternommen.[41] Zwei besonders berüchtigte Folterknechte aus Buchenwald waren die Hauptscharführer Hinkelman und Planck. Planck, ein bayerischer Forstgehilfe, ermordete den kommunistischen Reichstagsabgeordneten Werner Scholem und den ehemaligen österreichischen Justizminister Dr. Winterstein – um nur zwei von einigen hundert Opfern zu nennen.

Die Existenz der Konzentrationslager war keineswegs ein Geheimnis, vielmehr waren die Standorte von Anfang an wohl bekannt, dafür sorgte das Regime. Klug gestreute Gerüchte machten aus dem KZ-System ein gefürchtetes Schreckensreich. Die Geheimpolizei führte gezielt Verhaftungen durch, um die Menschen einzuschüchtern und in Angst zu versetzen: Niemand sollte sich sicher fühlen. Himmler und Heydrich begriffen rasch den Nutzen einer gezielten (Des-)Informationspolitik: Die Errichtung des Konzentrationslagers Dachau wurde ja sogar in einer Pressekonferenz angekündigt. (»Am Mittwoch [den 21. März 1933] wird in der Nähe von Dachau das erste Konzentrationslager eröffnet. Es hat ein Fassungsvermögen von 5000 Menschen ... Wir haben diese Maßnahme ohne jede Rücksicht auf kleinliche Bedenken getroffen in der Überzeugung, damit zur Beruhigung der nationalen Bevölkerung und in ihrem Sinn zu handeln.«[42])

Diese öffentliche Erklärung, unterzeichnet von Himmler in seiner Eigenschaft als kommissarischer Polizeipräsident von München, hatte nur einen Zweck: Damit sollte die Einschüchterung in das Arsenal der Unterdrückungsmethoden, das dem Polizeiapparat zur Verfügung stand, eingefügt werden. Was *wirklich* in den Lagern geschah, musste ein sorgfältig gehütetes Geheimnis bleiben, zugleich sollten jedoch Gerüchte darüber kursieren; allein bei der Erwähnung des Wortes »Konzentrationslager« sollten die Menschen zittern.

In den Monaten nach der Öffnung Dachaus verbreitete die deutsche Presse bereitwillig und gezielt wohl dosierte Informationen, die ein Gefühl der permanenten Bedrohung und eine beständige Angst erzeugen sollten. Da die Bevölkerung nicht wusste, was in den Konzentrationslagern vor sich ging, wurde gegrübelt, spekuliert und gezittert. Gerüchte blühten, genährt von den Machthabern und von der allgemeinen Phantasie. Eines zumindest war gewiss: Die Lager existierten, und niemand in Deutschland konnte Augen und Ohren vor dieser Tatsache verschließen.

Bestrafen, umerziehen, rehabilitieren

Entgegen der weit verbreiteten Auffassung wurden die Konzentrationslager nicht als Orte der Vernichtung konzipiert, sondern als Schutzhaftlager, wo politische Häftlinge und Kriminelle von der Gesellschaft abgesondert werden sollten. Im Rahmen des Möglichen sollten die Gefangenen von der SS, unter deren Aufsicht der Staat sie gestellt hatte, umerzogen, resozialisiert, »umkonditioniert« werden.

In der Lagerordnung des Konzentrationslagers Esterwegen, die am 1. August 1934 vom gerade ernannten Inspekteur der Konzentrationslager (IKL) Theodor Eicke erlassen wurde, ist das ganz klar formuliert: »Zweck: Es bleibt jedem Schutzhaftgefangenen überlassen, darüber nachzudenken, warum er in das Konzentrationslager gekommen ist. Hier wird ihm Gelegenheit geboten, seine innere Einstellung gegen Volk und Vaterland zugunsten einer Volksgemeinschaft auf nationalsozialistischer Grundlage zu ändern oder, wenn es der Einzelne für wertvoller hält, für die schmutzige 2. und 3. Juden-Internationale eines Marx oder Lenin zu sterben.«[43]

Das Lied »Die Moorsoldaten«, von den Häftlingen in Dachau auf Anweisung produziert, macht auch noch einmal klar, dass man zu der Zeit davon ausging, irgendwann wieder nach Hause zu kommen:

> Wir sind die Moorsoldaten
> und ziehen mit dem Spaten
> ins Moor, ins Moor ...

Wohin das Auge blicket,
Moor und Heide ringsumher,
Vogelsang uns nicht erquicket,
Eichen stehen kahl und leer.

Hier auf dieser öden Heide
ist das Lager aufgebaut,
wo wir fern von jeder Freude
hinter Stacheldrahtverhau.

Morgens ziehen die Kolonnen
in das Moor zur Arbeit hin,
graben in dem Brand der Sonnen,
doch zur Heimat steht der Sinn.

Auf und nieder geht der Posten,
keiner, keiner kommt hindurch,
Flucht wird nur das Leben kosten,
vierfach ist umzäunt die Burg.

Heimwärts, heimwärts steht das Sehnen
zu den Eltern, Weib und Kind,
manche Brust die Seufzer dehnen,
weil wir hier gefangen sind.

Doch wir wollen niemals klagen,
ewig kann kein Winter sein,
einstmals werden froh wir sagen:
Heimat, du bist wieder mein!

Dann zieh'n die Moorsoldaten
nicht mehr mit dem Spaten
ins Moor, ins Moor![44]

Himmler erklärte im Januar 1937 vor Wehrmachtsangehörigen, die Erziehung im Konzentrationslager erfolge durch Ordnung: »Diese Ordnung beginnt damit, dass die Leute in sauberen Baracken leben. So etwas bringen an und für sich nur wir Deutsche fertig, kaum ein anderes Volk wäre so human. Die Wäsche wird öfters gewechselt. Die Leute werden daran gewöhnt, dass sie sich zweimal täglich zu waschen haben, werden mit dem Gebrauch einer Zahnbürste vertraut gemacht, die die meisten noch gar nicht kannten.«[45] Zwar müsse selbstverständlich »peinliche Disziplin« verlangt werden, doch sei sie wie alles andere genau reglementiert, und wenn körperliche Strafen nicht vermieden werden könnten, müsse ein Arzt anwesend sein, »Grausamkeit, sadistische Sachen, sind völlig unmöglich«. In vielerlei Hinsicht ähnelte die Welt der Konzentrationslager dem Alltag beim preußischen Militär. Die Lagerinsassen erinnerten sich besonders lebhaft an die Methoden, die angewendet wurden, um in den Baracken die von Himmler verlangte »Ordnung, strikte Ordnung« durchzusetzen. In der Kunst des »Bettenbaus«, einer weiteren Anleihe beim preußischen Kasernendrill, fand dieses Ordnungsstreben seinen deutlichsten und absurdesten Ausdruck.

Um nach den Regeln ein Bett zu »bauen«, brauchten, wie ein Häftling aus Dachau berichtete, die Geschicktesten mindestens zehn Minuten. Der Strohsack musste tadellos glatt sein und ein perfektes Rechteck mit scharf geschnittenen Kanten bilden. Das blau-weiß karierte Leintuch auf dem Strohsack und das Kopfkissen mussten im rechten Winkel so ausgerichtet sein, dass die Karos vertikal und horizontal eine exakte gerade Linie bildeten. Da die Betten übereinander und eng nebeneinander angeordnet waren, mussten die Männer sie nacheinander in einer bestimmten Reihenfolge machen. Es war für den Häftling, der das obere Bett belegt hatte, nicht möglich, sich hinaufzuziehen, ohne einen Fuß auf das Bett seines Kameraden unter ihm zu setzen. Also wartete der Häftling in dem unteren Bett ungeduldig, bis sein Kamerad oben fertig war. Deshalb gab es jeden Morgen Streitereien und manchmal sogar Prügeleien. Dies hätte sich vermeiden lassen, wenn es möglich, gewesen wäre, früher mit dem »Bettenbau« zu beginnen. Aber es war strikt verboten, vor der offiziellen Weckzeit aufzustehen, und da vorher auch kein Licht erlaubt war, wäre ein derartiges Unterfangen sowieso zum Scheitern verurteilt gewesen. Manche Häftlinge hatten solche Angst vor Strafe wegen eines unzureichend gemachten Bettes, dass sie es vorzogen, auf dem Fußboden zu schlafen. Der Gefahr einer harten Bestrafung entgingen sie damit freilich nicht: Es war verboten, anderswo als im eigenen Bett zu schlafen.

Im Lager Flossenbürg wurden nach Inspektion der Baracken die »Nachlässigen« mit ihrer Häftlingsnummer (die auch an ihrem jeweiligen Bett angebracht war) aufgerufen, und sie mussten in einer Reihe antreten. Einer nach dem andere wurde auf einen Bock geschnallt, der so konstruiert war, dass der Körper maximal gedehnt war und sich demjenigen, der die Strafe vollzog, in einem perfekten rechten Winkel darbot. In dieser Haltung bekamen die Häftlinge dann die in der Strafordnung vorgesehenen 25 Peitschenhiebe. So unwahrscheinlich das auch klingen mochte, schreibt H. Marggraff, der »Bettenbau« forderte in Flossenbürg mehr Opfer als die Zwangsarbeit.[46]

Die von Eicke sorgfältig ersonnene Lagerordnung erzeugte ein Klima des permanenten Schreckens. Die Häftlinge waren dauernd in Gefahr, eine Regel zu übertreten, die Folter lauerte überall. Wenn ein Häftling beim Appell nicht mit vollständiger »Uniform« antrat, gab es Schläge, ebenso wenn seine Schuhe nicht perfekt gewichst waren. In Sachsenhausen führte die SS 1936 die Bestrafung am »Pfahl« ein. Der Pfahl war aus Eichenholz, ungefähr drei Meter hoch. Oben waren Ketten befestigt. Der Häftling wurde mit hinter dem Rücken gefesselten Händen zu dem Pfahl geführt und mit Handschellen angekettet. Dann wurde er einige Zentimeter nach oben gezogen, bis er hilflos verrenkt an den Ketten hing. Als wäre das nicht genug, schlugen die SS-Männer mit Knüppeln und mit bloßen Fäusten auf ihn ein.[47]

Orte der moralischen Erniedrigung und des Verlusts der Menschenwürde, Stätten der körperlichen Misshandlung und Vernichtung: das waren die Konzentrationslager, dazu hatte man sie erbaut. Und um diese Ziele zu erreichen, entwickelte die SS eine buchstäblich überschäumende Phantasie.

So gab es in den Lagern – die preußische Tradition verpflichtete – sogar Konzerte. Jedes Konzentrationslager hatte mindestens eine »Musikgruppe«, eine Blaskapelle oder ein Orchester, manchmal waren es auch mehrere wie etwa in Auschwitz. »Märsche«, die den Aufbruch und die Rückkehr der Arbeitskommandos begleiteten, bildeten das übliche Programm.[48] In Buchenwald wurde 1938 auf Anordnung des Lagerkommandanten Rödl eine Musikkapelle gegründet. Zunächst bestand sie nur aus Sinti und Roma, die Gitarre und Harmonika spielten, nach und nach kamen ein Posaunist, ein Schlagzeuger und ein Trompeter hinzu. Die Musiker mussten übrigens ihre Instrumente aus eigener Tasche bezahlen. Ende 1938 gab Rödl bei *seinen* Musikern eine Hymne in Auftrag – alle anderen Lager hatten bereits eigene Hymnen. Alle 7000 Lagerinsassen mussten sie bei einem Sonderkonzert im Dezember 1938 singen.

> Wenn der Tag erwacht,
> eh' die Sonne lacht,
> die Kolonnen zieh'n
> zu des Tages Müh'n
> hinein in den grauenden Morgen.
> Und der Wald ist schwarz und der Himmel rot,
> und wir tragen im Brotsack ein Stückchen Brot
> und im Herzen, im Herzen die Sorgen.
>
> O Buchenwald, ich kann dich nicht vergessen,
> weil du mein Schicksal bist!
> Wer dich verließ, der kann es ermessen,
> wie wundervoll die Freiheit ist.
> O Buchenwald, wir jammern nicht und klagen,
> und was auch unser Schicksal sei:
> Wir wollen trotzdem Ja zum Leben sagen,
> denn einmal kommt der Tag, dann sind wir frei!
> Wir wollen Ja zum Leben sagen,
> denn einmal kommt der Tag, dann sind wir frei.[49]

1940 gründete der Lagerkommandant von Florstedt eine Bläserkapelle (die jüdischen Häftlinge hatten die Instrumente bezahlt). 1941 stattete man sie sogar mit Uniformen aus, die der jugoslawischen königlichen Garde abgenommen worden waren. Die Wirkung war erschütternd. Kogon erinnert sich, wie das farbenfrohe Orchester mitreißende und fröhliche Märsche spielte, während die ausgemergelten Männer von der Arbeit zurückkehrten und ihre toten oder sterbenden Kameraden trugen. Das Orchester wurde auch bei öffentlichen Folterungen zusammengerufen, wenn die Häftlinge auf dem oben beschriebenen Bock geschlagen wurden. Schrie ein Häftling dabei zu laut, wurde auch schon einmal ein Opernsänger neben ihn gestellt ... um seine Schreie zu übertönen.[50]

Die SS-Männer dachten sich immer wieder neue »Spiele«, neue »Sportarten« aus. Am harmlosesten war noch »Erdkunde«: Damit wurden kleinere Verfehlungen bestraft. Der Häftling musste einmal über den Appellplatz marschieren, dann kriechen (im Dreck) und rennen, das Ganze mehrfach wiederholen, dann die Strecke hüpfen, in der Hocke, die Arme im Nacken verschränkt, all dies natürlich unter einem Hagel von Schlägen. Es kam nicht selten vor, dass Gefangene diese Prozedur nicht überlebten. Manchmal nahm ein Wärter einfach aus Langeweile die Mütze eines Häftlings und schleuderte sie über die Postenlinie. Dann befahl er dem Häftling, auf der Stelle seine Mütze zu holen. Kaum hatte der Unglückliche die verbotene Zone erreicht und wollte sich bücken, um die Mütze aufzuheben, wurde er von den Wachen wegen »Fluchtversuch« erschossen.

Die SS setzte alles daran, den Willen der Häftlinge zu brechen und sie physisch zugrunde zu richten. Morgens wurden sie mit der Trillerpfeife geweckt: zwischen vier und fünf Uhr im Sommer, zwischen sechs und sieben Uhr im Winter. Nach dem Wecken blieben 30 Minuten, in denen sie sich anziehen und ihre Betten machen mussten. Dann hatten sie zum Appell anzutreten. Der Appell dauerte mindestens eine Stunde. Am Abend gab es erst einen Appell dort, wo die Häftlinge arbeiteten, und nach der Rückkehr ins Lager einen weiteren: Erschöpft nach mindestens zehn Stunden Arbeit, unterbrochen nur durch eine kurze Mittagspause, vielfach krank, mussten die Häftlinge sich in Reih und Glied aufstellen und reglos stehen bleiben. Der Appell konnte zwei Stunden dauern, drei Stunden, zehn Stunden, auch einmal 24 Stunden oder noch länger, wenn die Wärter argwöhnten, dass ein Häftling geflohen war. Die Dauer hing ganz von der Lust und Laune des SS-Kommandanten ab. Es spielte keine Rolle, ob der Wind blies oder eisige Temperaturen herrschten. Manchmal brach ein Häftling zusammen. Wenn er noch lebte, war es verboten, ihm auf die Beine zu helfen. Wenn er tot war, erübrigte sich diese Überlegung. Niemand kümmerte sich um ihn. In Buchenwald, schreibt Kogon, dauerte am 14. Dezember 1938 nach der Flucht von zwei Berufskriminellen der Appell mehr als neunzehn Stunden.[51] 70 Häftlinge brachen zusammen und erfroren.

Erst nach dem letzten Zählappell des Tages durften die erschöpften Häftlinge in ihre Baracken gehen, dort erhielten sie das Abendessen. Es bestand gewöhnlich aus einem Stück Brot, etwa 350 Gramm, mit einem winzigen Stück Wurst oder einer Messerspitze Margarine. Anschließend gingen sie ins Bett. Der Tag war vorüber.

Edgar Kupfer-Koberwitz, ein deutscher politischer Häftling, der in Dachau und verschiedenen anderen Lagern gewesen war, reflektierte über das Leben eines KZ-Insassen:

»Man hat uns dort zerbrochen, in ganz kleine Stücke ... Die Haare wurden geschoren, das lächerliche, gestreifte Gewand uns übergezogen, und schon waren wir keine Persönlichkeiten mehr. Täglich machte man es uns bewusster, was für Idioten wir waren, die kein Bett zu bauen, keine Schüssel, keinen Spind richtig zu putzen verstanden. Und hatten wir schließlich das alles gelernt, so wurde uns klar gemacht, dass wir nicht richtig stramm zu stehen verstanden, dass wir einen Knopf zu schließen vergessen hatten. Wie komisch das aussah, wenn ein Universitätsprofessor das tat oder ein Fabrikant oder ein Schreiner, alle mit todernsten Gesichtern und mit vorgestreckten Armen, zitternd vor der SS und ihren Tritten.

Und was für ein Heldentum ist das schon, 100 Kniebeugen zu machen? Nichts, gar nichts ist das! Aber die es tun mussten, wissen, was es heißt: 100 langsame Kniebeugen. Oder wenn man uns, die alten Männer wie die jungen, in der Kniebeuge mit vorgestreckten Armen hüpfen ließ, wie lächerlich das aussah und wie schwer es war, wie kraftraubend. Und wenn wir mit angelegten Armen im Dreck rollen oder auf und nieder machen mussten, uns hinwerfen und aufstehen, hinein in den Dreck und heraus aus dem Dreck, wie war das alles erniedrigend.

Hanswurste wurden wir. Und doch war es Heroismus, das alles zu ertragen, täglich zu ertragen ... Und mit bloßem Kopf beim Appell im Regen stehen oder im Schnee, täglich ... Morgens noch müde und vor sich den ganzen qualvollen Tag, abends nach der Arbeit, todmüde und hungrig, eine oder anderthalb Stunden in Regen und Wind stehen, Tag für Tag, Jahr für Jahr.

Von den plumpen Stubenältesten und Blockältesten geschlagen und aufs gemeinste beschimpft werden ... Sie hatten aus unserem Ich eine Nummer gemacht, ein Stück Dachauer Inventar, das mehr und mehr verfiel, bis es morsch wurde und von selbst zerbrach. Sie hatten uns mit ihren lächerlichen Strafen und Vorschriften ... das Menschtum fortgenommen, hatten uns ausgelacht und gesagt: ›Schaut hin, so seht ihr in Wirklichkeit aus ... Nichts seid ihr, Dreck seid ihr!‹ Und wir fühlten, irgendwie hatten sie recht, denn sie, die nichts waren als Roheit, Dummheit und Stiefel, sie, deren einziger Mut in Prügel und Pistole bestand, konnten uns nötigen, das zu sein, was wir nicht waren ... Warum schritten wir nicht einfach stolz und aufrecht in ihre Kugeln?«[52]

Arbeit macht frei

Zunächst hatte die Arbeit in den Konzentrationslagern keinen ökonomischen Sinn, sie diente dazu, den Häftling zu disziplinieren und zu schikanieren. Wenn unterernährte Menschen in Steinbrüche und Granitwerke geschickt wurden, hatte das nur ein Ziel: Sie sollten zugrunde gerichtet werden. Langbein schreibt: »Arbeit sollte Strafe sein. Konsequenterweise wurde häufig sinnlose Arbeit befohlen, die besonders quälend ist ... Steine mussten im Laufschritt von einem Platz zu einem anderen getragen, dort sorgfältig aufgeschichtet werden, um dann – wieder im Laufschritt – auf den alten Platz zurückgetragen zu werden.« Die Häftlinge schufteten nicht, um zu »produzieren«, sondern die Erschöpfung durch sinnlose Arbeit sollte den letzten Rest von Widerstand brechen.[53]

Gleichwohl spielte die Arbeit in den Konzentrationslagern der ersten Generation eine wichtige Rolle, galten die Lager doch als Einrichtungen zur Umerziehung. Offiziell war die Arbeit damit gleichzeitig ein Mittel zur Bestrafung im besten Sinn des Wortes, weil sie den Häftlingen erlauben sollte, sich zusammenzunehmen und den schädlichen Einflüssen des Gefängnisses zu widerstehen; gleichzeitig war sie ein Mittel zur Erziehung für die vielen, denen es – wie man annahm – an Charakterstärke und Energie fehlte, die man durch Arbeit glaubte aus dem kriminellen Milieu herausholen zu können. So schreibt Rudolf Höß: »Sie (die Arbeit) ist auch ein Erziehungsmittel für Gefangene ... So ist auch die Devise ›Arbeit macht frei‹ zu verstehen. Es bestand die feste Absicht Eickes, diejenigen Häftlinge, gleich welcher Sparte, die durch dauerhafte, fleißige Arbeitsleistung aus der Masse hervorstachen, zur Entlassung zu bringen, auch wenn Gestapo und Reichskriminal-Polizeiamt gegenteiliger Ansicht waren.«[54]

Vor diesem Hintergrund ist auch zu sehen, dass Höß den Schriftzug »Arbeit macht frei« für das Eingangstor des Lagers Auschwitz verwendete. Die Devise darf keinesfalls als tragische Ironie verstanden werden: Freiheit im Tod. Wie Wolfgang Sofsky betont, hieße diese Deutung, die Psyche der SS-Männer vollkommen zu verkennen, denn sie seien für Ironie und Hintersinn absolut unzugänglich gewesen. Diese Auffassung teilen der ehemalige KZ-Häftling Jorge Semprun und Olga Wormser-Migot.[55] Für sie besteht kein Zweifel, dass Höß zu dem Spruch über dem Tor über die Vorstellung vom »Erziehungslager« gekommen war: Arbeit als Mittel zur Rückführung auf den rechten Weg. Das war natürlich, bevor Auschwitz zu dem Ort geworden war, an dem die Endlösung vollzogen wurde. Tatsächlich habe er gar nicht die Absicht gehabt, die schreckliche Realität der Vernichtung zu kaschieren: Er habe nur vorgegeben, an die Möglichkeit zu glauben, dass die Untermenschen, die sich den Anordnungen der Nazis unterwarfen, auf den rechten Weg zurückgebracht werden könnten.

Über den Toren der übrigen Lager prangten ebenfalls stolze Devisen. Die Worte unterschieden sich, aber der Tenor – fast immer didaktisch und elliptisch – war derselbe: Der Schriftzug in Buchenwald »Jedem das Seine« klang nach Bibel und Sozialismus. In Mauthausen ging es nüchterner um Hygiene, die dortige Devise versprach nicht die Freiheit als Lohn der geleisteten Arbeit, sondern »Sauberkeit ist Gesundheit«. In Sachsenhausen hatte Himmler im August 1939 eine ganze Litanei anbringen lassen: »Es gibt einen Weg zur Freiheit. Seine Meilensteine heißen: Gehorsam, Fleiß, Ehrlichkeit, Ordnung, Sauberkeit, Nüchternheit, Wahrhaftigkeit, Opfersinn und Liebe zum Vaterland.«

Kontrollieren, säubern, reinigen

Getreu der Theorie, dass die Internierung in einem KZ weniger auf das kriminelle Verhalten eines Menschen ziele als auf sein durch und durch schlechtes Wesen, wurde die »Schutzhaft« umdefiniert zu einer »Ersatzstrafe«, die jeden treffen konnte, der in den Augen der Polizei eine soziale Randexistenz war. So hieß es in einem

Rundschreiben des Landeskriminalamtes in Dresden vom 5. August 1933: »In die Konzentrationslager sind alle diejenigen Schutzhäftlinge zu überführen, die sich als Schädlinge am deutschen Volkskörper erwiesen haben und deren Sinnesänderung insoweit aussichtslos erscheint.«[56]

Ab 1935 hatten die Konzentrationslager unter dem Einfluss von Himmler den Auftrag, alle Männer und Frauen aufzunehmen, deren Verhalten schädlich war, weniger unter politischen Gesichtspunkten als unter sozialen und rassischen. Im Januar 1937 erläuterte Himmler dies in einer Rede vor Wehrmachtsangehörigen:

»Darüber hinaus wäre es für jeden einzelnen ... unerhört instruktiv, so ein Konzentrationslager einmal anzusehen. Wenn Sie das gesehen haben, sind Sie davon überzeugt: Von denen sitzt keiner zu Unrecht; es ist der Abhub von Verbrechertum, von Missratenen. Es gibt keine lebendigere Demonstration für die Erb- und Rassegesetze ... als so ein Konzentrationslager. Da sind Leute mit Wasserköpfen, Schielende, Verwachsene, Halbjuden, eine Unmenge rassisch minderwertigen Zeugs. Das ist da alles beisammen. Wir unterscheiden bei den Insassen selbstverständlich zwischen denen, die wir ein paar Monate hineintun, tatsächlich zur Erziehung, und denen, die wir lange drin lassen müssen ... Ich gehe die Lager selber immer einmal im Jahre durch und komme plötzlich unangesagt, um mir den Betrieb anzusehen. Da sah ich kürzlich einen Mann von 72 Jahren, der hatte gerade das 63. Sittlichkeitsverbrechen begangen. Es wäre eine Beleidigung für das Tier, wenn man solche Menschen Tiere heißen wollte, denn ein Tier führt sich nicht so auf ...

Diese Leute sind nun also im Konzentrationslager. Die Haupterziehung erfolgt durch Ordnung, peinliche Ordnung und Sauberkeit, peinliche Disziplin ... Die Lager sind umzäunt mit Stacheldraht, mit elektrischem Draht. Es ist selbstverständlich: Wenn einer eine verbotene Zone oder einen verbotenen Weg betritt, wird geschossen. Wenn einer auf dem Arbeitsplatz ... auch nur einen Ansatz macht zu fliehen, wird geschossen. Wenn einer frech und widersetzlich ist ... kommt er entweder in Einzelhaft, in Dunkelarrest bei Wasser und Brot, oder – ich habe die alte Zuchthausordnung Preußens genommen – er kann in schlimmen Fällen 25 Hiebe bekommen. Grausamkeiten, sadistische Sachen ... sind dabei völlig unmöglich. Die Strafe [kann] nur der Inspekteur sämtlicher Lager verhängen.«[57]

1937 saßen bereits Tausende nach Strafrecht abgeurteilte Personen in den Konzentrationslagern. Diese »Grünen«, die bald die wichtigsten Werkzeuge des Unterdrückungsapparats, das erste Glied in der internen Lagerhierarchie, darstellten, zeugten davon, welche Veränderung das System der Konzentrationslager erfahren hatte, seit Himmler dort herrschte. Seit 1935 war es, wie wir gesehen haben, üblich geworden, Verurteilte nach Verbüßung ihrer Strafe im Gefängnis oder Umerziehungslager ohne eine behördliche Stellungnahme nicht wieder in die Freiheit zu entlassen. Meistens befand die Gestapo, dass sie weiterhin schädlich waren, und der Weg in die Freiheit blieb ihnen versperrt. Sie wurden »bis auf weiteres« in ein Konzentrationslager eingewiesen und kamen meist nach Esterwegen oder Sachsenhausen.

Nachdem Himmler die Kontrolle der Konzentrationslager an sich gerissen hatte, organisierte er unverzüglich die Polizei von Grund auf um. Die neue Polizei machte sich das Prinzip zu Eigen, dass der gewöhnliche Straftäter genau wie der politische Gegner der natürliche Feind des NS-Staates war. Aus dieser Sicht folgte selbstverständlich, dass gewöhnliche Straftäter wie politische Gegner betrachtet wurden – beide fielen unter die Kategorie »entartet«.

Ein neues Fundament der Gesellschaft

Am 5. März 1936 richtete Himmler die folgenden Worte an die Mitglieder des Preußischen Staatsrats:

»Deutschland steht erst am Anfang einer vielleicht jahrhundertelangen Auseinandersetzung, vielleicht der entscheidenden Weltauseinandersetzung mit den Kräften des organisierten Untermenschentums. Ich möchte sogar die Meinung äußern, dass wir, unsere Generation – auch in dieser Beziehung der Politischen Polizei und des staatlichen Kampfes gegen die politischen Weltgegner – nur den Anfang, das Fundament, die Tradition schaffen können, die dann durch Jahrhunderte als bleibende Institution Deutschland befähigt, diesen Kampf zu bestehen.«[58]

Die Nationalsozialisten – und allen voran Hitler – waren sich allerdings über die psychischen Hürden auf dem eingeschlagenen Weg im Klaren: Sie wussten, dass selbst in den diszipliniertesten, glühendst begeisterten Einheiten die noch vorhandenen herkömmlichen Moralvorstellungen mit den Zielen der Nationalsozialisten in Konflikt geraten konnten.»Tatsächlich konnte niemand voraussehen, wie Männer, die auf derart ›heikle‹ Aufgaben nicht vorbereitet worden waren, auf die künftigen Massaker reagieren würden. ... Die Nationalsozialisten wussten, dass sie, wenn sie ihr Vorhaben durchführen wollten, für die ›Ritter des neuen Deutschland‹ auch eine neue Moral schmieden mussten, eine harte und brutale, die kein Mitleid und keine Skrupel kannte. Hatte man Gewissensbisse, wenn man eine Schabe zertrat? Nein! Und das war es dann, was sie lehrten: Die Gegner des Nationalsozialismus sind Schaben, Fremdkörper in der Volksgemeinschaft, Schädlinge, widerwärtige Subjekte; sie zu vernichten ist nicht nur keine Sünde, sondern eine Tat für das Gemeinwohl, ist Handeln zum höheren Nutzen der germanischen Rasse und Nation.

Zigeuner, Juden, Behinderte und andere Gruppen – lang war die Liste der Opfer, und man musste lernen, sie ohne ein Wimpernzukken zu misshandeln, zu demütigen, zu foltern und schließlich zu vergasen, ungestraft und ohne den Anflug von Gewissensbissen. Bereits in *Mein Kampf* hatte Hitler geschrieben, dass erst eine Zeit, die nicht mehr von Schuldgefühlen überwölbt sein würde, den inneren Frieden und die Kraft finden werde, brutal und mitleidlos die schädlichen Triebe auszumerzen, das Unkraut auszureißen.«[59]

Schädliche Elemente sollten deshalb genau so behandelt werden, wie die Natur sie behandelte, also ohne jedes Bemühen um Umerziehung. Der degenerierte Teil der Menschheit musste abgetrennt werden, und es war entscheidend wichtig, dass der gesunde Teil der Gesellschaft Mittel fand, sich von den Schuldgefühlen gegenüber dem kranken Teil, der amputiert werden musste, zu befreien. Für Hitler war die Degeneration etwas Biologisches, und man musste dementsprechend damit umgehen.

Der dem Nationalsozialismus nahe stehende Philosoph Alfred Rosenberg schrieb 1930 in seinem Buch *Mythus des 20. Jahrhunderts*: »Strafe ist nicht Erziehungsmittel ... Strafe ist einfach Aussonderung fremder Typen und artfremden Wesens.«[60]

Vor diesem Hintergrund sind die beiden neuen Aufgaben zu sehen, die Himmler den Lagern zugedacht hatte. Sie sollten
- Stätten für Training und Ausbildung sein: Die SS-Totenkopfverbände sollten dort ihre Ausbildung zu Herrenmenschen durch-

laufen, sich abhärten, Brutalität erlernen. Man musste bei ihnen Hass wecken sowie die Lust zu herrschen und zu unterdrücken;
– die Häftlinge in den Dienst der nationalsozialistischen Medizin stellen (medizinische Experimente).

Das Lager Dachau eignete sich perfekt für die neue Aufgabenstellung. Von Anfang an war es ein »Ausbildungszentrum« für die SS. Dort lernten die zukünftigen Leiter der wichtigsten Konzentrationslager ihr Handwerk. Der Weg von Rudolf Höß ist in dieser Hinsicht typisch. In Dachau war er von 1934 bis 1938 Block- und Rapportführer. Von dort wurde er als Adjutant und Schutzhaftlagerführer nach Sachsenhausen versetzt. Die nächste Station war ab dem 1. Mai 1940 Auschwitz, das er aufbaute und bis zum 1. Dezember 1943 leitete. Anschließend wurde er zum Leiter von Amt 1 der Amtsgruppe D des Wirtschaftsverwaltungshauptamtes (WVHA) bestellt, der zentralen Verwaltung der Konzentrationslager.

Auch andere KZ-Kommandanten begannen ihren Weg in Dachau: Kramer (Birkenau), Baranowski (Sachsenhausen), Weißenborn (Flossenbürg), Grünwald (Hertogenbosch), Kögel (Ravensbrück, danach Groß-Rosen) und Ziereis (Mauthausen). Von den untergeordneten Rängen kamen ebenfalls viele aus Dachau: Planck, der in Buchenwald Angst und Schrecken verbreitete; Dambach, Spatzenegger und Bachmeyer in Mauthausen; Lagerführer Johann Schwarzhuber, Richard Baer, Hans Aumeier, Heinrich Schwarz, Franz Hofmann, Gerhard Palitzsch, Hans Stark und Josef Rommele in Auschwitz.

1938: Auf dem Weg zur Internationalisierung der Lager

Die Jahre 1938/39 kündigten einen neuen Abschnitt in der Geschichte der Lager an. Nach dem Anschluss 1938 wurde offensichtlich, wie untrennbar das Reich der Konzentrationslager mit dem Nationalsozialismus verbunden war. Schon in den ersten Stunden nach dem Einmarsch der Deutschen wurden österreichische Regimegegner festgenommen und nach Dachau oder Buchenwald deportiert. Die Besetzung des Sudetenlands im Oktober 1938 und die Schaffung des Reichsprotektorats Böhmen-Mähren im März 1939 brachte Tausende weiterer politischer Gefangener. Die Phase der

Internationalisierung der Lager kündigte sich jedoch erst an, denn mit dem Rassemaßstab gemessen, waren die Österreicher ohne Einschränkungen den Deutschen gleichgestellt; die Tschechen galten, wenn schon nicht als assimilierbar, so doch als die am meisten germanisierten Slawen. Dennoch erließ die Gestapo am 26. Juni 1939 eine Anordnung, wonach alle Tschechen in Schutzhaft zu nehmen waren, die sich »Arbeitsschummelei« hatten zuschulden kommen lassen, ferner diejenigen, die sich politisch betätigt oder eine »staatsfeindliche Einstellung« an den Tag gelegt hatten.

Die Juden

Wie schon erwähnt, waren die Konzentrationslager zunächst dafür konzipiert, Deutsche zu internieren. Die zahlreichen Juden unter den ersten Häftlingen waren nicht als Juden in die Lager gekommen, sondern als Regimegegner oder wegen sonstiger Verfehlungen. Von Ausnahmen abgesehen, wurden sie nicht von den anderen Häftlingen abgesondert.[61] Aber – alle Berichte aus der nationalen Phase stimmen in diesem Punkt überein – die Juden, die sich seit 1935 um ihre deutsche Staatsbürgerschaft betrogen sahen, wurden härter behandelt als ihre Schicksalsgenossen. Wenn ein Häftlingstransport eintraf, griffen die SS-Männer einen oder mehrere Juden heraus und misshandelten und demütigten sie aufs Schlimmste. Die erste Welle von Internierungen, bei der jüdische Mitbürger *als Juden* ins Visier gerieten, folgte auf die Reichspogromnacht vom 9. auf den 10. November 1938. Tausende von Juden wurden festgenommen. Binnen Stunden nach dem Pogrom wurden rund 2000 Juden nach Dachau deportiert, darunter 13-jährige Kinder und alte Leute von 80 Jahren und mehr. Innerhalb von 14 Tagen stieg ihre Zahl auf 13 000. In ganz Deutschland wurden zwischen 20 000 und 30 000 Juden festgenommen und in Lager deportiert; die meisten wurden wieder freigelassen, nachdem sie dem Land den größten Teil ihres Besitzes »geschenkt« hatten.[62] Bezeichnenderweise sollte der Pogrom die Juden, vor allem die reichen, dazu bewegen, Deutschland den Rücken zu kehren und ihren Besitz zurückzulassen. Das Ziel war nicht ihre Vernichtung, obwohl viele ums Leben kamen (700 allein in Dachau).

Häftlinge als Arbeitskräfte

Wie Eugen Kogon betont, konnte der SS-Staat sich nicht mit der militärischen, politischen und polizeilichen Macht zufrieden geben, er musste auch die wirtschaftliche Macht erringen, denn sie war der Schlüssel zur Macht in allen anderen Bereichen. Eigene Unternehmen sicherten dem SS-Staat die angestrebte Autonomie und unerschöpfliche Ressourcen. Man kann sagen, dass sich ab Ende 1937 die Wellen der Verhaftungen und Internierungen ebenso sehr nach ökonomischen Erwägungen richteten wie nach politischen und polizeilichen Motiven.

Bis dahin war die Arbeit für die Nationalsozialisten nur ein Mittel gewesen, die Lebensbedingungen der Häftlinge noch unmenschlicher zu machen. Stets wurden ihnen strapaziöse und sinnlose Tätigkeiten auferlegt. So mussten die Häftlinge in Dachau eine Straße bauen, die vom Lager weg und – mit Umwegen durch Sümpfe – wieder dorthin zurück führte. Die Arbeit war dem großen Ziel des Lagers untergeordnet: der Bestrafung. Die SS wollte mit der Arbeit passiven Widerstand brechen und alles gegenwärtige und künftige Aufbegehren im Keim ersticken.

Von 1937 an erweiterte Himmler den »pädagogischen« Auftrag des KZ-Systems um einen ökonomischen: Die Lager sollten die Arbeitskraft der Häftlinge ausbeuten, um die finanzielle Unabhängigkeit der SS zu sichern und einen finanziellen Beitrag zu den pharaonischen Bauvorhaben zu liefern, die Hitler so sehr am Herzen lagen. Der Reichsführer SS hatte die feste Absicht, seine Sklavenarmee einzusetzen, um die Macht und das Ansehen seiner »Elitetruppe« zu stärken. Er bereitete sie auf eine Rolle an vorderster Front vor: Er schärfte seinen Männern ein, dass es ihre Aufgabe sei, die Bedingungen zu schaffen, unter denen sich das gesamte germanische Volk unter der Kontrolle und Leitung der SS auf Eroberungen und Widerstand gegen Invasionen vorbereiten konnte. Wenn die Aufgabe dann erfüllt und Deutschland vom Atlantik bis zum Ural eins war, konnte sich die SS gegen andere Mächte wenden. Sie würde dann Garnisonen »fern im Süden Afrikas ... und im Polarwinter« haben. Und da man für ein solches Vorhaben Geld brauchte, musste Geld verdient werden, indem man den Abschaum der Menschheit, die Häftlinge, die Berufskriminellen arbeiten ließ.[63]

1938 wurden die Lager Flossenbürg, Mauthausen und Gusen errichtet, alle drei Standorte wurden wegen ihrer Nähe zu Steinbrüchen ausgewählt. Das galt auch für das wenig später gegründete Lager Groß-Rosen.[64]

Mit dem Bau der Klinkerwerke in Sachsenhausen und in Berlstedt bei Buchenwald sowie der Eröffnung der Steinbrüche in Groß-Rosen und Mauthausen entstanden die »Deutschen Erd- und Steinwerke« (DEST). Dieses Unternehmen sollte das Material liefern für Hitlers Traum von einer gigantischen Reichshauptstadt Berlin, für das er in Zusammenarbeit mit Albert Speer persönlich die Pläne entworfen hatte. Dieses größenwahnsinnige Vorhaben umfasste Ministerien, riesige Hotelkomplexe, Triumphbögen zur Erinnerung an die Siege der Wehrmacht und eine Kongresshalle mit einer 122 Meter hohen Kuppel für 150 000 bis 180 000 Besucher.

Am 3. Mai 1939 erfolgte die Neuordnung aller Werkstätten der Lager unter dem Dach der Deutschen Ausrüstungswerke (DAW). Im Zuge dieser Entwicklung entstanden viele Nebenlager. Buchenwald wurde von Häftlingskommandos aus Sachsenhausen und den preußischen Lagern Lichtenburg und Sachsenburg errichtet, die am 15. August 1937 geschlossen wurden, Mauthausen im Laufe des Sommers 1938 von einem Kommando Strafgefangener, die einige Monate zuvor aus Dachau gekommen waren und im Granitsteinbruch Wiener Graben arbeiteten, der unmittelbar nach dem Anschluss in den Besitz des WVHA übergegangen war. Ende 1938 wurden 500 Häftlinge aus Sachsenhausen (Oranienburg) nach Mecklenburg geschickt, wo sie in der Nähe von Fürstenburg zwischen Januar und Mai 1939 das Frauenlager Ravensbrück errichteten. Am 13. Dezember 1938 richteten rund 100 Häftlinge aus Sachsenhausen bei einem Klinkerwerk südöstlich von Hamburg, das die SS nach der »Reichskristallnacht« von den jüdischen Besitzern konfisziert hatte, das Lager Neuengamme ein.

Es dauerte fünf Jahre, bis die wirtschaftliche Ausbeutung der KZ-Insassen organisiert war. Dennoch leisteten die Häftlinge vorwiegend handwerkliche Arbeit, die in keiner Beziehung zur tatsächlichen wirtschaftlichen Struktur des Landes stand. Olga Wormser schrieb dazu:

»Den Thesen, die jede staatliche Organisation des Reiches einschließlich des Systems der Konzentrationslager den Notwendigkeiten der Kriegswirtschaft unterordnen wollen, die eine unmittelbare Kausalbeziehung zwischen den Interessen der deutschen Industriebetriebe, die sie mit denen des NS-Staates gleichsetzen, und dem System der Lager herstellen, um zu erklären, dass Hitler als Gegenleistung für die Unterstützung der Monopole und Kartelle des ›deutschen Kapitalismus‹ sich verpflichtet habe, sie mit ›billigen‹ Arbeitskräften auszustatten, diesen Thesen können wir Folgendes entgegenhalten: Einerseits spricht die Chronologie dagegen. Bis Kriegsende, das heißt in einem Zeitraum von sechs Jahren, diente die Arbeit allein der ›Unterhaltung‹ – oder der ›Schikane‹, auf jeden Fall war sie in keiner Weise produktiv.«[65]

Die Vorbereitungen auf die Kriegswirtschaft betrafen die KZ-Häftlinge nicht. Die Arbeitskräfte in den Konzentrationslagern, zahlenmäßig noch schwach im Vergleich zur späteren Phase der Internationalisierung der Lager, merkten von Hitlers Geheimvorbereitungen nichts, sie waren in die industriellen Großprojekte nicht eingebunden. Die Arbeit in den Konzentrationslagern, manchmal bis zur Verblödung und Zerstörung von Körper und Seele, kam allein der SS und ihren Expansionsbestrebungen zugute: »Nach dem Krieg« sollte genug Geld vorhanden sein, um arische Kolonien zu finanzieren.

Das Ende der nationalen Periode

In der Periode, die wir als die nationale bezeichnet haben, war das Konzentrationslager noch nicht die Hölle, die es wenig später wurde. Zwar war der Tod von Anfang an allgegenwärtig, aber er war noch nicht der Zweck des ganzen Systems: Zwischen dem Dachau des Jahres 1933, als nur rund 20 Häftlinge starben, und dem Dachau des Jahres 1945 mit seinen 30 000 Toten lag ein langer, geradezu ontologischer Weg. Wie Olga Wormser-Migot schreibt: »Ursprünglich wurden die Konzentrationslager nicht zur Vernichtung von Menschen geschaffen.«

Das Konzentrationslager war zunächst nur ein Werkzeug neben anderen, um den Staat und die Gesellschaft in Einklang mit der nationalsozialistischen Ideologie zu bringen. Das Ziel bestand nicht darin, Schneisen in die Menschheit zu schlagen, sondern einzelne

Angehörige unerwünschter bzw. abweichlerischer Gruppen abzusondern. Die verfolgten Gruppen wurden übrigens sehr unterschiedlich behandelt. Während Himmler die Zahl der deutschen Homosexuellen 1937 auf eine Million schätzte[66], wurden »nur« 50 000 bis 63 000 (fünf Prozent) eingesperrt und davon 15 000 in Konzentrationslager eingewiesen.[67] Die Nationalsozialisten hegten Abscheu und Verachtung für die Homosexuellen, aber sie waren in ihren Augen nicht rassisch schuldig, und deshalb wurden sie nicht systematisch verfolgt. Eine Minderheit wurde »nach dem Zufallsprinzip« verhaftet und deportiert, als abschreckendes Beispiel. Es ging den Machthabern gleichermaßen darum, homosexuelle Neigungen zu kurieren, wie darum, die übrigen Angehörigen dieser Gruppe einzuschüchtern. Wie Rüdiger Lautmann betont, wurden die Homosexuellen nach dem Vorbild der politischen Gefangenen und der Zeugen Jehovas zur »Umerziehung« in die Lager eingewiesen.[68] Man glaubte, sie könnten ihre sexuelle Orientierung ändern. Anzumerken ist, dass nur die Homosexuellen des Großdeutschen Reichen ins Visier der Verfolgung gerieten, nicht die der besetzten Länder. Die homophobe Politik betraf in der Tat nur Deutsche: Da Homosexualität als ein rassischer »Makel« galt, war es nur folgerichtig, wenn man die Ausbreitung dieses Makels bei minderwertigen Rassen duldete – das konnte den natürlichen Prozess der Degeneration nur beschleunigen.

Zwar starben auch in den ersten Jahren der nationalsozialistischen Herrschaft *(nationale Periode)* Menschen in den Lagern, aber anders als manche glauben, war es gleichwohl das Ziel der Behörden, möglichst viele »deutsche Seelen« zu retten. Göring, der vor dem Nürnberger Gerichtshof die »Ehre« für sich beanspruchte, die Konzentrationslager »erfunden« zu haben, erklärte, dass nach seiner Vorstellung der Sport, die Erhaltungsarbeiten und die handwerkliche Betätigung in den Lagern eindeutig von dem Wunsch zeugten, so viele Häftlinge wie möglich auf den rechten Weg zurückbringen und bald wieder in die große Familie des deutschen Volkes eingliedern zu können.[69] Zu dem Zeitpunkt wurde Dachau als »Musterlager« konzipiert, als Umerziehungslager, das die Häftlinge geläutert verlassen sollten. Zum Beweis durften die »arischen« Gefangenen – damals die überwältigende Mehrheit – an Wahlen und Abstimmungen teilnehmen. Als Hitler am 12. November 1933 über den Austritt Deutschlands aus dem Völkerbund abstimmen ließ, gaben auch die Insassen von Dachau ihre Stimme ab. Es hieß, von 2242 Häftlingen, die zur Abstimmung gegangen seien, hätten 2154 mit ja gestimmt. Ob die Wahlen und Abstimmungen nun manipuliert wurden oder nicht, sie zeigen auf jeden Fall, dass in der Zeit vor 1939 die Parole noch »Umerziehung« lautete und nicht »Vernichtung«.[70] Einigen Homosexuellen wurde ebenfalls die Freilassung in Aussicht gestellt (und der Einsatz an der Ostfront) – vorausgesetzt, sie ließen sich kastrieren.

Am Vorabend des Krieges war der Aufbau des Systems der Konzentrationslager abgeschlossen: Vier große Männerlager und ein Frauenlager existierten und funktionierten. Für alle galt dieselbe Lagerordnung, nämlich die von Dachau. In allen Lagern sorgte die SS für Ordnung und Schrecken. Noch waren die Lager das Fegefeuer – ein Ort ohne Mitleid, das Vorzimmer zur Hölle.

1939–1945: Die Internationalisierung der Lager

Im Zusammenhang mit dem Krieg, der sich abzeichnete, ausbrach und sich dann hinzog, wurde der Auftrag der Konzentrationslager, der bis dahin auf die Umerziehung überwiegend deutscher Häftlinge durch Schrecken begrenzt gewesen war, neu definiert. Während die Nazis nach und nach Europa besetzten, wuchs das Reich der Konzentrationslager und differenzierte sich: Die Deutschen, die bis dahin in der Mehrheit gewesen waren, machten bald nur noch fünf bis zehn Prozent der Häftlinge aus. Ihr Status in der Lagerhierarchie veränderte sich nun von Grund auf: Sie »rückten in der sozialen Rangskala nach oben und stellten die meisten Funktionäre der Selbstverwaltung«.[1] Vor 1939 waren, abgesehen von den Ereignissen im Anschluss an den Reichspogrom, etwa 21 000 Menschen in Konzentrationslagern interniert, jetzt waren es bald Hunderttausende.[2] Es mussten weitere Lager gebaut werden.

Am 2. September 1939 wurde das Lager Stutthof eröffnet, es sollte Juden und Polen aus dem nahe gelegenen Danzig aufnehmen. Am 24. Oktober erließ das Reichssicherheitshauptamt (RSHA), das seit seiner Einrichtung Ende September 1939 von Heydrich geleitet wurde, eine Verordnung, dass – solange der Krieg dauerte – keine »Schutzhäftlinge« mehr freigelassen werden dürften. Ebenfalls Ende Oktober wurde in Leopoldskron südlich von Salzburg ein Internierungslager für Sinti und Roma errichtet.[3] Am 4. Juni 1940 wurde das Nebenlager Neuengamme in den Rang eines Konzentrationslagers erhoben. Zwei Monate später, im August 1940, wurde das Außenkommando Groß-Rosen eingerichtet, ursprünglich ein Nebenlager von Sachsenhausen; am 1. Mai 1941 wurde es ein selbstständiges Lager. Am selben Tag wurde im Elsass das Lager Struthof-Natzweiler eröffnet. Das Netz der Konzentrationslager breitete sich parallel zum Vorrücken der Wehrmacht aus: Die Errichtung des Lagers Stutthof wurde zwei Wochen vor dem Überfall auf Polen geplant, Auschwitz entstand knapp fünf Monate nach dem Überfall.

Am 1. Februar 1940 beauftragte Himmler Richard Glücks, den Nachfolger Eickes an der Spitze der Inspektion der Konzentrationslager (IKL), sich nach geeigneten Gebäuden umzusehen, die den Grundstock für ein Lager in dem Deutschland angegliederten Teil Polens abgeben konnten. Himmler dachte an eine »Quarantänestation« für Polen aus Schlesien und dem Generalgouvernement. Die Wahl fiel auf Auschwitz, unter anderem weil es dort eine weitläufige Kasernenanlange aus der Zeit der Österreicher gab.

Im Mai 1940 wurde die Leitung des neuen Lagers, später als Auschwitz I bzw. Stammlager bezeichnet, Rudolf Höß übertragen, der damals Schutzhaftlagerleiter in Sachsenhausen war. In den ersten Wochen herrschte Höß nur über rund 30 deutsche Häftlinge, die das Lager aufbauten. Sobald es in Funktion war, sollten sie Aufgaben in der so wichtigen internen Lagerhierarchie übernehmen.

Das eigentliche Konzentrationslager Auschwitz entstand am 14. Juni 1940 mit der Ankunft des ersten Transports von 728 polnischen Häftlingen. Dem ersten Transport folgten in kurzer Zeit Hunderte aus ganz Europa. Bis zum Frühjahr 1942 wurden in Auschwitz die polnischen Eliten und sowjetische Kriegsgefangene liquidiert. Drei Kilometer vom Stammlager entfernt wurde im März 1941 der Grundstein für Birkenau (oder Auschwitz II) gelegt, das größte Konzentrationslager mit mehr als 250 Baracken, in denen zeitweise über 100 000 Menschen zusammengepfercht waren.

Die Konzentrationslager und ihre Funktionen

Der Prozess der Internationalisierung, unmittelbare Folge der Expansionspolitik der Nationalsozialisten, hatte natürlich auch Folgen für das Funktionieren der Lager. Einerseits wurden die bürokratischen Strukturen verstärkt (das war die Aufgabe von Oswald Pohl, Chef des WVHA) und der Ausbau zu Todesfabriken vorangetrieben (deutlichstes Zeichen war der systematische Bau von Krematorien; die Toten zählten nach Tausenden). Andererseits veränderte sich die soziale Struktur der Lager.

Am 9. September 1939 wurde in einem Erlass zur Sicherheit des Reiches im Krieg verfügt, alle Personen zu internieren, die den Kampfgeist des Volkes schwächen könnten.[4] In den Durchführungsbestimmungen vom 20. September wurde die Gestapo beauftragt, Gegner und Saboteure in den Konzentrationslagern ohne Gerichtsverfahren zu exekutieren.

Durch Schrecken herrschen

Ein Lehrsatz des Rassismus, der eine theoretische Säule der nationalsozialistischen Weltanschauung darstellte, besagte, dass von Natur aus unreine, mit Makeln behaftete Menschen nicht in die Gesellschaft zurückgeführt werden könnten. Ausgehend von diesem Satz zielte die Internierung in den Konzentrationslagern auf die schlechte Substanz der Menschen und nicht auf ihr Verhalten wie bei den deutschen und österreichischen Häftlingen – letztere waren genetisch ohne Makel und konnten darum auf den rechten Weg zurückgeführt werden. Wie Billig schreibt, musste die »Herrenrasse« die »minderwertigen Sklavenrassen« durch ein Vorgehen unterwerfen, das ihrer »Minderwertigkeit« entsprach – und dabei wurde das zweite Vorhaben, die Ausrottung der Juden, nicht einmal erwähnt.[5]

Ursprünglich hatten die Konzentrationslager die Aufgabe des Freiheitsentzugs (Unterdrückung/Umerziehung von »arischen« Regimegegnern und Randgruppen). Hinzu kamen nun die Beseitigung von politischen Gegnern aus westlichen Ländern (politische Vernichtung), der Demozid (Zerstörung der polnischen Nation durch die Beseitigung ihrer Eliten[6]) und der Genozid (die Ausrottung des jüdischen Volkes).

Dezimieren, vernichten

In den Lagern saßen nun mehrheitlich nichtdeutsche Häftlinge, das heißt Angehörige von Völkern, die als rassisch minderwertig betrachtet wurden, und entsprechend veränderte sich ihre Aufgabe: Nun ging es darum zu dezimieren und zu vernichten. Der Vormarsch in Polen sollte den Weg bereiten für deutsche Siedler, die einheimische Bevölkerung sollte in die eurasische Steppe vertrieben werden. Bis es so weit war, musste sich Polen als Kolonie behandeln lassen. In diesem Sinne rief das RSHA am 17. Oktober 1939 zur physischen Vernichtung »all jener polnischen Elemente« auf, »die in der Vergangenheit Verantwortung gleich welcher Art getragen haben oder die Leitung des nationalen Widerstandes übernehmen könnten«.[7] Genau wie Stalin plante Hitler nichts Geringeres als die vollständige Vernichtung der polnischen Eliten, der Offiziere, Priester, Ärzte, hohen Funktionäre, Intellektuellen und so weiter. Am 6. September 1939 wurden 183 Professoren, Assistenten und Dozenten der Universität Krakau nach Sachsenhausen deportiert. Fast 28 Prozent der Hochschullehrer und 13 Prozent der Gymnasiallehrer fielen der Unterdrückung zum Opfer.

In den offiziellen Listen des Lagers Auschwitz tauchen zwischen 130 000 und 140 000 polnische Deportierte auf. Rund 10 000 weitere, die sofort nach der Ankunft umgebracht werden sollten, wurden nicht einmal namentlich erfasst. Sie sollten verschwinden und verschwanden auch tatsächlich spurlos. Wie Franciszek Piper schreibt, handelte es sich im Allgemeinen um Personen, die vom Standgericht der deutschen Polizei in Kattowitz zum Tod verurteilt worden waren.[8] Nach einer Verfügung der höheren Polizeibehörden des Reiches und des Generalgouvernements sollten in Auschwitz auch standrechtlich Geiseln erschossen werden. So wurden als Vergeltung für das Attentat auf einen höheren Offizier der Luftwaffe am 27. Mai 1942 169 polnische Künstler, Schauspieler und Offiziere in einem Café in Krakau festgenommen, nach Auschwitz deportiert und erschossen. Alter Feinsilber, der von November 1942 bis Januar 1945 im Krematorium arbeitete, berichtete, dass die Nationalsozialisten zwei- bis dreimal in der Woche Gruppen von bis zu 250 Männern und Frauen hinrichteten. Die Opfer wurden außerhalb des Lagers zusammengetrieben, ihre Namen tauchten auf keinen Listen auf. Ein anderer Zeuge berichtete, dass gegen Ende 1943 alte Menschen aus den ins Reich eingegliederten Gebieten vergast wurden. In die Gaskammern gingen auch polnische Partisanen und die Insassen psychiatrischer Krankenhäuser (unter anderem im Juni 1942 die Patienten des psychiatrischen Krankenhauses Kobierzyn bei Krakau).

In Auschwitz ließ man als Vergeltungsmaßnahme auch Menschen verhungern. War jemand geflohen, wählte der Lagerkommandant oder ein Verantwortlicher der Verwaltung aus dem Block des Flüchtlings einige Leidensgenossen aus – ein Dutzend, manchmal auch mehr –, sie wurden in eine der Zellen im Untergeschoss von Block 11 gesperrt. Dort erhielten sie mindestens zehn Tage lang nichts zu essen und nichts zu trinken. Am Ende waren alle bis auf ganz wenige Ausnahmen tot, gestorben unter unvorstellbaren Qualen. Bei einer solchen »Selektion« Ende Juli oder Anfang August 1941 trat der polnische Franziskanermönch Maximilian Raymond Kolbe, der bis 1936 in Japan und Indien als Missionar tätig gewesen war, vor und bat den Lagerführer Karl Fritzsch, ihn anstelle des Gefangenen Franciszek Gajowniezek in den Tod zu schicken. Kolbe überlebte als Einziger seiner Gruppe und wurde am 14. August 1941 mit einer Phenolinjektion umgebracht. Im Rahmen des »Demozids« starben in Auschwitz zwischen 70 000 und 75 000 Polen.[9]

Im Lager war es auch möglich, national homogene Gruppen umzubringen: spanische Republikaner, Juden, sowjetische Kriegsgefangene. Die Behandlung der sowjetischen Kriegsgefangenen markiert eine weitere Eskalation der Barbarei. Dazu muss man wissen, dass die UdSSR die Genfer Konvention nicht unterzeichnet hatte und dass deshalb sowjetische Kriegsgefangene nicht die gleiche Behandlung wie französische oder belgische verlangen konnten. Beim Umgang mit den sowjetischen Kriegsgefangenen wurden, gleichgültig ob sie in einem Gefangenenlager untergebracht waren oder direkt in ein Konzentrationslager – meist Mauthausen oder Auschwitz – deportiert wurden, alle internationalen Regeln verletzt.[10] Sie erhielten weniger zu essen als die anderen, litten häufiger an Krankheiten und wurden öfter Opfer systematischer Misshandlungen. Ihr Los war ähnlich wie das der jüdischen Häftlinge mit dem Unterschied, dass die »Endlösung« zu dem Zeitpunkt noch nicht klar und offen formuliert war – sieht man einmal von dem so genannten Kommissarbefehl (dazu unten mehr) ab. Von 5,7 Millionen sowjetischen Kriegsgefangenen wurden 3,3 Millionen umgebracht oder starben an Erschöpfung in den Lagern. Überall fanden systematische Erschießungen in großem Stil statt: in Dachau auf dem Schießstand von Hebertshausen; in Buchenwald im ehemaligen Pferdestall (wo die SS-Männer des Kommandos 99 fast 8000 sowjetische Staatsangehörige mit einer Genickschussanlage töteten[11]). In Sachsenhausen wurden von September bis November 1941 18 000 sowjetische Gefangene abgesondert und dem Hungertod überlassen. Die Überlebenden wurden auf Lastwagen zum Schießstand gebracht.

Ein Teil der 11 957 russischen Kriegsgefangenen, die nach Auschwitz kamen, wurde beim Bau der Baracken von Birkenau (Auschwitz II) eingesetzt. Sie waren schon erschöpft eingetroffen und erhielten kaum etwas zu essen. Ihr Gesundheitszustand verschlechterte sich rapide. In seinen Erinnerungen versuchte Rudolf Höß sich zu entlasten, schilderte dabei aber wahrhaft apokalyptische Szenen:

»Die russischen Kriegsgefangenen ... kamen in einem völlig heruntergekommenen Zustand ... Willig zur Arbeit waren sie – aber sie konnten vor Entkräftigung nichts leisten ... Die ausgemergelten Körper konnten nichts mehr verarbeiten. Der ganze Organismus war fertig, nicht mehr funktionsfähig. Sie starben wie die Fliegen dahin an allgemeiner Körperschwäche ... Die Russen konnten physisch einfach nicht mehr. Stumpf trotteten sie sinn- und ziellos umher oder verkrochen sich irgendwo an einer geschützten Stelle, um irgendetwas Essbares, das sie gefunden, zu verschlucken, hinunterzuwürgen oder still irgendwo zu sterben. Ganz schlimm wurde es während der Schlammperiode des Winters 41/42 ... Die Nässe ... tat das Übrige, um die Todesziffer ständig steigen zu lassen. Selbst bis dahin einigermaßen Widerstandsfähige wurden von Tag zu Tag weniger ... Ich erlebte, wie eine Russenkolonne von mehreren Hunderten auf dem Weg zwischen Auschwitz und Birkenau jenseits der Bahn plötzlich vom Weg nach den nächstliegenden Kartoffelmieten rannte, aber alle geschlossen, sodass die Posten völlig überrascht zum Teil überrannt wurden und sich nicht zu helfen wussten. Zum Glück kam ich gerade angefahren, um wieder die

Lage herzustellen. Die Russen wühlten in den Mieten herum und waren kaum davon abzubringen. Einige starben während des Herumwühlens, die Hand voll Kartoffeln, beim Kauen. Aufeinander nahmen sie keine Rücksicht mehr, der krasseste Selbsterhaltungstrieb ließ keine menschlichen Regungen mehr zu. Die Fälle von Kannibalismus waren in Birkenau nicht selten. Ich selbst fand einen Russen zwischen den Ziegelsteinhaufen liegend, dem der Leib mit einem stumpfen Gegenstand aufgerissen worden war und dem die Leber fehlte. Sie schlugen sich gegenseitig tot, um zu Essbarem zu gelangen. Ich sah beim Vorbeireiten, wie ein Russe einen anderen, der ein Stück Brot kauend hinter einem Steinhaufen kauerte, mit einem Ziegelstein auf den Kopf schlug, um ihm das Brot zu entreißen. Bis ich aber durch den Eingang, denn ich befand mich außerhalb der Umzäunung, an die Stelle hinkam, war der hinter dem Steinhaufen schon tot, den Schädel eingeschlagen. Den Täter konnte ich unter der Masse der herumwimmelnden Russen nicht mehr ausmachen. Beim Planieren des ersten Bauabschnittes, beim Gräbenziehen wurden mehrfach Leichen von Russen gefunden, die von anderen erschlagen, zum Teil angefressen, in irgendeinem Schlammloch verschwunden waren. So wurde uns das rätselhafte Verschwinden vieler Russen erklärlich. Von meiner Wohnung aus sah ich, wie ein Russe seinen Essenskübel hinter den Block an der Kommandantur schleppte und eifrig darin herumkratzte. Plötzlich kam ein anderer um die Ecke, stutzte einen Augenblick, stürzte sich auf den im Kübel Herumkratzenden, stieß ihn ins geladene Hindernis [den elektrisch geladenen Zaun] und verschwand mit dem Kübel ... Es waren keine Menschen mehr. Sie waren Tiere geworden, nur noch auf Nahrungssuche aus.«[12]

Neben den etwa 12 000 Sowjetsoldaten, die in Birkenau Frondienste leisteten, wurden 1818 weitere nach Auschwitz I gebracht und sofort nach ihrer Ankunft ermordet, entweder erschossen oder vergast. In Block 11 erprobte die SS im Dezember 1941 an den sowjetischen Kriegsgefangenen die Wirkung des tödlichen Gases Zyklon B, durch das wenig später in den als Duschräume getarnten Gaskammern mehr als eine Million Menschen qualvoll starben.[13]

Die Entscheidung, das jüdische Volk zu vernichten, fiel zwar erst im Herbst 1941, und die »Endlösung« wurde auf der Wannsee-Konferenz am 20. Januar 1942 beschlossen, in den Lagern aber wurden schon zuvor Juden in großer Zahl umgebracht. So wurden im Februar 1941 389 niederländische Juden nach Buchenwald deportiert.[14] Die Quälereien, denen sie dort ausgesetzt waren (48 starben gleich nach der Ankunft), waren nichts im Vergleich zu dem, was sie in Mauthausen erwartete. Die 341 Überlebenden der Gruppe waren innerhalb von drei Wochen bis auf einen Häftling ebenfalls tot: Der Steinbruch, in dem sie »arbeiteten«, bot eine gute Möglichkeit, Selbstmord zu begehen, und viele nutzten die Gelegenheit. Die Zivilangestellten des Steinbruchs »baten, den Tod durch Herunterstürzen zu verhindern, weil die Gehirn- und Fleischfetzen, die am Gestein klebten, einen zu grausigen Anblick boten«. Bald begrüßte die SS alle jüdischen Neuankömmlinge in Mauthausen mit den Worten, »es sei wieder ein ›Fallschirmjägertrupp‹ angelangt«.[15]

Der französische Häftling Michel de Bouard schildert in seinen Erinnerungen das tragische Schicksal der Juden in Mauthausen:

»Ein Transport mit 87 niederländischen Juden war soeben in Mauthausen eingetroffen. Eines Morgens kamen sie in den Steinbruch und wurden unserem Kommando zugewiesen. Aber begleitet wurden sie von einem SS-Mann, der im Lager ›das blonde Fräulein‹ hieß, und von einem Kapo mit dem Beinamen Hans der Töter, dessen Spezialität es war, Juden umzubringen. Die beiden gingen als erstes in eine kleine Baracke, den Unterstand des Kapos. Nach einer Stunde kamen sie schwankend wieder heraus. Sie hatten einen kräftigen Schluck Äther genommen, den der SS-Mann im Krankenrevier besorgt hatte, vielleicht um sich Mut zu machen. Jeder hatte den Stiel einer Hacke in der Hand. Sie gingen auf die Juden zu. Und das Niederknüppeln begann. Nie hätte ich mir etwas so Schreckliches vorstellen können. Die Hackenstiele flogen auf die Schädeldecken nieder, es klang wie Trommeln, wenn die Knochen splitterten. Gehirnmasse spritzte herum, Blut floss in Strömen. Die verstörten Juden arbeiteten, so rasch sie nur konnten, weil jeder dachte, dass er verschont würde, wenn er nur fleißig genug arbeitete. Aber es half ihnen nichts. Am erstaunlichsten war, dass die Juden angesichts dieses entsetzlichen Gemetzels nicht schrien. Man hörte nur das Röcheln der Verwundeten. Ihre Klagelaute wurden mit Schlägen erstickt. Das Grauen erregende Schauspiel dauerte bis halb zwölf.«[16]

Die Konzentrationslager und ihre Funktionen

Den Spaniern erging es nicht viel besser.[17] Von 7300 spanischen Republikanern, die ab 1940 nach Mauthausen deportiert wurden, entkamen nur 2000 der Sklavenarbeit oder Ermordung in einem nahe gelegenen Granitsteinbruch, in den Schächten des Nebenlagers Gusen oder in der Gaskammer von Hartheim.[18]

Die ab 1933 auf deutschem Gebiet errichteten Lager, in denen zunächst deutsche Regimegegner, Juden und Kriminelle interniert wurden, nahmen nach und nach auch Widerstandskämpfer aus Westeuropa auf. Am 7. Dezember 1941 ordnete Hitler an, dass Widerstandskämpfer, die spurlos verschwinden sollten, nach Deutschland verbracht würden.[19] Der Befehl wurde zusammen mit einer Direktive mit der poetischen Überschrift »Nacht und Nebel« von Feldmarschall Keitel, dem Chef des Oberkommandos der Wehrmacht, unterzeichnet. Der Befehl besagte, dass »bei Angriffen gegen das Reich oder die Besatzungsmacht den Tätern mit anderen Maßnahmen begegnet werden soll als bisher ... Eine wirksame und nachhaltige Abschreckung ist nur durch Todesstrafen oder durch Maßnahmen zu erreichen, die die Angehörigen und die Bevölkerung über das Schicksal des Täters im Ungewissen halten. Diesem Zweck dient die Überführung nach Deutschland.«[20]

Aimé Spitz, der nach Struthof deportiert wurde, schildert, was die Widerstandskämpfer in den deutschen Lagern erwartete – Erschießungen, Hinrichtungen ohne Gerichtsverfahren:

»Außerhalb des Lagers, ein paar hundert Meter entfernt, befand sich eine Sandgrube. Dort wurden rund 500 Kameraden erschossen, teils durch Maschinengewehrfeuer, teils durch Genickschüsse mit einem Revolver. Eines Abends, nach 18 Uhr, im Frühjahr 1944, wurden elf Luxemburger, die der Résistance angehörten, in der Sandgrube erschossen. Derartige Hinrichtungen auf Anordnung Berlins fanden nach dem abendlichen Appell statt. Immer wenn wir abends Häftlinge vor der Schreibstube sahen, wussten wir, dass eine »Sonderbehandlung« bevorstand. Diese Häftlinge tauchten meistens nicht in den Lagerakten auf. Sie wurden von der Gestapo eigens zur Ermordung hergebracht. Ihre Leichen wurden dann ins Krematorium geschafft, sodass keine Spur von ihnen blieb.«[21]

Im September 1944 wurden 800 Widerstandskämpfer der Gruppe Alliance, die aus Schirmeck gekommen waren, in Struthof hingerichtet.

Im Dezember 1942 ordnete Himmler auf der Grundlage des Urteils einer Kommission rassebiologischer Experten die Deportation der Sinti und Roma an.[22] Die ersten Transporte nach Auschwitz II rollten am 20. Februar 1943. »Reine« Sinti und Roma und »Mischlinge« wurden gleichermaßen deportiert.[23] Absurderweise hatten sich manche Sinti und Roma zwischenzeitlich zum Militärdienst gemeldet und trugen Wehrmachtsuniform, einige waren im Besitz einer Mitgliedskarte der NSDAP, der sie »in aller Unschuld« beigetreten waren, bevor die ersten rassebiologischen Untersuchungen durchgeführt wurden. Mit Beginn der Deportationen nach Auschwitz wurden die kleinen Zigeunerlager, die seit 1939 im Großdeutschen Reich eingerichtet worden waren, aufgelöst. Insgesamt wurden 23 000 Sinti und Roma in das Familienlager nach Birkenau gebracht, fast 90 Prozent kamen aus Deutschland, Österreich und dem Reichsprotektorat Böhmen-Mähren, das heißt aus dem Großdeutschen Reich. Die Sinti und Roma wurden in einem eigenen Lager isoliert – dem so genannten Zigeunerfamilienlager –, das aus 32 Wohn- und sechs Sanitärbaracken bestand und sich im Sektor II Be von Birkenau befand. Nach Auffassung von Steinberg und Gotovitch stand hinter den Deportationen der Sinti und Roma weniger die Absicht des Völkermords als das bis zur Absurdität getriebene praktische Ziel, sie sesshaft zu machen und abzusondern.[24]

Die Umstände freilich bewirkten die Vernichtung: knöcheltief Schlamm und Dreck, kein Wasser, keine Sanitäreinrichtungen, keine Medikamente und eine fast vollkommene Isolation. Entgegen der Aufgabe, die die Wirtschaftsverwaltung der SS den Lagern seit Frühjahr 1942 zugewiesen hatte, war die Internierung der Sinti und Roma ohne Bedeutung für die Kriegswirtschaft: »Von den 20 000 Zigeunern, die in den Listen des Lagers verzeichnet waren, starben 7359 im Jahr 1943 und 3159 im Jahr 1944, innerhalb von sieben Monaten. Die meisten Zigeuner in Birkenau starben einfach infolge der besonders unmenschlichen Lebensbedingungen in diesem Teil der Konzentrationslagers. Sie wurden noch verschlimmert durch eine Typhusepidemie, die wegen der unhygienischen Zustände ausbrach und im Familienlager verheerend wütete.«[25]

Mit dem Transport vom 15. Januar 1944 kam Kore Taicon nach Auschwitz. Er traf dort seine Brüder wieder, die seit drei Monaten im Lager waren – lebende Skelette. Zwei Wochen später starben sie.²⁶ Jeanne Modis – besser bekannt unter ihrem Vornamen Paprika und ihrem Ehenamen Galut – erinnerte sich an drei Brüder. Sie erkrankten an Typhus und wurden ins Krankenrevier gebracht. »Ich besuchte sie. Zwei Tage später waren sie tot und verbrannt. Meine kleine Tochter wurde noch gestillt. Sie wurde auch krank, und am nächsten Tag war sie nicht wiederzuerkennen. Sie war nur noch Haut und Knochen. Die Menschen waren nicht wiederzuerkennen. Ich brachte sie ins Krankenrevier. Am nächsten Tag ging ich hin, um sie zu stillen, aber sie war nicht mehr da. Sie sagten mir, sie hätten sie weggebracht. Weggebracht hieß, dass sie verbrannt worden war.«²⁷

Wie Steinberg und Gotovitch schreiben, ließen es sich die SS-Schergen in Auschwitz nicht entgehen, die Zigeuner zu vergasen, kaum dass sie mit dem einen oder anderen Transport eingetroffen waren. Ungefähr 3000 Sinti und Roma wurden auf diese Weise getötet. Am 23. März 1943 wurden 1700 Sinti und Roma aus dem Getto von Bialystok vergast. Ohne dass man sie überhaupt registrierte, wurden sie sofort abgesondert und in die Gaskammern geführt unter dem Vorwand einer Desinfektion wegen Typhusgefahr.²⁸ Die Liquidierung des Zigeunerfamilienlagers am 2. August 1944 machte der paradoxen Situation ein Ende, dass sich inmitten eines Lagerkomplexes, der zur Befriedigung der kriegswirtschaftlichen Bedürfnisse geschaffen worden war, ein Lager mit untätigen Menschen befand.

Versuche

Die Lager dienten nicht ausschließlich der Vernichtung: Die Nationalsozialisten führten dort auch medizinische Versuche durch. Am 1. April 1940 unterzeichnete Himmler eine Vereinbarung mit dem von ihm selbst 1935 im Rahmen der SS begründeten Ahnenerbe e. V. und stellte diesem damit die Lager für biologische und rassenanatomische Untersuchungen zur Verfügung. Eines der Zentren, das diese »Untersuchungen« leitete, befand sich an der Reichsuniversität Straßburg: Der Anatom August Hirt nutzte die Nähe seines Labors zum elsässischen Lager Natzweiler mit seiner Gaskammer, um seine Sammlung »jüdischer Skelette« zu vervollständigen.²⁹ In dem im Mai 1985 veröffentlichten *Album du Struthof* ist zu lesen, dass 86 Juden eigens dazu vergast wurden, um eine »vollständige« Sammlung von jüdischen Schädeln zusammenzutragen.

Im März 1941 begann in Auschwitz und Ravensbrück ein Programm zur Massensterilisation von »fortpflanzungsunwürdigen« Frauen. Ebenfalls in Ravensbrück wurden die ersten »medizinischen« Experimente durchgeführt, an denen außer der Bezeichnung nichts medizinisch war: Knochenmarktransplantationen, Infizierung mit Gasbrand, Einrichten von absichtlich gebrochenen Gliedmaßen, Knochenübertragungen und so weiter.

Am 22. Mai stimmte Himmler einem Antrag des Sanitätsdienstes der Luftwaffe auf Durchführung »wissenschaftlicher« Versuche in den Lagern zu. Auch die Wehrmacht gab sinnlose und unvorstellbar grausame Experimente in Auftrag – Experimente zum Überleben in großer Höhe, zum Tod durch Unterkühlung und zur Wirkung von Giftgas –, die von einem Heer sadistischer Mediziner und Biologen vorgenommen wurden. Ernst Klee hat den Werdegang und die teilweise glanzvollen Nachkriegskarrieren einiger dieser »hingebungsvollen« Wissenschaftler in allen Einzelheiten beschrieben.[30] So wurde der damalige Chef des Instituts für Erbbiologie, Professor Otmar von Verschuer, bei dem Dr. Mengele Assistent gewesen war, 1952 Vorsitzender der Deutschen Gesellschaft für Anthropologie (siehe dazu das Kapitel über die Herero).

Olga Wormser-Migot schildert die Experimente des Dr. Bickenbach, eines Kollegen von Dr. Hirt, in Struthof. Es ging um die Wirkung des Gases Phosgen; die Wehrmacht rechtfertigte die Versuche damit, dass ihre Soldaten bei einem feindlichen Giftgasangriff geschützt werden müssten. Der ehemalige Häftling René Marx erinnert sich:

»Bickenbach führte verschiedene Experimente durch. Die Wehrmacht hatte ihm den Auftrag gegeben, zu untersuchen, ob die Injektion von Flüssigkeit die Wirkung von Giftgas aufheben konnte. Ein Lagerkommandant ließ eine bestimmte Anzahl Häftlinge holen. Er und Bickenbach wählten acht aus, in der Hauptsache Zigeuner, die für kräftig befunden wurden. Wie üblich gaukelten sie den Häftlingen vor, sie würden freigelassen und aus dem Lager gebracht ... Am Abend kehrten alle zurück. Wir empfingen sie in Block 5, dem ich zugeteilt war und der zum Krankenrevier gehörte. Sie wurden in einem Krankensaal untergebracht. Auf Anweisung von Bickenbach musste Wladimir, der polnische Krankenpfleger, der für die Histologie zuständig war, alle zwei Stunden bei jedem Versuchskaninchen die Temperatur und den Puls messen und die Atmung überprüfen. Am nächsten Morgen waren vier der acht Unglücklichen nach einer schrecklichen Nacht gestorben. Vermutlich hatten die SS-Leute zwei Gruppen gebildet, und eine Gruppe hatte eine höhere Dosis Gas abbekommen als die andere.«[31]

Ebenfalls in Struthof, so berichtet Pierre Ayçoberry, impfte der international renommierte Virologe Haagen Polen und Zigeuner mit Typhuserregern, um einen besseren Impfstoff gegen die Krankheit entwickeln zu können. Seinem »Experiment« fielen rund 50 Menschen zum Opfer.[32] Im April 1943 übernahm SS-Sturmbannführer Otto Skorzeny, der am 16. August 1943 die Aktion zur Befreiung Mussolinis leitete, die Abteilung S (Sabotage) im RSHA. Wenig später richtete er seine Dienststelle in Sachsenhausen ein. Dort bildete er seine Trupps aus, und wenn er Versuchskaninchen brauchte, vor allem für die Entwicklung neuer, mit Gift präparierter und explosiver Geschosse von 6,5 und 7,65 Millimetern, bediente er sich im Lager.[33]

Im Lager krank zu werden war eine Katastrophe, denn die NS-Ärzte praktizierten weniger die Kunst des Heilens als die Kunst des Tötens. Margarete Buber-Neumann schildert einen Vorfall, der symptomatisch ist für den absurden, mörderischen Charakter der NS-Medizin in den Lagern. Der Vorfall ereignete sich 1942 im Krankenrevier von Ravensbrück. Nur deutsche Häftlinge hatten ein Recht auf »Behandlung« im Krankenrevier. Nach dem Tod einer Frau – ein häufiges Ereignis – wurde ihre Familie benachrichtigt. Doch es waren zwei deutsche Frauen gleichen Namens, ungefähr im selben Alter, ins Krankenrevier gebracht worden, die eine mit einem Abszess, die andere mit Typhus. Die Typhuspatientin war gestorben, und die Schreiberinnen im Krankenrevier legten SS-Arzt Rosenthal ihre Karte vor, damit er den Totenschein für die Politische Abteilung ausstellte, wo die Akten geführt wurden. Nachdem der Schein unterschrieben und an die zuständige Stelle weitergeleitet war, bemerkten die Schreiberinnen, dass sie die Krankenblätter vertauscht hatten. Die vermeintlich verstorbene Frau lebte noch. Sie zitterten bei dem Gedanken, dass sie Dr. Rosenthal ihr Versehen gestehen mussten. Schließlich entschieden sie sich doch, den Irrtum aufzuklären, weil sie der einen Familie keine falschen Hoffnungen machen und der anderen Familie keinen grundlosen Schmerz zufügen wollten. Rosenthal hörte sich ihr Geständnis in aller Ruhe an. Das sah ihm gar nicht ähnlich. Einen Augenblick später rief er Gerda Quernheim, eine Gefangene, die von Beruf Krankenschwester war und die er sich als Geliebte hielt, und wies sie an, der fälschlich für tot erklärten Patientin eine »Spritze« zu geben. Die Krankenschwester kam umgehend mit einer »guten Nachricht« zurück: Der Schnitzer war ausgebügelt – beide Frauen waren tot. Der Schein blieb gewahrt.[34]

Persönliche Bereicherung

Die SS konnte sich, wie gesagt, nicht mit der militärischen, politischen und polizeilichen Gewalt zufrieden geben, sie brauchte auch die wirtschaftliche Macht. Deshalb setzte sie alles daran, ihre eigenen Unternehmen aufzubauen. Sie benötigte viel Geld, um ihr geplantes groß angelegtes Bauprogramm für die Ansiedlung der neuen »teutonischen Ritter« im Osten finanzieren zu können. Das System der Konzentrationslager erwies sich als lukratives Unternehmen, deshalb wurden immer neue Lager eingerichtet, obwohl der Widerstand gegen das Regime mittlerweile unbedeutend war.

Die Eroberungen im Osten führten 1941 zur Gründung der Osti (Ostindustrie GmbH). Die SS zog bald persönlichen Vorteil aus den Unternehmen, die sie schützen, überwachen und für das gesamte Volk ausbeuten sollte. Die übergeordneten Interessen der SS waren eine Sache, die individuellen eine andere. Und bald schon erfasste die Korruption wie ein Krebsgeschwür alle, die in den Lagern im Einsatz waren. Jeder, vom kleinsten KZ-Aufseher bis hinauf in die Spitzen der Verwaltungshierarchie, wirtschaftete in die eigene Tasche. Und jeder belauerte den anderen, voller Neid und Misstrauen. Die kleinen Rädchen im Getriebe und das Fußvolk mussten sich mit den Krümeln begnügen und durften dabei nicht murren, denn für ihre Vorgesetzten war es ein Leichtes, sich ihrer zu entledigen. Selbst die Häftlinge konnten hie und da von der Situation profitieren. Für sie waren freilich Vorsicht und Verschwiegenheit besonders wichtig. Ein lästiger Zeuge konnte in den Lagern mühelos beseitigt werden. In den Werkstätten ließen die SS-Angehörigen Häftlinge für sich arbeiten, die Bedeutung der Aufträge hing von ihrer Stellung in der Hierarchie und ihrem Einfluss ab. In Auschwitz arbeiteten 23 Häftlinge in der Näherei ausschließlich für die Ehefrauen der SS-Männer. Die SS-Leute am Hygieneinstitut in Rajsko, das zum Komplex des Konzentrationslagers Auschwitz gehörte, ließen sich ihre Uniformen und Zivilkleidung von zwei hervorragenden Schneidern aus Warschau anfertigen. Sie hatten auch ihren eigenen jüdischen Schuster und einen jüdischen Barbier für die tägliche Rasur.[35]

Die Lager waren ein Nährboden für Korruption. Erst einmal war da das Geld, das die Neuankömmlinge mitbrachten, später konnte von Angehörigen und Freunden Geld ins Lager geschickt werden. Es wurde auf ein spezielles Konto einbezahlt, und der Häftling konnte bis zu einem Höchstbetrag von 30 Mark pro Monat darüber verfügen. Mit dem Geld durften aber nur Artikel in der Lagerkantine gekauft werden – eine üppige zusätzliche Einnahmequelle für die Verwaltung. Welche Produkte es gab, in welcher Menge und Qualität, das war sehr unterschiedlich. Aber Häftlinge mit Geld fanden immer etwas, womit sie ihren Hunger stillen konnten: Rübenmarmelade, Hafergrütze, Sauerkraut, getrocknetes Gemüse, Muschel- und Fischkonserven, Gurken, Gewürze und anderes mehr. Vieles war halb verdorben, aber wenn man gar nichts hat, kümmert man sich nicht um solche Details. In der Kantine gab es auch andere Dinge wie Nadel und Faden, Cremes und Lotionen, Parfüm. Als 1942 der Geldumlauf durch »Prämiengutscheine« ersetzt wurde, wurden die Geschäfte der SS-Männer noch lukrativer. Ein regelrechter »Schwarzmarkt« entstand. Die SS ging so weit, dass sie die Nahrungsmittel beiseite schaffte, die für die Häftlinge bestimmt waren, und sie an eben diese Häftlinge verkaufte. Pery Broad berichtete, dass Tag für Tag ganze Wagenladungen mit Wurst und Fleisch in den Küchen der SS und in den umliegenden Orten verschwanden.[36] Alles ließ sich zu Geld machen, auch die Pakete des Roten Kreuzes, von denen die SS Zigtausende unterschlug. Im SS-Hygieneinstitut in Rajsko verschwand das Fleisch, aus dem die Nährlösungen für Bakterienkulturen gekocht wurden; SS-Leute hatten es für sich abgezweigt. Daraufhin ließ sich Institutsleiter Bruno Weber[37] Fleisch von vergasten Juden bringen. Pferdefleisch wäre auch gegangen, aber die SS befand, das sei im Krieg zu schade dafür.[38]

David Rousset schildert eine besonders makabre Episode: Im November 1944 fand ein französischer Häftling im KZ Neuengamme in seiner Suppe einen Kiefer – einen menschlichen Kiefer. Trotz allem, was er bis dahin gesehen und erduldet hatte, überraschte ihn das, und er zeigte das »Ding« einem deutschen Sozialdemokraten, mit dem er sich gut verstand. Der Sozialdemokrat war ebenfalls verwundert und wandte sich mit der seltsamen Entdeckung an den Obersturmbannführer. Nachforschungen ergaben bald, dass der Küchenkapo und der Kapo des Krematoriums sich darauf verständigt hatten, das für die Küche bestimmte Fleisch außerhalb des Lagers zu verkaufen und in der Lagerküche Menschenfleisch zu verarbeiten. Die beiden Kapos wurden auf dem Appellplatz von Neuengamme erhängt. »Ich könnte schwören«, schließt Rousset, »dass viele über Robert Darnands Entdeckung gar nicht erfreut waren. Das Ganze war anscheinend einen Monat so gegangen.«[39]

1942: Die große Wende. Vernichtung durch Arbeit

Die Entwicklung des Krieges – der gescheiterte Russlandfeldzug und die Aussicht auf den bevorstehenden totalen Krieg – verursachte große Umwälzungen sowohl in der Organisation der Zwangsarbeit wie im System der Konzentrationslager. In Anbetracht des Arbeitskräftemangels versuchte das Reichsministerium für Bewaffnung und Munition unter Fritz Todt, aus den Arbeitskräften in den Lagern so viel wie möglich herauszuholen. Die Häftlinge erschienen als eine der letzten mobilisierbaren Reserven. Anfang 1942 wurde den Lagerkommandanten mitgeteilt, dass in Zukunft höchstens zehn Prozent der Lagerinsassen für interne Aufgaben eingesetzt werden dürften. Die SS musste die Abläufe in den Lagern diesen neuen »wirtschaftlichen Zwängen« anpassen.

Der neue Kurs wurde von Oswald Pohl diktiert, einem ehemaligen Marinezahlmeister, der nach langjährigem Dienst im NS-Apparat zum Inspekteur aller Konzentrationslager aufstieg. Seit 1934 arbeitete er als Spezialist für Finanz- und Verwaltungsfragen im SS-Hauptamt. Am 1. Februar 1942 fasste er das Hauptamt Verwaltung und Wirtschaft sowie das Hauptamt Haushalt und Bauten zu einer Dienststelle zusammen, dem Wirtschaftsverwaltungshauptamt (WVHA) mit Sitz in Oranienburg.[40] Im März 1942 übernahm das WVHA die Inspektion der Konzentrationslager, um den Arbeitskräfteeinsatz möglichst effektiv zu regeln – das heißt mit einem Maximum an Profit für die SS. Das Ziel des WVHA war klar: Es sollten alle Hebel in Bewegung gesetzt werden, um die Arbeitskraft der Häftlinge bis an die Grenzen auszubeuten. Pohl wusste, was in den Lagern vorging; in seinem Prozess räumte er ein, dass er in Dachau zusammen mit Himmler bei einem Experiment mit Häftlingen in der Niederdruckkammer dabei gewesen war.

Produzieren um jeden Preis

Am 30. April 1942 verkündete Pohl, veranlasst durch die Zuspitzung des Krieges, in einem Rundschreiben, dass die Lager in erster Linie zu produzieren hätten. Es galt der Grundsatz der Vernichtung durch Arbeit. Tatsächlich hatte Pohl die neuen Regeln bereits unmittelbar nach seinem Amtsantritt einige Wochen zuvor Himmler in einem Brief dargelegt. Er begann mit einem Überblick über die Geschichte der Konzentrationslager. Danach skizzierte er sein Programm der Ausbeutung:

»Der Krieg hat eine sichtbare Strukturänderung der Konzentrationslager gebracht und ihre Aufgaben hinsichtlich des Häftlingseinsatzes grundlegend geändert.

Die Verwahrung von Häftlingen nur aus Sicherheits-, erzieherischen oder vorbeugenden Gründen allein steht nicht mehr im Vordergrund. Das Schwergewicht hat sich nach der wirtschaftlichen Seite hin verlagert. Die Mobilisierung aller Häftlingsarbeitskräfte zunächst für Kriegsaufgaben (Rüstungssteigerung) und später für Friedensbauaufgaben schiebt sich immer mehr in den Vordergrund.

Aus dieser Erkenntnis ergeben sich notwendige Maßnahmen, welche eine allmähliche Überführung der Konzentrationslager aus ihrer früheren einseitigen politischen Form in eine den wirtschaftlichen Aufgaben entsprechende Organisation erfordern.«[41]

Dem Brief beigefügt war eine Weisung an die Lagerkommandanten:

1.) Die Führung eines Konzentrationslagers und aller in seinem

Organisationsbereich liegenden wirtschaftlichen Betriebe der Schutzstaffel liegt bei dem Lagerkommandanten. Er allein ist daher auch verantwortlich für die größte Ergiebigkeit der wirtschaftlichen Betriebe.

2.) Der Lagerkommandant bedient sich bei der Führung der wirtschaftlichen Betriebe des Werkleiters. Der Werkleiter muss dem Lagerkommandanten melden, ob er bei der Durchführung einer Anordnung des Lagerkommandanten Gefahren oder Nachteile betrieblicher oder wirtschaftlicher Art befürchtet.

3.) Diese Dienstpflicht macht den Werkleiter mitverantwortlich für betriebliche und wirtschaftliche Schäden und Misserfolge.

4.) Der Lagerkommandant allein ist verantwortlich für den Einsatz der Arbeitskräfte. Dieser Einsatz muss im wahren Sinn des Wortes erschöpfend sein, um ein Höchstmaß an Leistung zu erreichen. Die Zuteilung von Arbeiten erfolgt nur zentral durch den Chef der Amtsgruppe D. Die Lagerkommandanten selbst dürfen eigenmächtig keine Arbeiten von dritter Seite annehmen, noch Verhandlungen hierüber führen.

5.) Die Arbeitszeit ist an keine Grenzen gebunden. Ihre Dauer hängt von der betrieblichen Struktur des Lagers und von der Art der auszuführenden Arbeiten ab und wird vom Lagerkommandanten allein festgesetzt.

6.) Alle Umstände, welche die Arbeitszeit verkürzen können (Mahlzeiten, Appelle u. a.) sind daher auf ein nicht mehr zu verdichtendes Mindestmaß zu beschränken. Zeitraubende Anmärsche und Mittagspausen nur zu Essenszwecken sind verboten.

Die Verantwortlichen für die Lager mussten also künftig Rechenschaft darüber ablegen, was die Lager abwarfen, die sie verwalteten.

Albert Speer, als Nachfolger des am 8. Februar 1942 mit seinem Flugzeug abgestürzten Fritz Todt Reichsminister für Bewaffnung und Munition, sammelte die Materialanforderungen aus den verschiedenen Militärabteilungen und leitete sie an den Generalbevollmächtigten für den Arbeitseinsatz Fritz Sauckel weiter, den allmächtigen Herrscher über alle Arbeitskräfte. Sauckel berichtete Himmler, dieser informierte Pohl, und der Leiter des WVHA erteilte den Lagerkommandanten die entsprechenden Anweisungen. Das

WVHA war nun ein wesentlicher Baustein im System der Konzentrationslager. Pohl kontrollierte die SS-Unternehmen und verlieh die Häftlinge, gehorsame Sklavenarbeiter, an »normale« Unternehmen wie Daimler-Benz, I. G. Farben, Siemens und Krupp.

Inflationärer Ausbau: 10 000 Lager

Mitte September 1942 beschlossen Himmler und Reichsjustizminister Otto Georg Thierack, ihr Arbeitskräftereservoir dadurch aufzufüllen, dass sie alle einsitzenden »Sicherheitsverwahrten« in die Lager überstellen ließen – zur »Vernichtung durch Arbeit«, wie ausdrücklich betont wurde. Betroffen waren alle zu mehr als drei Jahren verurteilten Juden, Zigeuner, Russen, Ukrainer und Polen sowie die zu mehr als acht Jahren verurteilten Tschechen und Deutschen. Tausende von Justizhäftlingen gingen den Weg in die Lager: 12 658 allein im Winter 1942/43 – im April 1943 war fast die Hälfte von ihnen tot.[42]

Zur selben Zeit schwoll der Strom der Häftlinge aus Westeuropa erheblich an – meistens waren es Widerstandskämpfer. Die Verschärfung der Kriegssituation machte verstärkte Deportationen erforderlich. Die Maschinerie brauchte frisches Menschenmaterial, die Zahl der Lagerinsassen stieg sprunghaft an. 1941 gab es »nur« 60 000 Lagerinsassen. Im August 1942 waren es bereits 115 000, im April 1943 160 000, einen Monat später 200 000. Im August 1944 waren es 524 268, und Mitte Januar 1945 714 211 – davon 202 764 Frauen![43]

Die zwangsweise in die Produktion einbezogenen Häftlinge waren für die Taktiker des NS-Regimes ein unverhoffter Glücksfall. Natürlich waren die Häftlinge nicht sehr produktiv, aber sie stellten ein unerschöpfliches, jederzeit erneuerbares Arbeitskräftereservoir dar. Privatunternehmen, die darauf zurückgreifen wollten, mussten sich an die Inspektion der Konzentrationslager in Oranienburg wenden. Sie zahlten sechs bis acht Mark pro Tag für einen Facharbeiter, vier für einen einfachen Arbeiter – einschließlich Sozialabgaben *(sic)*. Das Geld floss an die SS.[44] In Buchenwald beliefen sich die monatlichen Einnahmen auf anderthalb Millionen Mark. Selbstverständlich bekamen die Häftlinge keinen Pfennig von dem Geld zu sehen, das theoretisch *ihr* Lohn war.

Hunderttausende Menschen wurden so als Arbeitskräfte an deutsche Industriebetriebe verliehen. Große Unternehmen profitierten davon – Siemens, Daimler-Benz, Krupp, Volkswagen, Knorr, I. G. Farben, Dynamit Nobel, Dresdner Bank, BMW, AEG –, aber auch die deutsche Tochter von Ford, die in Buchenwald Lastwagen produzieren ließ. Nach einer vom Londoner *Holocaust Educational Trust* in Washington verbreiteten Untersuchung sind eine Million Juden auf diese Weise umgebracht worden.[45] Die Historiker Hans Mommsen und Manfred Grieger haben auf über 1000 Seiten die Rolle des Volkswagenwerks und seines Chefs Ferdinand Porsche[46] bei der Ausbeutung von Zwangsarbeitern untersucht.[47]

Um die stetig wachsende Nachfrage nach Arbeitskräften zu befriedigen – die Rüstungsindustrie war besonders unersättlich –, wurden bald Nebenlager direkt bei den Fabriken, Bergwerken oder Steinbrüchen eingerichtet. Die ersten dieser Lager entstanden in der Nähe von Auschwitz im Sommer 1942, viele weitere folgten. Allein Auschwitz hatte 40 Außenkommandos, eines davon gehörte zu der im Oktober 1942 eröffneten Kautschukfabrik der I. G. Farben und ist heute unter dem Namen der benachbarten Ortschaft Monowitz bekannt. Monowitz unterstand zwar Auschwitz, war aber Eigentum der I. G. Farben und so etwas wie ein privates Konzentrationslager.[48] Buchenwald hatte mehr als 70 Außenkommandos, eines davon war eine BMW-Fabrik.[49] Das Lager Sachsenhausen hatte 1945 mehr als 100 Außenkommandos, darunter die Flugzeugwerke Heinkel (6000 bis 7000 Häftlinge); Falkensee (2500 Häftlinge), wo Panzer für die Demag gefertigt wurden; die Baubrigade Berlin-Lichterfelde (1500); I. G. Farben (800 Häftlinge); Spandau (1100 Häftlinge); Siemens (1400 Häftlinge); Genshagen (1100 weibliche Häftlinge), wo Automobile für Daimler-Benz gebaut wurden; das Flugzeugwerk Wittenberg-Arado (1200 weibliche Häftlinge) und Speer (2000 Häftlinge). Die meisten der hier genannten Unternehmen beuteten die Häftlinge gnadenlos aus. Sie übernahmen den unmenschlichen, aber auch dummen Grundsatz der SS, dass die Häftlinge austauschbar waren und man, wenn einer an Erschöpfung starb, jederzeit ohne Schwierigkeiten Ersatz bekommen konnte.

Rückgang der Sterblichkeit

Doch angesichts der neuen Leitlinien – die Konzentrationslager sollten rentabel sein und wirtschaftlichen Gewinn abwerfen – verbesserten sich die Lebensbedingungen der Häftlinge, die arbeiteten. Ein Rundschreiben der Amtsgruppe D III mit Datum vom 28. Dezember 1942 kündigte im Namen des Reichsführers SS bereits den neuen Kurs an: Aus »kriegswirtschaftlichen Gründen« wurde befohlen, »dass die Sterblichkeitsziffer in den einzelnen Lagern wesentlich herabgehen müsse, da die Zahl der Häftlinge auf die Höhe zu bringen sei, die der Reichsführer SS befohlen hat. Die Ersten Lagerärzte haben sich mit allen Mitteln dafür einzusetzen. Nicht derjenige ist der beste Arzt im Konzentrationslager, der glaubt, dass er durch unangebrachte Härte auffallen muss, sondern derjenige, der die Arbeitsfähigkeit durch Überwachung und Austausch an den einzelnen Arbeitsplätzen möglichst hoch hält.«[50] Dieses Rundschreiben ging gleichzeitig an die Lagerkommandanten und Lagerärzte von Dachau, Sachsenhausen, Buchenwald, Neuengamme, Ravensbrück, Flossenbürg, Lublin, Stutthof und Mauthausen. Offiziell konnte die SS die Menschen nicht mehr nach Belieben misshandeln. Trotzdem regierte sie in den Konzentrationslagern weiter mit harter Hand, und bestimmte Dinge änderten sich nicht: Das Leben eines Häftlings war nur so lange etwas wert, wie er arbeiten konnte und Profit brachte.

Bis 1943 wurden mehr Hinrichtungen aus politischen Gründen (Feinde des Reiches) durchgeführt. Nach 1943 wurden Häftlinge nicht mehr umgebracht, weil sie eine Bedrohung für das Regime darstellten, sondern, prosaischer, weil sie nicht mehr profitabel für das Regime waren. Die »drakonischen« Vorschriften des WVHA verpflichteten die Lagerkommandanten, darauf zu achten, dass die Häftlinge arbeitsfähig *erhalten* wurden; sie verpflichteten sie auch, all jene auszusondern, die so schwach waren, dass sie nicht mehr ausreichend arbeiten konnten. Alles war von nun an eine Frage der Produktivität.

Am 29. Mai 1942 gab Himmler die Erlaubnis für den Bau von Bordellen in den Konzentrationslagern.[51] Er sah darin einen »Anreiz zu besseren Leistungen«. Wie Benedikt Kautsky schreibt, stellte sich für 90 Prozent der Häftlinge die Frage der Sexualität gar nicht, weil sie zu schwach waren.⁵² Aber eine hauptsächlich aus Funktionshäftlingen bestehende Minderheit – die mehr zu essen bekam und besser behandelt wurde – wollte auf die Freuden des Fleisches nicht verzichten. Die ersten Bordelle entstanden in Buchenwald, Sachsenhausen, Dachau, Mauthausen und Flossenbürg. Der Sonderbau in Buchenwald beherbergte 18 Frauen aus dem KZ Ravensbrück, die von zwei SS-Aufseherinnen bewacht wurden.⁵³ Ein Besuch für 20 Minuten kostete zwei Mark.

Am 30. Juni 1943 nahmen Bordelle im Stammlager Auschwitz (Block 24) und in Monowitz den Betrieb auf.⁵⁴ Nur »Arierinnen« durften dort tätig sein. Die Frauen waren mehrheitlich Deutsche – dazu ein paar Polinnen und Russinnen –, und es fehlte ihnen an nichts. Sie bekamen Schnaps, Wein, Parfüm und vieles mehr.⁵⁵ Alle Häftlinge mit Ausnahme der Juden durften die Bordelle besuchen. Sie bezahlten mit Gutscheinen, die sie entsprechend ihrer Arbeitsleistung erhielten. Louis Micheels schreibt, die Bordelle – ein kleines Stück Paradies mitten in der Hölle – seien so beliebt gewesen, dass »man reservieren musste«.⁵⁶

Immer unter derselben Maßgabe – mehr und besser zu produzieren – ging die SS sogar so weit, dass sie den »Stücklohn« einführte. Am 5. März 1943 wies Himmler Oswald Pohl an, sich ganz der Frage eines Stücklohns für die Häftlinge zu widmen. Parallel dazu verbesserten sich unter dem Druck der Verhältnisse die Lebensbedingungen für bestimmte Kategorien von Häftlingen. Bereits um den November 1942 herum war das Verbot, den Häftlingen private Pakete zu schicken, aufgehoben worden. Ausgenommen waren nach wie vor die sowjetischen Gefangenen, die Juden, in manchen Lagern auch die Italiener und die »Nacht und Nebel«-Häftlinge. Ende 1942 trafen endlich die ersten kostbaren Pakete mit Lebensmitteln, Kleidern, Medikamenten und anderen dringend benötigten Dingen ein.⁵⁷ Für die Glücklichen, die ein solches Paket erhielten, bedeuteten sie materielle Hilfe und moralische Unterstützung, aber zugleich verstärkten sie die Ungleichheit in den Lagern. Nach den Beobachtungen von Langbein bekamen die Polen »die meisten und nahrhaftesten Pakete«.⁵⁸ Damit hing sicher zusammen, dass die Sterblichkeit unter den Polen geringer war als unter den Angehörigen anderer Nationalitäten – der Arzt Otto Wolken, selbst Häftling im Quarantänelager Birkenau, bestätigt dies.

Immer bedacht darauf, die Produktivität zu steigern, ließ die SS in Dachau Theatergruppen zu, Konzerte, Revuen und Vorträge. Guy Berben erinnert sich:

»Unter den Tausenden von Menschen in den Lagern gab es große und kleine Talente, bekannte Musiker und begabte Amateure, Schauspieler von Theater und Variété. Viele dieser Menschen bemühten sich mit bewundernswerter Hingabe, ihren Leidensgenossen einige Augenblicke des Vergessens zu schenken und sie moralisch zu stärken. All diese Betätigungen trugen im Übrigen sehr wirkungsvoll dazu bei, den Zusammenhalt zu festigen.«[59]

Später gab es in Dachau und in Buchenwald etwa alle 14 Tage Filmvorführungen. Meistens wurden Wochenschauen und NS-Propagandafilme gezeigt. In Buchenwald kostete der Eintritt 30 Pfennige, das Ausleihen eines Films 35 Mark, für die SS waren die Filmvorführungen somit ein üppiges Geschäft. Kogon hat ausgerechnet, dass die Kommandantur mit den Filmvorführungen innerhalb von nur sechs Monaten einen Gewinn von 23 000 Mark erwirtschaftete.[60]

Sport, seit 1938 verboten, wurde 1941 wieder zugelassen. In Buchenwald gab es zeitweilig zwölf Fußballmannschaften – darunter auch eine jüdische, die allerdings bald wieder aufgelöst wurde.[61] 1943 und 1944 spielten in Mauthausen und Gusen fast jeden Sonntagnachmittag deutsche, spanische, jugoslawische und polnische »Nationalmannschaften« gegeneinander.[62] Fußball war genau wie Boxen bei den SS-Männern und ihren Hilfstruppen, den Funktionshäftlingen, beliebt: Auschwitz hatte in der Person von Teddy Pietrzykowski seinen eigenen Champion im Amateurboxen.[63] Tatsächlich war die überwältigende Mehrheit der Häftlinge in Anbetracht ihres körperlichen Zustands nicht in der Lage, aktiv teilzunehmen, bestenfalls beobachteten sie als Zuschauer die Wettkämpfe ihrer stärkeren Kameraden. Die »Sportler« waren meistens Häftlinge mit »guten« Posten: Nur sie konnten sich den Luxus leisten, wertvolle Kalorien zu verschwenden.

Angesichts des Arbeitskräftebedarfs wurden die Juden nicht mehr systematisch ermordet. Zu Beginn des Jahres 1942 wurden sie in den mörderischen Kreislauf einbezogen, den das Gebot von der Vernichtung durch Arbeit geschaffen hatte. Nur wenige überlebten. Im Herbst 1943 dehnte Himmler den Stücklohn auch auf die Juden aus.

1944 war das WVHA eine allgegenwärtige Organisation mit 1700 Beschäftigten. Die »Buchhalter des Todes« verzeichneten in ihren Akten mit Zifferncodes, sobald Häftlinge von einem Lager in ein anderes, von einer Fabrik in eine andere überstellt wurden – sofern sie nicht direkt in die Gaskammern gingen. Den Beschäftigten des WVHA bedeutete ein Menschenleben nichts. Sie waren allein darauf aus, die Nachfrage nach Arbeitskräften zu befriedigen und den Arbeitskommandos die gewünschte Zahl von Arbeitskräften zuzuweisen – allen voran den Rüstungsbetrieben. Sie produzierten oft unterirdisch, so etwa das Luftfahrtunternehmen Dora-Ebensee, in dem synthetisches Petroleum hergestellt wurde, oder das Chemiewerk Buna. Die wachsende Bedeutung der Arbeitskräfte für die Kriegswirtschaft veränderte das Aussehen der Lager. In Auschwitz III (Monowitz) wurde für junge Häftlinge unter 18 eine Ausbildungsstätte für das Bauhandwerk eingerichtet. Kogon schreibt:

»Ein erheblicher Teil der ›Normalgräuel‹ ist ... in den Stammlagern nach und nach abgestellt worden. Es wurde – abgesehen von der ›offiziellen‹ Prügelstrafe – bei weitem nicht mehr so viel geschlagen, die Einlieferung der Neuzugänge geschah auf eine immerhin erträgliche Weise, das Bad, die Desinfektion, die Kammern funktionierten leidlich; sie blieben zwar Stationen der menschlichen Entwürdigung, aber ohne jene besonderen Quälereien und Schamlosigkeiten, die lange Zeit für sie bezeichnend gewesen waren; in den Blocks wurde je ein Blockältesten-Stellvertreter aus den verschiedenen Nationen ernannt ... Die Wahrheit verlangt, dass diese Veränderungen hervorgehoben werden.«[64]

Diese »Verbesserung« der Lebensbedingungen betraf vor allem die großen Stammlager. Die Lebensbedingungen in den Nebenlagern und Außenkommandos unterschieden sich je nach Standort, nach der dort verrichteten Arbeit und nach der Einstellung der Wachmannschaften. Manchmal war das Leben weniger schlimm als im Stammlager, zum Beispiel wenn die lokale Industrie mangels ziviler Arbeitskräfte gehorsame Arbeiter brauchte, weil sonst die Produktion in Gefahr war. Aber im Allgemeinen – in diesem Punkt stimmen die meisten Augenzeugenberichte überein – war der Alltag dort härter als in den Stammlagern. Das galt besonders für Geheimeinrichtungen wie Dora. Diese Fabrik, damals der größte unterirdische Komplex der Welt, wurde innerhalb von drei Monaten gebaut und forderte einen unvorstellbaren Preis an Menschenleben.[65]

Damit kein Zweifel aufkommt: Die Konzentrationslager waren nach wie vor Orte, an denen unterworfene, gedemütigte und misshandelte Menschen ausgebeutet wurden, indem sie sich zu Tode schuften mussten. Das System der Zwangsarbeit entbehrte jeder Logik. Obwohl Arbeitskräfte fehlten, ging die Vernichtung ganzer Volksgruppen weiter, die man ebenfalls produktiv, das heißt zur Erhaltung des Systems, hätte einsetzten können. Wie François Bédarida schreibt: Die Erfordernisse des totalen Krieges zwangen dazu, ökonomische Rationalität in das System der Konzentrationslager einzuführen, aber der Widerspruch zwischen Produktivität und Vernichtung war damit noch lange nicht aufgehoben.[66] Die Einrichtung und spätere Liquidierung der »Judenlager« in der französischen Region Nord-Pas-de-Calais sind ein bezeichnendes Beispiel dafür. In diesen Lagern starben weniger Menschen als in den osteuropäischen Lagern, und sie haben weniger Aufmerksamkeit bei den Historikern gefunden, mit Ausnahme von Maxime Steinberg und Danielle Delmaire.[67]

Im Mai 1942 befahl Hitler den Bau einer gigantischen Verteidigungslinie an der Atlantikküste. Der Westwall, moderner Hadrianswall oder Neuauflage der chinesischen Mauer, entstand durch die Frondienste einer Armee von freiwilligen Arbeitskräften, Zwangsarbeitern, Kriegsgefangenen, aber auch belgischen Juden.[68] Über einen Zeitraum von 26 Monaten waren sie in einem Dutzend Lager zwischen Calais und Abbeville untergebracht. Dannes und Camiers waren die beiden Zentren, von wo aus die Verantwortlichen der Organisation Todt die Sklavenarbeiter auf die verschiedenen Ortschaften verteilten. SS-Männer bewachten die Häftlinge zusammen mit belgischen und niederländischen Aufsehern. Ein Arbeitstag dauerte mindestens zehn, nicht selten 18 Stunden, und in »Notfällen« wurde so lange ununterbrochen gearbeitet, bis eine bestimmte Aufgabe fertiggestellt war. Überanstrengung, Misshandlungen und schlechte Ernährung führten in vielen Fällen zum Tod.[69] Trotz allem war für die jüdischen Zwangsarbeiter die französische Atlantikküste nur eine kurze Zwischenstation auf dem Weg nach Auschwitz. Viele wurden sogar in den Tod geschickt, bevor ihr »Arbeitsvertrag« auslief: Die nach dem Geschmack der Deutschen ungenügend ausgelasteten Züge in den Osten mussten gefüllt werden – eine Entscheidung, die, wie Delmaire schreibt, »jeder Logik widersprach und zeigt, wie irrsinnig die Nazis bei der Judenvernichtung zu Werke gingen: Das Plansoll an Opfern musste um jeden Preis erfüllt werden, auch wenn sich dadurch die Arbeiten zur Verteidigung des Reichs verzögerten. Die Endlösung hatte Vorrang vor militärischen Zielen.«[70] Die überlebenden Zwangsarbeiter wurden im Oktober 1942 deportiert: Von 3000 Juden kam nur eine Handvoll zurück.

Der »Muselmann«

Von einer verschwindend kleinen Minderheit abgesehen, höchstens fünf bis zehn Prozent, hatten die Häftlinge in den Konzentrationslagern nur einen Gedanken: am Leben bleiben. Der Hunger war allgegenwärtig, und die Lager waren trotz einiger Erleichterungen als Zugeständnis an die Umstände nach wie vor Teil einer gigantischen Vernichtungsmaschinerie. Die Häftlinge wurden isoliert und nach einem perversen Programm entmenschlicht: Den tiefsten Punkt der körperlichen und seelischen Zerrüttung durften sie erst zu einem ganz bestimmten Zeitpunkt erreichen, nämlich dann, wenn es mehr gekostet hätte, sie am Leben zu erhalten, als es kostete, sie umzubringen. Alles in den Lagern war dazu eingerichtet, den Menschen zu zerstören, einen »Muselmann« aus ihm zu machen. Mit diesem Begriff wurden in den meisten Konzentrationslagern die Häftlinge bezeichnet, die am Ende ihrer Kräfte waren, abgemagert und ausgezehrt, mehr tot als lebendig.[71] Für den Ursprung dieses seltsamen Begriffs gibt es mehrere Erklärungen, keine ist gänzlich überzeugend. Hat die SS das Wort geprägt aus Verachtung für die angeblich fatalistischen Muslime, von denen es hieß, sie würden sich widerstandslos in ihr Schicksal ergeben? Oder stammte der Begriff von Häftlingen, weil manche sich Stofffetzen um den Kopf wickelten und damit wie Turbanträger aussahen? Man weiß es nicht. Auf jeden Fall gab es im Frauenlager Ravensbrück die Entsprechung »Muselweiber« und daneben die beiden ganz ähnlich klingenden Begriffe »Schmutzstück« und »Schmuckstück« – das eine die Verballhornung des anderen. Die Italienerinnen verstanden

1942: Die große Wende. Vernichtung durch Arbeit

das zynische Wortspiel nicht und machten daraus »smistig«.[72] In Dachau sprach man auch von »Kretinern«, in Mauthausen von »Schwimmern«, in Buchenwald von »müden Scheichs«.[73]

Nach Robert Waitz wurde ein Häftling zum Muselmann, wenn er, oftmals in dramatisch kurzer Zeit, mindestens ein Drittel seines normalen Körpergewichts verloren hatte. Manche Häftlinge wogen nur noch 25 Kilo.[74] Ödeme entwickelten sich, morgens hauptsächlich im Gesicht, abends in den unteren Gliedmaßen. Manchmal stieg die Flüssigkeit in den Unterbauch auf. Krankheiten, vor allem Ruhr, verschlimmerten den Zustand. Eindeutig und besonders beunruhigend waren psychomotorische Störungen und Veränderungen im Verhalten: Der Muselmann war verlangsamt, er konnte seine Bewegungen nicht mehr steuern, sein Geist trübte sich ein; er verstand keine Befehle mehr, verletzte oder verbrannte sich, ohne es zu bemerken, er konnte Nahrung und Unrat nicht mehr unterscheiden und verrichtete sein Notdurft, wo er gerade ging oder stand. Er schien vergessen zu haben, dass er ein menschliches Wesen war. Tragischerweise zog er damit die Grausamkeit der Aufseher und seiner Mithäftlinge auf sich, die kein Mitleid mit ihm empfanden, sondern Abscheu und Verachtung. Nicht wenige, immer auf der Suche nach etwas zu essen oder einem Goldzahn, den man zu Geld machen konnte, entrissen den Muselmännern das Letzte, was sie noch hatten.

Die Vergasung der Muselmänner – der Häftlinge, aus denen man nichts mehr herauspressen konnte – begann 1941. Dieses Euthanasieprogramm wurde bekannt unter der Bezeichnung *Aktion 14 f 13*. Im Januar 1941 vereinbarte Himmler mit der Reichskanzlei die Ausweitung des Programms. Daraufhin wurden Tausende von Ärztekommissionen ausgewählte Häftlinge in Einrichtungen verbracht, die auf die unauffällige Vernichtung von »lebensunwertem Leben« spezialisiert waren. In Mauthausen wurde unabhängig vom Euthanasieprogramm im engeren Sinn im Herbst 1941 auf Anweisung der IKL eine kleine Gaskammer eingerichtet. Im Jahr 1943 wurden im Rahmen der Aktion 14 f 13 mehr als 32 000 Häftlinge des KZ Mauthausen vergast.[75]

Vor dem Hintergrund eines *inflationären Anstiegs* der Häftlingszahlen mussten die meisten Konzentrationslager Ende 1941 auch eigene Krematorien bauen. Regelmäßig führten die Nationalsozialisten in den angeblichen Krankenrevieren, die tatsächlich Sterbesäle waren, Selektionen für die Gaskammer durch. In Auschwitz schritt der Oberarzt zur »Ernte«. Begleitet von Ärzten, die selbst Häftlinge waren, ging er von Bett zu Bett und bestimmte, wer vergast werden sollte. Seine Begleiter hatten die Aufgabe, die Identität der Verurteilten festzustellen, die sofort nach Birkenau transportiert wurden. Kranke, die noch stehen konnten, mussten sich vor dem SS-Arzt aufstellen, ihm ihr Krankenblatt reichen und den Urteilsspruch abwarten. In der Sprache der Konzentrationslager hießen diese Unglücklichen »Arztvormelder«. Der Arzt musterte den Häftling und fällte dann sein Urteil – Tod oder Weiterleben. Wenn er das Krankenblatt nach links legte, bedeutete das Leben (oder zumindest einen Aufschub), wenn er es nach rechts legte, hieß das Tod durch Gas oder eine Phenolinjektion ins Herz. Im letztgenannten Fall wurden die Häftlinge einer nach dem anderen in einen Raum geführt. Dort mussten sie sich auf einen Hocker setzen, und ein »Pfleger« – meistens ein SS-Mann, manchmal auch ein Häftling – gab ihnen die tödliche Spritze. Der Tod trat innerhalb von etwa fünfzehn Sekunden ein. Josef Klehr, der im »Krankenrevier« von Auschwitz die meisten dieser Morde ausführte, wurde von Himmler mit einem Orden ausgezeichnet. Der Jude Jan Weiß war dabei, als Klehr in Block 20 seinem Vater Phenol injizierte: »Klehr hat meinen Vater vor meinen Augen ermordet ... Ich habe Klehr damals nicht gesagt, dass das mein Vater ist, denn ich hatte Angst, dass er sagen würde, ich soll mich danebensetzen.«[76]

Der Mann, der anderen Häftlingen zufolge »tötete, wie ein Schuster eine durchgelaufene Schuhsohle abreißt«, wurde erst 1965 in Frankfurt abgeurteilt. Nach Aussage polnischer Zeugen wurden zwischen 1941 und 1943 bis zu 30 000 Menschen, zu 90 Prozent Juden, mit Giftinjektionen umgebracht.[77]

Die periodischen Selektionen in den Baracken liefen weitgehend nach dem gleichen Muster ab. Ein SS-Mann setzte sich neben die Tür. Die Häftlinge mussten sich ausziehen und an ihm vorbeigehen. Mit einem Blick fällte er die Entscheidung, wer leben würde und wer ins Gas gehen sollte. Um die Verwaltungsarbeit *post mortem* zu erleichtern, glich in Auschwitz der Blockschreiber – ein Häftling – die Namen und Nummern ab (er hatte die Häftlingskarten in der Hand) und schrieb den Selektierten ihre Nummer auf die

Brust (1942 hatten noch nicht alle Häftlinge ihre Nummer auf dem Arm eintätowiert[78]).

Kaindl, der Lagerkommandant von Sachsenhausen, sah sich bei seinem Prozess vor einem sowjetischen Militärtribunal mit folgenden Fragen konfrontiert:

»Welche Tötungsverfahren wurden in Ihrem Lager angewendet?«

»Bis Herbst 1943 erfolgten die Tötungen in Sachsenhausen durch Erschießen oder Erhängen.«

»Haben Sie daran etwas verändert oder nicht?«

»Um Mitte März 1943 habe ich die Gaskammer zur Massentötung eingeführt.«

»Geschah das auf Ihre Initiative hin?«

»Zum Teil ja. Die bestehenden Einrichtungen reichten für die vorgesehene Vernichtung nicht mehr aus. Ich hielt eine Konferenz ab, an der auch der Oberarzt Baumkötter teilnahm. Er sagte mir, dass die Anwendung eines Giftes wie Blausäure in speziell dafür eingerichteten Kammern zu einem schnellen Tod führe. Deshalb habe ich wie vorgegeben und auch als eine menschlichere Tötungsart die Einrichtung von Gaskammern für Massentötungen in Erwägung gezogen.«

»Wer war für die Tötungen verantwortlich?«

»Der Lagerkommandant persönlich.«

»Also Sie?«

»Ja.«[79]

Die Gaskammer in Sachsenhausen war mit einer »klugen« Vorrichtung versehen, die eine automatische Öffnung der Gasflaschen erlaubte: An der Außenmauer war ein Ventilator angebracht. Man setzte die Gasflasche ein, die sich automatisch öffnete, und der Ventilator verteilte das Gas durch ein System von Röhren in der Gaskammer. Es konnte nie genau geklärt werden, wie viele Menschen in Sachsenhausen in der Gaskammer starben.[80]

1944: Die Auflösung

Nach der Landung der Alliierten in der Normandie im Juni 1944 überschlugen sich die Ereignisse. Wegen der permanenten Bombardierungen und des Vormarsches der sowjetischen Armee Richtung

Westen zerfiel das System der Konzentrationslager rasch. Im Januar 1945 war die Auflösung bereits unübersehbar.

Im Laufe dieser vierten und letzten Phase ging die Zahl der KZ-Aufseher zurück, Moral und Disziplin schwanden, aber sinnlose Grausamkeit gab es weiterhin. Die Neuankömmlinge betraten eine Welt des Schreckens, sie wurden mit Gewehrkolben und Peitschen geschlagen, permanent mit Feuerwaffen bedroht, misshandelt, gefoltert, beschimpft und gedemütigt. Hunger und Krankheiten taten das Übrige: Die Sterblichkeit stieg auf eine bis dahin unerreichte Höhe.

Trotz der allgemeinen Auflösung und des daraus resultierenden Chaos wollte das System *seine* Häftlinge nicht hergeben. Es bekundete vielmehr den unsinnigen Wunsch, sie unbedingt zu behalten, und verlegte sie in gigantischen Kolonnen je nach Frontverlauf von einem Lager zum nächsten. Die Stammlager Dachau, Bergen-Belsen und Buchenwald waren bald überfüllt.

Die Fotografien, die im April 1945 in Bergen-Belsen aufgenommen wurden, zeigen die Leichenberge, deren Anblick die britischen Soldaten bei der Befreiung des Lagers am 15. April schockierte. Und doch war dieses Lager, das heute exemplarisch für die nationalsozialistische Barbarei steht, bis in die letzte Phase hinein kein Ort, an dem massenhaft getötet wurde.[81] In mehr als einer Hinsicht war Bergen-Belsen kein Lager wie die anderen.[82] Es gehörte nicht zu einem Steinbruch oder einer Fabrik – wie Sachsenhausen – und war von jeder größeren Ansiedlung weit entfernt. Es gab auch kein Außenkommando. In Bergen-Belsen wurden Juden zusammengezogen, die aus irgendwelchen Gründen nicht zur Vernichtung bestimmt waren. Diese Juden, die auf »Palästina-Listen« oder »Lateinamerika-Listen« standen oder die »doppelte Staatsbürgerschaft« hatten, sollten den Nationalsozialisten als Pfand für den Austausch dienen.[83] Das Lager beherbergte auch Juden, denen es gelungen war, sich für viel Geld bei lateinamerikanischen Konsulaten das Versprechen auf einen Pass und damit auf die Einbürgerung zu erkaufen. Doch meistens nahmen die Deutschen auf so etwas keine Rücksicht, deshalb gab es die Internierungen in Bergen-Belsen. Im März 1944 erklärte das WVHA Bergen-Belsen zum »Erholungslager« *(sic)*, in das Häftlinge aus den großen Lagern verbracht werden sollten (die alt, erschöpft, krank waren).

Damit begann die zweite Phase von Bergen-Belsen, das sich rasch in ein großes Sterbelager verwandelte. Die Menschen waren zum Verhungern verurteilt, weil die Institution, die die Lager kontrollierte, das WVHA, sich weigerte, es an seine neue Funktion anzupassen. Bergen-Belsen bekam weder Geld noch Medikamente. Karl Rothe, ein deutscher Strafhäftling, den die SS zum Oberarzt *(sic)* ernannt hatte,[84] wurde damit beauftragt, das Ernährungsproblem durch Phenolinjektionen zu lösen. Die Überbelegung führte zu schrecklichen Zuständen: In manchen Baracken war der Boden von einer dicken Schicht menschlicher Exkremente bedeckt. Andere quollen förmlich über von Menschen, sie schliefen zusammengekrümmt, ineinander verrenkt. Millionen von Flöhen bevölkerten die Baracken und verbreiteten Typhus. Da es keine Verbrennungsöfen gab, wurden die Leichen überall aufgestapelt. Und es waren viele Leichen: Von Januar bis Mitte April 1945 starben rund 35 000 Häftlinge, darunter auch ein junges Mädchen namens Anne Frank.

Jean-Pierre Renouard erinnert sich:

»Bei der Ankunft schloss sich das Tor hinter uns, ohne dass ein Wärter zu sehen war, und wir wurden sofort von einer Bande junger sowjetischer Häftlinge umringt, die uns offensichtlich erwartet hatten. Sie durchsuchten uns und nahmen uns alles weg, was wir mitgebracht hatten ... Es gab nichts ... keinen Barackenältesten, keine Bettgestelle, keine Strohsäcke, nur ein paar entkräftete Wesen, die auf vor Dreck starrenden Lappen auf dem Boden lagen und uns nicht zu sehen schienen. Der Boden der Baracke war mit einer dicken Schicht menschlicher Ausscheidungen und Kleiderfetzen bedeckt ... Wir kratzten uns eine paar Quadratmeter frei und schliefen schließlich irgendwie ein, aneinander gedrängt, im Sitzen, mit dem Rücken an die Wand gelehnt, die Beine angezogen, den Kopf auf die Arme gebettet ... Am Morgen ... suchte ich die Toiletten ganz hinten im Block. Da war tatsächlich ein Raum, aber darin lagen nur Leichen, aufgestapelt bis zur Decke. Alle waren abgemagert bis zum Skelett ... Ein Paar Augen mitten in dem Haufen war nicht glasig, eines der Skelette schaute mich an. Der Mensch lag da zwischen den anderen ... Er war noch nicht tot.«[85]

Renouard berichtet, dass die Wehrmacht es schaffte, in Anbetracht der Seuchengefahr mit dem britischen General Taylor-Balfour einen lokalen Waffenstillstand auszuhandeln – einzigartig in der Geschichte des Zweiten Weltkriegs –, damit das Lager bis zur Ankunft der Briten abgesperrt blieb. »Am 13. April, während der Verhandlungen, verließen viele SS-Leute ... das Lager mit Waffen und Gepäck.« Rund 13 000 Häftlinge starben nach ihrer Befreiung. Die Baracken von Bergen-Belsen wurden danach niedergebrannt. Von dem Lager ist nichts geblieben. Nur eine Lichtung, wo 170 000 Tote – von insgesamt 300 000 Häftlingen – begraben sind, erinnert noch an den Standort.

Obwohl sich die Niederlage Deutschlands abzeichnete, gab die NS-Führung ihre Vernichtungspläne nicht auf, ganz im Gegenteil. Sie hielt trotz aller gegenwärtigen und zukünftig zu erwartenden Widerstände und gegen alle praktischen Schwierigkeiten daran fest: Die Juden wurden in gnadenlosen Todesmärschen von einem Lager zum nächsten geschafft. Allein aus Auschwitz wurden 64 068 Häftlinge weggeführt: 16 226 aus Auschwitz I, 15 058 aus Birkenau (die große Mehrheit davon Frauen), 10 233 aus Monowitz und 22 551 aus Nebenlagern. Broszat zufolge starb bei den Todesmärschen mindestens ein Drittel der insgesamt 724 211 Häftlinge, die aus den Lagern unter der Kontrolle des WVHA evakuiert wurden.[86] Die schreckliche, absurde Bilanz entspricht der Feststellung des israelischen Historikers Yehuda Bauer: »Von den Opfern, die während des Krieges in den Lagern ums Leben kamen, starb die Hälfte durch den Hunger, der am Ende des Krieges in den Lagern wütete.«[87]

Leben und Sterben in den Lagern

Der Tscheche Filip Müller, einer der ganz wenigen Überlebenden der Sonderkommandos von Birkenau, berichtet von einem Vorfall, der viel über die Hölle von Auschwitz aussagt: An dem Tag hielten die Deutschen eine »Sportstunde« ab, wie sie das nannten. Der Sport bestand aus einer Reihe ebenso sinnloser wie grausamer Übungen, die oft mit dem Tod der Menschen endeten, die sie ausführten. Manchmal mussten die Häftlinge ihre Mützen gegen den rechten Schenkel schlagen und im Chor dazu rufen »Mützen auf! Mützen ab!«, manchmal mussten sie bis zur totalen körperlichen

Erschöpfung Kommandos ausführen: »Laufschritt! Marsch, marsch! Hinlegen! Auf, marsch, marsch! Hinlegen! Kriechen! Auf, marsch, marsch! Hüpfen! Im Laufschritt! Marsch, marsch! Kehrt, marsch, marsch!« Pech hatte, wer nicht im Rhythmus bleiben konnte (Behinderte, Taube, Verletzte), Pech, wer mit seinen Kräften am Ende war: Die Unglücklichen wurden auf der Stelle umgebracht. Die »Übungen« waren umso absurder und abstoßender, weil sie von Kapos angeordnet wurden, das heißt von Mithäftlingen. Die SS-Wärter wussten, dass sie würdig vertreten wurden, und erschienen nicht einmal persönlich. Der Anführer der Schinder war ein Kapo mit Namen Vacek, ein »Grüner«, also ein Krimineller, der beim kleinsten Anzeichen von Schwäche mit einem Knüppel zuschlug und tötete. Vacek hatte als einer der ersten in Auschwitz den begehrten Titel eines »Funktionshäftlings« erhalten. Er gehörte zu einer Gruppe, die eigens in Sachsenhausen zusammengestellt worden war, und kam im Mai 1940 nach Auschwitz, wie Rapportführer Gerhard Palitzsch wusste. Dort setzte er die brutalen Methoden, die er erlernt hatte, in die Praxis um. Im Herbst 1942 starb er im Krankenrevier von Auschwitz an Flecktyphus. (Filip Müller zufolge schissen die Krankenpfleger in seinen Mund, nachdem er tot war.)

Der Tag, von dem Filip Müller berichtet, war besonders grausam: Die Hälfte der »Sportler« kam um, 35 Personen. Die Überlebenden waren so verzweifelt, dass einige sich in die Illusion flüchteten, die Verbrechen müssten ohne Wissen der SS-Kommandanten geschehen sein. »Davon wissen die Vorgesetzten bestimmt nichts.« Das behauptete Dr. Albert Paskus, ein von jüdischer Kultur begeisterter Anwalt aus Sered, der Heimatstadt von Filip Müller. Er zögerte nicht, Vaceks Verhalten dem SS-Rottenführer Schlage zu melden: »›Herr Kommandant, als Mensch und Jurist melde ich Ihnen, dass der Blockschreiber hier‹ – dabei zeigte er auf Vacek – ›grundlos unschuldige Menschen erschlagen hat. Hier liegen sie tot auf einem Haufen. Ich bin überzeugt, dass er diese Häftlinge ohne Wissen seiner Vorgesetzten und der Staatsorgane erschlagen hat. Wir sind hierher geschickt worden, um zu arbeiten, und nicht, um totgeschlagen zu werden.‹« Und dann bat Paskus um Untersuchung des Vorfalls. Die Reaktion des SS-Mannes ließ nicht auf sich warten. Er befahl Vacek, »den Saujud« zu töten.[1]

Der Vorfall ist in mehrfacher Hinsicht aufschlussreich. Zwar waren die SS-Männer in den Konzentrationslagern Herren über Leben und Tod, aber die Hierarchie innerhalb der Lager ruhte nicht allein auf ihren Schultern. In den Lagern griffen sie viel weniger ein, als allgemein angenommen wird. Es herrschte vielmehr eine weitgehende Selbstverwaltung, und für die alltägliche Ordnung sorgten die Häftlinge selbst, sie stellten sogar die Lagerpolizei.

Mit der Perspektive vor Augen, am Fließband getötet zu werden, sahen sich die Häftlinge gezwungen, an ihrer eigenen Erniedrigung und Vernichtung mitzuwirken. Die Tatsache, dass die Lager mit der Hilfe von Häftlingen verwaltet wurden, die eigens für diese Aufgabe ausgewählt und ausgebildet wurden, gehörte zu den unmenschlichen Prinzipien der nationalsozialistischen Vorgehensweise. Gegenüber der Masse der Häftlinge wurden zwei parallele und symmetrische hierarchische Ordnungen errichtet: die der SS und die der Häftlingselite.

Die SS-Hierarchie

Die Spitze der Lagerhierarchie bildete die Kommandantur unter der Leitung des Lagerkommandanten (SS-Führer mit unterschiedlichem Rang). Die kleinen Lager wurden häufig von SS-Scharführern geleitet, die großen von Hauptsturmführern oder Obersturmbannführern. Der Kommandant hatte unbeschränkte Verfügungsgewalt im Rahmen der Anweisungen, die er vom WVHA erhielt. Dem Lagerkommandanten unterstanden verschiedene Abteilungen, die den Alltag im Lager regelten, mit Ausnahme der politischen Abteilung.

Drei Abteilungen hatten konkret Einfluss auf das Lagerleben.

1. Das eigentliche Machtzentrum war das *Schutzhaftlager*. Zuständig für den inneren Dienstbetrieb und den täglichen Kontakt mit den Häftlingen waren die *Lagerführer*, meistens drei mit unterschiedlichen Rängen (der erste ein Sturmbannführer, der dritte ein Sturmscharführer), sie lösten sich bei der Leitung ab. Sie ordneten Appelle an, gaben Anweisungen, verhängten Strafen, regelten den Tagesablauf. Als praktisch unumschränkte Herren über Leben und Tod konnten sie alles verfügen, was ihnen im Rahmen ihrer Aufgabe geboten schien. Dem Lagerführer direkt unterstellt war der *Rap-*

portführer, meistens ein Adjutant, der für die Beziehungen zwischen der Lagerleitung und den Häftlingen zuständig war. Ihm unterstanden die *Blockführer,* die jeweils einen Block kontrollierten. Sie hatten meist keinen höheren Rang als den eines Oberscharführers. Die Blockführer wurden nach speziellen Kriterien sorgfältig ausgewählt, vor allem danach, ob sie zu besonderer Grausamkeit gegenüber den Häftlingen fähig waren, und hatten die ausdrückliche Anweisung, gegen die Häftlinge zu arbeiten. Sie tauchten zu jeder Tages- und Nachtzeit in den Baracken auf, ihr Erscheinen verbreitete Angst und Schrecken, denn die Häftlinge wussten genau, was die Aufgabe der Blockführer war. Fast alle Blockführer hatten einen Spitznamen. Der gefürchtete Zöllner in Buchenwald trug den Spitznamen »Tante Anna«.[2]

2. Der *Arbeitseinsatz* wurde auf Anweisung von Pohl geschaffen, der die Arbeitskraft der Häftlinge zum Nutzen der Dienststellen ausbeuten wollte, denen er vorstand. An der Spitze stand der *Arbeitseinsatzführer,* er wurde unterstützt vom *Arbeitsdienstführer.* Ihm unterstanden die SS-Leute, die die verschiedenen Arbeitskommandos leiteten. Mit den *Kommandoführern* arbeiteten Meister zusammen – die nicht der SS angehörten –, sie hatten ebenfalls Macht über Leben und Tod der Häftlinge.

3. Eine dritte Abteilung regelte die wirtschaftlichen Angelegenheiten des Lagers. An ihrer Spitze stand der *Verwaltungsführer.*

Hinzu kam die Wachmannschaft: eine bewaffnete SS-Truppe, die zu den Totenkopfverbänden gehörte (später Totenkopf-Sturmbann). Die Wache unterstand zugleich der Waffen-SS und den Verwaltungsstellen, die im WVHA aufgingen. Einige Außenkommandos wurden von Wehrmachtsoldaten (hauptsächlich Luftwaffenangehörigen) bewacht.[3]

Vollkommen unabhängig von der Kommandantur war die dem RSHA angeschlossene *Politische Abteilung*, bestehend aus einem Kriminalsekretär und mehreren Verhörbeamten. Diese Abteilung, der Arm der Gestapo in den Lagern, überwachte nicht nur die Häftlinge, sondern auch die dem WVHA angegliederten SS-Abteilungen. Die Beziehungen zwischen der Politischen Abteilung und den übrigen im Lager vertretenen Dienststellen waren dementsprechend gespannt. Die Kommandantur wollte möglichst allein die Profite aus den Lagern einstreichen und achtete deshalb sehr auf ihren exklusiven Status. Sie duldete keinerlei Einmischung, denn nichts fürchtete sie so sehr, als dass die Bereicherungspraktiken, ihr alltägliches Geschäft, aufgedeckt würden.

Eine weitere Abteilung, die nicht dem Lagerführer unterstand, war die Abteilung Gesundheit und Hygiene. Das *Krankenrevier*, mehr Sterbebaracke als Krankenstation, war das Reich des SS-Oberarztes, der Zahnärzte und Pharmazeuten und der SS-Sanitäter.

Alle hatten Ränge und Uniformen nach dem Vorbild der Wehrmacht, aber die meisten SS-Männer in den Konzentrationslagern waren als Zivilisten zur SS gekommen. Die ranghöchsten entstammten meist der Mittelschicht (Kaufleute, kleine Unternehmer, Beamte ...). Ihrem besonderen Status verdankten sie Macht, Ansehen und materielle Vorteile. Sie klammerten sich umso mehr daran, als der Dienst in den Konzentrationslagern ihnen einen Einsatz an der Ostfront ersparte.

Die Häftlingshierarchie

Die SS war bestrebt, möglichst viele unangenehme Arbeiten abzugeben, und so wurde einigen sorgfältig ausgewählten Häftlingen die Organisation des Alltagslebens im Lager übertragen. Die SS ihrerseits beschränkte sich auf die Bewachung von außen und die allgemeine Leitung.[4] Die Quartiere und Schreibstuben der SS-Männer lagen außerhalb des Lagers, sie bewachten nur die Pforten zur Hölle. Der Großteil der Arbeit wurde den Häftlingen aufgebürdet: Einerseits hieß das Sümpfe trockenlegen, Straßen bauen, Fenster einsetzen und Rohre verlegen, andererseits hieß es Krankenblätter und politische Akten führen, Briefe tippen, die Buchhaltung abwickeln, Statistiken ausarbeiten, die Lagerpolizei stellen und die Baracken verwalten.

Auf diese Weise schuf die SS eine Parallelverwaltung, ein eigenständiges System nach dem Führerprinzip, und daraus entstand eine regelrechte Lageraristokratie – angefangen beim einfachen Kapo bis hinauf zum allmächtigen Lagerältesten. Die *Funktionshäftlinge,* von den übrigen Lagerinsassen auch als Prominenz bezeichnet, sorgten auf bestimmten Schlüsselpositionen dafür, dass der Alltag im Lager reibungslos funktionierte. Und es dauerte nicht lange, bis sie sich nach dem Vorbild ihrer Befehlsgeber bei der SS als die absoluten Herren aufspielten.

Als Erstes wurde ihnen all das übertragen, was man als die Kommunalverwaltung des Lagers bezeichnen kann. Diese kontrollierte und organisierte das Lager, das einer großen Stadt glich. An der Spitze stand der *Lagerälteste*. Anfangs wurde er von der SS-Führung eingesetzt, später von den Häftlingen oder ihren angeblichen Repräsentanten ausgewählt.[5] Die Lagerältesten hatten natürlich nicht die Aufgabe, die Häftlinge bei der Lagerleitung zu vertreten. Hinter der Fassade der Selbstverwaltung verbarg sich eine strukturelle Pervertierung der gesellschaftlichen Vertretung. Der Lagerälteste nahm nicht Wünsche der Häftlinge entgegen, sondern Anweisungen von der SS. Kraft seiner Funktion konnte er andere »Prominente« ernennen, aber auch absetzen.

Jedem SS-Blockführer entsprach auf Häftlingsseite ein *Blockältester*, der auf Vorschlag des Lagerältesten ernannt wurde. Die Blockältesten wählten Häftlinge für den Stubendienst und Tischälteste aus, Letztere waren für die Verteilung der Essensrationen zuständig. In Ravensbrück sprach man von *Blockowas* und *Stubowas*, germanisch-slawische Mischwörter, die im Lager entstanden waren.[6]

Das wichtigste Amt, das Häftlinge innehatten, war die *Schreibstube*, das »Innenministerium« des Lagers, in dem die Kartei geführt wurde. Der Lagerschreiber hatte eine sehr einflussreiche Position. In seinem Büro liefen alle Informationen über die Häftlinge des Stammlagers und der Außenkommandos zusammen. Theoretisch wurde seine Arbeit von der Politischen Abteilung überwacht, die zudem noch politische Informationen über jeden Häftling besaß. Doch das galt nur in der Theorie. In der Praxis wurde die Kartothek von Häftlingen geführt. In Sachsenhausen gelang es beispielsweise dem Widerstand, den Kommunisten Heinz Junge und den luxemburgischen Christdemokraten Pierre Grégoire in der Schreibstube unterzubringen. Die beiden sollten die Neuankömmlinge nach ihrer politischen Ausrichtung befragen und auf Grundlage der Antworten eine erste Auswahl vornehmen.

Die innere Verwaltung des Lagers war somit Sache der Schreibstube. Die Schreibstube registrierte die Neuzugänge und wies ihnen einen Block zu, plante die Lebensmittelversorgung, brachte die Karteien auf den neuesten Stand, bereitete die täglichen Berichte und Appelle vor. Von dem, was in der Schreibstube geschah, hingen Leben und Tod Tausender von Häftlingen ab.

In jedem Block war ein Schreiber damit beauftragt, über die Belegung Buch zu führen. Er musste jede Veränderung festhalten. In der Schreibstube wurden alle Informationen zu einem Bericht zusammengestellt, den die SS dann beim Appell überprüfte. Der Lagerschreiber wurde von mehreren anderen Häftlingen unterstützt – Schreibern, Übersetzern und »Läufern«. Letztere überbrachten die Berichte dem Rapportführer, den Blockältesten und dem Krankenrevier.

Die Schreibstube hielt ständigen Kontakt mit der Lagerleitung. Das galt auch für die zweite Einrichtung, die von den Häftlingen selbst geführt wurde, der *Arbeitsstatistik,* wie die SS sie nannte, einer Art Arbeitsministerium. Über sie liefen die Kontakte zwischen den Häftlingen und dem für die Arbeitsverwaltung zuständigen SS-Verantwortlichen. Die Arbeitsstatistik erfasste die Häftlinge nach ihren Berufen, teilte ihnen die verschiedenen Aufgaben zu, die bei der Ausführung der Arbeitseinsätze anfielen, und berechnete die geleisteten Arbeitsstunden. Sie stellte Arbeitskommandos zusammen, bereitete die Transporte vor und setzte die Häftlinge für die Außenlager auf Überstellungslisten. Die Häftlinge bei der Arbeitsstatistik erhielten ihre Anweisungen von der SS. Aber die Anweisungen waren in der Regel nur allgemein und unbestimmt, zum Beispiel wurde eine Zahl von Arbeitskräften vorgegeben. Die Auswahl der Häftlinge, ihre Überstellung und die laufende Aktualisierung der Häftlingskarten waren allein Sache der Arbeitsstatistik.

Die Arbeitsstatistik, schreibt Eugen Kogon, war Schauplatz von Intrigen und Machenschaften.[7] Wer dort arbeitete, konnte Leben retten, aber er musste auch schreckliche Entscheidungen treffen, etwa welcher Kamerad diesem oder jenem Kommando zugewiesen wurde und so weiter.

An der Spitze der Arbeitsstatistik stand ein Oberkapo. Nach ihm kamen mehrere einfache Kapos und Vorarbeiter, die der Oberkapo nach Belieben auswählen und absetzen konnte. Mit ihm zusammen arbeiteten Meister. Die übrigen Häftlinge, die Arbeitssklaven, wurden in Mannschaften – oder Kommandos – mit Kapos an der Spitze (gekennzeichnet durch eine Armbinde) aufgeteilt. Es gab Ober- und Unterkapos und, wenn es sich um ein größeres Kommando handelte, auch noch Vorarbeiter oder Vormänner, die jeweils für Gruppen von zehn Personen zuständig waren.[8]

Diese Armbindenträger (schwarze Stoffstreifen, darauf in weißer Schrift die Funktion) waren von der körperlichen Arbeit freigestellt und hatten weitgehende Entscheidungsbefugnisse. Wenn sie ihre Sache gut machten, das heißt, wenn die Blocks oder Kommandos unter ihrer Leitung nicht durch Verfehlungen auffielen, ließ man sie mehr oder weniger in Ruhe. Weil ihre Privilegien vom Funktionieren der Häftlinge abhingen, waren sie ständig auf der Hut und reagierten beim geringsten Anzeichen, dass das Arbeitstempo sich verlangsamte. Sie waren äußerst gefürchtet, denn sie schlugen immer als erste.

Auch in anderen Lagereinrichtungen wurden Häftlinge gebraucht. Für die Verpflegung war der *Küchenkapo* zuständig. Er kontrollierte die Lebensmittelvorräte – das kostbarste Gut in einem Reich, in dem der Hunger herrschte – und besaß dadurch eine gewisse Macht. Die hatte auch der Kapo im *Krankenrevier*, denn er hatte Zugang zu den Medikamenten. Um einen Posten im Krankenrevier zu bekommen, waren nicht Qualifikationen wichtig, sondern Verbindungen zu dieser oder jener Gruppe innerhalb der Lagerverwaltung. Freundschaftliche Beziehungen zu den Funktionshäftlingen im Krankenrevier ermöglichten den »Aristokraten« und ihrem Gefolge, dass sie sich von Zeit zu Zeit eine Erholungskur gönnen konnten. Die Ärzte aus den Reihen der Häftlinge hatten im Allgemeinen nicht viel Macht, denn es war nicht ihre Entscheidung, wer ins Krankenrevier aufgenommen und wer entlassen wurde. Eine weitere Kategorie von Kapos war genauso mächtig wie ihre Kameraden in der Küche und im Krankenrevier: die Kapos der *Sonderkommandos*, die den Toten die letzten Wertsachen abnahmen (Schmuck, Goldzähne und so weiter).

Um das Bild zu vervollständigen, seien noch der *Scheißmeister* erwähnt, ein wichtiger Funktionsträger, der den Zugang zu den wenigen Latrinen regelte, die *Bademeister*, die zusammen mit den Unterbademeistern für die Duschen zuständig waren, die *Läufer*, die Befehle überbrachten, die *Dolmetscher* und schließlich die Kapos der Werkstätten und Einrichtungen, die für das Lager arbeiteten, unter anderem Effektenkammer, Desinfektion, Paketverteilung und Schuhmacherei.

Als Krönung der Organisation setzten die Deutschen in den meisten Lagern auch einen *Lagerschutz* oder eine *Lagerpolizei* ein, bestehend aus Häftlingen, die für die SS die Dreckarbeit erledigten. Germaine Tillion berichtet, die »Polizistinnen« in Ravensbrück seien unter den langjährigen Häftlingen mit deutscher Muttersprache ausgewählt worden. In ihren Reihen gab es viele Kriminelle, aber auch Kommunistinnen, vielfach waren es besonders brutale Häftlinge.[9] In einigen Lagern, etwa in Buchenwald, bestand der Lagerschutz vorwiegend aus Häftlingen mit »roten Winkeln« und handelte im Sinne der Häftlinge. Aufgabe dieser Häftlingspolizei war es, für Disziplin zu sorgen und gleichzeitig die SS so gut wie möglich fern zu halten.

Sofsky beschreibt, dass die »Aristokratie« der Häftlinge eher wie die SS lebte und nicht wie ihre Kameraden. Die meisten hatten neben anderen unvorstellbaren Privilegien das Recht, Waffen zu tragen: Sie kamen mit »Gummi«, Knüppel und Peitsche, schlugen zu, wie es ihnen gerade gefiel. Sie schliefen in einem eigenen Raum mit Bett und Schrank, hatten bessere Kleidung als die übrigen Häftlinge und mussten nicht so hart arbeiten, kurzum, sie hatten nicht ständig den eigenen Tod vor Augen. Manchmal – beispielsweise in Neuengamme – war ein ganzer Block für sie reserviert. Langbein zählt die Privilegien auf, die er als Lagerschreiber genoss: stets saubere gestreifte Häftlingskleidung, auf die er eine Tasche nähen durfte, frisch gewichste Schuhe ... In Sachsenhausen hatte der Blockälteste, wie Bezaut berichtet, eine Ecke für sich, abgetrennt durch einen Vorhang, und dort stand neben Bett und Schrank als höchster Luxus ein weicher Sessel.[10]

Die Häftlinge, die zur *Prominenz* gehörten, bekamen mehr zu essen und durften sich Zerstreuungen hingeben – ganz zu schweigen von allen möglichen Geschäften, die ihnen viel Geld einbrachten. Hans Marsalek, Häftling in Mauthausen und später anerkannter Chronist des Lagers, beschreibt die »Dreifaltigkeit«, die eine Zeitlang in dem Lager herrschte. Es ist eine gespenstische Schilderung. Der Wiener Hochstapler Leitzinger war erster Lagerschreiber, er ließ sich sein Essen täglich oder fast täglich aus der SS-Kantine bringen, ein Häftling musste ihn täglich rasieren und ihm jeden

Sonntagvormittag die Haare schneiden: Dazu musste der Friseur den Weg von der Tür des Blocks bis zu dem Sessel, in dem Leitzinger wie ein König thronte, auf den Knien zurücklegen. Der Lagerälteste Keller trug wegen seiner Körperfülle von 110 Kilo den Spitznamen Kingkong. Ende 1943 wurde er nach Ebensee verlegt, dort hatte er ein eigenes Zimmer mit Sitzgarnitur, Radio, Kochstelle, einem Diener ... und einer eigenen Schweinemästerei. Seine rechte Hand Dähler hatte eine Geliebte in einem Nachbardorf, die er mit Wissen und Duldung der SS regelmäßig besuchte.[11] Manchmal feierte die »Lageraristokratie« an einem Sonntagnachmittag einen Geburtstag oder ein anderes Fest.

»Die Kapelle spielte zu Ehren des Herrn ein Ständchen, die Prominenz huldigte ihm mit Glückwünschen und Geschenken. Es gab Zigaretten im Überfluss, Bier, Wein, Fleisch, Aufschnitt, Sportkämpfe unterhielten die Zuschauer, der Mäzen belohnte die Akteure großzügig. Das Fest unterbrach die Monotonie des Lageralltags und gab der Aristokratie Gelegenheit, einem größeren Publikum ihren Lebensstil vorzuführen. Je prunkvoller das Fest, desto höher das Ansehen des Herrn im Rivalitätskampf der Aristokratie.«[12]

Je höher ein Prominenter in der Hierarchie stand, desto mehr Fußvolk und sonstige um sein Wohlergehen besorgte Helfer scharten sich um ihn. Alle seine Grundbedürfnisse wurden befriedigt. Für seine sexuellen Wünsche stand ihm ein junger Mann oder eine Prostituierte aus dem Bordell zur Verfügung. Für die abendliche Unterhaltung sorgten seine »Hofnarren«, die sich mit Witzen und Geschichten gegenseitig überboten. Manche hatten eigene Diener. Diese Armee von Lakaien und Sklaven war ebenfalls von der körperlichen Arbeit freigestellt.

Etwa fünf bis zehn Prozent der Häftlinge gehörten zu dieser privilegierten Klasse. Das Kommando Gleina-Remsdorf II zählte zwischen 4500 und 5000 Männer. Neben dem Lagerältesten gab es 14 Blockälteste, 7 Schreiber, 40 Mann Stubendienst, 24 Kapos, 45 Vorarbeiter, 18 Mann Lagerschutz, 6 »Aufseher«, 65 Mann im Küchendienst sowie 18 Ärzte und 40 »Pfleger« im Krankenrevier, das heißt auf 5000 Häftlinge kam eine Hierarchie von 272 Mann.[13]

Selbstverwaltung: Ursprung und Funktion

Étienne de la Boétie schreibt in seinem *Discours de la servitude volontaire* (Von der freiwilligen Knechtschaft): »Jeder Tyrann braucht Helfer, und zwar viele Helfer.«[14] Es ist ein durchgängiges Prinzip, dass in einem Unterdrückungssystem die innere Verwaltung ganz oder teilweise sorgfältig ausgewählten Abhängigen übertragen wird. Ob Gefängnis oder Umerziehungslager, überall ist es gang und gäbe, Häftlinge mit verantwortlichen Posten zu betrauen.

Die Gründe für die von der SS geförderte Selbstverwaltung waren zugleich praktischer und machiavellistischer Natur. Keineswegs übertrug sie ohne Hintergedanken einen Teil ihrer Macht auf privilegierte Häftlinge. Die Verantwortlichen für die Konzentrationslager wussten genau, dass es ihnen ohne die »Ermächtigung« ausgewählter Häftlinge nicht gelingen würde, das Heft in der Hand zu behalten. Sie waren viel zu wenige, und die Aufgabe war gigantisch. Die bewaffneten Wachen nicht hinzugerechnet, gab es im ganzen Lager Monowitz (Auschwitz III) gerade einmal eine Handvoll SS-Männer, höchstens 15.[15]

Die Selbstverwaltung machte die Leitung der Konzentrationslager zudem sehr billig. Die Häftlinge stellten ein unerschöpfliches Reservoir dar, die Herrscher vor Ort konnten sie nach Belieben liquidieren – die jüdischen Häftlinge, die in den Krematorien eingesetzt waren, wurden nach einiger Zeit regelmäßig umgebracht. Wie Primo Levi schreibt, »ist man fassungslos angesichts dieses Paroxysmus von Hinterhältigkeit und Hass: Juden mussten es sein, die die Juden in die Verbrennungsöfen transportierten, man musste beweisen, dass die Juden, die minderwertige Rasse, die Untermenschen, sich jede Demütigung gefallen ließen und sich sogar gegenseitig umbrachten.«[16]

Es war Machiavellismus in Vollendung. Die Tatsache, dass die SS ihre Macht zu Ausbeutung, Folter und Mord an Dritte delegierte, dass sie es den Opfern überließ, die schlimmsten Taten selbst auszuführen, hatte den doppelten Vorteil, dass sie ihr schlechtes Gewissen erleichterte (wenn das denn nötig war) und dass der Hass der gedemütigten, verhöhnten Masse der Lagerinsassen auf andere gelenkt wurde.

Die Dressur der SS ging sogar so weit, dass sie Häftlinge dazu brachte, ihre eigenen Kameraden zu schlagen. Und wehe dem, der nicht mitmachen wollte! Maurice Pioro, ein junger jüdischer Häftling aus Belgien, erfuhr das noch am Tag seiner Ankunft in Auschwitz schmerzlich am eigenen Leib. Ein SS-Mann forderte ihn auf, einem Häftling Stockschläge zu versetzen. Pioro kannte die Spielregeln noch nicht und entschied sich, nur so zu tun, als würde er zuschlagen. Natürlich durchschaute das der SS-Mann, und um Pioro eine Lektion zu erteilen, gab er ihm für jeden Hieb, den er zu schwach fand, einen Hieb mit der richtigen Härte. Die Lektion kam an. Jede Gehorsamsverweigerung wurde schwer bestraft. Der Neuling wusste künftig, was man von ihm erwartete.

Eugen Kogon erzählt folgenden Vorfall, der sich im Frühjahr 1944 in Buchenwald ereignete:

»Eine Kolonne von Juden und Polen verrichtet unter persönlicher Aufsicht des SS-Bauführers Erdarbeiten auf steinigem Grund – auch für kräftige Menschen keine geringe Leistung, für abgemagerte ausgehungerte Wracks beinahe unmöglich. Nur die Angst treibt zur äußersten Kraftanstrengung. Und die Angst ist mehr als berechtigt: Der Bauführer erspäht zwei Juden, deren Kräfte schwinden. Er geht hin und erteilt einem Polen (*Strzaska* war sein Name) den Befehl, die beiden, die sich kaum mehr auf den Beinen halten können, einzugraben. Der Pole erstarrt – und weigert sich. Daraufhin nimmt der Scharführer einen Schaufelstiel, prügelt den Polen und veranlasst ihn, an Stelle der zwei Juden sich in eine der Gruben zu legen. Dann zwingt er die Juden, den andern mit Erde zu überschütten, was sie in Todesangst und in der Hoffnung, selbst dem grausigen Schicksal entgehen zu können, tun. Als von dem Polen nur noch der Kopf sichtbar ist, befiehlt der SSler »Halt!«. Er lässt den Mann wieder herausbuddeln. Nun müssen sich die beiden Juden in die Grube legen, und *Strzaska* erhält erneut den Befehl, sie mit Erde zuzuschütten. Langsam füllt sich die Grube. Als sie endlich voll ist, trampelt der Bauführer lachend selber die Erde über den beiden Opfern fest.«[17]

Durch solche brutalen Morde hetzte die SS die Gefangenen gegeneinander auf und erschwerte die Bildung einer gemeinsamen Front. Alles war dazu ersonnen und darauf berechnet, jedes Gefühl von Solidarität, das sich unter den Opfern normalerweise hätte entwickeln können, im Keim zu ersticken.

Die Kapos waren auch deshalb so brutal, weil sie um die Unsicherheit ihrer Position wussten: Sie konnten jederzeit einer Strafkompanie zugewiesen oder, schlimmer noch, in die anonyme Masse der Lagerinsassen zurückgestoßen werden. Und wenn sie ihre Privilegien verloren, verloren sie zugleich auch den Schutz der SS und waren auf Gedeih und Verderb den Menschen ausgeliefert, die sie zuvor gequält hatten. Nur wenig Angehörige der Lageraristokratie widerstanden diesem barbarischen Druck.

In Dachau, berichtet Langbein, war der schlimmste Lagerälteste ein gewisser Franz Danisch. Sein Leitspruch lautete: »Bei mir gibt es nur Arbeitende und Tote ... Ich, der Herr über Leben und Tod der Juden, werde jetzt entscheiden, wer von euch vergast wird.«[18] In der Messerschmitt-Fabrik in Flossenbürg hatten es sich einige Kapos zur Gewohnheit gemacht, jeden Tag einen oder mehrere Häftlinge umzubringen.[19]

Bezaut berichtet von einem gewissen Böhm, einem Kommunisten, der in Sachsenhausen für die Liquidierung von kranken und arbeitsunfähigen Häftlingen zuständig war; seine ehemaligen Genossen schämten sich ganz besonders für ihn. Böhm war Vorarbeiter und bereit, alles zu tun, um seine Haut zu retten. Er hatte rasch begriffen, dass man auch in einem Konzentrationslager auf seinen Vorteil schauen musste. Da der SS-Mann Baranowski ihm die Aufgabe übertragen hatte, unnütze Esser zu beseitigen, durchkämmte er, bewaffnet mit einem selbst angefertigen Knüppel, systematisch das ganze Lager nach faulen oder einfach untätigen Häftlingen. Sein Eifer brachte ihm Belohnungen in Form zusätzlicher Essensrationen und Zigaretten ein. Er war stolz auf seinen Posten, der ihn über die anderen Häftlinge erhob.

Filip Müller schildert den Fall eines Kapos in Auschwitz, eines polnischen Häftlings namens Mietek Morawa. Er war ein Sadist von der schlimmsten Sorte und trug täglich ein frisches Hemd – alle maßgeschneidert. Immer wenn ein Pole hingerichtet worden war, packte er mit Tränen in den Augen den nächstbesten Juden, der ihm über den Weg lief, und ermordete ihn eigenhändig mit dem Ausruf: »Ihr jüdischen Hurensöhne, ihr seid schuld daran, dass meine Landsleute umgebracht werden!« Mit seinem krankhaften Antisemitismus stand er bald hoch in der Gunst der SS und der Gestapo. Zur Belohnung durfte er seine »Karriere« als Leiter des Kommandos im Krematorium beenden.[20] Ebenfalls in Auschwitz hatte es sich der Blockälteste Albert Hämmerle zur Gewohnheit gemacht, jeden Tag vor dem Frühstück ein paar Häftlinge umzubringen.[21] Er legte großen Wert auf Repräsentation (er hatte ein eigenes Orchester und organisierte großartige Feste) und stand darin der SS nicht nach.

Es war nicht selten, dass die Prominenten sich mit ihren Unterdrückern identifizierten und regelrecht darauf brannten, ihre Kameraden zu tyrannisieren. Schreiber, die harmlos ihre Aufgabe hätten erfüllen können – manchmal waren es Juristen, Ingenieure, Offiziere – gewöhnten es sich an zu schlagen; das war die einzige Möglichkeit, sich Ansehen zu verschaffen.[22] Alle Kapos schlugen, Schläge waren die einzige Sprache, die in diesem Babel mit ständig wechselnden Insassen von allen verstanden wurde. Hans Marsalek, Häftling in Mauthausen, berichtet, der Gummiknüppel habe im Lager auch »der Dolmetscher« geheißen.[23]

Wie Sofsky betont, war Gewalt im Lager keineswegs sinnlos: Gewalt war das Zeichen, dass man in der Hierarchie eine Stufe höher stand, sie war das elementare Kriterium des Überlebens. Zu Unrecht, schreibt Sofsky, habe man oft versucht, die exzessive Gewalt der Funktionshäftlinge mit sadistischer Verrohung oder moralischem Verfall zu erklären. In einigen Fällen sei dies vielleicht zutreffend gewesen, aber die Gewaltanwendung durch die Aristokratie habe eine klare soziale Bedeutung gehabt. Sie demonstrierte den Vorrang der Prominenz über die Überflüssigen: »Das Töten des anderen ist die einfachste Form des Überlebens. Es ist ein Akt des Triumphs. Der Tod des anderen ist das Selbstbewusstsein des einen. Wer den anderen fällt, fühlt, dass er noch da ist und der andere nicht. Er erlebt eine ganz ungewöhnliche Kraft, die Kraft, auserwählt zu sein.«[24]

Insofern war es kein Zufall, dass manche Prominente ihre Gewaltakte regelrecht inszenierten, wie Stanislaw Taubenschlag berichtet, ein Krakauer Jude, der Buchenwald und Auschwitz überlebte, indem er sich als polnischer Graf Koslowski ausgab. Er wurde nach Babice verlegt, vier Kilometer von Auschwitz entfernt, in eines der schlimmsten Außenkommandos des Lagers (von 600 französischen Juden und 400 Polen, die dorthin kamen, wurden 400 sofort nach der Ankunft umgebracht). Dort gelang es ihm, das

Wohlwollen des Oberkapos Kerlin zu gewinnen. Kerlin staunte über das Sprachentalent des Häftlings, und »weil er [ihm] nicht unterlegen erscheinen wollte«, zeigte er sogleich, wo seine Talente lagen: »Er packte einen Stock, so groß wie eine Keule, und verkündete, es sei an der Zeit, sich zu amüsieren ... Kerlin trat auf eine Gruppe von Personen zu, die arbeiteten und bei seinem Anblick vor Schreck erstarrt innehielten. Kaltblütig erschlug er zehn Personen.«[25]

Einige Tage später hatte sich Kerlin, wieder in dem Bestreben, seinen neuen Freund zu unterhalten, ein anderes Spiel ausgedacht. In der Mittagspause befahl er 60 Häftlingen, in ein kleines Gebäude zu gehen, sie würden ihr Essen dort bekommen. In dem Gebäude war es eng und stickig. Stanislaw Taubenschlag überlegte noch, worin das »Spiel« wohl bestehen würde, als das Gebäude wie eine Streichholzschachtel in die Luft flog. Der Kapo hatte Sprengstoff unter der Eingangsschwelle angebracht. Der Anblick war schrecklich: Schutt und zerfetzte, unkenntliche Leichenteile bildeten ein einziges Durcheinander. »Der Oberkapo blickte drein, als wäre nichts Außergewöhnliches passiert, und fragte mich stolz, ob es mir gefallen habe. Ich sagte ihm, es sei großartig gewesen. Es blieb mir nichts anderes übrig.«[26]

Natürlich gab es auch unter der Prominenz aufrichtige Menschen wie etwa den »Grünen« Otto Küsel, Häftlingsnummer 2, der am 29. Dezember 1942 mit einer Gruppe von Häftlingen aus Auschwitz floh, die er hätte denunzieren sollen, was er aber nicht über sich brachte. Manche meldeten sich aus egoistischen Motiven für Positionen im Lager, andere wollten die Gelegenheit nutzen, ihren Kameraden zu helfen. Besonders häufig und bereitwillig gingen Kommunisten dieses Risiko ein. Sie bildeten im Lager eine eigene geheime Gruppe, das Lageraktiv, und waren bestrebt, ihre Leute auf wichtigen Positionen unterzubringen, angefangen beim Lagerältesten. Der Lagerälteste hatte, wie Kogon schreibt, große Macht. Er verhandelte mit der Lagerleitung über die Besetzung der Posten. Er ernannte die Kapos und konnte sie auch wieder absetzen. Aber die Aufgabe war schwierig: Der Lagerälteste wählte seine politischen Freunde für die Posten aus, überging damit aber die Masse der Häftlinge; er stand in ständigem Kontakt zum Feind und profitierte unmittelbar davon, was zu schweren Missverständnissen mit den anderen Häftlingen führte; er zog sich unweigerlich die Feindschaft des »Fußvolks« zu, das von den heimlichen Machenschaften der Funktionsträger nichts wusste.

Eines indes ist gewiss: Ob die Macht den kriminellen »Grünen« übertragen wurde – die meist üble Gestalten waren – oder politischen Häftlingen, die sich oft anständig verhielten, die Masse der Häftlinge erlebte die von der SS installierte Selbstverwaltung als eine zusätzliche Demütigung und Schikane. Ungeachtet aller damit vielleicht verbundenen Vorteile höhlte die aktive Zusammenarbeit der Opfer mit ihren Henkern, dieses unerträgliche und widernatürliche Bündnis, die Moral der Neuankömmlinge im Lager noch weiter aus. Höß bestätigte dies in seinem Prozess: Der Anblick, wie Häftlingsvorgesetzte ihre Mithäftlinge schlugen, habe »niederschmetternd auf die ganze Psyche der Häftlinge« gewirkt.[27] In der Regel wurde einem Deportierten bei der ersten Begegnung mit einem Funktionshäftling der Schrecken des Lageralltags richtig bewusst. »Alle«, schreibt Primo Levi, »erwarteten sich eine zwar grauenhafte, aber doch immer noch entzifferbare Welt, die jenem einfachen Modell entsprach, das wir atavistischerweise in uns tragen, wobei ›wir‹ drinnen sind und der Feind draußen, abgetrennt durch eine klare geographische Grenzlinie.«[28] Doch von der ersten Minute im Lager an war nichts mehr zu entziffern. Alles war unbegreiflich, ohne Logik und ohne Begründung. Der Funktionshäftling, »statt dich an die Hand zu nehmen, dich zu beruhigen«, tritt dem Neuzugang entgegen in Gestalt »des Gefangenen als Vollzugsangestellter, der sich, in einer dir fremden Sprache brüllend, auf dich stürzt und dir ins Gesicht schlägt«.[29] Für die Häftlinge war der Feind häufiger der Kapo als der SS-Aufseher, er war heimtückisch und allgegenwärtig: »Das ›wir‹ verlor seine Grenzen ... die erhofften Verbündeten – ausgenommen ganz besondere Fälle – gab es nicht.« Die Klasse der Funktionshäftlinge bildet »das Knochengerüst [der Lagersituation] und weist gleichzeitig die am stärksten beunruhigenden Züge auf. Sie ist eine Grauzone mit unscharfen Konturen, die die beiden Bereiche von Herren und Knechten voneinander trennt und zugleich miteinander verbindet.«[30]

Dieses Urteil deckt sich mit dem von Hannah Arendt: »Wir wissen ... bis zu welchem Grade die ›Konzentrationäre‹ mit in die eigentlichen Verbrechen der SS verwickelt wurden, indem man ihnen ... weite Teile der Verwaltung überließ und sie damit dem nie zu lösenden Konflikt auslieferte, entweder ihre Freunde in den Tod zu schicken oder andere ... ermorden zu helfen. Dabei ist noch nicht einmal entscheidend, dass der Hass von den eigentlichen Schuldigen abgelenkt wird, sondern dass der Unterschied zwischen Henker und Opfer, zwischen schuldig und unschuldig vernichtet wird.«[31]

Vor diesem Hintergrund wird verständlich, warum so viele von einer Verbitterung der Häftlinge gegenüber der inneren Lagerhierarchie berichten. In den Augen von Olga Lengyel, einer ehemaligen Insassin von Birkenau, war »das größte Verbrechen der Nazis gegen die Häftlinge womöglich nicht die Ermordung in den Gaskammern, sondern dass sie versuchten – und oft genug gelang es ihnen –, die Häftlinge nach ihrem Bild zu formen.«[32]

Die Öffnung der »Lageraristokratie« für nichtdeutsche Häftlinge aller Kategorien, zunächst durch die Umstände erzwungen, erwies sich schon bald als sehr vorteilhaft für die Machthaber. Sie profitierten von der explosiven Mischung, die daraus entstand, denn sie verhinderte das Aufkommen von Solidarität zwischen den Häftlingen und verschärfte das Misstrauen und »natürliche« Hassgefühle noch weiter: Hass der Grünen auf die Roten, Rassenhass der Polen auf die Juden, nationalistischer Hass der Polen auf die Deutschen, politischer Hass der Kommunisten auf die Sozialisten, sexueller Hass auf die Homosexuellen, religiöser Hass auf die Priester und so weiter. Wie Edmond Michelet schreibt, konnten sich aufgrund der Unterschiede in der Sprache, der sozialen Herkunft, der Interessen, der Kultur, aber auch wegen der unterschiedlichen Gründe für die Inhaftierung keine dauerhafte Solidarität und kein echter Austausch entwickeln.[33] Überall wurden die Häftlinge mit dem grünen und die mit dem roten Winkel systematisch gegeneinander aufgehetzt. Höß formulierte die Absicht dahinter: »Keiner noch so starken Lagerführung wäre es sonst möglich, Tausende von Häftlingen im Zügel zu halten, zu lenken, wenn diese Gegensätze nicht dazu helfen würden.«[34]

Überleben

Die Masse der Häftlinge war einem Regime unterworfen, in dem es weder Mitleid noch Hoffnung gab. Nur eine kleine Minderheit an der Spitze der Hierarchie konnte sich Nischen einrichten, die das Überleben ermöglichten. Während die große Mehrheit sich buchstäblich zu Tode arbeitete, rührte eine Minderheit von Privilegierten keinen Finger. Während viele mit der allgegenwärtigen Angst lebten, das nächste Opfer der Henker zu werden, schlugen, quälten und töteten andere ungestraft. Und eine perverse, teuflische soziale Ordnung sorgte dafür, dass die einen Todeskandidaten mit Aufschub waren und die anderen potenzielle Überlebende. Allerdings kommen bei dem schwierigen Kapitel des Überlebens im Konzentrationslager noch andere Faktoren ins Spiel, die nichts mit der Problematik von Herr und Sklave zu tun haben: Abgesehen davon, dass einfach Glück nötig war (das Überleben im Konzentrationslager war definitionsgemäß ein Wunder), kam es auch auf persönliche Faktoren an wie körperliche Verfassung, Alter und Geschlecht (in der äußersten Not erging es den Frauen im Allgemeinen besser als den Männern), aber auch auf die religiöse und politische Überzeugung (Gläubige hatten bessere Überlebensaussichten als Zweifelnde). Andererseits war auch die Welt der Konzentrationslager nicht von Anfang bis zum Ende immer gleich. In der Zeit vor 1939, der *nationalen* Phase, wie wir sie genannt haben, starben sehr viel weniger Menschen in den Lagern als während des Krieges; Auschwitz I war nichts im Vergleich zu Auschwitz II (Birkenau).

Neben den individuellen hatten noch etliche andere Faktoren einen Einfluss auf die Überlebenschancen, etwa der Standort des Lagers (wo?), die Haftepoche (wann?), die Nationalität eines Häftlings (wer?), der Grund für die Festnahme, das heißt die Häftlingskategorie (warum?) und seine Funktion in der Lagerhierarchie (woher?).

Nur wenn man diese Faktoren einzeln und in ihrem Zusammenwirken berücksichtigt, ist es möglich, die Gründe wenigstens zu erahnen, wenn schon nicht zu verstehen, warum ein Häftling wie etwa Erich Honecker fast zwölf Jahre in der Hölle überlebte und andere nur wenige Wochen oder gar Tage »aushalten« konnten.

I. Wo? Die Standorte der Lager

Die Lager waren nicht alle gleich, sie ähnelten sich nicht einmal, ganz im Gegenteil.[35] Langbein sagte im Frankfurter Auschwitz-Prozess, verglichen mit Auschwitz sei Dachau eine Art Idylle gewesen. In Dachau habe er noch Hoffnung gehabt, in Auschwitz habe er sie sofort verloren.[36] Diese Einschätzung teilte auch der jüdische Häftling Hans Mayer (Jean Amery), der die traditionelle Ordnung in Dachau dem Dschungel in Auschwitz gegenüberstellte. In Dachau stand den Häftlingen eine Bibliothek mit rund 15 000 Bänden zur Verfügung, die Bücher hatten Häftlinge mitgebracht, oder sie waren ihnen von Angehörigen ins Lager geschickt worden. Theoretisch waren nur deutsche Bücher und ein paar Wörterbücher erlaubt, aber man fand dort durchaus auch verbotene Schriften – die Häftlinge im Bibliotheksdienst sorgten für unauffällige Umschläge. Für die Kataloge und die Ausleihe waren Intellektuelle zuständig. Die SS verwies gerne auf die Bibliothek, wenn sie sich rühmen wollte, wie gut die Lager waren, die sie verwaltete.

Von Büchern war in Birkenau natürlich nicht die Rede. In Auschwitz II, dem Zentrum der Judenvernichtung, erfolgte die Umerziehung in den Verbrennungsöfen. Keine Bücher spendeten dort Trost. Dachau war nicht Auschwitz und noch weniger Birkenau.[37] Heinz Brandt stellte die relative Ordnung in Sachsenhausen dem Höllendschungel von Auschwitz gegenüber.[38] Und Willy Berler vergleicht die Lager Auschwitz I und III, Groß-Rosen und Buchenwald mit Birkenau. Berler, durch Adoption belgischer Staatsbürger, kannte den Schrecken in jeder Gestalt, und doch war er fassungslos, als er einige Tage nach seiner Befreiung Birkenau besuchte, wohin er bis dahin nie einen Fuß gesetzt hatte – »obwohl ich eineinhalb Jahre drei Kilometer entfernt im Hauptlager Auschwitz verbracht hatte«. Trotz mancher Gemeinsamkeiten seien die Unterschiede zwischen Auschwitz I und Birkenau etwa so gewesen »wie, sagen wir, zwischen dem Hotel Carlton und einem brasilianischen Elendsquartier: Allein schon der Kontrast zwischen den gepflasterten Straßen im Hauptlager Auschwitz, seinen festen Bauten, den Stockbetten für jeweils eine Person und den unbefestigten Wegen von Birkenau, wo man praktisch zu jeder Jahreszeit in einem Gemisch aus Schlamm und Exkrementen versank, den erbärmlichen Baracken, ursprünglich Ställe für die Pferde der Wehrmacht, mit ihren ›Kojen‹, wo sich zehn oder noch mehr Frauen zum Schlafen zusammendrängten.«[39]

Manche Lager waren besonders grausam, etwa Mauthausen, das Kogon, Langbein und Rückerl übereinstimmend als »Vernichtungslager im erklärten Sinn dieses Begriffes« bezeichneten. Dort wurden die Menschen wie am Fließband vergast, »im Hauptlager, im größten Nebenlager – Gusen – sowie in einem Gaswagen, der zwischen Mauthausen und Gusen pendelte«.[40] Genauso mörderisch waren die Arbeitsbedingungen im Lager Struthof-Natzweiler. Dort ging es augenscheinlich nicht mehr um Profit, sondern allein um die Vernichtung der Häftlinge.

Rousset schreibt, alles in allem seien die Bedingungen in den »großen Städten« wie Dachau und Auschwitz besser gewesen als in den kleinen Lagern und Kommandos. In den großen Lagern fanden sich eher Häftlinge zu Gruppen zusammen. In Buchenwald, so berichtet er, hätten sich die Freimaurer regelmäßig getroffen, und weder die SS noch die große Mehrheit der Häftlinge habe etwas davon mitbekommen. Hingegen seien die Lebensbedingungen in den Nebenlagern und der Vielzahl von Außenkommandos oft schrecklich gewesen.[41] Für die Häftlinge in den Kohlezechen von Fürstengrube und Janinagrube in der Nähe von Auschwitz, aus denen die I. G. Farben ihren Energiebedarf deckte, lag die durchschnittliche Lebenserwartung bei vier Wochen.

Dora – ursprünglich ein Außenkommando von Buchenwald – war unbestritten das schlimmste dieser kleinen Lager.[42] Der erste Transport aus Buchenwald traf Anfang September 1943 dort ein. Viele weitere folgten. Anfangs bezeichneten die Nationalsozialisten die bei Nordhausen gelegene Produktionsstätte von Rüstungsgütern als Mittelbau. Nach der Zerstörung der Waffenfabriken unter anderem in Peenemünde sollten in Mittelbau Dora die unter der Leitung von Wernher von Braun entwickelten V2-Flüssigkeitsraketen gebaut werden. Da die Produktion geheim war (die Waffe sollte Deutschland zum Sieg verhelfen), bot sich der Einsatz von Häftlingen an: Ihre Arbeitskraft war nicht nur kostenlos, sie waren auch leicht zum Schweigen zu bringen. Bis Anfang 1944 gab es keinerlei Behausungen für die Häftlinge, die die Stollen für die unterirdischen Produktionsanlagen ausschachteten, weder Baracken noch irgendwelche sanitären Einrichtungen. Die Häftlinge arbeiteten in Schichten täglich zwölf bis vierzehn Stunden unter Tage ohne jemals das Sonnenlicht zu sehen, bis sie »reif für den Schornstein« waren, wie ihre Bewacher sagten. Täglich starben rund 100 Häftlinge. Im Sommer 1944 wurde endlich ein festes Lager errichtet, dort drängten sich 28 000 Häftlinge unter entsetzlichen Bedingungen zusammen.[43]

II. Wann? Die Zeit des Häftlings und die Zeit des Lagers

Die Zeit des Häftlings

Es liegt auf der Hand, dass die Überlebenschancen eines Häftlings in erster Linie von der Dauer seiner Internierung abhingen. Die meisten Überlebenden von Birkenau waren kurz vor der Befreiung des Lagers deportiert worden – etwa die Juden aus Lodz und die ungarischen Juden. Weiterhin spielte es eine Rolle, inwieweit sich der Häftling in den Lageralltag einfügte. Die Überlebenden sind sich in einem Punkt einig: Alles entschied sich in den ersten Tagen. Wer es nicht schaffte, von Anfang an seinen Platz zu finden, war über kurz oder lang todgeweiht, denn das Leben der einen hing von der Vernichtung der anderen ab. Alle Zugänge wurden einem gnadenlosen Eintrittsritual (so die Formulierung von Primo Levi) unterworfen. Sie wurden verspottet, man trieb grausame Späße mit ihnen, und sie bekamen, meist von »den Alten« – das heißt von den Häftlingen, die bereits einige Monate Lager hinter sich hatten – die schlimmsten Arbeiten zugewiesen. Ein ungeschriebenes Gesetz besagte, dass Neuankömmlinge den Sonderkommandos zugewiesen wurden und die leichteren Arbeiten für die »niedrigen Nummern« reserviert waren. Die Altgedienten bildeten so etwas wie eine Aristokratie. Ein »Millionär« (das heißt ein Häftling mit einer sechsstelligen Häftlingsnummer) hatte keinen Anspruch auf Rücksicht. Er musste die Regeln des Lagerlebens selbst lernen, und zwar rasch. Der kleinste Fehler wurde mit dem Tod bestraft.

Zwei Vorfälle mögen dies illustrieren. Vom ersten berichtet Primo Levi. Ein gewisser Baruch, Hafenarbeiter aus Livorno, wurde noch am Tag seiner Ankunft im Konzentrationslager von drei Kapos umgebracht, weil er es gewagt hatte, sich beim ersten Schlag, den er erhalten hatte, zu wehren. »Zurückschlagen« war eine Verfehlung, die nicht geduldet wurde; nur ein »Zugang« konnte so etwas Verrücktes tun.[44]

Der zweite Vorfall ist nicht weniger aufschlussreich. Er wird von Stanislaw Taubenschlag berichtet, dem falschen polnischen Grafen. Er schildert, was zwei französischen Offizieren widerfuhr, die am 7. Juli 1942 in Auschwitz eintrafen: »Sie begriffen nicht, wo sie waren und was sie bedrohte; sie waren auf diese Hölle einfach nicht vorbereitet. Weil sie keine Juden waren, glaubten sie, sie könnten auf Rücksichtnahme der Deutschen zählen.« Nach zwei Tagen kamen die Offiziere zu Taubenschlag, den die Franzosen im Lager wegen seiner Sprachkenntnisse als Dolmetscher zu Hilfe holten. Die beiden baten ihn, mit ihnen zum Lagerkommandanten zu gehen, wo sie die Rechte einfordern wollten, die ihnen als Militärangehörigen nach der Genfer Konvention zustanden. Taubenschlag versuchte vergebens, sie davon abzubringen, ihnen die Verhältnisse in Auschwitz zu erklären, ihnen begreiflich zu machen, dass das Lager eine eigene Welt war, in der die normalen Gesetze nicht galten. Es nützte nichts. Weil er sich weigerte, sie zu begleiten, gingen sie allein zum Haupttor. Dort wurden sie von zwei SS-Männer gefragt, was sie wollten. Die Offiziere erklärten es ihnen. Die Antwort der SS bestand in einem Genickschuss für jeden. »Das passierte allen, die es wagten, sich über irgendetwas zu beschweren.«[45]

Die große Mehrheit der Häftlinge starb auf die eine oder andere Weise in den ersten Tagen nach der Ankunft im Lager. Zu Bruno Bettelheim, der während der nationalen Phase im Konzentrationslager interniert war, sagte ein Mithäftling: »Wenn du die ersten drei Wochen überlebst, dann hast du eine gute Chance, ein Jahr zu überleben. Wenn du drei Monate am Leben bleibst, dann wirst du die nächsten drei Jahre leben.« Bettelheim schätzte, dass die Todesrate in den ersten Monaten bei 15 Prozent lag. Danach fiel die Rate in der Regel und stabilisierte sich schließlich bei einem Prozent. Von da an konnte ein Häftling sich mit Fug und Recht als »Bewohner« des Lagers fühlen und sagen: »Jetzt bin ich ein Dachauer.«[46]

Doch die Lebensbedingungen und damit die Überlebenschancen waren zu verschiedenen Zeiten an ein und demselben Ort sehr unterschiedlich.

Die Zeit des Lagers

I. Errichtung: Von der letzten Phase abgesehen, als das System der Konzentrationslager sich auflöste, kostete die Gründungsphase immer besonders viele Menschen das Leben – egal ob ein Lager in den ersten Jahren des NS-Regimes errichtet wurde oder in den letzten Kriegsjahren. Die Erklärung dafür ist einfach: Die Häftlinge mussten selbst die Lager erbauen, und sie mussten das unter wahrhaft höllischen Bedingungen tun (oft in ungesunden Gebieten, bewacht von Kriminellen, mit nicht einzuhaltenden Vorgaben, oft ohne Werkzeug). So mussten etwa in Sachsenhausen im Juli 1936 die »Moorsoldaten« Bäume fällen, graben und zimmern.[47] Die Arbeit wurde noch dadurch erschwert, dass skrupellose Kriminelle (Grüne) sie bewachten. Während der gesamten nationalen Phase bevorzugte die SS systematisch die Grünen, sie wurden zur Bewachung der deportierten Häftlinge aus den Stammlagern geholt.

Oder nehmen wir das Beispiel Buchenwald. Am 19. Juli 1937 trafen 149 »Berufsverbrecher« aus Sachsenburg auf dem acht Kilometer von Weimar entfernt gelegenen Ettersberg ein, am nächsten Tag kamen noch einmal 60 Grüne hinzu. Das Gelände bot einige Tükken: Es war schwierig zu bearbeiten, das Klima war ungesund. Am 27. Juli trafen die ersten politischen Häftlinge ein, darunter sieben Zeugen Jehovas, drei Tage später noch einmal 600 Häftlinge aus dem Lager Lichtenburg. Am 6. August, keine drei Wochen später, drängten sich bereits 1400 Häftlinge, alles Deutsche, dort zusammen. Es gab keinerlei Gebäude für sie. In der Zeit vom 15. Juli 1937 bis zum 28. Februar 1938, mit vier Appellen täglich, 14 Stunden Arbeit, sieben Tage in der Woche, nahezu ohne Werkzeuge, erbauten die Häftlinge das Lager Buchenwald: fünf aus Stein errichtete Blöcke, 34 Holzbaracken in Fünferreihen, umgeben von einem elektrisch geladenen Stacheldrahtzaun.[48]

II. Erste Stabilisierung: 1937–1939. Auf die Gründungsphase folgte eine Phase der Stabilisierung, in der sich die Lage besserte. In der *nationalen Phase* beherbergten die Lager hauptsächlich Deutsche und hatten überwiegend noch eine erzieherische Funktion. Das Leben war hart, aber keineswegs die Hölle auf Erden. Margarete Buber-Neumann schildert ihren ersten Eindruck, nachdem sie aus dem GULag nach Ravensbrück gekommen war:

»Dann hatte jede Baracke einen Waschraum, mit Waschbecken und Fußwannen, eine Toilette ... So eine Ravensbrücker Baracke schien mir ein Palast, wenn ich an die Lehmhütten in Burma [Sibirien] zurückdachte. Man bedenke nur, eine Toilette und ein Waschraum! Tische und Schemel und Schränke! In ganz Karaganda gab es für Häftlinge weder einen Tisch noch einen Stuhl. Aber nun erst der Schlafsaal mit seinen sieben, damals noch zweistöckigen Bettenreihen, wo jeder Häftling sein eigenes Bett mit einem Strohsack besaß! Mein Bett lag oben in der ersten Etage.«[49]

Ausgelegt waren die Baracken von Ravensbrück für jeweils 100 Frauen. 1940 hausten bereits 250 in einer Baracke, wenig später mehr als 500.

III. Verschlechterung: 1939 bis Ende 1942. Der Krieg führte zu einer allgemeinen Verschlechterung der Verhältnisse. Der Anstieg der Häftlingszahlen und die Kriegswirtschaft hatten drastische Kürzungen der Essensrationen zur Folge, die bereits alles andere als üppig waren, weil die SS großzügig Lebensmittel abzweigte. In den Lagern herrschte Hungersnot, die Todesraten schossen in die Höhe.

IV. Zweite Stabilisierung: 1942 bis Sommer 1944. In diesem Zeitraum veränderten sich die Verhältnisse grundlegend. Der gescheiterte Russlandfeldzug veranlasste die Verantwortlichen in Deutschland, die Leitung der Konzentrationslager zu überdenken. Auf den Blitzkrieg folgte der totale Krieg; die Häftlinge sollten nun als kostenlose Arbeitskräfte für die Kriegswirtschaft ausgebeutet werden. Von 1942 an verbesserten sich die Lebensverhältnisse in den Konzentrationslagern merklich. Dazu trug auch bei, dass in dieser Phase immer mehr Häftlinge mit roten Winkeln anstelle der Grünen Funktionen in den Lagern übernahmen: Weil es nun auf die Leistung ankam (Strafe und Schikanen traten in den Hintergrund), wählte die SS – selbstverständlich ohne dass ihr dies bewusst war – vermehrt politische Häftlinge aus, die besser organisieren konnten als die Grünen und von ihren Mithäftlingen eher akzeptiert wurden. Um die Leistungsfähigkeit zu steigern, wurden Erleichterungen gewährt. Bestimmte Kategorien von Häftlingen durften Pakete empfangen, Bordelle wurden eröffnet, Kultur- und Sportveranstaltungen erlaubt. Hie und da erreichten die Häftlinge sogar Verbesserungen ihrer Arbeitsbedingungen.

V. Die Auflösung: 1944–1945. Die schlimmste Zeit, vor allem für die Juden, war die Phase, in der das System der Lager zerfiel. Von Herbst 1944 bis Mai 1945 wurden die Verhältnisse in den Lagern im wahrsten Sinn des Wortes apokalyptisch. Im Lager Ravensbrück hatte es 1940/41 »nur« 47 Todesfälle gegeben, 1944 starben pro Tag rund 100 Menschen, nicht mitgezählt jene, die vergast oder mit Giftinjektionen umgebracht wurden.[50] Ende 1944 wurde Buchenwald gebeten, keine Transporte mehr nach Bergen-Belsen zu schicken, Bergen-Belsen musste versuchen (wie die anderen Lager auch), irgendwie »sein Problem der Überbelegung zu lösen«. In Buchenwald waren 20 000 Häftlinge in 17 behelfsmäßig zusammengezimmerten Baracken zusammengepfercht. Ab Oktober 1944 rafften Ruhr und Typhus täglich Hunderte dahin. Von Dachau bis Bergen-Belsen, überall spielten sich die gleichen grauenvollen Szenen ab. Die durch die massenweise Überstellung von Juden aus den Lagern im Osten verursachte Überbelegung verwandelte die Baracken in regelrechte Sterbesäle. Im März 1945 vegetierten in Buchenwald 80 000 Menschen![51] Die Häftlinge, gezeichnet von Hunger und Krankheiten, waren bald nur noch Haut und Knochen mit fiebrigem Blick. Sie starben wie die Fliegen. Diesen Anblick filmten die britischen, amerikanischen und sowjetischen Befreier. In Mauthausen starben in den letzten Monaten 45 000 Häftlinge. Insgesamt kamen 250 000 bis 350 000 Deportierte – über die Hälfte Juden – teils bei der überstürzten Räumung der Lager im Osten (auf den Todesmärschen) um, teils infolge der katastrophalen Zustände in den völlig überfüllten Lagern, die sie »aufnehmen« sollten.[52]

III. Wer? Eine hierarchische/feudale Gesellschaft

Die Gesellschaft in den Konzentrationslagern bestand aus drei »Ständen« und war definitionsgemäß ungleich. Die Spitze der sozialen Leiter bildete die Herrenkaste, die SS, sie herrschte uneingeschränkt über eine recht- und besitzlose Masse, mit der man nach Belieben verfahren konnte, weil sie als minderwertig angesehen wurde, Werkzeuge im Dienste der Stärkeren. Zwischen diesem höchsten Stand (den Halbgöttern) und dem niedersten (den Untermenschen) schob sich eine Schicht von Aristokraten, »Prominenten« oder Kapos, unverzichtbare Zwischenglieder, ohne die das Räderwerk nicht funktionieren konnte. Sie waren zwar nur die gehorsamen Marionetten der SS und entstammten selbst der Masse der Lagerinsassen, aber sie bildeten bald eine eigene Kaste, die eifersüchtig über ihre Macht und ihre Privilegien wachte und sich aktiv an den Tötungen beteiligte.

Wie wurde jemand Kapo? Man könnte auch fragen, wie jemand Henker wird. Um diese Frage zu beantworten, müssen mehrere Aspekte betrachtet werden. Ein Aspekt ist die Systematik der farbigen Winkel. Sie ist sehr aufschlussreich.

Theoretisch waren alle Häftlinge in den Konzentrationslagern den gleichen Regeln unterworfen. Doch die Nationalsozialisten hatten ein ebenso einfaches wie einzigartiges System, das es ihnen erlaubte, die Häftlinge zu allen möglichen Zwecken zu unterscheiden. Das System wurde 1936 eingeführt, als die ersten Strafhäftlinge in die Lager kamen. Sie wurden wie Vieh gekennzeichnet, jeder Häftling war verpflichtet, gut sichtbar sein Erkennungszeichen zu tragen: eine Nummer und einen farbigen Dreieckswinkel, der links auf die Jacke und rechts in Höhe des Oberschenkels auf das Hosenbein aufgenäht war. In Auschwitz – und nur dort – wurden den Häftlingen die Nummern auf den linken Unterarm tätowiert. Von 1941 bis 1943 galt das nur für die Juden, ab 1943 wurden alle Häftlinge tätowiert, allerdings mit Ausnahme der Reichsdeutschen.[53] Die Systematik der Farben, Winkel und Unterscheidungszeichen war sehr wichtig, denn sie diente nicht nur der bürokratischen Klassifizierung, sondern auch und vor allem der Diskriminierung und Dissoziation. Die Kategorisierung der Häftlinge erleichterte die Machtausübung und die Arbeitsverteilung. Die Kategorie des Häftlings entschied über dessen Zugang zu Positionen in der Selbstverwaltung der Lager, über materielle Vorteile und die Zuweisung zu diesem oder jenem Kommando.

Negative Kennzeichnung

Die »Kriminellen« wurden mit einem grünen Winkel gekennzeichnet, die »Asozialen« mit einem schwarzen, Emigranten mit einem blauen, »Zigeuner« mit einem braunen oder einem schwarzen, die Zeugen Jehovas mit einem violetten, die Homosexuellen mit einem rosafarbenen und die Juden mit einem gelben Winkel. Die »Politischen« wurden anfangs nicht gekennzeichnet, erst 1937 bekamen sie einen roten Winkel.

Die Juden, die nicht in erster Linie aus rassischen Gründen festgenommen worden waren, trugen manchmal den gelben Winkel mit umgekehrter Spitze unter einem anderen Winkel – je nachdem grün, rot, rosa und so weiter –, sodass es wie ein Davidstern aussah. Ausländische Staatsangehörige, die meist aus »politischen« Gründen deportiert wurden, erhielten zu einem roten Winkel zusätzlich einen Buchstaben für ihr Herkunftsland: F für Frankreich, P für Polen, S für Spanien.

Angehörige einer Strafkompanie waren mit einem schwarzen Punkt über der Winkelspitze gekennzeichnet, »Rassenschande« wurde mit einem querstehenden Dreiecksrand angezeigt. Fluchtverdächtige bekamen eine Art rot-weiße Zielscheibe auf Brust und Rücken – entweder aufgemalt oder aufgenäht. In ihrem Wahn ging die SS sogar so weit, dass sie die geistig Zurückgebliebenen eigens kennzeichnete. Sie mussten eine Armbinde mit einer Aufschrift tragen, die an Deutlichkeit nichts zu wünschen übrig ließ: »blöd«.

Manche Häftlinge trugen Winkel in Regenbogenfarben, zum Beispiel wenn jemand gleich mehrere Makel in sich vereinte: Jude, kriminell und homosexuell, aus dem einen oder anderen Grund einer Strafkompanie zugewiesen und verdächtig, die Flucht zu planen.[54] Die Häftlinge, die in »Nacht und Nebel«-Aktionen festgenommen worden waren, wurden mit breiten Streifen markiert und bekamen auf dem Rücken ein Kreuz, rechts und links davon das NN (für »Nacht und Nebel«), die beiden N fanden sich auch auf den Hosenbeinen.

Positive Kennzeichnung

Die Funktionshäftlinge waren auf den ersten Blick zu erkennen. Zunächst einmal waren sie sauber, in der Welt der Lager keineswegs eine Selbstverständlichkeit. Einige trugen sogar maßgeschneiderte Kleidung. Zudem waren sie mit Armbinden oder Mützen gekennzeichnet. Die »Polizistinnen« von Ravensbrück hatten wie die Vorarbeiter der Arbeitskolonnen rote Armbinden. Damit war für jeden im Lager unübersehbar, dass diese besonderen Wesen einer

Elite angehörten, einer eigenen Kaste, die der SS näher stand als den übrigen Lagerinsassen. Wie Sofsky schreibt, galt die Regel: Je weiter entfernt eine Kategorie von Häftlingen von der SS war, desto geringer ihr sozialer Rang und desto höher der Vernichtungsdruck. Umgekehrt hieß das, je näher an der Macht sich eine Klasse von Häftlingen befand, desto größer war ihre Überlebenschance.

Diese latenten Unterschiede zwischen den einzelnen Häftlingskategorien wurden freilich mit dem oben beschriebenen Symbolsystem der unterschiedlichen Zeichen und Farben nicht vollständig erfasst. Vier Variablen müssen darüber hinaus berücksichtigt werden.

Rasse im engeren Sinn

Die »Rassenzugehörigkeit« bestimmte die sozialen Beziehungen in den Konzentrationslagern. Alles beherrschend war der erklärte Gegensatz zwischen dem echten Menschen (dem Arier), dem »Untermenschen« (dem Nichtarier, insbesondere dem Slawen) und dem Nichtmenschen (dem Juden). Die Kommunisten und deutschen Strafhäftlinge waren für die Nationalsozialisten zwar Abschaum, gefährlich und verachtenswert, aber sie waren immer noch Deutsche, dank ihrer Gene und von Gesetzes wegen Träger der Größe ihrer Rasse, und berechtigten zu Hoffnungen. Das Gleiche oder fast das Gleiche galt für die Österreicher und andere Arier. Ganz unten am Fuß der Leiter standen die Slawen, denen die NS-Ideologen allenfalls den Status von Heloten zubilligten.

Für die Juden war in dieser Ordnung kein Platz: Sie wurden ganz einfach nicht als menschliche Wesen betrachtet. Bezaut berichtet einen Vorfall, der sich in Sachsenhausen ereignete. Ein SS-Mann betritt eine Baracke:

»Warum hast du keinen Buchstaben über deinem roten Winkel?« Der Jude steht stramm und blickt den SS-Mann unterwürfig an: »Weil ich Deutscher bin, Herr Blockführer.« Er hat den Satz noch nicht einmal beendet, da trifft ihn schon ein Fausthieb ins Gesicht. Er versteht nichts ... »Was bist du?« – »Deutscher, Herr Blockführer.« Diesmal landet er auf dem Boden. »Was bist du?«, wiederholt der Blockführer. »Ich bin ... Jude, Herr Blockführer.« – »Na endlich, das wurde auch Zeit, ich hätte dich auf der Stelle totgeschlagen, wenn du gewagt hättest, weiter zu behaupten, dass du Deutscher bist ... Es gibt Deutsche ... Sie sind Arier ... Sie sind Nationalsozialisten ... Dreckige Juden wie dich schicken die Deutschen in Konzentrationslager zur Vernichtung. Du bist auch bald dran, geh!« Der SS-Mann geht weg, dreht sich aber noch einmal um: »Wo kommst du her?« – »Aus Jena, Herr Blockführer.« – »Beruf?« – »Ich war Kommandant, Herr Blockführer.« Der SS-Mann spuckt auf den Boden und geht endgültig.[55]

Ein Deutscher konnte auf den rechten Weg zurückgebracht werden. Durch seine Rasse, seine Herkunft, seine Gene bewahrte er etwas von dem göttlichen Funken, dem heiligen Feuer, es schlummerte in ihm und konnte durch die richtige Behandlung wieder entfacht werden. Davon waren die NS-»Wissenschaftler« überzeugt. So führte im Herbst 1944 Dr. Carl Vaernet, ein SS-Sturmbannführer dänischer Abstammung, in Buchenwald Experimente durch, um Homosexuelle zu »heilen«. Er tat dies mit ausdrücklicher Genehmigung von Himmler und SS-Gruppenführer Dr. Grawitz. Vaernets Versuche bestanden hauptsächlich aus Injektionen mit synthetischen Hormonen in die rechte Leiste des »Kranken«; angeblich sorgten die Hormone dafür, dass der Betreffende wieder zur normalen Sexualität zurückkehrte.[56] Die Experimente mit den Homosexuellen zielten paradoxerweise auf ihre »Erlösung« ab. Kastration, die Verabreichung von Testosteron und anderen Hormonen, erzwungener Geschlechtsverkehr mit Prostituierten (in Flossenbürg holte man Frauen aus Ravensbrück): all dies war Teil der Behandlung, um das »Laster« zu »heilen«. Die Behandlungsversuche wurden intensiviert, als man mehr Arbeitskräfte brauchte. Für die Homosexuellen in Sachsenhausen gab es zwei Auswege: Wenn der Betreffende bei einer Prostituierten erfolgreich war, durfte er hoffen, dass er das Lager verlassen konnte und einer Fabrik zugewiesen wurde. Wenn er versagte, musste er in die Kastration einwilligen und wurde dann an die Front geschickt.[57] NS-Deutschland brauchte Arbeiter und Soldaten. Alles war darauf ausgerichtet, zu verhindern, dass wertvolle deutsche Erbanlagen verloren gingen. Deshalb deportierten die Nazis auch keine Lesbierinnen. Sie konnten ja Kinder gebären.

Gegenüber seinen eigenen »Kindern« erwies sich das Dritte Reich gelegentlich als großmütig. Im September 1938 und dann erneut zu Ostern 1939 schlug das Regime den Zeugen Jehovas einen Handel vor: Freiheit, wenn sie ihren Überzeugungen abschworen. Das Ergebnis war ernüchternd für die Behörden: Die überwältigende Mehrheit lehnte den Handel ab. Das kam sie teuer zu stehen, denn wenn das Regime schon eine Schwäche für seine Zöglinge zeigte, wurde es unerbittlich, wenn diese die ausgestreckte Hand nicht ergriffen und trotzig bei ihrer »Verirrung« blieben. Am 6. September 1939 wurden sie alle, nachdem sie den Dienst an der Waffe verweigert hatten, in Konzentrationslager deportiert, und von Anfang an wurde verfügt, dass das Krankenrevier für sie verschlossen blieb. Mit wenigen Ausnahmen hielten sie bis zur Befreiung der Lager an ihren Überzeugungen fest.

Keineswegs alle Deportierte legten die gleiche Standhaftigkeit an den Tag. Bis 1939 gab es durchaus Entlassungen aus Konzentrationslagern. Im Allgemeinen kamen diese Wohltaten Kriminellen zugute, aber hin und wieder erhielt auch ein Kommunist einen Entlassungsschein. Julius Streicher hatte es sich zum Ziel gesetzt, jedes Jahr zu Weihnachten zwei Dutzend »Rote« in die Volksgemeinschaft zurückzuführen. Bei anderen Gelegenheiten ließ der Staat aus Propagandazwecken Häftlinge in großer Zahl frei. So erhielten etwa im April 1939 aus Anlass von Hitlers 50. Geburtstag 2300 Häftlinge aus Buchenwald – in der Mehrheit Asoziale – ihren Entlassungsschein.[58] Kogon zufolge wurden in den zwölf Jahren der NS-Herrschaft rund 200 000 Häftlinge freigelassen.[59]

Nach Stalingrad wurden Häftlinge mit grünem Winkel in SS-Verbände integriert. Je weiter sich die Situation verschlechterte, desto mehr deutsche Häftlinge versuchte die SS für ihre Einheiten zu rekrutieren, bevorzugt Kriminelle. In den Lagern wurde an die (deutschen) Häftlinge appelliert, sie sollten in die Wehrmacht und in SS-Verbände eintreten. Zunächst wurde den politischen Häftlingen und den Arbeitern, die in den Rüstungsfabriken der Konzentrationslager unverzichtbar waren, die »Ehre, Waffen zu tragen« verweigert, doch im Herbst 1944 hob Himmler auf Ersuchen von SS-Obersturmbannführer Oskar Dirlewanger diese Beschränkung auf. Im Sommer 1944 erging ein Schreiben an alle Lagerkommandanten mit der Anweisung, so viele deutsche und österreichische Häftlinge wie möglich für die SS-Sondereinheit Dirlewanger zu rekrutieren, die sich bereits bei der Niederschlagung des Aufstands im Warschauer Ghetto hervorgetan hatte. Nur wenige politische Häftlinge nahmen das Angebot an. Anfang November 1944 wurden in Dachau 194 Freiwillige für die Sondereinheit entlassen. Im Rahmen dieser Aktion schlug Dr. Wirth hinter den Mauern des »Krankenreviers« von Auschwitz dem »reinrassigen Deutschen« Hermann Langbein vor, in die SS einzutreten. Es sei möglich, eröffnete Wirth ihm, Häftlinge, die zur vollen Zufriedenheit gearbeitet hätten, in die SS aufzunehmen. Der mustergültige Sanitätsschreiber Langbein, der Deutschland und seiner Armee zu Hilfe kommen sollte, war nichts Geringeres als ein Führungsmitglied des inneren Widerstands. Und er war Halbjude. Wäre das herausgekommen, hätte er damit rechnen müssen, »die lange Stufenleiter vom privilegierten Deutschen bis zu dem auf der untersten Stufe befindlichen Juden hinuntergestürzt zu werden«.[60]

Nicht nur das Militär reichte den Deutschen eine hilfreiche Hand. Manche Häftlinge fanden gleich nach der Freilassung eine Beschäftigung im zivilen Leben.[61] Wie Langbein mit Blick auf seinen Fall schreibt, genossen Deutsche und Österreicher Privilegien in den Lagern: »Ich wurde daher vom täglichen Kampf um das Elementarste nicht erdrückt … [Ich hatte] keine schwere körperliche Arbeit, stets ein Dach über dem Kopf, keinen Hunger, konnte mich waschen und sauber kleiden.«[62] Nicht ohne boshafte Hintergedanken appellierten die Behörden an die nationale Solidarität der deutschen Häftlinge, was zur Folge hatte, dass sie von den anderen Lagerinsassen isoliert waren. »Selbst im Konzentrationslager sollten wir uns als Glieder des Herrenvolkes fühlen«, meinte Ella Lingens. Und manche, wie der Kapo Karl Bracht, ein deutscher Kommunist, der seit 1936 in Haft war, zögerten nicht, sich stolz als bevorzugte Helfer und gute Untergebene zu betrachten.[63]

Der französische Priester Jean Kammerer, Häftling in Block 26 in Dachau, wo Priester unterschiedlicher Nationalität untergebracht waren, auch viele Deutsche, stellte fest: »Man darf nicht vergessen, dass die deutschen Priester, obwohl sie auch Gegner waren, auf der von Hitler ersonnenen Leiter nicht bis auf die Stufe von ›Untermenschen‹ sinken konnten: In ihren Adern floss das Blut der deutschen Rasse!«[64] Und Kammerer fragte sich, ob manche von ihnen nicht im Laufe der Zeit zu der Überzeugung gelangten, dass sie tatsächlich überlegen waren und auf einer höheren Stufe standen als die anderen. Seine Mithäftlinge erschienen ihm in erster Linie als Deutsche: »Wer keine Arbeit in einer Schreibstube hatte, kochte von morgens bis abends auf dem Herd in der Stube, und wir rochen den ganzen Tag Gebratenes, Würste, was sie nur sehr selten teilten.«[65] Mit einem Kameraden aus der Region Franche-Comté, Just Besançon, überraschte er einmal einen deutschen Priester, der ein großes »kaum angeschimmeltes« Stück Kuchen in den Abfall warf. Auf die Frage, warum er so etwas Unsinniges getan habe, erhielt Kammerer anstelle einer Antwort nur ein paar Krümel, die der deutsche Amtsbruder in seinen Blechnapf rieseln ließ. 1965 schilderte Kammerer, noch immer tief verletzt, den Vorfall in einem Beitrag für *Témoignage chrétien*. Er gab seiner Erinnerung an diese schrecklichen Tage die Überschrift: »Homo homini lupus, sacerdos sacerdoti lupissimus.«[66]

Die Variable Nationalität

Ohne Zweifel stellten die Deutschen und die Österreicher von 1933 bis 1945 die Aristokratie in den Konzentrationslagern dar. Doch durch den Krieg und den massiven Zustrom von Deportierten aller Herren Länder und aller Nationalitäten sahen sich die KZ-Verwaltungen bald gezwungen, Posten auch mit Nichtdeutschen zu besetzen. In dem Maße, wie die deutsche Wehrmacht vorrückte, stiegen die Häftlingszahlen an, und in den Lagern sammelte sich bald ein babylonisches Völkergemisch. Nehmen wir das Beispiel Dachau. Im April 1945, dem Monat seiner Befreiung, befanden sich Häftlinge aus 38 Ländern in dem Lager. Ganz Europa und die Sowjetrepubliken waren vertreten: 15 000 Polen, 13 500 Russen, 12 000 Ungarn – vorwiegend Juden –, 6000 Deutsche, 5700 Franzosen, 3400 Italiener, 3200 Litauer, 1974 Tschechen, 1700 Slowenen, 990 Belgier, 830 Holländer, 800 Kroaten, 500 Serben, dazu Griechen, Spanier, Letten, Luxemburger, Türken, Norweger, Rumänen, Bulgaren, ein paar Engländer, Schweizer, sogar zwei Chinesen und ein Iraner.[67]

Die Deutschen hatten zwar bis zum Schluss einen besonderen Status und waren die dominierende Gruppe, aber daneben erlangten bestimmte Nationalitäten die Gunst der Lagerleitung. In der Regel konnten Nichtdeutsche nur dann Funktionen im Lager übernehmen, wenn es keine deutschen Kandidaten dafür gab. In der Hierarchie der Nationalitäten profitierten nach den Deutschen und natürlich den Österreichern die Luxemburger und die Tschechen von einem positiven Vorurteil. Die Tschechen als germanisierte oder »germanisierbare« Slawen wurden im Gegensatz zu den Russen und den Polen nicht als Untermenschen betrachtet, gar nicht selten wurden Tschechen sogar begehrte Posten als Übersetzer, Schreiber und Ärzte übertragen. Dänen, Norweger und Flamen wurden wegen ihrer angeblich arischen Wurzeln ebenfalls umworben. Einen der unteren Ränge in der Hierarchie der Nationen nahmen die Franzosen ein, noch schlechter wurden die Italiener behandelt. Ganz unten in der Hierarchie standen die »echten Untermenschen«: Russen, Zigeuner und Juden.[68] Die Polen bildeten eine Ausnahme von der Regel: Die große Mehrheit der polnischen Häftlinge gehörte zu den Gedemütigten und Verhöhnten, doch ein Teil der Polen stieg rasch auf begehrte Posten in der Verwaltung auf. Im Allgemeinen verdankten die Polen ihre Beförderung der Tatsache, dass sie, obwohl sie als eine minderwertige Rasse betrachtet und auch so behandelt wurden, in den ersten Monaten nach Kriegsausbruch die Mehrheit der Lagerinsassen stellten. Manche stiegen bis zum Rang eines Blockältesten oder Kapos auf. In Neuengamme waren ein Viertel der Häftlinge Polen, sie nahmen im Lager das Heft in die Hand – zusammen mit den Russen. In Ravensbrück, schreibt Germaine Tillion, »hatte die Lagerleitung gelernt, mit den Polinnen auszukommen und dieser zahlenmäßig stärksten, am längsten im Lager befindlichen, robustesten und am meisten solidarischen nationalen Gemeinschaft kleine Posten innerhalb der lagerinternen Hierarchie zu übertragen«.[69]

Kein Angehöriger der Nationalitäten am Fuß der Leiter, darunter die Russen und die Franzosen, kam weiter als bis zum Rang eines Vorarbeiters. Juden gelangten erst in der letzten Phase auf bestimmte Funktionsstellen und nur deshalb, weil sie den Großteil der KZ-Insassen ausmachten. Ab Februar 1944 war in Birkenau und Monowitz – aber nicht in Auschwitz I – die Hälfte der Schreiber Juden. Doch die höchsten Ränge der Hierarchie blieben für sie weiterhin versperrt. In Neuengamme schikanierten die polnischen Funktionshäftlinge – die Polen waren in der Mehrheit – die Franzosen, in ihren Augen allesamt Verräter, kollaborierte doch das Vichy-Regime mit den Nationalsozialisten. Kein Franzose gelangte dort in eine Funktionsstelle.

Obwohl die rassistische und nationalistische Betrachtungsweise von der SS vorgegeben war und die Deutschen sie umsetzten, verinnerlichten die Lagerhäftlinge sie weitgehend. Ihr Hass durfte sich nicht gegen die Gruppe richten, der er logischerweise galt: gegen ihre nationalsozialistischen Henker. Also suchten sie einen Ausweg, ein Ventil, und sie fanden es in der Wiederbelebung alter religiöser und nationaler Gegensätze und ältester Vorurteile. Dies wurde noch dadurch erleichtert, dass ihre Unterdrücker sie auf diesem Weg bestärkten. So betrachteten die meisten Deutschen die Polen als Faschisten, und in den Augen der Polen war jeder Deutsche, auch ein deutscher Kommunist, ein Feind.[70] In Ravensbrück hielten die meisten Kommunistinnen der verschiedenen Nationalitäten nicht viel von »ihren« deutschen Genossinnen: Die KPD stand nicht auf gleicher Stufe mit den anderen Parteien, da die Deutschen keine Revolution gemacht hatten. Die sowjetischen Kriegsgefangenen weckten antirussische und antikommunistische Affekte. Wie Ber Marx schreibt: »Erbitterter Nationalismus und Antisemitismus regierten auch noch tief drinnen in Auschwitz.«[71]

Der Antisemitismus gedieh unübersehbar. Vielen Häftlingen bot er die Chance einer Annäherung an die SS, die nur zu ihrem Vorteil sein konnte: Es kam nicht selten vor, dass deutsche Kriminelle der SS halfen, Juden in die Gaskammern zu treiben. Aber die deutschen Grünen waren keineswegs die Einzigen, die die Juden hassten: Ein Teil der Ukrainer und der Polen – politische Häftlinge, die der ONR angehörten (dem National-Radikalen Lager, einer Gruppierung der antikommunistischen extremen Rechten, die Pogrome durchführte), der ND (der nationalistischen und antisemitischen National-Demokratischen Partei) oder OZON (dem Lager der Nationalen Einheit, einer Partei der extremen Rechten) – stand ihnen in dieser Hinsicht nicht nach. Jeder fand seinen Sündenbock und zog seinen Gewinn daraus. »Erträglich« war die Lage der Juden, wenn sie es mit fortschrittlichen Polen zu tun hatten (Sozialisten, Kommunisten und Demokraten); unerträglich wurde sie, wenn Polen mit krimineller Vergangenheit oder Partisanen mit rechtsextremistischen Vorstellungen das Sagen hatten: Letztere, schildert Ber Marx, beschränkten sich nicht auf antisemitische Agitation, sondern drangsalierten die jüdischen Häftlinge systematisch.[72] Die ND und ein Teil der AK (der polnischen Untergrundarmee) hielten es sogar für ihre »patriotische« Pflicht, alles zu tun, um die Juden von den Funktionsstellen im Lager fernzuhalten.

Diese Zustände sind in dem geheimen Bericht eines Vertreters des inneren Widerstands von Auschwitz (vom 28. Juli 1943) sehr genau beschrieben:

»Ein Teil der Häftlinge versuchte Kontakte zu anderen Nationalitäten zu knüpfen (Tschechen, Russen, Ukrainern, deutschen politischen Häftlingen), um den katastrophalen Eindruck zu zerstreuen, den bestimmte polnische Häftlinge aus nationalistischen Gruppen hinterlassen hatten, Gauner und Angehörige des Bodensatzes der Gesellschaft, die von den Verhältnissen im Lager profitierten, um blutige Rache an Ukrainern, Russen (Kriegsgefangenen) und Juden zu üben. Sie nutzten die Möglichkeiten, die ihre Funktionen ihnen gaben, und töteten ihre Mithäftlinge, anstatt sie zu schützen. Damit waren sie eine wertvolle Hilfe für die Deutschen. Heute gibt es das nicht mehr, auch wenn sich eine bestimmte – nicht sehr große – Gruppe von Polen, die die Vernichtung der Juden befürworten, weiterhin unterwürfig gegenüber den Deutschen verhält. Diese Polen sind sehr aufgebracht über deutsche Politiker, die Juden schützen wollen, sie sehen in ihnen die Glieder einer jüdisch-kommunistischen Verschwörung.«[73]

Eine Augenzeugin, die jüdische Krankenschwester Elzbieta Pikut, die Auschwitz überlebte, indem sie sich als Christin ausgab, schildert, dass der Antisemitismus sich wie ein Krebsgeschwür in die Köpfe ihrer polnischen Kameradinnen fraß. Diese Frauen mussten sich um kranke jüdische Kinder kümmern, und wenn ihre Schützlinge in den Tod geschickt wurden, fanden sie kein Wort des Mitgefühls: »Es sind ja nur kleine Judenbälger! sagten sie.«[74]

Henry Bulawko, ein junger Kämpfer der linkszionistischen Bewegung Hashomer Hatzaïr, ließ an den Polen mit Ausnahme der Kommunisten kein gutes Haar. Er ging sogar so weit, dass er sie alle als geborene Antisemiten bezeichnete.[75] Für Juden und Zigeuner kam so zur körperlichen Qual noch die psychische dazu, denn sie waren isoliert und bekamen die Verachtung der »anderen« zu spüren.

Simone Veil erinnert sich:

»Die Deportierten, die Widerstandsbewegungen angehörten, hielten uns auf Distanz. Es war ihnen sehr wichtig, dass sie nichts mit uns gemein hatten. Bei einer der sehr seltenen Begegnungen im Lager war mir diese Kluft schon aufgefallen, diese Art von Verachtung, die viele uns gegenüber an den Tag legten. So erinnere ich mich, wie am Tag meiner Ankunft in Birkenau oder wenig später Marceline L. und ich durch das Lager irrten, immer bedacht darauf, uns zu verstecken, weil wir dem Arbeitskommando entkommen waren. Ein Block zog uns an, weil wir dort französische Stimmen hörten. Wir freuten uns, Französinnen anzutreffen, und wollten sie kennen lernen. Der Empfang war eine kalte Dusche: Wir waren niedergeschmettert von der Feindseligkeit, mit der sie uns begrüßten, weil wir Jüdinnen waren und weil wir nicht wie sie, die Kommunistinnen, gekämpft hatten. Sie hatten heldenmütig gegen die Nazis gekämpft. Wir hingegen waren nichts. Fassungslos liefen wir davon. Sie waren die Überlebenden des einzigen Transports nichtjüdischer Französinnen. Die Anfangszeit im Lager war sehr hart gewesen, aber inzwischen ging es ihnen deutlich besser als uns.«[76]

Der Jude Stanislaw Taubenschlag wiederum verdankte sein Überleben dem Umstand, dass der polnische Widerstand ihn unerschütterlich beschützte. Wie erwähnt, gab er sich als polnischer Graf aus. Doch eines Tages wurde er von einem der berufsmäßigen Antisemiten enttarnt, die es in Polen in der Vorkriegszeit zuhauf gegeben hatte, einem Mann namens Antek Pitsch – ehemals Redakteur eines antisemitischen Hetzblattes in Lodz mit dem Titel »Sprachrohr. Abhilfe gegen Wanzen und Juden«. Taubenschlags Freunde fingen den Mann gerade noch ab, als er schon auf dem Weg zur SS war: »Gleich nach dem Appell, um halb neun, kam er zur Untersuchung ins Krankenrevier. Dort spritzte man ihm eine Dosis Phenol direkt ins Herz. Im Block wurde gesagt, er sei an einem Herzschlag gestorben. Als meine Kameraden abends lachend und scherzend zu mir kamen, wusste ich nicht, was los war. Nach einer Viertelstunde erzählten sie mir schließlich die Geschichte. Ich dankte ihnen von ganzem Herzen.«[77]

Die schlimmste Verachtung schlug wohl den Zigeunern entgegen, sie waren die Parias.[78] Anders als Höß, der in seinen Erinnerungen behauptet, die Zigeuner seien seine liebsten Häftlinge gewesen, standen sie ganz unten am Fuß der sozialen Leiter.[79]

Hermann Langbein meint, das Vorurteil gegen sie sei noch ausgeprägter gewesen als das gegen die Juden, das sei auch bei den Häftlingen in Auschwitz spürbar gewesen.[80] Bei den Zigeunern trat eine seit dem Mittelalter verschwundene Erkrankung wieder auf, Noma, eine seltene Art von Entzündung mit Geschwüren, »die die Kiefer aushöhlten und krebsartig die Wangen durchlöcherten«. Aber das vielleicht schlimmste Bild boten die Besuche eines neuen Arztes, des berüchtigten Dr. Mengele: »Er hatte die Taschen voll von Bonbons und teilte sie einzeln aus ... Sobald der Lagerarzt erschien, strahlten die Kinder.«[81] Unter den Zwillingen wählte Mengele das Menschenmaterial für seine Versuche aus.

Variable Kategorie (Grund der Internierung)

Bei der negativen Kennzeichnung der Häftlinge verdrängte das ideologische Argument (die »rassischen« Kategorien) das soziale, aber nicht alles ist mit der Rasse zu erklären. Andere Variablen müssen mit einbezogen werden. Natürlich erging es Deutschen besser als Polen, aber auch ein grüner Winkel war besser als ein roter, und der war immer noch besser als ein rosafarbener, Rosa war besser als Gelb, die Buchstaben NN (Nacht und Nebel) waren besser als Braun (Zigeuner). Die Häftlinge mit der Kennzeichnung NN gehörten in gewisser Weise zu den Privilegierten, denn sie waren »Fälle«. Über sie existierte eine Akte, und die politische Abteilung musste über die Entwicklung der Angelegenheit auf dem Laufenden gehalten werden. Allein die Tatsache, dass ein Häftling zu einer der Paria-Kategorien zählte (das waren vor allem Homosexuelle, Juden und Zigeuner), war eine Garantie dafür, dass er im Lager besonders zu leiden hatte und den schlimmsten Kommandos zugewiesen wurde. Während die Juden »routinemäßig« misshandelt wurden, erlebten die Homosexuellen »gezielte« Grausamkeit.[82] Als reichte es nicht aus, dass sie Opfer der Nazis waren, wurden sie auch noch von den anderen Häftlingen schikaniert, vor allem von den Strafgefangenen. Um zu überleben, mussten sie sich prostituieren. Viele Kapos und andere Angehörige der »Prominenz« nahmen die Dienste eines »Puppenjungen« in Anspruch oder, wie man in den Lagern sagte, eines »Pipel«.[83]

Beim Aufbau der Lager Gusen und Mauthausen und für die Arbeit in den angrenzenden Steinbrüchen wurden hauptsächlich die Parias ausgewählt, sie konnte man nach Belieben schinden und ausbeuten: Zigeuner, Zeugen Jehovas, sowjetische Kriegsgefangene, Juden. Beim Bau der Buna-Fabriken in Monowitz wurden nur Juden eingesetzt, genauso bei den Arbeiten in den Minen in Hersbrück und Leitmeritz, den beiden größten Außenkommandos von Flossenbürg. In Buchenwald waren Juden für den Latrinendienst zuständig, sie hießen »Kolonne 4711« nach dem bekannten Eau de Cologne. Als Haushaltshilfen holten sich die SS-Führer am liebsten Bibelforscherinnen.[84]

Grüne Winkel gegen rote Winkel

Die politischen Häftlinge wurden als erste in die Machtausübung im Lager einbezogen, einfach weil sie in den Jahren 1933–1936 die überwältigende Mehrheit der Lagerinsassen bildeten. Doch nach und nach entglitt ihnen die Macht, hauptsächlich infolge des massiven Zustroms so genannter »Befristeter Vorbeugungshäftlinge« (BVer) ab 1936, der »Grünen« bzw. »Kriminellen«.

Die Häftlingszahlen stiegen an, die Welt in den Lagern wurde vielfältiger, das bis dahin bestehende empfindliche Gleichgewicht wurde gestört: Die politischen Häftlinge, die ihre Vorrechte – gleichbedeutend mit Privilegien – behalten wollten, gerieten mit den Neuankömmlingen aneinander, die kein Hehl aus ihrer Absicht machten, möglichst viele Positionen in der Lagerhierarchie zu besetzen. Zwischen den beiden Gruppen entbrannte ein Kampf um die Macht, und er war um so erbitterter, als in den Lagern jeder kleinste Anteil an der Macht ein Pfand für das Überleben war. Der Ausgang des Kampfes war umso ungewisser, als die SS je nach Situation und ihren Wünschen bald die eine, bald die andere Seite stärkte.

Nachdem die SS mangels Alternative mit politischen Häftlingen hatte zusammenarbeiten müssen, setzte sie nun auf die Kriminellen. Auf allen Positionen, die mit der Durchsetzung von Disziplin zu tun hatten, war das Gemisch aus Kriminellen, Gaunern und Menschen mit unerwünschtem Sexualverhalten, das die große Masse der Häftlinge mit dem grünen Winkel ausmachte, mit Abstand am effektivsten. Ein altgedienter SS-Mann, Untersturmführer Maximilian Grabner, Leiter der politischen Abteilung in Auschwitz, hielt stets ein »Gefolge aus Strafhäftlingen« bereit, die er »bei jeder Gelegenheit auf die politischen Häftlinge (losließ)«. Von Höß ist der Ausspruch überliefert, im Lager seien zehn grüne Funktionshäftlinge besser als 100 Mann SS.[85] Der SS-Mann Hans Aumeier räumte ein, »in Auschwitz wurden für die Posten der Blockältesten Häftlinge mit sadistischen Neigungen ausgesucht«. Meistens waren es Strafhäftlinge.

Mit Ausbruch des Krieges erstarkten die »Grünen« in den Lagern. Es kamen viele Polen, über die David Rousset schrieb: »Sie sind alle durch und durch konservativ, glühend russenfeindlich, sie hassen die Deutschen ... aber sie sind weich und unterwürfig gegenüber den Herrn, solange ihnen die Macht nicht entzogen wird, freudig und entschieden antisemitisch bis an die Grenze, dass es Pogrome in den Lagern gegeben hätte.« Nach den Polen kamen die Ukrainer, die Balten und die Russen, meistens Arbeiter und Bauern, die Zwangsarbeit in den Fabriken leisteten, in denen sie wegen irgendwelcher Delikte festgenommen worden waren. Mit dieser zweiten Welle trafen Personen aller Nationalitäten in den Lagern ein; sie hatten in Deutschland als Freiwillige oder Dienstverpflichtete gearbeitet und waren dann wegen Diebstahl, Schwarzhandel, Verstößen gegen Arbeitsvorschriften, illegalen Reisen, Fluchtversuchen oder sexuellen Kontakten mit Deutschen interniert worden.

Die schrittweise Machtübernahme durch die Grünen wurde noch dadurch erleichtert, dass sie sich zumindest bis 1942 rasch als Hilfstruppen des Lagerkommandanten unentbehrlich machten. Die Lagerkommandanten blieben zwar lange auf einem Posten, aber nicht die einfachen SS-Männer, die, wenigstens zu Anfang, nur ein Jahr blieben. Es war durchaus üblich, dass ein Neuankömmling der SS von den Grünen über die Gepflogenheiten des »Hauses« informiert wurde und sie, die Eingeweihten, ihm als Wegweiser und Vorbilder dienten.

Die erste Bewachermannschaft im neu errichteten Lager Mauthausen bestand aus Strafhäftlingen aus Oranienburg. Ebenso verfuhr man in Flossenbürg 1938: Dort setzte man Strafgefangene aus Dachau und Buchenwald ein.[86] In Stutthof mussten Kriminelle, größtenteils Polen, das Lager aufbauen: In der Nacht des 31. August 1940 wurden 1500 Polen eigens zu diesem Zweck in Danzig festgenommen. 1941 wurden erneut Strafhäftlinge von Buchenwald nach Auschwitz überstellt, damit sie dort Funktionen als Blockälteste und Kapos übernahmen. Am 7. April 1941 kam aus Oranienburg die Mitteilung, der Reichsführer SS habe angeordnet, beim Aufbau und der Einrichtung des neuen Lagerkomplexes Polen zu verwenden, hauptsächlich polnische Berufsverbrecher. Am 28. April 1941 wurden in Ausführung dieser Anweisung 20 Häftlinge aus Dachau nach Auschwitz überstellt, 20 weitere aus Mauthausen, sechs aus Flossenbürg, vier aus Neuengamme und 16 aus Buchenwald. Als am 29. September 1942 jüdische Frauen aus Ravensbrück nach Birkenau gebracht wurden, schickte man Strafhäftlinge als Bewacher mit.

Die Strafhäftlinge besetzten in den Konzentrationslagern nach und nach die Schalthebel der Macht, und es schien, als hätten sie definitiv den Sieg über ihre Gegner davongetragen. Sie kontrollierten die Bewachungs- und Versorgungseinrichtungen in Flossenbürg, Mauthausen, Groß-Rosen, Auschwitz und Majdanek. Und sie profitierten reichlich davon. David Rousset berichtet, manche Kriminelle seien dank gefälschter Atteste aus dem Krankenrevier in Buchenwald von jeglicher körperlicher Arbeit befreit gewesen. Diese »Rentiers« belegten unberechtigterweise zwei Blocks, die eigentlich für Kranke reserviert gewesen waren.[87]

Sieg der roten Winkel

Die Roten hatten eine Schlacht verloren, aber nicht den Krieg. Als sie schon endgültig geschlagen schienen, zählten sie ihre Reihen durch, organisierten sich neu und warteten auf den richtigen Zeitpunkt für den Gegenangriff. Der Kampf war für sie eine Frage von Leben und Tod, und sie ruhten nicht, das verlorene Terrain zurückzuerobern. In der zweiten Runde bekamen sie einen mächtigen Verbündeten: den Krieg. Und mehr noch als der Krieg, der ins Stocken geriet, half ihnen die neue Rolle, die Berlin künftig den Konzentrationslagern in Wirtschaft und Produktion zugedacht hatte.

Soweit es um Überwachung und Unterdrückung ging, machten

die Strafhäftlinge ihre Sache sehr gut. Schläge auszuteilen verlangte keine besondere Qualifikation. Aber als sich die Prioritäten verschoben und der Schwerpunkt auf Arbeit und Produktion verlagert wurde, besetzten die politischen Häftlinge Schritt für Schritt wieder die wichtigen Positionen. Im Allgemeinen waren sie gebildet und qualifiziert und deshalb für Leitungsfunktionen geeignet, sie wussten, was Arbeit bedeutet. Millimeterweise eroberten sie das verlorene Terrain zurück. Bald hatten sie den Grünen wenigstens die Bereiche der Macht abgejagt, die für das Überleben wichtig waren.

David Rousset beschreibt am Beispiel von Helmstedt, einem Nebenlager von Neuengamme, wie Funktionshäftlinge ausgewählt wurden.[88] Als dieses Außenkommando eingerichtet wurde, waren die Strafhäftlinge in Neuengamme noch sehr mächtig, aber die Politischen befanden sich auf dem Vormarsch. Unter den Häftlingen, die als Vorkommando nach Helmstedt entsandt wurden, waren auch vier deutsche Kommunisten, die den Auftrag hatten, die Schaltstellen der Macht in dem neuen Nebenlager zu besetzen. In den Berichten, die in Neuengamme eintrafen, war von Chaos und Anarchie die Rede: Rote und Grüne lieferten sich einen erbitterten Kampf. Da die Auseinandersetzungen die Leistungen beeinträchtigten (und ihre Ruhe störten!), beschloss die SS, eine neue Hierarchie in Helmstedt zu etablieren. Zunächst sollte ein neuer Lagerältester ernannt werden, die Auswahl überließen sie den Kapos. Es folgten zähe Verhandlungen – in Gegenwart des Blockführers (SS). Angesichts der Feindschaft zwischen Grünen und Roten und zwischen deutschen und polnischen Strafhäftlingen einigte man sich auf einen Kompromiss: Lagerältester wurde ein österreichischer Grüner, den die Kommunisten unterstützten; im Gegenzug wurde ein polnischer Grüner als Blockältester ausgewählt.[89]

Im Kampf zwischen Roten und Grünen um die Macht waren alle Manöver erlaubt. Das geht aus dem Bericht von Christian Malher hervor, einem Blockältesten in Falkensee (zu Sachsenhausen gehörig):

»Anfang der 40er Jahre, als die ersten Opfer aus den besetzten europäischen Ländern eintrafen, beugten wir uns nicht. Im Gegenteil, wir versuchten, uns zu organisieren, und das war wahrlich nicht einfach. Wir sind große Risiken eingegangen, und viele Genossen haben mit ihrem Leben dafür bezahlt ... Wir mussten die echten Antifaschisten und die echten Patrioten aussortieren, aussuchen und zusammenfassen ... Wir mussten immer an zwei Fronten kämpfen, gegen zwei gleichermaßen furchtbare Feinde. Einmal war da die SS, und dann waren da die anderen Häftlinge, die Helfershelfer der SS, die Päderasten, die Kriminellen und Mörder, und sie waren oft unsere schlimmsten Feinde ... Mit dem Segen der SS waren sie aus den Gefängnissen herausgekommen, wo sie ihre Strafen abbüßten, und nun praktizierten sie in den Lagern ihre Banditenmethoden und erpressten andere. Wir mussten den Kampf aufnehmen, nicht nur um zu überleben, sondern auch um unsere Ideale zu retten ... Um sie zu besiegen, zu vernichten und unschädlich zu machen, mussten wir sie mit ihren eigenen Waffen bekämpfen. Wir haben sie in Gefahr gebracht, wir haben ihnen Fallen gestellt. In den Lagern, ganz besonders in unserem Lager, tobte ein hinterhältiger Kampf, erbittert, ein Krieg im Hintergrund, bei dem alle Schläge mit Hass und Gewalt geführt wurden.«[90]

Dank ihrer organisatorischen Fähigkeiten ersetzten die politischen Häftlinge nach und nach die Kriminellen in der Lagerselbstverwaltung, natürlich ohne dass die SS es gewahr wurde. 1943 verbuchten sie entscheidende Erfolge. 1944, unterstützt durch einen nicht abreißenden Strom von Widerstandskämpfern, feierten sie einen nahezu vollständigen Triumph. Sie »übernahmen« Auschwitz, Mauthausen, Neuengamme, Struthof-Natzweiler und Buchenwald. Keinen Erfolg hatten sie in Groß-Rosen, Flossenbürg und Sachsenhausen – in Sachsenhausen wurden nach einer Untersuchung durch die Reichspolizei 24 deutsche politische Häftlinge, darunter der Lagerälteste Heinz Bartsch, sowie drei Franzosen auf ausdrückliche Anweisung Himmlers erschossen.

Rousset fällt ein sehr positives Urteil über die politischen Häftlinge.[91] Zweifellos waren die Bedingungen in den Lagern, die von Roten verwaltet wurden, deutlich besser als unter der »Regierung« von Grünen. Nun war es endlich möglich, dass Männer, die weder durchschnittliche Kriminelle noch zynische Folterknechte waren, in die Schreibstuben vordrangen und von dort aus den inneren Widerstand organisierten.

Kommunistische Herrschaft

Um zu überleben, musste ein Häftling gute Beziehungen zu Personen weit oben in der internen Lagerleitung pflegen, der illegalen Gemeinschaft im Lager Dienste leisten und aus politischer Sicht etwas darstellen. Kogon schreibt, dass »jeder Kommunist von vornherein bevorzugt [war], da die interne Lagermacht, wenn überhaupt bei den Roten, dann in den Händen der Kommunistischen Partei lag«.[92] Sobald ein Neuankömmling als Kommunist identifiziert war, sorgte man dafür, dass er einem erträglichen Kommando zugeteilt wurde. Im Schlafraum wurde der Blockälteste informiert, der ihn entsprechend behandelte, das heißt ihm einige Vorteile verschaffte. Nach den massiven Zugängen im zweiten Halbjahr 1944 konnte man diese Regeln allerdings nicht immer anwenden.

Die deutschen Kommunisten legten zumeist eine echte internationale Solidarität an den Tag. Dabei kam ihnen ihre Tätigkeit in der Arbeitsstatistik zugute, eine Position, die sie besonders häufig besetzten. Unbemerkt von der SS konnten sie von dieser wichtigen Position aus das Leben bedrohter Genossen retten, indem sie deren Namen von Todestransportlisten strichen oder sie einem entsprechenden Außenkommando zuwiesen. In Anbetracht der Anforderungen an die Produktivität wurde die Arbeitsstatistik gegen Kriegsende eine echte Schaltstelle der Lagerverwaltung, in den größten Lagern waren 50 Personen und mehr dort beschäftigt. Die deutschen Kommunisten gingen natürlich ihre Genossen aus Frankreich, Spanien, Italien und anderen Ländern um Hilfe an. Gegenüber der SS beteuerten sie, dass sie, um die Karteien effektiv führen zu können, Helfer brauchten, die alle im Lager gesprochenen Sprachen beherrschten.

So arbeiteten 1944 in Buchenwald 28 Tschechen, 24 Deutsche, sieben Russen, sieben Polen, drei Franzosen, zwei Österreicher, ein Niederländer, ein Belgier und ein Spanier Seite an Seite in der Arbeitsstatistik. Ebenfalls in Buchenwald arbeiteten in einem geheimen Zentralkomitee der kommunistischen Häftlinge Deutsche, Tschechen, ein Russe und ein Franzose zusammen. Das Zentralkomitee hatte beträchtliche Macht. Ein Vorfall, den Stanislaw Taubenschlag erlebte, illustriert das. Taubenschlag wurde von Auschwitz nach Buchenwald überstellt und dort der Wäscherei zugewiesen, einer »Pfründe«. Er verdankte diese Gunst einem kommunistischen Blockältesten: »›Hör zu, Staszek, von 1000 Häftlingen brauche ich nur 40 in der Wäscherei. Such die Jungen aus. Aber nur Kommunisten! Es ist ein guter Platz, warm und mit einem Dach über dem Kopf.‹ Wir wussten, dass keiner von uns Kommunist war, aber das störte niemanden, solange uns nur der Blockälteste für Kommunisten hielt.«[93]

Die Sozialdemokraten waren nicht so zahlreich, sie wurden eher an den Rand gedrängt und übergangen. Die deutschen Kommunisten dachten noch wie in der Weimarer Republik und hegten gegenüber den Sozialdemokraten erbitterte Feindschaft. Wie Kogon berichtet, entstanden in Buchenwald zwar in Einzelfällen freundschaftliche Beziehungen, aber es war ausgeschlossen, dass ein Sozialdemokrat in eine Position der internen Lagerverwaltung aufrückte. Manchmal waren die Kommunisten allerdings ganz und gar nicht die unumschränkten Herrscher. In Dachau mussten sie sich mit Christen und österreichischen Monarchisten arrangieren, das Krankenrevier wurde von Sozialdemokraten kontrolliert.[94] Mit einem gewissen Mut gesteht Kogon ein, dass die Kommunisten in Buchenwald in etlichen Fällen Menschen dem Tod überantworteten, die nichts anderes verbrochen hatten, als dass sie sich feindlich über die Partei geäußert hatten. Er nennt als Beispiele den belgischen Baron Grainel, der in der dritten Januarwoche 1945 getötet wurde, den Franzosen Valenci und einige andere (Louis Biret, Marsal Nr. 127667, Massa Nr. 49445 – getötet am 28. Februar 1945; Muquan, ein 25-jähriger Franzose, der am 12. Februar 1945 umgebracht wurde).[95] In diesen Fällen nutzten die Kommunisten den zum Selbstschutz gegen die SS errichteten Machtapparat für ihre eigenen Zwecke.[96]

In Ravensbrück übten die kommunistischen Blockowas dumpfen Terror gegen Trotzkistinnen aus und alle, die sie dafür hielten. Margarete Buber-Neumann, die aus dem GULag nach Ravensbrück gekommen war, wurde von Anfang an wie eine Aussätzige behandelt. Die tschechische Intellektuelle Milena Jesenska, die einstige Gefährtin von Franz Kafka, wurde aufgefordert, den Kontakt zu Buber-Neumann, mit der sie sich angefreundet hatte, abzubrechen, weil sie angeblich »Lügen über die Sowjetunion« verbreitete. Sie wurde vor die Wahl gestellt, sich zwischen dem kommunistischen und dem »trotzkistischen« Lager zu entscheiden. Ihre alles andere als orthodoxe Entscheidung brachte ihr »den Hass der Stalinistinnen durch vier Jahre ihres Lagerdaseins« ein, bis zu ihrem Tod.[97] Wie ihr erging es einer jungen Medizinstudentin, ebenfalls Tschechin, die wegen »Kontakten zur Trotzkistin Neumann« aus der tschechischen KP ausgeschlossen wurde.

Die Priester

Angehörige des Klerus, Katholiken wie Protestanten, bildeten eine eigene Kategorie in den Lagern. Kogon schätzt ihre Gesamtzahl auf 4000 bis 5000, darunter waren viele Polen. Anfangs wurden sie nicht besser behandelt als die anderen Gefangenen. Ihre Lage besserte sich jedoch ab 1942 als Folge eines Geheimabkommens zwischen dem Vatikan und den Nationalsozialisten. Der Vatikan erreichte, dass die Priester in einem Lager zusammengefasst wurden – in Dachau – und keine schweren Arbeiten verrichten mussten. Weiter handelte er die Einrichtung einer Kapelle aus. Die Kapelle nahm den Raum einer ganzen Stube (Tagesraum und Schlafraum) ein, und zwar Stube 1 in Block 26: Am 21. Januar 1941 wurde dort die erste heilige Messe gefeiert.[98] Binnen kurzem unterschied sich die Lage der Priester deutlich von der ihrer Mithäftlinge.

»*Arbeit macht frei,* das Motto über dem großen Eingangstor zum Lager – uns konnte seine Absurdität egal sein. Wir kamen in den Genuss des Privilegs, nicht arbeiten zu müssen, das seltsamerweise den Priestern gewährt worden war, und das erlaubte uns, unter denkbar angenehmen Umständen zu überleben. Es gab Näharbeiten (nicht sehr schlimm!) ... Pater Riquet hielt ein oder zwei Vorträge. Wie man sieht, hatten wir Priester, die wir keine schweren Arbeiten verrichten mussten und nur gelegentlich zu leichten Tätigkeiten herangezogen wurden, viel freie Zeit!«[99]

Die Lebensbedingungen in Block 26 erlaubten so etwas wie ein intellektuelles Leben. Jean Ecole, Lehrer für Philosophie an einer katholischen Schule in Mayenne, führte seine Glaubensbrüder in das Werk Sartres ein und stellte ihnen dessen 1943 erschienenes Buch *Das Sein und das Nichts* vor.

Die Priester durften Briefe und Pakete empfangen. »Wir kamen zusammen, um den Sonntag zu feiern«, schreibt Kammerer, »und versammelten uns mit einigen anderen an einem Tisch zum ›Tee‹ mit Kuchen, den der eine oder andere geschickt bekommen hatte.«[100] Die Privilegien der Priester empörten viele Häftlinge, so einen jungen belgischen Sozialisten namens Arthur Haulot: »Eines der abstoßendsten Schauspiele, das wir 1943 in Dachau erlebten, bot uns der Block der polnischen Priester ... Die polnischen Priester bekamen damals üppige Lebensmittelpakete. Jeden Abend waren die Tische in ihren Stuben beladen: Speck, Schinken, Zucker, Eingemachtes, alle Arten von Kuchen. Der Gegensatz zur allgemeinen Not in den anderen Blocks schuf ein schreckliches Ungleichgewicht zu ihren Gunsten.«[101] Selbstverständlich übernahmen entsprechend der inneren Lagerhierarchie deutsche Priester die Leitung dieser »Kongregation«. Sie bildeten eine besondere Aristokratie und durften sich außer Paketen von ihren Familien oder Gemeinden auch Zeitungen schicken lassen.

Die Lebensbedingungen der Priester waren zwar keineswegs idyllisch, aber auffallend war, wie Kammerer betont, dass es keine Rabbiner in Dachau gab. Rabbiner »hatten kein Recht auf die Vorzugsbehandlung, die katholischen Priestern und evangelischen Pastoren zuteil wurde ... Alle Rabbiner teilten das Los ihrer jüdischen Glaubensbrüder in Auschwitz und Treblinka: die Shoah.«[102]

»Nichtrassische« Juden

Paradoxerweise hatten Juden, die wegen »Rassenschande«[103], Schwarzhandel oder als politische Gegner deportiert worden waren, sehr viel bessere Überlebenschancen als »Rassejuden«, das heißt Juden, die man allein deshalb ins Konzentrationslager gebracht hatte, weil sie Juden waren. Die Angehörigen der erstgenannten Gruppe waren wegen irgendeiner Verfehlung festgenommen worden und deshalb eines Verbrechens »schuldig«, das in die Zuständigkeit von Gerichten fiel. Sie hatten Anspruch wenigstens auf ein Scheinverfahren, und das Urteil lautete dann entweder Exekutionskommando oder zumindest Konzentrationslager. Die Angehörigen der zweiten Gruppe hatten nur das eine Verbrechen auf sich geladen, Juden zu sein, und sie wurden nur mit dem Ziel der Vernichtung festgenommen.

In Auschwitz gehörten die »nichtrassischen« Juden in die Kategorien Rote (politische Häftlinge) oder Grüne (Kriminelle) und nicht in die Kategorie Gelbe (Transportjuden). Über jeden von ihnen gab es eine Akte der Gestapo. Diesem grotesken »Bürokratismus« verdankten sie eine bevorzugte Behandlung. Bei der Ankunft im Konzentrationslager wurden sie nicht selektiert, und dementsprechend entfiel auch die Gefahr, dass sie umgehend ins Gas geschickt wurden.

In Auschwitz taten sich viele Juden mit »rot-gelbem« Winkel in der internationalen Widerstandsbewegung hervor, etwa die Deutschen Otto Heller, Bruno Baum, Berta Schneider, der Tscheche Hans Lederer, die Polin Dorota Lorska (alias Slawa Klein), der Ungar Albert Hass, die Österreicher Josef Majzel (»Pepi«) und Hermann Langbein, die Belgier Sarah Goldberg und Sam Berliner und der Russe Simo Sejdow (alias Woinarek). Für Birkenau sind die Polen Emmanuel Mink und David Szmulewski zu nennen und für Auschwitz III (Buna-Monowitz) die deutschen Juden Stefan Heyman, Erich Markowiez, Curt Posener, Walter Blass und Werner Rosenberg.[104]

Neben dem roten Winkel stand – wenn dieser Ausdruck denn hier passend ist – den »nichtrassischen« Juden auch der grüne Winkel ausgezeichnet. Ein grün-gelber Winkel war dem gelben bei weitem vorzuziehen. Die Einstufung als Krimineller garantierte bessere Lebensbedingungen, und nicht selten stiegen Juden mit grünem Winkel bis zum Kapo auf. Alle nutzten natürlich die mit dem Amt verbundene »Macht«, um ihre eigene Haut und die der ihnen am nächsten stehenden Menschen zu retten, aber manche zögerten nicht, andere Juden zu schikanieren. Im Allgemeinen stammten sie aus den untersten Schichten der Bevölkerung und rächten sich am Schicksal, indem sie wohlhabende, intellektuelle Juden (bevorzugt Brillenträger!) drangsalierten. In Erinnerung geblieben sind einige gleichermaßen traurige und vielschichtige Gestalten wie Jossl, der Dieb von Radom; Elie aus Warschau, »der Affenmensch«; der Jahrmarktsriese Jankel Kozelezik, den die Deutschen, kaum war er aus dem Zug geklettert, zum Kapo des berüchtigten Bunkers 11 in Auschwitz machten.[105] Auch unter den Juden mit rotem Winkel gab es einige, die sich missbrauchen ließen. Obwohl sie durch Untergrundorganisationen auf ihre Posten geschleust worden waren, benahmen manche sich genauso wie die grünen Kapos im Dienste der SS. Das galt etwa für Berger alias Azriel Grynbaum.[106]

Privilegierte

In den Konzentrationslagern lebte auch eine ganze Kaste prominenter Persönlichkeiten, Privilegierte, deren Situation sehr viel angenehmer war als die der übrigen Häftlinge. In Dachau, Flossenbürg, Sachsenhausen und Buchenwald waren spezielle Baracken, regelrechte kleine Villen, manchmal außerhalb des Stacheldrahtzauns, für vornehme Häftlinge reserviert. In Dachau waren die Prinzen von Hohenzollern und Bourbon-Parma, Edouard Daladier, Monseigneur Piguet und Pastor Niemöller im so genannten »Ehrenbunker« interniert. Martin Niemöller war ins Konzentrationslager gekommen, nachdem er im Juni 1937 von der Kanzel gegen den Druck der Nationalsozialisten auf die evangelische Kirche protestiert hatte. Am 2. März 1938 wurde er zu sieben Monaten Haft verurteilt: Er blieb dann sieben Jahre im Konzentrationslager.

In Buchenwald wurde die Baracke E für prominente Häftlinge eingerichtet. Dort saßen Rudolf Breitscheid, bis 1933 MdR und außenpolitischer Sprecher der SPD, die italienische Prinzessin Mafalda von Hessen mit ihrer Dienerin, die Bibelforscherin Maria Ruhnau und der einstige französische Ministerpräsident Léon Blum.

In Flossenbürg gab es 55 Sonderhäftlinge, die nicht mit Nummern erfasst waren und keine Häftlingskleidung tragen mussten. Zu ihnen zählten Prinz Albrecht von Bayern und zwölf weitere Mitglieder seiner Familie, Philipp von Hessen, Hjalmar Schacht, General Franz Halder, bis 1942 Chef von Hitlers Generalstab, und der gaullistische Widerstandskämpfer Armand Mottet.[107] Sie waren zwar privilegiert, aber ihre Leiden sollen keinesfalls bagatellisiert werden. Denn auch sie waren, wenn auch in geringerem Ausmaß, permanent den Schikanen der SS ausgesetzt. Zum Latrinenkommando in Dachau gehörten eine Zeit lang die Herzöge Max und Ernst Hohenberg, die Söhne des österreichischen Thronerben Franz Ferdinand aus der Ehe mit der Gräfin Chotek.

Die Variable Persönlichkeit

Neben den Kategorien Rasse, Nationalität und Internierungsgrund waren noch etliche andere Faktoren dafür ausschlaggebend, ob ein Häftling überlebte oder nicht: Frauen erging es besser als Männern, es war günstiger, als Angehöriger einer Gruppe deportiert zu werden denn als Einzelperson, Deutsch zu sprechen war von Vorteil, um nur einige zu nennen. Auch die Persönlichkeitsstruktur des Häftlings hatte einen Einfluss: Bessere Überlebenschancen hatten junge Leute, Personen mit guter Gesundheit und einer eisernen Moral, Gläubige und jene, die das Schicksal der anderen gleichgültig ließ. Das Überleben hing auch von der Anpassungsfähigkeit ab: Um im Konzentrationslager zu überleben, musste man außerordentlich gewieft sein.

Bei den Juden kamen diese Variablen erst ins Spiel, als sie nicht mehr systematisch vernichtet (Männer, Frauen, Kinder, alte Leute ohne Unterschied), sondern genauso behandelt wurden wie die übrigen Häftlinge, das heißt langsam umgebracht wurden durch eine Mischung aus mörderischer Arbeit und gezielter Unterernährung. Die Essensrationen waren in allen Lagern zu allen Zeiten absolut unzureichend. Kein Häftling konnte damit auskommen. Es waren nie mehr als 1300 Kalorien am Tag. Ein Neuankömmling war zu einem langsamen, unaufhaltsamen Tod verurteilt, wenn er nicht lernte, wie man im Konzentrationslager Geschäfte machte oder, wie es im Lager hieß, »organisierte«. »Organisieren« bedeutete, dass man sich auf allen möglichen und denkbaren Wegen einschließlich Diebstahl und Bestechung ein wenig zusätzliche Nahrung besorgte – oder irgendetwas anderes, das man gegen Nahrungsmittel eintauschen konnte. Ein Unterschied ist wichtig: »Organisieren« bedeutete nicht stehlen. Wenn es um »Kameradschaftsdiebstahl« ging, war der Häftlingskodex unerbittlich, aber gegen »Organisieren« hatte niemand etwas einzuwenden. Heute mag die Unterscheidung spitzfindig klingen, weil ein Diebstahl in der Lagerküche natürlich immer zu Lasten der anderen Häftlinge ging. Damals jedoch war diese Unterscheidung von entscheidender Bedeutung, denn wer nicht »organisierte«, hatte keine Überlebenschance.

Insofern ist es kein Zufall, dass das »Organisieren« in allen Lagern die wichtigste Tätigkeit wurde, auch die SS profitierte davon, denn es war eine fabelhafte Quelle zur persönlichen Bereicherung. Im Frauenlager von Birkenau war das Wasser so knapp, dass die Häftlinge manchmal Wasser mit einem Brillantring bezahlten.[108]

In den Lagern war – wie der SS-Mann Pery Broad es formuliert hat – der Tod des einen das Brot des anderen. Ella Lingens-Reiner fasste das Motto vieler Überlebender so zusammen: »Wie ich in Auschwitz überleben konnte? Mein Grundsatz war: Zuerst ich, dann wieder ich und danach noch einmal ich. Dann lange nichts. Und dann wieder ich. Und dann erst alle anderen.«[109] Ehemalige Lagerinsassen berichten in der Tat schreckliche Geschichten.

Um zu überleben, reichte es nicht aus, die Essensrationen aufzubessern, man musste auch die schlimmsten Arbeiten vermeiden, die keiner länger als ein paar Wochen durchhielt. Wer den anstrengendsten Kommandos entgehen wollte, brauchte entweder Geld (für einen Handel) oder gute Beziehungen zur Spitze der offiziellen und/oder heimlichen Lagerleitung. Himmel und Hölle lagen immer dicht beieinander: Beispielsweise war es ein Segen, einem Kommando im Innendienst zugewiesen zu werden, dessen Arbeit keine Unterbrechung duldete (Küche, Schreibstube), denn damit war man automatisch von den abendlichen Appellen befreit.[110]

Auch andere Variablen spielten anscheinend eine Rolle. So war die Kenntnis der deutschen Sprache, wie bereits erwähnt, ein beträchtlicher Vorteil. Wie Primo Levi schrieb: »Deutsch zu können bedeutete zu leben.«[111] Die griechischen und italienischen Juden, die kein Deutsch verstanden, konnten den Befehlen der Deutschen nicht folgen und wurden geschlagen, ohne dass sie begriffen warum. Der Spanier Jorge Semprun vereinigte gleich zwei überlebenswichtige Bedingungen: Er sprach Deutsch und war Kommunist. Er berichtet, dass er in Buchenwald ohne sein Wissen als »Stukkateur« geführt wurde, während er in Wahrheit Student war und dies auch in der Schreibstube (der er später zugewiesen wurde) angegeben hatte.

Nach den uns zur Verfügung stehenden Daten scheinen überdies die Juden aus dem Osten besser zurechtgekommen zu sein als ihre Glaubensbrüder aus Westeuropa. Infolge der harten Bedingungen, unter denen die große Mehrheit der Juden in Polen und Russland lebte, waren sie offenbar besser für die körperlichen und seelischen Qualen gerüstet, die sie im Lager erwarteten.

Auch der Glaube half beim Überleben, egal ob es der Glaube an eine religiöse oder an eine politische Heilslehre war, er schützte vor Verzweiflung. Umgekehrt standen die Chancen schlecht für einen Häftling, der eher zufällig festgenommen worden war, vielleicht weil er im Kino bei der Wochenschau gepfiffen oder weil ein übelwollender Nachbar ihn denunziert hatte. Ohne seelische Stütze hielt er nicht lange durch.[112]

Homosexualität scheint ebenfalls ein Weg gewesen zu sein, wie ein Häftling überleben konnte – ein Paradox, wenn man bedenkt, mit welchem Hass Homosexuelle in den Lagern verfolgt wurden. Bestimmte Angehörige der Häftlingsaristokratie hatten ihre Strichjungen oder »Pipel«. Als Gegenleistung für ihre sexuellen Dienste erhielten sie Posten wie »Stubendienst« oder »Kommandoführer«. Homosexuelle Beziehungen wurden so lange geduldet, wie die SS dabei auf ihre Kosten kam. Aber wehe, wenn der Wind drehte! Wenn ein Paar erwischt oder eher denunziert wurde, erwarteten sie drakonische Strafen: Der Kapo wurde sterilisiert, der Häftling (ob Jude oder Pole) erschossen.

Und schließlich war es, von Ausnahmen abgesehen (Ärzte und einige Wissenschaftler), besser, mit der Hand zu arbeiten als Intellektueller zu sein. Wer einen intellektuellen Beruf angab, gestand ein, dass ihm der Umgang mit Werkzeugen fremd war, und das bedeutete schlimme Schikanen. Ein Intellektueller, der Zwangsarbeit draußen leisten musste, versagte über kurz oder lang. Das Gefühl der Demütigung und Beschämung, das daraus resultierte, war oft tödlich. Die Intellektuellen ließen sich gehen, wie Leo Diamant bemerkte; »bei ihnen fiel ein Verfall zum Muselmann mehr auf als bei anderen«, schreibt Langbein. Kogon bestätigt, dass es Intellektuelle besonders schwer hatten: »Brillenträger waren von vornherein auf die Bahn des Untergangs gestoßen.«[113]

Festzuhalten bleibt, dass jenseits der beruflichen Qualifikation, jenseits der Arbeitskraft die rassische Klassifizierung der Häftlinge das ausschlaggebende Kriterium war.

Fazit: Eine unerbittliche Ordnung

Die genaue Zahl der Häftlinge in den nationalsozialistischen Konzentrationslagern ist schwer zu beziffern. Nach allgemeiner Schätzung waren es von September 1939 bis Januar 1945 rund 1,65 Millionen, von ihnen kehrten 550 000, etwa ein Drittel, nicht mehr zurück.[114]

Die Todesrate variierte, wie wir gesehen haben, je nach Häftlingskategorie: Bei den deutschen Häftlingen mit grünem Winkel war sie eher »niedrig«, deutlich höher bei den Franzosen (40 Prozent), bei den Russen und den Homosexuellen erreichte sie 60 Prozent. Im Vergleich dazu betrug die Todesrate der Juden, die in die vier Vernichtungszentren (Belzec, Chelmno, Sobibor, Treblinka) deportiert wurden, 99,9 Prozent.

Es hatte durchaus seinen Grund, dass die Mehrzahl der »Muselmänner«, der Gefangenen, die das Stadium der äußersten Erschöpfung erreicht hatten, Juden und Russen waren. Ihnen wurden die härtesten und qualvollsten Arbeiten übertragen. Abends kehrten sie als Letzte ins Lager zurück, viele starben auf dem Rückweg. Die »Muselmänner« wurden nicht einmal für die Gaskammern selektiert, sie starben »wie eine Uhr stehen blieb«.[115]

In den Konzentrationslagern existierten extreme Gegensätze auf groteske Weise nebeneinander. Die soziale Struktur baute auf der Unterdrückung der Nichtprivilegierten durch die Privilegierten auf. Der nahezu unbeschränkten Macht der einen entsprach die Ohnmacht, die äußerste Not der anderen. Während die Verbrennungsöfen unablässig menschliche Asche in den Himmel schleuderten und einen beißenden, ekelerregenden Gestank verbreiteten, »während die überwältigende Mehrheit der KZ-Häftlinge vor Hunger fast krepierte und jeden Augenblick in Todesangst lebte«, schreibt Ber Marx, »ja, währenddessen trank die ›Elite‹ der Deportierten und schlug sich die Bäuche voll, träumte von Vergnügungen und von Frauen und wartete auf die Ankunft des nächsten Transports: Denn jeder Transport brachte ihnen neue Genüsse: reichlich zu essen, Alkohol, schöne Schuhe, warme Kleidung … Bei den Blockführern, den Häftlingen vom Küchendienst, den Kapos und ihren Lieblingen fand man Töpfe mit Gänseschmalz; Töpfe, die ungarische oder slowakische Juden mitgebracht hatten … Die ›Elite‹

des Lagers lebte auf Kosten der noch lebenden Häftlinge und von den Hinterlassenschaften der Ermordeten.«[116] Wie Germaine Tillion schreibt, war der Unterschied in den Lebensverhältnissen zwischen einer Blockowa oder einer polnischen Angehörigen der Lagerpolizei und einer einfachen französischen oder russischen »Verfügbaren« größer als der zwischen der Königin von England und der elendesten Obdachlosen.[117]

Was ist von den roten Kapos zu halten? Soll man dem Urteil der Historikerin Olga Wormser-Migot folgen, die zwar zubilligt, dass sie viele Leben gerettet und großen Anteil am inneren Widerstand gehabt haben, die auch einräumt, dass die Roten den Grünen unbedingt vorzuziehen waren, die aber trotzdem daran festhält, dass ihr Handeln eine Form der Kollaboration war? Allein dass unter den Häftlingen eine Hierarchie bestand, eine Hierarchie, die mit dem System der Lager zusammenhing und wie Fortuna über das Schicksal entschied, war in ihren Augen verabscheuungswürdig.

Manche mögen über dieses Urteil achselzuckend hinweggehen, insbesondere diejenigen, die »dabei gewesen sind« und »Bescheid wissen«, aber, so Wormser-Migot, »die Tatsache, dass ein Häftling die Macht hatte, einigen, aber nicht allen, eine Suppe oder einen Platz zu geben und somit über Leben und Tod dieser Menschen entscheiden konnte, vergrößerte den von der SS gewollten Schrecken des Systems noch, wie auch immer die Entscheidung gerechtfertigt wurde, zum Beispiel mit der Begründung, dass ein Häftling eine wichtige Rolle im inneren Widerstand spielte oder dass man die ›Besten‹ und die ›Wertvollsten‹ retten müsste.«[118]

Diese Betrachtungsweise teilt, das muss man sagen, die große Mehrheit der Deportierten, die aus der Hölle zurückgekommen sind – mit Ausnahme der Kommunisten. Alle ehemaligen Häftlinge, gleich mit welchen politischen Sympathien, können bestätigen, dass die roten Funktionsträger, überwiegend Kommunisten, ihren Anteil an der Macht dazu nutzten, in erster Linie ihre eigenen Leute in Sicherheit zu bringen und dann jene, von denen sie glaubten, sie könnten ihnen nach der erhofften Rückkehr in die Freiheit nützlich sein. Insofern ist es nicht verwunderlich, dass in vielen Berichten ehemaliger Häftlinge Bitterkeit mitschwingt, wenn sie über die interne Lagerhierarchie sprechen.

Nach der Befreiung war die Rolle der Kommunisten im Übrigen

Gegenstand von Diskussionen und Kontroversen, vor allem unter den Überlebenden von Buchenwald. Nehmen wir das Beispiel von Pater Leloir, einem ehemaligen Seelsorger des Maquis, des französischen Widerstands, in den Ardennen. Nach der Verhaftung hielt er es für besser, nicht zuzugeben, dass er Priester war. Deshalb wurde er nach Buchenwald deportiert und nicht nach Dachau wie die Mehrheit seiner Amtsbrüder. Er wurde eine der wichtigen Persönlichkeiten von Buchenwald. Sein Urteil über die Kommunisten, in einem Gedicht ausgedrückt, ist hart und kategorisch:

> Unter dem Schrecken der SS herrscht ein anderer Schrecken,
> regieren ohne Liebe war immer falsch.
> Freunde, vergebt mir heute Abend meine bitteren Worte,
> im Krematorium verbrennt einer meiner Freunde aus dem
>   Widerstand.
>
> Nie habe ich eure Hilfe missbraucht.
> Warum habt ihr Sektierer sie mir verweigert?
>
> Er, der Arme, gehörte nicht zur hiesigen
> republikanischen Clique mit ihren seltsamen Regeln.
>
> Ihr allein belegt die guten Plätze
> und »organisiert« euch in einem kleinen Palast.[119]

Ebenso hart urteilte Marcel Conversy, und zwar mit Blick auf die Transporte. Im Stammlager zu bleiben erhöhte, wie wir gesehen haben, die Überlebenschancen beträchtlich: »Die kommunistischen Elemente im Lager, stets diszipliniert und solidarisch, kümmerten sich immer zuerst um ihre eigenen Leute und retteten nicht wenige ihrer Kameraden und Sympathisanten. Eine Nummer auf einer Überstellungsliste war rasch geändert. Ein Unbekannter wurde geopfert anstelle desjenigen, der geschützt werden sollte.«[120]

Ist der Funktionshäftling schuldig oder nicht, schuldig allein deshalb, weil er eingewilligt hat, nach den Anweisungen der Henkers zu arbeiten? Unbestreitbar wurden die Kapos mit Gewissensentscheidungen konfrontiert, die unlösbar waren. Sie konnten nicht alle Häftlinge retten, aber indem sie die Listen manipulierten und heimlich wirkten, konnten sie wenigstens einige retten. Damit waren sie selbst Herren über Leben und Tod. Doch hatten sie sich das ausgesucht?

An dieser Stelle sei die Einschätzung von Robert Jay Lifton zitiert, die er im Vorwort zu »Ärzte im Dritten Reich« entwickelt: »Wie auch immer das Verhalten der beiden Gruppen gewesen sein mag, man darf nicht vergessen, dass die Gefangenen sich in der Situation bedrohter KZ-Insassen befanden, während die Nazis ... bedrohliche Henkersknechte waren. Diese klare Unterscheidung muss am Anfang jeder Beurteilung ... stehen.«[121]

Simon Laks und René Coudy kamen zu dem Schluss, die politischen »Prominenten« hätten auch Heilige sein können, das Konzentrationslager wäre jedenfalls kein Ort gewesen, an dem heiliges Verhalten offen hätte zu Tage treten können:

»Alle, die Auschwitz überlebt haben, verdanken das nicht ausschließlich Glück, Zähigkeit, Willen oder Widerstand. Sicherlich haben diese Faktoren wirkungsvoll zu unserer Rettung beigetragen, aber sie hätten sich bestimmt als ungenügend erwiesen, wenn wir nicht mit einer blitzartigen Schnelligkeit erkannt hätten, dass wir einen Großteil unserer alten Moral, unserer ›Menschlichkeit‹ ... beiseite schieben müssen, um nicht im Lager unterzugehen, kurz, dass wir uns mit allen Mitteln in die Gesellschaft einfügen müssen, deren Teil wir nun geworden sind.«[122]

An dieser Stelle sei noch einmal an die eindrucksvolle Position erinnert, die Primo Levi gegenüber den »Raben des Krematoriums« einnahm, wie er sie nannte. Diese Juden hatten die Aufgabe, den vergasten Menschen ihre letzten Wertsachen abzunehmen: Schmuck, Goldzähne und Haare. Waren sie Schuldige? Oder Opfer? Der berühmte italienische Überlebende urteilte nicht. Er schlug vielmehr den Überlebenden und den künftigen Generationen vor, mit Mitleid und Strenge über diese Menschen nachzudenken und im Übrigen den Tag abzuwarten, an dem es möglich sein würde, leidenschaftslos ein Urteil zu fällen.

Die gleiche *impotentia iudicandi* scheint uns gegenüber den Funktionshäftlingen angebracht. Sie waren nur eine untypische Minderheit in den Lagern, ein Krebsgeschwür, ein Verhängnis. Der wahre Zeuge dessen, was in der Hölle der Konzentrationslager geschah, die Schlüsselfigur des Lagers, sein »Rückgrat«, war, ebenfalls mit den Augen von Primo Levi gesehen, der Muselmann, diese namenlose Gestalt, dieser Tote auf Abruf:

»Wir Überlebenden ... sind die, die aufgrund von Pflichtverletzung, aufgrund ihrer Geschicklichkeit oder ihres Glücks den tiefsten Punkt des Abgrunds nicht berührt haben. Wer ihn berührt, wer das Haupt der Medusa erblickt hat, konnte nicht mehr zurückkehren, um zu berichten, oder er ist stumm geworden. Vielmehr sind sie, die ›Muselmänner‹, die Untergegangenen, die eigentlichen Zeugen, jene, deren Aussage eine allgemeine Bedeutung gehabt hätte. Sie sind die Regel, wir die Ausnahme.«[123]

1941–1944: Gehenna. Die sechs nationalsozialistischen Vernichtungszentren

Gehören Belzec, Chelmno, Sobibor und Treblinka zur Welt der Konzentrationslager? Können wir hier dieselben Begriffe verwenden wie im Zusammenhang mit Dachau und Mauthausen? Reicht es zur Unterscheidung von den »klassischen« Konzentrationslagern und zur Bezeichnung ihrer schrecklichen Besonderheit aus, dass man einfach einen Wortteil austauscht und von *Vernichtungs*lagern oder *Todes*lagern spricht?

Es reicht ganz gewiss nicht aus. Dachau am einen Ende des Spektrums und Treblinka am anderen können nicht im Rahmen ein und desselben Konzepts betrachtet werden. Sie sind unvergleichbar. In Dachau waren Menschen zusammengepfercht, die man für mehr oder weniger lange Zeit von der Gesellschaft isolierte, weil man sie für gefährlich hielt – aber sie galten immerhin als »wiedereingliederungsfähig«. In Treblinka wurden Männer, Frauen und Kinder von der Rampe direkt ins Gas geschickt, ontologisch nicht integrierbare »Untermenschen«, die aus der Sicht der Nationalsozialisten ein Schaden für die Welt waren und den richtigen Weltenlauf verhinderten.

Diese unterschiedlichen Funktionen – Absonderung hier, sofortige Tötung dort – zwingen uns, so meinen wir, eine klare Trennungslinie zwischen den beiden Orten zu ziehen. Für unterschiedliche Funktionen muss es unterschiedliche Konzepte und Begriffe geben. Doch festzuhalten ist, dass seit dem Ende des Dritten Reiches üblicherweise mit demselben Begriff – *Konzentrationslager* – sowohl die Orte bezeichnet werden, an dem Häftlinge mehr schlecht als recht am Leben erhalten wurden, weil man immer noch glaubte, sie könnten wieder in die »Volksgemeinschaft« zurückgeführt werden, als auch jene Orte, an denen man Häftlinge entweder langsam infolge unzureichender Ernährung und mörderischer Arbeit sterben ließ oder sie sofort nach ihrer Ankunft umbrachte.

Dass unterschiedslos alles unter dem Begriff Konzentrationslager subsumiert wurde – als wäre dies ein Gattungsbegriff, der etwas Homogenes bezeichnete –, geht zum Teil auf die Nürnberger Prozesse zurück, wo als Beweise für die Judenvernichtung durch die Deutschen jene Bilder vorgelegt wurden, die man bei der Befreiung des Lagers Bergen-Belsen aufgenommen hatte. Die Entdeckung von Bergen-Belsen, schreibt Walter Laqueur, »löste eine Welle heftigster Entrüstung aus, obwohl es durchaus kein Vernichtungs-, nicht einmal ein Konzentrationslager gewesen war, sondern ein so genanntes ›Krankenlager‹ – wenn auch zugegebenermaßen die einzige ›Kur‹, die man dort den eingelieferten ›Patienten‹ zuteil werden ließ, der Tod war.«[1]

Infolge dieser verkürzten Betrachtungsweise – die bei der breiten Masse und sogar bei den Historikern sehr verbreitet ist – wurde der Genozid zum einen ein Ereignis neben anderen in der Geschichte der Konzentrationslager, zum anderen – dies betont sehr zu Recht der Historiker Maxime Steinberg – ein plurales, dem man auf diese Weise den spezifisch jüdischen Charakter absprach. Natürlich wurden Juden umgebracht, so hieß es, aber doch auch Zigeuner[2], auch Slawen, Homosexuelle und Widerstandskämpfer: »Die Erinnerung an Auschwitz, die die Hüter der Erinnerung metonymisch als Symbol für den Genozid aufrichteten, unterstützte diese plurale Vermischung von Vernichtungslager und Konzentrationslager.«[3]

Einige Historiker, und keineswegs unbedeutende, glaubten der Falle entkommen zu können, indem sie zwischen Vernichtungslager und Konzentrationslager unterschieden. Aber auch sie beschreiten zumindest einen falschen Weg und täuschen sich. Denn sobald man vom Holocaust spricht, muss man den Begriff Lager konsequent vermeiden, egal mit welchen Zusätzen (*Todes*lager, *Vernichtungs*lager). Wenn dieser Begriff mit dem Genozid verbunden wird, mit seiner Vorbereitung und unerbittlichen Durchführung, ist er immer falsch und unzutreffend. Außerdem ist es historisch unsinnig, Dachau und Treblinka mit ein und demselben Begriff zu bezeichnen, wenn selbst die Nationalsozialisten eine Unterscheidung machten. Sie bezeichneten Dachau und die nach dem Vorbild von Dachau errichteten Lager als *Konzentrationslager* (KL), Orte wie Treblinka, Majdanek und Chelmno hingegen als *SS-Sonderkommando* (SK). Dort ging es nicht darum, Menschen abzusondern, einzusperren und mehr oder weniger zu misshandeln, sondern dort wurden alle Juden unverzüglich nach ihrer Ankunft methodisch und systematisch ermordet. Die SK waren keine Durchgangsstationen. Sie führten ohne Umwege und Zeitverlust direkt aus dem Ghetto in den Tod.

Die SS-Sonderkommandos waren als wahre Schlachthäuser zunächst für die Tötung einzelner Menschen, dann für die industrielle Ermordung konzipiert. Für die Gaskammern und Verbrennungsöfen, die permanent in Betrieb waren – vor der »Dusche« mussten die Lebenden in Schach gehalten werden, danach mussten die Leichen beseitigt werden –, für die Lagerhäuser, wo die Habseligkeiten gesammelt wurden, die man den Deportierten abgenommen hatte (Haare, Kleider, Uhren, Schmuck, Geld), brauchte man bald Mannschaften. Dazu wurden die kräftigsten Juden aus den Transporten ausgewählt (in der Regel junge Männer und Frauen) und in eigenen Baracken untergebracht: hier ein paar Dutzend, dort ein paar Hundert, vielleicht sogar einmal tausend. Trotzdem gilt, was Steinberg schreibt: »Selbst mit den Totengräbern waren die sechs SS-Sonderkommandos – die nach dem gleichen Muster zwischen Dezember 1941 und Juli 1942 auf dem Gebiet Polens in den Grenzen vor 1939 errichtet wurden – niemals Vernichtungslager. Der Begriff stammt nicht aus jener Zeit.«

Ebenso waren die SS-Leute in den Sonderkommandos keine KZ-Wärter. Sie waren Mörder und mordeten in Vernichtungszentren, wie Raul Hilberg, der große Historiker des Holocaust, sie genannt hat, wo Menschen wie am Fließband umgebracht wurden. Paradoxerweise fand der Holocaust *außerhalb* des nationalsozialistischen Systems der Konzentrationslager statt. Dem Massenmord ohnegleichen entsprach eine Organisation ohnegleichen: das Vernichtungszentrum als Todesfabrik.

Die SK fielen nicht in die Zuständigkeit der Inspektion der Konzentrationslager – mit Ausnahme von Auschwitz und Majdanek, die insofern untypisch sind, als sie *zugleich* Konzentrationslager und Vernichtungszentren waren. Die *einzige* Funktion von Belzec, Birkenau, Chelmno, Majdanek, Sobibor und Treblinka, wo die Züge endeten, war die sofortige, systematische, industrielle Vernichtung der europäischen Juden.

Die Vorstufen des Genozids

An dieser Stelle ist es nicht möglich, ausführlich das Warum der Judenvernichtung zu erörtern. Wenn wir zurückverfolgen, wie die Entscheidungen zustande kamen, die Schritt für Schritt, Etappe für Etappe, zum Holocaust führten, sind zwei Feststellungen zwingend:

1. *Der Primat der Ideologie sowohl über die Politik als auch über die Strukturen und die historischen Gegebenheiten.*[4]

Die Vernichtung hatte absolut nichts mit wirtschaftlichen Überlegungen zu tun. Auch aus einem rein militärischen Blickwinkel gab es keine Rechtfertigung dafür, schlimmer noch, sie war sogar eindeutig kontraproduktiv: Der dazu erforderliche Einsatz von Menschen und Material brachte das Regime zunehmend in Bedrängnis, und selbst als sich die Niederlage abzeichnete, ging das Morden unvermindert weiter. Politisch war die Judenverfolgung sowieso nutzlos, sie diente zu keinem Zeitpunkt den unmittelbaren Interessen der Nationalsozialisten.

Deutschland befand sich nicht nur in einer tiefen moralischen und finanziellen Krise, als Hitler Ende der 20er Jahre die politische Bühne betrat, sondern auch in einer Identitätskrise; man wartete auf einen »Erlöser«, einen Mann, der in der Lage war, den täglichen Problemen einen Sinn zu geben und der die Energien mobilisierte, diese Probleme zu bewältigen. Ein großer Teil der deutschen Bevölkerung verfiel dem »Charme« des Ideologen und Führers der nationalsozialistischen Partei, aber man muss auch sagen, dass dies eher *trotz* als wegen des krankhaften Antisemitismus der Fall war, den er unermüdlich predigte. Die Deutschen waren genauso sehr oder genauso wenig antisemitisch wie die anderen Völker in Europa, aber darum ging es gar nicht: Diejenigen, die Hitler zur Macht verhalfen, erwarteten vor allem konkrete Maßnahmen, Lösungen für ihre Zukunft und die ihres Landes, sie wollten sichtbare, greifbare Veränderungen.

In diesem Sinn muss der Holocaust als die Vollendung eines aberwitzigen ideologischen, aus politischer Sicht vollkommen überflüssigen Projekts gesehen werden, das ein Mann – Adolf Hitler – einem ganzen Volk aufzwang. Weil Hitlers Antisemitismus alles andere als instrumentell war, sondern vielmehr Fundament und wesentlicher Bestandteil der nationalsozialistischen Weltanschauung, wurde die Vernichtung der europäischen Juden unbeirrt fortgeführt. Noch im Frühjahr 1944 wurden in Auschwitz mehr als 400 000 Juden umgebracht.

2. *Die zugleich zentrale und besondere Bedeutung des Antisemitismus, mehr noch als des Rassismus, innerhalb der Hitlerschen Ideologie.*[5]

In den Augen der Nationalsozialisten waren die Juden keine Rasse, sondern eher eine Gegenrasse. In einer Rede vor SS-Führern am 4. Oktober 1943 klassifizierte Himmler die Russen mit rassischen Begriffen (es gibt überlegene Rassen und minderwertige Rassen). Als er auf die Juden zu sprechen kam, wählte er Begriffe aus der Welt der Mikroben. Wenn er bei der rassischen Begrifflichkeit geblieben wäre, hätte er, nachdem er die Russen als eine minderwertige Rasse beschrieben hatte, die Juden noch weiter unten auf der Leiter ansiedeln können. Aber das traf die Sache nicht: Die Slawen waren noch Menschen, die Juden nicht mehr, sie waren Bazillen, Bakterien, die um jeden Preis vernichtet werden mussten, damit nicht die ganze Welt infiziert würde: »Wir wollen nicht bei der Vernichtung einer Bazille infiziert werden, krank werden und ebenfalls zugrunde gehen.«

Saul Friedländer hat betont, dieser bakteriologische Ansatz dürfe nicht mit dem rein rassischen verwechselt werden. Sonst laufe man Gefahr, Hitlers Antisemitismus komplett falsch zu verstehen, der einen vollkommenen Bruch mit der gesamten antijüdischen Tradition darstelle, die ihm vorausging – auch wenn er unbestreitbar aus den Quellen der christlichen, katholischen wie protestantischen, Judenfeindschaft geschöpft habe.

An folgender »Entdeckung« machte sich Hitlers antisemitische Obsession fest: Die drei Lehren, die die fundamentale Gleichheit aller Menschen postulieren, sind aus dem jüdischen Volk hervorgegangen, nämlich das Christentum (der heilige Paulus), die Französische Revolution (mehrheitlich jüdische Freimaurer) und der Bolschewismus (Karl Marx). Die Juden sind deshalb so gefährlich, weil sie sich geschickt mit neuen Strategien durchgesetzt haben wie dem Kapitalismus und dem Marxismus, die nur auf den ersten Blick gegensätzlich erscheinen. *Die Protokolle der Weisen von Zion,* die Grundlage des modernen Antisemitismus, deren Authentizität für Hitler außer Frage stand, zeigten, wie dringlich es war, dieses Volk vom Antlitz der Erde, mindestens aber vom Boden Deutschlands, zu vertilgen. Ohne Vernichtung der Juden kein Heil, sondern Ansteckung, drohende Vergiftung ...

Aus der Sicht des biologischen Antisemitismus der Nationalsozialisten war jeder Jude eine Gefahr, auch die Alten und Kranken, die Frauen, Kinder und Säuglinge. Der Jude war immer schädlich, unabhängig von seinem Alter. Hitler wollte den »jüdischen Bazillus« ausmerzen, und aus der Untersuchung seiner Schriften und Taten vor 1941 geht eindeutig hervor, dass er die physische Vernichtung im Sinn hatte. Die Nationalsozialisten schwankten lange zwischen zwei gegensätzlichen Lösungen: die Juden entweder in ein Gebiet zu verbannen, wo sie im Bedarfsfall noch als Geiseln zur Verfügung gestanden hätten (zum Beispiel um Druck auf die demokratischen Staaten auszuüben), oder sie in einem »Schutzgebiet« oder in Ghettos zusammenzupferchen.

Die Ghettos im Osten

Zunächst wählten die Nationalsozialisten die Ghettoisierung der Juden als soziale Ausgrenzung in Westeuropa und physische Absonderung im Osten. Die polnischen Juden – Kern des europäischen Judentums – wurden nach und nach in abgesperrten Bezirken zusammengetrieben (umgeben von Stacheldraht oder Ziegelmauern) und von der übrigen Welt hermetisch abgeriegelt. Fluchtversuche wurden mit drakonischen Strafen geahndet.

Das erste Ghetto wurde im Mai 1940 für 150 000 Menschen in

Lodz errichtet. Es folgten die Ghettos von Krakau, Lublin und Lwow (Lemberg). Symbol für die systematische Absonderung der Juden blieb jedoch das Warschauer Ghetto, das im Oktober 1940 mitten in der Stadt errichtet wurde: 445 000 Juden wurden dort vom 16. bis 31. Oktober auf einem Gebiet von kaum drei Quadratkilometern gewaltsam zusammengetrieben, durchschnittlich lebten sieben Menschen in einem Raum. Rund um das Ghetto lief eine 16 Kilometer lange und zwei Meter fünfzig hohe Mauer, die Baukosten musste der Judenrat bezahlen. Es gab 13 Tore, die außen von Deutschen und Ukrainern bewacht wurden und innen von jüdischer Polizei. Die Mauerkrone war mit Glasscherben und Stacheldraht bewehrt.

Die Ghettos, ob in Warschau, Lodz, Krakau, Lublin oder Radom, hatten viele Merkmale mit den Konzentrationslagern gemeinsam. Wie die Lager waren sie hermetisch abgeriegelte Orte, an denen die Menschen schlecht behandelt wurden, viel zu wenig zu essen hatten und Zwangsarbeit leisten mussten. Wie die Lager hatten auch die Ghettos eine interne Selbstverwaltung. Diese von den Besatzern installierte Verwaltung, der Judenrat, musste dafür Sorge tragen, dass die Bewohner den Befehlen der Deutschen Folge leisteten.

Zu den Aufgaben des Judenrates gehörte es auch, die Arbeitskräftekartei zu führen. Alle Juden zwischen zwölf und 60 Jahren wurden zur Zwangsarbeit herangezogen und mussten sich dafür in Listen eintragen, jeder Verstoß gegen diese Vorschrift wurde mit dem Tod bestraft. Werkstätten und Fabriken zahlten Hungerlöhne für Arbeitskräfte, die sie bis zur Erschöpfung ausbeuteten. Die gesamte Produktion aus dem Ghetto ging an die Wehrmacht.

Die Ghettobewohner starben reihenweise an Hunger und Krankheiten, es war ein indirekter Völkermord. Mit 300 Kalorien pro Tag (den Deutschen standen 2310 Kalorien zu) war die Masse der Menschen zu einem langsamen Tod verurteilt. Deutsche und Polen profitierten von Schmuggel und Schwarzhandel. Jüdische »Komplizen« innerhalb der Ghettos halfen ihnen, die Waren zu verkaufen. Diese Parasiten füllten sich die Taschen und lebten von der Not der anderen. Im Untergeschoss des Hotels Britannia feierten sie ihre Gelage, dort ging es oft bis in den frühen Morgen hoch her.

Andere Juden wie Emmanuel Ringelblum und Itzhak Katzenelson organisierten die gegenseitige Hilfe. Die »Jidische Kultur Organisatzkije« richtete Schulen ein, Chöre, Büchereien, veranstaltete Vorträge, Theateraufführungen und gründete sogar eine Volkshochschule mit der Bezeichnung »Leben und sterben in Würde«. Es gab eine rege medizinische Forschung auf den Gebieten, für die das Ghetto reichlich Anschauungsmaterial lieferte: Epidemien und Hunger. Ärzte erforschten die Symptome des Hungers und beschrieben minutiös, was sie an sich selbst beobachteten. Der Mentor dieser Untersuchungen, Dr. Israel Milaikowski, fand kurz vor seinem Tod noch die Kraft, ein Vorwort für die Schrift der Forschungsgruppe zu verfassen, die er geduldig geleitet hatte.

Hunger, Krankheiten, Misshandlungen: der Tod war allgegenwärtig. 1941 und 1942 starben allein im Warschauer Ghetto jeden Monat 3000 bis 4000 Menschen. Der Judenrat registrierte vom 1. Januar 1941 bis zum 30. Juni 1942 69 335 Tote. Georges Bensoussan schreibt, vom Dezember 1939 bis August 1942 seien bei einer geschätzten durchschnittlichen Bevölkerung von 400 000 Menschen 84 000 Menschen gestorben.[6] Eine unvorstellbare Zahl. Aber den Nationalsozialisten war das nicht genug, denn sie rechneten aus, dass es so Jahre dauern würde, bis die »verfluchte Rasse« ausgerottet wäre.

Sobald die Entscheidung für die Vernichtung der Juden gefallen war, wurden die Ghettos nach und nach geräumt.[7] Der Judenrat musste zusammen mit der jüdischen Polizei Gruppen von »Arbeitern« zusammenstellen, deren Bestimmungsort in Wahrheit die Gaskammer von Treblinka war.[8] Am 21. September 1942, als dieses »Sonderlager« gerade zwei Monate existierte, belief sich seine Bilanz bereits auf 357 000 Tote (245 000 aus Warschau, 112 000 aus Dörfern und Städten in der Umgebung der Hauptstadt).

Außer den deportierten Juden starben rund 800 000 weitere an Hunger, Krankheiten oder wurden in den Ghettos ermordet; insgesamt war die Zahl der Toten also höher als die Zahl aller Opfer (einschließlich der jüdischen), die in den Konzentrationslagern umkamen (550 000).[9]

Auf dem Weg zum Genozid: Die Einsatzgruppen

Was trieb Hitler zum Genozid? Die Historiker, die sich mit der Geschichte des Zweiten Weltkriegs befasst haben, sind nahezu einhellig der Meinung, dass der 22. Juni 1941 die Antwort auf diese Frage bereit hält, der Tag des deutschen Überfalls auf die Sowjetunion. Von Anfang an stellte Hitler diesen Krieg, in dem sich Antisemitismus, Antibolschewismus und Expansionsstreben mischten, als die »zweite Revolution« des Nationalsozialismus dar. So erklärte er seinen Generälen bereits im März 1941, es gehe um nichts weniger als darum, ein für allemal die Wurzeln der jüdisch-bolschewistischen Weltverschwörung herauszureißen. Der kommende Krieg werde ein »Vernichtungskrieg« sein.

Zwei Befehle sprechen dafür, dass die Nationalsozialisten entschlossen waren, ihren neuen Kreuzzug mit allen Mitteln zu führen. Der erste, der Barbarossabefehl vom 13. Mai 1941, ermächtigte die Wehrmacht, mit allen, die ihr Widerstand leisteten oder sich ihr in den Weg stellten, kurzen Prozess zu machen. Der zweite, der Kommissarbefehl vom 6. Juni, ordnete an, alle jüdischen Soldaten und politischen Kommissare der sowjetischen Armee auf der Stelle umzubringen.[10] Dazu wurden auf Befehl von Himmler so genannte Einsatzgruppen aufgestellt. In kurzer Zeit, gegen Ende Juli, dehnten die Einsatzgruppen ihre »Zuständigkeit« auf alle Juden aus, Frauen, Kinder und Greise eingeschlossen, die der Wehrmacht auf ihrem Vorstoß nach Osten begegneten. In knapp zwei Monaten ermordeten sie mehr als 50 000 Juden, zehnmal so viele wie im Krieg gegen Polen. In der Regel wurden die Opfer am Rand ihrer Städte und Dörfer zusammengetrieben, dort mussten sie ihre eigenen Gräber ausheben und wurden dann von der SS erschossen. Offensichtlich beschränkten sich diese Massaker zunächst auf sowjetische Juden. Im August 1941 scheinen die Nationalsozialisten die »Endlösung« noch als massenweise Vertreibung und nicht als systematische physische Vernichtung geplant zu haben.

Der entscheidende Schritt erfolgte einige Wochen später, im Herbst 1941. Indiz dafür ist die Deportation von Juden aus Deutschland in die Operationsgebiete der Einsatzgruppen. Nach einzelnen völkermörderischen Aktionen begann nun der eigentliche Völkermord.

Wiederholen wir unsere Eingangsfrage: Was trieb Hitler zur massenhaften, systematischen Vernichtung der jüdischen Bevölkerungsgruppen? Philippe Burrin folgend, antworten wir, dass es in erster Linie der gescheiterte Russlandfeldzug war.[11] Vor dem Hintergrund eines Krieges, der lang und total sein würde, vor Augen noch die traumatische Erinnerung an die Niederlage von 1918, gelangte Hitler zu der Überzeugung, dass die Vernichtung der Juden in einer Art wildem, fetischistischem Opfer die Sühne für das vergossene deutsche Blut sein und damit irgendwie die Wende der militärischen Situation bewirken würde.[12] Er rächte sich gewissermaßen im Voraus für die mögliche Niederlage, indem er das Volk auslöschte, das in seiner verqueren Denkweise eine tödliche Gefahr für Deutschland darstellte.

Von diesem Zeitpunkt an war in der deutschen politischen Führung keine Diskussion mehr möglich, und die Wendung »Endlösung der Judenfrage« bezeichnete einzig und allein die Politik der totalen physischen Vernichtung des europäischen Judentums.

Am 24. Oktober 1941 verbot Gestapo-Chef Heinrich Müller die Auswanderung von Juden aus Europa. Das Netz zog sich zusammen, die Todesmaschinerie begann zu arbeiten. Ende November 1941 lud Reinhard Heydrich, der Leiter des RSHA, zu einer interministeriellen Beratung ein, die ursprünglich für den 9. Dezember 1941 anberaumt war und wegen des japanischen Angriffs auf Pearl Harbor auf den 20. Januar 1942 verlegt wurde. Diese Zusammenkunft, bekannt geworden als »Wannsee-Konferenz«, bestätigte die Rolle des RSHA in der antijüdischen Politik und formulierte direkte Anweisungen für die vertretenen Ministerien einschließlich des Außenministeriums hinsichtlich ihrer Rolle bei dem angelaufenen Vorhaben – das, wie wir heute wissen, die Vernichtung von elf Millionen europäischen Juden zum Ziel hatte.

Die Wannsee-Konferenz hatte in Wahrheit nur den Zweck, die Ministerialbürokratie auf ein Projekt einzuschwören, das längst im Gange war. Zu dem Zeitpunkt hatte die Vernichtung bereits begonnen. Die vier Einsatzgruppen verübten seit Sommer 1941 systematisch Massentötungen: Einsatzgruppe D erschoss allein am 29. und 30. September 33 771 jüdische Männer, Frauen und Kinder bei dem Massaker von Babi Jar in der Umgebung von Kiew. Diese erste Phase des Genozids kostete mehr als 1,3 Millionen Juden das Leben. Sie war wirkungsvoll, gewiss, aber vollkommen unorganisiert, und selbst die Mörder der SS hatten ihre Schwierigkeiten damit. Es kam häufig vor, dass SS-Männer sich betranken, bevor sie die »große und schwere« Aufgabe in Angriff nahmen, die ihnen übertragen worden war: Der Anblick dieser Massenschlächtereien war buchstäblich unerträglich.

Am 15. August 1941 wollte Himmler, der Reichsführer-SS, auf der Durchreise in Minsk persönlich bei einer Hinrichtungsaktion dabei sein. Er forderte den Leiter der Einsatzgruppe B auf, vor seinen Augen eine Gruppe von 100 Personen, vorwiegend junge Männer, zu erschießen. Himmlers Blick fiel auf einen jungen Mann mit blonden Haaren und blauen Augen, und er stoppte die Aktion. Eine gleichermaßen tragische und surreale Konversation entspann sich:

»Sind Sie Jude?«

»Ja.«

»Sind Ihre beiden Eltern Juden?«

»Ja.«

»Haben Sie irgendwelche Vorfahren, die keine Juden waren?«

»Nein.«

»Dann kann ich Ihnen auch nicht helfen!«[13]

Bei jeder Salve musste Himmler den Blick abwenden, als wäre er nicht in der Lage, das Entsetzen mit anzusehen, für das er wesentlich verantwortlich war. Deshalb befahl er den Leitern der Einsatzgruppen, die Tötungen humaner durchzuführen, sich den Kopf zu zerbrechen, welche humaneren Methoden in Frage kämen – humaner für die Mörder, versteht sich.

Zuerst wurden ihm Gaswagen vorgeschlagen. Der von SS-Arzt Ernst Robert Grawitz ins Spiel gebrachte Gedanke, mit Gas zu töten, war nicht neu. Von 1939 bis 1941 hatten die Nationalsozialisten unter Aufsicht eines Amtsleiters der Reichskanzlei, Viktor Brack, fast 70 000 Menschen mit Kohlenmonoxid[14] umgebracht – unheilbar kranke, behinderte und geisteskranke Deutsche.[15]

Im November 1941 wurden vom RSHA die ersten Versuche unternommen. Da die Ergebnisse überzeugend ausfielen, wurden bald Gaswagen in die besetzten Gebiete der Sowjetunion geschickt. Das Verfahren wurde später weiter »perfektioniert« – erst in Serbien, dann im Vernichtungszentrum Chelmno (Kulmhof) in der Nähe von Lodz.

Die Gaswagen im ersten Vernichtungszentrum: Chelmno

Während östlich des Bug die Opfer weiterhin wie in Babi Jar erschossen wurden (in den besetzten sowjetischen Gebieten einschließlich Ostpolens und der baltischen Staaten), setzte sich westlich des Bug der Gedanke durch, die Juden in festen Zentren auf »humanere« Weise zu töten.

In Chelmno erfolgte im Dezember 1941 der Übergang von den Erschießungen zur industriellen Tötung in Vernichtungszentren. Chelmno bestand aus zwei Teilen, dem »Schloss« und dem »Waldlager«, im Waldlager befanden sich auch Verbrennungsöfen. Die Juden wurden zusammengetrieben, mussten sich entkleiden und wurden dann direkt vergast. In diesem notdürftig eingerichteten Komplex wurden täglich bis zu 1000 Menschen in LKWs getötet, die man zu mobilen Gaskammern umfunktioniert hatte.

Jeden Nachmittag wurden Juden aus Lodz und Umgebung mit Zügen nach Chelmno gebracht. Sie versammelten sich im Hof des »Schlosses«, wurden in Gruppen von etwa 50 Leuten eingeteilt, mussten sich entkleiden und ihre Wertgegenstände der SS aushändigen. Ihre Bewacher versicherten ihnen, sie würden in ein Arbeitslager kommen, aber vor dem Transport müssten sie duschen und würden desinfiziert. Vom Schlosshof wurden sie in die Keller getrieben und weiter in angebliche »Duschräume«. Dort gelangten sie über eine Rampe direkt in die Aufbauten der LKWs. Wer zögerte oder sich weigerte weiterzugehen, wurde mit Schlägen hineingetrieben. Wenn 50 bis 70 Personen zusammen waren, wurden die Türen geschlossen, und der Fahrer, oft ein Angehöriger der Schutzpolizei, machte sich auf den Weg zu den Gruben ins Waldlager, quer durch den Wald von Rzuchow. Es dauerte ungefähr zehn Minuten, bis das Todeswerk vollbracht war. Im Waldlager hatten jüdische Gefangene, bewacht von SS, Scheiterhaufen und Massengräber vorbereitet. Ein Trupp von 40 bis 50 Mann lud die Leichen von den Wagen ab und warf sie in die Gruben. Unterdessen sortierte ein zweiter Trupp, der im »Schloss« interniert war, die Kleider und Wertsachen für den Transport ins Reich. Fast 370 Waggons mit Kleidern gelangten auf diese Weise nach Deutschland. Chelmno wurde im März 1943 geschlossen. Schätzungen zufolge wurden dort mindestens 150 000 Juden und dazu 5000 Sinti und Roma ermordet.[16]

Der Ursprung der Gaskammern: Das Euthanasieprogramm T4

Der Gedanke, Gaskammern einzusetzen, war, wie gesagt, nicht neu. Er war in den ersten Kriegsmonaten aufgetaucht. Damals gelangten massenweise Verletzte nach Deutschland, und bald konnten die Krankenhäuser sie nicht mehr aufnehmen. Es herrschte verzweifelter Mangel an Krankenhausbetten. In dieser Situation – wir befinden uns im Oktober 1939 – beschlossen die Nationalsozialisten, Platz zu schaffen, indem Geisteskranken und unheilbar Kranken der »Gnadentod« gewährt wurde. Die für das Euthanasieprogramm zuständige Dienststelle bezog Räume im Gebäude Tiergartenstraße Nr. 4 in Berlin; die Abkürzung T4 stand künftig dafür.

Im Oktober 1939 wurde die erste von sechs Euthanasieanstalten der Organisation T4 eröffnet. Wie bei allen weiteren gehörte eine Gaskammer dazu.[17] Aber bald schon liefen Gerüchte um, was dort geschah, und nach Protesten der katholischen und der evangelischen Kirchenleitung wurde das Programm offiziell eingestellt.[18]

Doch die Euthanasiepolitik hörte damit nicht auf. Sie ging weiter, allerdings in kleinerem Maßstab und im Verborgenen, vor allem in den Konzentrationslagern. Unter der Bezeichnung »14 f 13« wurde dort das T4-Programm im Frühjahr 1941 eingeführt mit dem Ziel, nicht arbeitsfähige Häftlinge zu beseitigen.

Die Programme T4 und 14 f 13 – die Experimente mit Vergasung und Verbrennung, die systematische biologische Liquidierung im Namen der absoluten politischen Kontrolle über das Leben – bereiteten die Vernichtung der Juden vor. Diese Meinung vertreten zumindest einige Historiker wie Georges Bensoussan.[19] Ob es sich nun um die Generalprobe handelte oder nicht, jedenfalls entstand aus dem Zusammentreffen des Euthanasieprogramms mit dem System der Konzentrationslager die Idee, die Juden durch Gas zu vernichten. Es ist kein Zufall, dass Viktor Brack, der für das Euthanasieprogramm zuständige Beamte, sich freiwillig für die Aufgabe meldete, die in Deutschland entwickelten Vergasungstechniken in Osteuropa bekannt zu machen. Sein erster Einsatzort war Belzec. Mitte März 1942 waren die Einrichtungen fertig. Künftig wurden die Menschen in festen Anlagen mit Gas ermordet – nach der »Brack-Methode«.

Die Todesfabriken Belzec, Sobibor und Treblinka

Nach Chelmno entstanden drei neue Sonderkommandos (SK) oder Zentren zur Ermordung der Juden: Belzec, Sobibor und Treblinka. Alle drei Standorte waren wegen ihrer Abgeschiedenheit und gleichzeitigen Nähe zu wichtigen Eisenbahnknotenpunkten gewählt worden. Mehr als 1,5 Millionen Menschen wurden dort ermordet. Belzec öffnete seine Tore im März 1942, Sobibor im April und Treblinka im Juli desselben Jahres. Wie Hilberg schreibt, trugen diese Projekte den Stempel relativer Improvisation und des Bemühens um Sparsamkeit. Die für den Bau der SK zuständige SS-Dienststelle war jedenfalls der Ansicht, dass ihr nicht genug Geld zur Verfügung stand. Es fehlte auch an Arbeitskräften.

Belzec

Das Vernichtungszentrum Belzec wurde das Vorbild für Sobibor und Treblinka, alle drei Zentren wurden im Rahmen der Aktion Reinhard geplant. Belzec lag im Bezirk Lublin, Hauptort einer Region mit vielen jüdischen Städten, Dörfern und Gemeinden. Die Leitung von Belzec wurde SS-Sturmbannführer Christian Wirth übertragen, einem ehemaligen Kriminalkommissar, der eine wichtige Rolle bei der Vorbereitung des Euthanasieprogramms T4 gespielt hatte. Ihm unterstanden 20 bis 30 SS-Männer und eine Kompanie von ungefähr 120 eigens auf den Einsatz vorbereiteten ukrainischen Wärtern. Die Anlage war in zwei Bereiche geteilt, jeder Bereich war mit Stacheldraht abgezäunt. Rings um die gesamte Anlage standen Wachtürme. Der erste Bereich war wiederum zweigeteilt: In dem kleineren Teil lagen die Verwaltung und die Barakken der ukrainischen Wärter; den größeren Teil bildeten der Bahnhof, in dem die Deportierten ankamen, der Bahnsteig, wo sie in zwei Gruppen geteilt wurden – alle Männer auf eine Seite, Frauen und Kinder auf die andere –, die Gebäude, in denen sie sich ausziehen mussten und ihnen die Haare abgeschnitten wurden, die Lagerräume, wo die persönlichen Habseligkeiten gesammelt wurden, und schließlich die Baracken für die jüdischen Häftlinge, die die Leichen verbrannten und das Gepäck sortierten.

Im zweiten Teil lagen die Gaskammern und die Scheiterhaufen.

Er war mit dem anderen Teil durch einen langen, an beiden Seiten von hohem Stacheldraht gesäumten Gang verbunden, der bei den Deutschen »der Schlauch« hieß. Die eigentliche Vernichtungsstätte lag hinter Bäumen und Gebüsch und war vom Hauptlager nicht zu sehen.

Tarnung war ein wesentliches Element der in Belzec entwickelten Form der Vernichtung. Das Verfahren war einfach: Ein Transport, bestehend aus 40 bis 60 Waggons mit ungefähr 2500 Juden, fuhr in den Bahnhof ein. Der Zug wurde sofort so geteilt, dass immer 10 bis 15 Waggons an einem Bahnsteig hielten. Die Türen der Waggons wurden geöffnet. Man teilte den Juden mit, sie befänden sich in einem Durchgangslager und als Hygienemaßnahme müssten sie in die Dusche und zum »Friseur« gehen. Nun wurden die Männer von den Frauen und Kindern getrennt. Die Menschen wurden in den Raum geführt, wo sie sich entkleiden mussten und ihnen die Haare geschoren wurden, dann wurden sie einer nach dem anderen in den »Schlauch« gestoßen, der zu den Gaskammern führte. Die Gaskammern waren als Duschen getarnt. Alles ging so schnell und mit einer solchen Brutalität, dass die Opfer vollkommen überrumpelt waren und nur selten jemand reagierte oder sich gar wehrte.

In der ersten Zeit, von Mitte März bis Mitte Mai 1942, gab es in Belzec drei Gaskammern aus Holz. Jede hatte zwei Türen: Durch die eine wurden die Menschen hineingetrieben, durch die andere holte man die Leichen heraus. Das für die Vergasung erforderliche Kohlenmonoxid produzierte ein Dieselmotor außerhalb der Gaskammer. Wenn das Gas vollständig hineingeleitet war, dauerte es ungefähr 30 Minuten, bis der Tod eintrat. Danach begannen die »Reinigungs«-Mannschaften, lauter jüdische Häftlinge, ihr Werk: Ein erster Trupp schleppte die Leichen zu den Verbrennungsstätten. Ein zweiter Trupp kümmerte sich um die Habseligkeiten der Opfer. Dieser Trupp war zweigeteilt: Ein Teil sammelte die Gepäckstücke ein, die auf dem Bahnsteig zurückgeblieben waren, der zweite arbeitete in dem Auskleideraum und sortierte persönliche Gegenstände (Schmuck und andere Wertsachen) und Kleidung. Von dem Zeitpunkt, als der Transport in Belzec ankam, bis zu dem Zeitpunkt, als die letzten Sortierarbeiten abgeschlossen waren, vergingen ungefähr drei Stunden.

Mitte Mai 1942 wurde der Vernichtungsprozess gestoppt. Die SS schmierte das Räderwerk neu, um die Effizienz noch zu erhöhen. Man begann mit dem Bau von sechs Gaskammern aus Beton. So konnten bis zu 1200 Menschen auf einmal ermordet werden. Die anfangs in vier Zugteile aufgeteilten Transporte wurden jetzt nur noch in zwei Hälften geteilt, das sparte Zeit und Energie. Die Todesmaschinerie lief auf Hochtouren. Fast 1000 Juden arbeiteten jetzt in den »Reinigungs«-Mannschaften. Sie wurden regelmäßig vergast und durch neue ersetzt – die »Gnadenfrist« dauerte nie länger als ein paar Wochen.

In den ersten drei Monaten nach Einrichtung des SK Belzec wurden dort 80 000 Juden aus den Ghettos von Lublin, Lwow und anderen Gebieten Galiziens vergast. Nach den Umbaumaßnahmen folgten ihnen fast 130 000 Juden aus der Region Krakau, 215 000 aus der Region Lwow und Tausende andere aus den vielen kleinen Gemeinden zwischen Lublin und Radom in den Tod. Schätzungen zufolge wurden 600 000 Juden in Belzec vergast – dazu kamen noch einmal mehrere Tausend Sinti und Roma. Nur von wenigen Überlebenden ist die Rede, die Todesrate lag bei 99,99 Prozent. Dies macht den Unterschied zwischen einem Konzentrationslager und einem Vernichtungszentrum aus.

In den ersten Monaten des Jahres 1943 wurden die Leichen ausgegraben und unter freiem Himmel verbrannt. Alle Gebäude wurden zerstört. Das Gelände wurde umgegraben und ein Bauernhof darauf errichtet, den ein ehemaliger ukrainischer Wärter bewirtschaftete.

Sobibor

Die Leitung von Sobibor, der zweiten im Rahmen der Aktion Reinhard errichteten Todesfabrik, wurde ebenfalls ehemaligen Mitarbeitern des Euthanasieprogramms übertragen – in dem Fall war es SS-Obersturmführer Franz Stangl, er leitete Sobibor von April bis August 1942 und wurde dann nach Treblinka versetzt. Auch die Mannschaft in Sobibor war äußerst klein: 20 SS-Männer und rund 100 ukrainische Wärter.

Tag und Nacht trafen Juden ein, auf Lastwagen, Pferdewagen, sogar zu Fuß, die meisten jedoch mit Zügen. Die SS behandelte sie unterschiedlich, je nachdem, woher sie kamen. Die Juden aus Westeuropa, die meist gut angezogen in Reisezügen kamen, waren leicht zu täuschen: Sie wurden von jüdischem »Personal« in blauen Arbeitsanzügen begrüßt, das ihnen das Gepäck abnahm und Aufbewahrungsscheine dafür aushändigte. Damit war das Misstrauen der Neuankömmlinge in der Regel schon zerstreut (manche gaben den freundlichen Gepäckträgern sogar ein Trinkgeld). Auf dem Hauptplatz in Lager I bekamen sie eine kurze »Einweisung« durch SS-Oberscharführer Hermann Michel (alias »der Prediger«). Ber Freiberg erinnert sich: »Sie werden in die Ukraine weiterreisen und dort arbeiten. Um Epidemien vorzubeugen, werden Sie geduscht und desinfiziert. Legen Sie Ihre Sachen ordentlich beiseite und merken Sie sich, wo Sie sie abgelegt haben. Ich werde Ihnen beim Suchen nicht helfen. Alle Wertsachen müssen im Büro abgegeben werden.«[20]

Mit den Juden aus dem Osten, die in Viehwaggons eintrafen, sprangen die Deutschen anders um. Sobald sie aus den Waggons stiegen, wurden sie geprügelt, mit Peitschen geschlagen und beschimpft. Nicht ohne Grund fürchteten die SS-Männer, die Juden könnten ahnen, welches Schicksal sie erwartete, und Widerstand leisten. Einige Männer aus dem Transport wurden für den Personalbedarf des Lagers ausgewählt. Alle anderen gingen sofort in die Gaskammern.

Die Juden mussten sich ausziehen und wurden dann in den Schlauch getrieben, den die Nazis »Himmelsstraße« nannten. Er führte in Lager II, wo sich die Gaskammern befanden. Wie in Belzec erledigten jüdische Häftlinge die Arbeiten, die nach der Vergasung anfielen: Sortieren des Gepäcks, Vergraben oder Verbrennen der Leichen, Tarnung der Orte, an denen die Leichen beseitigt worden waren. In Lager I waren es 600 Häftlinge (darunter 150 Frauen), in Lager II 200. Die Häftlinge in Lager I wussten nicht, was in Lager II vorging. »Auf einmal«, erinnert sich Toivi Blatt, ein Jude aus dem Sonderkommando von Lager I, »hörte ich infernalische Motorengeräusche. Und fast im gleichen Augenblick hörte ich einen furchtbaren Schrei, fern und erstickt zwar, aber so laut, dass er im ersten Augenblick das Motorengeräusch übertönte; nach einigen Minuten wurde er immer leiser. Mir gefror das Blut in den Adern.«[21]

Kein einziger Häftling vom jüdischen »Personal« in Lager II

überlebte. Für jene, die für eine kurze Galgenfrist gegen ihren Willen zu Helfern beim Völkermord gemacht wurden, für die Juden, die andere Juden empfangen, ihnen den Schädel rasieren, ihre Habseligkeiten sortieren und ihre Leichen verbrennen mussten, war das Leben die Hölle. Wenn die SS-Bewacher sich langweilten, erreichte das Entsetzen seinen Höhepunkt, denn sie dachten sich allerlei »Spiele« aus, eines schrecklicher als das andere. Ein Spiel bestand darin, dass die Hosenbeine eines Häftlings zugenäht wurden, nachdem sie zuvor eine Ratte hineingesteckt hatten. Bei der geringsten Bewegung wurde der Häftling zu Tode geprügelt. Ein anderes Spiel sah so aus, dass sie einem Häftling eine enorme Menge Wodka einflößten und ihn dann zwangen, mehrere Kilo Wurst zu essen. Dann brachten sie ihn zum Erbrechen, indem sie in seinen Mund urinierten.

Die wenigen Überlebenden von Sobibor gehörten zur Mannschaft des Sonderkommandos von Lager I, die sich im Oktober 1943 gegen die SS erhob. Von den 300 Juden, denen die Flucht gelang, wurden etwa 100 von den Deutschen wieder eingefangen, weitere 100 wurden von polnischen Partisanen umgebracht. Nur etwa 70 erlebten das Kriegsende.

In Sobibor lag die Todesrate wie in Belzec bei 99,9 Prozent. In nicht einmal 18 Monaten wurden dort 250 000 Juden – Männer, Frauen und Kinder – ermordet.

Treblinka

Die dritte im Rahmen der Aktion Reinhard errichtete Todesfabrik war Treblinka, etwa 80 Kilometer nordöstlich von Warschau. Dort wurden ausschließlich Juden aus der polnischen Hauptstadt und den umliegenden mitteleuropäischen Regionen ermordet. Zu Anfang hatte Treblinka drei Gaskammern, wenig später sechs; es wurde das größte Vernichtungszentrum. Rund 30 SS-Angehörige waren für die Verwaltung zuständig, unterstützt von etwa 100 SS-Wärtern und etwa 20 Ukrainern. Zwischen 700 und 1000 jüdische Häftlinge dienten ihnen als »Handlanger«.

In Treblinka »verstarben« innerhalb von knapp zwei Monaten, vom 23. Juli bis zum 21. September 1942, mehr als 357 000 Juden aus Warschau und Umgebung. In den folgenden Monaten wurden dort weitere 337 000 Juden aus dem Bezirk Radom, 35 000 aus dem Bezirk Lublin, 107 000 aus dem Bezirk Bialystok und 38 000 aus dem Generalgouvernement ermordet. Tausende Juden aus den angrenzenden und aus weiter entfernten Ländern wurden ebenfalls nach Treblinka deportiert: 7000 aus der Slowakei, 8000 aus dem KZ Theresienstadt, 4000 aus Griechenland und 7000 aus Mazedonien (auch 2000 Sinti und Roma waren unter den Opfern).

Damit die Todesmaschinerie unbemerkt blieb, war das Lager von zwei Reihen elektrischem Stacheldrahtzaun umgeben. Die erste Reihe war mit Gebüsch getarnt. Um wie auch in den anderen Vernichtungszentren Widerstand und Rebellion zu verhindern, wiegte die SS die Juden mit allerlei Tricks in dem Glauben, sie befänden sich in einem Durchgangslager: An der Außenwand der Gaskammer wurde ein Davidstern angebracht. Über der Eingangstür zu dem Gebäude ließ die SS einen aus einer Synagoge gestohlenen Vorhang mit der hebräischen Aufschrift aufhängen: »Dies ist das Tor, durch das die Gerechten schreiten.«[22]

Weitere ähnliche »Verbesserungen« folgten. Den Neuankömmlingen wurden Postkarten ausgehändigt, und man riet ihnen, sie sollten sie zur Beruhigung ihrer Angehörigen gleich schreiben. Die Karten wurden nicht vernichtet, wie man vielleicht glauben könnte, sondern frankiert und abgeschickt: Mit dieser List wiegte die Lagerverwaltung die Menschen in Sicherheit, die einen Augenblick später in die Gaskammern gehen würden, und sie beruhigte die Menschen in den Ghettos, die als nächste sterben sollten.

Wenn die Gaskammer voll war, wurde die Tür geschlossen, und ein Deutscher rief: »Iwan, Wasser!« Auf dieses Zeichen hin öffnete ein ukrainischer Helfer den Gashahn, und der Tod breitete sich aus, langsam und qualvoll: Der Todeskampf konnte bis zu 40 Minuten dauern.

Wie in Sobibor erhoben sich auch hier die Juden des Sonderkommandos. Im August 1943 stürmten etwa 50 Häftlinge die Waffenkammer. Die Anführer des Aufstandes rechneten damit, dass sich ihnen viele Häftlinge bei den ersten Schüssen anschließen würden. Aber weil ein SS-Führer namens Kurt Kuttner Verdacht geschöpft hatte, musste die Gruppe früher losschlagen als geplant. Noch bevor die SS die Wache alarmieren konnte, eröffneten die Häftlinge das Feuer und steckten die Baracken in Brand. Hunderte von Gefangenen stürzten sich in die Zäune und überrannten sie. Die meisten wurden von den SS-Männern auf den Wachtürmen erschossen. Von 750 Gefangenen, die den Ausbruch versuchten, überlebten nur 70.

Im Herbst 1943 löste die SS das Lager auf. Es wurden strikte Anweisungen erteilt, dass Treblinka für alle Zeit spurenlos verschwinden musste. Auf dem Gelände wurde ebenfalls ein Bauernhof errichtet und einem ukrainischen Wärter zur Bewirtschaftung überlassen. Mindestens 750 000 Juden wurden in Treblinka ermordet. Die Todesrate lag wie in den anderen Vernichtungszentren bei 99,9 Prozent.

Das gemischte Lager Lublin-Majdanek

Zwei neue Vernichtungszentren, jeweils mit Gaskammern, kamen 1942 hinzu. Sie wurden nicht an abgelegenen Standorten errichtet, sondern in unmittelbarer Nähe von Konzentrationslagern: das erste auf dem Territorium von Lublin-Majdanek, das zweite innerhalb des großen Komplexes von Auschwitz, in Birkenau.

In Majdanek wurden im September und Oktober 1942 drei Gaskammern gebaut. Sofort danach begannen die Tötungen, sie endeten am 3. November 1943 mit der Ermordung aller verbliebenen jüdischen Häftlinge im Rahmen einer Operation mit der »poetischen« Bezeichnung »Erntefest«. Damit starben die letzten 17 000 Juden in Majdanek, insgesamt wurden dort mindestens 50 000, eventuell bis zu 200 000 Menschen umgebracht.

Auschwitz

Himmler persönlich informierte Rudolf Höß von der Entscheidung Hitlers, das jüdische Volk auszurotten: »Der Führer hat die Endlösung der Judenfrage befohlen, wir – die SS – haben diesen Befehl durchzuführen. Gelingt es uns jetzt nicht, die biologischen Grundlagen des Judentums zu zerstören, so werden einst die Juden das deutsche Volk vernichten.«[24] Kurz nach der Wannsee-Konferenz wurde Auschwitz-Birkenau als wichtigstes »Vernichtungszentrum« ausersehen. Nach Ansicht von Franciszek Piper fiel die

Statistik der Judenvernichtung im Rahmen der »Endlösung« nach Steinberg (1939–1945)[23]	
Ghettos	800 000
SS-Einsatzgruppen	1 300 000
Konzentrationslager	300 000
Chelmno	150 000
Belzec	550 000
Sobibor	200 000
Treblinka	750 000
Majdanek	50 000
Auschwitz	1 000 000
Gesamt	5 100 000

Wahl auf Auschwitz, weil man die Tötungseinrichtungen hinter dem Hauptlager Auschwitz gut tarnen konnte: Auschwitz I oder das Stammlager verbarg die Vorgänge in Auschwitz II-Birkenau.[25] Für Maxime Steinberg hielten die Nationalsozialisten an der Bestimmung von Auschwitz-Birkenau auch fest, als auf Druck der SS-Wirtschaftsverwaltung beschlossen wurde, die Juden verstärkt zur Arbeit heranzuziehen. In Wannsee musste das RSHA vorübergehend die Ideologie den ökonomischen Notwendigkeiten unterordnen. Die in Deutschland in Rüstungsbetrieben tätigen Juden wurden vorerst nicht deportiert. Diese Konzession führte dazu, dass in Wannsee im Hinblick auf die Juden der Begriff »Vernichtung durch Arbeit« geprägt wurde, den Pohl in seinem Schreiben an die KZ-Kommandanten vom April 1942 verwendete. Fünf Tage nach der Wannsee-Konferenz zog die SS ihre Schlussfolgerungen. Himmler wies Glücks telegraphisch an, Vorbereitungen für die Aufnahme von 100 000 jüdischen Männern und bis zu 50 000 jüdischen Frauen in den Konzentrationslagern innerhalb der nächsten vier Wochen zu treffen. Den Lagern würden wichtige wirtschaftliche Aufgaben übertragen. Weitere Anweisungen werde ihm Obergruppenführer Pohl übermitteln. Wie Maxime Steinberg betont, war Auschwitz II/Birkenau zugleich Konzentrationslager und Sonderkommando.

Wir sprechen im Folgenden von Auschwitz I, um das Konzentrationslager zu bezeichnen, von Auschwitz II, wenn Birkenau, das Tötungszentrum, gemeint ist, und von Auschwitz III, wenn auf Monowitz mit seinen 30 Arbeitslagern oder »Außenkommandos« Bezug genommen wird.[26]

Mit der Ausweitung der »Endlösung« auf ganz Europa wurde Birkenau zum Epizentrum der Vernichtung der europäischen Juden. Ab Frühjahr 1942 wurde dort die Mehrheit der westeuropäischen Juden vergast. Ebenfalls in Birkenau wurde auf Anregung von Rudolf Höß, dem von Ehrgeiz zerfressenen Kommandanten, erstmals ein neues Gas ausprobiert, das sehr viel wirksamer tötete als Kohlenmonoxid: Zyklon B.

Erste Versuche mit dem schnell wirkenden Blausäuregas, das die Firma Degesch (Deutsche Gesellschaft für Schädlingsbekämpfung mbH) vertrieb, wurden im Dezember 1941 im Untergeschoss von Block 11 in Auschwitz I an 250 Tuberkulosekranken und 300 sowjetischen Kriegsgefangenen vorgenommen. Wie Wirth (der die Vergasung mit Kohlenmonoxid angeregt hatte) muss auch Höß als einer der Erfinder der industriellen Tötungsmethoden betrachtet werden.[27] Anzumerken ist, dass zwischen den beiden Massenmördern eine erbitterte Rivalität herrschte.[28] Zwar gab es auch in Auschwitz I eine Gaskammer (Krematorium I), aber das eigentliche Vernichtungszentrum war Birkenau.

In der ersten Zeit, von Mai bis Juni 1942, fanden die Tötungen in zwei alten Bauernhöfen statt (Bunker I oder Rotes Haus und Bunker II oder Weißes Haus), die zu Gaskammern umgebaut worden waren.[29] Man hatte die Fenster zugemauert, die Zwischenwände im Innern abgerissen und spezielle gasdichte Türen eingebaut. In einer angrenzenden Baracke zogen die Häftlinge sich aus. Da es keine Lüftung gab, waren die zeitlichen Abstände zwischen den einzelnen Vergasungen groß: Es wurde nur abends vergast. Wenn das Gas seine Wirkung getan hatte, wurden die beiden großen Türen geöffnet, und man ließ es abziehen. Am nächsten Morgen wurden die Leichen herausgeholt, auf großen Holzpaletten gestapelt und über Schienen zu Massengräbern transportiert, die man im Birkenwald ausgehoben hatte. Im Oktober 1942 mussten alle Leichen wieder ausgegraben werden: Die verwesenden Körper verbreiteten einen entsetzlichen Gestank und drohten das Grundwasser zu vergiften.

Die Todesfabriken Belzec, Sobibor und Treblinka

Im Sommer 1942, als große Judentransporte erwartet wurden (Himmler hatte soeben die Deportation von 90 000 Juden aus Westeuropa nach Auschwitz angeordnet), beschloss die Zentralbauleitung in Auschwitz, eine große Vergasungsanlage zu bauen, die wirksamer und rationeller arbeitete. Es ging natürlich darum, den Prozess der Vernichtung zu beschleunigen, aber es sollte auch ein für alle Mal das schwierige Problem der Leichenbeseitigung gelöst werden. Privatfirmen wurden mit den Bauarbeiten beauftragt. Die Deutschen Ausrüstungswerke (DAW) erhielten den Vertrag für die Anfertigung der Fenster und Türen, Toft & Söhne aus Erfurt bauten die Verbrennungsöfen.

1943 wurde eine einheitliche Struktur für die einzelnen Phasen der Tötung geschaffen, vom Entkleiden über die Vergasung bis zur Verbrennung. 2000 tote Körper konnten in jedem der beiden Leichenkeller aufgestapelt werden, die tägliche Verbrennungskapazität wurde auf 4756 Leichen gesteigert. Die provisorischen Bunker I und II waren überflüssig geworden und wurden abgerissen.

In weniger als zwei Monaten – um genau zu sein in 45 Tagen – konnte Auschwitz nun so viele Leichen verbrennen, wie in dem bis dahin einzigen funktionierenden Krematorium in mehr als zwei Jahren hätten beseitigt werden können. »Mit diesen Anlagen«, schreibt Maxime Steinberg, »vollzog das Vernichtungszentrum den Schritt vom Handwerk ins Industriezeitalter.«[30] Beim Umbau erhielten die Gaskammern auch wirksame neue Lüftungen, und für jedes der vier neuen Krematorien (Krematorien II bis V) wurde eine Leichenhalle gebaut.

1944 war die Ausstattung von Auschwitz komplett. Sie umfasste:

– *im Stammlager* (Auschwitz I): ein Krematorium der ersten Generation (Krematorium I) mit drei Öfen, jeweils zwei Brennkammern, Verbrennungskapazität 340 (in der Praxis 250) Leichen in 24 Stunden;

– *im Lager Birkenau:* Krematorium II und III (neuer Bautyp), jeweils fünf Öfen mit jeweils drei Brennkammern, Kapazität jeweils 1140 (in der Praxis 1000) Leichen täglich; Krematorium IV und V, jeweils eine einfachere Ausführung mit je einem Doppelofen mit vier Brennkammern und einer Kapazität von jeweils 768 (in der Praxis 500) Leichen pro Tag.

Man muss sich die riesige Anlage Birkenau vor Augen halten: so weit das Auge reichte, elektrischer Stacheldrahtzaun und Wachtürme – eine Tötungsfabrik von gigantischen Ausmaßen.

Die nationalsozialistische Ideologie fand hier ihre Vollendung: effektive, ordentliche und saubere Vernichtung. Die Gaskammern, die »Endlösung« für die endlich geklärte Judenfrage, ersparten es den Deutschen, sich direkt die Hände schmutzig zu machen; die Bedrängnis der Einsatzgruppen und ihre dilettantischen Methoden waren damit überwunden. Die Gaskammern waren der Sieg der Intelligenz und Methodik im Dienst einer großen Sache.

Im Unterschied zu den anderen Vernichtungszentren galt für Auschwitz-Birkenau und in geringerem Maß auch für Majdanek, dass sie nicht alle Juden vergasen durften, die dorthin deportiert wurden. Der Arbeitskräftemangel veranlasste die Verantwortlichen, Häftlinge in unterschiedlicher Zahl für den Einsatz in der kriegswichtigen Produktion zu »selektieren«. Die SS teilte die Neuankömmlinge in Arbeitsfähige und nicht Arbeitsfähige ein. Ersteren wurde eine Nummer auf den linken Unterarm tätowiert, sie erhielten einen Platz im Lager und wurden der »Arbeitsreserve« zugeteilt. Das WVHA und die Himmler unterstehende Inspektion der Konzentrationslager (IKL) führten sie daraufhin wie die nichtjüdischen Häftlinge der »Vernichtung durch Arbeit« zu.

Das Ritual, mit dem die Neuzugänge im Lager empfangen wurden, war wie in Stein gemeißelt immer gleich: Nach vielen Tagen und Nächten, aus Saloniki dauerte es sogar einer Woche, kamen die Züge an der Rampe von Birkenau an. Die Menschen stiegen aus. Noch auf dem Bahnsteig begannen die SS-Ärzte mit der Selektion, winkten diese nach rechts und jene nach links. Auf der einen Seite sammelten sich die kräftigen Männer und Frauen, auf der anderen die Alten, Schwachen und die Mütter mit Kindern. Den Menschen der ersten Gruppe wurde eine Gnadenfrist gewährt – sie sollten arbeiten, bis sie vor Erschöpfung starben. Die Menschen der zweiten Gruppe – 70 bis 80 Prozent der Neuankömmlinge – starben sofort. Zwei Drittel der Deportierten, die aus Frankreich und Belgien eintrafen, setzten keinen Fuß ins Lager, sie gingen direkt von den Viehwaggons in die Gaskammern. Manchmal, wenn im Lager keine Arbeitskräfte gebraucht wurden, gab es keine Selektion, und die Menschen eines gesamten Transports wurden ermordet.

Den Deportierten auf dem Weg in die Gaskammern wurde vorgegaukelt, sie würden zum Duschen geführt. Der Ablauf war perfekt ausgeklügelt, warum sollte man etwas daran verändern? Zunächst einmal mussten die Menschen sich ausziehen. Teils geschah das unter freiem Himmel, teils in eigens eingerichteten Umkleideräumen – das hing davon ab, in welche Art von Gaskammer sie geführt wurden. Dann wurden sie in den angeblichen Duschräumen eingeschlossen und mit dem Gas erstickt. Dazu schüttete ein »Spezialist« mit einer Gasmaske durch die Lüftungsschlitze an der Decke Kristalle von Zyklon B hinein. In der Wärme der Gaskammer, die brechend voll von Menschen war, verbreitete sich das Gas blitzschnell. Der Tod trat in der Regel in fünf bis zehn Minuten ein, aber manchmal dauerte der Todeskampf auch länger, vor allem von dem Zeitpunkt an, als die SS versuchte, Zyklon B zu sparen.

Jedes dritte Opfer zeigte noch Lebenszeichen, wenn die Körper in die riesigen Verbrennungsöfen geworfen wurden. In den Zeiten der großen Deportationen gab es andauernd technische Probleme. Unter anderem reichte die Kapazität der Krematorien kaum aus, um die vielen Leichen zu beseitigen.

Filip Müller schildert in seinen Erinnerungen die Bestürzung des für die Krematorien in Birkenau zuständigen SS-Oberscharführers Voß, der eines Abends den geheimen Befehl bekam, Krematorium V für die Häftlinge des Familienlagers Theresienstadt vorzubereiten. Dabei türmten sich im Auskleideraum noch 500 Leichen, die verbrannt werden mussten. Voß stand am Rande der Panik und gelangte nach langem Rechnen zu folgender Lösung:

»Er wandte sich an die Kapos und meinte: ›Es ist möglich, bis morgen früh alle einzuäschern. Ihr müsst nur dafür sorgen, dass ein übers andere Mal zwei Männer und eine Frau vom Transport zusammen mit einem Muselmann und einem Kind in die Öfen kommen ... Die Asche wird nach jeder zweiten Füllung herausgenommen, damit die Kanäle nicht verstopfen ... Ihr seid mir dafür verantwortlich, dass alle zwölf Minuten gestochert wird und die Ventilatoren eingeschaltet werden. Heute muss es ruckzuck gehen, verstanden?‹

›Jawohl, Herr Oberscharführer!‹, riefen die beiden Kapos.

›Und noch was‹, stieß Voß schroff hervor, ›wenn ihr fertig seid, wird alles sauber gemacht, gespritzt und gechlort. Zum Schluss werden die Wände getüncht! Alles klar? Um acht Uhr ist alles picobello! Und jetzt an die Arbeit!‹

Im Auskleideraum lagen noch ungefähr 500 Leichen, wie Holzscheite aufgeschichtet. Beim ersten Anblick unterschieden sie sich nur wenig voneinander. Jetzt sollten sie, je nachdem, wie gut sie brannten, auf vier Haufen gelegt werden. Ausschlaggebend dafür waren ihr Ernährungszustand und die Beschaffenheit ihres Knochengerüsts. Die Leichen der Gutgenährten sollten nämlich mithelfen, die der Entkräfteten zu verbrennen.

Unter Anleitung der Kapos sortierten jetzt die Leichenträger die Toten aus und stapelten sie auf vier Haufen. Der größte bestand hauptsächlich aus kräftigen Männern, den nächsten bildeten überwiegend Frauen, dann kam ein Stapel mit Kindern, während auf dem letzten und kleinsten tote Muselmänner lagen, ausgemergelt und abgemagert bis auf die Knochen. Die von Voß angeordnete Arbeitsweise wurde ›Expressarbeit‹ genannt. Diese Bezeichnung stammte von den Kommandoführern und ging auf Experimente zurück, die im Herbst 1943 im Krematorium V angestellt worden waren. Man wollte damals herausfinden, wie Koks eingespart werden könnte. Einige Male waren zu diesen Experimenten Kommissionen aus SS-Leuten und Zivilisten ins Krematorium gekommen. Aus Gesprächen, die Voß und Gorges miteinander führten, hatte ich entnommen, dass es sich bei den zivilen Besuchern um Techniker der Firma Topf und Söhne aus Erfurt handelte, die die Verbrennungsöfen hergestellt und installiert hatte …

Als Oberscharführer Voß wach geworden war, sprang er von seiner Pritsche auf, zog sich Stiefel und Feldbluse an und ging in die Leichenhalle hinüber. Dort lagen jetzt nur noch wenige Tote herum. Die Expressverbrennung hatte ihren Zweck erfüllt. Das Gefühl, eine schwierige Aufgabe erfolgreich erledigt zu haben, tat … Voß gut. Man merkte ihm an, dass er zufrieden war.«[31]

Die Kapazität der vier Verbrennungsöfen von Birkenau lag theoretisch bei über 4400 Leichen pro Tag, doch in der Praxis waren es, wie gesagt, weniger. Probleme mit Überlastung traten im Frühjahr 1944 auf, als entschieden wurde, im »Expressverfahren« die ungarischen Juden zu beseitigen, rund 450 000 Menschen. Daraufhin wurden täglich fast 10 000 Juden vergast, und die Verbrennungskapazität der Öfen reichte dafür nicht aus.

Der jüdische Häftling Müller wurde ein weiteres Mal Zeuge, wie man eine technische Lösung für dieses »knifflige« Problem fand. Der Mann der Stunde hieß Otto Moll, Hauptscharführer und Chef der vier großen Krematorien – den Beschreibungen nach ein Sadist mit unerschöpflicher Energie. Er schlug vor, in den Öfen abwechselnd eine Schicht Brennholz und eine Schicht Leichen aufzustapeln nach allen Regeln der Kunst, damit die Luft gut zwischen den einzelnen Schichten zirkulieren konnte. Und damit nicht genug: In den Boden der Öfen ließ er Rinnen mit kontinuierlichem Gefälle hineinschneiden, damit das geschmolzene Körperfett abfließen konnte. Das Fett wurde abgeschöpft und als Brennmaterial verwendet.

Mit langen, an einem Ende gebogenen Kellen holte man das menschliche Fett dann aus den Eimern, in denen es aufbewahrt wurde, und verteilte es in den Öfen, um die Verbrennung zu beschleunigen. Die Überlebenden berichteten, dass Kinder manchmal lebendig in die Flammen geworfen wurden.

Am 7. Oktober 1944 erhoben sich die sechs- bis siebenhundert jüdischen Sklaven des Sonderkommandos in Krematorium IV, denn sie ahnten, dass ihr Ende nahe war. Sie zündeten das Gebäude an. Etwa 100 Juden, die im Speicher von Krematorium II untergebracht waren, schlossen sich der Erhebung an. Die Juden in Krematorium III kamen nicht mehr dazu, denn sie wurden sofort von der SS ausgeschaltet, die die Aufständischen umbrachte.

Ende November 1944, nachdem in englischsprachigen Zeitungen ein Bericht über die Vernichtung der Juden in Auschwitz-Birkenau erschienen war, gab Himmler den (mündlichen) Befehl, die noch funktionierenden Krematorien zu zerstören. Ende Dezember 1944, Anfang Januar 1945 begann der Abbau der Verbrennungsöfen II und III. Er wurde unterbrochen, weil die sowjetische Armee immer näher rückte. Am 20. Januar wurde die Betonhülle des Krematoriums gesprengt. In der Nacht des 22. Januar flog Ofen V in die Luft. Am 18. Januar 1945 wurden 58 000 marschierfähige Häftlinge auf einem letzten, schrecklichen Todesmarsch aus dem Lager geführt, etwa 7000 Marschuntaugliche und Kranke blieben zurück. Sie wurden am 27. Januar von den Sowjets befreit.

Das Paradies.
Das Konzentrationslager als Vorwegnahme des SS-Staates

Hitler hatte bereits 1932 erklärt: »Wie die künftige Sozialordnung ausschauen wird, meine Parteigenossen, das will ich Ihnen sagen: eine Herrenschicht wird es geben, eine historisch gewordene, aus den verschiedensten Elementen durch Kampf erlesene. Es wird die Menge der hierarchisch geordneten Parteimitglieder geben. Sie werden den neuen Mittelstand abgeben. Und es wird die große Masse der Anonymen geben, das Kollektiv der Dienenden, der ewig Unmündigen ... Darunter wird es aber noch die Schicht der unterworfenen Fremdstämmigen geben, nennen wir sie ruhig die moderne Sklavenschicht.«[1]

Eine deutsche Minderheit sollte demnach über die große Mehrheit der rassisch weit unterlegenen Heloten herrschen. Himmler dachte in seinen Schriften sogar darüber nach, dass diese Untermenschen eine spezielle berufliche Ausbildung erhalten sollten entsprechend den wirtschaftlichen Erfordernissen des Reiches und seiner Politik der Eroberung von Lebensraum. Den Polen beispielsweise wollte er systematisch ihr Nationalbewusstsein austreiben, sie sollten auf den Stand von unqualifizierten Handlangern herabgedrückt werden, die alle unangenehmen Tätigkeiten für die Sieger verrichten würden. Dazu sollten alle Kultur- und Bildungseinrichtungen mit Ausnahme der Volksschulen und bestimmter handwerklicher Ausbildungsstätten geschlossen werden.[2]

Das nationalsozialistische System der Konzentrationslager gründete in der Tat auf der rationalen Ausbeutung der »minderwertigen Rassen« durch die »Arier«.

Erschaffung des »Homo hitlericus«

Das Konzentrationslager nahm den Idealzustand vorweg, der nach dem endgültigen Sieg Hitlers und seiner Armeen entstehen würde. Jeder sollte seinen Platz haben, seine Rolle spielen. Die Konzentrationslager waren Laboratorien und Modelle der wahrhaft nationalsozialistischen Gesellschaft: Die Konzentrationäre bildeten die

Vorhut jener Sklavenkaste, die unter der Zuchtrute der nordischen Herren – im Konzentrationslager waren es die SS-Männer – wachsen und gedeihen sollte.

Das Lager hatte somit eine doppelte pädagogische Funktion: Es sollte die Heloten lehren zu *gehorchen* und die SS lehren, *sich Gehorsam* zu *verschaffen*. Himmler wollte der Nation tadellos funktionierende Sklaven schenken und Soldaten eines neuen Typs *(homo hitlericus)*, die wussten, wie man so genannte minderwertige Völker unterwarf und unterjochte, eine ergebene, gehorsame Ritterkaste ohne Gewissensbisse, die die Speerspitze der Eroberungen im Osten darstellen sollte. Insofern können wir sagen, dass das System der Konzentrationslager mehr war als ein Instrument der gesellschaftlichen Säuberung und der ökonomischen Ausbeutung. Als ganz und gar für die rassische Sühne konzipierte Maschinerie sollte das Konzentrationslager dazu dienen, durch unterschiedlichste Mittel eine rassisch unterlegene Schicht zu schaffen: durch Demütigung, stumpfsinnige Arbeit, durch Hunger und Schläge, den »Glanz« der SS-Götter, der wahren Herren über Leben und Tod, durch ein System der Selbstverwaltung unter der Kontrolle vorwiegend deutscher und österreichischer Häftlinge. Für Primo Levi machte gerade die Existenz dieser »hybriden Klasse« (so sein Begriff) das Lager zu einem sozialen Laboratorium. Die »Prominenten« waren in seinen Augen das Gerüst des Lagersystems, das Element mit den »am stärksten beunruhigenden Zügen«.[3] Sie stellen die berühmte »Grauzone« dar, die »die beiden Bereiche von Herren und Knechten voneinander trennt und zugleich miteinander verbindet«.[4] Die Gesellschaft der Lager bestand somit aus drei Ständen: ganz oben an der Spitze der Pyramide die SS (der Adel), ganz unten die Masse der Häftlinge (die Leibeigenen) und dazwischen die *Prominenz* (die Ritter).

Damit wird erkennbar, inwiefern die Gesellschaft der Konzentrationslager die Weltordnung des nationalsozialistischen Reiches vorwegnahm: Der entscheidende Punkt ist nicht, dass der Staat judenrein war, sondern dass er buchstäblich auf Völkermord, Verbrechen und Diebstahl gründete.

Das Lager als Vorwegnahme der nationalsozialistischen Idealgesellschaft

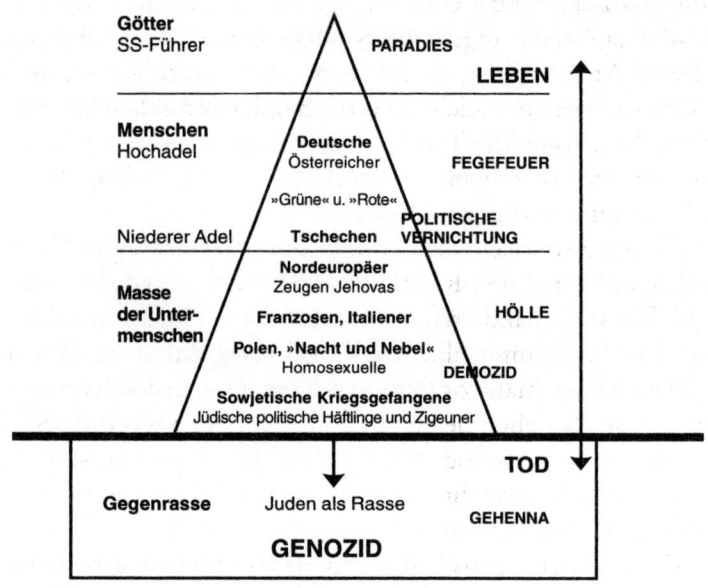

Das Lager als pseudofeudales Gesellschaftsideal auf rassebiologischem Fundament

Das Lager war ein Ort der Bereicherung aller Art. In den Tötungsfabriken wurde die Korruption angeheizt durch das Effektenlager »Kanada«, wo die Habseligkeiten gestapelt waren, die man den jüdischen Deportierten abgenommen hatte. In Birkenau wurde alles geprüft und gewogen. Alles, was für die Wirtschaft des »Tausendjährigen Reiches« irgendwie von Nutzen sein konnte, wurde verwertet: auch Goldzähne, auch Haare. Kleider, Schuhe, Brillen und andere persönliche Gegenstände, dazu die wenigen Dinge, die die Menschen hatten mitnehmen können, wurden an die deutsche Bevölkerung verteilt. Wertgegenstände wie Devisen, Geld, Schmuck und Gold wurden gesammelt, sortiert und an die Reichsbank in Berlin oder Dresden geschickt. Jeden Tag oder fast jeden Tag betrug die Ausbeute einige Kilo Gold. Dinge ohne materiellen Wert – Dokumente, heilige Bücher, rituelle Gefäße und Gebetsschals, Gebetsriemen und andere Kultgegenstände – wurden in Kalköfen ver-

brannt, die direkt neben den Krematorien standen. Höß schrieb in seinen Aufzeichnungen im Gefängnis:
»Für das Lager selbst entstanden durch diese Juden-Wertsachen nicht abzustellende ungeheure Schwierigkeiten. Demoralisierend für die SS-Angehörigen, die nicht immer so stark waren, um sich den Verlockungen der leicht zu erreichenden jüdischen Wertsachen zu entziehen. Auch die Todesstrafe und die schwersten Freiheitsstrafen konnten nicht genug abschrecken ... Das Judengold wurde dem Lager zum Verhängnis.«[5]

Die Worte des Auschwitz-Kommandanten sind zugleich grotesk und skandalös: Bei den Reichtümern, auf die er vorwurfsvoll mit dem Finger zeigt, handelte es sich weniger um Gold und Edelsteine als um die Habe (unterschiedslos alles) von mehr als einer Million Menschen, denen man vorgegaukelt hatte, sie würden irgendwo im Osten ein neues Leben beginnen können. Stellen wir uns vor, welche Menge an Gegenständen und welche Werte in einer solchen Situation eine der Einwohnerzahl von Brüssel entsprechende Zahl von Menschen mitgenommen haben dürfte.

Muss man noch eigens bemerken, dass es niemals eine Verurteilung wegen Diebstahl gegeben hat? Höß, der selbst einige Unterschlagungen begangen hatte und gegen den es entsprechende Ermittlungen gab, schlüpfte immer zwischen den Maschen hindurch. Als der »unbestechliche« Höß im November 1943 Auschwitz zum ersten Mal verließ, ging er nicht mit leeren Händen: Er nahm mehrere Waggons mit persönlichen Gegenständen mit. Beim Ausbruch der Revolte des Sonderkommandos in Birkenau am 7. Oktober 1944 verzichteten einige SS-Wärter darauf, gegen die Häftlinge vorzugehen, sondern versteckten lieber eilends das Gold und die Wertgegenstände, die sie zusammengerafft hatten.

Nationalsozialistische Lager und Vernichtungszentren

Halten wir fest, dass Lager und Vernichtungszentren nicht vergleichbar sind. In den Lagern gab es eine reelle Überlebenschance, in den Todesfabriken war sie gleich null. Die Juden sollten ganz einfach vom Antlitz der Erde verschwinden. Die anderen – die Polen, die Russen – sollten den Herren des Dritten Reiches als Sklaven dienen. Die Zahlen aus Auschwitz sprechen eine eindeutige Sprache: Sie belegen zugleich die Entschlossenheit der Nationalsozialisten, das jüdische Volk auszurotten, den Wunsch, das polnische Volk zu unterwerfen, und die Verachtung gegenüber den Russen.

Deportierte und Opfer des KZ Auschwitz nach Angaben von Georges Wellers[6]

Deportierte gesamt	davon Juden	Polen	Sinti und Roma	Russen
1 613 455 100 %	1 433 405 89 %	104 605 6,5 %	21 665 1,3 %	11 780 0,7 %
Tote gesamt				
1 471 595	1 352 980	86 675	20 255	11 685
Prozent der Toten	92 %	5,9 %	1,5 %	0,8 %

Deportierte und Opfer des KZ Auschwitz nach Angaben von Franciszek Piper[7]

Deportierte gesamt	davon Juden	Polen	Sinti und Roma	Russen	Andere
1 305 000 100 %	1 095 000 84 %	147 000 11,2 %	23 000 1,8 %	15 000 1 %	25 000 2 %
Tote gesamt					
1 100 000 100 %	960 000 88 %	70 bis 75 000 6,33 bis 6,5 %	21 000 2 %	15 000 1,3 %	10 bis 15 000 1 bis 1,5 %
	Genozid	Demozid	völkermörderische Politik	politische Vernichtung	Freiheitsentzug

Die Zahlen für Frankreich, die Annette Wieviorka nennt, vervollständigen das Bild: 63 085 nichtjüdische Personen (als Geiseln genommene Widerstandskämpfer, bei Razzien Festgenommene, Straftäter) wurden aus Frankreich in Konzentrationslager deportiert, das waren 0,15 Prozent der französischen Bevölkerung. 59 Prozent der Deportierten oder 37026 kehrten wieder nach Hause zurück. Im gleichen Zeitraum wurden 30 Prozent der französischen Juden oder 75721 Menschen in die Todesfabriken im Osten gebracht. Von ihnen überlebten nur 2500 – oder drei Prozent![8]

Nach den westeuropäischen Statistiken wurden im Rahmen der »Endlösung« 150511 Juden aus Frankreich, Belgien und den Niederlanden in den Osten deportiert, drei Viertel nach Auschwitz, der Rest – zum größten Teil – nach Sobibor. 93736 wurden direkt nach ihrer Ankunft vergast. Bei der Befreiung der Lager waren knapp 4000 noch am Leben, das entspricht wieder etwa drei Prozent.

Eine letzte vergleichende Tabelle verdeutlicht noch einmal den grundsätzlichen Unterschied zwischen Konzentrationslager und Sonderkommando.

Deportierte und Opfer in den größten KZs[9]			
	Internierte	Tote	Prozent
Auschwitz I und III	400 000	145 000 bis 239 000	36 bis 59 %
Bergen-Belsen	125 000	37 000	29,5 %
Buchenwald	239 000	60 000	25 %
Dachau	200 000	76 000	38 %
Mauthausen	230 000	100 000	43,5 %
Dora	60 000	10 000 bis 20 000	15 bis 32 %
Struthof-Natzweiler	60 000	10 000 bis 20 000	16 bis 32 %
Ravensbrück	132 000	20 000 bis 90 000	15 bis 68 %
Sachsenhausen	200 000	84 000	42 %
In den vier SKs der Aktion Reinhardt getötete Juden			
Treblinka	750 000	750 000	99,95 %
Belzec	550 000	550 000	99,99 %
Sobibor	200 000	200 000	99,95 %
Chelmno	150 000	150 000	99,99 %
Gesamt	1 650 000		

550 000 Menschen aller Glaubensrichtungen sind in den Konzentrationslagern umgekommen, das heißt 30 Prozent aller Deportierten. Hingegen wurden nahezu 100 Prozent der 2,6 Millionen Juden, die in die sechs Vernichtungszentren gebracht wurden, unmittelbar nach ihrer Ankunft ermordet.

Die Einzigartigkeit des Holocaust

Wie Eberhard Jäckel geschrieben hat, gibt es in der modernen Geschichte nichts, was dem Terrorismus des Hitler-Regimes vergleichbar wäre. Nie zuvor in der Geschichte hat ein Staat mit Billigung seines höchsten Verantwortlichen entschieden und verkündet, dass eine ganze Gruppe von Menschen möglichst vollständig – einschließlich der Alten, Frauen, Kinder und Säuglinge – vernichtet werden sollte, und diesen Beschluss buchstabengetreu mit allen zur Verfügung stehenden Mitteln umgesetzt.

Es scheint unmöglich, eine Parallele zu ziehen. Vielleicht haben die Nationalsozialisten den Gedanken, auch andere Völker auszuradieren, nicht prinzipiell abgelehnt, auf jeden Fall war er nicht durchführbar. Wie Alfred Grosser schreibt, konnten nur die Juden aufgespürt, zusammengetrieben, eingepfercht und massenweise erschossen und vergast werden, erst in mobilen Gaskammern, dann in festen Einrichtungen, die für die Bedingungen der industriellen Vernichtung besser geeignet waren.

Allein schon die Vernichtungszentren, regelrechte Industriekomplexe, betrieben von Ingenieuren und Technikern, die stolz auf ihre Methoden und ihre Ergebnisse waren, unterscheiden die Verbrechen der Nationalsozialisten von denen der Kommunisten – mit denen sie häufig verglichen werden. Diese Lager ohne *Kazetniks*[10] oder *zeks* waren reine Todesfabriken. Der Großteil der Juden wurde sofort nach der Ankunft vergast – ohne dass sie überhaupt eine Registriernummer bekamen.

Jeder Krieg hat die »Beseitigung« des Gegners zum Ziel, aber nur ein »Rassenkrieg« kann in eine Politik der totalen Vernichtung münden. Wir können und müssen von Völkermord sprechen in Bezug auf die Herero, die Armenier, die Juden und die Tutsi, weil man alles getan hat, um diese vier »überflüssigen« Völker von der

Erde zu vertilgen: Männer, Frauen und Kinder wurden verfolgt, zusammengetrieben und ermordet – systematisch, unterschiedslos und total. In allen vier Fällen standen Unterjochung, Umerziehung und Versklavung nie zur Debatte, es ging immer nur um Vernichtung. Für diese Verbrechen brauchte man im Übrigen keine Konzentrationslager, es reichten Wille und Entschlossenheit. Im Jahr 1994 wurden 800 000 Tutsi in nicht einmal 100 Tagen ermordet. Im Allgemeinen wurden sie umgebracht, wo ihre Mörder sie fanden.[11]

Der Völkermord duldet keine Ausnahme, ein ganzes Volk, eine ganze ethnische Gruppe soll vernichtet werden. Dies gilt nicht für andere Verbrechen gegen die Menschlichkeit. Deshalb sollten wir uns hüten vor Begriffen wie »rotem Holocaust« oder »Klassengenozid«, und zwar selbst dann, wenn wir von der tragischen Phase der großen Hungersnot 1932/33 sprechen, die, wie wir heute wissen, von Stalin perfekt inszeniert wurde. So mörderisch und kriminell diese organisierte Hungersnot auch gewesen ist (sechs Millionen Tote, mindestens vier Millionen davon Ukrainer), weder die Ukrainer noch die sowjetischen Bauern sollten damit ausgerottet werden, man wollte ihr Rückgrat brechen. Die Hungersnot ist die schlimmste Episode beim Sieg der Bolschewiken über die Bauern.[12] Aber die Gewalt war hier ein Mittel (um zu terrorisieren und zu kollektivieren) und kein Ziel.

Der Unterschied zwischen einem Verbrechen, das auf die Rasse zielt, und einem Verbrechen, das auf die Klasse zielt, liegt darin, dass niemand seiner »Rasse« entkommen kann. (In den Augen der Nationalsozialisten machten die »Gene« den Juden aus: Selbst zum katholischen Glauben konvertierte Juden wurden vergast.) Hingegen ist es zumindest theoretisch möglich, die Klasse zu wechseln. Viele Offiziere der zaristischen Armee, viele bürgerliche Wissenschaftler und sogar »reiche« Bauern konnten ihre Haut retten, indem sie sich in den Dienst des neuen sowjetischen Staates stellten. Die Abneigung der Bolschewiken gegen Polen und generell gegen den Adel hinderte den Rat der Volkskommissare nicht, die Leitung der Tscheka und dann der GPU einem polnischen Adligen anzuvertrauen – Felix Dserschinski.

Damit sollen die Verbrechen der Bolschewiken keineswegs bagatellisiert werden. In den sowjetischen Konzentrationslagern wurden wie in den Lagern der Nationalsozialisten furchtbare Gewalttaten begangen. Wie Primo Levi betont hat, erinnern die sowjetischen Lager in vielerlei Hinsicht an die Lager der Nationalsozialisten: Die Kriminellen, die auf irgendeine Weise eine privilegierte Position erreicht hatten, hießen im einen Fall Prominenz und im anderen *pridurki;* der Sterbende war hier der Muselmann und dort *dochodjaga* oder Krepierer, wörtlich der Mann, der »am Ende« ist, der »fertig« ist.[13]

1940 – Amerika und Japan

1940–1945: Verdächtige Mitbürger

In Großbritannien wurden im Mai 1940 die ersten 2000 Personen festgenommen. Man bezeichnete sie als »aliens«. Ein »alien« – vom Lateinischen alienus – war etwas anderes als ein »foreigner«, ein Ausländer, ein »alien« war jemand ganz anderer. Wie der holländische Historiker G. J. Renier[1] dargelegt hat, bedeutete »alien« weniger »fremd« als »fremdartig«. Als Begriff mit ganz speziellen Konnotationen bezog sich »alien« mehr auf die Qualität und nicht wie »foreigner« primär auf die Lokalität.

In Großbritannien waren im Juni 1940 12 000 »aliens« interniert, im August bereits 27 000. Innerhalb von drei Monaten lag die Zahl der Festnahmen fast genauso hoch wie im gesamten Ersten Weltkrieg, damals waren es 29 000 gewesen. In erster Linie wurden natürlich deutsche und italienische Zivilisten festgenommen, Personen, die schon seit einiger Zeit wegen pro-nationalsozialistischer oder pro-faschistischer Umtriebe unter Beobachtung der Behörden standen. 1500 Italiener wurden gleich nach dem Kriegseintritt Italiens im Juni 1940 inhaftiert, später dann alle Männer zwischen 16 und 60 mit Ausnahme derjenigen, die seit mehr als 20 Jahren in Großbritannien lebten. Die anderen wurden wenn möglich nach Italien ausgewiesen.[2]

Die Behörden teilten die »aliens« nach dem Grad ihrer »Gefährlichkeit« in vier Gruppen von A bis D ein. Ein Teil wurde nach Australien oder Kanada deportiert – keineswegs nur Angehörige der Gruppe A –, denn in Großbritannien mangelte es bald an Unterkünften und Überwachungsmöglichkeiten. Die »Umsiedlungen« nach Übersee verliefen oft dramatisch: Italiener, die in der britischen Gesellschaft vollkommen integriert waren, wurden über Nacht aus dem Land gejagt. Und es gab noch schlimmere Schicksale: Am 2. Juli 1940 wurde die *Arandora Star* mit »aliens« an Bord auf dem Weg nach Kanada von einem deutschen U-Boot versenkt,

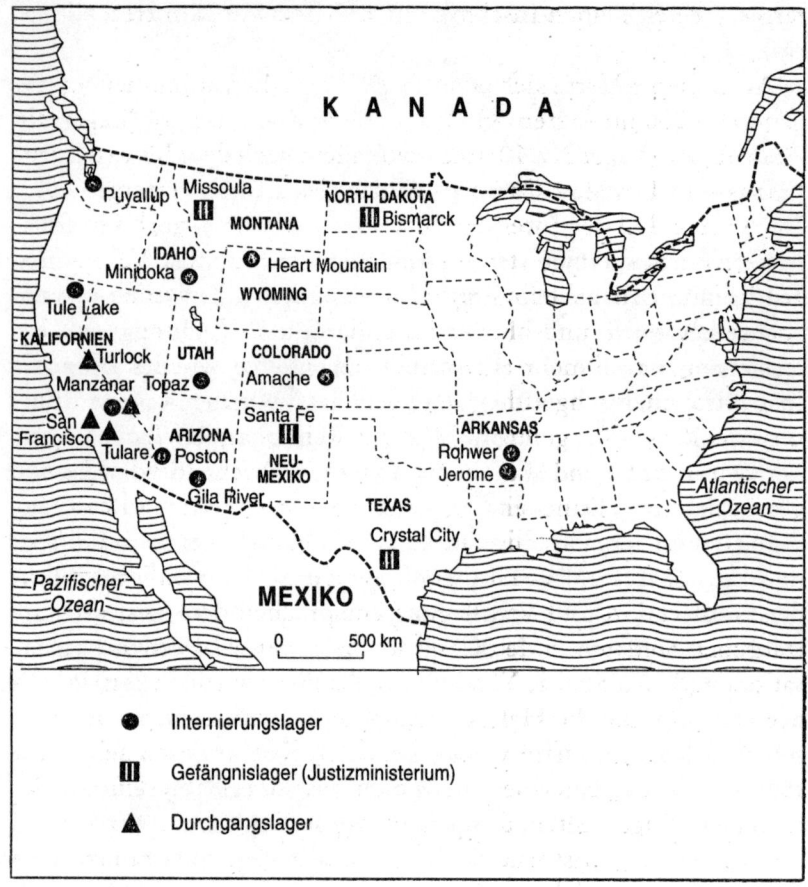

fast 700 Menschen starben. 4000 »aliens« wurden auf St. Helens interniert, einer kleinen Insel mit rauem Klima vor Montreal (Ontario).

Australien erklärte sich bereit, 6000 Menschen aufzunehmen gegenüber 7000 im Ersten Weltkrieg. Sie wurden in Hay (Lager Nr. 7), in Tatura (Lager Nr. 10) und – vor allem nach dem Kriegseintritt Japans – in Loveday Camp im Süden des Landes untergebracht. Der größte Teil der Internierten kehrte nach 1945 nach Großbritannien zurück, einige starben (ohne dass sich direkte Verbindungen zu den Lebensbedingungen in den Lagern herstellen ließen), andere heirateten und blieben im Land. Die Bedingungen der Internierung waren mehr als korrekt, regelmäßig wurden offizielle Inspektionen durchgeführt. In Lager Nr. 7 bemängelte eine Kommission, dass nicht genug Wasser zur Reinigung der Latrinen zur Verfügung stehe und die Latrinen nicht ausreichend vor Mücken geschützt seien. Daneben hatte sie noch einige kleinere Beanstandungen (fehlende Geschirrtücher, kein Schuhmacher, kein Optiker und kein Zahnarzt, zu raue Bettwäsche), nichts wirklich Schlimmes. Unterkunft und Verpflegung entsprachen dem, was die australischen Soldaten in den Kasernen bekamen. Karitative Organisationen (Rotes Kreuz, YMCA, Quäker) hatten freien Zutritt und konnten sich um die Häftlinge kümmern. Das Leben im australischen »GULag« dürfte wohl nicht allzu hart gewesen sein: Eine Hauptklage der Internierten lautete, dass Damenbinden auf der Liste der Dinge fehlten, die kostenlos gestellt wurden. Wir können dem Urteil der Historikerin Margarete Bevege zustimmen, dass diese Lager auch nicht im Entferntesten mit den deutschen und japanischen Konzentrationslagern zu vergleichen sind.[3] Tatura war ein Familienlager mit einer Schule und einem Krankenhaus. Fast 600 Japaner waren dort interniert, dazu noch Ungarn, Rumänen und Finnen. Die Internierungen erfolgten vorsorglich, denn viele Häftlinge standen voll und ganz auf der Seite ihres Heimatlandes: So beklagte sich im Dezember 1942 ein Häftling beim Schweizer Konsul darüber, dass loyale Deutsche gezwungen seien, mit feindlichen Elementen zusammenzuleben wie »Kommunisten, Juden, Halbjuden und dergleichen ...«!

Trotzdem hatten die australischen Behörden bei den Internierungen ein schlechtes Gewissen. Im November 1940 gewährten sie jedem Häftling das Recht, die Gerichte anzurufen. In vielen Fällen erfolgte die Festnahme tatsächlich am Rande der Legalität: Es wurden nicht nur Personen verhaftet, die Angehörige eines Feindstaates waren, sondern auch frisch eingebürgerte australische Staatsbürger und, besonders schlimm, seit langem eingebürgerte Menschen, die man »neutralisieren« wollte, weil sie vielleicht Sympathien für die Nationalsozialisten oder die Kommunisten entwickeln könnten – an deren patriotischen Gefühlen man also zweifelte. Die militärischen Rückschläge der britischen Truppen in Südostasien erzeugten ein Klima des allgemeinen Misstrauens. Im März 1942 wurden Australier festgenommen, die im Verdacht standen, für die Japaner spioniert zu haben. Im Norden des Landes wurden »Verdächtige« verhaftet, die bis dahin noch verschont geblieben waren, und so genannten »Arbeitskommandos« zugewiesen. Im Januar 1943 gab es in Australien 16 830 Kriegsgefangene – über die Hälfte davon Italiener, die in Nordafrika in Gefangenschaft geraten waren – und 9000 internierte Zivilisten.

Japaner nach Abstammung oder Staatsangehörigkeit

Im Jahr 1940 lebten auf amerikanischem Staatsgebiet fast 240 000 Japaner, 113 000 an der Westküste – von ihnen hatten 77 000 die amerikanische Staatsbürgerschaft – und 127 000 im Landesinnern. Wie in Kanada unterschied man *Issei* (Angehörige der ersten Einwanderergeneration, die in Japan geboren und in die USA ausgewandert waren, die aber nie die Einbürgerung beantragt oder erhalten hatten), *Kibei* und *Nissei,* die Angehörigen der zweiten Generation. Die *Kibei* waren in den USA geboren worden, aber in Japan zur Schule gegangen. Die *Nissei* wie auch die *Sansei* der dritten Generation hatten in der Theorie die gleichen Rechte wie amerikanische Staatsbürger. Insgesamt besaßen 60 Prozent der Menschen, die nach ihrer Abstammung Japaner waren, die amerikanische Staatsbürgerschaft.

Obwohl in den USA auch Italiener und Deutsche interniert wurden, dreht sich die historische Diskussion, die mit einiger Polemik geführt wird, hauptsächlich um die Japaner. Revisionistische Historiker (revisionistisch im amerikanischen Sinn des Wortes,[4] teils japanischer Herkunft, teils nicht), die sich weigern, diesen Aspekt in einen größeren Zusammenhang zu stellen, haben die US-Behörden scharf kritisiert. Sie scheinen zu vergessen, dass sich Japan damals im Kriegszustand mit den Vereinigten Staaten befand und ein Verbündeter von NS-Deutschland war. Sie interessieren sich nur für die rechtliche Seite und die verborgenen Motive der Internierungen. Einige amerikanische Menschenrechts-Anwälte gehen so weit zu behaupten, bei den Internierungen habe es sich um »die größte Menschenrechtsverletzung der amerikanischen Regierung seit der Sklaverei« gehandelt. Hysterie, Einbildung, panische Angst: all dies hätte bei den Evakuierungen und Internierungen von Japanern und Menschen japanischer Abstammung in Nordamerika eine Rolle gespielt. Die Anwesenheit von U-Booten, etwa des Bootes, das am 23. Februar 1942 Erdölraffinerien an der Pazifikküste angriff, wird heruntergespielt und ist Anlass zu scherzhaften Bemerkungen über die Angst des Pressezaren William R. Hearst, der den Mythos von der gelben Gefahr verbreitete. Die Besetzung von zwei Aleuten-Inseln vor Alaska durch japanische Streitkräfte wird sogar als »Verteidigungsmaßnahme« gerechtfertigt. Ken Adachi schreibt zwar von den »*banzai*«-Rufen, die in Amerika Wochenschauberichte über die Bombardierung von Pearl Harbor begleitet hätten.[5] Dennoch vergleicht er die feindseligen Reaktionen der amerikanischen Öffentlichkeit in der speziellen Situation nach Pearl Harbor mit der Behandlung der Juden durch die Nationalsozialisten![6] Ohne Ironie wird ein Zeuge mit den Worten zitiert: »There was no difference between this and the Gestapo«.

Francis Feeley zögert nicht, die gegen die Amerikaner japanischer Abstammung ergriffenen Maßnahmen als »rassistische Vergewaltigung aus Hass auf alles Nicht-Amerikanische« zu brandmarken. Zwar könne man die Lager, in denen die Japaner interniert wurden, nicht mit den NS-Lagern vergleichen, aber Konzentrationslager seien es gleichwohl gewesen, in dem Sinne, dass dort verdächtige Personen eingesperrt worden seien. Und Feeley betont, es sei gleichermaßen um die Auslöschung der »ethnischen Eigenheit« der Internierten gegangen wie um ihre Bekehrung im Sinne Washingtons: »Die Militärlager können als eine probeweise Erweiterung der Indianerreservate gesehen werden. Sie waren auch ein Vorgeschmack auf die strategischen Dörfer, die die US-Streitkräfte

in Vietnam errichteten, und, in jüngerer Zeit, die *pueblos de desarrollo* (Entwicklungsdörfer), die vom Verteidigungsministerium in Mittelamerika und auf den Philippinen unterhalten werden.«[7]
Was hatte es mit den Lagern tatsächlich auf sich?

Die »Japanerlager« in den Vereinigten Staaten

Am 7. Dezember 1941 vernichtete die japanische Luftwaffe einen Teil der US-Pazifikflotte vor Pearl Harbor. Die Vereinigten Staaten traten umgehend und an mehreren Fronten in den Krieg ein. Zu ihrem erklärten Feind, den Achsenmächten, gegen den sie ihre Streitkräfte außerhalb des Landes einsetzten, kam ein weiterer Feind innerhalb der eigenen Landesgrenzen hinzu, ein, wie man meinte, nicht minder gefährlicher, weil besonders heimtückischer Feind: die in Amerika lebenden Japaner bzw. Amerikaner japanischer Abstammung. Viele wurden unverzüglich festgenommen und interniert. Das war umso leichter möglich, als das FBI, das sich seit Monaten auf den Krieg vorbereitete, auf ausdrückliche Anweisung der US-Administration Listen mit potenziellen Staatsfeinden zusammengestellt hatte: Dazu zählten Personen deutscher, italienischer und japanischer Abstammung bzw. japanische Staatsbürger. Das FBI verhaftete beinahe auf der Stelle rund 700 Personen japanischer Abstammung, Mitte Februar 1942 waren bereits 2600 Personen in Haft.[8] Bei der ersten Verhaftungswelle gerieten rund 100 führende Vertreter der japanischen Gemeinde in Seattle ins Visier (Lehrer, Judo-Lehrer, buddhistische Priester usw.), sie wurden in einem so genannten *relocation center* in Minidoka interniert.[9]
Zeitgleich wurden amerikanische Soldaten japanischer Abstammung auf subalterne Posten versetzt, und die öffentliche Verwaltung wurde von allen verdächtigen Elementen gesäubert.
Im Januar 1942 ließ Francis Biddle, der Generalstaatsanwalt von Kalifornien, bestimmte Gebiete hauptsächlich in und um San Francisco für Deutsche, Italiener und Japaner sperren. Tatsächlich zielte diese Maßnahme in erster Linie auf die Japaner, denn Personen deutscher und italienischer Abstammung bildeten, im Gegensatz zu Personen asiatischer, insbesondere japanischer Abstammung, nur einen kleinen Teil der Bevölkerung Kaliforniens.
Das Außenministerium begann Ende Januar 1942 in einem eher

feindseligen Klima mit der Evakuierung »seiner« Japaner bzw. Bürger japanischer Abstammung. Walter Lippmann schrieb in der *New York Herald Tribune* vom 12. Februar 1942: »An der Pazifikküste droht ein kombinierter Angriff von innen und außen ... Seit Beginn des Krieges mit Japan hat es keinen nennenswerten Fall von Sabotage an der Pazifikküste gegeben. Das heißt aber nicht, dass, wie manche gerne glauben möchten, nichts zu befürchten wäre.«

In ihrer Verunsicherung nach Pearl Harbor sahen die Amerikaner überall Feinde. Abenteuerliche Gerüchte kursierten über angebliche Bewegungen der japanischen Flotte in Richtung Kalifornien. Es war sogar die Rede davon, dass Kriegsschiffe vor Santa Barbara vor Anker lägen. Hysterie hatte das gesamte Land erfasst. Am 4. Februar erhöhte die US-Armee die Zahl der Gebiete an der Westküste, die für Personen mit dem Status von »aliens« gesperrt oder nur bedingt zugänglich waren, auf zwölf. Anfang März erging der Befehl zur freiwilligen Evakuierung, Mitte März wurde die Bewegungsfreiheit der Japaner drastisch eingeschränkt, auf einen Radius von höchstens acht Kilometern um ihre Wohnung herum. Innerhalb von nicht einmal zwei Monaten wurden rund 2000 Japaner festgenommen, die sich nicht an die Ausgangssperre und die sonstigen Beschränkungen gehalten hatten. Die Angst war groß, dass Japan, das eine Zeit lang die Lufthoheit über dem Pazifik gehabt hatte, eine Invasion an der Westküste versuchen könnte. Vor dem Hintergrund der Panik im Land sah man in jedem Japaner einen Agenten der fünften Kolonne. Die kollektive Furcht, die auf der Basis einer diffusen Ausländerfeindlichkeit gedieh, war eine Sache, eine andere Sache war die Notwendigkeit, keinerlei militärisches Risiko einzugehen.

Am 19. Februar 1942 verkündete Roosevelt den *executive act* Nr. 9066. Darin wurde der Verteidigungsminister ermächtigt, strategische Zonen zu benennen und für »Ausländer« sperren zu lassen. »Ausländer« in diesem Sinne waren in erster Linie die Japaner. Unmittelbar danach beauftragte der Präsident General De Witt, sich um die Internierung von 70 000 Amerikanern japanischer Abstammung und 43 000 japanischen Immigranten zu kümmern. Kleine Farmer und Kaufleute, Frauen, Kinder und alte Leute mussten in aller Eile ihre Koffer packen. Ihr Bestimmungsort war eines von etwa zehn provisorischen Lagern, wo sie bis zur Fertigstellung der endgültigen Internierungslager untergebracht wurden. Roosevelt schuf die »War Relocation Authority«, die WAR. Sie war für die entwurzelten Menschen zuständig, an ihrer Spitze stand Milton Eisenhower.

Gleichzeitig wurde die Zentralbank in San Francisco angewiesen, die Führung der Konten von »Japanern« zu übernehmen. Und das war noch nicht alles: Umgehend musste der Besitz der Japaner, ob Immobilien oder anderes, liquidiert werden. Das Landwirtschaftsministerium beschlagnahmte die »herrenlos gewordenen« Farmen. Der Vorgang war sehr einträglich und führte zu derartigen Unregelmäßigkeiten, dass sich die Regierung veranlasst sah, jedermann mit Strafe zu bedrohen, der sich unrechtmäßig in den Besitz von »ausländischem« Eigentum bringen sollte. Doch alle Appelle zur Respektierung der Gesetze und Überprüfung verdächtiger Transaktionen blieben folgenlos: Viele Japaner mussten ihren Besitz Hals über Kopf für lächerliche Summen verkaufen.

Die Internierung verlief in mehreren Etappen. Zunächst wurden die Betroffenen in Sammelzentren *(assembly centers)* gebracht. Mehr als 90 000 Menschen wurden auf 15 derartige Zentren verteilt. Es waren höchst unterschiedliche Orte: Rennbahnen, Jahrmarktsplätze, Viehsammelstellen, Sportstadien und vieles mehr. Am 5. Juni 1942 waren alle Japaner evakuiert; mit Ausnahme einer kleinen Minderheit, die direkt in Internierungslager verbracht wurde, kamen sie alle in Durchgangslager, wo sie in der Regel bis August blieben.

Eines dieser Zentren war Pomona, ein Lager mit 320 Baracken und einer Aufnahmekapazität von 5300 Personen.[10] Die Internierten konnten Arbeiten ausführen (Wasserleitungen verlegen, Abwasserkanäle bauen, verschiedene Bau- und Malerarbeiten), die bezahlt wurden. Probleme gab es allerdings in den Küchen. Dort fehlte es an Einrichtungsgegenständen, und der italienische Koch bereitete mit Vorliebe Spaghetti zu, die den Japanern fremd waren. Auch ein Fall von Lebensmittelvergiftung ist bezeugt. Um jede Form von Aufbegehren zu unterbinden (innerhalb von drei Monaten gab es elf Verhaftungen wegen Agitation und Gewalttätigkeit im Zusammenhang mit dem Essen), verbot General De Witt am 4. Juli 1942 alle Streiks.

Die Menschen im Lager sträubten sich gegen die übertriebenen

Vorschriften. Zu viel war verboten: Messer, Äxte, aber auch bestimmte elektrische Geräte. Die Durchgangslager waren keineswegs schlecht ausgestattet: Pomona war eine richtige Stadt mit Postamt, Kirche, Polizeistation, Feuerwehr, einem gut funktionierenden Krankenhaus mit Isolierstation für ansteckende Erkrankungen, einem Röntgenraum, Apotheke und Kinderstation. Schwere Fälle wurde nach Los Angeles überwiesen. In Pomona arbeiteten sieben Ärzte, 27 Krankenschwestern, drei Pharmazeuten, vier Sanitäter und fünf Zahnärzte (die Behandlung war kostenlos). An alle Kinder unter zwölf Jahren wurde Milch verteilt. Binnen kurzem wurde eine Bibliothek eingerichtet, und am 27. Mai wurde eine Spende von 1700 Büchern übergeben, die verschiedene wohltätige Organisationen gesammelt hatten. Die Menschen konnten Baseball und Basketball spielen, Fußball und Volleyball und Judo trainieren. Eine Schule wurde eingerichtet, damit die Kinder gegenüber ihren amerikanischen Altersgenossen »draußen« nicht den Anschluss verloren. Besuche von »draußen« waren erlaubt, wobei jedoch komplizierte Vorschriften beachtet werden mussten. Schließlich organisierten die amerikanischen Behörden noch eine Vertretung mit gewählten Repräsentanten – was Linke wie Feeley heftig kritisieren, denn sie sehen darin einen Angriff auf die japanische Tradition und den Versuch, den Japanern die politischen Gepflogenheiten des *american way of life* aufzuzwingen.[11]

Von den Sammelzentren wurden die Internierten in die *relocation centers* verlegt, meist in abgelegenen und unwirtlichen Gegenden. Zu den oben erwähnten 90 000 Personen müssen wir 17 500 weitere hinzuzählen, die direkt ausgewiesen wurden, sowie Geburten, Überstellung aus einem Internierungslager, amerikanische Ehepartner, die freiwillig mit ins Lager gegangen waren, Überstellungen aus Hawaii und so weiter. Alles in allem waren mehr als 120 000 Menschen betroffen.[12]

Am 21. Juni 1942 öffnete das erste Lager für Japaner in Manzanar seine Tore. Am selben Tag verabschiedete der Kongress ein Gesetz, wonach jedermann polizeilich verfolgt werden durfte, der sich weigerte, freiwillig in ein solches Lager zu gehen oder sich dorthin bringen zu lassen. Manzanar wurde mit Stacheldraht und Wachtürmen gesichert, die Wachen erhielten Anweisung, bei einem Fluchtversuch zu schießen. Die große Mehrheit der etwa 10 000 Internierten stammte von der Westküste, aus den Bundesstaaten Oregon, Kalifornien und Washington. Einige waren freiwillig und auf eigene Kosten gekommen. Die große Mehrheit wurde von Militärangehörigen ins Lager begleitet. Um die Menschen unterbringen zu können, wurden in aller Eile 504 Baracken gebaut. An Infrastruktur war nur das Nötigste vorhanden. Eine zusätzliche Belastung war das Klima: Hitze und Trockenheit im Sommer, bittere Kälte im Winter.

Im Jahr 1942 wurden, über das ganze Land verteilt, neun weitere Lager nach dem Vorbild von Manzanar errichtet:
- Amache (Colorado) für bis zu 7300 Personen.
- Gila River (Arizona) für mehr als 13 300 Personen.
- Heart Mountain (Wyoming) für 10 700 Personen, die in 468 Baracken mit jeweils sechs Zimmern untergebracht waren. Bewacht wurden sie von der Militärpolizei, es gab neun Wachtürme, Scheinwerfer und Stacheldrahtzäune.
- Jerome (Arkansas) für 8500 Personen. Ab Juni 1944 waren dort deutsche Kriegsgefangene interniert.
- Minidoka (Idaho) für 9400 Personen.
- Poston (Arizona) für 17 800 Personen.
- Rohwer (Arkansas) für 8400 Personen.
- Topaz (Utah) für 8100 Personen.
- Tule Lake (Kalifornien) für 11 800 Personen. Hier wurden die als besonders gefährlich eingestuften Japaner untergebracht, die offen die kaiserliche Armee unterstützten. Es wurde als letztes im Januar 1946 geschlossen.

Zu dieser Liste kommen noch vier Internierungslager des Justizministeriums hinzu.

Muss man wirklich von Konzentrationslagern sprechen? Diese Frage ist zu bejahen, denn die Hauptfunktion der Lager war es, an einem abgesonderten und mit Stacheldraht gesicherten Ort Menschen zu sammeln, die als Bedrohung der Gesellschaft angesehen wurden und vor denen man die übrige Bevölkerung schützen wollte. Zu bejahen ist die Frage auch, weil die Menschen dort ohne vorheriges Verfahren oder Urteilsspruch interniert wurden.

Allerdings unterschieden sich die Lebensbedingungen in diesen Lagern deutlich von denen in den nationalsozialistischen und sowjetischen KZs. Die Menschen in den amerikanischen Lagern sollten nicht durch Arbeit und schlechte Behandlung vernichtet werden, man wollte sie lediglich isolieren, weil man Angst vor feindseligen Handlungen hatte, ob zu Recht oder Unrecht sei dahingestellt. Die Lebensbedingungen in den Lagern waren zwar unangenehm, vor allem was die sanitären Einrichtungen und die medizinische Versorgung anging, aber insgesamt waren sie doch menschenwürdig.

Für die Kinder und Jugendlichen richteten die US-Behörden Ausbildungs- und Sportmöglichkeiten ein, sodass viele nach Kriegsende weiterführende Bildungseinrichtungen besuchen konnten. Männern im wehrfähigen Alter wurde die Entlassung aus dem Lager in Aussicht gestellt, wenn sie sich zur Armee meldeten. 2355 Amerikaner japanischer Abstammung schlossen sich dem 442. Bataillon an, das mehrheitlich aus *Nissei* bestand und für gefährliche Missionen auf dem europäischen und dem asiatischen Kriegsschauplatz eingesetzt wurde. Viele der jungen Männer ließen dort ihr Leben.

Wenn es sich um kriegswichtige Tätigkeiten handelte, wurden amerikanische Staatsbürger japanischer Abstammung vielfach entlassen und konnten in ihre Berufe zurückkehren. Aber insgesamt war die Internierung trotz halbwegs menschenwürdiger Umstände belastend. Die Sterblichkeit im Lager war höher als in Freiheit, überdurchschnittlich viele Menschen begingen Selbstmord, viele waren unzufrieden und beklagten sich. In Manzanar brachen im Dezember 1942 Unruhen aus, und die Armee zögerte nicht zu schießen. Es gab zwei Tote und ein Dutzend Verletzte. »Ich wünsche niemandem, so etwas zu erleben.« Mit diesen schlichten Worten beginnt Mas Yamasaki den Bericht über seine Internierung und die seiner Frau im Lager Tule Lake. Die beiden hatten kurz zuvor geheiratet und verbrachten das erste Jahr ihres gemeinsamen Lebens hinter einer Mauer aus Stacheldraht, umgeben von bestenfalls gleichgültigen, oft feindseligen Militärangehörigen. Fest entschlossen, nicht den Mut zu verlieren, nahmen sie ihr Leben im Lager in die Hand. Ihr Ziel war es, die Lebensbedingungen der Internierten so weit wie möglich zu verbessern. Er kümmerte sich um soziale Angelegenheiten, sie unterrichtete Tanz. Doch auch 50 Jahre später haben beide diese dunklen Jahre nicht vergessen, haben beide die Lügen nicht verziehen, die zu ihrer Verhaftung führten, und die falschen Behauptungen, mit denen man ihnen damals die Freiheit vorenthielt.

Zur Entlastung der Vereinigten Staaten sei angemerkt, dass zehn Prozent der Internierten bei einer Befragung in den Lagern (!) angaben, sie stünden in dem Krieg weder eindeutig auf Seiten der Vereinigten Staaten, noch würden sie für die Vereinigten Staaten kämpfen. Einige erwiesen im Lager demonstrativ dem Kaiser die Ehre.

Trotzdem bleiben Zweifel, ob die Absonderung und Internierung von Zigtausenden Menschen rechtlich legitim war, zumal die japanische Bedrohung nicht lange anhielt. Bereits 1942 hatte sich die militärische Situation verbessert: Der Sieg der US-Pazifikflotte in der Schlacht von Midway und die Landung auf den Salomon-Inseln machten die Demütigung von Pearl Harbor mehr als wett, und im Frühling 1942, zu dem Zeitpunkt, als die Umsiedelungen stattfanden, konnte von einer ernsthaften Gefahr vor der amerikanischen Pazifikküste keine Rede mehr sein. Doch erst Mitte Dezember 1944 wurde offiziell erklärt, dass die militärische Notwendigkeit für die Internierungen nicht mehr gegeben sei. Die Japaner und Amerikaner japanischer Abstammung konnten endlich nach Hause zurückkehren.

Erst 1948, im Zusammenhang mit dem Verfahren Oyama vs. Bundesstaat Kalifornien, erklärte das oberste US-Bundesgericht, dass die Gesetzgebung hinsichtlich der in den Vereinigten Staaten geborenen Ausländer den vierten Verfassungszusatz verletze. Vier Jahre später wurden die bisherigen für rassistisch befundenen Einbürgerungsgesetze aufgehoben und die aus dem Jahr 1924 stammende Regelung abgeschafft, dass Personen asiatischer Abstammung nicht eingebürgert werden durften. Doch erst 1988 entschuldigte sich die amerikanische Regierung offiziell bei den zu Unrecht internierten »Japanern« und sprach ihnen finanzielle Entschädigungen zu. Die Internierungslager gehören nicht gerade zu den glorreichen Kapiteln der amerikanischen Geschichte, und man kann verstehen, dass der US-Administration sehr daran gelegen war, den Konflikt mit größter Diskretion beizulegen. Zur endgültigen Abgeltung aller Ansprüche erhielt jeder der 62 000 überlebenden Japaner 20 000 Dollar.

Manzanar, Gila River, Topaz und die sieben anderen amerikanischen Lager waren, das sei noch einmal betont, nicht einmal ansatzweise mit Mauthausen oder Dachau vergleichbar. 1862 Menschen starben dort, meist eines natürlichen Todes, das waren 1,5 Prozent aller Internierten.[13]

Die »Japanerlager« in Kanada

Unmittelbar nach dem Angriff auf Pearl Harbor wurden in Kanada 38 als gefährlich angesehene Japaner festgenommen und 1200 Fischerboote beschlagnahmt. Japanische Staatsbürger durften weder Sende- und Empfangsgeräte noch Fotoapparate besitzen. In der Bevölkerung wuchs das Misstrauen, und die feindselige Stimmung erinnert an das Vorgehen gegen deutschen Besitz im August 1914 in Frankreich und Großbritannien. Halten wir in diesem Zusammenhang fest, dass selbst Ken Adachi nicht für die Loyalität aller Japaner garantieren will; er verweist auf die Enttäuschung vor allem der jungen Leute über die Demokratie und darauf, dass viele alte Japaner keinen Grund sahen, sich einem Land verbunden zu fühlen, das sie so schlecht behandelt hatte.[14]

Wie auch immer es um die Loyalität der Japaner bestellt gewesen sein mag, jedenfalls wurde am 14. Januar 1942 die teilweise und am 23. Februar die totale Evakuierung der Westküste Kanadas verfügt. Der Justizminister hatte damit das Recht, alle Bewegungen von Personen japanischer Abstammung in bestimmten »Schutzzonen« zu überwachen: Praktisch bedeutete dies, dass ein Bereich von 100 Meilen vor der Küste für sie Sperrgebiet wurde, wie es bereits für japanische Staatsbürger galt.[15] Am 26. Februar wurden Evakuierungen in großem Umfang angekündigt. Alle »Japaner«, die unter allgemeiner Überwachung standen, mussten in »Phantomstädte« ziehen – Greenwood, Kaslo, New Denver, Slocan City, Sandon und Tashme, durchweg mehr oder weniger abgelegen –, ihr Besitz wurde beschlagnahmt. Andere konnten Britisch Kolumbien verlassen und in Ontario Arbeit suchen. Von Lagern kann man somit nicht sprechen mit Ausnahme einer besonderen Kategorie von »aliens«: Rund 800 Personen, die als gefährlich eingestuft wurden, weil sie ihre Unterstützung für Japan bekundet, sich den Evakuierungsvorschriften widersetzt oder als Gruppe die Evakuierung kritisiert hatten, wurden in den Lagern Petawawa und Angler in Ontario interniert.

Diese Lager waren von Stacheldraht und Wachtürmen umgeben. Die japanische Regierung meldete sich als Verteidigerin der Menschenrechte zu Wort und warf den Wächtern vor, sie hätten auf Lagerinsassen geschossen, die sich nicht rechtzeitig zum Appell eingefunden hätten, und einen Mann misshandelt, weil er nicht schnell genug gearbeitet hätte.[16] Die Internierten durften allerdings Lebensmittelpakete aus Japan empfangen und sich häufiger von Reis, Gemüse und Curry ernähren als von Kartoffeln, Käse und Brot. Man schlug ihnen auch vor, auf den umliegenden Farmen zu arbeiten. Doch die Aussicht, dem deprimierenden Gefängnis entrinnen zu können, hatte nicht die erwartete Wirkung. Offensichtlich erschien das Lager mit Kino, Spielfeld für Baseball oder Basketball und Tennisplätzen als kein so übler Ort. Trotzdem nahmen einige hundert Internierte die Arbeitsplätze an, die die Bundesregierung für sie im Landesinnern gefunden hatte. Die Zahl der Lagerinsassen ging dementsprechend von 758 (Ende 1942) auf 448 (September 1943) zurück. Die Einstellung der kanadischen Bevölkerung gegenüber den Japanern war unterschiedlich. Ein Teil lehnte jegliches Entgegenkommen ihnen gegenüber ab. Dabei darf man nicht vergessen, dass Zigtausende kanadische, britische, australische und holländische Soldaten in japanische Gefangenschaft geraten waren und allmählich durchsickerte, wie schlimm sie dort behandelt wurden.

1942: Japan und seine zivilen Gefangenen

Im Zweiten Weltkrieg behandelte Japan seine Kriegsgefangenen sehr hart, davon zeugen Berichte britischer und amerikanischer Soldaten, die die japanische Gefangenschaft überlebt haben; der Film *Die Brücke am Kwai* hat die internationale Aufmerksamkeit darauf gelenkt. Von den Philippinen bis Singapur glichen sich die Schicksale. »Jeder siebte britische Gefangene, der im Zweiten Weltkrieg starb, war ein FEPOW (Far East Prisoner of War).«[17] Schwere Verluste erlitten Amerikaner und Filipinos bei einem wahnwitzigen siebentägigen Marsch in der sengenden tropischen Sonne und ohne etwas zu essen. Die 55 000 Überlebenden dieser Strapaze (von 73 000) wurden per Zug ins Lager O'Donnell gebracht. Dort star-

1942: Niederländisch-Indien unter japanischer Besatzung

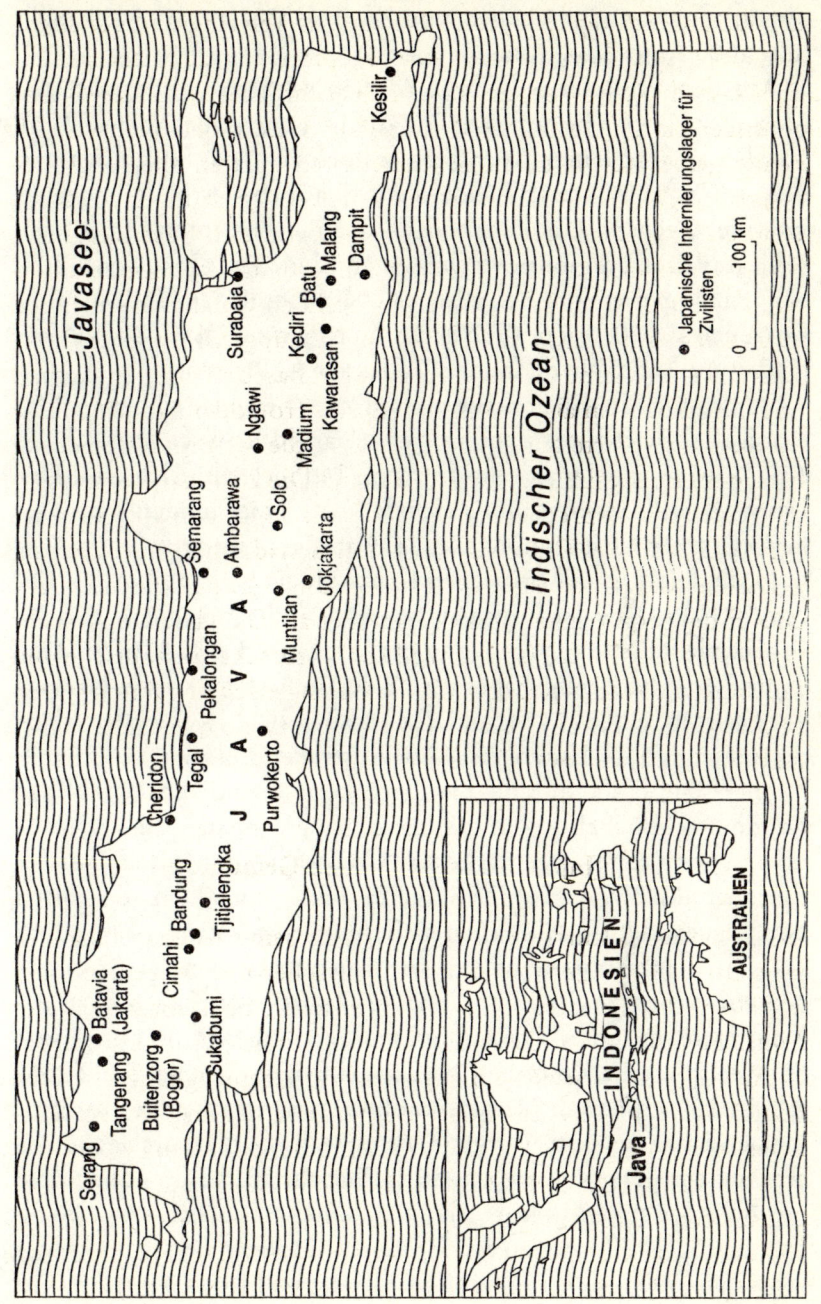

ben weitere Menschen infolge der Hitze, viele erstickten. Die Bedingungen waren schrecklich, von April bis Dezember 1942 kamen dort 1500 Amerikaner um.

Auf den Philippinen war es ähnlich schlimm: Todesmärsche, Massaker, Kranke bekamen nichts zu essen unter dem Vorwand, sie würden nicht arbeiten. Aber das war noch nicht das Schlimmste. In den von Japan besetzten Ländern wurden auch westliche Zivilisten interniert, genaue Untersuchungen dazu stehen immer noch aus. John R. Pritchard gibt immerhin einen Eindruck, um welche Größenordnungen es sich handelte: 14 000 Amerikaner (Todesrate elf Prozent), 20 000 Briten (Todesrate fünf Prozent), 150 000 Niederländer und Indo-Niederländer (Todesrate 17 Prozent).[18]

Wir können an dieser Stelle nur auf zwei Beispiele eingehen. Das eine ist der Bericht der Familie Wendelaar, holländische Siedler, die 1942 auf Java die japanische Invasion Indonesiens erlebten.[19] Der zweite Bericht stammt von Augusta Voltz, einer jungen Frau niederländischer Abstammung, die 1939 auf Java eintraf.[20]

Nach dem Fall der britischen Kronkolonie Singapur am 15. Februar 1942 wuchs der Druck auf »Niederländisch-Indien«. Am 28. Februar landeten die Japaner an drei Stellen auf Java. Am 9. März kapitulierte der Befehlshaber der niederländischen Armee, General Ter Poorten. Über 20 000 Soldaten ergaben sich, 11 000 Niederländer, mehr als 5000 Briten, fast 3000 Australier und rund 1000 Amerikaner. Die einheimische Zivilbevölkerung und die Mischlinge wurden nicht behelligt – allerdings zogen die Japaner sie zu besonders schwierigen und gefährlichen Arbeiten heran wie dem Bau der Eisenbahnlinie vom Norden Sumatras bis in den Süden quer durch den Regenwald. Dabei starben nicht nur Kriegsgefangene, sondern auch viele einheimische Bauern, die man mit falschen Versprechungen zur Arbeit an der »Bahnlinie des Todes« von Pakan Baru gelockt hatte. Fürchterliche Strafen wurden verhängt. So durfte sich zum Beispiel eine Kolonne zwei Tage lang nicht von der Stelle rühren, in der tropischen Sonne und ohne etwas zu essen und zu trinken, und dies aus dem einzigen Grund, weil alle laut aufgelacht hatten, als ein gerade fertig gestellter Streckenabschnitt unter dem Gewicht der ersten Lokomotive zusammengebrochen war. Die alliierten Kriegsgefangenen durchlitten die Hölle in Dreck und Moskitoschwärmen, sie erkrankten an Malaria und Ruhr, kämpften mit

Wanzen und Schimmel. Für ihre Ernährung mussten die Menschen selbst sorgen, indem sie in den Wäldern jagten. Dieuwile Wendelaar zufolge starben in einem Jahr 23 000 Männer, hauptsächlich Einheimische, an Erschöpfung, Hunger und Krankheiten.[21]

Die niederländischen Familien wurden zumindest zu Beginn des Krieges unter erträglichen Bedingungen in »Lagern« interniert. Frauen und Kinder kamen zunächst in Durchgangslager – Schulen und andere öffentliche Gebäude – und erlebten alle Probleme einer solchen Situation: Improvisation, Unbequemlichkeit und die Ungewissheit, dazu der Schmerz über die Trennung von den Männern, die an anderen Orten festgehalten wurden. Dann setzte sich der Sinn der Niederländer für Organisation und Hygiene durch, und immerhin waren diese improvisierten Lager nicht von der Außenwelt abgeschnitten, die Einheimischen verkauften dort ihre Produkte wie Brot und Milch für die Kinder.

Im Allgemeinen wurden die Frauen und Kinder nach einigen Monaten in ein »offizielles« Lager verlegt. Der Transport dorthin war eine Strapaze: Es war heiß, es gab kein Wasser und keinen Ort, an dem die Menschen ihre Notdurft verrichten konnten, die Fahrt dauerte unendlich lang und wurde immer wieder unterbrochen, viele alte Menschen überlebten sie nicht. Dieuwile Wendelaar Bonga beschreibt das erste »richtige« Lager unter japanischer Kontrolle, in das sie im Alter von 17 oder 18 Jahren mit ihrer Familie gebracht wurde: »Einige erwähnten einen Ort, Sumowono. Wir hatten noch nie davon gehört. Man vermutete, dass das irgendwo in den Bergen im Innern von Java sein musste. Als wir ankamen [der Transport erfolgte mit dem Bus], standen wir vor einem Ausbildungszentrum der Polizei ... Die Baracken wirkten eher neu und ringsherum war alles recht sauber.«[22]

Das Lager bestand aus zwölf Baracken für jeweils etwa 65 Personen, einigen Schuppen, Küchen, Ställen, etwas weiter entfernt gab es Toiletten und »Waschräume«. Jede Baracke hatte ein Fenster und ein Wellblechdach; wenn der tropische Regen niederprasselte, war der Lärm ohrenbetäubend. In den Baracken standen Pritschen, der Boden war aus Zement. Verglichen mit der Unterbringung der meisten Kriegsgefangenen waren die Lager komfortabel.

Aber die Menschen konnten sich nicht frei bewegen, ringsherum verlief Stacheldraht, die Seite, auf der sich das Tor befand, war zusätzlich mit Bambus gesichert. Dies beschreibt auch Augusta Voltz, und sie ergänzt noch, dass zwischen der ersten Absperrung aus Bambus und der zweiten aus Stacheldraht indonesische Soldaten unter dem Kommando von Japanern patrouillierten. Die Menschen durften das Lager nicht verlassen, jeder Kontakt zur Außenwelt war verboten. Es handelte sich somit um ein richtiges Lager mit den üblichen Regeln und Strukturen (der japanische Lagerkommandant forderte die Benennung eines Verantwortlichen für jede Baracke). Für den Küchendienst waren die Insassen selbst zuständig. Ein- oder zweimal pro Woche öffnete eine Kantine, und wer noch Geld hatte, konnte seine Verpflegung mit Eiern, Früchten und anderen Dingen aufbessern. Es trafen auch Pakete vom Roten Kreuz ein.

Im weiteren Verlauf des Krieges verschlechterte sich die Verpflegungssituation und die Kantine wurde geschlossen. Die Niederländer nahmen die Sache in die Hand. In den nicht mehr benutzten Ställen richteten sie eine Schule und einen Raum für Gottesdienste ein, sie organisierten einen Gymnastikklub und feierten – mit Erlaubnis der japanischen Lagerleitung – den Geburtstag der Königin Wilhelmine. Es gab einen Kinderchor und Operettenaufführungen. Hygieneprobleme und vor allem die Überbelegung machten den Insassen jedoch zu schaffen, die ersten Kinder und alten Menschen starben. In der zweiten Jahreshälfte 1943 spitzte sich die Situation weiter zu. Die Japaner beschlossen, dass ihre zivilen Gefangenen arbeiten sollten, anstatt sich die Zeit mit Theateraufführungen und Gymnastik zu vertreiben. »Ihr wart faul, und das ist eine Beleidigung für den Kaiser«, erklärte ihnen der japanische Lagerkommandant.[23] Heimlich führten die Niederländer dennoch einige Aktivitäten weiter, insbesondere den Schulunterricht.

Lebensmittel wurden zusehends knapper. Man kann sich vorstellen, was das für die kleinen Kinder bedeutete. Dementsprechend verschlechterte sich die Stimmung. Nach der täglichen Fronarbeit waren die Menschen erschöpft, etliche starben: »Die Menschen wurden anfälliger für Infektionen wie Ruhr, Röteln und Mumps.«[24] Das kleine »Krankenhaus« war überlastet und infolge des Mangels an Medikamenten machtlos.

Der Druck auf die Häftlinge beschränkte sich im Wesentlichen auf Appelle und Durchsuchungen, die regelmäßig und auch unerwartet durchgeführt wurden, dabei wurden Schmuck, Geld und Konserven konfisziert. Die Vielzahl der Inspektionen von außen beunruhigte die Insassen. Es ging das Gerücht, die Japaner hätten aus etlichen Lagern junge Niederländerinnen in Bordelle verschleppt. Es war wohl nicht aus der Luft gegriffen. So wurde Augusta Voltz zusammen mit allen anderen Frauen zwischen 16 und 30 einer »Kommission« vorgeführt. War das ein übliches Verfahren, oder fand die Auswahl für ein Armeebordell statt? Dass sie zu diesem Punkt nichts weiter sagt, spricht wohl für die erste Hypothese. Trotzdem wetteiferten die armen Mädchen, die schon abgezehrt genug waren, möglichst abstoßend auszusehen. Aber die Japaner nahmen mehrere junge Frauen und Mädchen mit.

Das Lager Nummer 7 von Ambarawa befand sich im Zentrum der Insel Java, nördlich von Jogjakarta. Die Häftlinge – lauter Zivilisten – wurden dort nach militärischen Regeln behandelt und galten als Kriegsgefangene. Das Lager war von Stacheldraht umgeben, es bestand aus Ziegelbaracken und war offenbar in einem ehemaligen Krankenhaus eingerichtet worden. Die Kinder wurden in einer eigenen Baracke untergebracht, und die Disziplin war erkennbar strenger als in Sumowono. Die Aufseher schlugen die Frauen bei der kleinsten »Verfehlung«. Lebensmittelhandel mit den einheimischen Wächtern wurde mit Schlägen und Essensentzug bestraft, dabei mussten die Frauen reglos einen ganzen Tag in der prallen Sonne stehen. Darauf folgten noch vier lange Monate im Kerker mit nur einer Mahlzeit täglich und einer halben Stunde Ausgang. Ein japanischer Soldat quälte die Niederländerinnen, indem er vor ihren Augen einem Hund bei lebendigem Leib das Fell abzog oder Ratten mit einer Fahrradpumpe aufpumpte, bis sie platzten.

Die Lagerinsassen waren allerdings nicht ganz von der Außenwelt abgeschnitten. Sie durften zwei Postkarten pro Jahr schreiben, für den Text standen rund 20 vorgegebene Formeln zu Auswahl, und dann waren noch zehn Worte »freier Text« erlaubt. Es herrschten die üblichen schwierigen Lebensbedingungen, was Hygiene und Ernährung anbetraf. Wichtigstes Nahrungsmittel war Tapioka, und als die Versorgung knapp wurde, ordnete der Lagerkommandant an, dass für die »Suppe« auch Schalen, Blätter und alle anderen Abfälle verwendet werden sollten, die üblicherweise beim Kochen weggeworfen werden. In der Folge und aufgrund des Vitaminmangels nahmen Durchfall- und Magenerkrankungen zu, Geschwüre waren gang und gäbe, kleine Kinder starben, obwohl die Behörden den Lagerinsassen den Anbau von Tomaten, Bohnen und sogar Erdnüssen erlaubten. In dem Maße, wie die Essensrationen kleiner wurden, geriet der großartige Zusammenhalt der niederländischen Familien ins Wanken. Die üblichen Verhaltensweisen ausgehungerter Menschen waren zu beobachten: Das Essen beherrschte die Gedanken, man sprach über Lieblingsrezepte und träumte von üppigem, süßem Gebäck, man kaute langsam, sehr langsam, um möglichst lange etwas davon zu haben. Auch Schlangen und Ratten wurden verspeist.

Früh am Morgen mussten alle Erwachsenen zur Gymnastik antreten. Alle Jungen über zehn Jahre wurden in einem eigenen Lager untergebracht unter dem Vorwand, man wolle die jungen Mädchen im »Familienlager« schützen. Die Trennung war sehr schmerzlich, und die Lagerinsassen empfanden sie als eine zusätzliche Schikane. Die jungen Mädchen verrichteten den Großteil der Arbeiten auf den Feldern und im Lager, unter anderem die Reinigung der Latrinengruben, deren Inhalt auf einem benachbarten Feld verteilt wurde. Alles in allem waren die Verhältnisse – abgesehen von der Verpflegung und den Misshandlungen – noch einigermaßen erträglich.

Auch in den Lagern für die Jungen und die alten Männer war das Leben hart. Die Häftlinge mussten Land terrassieren, Bäume fällen, die Felder bestellen, Instandhaltungsarbeiten auf einem Bahnhof verrichten. Auch als Totengräber wurden sie eingesetzt: Im Lager Nummer 8 von Ambarawa trugen die jungen Leute (im Hemd, »zur Ehre der Toten«) die Leichen der Verstorbenen. Einmal waren es 17 Särge. Das Essen war karg und schlecht. Die Jungen stahlen Schweinefutter oder suchten in den Latrinen nach unverdaut ausgeschiedenen Maiskörnern, die sie wuschen und dann (wieder) aßen.[25]

Frau Wendelaar verließ das Lager Nr. 7 von Ambarawa mit einem kleinen Ofen, ein paar Werkzeugen, einer Decke und dem »Allerwichtigsten«, wie sie es nannte (darunter eine Zahnbürste) – alles verstaut in einem kleinen Koffer. Ein weiteres, relativ großes Lager in der Region Jogjakarta war Muntilan. 1944 waren dort zwischen 3000 und 4000 Frauen und Kinder interniert. In diesem Fall hatte man einfach ein ehemaliges katholisches Priesterseminar mit

Stacheldraht umzäunt. Die Verpflegung bestand wieder hauptsächlich aus Tapioka. Die Häftlinge mussten hart arbeiten, bewacht wurden sie nicht von japanischen, sondern von indonesischen Wärtern. Sie bauten Spinat, Karotten und Kohl an – wahrscheinlich für die japanische Armee, denn auf dem Speiseplan des Lagers tauchte das Gemüse nicht auf. Zuweilen mussten sie auch den Wald roden. Die Disziplin in Muntilan war streng, und es gab ähnliche Formen der »Selbstverwaltung« wie in den nationalsozialistischen und kommunistischen Lagern in Europa.

»Wir mussten uns einander gegenüberstellen und uns gegenseitig schlagen. Das klingt amüsant, aber das war es nicht. Wenn jemand lachte oder nicht fest genug schlug, schrien die Wachen und schlugen selbst zu.« Es hatte unangenehme Folgen, nur so zu tun, als würde man schlagen, und die unglücklichen Frauen im Lager gaben das bald auf.[26]

Um die Arbeitsproduktivität zu erhöhen, ordnete der Lagerkommandant hin und wieder nächtliche Zusatzschichten an. Trotz Ödemen, Koliken, Pellagra und Beriberi mussten die Frauen dann eine zusätzlich Schicht von neun Uhr abends bis Mitternacht, von Mitternacht bis drei Uhr morgens oder von drei Uhr bis sechs Uhr morgens ableisten.

1945: Lager für jüdische »displaced persons«

1945 – Juden und Kollaborateure

1945–1951: Durchgangslager als Dauereinrichtung für Juden

Das Lager Ohrdruf südlich von Gotha wurde am 4. April 1945 von der 4. Panzerdivision auf ihrem Weg nach Osten »zufällig« befreit. »Zufällig« ist das richtige Wort, wie Annette Wieviorka schreibt, denn »keiner der Krieg führenden Alliierten hatte Spezialeinheiten für die Befreiung der Lager vorgesehen, noch wurden solche Einheiten in Zukunft gebildet«[1], auch nicht nach der Befreiung von Struthof und Auschwitz und dem schrecklichen Anblick, der sich dort bot. Ebenfalls durch Zufall wurde am 11. April Buchenwald befreit. Das Entsetzen war umso größer, als es »unerwartet« kam. Besser wäre es sicher gewesen, wenn die Lager von Spezialeinheiten befreit worden wären, die sich auf das Schlimmste gefasst gemacht hätten.

Am 12. April kam Dwight D. Eisenhower auf Einladung des 20. Armeekorps persönlich nach Ohrdruf, George Patton und Omar Bradley begliteten ihn. Verwesungsgeruch hing über dem Lager, der Anblick der Leichen und des Ungeziefers überwältigte die drei hochrangigen US-Generäle. Eisenhower wurde bleich wie ein Laken, beharrte aber darauf, den Rundgang fortzusetzen (Patton wurde es übel und er zog sich hinter eine Baracke zurück). Unmittelbar im Anschluss daran befahl er, alle in der Umgebung befindlichen Einheiten, die nicht an der Front unverzichtbar waren, in Ohrdruf zusammenzuziehen. Der Oberbefehlshaber der alliierten Streitkräfte wird mit folgenden Worten zitiert: »Man hat uns gesagt, die amerikanischen Soldaten wüssten nicht, *wofür* sie kämpfen. Nun wissen sie wenigstens, *wogegen* sie kämpfen.«[2]

Nachdem die Lager befreit waren, musste man sich um die Überlebenden kümmern, sie verpflegen, notdürftig ihre Wunden versorgen. Da nichts vorbereitet war, sahen sich die Befreier bald vor unlösbare Probleme gestellt: Fast 13 000 *Kazetniks* aus Bergen-Belsen starben noch nach der Befreiung des Lagers am 15. April 1945.

Flüchtlinge und Vertriebene waren ein weiteres, zahlenmäßig noch größeres Problem. Die Auflösung des Reiches brachte die Alliierten in eine Situation, der sie erst einmal ohnmächtig gegenüberstanden: Vor ihren Augen kampierten in Ruinen rund sieben Millionen entwurzelte Menschen. Sie erhielten die Bezeichnung – und bald den offiziellen Status – von *displaced persons*.³ Zu diesen sieben Millionen direkten Opfern des Nationalsozialismus (Zwangsarbeiter, Soldaten, Deportierte) kamen noch einmal fast zwölf Millionen Deutsche hinzu, die aus den sowjetisch besetzten Gebieten in Deutschland, Polen und der Tschechoslowakei geflohen waren.

Dank der Bemühungen der UNRRA (United Nations Relief and Rehabilitation Administration) konnten die Militärbehörden innerhalb von vier Monaten fast sieben Millionen Kriegsgefangene in ihre Heimat zurückführen, aber eine Million *displaced persons* (DP) vegetierte in »Auffanglagern« in den Besatzungszonen in Deutschland und Österreich dahin. Fast 900 000 stammten aus Mittel- und Osteuropa und wollten aus unterschiedlichen ehrbaren und weniger ehrbaren Gründen (Kollaboration mit den Besatzern) nicht in ihre Heimat zurückkehren, 100 000 waren Überlebende des Holocaust, die nun die Stätten ihres Martyriums nicht verlassen konnten.⁴ »Jeder Zivilist ... der in sein Land zurückkehren möchte, aber nicht zurückkehren kann und nicht ohne Hilfe eine Unterkunft findet, muss auf das Gebiet des Feindes oder in ehemaliges Feindesland zurückkommen«, erklärte das alliierte Oberkommando im Memorandum Nr. 59.

Mit anderen Worten: 100 000 Juden, die den Völkermord überlebt hatten, sahen sich gezwungen, nach Kriegsende in Deutschland zu bleiben, meistens in ehemaligen Kasernen der Wehrmacht (so das Lager Hohne, genannt Bergen-Belsen⁵) oder sogar in einstigen Konzentrationslagern wie Dachau. Die Durchgangslager, die vorübergehend heimatlos gewordene Menschen aufnehmen sollten, wurden bald zu Dauereinrichtungen (ein Lager schloss seine Pforten erst 1952). Für viele Juden war die Rückkehr in ihre Heimatländer (so nach Mittel- und Osteuropa, wo die jüdischen Gemeinden ausgelöscht worden waren) ausgeschlossen, und drakonische Einwanderungsgesetze versperrten ihnen den Weg nach Palästina, Kanada oder in die Vereinigten Staaten.

Heimatlos gewordene Juden 1946[6]			
Zone	Deutschland	Österreich	Italien
amerikanische	175 960	22 000	k. A.
britische	28 000	4000	k. A.
französische	1500	1000	k. A.
	Berlin 10 000	Wien 7000	k. A.
insgesamt	215 460	34 000	18 000

Im Laufe der Monate verschlechterten sich die Beziehungen zwischen den für die Lager zuständigen Behörden und den jüdischen Überlebenden kontinuierlich. Die einen behandelten die anderen wie Verbrecher, was den alliierten Militärbehörden noch lange vorgeworfen wurde. Es galt eine rigorose Ausgangssperre, die Verpflegung war oft unzureichend, viele Deportierte besaßen keine andere Kleidung als ihre gestreifte Häftlingskluft. Bei Auseinandersetzungen durfte die deutsche Polizei eingreifen, und häufig stellte sie sich nicht auf die Seite der Juden.

Zusammenstöße zwischen Juden und Nichtjuden kamen immer öfter vor. Das wird verständlich, wenn man bedenkt, dass unter den Nichtjuden viele ehemalige Nazis und Kollaborateure waren. Der Krieg war zwar vorüber, aber der Hass hatte überdauert: In Dachau drohten nichtjüdische DP mit Rebellion, sollten die Juden weiterhin auf dem Appellplatz den Sabbat feiern. Ein Fußballspiel, das mit dem Sieg polnischer Juden über ihre nichtjüdischen Landsleute endete, mündete in eine Schlägerei.[7]

Jüdische DPs in der amerikanischen Besatzungszone 1945[8]	
Lager	**Anzahl**
Dachau	2190
Ebensee	1438
Feldafing	3309
Föhrenwald	1000
Geretsried	1800
Landsberg	5000
München-Freimann	1544
amerikanische Zone insgesamt	16 281

Die Beziehungen zwischen der amerikanischen Armee und den Juden verschlechterten sich so sehr, dass US-Präsident Truman im August 1945 den Dekan der juristischen Fakultät der Universität Pennsylvania, Earl G. Harrison, als Sonderbotschafter nach Deutschland entsandte, wo er sich ein Bild von der Situation der Juden in der Lagern der amerikanischen Besatzungszone machen sollte. Harrisons Bilanz war eindeutig und schonungslos: »Wie es heute aussieht, behandeln wir die Juden genauso, wie die Nazis sie behandelt haben, nur dass wir sie nicht vernichten. Sie sind in sehr großer Zahl in Konzentrationslagern eingesperrt, und statt von SS-Truppen werden sie von unserer Armee bewacht.«[9]

Auf Drängen von Truman und General Eisenhower änderten die amerikanischen Behörden den Kurs: Die Juden wurden als eine eigene Nationalität anerkannt und in eigenen Lagern zusammengefasst, wo sie selbstverwaltete Gemeinden bildeten. In diesem Rahmen organisierte sich innerhalb von sechs Jahren (1945–1951[10]) ein Großteil der Überlebenden des europäischen Judentums neu.

Die meisten Lager für *displaced persons* befanden sich zwar in der amerikanischen Zone, doch das wichtigste Lager, Bergen-Belsen, gehörte zur britischen Zone. Es war in einer ehemaligen Kaserne der Wehrmacht eingerichtet, nicht weit von dem Konzentrationslager gleichen Namens entfernt, das wegen der Seuchengefahr niedergebrannt worden war. Nach November 1945 wurden alle jüdischen Flüchtlinge der englischen Zone dort in einem eigenen Bereich zusammengefasst. 1946, als das Lager der Zuständigkeit der UNRRA unterstellt wurde, hausten dort 11 000 Menschen.

Wie alle anderen Lager für jüdische DPs war Bergen-Belsen gleichermaßen Flüchtlings- und Internierungslager.[11] Die jüdischen Lagerinsassen waren weder richtig frei noch richtige Häftlinge, auf jeden Fall wurden sie im Land ihrer Henker festgehalten. Die britischen Behörden untersagten getreu dem vor dem Krieg verfassten »Weißbuch« bis 1949 jegliche Einreise nach Palästina, erst danach leerte sich das Lager allmählich. Die letzten DPs verließen das Lager im August 1951, meistens mit Ziel Israel.

Der Alltag

Die erste Sorge der Überlebenden galt dem Schicksal ihrer nächsten Angehörigen: Waren alle tot, oder lebte irgendwo noch ein Vater, eine Ehefrau, eine Kind und wartete auf sie? Es waren quälende Fragen, die die Menschen nicht losließen, und die Qual war umso schlimmer, als sie die Lager nicht verlassen konnten. Zumindest in den ersten Monaten nach dem Krieg blieben derartige Fragen in den meisten Fällen unbeantwortet. Die UNRRA richtete eine zentrale Dienststelle für Nachforschungen ein. In Radiosendungen und Zeitungen wurden Listen mit den Namen der Überlebenden verbreitet. Vom Krieg auseinander gerissene Familien fanden wieder zusammen, meistens mehrerer Familienmitglieder beraubt; neue Familien wurden gegründet: In den DP-Lagern fanden sich viele Paare. 1946/47 wiesen der *Scherit Hapleta* (»überlebender Rest«, ein biblischer Ausdruck) eine der weltweit höchsten Geburtenraten auf. Ein Überlebender erinnerte sich, im ersten Jahr habe es nur allein stehende Menschen gegeben, im zweiten Jahr lauter Paare.

Die Unterstützung dieser neuen Paare und der Waisen wurde bald zur dringlichsten Aufgabe. Schulen wurden eingerichtet, die Lehrer kamen aus den Vereinigten Staaten oder Palästina – und später aus Israel. Auch die orthodoxen Juden organisierten sich: In vielen Lagern, unter anderem in Föhrenwald, Feldafing und Bergen-Belsen, entstanden Talmudschulen.

Besonders aktiv waren die Überlebenden von Bergen-Belsen. Innerhalb von drei Tagen nach der Befreiung des Lagers konstituierten sie sich als jüdische Gemeinde und entfalteten ein reges kulturelles, soziales und politisches Leben. Jeden Tag wurden etwa 20 Hochzeiten gefeiert. Die im Juli 1945 eröffnete Grundschule hatte bald 340 Schüler. Im Dezember 1945 war die weiterführende Schule an der Reihe, die Lehrer waren zum Teil Juden, die an der Seite der Alliierten gekämpft hatten. Weiterhin besaß Bergen-Belsen ein Waisenhaus, einen Kindergarten, eine Talmudschule (Jeshiva) und eine Berufsschule der jüdischen Berufsausbildungsorganisation ORT. Auch eine Tageszeitung erschien, *Unzer Schtimme*.

Vom 25. bis 27. September 1945 versammelten sich die Vertreter von 40 jüdischen Zentren und Gemeinden im Lager Bergen-Belsen als erstes Exekutivkomitee der befreiten Juden aus der englischen Zone. Das Komitee verlangte die völlige Freigabe der Immigration in das Mandatsgebiet in Palästina und sprach sich für einen jüdischen Staat aus. Die Immigration in die jüdische Heimstätte stand seit Kriegsende im Mittelpunkt aller Diskussionen. Bereits am 18. Juni 1945 hatte die Jewish Agency die Behörden im Mandatsgebiet aufgefordert, 100 000 »Vagabunden des Todes«, die in den Lagern im besetzten Deutschland und im besetzten Österreich festsaßen, die Emigration nach Palästina zu erlauben. Die Antwort ließ lange auf sich warten und fiel dann abschlägig aus, die Behörden fürchteten eine mögliche sowjetische Unterwanderung im Nahen Osten – diese Position wurde am 13. November 1945 von Ernest Bevin bestätigt, dem neuen britischen Außenminister der Labour-Regierung. Am 30. Dezember 1945 teilte Ben Gurion, der Leiter der Jewish Agency, dem britischen Hochkommissar mit, dass die im Krieg verfolgte Politik der Versöhnung beendet sei. Man werde zur Strategie des permanenten Konflikts mit der Besatzungsmacht zurückkehren, mit anderen Worten: zur Linie der 30er Jahre.

Vor dem Krieg: Das palästinensische Internierungslager Atlit

Die britische Regierung wollte die massenhafte Immigration von Juden nach Palästina verhindern. Um die Restriktionen zu umgehen, schuf die Untergrundmilitärorganisation der Kibbuzim – die Haganah – 1937 eine Organisation, deren Ziel es war, die britische

Blockade zu durchbrechen. Der Name dieser Organisation war Mosad Alija Bet (illegale Einwanderungsorganisation, »Bet« [=B] stand für »heimlich«). Bis dahin war die heimliche Immigration das Quasi-Monopol der rechtszionistischen Organisation *Betar* gewesen. Sie hatte zwischen 1934 und 1938 rund zehn Schiffe angeheuert und mit dem Segen Mussolinis in Italien ihre Leute ausgebildet (bis 1937).[12] Angesichts der Erfolge des Mosad eröffneten die Briten 1938 südlich von Haifa das Lager Atlit.[13] Dort wurden illegale Einwanderer und jüdische Kämpfer gegen die britische Besatzungsmacht interniert.

Zwischen dem 24. Mai und dem 10. Juli 1939 nahmen britische Patrouillen 3507 illegale Einwanderer fest, die meisten kamen aus Deutschland und der Tschechoslowakei. Sie wurden ohne Verfahren nach Atlit gebracht. Andere hatten weniger »Glück«, so etwa die Flüchtlinge aus Deutschland, Österreich und der Tschechoslowakei, die im November 1940 vor der zypriotischen Küste aufgebracht und auf die Insel Mauritius deportiert wurden. (Im Hafen von Haifa mussten 1660 illegale Einwanderer auf ein britisches Schiff umsteigen, die *Patria*[14], sie kamen nach Atlit – und blieben dort bis Februar 1942 aufgrund einer »humanitären Ausnahmeregelung«; 1580 andere wurden an Bord zweier holländischer Schiffe, der *Nieuw Zeeland* und der *Johan de Witt,* auf der Route Suezkanal–Aden–Ostafrika auf die Insel im Indischen Ozean deportiert.)

»Der Regierung Seiner Majestät fehlt es nicht an Sympathie für die Flüchtlinge aus den von Deutschland besetzten Gebieten. Aber sie ist verantwortlich für die Verwaltung Palästinas, und es ist ihre Pflicht, darauf zu achten, dass die Gesetze nicht offen verletzt werden. Im Übrigen sieht sie sich gezwungen, zu vermuten, dass die Wiederaufnahme der illegalen jüdischen Einwanderung in der gegenwärtigen Situation sehr unangenehme Folgen für die Lage des Landes haben und eine ernste Bedrohung für die britischen Interessen im Nahen Osten darstellen dürfte ...«

Durchaus zu Recht stellt Jacques Derogy fest, dass es sich hier um die »erste Deportation von Juden im Krieg« gehandelt habe »nach dem gescheiterten Versuch der Nationalsozialisten im Jahr zuvor, ein Schutzgebiet in der Region von Lublin in Polen zu schaffen«.[15]

Am 26. Dezember 1940 gingen die 1580 Deportierten – 849 Männer, 635 Frauen und 96 Kinder – nach 17 Tagen auf See in Port-Louis, der Hauptstadt von Mauritius, an Land. Zwei Tage später schlossen sich die Tore des ehemaligen französischen Gefängniskomplexes Beau-Bassin hinter ihnen. Die Männerabteilung bestand aus zwei Zellenblocks ohne Elektrizität, ausgelegt für insgesamt 400 Häftlinge. Die Frauen wurden in 30 Baracken untergebracht. Die Lebensbedingungen waren schwierig, einmal wegen des Klimas, aber auch weil die Internierten aufgrund ihrer Heimatländer als potenzielle Agenten der Achsenmächte angesehen wurden. Schließlich wurde an einem Strand an der Ostküste ein Zeltlager errichtet: Dort konnten die Häftlinge aus Beau-Bassin in Gruppen zu 60 Personen jeweils eine Woche verbringen. 1945 waren noch 1310 Menschen interniert, nur 212 Männer hatten in die alliierten Streitkräfte eintreten können. Aber 127 Häftlinge (fünf Kinder, 52 Erwachsene über sechzig, 70 Erwachsene unter sechzig, insgesamt 79 Personen männlichen und 48 Personen weiblichen Geschlechts[16]) waren an Tropenkrankheiten gestorben. 61 Kinder waren zur Welt gekommen. Am 12. August 1945, nach 55 Monaten und drei Wochen Gefangenschaft, erhielten die auf Mauritius Internierten die Erlaubnis, nach Palästina zu reisen. Mit Recht beklagten sie sich darüber, wie man sie behandelt hatte, aber sie wussten noch nicht, dass ihr Schicksal nicht im Entferntesten mit dem ihrer Glaubensbrüder in den nationalsozialistischen Lagern zu vergleichen war.

1945: Wiederaufnahme der heimlichen Einwanderung

Nach Kriegsende konnte die Haganah all ihre Anstrengungen auf eine einzige Front konzentrieren: den Kampf gegen die britische Blockade der Küste Palästinas. Der Mosad reaktivierte seine Verbindungen aus der Vorkriegszeit, und im März 1945 richtete sich die Führung der Organisation in Paris ein. Sie teilte ihre Aktivitäten in zwei scharf getrennte Bereiche: Die *Bricha* erhielt die Zuständigkeit für die Bewegungen der *displaced persons;* sie sollte die Menschen an die Mittelmeerküste bringen. Die *Ha'apala* organisierte dann ihre Überfahrt.[17] Anfang 1946 bezog der Mosad seine Operationsbasis in Marseille, richtete Durchgangslager ein und erhielt dank der Hilfe hochrangiger Funktionäre der französischen Sozialistischen Partei, der kommunistischen Gewerkschaft und des Geheimdienstes DST Transportkapazitäten bei der Bahn.[18] Sein wichtigster Sender wurde unweit von Rueil in der Villa von André Blumel eingerichtet, dem ehemaligen Kabinettschef der sozialistischen Minister Tixier, Depreux und Moch.

Die heimliche Immigration *(Alija Bet)* begann wieder, und der Strom der Menschen riss nicht ab: Die DP-Lager in Deutschland und Österreich waren überfüllt mit Flüchtlingen. Von den eine Million europäischen Juden, die den Völkermord überlebt hatten, besaßen 700 000 keine eindeutige Staatsangehörigkeit, und mangels einer anderen Zufluchtsmöglichkeit blieb ihnen nur der Weg in die jüdische Heimstätte. Tatsächlich waren sie nirgendwo willkommen. Im Juli 1946 wurden 42 Juden, die »nach Hause« ins polnische Kielce zurückgekehrt waren, von einer wütenden Menge brutal ermordet. Und sie waren nicht die ersten Opfer solcher Pogrome: Zwischen Oktober 1944 und November 1945 starben 351 Juden bei ähnlichen Vorfällen.

Vielen Überlebenden erschien darum *Eretz Israel*, die Heimat Israel, als die einzige mögliche Zuflucht. Ben Gurions Strategie war einfach: Die amerikanische Besatzungszone musste mit Flüchtlingen überschwemmt werden, bis die Lebensbedingungen unerträglich waren. Auf diese Weise wären die Amerikaner gezwungen, Druck auf die Briten, die Verantwortlichen für die Blockade, auszuüben. Wie erwartet, war die amerikanische Zone bald überfüllt. Im Winter 1946 mussten dort elf neue Lager für rund 170 000 nach Deutschland geflohene Juden eingerichtet werden. Im August 1946 räumte der stellvertretende US-Außenminister Dean Acheson ein: »Die Teilung Palästinas ist die einzige Möglichkeit, die Immigration zu beschleunigen, und die Immigration ist in Anbetracht der Lage in den Flüchtlingslagern von entscheidender Wichtigkeit.«[19] Der Pogrom von Kielce ließ den Flüchtlingsstrom noch weiter anschwellen, bald drängten sich 226 000 Menschen in den deutschen und österreichischen Lagern. Die Reaktion der Vereinigten Staaten erfolgte umgehend. Am 18. April 1947 erhielt die US-Armee die Anweisung, in ihrer Besatzungszone keine weiteren Flüchtlinge mehr zu verpflegen, unterzubringen und zu transportieren. Ungeachtet dieses Versuchs, die Notbremse zu ziehen, trafen 20 000 rumänische Juden, die vor dem Hunger geflohen waren, in Wien ein. Auch in Frankreich und Italien entstanden laufend neue Durchgangslager. Ende 1947 hielten sich in Europa rund 463 000 heimatlos gewordene Juden auf, 250 000 allein in Deutschland und Österreich.

Da die britische Regierung vor allem ihre Interessen auf der gesamten arabischen Halbinsel im Blick hatte, machte sie keine Anstalten, ihre Palästinapolitik zu ändern: Ein Kontingent von 100 000 britischen Soldaten wurde stationiert und jedes verdächtige Schiff kontrolliert; illegale Einwanderer wanderten ins Lager Atlit, das dauerhaft fast 5000 Menschen beherbergte. Die Bedingungen dort waren hart. In den notdürftig gefertigten Wellblechbaracken herrschte im Sommer drückende Hitze und im Winter eisige Kälte. Sie waren für 20 Personen ausgelegt, meistens jedoch mit 40, manchmal sogar mit 70 belegt. Als die Baracken überfüllt waren, wurden Zelte aufgestellt. Die Verpflegung war karg und von mäßiger Qualität.

Aus der Sicht der Briten hatte Atlit einen ganz großen Nachteil, und das war seine Lage auf dem Territorium Palästinas. Die Männer und Frauen fühlten sich vielleicht nicht wohl im Lager, aber sie fühlten sich *zu Hause* – sie waren zwar Gefangene, aber Gefangene im eigenen Land. Sie hatten das Gefühl, *man gab ihnen das Gefühl*, dass sie den ersten Satz gewonnen hatten. Wenn ihnen die Flucht aus dem Lager gelang – und viele flohen –, hatten sie das ganze Spiel gewonnen. (Am 10. Oktober 1945 überfiel die Haganah das Lager und befreite auf einen Schlag 210 illegale Einwanderer. Die Aktion wurde von einem gewissen Yitzhak Rabin geleitet.[20]) Die Briten reagierten.

Die Internierungslager auf Zypern

Am 12. August 1946 kündigte die britische Regierung an, dass illegale Einwanderer künftig nach Zypern, einer Kolonie der britischen Krone, verbracht und dort interniert würden. Dieser Schritt sollte »dem elenden Handel ein Ende machen, der von skrupellosen Personen organisiert wird, die das Leiden von Unglücklichen ausbeuten«. Tatsächlich stand dahinter ein anderes Motiv: Die Regierung wollte die immigrationswilligen Juden und die Jewish

Agency abschrecken. Das klappte jedoch nicht, im Gegenteil: Die ehemaligen Häftlinge von Auschwitz, aus denen die *displaced persons* von Bergen-Belsen und anderen Lagern geworden waren, zogen es bei weitem vor, auf Zypern, am Tor zum »Paradies«, festgehalten zu werden, als auf dem Gebiet des ehemaligen Dritten Reiches. Der Mosad erhielt die Anweisung, die Lager auf Zypern mit Flüchtlingen zu überschwemmen. Bald drängten sich 15 000 in den Lagern, nur zehn Prozent der Schiffe gelang es, die britische Blockade zu durchbrechen.[21]

Die illegalen Immigranten wurden im Hafen von Famagusta abgesetzt und von dort zu eilends aufgebauten Internierungslagern gebracht: einem so genannten »Sommerlager« aus Zelten in Karaolas, fünf Kilometer vom Hafen entfernt, und einem »Winterlager« aus Wellblechbaracken in Xylotymvou, 37 Kilometer von Famagusta entfernt. Die Lager wurden von Soldaten des *Cornwall Regiment* bewacht, das dem Gouverneur der Insel, Lord Winster, eigens dafür zugewiesen worden war. Jedes Zelt, jede Baracke war ein Schlafsaal. Das Bett eines Internierten war sein Wohnzimmer, sein Schreibplatz, sein Sessel, sein Tisch und oft sein Esszimmer. Es gab kein Licht, nur die Lampen, die die Häftlinge selbst aus Sardinenbüchsen fertigten: Sie füllten sie mit Petroleum getränktem Sand und verwendeten als Docht, was sich gerade fand.

Selbstverständlich können die Lager auf Zypern nicht im Entferntesten mit denen der Nationalsozialisten verglichen werden, die viele Internierte kennengelernt hatten. Trotzdem empfanden es die Überlebenden von Auschwitz als ungerecht und absurd, dass sie nun, da endlich Frieden war, wieder hinter Stacheldraht saßen. Gipfel der Ironie: Durch die Gitter ihrer Käfige konnten sie beobachten, dass andere Häftlinge, deutsche Häftlinge, sich frei bewegen durften – die ehemaligen Angehörigen des Afrikakorps. Doch die Menschen verloren die Hoffnung nicht. Sie wussten, dass Zypern nur eine Etappe auf dem schwierigen Weg in die Freiheit war. Sie betrachteten sich alle, ob sie aus Polen stammten oder aus Marokko, als Pioniere und gestalteten ihren erzwungenen Aufenthalt auf Zypern als Vorbereitung auf ihr künftiges Leben in Israel. Die Lager wurden so etwas wie Trainingszentren. Schulen wurden eingerichtet, auf dem Stundenplan standen Hebräisch, Acker- und Gartenbau.

Lionel Naman, ein leitender Funktionär des *Fonds national juif* aus Marseille, der mit seiner Frau auf ein heimlich gechartertes Schiff gegangen war, die *Merica,* landete in Lager 55 in Karaolas. Er erinnert sich:

»Zypern, das milde Klima, wo die Meeresbrise alles mit betörendem Duft erfüllt, Zypern, die glückliche Insel, wo die Leichtigkeit des Lebens an Tahiti hätte denken lassen, wenn da nicht die Stacheldrahtblüten gewesen wären, die uns den Weg verstellten und uns die Flügel brachen. In großer Fülle rankten sie sich rings um das Lager empor, im doppelten Spalier gezogen, dazwischen ein Gang, wie um sie zu pflegen. Auf Schritt und Tritt begegnete man der zarten Stacheldrahtblüte. Man stolperte über sie, man blieb im Dunkeln daran hängen. Um die gähnenden Löcher zu stopfen, die hin und wieder Häftlinge in rasender Wut rissen, brachten die Tommies, die Gärtner, neuen Stacheldrahtsamen in Rollen, die sie sorgfältig ausbreiteten, damit die Blüten sich entfalten konnten. Eines Nachmittags lud ein LKW einen Berg Säcke ab, die in Haifa konfisziert worden waren: Ein wundersames Schauspiel, ein unbeschreibliches Durcheinander erstand vor unseren Augen auf einem Quadrat von 400 mal 400 Metern auf der Erde. Am nächsten Morgen durchschnitten Wege das Quadrat: Es gab die Allee der Unterwäsche und die Allee der Hosen, die Sackgasse der Büstenhalter und die Avenue der Jacken, die am Platz der Decken endete. Es gab die Straße der Röcke und der zerrissenen Strümpfe und die Gasse der Andenken, den Weg der einzelnen Schuhe und den großartigen Boulevard der Lappen. Ein Handschuh zeigte eine Einbahnstraße an. All dies roch nach Elend, Plünderung, Not und Schiffbruch.«[22]

Lionel Naman spricht auch von den enormen psychischen Problemen:

»Familien wurden auseinander gerissen, die Familienmitglieder willkürlich verteilt, wie die Schiffe gerade ankamen, als wären sie Vieh. Die einen waren im Sommerlager, die anderen im Winterlager, und sie konnten keinen Kontakt aufnehmen. Das verhinderte indes nicht, dass reichlich Ehen auf Zypern geschlossen wurden. In einem Rekordmonat wurden mehr als 300 Hochzeiten gefeiert. Man ging von Heirat zu Hochzeit und von Hochzeit zu Heirat, und die Braut im langen weißen Kleid, bitteschön! ... Dazu muss man sagen, dass die Hochzeitskleider wie die Nähmaschinen immer weitergereicht wurden ... Zum Glück folgt auf die Geburt unweigerlich die *brith* (Beschneidung). Die Eltern machen Eretz Israel ein Kind zum Geschenk. Man badete auch im wunderbaren Golf von Famagusta. Nun gut, wenn jemand über die vorgegebenen Grenzen hinaus schwamm, schossen die Engländer: Sie feuerten aus ihren hübschen Maschinengewehren; die Schwimmer kehrten um, und alles war wieder in Ordnung. Die Ordnung hielt bis zum nächsten Wutausbruch der Internierten, die Wut führte zu einer Abfolge von Hungerstreiks, brennenden englischen Zelten und Kundgebungen auf dem Fußballplatz.«[23]

Ein anderer Augenzeuge beschreibt ähnliche Szenen des Lagerlebens auf Zypern.

Jean-François Armorin, ein junger Journalist, hatte sich unter die heimlichen jüdischen Einwanderer auf der *Theodor Herzl* gemischt, die bald nach dem Auslaufen von den Briten aufgebracht wurde. Nach der Rückkehr nach Frankreich schilderte er seine Erlebnisse und löste damit eine Welle der Sympathie für die zionistische Sache aus. Über die Ankunft in Famagusta schrieb er:

»Es war fast dunkel. Unten schrien Leute, packten die Männer: Dror! Hachomer Hatzair! Betar! Sie schrien die Namen ihrer Parteien, wie die Hoteldiener in einem Badeort auf dem Bahnsteig die Namen ihrer Hotels rufen, wenn der Zug aus Paris eingelaufen ist. Gruppen bildeten sich. Die Menschen schlurften durch den gelben Sand, der von nun an allgegenwärtig war. Jeder suchte nach dem Zelt seiner Partei, Typ Standardmodell der Indien-Armee. Die politischen Gruppen aßen gemeinsam, Betar, Hashomer Hatzair und all die anderen. Soziale Dienste funktionierten mit 35 Helfern aus Palästina, vier Ärzten und zwei Zahnärzten ... Ab Sonnenaufgang gab es kein Wasser mehr, und bis abends, bis nach Mitternacht, musste man sich beherrschen ... Die Frauen wuschen nachts. In den Baracken mit den Waschbecken drängten sich die Männer. Vollkommen nackt bildeten sie Trauben um die Wasserhähne, ungeduldig wartend, dass sie an der Reihe waren, dabei klatschten sie sich auf die Schenkel und beschimpften sich in zehn verschiedenen Sprachen.«[24]

Maurice Pearlman, ein englischer Journalist, der heimlich für den Mosad arbeitete, war zur selben Zeit wie Armorin auf Zypern. Er berichtet:

»Die vielen Kinder unter den Neuankömmlingen schufen neue, schwer wiegende Probleme. Darunter waren 3400 Waisen und Kinder ohne Begleitung, die meisten in schlechter Verfassung. Viele litten an Röteln, Mumps, Scharlach, Keuchhusten und Magen-Darm-Entzündungen. Die jüdischen Ärzte sagten, sie könnten keine Verantwortung für die Kinder übernehmen, wenn sich die Lebensbedingungen nicht änderten. Offensichtlich aus Sorge um das Leben dieser Kinder erlaubten die britischen Behörden, dass die Kleinsten unabhängig von den Einwanderungskontingenten nach Palästina reisen durften.«[25]

Armorin schildert auch die Zusammenstöße zwischen den Internierten und den britischen Soldaten des *Cornwall Regiment:*

»Die Internierten versammelten sich an den Toren der Lager, sie trugen Schilder, auf denen sie ihre Freilassung forderten. In Lager 63 schoss ein Offizier mehrfach und verletzte ein junges Mädchen. Man muss sagen: Die britischen Truppen zeigten jedes Mal eine erstaunliche Nervosität. In Lager 55 versperrte eine Kette von Emigranten die Tore und blockierte den Zugang. Die Soldaten feuerten ohne Vorwarnung: Ein Jude wurde getötet, sechs wurden schwer verwundet … Am selben Abend trat der englische Major mit der Erklärung zurück, derartige Massaker wolle er nicht mehr vertreten.«

Die französischen Journalisten verblüffte besonders, wie sich die Internierten organisierten, nach einem Modell, das den künftigen Staat Israel vorwegnahm:

»Kann man sich vorstellen, dass es eine jüdische Polizei gab, eine Armee, die jeden Samstag Nachmittag unter den Augen der Wärter exerzierte, sich vorbereitete für die Zukunft in Palästina? … Ich sah ihr Gericht tagen. Der Mann, der den Vorsitz führte, war einst Anwalt in Berlin gewesen. Das Gericht bestand aus fünf gewählten Richtern und drei ebenfalls gewählten Geschworenen, einem Ankläger und einem Protokollführer. Kein Verteidiger. Öffentliche Verhandlungen. Die Anklage wurde vom Maskirut (dem Lagerausschuss) vertreten. Die Strafen reichten von öffentlicher Bekanntmachung der Verfehlung bis zu Streichung der Zigaretten – für höchstens 30 Tage. Es gab Gesetze, die, wie die Formulierung lautete, verpflichtend und dauerhaft die Rechte und Pflichten der Bürger von Xylotymvou regelten.«[26]

Mehr als 20 000 Juden beiderlei Geschlechts und aller Altersgruppen lebten auf Zypern hinter Stacheldraht, als im Juni 1947 die Amerikanerin Ruth Gruber, Korrespondentin beim Sonderkomitee Palästina der Vereinten Nationen (UNSCOP, United Nations Special Committee on Palestine), die Lager besuchte.

»Den ganzen Tag über drängten sich etwa 20 000 Erwachsene und 2000 Kinder – die meisten Waisen – am Stacheldraht und blickten hinaus auf das Mittelmeer, das sich an der Küste brach, aber sie hatten kein Wasser ... Vor der Mittagshitze suchten die Menschen Zuflucht im Schatten der Zelte und Baracken aus Nessel. Die kleinen Jungen hörten Motorengeräusch. Sie warteten, dass der große Tankwagen der Briten in einer Staubwolke auftauchte. Dann rannten sie durch die Straßen des Lagers und schrien: Wasser! Wasser! Andere kleine Jungen riefen Voda! De l'eau! Agua! Veez!«[27]

Ruth Gruber schilderte auch die sexuellen Nöte der jungen Paare, die im Lager geheiratet hatten:

»In einem Zelt saßen vier Frauen auf dem Boden und nähten. Eine Ecke war mit einer Militärdecke provisorisch abgeteilt, hinter der sich die Hitze staute. Dort suchten ein Mann und eine Frau die einzige Form von Intimität, die Zypern ihnen gestattete. Die Frauen sprachen nicht, aber ihre Blicke sagten: »Wir schauen nicht hin« ... Doch das Leben ging weiter. Im ersten Jahr wurden auf Zypern 500 Kinder geboren – die automatisch britische Staatsbürger wurden – und 800 Eheschließungen gefeiert. Einmal fragte ich eine schwangere Frau, wie sie sich vorstellen könne, in der entwürdigenden Situation in diesem Gefängnis ein Kind zur Welt zu bringen. »Wussten Sie nicht«, fragte sie mich, »dass unter Hitler eine schwangere Jüdin sofort ins Krematorium geschickt wurde? ... Das ist unsere Antwort auf Hitler. So erhalten wir Israel am Leben. Demokratie heißt: dass Sie ein Kind haben und leben können.« Die Kinder kamen in der jüdischen Abteilung des Krankenhauses von Nikosia auf die Welt, ohne Leintücher, auf Decken, die nur selten sauber waren. Nach ein oder zwei Tagen kehrten sie ins Lager zurück, die Körper bedeckt mit Pusteln. Die Mücken fraßen sie auf, aber sie trotzten den Gesetzen der Bakteriologie. Und sie überlebten.«[28]

Die Irrfahrt der Exodus

An dem heimlichen Krieg der Zionisten gegen die Briten war manchmal auch der französische Geheimdienst DST beteiligt. Die Franzosen bemühten sich vor allem, die Verbindungen des Mosad zu schützen und Agenten des Intelligence Service aufzuspüren. Und sie hatten durchaus Erfolg. Der für die Überwachung der Bewegungen an der französischen Mittelmeerküste zuständige britische Agent war äußerst überrascht, als am 11. Juli 1947 im Hafen von Sète 4550 Emigranten mit dem vorgeblichen Ziel Kolumbien ausliefen. Ihr Schiff, ein alter »Dampfer« namens *President Warfield*, war als Schrott in Baltimore, USA, gekauft, auf einer ligurischen Werft repariert worden und fuhr nun unter der Flagge von Honduras. Aller Druck der britischen Botschaft nützte nichts: Mit halsbrecherischen Manövern entkam das Schiff auf hohe See. Sobald es in internationalen Gewässern war, hisste es die blau-weiße Flagge mit dem Davidstern und enthüllte seinen Korsarennamen *Exodus 1947*, auf Hebräisch *Exodus aus Europa 5707*. Die britische Reaktion ließ nicht lange auf sich warten: Neun Tage später wurde das Schiff aufgebracht, dabei starben drei Menschen, 146 wurden verletzt. Sämtliche Passagiere wurden auf drei Gefängnisschiffe verteilt. Diese nahmen nicht Kurs auf Zypern, wo der Mosad offensichtlich den Kollaps der Lager durch Überfüllung erreichen wollte, sondern auf die französische Küste: Der britische Außenminister Ernest Bevin hatte beschlossen, die Juden dorthin zurückzuschicken, woher sie gekommen waren, und er warf Frankreich vor, dass es sie überhaupt hatte ziehen lassen.

Nach der Ankunft in Port-de-Bouc weigerten sich die *Maapilim* (die heimlichen Einwanderer), das Schiff zu verlassen, und klammerten sich in der brennenden Sonne an die Gitter ihres Gefängnisses. Den ganzen August über leisteten sie den Behörden und der Gluthitze erbitterten Widerstand. Dann machte Bevin einen Fehler: Er entschied, sie gewaltsam an den Ausgangspunkt ihrer Flucht zurückzubringen, nach Deutschland. Dort wurden sie am 10. September, nach einer tragischen Odyssee von zwei Monaten, interniert.

Zwei Lager in der Region Hamburg wurden ausgewählt, Pöppendorf und Am Stau. Beide Lager bereiteten sich drei Wochen auf die Ankunft der Juden vor. Am 19. September informierte das Hauptquartier die britischen Behörden vor Ort in Lübeck, sich bereit zu halten. Zwei Tage später zogen Ingenieure mit der Unterstützung mehrerer Tausend jugoslawischer *displaced persons* einen zwei Meter hohen Stacheldrahtzaun um beide Lager. Pöppendorf, zwischen Lübeck und Travemünde gelegen, diente nacheinander als Lager für deutsche Kriegsgefangene und (im November 1945) als Durchgangslager für Flüchtlinge aus dem Osten. In dem kleineren Lager Am Stau waren hauptsächlich polnische DPs untergebracht. Sie mussten enger zusammenrücken und Platz machen für die »Kriminellen« von der *Exodus*. Nach Abschluss der Vorbereitungsarbeiten waren die beiden Lager nicht nur durch breite Stacheldrahtwälle von der Außenwelt abgeschnitten, sondern zusätzlich durch Wachtürme und Scheinwerfer gesichert. Der Senat von Lübeck bekundete seine Empörung, doch vergebens. Bevin blieb unbeugsam.

Die erzwungene Rückkehr an den Ausgangspunkt war für diese Männer und Frauen ein wahrer Alptraum. Fünf Jahre Krieg hatten sie körperlich und seelisch zerrüttet, sie hatten nahezu alle ihre Angehörigen verloren und hatten keinen Ort mehr, an den sie gehen konnten. Den Status von *displaced persons*, den die Vereinten Nationen ihnen anboten, lehnten sie ab. »Wir sind keine DPs, sondern Juden auf dem Weg nach Palästina«, antworteten sie. Auf der ganzen Welt wurde Protest gegen die britische Regierung laut.

Knapp zwei Monate nach Ende der Irrfahrt der *Exodus*, am 29. November 1947, entschied eine UN-Vollversammlung, Palästina in zwei souveräne Staaten zu teilen, einen jüdischen und einen arabischen. Das britische Mandat in Palästina sollte zum 15. Mai 1948 erlöschen, am Abend zuvor proklamierte David Ben Gurion im Namen des jüdischen Nationalrats den unabhängigen Staat Israel. Doch erst am 19. Juli 1948 gestatteten die Briten den 20 000 Juden, die immer noch auf Zypern festsaßen, die Einreise in ihre neue Heimat. Zwischen August 1946 und Mai 1948 hatten die Lager auf Zypern 51 530 Immigrationswillige beherbergt.

1945–1948: Die Internierung französischer Kollaborateure

Mit dem Rückzug der deutschen Truppen und der Bildung neuer Regierungen in Westeuropa endeten noch nicht die Internierungen ohne Gerichtsbeschluss. In einer am 4. August 1944 in Frankreich ergangenen Anordnung heißt es: »Bis zum formellen Ende der Feindseligkeiten können Personen, die eine Bedrohung für die nationale Verteidigung oder die öffentliche Sicherheit darstellen ... von ihren Wohnorten entfernt und entweder einer eigens dafür vorgesehenen Unterkunft zugewiesen oder aufgrund eines Verwaltungsaktes in einer per Verwaltungsbeschluss des Innenministeriums bezeichneten Einrichtung interniert werden.« Da angenommen wurde (Beschluss vom 29. Februar 1945), dass die meisten Internierten über beträchtliche Mittel verfügten, die sie großenteils dank ihrer Beziehungen zum Feind erworben hatten, »werden diejenigen, die über ausreichende Mittel verfügen, verpflichtet, die Kosten ihrer Unterbringung in den überwachten Einrichtungen, in denen sie interniert werden, zu tragen«.

Es war die Zeit der Säuberungen. Überall wo sich die Besatzungsmächte wie in Frankreich auf Kollaborateure gestützt hatten, mussten Angehörige der Armeeführung, der zivilen Verwaltung, der Ministerien und Verantwortliche der verschiedenen Bereiche des wirtschaftlichen und kulturellen Lebens Rechenschaft ablegen. Nach der Befreiung zählte man 10 000 bis 15 000 Hinrichtungen ohne Verfahren. Von den offiziellen Maßnahmen waren fast 100 000 Personen betroffen: 6000 Todesurteile wurden verhängt (aber nur die Hälfte wurde auch tatsächlich vollstreckt) sowie 40 000 Gefängnisstrafen, in 50 000 Fällen wurden die bürgerlichen Ehrenrechte aberkannt.

Die neuen französischen Behörden standen vor dem Problem, dass die Gefängnisse bald überfüllt waren. Einige neue Lager wurden errichtet, in Mauzac im Departement Lot-et-Garonne, in Saint-Sulpice-la-Pointe bei Toulouse und in Épinal (das Camp de la Vierge, wo Georges Albertini, der Generalsekretär des *Rassemblement national populaire* von Marcel Déat, ein Jahr einsaß).

Das Lager Noé im Departement Haute-Garonne wurde ebenfalls neu belegt. Im September 1947 kam es dort zu einer Rebellion, rund 40 Insassen flohen. Die kommunistische Zeitung *L'Humanité* empörte sich: »Wann wird man endlich diese ›Kollabos‹ in den Erholungslagern zur Zwangsarbeit heranziehen?« Tatsächlich wurde das Lager geschlossen und die Häftlinge – ehemalige Angehörige der *Légion des volontaires françaises contre le bolchévisme* (LVF), der Miliz oder Mitglieder von Parteien, die kollaboriert hatten – wurden auf andere Einrichtungen verteilt. Auch Pithiviers wurde nach der Befreiung reaktiviert. Im September 1944 nahm das Lager 450 mutmaßliche Kollaborateure meist aus der Region Orléans auf, im März 1945 kamen weitere 800 hinzu. Das Lager bestand aus einer Männer- und einer Frauenabteilung. Die Insassen durften Freizeitaktivitäten nachgehen und pro Monat zwei Pakete von jeweils drei Kilogramm empfangen. Im Sommer 1945 leerte sich das Lager langsam, im Oktober waren nur noch rund 20 Personen interniert.[29] Bis zur Schließung von Pithiviers am 7. März 1946 wurden auch deutsche und italienische Staatsbürger vorübergehend dort untergebracht und sogar italienische Kriegsgefangene.

Die einstigen Lager der Nationalsozialisten wurden wieder eröffnet. Drancy zum Beispiel nahm Internierte ohne Gerichtsbeschluss auf. Sie kamen aus dem Polizeigewahrsam, und nach einigen Wochen oder Monaten wurden sie in Gefängnisse überstellt, nach Fresnes oder in die Santé. Im Herbst 1944 war das Lager überbelegt. André Delmas saß dort ein, ein Lehrer mit gewerkschaftlich-pazifistischen Neigungen, der eine vorsichtige Unterstützung Pétains befürwortet hatte. In seinen unveröffentlichten Erinnerungen schildert er Drancy als einen Ort der Selektion, eine Durchgangsstation, eine teilweise demütigende Stätte der Bestrafung, aber auch als einen Ort des Schutzes und der Zuflucht.[30] Die für die Bewachung der Häftlinge zuständigen Gendarmen hatten auch die Aufgabe, Angriffe junger Widerstandskämpfer zu verhindern, die besonderen Hass auf die »Kollabos« hegten. So verbrachte Marcel Capron, in der Vorkriegszeit kommunistischer Abgeordneter, eine unangenehme Zeit im Bunker, weil sein Schutz dort besser gewährleistet war! Auch hier begegnet uns eine Konstante, die bei unseren Untersuchungen immer wieder aufgetaucht ist: Die Lager waren nicht immer Orte des Schreckens. Delmas bemerkte bei einigen Häftlingen Spuren von Folter, und von seinem Freund René Château hörte er, dass Kommunisten im Institut für Zahnheilkunde in der Avenue de Choisy im XII. Arrondissement in Paris die

Abrechnung auf ihre Weise vollzogen. Im Vergleich zum Gefängnis erschien den Kollaborateuren das Lager Drancy als großer Fortschritt: »Ich war richtig glücklich, dass ich diese unschätzbaren Güter wie reine Luft und Tageslicht wiedergewonnen hatte und bald auch die Möglichkeit, nach Belieben auf den Kieswegen des Lagers spazieren zu gehen.«[31]

In Drancy, dem einstigen Vorzimmer zu den Gaskammern, wurden jetzt große Geschäfte gemacht. Der Schwarzmarkt florierte. Ein Stück Brot kostete 30 Francs, ein Päckchen französischer Zigaretten 400 Francs, amerikanische 500 Francs. Delmas schreibt, für 30 Päckchen amerikanischer Zigaretten oder 15 000 Francs habe sich wundersam das Tor zur Freiheit geöffnet! In Drancy sah er Sacha Guitry, Paul Chack, André Fabre-Luce, M. Dubonnet und andere.[32]

Im September 1944 sollen 4000 Häftlinge im Lager gelebt haben, einen Monat später fast 5000. Diese Schätzungen sind glaubhaft: Der ehemalige Lehrer Delmas arbeitete in der Schreibstube und führte Buch über die Zugänge. Knapp ein Jahr später war Drancy leer: Am Stichtag 15. August 1945 beherbergte das Lager nur noch 547 Insassen, 253 davon Franzosen. Die Zahl ging rasch weiter zurück, und am 8. September wurde das Lager geschlossen. Eine Reihe offensichtlich unschuldiger Häftlinge war entlassen worden, die übrigen kamen in Gefängnisse.

Das Lager Schirmeck im Elsass wurde als Frauenlager neu eröffnet (Schirmeck war ein NS-Umerziehungslager gewesen, wohin vorübergehend als gefährlich erachtete Personen eingewiesen wurden, die sich gegen die Nazifizierung oder Germanisierung ihrer Region sträubten), ebenso Struthof, ehedem ein besonders schreckliches Konzentrationslager. Dort wurden junge Milizionäre interniert, rund 2000 Personen, denen es allem Anschein nach schlechter erging als den Häftlingen von Drancy.

Im Prinzip sollten die jungen Leute arbeiten, aber in der Praxis war das wohl nicht immer der Fall. Die »Kommandos« mussten Bäume fällen oder Küchendienst leisten. Es gab Unterricht, Angehörige schickten Bücher. Die Quäker und andere Organisationen, die sich während des Vichy-Regimes um die Häftlinge gekümmert hatten, führten ihre Mission fort und sandten Pakete, ebenso die Katholische Hilfe.

Im Mai 1948 schlug die Verwaltung den jungen Internierten in Struthof vor, die ihre Kollaborationstätigkeit mit Antikommunismus begründet hatten, in Indochina gegen den Vietminh zu kämpfen. Wer zu einer Strafe von bis zu fünf Jahren verurteilt war, sollte sich für drei Jahre verpflichten, für Häftlinge bis zu 15 Jahren Strafe waren es vier Jahre, für Häftlinge mit Strafen von mehr als 15 Jahren fünf Jahre. Drei Viertel willigten ein, aber letztlich gingen nur einige Hundert mit dem Ersten *Bilom* (Bataillon d'infanterie légère d'outre-mer) nach Indochina.[33]

Denis Peschanski gibt einen Gesamtüberblick über diese Lager. Seine Zahlen zeigen, wie rasch sich das Bild veränderte. Im Oktober 1944 – der erste Zeitpunkt, für den Zahlen verfügbar sind – existierten 170 Lager mit 60000 Internierten auf dem inzwischen befreiten Territorium. Im April 1945 waren es nur noch 80 Lager und etwas mehr als 20000 Häftlinge, Ende des Jahres verteilten sich etwas mehr als 13000 Häftlinge, der Großteil deutsche Zivilisten sowie rund 4500 Franzosen, auf 16 Lager größtenteils in der Region Elsass-Mosel.[34]

1945: Die SBZ

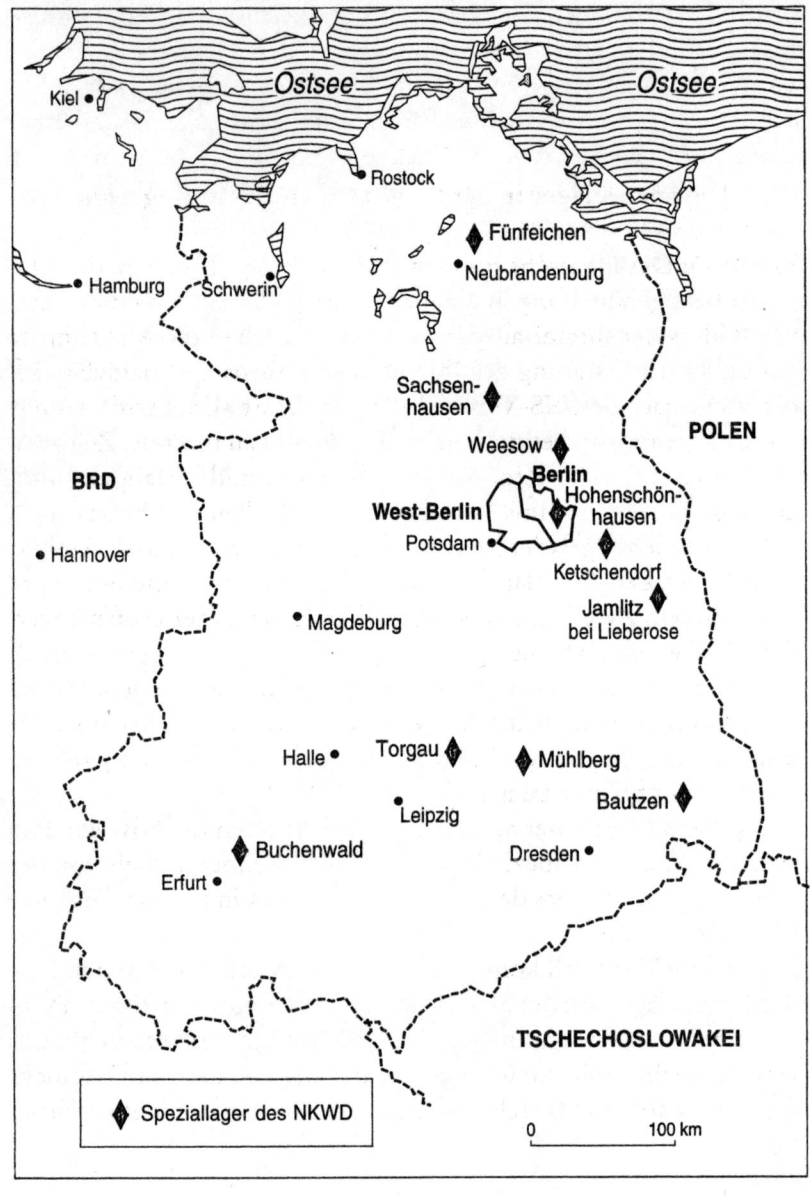

1945 – Der Ostblock

Die Speziallager in der Sowjetischen Besatzungszone

Mai 1945: Das Deutsche Reich war zusammengebrochen, die Alliierten bezogen Stellung in einem zerstörten Land. Sobald die letzten Widerstandsnester ausgeräumt waren, zielten die Maßnahmen auf die Normalisierung des öffentlichen Lebens und natürlich auf die Suche nach den NS-Verbrechern. Das Wort »Entnazifizierung« wurde geboren, und es umschrieb genau, was zu tun war: Zehntausende Kader des NS-Regimes wurden verfolgt, die Hauptschuldigen mussten entlarvt und isoliert werden. In allen vier Besatzungszonen wurde vorgeladen, verhört, wurden Akten gewälzt, Archive konsultiert, Zeugen geladen, Verdächtige verhaftet – und interniert.

Zu diesem Zweck mussten überall im Land Lager eröffnet werden. Weil es am einfachsten war und weil die Zeit drängte, wurden ehemalige NS-Konzentrationslager wieder in Betrieb genommen: Neuengamme in der britischen Zone etwa, Dachau in der amerikanischen oder Buchenwald und Sachsenhausen in der sowjetischen Zone, um nur einige zu nennen.

Auf dem Gebiet der späteren DDR verfügten die Sowjets über zehn so genannte »Speziallager«[1]. Jedes von ihnen erhielt von der Abteilung »Spezlager« des NKWD der UdSSR in Deutschland eine Nummer.

Seit dem Mauerfall konnten die meisten Archive, die Material zu den Speziallagern in der SBZ enthalten, eingesehen werden, und inzwischen wurden zahlreiche wissenschaftliche Untersuchungen veröffentlicht.[2] Für die übrigen Länder des ehemaligen Ostblocks dagegen wurde die Geschichte der Lager bis heute nicht geschrieben.

Die Lager des NKWD

Die zehn wichtigsten Speziallager	Nummer	Zeitraum der Existenz
Mühlberg bei Riesa	1	Sept. 1945 bis Nov. 1948
Buchenwald bei Weimar	2	Aug. 1945 bis Feb. 1950
Hohenschönhausen in Berlin	3	Mai 1945 bis Okt. 1946
Bautzen	4 (ab 1948 Nr. 3)	Juni 1945 bis Jan. 1950
Ketschendorf bei Fürstenwalde	5	Mai 1945 bis Feb. 1947
Jamlitz bei Lieberose	6	Sept. 1945 bis April 1947
Sachsenhausen (Oranienburg) (Vorläufer: Weesow)	7 (ab 1948 Nr. 1)	Aug. 1945 bis März 1950
Torgau	8	ab Sept. 1945 im Fort Zinna, dann ab März 1946 in der Seydlitz-Kaserne, im Jan. 1947 aufgelöst
Fünfeichen bei Neubrandenburg	9	April 1945 bis Okt. 1948
Torgau	10	Mai 1946 bis zum Okt. 1948 (ausschließlich im Fort Zinna)

Die Internierung als Machtinstrument

In der von den Sowjets kontrollierten Zone mussten sich die Altnazis innerhalb von 48 Stunden (in Berlin 72) melden und sich in die von den Besatzern ausgelegten Listen eintragen. Diese Maßnahme markierte den Beginn massiver Verhaftungswellen. Während die Briten und Amerikaner im Großen und Ganzen tatsächlich das Ziel der Entnazifizierung im Blick behielten, erfolgten die Verhaftungen bei den Sowjets nach sehr viel ungenaueren Kriterien. Natürlich fanden sich unter den Internierten zahlreiche alte Nazis, aber daneben auch eine Vielzahl von Personen, die als dem »Sozialismus feindlich gesinnt« eingestuft wurden.

Nach einer internen Notiz des sowjetischen Innenministeriums vom Juli 1990 haben von 1945 bis 1950 in den Speziallagern 122 671 Deutsche eingesessen.³ Gemäß derselben Quelle sind davon 42 889 ums Leben gekommen, 45 262 freigekommen, 12 770 in die UdSSR deportiert, 6680 in Kriegsgefangenenlager überführt und 14 202 an die ostdeutschen Behörden übergeben worden; 112 konnten fliehen.

Zu- und Abgänge der Insassen in Speziallagern (15.5.1945–1.3.1950)

	Deutsche	UdSSR-Bürger	Ausländer	Gesamt
Zugänge insgesamt	122 671	34 706	460	157 837
Abgänge insgesamt	122 671	34 706	460	157 837
Von den Abgängen:				
1. Überführt i. d. UdSSR	1661	28 051	92	29 804
2. Überführt i. d. UdSSR (Spezkontingent)	5037	5403	0	10 440
3. Übergeben an Polen	0	0	86	86
4. Übergeben an die Kriegsgefangenenlager	6680	0	0	6680
5. Übergeben an die Strafbataillone	0	89	0	89
6. Übergeben an die Repatriierungslager	0	34	1	35
7. Übergeben an die operativen Gruppen und Militärtribunale	6072	811	34	6917
8. Übergeben an das Innenministerium der DDR	14 202	0	0	14 202
9. Entlassen	45 262	207	166	45 635
10. Erschossen	756	28	2	786
11. Verstorben	42 889	67	79	43 035
12. Geflüchtet	112	16	0	128

Im Tagebuch von Vera Neumann, die in Buchenwald eingesessen hatte, finden sich folgende Angaben zum Alter der Internierten – eine wichtige Aussage, denn je jünger die Insassen, desto unschuldiger waren sie vermutlich. Im Jahr 1945 war die Mehrzahl der KZ-Insassen älter als 45 Jahre, d. h. etwa 61 Prozent; es folgten die 35–44-Jährigen (25 Prozent) und die 13–34-Jährigen (beinahe 14 Prozent). Über den Zeitraum von 1945 bis 1950, der uns hier interessiert, liegen nur diese Zahlen vor.

Die überwiegende Mehrzahl der Gefangenen befand sich auf deutschem Boden, etwa 25 000 bis 30 000 wurden in die UdSSR deportiert, und weitere 10 000 wurden direkt in die sowjetischen Gefängnisse verlegt, ohne je durch ein Lager in Ostdeutschland gegangen zu sein.[4]

Wer waren die Gefangenen?

Das erklärte Ziel der Sowjets war es, möglichst viele Parteikader des NS-Regimes zu verhaften; allerdings hatte nur ein geringer Anteil derer, die ihnen in die Netze gingen, eine wirklich aktive NS-Vergangenheit. Die Haupttäter waren bereits von den Militärgerichten verurteilt und in die UdSSR gebracht worden – wenn sie sich nicht ohnehin schon längst aus dem Staub gemacht hatten.

Die Nazis in den Lagern waren von mittlerem oder kleinem Kaliber. Im Juli 1946 zählte man in Sachsenhausen 10 921 Insassen ohne Gerichtsverfahren. Unter ihnen befanden sich 7564 NSDAP-Mitglieder, 374 Mitglieder der Gestapo, 401 Funktionäre der Abwehr, 301 SA-, 105 SS- und 63 SD-Angehörige sowie 535 Beamte. Aber nach neuesten Schätzungen hatten nur 43 Prozent der Gefangenen je eine echte Bindung an die NSDAP gehabt.

Die großen Verhaftungswellen der Nachkriegszeit betrafen überwiegend Personen, die von der Besatzungsbehörde aufgrund ihrer Zugehörigkeit zu einer bestimmten Klasse oder zu einer als gefährlich geltenden sozialen Kategorie als Feinde eingestuft wurden. So ging man nicht nur gegen die kleinen und großen Nazis vor, sondern unter anderem auch gegen Beamte, Richter, Anwälte, Journalisten, Lehrer, Unternehmer, Fabrikbesitzer, Kaufleute, Ärzte, Intellektuelle und Angestellte der Waffenindustrie. Sogar bekannte Gegner des NS-Regimes wie Justus Delbrock, Ulrich Freiherr von

Sell, Horst von Einsiedel und Herzog Joachim Ernst von Anhalt fanden sich hinter Stacheldraht wieder.

Um die kommunistische Macht im Osten Deutschlands zu stärken, musste die alte Elite isoliert und zum Schweigen gebracht werden. So wurden auch Sozialdemokraten bzw. Parteimitglieder von SPD und CDU zu Zielscheiben der Moskauer Schergen: Zur Bestürzung der Besatzer hatten die Wahlen zum Gesamtberliner Magistrat vom 20. Oktober 1946 den Sozialdemokraten einen deutlichen Wahlsieg beschert (SPD 48,7 Prozent), gefolgt von der CDU (22,2 Prozent), während die SED trotz der Unterstützung Moskaus gerade 19,8 Prozent der Stimmen erhielt. Auch Kommunisten fielen der »großen Säuberung« zum Opfer – meist weil sie sich gegen das Vorgehen der sowjetischen Besatzer ausgesprochen hatten. So wurde etwa Ewald Pieck, der Bruder des künftigen DDR-Staatspräsidenten Wilhelm Pieck, in Fünfeichen festgesetzt, nachdem er gegen Massenvergewaltigungen deutscher Frauen durch die russischen Truppen protestiert hatte. Die meisten Internierten waren juristisch gesehen unschuldig und wurden zu keiner Zeit mit einem Prozess behelligt.

Verhaftung, Verhör, Deportation

Die Verhaftungen fanden im Rahmen von Razzien statt. Man schnappte sich die »Verdächtigen« mitten auf der Straße oder bei der Arbeit. Sie erhielten keinerlei Erklärung, und das aus dem einfachen Grund, dass es für ihre Festnahme oft gar keine Begründung gab: Oft genügten eine noch so schwache Verbindung zum NS-Regime oder gar eine schlichte Verleumdung. Viele Gefangene denunzierten – in der Hoffnung auf Besserung ihrer eigenen Situation – Personen aus ihrem Bekanntenkreis, übrigens weitaus häufiger zu Unrecht als aus gutem Grund. Es kam auch vor, dass allein aufgrund eines Missverständnisses, einer Fehlinterpretation oder gar einer Verwechslung Menschen verhaftet und eingesperrt wurden. So wurde zum Beispiel jemand verhaftet, weil er denselben Namen trug wie ein SS-Einsatzgruppenleiter, oder – ganz absurd – jemand war als SS-Bannführer registriert, obwohl er von Beruf ... S-Bahn-Führer war.

Eine besondere Kategorie von Häftlingen stellten die Jugendlichen dar, die unter dem Verdacht standen, der NS-Jugendorganisation Werwolf angehört zu haben. So wurden 1945 Tausende von jungen Leuten zwischen 12 und 18 Jahren festgenommen und interniert, und auch Monate oder Jahre nach Kriegsende kam es aus diesem Grund noch zu Verhaftungen.

Die Verhöre fanden in Scheunen, Kellern, Garagen, Polizeigebäuden oder in abgelegenen Häusern statt. Die Offiziere des NKWD hatten den Auftrag, schnellstmöglich vollständige und detaillierte Geständnisse vorzulegen: Schläge und andere Foltermethoden, Schlafentzug, Dunkelzelle und die Androhung der sofortigen Hinrichtung waren ihnen dafür willkommene Hilfsmittel. Verhörprotokolle (soweit überhaupt Verhöre stattfanden) wurden auf Russisch verfasst und von den Angeklagten unterzeichnet, obwohl sie den Inhalt meist gar nicht verstanden.

Sobald die »Untersuchung« vorbei war, wurde der Häftling per Lastwagen in ein Internierungslager gebracht. Es kam vor, dass auf dem Transport, der meist 50 bis 150 Personen umfasste, einzelne Gefangene flohen oder unterwegs starben. Kein Problem: Damit die Zahlen auf den offiziellen Transportdokumenten wieder stimmten, ersetzte man die Fehlenden eben durch zufällig aufgelesene Passanten.

Leben und Tod in den Lagern

Aus allen Zeugenaussagen von Gefangenen geht hervor, dass die Haftbedingungen im Zeitraum von 1945 bis Ende 1947/Anfang 1948 am härtesten waren und die meisten Todesopfer forderten. Jeder Dritte erlag angeblich den Folgen der Behandlung, der er ausgesetzt war. Diese Schätzungen sind allerdings schwer zu überprüfen, und sie stützen sich vor allem auf Aussagen von Gefangenen, die aus den Lagern fliehen konnten oder entlassen wurden. Abgesehen von allen Zahlendiskussionen ist jedenfalls sicher, dass der Tod in den Speziallagern allgegenwärtig war, Folter war nicht üblich und Hinrichtungen selten – vergleichsweise selten jedenfalls (weniger als ein Prozent aller Todesursachen).

Monatsstatistik der Todesfälle	
Monat	Tote
September 1946	397
Oktober 1946	299
November 1946	329
Dezember 1946	1129
Januar 1947	2434
Februar 1947	4280
März 1947	2362
April 1947	1417
Mai 1947	1329
Juni 1947	1170
Juli 1947	763
August 1947	703

Heißt das, dass es auf Seiten der Sowjets eine unterschwellige Absicht zur Vernichtung der Bevölkerungsteile gab, die ihnen bei ihren Zielen im Wege standen? Die Frage wird wiederholt gestellt, vor allem im Zusammenhang mit der drastischen Senkung der Kalorienzahlen im Herbst 1946.

Die traurige Realität der Speziallager und ihre Leichenzüge scheinen aber dennoch nicht auf einen abgestimmten, zynischen Machtwillen zurückzugehen, sondern vielmehr auf fehlende Klarheit bezüglich der Zuständigkeiten unter den verschiedenen Ämtern, denen die Aufsicht über die Speziallager oblag. Die zur Entlassung vorgesehenen Gefangenen wurden nicht freigelassen – ganz offensichtlich zögerten die sowjetischen Behörden, Leute auf freien Fuß zu setzen, die über die hohen Sterblichkeitsraten in den Lagern berichten könnten –, stattdessen folgte immer schneller eine Verhaftungswelle der anderen. Das führte zur Überfüllung der Konzentrationslager, und eine direkte Folge dieser Überfüllung waren Nahrungsknappheit, Hunger – und letztlich der Tod.

Verteilung der Lebensmittel					
Bezeichnung der Lebensmittel	Kriegsgefangene Offiziere	Kriegsgefangene Soldaten	Arbeitende Häftlinge	Nichtarbeitende Häftlinge	Kranke
Schwarzbrot	500	400	400	300	500
Graupen-Mehl	130	35	35	35	80
Kartoffeln	400	400	400	400	400
Zucker	40	20	20	15	20
Fleisch – Fisch	100	40	40	40	100
Fette	25	10	10	10	25
Kaffee-Ersatz	5	5	5	5	5
Salz	30	30	30	30	30
Gemüse	200	200	200	200	200
Essig	2	2	2	2	2
Seife (Monat)	100	100	100	100	100
Waschpulver (Monat)	250	250	250	250	250
Zigaretten	15	-	-	-	10
Streichhölzer (Monat)	3	-	-	-	3

Anmerkung: Offiziere und Krankenhauspatienten erhalten zu Lasten der (Schwarz-)Brotnorm 200 Gramm Weißbrot.[5]

Die Tagesrationen reichten kaum zum Überleben, zumal man sich von außen her keinerlei zusätzliche Nahrung beschaffen konnte. Im Hungerjahr 1946 sank die Brotration auf täglich 300 Gramm pro Person. Zusammen mit dem Brot bekam man einen Teller Suppe – eine wässerige heiße Brühe mit ein paar seltenen Kartoffelstücken –, Rote Bete, Kohl, Graupen oder Grütze. Fleisch oder gar Fett gab es nie. Zum Vergleich: Die Verpflegung in den britischen und amerikanischen Lagern sah täglich 1700 Kalorien vor. Die Unternährung sowie der chronische Eiweiß- und Vitaminmangel konnten zu Krankheiten und schweren psychischen Störungen bis hin zur Geisteskrankheit führen. In Jamlitz aßen Gefangene in Anfällen von Wahnsinn Baumrinde und kamen unter grausamen Schmerzen um.

Zur Unterernährung kamen noch die Krankheiten, die auch bedingt waren durch die Überbelegung der Gefangenenbaracken und die daraus resultierenden katastrophalen hygienischen Bedingungen. Es gab für die Insassen weder Seife noch Zahnbürsten; für die Verrichtung seiner Bedürfnisse war man tagsüber auf stinkende Latrinen angewiesen, nachts auf nicht weniger abstoßende Fässer. Auch Toilettenpapier gab es natürlich keines, und die Frauen bekamen keine Monatsbinden. Es gab weder Kleidung zum Wechseln noch die Möglichkeit sie zu waschen. Haut- und Darmerkrankungen, Lungenentzündungen, Ödeme, Geschwüre, Durchfall, Typhus- und vor allem Tuberkulosewellen trafen die Menschen umso härter, als es praktisch keinerlei medizinische Versorgung gab.

Eine weitere Todesursache war die Kälte. Die ersten beiden Nachkriegswinter waren besonders hart, die Baracken aber gar nicht oder nur ungenügend geheizt. Wer im Winter festgenommen wurde, hatte darunter weniger zu leiden, ganz einfach, weil er wärmer angezogen war. Und das war entscheidend, wenn man bedenkt, dass man beim Appell manchmal stundenlang in der eisigen Kälte stehen musste. (Immerhin besserte sich diese Situation der Gefangenen später durch die Ausgabe von Uniformen der russischen oder der deutschen Armee.) Der Sommer dagegen brachte die Insekten. Schmutz und Hygienemangel verstärkten noch ihre Ausbreitung: Es gab Läuse, Wanzen, Flöhe, Zecken und Filzläuse.

Abgesehen von Unterernährung, Kälte und Krankheit war allein schon die totale Isolierung der Gefangenen eine schwer zu ertragende Tortur. Die Lagerinsassen durften weder ihren Familien ein Lebenszeichen geben noch Post empfangen. Keinerlei Informationen drangen aus dem Lager heraus oder hinein. Nicht umsonst nannte man die Speziallager auch »Schweigelager«. Fast ausnahmslos war jeder Versuch, eine Besuchserlaubnis zu bekommen, zum Scheitern verurteilt. Eine Ausnahme ist immerhin bekannt: Der Schauspieler Heinrich George erhielt in Sachsenhausen Besuch von seiner Frau.

Innerhalb der Lager waren jegliche Aktivitäten streng verboten. Es war untersagt, zu lesen, zu schreiben, Vorträge zu organisieren, zu malen, Gedichte aufzusagen, Karten zu spielen – jede Art der Beschäftigung also. Verboten waren Uhren, Spiegel, Bücher, Füller und Stifte, Metallgegenstände, Papier. Als einzige Ausnahme erlaubte man das Schachspiel. Jeder Verstoß gegen diese Regeln wurde mit Einzelhaft bestraft, bei der die Essensrationen halbiert wurden und der Betroffene ohne Decke auf dem blanken Boden schlafen musste.

Die alltägliche Monotonie wurde allein durch die Essensausgabe ein wenig unterbrochen. Aber das genügte nicht. Schnell wurden die meisten Gefangenen von Lethargie und Verzweiflung übermannt. Aber nicht alle: Einige von ihnen arbeiteten, ein seltenes Privileg. Andere übertraten die Verbote und versuchten um jeden Preis, inmitten der Trostlosigkeit eine Art soziales Leben aufrecht zu erhalten; so wurden Konferenzen, Vorträge, Reiseberichte und politische Diskussionen abgehalten, Gedichte geschrieben oder Lieder komponiert, es wurde gezeichnet und gebastelt. In einigen Lagern wurden kulturelle Aktivitäten mit der Zeit gar von der Lagerleitung gefördert. So wurden Musikensembles und Theatergruppen gegründet – Ziel war freilich die Unterhaltung der Sowjets. In Jamlitz beispielsweise stellten einige ehemalige Theater- und Kinoprofis Aufführungen aus ihrem Repertoire auf die Beine.

Überwachung und Selbstverwaltung

Seit dem Mauerfall haben die Archive über die Speziallager vieles offen gelegt. Als besonders bedeutend erwies sich die Akte 60 mit dem Titel »Vorläufige Instruktionen über die Organisation der operativen Agententätigkeit in den Spezlagern des MWD auf dem besetzten deutschen Territorium«, die auf den 25. Juni 1946 datiert ist; wir erhielten daraus wertvolle Informationen über die konkrete Arbeit des NKWD/MWD. Als wichtigste Aufgaben der Agenten in den Lagern werden zitiert: Sicherstellung, dass die Gefangenen vollkommen von der Außenwelt isoliert werden, Verhinderung von Ausbrüchen und Verletzungen der Lagerordnung; Sicherung der aktiven Nazis unter den Gefangenen, der Agenten der Abwehr, der Angehörigen der deutschen Strafgeorgane und jener Personen, die sich vor dem obersten Kriegsgericht zu verantworten haben; außerdem sollten die Agenten verhindern, dass sich unter den Gefangenen Widerstandsgruppen bildeten.[6]

Mit Aufkommen des Kalten Krieges ab 1947 erhielt die Aufdeckung von Spionagetätigkeiten ein größeres Gewicht. Auch die Vereitelung von Fluchtversuchen nahm Ende 1946/Anfang 1947 einen größeren Raum ein. In der Tat stieg die Zahl der versuchten Ausbrüche mit der Absenkung der Essensrationen an. Um eine effektive Überwachung zu garantieren, hielt man den Einsatz eines »Spitzels« für jeweils 50 Gefangene für notwendig. Ab 31. Oktober 1946 zählte man in den Lagern 890 Spitzel.

Geleitet wurde das Lager von einem sowjetischen Kommando; russische Soldaten und Angestellte sorgten für die Bewachung, unterstützt wurden sie dabei durch die Spitzel. Wie in den NS-Lagern übernahmen die Internierten im Rahmen einer sehr strengen Hierarchie bestimmte Aufgaben: als Polizisten, Vorarbeiter, Baracken- und Budenälteste. Es war ein besonderes Privileg, auf einen dieser Posten ernannt zu werden oder, ganz allgemein, arbeiten zu können. So entkam man der tödlichen Langeweile, die in den Speziallagern herrschte, und erhielt außerdem erhöhte Tagesrationen. In Ketschendorf setzte sich die Verwaltung überwiegend aus Polizisten mit nachgewiesener NS-Vergangenheit zusammen; in Mühlberg umfasste sie gar Offiziere der Waffen-SS. Im Kampf um die Privilegien, die mit den Verwaltungsaufgaben einhergingen, kam es oft zu Konflikten, es wurde viel denunziert. Und wer es nicht von sich aus tun wollte, den zwang eine drakonische Maßnahme dazu: Von jedem Insassen wurden monatlich mindestens drei Denunziationen verlangt.

Die Auflösung der Lager

Das Jahr 1948 wurde zum Wendepunkt in der Geschichte der ostdeutschen Lager. Wer bis dahin überlebt hatte, hatte gute Chancen, lebend herauszukommen. Von den ursprünglich elf Lagern blieben nur fünf bestehen: Buchenwald, Sachsenhausen, Bautzen, Mühlberg und Fünfeichen. Die anderen wurden wegen der allzu hohen Sterblichkeit aufgelöst – und weil die »Säuberung« ohnehin so gut wie beendet war. In den übrig gebliebenen Lagern gingen die Todeszahlen deutlich zurück. Es gab mehr zu essen, die hygienischen Bedingungen verbesserten sich, Zeitungen und Bücher waren jetzt zu haben, und auf Druck der Kirche wurden regelmäßig Gottesdienste abgehalten.

Die restlichen fünf Lager sollten im Rahmen der folgenden massiven Freilassungswellen aufgelöst werden. Die erste fiel in den

Sommer 1948, als die sowjetische Militäradministration in Deutschland (SMAD) bekanntgab, dass die Entnazifizierung in ihrem Sektor abgeschlossen sei. In der Folge wurde die Hälfte der Insassen aller Speziallager entlassen. Bis dahin war Straferlass äußerst selten gewesen: Gerade ein Dutzend Freilassungen gab es in Mühlberg im Sommer 1946, gleichzeitig etwa 100 in Hohenschönhausen und im Frühjahr 1947 600 in Buchenwald. 1948 wurden die Lager Fünfeichen und Mühlberg geschlossen. Die »Abteilung Speziallager« verlegte ihre Insassen in die drei übrigen Lager: Nach Buchenwald kamen die nicht verurteilten Gefangenen, nach Bautzen die Häftlinge, die zu hohen Strafen verurteilt waren (über 15 Jahre), und nach Sachsenhausen diejenigen, denen man geringere Strafen auferlegt hatte.

Im Januar 1950 rissen die Sowjets die restlichen drei Lager ab.[7] Abgesehen davon, dass sie dem Ruf der Sowjetunion abträglich waren, hatten die Speziallager mit der Gründung der DDR ihren Daseinszweck verloren. Dennoch wurden nicht alle Gefangenen entlassen: Etwa 15 000 Insassen wurden zur »weiteren Untersuchung« und zur »Verbüßung ihrer Strafen« an die DDR-Behörden übergeben.

Diejenigen, die tatsächlich freigelassen wurden, erhielten neue Kleidung und wurden gut herausgefüttert, damit sie äußerlich etwas mehr hermachten. Es wurden keinerlei Papiere ausgestellt, aus denen Dauer und Motiv der Haft hervorgingen, es gab lediglich einen einfachen Freilassungsbrief. So mussten nun auch diejenigen, die mit dem NS-Regime nichts zu tun gehabt hatten, damit leben, als ehemalige Nazis abgestempelt und ständigen Feindseligkeiten und endlosen Schikanen ausgesetzt zu sein. Dazu kamen noch die oft unüberwindlichen Schwierigkeiten nach der Entlassung. So war es praktisch unmöglich, eine unterbrochene Schullaufbahn wieder aufzunehmen. Niemand hatte auf sie gewartet in diesem neuen Deutschland, das, wie sie bald merkten, den Lagern, die sie gerade verlassen hatten, zum Verwechseln ähnlich war.

Nach ihrer Schließung, so betont Etienne François, wurden die Speziallager von der DDR-Führung zu Hochburgen des Antifaschismus erklärt.[8] Welche Funktion sie zwischen 1945 und 1950 wirklich gehabt hatten, wurde sorgsam verschwiegen. Für die Zukunft war ihnen die Rolle eines erbaulichen Denkmals zugedacht.

Abgesehen von einigen isolierten Kritikern (David Rousset und Eugen Kogon) herrschte während ihrer gesamten Existenz im Westen peinliches Schweigen. Bestenfalls spielte man die Tatsachen herunter und ließ sie weniger brutal aussehen: aus Unbehagen, aus schlechtem Gewissen oder weil man sich dem gängigen Antikommunismus nicht anschließen wollte.

1949 forderte Eugen Kogon, ehemaliger Buchenwald-Häftling und Historiker *(Der SS-Staat)*, Thomas Mann auf, öffentlich gegen die Wiederverwendung des KZ Buchenwald durch die Sowjets zu protestieren. Seine Aufforderung blieb ungehört.[9]

Die Lage änderte sich erst in den Jahren 1989 und 1990, als in der Nähe von Buchenwald und Sachsenhausen Massengräber aus der sowjetischen Zeit gefunden wurden. Die sterblichen Überreste dieser Menschen, die in der Gefangenschaft gestorben und anonym beerdigt worden waren, brachten manch einen dazu, das Schweigen zu brechen, und warfen damit Licht auf eine noch weitgehend unbekannte Episode in der Geschichte der Lager im 20. Jahrhundert.[10]

Die Arbeitslager in der Tschechoslowakei

In der Tschechoslowakei kamen die Kommunisten erst im Februar 1948 an die Macht, und zwar infolge einer geschickt eingefädelten Initiative, die als »Prager Staatsstreich« (oder »siegreicher Februar«) in die Geschichte einging – einer der Höhepunkte des Kalten Krieges. Aber bereits vor dieser Machtübernahme, also in der Übergangszeit zwischen der Befreiung von der NS-Herrschaft durch die Rote Armee und der Einrichtung einer »Volksrepublik«, wurde die Tschechoslowakei mit Lagern überzogen, über die allerdings recht wenig bekannt ist. Und das, obwohl immerhin zwei bedeutende Bevölkerungsgruppen des Landes betroffen waren: zum einen die drei Millionen Sudetendeutschen, zum anderen die »kapitalistischen Kollaborateure« oder die, die man dafür hielt.

Obwohl es keine juristische Grundlage gab, waren diese Repressionen sehr wohl durchdacht und organisiert: Sie unterstanden jeweils den lokalen Behörden. Diese »lokalen Nationalausschüsse« (die Stadtverwaltungen), die größtenteils von den Kommunisten beherrscht waren, verfolgten eine radikale anti-bürgerliche und anti-reaktionäre Säuberungspolitik. Die ersten Insassen der tschechoslowakischen Lager stammten aus Reihen dieser beiden Gruppierungen.

Die Vertreibung der Sudetendeutschen wurde keineswegs übereilt beschlossen: Schon 1943 fanden entsprechende Pläne der tschechoslowakischen Exilregierung in London die Unterstützung der Sowjets und ihrer westlichen Verbündeten. Umgesetzt wurden sie mit großer Brutalität, die eine Antwort auf die extreme Brutalität war, mit der die Nationalsozialisten während des Krieges gegen die Tschechoslowaken vorgegangen waren. Zur Erinnerung: In der Tschechoslowakei mit ihren insgesamt etwa neun Millionen Einwohnern kamen 360 000 Menschen ums Leben (ca. vier Prozent der Gesamtbevölkerung), davon 260 000 Juden, die zum Großteil in den NS-Vernichtungszentren starben.

Vor der Vertreibung der Sudetendeutschen und der ungarischen Minderheit konzentrierte man diese Menschen in Lagern. Und diese Lager wurden unter dem Einfluss, wenn nicht geradezu nach dem Modell der deutschen Lager konzipiert. Anlässlich der Dekrete über diese vorläufige Konzentrierung kam es – vor allem in der härtesten Phase von August bis Dezember 1945 – zu Racheakten und Diskriminierungen. Man beschuldigte die Sudetendeutschen in ihrer Gesamtheit des Verrats und der Kollaboration, sogar sudetendeutsche Juden wurden in Lager gesteckt, bevor sie nach Deutschland ausgewiesen wurden! Auch Antifaschisten konnten mit keinerlei Nachsicht rechnen. Und natürlich wurden gegen verräterische Kollaborateure und »reaktionäre Kapitalisten« die gleichen Maßnahmen ergriffen: Auch sie wurden vollständig enteignet und interniert.

Die Bewegung, die von den Nationalausschüssen ausging, wurde auch auf Regierungsebene gefördert: Sogar der (nicht-kommunistische) Justizminister erklärte, er wolle »alle gefährlichen deutschen Elemente internieren und sie in Konzentrationslagern zusammenführen, damit ihre Arbeitskraft bestmöglich ausgeschöpft werden kann«.[11]

Die Lager wurden in völliger Unordnung improvisiert. Die wichtigste Anweisung von oben lautete, man habe so weit wie möglich auf die existierenden Baracken aus der Besatzungszeit sowie auf die Lager des NS-Reichsarbeitsdienstes zurückzugreifen, aber auch auf alle weiteren Lager.

Die bedeutendsten Lager fanden sich in der Umgebung von Prag und in Böhmen, Mähren und Schlesien. Die Deutschen sollten in permanenter Angst gehalten werden – und das gelang ohne Schwierigkeiten. Das schlimmste Lager war das Prager Strahov-Stadion – »Konzentrationslager Nr. 10« –, wo 5000 bis 8000 Menschen monatelang unter verheerenden Bedingungen gefangen gehalten wurden. Da die erfahreneren Mitglieder der revolutionären Garden meist zur Polizei versetzt wurden (dem Nationalen Sicherheitsdienst SNB), bestand das Personal der Lager oft aus den jüngsten Mitgliedern dieser Garden, häufig Widerstandskämpfer der letzten Minute.

Der typische Tagesablauf in so einem Lager sah folgendermaßen aus:

Wecken um 4 Uhr im Sommer und um 5 Uhr im Winter, sonntags eine Stunde später.

Appell.

Essensausgabe.

Einteilung der Arbeitskommandos (je nach Lager durchschnittlich 10 bis 14 Stunden Arbeit).

Rückkehr ins Lager, Essensausgabe und Stromsperre.

Die Gefangenen in den Arbeitslagern – der Begriff »Konzentrationslager« wurde für Tschechen und Slowaken (nicht jedoch für die Deutschen und Ungarn) vermieden – waren zwischen 14 und 60 Jahre alt. Sie arbeiteten für große Firmen (Stahl, Haus- und Straßenbau, Bergbau). Im Laufe des Sommers und des Herbstes 1945 verbesserten sich Verwaltung und Organisation der Lager. Die Arbeitslager wurden den Konzentrationslagern verwaltungstechnisch angegliedert. An den Toren hisste man die tschechische und die sowjetische Flagge. Es kehrte zwar eine gewisse Ordnung ein, dennoch lief die Maschinerie noch nicht reibungslos: Zu viele Ämter beschäftigten sich gleichzeitig mit der Lagerverwaltung, sodass es ständig widersprüchliche Anordnungen gab. Allzu häufig waren die Wachen selbst Strafgefangene, und zumindest bis Mitte September waren auch die Internierten allzu heterogen: Im selben Lager hielten sich Kinder und Erwachsene auf, Deutsche und Tschechen, Männer und Frauen.

1947 wurden die Lager zusammengelegt, die Kleinsten unter ihnen verschwanden; insgesamt reduzierte sich ihre Zahl auf etwa 200, und zugleich wurde die Aussiedlung der deutschen Bevölkerung vorbereitet. Allerdings fehlte es an Arbeitskräften, und so konzentrierte man diese Gefangenen in Übergangslagern, um sie anschließend auf die Arbeitslager zu verteilen. Auch die sowjetische Armee nutzte dieses Arbeitspotential.

Eigentlich waren die Insassen dieser Arbeitslager zwischen 15 und 50 Jahre alt. Aber diese Regel galt nicht überall: In der Gegend von Šumperk (Mährisch-Schönberg) etwa wurden Kinder ab zehn Jahren eingesperrt, was zahlreiche Todesfälle zur Folge hatte. Auch die Obergrenze von 55 Jahren wurde oft überschritten. Arbeitskommandos aus Frauen, Kindern und Greisen kamen in der Feldarbeit zum Einsatz, andere auch bei schwereren Arbeiten, unter anderem in Steinbrüchen und beim Bahnbau. Die arbeitenden Gefangenen wurden unzureichend ernährt und lebten unter üblen sanitären Bedingungen. Außerdem wurden sie schlecht bezahlt, zumal die Lagerkommandanten gewöhnlich das Geld unterschlugen und es im Wesentlichen den Nationalausschüssen und der Polizei zukommen ließen – freilich kam es bei der Aufdeckung dieser Praxis zu einem landesweiten Skandal.

Vom Lager aus mussten die Gefangenen meist vier oder fünf Stunden lang in Kolonnen marschieren, ihr Essen bekamen sie vom Arbeitgeber oder der Großküche. Der Arbeitseinsatz endete zwischen 17 und 20 Uhr. Wenn sie erst nach der Essenszeit ins Lager zurückkehrten, mussten sie ohne Abendmahlzeit schlafen gehen. Solange die Gefangenen auf einem Bauernhof oder in einer Fabrik arbeiteten, waren die Bauern oder Unternehmer für sie verantwortlich: Eine eventuelle Flucht wurde dann ihnen zur Last gelegt.

Die Gefangenenzahlen waren so hoch, dass die Überbelegung in den Lagern und Gefängnissen sehr bald zu einem echten Problem wurde (nicht selten waren 25 Personen auf zehn bis zwölf Quadratmetern zusammengepfercht). Ohne jemals ihre Kleidung zu wechseln, schliefen die Leute in den Baracken, wo man Stroh auf den Boden gestreut hatte, oder auf rohen Matratzen auf den Pritschen. Die Gefangenen hatten weder genügend Wasser noch Desinfektionsmittel, sodass sich schnell Ungeziefer ausbreitete. Auch gab es nur wenige Latrinen: Die Firma Baar in Suchdol beschäftigte 1700

Personen, überwiegend Frauen und Kinder, und stellte ihnen gerade vier Latrinen zur Verfügung!

Für die »politisch Unverlässlichen« galten niedrigere Essensrationen: Morgens gab es zwischen einem Viertel- und einem halben Liter Kaffeeersatz, abends eine Suppe mit ein paar Kartoffelstücken, 100 Gramm Brot und manchmal etwas Margarine. Insgesamt also kaum mehr als 1000 Kalorien. Die Unterernährung führte schnell zu Krankheiten und ließ die Sterblichkeitsrate, vor allem bei den Kindern, rapide ansteigen.

Ärztliche Hilfe war auf das Minimum reduziert, und die deutschen Ärzte durften keine Behandlungen vornehmen. Die Gleichgültigkeit, ja der Hass auf die Deutschen war noch bis in die Krankenhäuser hinein zu spüren. Einem Briefwechsel zwischen dem Krankenhaus von Olomouc (Olmütz) und der Lagerleitung von Nové Hodolany, der in einem Prager Vorort wiedergefunden wurde, ist zu entnehmen, dass das Krankenhaus sich weigerte, Deutsche in dieselben Krankensäle zu legen wie Tschechen. Die häufigsten Krankheiten waren Ruhr, Keuchhusten und Geschlechtskrankheiten, denn viele Frauen wurden von infizierten Wachsoldaten und Rotarmisten vergewaltigt. Auch Vergewaltigungen von sehr jungen Mädchen kamen vor, ebenso wie Massenvergewaltigungen »zur Aufbesserung der deutschen Rasse«.

Es war auch von Folter, körperlicher Züchtigung, Erschießungen und tagtäglichen Demütigungen die Rede: So gibt es Berichte, nach denen die Opfer, während sie ausgepeitscht wurden, schreien mussten: »Dank sei unserem Anführer! Es lebe Beneš, es lebe Stalin!« Die örtlichen KP-Zellen waren tief in diese Racheakte verwickelt, und als Folterknechte verwendete man ehemalige Gefangene der Deutschen.

Die Presse schwieg lange Zeit zu diesen Exzessen, weigerte sich, nachzuforschen, und das sogar, als es schon zahlreiche Proteste gab. Als allerdings bekannt wurde, dass auch kleine Kinder in den Lagern saßen, kam es zu einem solchen Skandal, dass ein Dekret vom Oktober 1945 die Freilassung aller Gefangenen unter zehn Jahren anordnete. Freilich hatten sich inzwischen auch das Rote Kreuz und die Amerikaner eingeschaltet.

Für die allgemeinen Sterblichkeitsraten gibt es keine verlässlichen Zahlen, aber pro Tag lagen sie für die Gesamtheit der Lager zwischen 10 und 200. Im Strahov-Stadion gab es täglich zwei Tote; die höchsten Todesraten wiesen jedoch die Lager der Roten Armee besonders in der Gegend von Ostrava (Ostrau) auf. Dort wurden die Leichen in Papiersäcken in Massengräber geworfen, und zwar nackt, denn ihre Kleidung hatte man zurückbehalten.

Gegen Ende 1945 wurde die zentrale Verwaltung der Konzentrationslager aufgelöst, sie unterstanden von nun an den nationalen Bezirksausschüssen (und nicht mehr den lokalen Ausschüssen). Zwangsarbeit betraf offiziell nur noch diejenigen, denen »die tschechische Staatsbürgerschaft aberkannt« worden war. Man ergriff Maßnahmen zur Verbesserung der Haft- und der Arbeitsbedingungen: Es gab eine Stunde mehr Freizeit, und mit der Überwachung der Lager wurden statt der Strafgefangenen, Partisanen und Freiwilligen der revolutionären Garden nun Angehörige des SNB beauftragt.

Der Druck aus dem Ausland und von Seiten des Roten Kreuzes sowie die Bemühungen der Regierung, eine Überwachung der Lager durch die UNO als ungerechtfertigt darzustellen, beschleunigten diese Verbesserungen. Infolge der internationalen Proteste durfte das Bayerische Rote Kreuz Lebensmittel verteilen. Doch den Fotojournalisten blieb der Zutritt verwehrt: Es existieren also keine Fotos aus diesen Lagern, und trotz der entsprechenden Dekrete und Anweisungen blieben viele Kinder unter 14 Jahren in den Internierungslagern. Zusammen mit den Frauen, Alten und Behinderten stellten sie bisweilen gar die Mehrheit der Gefangenen.

Da die Aussiedlung unmittelbar bevorstand, gab es nun keine »Konzentrationslager« mehr, sondern »Arbeits- oder Transitlager«, in denen die Anwendung von Gewalt eingeschränkt und die Verpflegung verbessert wurde. Es war auch höchste Zeit, denn im Lager Ruzyně zählte man beispielsweise 765 Todesopfer, darunter 64 Kinder und schwangere Frauen. In Ostrava starben innerhalb von drei Monaten 300 Menschen. Sogar in den offiziellen Berichten wurde ein Vergleich mit Dachau und Buchenwald gezogen. Bis auf die Lager in den Industrie- und Bergbaugebieten wurden die Lager Zug um Zug geschlossen. Im April 1946 waren »nur« noch 80 000 Menschen interniert.

Der »Transfer« nach Deutschland begann im Juni 1946. Die Amerikaner widersetzten sich der Aussiedlung ganzer Bevölkerungsgruppen nicht, aber sie forderten, dass die Menschen befördert wurden und dass sie Kleidung, Schuhe, Nahrung für sieben Tage und 1000 Mark von ihrem Bankkonto erhielten. Der massive Transfer von drei Millionen Betroffenen fand im Winter 1946/47 statt. 1950 warteten noch 20 000 Deutsche auf ihre Aussiedlung.

Nach Februar 1948: Zwangsarbeit

Nach Abschluss dieser Aussiedlungen endete in der Tschechoslowakei die rein politisch-revolutionäre Phase, und ein Rechtssystem trat in Kraft, in dessen Rahmen die TNP (*Tábory Nucené Práce*, »Zwangsarbeitslager«) legitimiert wurden. Nach der Abstimmung über das berühmte Gesetz 231/48 zum Schutz der Republik trat nach einem Parlamentsbeschluss am 25. Oktober 1948 ein Gesetz zur Zwangsarbeit in Kraft, unter das ab sofort jede noch so kleine Straftat fiel. Diese legalen Lager richteten sich gegen die Konterrevolutionäre, die »den Aufbau des Staates im Sinne der Volksdemokratie bedrohen«. Bereits im März 1948, noch vor den Tschechen, hatte der Slowakische Nationalrat ein Gesetz über die TNP verabschiedet. Die Zwangsarbeitslager dienten dem totalitären Staat als Grundlage für massive Verfolgungen.

Auch wenn die Existenz der Lager somit »legal« war, bleibt der Umstand bestehen, dass die Kommissionen, die allein darüber zu entscheiden hatten, wer ins Lager geschickt wurde, sich bei ihrer Entscheidung auf keinerlei Rechtsgrundlage stützten. Die Opfer wurden nicht verurteilt, und die Dauer ihrer Haft betrug zwischen drei Monaten und zwei Jahren. Diese Regelung aber war leicht zu umgehen, denn sobald jemand nach Ablauf seiner Strafe entlassen wurde, konnte er auf Betreiben der Kommission sofort in ein anderes Lager geschickt werden, wo er eine neue Strafe zu verbüßen hatte.

Auch weitere Maßnahmen lagen im Ermessen dieser Kommission: So konnte sie etwa ehemaligen TNP-Häftlingen den Aufenthalt in ihrer Heimatstadt untersagen, ihren Besitz oder ihre Wohnung beschlagnahmen, die Strafe verlängern oder auch wegen guter Führung verkürzen. Die Kommission bestand aus drei Mitgliedern, die von den regionalen Nationalausschüssen ernannt wurden. Sie tagten unter Ausschluss der Öffentlichkeit, nur ein Vertreter des SNB oder ein Beauftragter des Innenministeriums konnte daran teilnehmen. Auf tschechoslowakischem Boden gab es insgesamt 19 solcher Kommissionen. Die Verhafteten, die zur Zwangsarbeit verurteilt waren, wurden im Zug bis zu den Fabriken gebracht, wo ihnen Baracken als Unterkunft zugewiesen wurden. Im Allgemeinen waren die Lager nicht abgesperrt, und die Überwachung war relativ lax. Am Arbeitsplatz waren Gefangene und freie Arbeiter kaum voneinander zu unterscheiden. Ganz im Bewusstsein dieser »Erschlaffung« warnten das Innenministerium und die Kommunistische Partei 1949 Regierung und Bevölkerung davor, die Rolle der Lager »im Kampf des Volkes gegen die Reaktion« zu unterschätzen, und beanstandeten Fahrlässigkeiten im Partei- und Verwaltungsapparat. Die KP forderte, die TNP-Kommissionen mit denjenigen Funktionären zu besetzen, die über das schärfste »Klassenbewusstsein« verfügten. Es erging auch die Anordnung, die TNP über die Presse populär zu machen. Außerdem sollte die soziale Zusammensetzung der Lagerinsassen »aufgebessert« werden, denn 42 Prozent der Gefangenen waren Arbeiter, seit 1949 sogar 48,81 Prozent *(sic)*. Die Kommissionen entgegneten empört, die hohe Zahl von Angehörigen der Arbeiterklasse unter den Internierten sei eben darauf zurückzuführen, dass im ganzen Land die Zahl der Angestellten und Arbeiter ansteige.

In der Folgezeit wurden über die Presse zahlreiche Erklärungen abgegeben: In den Jahren 1948 und 1949 wurde wiederholt klargestellt, dass die TNP natürlich nicht für Arbeiter gedacht seien, sondern für Simulanten, für Müßiggänger und Drückeberger. Damals verschwanden mehr und mehr Menschen in den Arbeitslagern. Das Durchschnittsalter sank in dieser Zeit deutlich ab.

Neben den TNP »genoss« die Jugend auch die Ausbildung in den »technischen Hilfsbataillonen« (PTP). Zur Ableistung ihres Militärdienstes wurden die jungen Leute sortiert, und wer als verdächtig eingestuft wurde oder bereits als feindliches Element aktenkundig war, den schickte man die doppelt Zeit des Militärdienstes in die Fabrik. Die jungen Leute, die dank der »umsichtigen Sorge der Partei« in die Kohleminen geschickt wurden, nannte man die »schwarzen Barone«.

Es folgen nun einige Zahlen, die die bereits erwähnte Masse der Deutschen nicht mehr berücksichtigen.

Die Arbeitslager in der Tschechoslowakei

In der Slowakei wurden zwischen 1945 und 1948 insgesamt 1891 Menschen in Konzentrationslagern interniert. Noch im Januar 1948 wurden 800 Häftlinge dorthin verschickt. 1949 zählte man in den Lagern des ganzen Landes insgesamt 13 400 Personen (davon 820 Frauen), unter ihnen 3600 (davon 300 Frauen) in der Slowakei. Am aktivsten war die Kommission in Prag (1831 Internierungsbefehle), in Brno (1228) und in Ostrava (833). 1949 waren 17,7 Prozent der Insassen jünger als 21 Jahre, 56,3 Prozent waren zwischen 21 und 45 Jahre alt. 45,5 Prozent der Lagerinsassen waren Arbeiter.

Bis 1950 stieg die Zahl der Internierten auf etwa 25 000 an. In Böhmen und Mähren und im Bezirk Ostrava wurde man für eine Übertretung der Arbeitsdisziplin ins Lager geschickt: »Kommissionsbescheid nach der Untersuchung des Falls des Arbeiters A. Stechícky aus Ostrava: zwei Jahre Zwangsarbeit. ›Sie haben eine schlechte Arbeitsmoral‹«, erklärte man ihm. »›Die Ihnen zugewiesene Arbeit wurde nicht sorgfältig ausgeführt. Sie haben oft ohne Grund an ihrem Arbeitsplatz gefehlt. Außerdem haben Sie Ihre politische Einstellung nicht deutlich gemacht. Durch Ihre negative Einstellung zur Arbeit haben Sie die Bemühungen zum Aufbau unseres Staates beeinträchtigt und die Umsetzung des Fünfjahresplans gefährdet.‹«[12]

Ein ehemaliger Frisör namens A. Weiss wurde zu einem Jahr Zwangsarbeit verurteilt: »Ihre Arbeitsfreude ist sehr gering. Sie gehen der Arbeit ständig aus dem Weg. Zu Hause sind Sie als streit- und trinksüchtig bekannt. Durch Ihren lockeren Lebenswandel gefährden Sie den Aufbau unserer Volksdemokratie.«[13]

Die häufigsten Begründungen für eine Internierung waren Abwesenheit vom Arbeitsplatz oder mangelnde Arbeitsmoral, die Weigerung, an einem bestimmten Arbeitsplatz zu bleiben, die Weigerung, »seine Arbeitskraft voll einzusetzen«, die Verbreitung falscher Nachrichten, Beleidigung von Partei- und Staatsvertretern im Rauschzustand, Beleidigung der Parteiherrschaft, eine negative Haltung zur »Herrschaft der Volksdemokratie« usw.

Michna, ein Kaufmann, wurde von einer Nachbarin denunziert und der Verbreitung falscher Nachrichten bezichtigt. »Wir informieren Sie darüber, dass Herr E. Michna, wohnhaft in ..., vor der Feier zum 1. Mai 1946 [der Brief wurde erst drei Jahre später verschickt!] beim Dekorieren seiner Auslage vor der Zeugin Frau

Kichalová äußerte, er werde ›diesen verdammten Schnauzbart‹ nicht in sein Schaufenster hängen. Auf die Frage, wer denn dieser Schnauzbart sein solle, antwortete er: ›Dieser Idiot von Stalin.‹ In Anwesenheit der o. g. Zeugin fügte er hinzu, falls die Kommunisten die Wahl gewinnen sollten, stünde eine schlimmere Diktatur bevor als die unter Hitler, denn die Kommunisten stünden unter der Fuchtel von Moskau …«

Bei ihrem polizeilichen Verhör gab die Frau, die die Beleidigung des Marschalls Stalin bezeugen sollte, zu Protokoll, man möge sie entschuldigen, aber sie wage die furchtbare Beleidigung, die sie angezeigt hatte, nicht zu wiederholen!

Als Begründung für die Verschickung in ein Lager genügten weiterhin »mangelndes Verständnis für die Ziele des Fünfjahresplans« sowie Delikte aus dem wirtschaftlichen Bereich (etwa ein »Lebenswandel, der der ökonomischen Moral nicht entspricht«). Die 18-jährige Weberin Zalurčaková erhielt ein Jahr Zwangsarbeit. Ein Auszug aus ihrer »Verurteilung«: »Durch Ihr Verhalten und Ihre geringe Arbeitsethik haben Sie Ablehnung bei Ihren Arbeitskollegen hervorgerufen. Ihr mangelndes Bewusstsein erweckt bei diesen Arbeitskollegen Widerstand …«

Das erklärte Ziel der kommunistischen Herrscher war es, die »Klassenfeinde« zu isolieren, die dem Aufbau des Sozialismus potenziell im Wege standen und im Kriegsfall wenig vertrauenswürdig wären; aber man kann sich des Eindrucks nicht erwehren, dass auch wirtschaftliche Gründe eine Rolle spielten. Die Vertreibung der Deutschen hatte zu einem Mangel an Arbeitskräften im Stahl- und Bergbau geführt, den die Internierten nun ausgleichen mussten. Auch der Druck von Unternehmen, die an billige Arbeitskräfte kommen wollten, tat das Seine.

Insgesamt wurden 30 000 Menschen interniert. Vorgesehen waren sogar bis zu 150 000. In diese Richtung ging die Aktion mit dem Codenamen »T43«, die im Laufe eines Jahres eine regelrechte »Klassensäuberung« vorsah.[14] Aber schon nach wenigen Monaten musste diese Aktion abgebrochen werden: Das war denn doch zuviel für die öffentliche Meinung und die Wirtschaft im Land!

In jedem Lager waren zwischen 300 und 600 Menschen untergebracht. Am größten war die Gesamtzahl aller Lagerinsassen Ende 1949. Danach gab es zunehmend mehr Entlassungen, und bei den

Verhaftungen trat eine Pause ein. Aber wer aus einem Lager entlassen wurde, hatte deshalb noch längst keine weiße Weste: Bei allen ehemaligen TNP-Gefangenen blieb der Lageraufenthalt im Strafregister vermerkt.

1951 wurden die Lager der Rechtsprechung des Justizministeriums unterstellt, die TNP-Insassen galten fortan als gewöhnliche Strafgefangene. Man behielt noch ein paar größere Lager mitsamt den angegliederten Nebenlagern (etwa in Ostrava, wo die Gefangenen in der Industrie eingesetzt wurden, oder in Jáchymov, wo sie im Uranerzbergbau arbeiteten). 1954 wurden die TNP schließlich abgeschafft, obwohl sie auch dann noch einige Jahre weiter existierten – mit dem alleinigen Unterschied, dass sie jetzt nicht mehr »Lager« hießen.

Zwischen 1949 und 1953 gab es rund um die Uranminen in der Gegend um Jáchymov, Příbram und Slavkov insgesamt 18 Konzentrationslager. Die Gefangenen (vor allem politische, so genannte *muklové*) arbeiteten entweder in den Steinbrüchen oder in den Minen Vojna 1 und Vojna 2, wo sie für die sowjetischen Bomben Uranpecherz abbauten. Václav Chaloupek, ein Überlebender, berichtet: »Auf dem Weg in meine Mine mussten wir an Messgeräten für Radioaktivität vorbeilaufen. Damit sollte sichergestellt werden, dass wir nicht ein Stück Erz mit hinausnahmen. Alles andere war unwichtig.« Natürlich war die ganze Kleidung radioaktiv verseucht, dennoch durften sich die Gefangenen nicht umziehen. Ein anderer ehemaliger Gefangener, der im Februar 1949 als 23-Jähriger verhaftet wurde, erinnert sich an eine Art Kasematte ohne Fenster, 3×3,5 Meter groß und 1,7 Meter hoch, in der mehr als 20 Menschen zusammengepfercht waren. »Wir gingen abwechselnd an die Luke, um etwas durchatmen zu können.«

Vojna wurde als einziges tschechisches Lager nicht zerstört, und Präsident Václav Havel hat beschlossen, es als »historisches Monument« zu erhalten. 1950 gab es in der Tschechoslowakei 350 Lager und Sondergefängnisse, in denen rund 120 000 Gefangene einsaßen. Die Hälfte von ihnen war durch ein Lager gegangen, das im Zusammenhang mit dem Erzabbau stand. Diese Lager an den Minen wurden 1956 geschlossen, die allgemeinen Lager im Jahr 1961.

Die Lager in Polen

Nach der Besetzung von Polens Osten durch die Sowjets im September 1939 wurden die Polen zu Hunderttausenden in GULags abtransportiert oder in Kolchosen umgesiedelt, die tief im Landesinnern der UdSSR lagen, besonders viele in Kasachstan. Mehr als Hunderttausend von ihnen wurden im Winter 1941/42 wieder freigelassen, als die UdSSR unter dem Ansturm der deutschen Wehrmacht ins Wanken geriet und Stalin im Westen Verbündete brauchte. Die Berichte dieser Freigelassenen trugen erheblich dazu bei, dass die Praxis des sowjetischen KZ-Systems bekannt wurde. Namen wie Józef Czapski, Sylvestre Mora und Pierre Zwierniak (Pseudonyme für Stanislaw Starzewski und Kazimierz Zamorski) oder Gustav Herling sind heute auch im Westen ein Begriff. Und in Warschau und anderen polnischen Großstädten entstanden Vereinigungen von ehemaligen Insassen der sowjetischen Lager, die man in Polen als *Sybiracy* bezeichnet: die »Sibirier«.

Für die kommunistischen Lager in Polen verfügen wir über wesentlich weniger Informationen, obwohl in der letzten Kriegsphase über 30 Lager errichtet wurden, die etwa 60 000 deutsche Kriegsgefangene aufnahmen, aber auch Ukrainer, die unter den Plan W fielen,[15] Partisanen des AK – des bewaffneten antikommunistischen Widerstands in Polen – sowie an die 100 000 »Volksdeutsche«. Die Kriegsgefangenen und die Volksdeutschen kamen 1948 und 1949 frei.

In der Mehrzahl waren diese Lager Internierungslager, einige waren Arbeitslager. Darunter befanden sich die ehemaligen NS-Lager Majdanek, Skrobów und Jaworzno, die die sowjetische Armee wieder eröffnete, um dort die Widerstandskämpfer des AK festzusetzen.[16] Die größten Lager waren Jaworzno, Chrusty, Sikawa, Myslowice, Libiaz und Mielecin. In Jaworzno wurde über zehn Jahre lang ein Kohlebergwerk betrieben, bevor dort ein »Umerziehungslager« für Jugendliche eingerichtet wurde.

Alexandra Viatteau schreibt dazu: »Im Jahr 1946 registrierte man im Lager Jaworzno offiziell 1000 Tote, 1947 waren es 900. Historiker stellen diese gar so runden Zahlen in den Registern allerdings grundsätzlich in Frage ... Im Januar 1946 setzte die Leitung der Bergbauindustrie eine Kontrollkommission ein, aber die Ergebnis-

1945: Polen

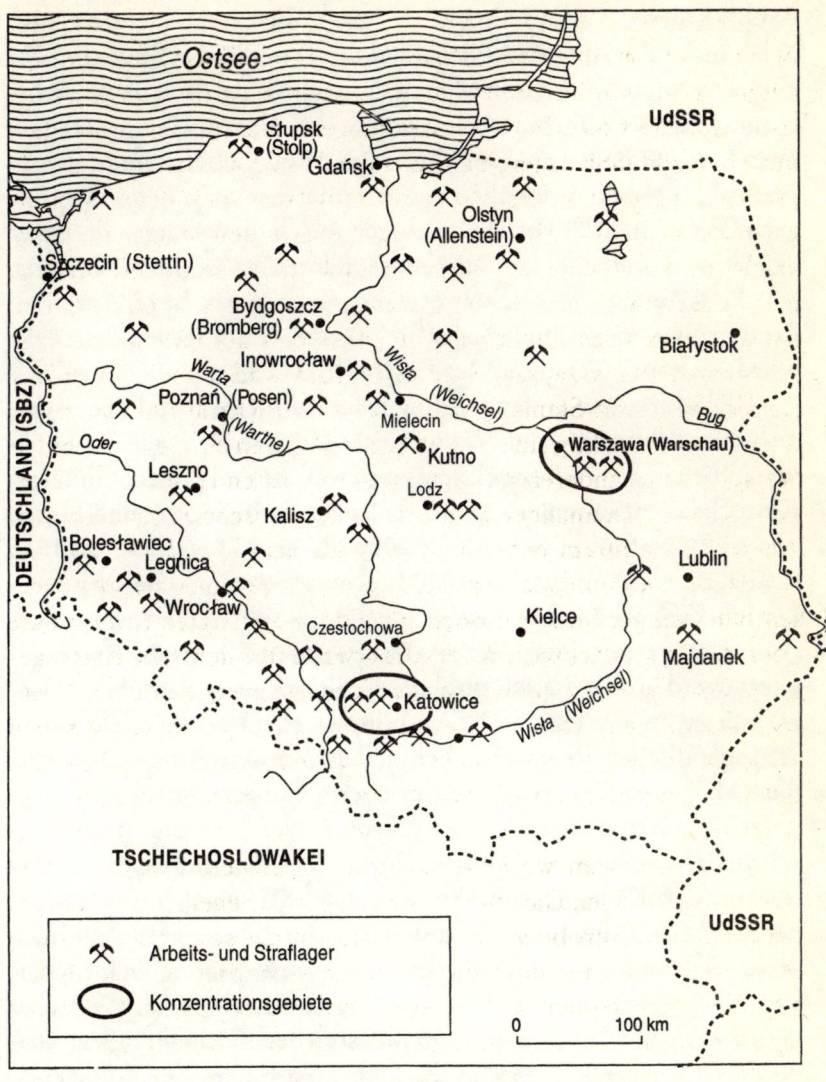

se ihrer Untersuchung sind uns nicht vollständig bekannt, weil die Archive dieser Kommission auch 1996 immer noch nicht zugänglich waren. Fest steht lediglich, dass die Todeszahlen sanken, nicht aber, dass diese verdächtigen Todesfälle im Lager nach dem furchtbaren Jahr 1945 aufhörten. So weiß man, dass in Jaworzno von 1945 bis 1947 mehr als 7000 Gefangene ums Leben kamen.« Vom Frühjahr 1947 bis Frühjahr 1949 internierte man in denselben Lagern Ukrainer. 3800 von ihnen gingen durch dieses Lager, darunter 800 Frauen und etwa ein Dutzend Kinder. Man zählte unter ihnen 160 Todesopfer.[17] Wie schon erwähnt, wurde das Lager anschließend in ein Umerziehungslager für Jugendliche umgewandelt; 1951 wurde es zum »Gefängnis des Fortschritts« umgebaut:

»Die Spuren der Gefangenen wurden vernichtet, und man baute dort eine Schule und ein Kulturhaus. Man pflügte sogar die Latrinengräben in der Nähe des Lagers um, weil sie sich schlecht mit dem Kulturhaus zusammenfügten. Das Lager ... bedeckte eine Fläche von 35 Hektar und bot Platz für 2000 bis 3000 Menschen. Bis 1956 hielten sich dort ungefähr 10 000 Jugendliche auf.«[18] Diesen jungen Leuten, die den Kommunismus ablehnten, sollten Atheismus, Respekt vor der Parteidisziplin sowie die »neuen Werte« Polens eingeimpft werden. Zusätzlich zu dem »politisch-pädagogischen« Programm gab es eine technische Ausbildung, aber vor allem setzte man die Jugendlichen auch zur Arbeit in der Mine ein. Aufgelöst wurde dieses Lager erst nach dem »Polnischen Oktober« 1956.

Am 16. November 1945 wurde unter der Führung des polnischen Parteiideologen Roman Zambrowski die »Spezialkommission für den Kampf gegen ökonomischen Missbrauch und Vandalismus«[19] gegründet. Aufgrund der zahlreichen Verurteilungen dieses Gremiums wurden von der Parteiführung schließlich ehemalige NS-Lager wieder in Betrieb genommen. Alexandra Viatteau hat in den Archiven einen aufschlussreichen Gedankengang Gomulkas vom 1946er Plenum des Zentralkomitees der polnischen Arbeiterpartei gefunden: »Hitler hat Arbeitslager gegründet. Ihr haltet das für eine Idee des Faschismus. Hitler hat eben eine faschistische Idee hineingelegt, und wir können ebensogut eine volksdemokratische Idee hineinlegen.«

Zu den Wirtschaftshäftlingen gesellten sich sehr bald »Politische«. Nach offiziellen Angaben machten die Politischen im eigentlichen Sinne fünf Prozent aller Insassen aus. Delikte wie das Hören eines ausländischen Radiosenders oder die Anzettelung eines Fabrikstreiks konnten einen ins Lager bringen. Auch Leute, die man für »allzu reich« befand, wurden interniert. Sie alle sollten umerzogen werden. Auch sie sollten ein »richtigeres« Bild von der Volksdemokratie vermittelt bekommen, zudem Gesetzestreue und Arbeitsfreude.

Die Lager wurden nach einem verbreiteten Muster gebaut: Stacheldraht, überragt von Zeit zu Zeit durch einen Wachturm, umgab Baracken aus Holz oder Leichtbeton. Gearbeitet wurde von 7 bis 17 Uhr (mit einer 45-minütigen Mittagspause), überwiegend in den Kohlebergwerken, besonders in der Region von Katowice in Schlesien, der »Lagerregion«; nahezu jeder dritte Bergarbeiter war ein Lagerinsasse. Es herrschte eine eiserne Disziplin, aufrechterhalten durch häufige Bunkerstrafen – eine kleine, fensterlose Baracke, wo man nur eine minimale Verpflegung erhielt.

Das Lager mit den meisten »Politischen« war das Lager Nr. 1 in Warschau. Über 10 000 Personen hielten sich dort mehr oder weniger lange Zeit auf; viele dieser Gefangenen wurden zum Bau des Kulturpalastes herangezogen.

Als Abwandlung der sowjetischen *Scharaschkas* gab es in Polen ein Architekturbüro (BAK), besetzt mit inhaftierten Ingenieuren und Architekten, die in erster Linie Kasernen bauten. Geleitet wurde das Büro von einem Gefangenen auf Lebenszeit, und die Mitarbeiter erhielten 20 Prozent des üblichen Monatsgehalts – wenn diese geringe Summe nicht noch von den Wachleuten einbehalten wurde.

Die Zahl der Gefangenen der »Spezialkommission« nahm von 1946 bis 1952 von zuerst 1400 auf 22 400 zu. Nach Stalins Tod sanken diese Zahlen wieder. Die Kommission wurde im Dezember 1954 aufgelöst. Schätzungen zufolge hatte sie insgesamt etwa 90 000 Menschen verhaften lassen.[20]

Die Lager in Ungarn

Als die ungarischen Kommunisten die Macht übernahmen, ließen auch sie zahlreiche Menschen verhaften und hinrichten. Diese undankbare Aufgabe oblag dem Staatssicherheitsdienst *(Államvédelmi Hitaval)*, der ursprünglich gegen Kriegsverbrecher vorgehen sollte. 1949 wurde er vom Innenministerium abgekoppelt und arbeitete fortan als unabhängige, allmächtige Institution. Ihm oblag die Verwaltung der Lager im neuen Staat. Fünf oder sechs dieser Lager haben im kollektiven Gedächtnis des Landes tiefe Spuren hinterlassen: ganz besonders das Lager in Recsk im Mátragebirge, daneben Kistarcsa, ein Durchgangslager – wobei der »Durchgang« sehr unterschiedlich lang ausfallen konnte, manch ein Häftling verbrachte dort über ein Jahr und bekam nie ein anderes Gefängnis zu Gesicht –, sowie Horoszlány, Várpalota und Tiszalök.

Wie in Polen erinnert man sich auch in Ungarn sehr genau an die Deportationen in den sowjetischen GULag, die die Einrichtung der »Volksdemokratie« begleiteten (und die auch dem Volksaufstand vom November 1956 folgten).

Recsk ist das bei weitem bekannteste Lager, es hat geradezu Modellcharakter für den ungarischen Kommunismus, genauso wie Belene die bulgarische und Goli Otok die jugoslawische Lagerpraxis symbolisieren. Wenn in Ungarn auch jeder über das Lager von Recsk Bescheid weiß – es hat Interviews, Zeitungsartikel, Bücher und Filme darüber gegeben –, so liegen im Ausland bisher praktisch keine Veröffentlichungen darüber vor. Es gibt immerhin ein außergewöhnliches Zeugnis von György Faludy.[21] Der Schriftsteller hielt sich 1939 in Frankreich auf, ging während des Krieges nach Marokko und in die USA und kehrte nach Kriegsende in seine Heimat zurück. 1949 wurde er im Verlauf des Rajkprozesses verhaftet und interniert.[22]

Vielleicht liegt es an der Erzählkunst des Autors (die in der Tat äußerst bemerkenswert ist) – jedenfalls hat man den Eindruck, dass Recsk das sowjetische Lagersystem geradezu als Karikatur noch auf die Spitze trieb; besonders wenn man sieht, wie absurd oft die Gründe für eine Verhaftung waren. So wurde etwa ein Abteilungsleiter des meteorologischen Instituts festgenommen, weil er »eine leichte Brise von West« angekündigt hatte und für den nächsten Tag »von der Sowjetunion her einen Einfall extremer Kaltluft aus dem Nordosten« – und das, so wollte es ein tragischer Zufall, an einem Tag, an dem eine sowjetische Delegation zum Staatsbesuch in Ungarn eintraf. Im Lager landeten auch Arbeiter, weil deren Maschine einen Defekt hatte. Ein anderer Insasse war in einen Autounfall verwickelt worden, während er gerade einen Politiker chauffierte; ein unverzeihlicher Fehler. Der Kauf von zehn Kilogramm Zucker auf einen Schlag, eine ganz offensichtlich defätistische Aktion, konnte ebenso zu einer mehrjährigen Lagerhaft führen wie, diesmal etwas Ernsthafteres, ein illegaler Grenzübertritt. Viele Häftlinge wurden eines Verbrechens beschuldigt, das sie ganz offensichtlich gar nicht begehen konnten: Neben »Agenten des amerikanischen Geheimdienstes« fanden sich »Urheber diverser Sabotageakte« ebenso wie »Organisatoren bewaffneter Aufstände« oder »Anführer der ungarischen Trotzkisten«.

Der Haft in Recsk ging oftmals ein etwa zweiwöchiger Aufenthalt im Durchgangslager Kistarcsa voraus. Auch hier fehlte nichts zum Bild eines gewöhnlichen Lagers: Wachtürme, Baracken mit Stockbetten, ein Hof in der Mitte, fertig. Von hier aus wurde György Faludy gemeinsam mit 500 Leidensgenossen per Eisenbahn nach Recsk gebracht. 1950 befanden sich in Recsk insgesamt etwa 1200 Häftlinge.[23] Die größte Gruppe stellten die Sozialdemokraten, darunter viele Gewerkschafter, aber auch ehemalige Offiziere, selbst solche, die 1944 zu den Russen übergelaufen waren, Funktionäre verschiedener Parteien, die bislang mit den Kommunisten verbündet waren, Bauern – die alle als »Kulaken« bezeichnet wurden –, »undisziplinierte« Arbeiter usw.

Das Lager erstreckte sich auf einer weitläufigen Fläche rund um die Arbeitsstätten. »Der Stacheldraht«, so Faludy, »umzäunte einen ganzen bewaldeten Berg.« Innerhalb des Lagers gab es Obstbäume, Wälder, Gebäude und einen Steinbruch. Das Lager war neu. 200 Häftlinge waren eigens vorzeitig hergebracht worden und hatten unter extremem Einsatz die Baracken errichtet. Diese ersten Häftlinge in Recsk unterlagen einer außerordentlich brutalen Lagerdisziplin und wurden viel geschlagen. Als Strafbunker diente eine Höhle.

Als der erste Häftlingskonvoi eintraf, waren noch keine Wasserleitungen verlegt. Das geschah erst nach und nach, ebenso wie Waschbecken und Toiletten erst später installiert wurden. In den Baracken standen die üblichen Pritschen, darauf statt Matratzen Stroh, das in der Feuchtigkeit langsam vor sich hin rottete. Ein solcher Stohsack musste für zwei reichen, man schlief vollständig bekleidet auf einem sehr beengten Raum. Die Wachleute ernannten einen Barackenchef, der für die Einhaltung der Disziplin und den Kontakt mit der Lagerleitung zuständig war und der sich schnell unbeliebt machte.

Gearbeitet wurde vor allem im Steinbruch und beim Holzfällen. Natürlich war der Wald den Häftlingen am liebsten. Dort konnten sie mit etwas Glück Beeren, Pilze (es gab mehrere tödliche Vergiftungsfälle), wilden Knoblauch, Frösche oder Schnecken finden. Unfälle waren keine Seltenheit, es gab viele Knochenbrüche. Nicht selten waren diese Unfälle der physischen und psychologischen Erschöpfung der Häftlinge zuzuschreiben. »Ein junger Ingenieur ... war von einem mehrere Tonnen schweren Felsblock erschlagen worden. Als der Brocken zu rutschen begann, hatten seine Kameraden ihn mit lauten Rufen gewarnt.« Der Mann »hatte aufgeblickt, er hätte sich noch in Sicherheit bringen können, aber er blieb einfach stehen und ließ resigniert den Kopf sinken«.[24] Eine ganz ähnliche Geschichte steht im Bericht von Kang Chul Hwang über das Lager Nr. 15 in der nordkoreanischen Yodok-Zone: Man ist so müde, dass man sich nicht mehr rührt, dass man sich nicht mehr rühren will; eine Müdigkeit, die nicht mehr weit vom Selbstmord entfernt ist.

Um die Effizienz zu steigern, griffen die Wachen zu dem alten Trick des »sozialistischen Wettbewerbs« zwischen den einzelnen Arbeitsbrigaden. Den Gewinnern winkten zusätzliche Zigaretten, Marmelade oder Speck, auch etwas Stoff oder die Erlaubnis, einen Brief an die Familie schicken zu dürfen. Nach ihrer Freilassung erfuhren die glücklichen Sieger freilich, dass keiner dieser Briefe je bei seinem Empfänger angekommen war.[25] Unabhängig von diesen Wettbewerben konnten diejenigen, die das Soll erfüllten, in der Essensbaracke ein paar Zigaretten, Toilettenpapier oder etwas Brot, Öl oder Zucker kaufen. Sogar Kranke, zumindest die, die nicht auf der Krankenstation lagen, wurden für leichtere Arbeiten wie zum Kartoffelschälen herangezogen.[26]

Aber auch in Ungarn gab es *Tufta*: »Wir sägten einen Stamm an, und um unsere Kräfte zu schonen, drehten wir dann die Säge um und zogen sie drei oder vier Stunden lang in derselben Kerbe hin und her ...«[27] Manche machten ihre Gesundheitsprobleme schlimmer, als sie waren, übertrieben ihre tatsächliche Erschöpfung, klagten über erfundene Hämorrhoiden, über Tuberkulose, provozierten selbst Entzündungen an einer Wunde, oder sie versteckten sich ganz einfach. Auch gab es weitere, altbekannte Verzweiflungstaten: Häftlinge verschluckten Nägel, einen Löffel oder eine Rasierklinge, um auf die Krankenstation verlegt zu werden und dort zur Ruhe und in den Genuss einer besseren Ernährung zu kommen.

Dieser Trick half zwar gegen den Arbeitseinsatz, aber nicht unbedingt gegen den Hunger. Das Essen war wenig nahrhaft, es bestand aus einem morgendlichen Malzkaffee vor der Arbeit, einer Gemüsesuppe am Mittag (Bohnen, Linsen, Erbsen usw.), die am Arbeitsplatz ausgegeben wurde, und aus etwas Gemüse am Abend in der Baracke, wenn der Appell, der sich manchmal unendlich lange hinzog, vorüber war. Dazu gab es noch 500 Gramm Brot. Sicher klingt das Wort »Gemüse« ganz zufriedenstellend, aber es war viel zu wenig, und allzu oft gab es einfach geschälte Erbsen, die eigentlich als Viehfutter vorgesehen waren. Die Kalorienzahl ist schwer schätzbar, aber es können kaum mehr als 2000 Kalorien täglich gewesen sein, obwohl bei dieser Schwerstarbeit 3500 notwendig gewesen wären. Einige Zeugen berichten, dass es im Bunker nicht mehr als 1000, wahrscheinlich sogar nur 700 bis 800 Kalorien gab ... Es steht jedenfalls fest, dass die Nahrungsmenge im Vergleich zur verlangten Arbeitsleistung völlig unzureichend war. »Bei den derzeitigen Rationen«, so einer der anwesenden Ärzte, »und bei den herrschenden arbeitstechnischen und psychologischen Umständen werden in diesem Lager in einem Jahr alle verhungert sein. Mit Ausnahme derer natürlich, die nicht arbeiten. Die Jüngeren halten vielleicht zwei oder drei Jahre durch. Aber in zwölf Monaten werden 95 Prozent der Häftlinge tot sein ... In einem halben Jahr werden wir die ersten Verluste haben. In neun Monaten werden die Leute sterben wie die Fliegen.«[28] Auf der einen Seite also zwölf Stunden Arbeit (und man konnte sich nicht immer der Überwachung entziehen und so tun als ob); auf der anderen Seite 2000 Kalorien ohne tierische Eiweiße und ohne Zucker ...

Es herrschte also Hunger, und so stahl man etwa das Schweinefutter, mit dem die Tiere für die Wachleute gemästet werden sollten. Zwei von ihnen (zwei Schweine wohlgemerkt!) mussten deshalb elend verhungern. Man stahl das Hundefutter, man verschlang das Fett, das im Winter als Schutz vor Erfrierungen verteilt wurde, man kochte heimlich gefangene Vögel ... Recsk war ein Lager des schleichenden Todes. Es gab keine offene Kriegserklärung gegen die Gefangenen, keine Drohung mit Vernichtung, äußerlich nicht einmal entsprechende Pläne der Behörden, sondern ganz einfach eine Mischung aus Arbeit und Unterernährung mit einer Prise körperlicher Gewalt.

Letzten Endes zählte noch nicht einmal die Produktivität: »Wie draußen auch interessieren sich die Behörden hier nicht dafür, was produziert wird. Sie lassen uns arbeiten, um uns zu beschäftigen und um uns zu armseligen, schwachen Kreaturen zu machen, zu Geisteskranken. Nur dass sie es hier offener tun, brutaler als draußen. Draußen lassen sie einen noch eine Familie haben, eine Wohnung und zwei Anzüge. Hier ist der Kommunismus schon beinahe real, und daher brauchen wir keine Taschentücher mehr, keine Bücher, Zeitungen oder Uhren ... Mit Hilfe von Brutalität, List, Drohung und Verrat haben sie sich absolute Gewalt über unsere Körper verschafft, und sie können mit uns machen, was sie wollen.«[29]

Gleichzeitig fühlten sich, um es mit Sartre zu sagen, nicht wenige Häftlinge im Lager so frei wie nie: »Der moralische Effekt gleicht dem der Salpetersäure, die Gold von unedlen Metallen scheidet: Die Schurken werden zu noch schlimmeren Schurken, aber das Gold bleibt unverändert und strahlt vielleicht sogar in noch hellerem Glanz.«

Faludy war sich sehr wohl dessen bewusst, dass die Rückkehr ins zivile Leben auch die Rückkehr in die Welt der Kompromisse und der halben Sachen bedeutete: »Zwar werde ich vielleicht in einem weichen Bett schlafen, ich werde Zsuska wiedersehen, ich werde Streichhölzer in der Tasche haben und Vorhänge am Fenster, und ich werde nicht mehr verhungern, aber die intellektuelle Freiheit, die ich hinter dem Stacheldraht genoss, werde ich dafür verlieren. Hier konnte ich tapfer und ehrbar sein. Draußen wird mir das nicht mehr möglich sein, und sei es bloß meiner Familie wegen ...«[30]

Die sanitären Zustände waren desolat: Waschen konnte man sich nie oder fast nie. Jeden Monat musste man sich zu zweit ein Stück Kernseife teilen. Duschen gab es erst ab 1952; zum Ausgleich wurden ein paar Vortragsabende über Philosophie oder Literatur veranstaltet, jemand erzählte einen Film nach oder gab Mathematikstunden.[31] Die Häftlinge waren von der Außenwelt vollkommen abgeschnitten und hatten keine andere Informationsquelle als das schnell überflogene Zeitungspapier, das die Wachen als Toilettenpapier verwendeten. Auf diese Weise verfolgten sie die Entwicklung des Koreakriegs, die Olympischen Spiele von 1952 in Helsinki oder die Wahl Eisenhowers zum Präsidenten der Vereinigten Staaten. Über die Lautsprecher wurden nur Informationen zum Lagerbetrieb verbreitet – und über die jeweils anstehenden Strafaktionen. Diese bestanden in Schlägen und in Bunkerhaft. Auf eine Flucht, die fast immer ein paar Wochen später mit der Rückkehr beinahe aller Entkommenen endete, folgte stets eine Gräuelszene: Die Lagerleitung forderte – und fand – Freiwillige, die die Flüchtigen zusammenschlagen mussten. Sie waren die »Kapos« im Lager: Brigadechefs, die selbst nicht arbeiteten, Barackenchefs oder auch »Latrinenchefs«, die notierten, wie oft ein Häftling die Latrinen benutzte (sic).

Eine andere Bestrafung bestand darin, die Gefangenen zum Kriechen oder Krabbeln auf allen vieren zu zwingen. Noch schlimmer war die Einzelhaft im Bunker, einem ungeheizten Raum von vier Quadratmetern, wo man in einer äußerst unbequemen Haltung gefesselt und je nach Laune der Bewacher geschlagen oder mit eiskaltem Wasser überschüttet wurde. In der Regel blieb man dort zwei Stunden, aber es konnten auch fünf Stunden werden.[32] In diesem Bunker, der nur so von Flöhen wimmelte, bekam der Sträfling einen Napf voll Brei und ein Stück Brot, gerade einmal 450 Kalorien. Flöhe gab es im Lager seit dem Sommer 1951. Die Population nahm solche Ausmaße an, dass die Lagerleitung einen Wettbewerb ausschrieb: Für das Abliefern von mindestens 50 Flohkadavern gab es einen kleinen Nahrungsaufschlag. Besonders trickreiche Kameraden wiesen prompt halbierte Ameisen als erschlagene Flöhe vor.

Die Häftlinge bewahrten sich die Hoffnung auf einen Eingriff des Westens. 1951 reagierten sie auf die Wahl Churchills zum Premierminister mit einer wahren Explosion der Freude und mit der Gewissheit, ihre Haft werde nun nicht mehr länger als ein paar Monate andauern.[33] Auch der Arbeiteraufstand in der DDR vom 17. Juni 1953 war für sie ein Grund zur Hoffnung. Der Gedanke an eine US-amerikanische Intervention war schon beim Tod Stalins im März 1953 aufgekommen. Was für die Häftlinge eine Hoffnung war, bedeutete jedoch für die Wachen eine Bedrohung ... Und beide täuschten sich.

Der Westen intervenierte nicht, und je mehr Zeit verging, desto schwächer wurden die Menschen; auch hier wirkte der bereits bekannte Mechanismus: Wer die Norm nicht erfüllte, wurde umgehend mit Bunkerhaft bestraft, wo es weniger zu essen gab, was noch größere Entkräftung zur Folge hatte, worauf die Erfüllung der Norm wiederum behindert wurde, usw. Unterernährung und Hygienemangel führten zur Ausbreitung von Krankheiten, praktisch alle Häftlinge litten unter Geschwüren. Die Kranken konnten sich an das kleine Lagerkrankenhaus wenden, das bei denkbar schlechter Ausstattung von internierten Ärzten geführt wurde. Die Toten wurden unter schmutziger Wäsche versteckt und unauffällig hinausgetragen, Schwerkranke verlegte man nach Budapest. Elemér Földáry-Boér berichtet von einem alten Mann, der wegen fehlender Behandlung starb: Das benötigte Penicillin hatte man einem Wachhund verabreicht.[34]

Vom Spätsommer 1952 an wurden immerhin die Nahrungsrationen angehoben. Beobachter wie Zoltán Benko brachten diese Verbesserung mit dem ungarischen Aufnahmeantrag in die UNO in Verbindung. Nach dem Tod Stalins gab es zunehmend Verbesserungen: So kam es zur Auflösung der »Disziplinarbrigade« des Lagers, dem Strafbataillon der Aufständischen, der »Faulenzer« und der »Verbreiter falscher Nachrichten«, die in einer besonderen Baracke auf dem blanken Boden schlafen und sich jedes Mal flach auf den Bauch legen mussten, wenn sie einer anderen Häftlingsbrigade begegneten. In dieselbe Zeit fiel der Bau einer Baracke, die die Gefangenen augenzwinkernd das »Ferienhaus« nannten: Sie war für besonders geschwächte Häftlinge vorgesehen, die dort besser ernährt wurden und mehr Ruhe bekamen.

Die politische Polizei (AVO) ging nun gegen »imperialistische Saboteure« vor, die die kommunistische Institution von innen heraus »verdorben« hätten. Prozesse wurden neu aufgerollt. Der nach Stalins Tod zum ungarischen Ministerpräsidenten ernannte Imre Nagy ordnete die sofortige und vollständige Auflösung der Internierungslager an. Ab Mitte Juli 1953 kamen kleine Gruppen von zehn, 20 oder 50 Gefangenen frei.

Das ging allerdings nicht ohne Zwischenfälle vor sich: Als wäre es ein Spiel, gingen Wachleute mit Gewehrsalven auf die eben Befreiten los. Auch die Bevölkerung in der Umgebung nahm die Lagerinsassen mit gemischten Gefühlen auf. Lange genug hatte man den Bauern weisgemacht, diese Gefangenen seien ehemalige Grundbesitzer, die jetzt ihre Ländereien wiederhaben wollten. Andere dagegen hatten Mitleid und gaben den Freigelassenen zu essen – denn, so sagten sie, »die wissen jetzt alles«.

Am Lagerausgang konnte man Zeuge einer Szenerie werden, die in der Geschichte der Lager des 20. Jahrhunderts einzigartig ist: Ein Staatsbeamter, vor dem die Häftlinge nacheinander vorbeigehen mussten, sagte zu jedem Einzelnen von ihnen: »Im Namen der Volksrepublik Ungarn bitte ich Sie um Entschuldigung für die Ungerechtigkeit, das Unrecht und die Entwürdigung, die Ihnen auferlegt worden sind ...«[35]

Die zweite Formalität dagegen war sehr viel verbreiteter: »Jeder von uns erhielt eine gerichtliche Anordnung, nach der wir unter polizeilicher Überwachung standen. Man machte uns klar, dass uns nach dem Gesetz eine Strafe von sechs bis zehn Jahren Gefängnis drohte, wenn wir auch nur ein Wort über die Umstände, den Ort und die Gründe unserer Haft verlauten ließen. Und man riet uns, unseren Bekannten und Angehörigen auf allzu neugierige Fragen hin zu erzählen, wir hätten eine Studienreise in die Sowjetunion unternommen.«[36]

Auch die anderen Lager leerten sich im Lauf des Jahres 1953. Insgesamt hatte es etwa 100 Lager gegeben, die vom Innenministerium kontrolliert wurden; eingesessen hatten dort rund 44 000 Häftlinge. 10 000 von ihnen arbeiteten im Wohnungs- und Straßenbau.[37] Zusätzlich hatte es – wie in den meisten Ostblockländern – »innere Deportationen« gegeben, das heißt, diesen Menschen wurde per Gerichtsbeschluss ein bestimmter Aufenthaltsort zugewiesen. Meist waren es Gebiete der Tiefebene 150 Kilometer östlich von Budapest.

Sie waren Städter, aber man machte sie zu Bauern – genauso wie man in Recsk durch eine einfache amtliche Entscheidung Intellektuelle zu Handwerkern und reiche Bürger zu »Hungerknechten« machte. Diese Demonstration der volksdemokratischen Allmacht hätte womöglich einige Größe verraten können, wenn nicht die betroffenen Männer und Frauen es von ganzem Herzen abgelehnt hätten, sich auf diese Utopie einzulassen.

Die Lager Titos

Das Bild, das wir von Titos Jugoslawien haben, ist nicht das eines Staates, der den GULag übermäßig mit Häftlingen versorgte: Der Bruch mit Stalin im Juni 1948 und das Interesse der westlichen Linken an der Selbstverwaltung haben ihm einen Sonderstatus und eine Art Immunität beschert. Die Schrecken jüngeren Datums haben schließlich ganz aus dem kollektiven Bewusstsein verdrängt, dass es unter Tito in Jugoslawien Konzentrationslager gegeben hat.

Doch gerade um 1948 herum, als Tito mit Moskau brach, häuften sich die Internierungen in Gefängnisse und Konzentrationslager. Bis dahin waren in den Gefängnissen und den beiden Lagern auf der Insel Goli Otok (»Kahle Insel«) im Golf von Kvarner, bei Senj, aber auch auf Sveti Grgur, in Bileća und Ugljan die Gegner des Regimes interniert worden – Mitglieder der Ustascha, Tschetniks, Liberale, Nationalisten, Anhänger der Kirche, Anarchisten usw. Doch nun begann Belgrad über den stalinistischen Terror in der UdSSR zu berichten, den man bislang sorgsam verschwiegen hatte, und dieser Richtungswechsel passte einigen Parteimitgliedern nicht. Die politische Führung griff nicht nur zu Parteiausschlüssen; wie in der UdSSR wurden zwischen 1948 und 1954 Tausende von Parteimitgliedern verhaftet. Schon der kleinste Vorbehalt, der kleinste Mangel an Unterstützung für den Genossen Tito – egal, ob er real war oder nur befürchtet wurde – konnte auch die eifrigsten Diener ihres Landes und der kommunistischen Sache ins Lager bringen.

Der serbische Schriftsteller und Historiker Dragoslav Mihailović, der sich mit der Geschichte von Goli Otok befasst hat, berichtet: »1949 gab Innenminister Aleksandar Ranković auf Befehl von Josip Broz Tito folgende Anordnung, die sich wahrscheinlich an den Sicherheitsdienst UDBA richtete: Männer im waffenfähigen Alter, egal ob Kommunisten oder nicht, seien zu verhaften, sobald gegen sie auch nur der geringste Verdacht im Bezug auf den Konflikt mit der UdSSR bestand.«[38]

Die serbische Jüdin Gennî Lebel, die die NS-Lager überlebt hatte, wurde Ende 1949 verhaftet.[39] In Belgrad erzählte man sich einen Witz über das »weiße Veilchen« (ein Zitat aus einem Gesang der jungen Pioniere), das »hundert Kilo wog« – natürlich eine Anspie-

Die Lager Titos

lung auf den Staatschef in seiner strahlend weißen Uniform. Dieser Witz wurde, wahrscheinlich durch einen »Freund«, der Polizei kolportiert. Gennî verstand zunächst gar nichts; zu den Polizisten, die sie abführten, sagte sie, sie komme sich vor wie in einer Szene »à la Kafka«. Doch das konnte ihre Bewacher nicht verunsichern: Vielmehr sollte sie sich später auch über ihre Verbindungen zu diesem Kafka äußern! Ihr Bericht stellt der jugoslawischen Polizei ein Armutszeugnis aus: Von Antisemitismus durchdrungen, verhaftete sie Gennî Lebel ohne jede rechtliche Grundlage, nachdem sie ihr Privatleben bis ins Detail ausspioniert hatte, schlug sie, unterzog sie nächtlichen Verhören, alles wie bei deren sowjetischer »Schwester«. Mitte August 1949 wurde Gennî »im Namen des Volkes« von einem Volksausschuss in einem Bezirk, in dem sie nicht einmal wohnhaft war, »wegen Diffamierung des Volkes und des Staates« zu einer »Verwaltungsstrafe in Form gemeinnütziger Arbeit« verurteilt, die mit einem einjährigen Freiheitsentzug einherging.

Auch hier treffen wir auf die Konstanten der kommunistischen Länder: Es handelte sich um einen Verwaltungsentscheid, und wenn dort ein Jahr vorgesehen waren, sagte das noch nichts über das tatsächliche Ende der Strafe aus. Gleich nach der Urteilsverkündung wurde Gennî in einem Reisebus unauffällig auf einen ganz besonderen Landsitz gebracht. Dort musste sie gemeinsam mit etwa 200 anderen Frauen einen Entwässerungsgraben in einem Sumpfgebiet ausheben – unter der Bewachung von Frauen, die eine »Aufrührerin« in der Gruppe mit Draht fesselten und zur Abschreckung der anderen Gefangenen eine falsche Hinrichtung inszenierten. Besagtes Sumpfgebiet lag donauaufwärts 80 Kilometer westlich von Belgrad.

Leicht kann man sich die Umstände vorstellen, die Erschöpfung, die mangelnde Nahrung (täglich sechs Kohlköpfe für 200 Frauen!), die Aufdringlichkeit der Wachen. Und die Blutegel, die den Ärmsten an den Beinen klebten. Aber wie soll man sich den Durst vorstellen, der sie dazu zwang, das ekelerregende Wasser aus dem Kanal zu trinken, in den die Frauen auch urinierten, weil sie sich nicht einmal dafür ein paar Schritte entfernen durften?

Nach einem Aufenthalt im Gefängnis Zabela bei Pozarevac – von wo aus sie Tag für Tag unter strenger Bewachung an einen Ort gebracht wurden, wo sie in der Kälte des Winters 1949 Bäume fällen, das Holz zersägen und auf Lastwagen laden mussten – wurden die Frauen auf die Insel Grgur gebracht, die zwischen Krk und Rab liegt.

Grgur war ein verfallenes italienisches Kriegsgefangenenlager. Die Frauen mussten ihr eigenes Lager also erst einmal aufbauen, genauso wie den Hafen, damit man wenigstens einigermaßen sicher an der Insel anlegen konnte, eine Zisterne, um Wasservorräte zu sammeln, und Baracken für die Lagerverwaltung, eine Küche und Latrinen; sie mussten Fichten pflanzen und schließlich auch für sich selbst Baracken errichten. Schwere Arbeit war das, die häufig mit Hilfe von Bohrstangen verrichtet wurde oder mit riesigen Hämmern, mit denen man die Felsen zerhauen konnte; zum Transport wurden die schweren Steinblöcke auf eine Art Tragbahre gelegt. Unerträglicher Durst plagte die Häftlinge. Wenn sie an einer Stelle fertig waren, fing dieselbe Arbeit an einem anderen Ende der Insel von neuem an.

Die Einhaltung der Disziplin mussten die Häftlinge selbst garantieren, wobei eine ausgeklügelte Hierarchisierung angewendet wurde. Die Frauen, die als bereits »umerzogen« galten, betätigten sich als »Kapos« und überwachten die Gefangenen, die das erstrebte »Bewusstseinsniveau« noch nicht erreicht hatten.

Am unteren Ende der Leiter standen die »Boykottierten«, mit denen man zwar nicht sprach, die man jedoch umso mehr einschüchterte und verprügelte. Diese Frauen hatten es noch nicht geschafft, sich von der Lüge oder der Verstellung zu befreien, sie hatten sich noch nicht bewährt, hatten sich noch nicht für den einzig richtigen Weg, den des Genossen Tito, entschieden. Es gehörte zu den Belustigungen des Lagers, diese Gefangenen zwischen zwei Reihen der älteren Insassen unter Johlen, Beschimpfungen und Schlägen hindurchlaufen zu lassen.

Es gab weder Ärzte noch irgendwelche hygienischen Maßnahmen. Und all das inmitten des Gestanks von Fäulnis und Schimmel und den Ausdünstungen von arbeitenden Frauen, die sich erst waschen durften, wenn sie umerzogen waren …

»Papier zum Abwischen war ein unbekannter Luxus auf der Insel der Wiedereingliederung. Und ich spreche damit nicht nur von Toilettenpapier, sondern von jedwedem Papier, seien es Zeitungen oder etwas anderes. Wir wussten nicht einmal mehr, was dieses

Wort bedeutete. Und das, während in den Gefängnissen der jugoslawischen »Königsdiktatur« die politischen Häftlinge über freie Zeit verfügten und zur Vermeidung von Langeweile so viel schreiben durften, wie sie wollten! Manche schrieben Gedichte, andere zeichneten, wieder andere übersetzten (Mosa Pijade zum Beispiel übersetzte Karl Marx' *Kapital* und schmuggelte es nach draußen). Sie bildeten sich und unterhielten sich, machten, was sie wollten, und konnten sogar ihre politischen Bewegungen vom Gefängnis aus leiten.«[40]

Das Ausmaß an KZ-Inhaftierungen in Jugoslawien ist noch immer kaum bekannt, und wenn, dann wird es weit unterschätzt. Zwischen 1948 und 1954 wurden aber »mindestens eine Million Menschen dem Terror ausgesetzt« – ein Terror, der von der Kündigung der Arbeitsstelle über Prügel bis zur Verhaftung reichen konnte, wie Dragoslav Mihailović erklärt. Zwischen 200 000 und 250 000 Menschen wurden für unterschiedlich lange Zeit festgehalten, und »40 000 bis 60 000 Menschen in Lagern und Zuchthäusern interniert, und das auf Grund von Verwaltungsentscheiden durch Strafkommissionen oder nach inszenierten Prozessen«. Im *Schwarzbuch des Kommunismus* verweist Karel Bartosek auf die Schätzungen des Tito-Biographen Vladimir Dedijer: Bis zu 32 000 Menschen seien allein im Lager von Goli Otok inhaftiert gewesen.[41]

Insgesamt sollen in den Lagern zwischen 5000 und 20 000 Menschen umgekommen sein. Mihailović betont, dass Serben und Montenegriner unter einem besonderen Druck standen. Diese beiden »Nationen machten zwei Drittel der Lagerinsassen aus, während sie nur 40 Prozent der Gesamtbevölkerung stellten«. Vor allem im Westen des Landes gab es Lager: im serbischen Ram, in Stara Gradiška und Bileća in Bosnien-Herzegowina, in Kroatien auf der Insel Grgur, von der oben bereits Gennî Lebel sprach, sowie in Ugljan, auf Rab und Goli Otok.

Charakteristisch für alle Lager war zunächst die meist unbegrenzte Haftdauer. Die Erfahrungen von Gennî Lebel sind also durchaus repräsentativ. Teils wurden die Verhöre im Lager weitergeführt, sogar noch nach der Verurteilung. Außerdem wurde während der Verhöre und auch danach häufig und äußerst brutal gefoltert: Unaufhörlich wurde geschlagen, und die Häftlinge wurden gewaltsam wach gehalten. Mihailović berichtet vom »Walzer« in

Stara Gradiška: »In der Mitte des Raumes stand eine Holzwanne oder ein Fass mit einer stinkenden Brühe. Der arme Häftling musste hineinsteigen, während sich rundherum unter den Walzerklängen eines Akkordeonspielers ein Rundtanz formierte. Mehrmals musste der Häftling vollständig untertauchen.« Im selben Lager drang ein Gefangenentrupp, der für die Prügel zuständig war, in die Krankenstation ein und versah an die 60 Schwerkranke mit Schlägen und Fußtritten. 15 von ihnen starben daran. Auch Gennî Lebel machte schreckliche Erfahrungen, aber immerhin ist bei ihr von so extremen Ereignissen nicht die Rede. Die »Selbstverwaltung« wurde in den Lagern (und übrigens auch in den Gefängnissen) bis in die abscheulichsten Details hinein umgesetzt. Die Häftlinge selbst mussten prügeln, foltern und bei »Gehirnwäschen« mitwirken.

Der jugoslawische Sicherheitsdienst (UDBA) und der von Rumänien waren die Ersten, die in Europa solche KZ-Methoden bei der Lagerhaft anwendeten: Selbstanklage, Selbsterniedrigung, Umwandlung vom Opfer zum Henker, Selbstentsagung jeglichen Ehrgefühls und jeglicher Moral, und sogar die Selbstvernichtung: auf einen einfachen »Rat« der Wachleute hin, die sich damit begnügten, die Szene von weitem zu beobachten.[42] Die Gewaltanwendung und die Sorgfalt, mit der man sich bemühte, die Häftlinge untereinander zu verfeinden und sie mit den eigenen Unterdrückern zu kompromittieren, erreichten Ausmaße, wie sie in anderen kommunistischen Lagern unbekannt geblieben sind.

Am meisten Informationen gibt es über das Lager Goli Otok. Eröffnet wurde es 1949, die Entlassung des letzten »Stalinisten« erfolgte 1956. Seither unterlag die Insel nicht mehr der Kontrolle der Föderation, und die Kroaten setzten dort noch bis 1963 »Nationalisten« fest.

In den 70er Jahren wurde die Insel Ferienziel zahlreicher Touristen; wer von ihnen konnte ahnen, dass dort Tausende von Menschen inhaftiert waren und ein Zehntel von ihnen umgekommen ist? Mihailović weist darauf hin, dass »Goli Otok für die Jugoslawen zu einem Mythos geworden [ist], genauso wie die Schlacht auf dem Amselfeld: Sie ist erfüllt von Gräueltaten, die man sich so wenig vorstellen kann, dass es schwierig wird, in diesem Mythos das Wahre vom Falschen zu unterscheiden.« Ein Häftling sei angeblich von einer Straßenwalze überrollt worden, ein anderer bis zum Hals in ein dickes Betonrohr gesteckt und in einen Keller hinabgelassen worden, der von riesigen Ratten wimmelte. ... Auf der Insel wächst kein einziger Grashalm, im Winter fegt ein eisiger Wind darüber hinweg, und im Sommer lässt die sengende Sonne die Temperaturen regelmäßig auf über 40 °C ansteigen.

Und so beschreibt der Historiker und ehemalige Insasse das Lager selbst: »Im großen Männerlager gab es 6000 bis 7000 Häftlinge. Es lag auf felsigem Gelände und war mehrere Hektar groß. In den Baracken von 180 m² waren jeweils 300 bis 350 Häftlinge untergebracht. Sie schliefen ohne Decken auf den Pritschen und waren von Läusen, Flöhen, Wanzen und Tausendfüßlern übersät. Hygiene war unmöglich, Seife gab es nicht.«

Das Essen, vor allem das Brot, war minderwertig. Insgesamt gab es nicht mehr als 1000 Kalorien pro Tag. Und das, obwohl schwer gearbeitet wurde, hohe Normen zu erfüllen waren und der Arbeitstag 12 bis 14 Stunden dauern konnte. Krankheiten gab es zuhauf, und zwar die klassischen des stalinistischen GULag: Unterernährung, Pellagra, Nachtblindheit (Hemeralopie), gar nicht zu reden von Hepatitis und Genitaltuberkulose.

Zurück zur internen Organisation der Lager, die ja bereits in Gennî Lebels Berichten über ihre Haft angeklungen ist. Auch in Goli Otok standen am unteren Ende der Hierarchieleiter die »Boykottierten«, die Gefangenen also, die im Lager als »vogelfrei« galten. Sie kamen nicht zu Wort, arbeiteten mehr als die anderen und konnten von jedermann gefahrlos geschlagen, angespuckt oder auf sonstige Weise misshandelt werden. Das Rauchen war ihnen ebenso untersagt wie das Empfangen von Post. Zu erkennen waren die »Boykottierten« an einem roten Streifen auf ihrer Hose. Dann gab es die »Bewährer«. Sie hatten eine bestimmte Frist, um ihre Bekenntnisse vollständig abzulegen, woraufhin sie in das Kollektiv aufgenommen wurden – das heißt in die Barackengemeinschaft, aus der nur die »Boykottierten« ausgeschlossen waren. Ganz oben in der Hierarchie standen die »Aktivisten« oder Mitglieder der »Aktive«, der absurden Selbstverwaltung, die der Sicherheitsdienst nach dem Modell der Parteizellen organisiert hatte.

Schon die normale Arbeit war sehr mühselig, die Zwangsarbeit aber, zu der man innerhalb des Lagers als Strafmaßnahme verdammt werden konnte, war die reinste Folter. Miroslav Popović berichtet von der Abhaltung einer »Treibjagd«, bei der zwei Männer auf einer mit Stielen versehenen Platte große Steinbrocken transportieren mussten, und das natürlich so schnell wie möglich. »Selbst die Russen«, so Popović, »haben in ihren Lagern nie solche Geniestreiche vollbracht. Um diese Treibjagd zu erfinden, genügte es nicht, die sozialistischen Führer auf seiner Seite zu haben. Dafür musste man auch auf dem Balkan sein ...«

Das Buch von Popović liegt bisher nur in französischer Übersetzung vor.[43] Aber auch eine serbische Veröffentlichung wie die von Dragan Marković enthält interessante Details.[44] Marković, ein ehemaliger Inspektor von Goli Otok, berichtet etwa, dass sich eine Delegation der französischen Sektion der sozialistischen Internationale (SFIO) unter dem Vorsitz von Jean Boué nach ihrem Besuch im November 1951 durchaus positiv geäußert hat. Nach ihrer Rückkehr berichtete sie, welche Geständnisse die Häftlinge abgelegt hätten (sie hätten für die Sowjets, die Bulgaren o. ä. gearbeitet) und welch leichte Strafen ihnen dafür auferlegt worden seien. Freilich muss man hinzufügen, dass diese Delegation, wie übrigens andere auch, nicht das eigentliche Goli Otok zu sehen bekommen hatte: Vielmehr wurden sie in ein *falsches* Lager geführt, das man eigens in einem Nachbardorf eingerichtet hatte und wo die Häftlinge schon seit langem entsprechend »abgerichtet« worden waren.

Erst in den letzten Jahren sind Tatsachen über das Ausmaß des jugoslawischen KZ-Systems zwischen 1948 und 1954 bekannt geworden. So hat etwa die Ausstrahlung der mehrteiligen Sendung »Das nackte Leben« *(Goli Zivot)* im Februar 1990, die der 1989 gestorbene Schriftsteller Danilo Kiš noch hatte durchsetzen können, die Gemüter heftig erregt. Sehr lange noch war der Druck so groß, dass kein ehemaliger Häftling öffentlich auszusagen wagte. »Kein einziger unter den Heimkehrern hat ein Papier, irgendeine Bestätigung bekommen, woher er gerade kam«, schreibt Gennî Lebel. »Es stimmte einfach nicht, dass sie jahrelang eine Haftstrafe abgesessen hatten, zu der sie durch ein Gerichtsurteil verurteilt worden waren, denn schließlich hatte es nie einen Prozess gegeben, und die Familien wussten normalerweise nicht, was ›Militärposten 24, Belgrad‹ [die Adresse, an die die Familie ihre Post an den Häftling richtete] oder irgendeine andere banale Adresse bedeutete.«[45]

Auch die Zeit nach der Lagerhaft passt genau zum stalinistischen Modell: Unter Androhung einer erneuten Lagerhaft wurden die Häftlinge bedrängt, für den Staatssicherheitsdienst zu arbeiten.

Die Lager in Rumänien[46]

Im Jahr 1954 ordnete Oberst Gheorghe Popescu, Leiter der staatlichen Archive, die Vernichtung aller Akten an, die über die Deportation von 17 000 Personen hätten Auskunft geben können. Auch Oberstleutnant Iordache Breanu gestand im Dezember 1967, er habe auf Anweisung der Drahtzieher in Ceauşescus Geheimpolizei *Securitate* zahlreiche Akten vernichtet, die die zwischen 1949 und 1964 verbüßten »Strafen« dokumentierten. Und das sind nur zwei Beispiele unter vielen. Solange das Regime in Bukarest bestand, war es offensichtlich darauf bedacht, Beweise und Dokumente zu vernichten und alle Spuren sorgfältig zu verwischen. Nachforschungen über den rumänischen »GULag« sind umso schwieriger anzustellen, als viele der Männer und Frauen, die in Lagern einsaßen, auf einfachen Verwaltungsentscheid hin eingesperrt wurden; sehr häufig ist ihre Verhaftung und die darauf folgende Deportation in keinerlei offiziellem Dokument verzeichnet. Außerdem wurden zahlreiche Archivdokumente schlicht durch Unachtsamkeit beschädigt oder gar zerstört. Es ist zu vermuten, dass die sowjetischen Archive noch zahlreiche aufschlussreiche Akten bergen, zumal die rumänische Geheimpolizei in den 50er Jahren direkt dem NKWD unterstand.

In der Geschichte der rumänischen Lager lassen sich vier deutlich getrennte Phasen unterscheiden.

Die erste Phase (1945–1947) kann man als Vorbereitungszeit bezeichnen. Von Deportationen betroffen waren zunächst vor allem die deutschstämmige Bevölkerung Rumäniens, Mitglieder von Ion Antonescus faschistischer Verwaltung und Regierung sowie im weiteren Sinne alle, die am Krieg gegen die Sowjetunion teilgenommen oder ihn unterstützt hatten.

Die zweite Phase (1948–1953) bildete den Höhepunkt der Repressionen, als die Kommunisten alle Hebel der Macht besetzt hielten und uneingeschränkt über das Land herrschten. Am 30. August 1948 wurde die *Securitate* gegründet. Deren Truppen, die im Fe-

1950: Rumänien

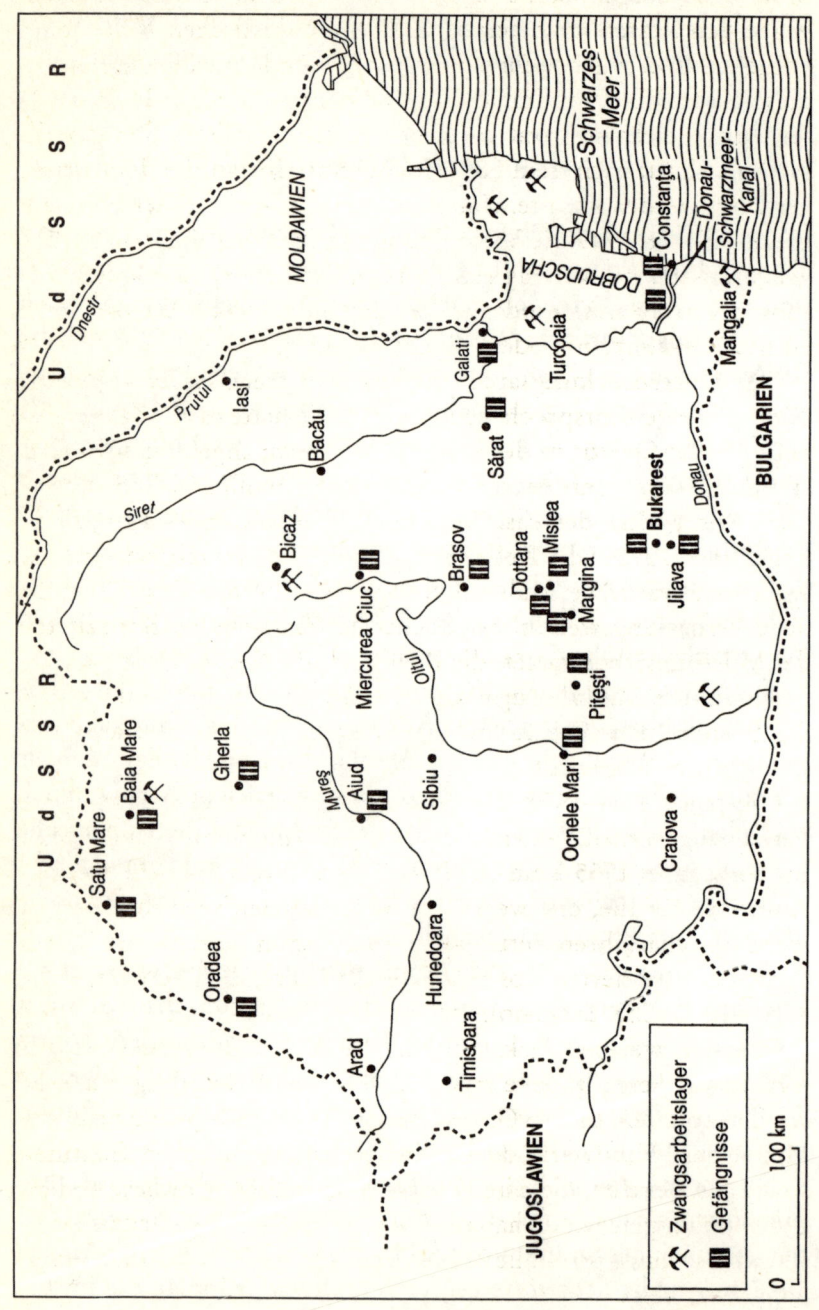

bruar 1949 ausgehoben und bewaffnet wurden, sollten vor allem gegen den letzten noch aktiven antikommunistischen Widerstand vorgehen und gegebenenfalls Bauernaufstände niederschlagen. In diesem speziellen Zusammenhang sah man besondere Haftanstalten vor. Gleichzeitig trat ein neues, äußerst strenges Strafgesetzbuch in Kraft, nach dem bei »Hochverrat« fortan die Todesstrafe verhängt werden konnte. Und unter »Hochverrat« fielen laut dem Gesetz Nr. 16/1949 die Verbreitung oder Beschaffung von Staatsgeheimnissen im Auftrag eines ausländischen Staates, Verschwörung gegen die innere oder äußere Sicherheit sowie terroristische Aktivitäten Einzelner oder von Gruppen.

Der Unterdrückungsapparat hatte sich freies Spiel verschafft und packte dementsprechend kräftig zu. Er hatte es auf das gesamte politische Spektrum des Landes abgesehen, angefangen von bestimmten Kommunisten, die man loswerden wollte, bis hin zu einstigen Mitgliedern der Eisernen Garde. Ein gewaltiges Programm. Erhebungen gegen die Kollektivierung der Landwirtschaft und der antikommunistische Widerstand sorgten weiterhin regelmäßig für neue Verhaftungswellen. Angesichts der mangelnden Kapazitäten der Militärgerichte stattete die Regierung die *Securitate* mit uneingeschränkten Machtbefugnissen aus. Zu diesem Zeitpunkt wurde das System (administrativer) Internierungen in Arbeitslager und Zuchthäuser aufgebaut.

Die Jahre 1954–1957, die dritte Phase, waren relativ friedlich. Verhaftungen nach Verwaltungsentscheid fanden nicht mehr statt. Im September 1955 kam es infolge des Dekrets Nr. 421 zu einer Amnestie für alle, die wegen Kriegsverbrechen verhaftet und zu mehr als zehn Jahren verurteilt worden waren. Von diesen Begnadigungen profitierten vor allem die Offiziere, die aktiv am Krieg gegen die UdSSR teilgenommen hatten.

In einem weiteren Dekret wurden 1956 die Bedingungen festgelegt, unter denen andere Häftlingskategorien vorzeitig entlassen werden konnten. In den Genuss kamen Arbeiter »vom Bau, aus den Minen, dem Handwerk, der Landwirtschaft, technischen Instituten sowie aus Berufen, die eine gewisse Kontinuität erfordern und als gemeinnützig zu gelten haben«. Diese Vorschläge wurden in Spezialkommissionen formuliert und den Volksgerichten zur Zustimmung vorgelegt.

Die vierte Phase (1958–1962) war erneut geprägt von blindwütigen Verhaftungen. Wieder lief die Maschinerie auf Hochtouren: Anklagen, Deportationen, Hinrichtungen. Ab 1963 wurden die politischen Gefangenen dann allmählich freigelassen und die Arbeitslager nach und nach geschlossen. Die Amnestieerlasse vom April und Juli 1964 gaben schließlich den letzten 10 014 politischen Gefangenen die Freiheit wieder. Sie wurden in gewissen Abständen in kleinen Gruppen entlassen, so dass die *Securitate* gleichzeitig ein möglichst effektives Überwachungssystem aufbauen konnte. Wie in den kommunistischen Staaten üblich, mussten die Häftlinge bei der Entlassung aus dem Gefängnis ein Schriftstück unterzeichnen, in dem sie versicherten, niemals davon zu sprechen, was sie während ihrer Haft gesehen oder gehört hatten.

Die Gefängnisse

Bei der Einrichtung seines eigenen Strafvollzugssystems griff das kommunistische Regime auf zahlreiche Anstalten zurück, die noch aus der Vorkriegszeit stammten: Galati, Craiova, Vlăhita, Ialimota, Jilava, Aiud, Sighet und Gherla wurden vollständig übernommen. Ab 1948 kam es zu einer beträchtlichen Verschlechterung der ohnehin harten Haftbedingungen. Fortan stand das sowjetische Lager Modell, und dazu gehörten Einzelhaft, Schläge, Nahrungsmangel und pausenloser Druck auf die festgesetzten »Klassenfeinde«. Rumänien bestätigt damit die Tatsache, dass die schlimmsten Gräueltaten nicht unbedingt innerhalb der Lager vollzogen wurden. Vielmehr konnte das in Gefängnissen passieren, wie etwa in Piteşti, einer regelrechten Fabrik der psychischen und moralischen Zerstörung 110 Kilometer vor Bukarest, wo die Insassen gezwungen wurden, wie Tiere auf allen vieren zu essen oder Exkremente zu verschlingen, ganz zu schweigen von der Folter, die bis in die extremsten Formen hinein praktiziert wurde.[47] Eugen Turcanu, ein 1948 konvertierter Kommunist, trat der »Organisation der Häftlinge kommunistischer Überzeugung« (ODCC) bei. Nachdem er zum Anführer dieser Bewegung aufgestiegen war, erweckte er bei der *Securitate* Interesse für seinen »Umerziehungsplan«, der im Textstudium kombiniert mit körperlicher und psychischer Folter bestand: Der Häftling sollte auf den Rang eines Gegenstands erniedrigt werden, er sollte unter den Händen der Agenten der Geheimpolizei gehorsam und formbar werden, so dass er schließlich seine Loyalität unter Beweis stellen konnte, indem er etwa seine Mithäftlinge denunzierte und sie gegebenenfalls gar mit eigenen Händen folterte. Dumitru Bacu beschreibt in einem Buch über das Umerziehungszentrum für Studenten in Pitești die Herausbildung eines neuen Typs von Opfern: des Henker-Opfers.[48]

Die Arbeitslager

Das Lager hatte den Vorteil, dass man dort »Kriminelle« festsetzen konnte, deren Fall nicht gründlich untersucht und denen kein ordentlicher Prozess gemacht worden war – für die also auch keine Revision zu erwarten war. Fortan konnte man aufgrund eines einfachen Verwaltungsentscheids aus dem Innenministerium die echten, potenziellen oder erfundenen Regimegegner in ein Arbeitslager »abschieben«.

Ein weiterer Grund für die Existenz dieser neuen Haftanstalten lag in dem Bedarf an Arbeitskräften für Landwirtschaftskollektive und Großbaustellen – die allesamt dem Innenministerium unterstanden. Dazu gehörte etwa das Projekt des Donau-Schwarzmeer-Kanals, an dem Tausende Menschen zur Mitarbeit gezwungen wurden. Die meisten Lager fanden sich denn auch in der Dobrudscha: Bač, Capul Midia, Cernavoda, Galeș Grădinari, Grindu, Km4, Km31, Luciu, Medgidia, Ovidiu, Peninsula, Periprava, Piatra, Poarta Albă Saivane, Saligny, Salcia, Stanca, Stoenești; aber auch in anderen Regionen gab es Lager: Bicaz, Itcani und Tătarca gehören zu den Bekanntesten.

Beim Aufbau des rumänischen KZ-Systems stützten sich die beiden Hauptverantwortlichen, Innenminister Teohari Georgescu und Justizminister Stelian Niculescu, auf das Dekret Nr. 6/1950. Dort wurde festgelegt, dass in Arbeitslagern interniert werden konnte, wer »die Volksherrschaft gefährdet oder zu gefährden versucht, sich dem Aufbau des Sozialismus in der Volksrepublik Rumänien widersetzt oder zu widersetzen versucht und wer die Regierung und ihre Institutionen verunglimpft, unabhängig davon, ob diese Taten als kriminelle Handlungen einzustufen sind oder nicht«. Im Anhang zu diesem Dekret erklärten die Minister ausdrücklich, dass Häftlinge, die nach dem Abbüßen ihrer Haft nur einen unbefriedigenden Grad der Umerziehung aufwiesen, direkt vom Gefängnis in ein Arbeitslager überstellt werden konnten.[49] Verhaftet werden konnte, wer falsche Nachrichten in Umlauf brachte, wer die Propaganda westlicher Radiosender hörte oder verbreitete, wer die Partei, die Regierung, die Sowjetunion, ihre Führung oder die anderer Volksdemokratien beleidigte, wer sich mit Mitgliedern des diplomatischen Dienstes westlicher Botschaften anfreundete oder ausländische Bibliotheken besuchte, außerdem reaktionäre Elemente des alten Regimes, Geistliche sowie wer in Briefen tendenzielle Äußerungen über die Volksherrschaft weitergab, usw.

Deportiert werden konnten Anhänger und Mitglieder der politischen Parteien aus der Zeit vor der Befreiung, Polizisten und Beamte des alten Regimes, wer versuchte, illegal die Grenze zu überschreiten, »Kulaken«, bereits verurteilte Spekulanten, Familienangehörige von politischen Widerstandskämpfern, die 1944 Fluchtversuche unternommen hatten, orthodoxe und unierte Priester, Mitglieder zionistischer Vereinigungen, ehemalige Häftlinge, die nach einer Verurteilung wegen politischer Verbrechen bei ihrer Haftentlassung nicht vertrauenswürdig waren, Wiederholungstäter, die in normalen Strafsachen mehr als dreimal eingesessen hatten, sowie ehemalige Angehörige der ausbeutenden Klasse.

Im Allgemeinen wurden die Opfer der Deportation nicht über die Verhaftungsgründe informiert, die im Übrigen stets äußerst schwammig formuliert waren. Eine Überprüfung von über 22 000 Akten, die nach 1953 durchgeführt wurde, ergab, dass nur 1600 Deportierte eines konkreten »Delikts« angeklagt waren. Am Ende des Untersuchungszeitraums im Februar 1956 wurden nicht einmal 500 von ihnen vor Gericht gestellt – bei den anderen erachtete man die erhobenen Vorwürfe für zu geringfügig.

Die oben erwähnten Gesetzestexte wurden, so absurd sie auch grundsätzlich waren, oft noch nicht einmal befolgt. Vielmehr konnte völlig willkürlich verhaftet werden, wie es folgende Aussage von Reserveoberst Bedicu vom 18. März 1968 bestätigt:

»Die Verhaftungen wurden je nach Bedarf vorgenommen, und zwar besonders was den Bau des Donau-Schwarzmeer-Kanals betraf. Wenn am Kanal 5000 Mann gebraucht wurden, dann rief Genosse Hossu, der Bauleiter des Kanals, den Genossen Teohari (Georgescu) an, und der wiederum telefonierte mit Oberst Dulgheru vom Ermittlungsausschuss (der *Securitate*), der die Arbeit verteilte und dabei genau angab, wie viele Häftlinge jede Region zu schicken hatte. Ich weiß das, weil das Lager Rahov im Voraus benachrichtigt wurde, damit wir die Gefangenentransportwagen an den Bahnhof schickten, um den Zug X aus Y in Empfang zu nehmen. Das heißt, die Verhaftungen richteten sich nach dem Bedarf am Kanal und nicht danach, wie schuldig bestimmte Regimegegner waren. Im Sommer 1951 kamen 300 bis 500 Studenten und Studentinnen nach Rahov. Man warf ihnen vor, sie hätten ausländische Bibliotheken besucht – eine englische und eine französische –, wo sie nach Lehrbüchern für ihr Studium suchten. Diese Bibliotheken standen unter dem Verdacht, Spionagezentren zu beherbergen; so wurden alle Studenten, die sie betraten, verhaftet, oder mehr noch, sogar die, die nur vor der Tür stehen blieben und einen Blick hineinwarfen! ... Mehrmals habe ich dem Genossen Pintilie, dem stellvertretenden Minister, in verschiedenen Belangen Bericht erstattet, zum Beispiel weil man Leute verhaftet hatte, die mit anderen verwechselt worden waren oder deren Namen dem eines anderen ähnelte. Jedesmal sagte er mir, das gehe uns nichts an und wir sollten uns da raushalten.«[50]

Aber nicht nur die Gründe für die Internierung trugen Züge der Willkür: Dasselbe galt auch für die Entlassung. Die Gefangenen hatten keinerlei Anhaltspunkt, wann sie freigelassen würden. Aufgrund von als »unangemessen« befundenem Verhalten konnte ihre Strafe etwa um drei Jahre Lagerhaft verlängert werden, ohne dass sie auch nur darüber informiert worden wären.

Der Donau-Schwarzmeer-Kanal

Mit dem Baubeginn des Donau-Schwarzmeer-Kanals, der am 25. Mai 1949 auf Vorschlag des Politbüros beschlossen wurde, kam es auch zur Eröffnung zahlreicher Arbeitslager. Ab März 1950 unterlag die Leitung dieses Projekts dem Ministerrat. Noch heute fragt man sich, welchen Zweck dieser Kanal eigentlich erfüllen und welchen Zielen er dienen sollte: der Kontrolle des Donau-Deltas?

Dem Transport des sowjetischen Eisenerzes auf der Achse Schwarzes Meer–Donau–Oder–Rhein bis ins Ruhrgebiet? Der Eröffnung eines schiffbaren Fahrweges auf der oberen Donau, den die Sowjets im Fall eines erneuten kriegerischen Konflikts nutzen könnten? Oder doch ganz einfach der Auslöschung der »Bourgeoisie«, indem man sie in diesem gigantischen Projekt zur Zwangsarbeit heranzog? Bis heute ist diese Frage nicht offiziell geklärt.[51] Aber wie dem auch sei, unter den Bauarbeitern befanden sich jedenfalls unzählige Häftlinge aus Konzentrationslagern. Die tatsächliche Anzahl beziffern Ghita Ionescu und Dennis Deletant mit etwa 40 000 – und dazu kommen dann noch die etwa 20 000 »freiwilligen« Arbeiter.[52]

Nach Ion Cârja, der Erinnerungen über das Leben der Gefangenen in diesen Gebieten verfasst hat, kam auf jeweils drei »Kriminelle« ein »Politischer«.[53] Genau wie im GULag und im KZ hatten auch hier die »Pinguine« (die Strafgefangenen) die Oberhand über die »Fasane« (die politischen Häftlinge); die Bezeichnungen stammen aus Constantin Cesianus Erinnerungen unter dem Titel *Errettet aus der Hölle*.[54] Wegen der furchtbaren Arbeitsbedingungen und des quälenden Lebensmittelmangels wurde der Donau-Schwarzmeer-Kanal auch häufig »Kanal des Todes« genannt. In gewisser Weise wurde das sogar offiziell anerkannt, denn 1953 verkündete ein riesiges Propagandaplakat: »Der Donau-Schwarzmeer-Kanal ist das Grab der rumänischen Bourgeoisie!«

Was die Todeszahlen betrifft, gehen die Schätzungen weit auseinander, manche scheinen die reinste Erfindung zu sein. Sie schwanken nämlich zwischen 6000 und 200 000, letztere stammt aus *La Nouvelle Alternative*.[55] Unfälle, Unterernährung, schlechte Unterbringung sowie üble sanitäre Bedingungen und Krankheiten forderten zahlreiche Opfer. Der Bedarf an Männern war so groß, dass man sogar Greise und Kranke zum Arbeitseinsatz zwang. Das bedeutete Tod auf Abruf.

Organisation der Zwangsarbeit

Jeweils 60 bis 100 Gefangene waren unter der Leitung eines Vorarbeiters in einer Gruppe organisiert. Essen gab es nur dann, wenn das Soll erfüllt oder gar übertroffen war. Für die Lagerhäftlinge, die täglich länger als zwölf Stunden im Einsatz waren, lagen diese Normen mehr als doppelt so hoch wie für die »Zivilbevölkerung«. Die Erholungspausen waren umso kürzer, je weiter das Lager vom Arbeitsplatz entfernt war (manchmal mehr als zwei Stunden Fußmarsch). Es wurde auch nachts gearbeitet, von 19 Uhr bis 7 Uhr morgens. Nach Aussage von Iordan Raitaru, der einst als Gefangener am Kanalbau im Einsatz war, lag die Tagesnorm 1950 bei zehn Kubikmetern Erdreich. Man grub mit der Hand, mit Schaufeln und Hämmern, die zwei bis fünfzehn Kilo wogen. Und wenn die Norm nicht erfüllt war, gab es nichts zu essen.

Unter dem Vorwurf des »Hochverrats in Form der Mitarbeit in faschistischen und bürgerlich-reaktionären Vereinigungen« wurde Gheorghe Begu gemäß Artikel 209, Absatz b zu 25 Jahren Zwangsarbeit verurteilt. Er erinnert sich an die Verzweiflung, in die einen der Hunger stürzte: »Nachts träumte ich vom Essen, tags kam man in jedem beliebigen Gespräch auf das Essen und auf köstliche Gerichte zu sprechen.« In seinem Buch *Berichte aus dem Dunklen* beschreibt Begu eine düstere Welt, in der die ausgehungerten und gedemütigten Gefangenen das Schweinefutter stehlen. Um an einen Nahrungsaufschlag zu kommen, schrieb er Artikel für die Lagerzeitung.[56]

Auch Doru Novacovici war einst Häftling in den Lagern rund um den Kanal. Zuvor hatte er schon die üblen Bedingungen im Gefängnis von Pitești erlitten, wo er von Dezember 1949 bis August 1959 einsaß. 1959 wurde er zu zehn Jahren Zwangsarbeit verurteilt und in das Lager Luciu-Giurgeni verschickt – ein paar primitive Baracken, umgeben von Stacheldraht und Wachtürmen.[57]

Wie weithin üblich, waren die Arbeitsgruppen in Luciu-Giurgeni in »Brigaden« organisiert. Mittags gab es eine Suppe und kalte Polenta, abends dasselbe. Novacovici war »Feldarbeiter«: Er wurde zur Arbeit auf den Reisfeldern, zur Maisernte und zum Rübenziehen eingesetzt. Gearbeitet wurde von sechs bis 18 Uhr mit einer halben Stunde Mittagspause. Sonntags hatte er »frei«. Wenn die Norm erfüllt war, durfte er Post empfangen und die Bibliothek benutzen. Andernfalls konnte das bis zu 14 Tage Bunker bedeuten – in diesem Fall ein Gefängnisboot, das man eigens dafür ausgebaut hatte.

Novacovici berichtet noch von einem anderen Lager, das er selbst kennen gelernt hat, nämlich vom Lager Periprava an der Donaumündung. Dort wurde man zum Schilfschneiden eingesetzt. Hunger, Kälte und Prügel waren das dauernde und regelmäßige Los der Häftlinge. Täglich starben dort zwei bis drei Gefangene. Schließlich erwähnt er noch das Lager Grădinari, wo 6000 Häftlinge zusammengepfercht waren.[58] Als eine der häufigsten Krankheiten in diesem Lager nennt er die Leptosterose, die von Ratten übertragen wird und zur Lähmung der Beine führt. Was das angeht, scheint allerdings das Lager Stonești am schlimmsten gewesen zu sein: Die Lebensbedingungen dort waren so unsäglich – nichts als gestampfter Lehmboden in den Baracken, die von Ratten wimmelten –, dass die verschiedensten Infektionen ausbrachen und sich rapide ausbreiteten, allen voran Fleckfieber und Typhus. Der einzige Arzt, der sich um die Kranken kümmerte, war selbst Häftling, und er arbeitete ohne jede Ausrüstung: In der Krankenstation gab es bestenfalls Aspirin und Kaliumpermanganat zum Desinfizieren. Am Rande erwähnt Novacovici noch die wöchentlichen Durchsuchungen der Baracken und den Widerstand, den die Häftlinge, so gut es ging, zu leisten versuchten, indem sie heimlich eine »Universität« unterhielten, wo sie Gedichte rezitierten und Schach spielten.

Die Lagerinsassen

Die Schätzungen über die Häftlingszahlen im rumänischen GULag variieren sehr stark, je nachdem, ob sie auf historischer Forschung beruhen oder von Augenzeugen stammen. Historiker schätzen die Zahl der Deportierten auf eine Million; Augenzeugen geben die dreifache Höhe an. Dennis Deletant schätzt die Zahl der Lagerinsassen in den 50er Jahren auf 180 000.

Einige Statistiken, die zwar lückenhaft, aber glaubwürdig sind, geben offiziell Auskunft über die Opfer der *Securitate* – doch nicht alle von ihnen waren in einem Lager. Nach offiziellen Unterlagen sollen gerade einmal knapp 1100 Menschen in Gefangenschaft umgekommen sein – Zahlen, die den Zeugen viel zu klein vorkommen und auch bei den Historikern Skepsis auslösen. Tatsächlich mussten sogar die Führer der *Securitate* 1967 bestätigen, dass in zahlreichen Fällen kein Totenschein ausgestellt wurde. Corneliu Coposcu, ein ehemaliger politischer Häftling aus der Nationalen

Demokratischen Bauernpartei, meint, dass an die 180 000 Menschen in Gefangenschaft gestorben seien. Andere Schätzungen gehen sogar von bis zu 500 000 aus.

Für die Bezifferung der amtlich verordneten Inhaftierungen sprechen die Archive der *Securitate* von 25 740 Fällen (für den Zeitraum 1950–1954 und 1958–1968). Von den Internierungen betroffen waren vor allem Bauern (4875) und Arbeiter (4624), gefolgt von Angestellten (3423). Allerdings sind diese Zahlen mit Vorsicht zu betrachten: In den meisten Fällen gab es keinerlei Dokumente, die die Verhaftungen offiziell bestätigt hätten, und falls doch, so gibt es jedenfalls heute keine Spur mehr davon.

Sicher bezeugt sind dagegen die harten Haftbedingungen. Sobald die Häftlinge im Arbeitslager ankamen, unterlagen sie dem Prozess der »Umerziehung durch Arbeit«. Die Anklageschrift Nr. 7 vom 27. Februar 1954, die die Militärstaatsanwaltschaft für Einheiten des Innenministeriums verfasste, nennt die in den Lagern angewandten Methoden: »Viele Häftlinge wurden mit Eisenstangen oder Schaufeln geschlagen oder mit der Reitgerte ausgepeitscht. Unter den Schlägen kamen manche um, andere blieben für den Rest ihrer Tage schwer behindert.«

Außerdem werden folgende Vorgehensweisen beanstandet:
- Mord durch Erschießen;
- Versagung medizinischer Behandlung für kranke Häftlinge, die entgegen den ärztlichen Anweisungen zur Zwangsarbeit eingesetzt wurden, was in manchen Fällen zum Tod führte;
- auch im Winter wurden Häftlinge in nicht überdachten Zellen festgehalten (und das mit spärlicher Kleidung oder gar völlig nackt);
- auch in den kalten Jahreszeiten waren Häftlinge gezwungen, bis Hüfthöhe ins Wasser zu steigen, um Schilf und Binsen zu schneiden;
- die Häftlinge wurden von berittenen Wächtern verfolgt und getreten;
- Häftlinge wurden im Winter völlig unbekleidet zur Arbeit am Dammbau geschickt und mussten zur Bestrafung bis mittags im eiskalten Wasser bleiben;
- im Sommer wurden Häftlinge mit gefesselten Händen völlig unbekleidet Tag und Nacht den Stechmücken ausgesetzt;

- Schändung der Leichen von Häftlingen;
- Begraben von Häftlingen bei lebendigem Leibe.[59]

Iosif Cardei, der im Arbeitslager Cernavoda inhaftiert war, erklärte am 14. Mai 1953 vor der Staatsanwaltschaft: »Solche Szenen, eine schlimmer als die andere, ... liefen jeden Tag ab; mit dem einzigen Unterschied, dass immer andere Leute mitspielten.«[60]

Die Lager in Bulgarien

In Bulgarien war das KZ-System bis zu Beginn der 70er Jahre eine stete Begleiterscheinung der totalitären Herrschaft. Ohne größere Zwischenfälle erfüllte es die Funktionen, die für dieses System typisch sind: Isolierung, Bestrafung, Ausbeutung der Arbeitskraft und Vernichtung. Auch im post-totalitären Kontext bis Anfang der 80er Jahre wurden im »bulgarischen GULag« noch einige Regimegegner festgehalten, allerdings ohne Zwangsarbeit.

Aus den vorliegenden Zeugenaussagen ehemaliger Häftlinge geht hervor, dass in den bulgarischen Lagern mehr ausgepeitscht, geschlagen und geprügelt wurde als in den anderen kommunistischen Ländern Osteuropas.[61] Geschlagen wurde bei der Verhaftung, und geschlagen wurde bei der Ankunft im Lager.[62] Ausgeteilt wurden diese Schläge manchmal von sadistischen Menschenschindern, die geradezu exemplarische Hinrichtungen inszenierten. Zeugen berichten, dass in Belene manche Prügelstunden von den Geigenklängen anderer Häftlinge untermalt wurden.[63]

Außer den Prügelaktionen beschreiben die Zeugen auch einzelne Foltermethoden: So wurden etwa einem Häftling die Haare angezündet, ein junger Mann wurde vor den Augen seines Vaters totgeschlagen, oder Gefangene wurden mit gefrierendem Wasser übergossen.[64] Purer Sadismus auch im Lager Lowetsch, wo die Gefangenen mit dem Sack auf der Schulter aufbrechen mussten, in dem später ihre Leiche zurückgetragen werden sollte. Es kam vor, dass sich hinter den Latrinen über 20 solcher Säcke stapelten.[65]

Geführt wurden diese Lager von Offizieren der politischen Polizei, denen rangniedrigere Polizisten sowie so genannte Brigadechefs zur Seite standen – so etwas wie Kapos also. Üblicherweise waren sie es, die prügelten und töteten.

Der Vorschlag, zur Isolierung der Gegner der kommunistischen Revolution Arbeitslager einzurichten, wurde zum ersten Mal am 16. November 1944 auf einer Sitzung des Zentralkomitees der bulgarischen Arbeiterpartei gemacht.[66] Bereits einen Monat später beschloss die Regierung die Gründung von zwei Typen von Lagern: einerseits für die verschiedensten »Kriminellen«, Asozialen, Prostituierten, Bettler usw. und andererseits für die politisch gefährlichen Gegner. Von Beginn an erfolgte die Internierung nach einem reinen Verwaltungsentscheid: »Verschickt werden kann auf Anordnung des Innenministeriums, wer immer von Seiten der Miliz benannt wird, und zwar für den wiederholbaren Zeitraum von jeweils sechs Monaten.«[67]

Unter der Bezeichnung »Heim zur Erziehung durch Arbeit« (TVO) existierten in Bulgarien etwa 30 Lager, viele von ihnen in der Region Dobrudscha. Anfang der 50er Jahre waren es mit den angegliederten Lagern insgesamt 76, so die Schätzungen der Emigrantenzeitschrift *L'Avenir*.

Die ersten Lager

Das erste Lager, das eröffnet wurde, war Zelenidol nahe der griechischen Grenze. Interniert wurden dort Ausländer aus den mit NS-Deutschland verbündeten Staaten sowie Bulgaren, die Verbindungen in diese Länder hatten. In diesem Lager saßen 329 Menschen ein – Männer, Frauen und Kinder.

Im Lager Sveti Vrać (heute Sandanski, ebenfalls an der Grenze zu Griechenland) wurden später 800 Menschen festgehalten, darunter viele ehemalige Gendarmen und Offiziere. Sie wurden beim Bau einer Eisenbahnlinie eingesetzt. In Bobovdol arbeiteten im April 1945 über 1600 Menschen; zu ihnen gehörten auch die Häftlinge des Vorgängerlagers, die hierher verlegt worden waren. Als nächstes entstanden die Lager Kutsian und Bogdanovdol, die beide derselben Leitung unterstanden. Die Häftlinge dort produzierten Ziegelsteine für den Bau von Bergarbeitersiedlungen oder arbeiteten selbst in den Kohlebergwerken. Ab April 1945 war das Lager Rosica im Norden Bulgariens in Betrieb, wo überwiegend Menschen aus dem Osten des Landes festgesetzt wurden; etwa 900 Häftlinge arbeiteten hier am Bau einer Talsperre.

Ab 1946 und vor allem von 1947 an sind zwei parallele Erscheinungen zu beobachten. Einerseits gab es eine auffällige Verschiebung in der politischen Herkunft der Häftlinge: Außer den Anhängern der Rechten, Befürwortern des autoritären Regierungsstil der Zwischenkriegszeit, traf es nun mehr und mehr Bauern, Sozialdemokraten und Anarchisten. Außerdem wurden deutlich schneller immer mehr Menschen interniert. Zum Zeitpunkt der Eröffnung des Lagers Belene überstieg die Zahl der Häftlinge in den bulgarischen Lagern die Zahl 5000.

Die Schätzungen über die Gesamtzahl der bulgarischen Häftlinge gehen weit auseinander. Wissenschaftliche Untersuchungen gehen von 23 000 zwischen 1944 und 1962 aus. Wie üblich liegen diese statistischen Daten weit unter den Schätzungen der Häftlinge selbst, die eher von 100 000 Betroffenen sprechen. So gibt etwa ein Zeuge an, dass es 1962 in Belene 7000 Gefangene gab, und ein anderer zählt gar 186 000 Häftlinge für den gesamten Zeitraum. (Allerdings kann es sich dabei nur um die Gesamtzahl an Internierungen während der kommunistischen Diktatur handeln.) Laut der Emigrantenzeitschrift *L'Avenir* sind allein durch das Lager Belene zwischen 1949 und 1962 an die 50 000 Häftlinge gegangen. Innerhalb von 13 Jahren sollen dort über 7000 Menschen umgekommen sein.

Zur Geschichte der bulgarischen Lager

In der Geschichte der bulgarischen Lager gibt es mehrere Etappen:
 1. 1945–1949: Einsatz der Zwangsarbeiter auf zahlreichen Baustellen überall im Land. Unter ihnen befanden sich vorwiegend die führenden Mitglieder der Bauernpartei, die als Faschisten galten.
 2. 1949–1953: Konzentrierung der politischen Häftlinge im Lager Belene auf der gleichnamigen Donauinsel (auch Persin genannt) an der rumänischen Grenze.
 3. 1954–1956: Die Deportationen kamen beinahe zum Stillstand; Belene bestand aber weiter.
 4. 1956–1959: Neue Einweisungen nach Belene, besonders während des ungarischen Volksaufstands 1956.
 5. 1959–1962: Schließung von Belene nach einem Hungerstreik. Die verbleibenden Häftlinge wurden in das neue Lager Lowetsch

verlegt, wo außerdem mehrere Tausend neue Häftlinge hinzukamen.
6. September 1961: Die Frauen von Belene wurden in ein Lager nahe Skravena gebracht. Dort herrschten etwas bessere Haftbedingungen (es wurde nicht mehr geprügelt, Begrenzung der Arbeitszeit auf acht Stunden täglich, angemessenere Kleidung). Weitere Verbesserungen folgten nach März 1962, d. h. nach den Untersuchungen einer vom Politbüro ernannten Kommission. Im April 1962 wurde das Lager Lowetsch aufgelöst.

Die Funktionsweise des Systems

Wie in allen kommunistischen Ländern machte man gleichsam einen Rundumschlag. Die Partei plädierte jedenfalls dafür, »lieber die ganze Decke zu verbrennen als zuzulassen, dass ein einziger Floh sich darin einnistet«.

Todorov spricht von Trotzkisten und Anarchisten. Tatsächlich landeten alle, die eine (echte oder eingebildete) Bedrohung für das Regime darstellten, im Lager: Ein Grundbesitzer namens Borcev wurde im Oktober 1946 verhaftet, nachdem er Sympathien für den Bauernführer Nikola D. Petkow gezeigt hatte (der 1947 hingerichtet wurde). Hier handelte es sich also eindeutig um einen »Politischen«; aber auch Menschen, die dem Regime weniger feindlich gegenüberstanden, fanden sich oftmals hinter Stacheldraht wieder. Sie wurden nicht verurteilt, sondern auf Grund eines amtlichen Entscheids ins Lager geschickt. Dimitar Pencev, der 1959 zum Tod verurteilt wurde, sagte aus, er habe in Belene 40 politische Häftlinge getroffen, die vor Gericht gestellt und verurteilt worden waren, und ansonsten ungleich mehr Häftlinge, die man auf einfachen Amtsentscheid hin ins Lager gesteckt hatte.[68]

Ab 1962 ermöglichte ein neues Dekret des Politbüros bis zu fünf Jahre Freiheitsentzug und Zwangsarbeit ohne jede Verurteilung, das heißt als verwaltungstechnische Maßnahme und auf Vorschlag von Massenorganisationen wie den lokalen Komitees der »Heimatfront«. Es bleibt anzumerken, dass außer der Internierung auf dem Amtsweg auch andere Maßnahmen ergehen konnten: etwa die Zuweisung eines Aufenthaltsorts oder das Verbot, an einem bestimmten Ort zu leben, zu studieren oder sich ärztlich behandeln zu lassen.

Die Arbeiten, die man den Häftlingen auferlegte, waren recht unterschiedlich: Meistens wurden sie in der Landwirtschaft eingesetzt, aber manche gruben auch Bewässerungskanäle, bauten Talsperren und Schleusen, legten Wasserleitungen, arbeiteten in Steinbrüchen, im Sägewerk (mit einer Norm von sechs großen Balken pro Person) oder in der Ziegelei. Auch in den Bergwerken kamen Häftlinge zum Einsatz. In der Gegend von Dimitrovo (heute Pernik) arbeiteten Tausende in den Kohleminen. Wieder andere schufteten beim Gleis- oder Straßenbau.

Auffällig ist, dass die Gefangenen je nach Lager sehr unterschiedlich behandelt wurden. Bogdanovdol konnte man nicht einmal streng nennen. Es war ein altes, mehrstöckiges Gebäude, in dem man zahlreiche Pritschen aufgestellt hatte. Es gab dort fließendes Wasser, Waschbecken und Toiletten.[69] Man konnte Zigaretten, Bonbons und Marmelade kaufen. Borcev hatte in seinem Gepäck Goethes *Faust*, Jacob Burckhardts *Griechische Kulturgeschichte*, Wörterbücher und eine lateinische Grammatik. Und aus Lautsprechern tönte klassische Musik. Das Brot war zwar nicht frisch, aber ausreichend. Pakete durfte man nur alle drei Monate empfangen, dann aber durften sie bis zu zehn Kilo schwer sein. Bocev schrieb, dass »Bogdanov im Vergleich zu anderen Lagern ein Mädchenpensionat« war.

In Belene war das Leben längst nicht so angenehm. Dieses Lager wurde 1949 eröffnet und blieb bis zum Umsturz des Regimes in Betrieb, und das mit außerordentlich hohen Arbeitsnormen und unter furchtbaren Lebensumständen.

Zwischen 1949 und 1953 sowie zwischen 1956 und 1959 saßen in Belene überwiegend politische Häftlinge ein. Zwischen diesen beiden Zeiträumen sowie von 1959 bis 1962 gab es dort sowohl »Kriminelle« als auch Politische. Und von 1968 bis 1981 schließlich internierte man wiederum einige Regimegegner, jetzt allerdings ohne Zwangsarbeit. Hier saßen zwischen 1985 und 1987 auch mehrere Hundert Muslime ein, die sich der »Bulgarisierungskampagne« der Familiennamen widersetzten, die das Regime 1984 angeordnet hatte.

Wie anderswo auch wussten die Strafgefangenen, woran sie mit ihrer Strafe waren. Nicht so die Politischen, die ohne Verurteilung hier gelandet waren, ohne Anklage, ohne eine verordnete Strafe und ohne deren absehbares Ende. Für die Betroffenen war diese Ungewissheit unerträglich, und das um so mehr, als die »Kriminellen« auch häufiger Briefe und Pakete empfangen durften. Mancher ließ sich auf kleine Provokationen ein, um endlich zu einer festen Haftstrafe verurteilt zu werden!

Die Baracken bestanden aus Astwerk und aus getrocknetem Lehm. Nach heftigen Niederschlägen regnete es durch die Reetdächer aus Stroh und Sonnenblumenblättern hinein. In jeder Baracke lebten 50 bis 70 Menschen. Flöhe gab es massenweise, und gegen die Ratten wurde erst etwas unternommen, als sie den Mehlvorräten zu Leibe rückten. Auch die Läuse waren zahlreich, bis man schließlich zu Desinfizierungsmaßnahmen griff. Im Sommer schließlich plagten die Mücken.

Das Lager war von einem über 2,30 Meter hohen Stacheldrahtzaun umgeben. Dahinter lag ein drei Meter tiefer Wassergraben und schließlich eine Mauer, vor der Wachleute patrouillierten.[70] Im Abstand von einem Kilometer befanden sich Schilderhäuschen; dazwischen liefen Hunde an einem langen Draht entlang, an dem sie angebunden waren. Sechs Wachtürme komplettierten das Bild. Auf einer nahe gelegenen Insel waren etwa 150 Frauen interniert.

Die Nahrung war knapp: Wer die Arbeitsnorm erfüllt hatte (d. h. wer etwa fünf Kubikmeter Erde umgesetzt hatte), bekam ein Pfund Brot, einen Teller Suppe und abends Nudeln oder Reisschrot. Selten gab es Fleisch, und wenn, dann nur solches, das sich anderswo nicht verkaufen ließ. Wenn die Norm nicht erfüllt war, sank die Brotration auf 360 Gramm. Zeitweise musste morgens ein Löffel Marmelade reichen, mittags und abends ein Teller dünner Suppe, dazu das Pfund Brot für den Tag.

Man zwang die Häftlinge, die Hymne der militärischen Lagerorganisation zu singen: »Schuldig vor dem Volk, sind wir im OMT, um ein neues Zeitalter zu erleben und eine strahlende Zukunft aufzubauen ...« Auf dem Appellplatz stand ein Schild mit dem stolzen Satz, den man Maxim Gorki zuschreibt: »Wenn der Feind sich weigert, sich zu ergeben, muss er vernichtet werden.«

Das härteste Lager in Bulgarien war ohne jeden Zweifel das Lager Lowetsch, eine »Art Gipfel des Schreckens« nach den Worten Todorovs, der darüber zahlreiche Zeugenaussagen zusammengetragen hat. Hier wurden die meisten Häftlinge ermordet. Nach seiner Gründung 1958 ging es 1959 in Betrieb und nahm ein paar Hundert Unbelehrbare aus Belene auf, das zu diesem Zeitpunkt offiziell geschlossen wurde. Bald saßen dort an die 1000 Menschen ein; geplant war es ursprünglich für 120.[71] Die Politischen waren mit den Strafgefangenen vermischt, die der Verwaltung als Hilfskräfte dienten. Die Unterbringung erfolgte in Baracken in Form von unterirdischen Schlupflöchern. Auf beiden Seiten standen in zwei Stockwerken die Pritschen. Das Stroh war dünn und schimmelig, die Militärdecken völlig zerfetzt. Etwa 100 Menschen schliefen in jeder Baracke, inmitten von Tausenden von Wanzen und unter unerträglichem Gestank. Das Lager war von über zwei Meter hohem Stacheldraht umgeben, etwa alle 50 Meter stand ein Wachturm.

Sechs Tage pro Woche wurde 15 Stunden lang gearbeitet, sonntags sechs oder sieben Stunden. Wer die Norm nicht erfüllte (z. B. die Umsetzung von zehn Kubikmeter Sand), durfte danach noch zum »Tanzabend«: Im Lagerjargon hieß das, nach dem Abendessen bis spät nachts noch Holz hacken oder Tierfutter in Silos schaufeln zu müssen. Alle drei Monate durfte man sich etwas Geld und Pakete mit einem Gewicht von 15 Kilogramm schicken lassen, aber es blieb der Willkür der Offiziere überlassen, ob sie auch tatsächlich verteilt wurden. Briefe und Päckchen gingen im Übrigen oft zurück an den Absender. Das Lager Lowetsch wurde erst im Frühjahr 1962 geschlossen.

Eines sei hier noch angeführt: Zwischen 1946 und 1950 kam es zu erzwungenen Arbeitseinsätzen. Betroffen davon waren Tausende von Menschen, die als »arbeitsscheu« eingestuft wurden. In der Regel hatte man es mit diesen Maßnahmen auf Verwandte von politischen Gefangenen abgesehen, die man mit Zwangsarbeit (Gleis-, Kanal-, Straßenbau usw.) für ihre Bindungen zu einem Volksfeind bezahlen ließ.[72] Auch die interne Deportation wurde von dem Regime praktiziert. Noch bis ins Jahr 1984 wurde einzelnen Menschen ihr Wohnort zugewiesen.

Die Lager in Albanien

In Albanien kam es über einen längeren Zeitraum zu extremeren Repressionsmaßnahmen als in den übrigen kommunistischen Ländern Europas. Anders als in der UdSSR war der Tod Stalins dort nicht Anlass für eine Öffnung oder zumindest eine Lockerung des Lagersystems. Die guten Beziehungen zu Chruschtschow hielten nicht sehr lange an, und ab Anfang der 60er Jahre konnte man eine Rückkehr zum Stalinismus feststellen. In dieser Zeit trat Albanien an die Seite der chinesischen KP, protestierte gegen den »modernen Revisionismus« und stellte sich damit gegen Chruschtschow.

In der Zeit der »Kulturrevolution« in den Jahren 1967/68 kam es in Albanien erneut zu außerordentlich harten Repressionen, und ebenso während der großen Säuberungsaktionen 1974. Als sich China Ende der 70er Jahre unter Deng Xiaoping vorsichtig dem Westen öffnete, reagierte Albanien erneut mit einer Flucht nach vorne: Die Kommunisten in Tirana griffen Dengs Politik scharf an.

Es besteht also ein Zusammenhang zwischen der Geschichte der albanischen Lager und dem sich schrittweise vollziehenden Bruch mit all denen, die in den Augen Tiranas Verrat am Kommunismus übten. Jede dieser Distanzierungen war von Säuberungsaktionen und Verhaftungswellen begleitet.

1990, kurz vor dem Zusammenbruch des albanischen Kommunismus, existierten in diesem kleinen Land nicht weniger als 14 Lager, in denen gleichermaßen politische Häftlinge und Strafgefangene einsaßen. Genaue Häftlingszahlen sind noch nicht bekannt, aber Amnesty International legte damals eine vorsichtige Schätzung über 32 000 politische und 40 000 Strafgefangene vor, in die freilich auch die Gefängnisinsassen einbezogen waren.

Die ersten albanischen Lager entstanden sofort nach der Machtübernahme durch die Kommunisten 1946. In diesen Lagern waren Repression und Ausbeutung der Arbeitskraft eng miteinander verbunden. Man traf dort alle sozialen Klassen an: unter anderem Bauern, die sich der Kollektivierung widersetzten, Arbeiter, die gegen die neuen Arbeitsnormen protestierten, Angehörige der alten Eliten, Intellektuelle und Facharbeiter, Repräsentanten der katholischen Kirche (die übrigens besonders ins Visier genommen wurde). All diese Häftlinge wurden ohne Umschweife zur Arbeit abgestellt;

unter schwierigsten Bedingungen trugen sie zu den Bemühungen um die Industrialisierung des Landes bei. Der Flughafen von Tirana, zahlreiche Straßen und Hochhäuser sowie diverse Industrieanlagen konnten nur dank der Häftlingsarbeit gebaut werden. Auch zur Trockenlegung von Sümpfen wurden Arbeitskräfte aus den Lagern herangezogen, wie etwa die aus dem Lager Maliq in der Nähe der Küste. Dieses Lager war lange Zeit das Symbol der stalinistischen Repression, bevor diese traurige Ehre auf das Lager Spaç im Zentrum Albaniens überging.[73]

Die Häftlinge aus Maliq wurden bei der Trockenlegung der Devoll-Ebene eingesetzt. Es gab dort fünf Brigaden, das heißt über 2500 Gefangene, zusätzlich kümmerten sich etwa 500 Personen um Versorgung und Verwaltung. Die Bewacher, der Hunger und die mühselige Arbeit sorgten für grausame Haftbedingungen. »Das war schon beinahe ein Vernichtungslager«, meinte Jusuf Vrioni, heute Vertreter Albaniens bei der UNESCO.[74] Und doch waren in seinen Augen die Bedingungen, so schlecht sie auch waren, immer noch besser als im Gefängnis: »Während der Isolierung in der Untersuchungshaft hätte man jeden vor die Wahl stellen können zwischen der Zellenhaft mit ihrer nie endenden Angst vor der Erschießung und der Verschickung ins Arbeitslager, und niemand hätte auch nur einen Moment gezögert: Jeder hätte sich für das Lager und das dortige Leid entschieden.«[75] Und das mein Vrioni ganz ernst: Sogar die Kranken hielten im Lager durch, »trotz der anstrengenden Arbeit«. Dass sie nicht starben, lag daran, dass sie an der frischen Luft lebten und nicht »in diesen feuchten Räumen, in der knappen Luft, (wo) wir das Gefühl hatten zu ersticken und das Böse nur so auf uns lauerte ...« Im Lager dagegen »fehlte es uns im Gegensatz zu den Zellen in Tirana oder in Burrel wenigstens nicht an Sauerstoff ... Immerhin versauerten wir da nicht im widerlichen Gestank!«[76]

Gerade das Gefängnis von Burrel war besonders gefürchtet. Aus diesem alten Zuchthaus – es stammte noch aus der Zeit des Königs Zogu Ende der 20er Jahre – kam man nicht mehr lebendig heraus, so lautet die gängige Meinung. Dort sperrte man die gefährlichsten Politischen ein, und zudem diejenigen, die am weitesten oben in der Hierarchie standen, bevor sie den Säuberungsaktionen zum Opfer fielen.[77] Die Haftbedingungen waren extrem schlecht: Häftlinge starben in ihren Zellen, sie waren von der Außenwelt völlig abgeschnitten, jederzeit konnte es Knüppelschläge setzen, die Gemeinschaftszellen waren überfüllt – in einem Raum von fünf mal sieben Metern konnten bis zu 38 Menschen eingepfercht sein.[78] Es ist nachvollziehbar, welche Hoffnungen sich an eine mögliche Verlegung in ein Arbeitslager knüpfen konnten.

In den ersten Jahren nach der kommunistischen Machtübernahme waren die Lager eher Baracken zur Unterbringung von Zwangsarbeitern direkt am Einsatzort und keine dauerhaften Einrichtungen. Über Lage und Ausstattung der Lager entschied jeweils die wirtschaftliche Bedeutung. Viele mobile Lager waren etwa an ganz bestimmte Bauprojekte gekoppelt: eine Fleischkonservenfabrik in Tirana, die Trockenlegung von Mooren in Skrofotin (nahe Vlorë), eine Talsperre am Drin bei Hajmel, ein Zementwerk in Fushë-Krujë ...

Die harten Arbeitsbedingungen sorgten auch dafür, dass die Eliminierung der Klassenfeinde gut funktionierte. Tatsächlich konnten die Haftbedingungen von einem Lager zum anderen und sogar innerhalb eines einzigen sehr unterschiedlich sein, je nachdem, wer gerade das Kommando innehatte; ganz zu schweigen vom Einfluss der internationalen Politik.

Die Häftlinge im Lager Rinas arbeiteten am Bau des Militärflughafens von Tirana, wo sie Mitte der 50er Jahre ohne technische Hilfsmittel eine Landebahn anlegten, und das nach einem absolut verbindlichen Normsystem. Die Peitsche stand denen bevor, die die Norm nicht erfüllten, aber wer sie übertraf, den lockte das Zuckerbrot: Wenn man die doppelte Norm erreichte, wurde man sehr gut bezahlt (für die Mehrarbeit erhielt man fünfmal so viel Lohn wie für die eigentlich verlangte). Im Rahmen dieses Systems konnte man sich auch Zeit erkaufen: Wer die Norm erfüllt hatte, erhielt zur Belohnung ein Zehntel eines Arbeitstags frei, wer sie zum zweiten Mal erfüllte, erhielt schon einen halben Tag.

Das Lager stand neun Kilometer von Barat entfernt. Man durfte Besuch empfangen, blieb aber stets durch Stacheldraht von ihm getrennt. Gearbeitet wurde in »Brigaden«, und der Brigadechef war oftmals ein Spitzel der jeweiligen Lagerleitung. Mehrere Brigaden waren zu einer Kompanie zusammengeschlossen, an deren Spitze ein »Kommandant« stand. Die Häftlinge schliefen in den üblichen

Baracken unter geteerten Wellblechdächern. Auf dem Boden lagen Matratzen, darüber in 60 Zentimeter Höhe eine zweite Reihe und auf 1,80 Meter eine dritte.

Rinas war nicht einmal das schlimmste Lager. Man wurde »nicht allzu schlecht behandelt«, meint sogar Vrioni. Geweckt wurde um halb fünf Uhr morgens. Zum Frühstück gab es einen dünnen Eintopf, eine Art Bohnenschleimsuppe; dazu einen kaum gezuckerten Tee und manchmal eine magere Fleischeinlage in der Suppe. Um zehn Uhr dann ein Marmeladebrot. Feierabend war um 15 Uhr. Danach war bis zur Nachtruhe nichts mehr zu tun. Während der kurzen Zeit des Einverständnisses mit Chruschtschow durften die Häftlinge sogar eine Bibliothek benutzen, die aber bald schon wieder geschlossen wurde. Wenn man sieht, in welch hohem Maße man von der internationalen Entwicklung abhängig war, versteht man, dass die albanischen Häftlinge so viel Hoffnung in sie setzten. Aber war das im ungarischen Recsk oder im sowjetischen Workuta nicht genauso?

Jusuf Vrioni berichtet noch vom Lager Shtyllas. Auch dieses war an eine Baustelle gebunden: Zwei Kanäle sollten ausgehoben werden, einer zur Be-, einer zur Entwässerung. Die Arbeitsbedingungen waren insofern schwierig, als man sich ständig mit dafür völlig ungeeigneter Kleidung im Schlamm aufhielt: »Wir mussten graben und graben, dann diese schwere Erde auf Karren fortschaffen, Schaufel, Schubkarre, Hacke, monatelang nichts als das. Absolute Monotonie. Erinnerungen an Schlamm.«[79]

Außerdem gab es noch etliche andere Lager: Sarandë[80], Ballsh, Radostin, Elbasan, wo die Häftlinge Zementwerke errichteten, Kosovë (Bezirk Elbasan) für Frauen, Bilquizë (Bezirk Dibër), Batër, Beden. In Butchisa nahe der mazedonischen Grenze, 160 Kilometer nordöstlich von Tirana, wurde in den Chromerzminen geschürft. Jugendliche unter 18 Jahren waren in Tarovic (Bezirk Lezhë) interniert.

Im Lager Nr. 309/1 in Ballsh bei Fier saßen Anfang der 80er Jahre etwa 1200 Menschen ein. Das Lager verfügte über drei Abteilungen: eine für Politische, eine für Strafgefangene (Nr. 309/2) und eine für Ausländer, überwiegend Griechen und Jugoslawen (Nr. 309/3). Die Sträflinge wurden außerhalb des Lagers zur Arbeit eingesetzt, viele von ihnen beim Bau einer Erdölraffinerie. Nach Vrionis Bericht begann der Arbeitstag bereits um halb fünf Uhr morgens. Man schlief in schlecht beheizten Baracken. Die Mahlzeiten bestanden in 120 Gramm Suppe, nachmittags enthielt sie auch Bohnen und Makkaroni, dazu etwas Fleisch (75 Gramm für die Arbeiter) und 800 Gramm Brot, und abends einen Tee mit zehn Gramm Zukker. Die Ausländer bekamen etwas besseres Essen und mussten nicht arbeiten.

Ohne jeden Zweifel ist das markanteste Lager Albaniens – jedenfalls ab den 60er Jahren – das Lager Nr. 303 in Spaç bei Shkodër (Skutari). Die Häftlinge aus Spaç arbeiteten in einer Pyritmine, die an einem Berghang innerhalb des Lagers terrassenförmig angelegt war. Die Grenze des Lagers markierten Stacheldraht und Wachtürme, dahinter patrouillierten Soldaten mit Hunden. Einzelne Schätzungen sprechen von 1500 bis 4000 Insassen, davon 600 politische Gefangene; der albanische Maler Maks Velo dagegen, der 1985 dort einsaß, berichtet, dass das Lager mit »über 1200 Menschen völlig überfüllt« war.[81] Wenn dann noch zweimal pro Woche Gefangenentransporte mit weiteren Häftlingen ankamen, sorgte das jedenfalls für Probleme mit der Überbelegung. Spaç gehörte zu den harten Lagern, verschickt wurden dorthin vor allem Rückfällige.

Die Baracken, die 300 bis 400 Menschen fassten, waren in 12 bis 15 »Stuben« unterteilt. In diesen unbeheizten Betonbauten schlief man auf Strohsäcken. Die Verpflegung bestand aus Suppe mit Reis, Bohnen oder Makkaroni, kein Fleisch. Immerhin gab es ein Glas Trockenmilch und Brot.

Gearbeitet wurde acht Stunden täglich, und das sechs Tage pro Woche (wenn man nicht auch am siebten Tag noch antreten musste). Die Sicherheitsvorkehrungen waren mangelhaft, es kam häufig zu Unfällen. Auch das klassische sowjetische System der Arbeitsnorm kam zur Anwendung. Nur wer die Norm erfüllte, bekam einen sehr niedrigen Arbeitslohn – etwa zwei bis drei Lek pro Tag, also ungefähr ein Sechstel dessen, was man beim Einsatz außerhalb des Lagers verdiente. Innerhalb des Lagers gab es noch eine kleine Krankenstation mit einem Arzt und einem Zahnarzt, beide selbst Häftlinge.

Besuch war in Spaç erlaubt (bis zu zehn Kilogramm Lebensmittel durften überbracht werden), aber die Anreise bis zum Lager war mühsam und zeitaufwendig und die Besuchszeit im Vergleich dazu sehr kurz: 30 Minuten. Zwei Briefe durfte ein Häftling pro Monat schreiben und erhalten.

Es gab in Spaç eine Bibliothek mit erbaulichen Schriften der Partei und ihres Führers Enver Hoxha. Jeden Abend hörten die Häftlinge über Lautsprecher aus dem staatlichen Radio eine marxistisch-leninistische Propagandapredigt. Ein monatlicher Film rundete die ideologische Erziehung ab.

Die meisten Häftlinge hatten mehr als acht Jahre abzusitzen. Eine Art der Strafe bestand in ein- bis dreimonatiger Einzelhaft in einer kleinen, fensterlosen Zelle bei reduzierten Essensrationen. 1973 kam es in Spaç zu einem Streik, der als Protestaktion gegen die brutalen Methoden der Wachleute begann und mit einem gewaltigen Armeeeinsatz beendet wurde. Die Aktion forderte zwei Todesopfer auf Seiten der Polizei; vier Häftlinge wurden zum Tode verurteilt und hingerichtet. Drei Intellektuelle, die 1978 in einem Brief an Enver Hoxha die »Öffnung« des Landes gefordert hatten, wurden ohne weitere Umstände erschossen.

Der Franziskanermönch Zef Pllumi, geboren 1924, ist ein Überlebender des »albanischen GULag.« Von seinen langen Aufenthalten – insgesamt 28 Jahre! – in den Lagern und Gefängnissen des kommunistischen Regimes berichtet er in seinen Memoiren, die bisher nicht übersetzt wurden (*Rrno vetëm për me tregue: libri i kujtimeve*, Tirana 1995). Am Rande sei vermerkt, dass das kommunistische Albanien den Atheismus in seiner Verfassung verankert hatte. Nach den gefälschten Wahlen vom Dezember 1945 wurden groß angelegte Säuberungen vorgenommen, im ganzen Land fanden Prozesse statt. Häufig ließ man zur Abschreckung die Leichen der zum Tode Verurteilten nach ihrer Erschießung einfach liegen. Besonders betroffen war damals der katholische Klerus, aber es traf auch Intellektuelle, Facharbeiter und die griechische Minderheit. Alle Anzeichen von Widerstand wurden im Keim erstickt. Wer in den Untergrund ging, dessen Haus wurde niedergebrannt und seine Familie in Lagern interniert.

Auch Pllumi wurde kurz nach der Machtübernahme der Kommunisten verhaftet. Die Verwechslung der Begriffe »Franziskaner« und »Franzose« führte dazu, dass man ihm Geständnisse über Spionagetätigkeiten abpressen wollte. Anschließend wurde er »auf chinesische Art« verhört, und in der Tat fühlt man sich bei seinen

Berichten durchaus an Jean Pasqualinis Erinnerungen an seine Haft in China erinnert (dt. unter dem chinesischen Namen des Autors veröffentlicht: Ruo-wang Bao, *Gefangener bei Mao*, Bern, München 1975). So musste er selbst erklären, »warum er verhaftet wurde«! Er wurde gefoltert (Brandmarkung mit glühendem Metall, Elektroschocks), geschlagen und 1948 zum ersten Mal zu drei Jahren Zwangsarbeit verurteilt. Zunächst brachte man ihn in das Lager Beden bei Durrës, wo Tausende Häftlinge unter der Leitung von »Brigadieren« und Ingenieuren – die selbst Häftlinge waren – an der Trockenlegung der küstennahen Sümpfe arbeiteten. Für die einfachen Gefangenen hatte es katastrophale Auswirkungen, dass einzelnen Häftlingen ein gewisser Einfluss zugestanden wurde: Denn wenn sie auch nur über eine minimale Macht verfügten und gerade zwei Löffel Suppe mehr bekamen als die anderen, schreckten sie nicht davor zurück, brutal Prügel zu verteilen. Diese »Kapos« hatte man also am meisten zu fürchten.

Unter solchen Bedingungen, zu denen sich auch noch die Blutegel und die Mückenplage gesellten, gruben also die Gefangenen einen Kanal von 60 Metern Länge: »Arbeit macht den Menschen«, wurden ihre Bewacher nicht müde zu wiederholen. Für diese Arbeit standen nur die primitivsten Hilfsmittel zur Verfügung. Die Häftlinge waren derart ausgehungert, dass sie (oft unverträgliche) Gräser und Kräuter aßen, Schildkröten und alles, was ihnen über den Weg lief. Viele zogen sich Krankheiten zu, andere starben infolge von Erschöpfung und Unterernährung. Pater Pllumi nennt Beden in seinen Erinnerungen ein »Vernichtungslager«.

Zum Schluss sei erwähnt, dass die Verschickung in ein Lager meistens bedeutete, dass die Familie des Häftlings gleichzeitig in einem weit entfernten und schwer zugänglichen Dorf angesiedelt wurde. Agron Arani-Tassit, Toningenieur beim Fernsehen, wurde zunächst die Scheidung nahegelegt, bevor man ihn mit seinen Kindern in ein Dorf zwangsumsiedelte – währenddessen wurde seine Frau an das andere Ende des Landes verschickt.[82]

1947 und 1967: Makronissos und andere griechische Lager

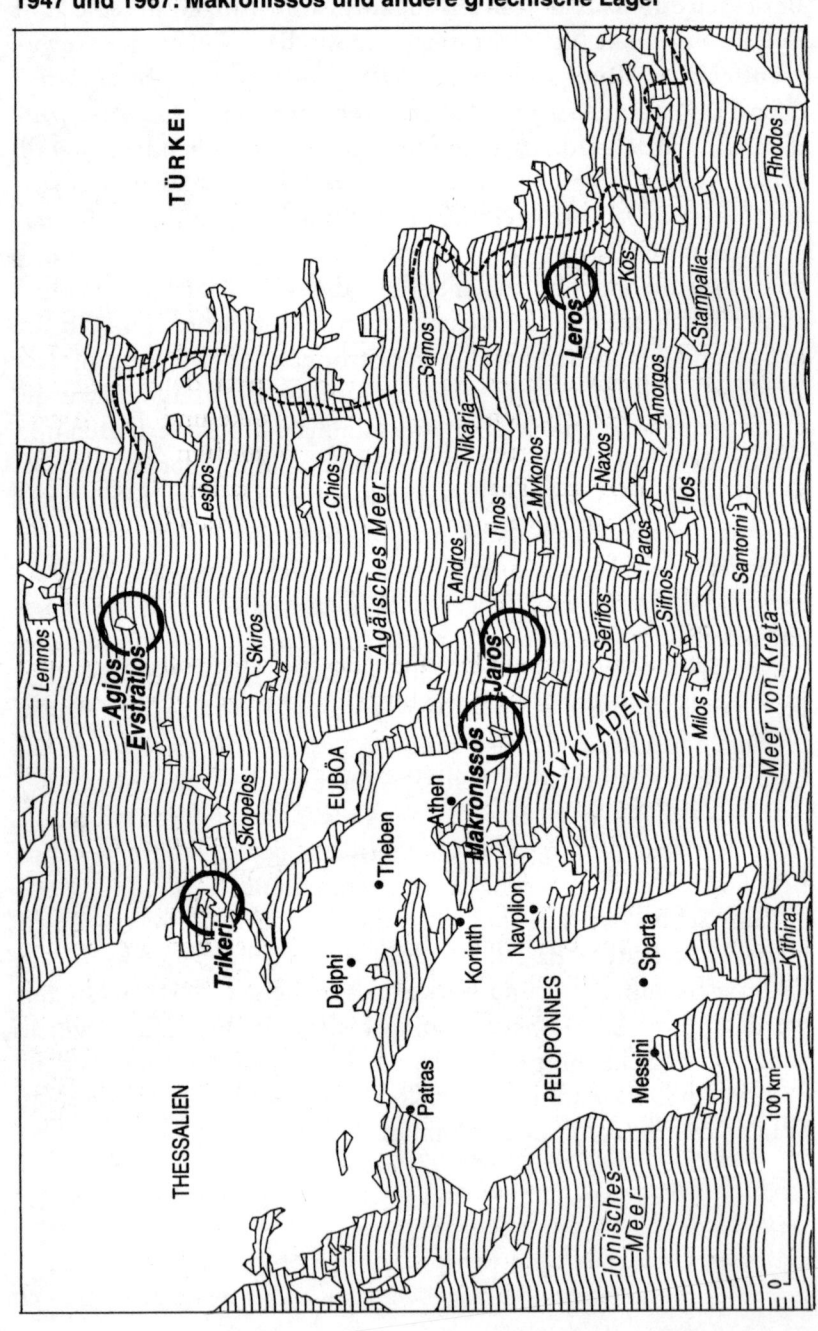

1947 – Diktaturen und Kolonien

1947–1974: Die Internierungslager in Griechenland

Im 20. Jahrhundert erlebte Griechenland massive Internierungen erstmals zur Zeit des Diktators Ioannis Metaxas (1936–41), als die politischen Parteien verboten und Lager errichtet wurden. Zwei weitere Perioden von Internierungen folgten nach dem Krieg. Die erste begann 1947, als sich die griechische Linke und die Monarchisten in einem erbitterten Bürgerkrieg bekämpften. Kommunisten, Demokraten und Pazifisten wurden verhaftet: 30 000 Menschen – manche sprechen sogar von 50 000 – wurden in notdürftig eingerichtete Lager deportiert.

Ein ehemaliger Häftling berichtet von den Verhältnissen auf der Insel Jaros:[1]

»Wir lebten unter freiem Himmel oder in Zelten voller Risse und Löcher, zu essen gab es hauptsächlich Salzheringe, Oliven und getrocknete Bohnen … Die ersten Gefangenen schlugen Stufen in die Felshänge, damit sie ihre Zelte aufstellen konnten, und gruben Wasserlöcher am Strand. Das Wasser war salzig und wurde schnell brackig. Alle Häftlinge, etwa 10 000, bekamen Amöbenruhr. [Die Insel] war ein schroffer Felsen, ungeschützt dem Wind ausgeliefert, ohne eine Bucht, in der ein Schiff anlegen konnte, ohne Ackerland, ohne Wasser, ohne Bewohner. Die gesamte Vegetation bestand aus fünf oder sechs wilden Feigenbäumen, zwei Granatapfelbäumen und einem Olivenbaum. Im April sprossen karge Gräser und im Mai verdorrten sie wieder. Dann begann die Qual aus sengender Sonne, Wind und allgegenwärtigem Staub. Sie endete erst im Winter, wenn eisige Winde, Regen und Schnee das Leben auf dem Felsen unmöglich machten.«

Aber nicht Jaros, sondern eine andere Insel hat sich ins kollektive Gedächtnis der Griechen eingebrannt: Makronissos, nicht einmal zehn Quadratkilometer groß, gegenüber von Kap Sounion gelegen. Dort errichteten die griechischen Royalisten ein kleines, von

Stacheldraht umgebenes Lager aus Zelten für die Offiziere, drei weitere Lager für die Soldaten und eines für Zivilisten.

Ein Fegefeuer für die Kommunisten

Am 1. Oktober 1948 wurde ein Gesetz verabschiedet, das Deportationen per Verwaltungsbeschluss ermöglichte. Jeder Soldat, der im Krieg auf Seiten der Kommunisten gekämpft hatte, jeder Anhänger der Linken, jeder Dorfbewohner, der in einem von der Guerilla kontrollierten Gebiet gelebt hatte, war verdächtig und konnte nach Makronissos verbannt werden, insgesamt waren es fast 20 000 Menschen, mehr als die Hälfte aller Deportierten der damaligen Zeit. Die Häftlinge sollten öffentlich ihren politischen Überzeugungen abschwören. Der Handel war einfach: »Du erklärst öffentlich, dass du kein Kommunist bist, und unterwirfst dich dem König. Wenn nicht, wirst du die Insel nie mehr verlassen, wirst weiterhin misshandelt und – wer weiß? – sterben ...«

Die Befehlshaber der monarchistischen Streitkräfte betrieben die »Umkehr« der Häftlinge. Ein inhaftierter Kommunist beschrieb das so: »Sich zu unterwerfen bedeutete nicht nur, dass man eine Reueerklärung unterschrieb, sondern man musste seinen Geist nach ihrem Vorbild umformen ... In ihrer Sprache hieß das ›staatsbürgerliche Neuanpassung‹«.[2]

Da es darum ging, die politische Einstellung zu verändern, wurde das Lager als »Zentrum der moralischen und nationalen Erziehung« bezeichnet. Die Mittel der moralischen Erziehung waren grob und brutal. Man verdrehte den Häftlingen die Hoden, bis sie ohnmächtig wurden; man zwang sie, barfuß über die Felsen zu laufen und dann mit den zerkratzten Füßen ins Meer zu gehen; sie mussten völlig sinnlos Steine vom Meer ins Innere der Insel tragen und wieder zurück, all das unter Schlägen mit Knüppeln oder Peitschen. Wie in allen Konzentrationslagern ließen die Wärter die Häftlinge sich gegenseitig schlagen. Ein spezieller Bezirk, umgeben von einem dreifachen Stacheldrahtzaun, war für die besonders hartnäckigen Häftlinge vorgesehen, die sich beharrlich weigerten zu unterschreiben: Diese Männer wurden mit Zangen gequält oder mussten mit schweren Steinen in den Händen rennen.

Die Häftlinge arbeiteten von sechs bis elf Uhr. Von elf Uhr bis

Mittag war »patriotischer« Unterricht. Am Nachmittag ging alles von vorne los: Arbeit von 14 bis 17 Uhr, dann zwei Stunden ideologischer Drill. Auf der Insel gab es nicht genug Wasser, und wenn welches da war, ließen sich die Wärter mit der Verteilung Zeit. Für die Männer, die den ganzen Tag in der prallen Sonne gearbeitet hatten, war es eine Qual, zumal die Verpflegung oft aus Salzheringen bestand.[3] Manchmal stürzten sie sich wie die Verrückten auf die Wasserfässer, und die Aufseher prügelten sie mit Knüppeln davon. Eine Revolte am 29. Februar und 1. März 1949 endete mit einem wahren Massaker, 17 Menschen starben, 61 wurden verletzt. Vor diesem Hintergrund wird verständlich, warum viele Häftlinge irgendwann alles unterschrieben, was man ihnen vorlegte, wenn sie nur diese Stätte des Leidens verlassen konnten. Sobald sie die Erklärung unterschrieben hatten, wurde sie veröffentlicht. Tausende von Loyalitätsbekundungen zum König erschienen in den Zeitungen. Die Funktion des Fegefeuers kam hier klar zum Ausdruck.

Die Rousset-Kommission

Ähnlicher Druck wurde auch auf den anderen Inseln ausgeübt. Auf Jaros beispielsweise wurden Häftlinge so lange immer wieder geschlagen, bis sie die Loyalitätserklärung unterschrieben. 1951 wurden die männlichen Häftlinge von Jaros auf die Insel Agios Evstratios verlegt, die Frauen auf die Insel Trikeri.

Im Mai 1952 informierte sich die Internationale Kommission gegen Konzentrationslager unter David Rousset über die Situation der Frauen auf Trikeri. 1951 waren dort 400 Frauen interniert, als die Kommission kam, waren es nur noch 114. Bezeichnenderweise beklagten sie sich wenig. Sie waren in einem alten Kloster untergebracht, wurden zu keinerlei Arbeiten herangezogen und mussten keinem bestimmten Tagesablauf folgen. Aber sie schilderten ausführlich ihre Leiden auf Makronissos. Ihre Situation hatte sich eindeutig verbessert, und die Rousset-Kommission erkannte zwar an, dass die Isolation ein Problem war und dass es den Frauen schwer gemacht wurde, sich zu verteidigen (sie waren in keinen normalen Gerichtsverfahren verurteilt worden), gelangte aber zu dem Schluss, dass es ihnen im Vergleich zu den Häftlingen in den totalitären Lagern gut ging: »Es versteht sich von selbst, dass ihre Le-

benssituation nicht im entferntesten mit dem zu vergleichen ist, was wir im Lager Ravensbrück gesehen haben ... Es handelt sich hier nicht um ein Konzentrationslager, sondern um einen überwachten Aufenthaltsort.«[4]
Das Urteil über das Männerlager fiel ähnlich aus. Am schwersten wogen der Umstand, dass die Internierung auf einem Verwaltungsakt beruhte (der Entscheidung einer Kommission für öffentliche Sicherheit), und die Isolation der Häftlinge. Die Männer beklagten sich kaum über die elenden Zelte, in denen sie hausen mussten. Wie die Frauen sprachen sie hauptsächlich über Makronissos, die Schläge dort, die Quälereien, das Steineschleppen, den ewigen Durst. Allerdings war der Gesundheitszustand der Häftlinge auf Agios Evstratios nicht zufriedenstellend: Die Kommission befand, dass 70 Prozent krank waren. Viele litten an Tuberkulose.

Am Rande sei noch bemerkt, dass die kommunistische Partei Jugoslawiens der griechischen kommunistischen Partei das Gebiet um Boulkes zur Verfügung stellte, einen vor dem Krieg von Deutschen besiedelten Ort in der jugoslawischen Wojwodina. Die jugoslawische KP »schenkte« den Ort und das umliegende Land der KKE, und die KKE machte daraus einen kommunistischen griechischen »Ministaat«. Sie prägte sogar ihr eigenes Geld und errichtete 1945 ein Internierungslager.

1967: Die Lager der Obristen

20 Jahre später wurden nach dem Putsch vom April 1967 – dem so genannten Obristenputsch – wieder Menschen auf die Inseln deportiert. Mehr als 6000 Regimegegner von der politischen Mitte bis zur extremen Linken wurden auf Jaros und Leros interniert (nach Leros kamen Jugendliche).

Zuerst wurden die Menschen in der Pferderennbahn von Athen oder im Stadion des Athener Fußballclubs AEK zusammengetrieben – einige westliche Presseorgane sprachen vom »AEK-Lager«, am 26. April begannen die ersten Transporte nach Jaros. General Pattakos, einer der starken Männer der Junta, erregte mit zumindest provokanten Äußerungen Aufmerksamkeit. Wer ihm zuhörte, gewann den Eindruck, dass Jaros (auch Joura genannt) ein kleines Paradies war: »Der Ort ist idyllisch, die Häftlinge leben in Zelten oder kleinen reparaturbedürftigen Häusern. Um die Gesundheitsfürsorge kümmert sich eine Ambulanz.«[5] Tatsächlich war Jaros ein großer Felsen im Meer ohne einen Baum, ohne Wasser, bevölkert von Ratten. Als die Deportierten eintrafen, war nichts oder so gut wie nichts vorbereitet, nicht einmal Latrinen und eine Kanalisation gab es.

Ein Journalist von *Avgi* (Die Morgenröte), der Zeitung der EDA (Union der demokratischen Opposition, der legale Arm der kommunistischen Partei), berichtete vergebens, er sei gut behandelt worden, die ausländische Presse zeichnete ein düsteres Bild der Haftbedingungen. Die französische Tageszeitung *Le Monde* schrieb am 26. Juli 1967: »Die Kantinen, wo die Häftlinge Lebensmittel kaufen konnten, sind geschlossen worden, jeglicher Kontakt zwischen den drei Lagern der Insel ist ab sofort verboten, es sind nur noch drei Briefe pro Monat erlaubt und keine Besuche der Eltern mehr.«

Die Internierten waren weder angeklagt noch verurteilt worden: Sie wurden nicht für Taten verhaftet, die sie begangen hatten, sondern für Taten, die sie, wie es im *Schwarzbuch über die Diktatur in Griechenland* zu Recht heißt, möglicherweise hätten begehen können.[6] Wie zwischen 1947 und 1950 verlangten die Machthaber eine unterschriebene Erklärung der Häftlinge, dass sie künftig auf jegliche politische Betätigung verzichten würden. Pattakos versicherte ihnen, wenn sie sich nicht öffentlich dazu bekannten, dass sie Griechen waren »und nur Griechen«, dann könnten sie auch 100 Jahre auf der Insel bleiben!

Im September 1967 wurde Jaros geräumt, die Männer kamen nach Leros, die Frauen – 250 Frauen, einige mit kleinen Kindern – in ein Gefängnis nach Halikarnassos.

Zwei Lager wurden auf Leros eingerichtet, Laki und Partheni. Ab Juni 1968 war ein Besuch pro Monat gestattet – Dauer zwei Stunden und nur ein einziger Besucher. Täglich hatten die Häftlinge zwei Stunden Freigang. In dem Bewusstsein, dass der Begriff Lager emotional viel stärker besetzt ist als der Begriff Gefängnis, heißt es über die in Halikarnassos inhaftierten Frauen im *Schwarzbuch*: »Halikarnassos ist im so genannten freien Europa das einzige Konzentrationslager nur für Frauen.«[7] Die Frauen empfanden ihre Situation im Gefängnis wegen der Isolation in den stickigen Zellen und angesichts der kärglichen Verpflegung als viel schlimmer als auf Jaros.

In zwei weiteren Lagern – sagen wir Internierungszentren – waren hauptsächlich junge Leute untergebracht: in Dionysos, rund 20 Kilometer von Athen entfernt, und in Oropos. In Saloniki gab es Verhörräume und Folterkeller, ebenso in den Haftanstalten, etwa im Militärgefängnis von Baitati, in Agia Paraskevi und im Polizeiposten von Nea Ionia (allesamt in der Umgebung von Athen) sowie in der Goudi-Kaserne in Athen selbst. Die Häftlinge wurden physisch und psychisch gequält. Ein Opfer schrieb in einem etwas übertriebenen Vergleich,»das ganze Land hat sich in ein riesiges Konzentrations- und Folterlager verwandelt, in ein faschistisches Dachau«.[8]

Knapp zwei Jahre nach dem Putsch waren nach Angaben des Roten Kreuzes von ursprünglich rund 6500 Festgenommenen nur noch 1900 in Haft – eine für ein Land von der Größe Griechenlands doch beachtliche Zahl. Sie ging nur sehr langsam weiter zurück, die letzten Häftlinge wurden erst nach dem Sturz der Obristen 1974 freigelassen.

1955: Internierungen in Algerien

Nach der Niederlage in Indochina war die französische Armee bedacht, Lehren aus der Vergangenheit zu ziehen und ein Scheitern in Algerien vermeiden. Es war die Zeit der Entkolonialisierung und der erfolgreichen Befreiungskriege überall auf der Welt. Indonesien wurde 1949 unabhängig, im selben Jahr siegten die Kommunisten in China. 1954 rief der Vietminh die Demokratische Republik Vietnam aus. Vielen französischen Militärs schien es dringend geboten, Strategie und Taktik zu überdenken. Nur eine kritische Analyse würde es ermöglichen, der nationalistischen und revolutionären Welle erfolgreich standzuhalten. Als im November 1954 die nationalistische Erhebung in Algerien begann, überlegten einige Offiziere dementsprechend, wie die Unabhängigkeitskämpfer am wirksamsten von ihren Ressourcen im Land abzuschneiden waren.

Eine militärische Notwendigkeit?

Sie hatten begriffen, dass die Stärke der Nationalisten nicht so sehr von ihrer militärischen Schlagkraft herrührte, sondern von ihrer engen Verbindung mit der Bevölkerung: »Die Kämpfer sind auch politische Aktivisten, und dank der Mobilisierung des Volkes kann die Masse, die sie kontrollieren, zu Kämpfern werden.«[9] Die Konsequenz war klar: »Der Soldat kann die Rebellion nicht mit militärischem Vorgehen und allein mit militärischen Mitteln besiegen.« Man musste die Bevölkerung und die »Rebellen« trennen, besser noch: die Bevölkerung für Frankreich gewinnen. Und dafür gab es nur einen Weg: permanente Überwachung der Zivilbevölkerung durch die Armee, um zu verhindern, dass die Rebellen mit Nahrung und Unterkunft unterstützt wurden. Wie die Spanier 1896 und die Briten 1900 griffen nun auch die Franzosen zu der Methode der »Sammlung der Zivilisten«, um die nationale Bewegung niederzuschlagen. Der dahinter stehende Gedanke war einfach – zu einfach, muss man sagen: »Anstatt unsere Truppen entsprechend den Siedlungen zu verteilen, müssen wir die Siedlungen dem möglichen militärischen Vorrücken anpassen.«[10]

Ende 1954 erklärte die französische Armee bestimmte Gebiete zu Sperrzonen und evakuierte die Bewohner innerhalb von Tagen, manchmal innerhalb von Stunden. Wie Pierre Bourdieu schrieb: »Die massenweise Sammlung der Menschen in Zentren in der Nähe von Militärposten sollte der Armee erlauben, eine direkte Kontrolle über sie auszuüben, und verhindern, dass die Menschen die Kämpfer der FLN mit Informationen und Verpflegung versorgten, sie führten und beherbergten; sie sollte auch die Ausübung von Druck erleichtern, denn nun konnte jeder als ›Rebell‹ behandelt werden, der in einer verbotenen Zone verblieben war.«[11]

Eine politische Perspektive?

Die Bauern, die man von ihrem Land vertrieben hatte, wurden in ein Lager gebracht, umgeben von Stacheldraht und so streng bewacht, dass ein Unterschied zwischen diesen »Sammellagern« und »Internierungslagern« eigentlich nicht zu erkennen ist. Die ersten Umsiedlungen erfolgten vollkommen unorganisiert: Es war nur wichtig, dass die Menschen an dem vorbestimmten Ort eintrafen, dort wurden sie dann mehr oder weniger sich selbst überlassen. Daher ist es nicht überraschend, dass sie oft keine auch nur annähernd geeignete Unterkunft vorfanden: »Oft drängte sich ein Dutzend Menschen in einem Zimmer von zehn Quadratmetern. Die Mieten waren sehr hoch. Einige verkauften ihr Vieh, und da sie nichts mehr anbauen konnten, versanken sie im schwärzesten Elend.«[12] Selbst die offiziellen Dokumente erkennen an, dass die ersten Umsiedlungen Not, Promiskuität und die Zerstörung der althergebrachten Sitten und Gebräuche zur Folge hatten, ohne dass es irgendeine Entschädigung gab. »Aus Sorge um ihre Sicherheit und um sie von den Aufständischen abzusondern, wurden Tausende Menschen entwurzelt und in Sammelzentren verpflanzt«, räumte der anonyme Verfasser einer von den französischen Behörden verbreiteten Broschüre mit dem Titel *Naissance de mille villages* (Geburt von tausend Dörfern) ein.

Wenn man Stacheldraht entrollt, Befestigungen errichtet und Menschen ohne Rücksicht auf ihre Bedürfnisse einfach irgendwo zusammenpfercht, kann man vielleicht einen Teil der Bevölkerung dem Einfluss der Rebellen entziehen. Aber um die Sympathien der Menschen zu gewinnen, hätte man ihnen Vorteile bieten müssen, zum Beispiel den Zugang zu öffentlichen Einrichtungen, die ihnen bis dahin unbekannt waren, oder den Anschluss an das moderne Leben. Von da aus wäre es nur noch ein kleiner Schritt bis zu der Erkenntnis gewesen, dass eine Rebellion besser mit viel Geld niederzuschlagen ist als mit Waffengewalt, und bestimmte Kreise in Frankreich vollzogen diesen Schritt auch. Mit einer gewissen Naivität vertraten sie die Auffassung, dass durch die Modernisierung Algeriens die Wurzeln der Erhebung, nämlich Not und Zorn, herausgerissen würden. So übernahm am 31. März 1959 die Délégation générale die Zuständigkeit und schuf im November eine »allgemeine Inspektion für Sammelzentren«.

Die Behörden sicherten zu, dass Frankreich den umgesiedelten Menschen in Zukunft andere Lebensbedingungen bieten würde und dass sich eine neue gesellschaftliche und wirtschaftliche Ordnung etablieren werde, die »wie jedes groß angelegte Werk, das unter Druck begonnen wird, ihren Teil an Irrtümern, Ungeschicklichkeiten und Enttäuschungen enthält«.[13] Aber, so betonten sie, es sei

eine neue Stufe erreicht. Künftig boten sie den umgesiedelten Menschen die Rahmenbedingungen für eine echte wirtschaftliche Entwicklung. Die umfangreiche Umsiedlungsbewegung, die »neue Gemeinden entstehen ließ, die besser für die kollektive Versorgung geeignet waren, und die taktischen Erfordernisse des Krieges hatten den rasche Kurswechsel bewirkt.«
Tatsächlich begann nichts wirklich Neues. Bourdieu hat darauf hingewiesen, dass Umsiedlungen aus militärischen Gründen schon aus der Zeit der kolonialen Eroberungen bekannt sind und dass bereits damals das Argument vorgebracht wurde, auf diese Weise die koloniale Assimilierung zu befördern: Mit der Politik der Umsiedlung werde »ein Traum verwirklicht, der so alt ist wie die koloniale Unterwerfung«. Bourdieu zitiert einen Offizier, der 1845 schrieb: »Tatsächlich ist es entscheidend, dieses Volk, das überall ist und nirgends, zusammenzufassen und es damit für uns greifbar zu machen. Wenn wir den Zugriff haben, können wir vieles tun, was uns heute nicht möglich ist, und vielleicht können wir uns dann eines Tages seines Geistes bemächtigen, nachdem wir uns seines Körpers bemächtigt haben.«[14]
Was auch immer die Hintergründe gewesen sein mögen, Ende 1959 wurden jedenfalls Dörfer für die umgesiedelten Menschen erbaut und mit einer Infrastruktur ausgestattet. Die französischen Behörden sprachen von den »neuen Dörfern«, Delouvrier nannte sie die »tausend Dörfer«. Die Umsiedlung erschien als Allheilmittel der Politik der »Befriedung«, deshalb gab es nie so viele Umsiedlungen wie 1959/60. Ende 1960 lebten bereits eine Million Menschen in 1024 »neuen Dörfern«, insgesamt wurden 1,9 Millionen Personen umgesiedelt. Wenig später gab es in Algerien 1200 neue Dörfer und ebenso viele »provisorische Sammelzentren«.

Sammlung oder Konzentration?

Tatsächlich sollten die Umsiedlungen eine Verbesserung der Lebensbedingungen bringen (Wasser, Elektrizität, medizinische Versorgung vor Ort oder in der Nähe), aber die Unabhängigkeitskämpfer hatten reichlich Grund, das dadurch verursachte Elend anzuprangern. Pierre Cot schrieb damals das Vorwort zu einem Buch von Mohammed Bedjaoui, *La Révolution algérienne et le droit* (Die algerische Revolution und das Recht), in dem der Verfasser ohne Zögern die Begriffe »Völkermord«, »Deportation« und »schreckliche Welt der Konzentrationslager« gebrauchte. Michel Cornaton, der die maßgebliche Untersuchung über die Sammelzentren in Algerien geschrieben hat, bestätigt, dass die damalige Kritik sehr weit ging: »Das Elend dieser vertriebenen Menschen war derart groß, dass viele Zeitungen damals von Völkermord sprachen.«[15]

Es war nicht die Zeit für Differenzierungen: Gewalttaten im Krieg, Verhaftungen, Folter wurden in der Hitze der Ereignisse mit Begriffen bezeichnet, die eine ganz bestimmte Lesart für das Verhalten Frankreichs und insbesondere für die Politik der Umsiedlungen vorgaben. Henri Alleg spricht in seinem Vorwort zu dem Bericht von Abdelhamid Benzinz über das Internierungslager Boghari in einem Atemzug von Kolonialismus und Faschismus und vergleicht die französischen Soldaten mit der SS.[16] Benzinz erwähnt im Übrigen die Anwesenheit von ehemaligen Wehrmachtssoldaten (vermutlich in der Fremdenlegion), und Alleg ergänzt: »Aber es waren nicht nur die deutschen Nazis, einige Franzosen kamen ihnen an Grausamkeit gleich oder übertrafen sie noch, denn das rassistische Wüten kennt kein Vaterland.«[17]

Damit sind die Konnotationen klar. Cornaton vermeidet jede übereilte Gleichsetzung mit den totalitären Lagern. Dennoch sieht er einige Übereinstimmungen zwischen den Sammellagern und den Konzentrationslagern: »In Ighzer Amokrane drängten sich 600 Frauen und Kinder in einem einstöckigen Schuppen unter Bedingungen wie in einem Konzentrationslager: zu wenig Fenster und Türen, keinerlei Hygiene, unzureichende Durchlüftung.«[18]

Meistens wurde die Bevölkerung nach einer Operation irgendwo zusammengetrieben, es wurde Stacheldraht ausgelegt und ein Wachturm errichtet. Die Menschen hatten keine Zelte, sie schliefen einfach unter freiem Himmel. Später wurden sie »eingeladen«, sich Hütten zu bauen, die sehr viel primitiver waren als jene, die sie verlassen hatten.[19] Selbst die Unterbringungsmöglichkeiten, die sich das CRHR (Commissariat à la Reconstruction et à l'Habitat rural, Amt für Wiederaufbau und ländliches Wohnen) ausdachte und die später gebaut wurden, waren eng und von einer sehr schlichten Bauweise: »Mit dem Stacheldraht und den Wachtürmen sahen die

meisten Siedlungen wie Gefangenenlager aus. Die Zeitschrift *Perspectives* vom 9. Juli 1960 erklärte uns mit einem hübschen Euphemismus, dass der Stacheldraht die Siedlungen vor ›nächtlichen Überfällen‹ schütze.«[20]
Die einheitliche Anlage der Dörfer erleichterte die Bewachung. »Nicht nur der Stacheldraht und die Wachtürme ließen die Dörfer wie Lager erscheinen, auch die durch und durch militärische Organisation«: Passierscheine, strikte Vorschriften hinsichtlich Disziplin und Sauberkeit, Propaganda gegen die Unabhängigkeitsbewegung, Theater- und Kinovorstellungen – selbstverständlich mit dem »richtigen« Programm.

Zu diesen Opfern der Kolonialpolitik muss man noch all jene hinzuzählen, die sich der neuen Ordnung widersetzten: Viele wählten lieber »das Risiko eines raschen Todes, anstatt zusammengepfercht und unterdrückt zu leben und langsam zu sterben in den Strohhütten, Zelten und Elendsquartieren der Siedlungen«.[21] Mit einiger Berechtigung übt Michel Cornaton prinzipielle Kritik an den Umsiedlungen: »Im Laufe dieses Revolutionskrieges hätten sich die Militärs mehr denn je am Beispiel Lyauteys orientieren sollen, der systematische Umsiedlungen der Bevölkerung strikt ablehnte und stattdessen empfahl, zu den Menschen zu gehen. Weil sie (mit Ausnahme einiger Offiziere der SAS) diese goldene Regel missachteten, nahm ihre Politik der Befriedung in bestimmten Regionen zeitweise die Form eines regelrechten Völkermordes an.«[22]

Die Rousset-Kommission

Die von David Rousset ins Leben gerufene Internationale Kommission gegen Konzentrationslager hat sich auch mit Algerien befasst. Eine Delegation besuchte Gefängnisse, Durchgangslager und Sammelzentren. Die Insassen waren, wie eigens betont wurde, keine Rebellen, die man mit der Waffe in der Hand festgenommen hatte, sondern Verdächtige, die man aufgrund ihrer »allgemeinen Einstellung« zusammengefasst hatte. Rousset und die Kommission konnten darin keine Ähnlichkeit zu Konzentrationslagern erkennen (willkürliche Festnahme ohne die Möglichkeit der Verteidigung, massenweise Zwangsarbeit unter entwürdigenden Bedingungen). Sie stellten vielmehr fest, dass »die Maßnahmen, die im Zuge einer bewaffneten Rebellion, bei der oft barbarische Terrorakte vorkommen …, von den zivilen oder militärischen Polizeibehörden ergriffen werden, nicht immer mit den Prinzipien der Achtung vor den Menschenrechten übereinstimmen«.[23]

Die Sammelzentren, kommentierte Louis Chauffier in der Zeitschrift der Kommission, »sind tatsächlich Internierungslager – während das Gesetz nur die Zuweisung einer Unterkunft vorsah«. Er stellte fest, dass es keineswegs überall feste Bauten mit der entsprechenden Infrastruktur gab, wie die französischen Behörden gerne voller Stolz behaupteten. Oft »umgab man derartige Orte mit Stacheldraht und stellte in allen vier Himmelsrichtungen Wachtürme auf. Die so entstandenen Lager wurden von der Gendarmerie, von Soldaten und in seltenen Fällen von Zivilisten bewacht.«

Nicht genug damit: Die Kommission konstatierte auch, dass die Umsiedlungen die Not der Menschen oft noch vergrößerten. Wo sollten sie ihr Vieh grasen lassen? Was konnten sie anbauen? Nur die Umgesiedelten, die in der Nähe von Städten oder großen landwirtschaftlichen Gütern lebten, fanden Arbeit – allerdings schlecht bezahlte. Die monatlichen Nahrungsmittelrationen waren so karg bemessen, dass ausgehungerte Menschen Wildpflanzen und rohe Kartoffeln aßen.[24] In Merdj (dem ehemaligen Erraguène) starben in einem Monat 250 von 5200 Menschen, die Kindersterblichkeit lag in der Größenordnung von fünf Prozent. Eine Sozialfürsorgerin berichtete: »Im Oktober 1960 sah ich in Ighzer Amokrane Kinder im Alter zwischen einem Monat und viereinhalb Jahren, die entsetzlich unterernährt waren.«

In der Kritik an den Siedlungen hieß es nicht nur, sie seien Teil des Kampfes gegen die Unabhängigkeit, sondern auch, sie verbreiteten die Weltsicht der Kolonialherren und wirkten damit an der Zerstörung der traditionellen gesellschaftlichen und wirtschaftlichen Strukturen mit. Der Vorwurf erinnert an das, was gegen die Lager für Bürger japanischer Abstammung in Amerika vorgebracht wurde: »Alles geht so vonstatten, als wäre dieser Krieg auch die Gelegenheit, das latente Ziel der Kolonialpolitik endgültig umzusetzen, ein zutiefst widersprüchliches Ziel: zerstören oder integrieren.«[25]

Einerseits schlugen sich strategische und taktische Erwägungen in der Ideologie nieder: schützen, einbinden, kontrollieren und integrieren. Andererseits ging es um humanitäre Ideen einer »beschleunigten Entwicklung«: Die Siedlungen galten als Stätten der Emanzipation, von dort aus sollte sich ein Lebensstil verbreiten, der dem überlegen war, den die zwangsweise umgesiedelten Menschen hinter sich gelassen hatten.

Unabhängig von den Absichten Einzelner wurde die humanitäre Aktion als eine Waffe im Kampf eingesetzt, diente sie der besseren Kontrolle der Bevölkerung. Ob das Ziel Assimilation oder Isolation war, die unterschwellige Motivation blieb gleich. Die mit dem Aufbau der neuen Gemeinden befassten Offiziere orientierten sich an einer militärischen Ordnung »nach Art der Römer« und »bändigten als erstes den Ort, als hofften sie, auf diese Weise die Menschen zu bändigen. Alles wurde dem Primat der Uniformität untergeordnet: Die Häuser wurden nach genauen Vorgaben an genau bezeichneten Stellen errichtet, in Reih und Glied entlang von breiten Straßen, sodass der Grundriss eines römischen Lagers oder Kolonialdorfes entstand ... Und man kann sich gut vorstellen«, schreibt Bourdieu, »dass die Offiziere der SAS mit ihrer Liebe zur Geometrie das ganze Land in gleichmäßige Streifen aufgeteilt hätten, wenn sie die Zeit und die Mittel dazu gehabt hätten.«[26] In Wahrheit waren die Umsiedlungen nicht »das letzte Aufbäumen der sterbenden Kolonialherrschaft«, sondern vielmehr »das wahre Gesicht des Kolonialismus«.

Halten wir abschließend noch fest, dass die Anzahl der Lager im Ausland eher übertrieben, in Algerien hingegen heruntergespielt wurde. Manchmal waren es, wie Michel Cornaton schreibt, dieselben Verfasser, die erst schamlos dramatisierten und dann die Zahlen bagatellisierten, wie etwa der oben erwähnte Mohammed Bedjaoui, der nur von 1,5 Millionen umgesiedelten Menschen sprach, während doch selbst die offiziell zuständige Stelle – das *Commissariat aux Actions d'urgence* (Amt für dringliche Maßnahmen) – für den Stichtag 1. April 1961 von 2392 Zentren und 1,958 Millionen betroffenen Menschen spricht. 1960 bezifferte das algerische Statistische Amt die Zahl der Umgesiedelten auf 2,157 Millionen. Cornaton zufolge ist dies die realistischere Angabe. Er glaubt, er sei »in der Lage, nachzuweisen, dass sich die Zahl der Umgesiedelten 1961 auf mindestens 2,35 Millionen belief, das heißt 26 Prozent der muslimischen Bevölkerung ... Bezogen auf ein Land von der Größe

Frankreichs würde dies eine Umsiedelung von 15 Millionen Menschen bedeuten.«[27]

Wie ist zu erklären, dass diese Sammelzentren relatives Schweiges umgibt? In den Augen von Michel Cornaton rührt das Schweigen daher, dass sich die offiziellen Stellen in Algier um dieses Problem, das zu den wichtigsten des neuen Algerien gehört, nicht gekümmert haben. Das Schicksal der armen Bauern interessierte sie schlichtweg nicht.

1963: Die strategischen Dörfer in Vietnam

Nach der Teilung Vietnams dauerte es nicht lange, bis die Infiltration aus dem Norden begann und sich im Süden eine Guerilla entwickelte. Angesichts der zunehmenden Bedrohung durch die Untergrundkämpfer leitete die Regierung in Saigon mit ihren amerikanischen Beratern unter anderem ein Programm zur Errichtung so genannter »Agrostädte« ein: Dabei sollten jeweils mehrere Dörfer zusammengefasst werden.

Die »Agrostädte«

Die ersten Zusammenschlüsse entstanden offensichtlich 1959 in der Region Can-Tho. Auf Initiative von Oberst Pham Ngoc Thao wurde die Bevölkerung in Zentren für »Getreue« und für »Ungetreue« umgesiedelt. Mit Lagern hatten diese Einrichtungen nichts zu tun: Problematisch bei den Agrostädten waren die willkürliche Zuordnung zu den jeweiligen Kategorien und die Unannehmlichkeiten, die es für die Menschen bedeutete, wenn sie das Land verlassen mussten, das sie von jeher bearbeitet hatten, oder wenn sie Straßen, Abwasserkanäle und dergleichen bei den neuen Zentren bauen mussten.

Es gab finanzielle Anreize, außerdem wurden Verbesserungen des Lebensstandards in Aussicht gestellt, denn es ging nicht allein um die Frage der Sicherheit. Der Präsident von Südvietnam, Ngô Dinh Diem, sprach davon, »eine neue Gesellschaft [zu] errichten, die auf sozialer Gerechtigkeit und Brüderlichkeit gründet«. Doch das Programm der Agrostädte wurde nur in Einzelfällen verwirklicht und hatte eine Reihe von Schwachstellen. Vor allem wurde auf bestehende Dörfer keine Rücksicht genommen, und Bauern, die noch nicht auf der Seite der Regierung standen, wurden zu Infrastrukturarbeiten gezwungen. Und noch ein letzter kritischer Punkt: Es war keine Selbstverteidigung vorgesehen. Die südvietnamesische Nationale Befreiungsfront (FNL) steckte zwar noch in den Kinderschuhen, trotzdem bedeutete es, dass ihr die Bauern schutzlos ausgeliefert waren.[28]

Von Malaysia nach Vietnam

Im Hauptquartier in Saigon dachte man nicht daran, von der eingeschlagenen Linie abzuweichen, ganz im Gegenteil. Man interessierte sich sehr für einen Mann, der in jüngster Vergangenheit erfolgreich eine asiatische Guerillabewegung bekämpft hatte: Robert Thomson, ehemaliger Verteidigungsminister von Malaysia und künftiger amerikanischer Präsidentenberater, der sich rühmen konnte, den britischen Sieg – seinen Sieg – über die kommunistische Guerilla in Malaysia errungen zu haben.

Die Rebellen in Malaysia hatten sich 1948 erhoben. Ab 1950 verfolgten die Briten eine Politik der Neuordnung der Dörfer, und 1952 lebten 470 000 Menschen (größtenteils Chinesen, denn die Erhebung in Malaysia wurde hauptsächlich von ihnen getragen) in Sammelzentren der Regierung. Die malaysischen »Lager« oder strategischen Dörfer hatten mit Konzentrationslagern nicht viel gemein, mit ihnen wurde vielmehr das Ziel verfolgt, die Sympathie der Bevölkerung zu gewinnen. Man legte besonderen Wert auf Kommunikationsmittel, Polizeiposten, Schulen und medizinische Einrichtungen. Mit dem Programm der strategischen Dörfer wurde in Südvietnam der zentrale Gedanke Thomsons aufgegriffen: die Bevölkerung umzusiedeln und damit die Guerillakämpfer zu isolieren. Thomson erklärte das so:

»Das wichtigste Instrument der Regierung, um ihre Autorität und Kontrolle wiederherzustellen, ist das Programm der strategischen Dörfer, das durch Evakuierungs- und Sammlungsmaßnahmen unterstützt wird ... Die Schaffung einer Sicherheitsstruktur auf der Grundlage der strategischen Dörfer hat als vorrangiges Ziel, die Aufständischen von der Bevölkerung zu isolieren, und zwar gleichermaßen physisch und politisch. Der Erfolg von Operationen gegen die Guerillaeinheiten kann nicht von Dauer sein, wenn die Isolierung nicht gelingt. Durch die Isolierung wird es den Aufständischen unmöglich gemacht, ihre Verluste durch die Anwerbung neuer Kämpfer auszugleichen, und ihre Einheiten müssen sich zerstreuen, wenn sie überleben wollen.« Dahinter steht das von Mao benutzte Bild: »Man muss alle kleinen Fische aus dem Wasser holen und sie daran hindern, dorthin zurückzukehren; dann werden sie sterben.«[29]

Die Guerilleros sollten nicht nur militärisch isoliert werden, sondern vor allem politisch. Insofern spielten hier die gleichen Überlegungen eine Rolle wie im Algerienkrieg. Aber aus offensichtlichen Gründen, die mit der Geographie und mit dem erfolgreichen Vorbild zu tun hatten, richteten die Verantwortlichen in Südvietnam und ihre US-Berater ihr Augenmerk auf Malaysia (und als ein weiteres erfolgreiches Modell studierten sie die Burenkriege).[30]

Das Dorf, Grundeinheit der Gesellschaft

In Vietnam ging es nicht nur um militärische Erwägungen: Das Dorf galt nach der Familie als die grundlegende soziale Einheit des Landes. Mehr noch als die Gemeinde *(Xa)* stellten das Dorf oder die Dörfer *(Ap)*, aus denen eine Gemeinde bestand, die Basis für Wirtschaft und Verwaltung auf dem Lande dar.[31]

Deshalb gingen die südvietnamesischen Behörden davon aus, dass »im politischen, gesellschaftlichen, wirtschaftlichen und militärischen Bereich das Dorf als ein Nervenzentrum des gegenwärtigen Konflikts betrachtet werden« könne und folgerten: »Der Erfolg des antikommunistischen Kampfes in Vietnam wird vom Dorf abhängen.«[32]

Der Begriff »strategisches Dorf« wurde Ende Juli 1961 erstmals von der offiziellen Nachrichtenagentur *Vietnam Press* verwendet. Aber die Umsetzung des »Plans für die strategischen Dörfer« begann erst im April 1962. Anfangs mussten noch Armee, Zivilgarde und Einheiten der Selbstverteidigung vor Ort sein. Zu einer »strategischen« Einrichtung wurde das Dorf erst nach Abzug der Armee. Die Militärs in der Regierung gelangten zu der Überzeugung, dass es dank der Dörfer endlich eine Front geben würde. Man wollte den Vietkong zwingen, den Kampf nach den Bedingungen der Regierung wieder aufzunehmen.³³

1963 war das Programm der strategischen Dörfer das Kernstück der antikommunistischen Strategie. Die Regierung verfolgte nicht mehr das Ziel, in bestimmten umkämpften Gebieten wieder Fuß zu fassen, sondern wollte ganz Vietnam nach und nach mit einem Netz von strategischen Punkten überziehen. Im Januar 1963 lebten bereits rund 20 Prozent der Bevölkerung in strategischen Dörfern.³⁴ Im September kam Thompson an der Spitze einer britischen Delegation ins Land und machte sich vor Ort ein Bild.

Auch amerikanische Wissenschaftler informierten sich, und sie kamen zu anderen Ergebnissen als die offizielle südvietnamesische Regierungspropaganda. Sie listeten die Schwachstellen des schönen Programms auf: Die Bauern bekamen für die Vorbereitungsarbeiten kein Geld, die finanzielle Ausstattung war unzureichend, die Reisfelder lagen zu weit entfernt, die Bewohner der Dörfer mussten täglich weite Wege zurücklegen und so weiter.

Erdacht, vertreten und entwickelt wurde das Programm der strategischen Dörfer von Ngô Dinh Nhu, dem Bruder des Präsidenten Diem. Die Namensänderung gegenüber dem Programm der Agrostädte hatte ihre Berechtigung: Das frühere Vorhaben hatte eher bescheidene Dimensionen gehabt (nicht mehr als 1000 Agrostädte waren geplant). Außerdem entwickelten sich die strategischen Dörfer vorwiegend aus bestehenden Ansiedlungen heraus, die befestigt wurden, während die Agrostädte meist Neugründungen gewesen waren.

Ein anderer Aspekt fiel noch stärker ins Gewicht: Die Agrostädte ließen sich zwar nicht auf die militärische Dimension reduzieren, aber die militärische und technische Seite stand ganz klar im Vordergrund. Mit den strategischen Dörfern wollten Diem und sein Bruder hingegen bestimmte philosophische Konzeptionen des Personalismus verwirklichen, ihnen schwebte ein Mittelweg zwischen dem liberalen Laisser-faire und dem Kommunismus vor. Für sie war der Aufbau der strategischen Dörfer mit der »personalistischen Revolution« verknüpft, bei der »die gesellschaftliche, kulturelle und wirtschaftliche Reform die Lebensbedingungen der gesamten arbeitenden Klasse bis in die entlegensten Dörfer hinein verbessern wird«.³⁵

Am 13. März 1964 wandte sich Madame Ngô Dinh Nhu an die vietnamesischen Frauen und pries ebenfalls das große Vorhaben: »Um die Freiheit gegen eine Unterwanderung von außen und den Missbrauch von innen zu verteidigen, hat er eine Lösung auf der Ebene Nhan-Vi gefunden, das heißt in der Dimension, die für den Menschen am besten fasslich ist. Es ist die Dimension des strategischen Dorfes.«

Mit der Orientierung an dieser Dimension könne man der auf kaltem Weg betriebenen Subversion begegnen, »die leicht eine demokratische Gesellschaft aushöhlen könnte, aber auch der Subversion auf heißem Weg, das heißt der Guerilla«. Dabei versuche der Feind, »sein Opfer in einer Zangenbewegung einzuschnüren nach dem Muster ›eine lang, vier kurz‹«: »Lang« war die Zeit für die Vorbereitung des Angriffs, mit den »vier Kurzen« waren vier schnelle Bewegungen gemeint: das Zusammenziehen der Angriffskräfte, die Auflösung der gegnerischen Kräfte, Plünderung und Rückzug. Dank der strategischen Dörfer konnte man die Formel umkehren zu »vier lang, eine kurz«: »Lang« waren Planung des Angriffs, Auflösung der gegnerischen Kräfte, Plünderung und Rückzug, und »kurz« war die Zeit, die dem Gegner zur Sammlung seiner Kräfte blieb.

Diese Strategie musste nach den Prinzipien Mao Zedongs den Sieg über die Guerillabewegung bringen. Mao war überzeugt, dass es niemals jemandem gelingen werde, auf dem Gebiet des Guerillakampfes ihn mit seinen eigenen Waffen zu schlagen. Die »strategischen Dörfer« bewiesen das Gegenteil.

Die strategischen Dörfer stellten eine militärische Revolution dar, aber in ihnen kulminierte auch eine politische und gesellschaftliche Revolution, von ihnen ging die wirtschaftliche Entwicklung des gesamten Landes aus. »Unsere Eigenheit«, so Madame Nhu, »ist der Gedanke, der Subversion durch die Errichtung einer wohl durchdachten Demokratie entgegenzutreten, die durch ein System der Selbstverteidigung und Selbstkontrolle geschützt ist und in einer menschlichen Dimension existiert.«

Nachdem aus ihrer Sicht die Demokratie auf lokaler Ebene auf diese Weise eingeleitet war, konnten sogar Dorfräte eingesetzt werden. Es wurde auch daran gedacht, in den Städten Räte zu bilden. Alles in allem plante die Regierung in Südvietnam, die gesamte Bevölkerung in etwa 12 000 strategischen Dörfern unterzubringen. Nach den verfügbaren Zahlen gab es wohl nie mehr als 5000 Dörfer mit etwa fünf Millionen Einwohnern.

Aufgabe des Programms

Die Beamten, die sich um das Projekt kümmern sollten, wurden in den Ideen des Personalismus unterwiesen. Ob diese Ausbildung nötig war oder nicht, das Programm ist jedenfalls nicht daran gescheitert. Vielmehr tauchten die gleichen Probleme auf wie auch bei den Agrostädten: Die Bauern, deren Häuser zerstört wurden, erhielten keine Entschädigung, die Umsiedlungen erfolgten zwangsweise, die Verteidigung fehlte oder war unzureichend und so weiter.

In der Provinz Mong-An beispielsweise mussten junge Leute ohne entsprechende Ausbildung und mit unzureichender Bewaffnung ein Dorf von 130 000 Quadratmetern schützen, das nur von einem 3,2 Kilometer langen Maschendrahtzaun umgeben war. In der Provinz Vinh-Long fehlte es an Material: Auf dem Papier wurden 14 Tonnen Stacheldraht geliefert. Tatsächlich waren es nur zehn Tonnen für 163 Dörfer! Neben den materiellen Defiziten stand die Bevölkerung der amerikanischen Intervention so ablehnend gegenüber, dass die Errichtung eines strategischen Dorfes bedeutete, diejenigen nach »drinnen« zu holen, die man doch »draußen« isolieren wollte.

Nach Diems Ermordung im November 1963 wurde das Programm aufgegeben, obwohl geplant war, dass ihnen »Dörfer des neuen Lebens« folgen sollten, und obwohl der Oberbefehlshaber der US-Streitkräfte in Vietnam, General William C. Westmoreland, noch im Juni 1964 mit Thomson zusammentraf.

Konzentrationslager?

Allem Anschein nach war die Gleichsetzung mit der Erhebung in Malaysia etwas übereilt. Sie erreichte nicht die zahlenmäßige Dimension wie in Vietnam und betraf nur die chinesische Volksgruppe. In Vietnam hatten die Kommunisten bereits vor Beginn des Programms in der Bevölkerung Fuß gefasst: Die Kräfte, zu deren

Abwehr die strategischen Dörfer errichtet werden sollten, hatten das Territorium bereits besetzt.

Aber haben die strategischen Dörfer nicht dennoch die vietnamesischen Kommunisten und ihre Verbündeten behindert? Auf jeden Fall bleibt festzuhalten, dass sie heftig und massiv kritisiert wurden. Immer wieder tauchte der Vergleich mit Konzentrationslagern auf, so zum Beispiel bei einer Sitzung des »Internationalen Bertrand-Russell-Tribunals« 1964. Der Bericht von Nguyen Van Dong, einem Anhänger der Unabhängigkeitsbewegung, ließ keinen Zweifel aufkommen, welchen Eindruck der Vietkong erwecken wollte. Der Vergleich mit Konzentrationslagern findet sich auch in Dokumenten der FNL. In einem Bericht, datiert vom 5. August 1963, der US-Truppen in der Provinz Tay Ninh in die Hände fiel, werden die strategischen Dörfer als »Zonen der Konzentration« beschrieben, »Zonen der Kontrolle«, »der Isolierung« oder auch »der Inhaftierung des Volkes«.[36] Der Zeuge, der vor dem Russell-Tribunal auftrat, schätzte, dass 14 Millionen Vietnamesen in »17 000 Konzentrationslagern, die als strategische Dörfer bezeichnet werden«, festgehalten würden.

In Frankreich erfolgte eine der frühesten Erwähnungen der »strategischen Dörfer« in einem Artikel von *L'Humanité* am 12. April 1962. Dort war die Rede davon, dass »bestimmte Dörfer mit Stacheldraht und Befestigungen umgeben und die Menschen aus dem Umland dort zusammengezogen« würden. Am 23. Juni wusste der Sonderkorrespondent der Zeitung, Georges Girard, mehr darüber zu berichten. Er stellte auch die Verbindung zu Malaysia her. Das Vorhaben der Regierung in Südvietnam wurde dargestellt als »ein Plan zur Zerstückelung, Deportation und Umsiedlung der Bevölkerung, den sie auf das ganze Land ausdehnen möchten mit dem Ziel, die bäuerlichen Massen vollständig zu kontrollieren und die Guerillakämpfer zu isolieren«.

1950 – Asien

Chinas Laogai

Ein großes Nichtwissen

Noch ignoranter als im Hinblick auf den GULag zeigte und zeigt sich der Westen nach wie vor hinsichtlich des KZ-Phänomens in der Volksrepublik China. Hinter diesem Nichtwissen stehen verschiedene Faktoren: die geographische und kulturelle Distanz sowie die Tatsache, dass es hier nur wenige Zeugen gibt und dass von den asiatischen, vor allem den chinesischen Intellektuellen gegen diese Lager bislang nur schwache Proteste kamen.

Trotz der bemerkenswerten Arbeit von David Rousset und seiner internationalen Kommission gegen das Regime dauerte es in Frankreich bis zur Veröffentlichung von Jean Pasqualinis *Prisonnier de Mao* 1977 (dt.: *Gefangener bei Mao*), ehe erstmals die breite Öffentlichkeit auf die Verhältnisse in den chinesischen Lagern aufmerksam wurde. Der französisch-chinesische Mischling Jean Pasqualini saß neun Jahre lang im Lager, bis er im Zuge der diplomatischen Anerkennung der Volksrepublik China durch Frankreich unter de Gaulle begnadigt wurde. Kurz nach seiner Entlassung legte er ein präzises und erschütterndes Zeugnis über seine Gefangenschaft ab.[1] 1994 erschien dann in den Vereinigten Staaten und im selben Jahr in Deutschland Harry Wus Beschreibung seines Lageraufenthaltes in China (Harry Wu, *Nur der Wind ist frei*, Berlin 1994). Dennoch sind Berichte über die chinesischen Lager nach wie vor sehr selten.

Wie Jean-Luc Domenach im Vorwort zur französischen Ausgabe von Harry Wus erstem Werk, *Laogai, le Goulag chinois*, anmerkt, sind die chinesischen Intellektuellen weit davon entfernt, die Machthaber nach westlicher Tradition zu kritisieren oder gar anzuprangern.[2] Obwohl die chinesische Intelligenz selbst hart betroffen war, hat sie »darauf verzichtet, Zeugnis abzulegen«. So musste sich die Öffentlichkeit lange Zeit mit Liu Qings *J'accuse*

1949 – China: Die Laogai

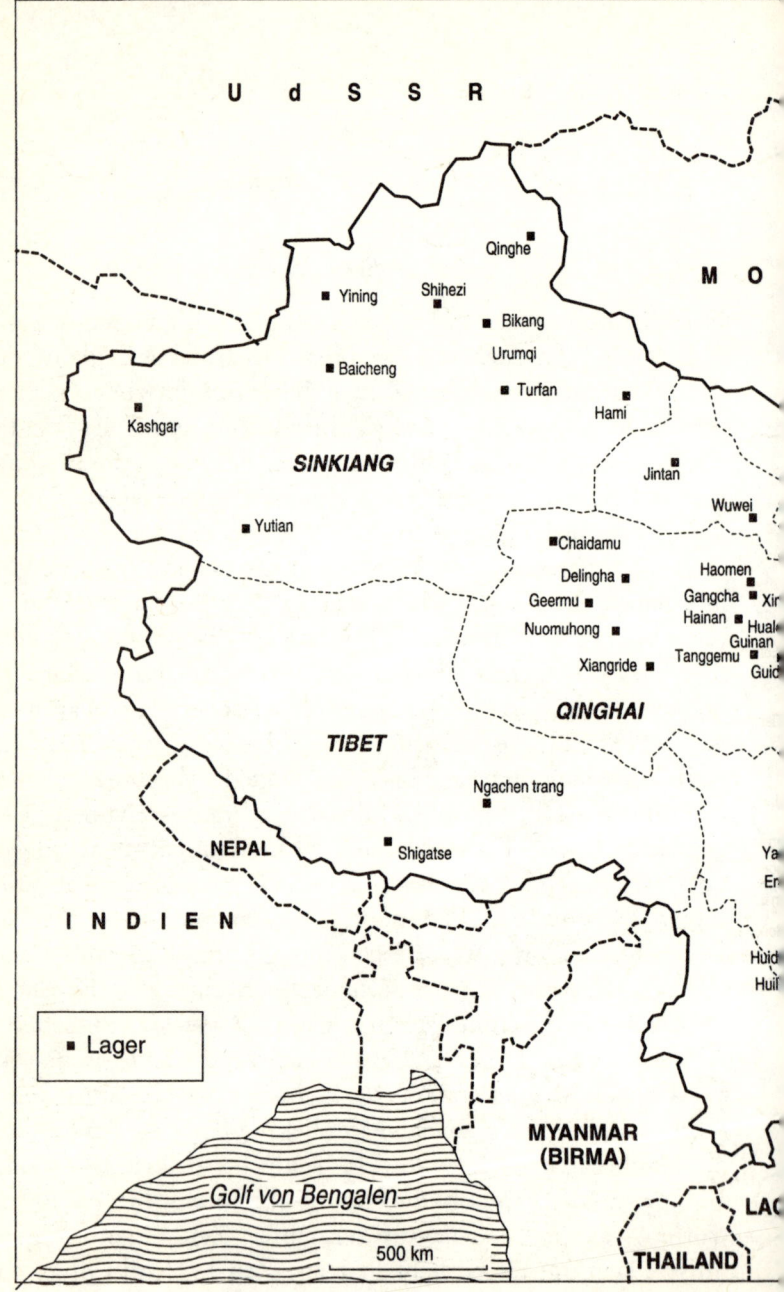

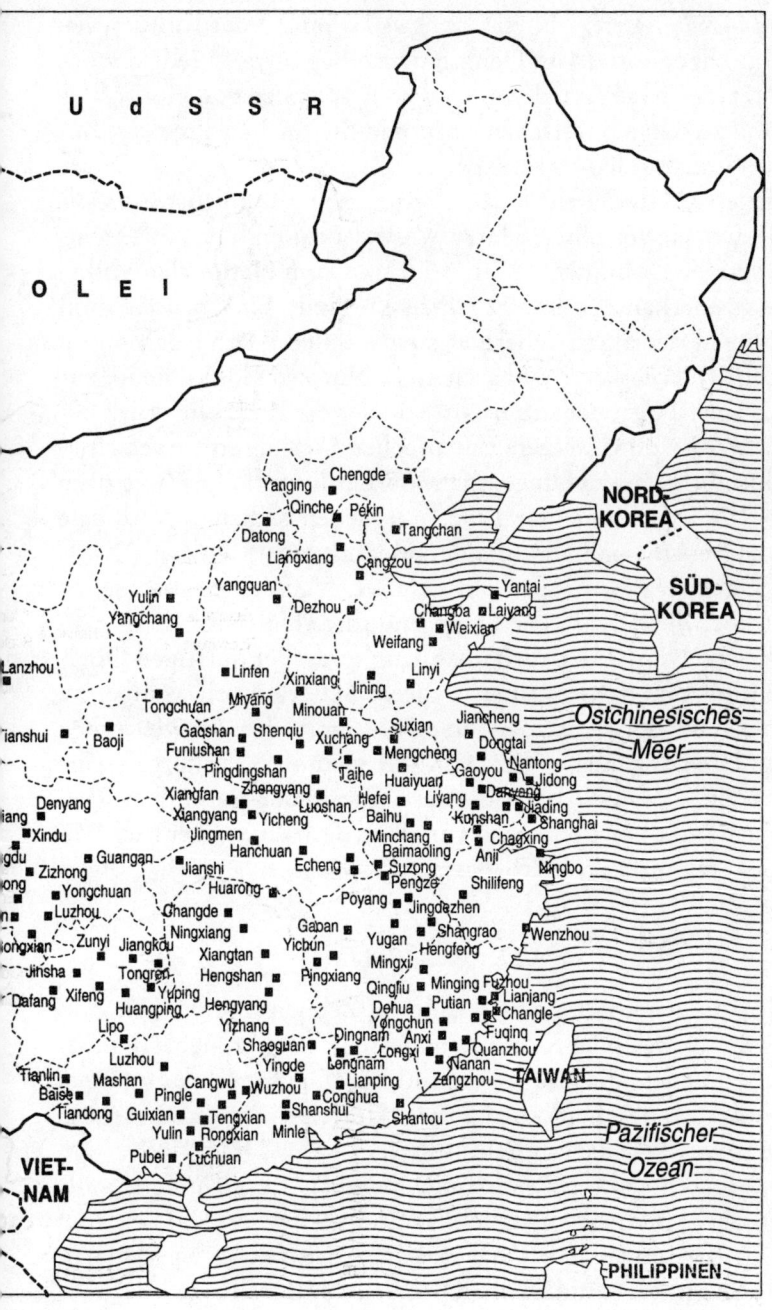

(1982) und mit den Autobiographien von Nien Cheng (dt. *Leben und Tod in Schanghai*) – Nien Cheng saß während der Kulturrevolution im Lager – und von Deng Huzeng begnügen. Vielleicht beginnt jetzt eine neue Ära, denn seit dem Erscheinen von Harry Wus Buch sind zu den chinesischen Lagern immer mehr Zeugnisse, Reflexionen und Studien erschienen.[3] Gesicherte Materialien zu den Lagern im kommunistischen China sind nach wie vor selten. Harry Wu weist darauf hin, dass es ganze 36 offizielle Dokumente gibt.[4] Vier sind vom Nationalen Volkskongress anerkannt, die 32 übrigen sind Vorschriften und Mitteilungen der Staatssicherheit sowie anderer Behörden – und somit sehr viel schwerer zu beschaffen. Nur zwei Dokumente zur *Laojiao*, einer Form der Lagerhaft, von der die Rede sein wird, haben den Status von Gesetzen. Entsprechend verfahren die verschiedenen lokalen Umerziehungsorgane bei der Einzelfallprüfung nach internen Dokumenten von 1982, mit denen sich der Nationale Volkskongress niemals auseinandergesetzt hat.

Das Geheimnis wird also gut gehütet. Nach einem offiziellen Bericht über die Anzahl der Lager und ihrer Häftlinge sucht man folglich vergebens. Aber auch unabhängig von der dürftigen Quellenlage fühlt sich der Forscher in dieser Materie noch weniger zu Hause als in der Auseinandersetzung mit dem sowjetischen GULag. Die Laogai ist – wie das KZ-System in Nordkorea – eine andere Welt: »Wenn die Tragödie der chinesischen Lager dem Westen nicht stärker bewusst ist, so vor allem deshalb, weil er [der Westen] nicht mehr direkt betroffen ist.«[5]

Laogai, Laojiao und Jiuye

Trotzdem ist dank der oben genannten Zeugen in etwa bekannt, woraus das chinesische KZ-System besteht: Es gibt mehrere institutionelle Ebenen: die *Laogai*, eine Abkürzung für *laodong gaizao* (Besserung durch Arbeit), die *Laojiao* (Umerziehung durch Arbeit) und die *Jiuye* (Arbeitsverpflichtung).

Das Wort Laogai setzt sich zunehmend als Bezeichnung für alle Formen der chinesischen KZs durch und wird wie »GULag« zum Überbegriff. Entsprechend hat der französische Verleger Harry Wus die Laogai als »chinesischen GULag« umschrieben.

Die Laojiao dient eher der Korrektur von »Verfehlungen« als der Bestrafung von »Verbrechen«. Die Sträflinge behalten – zumindest theoretisch – während der Lagerhaft ihre bürgerlichen Rechte. Nach Pasqualini[6] und Harry Wu[7] gibt es in der Laojiao mehr Häftlinge als in der Laogai. Sie leisten als »Bürger« die gleiche Arbeit wie die Gefangenen der Laogai und erhalten die gleichen Essensrationen. Ihre Organisation unterscheidet sich kaum von der der Laogai mit einer Kombination aus Studium und Arbeit – wobei letztere allerdings stärker betont wird, gilt sie doch als Trägerin einer positiven Pädagogik ... Gearbeitet wird wie in der Laogai zwischen zehn und zwölf Stunden pro Tag, manchmal sogar noch länger.

Bei der überwiegenden Mehrheit der Häftlinge der Laojiao handelt es sich um Städter. Seymour und Anderson, zwei amerikanische Sinologen und Autoren einer minutiösen Untersuchung zu den chinesischen Lagern, nennen als Häftlinge der Laojiao unter anderem Liu Xiaobo, eine Führungsfigur der Demokratiebewegung von 1989, oder den Bruder von Liu Qing, einem Führer der demokratischen Opposition im Exil. Ihre Strafen wurden im Frühjahr 1997 wegen »mangelnder Reue« verlängert.

Bis 1979 erfolgte die Inhaftierung in der Laojiao auf unbestimmte Zeit und unter gleich harten Bedingungen wie in der Laogai. Heute sind die Strafen angeblich kürzer und klarer festgelegt. Die Mehrheit der Verschickungen in die Laojiao wird direkt von der Polizei angeordnet, ein Gerichtsverfahren ist nicht notwendig. Der Fall muss lediglich einer mit der Aufrechterhaltung der öffentlichen Ordnung betrauten Behörde vorgelegt werden. Anschließend befassen sich die Kommissionen der Besserung durch Arbeit der Provinz, Region oder Stadt mit ihm.[8] Bürger können aber auch per Gerichtsbeschluss verschickt werden, wobei dieser auf Provinzebene erfolgt. 1996 wurde eine Versammlung einberufen, um genauer festzulegen, wer zu entsprechenden Urteilen befugt ist und wer nicht. Dabei ging es darum, Missbräuche wie Verurteilungen aus Rache zu verhindern. Die Beschlüsse zeigten allerdings auch noch zwei Jahre nach der Versammlung keine spürbaren Auswirkungen.

Nach Seymour und Anderson soll es 235 dieser Lager zur Umerziehung durch Arbeit geben. Die Anzahl der Häftlinge veranschlagen sie für das Jahr 1980 auf ungefähr 400 000 und für heute auf etwas weniger als 200 000. Das Personal soll nach einem von Seymour zitierten internen Dokument 11 000 Personen nicht übersteigen.[9]

Ein weiterer Unterschied zur Laogai: Die Laojiao entstand erst nach der Übernahme der Staatsmacht durch die chinesischen Kommunisten, während sich die Laogai schon zuvor in den von den Kommunisten kontrollierten Zonen etabliert hatte.

Offiziell stellt die Haft in der Laojiao keinen Entzug der Freiheit dar, diese wird vielmehr nur *eingeschränkt*.[10] Die Gefangenen gelten nicht als »Verbrecher« und erhalten – ein wichtiger Unterschied zur Laogai – für ihre Arbeit eine Entlohnung. Bis 1962 gab es nur ein einfaches Taschengeld zur Deckung kleinerer Ausgaben vor Ort. Dann wurde es in einen Quasi-Lohn umgewandelt, der allerdings nur knapp 40 Prozent des Durchschnittslohns eines Arbeiters beträgt.

Die Laojiao wurde 1957 eingeführt – als Reaktion der Staatsmacht auf den Volksaufstand in Ungarn. Obwohl sich »wahre Feinde« mit der Waffe bekämpften, gab es »Widersprüche im Volk«, die der Staat entschlossen im Zaum halten musste.

Es bestehen folglich nur geringe Unterschiede zur Laogai im eigentlichen Sinn. »Im Großen und Ganzen«, schreibt Domenach, »stellte die Laojiao also eine Erweiterung der Laogai dar. Die Unterschiede zwischen den beiden Systemen waren unbedeutend.«[11]

Diesem zweistufigen System ließe sich die Jiuye hinzufügen, die »Verpflichtung zur Arbeit«. Bis 1961 betraf sie die Laogai-Häftlinge am Ende der Haft. Anschließend wurde sie auf alle Gefangenen, also auch auf die der Laojiao, ausgedehnt. Die Anzahl derer, die von der Jiuye betroffenen waren, stieg damit an, so dass diese in manchen Lagern schließlich sogar die Mehrheit stellten und noch stellen. Diese »freien Gefangenen« erhalten eine monatliche Entlohnung, haben alle zwei Wochen Freigang, nehmen ihre Mahlzeiten in der Cafeteria ein und sind vor allem vom abendlichen Appell ausgenommen. »Die ›freien Gefangenen‹ verfügen über besser ausgestattete Schlafsäle, Kantinen und Leseräume. Sie genießen eine gewisse Bewegungsfreiheit und dürfen im Dorf einkaufen gehen. Manche bekommen eine Woche Urlaub im Jahr, um nach Hause zu fahren.«[12] Auch bei dieser Art Haft ist die Dauer nicht genau festgelegt. Nach einer Redensart »hat die Laogai ein Ende, aber die Jiuye ist ewig«.

Die Verpflichtung zur Arbeit ist das Ergebnis einer administrativen Maßnahme, die es ehemaligen Häftlingen offiziell ermöglicht, eine Arbeit zu finden: 50 Prozent der Gefangenen der Laogai und 20 Prozent der Gefangenen der Laojiao sollen heute davon betroffen sein. Wu schätzt ihre Zahl auf acht Millionen Menschen.[13]

Gegenläufige politische Strömungen haben dafür gesorgt, dass Anfang der 80er Jahre zahlreiche Freilassungen erfolgten, nach 1983 jedoch die Zahl der Gefangenen wieder anstieg und sich diese Schwankungen auch in der Folgezeit fortsetzten. Die freien Gefangenen der Jiuye sind auf militärische Art organisiert: Es gibt Schwadronen, Brigaden und Bataillone unter der Kontrolle eines Beamten der Staatssicherheit. In jedem Bataillon existiert eine »Trainingsmannschaft« für Häftlinge mit schlechter ideologischer Einstellung. Zudem besitzt jedes Bataillon Isolationszellen. Die Familien der Häftlinge können auf dem Lagergelände untergebracht werden und dort auch arbeiten.

Wie sehen die Arbeitsbedingungen der Häftlinge aus? Ein Arbeiter der Jiuye kann weder die Art der Beschäftigung noch seinen Aufenthaltsort frei wählen, dafür aber willkürlich verlegt werden. Er hat zwei Wochen Urlaub im Jahr für Besuche bei Angehörigen (sie werden genau kontrolliert). Bewaffnete Eskorten gibt es hier nicht. Trotzdem wird er von der Staatssicherheit überwacht und muss Normen erfüllen: eine Sechstagewoche mit Achtstundentagen. Zu diesen Personen, die am Rande der Lagerstatistik stehen, aber wie Häftlinge leben, kann man mit Deng Huzeng noch diejenigen Gefangenen hinzuzählen, die ihre Strafe abgebüßt haben, aber »einfach trotzdem bleiben, weil sie nicht wissen, wohin sie gehen sollen«. Manche dieser »freien Gefangenen« bleiben auch deshalb, weil sie in ihrem Dorf oder Stadtteil nicht mehr akzeptiert werden. Die Jiuye ist mit einem der schrecklichsten Aspekte totalitaristischer Konzentrationslager verbunden: Die Betroffenen wissen niemals genau, für welche Dauer sie verurteilt wurden, außerdem können festgelegte Strafen willkürlich verkürzt oder verlängert werden. So manche Entlassung wurde schon im letzten Augenblick widerrufen: Die gesamte Baracke des zu entlassenden Häftlings gibt einen Bericht darüber ab, ob er tatsächlich resozialisiert ist und »die Milde der Regierung« verdient, und nicht immer fallen die Meinungen der Mithäftlinge positiv aus.

Und mancher Häftling, der die Entlassung zum Greifen nahe wähnt, erlebt eine bittere Enttäuschung: »Die Antwort traf am 5. Januar 1961 ein: Weitere 20 Jahre Gefängnis (tatsächlich Lager). Der alte Lin sackte zu Boden und musste in die Krankenstation gebracht werden. Ungefähr einen Monat später kehrte er zurück und war nicht mehr derselbe Mann.«[14]

Der »Prozess« wird gewöhnlich in Abwesenheit des Angeklagten geführt. Oft erfährt der Gefangene sein Urteil erst lange nach der Inhaftierung. Die Strafen waren und sind im Allgemeinen hart, aber zu bestimmter Zeit war alles relativ: So zeigte sich Pasqualini, der zu zwölf Jahren Lagerhaft verurteilt war, zuversichtlich, dass er mit der Haft fertig werden würde. »Lang lebe Mao!«, rief er sogar aus. Harry Wu landete ohne jedes Urteil im Lager und hatte keine Ahnung, wann er auf eine Entlassung hoffen konnte.

Noch auffallender als die Härte der Strafen ist die Willkürlichkeit des Vollzugs. So kam es beispielsweise vor, dass die Kommission, die über das Schicksal eines zu lebenslanger Haft Verurteilten entscheiden musste, diesen noch vor anderen Häftlingen mit milderen Strafen zu einem »freien Arbeiter« machte.

Die Ungewissheit wurde zu einer festen Einrichtung: »Eine weitere interessante Erfindung der chinesischen Kommunisten«, so offenbart Pasqualini, »ist das ausgesetzte Todesurteil: Die Exekution erfolgt erst dann, wenn der Gefangene nach den Aussagen seiner Aufseher eine ausgesprochene schlechte Führung zeigt.«[15] Dabei ist genau zu unterscheiden zwischen den heutigen Vorgängen und denen zu Maos Zeiten, als die Gefangenen sich die meiste Zeit in der Umgebung ihrer Lager oder im Lager selbst aufhalten mussten. Dies galt bis in die 80er Jahre.[16]

Nur wichtige Personen, hohe Parteifunktionäre, ganz unbedeutende Delinquenten, Alte und Kranke traten nach der Laojiao oder der Laogai wieder ins gewöhnliche Zivilleben ein. 95 Prozent der Gefangenen »nahmen dagegen in den 50er und 60er Jahren nach Verbüßung ihrer Haft Posten in der Laogai an«.[17]

Die Gefängnisse

Im Folgenden gebrauchen wir den Begriff der Laogai als Bezeichnung des gesamten chinesischen KZ-Systems. Im Auge behalten werden müssen dabei die Abstufungen zur Laojiao und zur Jiuye sowie die Tatsache, dass es daneben Durchgangslager und Gefängnisse gibt.

Bei den Durchgangszentren handelt es sich um so genannte Einrichtungen »zur Obhut und Untersuchung«.[18] Obwohl die Haft hier im Prinzip nur einige Monate dauern darf, kommen auch längere Aufenthalte, manchmal bis zu fünf Jahren, vor. Seymour und Anderson schätzen die Anzahl der Personen, die »dauerhaft provisorisch« festgehalten werden, auf 1,5 Millionen.

Diese erste Etappe der Haft wird in einfachen Zellen mit je einem »Lehrer« verbracht. Auf den Gefängnisfluren gelten Vorschriften, wie sie auch sowjetische Dissidenten beschreiben. Blickkontakt mit anderen Häftlingen ist beispielsweise verboten. Die Gefangenen erhalten offenbar ein Taschengeld, so jedenfalls die Erfahrung Pasqualinis, der für das Falten von Papier einen jämmerlichen Lohn erhielt.[19]

Nach einem internen Rundschreiben der KPCh von 1985 dienen die Gefängnisse allerdings dem Aufenthalt angeblich »gefährlicher« Häftlinge, während die anderen in die Lager gesteckt werden. Alle bedeutenden politischen Gefangenen wie Wei Jingsheng saßen im Gefängnis. Die anderen – Konterrevolutionäre und gewöhnliche Verbrecher – wurden bei guter Führung zur Verbüßung ihrer Reststrafen in Lager verschickt.[20]

Der Unterschied zwischen Gefängnis und Lager ist in China wirtschaftlicher (Lager sind bestimmten Produktionsstätten angeschlossen) und administrativer (eine Lagerzone pro Provinz) Natur. Nach Harry Wu, der in den 19 Jahre seiner Internierung zum Fachmann auf dem Gebiet wurde, »liegt der Hauptunterschied zwischen Gefängnissen und Straflagern in der militärischen Organisation der zuletzt genannten und dem Einsatz von Häftlingen zur Überwachung ihrer Mitgefangenen«.[21] Dennoch gehören die Gefängnisse, in denen 13 Prozent der »Verbrecher« verwahrt werden, und die Arbeitslager – auf die folglich die restlichen 87 Prozent entfallen – zu ein und demselben System und unterstehen beide dem

Büro für Öffentliche Sicherheit (das bis 1983 dem Ministerium für öffentliche Sicherheit unterstand und anschließend dem Justizministerium untergeordnet wurde). Beide verkörpern gleichermaßen die Macht der »Diktatur des Proletariates«.[22]

Es sei darauf hingewiesen, dass Gefängnishaft härter sein kann als Lagerhaft: Die Gefängnisinsassen streben eine Verlegung ins Lager an, um größere Bewegungsfreiheit zu erlangen und besser vor Misshandlungen geschützt zu sein. So berichtet beispielsweise Constantin Rissov, dass er sich wegen der üblen Haftbedingungen im Gefängnis wie seine Gefährten die Verlegung ins Lager wünschte.[23] Auch Pasqualinis Mitgefangene beantragten die Verlegung in ein Arbeitslager. Die offizielle Formulierung lautet: »Ich bitte Sie um die Erlaubnis, meine Reue für die von mir begangenen Verfehlungen durch Arbeit in den Lagern unter Beweis zu stellen.« Harry Wu schildert eine jämmerliche Szene mit geschwächten und ausgemergelten Gefangenen, die bei Läufen ihre Eignung für die Zwangsarbeit in der Laogai unter Beweis stellen müssen. Wie seine Mitgefangenen strebte er »ungeduldig« die Aussonderung und Verlegung an.[24]

Die Geschichte der chinesischen Lager

Wie alle Institutionen hat auch die Laogai eine historische Entwicklung durchlaufen. Sie hat sogar eine Vorgeschichte. Einige haben Vorläufer des gegenwärtigen KZ-Systems im alten China ausgemacht, Zwangsarbeit als Strafe oder zu Produktionszwecken sei schon im 18. Jahrhundert üblich gewesen. Seymour und Anderson stellen eine Beziehung zum System der militärischen Verbannung *(chongjun)* der Qing-Dynastie her. Damals wurden Verbrecher, Unruhestifter und hohe Beamte bis nach Sinkiang verschickt. Erst im 19. Jahrhundert, als den Qing die Kontrolle über die Region teilweise entglitt, verlor diese Praxis an Bedeutung.

Die ersten von den Kommunisten eingerichteten Lager tauchten, wie erwähnt, in den von ihnen kontrollierten Zonen auf. Diese Periode verlief offenbar etwas chaotisch und besonders schwierig für die Gefangenen: Wie in der UdSSR kam es zu Übergriffen und Folterungen durch die Lagerleitungen, die durch keinerlei von zentraler Stelle ausgegebenen Regeln im Zaum gehalten wurden. Über allem hing das Damoklesschwert der Hinrichtung, meist durch Erschießen.

Ab 1952/53, in der Phase des so genannten »Aufbaus des Sozialismus«, wurde die Laogai auf organisatorischer Ebene vereinheitlicht. Im Juni 1952 erinnerte eine nationale Konferenz über Laogai-Arbeit daran, dass ›politische Umformung und Besserung durch Arbeit, Strafe und Erziehung kombiniert werden‹ müssten. Die Lager sollten jetzt nach militärischem Vorbild neu organisiert und politischen Kommissaren unterstellt werden. Diese Beschlüsse wurden allerdings nicht auf Bezirksebene umgesetzt. Dafür begann jetzt die Zeit der großen Lager. Im April 1953 kritisierte ein hoher Funktionär auf einer nationalen Konferenz über Justizarbeit die hohe Zahl der Fehlurteile und Folterungen. Eine gewisse Entspannung erfolgte zwischen 1954 und 1957. Freilich konnte keine Rede davon sein, dass die Schrecken der Lager verschwanden.[25]

Die Laogai lehnte sich in der Anfangsphase an das sowjetische Modell an. James Seymour nennt als theoretischen Bezugspunkt für die Initiatoren der chinesischen Lager vor allem Bogdanow, obwohl dieser schon Ende der 20er Jahre eliminiert worden war. Für diese chinesisch-russische Zusammenarbeit in den 50er Jahren gibt es präzise Beispiele. So wirkten sowjetische Experten im »Führungskomitee für Besserung durch Arbeit der reaktionären Elemente des Nordwestens« mit sowie bei der Einrichtung des Lagers von Shijing bei Kanton, bei der Organisation der Zwangsarbeit in einer Kohlemine bei Fushun und bei der Ausgestaltung des Lagers Caohejing bei Shanghai.[26]

Während der Kampagne gegen die Rechtsabweichler von 1958 führte »die politische Radikalisierung ... zu einer wahren Entfesselung der Zwangsarbeit«.[27] Es gab keine geregelten Arbeitszeiten mehr: Geschuftet wurde bis zu 16 Stunden am Tag »und mehr«. Im Herbst 1959 erfolgte für bestimmte Kategorien von Häftlingen eine Amnestie. Nach den Freilassungen gab es ähnliche Szenen, wie sie Zeugen aus Nordkorea berichten: Domenach spricht von einem »demütigenden Ritual der Amnestie ...: strenge, pathetische Reden der vor Gesundheit strotzenden Funktionäre einerseits, unterwürfige Danksagungen ausgemergelter ›neuer Menschen‹ andererseits. Überdies ›baten‹ manche Begnadigte darum, als ›freie Gefangene‹ bleiben zu dürfen.«[28]

Mit dem »Großen Sprung nach vorn« brach sich erneut der ideologische und utopistische Wahnsinn Bahn und führte zur großen Hungersnot von 1961/62. Besonders betroffen waren natürlich die Häftlinge in den Lagern. Nach dem *South China Morning Star* vom 5. Mai 1993 waren ihre »Sterblichkeitsraten entsetzlich hoch«. Ein Maler, der von dem gut informierten Hongkonger Blatt befragt wurde, erklärte: »Mehr als 90 Prozent von uns kamen um. Wir arbeiteten 15 Stunden am Tag, um unter hohen Verlusten einen Kanal zu graben, der diese Einöde fruchtbar machen sollte. Man gestand uns zwei Schalen Gemüse plus eine gehaltlose Teigtasche am Tag zu ... Jahre später, als örtliche Bauern aus dem Areal eine Baumschule machen wollten, stießen sie auf Massengräber mit Hunderten und Aberhunderten von Leichen.«

Häftlinge in besonders schlechtem Zustand wurden auf der Staatsfarm von Qinghe in Hebei, dem so genannten »Zentrum für Rekonvaleszenz Nr. 585«, isoliert, um bei den übrigen Zwangsarbeitern die Verzweiflung einzudämmen. Ihre Leichen wurden an drei Sammelstellen aufgetürmt und nachts vergraben. Die Hungersnot wütete freilich zuweilen auch außerhalb der Lager. Harry Wu erinnert sich an einen entflohenen Häftling, der bis nach Peking kam und sich dort der Polizei stellte, weil die Lebensbedingungen dort kaum besser waren. Ab 1960 stieg die Sterblichkeit spürbar an. Die Rationen Getreide wurden durch Kräuter, entkörnte Maiskolben, Getreidespelzen, Kartoffelkraut, Algen und Abfälle aus den Ölpressen ersetzt.[29] 1961 hatte sich die Situation so sehr verschärft, dass die Gefangenen Erlaubnis erhielten, bei Angehörigen in weniger betroffenen Gebieten um Hilfe zu bitten oder das Lager zum Nachlesen auf den Feldern zu verlassen.

Betroffen waren anscheinend auch die Aufseher, jedenfalls sehr viel stärker als die in den sowjetischen Lagern während ähnlicher Katastrophen. »Trotz dieser Einschränkungen besteht ein großer Unterschied zu den sowjetischen Lagern, wo die Wärter immer genügend und sogar hervorragendes Essen bekamen, viel mehr noch zu den nationalsozialistischen KZs, wo das Wohlergehen der SS-Bewacher in dem Maße stieg, wie die Entbehrungen der Insassen zunahmen.«[30]

Da Mao, der die Katastrophe ausgelöst hatte, diese leugnete, wurde das Lagerregiment kaum gelockert. Schon deshalb nicht, weil

Menschen, die nichts mehr zu verlieren hatten, alles zuzutrauen war. Im Übrigen wurde Normalität demonstriert: Aus den Lautsprechern ertönte weiterhin leichte Musik und die »Frohe Botschaft« der Partei, während die hungernden Gefangenen in Kuhfladen, Pferdeäpfeln oder den Exkrementen der Funktionäre, in Verstecken der Küchen nach Würmern oder unvollständig verdauten Körnern suchten. Dieser gewaltige Irrsinn legte sich schließlich. 1962 setzte sich eine Politik der Milde durch, die Zustände in den Lagern verbesserten sich. Manche Gefangene wurden für ihre Arbeit entlohnt, es gab sogar einige Entlassungen. Vier Jahre später, 1966, begann die »Große Proletarische Kulturrevolution«. Bis 1971 gab es keine reguläre Rechtsprechung mehr. Zahlreiche Lager wurden geschlossen. Doch im Allgemeinen funktionierten die Laogai und die Laojiao von den Ereignissen unbehelligt weiter.

Ab 1972 entspannte sich die Situation im Archipel.[31] Hygienische Verhältnisse und Verpflegung wurden erträglicher, aber die Disziplin blieb äußerst streng: Zwar wurden manche während der Kulturrevolution gefällte Urteile überdacht und die Lebensumstände der freien Gefangenen verbessert, aber »reaktionäre« Äußerungen, homosexuelle Kontakte oder eine spontane Schlägerei konnten zu einer Verlängerung der Haft um Monate oder gar Jahre führen. Folglich blieb das Prinzip bestehen, »dass das Geschick des Verurteilten von seinem Verhalten abhänge und er bis zu seiner hypothetischen Verwandlung zu einem ›neuen Menschen‹ unbegrenzt weiter verurteilt werden könne«.[32] Dem Studium wurde inzwischen weniger Zeit gewidmet. Es erwies sich im Übrigen auch als ziemlich ineffizient. Die Korruption war auf dem Vormarsch, und der Anteil der Kriminellen im Lager stieg.

Ab 1978 war eine Entlassungswelle zu verzeichnen: »Der Archipel stößt an die Grenzen eines absterbenden Totalitarismus und einer Modernität, die sich nicht durchsetzen kann«, bemerkt Jean-Luc Domenach. In dieser Atmosphäre des Niedergangs und der fehlgeleiteten Reformen kam es zwischen 1978 und 1980 in den Lagern des Archipels zu einer Serie von Zwischenfällen, ähnlich denen nach Stalins Tod. Da die Bewachung schlechter und das Militär weiter entfernt war, häuften sich Fluchtversuche.

Im Mai 1981 trat die rechtspolitische Kommission des ZK der KPCh zu einer Konferenz zusammen.[33] Nach ihren Beschlüssen sollte in den Lagern jetzt mehr umerzogen und weniger bestraft werden – durch produktive Arbeit und verbesserte Haftbedingungen. Es folgte eine Rehabilitierungswelle und die Stärkung der Rolle der Gerichte gegenüber der Staatssicherheit. 1982 veröffentlichte das ZK eine Serie von Dokumenten zum Thema. In einem wurde festgestellt: »Die Laogai- und Laojiao-Lager sind nicht nur Strafanstalten und nicht nur gewöhnliche Betriebe zur Bildung von Produktionseinheiten, sondern vor allem Schulen zur Erziehung und Besserung der Verbrecher, die gegen das Gesetz verstoßen haben.«[34]

Unter Deng Xiaoping wurden weitere Veränderungen durchgeführt: Ab dem 15. August 1983 übernahm das Justizministerium wieder die Leitung der Laogai (wobei die Staatssicherheit die Verantwortung für die Gefängnisse und die Laojiao behielt). Es gab allerdings Ausnahmen: So unterstand das wichtigste Gefängnis für politische Gefangene der Eisenbahn! Es entstanden Schulen für die Lagerpolizei.

Die Einrichtungen für Besserungsarbeit funktionierten auf selbstständigerer Basis (im Hinblick auf die Produktion wie bei den Institutionen und Löhnen). »Im Jahr 1983 wandelte Deng alle Lager in autonome wirtschaftliche Gebilde wie eine Firma oder Fabrik um. Die Leiter müssen die Uniformen, die Löhne, die Ausbildung der Aufseher sowie die der qualifizierten Arbeiter bezahlen, aber wenn sie ihre Ausgaben decken, profitiert das Personal davon. Der Gefängnisdirektor der alten Art hat sich zum Firmenchef gewandelt. Seine Gewinnmarge hängt von der Arbeit ab, die er aus den Gefangenen herausholt.«[35] Fest entschlossen, die Laogai rentabler zu machen, wandten sich die Direktoren fortan den ausländischen Märkten zu.[36]

Das Streben nach höherer Produktivität ging nicht notwendigerweise Hand in Hand mit einer Verbesserung der Lage der Gefangenen, wie der Aufstand von 1989 in den Lagern von Sinkiang zeigt.[37] Im Übrigen schlugen die Auswirkungen der Beschäftigungskrise auch in den Lagern durch. 1983 kam es in den Straflagern zu einer weiteren Welle der Repression. Zahlreiche »Verbrecher« im strafrechtlichen Sinn fielen Exekutionen zum Opfer. Der Zustrom der Gefangenen erhöhte sich so sehr, dass man mit Domenach von einer »neuen Politik« sprechen kann.

In den Jahren 1985 bis 1988 schwang das Pendel wieder zurück: Die Gerichtsbarkeit erhielt wieder stärkeres Gewicht, die Häftlinge profitierten von besseren Besuchsmöglichkeiten, Laogai und Laojiao wurden stärker »verschult«. Eine Politik der Wiedereingliederung in die Gesellschaft setzte sich durch. Statt vom »neuen Menschen« war jetzt eher vom wiedereinzugliedernden Gefangenen die Rede: »Die Umerziehung wird der Ausbildung und der Wiedereingliederung untergeordnet.«[38] Angesichts der im ganzen Land grassierenden Korruption wäre die Fortsetzung einer Politik, die auf die Schaffung eines neuen Menschen zielte, allerdings auch ziemlich unglaubwürdig gewesen.

Anfang der 90er Jahre bildeten die Lager noch immer den Kern des gesellschaftlichen Kontrollapparates der Partei, wobei die Zahlen vermutlich zurückgingen, vor allem die der politischen Gefangenen (sie stellten fast zehn Prozent der Gesamtzahl). Ab dem 29. Dezember 1994 trat an die Stelle des Begriffs Laogai der Ausdruck »Gefängnis«. Statt Laogai wird jetzt *Giayu* für die Gefangenen gebraucht.[39] Im Blatt zur Veröffentlichung der Gesetzeswerke heißt es am 7. Januar 1995: »Unsere Beziehungen zur internationalen Gemeinschaft erfordern eine veränderte Bezeichnung unserer Laogai, sie ist außerdem im Rahmen unseres Kampfes für die Menschenrechte auf internationaler Ebene günstig.«[40] (!) Der Begriff Laogai verschwand zwar, doch Charakter und Aufgaben blieben unangetastet. Mit dem Siegeszug des »Ökonomismus« verloren auch die Haftbedingungen ein wenig an Strenge. Die Aufseher waren brutal, aber auch bestechlich. Übereinkünfte mit den Familien wurden möglich. Die Kommunikation mit der Außenwelt wurde leichter, die meisten entlassenen Gefangenen konnten nach Hause zurückkehren. Eine »Umerziehung« fand nur noch als Ritual statt. Aber das neue Gesicht der Laogai in den 90er Jahren änderte kaum etwas an der Realität: Die Verpflegung wurde etwas besser, aber die Überfüllung der Lager, die unzulängliche Ausstattung, die obligatorische Uniform (mit der Nummer des Gefangenen), die Arbeit im Bergbau, der Textilindustrie und im Maschinenbau blieben. Für Pasqualini »hat die Politik der Öffnung und der Reformen das Los von Millionen Männern und Frauen, die in den Lagern der Laogai schuften, nicht verändert«.[41]

Die chinesische Variante

Wenn das Sowjetsystem für die Chinesen lange Zeit Vorbildcharakter hatte, so handelte es sich eher um eine pflichtbewusste und rhetorische Ehrbezeigung an den großen Bruder als um eine getreue Nachahmung. Tatsächlich gab es in den chinesischen Vorstellungen von einem Konzentrationslager lange Jahre den Willen, ein System zur Veränderung des Menschen zu schaffen. Dieses Bestreben gab es durchaus auch bei den sowjetischen Führern: Zu Beginn der Revolution wollte man Arbeitslager einrichten, in denen – im Gegensatz zu den Gefängnissen – verschiedene Asoziale resozialisiert werden sollten. Wie bereits nachgewiesen wurde, gingen die Arbeitslager und die Konzentrationslager für Regimegegner allerdings ineinander über. Wegen der Haftbedingungen, der gewaltsamen Übergriffe durch das Wachpersonal und des Bestrebens, die Arbeitskraft der Häftlinge auszubeuten, erscheint hier jeder »umerzieherische« Anspruch rein ideologischer Art, auch wenn er sich noch bis Mitte der 30er Jahre hielt.

In China – aber auch in Vietnam, in Laos und Nordkorea – war die »Umerziehung« dagegen ein ernsthaftes und unermüdlich beschworenes Anliegen, wenn auch die Erfordernisse der Produktion im Vordergrund standen. Das massive und effiziente Unternehmen »der totalen Unterwerfung des Menschen«, wie es Domenach nennt, findet sich im gesamten kommunistischen Asien wieder. Und zumindest was China betrifft, ist es erst seit wenigen Jahren auf dem Rückmarsch.[42]

Deshalb stellt die Laogai eine unleugbare Besonderheit dar: Den deutlich bekundeten Willen, den Menschen mit einer Vielzahl von Mitteln zu verändern, von denen Arbeit nur eines darstellt. »Im Gegensatz zu den Russen, die der Wahrheit, dem realen Inhalt der Umerziehung gegenüber gleichgültig sind«, schreibt David Rousset als guter Beobachter, der die Besonderheit des chinesischen KZ-Systems als einer der ersten erkannt hat, »verlangen die chinesischen Stalinisten vom Schuldigen echte Einsicht in sein Verbrechen.«

Jean Pasqualini beschreibt die Umerziehung bis ins Detail. Demnach ging es dabei nicht so sehr darum, die Gefangenen dazu zu bringen, Verbrechen zu gestehen, die sie nicht begangen hatten. Sie sollten vielmehr »gestehen, dass ihr bisheriges gewöhnliches Leben verdorben, voller Schuld und strafwürdig war, weil es mit ihren eigenen Ansprüchen ans Leben nicht übereinstimmte«.[43] Und weiter schrieb Pasqualini: »Die Arbeit ist nicht das Einzige, was zählt, sagt ihnen der Gefängnisdirektor. Um euch zu bessern, müsst ihr nicht nur arbeiten, sondern euch zudem von schlechten Gedanken über die Regierung, ihre Führer, die Regierungspolitik, die Verbündeten der Regierung und die kommunistische Partei befreien.«

Die Nutzung und Verstärkung von Schuldgefühlen spielt dabei eine erkennbare Rolle. So beschreibt Pasqualini den Fall eines Mitgefangenen, der einer Namensverwechslung zum Opfer gefallen war und schließlich sämtliche Verbrechen seines Namensvetters gestanden hatte. Als der Irrtum bemerkt wurde, hatten die Behörden Schwierigkeiten, ihn zur Rückkehr nach Hause zu bewegen: Er fühlte sich zu schuldig![44]

»Wir sagen den Leuten nicht, was sie gestehen sollen«, bekam Pasqualini vom Leiter seines provisorischen Haftzentrums zu hören. »Wenn wir dies täten, wäre es eine Beschuldigung und kein Geständnis. Wir wissen alles über euch. Wir verlangen nur deshalb Geständnisse von euch, damit ihr Gelegenheit bekommt, Milde zu erwirken.«[45]

Duan Kewen wurde aufgefordert seine Biographie »seit dem achten Lebensjahr« zu schreiben.[46] Dazu führte man ihn in einen Saal, in dem bereits 20 weitere Gefangene mit dieser Aufgabe beschäftigt waren. Weil er zunächst nur 3000 Schriftzeichen ablieferte, bekam er eiserne Fesseln angelegt. Jean Pasqualini brachte 60 Tage damit zu, eine Biographie auf 700 Blättern abzufassen.[47]

Am Ende stand natürlich eine Selbstanklage, eine Station auf dem Weg zum umfassenden Bekenntnis und zur Überwindung des alten Denkens durch eine neue Einstellung. Schuldgefühle genügten nicht, notwendig war die Reue! Die Häftlinge mussten »Studiensitzungen« absolvieren – natürlich mit dem offiziellen Parteiorgan als Pflichtlektüre. Hinzu kamen »Prüfungen« mit heftigen Ermahnungen an die Adresse eines anderen »Schuldigen«.

»Die Selbstanklage ist eines der Meisterwerke des chinesischen Strafvollzugssystems. Der Gefangene muss nicht nur in unendlicher Geduld Monate und sogar Jahre Verhöre über sich ergehen lassen. Dieses Gebäude muss er auch noch mit einem handgeschriebenen und unterzeichneten detaillierten Bericht seiner Verbrechen krönen.«[48] Da Dokumente mit wenig Substanz zurückgewiesen werden, wird kräftig dazugedichtet. So kann der Staatsanwalt den Geständigen zu beliebig hohen Haftstrafen verurteilen! Außerdem wurden regelrechte Denunzierungskampagnen veranstaltet – neben regelmäßig praktizierter Kritik und Selbstkritik.[49]

»Die Prinzipien von Kritik und Selbstkritik, die bei der ideologischen Prüfung eingesetzt werden, sind genau die gleichen, die das Leben der normalen Bürger überall in China bestimmen. Sie lassen sich auf die folgenden vier wesentlichen Regeln in absteigender Rangfolge reduzieren:

1. Im Idealfall muss das Bekenntnis spontan und freiwillig erfolgen. Es muss wie eine chemische Reaktion in dem Augenblick zustande kommen, in dem der Bürger eine Verfehlung begeht oder gegen eine Regel verstößt.

2. Wenn dies nicht geschieht, müssen die anderen ihm ›geduldigen Beistand‹ leisten und ihm Gelegenheit geben, seine Verfehlungen oder Verbrechen zu erkennen.

3. Wenn der ›geduldige Beistand‹ ohne Ergebnis bleibt, müssen ›gut gemeinte Kritiken von wohlgesinnten Leuten ins Spiel‹ kommen.

4. Als letztes Mittel, wenn alle anderen Methoden scheitern, muss der Schuldige mit der notwendigen Strenge daran gehindert werden, Schaden anzurichten: Prüfungen, Kerker, etc.«[50]

Pasqualini betont die Allgegenwart der Reue. »Die Studiensitzungen wurden mit der Kälte und dem Hunger natürlich zahlreicher. Ziel war es, unsere Gedanken während der langen Tage, die wir drinnen verbrachten, beschäftigt zu halten, bei uns Vertrauen in die Regierung zu wecken und so gut es ging dafür zu sorgen, dass wir den Hunger vergaßen.«

Die endlosen Studiensitzungen sind die große chinesische Neuerung in der Theorie des Strafvollzugs und der wichtigste Unterschied zu den sowjetischen Gefangenenlagern. Dabei sind gewöhnlich drei Phasen zu durchlaufen:

– Die Einsicht in die eigenen Verbrechen, die der Häftling erzählt.
– Die Selbstkritik.
– Die Unterwerfung unter die Autorität und die Annahme der Unterweisungen: Der Gefangene muss unter Beweis stellen, dass

er bereut hat, »die Verräter anzeigen und Treue gegenüber der Regierung bekunden«.

In allen diesen Techniken fließen die Nutzung individueller Schuldgefühle und kollektiver Druck zusammen: Der einzelne Gefangene muss nicht nur sich selbst bessern, sondern auch andere bei der Besserung unterstützen oder diejenigen anzeigen, die bei ihren alten Gewohnheiten bleiben. Damit verfügt er praktisch über keinen Augenblick Ruhe zum selbstständigen Denken. Die Studiensitzungen finden im Lager wie im Gefängnis regelmäßig statt. Nicht einmal Lager mit besonders hoher Sterblichkeit waren davon ausgenommen! Dass die Selbstkritik und das Verfassen der Biographie im Gefängnis aktiver betrieben werden, hängt damit zusammen, dass aus ihnen eine Akte hervorgeht, die zur Rechtfertigung von Urteilen dient und noch später im Lager eine Rolle spielt. Die Umerziehung wird durch Geständnis und Arbeit vollzogen. Das Geständnis und die Reue herrschen in einer ersten Phase, die Arbeit in einer zweiten Phase vor. Nach einem Monat Gefangenschaft schreibt Harry Wu: »Inzwischen hatte ich begriffen, dass die Arbeit im chinesischen Gefängnissystem gleichzeitig als Pflicht, Strafe und Belohnung gilt. Man muss seine Verbrechen zugeben, die Bereitschaft zur Umerziehung demonstrieren und zeigen, dass man sich der Disziplin unterwirft, bevor man das Recht auf Arbeit verdient hat.«[51]

Der Hunger, die Schläge und die Hoffnung, dem Durchgangsgefängnis zu entrinnen, bilden den Ansporn für die Umerziehung. Aber auch im Lager werden die Neuankömmlinge nicht sofort der Zwangsarbeit zugeführt, sie finden sich für zwei Wochen bis drei Monate in »Studiengruppen« (oder »Einführungsgruppen«) wieder. Außerdem wird in Kleingruppen (mit einem Kader der Staatssicherheit) gearbeitet, während die erfahrenen Häftlinge dafür sorgen, dass die Geständnisse und die Selbstkritik angehört und registriert werden. Die Gefangenen müssen morgens und abends zehn Minuten lang strammstehen. Auch werden auf subtile Weise »Selbstdurchsuchungen« oder gegenseitige Durchsuchungen durchgeführt.[52]

Die Arbeit der Reue ist freilich nicht nur eine Vorbedingung, um die körperliche Arbeit aufzunehmen: Beide sind einander ergänzende Aspekte der Umerziehung und heben durch das Zusammenwirken von physischer Anstrengung und Reflexion diese Art »Gehirnwäsche« auf das Niveau einer subtilen und effizienten Technik. Während die ermüdende und demütigende Arbeit für das Zustandekommen des Bekenntnisses notwendig ist, drücken sich die für das Geständnis günstigen positiven Einstellungen im Arbeitseifer aus. Die »Umerziehung« durch ein In-sich-Gehen im Lager ist um so notwendiger, als sie – zumindest in den Augen der Behörden – zur Bildung von »motivierten« Gefangenen beiträgt.

Ist die Besserung über den ideologischen Fortschritt hinaus nicht vor allem ein Mittel, um bei den Gefangenen ein höheres Produktivitätsniveau zu erzielen? Nach Jean Pasqualini haben die Chinesen anders als die Russen die Entdeckung gemacht, dass die Arbeit von Gefangenen »auf keinen Fall produktiv und profitabel sein kann, wenn sie nur durch Zwang oder Folter erreicht wird. Die Chinesen waren die ersten, die die Kunst beherrschten, Gefangene zu motivieren.« In dem Bestreben, die Herrschaft über das Bewusstsein zu erringen und die Persönlichkeit auszulöschen, »haben sie ein Ziel erreicht, das nicht einmal Stalin zu realisieren vermochte: die Umwandlung der Zwangsarbeit in eine einträgliche Sache«.[53] Gleichwohl sind Zweifel angebracht, denn man hat in den letzten Jahren festgestellt, dass die Lagerchefs der 80er und 90er Jahre zur Steigerung der Produktivität weniger auf die Ideologie setzten als auf eine (leichte) Verbesserung der Haftbedingungen.

Da man dem »neuen Menschen« bislang noch nirgendwo begegnet ist, muss man ihn als fiktiv anerkennen und folglich auch das eigentliche Ziel der psychologischen »Arbeit« am einzelnen Gefangenen anderswo suchen. Im Übrigen ist innerhalb des chinesischen KZ-Systems – mit dem Vormarsch von Korruption und Gewalt – ein fortschreitender Niedergang zu verzeichnen, sodass man diesen neuen Menschen nur als Mythos bezeichnen kann: »Und hätten sich die chinesischen Kommunisten bemüht, ihre Gefangenen wirklich ›umzuformen‹, wäre es nicht zu der tiefgreifenden Zersetzung der Disziplin gekommen.«[54] Tatsächlich gab es in den letzten Jahren »überhaupt keine *Gai* [Reform] mehr. Die Gefangenen werden immer argwöhnischer. Sie weigern sich, ihre Schuld einzugestehen, widersetzen sich den Bemühungen, sie umzuformen, und beteiligen sich sogar an kriminellen Aktivitäten.«

Die »gegenseitige Überwachung« erscheint als ein Relikt aus der

Vergangenheit, und Versammlungen zur Selbstkritik finden seltener statt. Tatsächlich haben der »neue Mensch« oder die Umerziehung das Ziel, »ein Individuum zu einem simplen Mechanismus zu degradieren, der vollständig der Macht unterworfen ist«. Selbst das realistischere Ziel der Wiedereingliederung in die Gesellschaft ist fiktiv: Der chinesische Archipel bleibt eine abgeschottete Welt, und die Gefangenen verlassen ihn nur sehr selten – oder erfahren andere Formen der Ausgrenzung: Festlegung auf einen Wohnort, Nutzung vor Ort als »freier« Arbeiter, usw.

Die Produktion in den Lagern

Wie einst in der UdSSR ist das Spektrum der von Sträflingen verrichteten Arbeiten sehr breit gefächert: Sie finden in der Landwirtschaft, beim Bau von Straßen, Eisenbahnlinien oder Talsperren, im Bergbau und in anderen Industrien Verwendung. Deng Huzeng erwähnt beispielsweise die landwirtschaftliche Erschließung von Regionen in der Mandschurei und den Einsatz von Häftlingen in der damals entstehenden Kunststoffindustrie. In Tibet liegt in einem der wichtigsten Lager, in Zhuanwa Chang ungefähr 20 Kilometer von Lhasa entfernt, eine der größten Fabriken des Landes: Eine Ziegelei.[55]

Die *Volkszeitung*, das Blatt der kommunistischen Partei, verkündete 1983: »Es gibt 200 Arten von Produkten aus den Arbeitslagern, einschließlich Erzeugnissen der Leichtindustrie. Metallerzeugnisse: Blei, Zink, Aluminum, Gold, Kupfer und Quecksilber; Minenerzeugnisse: Kohle, Eisenerz, Schwefel, Phosphor; mechanische und Elektroerzeugnisse; Automobile, Werkzeugmaschinen, elektrische Zubehörteile und Instrumente; Erzeugnisse der leichten Industrie: Baumwollkleidung, Fächer, Lederschuhe und -bekleidung. Hinzu kommen 20 Arten von landwirtschaftlichen Erzeugnissen, von denen die wichtigsten Soja, Öl, Tee, Obst und Geflügel sind. 1983 produzierten die Lager insgesamt 12 Millionen Tonnen Kohleflöz zuzüglich 6000 Werkzeugmaschinen, zuzüglich 6000 landwirtschaftliche Pumpen, 16 000 Tonnen Zink zuzüglich 200 Tonnen Quecksilber (ein Fünftel der nationalen Produktion), 25 000 Tonnen Asbest (ein Viertel der nationalen Produktion).«

Diese Zahlen sind freilich mit Vorsicht zu betrachten. Zudem beziehen sie sich auf ein riesiges Land: Nach dem ersten Fünfjahresplan betrug die Produktion der Laogai 1,6 Prozent der nationalen Produktion[56], 1988 waren es sogar nur 0,2 Prozent, ein verschwindend geringer Anteil trotz der beachtlichen absoluten Zahlen. Bezogen auf die Anzahl der Gefangenen mögen sie relativ hoch erscheinen, wobei die Schätzungen hier aber zu ungenau sind. In Qinghai gibt es nach Seymour heute ungefähr 23 000 Gefangene, von denen die »Ältesten« 1954 verurteilt wurden. Sie produzieren sieben Prozent des Düngers, neun Prozent des Speiseöls, fünf Prozent des Getreides und vier Prozent der Äpfel vor Ort. Die übrige Produktion ist zu vernachlässigen (1,5 Prozent der Industrieproduktion, die anderen Zahlen liegen noch weiter darunter). Bekannt ist, dass die Häftlinge unter sehr harten Bedingungen in den Kohle- und Uranminen von Sinkiang arbeiten und dass die Produktion auf den nationalen und internationalen Märkten verkauft wird. Heißt das, wie Harry Wu meint, dass die Lager eine unverzichtbare Komponente der nationalen und sogar internationalen Wirtschaft geworden sind?

Tatsächlich ist die Arbeitskraft, die in Asien ganz allgemein sehr billig ist, in den Lagern der Laogai fast zum Nulltarif zu haben. Und die »Fabrikgefängnisse erzeugen und exportieren eine eindrucksvolle Palette an Produkten, von Dieselmotoren bis hin zu Papierblumen, während in der Landwirtschaft Tee von hoher Qualität und Weine erzeugt werden, die man sogar im Supermarkt findet«.[57] Zwei Millionen Gefangene aus Shanghai, Jiangsu und Zhejiang wirkten am Bau des Hui-Staudamms mit. Die Anstrengungen zur Produktivitätssteigerung bilden allerdings eher ein Horrorszenario als das Bild einer funktionierenden Wirtschaft: Wu berichtet, seine Mitgefangenen und er hätten mit unzulänglicher Bekleidung und ohne geeignete Ausrüstung, richtige Anleitung sowie medizinische Betreuung arbeiten müssen, sodass ein Jahr später nur noch die Hälfte von ihnen am Leben gewesen sei.[58] Welche Rentabilität ist unter solchen Bedingungen – auch verglichen mit dem China außerhalb der Lager – überhaupt zu erreichen?

Zur Verdeutlichung der wirtschaftlichen Bedeutung der Lager hebt Harry Wu insbesondere die Anzahl der ins Ausland verkauften Produkte hervor. Für ihn ist das System »mit seinen Farmen, Fabriken, Minen, Kommunikationswegen und Bewässerungssystemen [sogar] hochrentabel«, und zwar insofern, als die zur Besserungsarbeit Verurteilten keinen Lohn, sondern nur ein Taschengeld erhalten, das 20 Prozent des Arbeiterlohns beträgt. Die von Umerziehungsmaßnamen Betroffenen erhalten 30 bis 40 Prozent und die Verpflichteten der Jiuye 60 Prozent des Durchschnittslohns.

Rentabilität? »Von 1953 bis 1983«, so erfährt man durch Wu, »haben die *Laogaidui* an den Staat insgesamt 13 Milliarden Yuan Steuern gezahlt, ein guter Ausgleich für die Summen, die der Staat in das System der Arbeitslager investiert hat, und für die Kosten für deren Unterhalt.«[59]

Dass die Laogai sich finanziell selbst trägt, ist allerdings noch kein Beweis für seine wirtschaftlich vorherrschende Bedeutung im Land: Mit dem Scheitern des Großen Sprungs nach vorn und mit der Kulturrevolution hat das Land mit seiner stärker parzellierten Wirtschaftsstruktur die Lager weiterbetrieben, ohne dass ihre Produktion zu einem wesentlichen Faktor bei der globalen Entwicklung wurde. In der Folge driftete die Produktion in den Lagern noch stärker an den Rand, während das übrige Land industrialisiert wurde. Die Bedeutung der Zwangsarbeit in der chinesischen Wirtschaft war also relativ gering: »Die chinesische Laogai«, schreibt Jean-Luc Domenach, »war dagegen nur während der kurzen Periode der Industrialisierung (und teilweisen Sowjetisierung) Chinas wirklich effizient. In der Folge nahm ihre Bedeutung immer mehr ab.«[60]

Wie viele Gefangene?

Pasqualini spricht von 16 bis 20 Millionen Gefangenen zu seiner Zeit (Ende der 50er und Anfang der 60er Jahre, allerdings für Laogai und Laojiao zusammengenommen). Am anderen Ende des Spektrums liegen die Schätzungen von offizieller Seite. Die kommunistischen Machthaber geben zu, seit 1949 zehn Millionen Menschen in Lager verschickt und 1995 1,2 Millionen Gefangene in 685 Lagern festgehalten zu haben.

Auf diese letzten statistischen Angaben reagiert Harry Wu mit Empörung: »Diese Zahlen sind lächerlich niedrig angesetzt. Ich schätze die Zahl der Personen, die seit 1949 in die Laogai verschickt wurden, auf 50 Millionen. Gegenwärtig [1996] gibt es, über das gesamte chinesische Territorium verteilt (mit einer beherrschenden Stellung der Provinz Qinghai im mittleren Westen Chinas), 1155 Lager. Sie sind mit sechs bis acht Millionen Gefangenen belegt. Zehn Prozent davon sind politische Gefangene.« Der Anteil an Frauen ist dabei noch geringer als der in den Lagern der UdSSR (die Angaben schwanken zwischen ein und drei Prozent). Von diesen Lagern liegen ein Dutzend in Tibet, viele in Qinghai und in der Mandschurei. Harry Wu bezeichnet Shenyang als »den Boulevard der Laogai«.[61]

In seinem Buch *Laogai* spricht er von 600 Lagern für drei bis vier Millionen Laogai-Häftlinge, aber von ungefähr 1000 Lagern inklusive denen der Laojiao, Zahlen, die sich mit seinen ersten Schätzungen ungefähr decken: zwischen sieben und elf Millionen Häftlinge (vier bis sechs Millionen in der eigentlichen Laogai und drei bis fünf Millionen in der Laojiao). Seine Schätzungen zur Jiuye (acht bis zehn Millionen) hinzugenommen, decken sich seine Zahlen mit den geschätzten seines Freundes Pasqualini: ungefähr 20 Millionen Gefangene.[62]

James Seymour kommt auf der Grundlage von Hochrechnungen zu einer Gesamtzahl von – mindestens – 1,3 Millionen Gefangenen in 1250 Haftanstalten (684 Lager der Laogai und 1912 weitere Lager sowie 36 Lager einer militärisch organisierten Produktions- und Konstruktionsstätte in Sinkiang namens Bingtan, die in den 60er Jahren ungefähr 700 000 Hektar Land, etwa 30 Prozent der bebaubaren Fläche, einschloss).[63] Das ist eine sehr viel geringere Anzahl als die von Domenach geschätzten vier bis 5,7 Millionen Häftlinge (allerdings einschließlich der Gefangenen der Jiuye) für 1986, gegenüber acht Millionen 1950. Für die 50er Jahre greift Domenach auf eine indirekte, aber einfache Methode der Schätzung zurück: Anhand der offiziellen Anzahl von zehn Millionen Personen 1954, denen das Wahlrecht entzogen worden war. »Der ›Aufbau des Sozialismus‹ hat in China offenbar weder dieselbe Verschärfung der Unterdrückung noch dieselbe Inhaftierungswelle wie in der stalinistischen Sowjetunion ausgelöst.«[64]

Die Organisation der Lager

Die Lager sind nach militärischem Vorbild aufgebaut: Die Häftlinge sind in Schwadronen, Kompanien, Bataillone, Abteilungen und Brigaden eingeteilt. Eine Schwadron unfasst zehn bis 15 Gefangene, mit zwei von der »Öffentlichen Sicherheit« bestellten Leitern: einer ist für die Produktion, der andere für die Umerziehung zuständig. Zehn bis 15 Schwadronen bilden eine Kompanie mit vier oder fünf Kadern der Staatssicherheit pro Kompanie. Acht bis zehn Kompanien bilden ein Bataillon, mehrere Bataillone eine Abteilung.[65] Der Alltag der Gefangenen beginnt mit dem morgendlichen Wecken – ein Hammerschlag gegen ein Stück Eisenbahnschiene. Hunger, Arbeit (im Allgemeinen zwischen zehn und zwölf Stunden) und Umerziehung, unterbrochen von Anzeigen und Geständnissen, Kritik und Selbstkritik,[66] sowie eine wöchentliche Sitzung mit Parolen (»Anstrengung bedeutet Produktion« usw.), bestimmen den Tagesablauf. Die Lagerhaft bedeutet freilich auch ein Zusammenleben mit Kriminellen inklusive der üblichen Diebstähle – vor allem von Seiten der »Studienleiter«, die den Kapos in NS-Lagern entsprechen und die ebenfalls Häftlinge sind –, Provokationen und Schlägereien.

Nach offizieller Darstellung gibt es keine politischen Gefangenen, dafür aber konterrevolutionäre Verbrecher! Die Unterbringung variiert nach der Art der Produktion: Es gibt fest gemauerte Unterkünfte, Hütten und Baracken aus Holz, Ziegeln oder Zement.[67] Die Baracken sind mit äußerst schmalen Pritschen ausgestattet. So schätzte sich Harry Wu glücklich, dass er eine Breite von 80 Zentimetern auf der Qinghe-Farm gegen 95 Zentimeter auf der Farm von Tuanhe eintauschen konnte. Die Häftlinge schlafen in einstöckigen Baracken mit gewölbten Dächern. Jede fasst ungefähr 20 Mann.

Nicht alle Lager sind von einer Mauer oder von Stacheldraht umgeben: Ausschlaggebend ist die Bevölkerungsdichte in der Umgebung. Bei dichter Besiedelung »überwiegt die klassische Methode der vollständigen Abschirmung: Das Lager Xinghua im Norden der Provinz Jiangsu ist von acht Meter breiten und sechs Meter tiefen Wassergräben umgeben, überdies mit Stacheldraht und von Wachtürmen im Abstand von 50 Metern. In dünner besiedelten Gegenden begnügt man sich mit einfacheren Maßnahmen. ... In unbewohnten Gegenden oder unter extrem harten Klimabedingungen kann auf Einzäunungen verzichtet werden.«[68] Zuweilen müssen die Häftlinge wie in der UdSSR ihr Lager selbst errichten.

Der Natur schutzlos ausgeliefert, versuchen sie sich so gut es geht in ausgehobenen Erdkuhlen, so genannten »Laufvogelnestern«, gegen Wind und Wetter zu schützen.

Die Gefangenen werden »gekennzeichnet«: Sie tragen entweder das Schriftzeichen *Qiu* (Gefangener), eine rote Nummer oder den Schriftzug »Verbrecher«, »Krimineller der Laogai« oder die Nummer des Lagers auf der Kleidung beziehungsweise einer Uniform mit rotem Ärmelaufschlag oder Bordüre. Erkennbar sind sie zudem häufig am kahl geschorenen Kopf oder an der zerschlissenen Kleidung, denn diese wird entgegen den Vorschriften nur unregelmäßig ausgegeben. Im Allgemeinen erhalten die Gefangenen eine schlichte Uniform (in Schwarz, Dunkelgrau oder Dunkelrot), ein Paar Schuhe aus Kunststoff und im Norden zum Winter alle zwei Jahre einen Mantel und eine Mütze aus Baumwolle. Unterwäsche muss von der Familie beschafft oder vom Taschengeld bestritten werden.

Die Gefangenen sind von der Außenwelt und ihren Angehörigen fast vollständig isoliert. Die aus den Lautsprechern ertönenden offiziellen Nachrichten und revolutionären Lieder, Filme und im Lager aufgeführte Theaterstücke dienen eher der Propaganda, als dass sie einen echten Kontakt zur Außenwelt knüpfen. Die Häftlinge stellen eigene Zeitungen her, die das neue Leben der Gefangenen preisen. Die Besuchsmöglichkeiten sind eher dürftig: im Allgemeinen ein Besuch von anderthalb Stunden pro Monat nach einer gewissen Zeit im Lager. (Pasqualini erhielt erst nach anderthalb Jahren zum ersten Mal Besuch von seiner Frau und musste sich von ihr eine Moralpredigt anhören – wahrscheinlich um sich selbst und ihren Sohn zu schützen.)

Die Besuche werden durch zahlreiche abschreckende Faktoren eingeschränkt: Die Reise in die entlegenen Gebieten der Lager ist schwierig. Zuvor muss eine Besuchserlaubnis beantragt werden, faktisch ein offizielles Bekenntnis, dass der Kontakt zu einem üblen Element aufrechterhalten werden soll. Hinzu kommen lange Anfahrtswege, lange Schlangen bei der Fahrscheinausgabe, hohe Kosten, der Druck aus der Umgebung und von den Behörden, sich scheiden zu lassen, die Überwachung und Gefährdung der Familie des Laogai-Häftlings.[69] Im Ergebnis »sind die Besuche desto seltener, je länger die Strafe ist«.[70]

Die Isolierung wird durch die Tarnung der Lager verschärft. Die Gefangenen sind nirgendwo sichtbar: Das Lager existiert nicht, nach außen ist es eine »Farm«. Ein Lager heißt »Das edle Dorf des Nordens«[71], ein anderes, das Pasqualini »unsere Farm« nennt, trägt den Namen »See der aufkeimenden Begeisterung«.[72] Wie in der UdSSR werden Briefe an Häftlinge an ein Postfach adressiert und dann an die jeweilige Arbeitsbrigade weitergeleitet. »Das Anrecht auf Postempfang variiert je nach Lager. Konterrevolutionäre dürfen mit ihrer Familie nicht kommunizieren.«[73]

Die Disziplin ähnelt stark den Verhältnissen, wie sie aus sowjetischen Lagern bekannt sind, mit dem auffallenden Unterschied, dass es in China keine Appelle gibt. Wu hebt hervor, dass die Gefangenen niemals allein sind und zu jeder Zeit ausspioniert werden können.

Als Strafe müssen die Häftlinge stundenlang laufen, einen mit Steinen beladenen Karren schleppen, sie beziehen Prügel und müssen ganze Nächte hindurch strammstehen. In den 50er Jahren spielten Folterungen eine – sogar bedeutende – Rolle (so wurden einem Gefangenen Elektroschocks verabreicht oder ein anderer gezwungen, Abfälle zu essen, die man in den Abortkübel getaucht hatte). Noch heute werden Häftlinge gelegentlich geschlagen, angekettet oder mit Elektroschocks gequält. Es gibt schreckliche Geschichten, so die einer Frau, der man den Kehlkopf durchtrennte, um sie an konterrevolutionären Äußerungen zu hindern, die eines homosexuellen Friseurs, der öffentlich hingerichtet wurde, oder die vom Gehirn eines erschlagenen Gefangenen, das ein Funktionär des Lagers dessen altem sterbendem Vater überreichte.[74]

Die bekannteste Strafe, und wohl auch eine der schrecklichsten, ist die Haft im Kerker, einer ungefähr drei Quadratmeter großen Zelle mit schimmligen Wänden und nacktem Zementboden. Die Essensration wird auf ein Minimum herabgesetzt und fällt am dritten Tag oft aus. Geschlafen wird auf dem Boden ohne eine Möglichkeit zum Zudecken. Am Ende dieser oft zwei Wochen dauernden Strafe ist der Gefangene nicht mehr in der Lage, ohne Hilfe zu gehen. Unter solchen Umständen ist an eine Flucht kaum zu denken. So bekennt Harry Wu: »Ich hatte nicht mehr die Kraft, von einem Ausbruch zu träumen, und nicht einmal mehr genug Energie, um die leiseste Furcht zu empfinden.«[75]

Die Essensrationen variieren je nach Region, nach der Rentabilität des jeweiligen Lagers sowie nach den Fortschritten bei der Umerziehung. Sie sind insgesamt knapp bemessen. So hat zum Beispiel ein Landarbeiter Anspruch auf 13,5 bis 22,5 Kilogramm Getreide pro Monat – im Allgemeinen Reis oder Sorghum, im gleichen Zeitraum zudem auf einen Liter Öl, alle zwei Wochen auf eine besondere Mahlzeit aus hellen, mit Dampf zubereiteten Brötchen und Schweinebrühe, alle zwei Monate auf einen Kuchen aus geröstetem Weizen und zum Frühjahrsfest sowie zum Nationalfeiertag auf Fleischklöße. Dabei spielt stets auch die Umerziehung eine Rolle. Pasqualini berichtet, dass man die Häftlinge selbst über die Rationen abstimmen lässt, auf die sie nach einer Selbsteinschätzung mit Blick auf ihre Fortschritte Anspruch haben![76]

Zum Ausgleich der chronische Mangelernährung essen die Gefangenen alles, was sich irgendwie verwerten lässt. Wie die Häftlinge in den nordkoreanischen Lagern spricht auch Harry Wu von Ratten, Fröschen und Schlangen: »Als ich in der Winterkälte fast verhungerte, lernte ich die Ratten zu bewundern, die ihre Vorräte in Höhlen einlagern, die so geschickt angelegt sind, dass kein Wasser eindringen kann. In den Stunden der Arbeit hielten wir Ausschau nach irgendeiner Ratte, die gerade in ihr Loch huschte, um dann nach Essbarem zu graben.«[77] Ähnlich beschreibt Pasqualini die Folgen des nagenden Hungers: »Wir aßen alles, was wir fanden, selbst die Ekel erregendsten Dinge – faules Gemüse, die Wintervorräte der Ratten, Knochen, die wir auf den Feldern ausgruben, die Würmer in den Mäulern der Ochsen … Wie balgten uns mit den Schweinen herum, wenn wir in ihrem Futter etwas Essbares entdeckt hatten. Wir waren unter die Stufe der Tiere hinabgesunken. Und all dies war gewollt, alles das gehörte zur ›Umformung‹, die den Gefangenen das letzte nimmt, was sie besitzen: ihre Würde.«[78]

Vor dem Einschlafen träumten die Häftlinge von kulinarischen Spezialitäten aus ihrer Heimatregion oder von den leckeren Gerichten, die ihnen ihre Mütter gekocht hatten. Am Tag wurde dagegen nicht geträumt, sondern gekämpft. Ein alter Häftling weihte Wu ein: »Geh nie an einem Loch vorbei … eines Tages wirst du Glück haben. Die größten Reichtümer sind in einem Rattenloch versteckt.«[79] Die Häftlinge stehlen die Vorräte von Ratten oder beißen Schlangen den Kopf ab und kochen sie.

Mörderisch werden solche Lebensbedingungen in Zeiten der Hungersnot im Land: Erschöpfte Häftlinge kriechen blind auf Essbares zu: »Es ähnelte einer Vision von Dante« – heißt es in der Einleitung zur französischen Ausgabe von Harry Wus *Nur der Wind ist frei.* »Die Qinghe-Farm ... Wie furchtbar! Wie furchtbar! Dantes Inferno hält einem Vergleich mit ihr nicht stand. Welche Verzweiflung in diesem Lager ... Ich sah Menschen kriechen, die nicht mehr die Kraft hatten, sich auf den Beinen zu halten. Harry Wu hat nur deshalb überlebt, weil er seine Kost auf den Feldern zusammenklaubte: Kräuter, Blätter, Frösche und Schlangen, die er in den Latrinen des Gefängnisses kochte. Das widerlichste Mahl ist besser als der Tod.«[80] Die offiziellen Angaben zur Verpflegung waren wie in der UdSSR jedenfalls falsch oder eher theoretisch: Unterschlagungen und Schwarzhandel spielten dabei eine bedeutende Rolle.

Wie Domenach betont, waren die Rationen spärlicher als die der französischen Bagnosträflinge in der ersten Hälfte des 19. Jahrhunderts. Selbst die britischen Kriegsgefangenen, die am Bau der Brücke über den Kwai beteiligt waren, oder die Häftlinge in den sowjetischen Lagern der Jahre 1936–1939 sollen mehr erhalten haben.[81] Unterernährung war meist zwar nicht die Ursache, aber ein Begleitumstand bei Todesfällen im Lager. Die Gefangenen starben an einer Vielzahl von Krankheiten. Der durch Hunger geschwächte Körper wird sehr anfällig für Krankheiten. Der kleinste Kratzer löst Tetanus aus. Einige Gefangene starben an Fieber, aber die meisten an der Ruhr. Sie verloren die Kontrolle über ihren Schließmuskel und brachen auf den Latrinen zusammen. In den Akten steht dann freilich niemals Unterernährung als Todesursache, sondern immer irgendeine Krankheit, die unter normalen Umständen nicht aufgetreten wäre.

Die hohe Sterblichkeit in den Lagern (nach Domenach zwischen zwei und sieben Prozent) überrascht folglich nicht.[82] Bei acht Millionen Gefangenen und einer Sterblichkeitsrate von 3,5 Prozent bedeutet dies 280 000 Tote im Jahr. Die Kosten der Überführung müssen von der Familie getragen werden, falls diese sie rasch verlangt:[83] Vor Ort werden die bestatteten Leichen häufig von Wildhunden angefressen, Zustände, wie sie auch in den Berichten aus nordkoreanischen Lagern bekannt sind.

Nach heutigem Kenntnisstand hat die Anzahl der Häftlinge abgenommen. Doch sie kann auch wieder steigen, weniger wegen einer Verschärfung der Unterdrückung als vielmehr wegen der gegenwärtigen Veränderungen in China und der neuen Freiheiten der Chinesen. In diesem Klima, in dem leider auch Gesetzesverstöße und Verbrechen gedeihen, ist ein Anstieg der Anzahl an »Verbrechern«, die wegen Diebstahls, Drogenhandels usw. ins Lager geschickt werden, durchaus möglich.

Es bleibt abschließend darauf hinzuweisen, dass sich die Schrekken der Unterdrückung in China nicht in der – wenn auch sehr harten – Lagerhaft erschöpfen. Abscheuliche Szenarien sind die von Harry Wu beschriebenen öffentlichen Hinrichtungen: »Viele in der Menge reagierten wie bei einem herrlichen Tor beim Fußball oder einer großartigen Veranstaltung in einer Konzerthalle. Zeigt mir ein Land, in dem so viele öffentliche Hinrichtungen Monat für Monat und Provinz nach Provinz veranstaltet werden.«

Es gibt keines. Marie Holzman erinnert daran, dass in China allein 1995 3200 Todesurteile und 2100 Hinrichtungen erfasst wurden.[85] Wo waren es mehr? Nicht in den Vereinigten Staaten (56 Hinrichtungen) und auch nicht in Saudi-Arabien (192 Hinrichtungen).

Man könnte versucht sein, diesen Schrecken etwas anderes gegenüber zu stellen, das in den Lagern aufkeimt: Pasqualini gebraucht in diesem Zusammenhang das Adjektiv »rein«: »Der Gedanke einer Hölle auf Erden ist nur eine ›volkstümliche‹ Vorstellung: Die im Lager lebende Gesellschaft ist in mannigfacher Hinsicht nicht nur reiner als die größere in der Außenwelt, sie ist auch freier. In China sind die Vorstellungen von Freundschaft und persönlicher Freiheit gerade in den Gefängnissen und Lagern am stärksten ausgebildet.«[86]

Die Lager in Vietnam: 1946–2000

»Konzentrationslager! Das Wort weckt unweigerlich Assoziationen an Auschwitz, Buchenwald und Bergen-Belsen. Aber es gibt, über die Welt verteilt, sehr viel mehr Lager als die der Nationalsozialisten, auch wenn aus politischer Scham heraus von ihnen selte-

ner die Rede ist: Zu ihnen gehören die Lager, in denen der Vietminh seine Gefangenen eingesperrt hat.«
Über diesen Vergleich, den Henri Amouroux gezogen hat und der dem Zeugnis eines ehemaligen französischen Gefangenen in Indochina als Motto vorangeht, lässt sich gewiss diskutieren. Man muss ihn allerdings zumindest als einen Versuch ansehen, gleichgültige Zeitgenossen aufzurütteln. Die Namen der NS-Lager sind zunächst einmal Synonyme für kaum noch mitteilbare Schreckenserlebnisse – ähnlich dem so häufig auftauchenden Vergleich mit Dantes Inferno, das gegenüber dem Lagerleben geradezu harmlos erscheint.
Wenden wir uns dem Lagersystem Vietnams zu, bei dem zwei Perioden zu unterscheiden sind. In der ersten geht es um die Internierung von Franzosen (1946–1954), bei denen es sich zwar um Kriegsgefangene handelte, die aber nicht diesem Status entsprechend behandelt wurden. Da ihre Inhaftierung zudem Merkmale der chinesischen oder nordkoreanischen KZ-Systeme zeigt, müssen wir uns eingehender mit ihnen befassen. Anschließend untersuchen wir die kommunistische Zeit, insbesondere nach der Machtübernahme der Kommunisten im gesamten Land im Jahr 1975. Über die beiden Jahrzehnte dazwischen liegen nur spärliche Informationen vor.

I. Die Lager des Indochinakrieges (1946–1954)

Als erste richteten die Franzosen in der Zeit von 1946 bis 1954 in Vietnam Internierungslager ein. Die Insassen scheinen ein ähnlich hartes Los gehabt zu haben wie gefangene Rebellen: Bonnafous räumt eine erhöhte Sterblichkeit von gefangenen Kämpfern des Vietminh ein: »Sicher hat es Übergriffe gegeben, sowohl auf der Seite der nationalistischen Armee wie auf der Seite der Franzosen«, schreibt er. »Aber in den Lagern des Expeditionskorps lag die Sterblichkeitsrate weit unter der in den späteren Lagern für die französischen Militärs.«
Der Vietminh richtete insgesamt etwa 100 Militärlager und zivile Gefängnisse ein. Bei den Inhaftierungen sind dabei drei Phasen zu unterscheiden:
– Von 1946 bis 1950 gab es nur wenige Gefangene. Im Allgemei-

1975: Vietnam

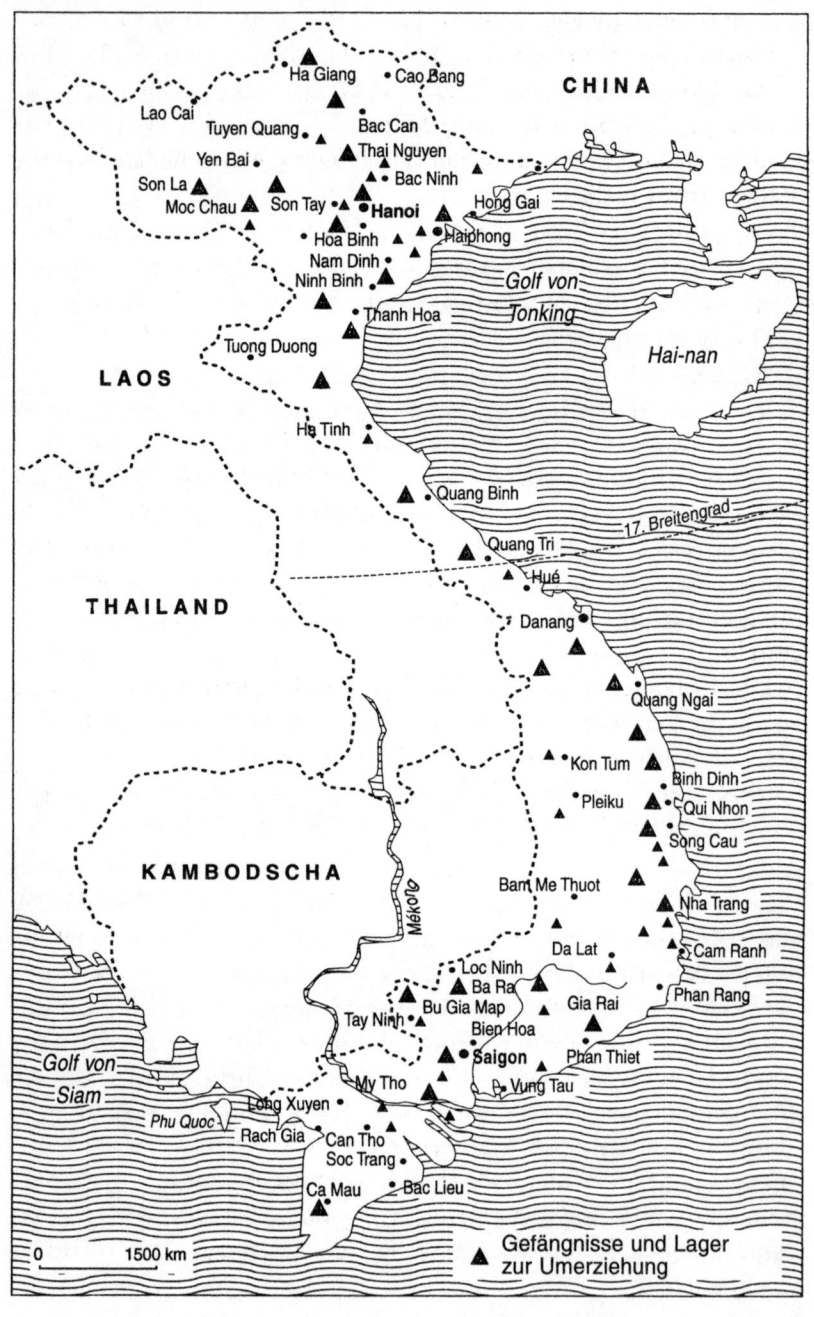

nen wurden sie zu propagandistischen Zwecken »herumgereicht« oder lokalen Milizen überstellt. Wenn sie mit ihren Bewachern kooperierten, hatten sie gute Überlebenschancen.
- Von 1950 bis 1953 praktizierten die Vietnamesen eine Indoktrinierung der französischen Soldaten. Spontane brutale Übergriffe durch Aufseher waren eher selten. Der Gefangenenstatus wurde institutionalisiert.
- Die Jahre 1953/1954 bedeuteten die mörderischste Phase. Freilassungen wurden ausgesetzt. In den vietnamesischen kommunistischen Umerziehungslagern wurden besonders demütigende Praktiken eingeführt.

Beschreibung der Lager

In der Anfangsphase regierte in den Vietminh-Lagern in gewissem Sinne die Anarchie. Die Gefangenen um Lang Son befanden sich beispielsweise in der merkwürdigen Situation, ihre Verpflegung durch Diebstähle in den Geschäften der Stadt sichern zu müssen. Mit Einführung der Umerziehung wurde die Ordnung wieder hergestellt.

Die Gefangenen mussten ihr Lager selbst errichten. Beim Bau von Baracken wurden Holz und Bambus verwendet. Die Böden bestanden aus gestampfter Erde, die Dächer aus Stroh. Es gab eine Küche, eine Krankenstation und eine Leichenhalle. Geschlafen wurde auf Pritschen aus geflochtenem Bambus 20 Zentimeter über dem Boden.

»Diese Lager haben keine Umzäunung. Fluchtversuche sind wegen der zu überwindenden Entfernung – zwischen 100 und 200 Kilometern –, der feindlichen Umgebung, der vielen Wildtiere und der wenigen Pfade, die zudem überwacht werden, praktisch unmöglich.«[87] Außerdem wurden auf die Ergreifung von Ausbrechern Belohnungen ausgesetzt. So sagte ein Kader des Vietminh dem gefangenen Unteroffizier René Mary über das Lager Nr. 3: »Hier ... brauchen wir keine speziellen Lager wie in euren westlichen Ländern. Allein unser Land passt auf euch auf. ... Ihr seid freie Menschen, könnt euch frei bewegen, nichts hält euch zurück, keine Mauern, keine Wachen, kein Stacheldraht, niemand überwacht euch.«[88]

Indoktrinierung

Nach Robert Bonnafous, der sich in einer Dissertation mit diesen Gefangenen des Vietminh befasst hat, bemühten sich die Vietnamesen zunächst ungefähr sechs Monate lang, das Vertrauen der Gefangenen zu gewinnen. Die anschließende Arbeit und körperliche Erschöpfung sollte Widerstände brechen. Es folgte eine Zeit der Dokumentation und politischen »Bildung« (vier Monate lang Unterweisungen zum Marshallplan, zu französischen Politikern, der Armee, der französischen Résistance mit den Heldenfiguren Henri Martin und Raymonde Dien usw.).

Schließlich folgte die Zeit des so genannten demokratischen Lebens: Die Gefangenen wurden zu Kritik und Selbstkritik gezwungen, Kampagnen mit Wettbewerbscharakter zur Hygiene, Disziplin, Arbeit, zu gegenseitiger Hilfe und zum Studium wurden gestartet.

Neben den »normalen« Lagern gab es Umerziehungslager im eigentlichen Sinne. In einigen erreichte und überstieg die Sterblichkeitsrate nach einer Schätzung von Bonnafous 70 Prozent, was jedes Vorhaben einer Umerziehung als pure Propaganda entlarvte. Diese Lager, die auch mit vietnamesischen Zivilisten (Schwarzhändler, Diebe, politische Gefangene) belegt waren, hatten mit Kriegsgefangenenlagern wenig gemein.[89] Französische Militärs wurden in diese Lager nur aus schwerwiegenden Gründen gesperrt, so Bonnafous, der wegen eines Fluchtversuchs im Lager Nr. 5 landete.

»Alle sind an den Fußgelenken mit acht Pfund schweren Ketten gefesselt, die ihnen erst nach Verbüßung eines Teils ihrer Strafe und anlässlich eines Feiertags oder ihres Todes wieder abgenommen werden.«

Im Umerziehungslager trugen die Häftlinge ein weißes Schriftzeichen für den Grund ihrer Verurteilung auf dem oberen rechten Hosenbein und auf dem Rücken ihres Hemdes. Zwischen den Wachsoldaten und den Gefangenen standen die »Vertrauensleute«. Diese lasen den anderen das Blatt *Nan Dhan* (»Das Volk«) vor, kommentierten die Devise des Tages, bereiteten Feste vor usw.

»Die Häftlinge werden während der Arbeit von Mannschaftsführern angeleitet, die bei der abendlichen Versammlung an ihren Arbeitern Kritik üben und Häftlinge ohne revolutionäres Bewusstsein anzeigen müssen.«[90]

Auch in »normalen« Lagern gab es starke Bestrebungen zur Indoktrinierung – Erläuterungen zum Warschauer Vertrag,[91] Anprangern des imperialistischen Krieges, Propaganda für die UdSSR[92], Feiern des internationalen Frauentages …[93] René Mary erwähnt zudem Lehrgänge mit Aufklärung über den Kapitalismus, zu Volksdemokratien, zum Indochinakrieg, Stalin, zur Atombombe usw.

Den Häftlingen wurde ein politischer Kommissar an die Seite gestellt.[94] Dabei sollten ihnen – oft mit Hilfe eines französischen Gefangenen – die Standpunkte des »wissenschaftlichen Sozialismus« nahe gebracht werden. Ein Direktor, dem mehrere Lager unterstanden, kümmerte sich um die materiellen Obliegenheiten.

Wandzeitungen – für die Franzosen natürlich das kommunistische Blatt *L'Humanité* – wurden ausgehängt. Die Häftlinge mussten Briefe (an Ho Chi Minh oder »das Volk von Frankreich«) schreiben,[95] die Parole »Es lebe Präsident Ho Chi Minh« rufen und die *Internationale* oder die Hymne der Partisanen singen. Mary und seinen Gefährten wurde sogar ein Schwur abverlangt, zu Ehren Henri Martins, des kommunistischen Aktivisten, der wegen seines Kampfes gegen »den schmutzigen Indochinakrieg« in Frankreich eingesperrt wurde, ihre Kinder Martin oder Martine zu nennen![96] Thévenet setzte schließlich seine Unterschrift unter einen prokommunistischen Text zum Frieden in Vietnam und mit einer Parteinahme für den sowjetischen UN-Delegierten Jakob Malik und für Ho Chi Minh.[97]

Der politischen Kommissar pries die Arbeit als »Freikauf«, eine Lobeshymne, die von Gefangenen wie Thévenet mit der NS-Parole »Arbeit macht frei« in Verbindung gebracht wurde.[98] Als notwendig hervorgehoben wurde durch den politischen Kommissar zudem die Wiedergutmachung der kolonialistischen Verbrechen: »Sie hatten beschlossen, uns zu demütigen, uns moralisch, ja im Fall von Widerstand physisch in die Knie zu zwingen. Damit glaubten sie, den neuen Menschen, den antikolonialistischen Kämpfer für den Frieden zu schaffen …« Häftlinge wurden unter Drohungen dazu gezwungen, Briefe oder Manifeste gegen den Kolonialismus zu unterzeichnen. Zuweilen setzte der Vietminh auch auf Schmeicheleien: »Ihr, Franzosen, die ihr die Revolution von 1789 – die Mutter unserer großen Revolution von 1917 – gemacht habt, ihr, die ihr dem Faschismus Widerstand entgegengesetzt habt, versteht den Sinn unseres Kampfes.« Oder auch: »Ihr, das Vaterland von Hugo, Zola und Jaurès, ihr, die ich euch in den Bistros von Paris kennengelernt habe.«

Kritik und Selbstkritik hatten einen enormen Stellenwert. Da alle Denunziationen fürchteten, wusste keiner mehr, wer Komödie spielte und wer wirklich überzeugt war. Der politische Kommissar zwang die Gefangenen, ihr eigenes Verhalten anzuprangern, oder er brachte Gerüchte über militärische Niederlagen der Gegenseite in Umlauf. Schließlich wurden die Deutschen und Ungarn aus der französischen Fremdenlegion über China und die UdSSR – mit welchem Schicksal? – in ihre Heimatländer abgeschoben.

Um die Indoktrination wirkungsvoll zu gestalten, war eine hohe Dosis physischer und psychischer Zermürbung notwendig: »Eure Entlassung hängt von eurer Bereitschaft zur Einsicht ab«, bekamen die Häftlinge zu hören. Der obligatorische Fahnenappell des Vietminh und das Singen der Internationale rundeten die einer »Gehirnwäsche« nahe kommenden Rituale ab.

Hat die Propaganda gefruchtet? Bonnafous versichert, alle hätten »gespielt«, spricht aber auch von den Schwierigkeiten, sich Ho Chi Minhs Mildtätigkeit völlig zu entziehen: »Dieses ›Wohlwollen‹ mit der Schimäre einer baldigen Freilassung schreckte von jedem Versuch ab, die schwierige Flucht zu wagen. Sie zielte darauf ab, die Gefangenen, die das Lager überlebt hatten, zu Propagandisten der marxistischen Ideologie in den Reihen der französischen Armee zu machen.«[99] Für den Sicherheitsdienst der französischen Streitkräfte waren die entlassenen Gefangenen im Übrigen grundsätzlich Verdächtige.

Die physische Zerrüttung vollzog sich sehr rasch durch die prekären hygienischen Verhältnisse. So musste beispielsweise René Mary im Lager Nr. 1 ohne WC oder Latrinen auskommen. Verseuchtes Trinkwasser sorgte für die Verbreitung der Ruhr. Unzulänglich war auch die Verpflegung. Mary spricht von 700 Gramm Reis pro Mann und Tag – eine rein theoretische Ration, allerdings erhielten damals offenbar die Kämpfer des Vietminh auch nicht mehr.

Die allgemeine Sterblichkeit soll in manchen Lagern bei 60 Prozent gelegen haben, eine Zahl, die sehr hoch gegriffen scheint. Die Unteroffiziere und einfachen Soldaten, die während der katastrophalen Evakuierung der Kolonialstraße RC4 im Oktober in Gefangenschaft gerieten, gehen von einer Sterblichkeit von 65 bis 70 Prozent innerhalb von zwei Jahren aus.[100] Verwundete wurden nicht behandelt, und die unzulängliche Verpflegung stand in keinem Verhältnis zur geforderten Arbeitsleistung: 500 Gramm Reis, eine Kräuterbrühe, täglich eine Prise Salz und zu besonderen Gelegenheiten ein winziges Stück Fleisch.

Noch dürftiger waren die Rationen in den Umerziehungslagern: vier Tassen Reis, wobei die Ration auf drei reduziert werden konnten, wenn ein Gefangener eine schlechte Arbeitsleistungen erbracht oder während der politischen Versammlungen gedöst hatte. Wer sich auflehnte oder ein anderes Vergehen beging, bekam nur noch eine Tasse. Eine »leichte« Strafe bestand darin, den Gefangenen mit den Füßen an eine Stange zu fesseln und ihm die Hände hinter den Rücken zu binden, so dass er sich kaum hinlegen konnte. Strenger Bestrafte wurden mit einem Halseisen am Lagereingang zur Schau gestellt. Auspeitschungen gab es bis Anfang 1954.

Manche Privilegierte – hervorragende Arbeiter oder Denunzianten – erhielten etwas üppigere Essensrationen. Unter den übrigen grassierten Pellagra, Rachitis, Skorbut, Beriberi und Nachtblindheit. Wer nicht mehr arbeiten konnte, wurde zum Sterben in eine Strohhütte mit vier Schlafstellen gesperrt.

Wie ertrugen die Gefangenen diese Situation? Irgendwie, meint Thévenet. Im Lager bildeten sich Gruppen nach der Waffengattung, der Nationalität oder einfach wegen Wesensverwandtschaften. Der Vietminh trennte die Offiziere von den einfachen Soldaten. Seltsamerweise empfanden die Gefangenen keinen Hass. »Ich weiß nicht, ob man noch hassen kann, wenn man 40 Kilogramm wiegt, von Amöben, Läusen und der Krätze angefressen, von Spulwürmern geplagt und hungernd im Büffelkäfig geprügelt wird«, gibt Amédée Thévenet zu bedenken.[101]

Von den 26 000 französischen Kriegsgefangenen des Indochinakrieges sollen 8500 umgekommen sein. Der Autor vergleicht diese Angaben mit den französischen Verlusten in deutscher Kriegsgefangenschaft 1940. Nach Schätzungen kamen von den 1,85 Millionen Franzosen in fünf Jahren ungefähr zwei Prozent um. Anders in Vietnam. Im Lager Nr. 5 E starben in drei Monaten 7,4 Prozent, im Lager Nr. 3 in einem Jahr 70 Prozent! Obwohl der von Amouroux angestellte Vergleich der Lager des Vietminh mit den Lagern des NS-Staates übertrieben ist, spiegelt er die unter den Gefangenen vorherrschende Meinung wider. So erklärte ein französischer Offizier in *Le Monde* vom 17. Juli 1954: »Die Internierungslager des Vietminh sind ein regelrechtes Buchenwald.«

II. Nach dem Sieg vom April 1975

1954 erlitten die Franzosen die Niederlage von Dien Bien Phu. Auf die Genfer Indochina-Konferenz folgte die provisorische Teilung Vietnams und ein neuer Krieg, der in den 60er Jahren immer erbitterter geführt wurde. Am Ende standen das Pariser Abkommen und die Eroberung Saigons durch die Streitkräfte des Nordens. Die Kommunisten unterwarfen die Bevölkerung einer strengen Kontrolle. Den Kern ihres Überwachungssystems bildeten neben den Lagern auch die Einführung des *Ho Chau* (eine Aufenthaltserlaubnis, die mit einem ausführlichen Lebenslauf schriftlich beantragt werden musste) und die Unterteilung von Städten und Stadtvierteln in Verwaltungseinheiten, die den Polizeibehörden unterstellt wurden. Beide Maßnahmen machten es möglich, unliebsame Elemente zur Umerziehung in entlegene Regionen fernab der Heimat zu verschicken (und sie damit von ihren Familien zu trennen). Die Verschickung erfolgte in die »neuen Wirtschaftszonen«, Gebiete, die erschlossen oder entmint werden mussten. Neben dieser Quasi-Deportation mit einem behördlich festgelegten Wohnsitz existierten auch noch Lager. Zu unterscheiden waren:

– Arbeitslager für »politisch Rückständige«. Die Gefangenen erhielten zwischen 12 und 18 Kilogramm Getreide im Monat und zwei Anzüge im Jahr. Die Insassen waren Aufsässige, Steuerhinterzieher oder andere, die sich nicht (ausreichend) an den politischen Versammlungen und Aktivitäten beteiligten oder die »der Partei und der Regierung mit Vorbehalten begegneten, rückständig dachten, nicht arbeiteten oder illegale Geschäfte betrieben«.

– Konzentrationslager zur Umerziehung. Die Gesetze zu ihrer Einrichtung gehen auf das Jahr 1961 zurück. Die Lager zielten auf Bürger ab, die für die Franzosen oder Amerikaner gearbeitet hatten oder die in keine landwirtschaftliche Genossenschaft eintreten wollten, sowie auf Mitglieder der nichtkommunistischen Parteien, Priester, kleine Grundbesitzer, Kaufleute usw.

Daneben gab es Lager für Minderjährige, oft bettelnde Herumtreiber, die in den großen Städten aufgegriffen wurden, für Militärs aus dem Norden, die im Süden in Gefangenschaft geraten und freigelassen worden waren, vor allem in der Provinz Ha Giang. Weitere Lager waren für »unerwünschte« Elemente bestimmt – Asoziale und verschiedene andere, die sich nicht anpassen wollten, Verbrecher, die ihre Strafe abgebüßt hatten, oder Menschen mit verdächtiger Gesinnung. Das Spektrum war breit: Ausgefallene Kleidung oder Haartracht, eine Vorliebe für »dekadente« Musik oder Handel auf dem Schwarzmarkt konnte für eine Verschickung ins Lager genügen.

Einige so genannte Freundschaftslager schließlich dienten zur Inhaftierung von Ausländern (vor allem Laoten und Kambodschanern). Die Insassen der Arbeitslager wurden in »Produktionszellen« unter der Führung eines Polizisten aufgeteilt, der seinerseits von einem Kader überwacht wurde. Die Aufseher insgesamt unterstanden dem Lagerleiter und seinen Stellvertretern.

Es gab Produktions- und Arbeitsnormen sowie Kritik und Selbstkritik nach der Arbeit. Gegessen wurden fast nur Maniok oder Hafer, Fleisch gab es äußerst selten. Mangelerkrankungen waren folglich an der Tagesordnung. Als Strafe diente meistens der Kerker. Dem Betroffenen wurden die Beinen so festgebunden, dass er sich nicht einmal zur Verrichtung der Notdurft bewegen konnte. Diese Tortur dauerte sieben Tage.

Einige Zeugnisse

Besonders wichtig ist das Zeugnis von Doan Van Toai, dem zufolge die vietnamesischen Lager 1978 mit 800 000 Häftlingen belegt waren.[102] »Das neue Vietnam ist ein ungeheures Gefängnis, in seinem Inneren befindet sich ein GULag, der keineswegs dem von Alexander Solschenizyn beschriebenen nachsteht.«[103] Pham Van Dong sprach im April 1977 nur von 50 000 Gefangenen in Umerziehungslagern. Doan Van Toai setzt dieser Zahl zum betreffenden Zeitpunkt die von 400 000 Gefangenen entgegen.

Eine andere Schätzung – 500 000 Gefangene – stammt von Vo Van Aï, einem nach Frankreich geflohenen Schriftsteller und langjährigen Aktivisten für Menschenrechte.[104] Die Schätzung beinhaltet allerdings sowohl die Lager- als auch die Gefängnisinsassen. Obwohl Aï auf zahlreiche Zeugnisse zurückgegriffen hat, sind diese Art Hochrechnungen sehr unsicher.

Doan Van Toai bekräftigt, dass die Gefangenen sich gegen ihre Inhaftierung weder juristisch noch moralisch zur Wehr setzen konnten: Es gab keinen Anwalt, keine Partei, keine Zeitung und keine ausländischen Korrespondenten, die Verhaftungen an die Öffentlichkeit hätten bringen können. Die ersten Stationen des Leidensweges waren Gefängnisse, vor allem Tran Hing Dao in Saigon. Es folgte die Verschickung in ein Umerziehungslager mit der beschönigenden Bezeichnung »Neue Wirtschaftszone«.

»Ich wollte es nicht glauben. Heute schäme ich mich dafür und bedaure, dass ich damals überzeugt war, die vietnamesischen Kommunisten seien anders als die in Russland oder der Tschechoslowakei. Meine einzige Entschuldigung ist, dass sich mit mir viele in Vietnam und im Ausland getäuscht haben.«

Am Lagereingang prangte zynisch die Parole Ho Chi Minhs: »Nichts ist kostbarer als die Unabhängigkeit und die Freiheit.«

Das Programm zur Umerziehung beinhaltete folgende Themen:
1. Wer ist der Hauptfeind?
2. Die Marionettenregierung.
3. Die Gründe für den Sieg.
4. Die Konsequenzen des Sieges.
5. Die dringenden Aufgaben des Volkes.
6. Die Arbeit.
7. Ho Chi Minh.

Freilich durfte nicht nur gelernt, sondern auch mit den Händen gearbeitet werden. Die Gefangenen mussten vor allem Wälder roden und Steine klopfen. Je bedeutender der Gefangene war, desto strenger wurde er isoliert. Wichtige Funktionsträger wurden möglichst weit verschickt. Doàn Viêt Hoat, der ehemalige Vizedirektor der Saigoner buddhistischen Universität, wurde beispielsweise im

Lager Thanh Cam (»eleganter Samt«) an der laotischen Grenze interniert.

Pakete und Besuche waren nur selten erlaubt, die Verpflegung reduziert – 150 Gramm Reis und Maniok am Tag. Nach dem Abendessen stand eine Runde Selbstkritik, Kritik und Propaganda auf dem Programm. Sonntags mussten die Häftlinge ihren Lebenslauf schreiben.

Wer waren die Gefangenen? Militärs und Beamte des alten Regimes und insbesondere der harte Kern der ehemaligen Staatsmacht: Elitekorps wie die Ranger sowie Fallschirmspringer, Marineinfanteristen, Polizisten, Beamte ab einer bestimmten Stufe und Offiziere. Sie saßen noch vier Jahre nach dem Sieg in den Umerziehungslagern. Inhaftiert waren auch ehemalige Kämpfer der nationalen Befreiungsfront, jener fast 200 000 Soldaten, die dem Aufruf des Saigoner Regimes gefolgt waren, sich mit »offenen Armen« *(chiêu hôi)* aufnehmen zu lassen. Ihre Familien waren 1954 aus dem Norden geflohen.

Beschreibungen der Lebensbedingungen im Lager sind drastisch: Unterernährung und Krankheiten (die Ruhr war allgemein verbreitet) grassierten. »Die vietnamesischen Kommunisten praktizieren die langsame Ausrottung, ohne Kalaschnikow-Salven und Krematorien und zudem abgeschirmt gegen allzu neugierige Beobachter.«[105]

Nach der Entlassung aus den Gefängnis freuten sich die Häftlinge geradezu darauf, drei bis sechs Wochen in der Umerziehung zu verbringen. Dies umso mehr, als viele Lager in der Umgebung Saigons lagen. 50 Kilometer östlich der einstigen Hauptstadt des Südens wurden damals vor allem in den Lagern 31/38 und 31/52 rund 38 000 Offiziere des alten Regimes »umerzogen«. Schwerer erträglich waren andere Orte zur Umerziehung, so die malariaverseuchten Gebirgs- und Dschungelregionen. Jedes Lager hatte annähernd 2000 Insassen, die in Trupps zu zehnt auf den Reisfeldern oder in den Wäldern arbeiteten.

Um 5 Uhr wurde geweckt, dann folgten Frühsport, Toilette und der Fahnenappell. Anschließend kam die kommentierte politische Lesung. Um 7 Uhr zogen die Gefangenen auf die Felder, kehrten um die Mittagszeit zurück und arbeiteten nach dem Mittagessen bis 18 Uhr weiter. Es galt das sowjetische Normsystem. Wegen des allgegenwärtigen Hungers besserten die Gefangenen ihre Kost mit gefangenen Eidechsen, Mäusen und Ähnlichem auf.

Über das Lager A 20 von Xuan Phuoc in der Provinz Phu Yen liegen genauere Informationen vor.[106] Es gliederte sich in acht Sektionen. Sechs dienten der Unterbringung der Häftlinge, die in zweistöckigen Baracken zu je ungefähr 80 Personen schliefen. In einem »Memorandum« von 1993 beschreibt Pham Van Thanh, der 1993 verhaftet und zu zwölf Jahren Haft verurteilt worden war, die Haftbedingungen und konnte dieses Dokument nach draußen schmuggeln:

»Jedem Gefangenen steht zum Schlafen ein Raum von ungefähr 70 cm Breite zur Verfügung. Der Appell findet viermal am Tag und vier weitere Male statt, wenn die Gefangenen zur Arbeit gehen. Die Arbeit auf den Feldern ist Pflicht und wird unter der Aufsicht von Wachen und Offizieren mit Feuerwaffen ausgeführt. Jeder, der ins Lager hinein oder hinaus geht, wird einer kompletten Durchsuchung unterzogen. Nach den Vorschriften des Lagers ist es den Gefangenen streng verboten, Fremdsprachen zu lernen oder fremdsprachige Schriften zu lesen. Ebenso ist jede Form der religiösen Aktivität verboten. ... Es ist streng untersagt, Briefe aus dem Lager zu versenden, die nicht zuvor von der internen Erziehungskommission zensiert worden sind. ... Zur Strafe werden Gefangene in einem Keller von 2,5 Quadratmetern angekettet. Sie bleiben dort bei Dunkelheit und werden nur mit einer Schale Reis, vermischt mit Salzwasser, ernährt. Viele Gefangene sind den Folgen dieser unmenschlichen Behandlung erlegen ... Eine medizinische Versorgung gibt es praktisch nicht, das ist die wichtigste Ursache für die 2000 Todesfälle im Lager A20 seit 1978 ... Die Gefangenen arbeiten bis an die Grenzen ihrer Belastbarkeit, ohne jede Ruhepause.«[107]

Das Lager sollte nach verschiedenen Appellen an die internationale Gemeinschaft, die UNO usw. zu weltweiter Bekanntheit gelangen. Weitere Appelle ermöglichten genauere Angaben zu den Lebens- und Arbeitsbedingungen. In den Lagern fertigten die Häftlinge Ziegelsteine (die Tagesnorm betrug 1400 Ziegel pro Gefangener) an, fällten Holz und arbeiteten in der Landwirtschaft, natürlich stets in »Brigaden«. Sie erhielten ein kleines Entgelt (ungefähr den Gegenwert von drei bis vier Dollar im Monat), von dem sie dringend benötigte Dinge (sehr teuer) kaufen konnten. Pakete waren erlaubt.

Andere Zeugnisse – vor allem die von Tran Huynh Chau und Nguyen Van Lien, die 1985 in der Zeitschrift *Quê Mê* veröffentlicht wurden – geben ebenfalls eine Vorstellung von den mörderischen Haftbedingungen. Die Gefangenen lebten von Reis (12 Kilogramm pro Monat), etwas Maniok mit Salz oder von Hafer mit einer kleinen Schale Suppe. Selten erhielten sie ein wenig Fleisch: »Im Winter 1978 bestand ich nur noch aus Haut und Knochen. Von den 66 Kilogramm bei einer Körpergröße von 1,70 Metern vor meiner Inhaftierung war ich bis auf 40 Kilogramm abgemagert. Kleine Gefangene verloren proportional weniger an Gewicht. Die großen sahen wirklich erbärmlich aus. Trotzdem waren wir immer noch besser dran als die Abteilung für ›Kriminelle‹. Die Gefangenen aus dem Norden waren sehr viel ärmer als die aus dem Süden und erhielten stets weniger Pakete als wir. Sie waren erschreckend ausgezehrt. Als ich an der Krankenstation von Sektion B des Lagers Nr. 5 von Thanh Hoa wohnte, kamen viele Gefangene in unsere Zone, um im Müllhaufen nach Kartoffelschalen zu wühlen. [Die meisten Gefangenen] aßen Kartoffeln ganz auf und ließen nichts übrig.«[108]

Noch im Jahr 2000 soll es nach Doàn Viêt That in Vietnam fast 200 Arbeitslager mit 200 000 Gefangenen gegeben haben. »Die große Mehrheit besteht aus ›Strafgefangenen‹, aber es gibt auch zahlreiche Intellektuelle, Bonzen, Priester und Journalisten.«[109] Die Zustände haben sich gegenüber den 1985 in *Quê Mê* beschriebenen kaum verändert.

Die Lager in Laos

Die Lager seit Entstehen der Volksrepublik

Laos, ein kleines Land von vier Millionen Einwohnern, geriet in den Strudel des Vietnamkriegs. Nach einem Waffenstillstand zwischen den Regierungstruppen und dem Pathet Lao – der örtlichen kommunistischen Partei – im Februar 1973 wurde im September des gleichen Jahres ein Abkommen für eine Regierung der nationalen Einheit geschlossen.

Ein Jahr später, am 28. Dezember 1974, unterzeichneten beide Parteien ein »Zehnpunkteprogramm«. Tatsächlich sollte Laos, begünstigt durch die Eroberung Saigons am 30. April 1975, in den Einflussbereich des kommunistischen Vietnam geraten. Schon im folgenden Monat kam es zu Demonstrationen, Morden und am 23. August schließlich zur Übernahme der Hauptstadt Vientiane durch die kommunistischen Truppen.

Am 2. Dezember 1975 wurde die »Demokratische Volksrepublik Laos« ausgerufen. Rasch entstanden – durch die Arbeit der künftigen Häftlinge – »Umerziehungslager«. Die weniger harten Lager waren mit Prostituierten und kleine Ganoven belegt. Eine mittlere Kategorie diente der Internierung von ehemaligen Beamten und Offizieren. Die härtesten Lager waren erklärten Gegnern des kommunistischen Regimes vorbehalten.

Zu den ersten Häftlingen gehörten der laotische König Savang Vatthana, seine Gemahlin und der Kronprinz. Tausende folgten ihnen. Alle Kategorien zusammen genommen, soll es von 1975 bis 1980 bis zu 40 000 Verhaftungen gegeben haben. Andere Schätzungen wie die in einem Bericht der laotischen Menschenrechtsbewegung *Mouvement Lao des Droits de l'homme* (MLDH) gehen von 30 000 bis 100 000 Toten aus.[110] Der Aufenthalt war nicht unbedingt lang: Wahrscheinlich wurden »nur« 15 000 Häftlinge einer längeren Umerziehung unterworfen.

Führungen durch die Lager

Die bekanntesten Lager – unter ihnen das Lager Na-Po – liegen in der Provinz Phongsaly im Nordosten des Landes nahe der chinesischen Grenze. Weitere gibt es in der Provinz Huaphanh an der vietnamesischen Grenze, darunter die Lager Nr. 5 und Nr. 7 von Sop Hao, sowie in den Provinzen Savannakhet, Champassak und Attapeu im Südosten des Landes mit den Inseln des Thalat-Sees ungefähr 100 Kilometer von Vientiane entfernt. Insbesondere von der Insel Say Sa-At wird noch die Rede sein. Am Rande sei darauf hingewiesen, dass die Lager auf den Inseln Thao (die »Knabeninsel«) und Nang (die »Mädcheninsel«) im Thalat-See zu den allerersten dieses Regimes zählten und lange Zeit die einzigen waren, deren Existenz offiziell zugegeben wurde. Sie dienten als Vorzeigeobjekte für westliche Journalisten (unter anderem Roger Pic 1987). Nach Ankündigung eines solchen Besuchs wurden entsprechende Vorkehrungen getroffen: Die Lager wurden gereinigt und geschmückt, neue Kleider ausgegeben und Aufführungen mit Gesang und Tanz vorbereitet. Gefangene, denen die nackte Verzweiflung ins Gesicht geschrieben stand, wurden ausgesondert, den anderen Antworten auf eventuelle Fragen eingeschärft. Für Versuche einer Kontaktaufnahme mit den Besuchern drohten den Häftlingen empfindliche Strafen. So konnte Pic über die Haftbedingungen der dort verwahrten Drogensüchtigen, Schwarzhändler und Prostituierten berichten. Anschließend pries ein bestimmter Teil der französischen Presse den Besuch eines Journalisten, der »über die unmittelbar politischen Betrachtungen hinaus den Puls einer Gesellschaft so gut zu erspüren vermochte«.[111]

Seltsame Experimente

Ein merkwürdiger Aspekt dieser Umerziehungslager wurde 1979 von dem französischen Journalisten François Corre aufgedeckt, der nach Thailand geflohene Ex-Häftlinge interviewt hat. Es handelte sich um Insassen von Lagern, in denen »eine durch das kapitalistische Leben korrumpierte Jugend umerzogen wurde«. In ihren Berichten hoben manche den ungewöhnlichen Aufwand hervor, mit dem das Regime lange Zeit ihre Persönlichkeit zu manipulieren versucht hatte.

Der einzige Zwang bestand anfangs nur im Eingesperrtsein. Die Verpflegung war üppig. Es gab weder Vorschriften noch Zwangsarbeit. Die Gefangenen durften beliebig lange schlafen und in den Baracken faulenzen. Unter den Gefangenen machte sich Angst breit. Wo waren die Lehrer des Marxismus-Leninismus? Eine Gefangene erinnerte sich: »Ich bemerkte, wie sich in mir Leere ausbreitete. In mir war nichts mehr, keine Erinnerungen, kein Hass, keine Lust. Warum hasste ich die Kommunisten? Ich hatte es vergessen. Warum hatte man mich hier eingesperrt? Ich begriff nichts.«[112]

Erst nach einem Monat kam etwas in Bewegung. Die Häftlinge bekamen ungegarten und dann versalzenen Reis vorgesetzt, ohne eine Erklärung. »Gekochten, versalzenen und ungesalzenen Reis, und das mitten in der Nacht.« Das war das Regime des zweiten Monats: die »Periode der Destabilisierung«.

Von einem ganz ähnlichen Experiment berichtet die ehemalige Gefangene Souvannavong Vongprachanh: »Unsere Reaktionen wurden schrittweise ausgetestet. So wurde unter den Klebreis Kleie gemischt, oder der Reis war absichtlich mit zu viel Wasser gekocht oder angebrannt.« Manchmal gab es auch Suppe mit Kräutern, die Koliken oder Übelkeit verursachten.[113]

Die Gefangenen empfanden das dringende Bedürfnis nach irgendeiner Beschäftigung. Sie wandten sich an den politischen Kommissar. Der wies ihre Bitte zurück mit der Begründung, sie seien noch zu »unvollkommen«! Der Kommissar wurde bewundert, herbeigesehnt. Er war das Bindeglied zur Außenwelt, und niemand konnte ihm etwas vorwerfen. Einen Monat später äußerte er sich schließlich: »Ihr seid in einer Universität zur politischen Umerziehung. Ihr seid Schrott. Wir stecken euch in einen Ofen und ziehen euch als reinen Stahl wieder heraus. Mit diesem Stahl wird der Sozialismus kämpfen und siegen.«

Von da an wurde das Essen knapper. Es gab keinen Fisch und kein Fleisch mehr. Mit leerem Magen und einem Kopf »erfüllt vom Gefühl der eigenen Nutzlosigkeit« betrachteten es die Gefangenen als Privileg, endlich Fronarbeit leisten zu können.

Schließlich wurden »Zellen« aus je zehn Gefangenen mit einem Zellenleiter *(Kaonna)* gebildet. Letzterer wurde vom politischen Kommissar bestimmt und organisierte Diskussionen über den Sozialismus, die Lügen der Reaktion usw. Trotz der Fruchtlosigkeit dieser Gespräche waren die Gefangenen froh, dass sie an ihnen teilnehmen durften. Endlich hatten sie etwas zu tun, es rührte sich etwas im Lager, wo sonst nichts passierte ... Der politische Kommissar des Lagers, der – zumindest nach eigenem Bekunden – über die Vergangenheit hinwegsah, bot allen Gefangenen an, ins »normale« soziale Leben zurückzukehren und die »Wahrheiten« des neuen Regimes zu übernehmen.

Die Gefangenen diskutierten und mussten die Weiterentwicklung ihrer Weltanschauung unter Beweis stellen. Auf alle Diskussionen folgten Sitzungen mit Selbstkritik und Kritik. Die Häftlinge überwachten sich von nun an gegenseitig: »Jeder hat die Pflicht, dem anderen brüderlich dabei zu helfen, ein guter Sozialist zu werden, daran mitzuwirken, die im kapitalistischen Bewusstsein verwurzelten Fehler auszumerzen: Faulheit, Eitelkeit, religiösen Glauben, mangelnde Aufrichtigkeit. Um der Freundschaft willen müssen die Verfehlungen des anderen angezeigt werden. Das ist keine Denunziation. Man zeigt den anderen an, weil man ihn wie seinen Bruder liebt, sein Wohl will.«[114]

Überwachung und Disziplin

Andere Gefangene beschrieben Lager mit strengem Regime: Diese waren umzäunt, allerdings nicht mit (dem allgemein eher unüblichen) Stacheldraht, sondern mit Palisaden aus spitz zulaufenden Pfählen von 2,5 Metern Höhe. Sie waren zudem von einem zwei Meter breiten und ebenso tiefen Graben umgeben. Spitze, in den Boden gerammte Bambusstäbe schreckten von jedem Fluchtversuche ab.

Diesem Muster entspricht Souvannavong Vongprachanhs Beschreibung des Lagers Na-po in der Provinz Phongsaly, ein Lager mit ungefähr 150 Gefangenen, darunter eine Handvoll Frauen, die von ungefähr 40 Soldaten bewacht wurden. Innerhalb des Lagers war der eigentliche Strafkomplex von einer Umfriedung aus Bambus umgeben.[115]

Die Gefangenen waren in Baracken aus Brettern und Bambusstangen mit Strohdächern untergebracht. Der Boden bestand aus gestampfter Erde. Jede fasste ungefähr 50 Gefangene. In allen Lagern gab es eine Hütte für Verhöre und einen unterirdischen Kerker für zwei bis zehn Gefangene. Hände und Füße der Gefangenen steckten in Eisen, die Notdurft verrichteten sie in ein hohles Stück Bambus, das einmal in der Woche geleert wurde. Einmal im Monat wurden sie, an den Füßen und Hälsen aneinander gekettet, in Sechser- bis Zehnergruppen ins Freie geführt. Um das Lager herum lagen Mais- und Reisfelder, Gemüsegärten und ein Schweinestall.

Nach den Vorschriften in den Lagern mit besonders strengem Regime mussten die Häftlinge zu den Aufsehern mindestens vier Meter Abstand halten und durften sie nur kniend, mit niedergeschlagenen Augen und den Händen auf dem Kopf ansprechen. Verboten waren das Sammeln von Essbarem, das Sprechen mit anderen Gefangenen über Themen, die nicht der Umerziehung dienten, und jede Unterhaltung nach 21 Uhr.

Der Tag begann um 5.30 Uhr und endete um 21 Uhr. Die Arbeitszeit betrug maximal zehn Stunden, niemals aber weniger als acht, wobei nach dem Abendessen wie in Vietnam Sitzungen zur Umerziehung mit Kritik und Selbstkritik folgten. Hinzu kamen einmal in der Woche Versammlungen, auf denen patriotische Lieder gesungen oder ein Revolutionstheater aufgeführt wurde, das »die Irrtümer des alten Regimes beschwor und den Aufbau des Sozialismus verherrlichte«. Souvannavong V. erinnerte sich in Say Sa-At an »das erbärmliche Schauspiel dieser erzwungenen Vorführungen für Gefangene, deren einziges Bedürfnis ein wenig Ruhe war«. Da sie »von dem System vollkommen stumpfsinnig geworden waren, brachten sie mitunter die Texte des alten und die des neuen Regimes durcheinander«.[116]

Nach Schätzungen und Berichten hatten die Gefangenen Anspruch auf eine Ration Reis, die zwischen neun und zwölf Kilogramm pro Monat und Person schwankte. Es gab weder Fleisch noch Gemüse und nur alle sechs Monate eine Tasse Zucker. Unter diesen Umständen wurden trotz des Verbots alle irgendwie essbaren Tiere gefangen und heimlich verspeist. Jeder Gefangene hatte alle vier Monate Anspruch auf drei Zigaretten und alle sechs Monate auf ein Stück Seife. Die Arbeit war hart: Die Norm sah eine Produktion von 500 Kilogramm Gemüse pro Saison vor.

Durch die wenigen, denen die Flucht glückte, liegen Informationen zum Lager Nr. 7 in Sop-Hao im Nordosten des Landes an der vietnamesischen Grenze vor: Die Baracken unterstanden jeweils einem Häftling und waren mit ungefähr 50 Personen belegt. Diese trugen einen dunkelroten Anzug aus dünnem Stoff mit einer weißen Raute als Merkmal für die »Politischen«. Ein 17 Punkte umfassendes Regelwerk bestimmte das Lagerleben. Die Gefangenen mussten es zweimal in der Woche auswendig aufsagen.

Wie in den Lagern Nr. 5 und 7 der Provinz Huaphanh oder im Lager auf der Insel Done Sa-At wurde ab Sonnenaufgang bei reduzierter Kost gearbeitet: 400 Gramm Reis pro Tag, etwas Gemüse und eine Prise Salz. Wegen der miserablen Qualität hieß der Reis bei den Häftlingen »Rattenreis« – weil er uralt war und von Ungeziefer wimmelte. Mangelernährung war direkte oder (bei Malaria und Grippe) indirekte Ursache für zwei Drittel der Todesfälle. Nicht besser waren die Bedingungen in Na-Po, wo unter den Gefangenen »zahlreiche Schwellungen an den Gliedern wegen Salzmangel [...] und Todesfälle« zu verzeichnen waren, »die sich wegen der Unterernährung und der fehlenden Medikamente häuften«. Die hygienischen Verhältnisse waren katastrophal: Hautkrankheiten, vor allem Krätze, aber auch Sumpffieber breiteten sich aus.[117]

Im Lager Nr. 7 gab es für die Häftlinge keinerlei medizinische Versorgung. Anspruch auf eine Behandlung im Krankenhaus hatten lediglich die Aufseher. Ehemalige Gefangene sprechen davon, dass etwa ein Zehntel ihrer Leidensgefährten starb. Derweil genossen die Aufseher den Reis der frischen Ernte, die von den Häftlingen eingebracht worden war. In Na-po »waren jedes Körnchen Salz, jedes Körnchen Reis sehr kostbar. ... Das Kraut, die Knospen, die Blätter erschienen uns köstlich. Insekten, Frösche, Mäuse und Ratten waren eine begehrte Kost.«[118]

Es herrschte strenge Disziplin. Häufige Strafen waren Aufenthalte im Kerker bei Nahrungsentzug manchmal für drei Tage. Jedes Lager wurde von etwa 30 Aufsehern – Polizisten – unter der Führung von zwei Militärs kontrolliert.

Fluchtversuche und Steinigungen

Ausbrüche aus den Lagern waren selten, die meisten Versuche scheiterten: Weil die Lager abgeriegelt waren, wegen der feindlichen Natur, der Überwachung im Land und der Mitwirkung der Bevölkerung wurden Flüchtlinge fast immer gefasst und streng bestraft – zum Beispiel mit langen Kerkeraufenthalten, bei denen sie an den Füßen angekettet oder in Fußeisen gesteckt wurden. Nach dem Zeugnis von Souvannavong V. scheinen Todesfälle häufig gewesen zu sein. Die Leichen erschossener Flüchtlinge wurden vor den anderen Gefangenen zur Schau gestellt – Anlass für eine Diskussion um Fluchtversuche, deren Aufrichtigkeit man sich vorstellen kann! Zuweilen wurde schon der erste, in der Regel der zweite Fluchtversuch mit dem Tod bestraft.

Die Praktiken in den kommunistischen Lagern von Laos werfen die Frage auf, ob die Verhältnisse in Nordkorea oder die unter den Roten Khmer tatsächlich so einzigartig waren: In Na-Po wurden zum Beispiel »die Ausbrecher an einen Baumstamm gefesselt und mit Stockschlägen auf den Kopf und Oberkörper getötet«. Das Massaker »war erst zu Ende, wenn der Kopf des Hingerichteten mit gebrochenen Halswirbeln auf die Schulter fiel oder nach hinten abknickte. Es war eine grässliche Schlachterei, begleitet von den Schmerzensschreien, die im Tal widerhallten.« Auf den Tod folgte an den mit Blut überströmten Leichen mit den verschwollenen Gesichtern und eingeschlagenen Schädeln die obligatorische »Diskussion« der Mithäftlinge über die Bestrafung der Ausbrecher.[119]

Nach einem Bericht des *»Mouvement Lao des Droits de l'homme«* wurden manchmal die Mitgefangenen gezwungen, die Gefassten zu steinigen.[120] Souvannavong V., die Vergleichbares schildert wie Kang Chul Hwang,[121] beschreibt eine solche Szene in folgenden Worten:

»Obwohl im Allgemeinen verletzt, wurden die Ausbrecher gefesselt vor die Gefangenen gestellt. Nach einer kurzen moralischen Diskussion zogen die Häftlinge im Gänsemarsch an dem Opfer vorüber und mussten der Reihe nach auf seinen Körper einschlagen. Sie wurden beiderseits der Reihe von Soldaten überwacht. Wer sich zimperlich anstellte, wurde selbst ausgiebig mit Fußtritten traktiert, um ihm den notwendigen revolutionären Eifer beizubringen. Der Ausbrecher, der am ganzen Körper Schläge erhalten hatte, starb gewöhnlich, noch ehe das gesamte Lager die kollektive Arbeit ausgeführt hatte. Anschließend brachten einige Soldaten und ein Trupp Gefangener den Leichnam auf eine benachbarte Insel und verbrannten ihn auf einem Scheiterhaufen aus Bambus.«[122]

Post war nur selten erlaubt und wurde noch seltener weitergeleitet. In Na-Po durfte »der Text vier oder fünf Zeilen nicht übersteigen. Er musste nach folgendem Muster abgefasst sein: ›Es geht mir gut, macht euch keine Sorgen; nach meiner Umerziehung kehre ich zurück und nehme am Wiederaufbau des Landes teil‹« usw.[123]

Laos im Jahr 2000

Noch heute gibt es Lager in Laos, aber die große Welle der Umerziehung ist um 1986 verebbt. In einer ersten Etappe wurden Anfang der 80er Jahre die Internierungslager durch ein System der individuellen Überwachung ersetzt, bei dem die Häftlinge auf einen

Wohnsitz festgelegt und zur Arbeit auf Kollektivfarmen gezwungen werden: Sie müssen Wälder roden, Felder bestellen, Straßen und Brücken bauen usw.[124] Diese Zeit kann als eine Wende in der Geschichte der laotischen Lager gelten: 1985 lag die Anzahl der Lagerinsassen schätzungsweise bei 6000, 1987 sollen es nur noch um die 1000 gewesen sein.[125]

Von den Entlassungen profitierten freilich nicht alle Gefangenen, denn Ende 1988 gab es, vor allem in der rückständigen Provinz Attapeu im Südosten des Landes, noch immer »Arbeitsbrigaden«, die der Armee und den »Einheiten zur Verteidigung des Friedens und der Ordnung« (also der Polizei) unterstanden. Sie halfen als mobile Kommandos unter anderem bei der Reisernte und beim Roden von Dschungelgebieten.

Während zum einen Gefangene entlassen wurden, gab es weitere Verurteilungen von Regimegegnern, so zum Beispiel 1984, als sich die Laotische Revolutionäre Volkspartei jeder Liberalisierung widersetzte und gegen die »Feinde des Sozialismus« zu Felde zog: Angeblich hätten diese versucht, »die Republik wie ein Haus, das von Termiten zerfressen wird, von innen heraus zu zerstören«.[126] Nach absurden Prozessen wurden politische Gegner wegen Mordes, mutwilliger Zerstörung, Entführungen, Geiselnahmen oder Vergewaltigungen abgeurteilt.

1987 gab es noch in sieben Provinzen im Osten von Laos entlang der Grenze zu Vietnam Umerziehungslager. Nach der Entlassung wurden die Häftlinge intensiv »ermutigt«, sich in den Regionen ihrer Gefangenschaft anzusiedeln. In den 90er Jahren wurden die Lager, deren »umerziehbare« Häftlinge bis auf ungefähr 100 Ausnahmen entlassen worden waren, mit Opfern von Säuberungen belegt. So wurden Thongsuk Saysangchi, Mitglied der Regierung der Volksrepublik, und mehrere hohe Funktionäre in ein Lager in der Provinz Huaphanh verschickt – weil sie einen Appell zur Einführung eines Mehrparteiensystems lanciert hatten. Andere, weniger bekannte Gegner, aber auch »Kriminelle« und sogar Minderjährige landeten ohne jeden Prozess in den Lagern.

1975–1979: Kambodscha unter den Roten Khmer

Am 17. April 1975 marschierten die Roten Khmer in die kambodschanische Hauptstadt Phnom Penh ein und trieben die gesamte Bevölkerung aufs Land, wo sie sich selbst versorgen sollte. Die neuen Herren bekundeten den Willen, eine radikal kommunistische Gesellschaft aufzubauen, in der alles Privateigentum abgeschafft wäre, sogar bei den gewöhnlichen Verbrauchsgütern. In ihrer Ideologie verherrlichten sie die körperliche Arbeit und appellierten an das kollektive Streben nach Produktion. Die Roten Khmer ließen dabei keinen Zweifel an ihrer Absicht, sämtliche Widerstände zu brechen und alle realen und potenzieller Gegner zu eliminieren: Damit deutete alles darauf hin, dass das revolutionäre Kambodscha auf dem Weg zur Einrichtung eines bedeutenden KZ-Systems war.

Tatsächlich aber gab es in Pol Pots »Demokratischem Kampuchea« praktisch keine Lager im eigentlichen Sinn. Dafür existierten zahlreiche Gefängnisse mit entsetzlich hohen Todesraten und schrecklichen Folterpraktiken. Gewiss waren massive Hinrichtungen und Morde an der Tagesordnung.[127] Aber Lager gab es nicht, oder nur sehr wenige.

Ein Lager setzt ein räumlich abgegrenztes Terrain voraus, in dem eine allmächtige totalitäre Herrschaft ausgeübt wird. Außerhalb dieses Territoriums herrscht der Totalitarismus ebenfalls, aber zurückhaltender: Die Machthaber können jeden beliebigen Bürger ins Lager stecken, wo der Totalitarismus dann vollends jeden Aspekt des Lebens bestimmt. Hannah Arendt geht davon aus, dass totalitärer Terror zwangsläufig die Einrichtung von Konzentrationslagern beinhalte. Dies ist richtig, vorausgesetzt man fügt hinzu, dass dieser Terror – mit Blick auf und unter Androhung einer Internierung im Lager – auch außerhalb ausgeübt wird.

Festzuhalten ist, dass der Terror der Roten Khmer mit ihrer totalitären Macht und Gewalt in fast allen gesellschaftlichen Bereichen herrschte, wenn auch nicht immer im gleichen Maße. Lager waren überflüssig, weil das gesamte Land ein Lager geworden war. Überall, nicht nur in geheim gehaltenen Einrichtungen, wütete zügellos die brutale Gewalt, wurde die rechtliche wie moralische Identität des Einzelnen verleugnet. Jeder war der politischen Willkür ausgeliefert: Es gab keine Gerichte mehr, die Exekutive hatte die Rechtsprechung übernommen. Die politische Macht erfüllte auf dem gesamten Staatsgebiet die Aufgabe der Eliminierung, die normalerweise dem Lager zukommt.

Der Terrorherrschaft der Roten Khmer fiel ein Viertel der Bevölkerung zum Opfer. Der Genauigkeit halber sei aber angemerkt, dass das Ziel dieser Herrschaft nicht die Auslöschung des Volkes der Khmer (also ein Genozid oder sogar Autogenozid) war. Vielmehr ging es darum, jeden, der sich dem geplanten Aufbau der neuen Gesellschaft in den Weg stellte, rücksichtslos zu beseitigen. Eher könnte man folglich von einem Demozid und/oder Politizid sprechen.

Die Macht wurde in allen ihren Teilaspekten (Arbeit, Unterwerfung, Strafe, Beseitigung) auf der Ebene der nach dem kommunistischen Sieg eingerichteten dörflichen Gemeinschaften ausgeübt. Für Henri Locard, einem ausgewiesenen Experten auf dem Gebiet des kommunistischen Kambodscha, waren diese Volkskommunen »als Konzentrationslager angelegt«.[128] Innerhalb des großen Lagers Kambodscha gab es somit Tausende kleinerer Lager.

Mehrere Kennzeichen des Alltagslebens in den einzelnen Volkskommunen erinnern an Beschreibungen ehemaliger Gefangener aus dem GULag oder der Laogai: »Wecken vor dem Morgengrauen durch einen Gong, dann der Marsch in Reih und Glied zur Zwangsarbeit. Diese dauert bis Mittag, dann die erste Mahlzeit, gefolgt von einer kurzen Ruhepause, zwei unzulängliche gemeinsame Mahlzeiten pro Tag, Versammlungen mit Kritik und Selbstkritik am Abend, auf denen vor allem über die Arbeit und die Erträge geredet wird, manchmal Nachtarbeit, sehr kurze Nächte, bevölkert von Spionen, die Unterhaltungen belauschen.«[129]

Das Verbot, ohne Erlaubnis der Partei und/oder der Arbeitseinheit den Aufenthaltsort zu wechseln, bestand auch in der UdSSR unter Stalin und in Nordkorea am Ende des 20. Jahrhunderts. Es bildet folglich eher eine ergänzende Maßnahme bei der Ausübung der totalitären Herrschaft als eine Alternative zur Einrichtung von Lagern. Eine Alternative liegt nur dann vor, wenn es keine Zonen mehr gibt, in denen in außergewöhnlichem Maß Gewalt ausgeübt wird, weil diese (totalitäre) Gewalt *überall* zur Regel geworden ist.[130]

Dennoch gab es, wenn auch nur für kurze Zeit, auch in Kambodscha Lager: Es handelte sich um Umerziehungslager, die in der neuen Gesellschaft allerdings kaum eine Rolle spielten: Ganz einfach deshalb, weil die Roten Khmer an die Möglichkeit der Umerziehung nicht glaubten und die Ausrottung favorisierten. Über die Hälfte der zwei Millionen Einwohner Phnom Penhs, »dieser durch Geld und ein bequemes Leben korrumpierten Bürger«, kam ums Leben. Auch die Soldaten des alten Regimes landeten offenbar nicht im Lager. Ohne Archive sind Angaben zu ihrem Verbleib schwierig, aber mündliche Aussagen deuten darauf hin, dass in der Region von Battambang Offiziere und Unteroffiziere umgebracht und einfache Soldaten vorübergehend in ein Lager bei der Stadt Domnak Trasak gesteckt wurden. »Es soll ungefähr 6000 Gefangene (darunter zehn Prozent Frauen) gegeben haben. Sie wurden mit Intellektuellen zu Zwangsarbeiten herangezogen und mit klarer Reisbrühe mit ein paar Blättern ernährt. ... Anfang 1976 war die Hälfte umgekommen, die Überlebenden wurden auf die Volkskommunen verteilt.«[131]

Anscheinend richteten die Roten Khmer zudem Lager für kambodschanische Intellektuelle ein, die nach der kommunistischen Machtübernahme aus dem Ausland in ihr Heimatland zurückgekehrt waren. Obwohl sie der neuen Herrschaft positiv gegenüberstanden, waren sie wegen ihres Aufenthalts im Sündenbabel der Imperialisten verdächtig. Nach den Roten Khmer musste unter diesen »Sympathisanten« folglich ausgesiebt werden, so zum Beispiel in Boeung Trabek (dem »Guajaventeich«), einem Stadtviertel von Phnom Penh. In *Retour à Phnom Penh* schildert Y. Pandhara das Drama dieser mehreren hundert Männer und Frauen, die zurückgekehrt waren, »um ihrem Land zu dienen«, und die entsetzliche Verhältnisse vorfanden.[132] Es ist zwar bekannt, dass viele von ihnen ermordet wurden. Aber unter welchen Umständen? Und wie viele von ihnen? Auffallenderweise spricht der Autor nicht mit Schrecken von seinen Lebensbedingungen im Lager. Dieses funktionierte nicht losgelöst vom übrigen Land, und es gab auch keine besonderen Praktiken: Die Insassen bearbeiteten – wie auch außerhalb – das Land, forsteten den Dschungel aus, gruben Teiche. Und abends hatten sie wie in Laos, Vietnam und im übrigen Kambodscha Anspruch auf politische »Bildung«. Das Innere des »Lagers« unterschied sich nicht von der Außenwelt. Hier wie dort wurde das Leben von der Allmacht der Kader, der Unterwürfigkeit der Übrigen, der Angst und dem Fehlen jedes persönlichen Besitzes bestimmt.

Schließlich scheinen die Roten Khmer hier und da auch Umerziehungslager eingerichtet zu haben, die Bezirksgefängnissen angeschlossen waren. Wo dies geschah, so Locard, waren »die Arbeitsbedingungen hart, die ideologische Prägung sehr oberflächlich und die Todesrate durch Erschöpfung, Krankheit und Unterernährung sehr hoch.« Es gab allerdings weder Eisenfesseln (diese Praxis war in den Gefängnissen der Roten Khmer üblich) noch Verhöre, und nach einer unbestimmten Zeit konnten die Insassen darauf hoffen, in eine ländliche Volkskommune zurückkehren zu dürfen.«[133]

Am 7. Januar 1979 brach die Schreckensherrschaft der Roten Khmer nach einem Blitzkrieg der vietnamesischen Armee zusammen. Die mehreren hundert chinesischen und nordkoreanischen Experten hatten sich mit ihrer Empfehlung zur Einrichtung »klassischer« KZs nicht durchsetzen können. Die Roten Khmer hatten der physischen Vernichtung von mindestens einer Million Menschen den Vorzug gegeben. Mit Blick auf die Umgestaltung von ganz Kambodscha zum Konzentrationslager kann die Einrichtung der erwähnten wenigen KZ als Randerscheinung gelten, so schokkierend dies auch sein mag.

Die Lager Nordkoreas

Die totale Unterdrückung

Das Regime Nordkoreas ist ein erzstalinistisches Regime, wie es sonst nirgendwo mehr existiert. Zum vollständigen Fehlen jedweder Meinungsfreiheit, jedes freien Zugangs zu Informationen und jeder Freizügigkeit kommt hier die bitterste materielle Not. Das hartnäckige Festhalten an überkommenen politischen und wirtschaftlichen Konzepten durch die nordkoreanischen Machthaber hat eine Hungersnot ungeheuren Ausmaßes heraufbeschworen: und dies in Zeiten von Frieden und »Normalität«. Anders als in China, wo Mao das Land mit dem »Großem Sprung nach vorn« schlagartig in die Katastrophe trieb, manövrierten die hiesigen

Herrscher das Land eher langsam ins Elend. In Nordkorea fehlt es am Grundnahrungsmittel Reis, im Großteil des Landes werden nicht einmal mehr Lebensmittelkarten verteilt, die Energiequellen sind versiegt, und Medikamente gibt es praktisch nicht mehr. Verschiedenen Schätzungen über die Anzahl der Opfer der seit ungefähr zehn Jahren herrschende Hungersnot schwanken zwischen mehreren Hunderttausend und drei Millionen Toten.

Einer immer größeren Anzahl von Nordkoreanern gelingt es, auf der Suche nach einem Hauch mehr Freiheit und nach Essbarem die chinesische Grenze zu überwinden. Diese Flüchtlinge müssen sich vor der Polizei versteckt halten, weil ihnen die Auslieferung an Nordkorea droht. Wenn sie die Grenzflüsse Jalu oder Tumen überschritten haben, fallen sie Ausbeutern oder Frauenhändlern zum Opfer, so dass ihr Martyrium keineswegs zu Ende ist.

Einmal mehr müssen wir hier die Schrecken der Konzentrationslager relativieren. Auch das Alltagsleben, das dieses abgeschottete Land seiner Bevölkerung bietet, ist schlichtweg ein Alptraum: Ein engmaschiges polizeiliches Überwachungsnetz, die unablässige Bearbeitung der Bürger mit einer grotesken Jubelpropaganda, ein erbärmlicher Lebensstandard und eine zehn Jahre währende Hungersnot, die zunächst örtlich auftrat und sich dann auf mehrere Zonen ausbreitete, geben ein Bild des Grauens ab.

Zudem beschränken sich die grausamsten Strafmaßnahmen in Nordkorea nicht auf die Lager. Das Regime praktiziert (wie auch der chinesische Nachbar) öffentliche Hinrichtungen. Noch in den 90er Jahren wurden Landesflüchtlinge, die der Polizei in die Fänge gerieten, an einem Draht durch Nase oder Ohren zurückgeführt.

Niederschmetternd sind auch die wenigen Zeugnisse über die Gefängnisse des Landes – so das der ehemaligen Gefangenen Lee Son-ok, einer Funktionärin des Regimes, die wegen Veruntreuung angeklagt worden war. Die Gefängnisse dienen der Verwahrung von »Verbrechern« im strafrechtlichen Sinn. Wenn sie dort nach einem Prozess im Schnellverfahren gelandet sind, erwarten sie unter anderem Folterungen (mit Wasser oder Elektroschocks), täglich 16 Stunden Arbeit und Unterernährung.

1953: Nordkorea

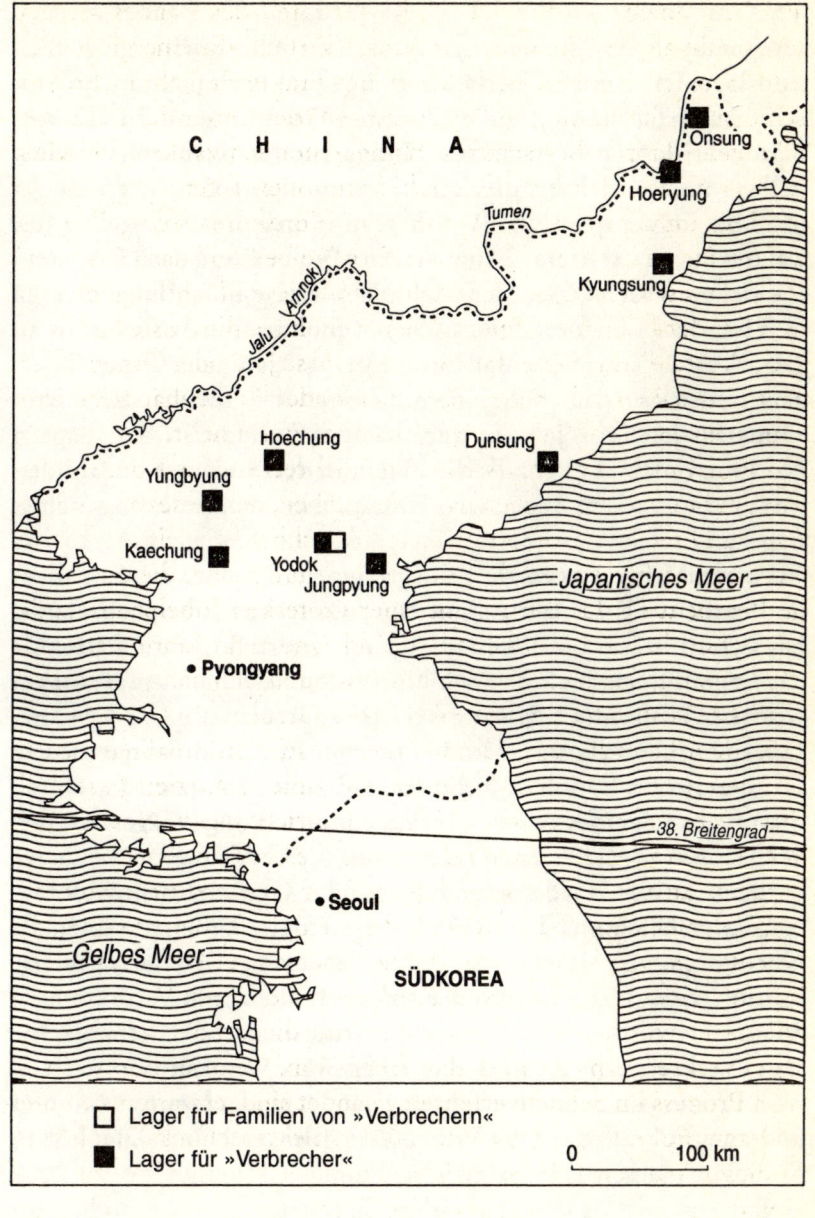

Die kleinen Bezirkslager

Hingewiesen werden muss hier zunächst auf die dürftige Informationslage: Die beiden Überläufer Kang Chul Hwang und Ahn Yuk vom August 1992 sind die wichtigsten Gewährsleute für die Verhältnisse im Lager Nr. 15 von Yodok für Familien von »Kriminellen« und »Leichtkriminellen«.[134] Choi Dong Chul legte Zeugnis über das Lager Nr. 11 von Kyungsung im Nordosten des Landes ab. Ein weiterer Zeuge ist An Myung Chul, ein 25-jähriger ehemaliger Wachsoldat, der nach einer Tätigkeit im Lager Nr. 22 in Hoeryung an der chinesischen (und russischen) Grenze in Lager Nr. 13 sowie ebenfalls in Lager Nr. 11 Dienst getan hat.[135] Zusammen mit Kim Yon, einem Beamten des Sicherheitsministeriums in den 80er Jahren, dem nach einer Haft in den Lagern Nr. 14 und Nr. 18 ebenfalls die Flucht in den Süden gelang, bilden sie fast die einzigen Zeugen der Zustände in den nordkoreanischen Lagern.[136]

Heute dürfte es ungefähr zehn größerer KZs geben, die vor allem im Zentrum des Landes und im Nordosten liegen. Möglicherweise hat sich diese Zahl in jüngster Zeit verringert: So ist zum Beispiel das Lager Osong im äußersten Nordosten des Landes geschlossen worden. Kang Chul Hwang spricht von acht Lagern: Onsung, Hoeryung, Kyungsung und Dunsung im Nordosten sowie Hoechung und Yodok im Zentrum und Yungbyung und Kaechung im Nordwesten des Landes. Insgesamt sollen diese Lager mit ungefähr 150 000 Gefangenen belegt sein.

Hinzuweisen ist allerdings auch auf die der westlichen Welt bislang kaum bekannten mehreren Hundert kleineren Haftzentren. In Nordkorea existieren fast 200 Arbeitslager, eines pro Verwaltungsbezirk. Diese Lager unterstehen meist direkt der Staatssicherheit. Allerdings verfügen auch andere Institutionen (die örtlichen Sicherheitskräfte, die Armee) über eigene »Einrichtungen«.

Während die zuerst genannten Lager mit mindestens 5000 und im Fall von Yodok mit bis zu 50 000 Häftlingen belegt sind, büßen in diesen kleinen Lagern zwischen einigen Hundert bis zu 2000 Gefangene ihre Strafen ab. Die Arbeit scheint dort ebenso hart zu sein wie in den großen Lagern für »politische Verbrecher«, während es sich offiziell nicht um eine Strafe, sondern um eine Maßnahme zur »Besserung durch Arbeit« handelt. Die Haftbedingungen sind nicht unbedingt günstiger. Ein Zeuge versichert, in seinem Bezirkslager habe die Sterblichkeit 25 Prozent pro Jahr betragen![137] Selbst wenn man diese Schätzung mit Vorsicht behandelt, deutet sie auf mörderische Haftbedingungen hin. Immerhin sind diese kleineren Lager nach außen weniger stark abgeschottet als andere. So gibt es Berichte von vorzeitigen Entlassungen, nachdem Angehörige den Wachen Geld zugesteckt hatten.

Dem Aufenthalt in diesen Lagern geht kein Gerichtsurteil voraus. Die Haftstrafe wird durch einen örtlichen Polizeioffizier verfügt, während die Entscheidung einer Verschickung in ein Lager für »politische Verbrecher« auf nationaler Ebene getroffen wird. In den kleinen Bezirkslagern sitzen Häftlinge ein, die alle möglichen Verfehlungen begangen haben. Den »politischen Verbrechern« sind dagegen die großen Lager vorbehalten (wobei der Begriff »politisch« hier äußerst dehnbar ist: Schon ein falsches Wort über das Regime, Abwesenheit bei einer offiziellen Parade oder ein verurteilter Mitbewohner können einem nordkoreanischen Staatsbürger die Verschickung eintragen). Die kleinen örtlichen Lager ähneln nicht unbedingt klassischen KZs. Es kann sich um eine alte Fabrik oder eine zweckentfremdete kollektive Farm handeln. Ein Zaun aus Stacheldraht ist nicht unbedingt notwendig.

Die großen Lager

Die Lager in Nordkorea sind gleichzeitig mit der von den Sowjets aufgebauten Verwaltung entstanden. Noch vor der offiziellen Gründung der »Demokratischen Volksrepublik« im September 1948 wurden Arbeitslager für eine gewisse Anzahl von Regimegegnern – etwa Kollaborateure mit Japan (der Kolonialmacht bis 1945) oder Großgrundbesitzer – eingerichtet.

Konzentrationslager entstanden nach dem Koreakrieg (1950–1953). Die ersten Insassen waren Sympathisanten mit dem Süden, erklärte Regimegegner und Kommunisten, die den Säuberungen Kim Il Sungs zum Opfer fielen. Weitere Kategorien von Opfern kamen später hinzu.

In der Anfangsphase waren die Lager weniger gut organisiert als heute. Es kam zu Ausbrüchen und Revolten. Die gegenwärtige Organisation geht auf die 60er Jahre zurück und zielt nicht nur auf das Wegschließen von »Reaktionären«, sondern auch auf die Festigung des Regimes durch Terror. Die Insassen werden im Allgemeinen ohne Prozess und Urteilsspruch festgehalten. Nach den gesammelten Zeugnissen ist den Betroffenen nicht einmal die Dauer ihrer Haft bekannt. Aber es sind noch zwei Kategorien von Häftlingen zu unterscheiden.

Die »Unresozialisierbaren«

Nur ein Drittel der Häftlinge kann auf eine Entlassung hoffen. Die meisten davon sind »Kleinkriminelle« in bestimmten Lagern. In anderen Lagern ist offenbar ein Teil für resozialisierbare Häftlinge reserviert – zum Beispiel im Lager Nr. 22 nach dem Zeugnis von An Myung Chul. Unter diese Kategorie fallen auch die Familien von »Verbrechern«, die in einem Teil des gewaltigen Lagers von Yodok ungefähr 150 Kilometer nordöstlich von Pyongyang festgehalten werden. Die übrigen, die in einem Hochsicherheitsbereich von Yodok oder einem anderen Lager mit strengem Regime interniert sind, gelten dagegen als »unresozialisierbar«. Ihre Inhaftierung ist ebenso endgültig wie der Verlust sämtlicher bürgerlichen Rechte.

Der definitive Charakter der Gefangenschaft macht den Unterschied zwischen Lagern oder Lagerabteilungen für Unresozialisierbare und den anderen Lagern aus. Er zeugt vom Willen der Führung, die betreffende Kategorie von Häftlingen auszulöschen. Deutlicher als anderswo kommt hier das Ziel zum Ausdruck, sich diese vom Hals zu schaffen, sie zu eliminieren oder sogar »auszurotten« (*mulhyada*), so der offizielle Sprachgebrauch der nordkoreanischen Behörden. Kim Yon beschreibt die Philosophie der Führung im Umgang mit Unresozialisierbaren: »Die Nordkoreaner betrachten die Gefangenen, die ebenso Feinde der Revolution sind, als auszureißendes Unkraut.«

Die »Unresozialisierbaren« müssen härter arbeiten als andere Gefangene, und sie werden durch Aufseher mit Maschinenpistolen strenger bewacht. Im Lager für Resozialisierbare tragen die Aufseher lediglich Revolver an der Seite und haben offenbar nicht die Anweisung, die Gefangenen ständig zur Arbeit anzutreiben.

Manchmal gelten ganze Familien als unresozialisierbar: Bürger aus Südkorea, mutmaßliche Kollaborateure mit den Japanern oder Menschen, die sich während des Koreakriegs für die Seite Seouls oder der Amerikaner entschieden haben. Sogar ihre Kinder werden diskriminiert: Während die Sprösslinge der »Resozialisierbaren« im Lager den Anschein einer Schulbildung bis zum 15. Lebensjahr erhalten, endet diese für sie mit 13 Jahren. Die Unresozialisierbaren leben in totaler Isolation: »Die Familien sind nach Geschlechtern getrennt, mit Ausnahme der Kinder unter 12 Jahren. Sie dürfen bei der Mutter bleiben. Die Häftlinge dieser Einrichtungen wissen ihr ganzes Leben nicht, was in der Außenwelt geschieht.«

Die Arbeit ist härter als überall sonst. Die Revolten, die solche Zustände heraufbeschwören, schlägt das Regime mit äußerster Brutalität nieder. Kim Yon hat »gehört, dass die Überwachung in Lager Nr. 14 nach einem Aufstand 1990 aufs äußerste verschärft wurde: 1500 Häftlinge waren damals getötet und ihre Leichen in einen stillgelegten Minenschacht geworfen worden.«

In ganz außergewöhnlichen Fällen kommt es allerdings auch vor, dass einzelne Gefangene den Status des Unresozialisierbaren loswerden. Von dieser Vorzugsbehandlung profitierten einige ehemalige Kader des Regimes. Ihnen verdanken wir manche Details über das verborgene Gesicht der nordkoreanischen Lager. Der oben erwähnte Aufseher An Myung Chul, der 1994 nach China und weiter nach Südkorea floh, erwähnte ausgezehrte und erschöpfte Häftlinge, die von Peitschenhieben und Stockschlägen gezeichnet sind oder bei Misshandlungen ein Auge verloren haben. In den Lagern gibt es viele Versehrte: An zufolge arbeiten in Lager Nr. 22 von Hoeryung fast 2000 Verstümmelte mit Prothesen. Bei einem Lehrgang wurde An Myung Chul eingeschärft, dass die Gefangenen keinerlei Rechte hätten und vor allem zur Arbeit im Lager seien. Jeder Widerstand oder schon jedes Anzeichen davon müsse ohne Rücksicht geahndet werden.

Die Gefangenen werden offenbar mit äußerster Brutalität behandelt. Wer nicht gehorcht, landet im Kerker und muss dort mit 100 Gramm Mais pro Mahlzeit und etwas Salz auskommen. Nach einem Monat sehen die ausgemergelten Gefangenen wie Mumien aus.

In Lager Nr. 22 wurden um die 50 Personen in einen Kerker gesperrt. Von September 1993 bis September 1994 musste Myung Chul an diesem Kerker Wache schieben. Er hörte jede Nacht das dumpfe Geräusch von Stockhieben und Schreie. Den Gefangenen werden zwischen die nach hinten gefesselten Beine und das Gesäß Holzblöcke gesteckt. Die gehemmte Blutzufuhr verursacht bleibende Schäden: Nach der Freilassung können die Gefangenen nicht mehr ohne Hilfe gehen. Viele sterben nach einigen Monaten.

Myung Chul berichtete von häufigen Hinrichtungen. Die Betroffenen hatten aufbegehrt, eine Revolte anzuzetteln versucht, einen Mord oder einen Diebstahl begangen oder Material zerstört. Hingerichtet wurden zuweilen auch schwangere Frauen: Sexuelle Kontakte waren im Lager streng verboten. Bis Anfang der 90er Jahre waren die Exekutionen öffentlich. Allerdings wirkten sie schließlich nicht mehr abschreckend, sondern gaben eher Anlass zu Aufständen. Schwer bewaffnete Wachsoldaten mussten die Hinrichtungsstätte sichern. Heute werden Exekutionen heimlich vollstreckt.

Während der Zeit, als Myung Chul im Lager Dienst tat, gab es dabei unterschiedliche Methoden. Üblich waren Erschießen, Hängen oder Steinigen. Manche Opfer wurden mit Stock- oder Schaufelhieben umgebracht. Die Details sind grauenvoll: So versichert Myung Chul beispielsweise, er habe mit angesehen, wie Wachen um die Wette auf Gefangene schossen und auf ihre Augen zielten. Manche Häftlinge sollen zu einer Art Gladiatorenkampf gezwungen worden sein. Manche wurden von den Wachen ohne den Ritus einer Hinrichtung umgebracht. Im Winter 1990 wurde Myung Chul Zeuge, wie der Führer eines Arbeitstrupps auf einen »ungehorsamen« Gefangenen eintrat. Das Opfer starb an einem Leber- oder Milzriss. Der Mörder wurde nicht bestraft: Das Töten eines »politischen Verbrechers« stellt im Allgemeinen kein Vergehen dar.

»Ich habe mit eigenen Augen mehrfach gesehen«, fährt Myung Chul fort, »wie Menschen grausam getötet worden sind. Frauen sterben nur selten friedlich. Ich habe von Messern zerfleischte Brüste, Genitalien, in die ein Schaufelstiel gerammt wurde, und mit einem Hammer eingeschlagene Hinterköpfe gesehen.«

In Lager Nr. 13 in Onsung ist der Hinrichtungsplatz mit Steinen belegt. Die Opfer werden darunter begraben. »Vor allem im Sommer breitet sich Verwesungsgestank aus. Es wimmelt von Raben,

Adlern, Wildschweinen. Ich habe gesehen, wie Tiere Eingeweide verschlangen, und fragte mich verstört, wie man Leichen so herumliegen lassen kann.« Kim Yon berichtet aus Lager Nr. 14, Gefangene seien umgebracht worden, weil sie, um eine Frucht vom Boden aufzuheben, beiseite getreten waren.

Die Sexualität ist Myung Chul zufolge im Lager mit einem absoluten Verbot belegt. Erwischt man ein Paar beim Geschlechtsverkehr, wird es mit Stockschlägen »umerzogen«. Der Mann wird anschließend auf eine Baustelle geschickt, die Frau muss eine Woche lang im Lager Zwangsarbeit leisten. Die einzige Ausnahme bilden »politische Verbrecher« bei besonders guter Führung. Sie können im Lager heiraten und Kinder bekommen. Deren einzige Perspektive ist freilich das Lager. Sexuelle Kontakte kommen zudem zwischen Beamten der Staatssicherheit und weiblichen Häftlingen vor. Bei Schwangerschaften wird die Gefangene gefoltert, bis sie den Namen des Vaters preisgibt, und hingerichtet. Der Beamte wird wegen »Klassenverrat« in sein Heimatdorf zurückgeschickt oder zu harter Arbeit beispielsweise in einer Mine verurteilt. Kim Yon spricht von noch attraktiven weiblichen Häftlingen, die Kadern auf Inspektionsreise angeboten und dann umgebracht wurden, um sie am Reden zu hindern.

Der Tod ist im Lager Alltag. Die »politischen Verbrecher« kämpfen ums nackte Überleben. Für ein wenig mehr Mais oder Schweinefett sind sie zu allem bereit. Trotzdem starben nach An Myung Chul in Lager Nr. 22 durchschnittlich täglich vier oder fünf Insassen an Unterernährung oder einer Krankheit, bei einem Unfall, oder sie wurden hingerichtet.

An eine Flucht aus diesen Lagern ist kaum zu denken. Greift ein Wachsoldat einen flüchtenden Häftling auf, kann er auf den Eintritt in die Partei und einen anschließenden Universitätsbesuch hoffen. Myung Chul zufolge wurden deshalb schon Häftlinge gezwungen, in den Stacheldrahtverhau zu klettern, und als angebliche Flüchtlinge erschossen. Die »politischen Verbrecher« werden zudem von Hunden bewacht. Die hervorragend ausgebildeten Tiere dienen als reinste Tötungsmaschinen.

Myung Chul berichtet von Gerüchten, wonach aus getöteten Gefangenen Fett gewonnen oder ihren Leichen Nervenstränge entnommen würden. Auch von »medizinischen« Experimenten ist die

Rede. So habe man »Unresozialisierbare« zur Untersuchung ihrer Widerstandskraft verhungern lassen. Diejenigen, die Hinrichtungen durchführen oder diese Experimente vornehmen, bekommen zuvor reichlich Alkohol zu trinken. Als wahre Experten auf dem Gebiet schlagen sie ihren Opfern mit dem Hammer auf den Hinterkopf, ohne sie sofort zu töten. Die Opfer verlieren das Gedächtnis. Verstört oder besinnungslos dienen sie, wie schon erwähnt, als lebende Zielscheiben für Schießübungen. Für alle diese Gräuel ist das so genannte Dritte Büro verantwortlich. Wenn es Nachschub braucht, fährt einer der schwarzen Lastwagen, die von den Nordkoreanern »Raben« genannt werden, ins Lager und verbreitet Angst und Schrecken. Der »Rabe« holt einmal im Monat 40 bis 50 Gefangene ab, die auf Nimmerwiedersehen verschwinden.

Nicht einmal die Polizisten und Wachen der Lager wollen genau wissen, was in den Räumen des Dritten Büros vor sich geht. Nach einem Gerücht »soll man an dem Tag, an dem man [es] erfährt, ... sein Leben verlieren«. Das Dritte Büro ist der geheimste Organismus der KZ-Verwaltung. Die Mitglieder tragen die gleiche Uniform wie Polizisten. Allerdings haben sie auf der politischen Universität studiert und eine Sonderausbildung in Unterdrückung und Foltertechniken erhalten.

Ungefähr 400 Polizisten und 550 Wachen kontrollieren Lager Nr. 22. Lager Nr. 13 zählt 300 Wachen und 200 Polizisten. Diese werden sorgfältig nach Klassenzugehörigkeit und ihren Familien, die zu den ergebensten des Landes gehören, ausgewählt. Es gibt folgende Kriterien: Sie müssen Nachkommen von Partisanen oder Kinder oder Verwandte von Bediensteten der Staatssicherheit oder Kinder eines gegenwärtigen oder ehemaligen Polizisten sein. Sie genießen gewaltige Privilegien. Ihr Lebensstandard übertrifft den vieler Kader: Sie bekommen täglich Fleisch und zweimal im Monat den begehrten Fisch zu essen. An Feiertagen erhält jeder fünf Kilogramm Schwein, ein Huhn, eine Ente, 20 Eier, Alkohol, Bier, Gemüse ...

Die Lagerleiter verfügen über ein eigenes Haus mit fünf Zimmern, die Polizisten und Wachen haben Anspruch auf drei Zimmer mit Bad, Fernsehen und allem Komfort samt Haushaltsgeräten, von denen Nordkoreaner nur träumen können. Sie sind besser bezahlt als die übrigen Polizisten, erhalten eine so genannte Prämie

»für die Hütung von Staatsgeheimnissen«, Reis und andere Produkte. Aufseher können nach zehn Jahren Dienst in die Partei eintreten. Viele von ihnen studieren dann an der Universität und kehren als Polizisten ins Lager zurück.

Alle Lager sind bemerkenswert gut bewacht. Die Polizisten sind mit Revolvern ausgerüstet, die Aufseher mit Gewehren vom Typ AK-47 und mit Flugabwehrgeschützen. Im Lager Nr. 22 gibt es 500 Revolver, 1000 Gewehre, acht Flugabwehrgeschütze und acht Maschinengewehre. Hinzu kommen fast 70 Fahrzeuge, darunter 20 Jeeps und 50 Lastwagen. Es gibt Spezialfahrzeuge, die zwar unzuverlässig und langsam, dafür aber hervorragend für Fahrten durch bewaldetes Gelände geeignet sind. Sie dienen dem Nahrungsmitteltransport.

Ein weiteres »Büro« ist mit der ideologischen Kontrolle betraut und soll jedem möglichen »Fehltritt« von Aufsehern oder Polizisten vorbeugen, zum Beispiel die Unterschlagung von Lebensmitteln, Geld oder Materialien verhindern.

Die Lager sind zum Zweck der Überwachung und der Ausbeutung von Arbeitskräften organisiert. An jedem Einsatzort gibt es Gruppenführer und -unterführer, Statistiker, Kontrolleure, Werkmeister und natürlich Polizeispitzel. Die wichtigste Vorschrift ist Geheimhaltung. Überall hängt der Slogan: »Das Geheimnis ist das Leben.« Die Aufseher achten sorgfältig darauf, was sie hören und selbst sagen dürfen. Im Fall einer Beurlaubung (nur bei einem Todesfall in der Familie) werden sie von einem öffentlichen Vertreter des Staates begleitet. Nach Ausscheiden aus dem Dienst werden sämtliche Briefe, die sie erhalten, kontrolliert, und sie müssen sich schriftlich verpflichten, nichts von dem weiterzugeben, was sie im Lager gesehen oder gehört haben – unter Androhung einer Rückkehr als Gefangene.

Die Häftlinge stellen für den nordkoreanischen Staat billige Arbeitskräfte dar. Die einzelnen Lager sind auf bestimmte Sparten spezialisiert: Reisanbau, die Herstellung von Kleidern und Schuhen, Viehzucht, Kohleförderung oder die Produktion von Elektrogeräten. Die Lager Nr. 22 und 14 produzieren Fleisch für Hotels und Restaurants in Pyongyang.

Die Gefangenen werden um 5 Uhr morgens geweckt, arbeiten mit Leistungsvorgaben den ganzen Tag über und haben ganze neun

Ruhetage im Jahr – diese an den offiziellen Feiertagen, besonders an den Geburtstagen der Staatsführer (am 15. April von Kim Il Sung, am 16. Februar von Kim Jong Il) oder den Jahrestagen der Partei (10. Dezember) beziehungsweise der Staatsgründung (9. September).

Weitere Angaben zu einigen dieser unresozialisierbaren Arbeiter finden sich bei Kang Chul Hwang:

»Der nordkoreanische Staat, der Kategorien und Unterkategorien liebt, hatte im Übrigen innerhalb dieser Unresozialisierbaren eine weitere Unterscheidung eingeführt. Nach welchen Kriterien, weiß ich nicht, aber mehrere Gefangene haben mir versichert, dass einige dieser Leute einer strengen Isolierung unterzogen und unter Bedingungen festgehalten wurden, unter denen sie bald umkamen. Sie wurden auf Großbaustellen geschickt und beteiligten sich unter härtesten Bedingungen am Bau von Militäranlagen oder unter strengster Geheimhaltung an der Fabrikation von Raketen oder Spezialmunition. Solche Aktivitäten werden in Nordkorea niemals ›normalen‹ Bürgern oder solchen Gefangenen übertragen, die darauf hoffen können, wieder ins normale Leben zurückzukehren. Die Unglücklichen werden nur unter den ›Unresozialisierbaren‹ ausgewählt. Da sie die Arbeit physisch vernichtet, bleibt das militärische Geheimnis gewahrt. Und auch die Ersparnis ist gewaltig: Man verschwendet an sie keine Kugel, sondern lässt sie langsam bei der Arbeit für den Staat sterben – eine besonders Gewinn bringende Arbeit, da sie praktisch nichts zu essen bekommen.«[138]

Die Arbeitsbedingungen, die hygienischen Verhältnisse und die Verpflegung sind so erbärmlich, dass die meisten »politischen Verbrecher« nicht älter als 50 Jahre werden. Schon sehr viel jüngere Häftlinge sehen aus wie Greise. Der älteste Häftling, den Myung Chul kennenlernte, war eine 65-jährige Frau. In Lager Nr. 22 sterben täglich im Durchschnitt fünf bis sechs Personen. Selbstmörder gelten als »Verräter«, weil sie sich ihrer Strafe entzogen haben – mit Konsequenzen für ihre Familien. Die werden im Allgemeinen mit einer zusätzlichen und gefährlichen Arbeit bestraft, zum Beispiel in einer Mine.

Die Toten werden in einer Gemeinschaftsgrube verscharrt. Wo genau die liegt, erfahren ihre Familie nicht. Werden Angehörige beim Weinen erwischt, droht ihnen wegen reaktionären Verhaltens eine zusätzliche Fronarbeit.

Die »Resozialisierbaren«

Die einzelnen Lager, auch die für »politische Verbrecher«, sind durchaus unterschiedlich. So empfand Kim Yon das Leben im Lager Nr. 18 sehr viel erträglicher als in der Hölle von Lager Nr. 14. Zwar wirkt Nr. 18 (aus dem er entfliehen konnte) mit seinen Fallen, dem Stacheldraht und den Wachtürmen im Abstand von 200 Metern alles andere als einladend, aber die Arbeit scheint dort weniger hart zu sein. Bei Erfüllung der Norm haben die Häftlinge manchmal sogar Anspruch auf eine kurze Ruhepause mit Liedern aus dem Lautsprecher.

Weniger streng ist auch die Haft für die Familien der politischen Verbrecher. Tatsächlich sind diese als Angehörige von »Volksfeinden« ständig von Verhaftung bedroht. Es sind Fälle bekannt, in denen wegen der »Verfehlung« eines Einzelnen drei Generationen ins Lager verschleppt wurden. Das System hat sich allerdings in den letzten Jahren gewandelt. Neuerdings landen die Ehefrauen von Verurteilten nicht mehr automatisch in der Gefangenschaft: Sie bekommen Gelegenheit, sich scheiden zu lassen.

Die Regelung zur Ausdehung einer Strafe auf drei Generationen trat 1958 in Kraft, dem Jahr der großen Säuberung von den Gegnern Kim Il Sungs. Ihr fiel Kang Chul Hwang zum Opfer, der als Neunjähriger 1977 ins Lager von Yodok gesteckt wurde. Sein Großvater war wegen politischer Verbrechen verhaftet und interniert worden. Drei Wochen später wurden alle, die noch unter seinem Dach lebten, verhaftet und in ein Lager für Angehörige »politischer Verbrecher« geschickt. Nur Kang Chul Hwangs Mutter entging der Verhaftung, weil sie zu einer so genannten Heldenfamilie gehörte: einer kommunistischen Emigrantenfamilie in Japan, von der ein Mitglied im Gefängnis umgekommen war.

Die Geschichte von Kang Chul Hwang spiegelt die hartnäckig sich haltende Vorstellung einer kollektiven Verantwortlichkeit wider. Die Familie eines angeblichen politischen Verbrechers muss isoliert, umgezogen und dafür bestraft werden, dass sie – zumindest durch ihr Schweigen – die Umtriebe des Verbrechers gedeckt hat. Zehn Jahre lang, von 1977 bis 1987, war die Familie im großen Lager von Yodok interniert. Die Lebensbedingungen dort sind erbärmlich: Die Verpflegung, vor allem Mais, ist so knapp bemessen, dass die Insassen auf Diebstähle bei den Aufsehern angewiesen sind und sich auf alles irgendwie Essbare stürzen: Frösche, Salamander, Regenwürmer und Ratten liefern die überlebensnotwendigen Proteine. Dennoch leiden viele Häftlinge an Pellagra.

Das »Krankenhaus« im Lager ist eine einfache Baracke, in der es fast keine Medikamente gibt und Krankheiten eigentlich nicht behandelt werden. Kang Chul Hwang erwähnt mehrfach Geisteskrankheiten. In diesem Reich, in dem jedes eigenständige Wort verboten ist, jede individuelle Regung im Keim erstickt wird und es als Ideal gilt, die Phrasen von Partei und Führer nachzubeten, wundert das Auftreten von Geistesstörungen überhaupt nicht. Sie sind so häufig, dass ihnen in Lager Nr. 15 von Yodok eine eigene Quarantänebaracke reserviert ist.

Das Lagergelände ist riesig und erinnert nicht an das gewöhnliche Erscheinungsbild eines Konzentationslagers. Mit einem Durchmesser von 30 bis 40 Kilometern liegt es in einem Talkessel zwischen Bergen. Wachtürme auf der Kammlinie registrieren jede verdächtige Bewegung. Ein Alarmsystem, Fallen und Stacheldraht vervollständigen die Anlage. Im Lager liegen Felder, Wälder, eine Goldmine, ein Gipsbruch, Nähereien und Fabriken zur Herstellung und Verarbeitung von Soja und Alkohol.

In der Mine sind die Sicherheitsvorkehrungen katastrophal. Die erschöpften und ausgemergelten Häftlinge schuften in schlecht abgestützten Stollen. Unfälle sind häufig, vor allem unter den Jugendlichen, die Sprengarbeiten mit Dynamit durchführen müssen.

Gearbeitet wird nach einem kollektiven Normsystem: »Wir funktionierten wie die Erwachsenen in Fünfergruppen, und unsere Norm wurde für die Gruppe berechnet. Jede Gruppe, die Basiszelle des Lagers, musste die Norm erfüllen. Wenn ein Mitglied wegen Krankheit und aus Ungeschicklichkeit ins Hintertreffen geriet, war die gesamte Gruppe betroffen und riskierte eine Bestrafung. Es gab keine individuelle Verantwortlichkeit: Die Gruppe musste kollektiv für die Leistung jedes Einzelnen einstehen. So konnte beispielsweise keines der fünf Mitglieder ins Dorf zurückkehren, solange die Norm nicht erfüllt war. Der unglückliche Nachzügler zog sich natürlich den Zorn der vier anderen zu. Ob er alt, erschöpft oder krank war, spielte kaum eine Rolle. Das Ergebnis des Systems war eine feindselige Atmosphäre in der Gruppe. Sie zerstörte jene Solidarität, die uns allen moralisch Beistand hätte leisten können. Und die Aufseher konnten sich die Hände reiben: Die gegenseitige Kontrolle und Überwachung sorgte für Ordnung.«

Die Disziplin in diesen Lagern ist sicher weniger streng als in denen für Unresozialisierbare. Hinrichtungen Schwangerer, wie sie An Myung Chul berichtet, gibt es nicht, dafür aber öffentliche Rügen. (»Wie kommt eine Konterrevolutionärin wie du dazu, ein Kind zu bekommen?«) Geradezu pervers mutet die Beschreibung der folgenden öffentlichen Rüge an:

»Die Frau musste eine besonders demütigende öffentliche Anklage über sich ergehen lassen. Alle Häftlinge des Dorfes wurden zusammengerufen. Dann zwang man die Frau, in allen Einzelheiten und vor allen von ihren Praktiken beim Beischlaf zu erzählen. Den Aufsehern konnte der Bericht nie genau genug sein. Sie verlangten noch ausführlichere Beschreibungen, wollten wissen, wie sie ihren Partner und wie er sie liebkost hatte. Was sie mit der Hand und der Zunge getan und welche Stellungen sie praktiziert hatten. Ich war bei solchen öffentlichen Bekenntnissen dabei. Selbst wir Kinder durften teilnehmen. Wir lachten verlegen: Für uns war das so etwas wie Sexualkundeunterricht! Aber auch Voyeurismus war mit dabei. Wir hatten gemischte Gefühle: Ich hörte mit meinen Kameraden begierig zu, empfand zugleich aber auch eine ganz reale Scham: Die lüsterne Miene des Aufsehers, der nach immer neuen Details verlangte und der Frau Schläge androhte, falls sie nicht erzählte, der verzweifelte Gesichtsausdruck der Frau, die grinsenden Häftlinge, all das bildete eine zweideutige, aber auf jeden Fall erbärmliche Szenerie.«

Obwohl – anders als bei den Unresozialisierbaren – in diesen Lagern keine totale Tyrannei herrscht, gilt eine strenge Disziplin. Auch hier drohen bei Vergehen Kerkerhaft und Zwangsarbeit.

Kang Chul Hwang berichtet:

»In dem Schreckenskatalog halten nur einige besonders Zwangsarbeiten einem Vergleich mit dem Kerker stand. Solche Zwangsarbeiten halten einen immer auf Trab. Terrassen müssen angelegt oder dicke Baumstämme in Lastwagen gehievt werden, und das alles in einem höllischen Tempo. Wenn es nichts zu tun gibt, verordnen die Aufseher unnütze Arbeiten, so ein Loch oder einen Graben ausheben und dann wieder zuschütten.

Der Kerker bedeutet das Gegenteil: Man darf sich nie rühren. Nach Ehemaligen aus Yodok war Kerkerhaft als Strafe mit einer Verlängerung der Lagerhaft um fünf Jahre verbunden, die Zwangsarbeit dagegen nicht.«

Die Todesstrafe, die in den 80er Jahren noch öffentlich vollstreckt wurde, ging damals manchmal mit einem barbarischen Ritual einher. So berichtet Kang Chul Hwang: Die Bewohner einer »Arbeitergruppe«, einer Art Barackendorf, in dem der oder die Verurteilten untergebracht gewesen waren, wurden auf dem Hinrichtungsplatz versammelt. Nach Verlesen des Urteils durch die Lagerleitung fand die Hinrichtung durch Erschießen oder Hängen statt. Dann kam das Schlimmste für die Häftlinge:

»Nach ihrem Tod befahlen die Polizisten den ›Zuschauern‹ – wir waren zwei- bis dreitausend –, einen Stein aufzuheben und ihn mit dem Ruf: ›Nieder mit den Volksverrätern!‹ auf die Erhängten zu schleudern. Jeder musste vorbeigehen und einen Stein werfen. Wir gehorchten alle, aber sichtlich angewidert, und die meisten von uns schlossen die Augen oder senkten den Kopf, um die Leichen, aus denen rotes und schwarzes Blut strömte, nicht sehen zu müssen. Aber manche hoben einen großen Stein auf, um die Aufseher auf sich aufmerksam zu machen, und warfen sie absichtlich in die Gesichter der Hingerichteten... Die Gesichtshaut platzte auf, und die Kleider zerrissen. Als ich an der Reihe war, lag schon ein ganzer Haufen Steine um den Galgen herum.« Manche vergaßen, einen Stein zu werfen. Dann hagelte es jedesmal Prügel von den Polizisten.

»Am nächsten Morgen entdeckten die Gefangenen entsetzt, dass die beiden Leichen die Nacht über am Strick hängen geblieben waren. Polizisten hatten sie bewacht, um sicherzustellen, dass niemand sie beerdigte. In der Nacht hatten die Polizisten ein Feuer entzündet, und am Morgen sahen wir zahlreiche Krähen um die Leichen schwirren.«

Ganz allgemein versucht die Lagerleitung jede Auflehnung gegen die Disziplin im Keim zu ersticken: Dazu dienen die Überwachung durch die Aufseher, ein ganzes Netz von Spitzeln und die Umerziehung.

Die Gehirnwäsche erfolgt keineswegs gewaltfrei. Die Frohe Botschaft der Revolution wird den Gefangenen sehr oft mit Fausthieben und Fußtritten beigebracht. Aber wie in anderen asiatischen Lagern – China und Vietnam – spielt auch in den nordkoreanischen die Umerziehung als Pädagogik und Psychologie eine zentrale Rolle. »Um alle Spuren der verrotteten Ideologie loszuwerden«, so wird den Häftlingen in Yodok immer wieder eingetrichtert, »gibt es nur Arbeit und Kontrolle.« Kontrolle ist hier nicht nur im Sinn von Überwachung zu verstehen. Sie zielt überdies auf eine ideologische Kontrolle. In allen kommunistischen Lagern Asiens ist die Umformung der Gefangenen notwendigerweise auch mit Unterweisung und Selbsterforschung verbunden. So soll der Gefangene den »alten Menschen« ablegen.

In Lager Nr. 15 in Yodok wird – wie außerhalb der Lager – zweimal pro Woche in Versammlungen Kritik und Selbstkritik praktiziert. Ein Kult um Kim Il Sung wird praktiziert – mit einer Halle voller Reliquien, Fotografien, Schriften usw. Betreten ist nur auf eigens dafür vorgesehenen Socken gestattet. Zudem gibt es »Lektionen« mit Kommentaren zur Parteizeitung *Rodong Shinmun* und Wettbewerbe mit dem auswendigen Aufsagen der Rede, die vom großen Führer zum Jahresanfang gehalten wurde.

Obwohl erschöpft, krank und ausgehungert, verfügen die Häftlinge von Yodok über drei schöne große Schreibhefte, einen Federhalter und ein Tintenfass. Das erste ist das »Heft der Lebensbilanz« für die Versammlungen für Kritik und Selbstkritik. Das zweite nennt sich das »Heft der Parteipolitik« – in dem die Reden von Kim Il Sung aufgezeichnet werden. Das dritte heißt das »Heft der revolutionären Geschichte von Kim Il Sung und Kim Jong Il«.

Eine Entlassung erfolgt erst, wenn die Lagerleitung entscheidet, dass der Häftling ausreichend große ideologische Fortschritte gemacht hat. Sie geht einher mit einem Ritual des Dankes an die Partei und den »Großen Führer«, der sich erneut fürsorglich gezeigt und es dem Häftling ermöglicht hat, sich zu bessern.

1966: Das »Humanitäre Projekt« General Suhartos

In der Nacht vom 30. September auf den 1. Oktober 1965 wurde das Regime des indonesischen Präsidenten Sukarno durch eine Art Staatsstreich beendet. Durch eine unglaubliche Ironie der Geschichte erhielt diese Bewegung den Namen *Gestapu*.[139] Unter Leitung des neuen Machthabers General Suharto (der am 12. März 1967 zum »geschäftsführenden Präsidenten« und ein Jahr später zum offiziellen Staatspräsidenten ernannt wurde) wurden die konservativen muslimischen Kräfte und die Kommunisten ausgeschaltet. An den Kommunisten – sowie an mutmaßlichen Sympathisanten – wurden ab Oktober 1965 furchtbare Massaker verübt. Hunderttausende (früher ging man sogar von einer Million aus, während heutige Fachleute eher von rund 600 000 sprechen) kamen dabei um. Ihre Leichen lagen auf Feldern oder trieben in Kanälen und Flüssen.

Die Gefängnisse waren überfüllt, Lager entstanden. Erst jetzt wird ihre Geschichte unter schwierigen Umständen aufgearbeitet. Auch in Irian Jaya, im Westteil Neuguineas, soll es beispielsweise Lager gegeben haben, über die man bislang noch nichts weiß. Bekannt sind dagegen die Zustände in den Lagern auf der Insel Buru – durch das Zeugnis des Schriftstellers Pramoedya Ananta Toer, der auf dieser Insel im Osten des Malaiischen Archipels elf Jahre seines Lebens verbracht hat.[140]

Die Einrichtung dieser Lager erscheint als eine ergänzende Maßnahme zu den Massakern von 1965/66. Lager hatte es gleichwohl in der indonesischen Geschichte schon früher gegeben: Ende der 20er Jahre internierten die Niederländer Unabhängigkeitskämpfer, die sich gegen die Kolonialmacht erhoben hatten. Später landeten die niederländische Siedler in den Lagern, die die Japaner 1942–1945 eingerichtet hatten.

Im Gegensatz zu diesen Lagern spielten die späteren der indonesischen Armee bei der Unterdrückung keine zentrale Rolle. Die meisten indonesischen Kommunisten waren einfach gefoltert oder umgebracht worden. Die Verschickung von Zigtausenden ins Gefängnis oder Lager, vor allem auf die Insel Buru, stellte nur den am sorgfältigsten geplanten und durchorganisierten Teil dieser Unterdrückung durch die Militärs dar.

Kaum waren die Massaker vorüber, schickte Suhartos Regierung die Vertreter der fortschrittlichen Intelligenz und zahlreiche andere in dieses »tropische Sibirien«.[141] Im Oktober 1965 wurde auch Pramoedya Ananta Toer verhaftet und im August 1969 auf die Insel Buru verschickt.

1966 – Indonesien: Das Lager auf der Insel Buru

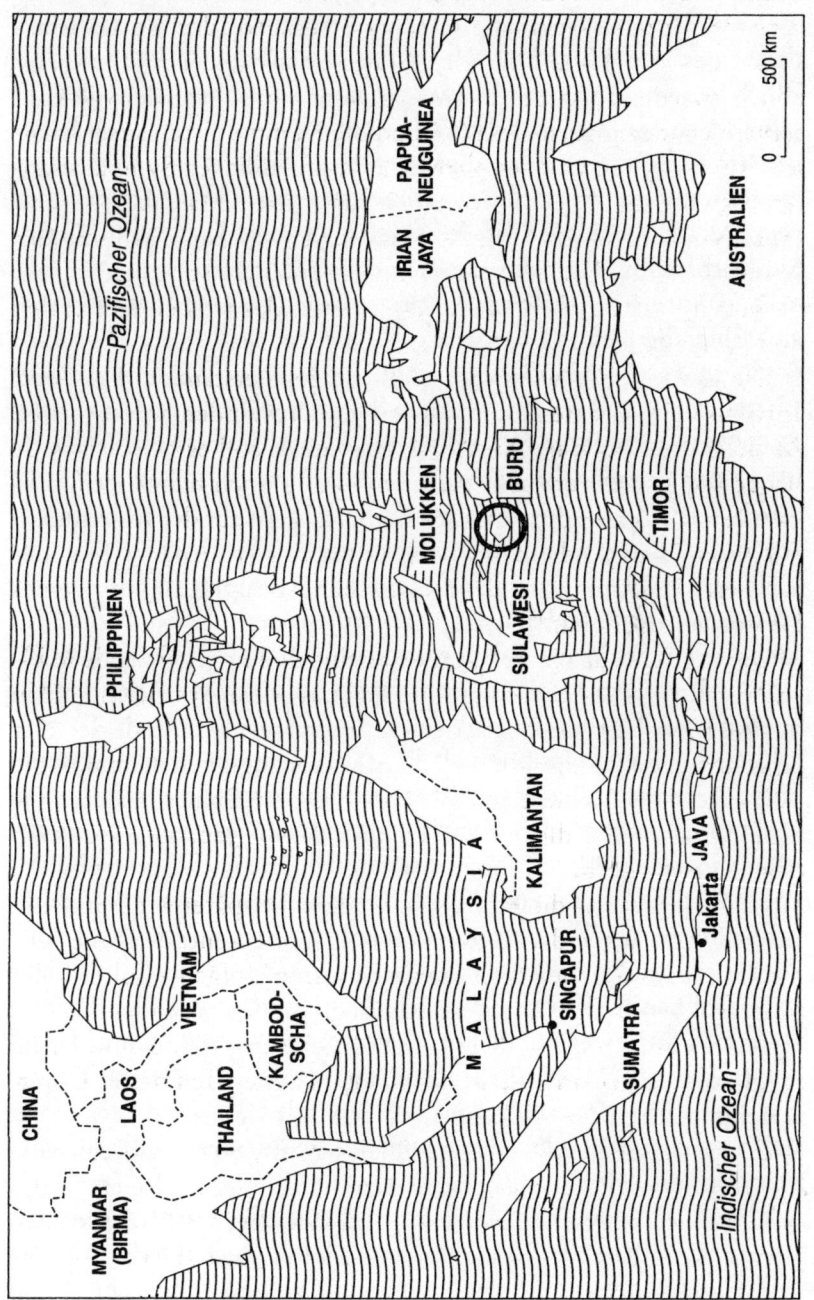

Auf Buru sollten 12 000 Personen der Kategorie B interniert werden. Die indonesischen Militärs klassifizierten ihre Häftlinge direkt nach dem Staatsstreich in die drei Kategorien A, B und C. Zur Kategorie A gehörten Gefangene, die der unmittelbare Beteiligung an einem angeblich versuchten Staatsstreich durch die Kommunistische Partei beschuldigt wurden. Kategorie B umfasste Gefangene, die auf irgendeine Art am »Staatsstreich« beteiligt gewesen sein sollten. Und die Häftlinge der Kategorie C galten als reine Sympathisanten ohne direkte Beteiligung.

Angehörige der ersten Kategorie wurden getötet oder in Hochsicherheitsbereichen untergebracht, die der dritten Kategorie ins Gefängnis geworfen. Die Häftlinge der Kategorie B – viele davon Intellektuelle und Kader – wurden dagegen in die Lager verschickt. 12 000 wurden auf die Molukken-Insel Buru deportiert. Nach dem offiziellen Sprachgebrauch ging es dabei um eine »Sozialisierung durch Transmigration«. Der Transport erfolgte per Schiff in ekelerregenden Zellen. Während der zehntägigen Überfahrt erhielten die Gefangenen nur zweimal am Tag etwas Reis und Wasser. Als sie schließlich aus ihren Käfigen geholt wurden, erblickten sie die Südküste Burus. »Unsere Körper brauchten so dringend Proteine ... als wir einen Damhirsch in der Savanne laufen sahen, sahen wir nur Proteine vorüberhuschen.«[142]

Die Häftlinge fungierten als Pioniere, denn die Insel war kaum entwickelt und spärlich besiedelt. »Indonesischer Staatsbürger zu sein«, merkt Pramoedya bissig an, »hat immerhin einen Vorteil. Bei einem so ausgedehnten Territorium und noch mehr Meeresoberfläche findet man leicht einen Platz für seine Grabstätte.«[143] Anfangs erhielten die Gefangenen beschränkte Lebensmittelrationen, aber sie sollten sich möglichst rasch selbst versorgen können. Gleich nach der Landung erging der Befehl zur Errichtung von Küchen, Baracken für jeweils ungefähr 50 Personen, Wachposten und Verwaltungsbauten ... Natürlich konnte nicht gleich alles zu Beginn des »neuen Lebens« aufgebaut werden. Die Baracken waren folglich zunächst überfüllt. Geschlafen wurde im Schimmelgeruch auf gestampfter Erde.

Ungefähr zehn Jahre lang saßen 12 000 politische Gefangene ohne präzise Anklage und Gerichtsurteil im Lager, wo sie zu harter Arbeit gezwungen wurden. Sie mussten Wälder roden, mit unzulänglichen Mitteln Straßen bauen, säen und pflanzen – denn auf der Insel gab es zunächst nur ein paar Obstbäume. Sie rissen bei tropischer Hitze und Feuchtigkeit mit bloßen Händen gefährlich scharfes Elefantengras aus der Erde. Als sie Schaufeln und Hacken erhielten, wurden Arbeitsnormen eingeführt: 64 Quadratmeter Boden waren pro Mann und Tag urbar zu machen – und das bei Regen oder Sonne. Moskitos und andere Schmarotzer setzten ihnen ebenso zu wie die Soldaten, die sie schon vor Sonnenaufgang zur Gymnastik zwangen.

Weder Stacheldraht noch Wachtürme umgaben das Lager. Das runde Lagergelände hatte einen Durchmesser von ungefähr 15 Kilometern. Ein kleiner Teil grenzte ans Meer. Das Lager nahm ein Drittel einer Insel ein, deren Urbevölkerung den Fremden nicht immer freundlich gesinnt war. Nach dem Kulturschock spielte sich ein Tauschhandel (Hacken, Hosen, Uhren gegen Tabak, Kokosnüsse und Sojabohnen) ein, aber es gab auch Auseinandersetzungen, vor allem um Frauen: Es kam vor, dass Gefangene enthauptet oder von Speeren durchbohrt wurden.

Ein Gebäude im Zentrum des Lagers beherbergte die Verwaltung. Die bis zu 18 »Kolonien«, die wie Dörfer organisiert waren, beherbergten jeweils zwischen 500 und 1000 Gefangene. Im Norden des Lagers, nahe der Grenze, waren in einem abgetrennten Bereich die als gefährlich geltenden Häftlinge isoliert. Einer davon war Pramoedya.

In jeder »Kolonie« musste ein Wachposten mit Lebensmitteln und frischer Wäsche versorgt werden. Eine der ersten Kolonien drei oder vier Kilometer landeinwärts war von Stacheldraht umgeben. Er galt weniger eventuellen Fluchtversuchen (wohin auch?) als dem Schutz vor wilden Tieren. Beim Anblick des Stacheldrahtes fühlte sich Pramoedya im übrigen an die niederländischen Lager erinnert, die der Nationalist Asmara Hadi in der Zeit vor dem Krieg beschrieben hatte.

»Zwischen seinen und meinen Erfahrungen«, so Pramoedya, »liegt eine Welt, ein Unterschied wie der zwischen Himmel und Erde.«[144] Die Verpflegung war knapp bemessen. Die Zeit zwischen den Lebensmittellieferungen durch die Armee musste mit selbst angebautem Reis – für die Häftlinge und vor allem für die Aufseher – überbrückt werden. Die Gefangenen fischten in Teichen oder

Sümpfen. Gegessen wurde allerlei Getier, das ihnen bei der Arbeit unter die Finger kam. Schlangen, kleine Säugetiere und Echsen wurden auf gleiche Weise verspeist wie die Salamander in den nordkoreanischen Lagern. Auch Vogel- oder Echseneier sowie Larven aus Baumstümpfen standen auf dem Speiseplan. Wenn die ausgehungerten Häftlinge Hunde erwischten, wurden diese sofort geschlachtet.

»Ein halbes Jahr lang«, schreibt Pramoedya, »bekamen wir fast kein Vitamin C. Wir erhielten weder Gemüse noch Obst. Meine Augen ließen nach, ich sah in den Feldern nicht mehr genug, um Reis pflanzen oder jäten zu können.«[145] Eine spürbare Verbesserung folgte auf die erste Reisernte. Bald gab es auch Hühner und Enten. Der Anteil am Reis oder am Fleisch, den die Militärs abschöpften, war beträchtlich, doch immerhin gab es dank der Geflügelzucht von Zeit zu Zeit auch für die Häftlinge Fleisch und Eier.

Trotzdem konnte den unterernährten Gefangenen jede zusätzliche Anstrengung bei der Arbeit zum Verhängnis werden. Begünstigt durch die Erschöpfung grassierten besonders häufig Tuberkulose, Typhus, Hepatitis und Malaria. Todesfälle gab es auch durch Selbstmorde und Unfälle – vor allem durch umstürzende Bäume bei Rodungsarbeiten im Dschungel.

Pramoedya erwähnt die Kleiderspende von humanitären Organisationen, den Besuch eines Priesters, der ihm ein Paket seiner Frau überbringt, und die Visite eines Journalisten, der ihn interviewen durfte. Doch die seltenen Briefe konnten das Gefühl der Isolation nicht durchbrechen: »Wir wurden immer schwächer, wurden alt und immer ignoranter und blinder gegenüber den Ereignissen in der Außenwelt. Nein, nicht umsonst hat man diesen Ort für uns ausgewählt ... Rings um uns herum verlief der Ring der Berge. Der einzige Riss in dieser gigantischen Schale ist der Wai Apo (der Hausfluss), und der ist mit Bretterbuden gesichert, die Maschinengewehre schmücken.«[146]

Nach dem Ausbruch von rund 50 Gefangenen 1974 wurden einige Zurückgebliebene schrecklich misshandelt. Die aufgegriffenen Ausbrecher wurden entweder sofort umgebracht oder gefoltert und dann hingerichtet. Worauf hätten sie auch hoffen können?

Als Zeichen des Friedens und um die Häftlinge zu bewegen, sich dauerhaft auf Buru niederzulassen, gründete die Regierung eine neue »Kolonie«: Die Einheit Nr. 4 oder das »Dorf Savanajaya« für Familien mit leicht verbesserten Lebensbedingungen gegenüber dem übrigen Lager. Die Häftlinge konnten so ihre Angehörigen nachkommen lassen.

Von einer ersten Entlassungswelle profitierten am 15. Dezember 1977 1500 Gefangene. Jeder Häftling musste eine Verpflichtung unterzeichnen, den Marxismus-Leninismus weder zu verbreiten noch zu propagieren, die Sicherheit, Ordnung und Stabilität des Staates nicht zu gefährden, keinen Verrat am indonesischen Staat und seiner Bevölkerung zu begehen und keine gegen die Regierung gerichteten Aktionen zu unternehmen. Und alle mussten erklären, sie seien niemals gefoltert oder zur Arbeit gezwungen worden. Pramoedya kam im November 1979 frei. Er versichert, als Schriftsteller sei er zum Verfassen eines richtigen Werkes über dieses Lager nicht in der Lage: »Später wird vielleicht jemand fähig sein, [über die Opfer des Lagers] zu schreiben, ohne dass ihm die Hand zittert und er das Blatt mit Tränen benetzt. Aber ich werde das nicht sein.«[147] Er selbst könne nur ein paar Notizen machen: »In der Welt der Toten gibt es so viele Seelen, über die ich nichts weiß. Ich kann nur versuchen, von den Seelen, deren Namen ich kenne, Notiz zu nehmen.«[148]

Das Lager hieß offiziell »Humanitäres Projekt der Insel Buru«.

1959: Die Lager Castros

PINAR DEL RÍO
Loma de los Coches
El Cuajaní
Llamazares
El Jouero
Sandino 1 et 2
El Brujo
La Majana
El Corojo
Herradura
El Corojal
Fajardo

HAVANNA
Nueva Vida
Capitolio
San Juan
San Ramón
La Condesa
Cayo la Rosa
Virgen de Regla
La Gallega
La Clarita
La Bertiel
San Antonio

HAVANNA
Melena 1 et 2
Valle Grande
Cuba Bulgaria
Valle del Perú
Los vales de Ricadura
San Alejo
El Mamey
Arco Iris

HAVANNA
Nuevo Amanecer
Quivicán
Guanabacoa
Güira 1 et 2
Artemisa Banana Plano
Ceiba Plano

HAVANNA
La Cabaña
G-2
Guanajay
Habana del Este
Combinado del Este
Nuevo Amanecer
Guanabacoa

MATANZAS
Agüica
Caballero Milian
Portuerza
Jicarita
Ciénaga de Zapata

LAS VILLAS
Nieves Morejón
Palma Sola
Aguada de Pasajeros
Santa Isabel de los Lajas
Los Mangos
El Cayo Diego Pérez

CAMAGÜEY
Lumumba
El Jagüeyal

CAMAGÜEY
13 y médio
El Corojal
La Caoba
La Matilde
Siboney
Ciego de Ávila
Jatibonico

CAMAGÜEY
Kilo siete y médio
El Mambí
Falla
Chambas
La Majasera
Marchena

ORIENTE
Tres Macíos
Santa Lucía
Playa Manteca
El Caney
El Brujo
Fernando Chenique
La Manga
Mangos de Baragua
Manatí
Yarigua
Chafarinas
Potosí

Pinar del Río • | PINAR DEL RÍO | Havanna • | HAVANNA | MATANZAS | Isla de Pinos | CIENFUEGOS | VILLA CLARA | SANCTI SPIRITUS | CIEGO DE ÁVILA | CAMAGÜEY • Camagüey | LAS TUNAS | HOLGUÍN • Holguín | GRANMA | SANTIAGO DE CUBA • Santiago de Cuba | GUANTÁNAMO • Baracoa

1964 – Lateinamerika

1964: Die Lager Castros

Keine kubanische Regierung seit 1902, dem Jahr der Unabhängigkeit des Landes, hatte zur Bewältigung wirtschaftlicher, logistischer oder anderer Probleme auf die Ausbeutung von Sklaven oder Zwangsarbeitern zurückgegriffen. Niemals unter den beiden vorangegangenen Diktaturen – der von Gerardo Machado (1925–1933) und der von Fulgencio Batista (1940–1944; 1952–1959) wurden politische Gefangene mit Blick auf ihre Rehabilitierung zur Arbeit gezwungen. Unter Machado waren 5000, unter Batista 500 Personen aus politischen Gründen inhaftiert. Ende der 60er Jahre stieg ihre Zahl unter Castros Diktatur auf 40 000 an. Nach einem Bericht von Amnesty International wurden in den 70er Jahren fast 20 000 Gefangene wieder freigelassen.

Der Plan Morejón

Im Februar 1964 begann Fidel Castro Zwangsarbeit einzuführen. Dabei ging es ihm um die Schaffung eines völlig neuartigen Gefängnisregimes – der Ausgangspunkt des so genannten Plans Morejón. Bei diesem Experiment sollten nach dem Zufallsprinzip ausgewählte Gefangene unter »humanen Bedingungen« arbeiten: mit einer korrekten Verpflegung, ohne Misshandlungen, mit acht Stunden Arbeit auf dem Land und einer intensiven Unterweisung in dem von Castro geprägten Marxismus-Leninismus. Unter Anleitung von »Lehrern« wurden die Modellgefangenen zum Studium der Texte Castros gezwungen. Das Experiment dauerte allerdings nur bis Mai 1964: Die »Privilegierten« sahen in ihm nur das vorrangige Ziel, die politischen Gefangenen zu spalten, und verweigerten die Kooperation. Ihr Widerstand entsprang offenbar der Einsicht, dass ein neues Kerkerregime zwischen Lager und Gefängnis eingerichtet werden sollte, das nur Häftlingen zugute kam, die ihrer politischen Umerziehung zustimmten. Castros Regime konnte dieser Widerstand nicht erschüttern. Nach Ende des Experiments wurde ein neuer Plan zur – diesmal allgemeinen und obligatorischen – Rehabilitierung von Gefangenen eingeführt: Der Plan Camilo Cienfuegos.

Der Plan Camilo Cienfuegos: die Strafkolonie auf der Isla de Pinos

Von nun an wurden die Häftlinge in Brigaden organisiert. Eine Brigade bestand aus vier Abteilungen *(cuadrillas)*, die jeweils 50 Gefangene umfassten, geführt von einem niederrangigen Militär, der seinerseits der Brigade verantwortlich war. Jeder Abteilung war eine Eskorte aus 15 bewaffneten Soldaten zugeordnet. Transporte erfolgten auf Militärlastern. In der Anfangsphase arbeiteten die Häftlinge in Steinbrüchen oder bei verschiedenen Einsätzen in der Landwirtschaft. Täglich kamen *abuelitos*, »Opas«, wie die Gefangenen diese Umerzieher nannten, ins Lager und sorgten für die Umsetzung der »politischen Rehabilitierung«.

Abgesehen von der Neuerung der politischen Umerziehung bedeutete das System eine Rückkehr zur Praxis der Zwangsarbeit, die es in Kuba schon in der Kolonialzeit gegeben hatte. Die Steinbrüche von San Lázaro – wo José Martí und Heredia einen Teil ihres Lebens damit zugebracht hatten, mit Ketten an den Füßen für die spanische Krone zu arbeiten – waren noch immer im kollektiven Gedächtnis verankert. Gearbeitet wurde in Castros Lagern bis zur Erschöpfung, und Strafen waren häufig. Für sie konnte alles einen Vorwand liefern: grüne Augen, ein Silberblick oder eine Glatze – alles, was die Aufmerksamkeit der Aufseher auf sich lenkte. Wer einige Meter hinter der Reihe der Mitgefangenen stehen blieb oder beim Unkrautjäten oder Umgraben eine kurze Pause einlegte, musste mit einer harten Strafe rechnen. Aufrührer landeten im Kerker. Manche Häftlinge wurden gezwungen, Unkraut mit den Zähnen auszureißen, andere mussten die berüchtigte »Mojonera« reinigen, die Jauchegrube des Haftzentrums auf der Isla de Pinos. »La Mojonera«, erzählt Fermín Amador Chamizo, der dort Zwangsarbeit leisten musste, »war eine riesige Grube unter freiem Himmel mit allen Exkrementen. Unter der Oberfläche der schwarzen Brühe sah man den dichten weichen Schlamm, der sich in drei Jahrzehnten angesammelt hatte.« Um ein Überlaufen in der Regenzeit zu verhindern, musste die Mojonera unbedingt »gereinigt« werden. Die Prozedur stellte eine der schlimmsten vorstellbaren Strafen dar. In drei Jahren war die Isla de Pinos Lebensstation für fast 10 000 Menschen. 1967 wurde der Plan Camilo Cienfuegos aufgegeben. Ganz offensichtlich hatte die Logik, den Willen der Gefangenen durch verschärfte Haftbedingungen zu brechen und sie zur Selbstaufgabe zu bewegen, nicht funktioniert. Das »Modellgefängnis« verwandelte sich in ein Museum für jene Helden der Castro-Revolution, die auf der gleichen Insel während des Regimes Batista unter sehr viel besseren Bedingungen eingesessen hatten.

Die Gefangenen wurden auf mehrere Haftanstalten verteilt, so Sandino 1, Sandino 2 oder Tacotaco, alle im Westteil der Insel. Versucht wurde jetzt die Umsetzung eines weiteren Programms zur Zwangsarbeit, des so genannten »Plans Antonio Maceo«. Die übrigen Gefangenen landeten in den Gefängnissen von Havanna, Kilo 5 oder Boniato.

Der Plan Antonio Maceo und der Stufenplan

Anfang der 70er Jahre zeichneten sich in der kubanischen Wirtschaft deutliche Probleme ab. Das starke Bevölkerungswachstum hatte zu einer Wohnungsnot und Versorgungskrise geführt. Ihre Bewältigung zwang die kubanischen Behörden zum Pragmatismus. Von jetzt an lag der Akzent weniger auf der ideologischen Umerziehung der Gefangenen als vielmehr auf deren Arbeitsproduktivität. Das Regime der Sklaverei wandelte sich in eines um, in dem die so genannte *condicional* – der Zwang zur Wiedergutmachung durch Arbeit – zum Schlüsselwort wurde. Das änderte nichts daran, das der Plan Antonio Maceo im Großen und Ganzen dem Camilo Cienfuegos ähnelte und ein Scheitern deshalb absehbar war.

Damals wurde der so genannte Stufenplan eingeführt, der im Wesentlichen aus zwei Etappen besteht. Der Gefangene arbeitete zunächst auf einer »Farm«, *granja*, die zugleich auch ein Arbeitslager war: Obwohl es ein Besuchsrecht gab, waren diese Farmen hermetisch abgeriegelt und gut bewacht. Meist bestanden sie aus mit Ziegeln gedeckten Holzbaracken, umgeben von Stacheldraht und

Wachtürmen. In der Nähe dieser Einrichtungen, in denen 500 bis 700 Gefangene arbeiteten, war eine Abteilung der revolutionären Streitkräfte stationiert. Die Bezeichnung »Farm« musste auch für ähnliche Einrichtungen in China und Vietnam herhalten, vor allem in Vietnam, wo 1975 ein Programm zur Umerziehung von Konterrevolutionären anlief.

Für ihre Arbeit bei der Zuckerrohrernte oder auf dem Bau erhielt der Häftling nach einer Probezeit, die drei Monate dauern konnte, ein geringes Entgelt. Von diesem Lohn, der 95 Pesos (25 Pesos sind heute 1 US-Dollar) betrug, wurden die Kosten für bestimmte Leistungen abgezogen: Das Waschen von Wäsche, der Kauf von Seife, Zigaretten usw.

Nach der Probezeit konnte der Häftling in ein Hochsicherheitsgefängnis zurückgeschickt werden. Den Ausschlag gaben dabei im Allgemeinen »seine Einstellung zur Arbeit«, seine Produktivität sowie seine (ideologische oder physische) Gefährlichkeit. In der letzten Phase der ersten Stufe konnte der Häftling gewisse »Verbesserungen« anstreben, zum Beispiel einen oder zwei Tage »Hafturlaub«. Die internen Regeln auf der Farm waren eine Angelegenheit des Lagerleiters. Entsprechend konnten auch die Lebensbedingungen stark variieren.

Die zweite Stufe des Programms bestand in der Verlegung der Häftlinge von den Farmen an »offene Arbeitsfronten«. Die Haftbedingungen dort waren erheblich leichter. Die Baracken, die äußerlich denen auf den Farmen glichen, wurden weder verriegelt noch streng bewacht. Die Häftlinge konnten sogar an Wochenenden Angehörige besuchen. Die Militärverwaltung kontrollierte die Register, bezahlte die Häftlinge nach einem ähnlichen System wie dem auf den Farmen, registrierte Anwesenheit, Krankheitsfälle, Disziplinverstöße und das gesamte übrige Funktionieren der »Front«. Jede dieser Einheiten umfasste zwischen 100 und 200 Häftlinge. Die »Kriminellen« wurden in diesen Stufenplan mit einbezogen und verbüßen ihre Strafen seit Anfang der 70er Jahren mit den Politischen zusammen.

Den gegenwärtigen Gefängnissen sind größtenteils Produktionszentren für Fertigbauteile angeschlossen, die von den Häftlingen der Farmen oder an den »offenen Fronten« zusammengesetzt werden. Im Baugewerbe stellen auch Häftlinge von Farmen Teile her, die von Gefangenen der »offenen Fronten« zusammengefügt werden.

Die Häftlinge der »offenen Fronten« werden häufig von »zivilen« Organen eingesetzt. So beschäftigt die staatliche Organisation zur Entwicklung sozialer und landwirtschaftlicher Arbeiten (DESA) auf ihren Baustellen 60 Prozent der vorhandenen Häftlinge. Fragt man wie zuvor beim GULag nach der Rentabilität des Systems, lassen sich zahlreiche Beispiele für die Effizienz der Häftlingsarbeit anführen: In der Provinz Oriente errichteten Gefangene der Arbeitsfronten ungefähr 20 polytechnische Bildungsstätten. Zu den weiteren verwirklichten Projekten gehören Rinderzuchtbetriebe in der Provinz Havanna, Schreinereien und öffentliche Sekundarschulen in der Provinz Pinar del Río, Schreinereien und Schweinemästereien in der Provinz Matanzas, ungefähr zehn Molkereien in der Provinz Villa Clara sowie Fertigbauteile für den Hausbau in Oriente. 1999 gab es in Kuba nur noch ungefähr 1000 politische Gefangene – ein gewaltiger Unterschied zu den Kohorten der 60er, 70er und 80er Jahre, aber Zwangsarbeit als Mittel der Unterdrückung besteht fort.

Die Lager der UMAP

Auf Kuba gab es zudem »echte« Arbeitslager. Sie tauchten Anfang der 60er Jahre mit der Ausschaltung verschiedener Oppositionsgruppen auf, vor allem während der Verhaftungswelle von 1961, von der 100 000 Menschen betroffen waren. Das erste Arbeitslager wurde 1960 in Guanajay eröffnet. 1964 wurde dessen Organisation durch die Armee übernommen. Damit entstanden die so genannten UMAP, Militäreinheiten zur Unterstützung der Produktion. Anfänglich nur für Homosexuelle, Asoziale und andere »Parasiten« bestimmt, wurden die UMAP rasch zu richtigen Konzentrationslagern ausgebaut. Die karibische Sonne änderte nichts daran, dass es sich um klassische kommunistische Lager handelte: Die Häftlinge errichteten ihre Baracken und sanitären Anlagen selbst, die schließlich mit Stacheldraht umzäunt und von bewaffneten Aufsehern bewacht wurden.

Die mehr oder weniger solide gebauten Baracken lagen im Allgemeinen mitten in einer Einöde, umgeben von Wachtürmen und mehreren Reihen Stacheldraht, der in manchen Fällen unter Strom gesetzt wurde. In einigen Lagern liefen zwischen den Verhauen Wachhunde umher. Jede Baracke konnte bis zu 200 Gefangene aufnehmen. Sie schliefen auf drei übereinander liegenden Pritschen, die ein schmaler Gang von anderen trennte.

Bei der verbreitetsten Strafmaßnahme wurden die Gefangenen nackt an einen Pfahl angebunden, wo sie den ganzen Tag über, den Moskitos ausgesetzt, ohne Essen und Wasser ausharren mussten. Weitere Strafen bestanden in Isolationshaft, Besuchsverbot, Essensentzug oder Prügel.

Häftlinge der UMAP-Lager wurden gewöhnlich bei Erdarbeiten oder in der Landwirtschaft eingesetzt. In UMAP-Lagern hausten auch an die 25 000 Jugendliche, die sich nicht in die sozialistische Gesellschaft einfügten wollten. Emilio Izquierdo, der in der Provinz Camagüey einsaß, wo sich einige der härtesten Lager befanden, berichtet:

»Sie lasen uns auf den Straßen sämtlicher Städte unseres Landes auf, steckten uns in Züge, Autobusse oder auf Laster, die von Militärs bewacht wurden, und bedrohten uns mit Gewehren oder Maschinenpistolen.

Wir wurden in vielen Stadien der Städte von Camagüey zusammengepfercht, wo uns schussbereite großkalibrige Maschinengewehre ins Visier nahmen. Überall warteten Kordons von Soldaten, die sich verhielten wie beim Abtransport von Kriegsverbrechern. Am Bestimmungsort sagten sie uns mehrere groteske und absurde Parolen im reinsten kommunistischen Slang. Aber das Wichtigste war: Wir waren an einem Ort angekommen, wo sie uns zu richtigen Menschen umformen wollten. Wir waren gerade 17 oder 18 Jahre alt und gehörten angeblich zum Abschaum der kubanischen Gesellschaft.

Unsere Führung bestimmte die Zeit unserer Inhaftierung, deren Dauer anfangs überhaupt nicht festgelegt war.«

Die Insassen der Gefängnisse und Lager stammten aus allen gesellschaftlichen Gruppen, aber vor allem Mönche, Homosexuelle und verschiedene »Asoziale« gerieten ins Visier der Machthaber. Sie mussten Zuckerrohr ernten oder ohne richtiges Werkzeug auf den Feldern jäten. Sie arbeiteten, zum Umfallen müde, zehn Stunden lang ohne geeignete Kleidung, ausreichende Nahrung und ständig von einer »Wachabteilung« begleitet. Die Einhaltung der Arbeitsnormen wurde von Offizieren kontrolliert. Wer sie nicht erfüllte, dem wurden die Besuche oder Teile der Essensration gestrichen!

Der Schriftsteller José Mario wurde 1966 verhaftet, weil seine Veröffentlichungen gegen die sozialistische Moral verstoßen hatten. Er verbrachte acht Monate in einem Lager der UMAP in der Provinz Camagüey im Zentrum der Insel und beschrieb seine Gefangenschaft so:

»Das Lager hatte eine ungefähre Abmessung von 50 auf 30 Meter. Die zwei Baracken waren mit übereinander liegenden »Betten« aus Jutematten und Baumstämmen ausgestattet. Am Eingang war eine Krankenstation, bewehrt mit Maschinengewehren! Der Stacheldraht reichte bis auf etwa zwei Meter Höhe und lief um das gesamte Lager. Ebenfalls am Eingang lagen die Gemeinschaftstoiletten und eine Kantinenbaracke, dann die Küchen und die Gemeinschaftsduschen. Während die einen duschten, mussten die anderen eine Art Hebel bedienen, um Wasser zu pumpen. Die Kasernen unserer Aufseher – Militärs – lagen zwischen den beiden Baracken der Gefangenen. Alles war militarisiert: wir wurden von Korporalen, einem Sergeant und einem Hauptmann befehligt, der in unserem Lager das Kommando hatte. Am Eingang verkündete ein riesiges Schild: »Arbeit macht aus euch Menschen.« Das erinnerte mich an ein Gedicht des Nobelpreisträgers Salvatore Quasimodo. Es beschwor das berüchtigte »Arbeit macht frei« der NS-Konzentrationslager. Alles beruhte auf der Ideologie des neuen Menschen. Man wollte uns Schuldgefühle einreden, uns klar machen, dass wir Müll, der Abschaum der Gesellschaft seien und unsere Aufseher die Aufgabe hätten, uns zu rehabilitieren, zu erneuern ... Unter uns gab es alle möglichen Leute: Zeugen Jehovas, Christen, Priester, Homosexuelle, aber auch Heterosexuelle, die als »verweiblicht« galten, sowie Mitglieder kubanischer religiöser Sekten. Unter uns gab es viele Schwarze, Rückfalltäter, kleine Diebe aus den verschiedensten sozialen Schichten, aber hauptsächlich Leute vom Rand der Gesellschaft, denen vor allem kleinere Vergehen vorgeworfen wurden, die ansonsten nicht vor Gericht verhandelt worden wären, arme Leute im Grund, einfache Produkte der Gesellschaft. Sie waren den – zumeist anonymen – Denunziationen

der Komitees zur Verteidigung der Revolution zum Opfer gefallen. Manche wussten nicht einmal, warum sie im Lager waren. Es gab auch ganz junge Insassen von 16 oder 17 Jahren. Es war ganz verschieden ...«
Die Lager der UMAP haben offiziell zu existieren aufgehört. In Wahrheit haben sich die Machthaber meistens damit begnügt, das schmiedeeiserne Schild am Lagereingang mit dem Namen zu entfernen und den Stacheldraht und die Wachtürme abzureißen. Aber nach der offiziellen Schließung setzten diese Lager ihre Aktivitäten fort. Betroffen war ein beträchtlicher Teil der Gesellschaft. In den Lagern von Potosi in der Region von Las Victorias de las Tunas zählte man 1986 beispielsweise rund 3000 weibliche Häftlinge, »Kriminelle« und »Politische«. Bei Santiago de las Vegas war das Lager Arco Iris (das Regenbogenlager!) mit 1500 Jugendlichen belegt. Weitere saßen im Lager Nueva Vida (Neues Leben!) im Südosten von Kuba. In der Region von Palos lag das Lager El Capitolio für Kinder um die zehn Jahre.

Die Lager mit strengem Regime lagen in der Provinz Oriente. Das Lager El Mambi bei Camagüey zählte in den 80er Jahren ungefähr 3000 Gefangene. Ebenso berüchtigt war das Lager Siboney mit Stacheldraht, Wachtürmen und Hunden.

Diese Arbeitslager sind seit Anfang der 90er Jahre außer Betrieb, aber die Häftlinge in den Gefängnissen werden nach wie vor zu Arbeiten in der Landwirtschaft herangezogen, vor allem bei der *Zafra,* der Zuckerrohrernte. Heute gibt es ungefähr 100 000 Häftlinge – in Lagern und Gefängnissen –, wobei weniger als ein Prozent von ihnen als »politische« gelten können.

Das Lateinamerika der Generäle: Chile (1973) und Argentinien (1976)

Auf den Staatsstreich des Generals Pinochet folgten zahlreiche Folterungen, Morde und Hinrichtungen ohne Gerichtsverfahren. Die Nutzung des Stadions von Santiago de Chile als provisorisches Gefangenenlager ist vielen noch immer im Gedächtnis. 7000 Gefangene wurden hier durchgeschleust. Und in den Wochen und Monaten nach dem Putsch waren mindestens 3000 Tote zu beklagen.

Aber gab es in Pinochets Chile auch Konzentrationslager? Der Journalist und Schriftsteller Hernán Valdés, der nach Spanien und dann nach Großbritannien geflohen war, hat darüber ein Buch mit dem Titel *Chilean Gulag* geschrieben. Wie darin deutlich wird, handelte es sich allerdings um eine ganz andere Art von Lager: um Einrichtungen für Verhöre und folglich für Folter. Valdés selbst durchlief das »Lager« Tejas Verdes nahe der Hafenstadt San Antonio, ungefähr 100 Kilometer von der Hauptstadt Santiago de Chile entfernt. Nach seiner Verhaftung wurde er mit verbundenen Augen an einen ihm unbekannten Ort gebracht. Dieser war in gewisser Hinsicht entsetzlicher als viele Konzentrationslager dieser Welt. Dennoch handelte es sich weniger um einen »GULag«, um den Titel seines Buches aufzugreifen, als vielmehr um ein Durchgangsgefängnis oder ein Militärlager, in dem Verhaftete ohne Prozess verhört wurden. Das Erschreckenste an Valdés' Beschreibungen seiner Gefangenschaft sind die Folterungen mit Elektrizität, wobei er gleichzeitig vulgär beschimpft wurde und demütigende Fragen ohne Belang beantworten musste. (»Bist du schwul?«, »Welche Verhütungsmittel benutzt deine Freundin?«, »Beschreib uns den Arsch und die Brüste deiner Freundin!«, »Erzähl ganz genau, was ihr im Bett treibt ...«)

Das »Lager« war von Stacheldraht umgeben und hatte völlig verdreckte Latrinen. In der Baracke, in die er gesperrt wurde, gab es nur einen Eimer für die Nacht. Die Verpflegung war miserabel (Nudeln, Kartoffeln und vor allem Bohnen, Knochen mit ungenießbaren Fleischresten). Eine Krankenschwester konnte immerhin Abführmittel und Schlaftabletten verabreichen. Valdés machte sich auf eine Situation gefaßt, wie er sie aus tschechischen und polnischen Filmen kannte, doch die Wirklichkeit sah anders aus: Die Aufseher erinnerten kaum an SS-Leute, obwohl sie Fußtritte austeilten und zum Spaß über die Köpfe der Gefangenen hinwegschossen.

Ähnliches ließe sich zu den argentinischen »Konzentrationslagern« bemerken. 1975 spitzte sich in Argentinien die Lage dramatisch zu. Am 25. Oktober griffen Guerilleros an der Grenze zu Paraguay eine Armeeeinheit an. Entführungen und Terrorakte häuften sich. Am 23. Dezember starteten 500 Guerilleros einen Angriff auf ein

Waffenlager und Polizeiposten in der Region von Buenos Aires und La Plata, am 27. Dezember einen weiteren gegen ein Kommunikationszentrum.

Nach dem Staatsstreich vom 24. März 1976 gingen die bewaffneten Angriffe weiter, und die Staatsmacht reagierte mit brutaler Gewalt. Nach Amnesty International wurden Ende des Jahres 1976 zwischen fünf- und sechstausend Menschen aus politischen Gründen verhaftet. Die Militärs oder paramilitärische Kommandos begingen außerhalb der Haftzentren und in den Verhör- und Folterzentren zahlreiche Menschenrechtsverletzungen (Kindesentführungen, Morde, Folter). Bei Zusammenstößen mit den Guerilleros, aber auch bei Verhaftungen und Entführungen kamen in wenigen Jahren fast 30 000 Menschen ums Leben. Trotz dieser Schreckensbilanz ist fraglich, ob man, wie die angesehene französische Hilfsorganisation La Cimade, im Fall von Argentinien von Konzentrationslagern sprechen kann.

Der Bericht eines Zeugen, der von Cimade wiedergegeben wird, erinnert an das Lager, in das Valdés verschleppt wurde. Es handelte sich um eine Art Durchgangsgefängnis, das zugleich als Verhör- und Folterzentrum diente, also eher um ein Zuchthaus als um ein Lager. Der Ort war von hohen Mauern umgeben. Die Gefangenen wurden mit verbundenen Augen und ohne Gerichtsbeschluss zum Verhör gebracht. Dort wurden sie geschlagen, mit Elektroschocks oder durch Quetschen des Ohrs gefoltert.

Diese Verhaftungen dienten dem Terror. (Wie der Verfasser einräumt, wurden viele der Gefangenen nur zur Einschüchterung einige Tage oder Wochen festgehalten.) Die Verpflegung war mangelhaft und bestand hauptsächlich aus Kartoffeln, Nudeln und Bohnen. Dieser Ort des Terrors – von dem es im Land viele gab – muss nicht als »Lager« bezeichnet werden, um Empörung auszulösen.

Auf seine Weise erinnert Lateinamerika an die mehrfach wiederholte Tatsache, dass die Geschichte der Konzentrationslager und die der politischen Verbrechen sich nicht immer decken.

1992 – Ex-Jugoslawien

1992–1993: Die Konzentrationslager in Ex-Jugoslawien

Der Balkan, so lautet eine Redensart, produziert mehr Geschichte als er verbraucht. In der Tat beweist allein das 20. Jahrhundert dies über ein wünschenswertes Maß hinaus: Es ist eine Region chronischer Instabilität, die wie nirgends sonst auf der Welt von ethnischen und religiösen Unterschieden genährt wird, von einem geradezu zwangsläufigen Gegeneinander von Nationalismen und Interessen. Die Unabhängigkeitskriege von 1912/13 (die so genannten Balkankriege) und die beiden Weltkriege sind nur die bekanntesten Episoden, deren jüngste der Zerfall Jugoslawiens ist. Und genau er soll hier unser Thema sein. Nicht etwa, um seinen Ablauf historisch darzustellen – das würde den hier gesetzten Rahmen sprengen –, sondern um die Ereignisse und die Umstände aufzudecken, die 50 Jahre nach dem Zweiten Weltkrieg zur Einrichtung von Lagern geführt haben, von denen man meinte, nach den schon allzu traurigen Erfahrungen gebe es für sie nun keinen Platz mehr auf unserem Kontinent. Und wie soll man nun diese Lager eigentlich nennen: *Gefängnisse, Konzentrationslager* oder, manch einer schreckte auch vor diesem Wort nicht zurück, gar *Vernichtungslager*?

Zunächst drei Vorbemerkungen:

1. In der Tat haben ausnahmslos alle Kriegsparteien in allen Regionen, die in den Jugoslawienkrieg verwickelt waren, Einrichtungen für ungerechtfertigte Internierungen errichtet – in Stadien, Schulen, Viehställen, Fabriken und Bergwerken; dennoch kann man von einer willentlichen, systematischen Politik nur im Falle Serbiens sprechen. Man muss im Sinne von Roy Gutman anerkennen, dass sie als Teile eines »GULag« errichtet wurden, der auf lange Sicht als Rahmen der »ethnischen Säuberungen« gedacht war.[1]

2. Im Falle Serbiens trifft ganz eindeutig die Bezeichnung *Konzentrationslager* den Sachverhalt weitaus besser als jede andere[2]: Es

1992: Bosnien

handelte sich dort um improvisierte Areale (das konnten brachliegende Grundstücke sein, Lagerhallen, alte Fabriken, ein Bergwerk oder ein Stadion), die hermetisch abgeriegelt wurden – durch mehrfachen Stacheldrahtzaun mit Wachposten in regelmäßigen Abständen und Minenfeldern außerhalb der Absperrungen, um so jede unerwünschte Annäherung zu kontrollieren und jeden Fluchtversuch zu vereiteln. Dazu kam massive Präsenz von Polizei und Militär. Interniert und terrorisiert wurden in diesen Lagern in der Hauptsache völlig unschuldige Zivilisten, Männer und Frauen, die schlecht und ungenügend ernährt sowie fortwährend geschlagen und gefoltert wurden. Grund für ihre Verhaftung war nicht, dass sie am Kampf teilgenommen hatten, sondern dass sie es angesichts ihres Alters womöglich eines Tages hätten tun können.[3] Ihre Haft beruhte auf vollkommener Willkür.

3. In der Tat wurden die Häftlinge eingepfercht wie Tiere, ausgehungert, gedemütigt und geschlagen, häufig gefoltert, gelegentlich umgebracht. Dennoch kann man hier nicht von *Vernichtungslagern* sprechen, obwohl einige Kommentatoren so weit gegangen sind. Die Hauptfunktionen von Miloševićs Lagern waren Repression und Abschreckung – selbst wenn Folter und Mord dort in großem Rahmen stattfanden. Gewalt diente hier als Mittel zum Zweck – und als Ventil für angestaute Emotionen.

Chronik eines absehbaren Krieges

Im Allgemeinen wird der Beginn der Massaker auf den 5. April 1992 datiert.[4] An diesem Tag fiel die jugoslawische Bundesarmee in Bosnien ein und begann die Belagerung der kroatischen Stadt Vukovar. Zunächst wies nichts darauf hin, dass der Krieg gegen Bosnien sich wesentlich von dem unterscheiden würde, den Serbien zu Beginn der 90er Jahre gegen Slowenien und Kroatien geführt hatte; allerdings stand zweifelsfrei fest, dass es sich hier um einen willentlich geplanten Krieg handelte. Das Ziel der Belgrader Strategen war klar: In möglichst vielen serbischen Siedlungsräumen sollte die serbische Vorherrschaft gesichert werden, um den alten Traum von einem »Großserbischen Reich« zu verwirklichen, der unter der Forderung »Alle Serben in einem Staat« endlich wiedergeboren werden sollte.⁵ In dieser Absicht war die Bundesarmee mit ihrem deutlichen Übergewicht von Serben vorsorglich in eine hervorragend ausgerüstete schlagkräftige Truppe verwandelt worden, die ausschließlich den Befehlen aus Belgrad unterstand.

In den Augen der serbischen Nationalisten war jeder Kroate ein Ustascha-Anhänger und damit Faschist; demzufolge war das kroatische Volk kollektiv verantwortlich für die Massaker an Serben während des Zweiten Weltkriegs. Diese abgedroschenen Parolen waren derart in den Köpfen verankert, dass in dieser Zeit in Serbien »Kroate« und »Ustaschist« im allgemeinen Sprachgebrauch als Synonyme verwendet wurden.⁶ Genauso wurde für einen serbischen Nationalisten jeder bosnische Muslim automatisch zum Fundamentalisten, Islamisten, zum faktischen Verbündeten der Türkei – oder gleich ganz zum Türken.

Die Propagandisten ließen sich zu keiner Zeit von der Tatsache bremsen, dass sich der Hass gegen die Kroaten nicht mit der jüngeren Geschichte begründen ließ, sondern ausschließlich auf Ereignisse aus den Jahren 1941–1945 fußte. In der Tat hatte Kroatien unter nationalsozialistischem Protektorat Hunderttausende von Serben umgebracht, darunter mindestens 40 000 allein im Lager Jasenovac.

1941–1945: Das kroatische Todeslager Jasenovac

Während des Zweiten Weltkriegs gab es im Unabhängigen Staat Kroatien (NDH⁷) an die 26 Konzentrationslager (kroatisch *logor*). Offiziell eingerichtet wurden sie aufgrund eines gesetzgebenden Dekrets vom 23. November 1941, das von Innenminister Vjekoslav Luburic unterzeichnet war. Diese Lager standen unter der Kontrolle der Geheimdienstzentrale und der Ustascha-Garde. Eingesperrt wurden dort Serben, Zigeuner, kroatische politische Häftlinge und mehr als die Hälfte der jüdischen Bevölkerung Kroatiens. Nur wenige von ihnen überlebten die Prügel und die Folter der Ustascha.

Der Lagerkomplex Jasenovac ist unter den Lagern im NDH sicherlich nicht nur der bekannteste, sondern auch der schrecklichste. Er lag an der Straße von Zagreb nach Belgrad, 28 Kilometer entfernt vom Frauen- und Kinderlager Stara Gradiska, das ihm angegliedert war. Oft nennt man Jasenovac auch das »Auschwitz des Balkans«; Hilberg allerdings bevorzugt die Bezeichnung *Folterlager*.[8] Dort wurde zwar auch vernichtet, aber auf zugleich barbarischere und »handwerklichere« Weise, die den Methoden des Völkermords der Osmanen an den Armeniern oder der Hutu an den Tutsi näher kam als der geradezu wissenschaftlichen Methode der deutschen »Ingenieure« in Auschwitz-Birkenau. Jasenovac brauchte weder Gaskammern noch Krematorien, um seine grauenvolle Bestimmung zu erfüllen. Das bezeugt der Bericht eines der wenigen jüdischen Überlebenden, Jacob Finzi aus Sarajevo: »In der ersten Märzhälfte tötete die Ustascha innerhalb von zehn Tagen mindestens 3000 Häftlinge. Sie töteten sie, indem sie ihnen mit Hammerschlägen die Schädel spalteten, oder mit Stöcken oder Eisenstangen, und sie gingen so gewaltsam vor, dass die Leichen zur Unkenntlichkeit verstümmelt wurden. Zum Spaß schlugen sie Häftlingen Nägel in den Körper, schnitten ihnen die Geschlechtsteile ab usw. Zehn Tage lang arbeiteten die »Totengräber« – Gefangene, auch sie meist Zigeuner – Tag und Nacht, um die Leichen in den Massengräbern außerhalb des Lagers zu begraben ...«[9]

Die Grausamkeiten gingen so weit, dass sogar die Nazis schockiert waren.[10] »In ihren Berichten nach Berlin«, so der israelische NDH-Spezialist Menahem Selah, »betonen die Deutschen, wie ›desorganisiert‹ und ›unzivilisiert‹ die Ustascha Menschen abschlachtet, während gleichzeitig die in Serbien stationierte Wehrmacht Tausende von Serben und Juden auf sehr viel zivilisiertere Weise exekutiert.«[11]

Unter den führenden Köpfen in Jasenovac zeichneten sich einige durch ganz besondere Grausamkeit aus. An erster Stelle der ehemalige Franziskanermönch Miroslav Filipovic Majstorovic, der zu keiner Zeit davor zurückschreckte, eigenhändig zu töten. Sein Schwager Dinko Sakic, der Lagerkommandant, war Spezialist für Folter mit dem Schweißbrenner[12] – erst kürzlich wurde er von Argentinien nach Kroatien ausgeliefert.

Nach den Angaben von Rivelli[13] sollen in Jasenovac an die 700 000 Menschen, überwiegend Serben, umgekommen sein, doch diese Zahlen sind offensichtlich zu hoch gegriffen. Die niedrigste Schätzung – von der die Staatsanwaltschaft in Zagreb ausging, die mit dem Fall Dinko Sakic befasst war[14] – beläuft sich auf 49 950 Todesfälle und geht damit schon von einer beträchtlichen Summe aus, die Kroatien nach NS-Deutschland an die zweite Stelle der kriegsverbrecherischen Staaten rückt. Glaubt man diesen kroatischen Statistiken, so kommt Jasenovac den Lagern Dachau und Buchenwald gleich (abgesehen von der letzten, apokalyptischen Phase) und übertrifft bei weitem Bergen-Belsen (37 000 Tote) und Struthof-Natzweiler (10 000 bis 20 000 Tote).

Von der serbischen Paranoia zum KZ-System

Miloševićs geschickte Propagandisten hatten also leichtes Spiel: Sie rissen ohne Skrupel die Wunden der schmerzvollen Vergangenheit auf und bedienten sich zugleich der Furcht vor dem bevorstehenden Bürgerkrieg und der Ängste in der Bevölkerung, die sich schwer tat mit dem wirtschaftlichen und politischen Wandel; binnen Kurzem hetzten sie so die verschiedenen Bevölkerungsgruppen gegeneinander auf. Und die Feindschaft saß umso tiefer, als die 31 Prozent Serben in Bosnien und die elf Prozent Serben in Kroatien[15] alles andere als begeistert waren von ihrem Minderheiten-Status, in dem sie sich in den neuen, unabhängigen Staaten Kroatien und Bosnien wiederfanden.[16]

Die ersten Gebiete, die den Expansionsgelüsten der Belgrader Machthaber zum Opfer fielen, waren 1991 die kroatische Krajina und Slowenien, wo jeweils zahlreiche serbische Freischärler lebten, die in ihrem Fanatismus keine Handbreit nachgeben wollten. 1992 begann eine Invasion Bosniens. 1998 schließlich wurde das Kosovo angegriffen, die Wiege der historischen und kulturellen Tradition der serbischen Nation.

Bereits 1991 existierte ein Plan zur militärischen Besetzung von Bosnien-Herzegowina (der so genannte RAM-Plan). Bis ins kleinste Detail waren dort Konflikte zwischen den Ethnien eingeplant, die das Pulverfass hoch gehen lassen sollten und damit die Besetzung strategisch wichtiger Punkte durch die jugoslawische Volksarmee rechtfertigen konnten. Zu diesem Zweck rekrutierte, bewaffnete und trainierte Belgrad eine Miliz namens SDS[17], die sich aus bosnischen und kroatischen Serben zusammensetzte.

Am Ende sollte Bosnien zugunsten eines großserbischen und eines großkroatischen Staates aufgelöst werden. Die Muslime sollten in die Türkei (!) ausgewiesen und im Falle der Weigerung konvertiert oder gar vernichtet werden. Die Zeichen standen nicht auf Verhandlungen, sondern auf ethnischer Säuberung.

Zeitgleich mit der Bombardierung der Städte und dem Vorstoß ihrer Truppen vollzogen die Serben in der Tat pausenlos eine »Säuberung« der begehrten oder eroberten Gebiete von allem, was nicht gänzlich serbisch war. In ihren Augen war es kaum ausreichend, die Feinde zu vertreiben, zurückzudrängen oder gar zu vernichten. Zusätzlich sollten jegliche Spuren ihrer jahrhundertelangen Gegenwart in der Region ausgemerzt und eventuellen Rachezügen der Wind aus den Segeln genommen werden. Abgesehen von den Massakern und den Konzentrationslagern, von denen gleich zu sprechen sein wird, richtete sich die serbische Strategie auch gegen kulturelle Symbole. Die Märtyrer-Stadt Banja Luka ist nur noch ein Schatten ihrer selbst: Wo einst die Moschee aus dem 16. Jahrhundert stand, bieten heute Marktstände ihre Waren an, und das ist nur eines von vielen Beispielen. Im gesamten serbischen Bosnien wurden an die 300 Moscheen zerstört, Hunderte von Friedhöfen geschändet sowie historische Bauwerke, Kulturzentren, Universitäten, Museen und Bibliotheken systematisch bombardiert.[18]

Und was für das serbische Bosnien galt, galt auch für Sarajevo. Unter der monatelangen Belagerung wurde die bosnische Hauptstadt, wo seit langer Zeit mehrere Kulturen und Religionen nebeneinander existiert hatten, unter dem pausenlosen, wohlbedacht gesteuerten Granatfeuer völlig entstellt. Die Mehrzahl der historischen Buchsammlungen und seltenen Manuskripte wurde zerstört, und das ist gewiss kein Zufall. Ebenso erging es an die 90 Prozent der Moscheen. Denn die historischen und kulturellen Gebäude repräsentierten die Tradition und die Kontinuität eines Volkes.[19] Sie waren eine Brücke zwischen seiner Vergangenheit und seiner Zukunft, seine unverzichtbaren, lebensnotwendigen Wurzeln. Die wenigen Moscheen, die nicht zerstört wurden, dienten als Leichenhallen, Folterkammern oder als Gefängnisse für Muslime, die dort ausschließlich Schweinefleisch zu essen bekamen.[20] Nach den Angaben der Muslime wurden am Anfang des Krieges 37 Imams hingerichtet, 35 in Internierungslager gebracht und 300 aus Bosnien ausgewiesen.[21]

Mit Hilfe ihrer 80 000 Mann starken Miliz, die gut ausgerüstet und trainiert war, konnten die Serben die Frontlinien in Bosnien ohne Schwierigkeiten durchbrechen. Die junge »Nation« verfügte weder über eine Armee noch über eine militärische Tradition. Die Straßen, über die seine materielle Versorgung ins Land kam, führten durch Serbien und waren natürlich blockiert.[22] Innerhalb von sechs Wochen eroberten die serbischen Streitkräfte etwa 70 Prozent Bosniens und errichteten ihre Stützpunkte an den Straßen, die die wichtigsten muslimischen Städte miteinander verbanden. Natürlich waren sich die Serben bewusst, dass ihr Endziel – die Errichtung eines ethnisch homogenen großserbischen Staates – bei der internationalen Gemeinschaft auf keine Gegenliebe stoßen konnte, und so wurden serbische Propagandisten damit beauftragt, den Machthabern maßgeschneiderte Alibis zu verschaffen. Der selbsternannte Führer der bosnischen Serben, Radovan Karadžić, behauptete etwa, die Muslime planten in Bosnien die Einrichtung einer islamischen Republik und gefährdeten somit das Leben der Serben.[23] Mit den panserbischen Ideologen liebäugelten auch gewisse orthodoxe Würdenträger, die sich bereits an die Spitze der Gedächtnisbewegung des »Genozids« an den Serben gestellt hatten.[24] Und an diese religiösen Gefühle knüpften die Ex-Kommunisten und die Freischärler an, darunter der berühmt-berüchtigte Arkan, der sich zu diesem Zeitpunkt in Slowenien »verschanzt« hatte: Bereits im Dezember 1991 erklärte er, »die serbischen Kämpfer [hätten] die Unterstützung der serbischen Patrioten im Ausland, der einheimischen serbischen Bevölkerung sowie vor allem der serbisch-orthodoxen Kirche«.[25]

Der serbische Vormarsch in Bosnien war so rasant, dass sich sehr schnell die Frage stellte, was mit den Gefangenen passieren sollte: Soldaten, Zivilisten, die unter dem Verdacht standen, »islamistisch« oder politisch aktiv zu sein, Intellektuelle. Lager boten sich an, aber sie mussten erst errichtet und ihr schlichtes Funktionieren präzise organisiert werden. Doch die Logistiker arbeiteten so hervorragend, dass die ersten Deportationen bereits im Juli 1992 stattfinden konnten.

Das Ziel der Serben war offensichtlich, die »historisch serbischen« Gebiete in Bosnien von jeder »fremden« Besiedelung zu befreien.[26] Die Methoden, die zur Erreichung dieses Ziels angewendet wurden, wiesen zwar Varianten auf, beruhten aber grundsätzlich auf einem stets identischen Muster: Wo immer die serbischen Streitkräfte Fuß fassten, forderten sie als erstes ihre Landsleute auf, sich in Sicherheit zu bringen. Dann wurden von erhöhten Stellungen aus die Städte und Dörfer mehrere Tage lang bombardierte, bis sie »reif« zu Eroberung waren. Dann wütete der Terror. Anhand vorbereiteter Listen wurden Razzien abgehalten, denen vor allem die kulturelle Elite sowie muslimische Politiker und Händler zum Opfer fielen. Zahlreiche von ihnen – wohlgemerkt Zivilisten! – wurden direkt vor Ort getötet. Anschließend wurde geplündert und verbrannt. Man möchte meinen, es sei doch kontraproduktiv, ganze Dörfer in Schutt und Asche zu legen und eine Infrastruktur zu zerstören, die sich im Nachhinein noch als nützlich erweisen könnte; aber man darf nicht vergessen, dass die paramilitärischen Verbände, die in Bosnien wüteten, zu großen Teilen aus brutalen Söldnern, Vorbestraften und von blindem Hass getriebenen Nationalisten bestanden, die einmal ganz »legal« ihren übelsten Neigungen freien Lauf lassen durften. Nach Möglichkeit ließ man aber trotzdem die Bosnier ein Schriftstück unterzeichnen, dem zufolge ihr Besitz »legal« in die Hände der Serben überging (diese Technik hatte man 1991 mit der kroatischen und ungarischen Bevölkerung in der Baranja getestet).

Die Überlebenden der ersten Massaker wurden deportiert. Transportiert wurden sie meist auf Lastwagen oder in plombierten Eisenbahnwaggons. Viele Gefangene, meist nach dem Zufallsprinzip ausgewählt, wurden unterwegs massakriert. Ziel der Reise war das jeweils am nächsten gelegene Lager. Einzelnen gelang die Flucht vor ihren Peinigern; sie versuchten, zu Fuß eine der wenigen noch zugänglichen bosnischen Enklaven zu erreichen. Doch die unwegsamen Bergstraßen, über die sie ziehen mussten, waren unsicher. Serbische Milizen schreckten nicht davor zurück, muslimische Zivilisten, die ihnen in die Hände fielen, auszurauben, zu foltern und zu töten.

Das Lager Omarska

Mehr als 30 Lager hat man in Bosnien gezählt, und es ist bestimmt kein Zufall, dass sie alle auf einer Linie lagen, die den »historischen« Grenzen eines großserbischen Reiches entspricht.[27] Die serbischen Gefangenenlager waren nicht denkbar ohne eine enge Verbindung zu der Ideologie, der sie entsprungen waren, so dass sie selbst nur kurze Zeit existierten: Gerade ein paar Monate, so lautet die einhellige Meinung der meisten Spezialisten, die allerdings keine genaueren Angaben machen können. Unter dem Druck der internationalen Öffentlichkeit und der westlichen Regierungen sah sich Radovan Karadžić wiederholt gezwungen, Lager zu schließen. Doch hinter dieser diplomatischen Vorsichtsmaßnahme darf man nicht gleich einen Akt der Reue sehen: Die meisten Lager hatten ihren Zweck ohnehin bereits in den ersten Wochen nach ihrer Eröffnung erfüllt. Wer auf der Todesliste gestanden hatte, war bereits tot, und so konnte man sich getrost zurückziehen, ohne die große Vision der Belgrader Strategen zu gefährden.

Vereinzelt wurden manche Lager später je nach räumlichem und zeitlichem Bedarf wieder geöffnet, aber es handelte sich stets nur um Behelfslager, die provisorisch in bereits existierenden Gebäuden eingerichtet wurden – in Schulen oder Moscheen – und nur kurze Zeit existierten. Sobald der Auftrag erfüllt war (d. h. sobald man etliche Zivilisten gefoltert hatte, die der Kollaboration mit der bosnischen Seite verdächtig waren, bzw. die ethnische Säuberung in den umliegenden Gebieten durchgeführt hatte), räumten die Handlanger das Feld und machten sich aus dem Staub. Weil diese Lager also beweglich waren, aber mit den festen Häftlingslagern der ersten Monate in einen Topf geworfen wurden, kamen einige schlecht informierte Beobachter auf Zahlen von bis zu 94 verschiedenen Lagern in Bosnien.

Am bekanntesten wurde das Lager Omarska nördlich von Banja Luka. In diesem Bergbaugelände wurden die Gefangenen meist zu acht in enge Metallkäfige gesperrt, wo sie weder stehen noch liegen konnten, ohne einander zu behindern. Zum Schlafen wechselte man sich ab, man lag auf dem blanken Boden, statt Matratzen gab es gerade ein Büschel Farnwedel. Einmal täglich erhielten die Häftlinge eine völlig ungenügende Essensration – um nicht vor Hunger zu sterben, aßen manche sogar Gras. Zumindest theoretisch durften sie alle zwei Wochen unter die Dusche, aber zum Wechseln der schmutzigen oder zerschlissenen Kleidung war überhaupt nichts vorgesehen.[28] Wenn sie Glück hatten, ließen die Wachleute sie *einmal* am Tag zur Toilette. Da es bei diesen Ausgängen aber außerdem regelmäßig Prügel setzte, erleichterten sich die meisten Häftlinge lieber gleich in ihren Zellen, was schon bald zum Ausbruch von schweren Ruhrepidemien führte.

Die Häftlinge in Omarska wurden in drei verschiedene Gruppen geteilt. Unter die Kategorie A fielen die muslimischen Würdenträger sowie die bosnischen Militärs; diese Gruppe wurde weitestgehend ausgelöscht. In der Kategorie B befanden sich alle, die in irgendeiner Weise an der Verteidigung des bosnischen Landesteils mitgewirkt hatten. Die Kategorie C umfasste die übrigen Häftlinge.[29] Ihnen winkte ein besseres Los: Die serbischen Anführer bedienten sich ihrer, um im Austausch ihre eigenen Gefangenen freizubekommen.

Bei der Ausübung physischer Gewalt bewiesen die serbischen Milizen große Phantasie. Die Lagerwachen sowie andere Serben, die eigens anreisten, nahmen an den Häftlingen jede nur erdenkliche Gräueltat vor und verwendeten dafür hölzerne Schlagstöcke, Stangen und Werkzeuge aus Metall, Stücke von dickem Drahtseil, an denen Metallkugeln befestigt waren, Gewehrkolben und Messer. Die festgesetzten Männer und Frauen wurden geschlagen, gefoltert, vergewaltigt und gedemütigt. Neben den regelmäßigen Prügeln und Misshandlungen kam es auch zu Massenmorden.

Die verbreitetste Art der Folter bestand in Prügeln mit Hilfe einer Metallstange, die mit Stacheldraht umwickelt war. Aber es gab auch ausgefeiltere Techniken: erzwungenen Kannibalismus, Elektroschocks, Amputationen, Kastration, Analverkehr, Nekrophilie, Einflößen von Maschinenöl usw. Für die Kastration existierten zwei konkurrierende Methoden: Entweder musste ein Häftling die Hoden mit den Zähnen abreißen, oder aber die Milizen banden sie an die Stoßstange eines anfahrenden Autos.

Zur Folter am Tag kamen noch die nächtlichen Gräuel. Nacht für Nacht wählten die Folterer nach dem Zufallsprinzip etwa zehn Häftlinge aus, die sie zu Tode quälten. Am nächsten Morgen bestimmten sie einen Trupp von jungen Leuten, die die Leichen identifizieren und mit bloßen Händen begraben mussten.

Die Frauen egal welchen Alters wurden Opfer von kollektiven, systematischen Vergewaltigungen. Keine wurde geschont, nicht einmal Schwangere. Einige Quellen sprechen von 20 000 Fällen von Ausübung sexueller Gewalt gegen Frauen durch die Serben. Wer sich weigerte, wurde gefoltert und ohne Umschweife getötet. Diese Praktiken sollten gar nicht unbedingt immer die sexuelle Gier der zwangsabstinenten Soldaten stillen. In den meisten Fällen fanden die Vergewaltigungen vor den Augen der Familien statt. Väter und Söhne mussten, bevor sie selbst umgebracht wurden, zusehen, wie ihre Frauen, Schwestern, Mütter und Töchter vergewaltigt wurden. Zuerst also Demoralisierung und Entwürdigung, und dann erst der Mord.[30]

Zur körperlichen kam schließlich noch die psychische Folter: Zum Beispiel wurde von den Häftlingen verlangt, diejenigen Mitgefangenen zu denunzieren, die sich irgendwelcher Verbrechen gegen die Serben »schuldig« gemacht hätten. Im Gegenzug für ihre Kollaboration konnten manche Häftlinge das Lager zumindest körperlich einigermaßen unversehrt verlassen.[31]

Omarska ist ein einziger Friedhof. Den US-amerikanischen Beobachtern zufolge sollen die Serben dort von den insgesamt 13 000 Häftlingen 5000 umgebracht haben.[32] In Wirklichkeit sind diese Zahlen geschönt, denn die Lagerwachen hatten die Anweisung, Häftlinge auf freien Fuß zu setzen, die ohnehin nur noch ein paar Tage zu leben hatten. In Belgrad blieb man vorsichtig. Töten wollte man schon, aber die Verantwortung dafür wollte man nicht übernehmen. Schließlich konnte man nie wissen, wie die Zukunft aussehen würde. Wie viele Opfer hat Omarska also wirklich gefordert? Darauf zu antworten ist umso schwieriger, als es keine Archive gibt (sie sind entweder verbrannt oder haben nie existiert).[33] Die einzige halbwegs verlässliche Zahl, die wir vorweisen können, beläuft sich auf 3000 Tote. Sie bezieht sich auf den Zeitraum von Anfang Mai bis Anfang Juni 1992.[34]

Es ist wie eine Ironie des Schicksals: Die Namen der beiden furchtbarsten Orte im Lager Omarska rufen unweigerlich Erinnerungen an die beiden ersten Gaskammern von Auschwitz II wach. Die beiden Nebengebäude, ein Stück weit von den Hauptanlagen entfernt, hießen »Rotes Haus«, aus dem wohl kein Häftling lebend wieder herausgekommen ist, und »Weißes Haus«, in dessen Folterkammer die Wachleute die Gefangenen tagelang zu Tode prügelten.

Die Konzentrationslager:
Das Ende einer unendlichen Geschichte?

> Ja, die Toten sprechen tatsächlich, aber auf ihre Art und in ihrem eigenen Rhythmus. Buchenwald, Ravensbrück, Dachau, Auschwitz und sämtliche anderen Schlachthöfe für Menschen, auch die Indonesiens, können die Toten nicht zum Schweigen bringen.
> (Pramoedya Ananta Toer
> *The mute's soliloquy*)

Hannah Arendt plante eine Geschichte der Konzentrationslager.[1] Angesichts der verstreuten Quellen schlug sie die Einrichtung eines zentralen Registers zur Sammlung von bibliographischen Daten und Erfahrungsberichten ehemaliger Gefangener vor. Da hinter den Zeugnissen ganz unterschiedliche Motive stehen und diese stets auch mit Vorsicht zu behandeln sind, so betonte sie, müssten diese miteinander verglichen und auf Übereinstimmungen hin untersucht werden, wobei man sich nicht auf die gleichen Lager und die gleiche Art Zeugen beschränken dürfe. Mit Blick auf NS-Deutschland und die Sowjetunion, denen sie eine besondere Rolle zuweist, versicherte sie:

»Keine totalitäre Regierung kann ohne Terror existieren, und keine Form des Terrors kann ohne Konzentrationslager effizient sein.« Dabei räumte sie freilich ein, dass »Konzentrationslager existierten, bevor der Totalitarismus aus ihnen eine wesentliche Institution dieser Form der Herrschaft machte«. Arendt schlug die Erstellung »einer kurzen Geschichte der Konzentrationslager« vor, »von ihren Anfängen in den imperialistischen Ländern über ihren Gebrauch als außergewöhnliche Maßnahme in Kriegszeiten bis zu ihrer Einrichtung als dauerhafte staatliche Organe in den Terrorregimen. Mit dieser historischen Forschung muss eine Analyse der verschiedenen juristischen Aspekte der unterschiedlichen Typen von Konzentrationslagern einhergehen«.[2]

Auf diesen Aufruf Hannah Arendts (der auch von Alain Brossat vernommen wurde[3]) haben wir zu reagieren versucht, allerdings in Kenntnis der Sachlage, das heißt, in Voraussicht auf die Schwierigkeiten, die sich ergeben würden, wenn solche Recherchen statt durch eine internationale Einrichtung von nur zwei Forschern durchgeführt werden. Wir können folglich keinerlei Anspruch auf Vollständigkeit erheben, denn das bearbeitete Gebiet ist riesig und bislang kaum erschlossen.

Wir haben uns mit den verschiedensten und bedeutendsten KZ-Systemen zu unterschiedlichen Zeiten an völlig verschiedenen Orten befasst, von Kuba über Vietnam und China bis hin zu Ex-Jugoslawien, und dies über den Zeitraum von 1896 bis 2000. Wir haben dabei gezeigt, inwiefern die Idee der Isolation von Massen im ursprünglichen Wortsinn »modern« ist, sich also erst im 20. Jahrhundert herausbilden konnte.

Eingehend betrachtet haben wir die Lager und Vernichtungszentren der Nationalsozialisten sowie die sowjetischen Lager – deren Existenz heute so bekannt ist, dass der Ausdruck »GULag« zum Sammelbegriff für Lager schlechthin wurde. Auch die weniger bekannten, ja der breiten Öffentlichkeit gänzlich unbekannten Lager haben wir beschrieben: Wie viele Leser hatten von den Arbeitslagern für die Herero oder von denen auf der Insel Buru gehört? Vor allem aber haben wir – so zumindest unsere Hoffnung – mit einer Unterscheidung zur weiteren Erhellung des Phänomens der Konzentrationslager beigetragen: die von *Hades, Fegefeuer, Hölle* und *Gehenna*, wie wir die verschiedenen Stufen nannten. In die Kategorie der *Hölle* fallen dabei anscheinend lediglich die NS-Konzentrationslager, und auch sie nicht schon ab 1933, sondern erst ab 1939/40. Der Kategorie der *Gehenna* gehören dagegen allein die Vernichtungszentren an.

Vielleicht hat bereits eine Art Globalisierung der Geschichte der Lager begonnen: Der Indonesier Pramoedya Ananta Toer oder der Chinese Harry Wu besuchten die ehemaligen NS-Lager. Einstige nordkoreanische Gefangene nahmen an einem Kolloquium teil, auf dem Ravensbrück, Yodok und Kolyma miteinander verglichen wurden. Aber die Erinnerung an die Lager ist stark regional geprägt, und es gibt Schwerpunkte, die im kollektiven Gedächtnis anderswo überhaupt nicht vorkommen: Lager 188 bei Tambow ist

Die Konzentrationslager: Das Ende einer unendlichen Geschichte? 663

den Elsässern noch im Gedächtnis, nicht aber in Perpignan, wo die Namen Rivesaltes und Le Barcarès an die Anfang 1939 eingerichteten Lager erinnern – die in Straßburg wiederum nahezu unbekannt sind. Goli Otok sagt den Serben, aber nur selten deren Nachbarn etwas; Recsk ist in Ungarn, aber kaum außerhalb dieses Landes bekannt. Von Belene hat man zwar an der Donau, nicht aber in Westeuropa gehört.

Wir haben an Lager erinnert, die es unbestritten gegeben hat und die entsetzlich waren – so die sibirischen Lager oder Dachau, die auf Anhieb Assoziationen wachrufen –, aber auch an andere, die als Konzentrationslager umstritten sind. Wenn man, wie junge Autoren in den USA vom »amerikanischen GULag« spricht, oder, wie ein renommierter Soziologe, von Konzentrationslagern im Zusammenhang mit den »neuen Dörfern« als Sammelzentren während des Algerienkrieges, so stößt dies auf Skepsis oder wirft zumindest Fragen auf.

Auch haben wir bei einer Betrachtung der verschiedenen kulturellen Umfelder Übereinstimmungen bei Lagern gleicher politischer Systeme ausgemacht: So kann man beispielsweise vom Typus des kommunistischen Lagers sprechen. Gleichwohl gibt es je nach Region, wo diese entstanden sind, kulturelle Unterschiede: So lässt sich der phantasiearmen Bürokratie des GULag, wo man sich um wirtschaftliche Erfolgsmeldungen für die Vorgesetzten bemühte, die Laogai gegenüberstellen, wo man zur individuellen Bekehrung der Häftlinge auf Psychologie setzte, eine Eigenheit, die auch die Lager von Laos, Vietnam oder Nordkorea zeigen.

Behandelt wurden Phasen des Friedens (so Mittel- und Osteuropa, wo sich das KZ-System flächendeckend erst nach dem Krieg ausbreitete) und des Krieges (wie die dramatische Zuspitzung der Lage an der Kolyma 1942 gegenüber 1946 oder 1947), demokratische (Frankreich, Großbritannien, Australien oder die Vereinigten Staaten), autoritäre (Salazars Portugal oder Pinochets Chile) sowie totalitäre Regime (Kim Il Sungs Nordkorea oder Stalins UdSSR). Auch hier können wir keinen Anspruch auf Vollständigkeit erheben. Trotzdem, so meinen wir, wurde das Phänomen von den Zeiträumen und den Orten her als Typologie umfassend erörtert.

Lager gab es im 20. Jahrhundert überall und zahlreich, aber waren sie deshalb eine ausschließliche Erscheinung dieses Jahrhunderts? Es sieht so aus.

Ziemlich genau fiel die Entstehung der ersten Lager für Zivilpersonen in die Anfänge des 20. Jahrhunderts. Rufen wir uns die Daten ins Gedächtnis: 1896 Kuba; 1900 Südafrika und 1904 Namibia. 1906 hielt das Wort »Konzentrationslager« Einzug ins französische Wörterbuch. 1914 steckten sämtliche verfeindeten Nationen des Ersten Weltkrieges »feindliche« Zivilisten auf ihrem Territorium in Internierungslager. Und bald nahm das Phänomen der Lager in der UdSSR und später im deutschen NS-Staat entsetzliche Ausmaße an.

Die alten KZ-Systeme hielten sich in Osteuropa bis in die 60er Jahre, in der UdSSR bis ans Ende der 80er Jahre. Und noch einmal: Als die sowjetischen Lager im Westen mehr denn je Empörung auslösten, war das System des GULag bereits im Niedergang begriffen. In den 70er Jahren nahm die Zahl der Gefangenen ab, und die Lagerdisziplin sah bereits ganz anders aus als unter Stalin. Die Todesraten hatten mit denen der 30er und 50er Jahre oder insbesondere mit denen während des Krieges nichts mehr gemein.

Die Lagersysteme Chinas oder Nordkoreas bestehen auch am Anfang des 21. Jahrhunderts fort. In Myanmar (Birma) gibt es seit 1988 Lager, und obwohl es sich um Arbeitslager handelt, kennzeichnet sie eine hohe Sterblichkeit. Mit den beiden Tschetschenien-Kriegen 1994 und 1999 sind zudem die so genannten Filtrationslager – halb Durchgangslager, halb Verhörzentrum – zurückgekehrt. Allerdings scheinen in China und sogar in Nordkorea die KZ-Praktiken leicht zurückzugehen. Zwei Beispiele mögen genügen: Früher wurden die Familien der nordkoreanischen »politischen Verbrecher« regelmäßig in Sippenhaft genommen und landeten in Lagern. Heute erscheint dies nicht mehr notwendig. Und wurden illegale Grenzübertritte ins benachbarte China vor nicht allzu langer Zeit mit Lagerhaft oder sogar dem Tod bestraft, so werden aufgegriffene Flüchtlinge »nur« noch verprügelt oder für ein paar Tage ins Gefängnis gesperrt.

Im kommunistischen Vietnam erlebten die Lager nach dem Fall von Saigon 1975 eine späte Blütezeit. Lager gibt es zwar immer noch, aber anscheinend weniger, und sie dienen vor allem zur Inhaftierung von Straftätern. Im Jahr 2000 gab es dort höchstens noch einige hundert »Politische« – ein großer Unterschied zu den Tausenden, die 1975–1985 zur Umerziehung auf die »Farmen« geschickt wurden.

Entstanden in den letzten Jahrzehnten irgendwo auf der Welt auch neue Lager? Durchaus: Einige tauchten im Zuge politischer Umstürze oder mehr oder weniger blutiger Staatsstreiche auf. Zu nennen sind Indonesien (1968) und Griechenland (1967), während in Chile (1973) oder Argentinien (1976) Einrichtungen entstanden, die eher als Verhör- oder Folterzentren zu bezeichnen sind. Von Lagern spricht man dagegen zu Recht im Fall von Ex-Jugoslawien (1992) und Tschetschenien während des jüngsten Krieges. Dabei ist anzumerken, dass es sich hier noch immer um »außergewöhnliche« Fälle, also um Ausnahmezustände, handelt.

Dieser kurze Überblick darf freilich nicht vergessen machen, welche Lager heute am häufigsten im Gespräch sind – einfach deshalb, weil es täglich mehr werden: die Flüchtlingslager. Am Ende des 20. Jahrhunderts führten das Gefühl der ethnischen Zugehörigkeit oder ein übersteigertes Nationalbewusstsein – oft unter einem charismatischen Führer – zunehmend zu gewalttätigen Übergriffen und Massenmorden. Zu nennen sind hier vor allem der Völkermord in Ruanda, die Gewalt in Sierra Leone sowie die verschiedenen ethnischen Säuberungen in Ex-Jugoslawien. Als logische Folge entstanden Lager für verzweifelte Flüchtlinge, die ein Mindestmaß an Versorgung sichern und ihnen zumindest zeitweilig Schutz bieten sollten. Unter diese Kategorie fallen die Lager in Palästina (1949) und Afghanistan (1979). In neuerer Zeit entstanden Flüchtlingslager in Zentralafrika, an der kambodschanisch-thailändischen Grenze (vor allem ab 1975), im Kosovo oder auf der Insel Timor. (Die Timoresen, die in den Lagern zunächst Schutz vor den marodierenden proindonesischen Milizen suchten, wurden dort anschließend interniert und werden bis heute an der Rückkehr in ihr Heimatland gehindert.) Nicht vergessen werden dürfen auch die Lager für die so genannten Boatpeople Ende der 70er und Anfang der 80er Jahre.

Zwei Faktoren spielten unserer Meinung nach bei dem »langsamen Niedergang« des KZ-Gedankens eine Rolle: Zunächst einmal das »Sterben der Ideologien«, wie manche es nennen, oder vielleicht besser »der Systeme«. Außerdem ist das Bild des Lagers heute emotional äußerst negativ besetzt. Wenn heutige Diktatoren – auch unter blutigsten Umständen – an die Macht gelangen, greifen sie lieber auf das klassische Arsenal der Unterdrückung zurück: auf Gefängnisse und Zuchthäuser auf der einen und Hinrichtungen und Morde (Todesschwadronen) auf der anderen Seite. Das Lager hat seit Auschwitz »einen so üblen Ruf«, dass man Haftanstalten unter diesem Etikett besser nicht einrichtet. Paraguays Diktator Stroessner musste dies rasch einsehen. Als auf seine Initiative hin in den 70er Jahren als Reaktion auf die überfüllten Gefängnisse (auch hier wieder das Problem des Umgangs mit Massen) das Lager Emboscada eingerichtet wurde, brach wenig später auf internationaler Ebene ein Sturm der Entrüstung los – auch in den USA, die unter Jimmy Carter einen neuen Kurs in der Politik der Menschenrechte einschlugen. Emboscada wurde geschlossen, und die Machthaber griffen auf weniger »skandalträchtige«, aber ebenso effiziente Methoden der Unterdrückung zurück.

Ob zu Recht oder Unrecht, jedes Lager weckt sofort Erinnerungen an Auschwitz, das heißt an einen Völkermord. Wie aber gezeigt wurde, gehorcht das Lager im strengen Sinn gerade nicht der Logik der Ausrottung, sondern übernimmt eher eine Mission der Bestrafung oder Umerziehung. Der Genozid – jede Liquidierung von Massen – geschieht stets außerhalb des KZ-Systems: In Schluchten, von Hubschraubern aus, mit Leichengruben, in Vernichtungszentren und Gefängnissen. Im Grenzfall geben die Häftlinge – so der Chinese Pasqualini oder der Albaner Vrioni – dem Konzentrationslager gegenüber dem Gefängnis als Haftverbüßungsort oft sogar den Vorzug – wegen seiner offeneren Lage in der Natur und der größeren Bewegungsfreiheit der Gefangenen. Lew Rasgon, der von 1938 bis 1955 siebzehn Jahre in sowjetischen Lagern verbrachte, schreibt: »Ob man will oder nicht, es war eine Lebensform. Mit seinen Sitten, seinen großen und kleinen Leiden und Freuden, seinen Lieben und Trennungen, Freundschaften und seinem Verrat. Obwohl dieses Universum der Perversion, der Anomalie entsprungen war, wurde es doch von gewöhnlichen Menschen bevölkert.«[4]

Die größten Schrecken herrschen oft im Gefängnis, aber auch an Hinrichtungsstätten, so Butowo am Stadtrand von Moskau oder Bikin, ganz zu schweigen von Winniza oder Katyn. In Bikin, einem Städtchen zwischen Chabarowsk und Wladiwostok, trafen »Tausende von Häftlingen« ein. Sie waren von den Exekutionskommandos »abgesaugt«, so das gängige Bild der Häftlinge, also zur Hinrichtung aus dem Lager abtransportiert worden.

Ein wichtiger Punkt sei hervorgehoben: Die UdSSR hatte wie der deutsche NS-Staat »neben« seinen Konzentrationslagern ebenfalls regelrechte Vernichtungszentren, so genannte »Sonderpunkte« eingerichtet, in denen Hunderttausende von Menschen ermordet wurden. Lew Rasgon hat – und dies ist wohl die ungewöhnlichste Passage seines Buchs[5] – mit einem ehemaligen Henker gesprochen, der ihm ohne jede Regung (der Tod war ja sein Geschäft) beschrieb, wie die *Seki* auf Lastwagen abtransportiert und an einem Hügel – »der niemals sprechen würde« (deshalb hieß er »der Taube«) – exekutiert wurden. Man ließ die Gefangenen heruntersteigen und erschoss sie. »Eine ganz normale Arbeit«.[6] Die Kommandos lösten einander ab. Die Männer, die die Gruben aushoben – Kriminelle – warfen die Leichen hinein, bedeckten sie mit Erde und hoben eine weitere Grube für den nächsten Tag aus. Nach getaner Arbeit kehrten sie ins Lager zurück. So sammelten sie Pluspunkte (die Haftverkürzung wegen Übererfüllung der Norm einbrachten). »Und sie waren gut genährt, die Arbeit war nicht schmutzig, es war ja nicht so wie beim Bäumefällen.«

Der Gedanke liegt uns fern, die stalinistischen Verbrechen mit denen der Nationalsozialisten gleichzusetzen: Im Archipel Gulag wurden zwar auch wie am Fließband Menschen ermordet, aber eben nicht *alle* Männer, Frauen und Kinder eines Volkes, das im Zuge einer »Endlösung« für immer vernichtet werden sollte. Hier wird die Besonderheit der Logik der Konzentrationslager deutlich: sie sind hier (in der Demokratie) ein koloniales *Erfordernis,* dort (im Totalitarismus) eine ideologische *Investition.* Hier geht es um die zeitweise Absonderung, dort um die Veränderung von Massen. Vor diesem Hintergrund haben wir immer wieder betont, dass man von einem *KZ-System* nur bei totalitären Regimen reden kann, denn ihnen dient es der Vorwegnahme der idealen Gesellschaft.

Zur Entstehung von Lagern sind wohl zwei Voraussetzungen notwendig: Zum einen der Wille, ein Volk, eine Klasse oder eine Rasse aus der Gesellschaft zu verbannen, zum anderen die notwendigen Mittel zur Umsetzung dieses Vorhabens: Straßen, Stacheldrahtverhaue und die Entwicklung eines Systems, das die »Befehlshaber« von jeder allzu direkten Verantwortlichkeit befreit – weil sie nicht selbst töten, sondern dieses Geschäft vielmehr den äußeren Umständen im Lager überlassen. Aber natürlich sind auch die wirtschaftliche Ausbeutung und die Umerziehung bedeutsame Aufgaben von Lagern.

So erstaunt es denn nicht, dass sich die »Idee« des Lagers anscheinend zur Zeit der Französischen Revolution entwickelte. Babeuf und Proudhon wurden bereits zitiert, wobei sich die damaligen Akteure keineswegs mit reiner Theorie begnügten: Sie praktizierten vielmehr mit Feuereifer und gutem Gewissen Dinge, die die Vertreter des *Ancien régime* weder zu tun noch zu denken gewagt hatten: So behauptete Jean-Baptiste Carrier, aus einem »Prinzip der Menschlichkeit« heraus »reinige [er] die Erde von diesen Ungeheuern« der Aufständischen in der Vendée. Und am 1. Oktober 1793 ging ein Aufschrei durch den Nationalkonvent: »Soldaten der Freiheit, die Banditen der Vendée müssen ausgerottet werden ...« So auch General Beaufort am 4. Januar 1794: »Die Erde muss von der Freiheit dieser verdammten Rasse vollständig gesäubert werden.[7] ›Sie entkommen zu lassen‹ hieße, sich am Verbrechen ihrer Existenz mitschuldig zu machen.«[8] Die Opfer wurden verbrannt, in Stücke gerissen, ertränkt, aber auch in die Kerker oder in Lager geworfen, diese »Vorzimmer zum Tod«, wie Carrier sie bezeichnete.[9] Diese Lager, die – als eine Notwendigkeit wegen der Überfüllung der Gefängnisse – vor allem auf Inseln der Loire eingerichtet wurden, sollten allerdings nie größere Bedeutung erlangen als die Gefängnisse.

Nachdem das Lager als eine für das 20. Jahrhundert typische Einrichtung ausgemacht wurde, bleibt folgende Frage offen: Stellen diese Lager, die fast überall, in allen kulturellen Umfeldern, unter allen politischen Regimen und in verschiedensten Ausgestaltungen entstanden, trotz allem ihrem Wesen nach eine Einheit dar?

Hier sind zunächst ihre Unterschiede zu betrachten.

Die von demokratischen Ländern eingerichteten Lager hatten stets provisorischen Charakter vor dem Hintergrund eines Krieges oder einer Krise. Die Anzahl der Gefangenen dort war verhältnismäßig gering. Die Dauer der Internierung hatte nichts gemein mit der Länge der Haftstrafen in totalitären oder faschistischen Staaten. Auch war die Intensität der Leiden geringer: Das Leben in den amerikanischen Lagern für Japaner (dort wurde gegen die Organisation einer Selbstbedienung demonstriert!), in einem strategischen Dorf in Vietnam oder einem »neuen Dorf« im noch französischen Algerien hat selbstverständlich nichts mit den Leidenswegen der Häftlinge in Kolyma oder Mauthausen zu tun.

Allerdings erscheint die Intensität der Leiden der Häftlinge als Kriterium für Lagerhaft allzu subjektiv. So wurde Hernán Valdés entgegen dem Titel seines Buchs keineswegs in einem GULag inhaftiert. Die chilenischen Haftzentren bildeten kein System, sie waren keine Wegbegleiter des Staates unter Pinochet: Mit der Festigung der neuen Herrschaft wurden diese Zentren zunehmend überflüssig. Dagegen weitete die UdSSR unter Stalin, der seine Macht noch besser abgesichert hatte als Lenin, ihren Unterdrückungsapparat immer stärker aus. Hier wird eine strukturelle Realität deutlich, die dauerhafter ist als die Folterstätten der chilenischen Militärs. Und dennoch würde sich niemand zu der Behauptung versteigen, die Haft in einem Verhörzentrum sei »angenehmer« als das Leben im GULag.

Wer den Horror eines Folterzentrums überlebt hat, mag dieses ein Lager oder KZ nennen, um seinen Lesern die Schrecken intensiver vor Augen zu führen. Aus didaktischen Gründen kann ein solcher Vergleich seine Berechtigung haben, das Wesen eines Lagers wird dabei freilich verkannt. In Wahrheit lassen sich Schrecken und Leiden kaum quantifizieren. Und zwischen Lagern gibt es graduelle, aber keine essenziellen Unterschiede.

Im Grunde waren die sowjetischen oder nationalsozialistischen Konzentrationslager – eine These, die von einem anderen Ausgangspunkt allerdings bereits von Michel Foucault vertreten wurde – die Umsetzung der Ziele des modernen Staates. Während das französische Ancien régime sich um das Leben seiner Untertanen im Grunde wenig kümmerte und sie deshalb leben ließ und nur gelegentlich umbrachte, hat der moderne Staat, der immer mehr Aufgaben und Prärogativen an sich gezogen hat, den Anspruch, diese leben *und* sterben zu lassen. Leben lässt er sie, insofern er sich um Geburtenraten, Sterblichkeit und Gesundheit kümmert, den Bürgern Schritt für Schritt folgt und die Kontrolle über sie immer stärker ausweitet. Wenn es sich seine Bürger allerdings in den Kopf setzen, eine kritische Stimme zu erheben und als (reale oder eingebildete) Gegner aufzutreten, dann verhaftet er sie, sperrt sie ohne Gerichtsurteil ein und lässt sie umkommen, weil sie sich außerhalb der Grenzen eines zwischen ihnen angeblich bestehenden Vertrags gestellt haben.

Diese Theorie ist insofern verlockend, als der Entzug der Rechte, die Unterwerfung unter die Willkür, also die einfache administrative (nicht auf einer Rechtsprechung basierende) Haft für uns den Kern des KZ-Phänomens bildet. Aber wenn die Gemeinsamkeit, die Gurs mit Auschwitz verbindet, gerade da liegt, wo Foucault sie ausmacht, also »nicht in den Werten und Idealen, sondern in Ordnungs- und Normalisierungspraktiken«, dann steht zu befürchten, dass die Besonderheit des totalitären Lagers nicht mehr festzulegen ist.

In ihrem Vorhaben einer Geschichte der Konzentrationslager schlug auch Hannah Arendt ein Kontinuum vor, das sie von einer ständigen Verschärfung betroffen sah: Vom Ersten bis zum Zweiten Weltkrieg nahm für sie der Einfluss des Totalitarismus auf die demokratischen Länder immer mehr zu. In den 30er und 40er Jahre näherten sich die Demokratien den stalinistischen oder nationalistischen Formen des Staates an:

»Bereits während des 1. Weltkriegs wurde die Internierung von Angehörigen einer verfeindeten Nation als zeitlich befristete außergewöhnliche Maßnahme praktiziert. Während des 2. Weltkrieges griffen fast alle demokratischen Länder auf Internierungslager zurück. Aber diese unterschieden sich beachtlich von denen des vorangegangenen Konflikts: Die Organisation und die Methoden sowie die Selektion der internierten Personen waren stark von den totalitären Lagern und von den Konzentrationslagern beeinflusst, die zwischen den beiden Kriegen in den demokratischen Ländern eingerichtet worden waren.«[10] Die französischen wie die amerikanischen Lager für Japaner zeugten von dieser Verschärfung. So wurde nach Hannah Arendt im Verlauf des Jahrhunderts die Verachtung der Menschlichkeit durch die politischen Eliten immer größer, und die fortschreitende Verleugnung der Menschenrechte entsprach ganz dem Wesen der Lager, die zwischen den beiden Weltkriegen überall entstanden.

Die Tragweite ihrer Beobachtung wird unserer Meinung nach freilich durch die Tatsache eingeschränkt, das die Philosophin in den Vernichtungszentren keine realen Besonderheiten entdeckte. Arendt sieht vielmehr einen schleichenden Übergang von der Vernichtung der juristischen Person über die Vernichtung der moralischen Person bis zur physischen Vernichtung des Menschen.[11]

Wie wir aber gesehen haben, gehört der Völkermord nicht in die Logik der Lager. Heute können wir (dank einer geschichtlichen Distanz, die Hannah Arendt wohl fehlte) mit Fug und Recht vertreten, dass mit dem Genozid unwiderruflich ein neues Kapitel in der Geschichte der kollektiven Vernichtung aufgeschlagen wurde. Der Nationalsozialismus setzte es sich zum Ziel, all jene, die er als Rassenfeinde ausgemacht hatte, endgültig auszurotten.

Dagegen bestand das Ziel des Kommunismus – sei er leninistischer, stalinistischer oder maoistischer Prägung – eher in der Absicherung der Macht derer, die sich zu Vertretern der emanzipativen Klasse der gesamten Menschheit erklärt hatten. Die Vernichtung eines Teils seiner Feinde und die Ausübung von Terror auf allgemeine Art waren diesem System genug. Das Unternehmen bestand nicht in der endgültigen Ausrottung einer bestimmten Bevölkerung, sondern in der Vernichtung jedweder – realen oder eingebildeten – Opposition, die seiner Macht im Wege stand.

Hier tritt der grundlegende Unterschied zwischen Nationalsozialismus und Kommunismus zutage, und gleichzeitig auch der nicht weniger wesentliche zwischen Totalitarismus und Demokratie.

In der Haltung totalitärer Machthaber liegt etwas, das, wie Brossat sagt, auf einen endgültigen Bruch mit der modernen Rationalität abzielt, eine Fähigkeit zum Machtmissbrauch, zum nie Dagewesenen und Unaussprechlichen in einer ungezügelten Herrschaft des Todes.[12] Auschwitz war die industrielle und geplante Massenvernichtung, aber auch eine Grenzerfahrung der Menschheit, die sich mit Unmenschlichkeit selbst widersprochen hat, eine »souveräne« Selektion zwischen denen, die leben dürfen, und den anderen, die sterben müssen.[13] Darin bestand der Grundwahnsinn der Vernichtungszentren.

Den Historiker schwindelt; weniger wegen des Grauens selbst, als vielmehr wegen der Fähigkeit, solches Grauen hervorzubringen ...

Auch gibt es Grund zum Weinen. Aus Mitleid über das Schicksal derer, die Martyrien erlitten haben und umkamen. Aus Wut und Scham beim Gedanken an die Täter. Denn alle sind Menschen, so wie wir. Und die Verantwortlichkeit der einen trifft bis ans Ende der Zeiten alle anderen im tiefsten Innern.

»Ich weine über all diejenigen, die gefallen sind: ob sie auf Ihrer oder auf meiner Seite gewesen sind, hat keine Bedeutung; sie sind Teil von uns allen«, teilte der Antifranquist Marcos Ans dem Indonesier Paramoedya Ananta Toer mit.[14]

Anmerkungen

Einführung
1 Oder während der Ermittlungsphase, auch im Fall einer vorbeugenden oder administrativen Haft.
2 Harry Wu, *Laogai, Le Gulag chinois*, Vorwort von Jean Luc Domenach, Paris 1996, S. 27; engl.: *Laogai – The Chinese Gulag*, Boulder 1992 (siehe auch Harry Wu, *Nur der Wind ist frei. Meine Jahre in Chinas Gulag*, Frankfurt/M., Berlin 1994).
3 Olga Wormser-Migot. *L'Ere des camps*, Paris 1973, S. 21.
4 Ebenda.
5 Alexander Solschenizyn, *Der Archipel Gulag, Folgeband, Arbeit und Ausrottung*, Bern, München 1974, S. 18.
6 Sylvestre Mora / Pierre Zwierniak, *La Justice soviétique*, Rom 1945, S. 30.
7 Alexandre Soljenitsyne, *Archipel du goulag*, Paris 1974, Bd. 2, S. 16.
8 Jean Bezaut, *Oranienbourg, 1933–1935, Sachsenhausen 1936–1945*, Cholet 1969, S. 13.
9 Eugen Kogon, *Der NS-Staat. Das System der deutschen Konzentrationslager*, 38. Auflage, München 2000, S. 64.
10 O. Wormser-Migot, a.a.O., S. 54.
11 Ebenda, S. 57.
12 Jean Pasqualini, *Prisonnier de Mao, sept ans dans un camp de travail en Chine*, Paris 1973, S. 41 (dt. *Gefangener bei Mao*, Frankfurt a. M. 1977).
13 Leo Trotzki, *Mein Leben. Versuch einer Autobiographie*, Berlin 1930, S. 270 ff.
14 Siehe hierzu Peter Koch / Reimar Oltmans, *Die Würde des Menschen. Folter in unserer Zeit*, Hamburg 1977. Zitiert werden die Autoren in dem interessanten Werk von Andrzej Kaminski, *Konzentrationslager 1896 bis heute. Eine Analyse*, Stuttgart 1982, S. 62.
15 Wolfgang Sofsky, *Die Organisation des Terrors: Das Konzentrationslager*, Frankfurt a. M. 1999, S. 20. Siehe hierzu auch Tzvetan Todorov, *Les abus de la mémoire*, Paris 1995. Todorov entwickelt darin den Gedanken, wonach jedes Ereignis in gewissem Sinn einzigartig und unvergleichlich ist.
16 E. Kogon, a.a.O., S. 55, und Raymond Aron, *Demokratie und Totalitarismus*, Hamburg 1970, S. 197.
17 E. Kogon, a.a.O., S. 134.
18 *L'impossible oubli, la déportation dans les camps nazis*, FNDIRP, Paris 1997, S. 45.

19 Die Nationalsozialisten gebrauchten als Abkürzung »KL«, die Gefangenen »KZ«. Hier wird im Folgenden die zweite Abkürzung gebraucht.
20 Siehe hierzu François Furet und Ernst Nolte, *Feindliche Nächte. Kommunismus und Faschismus im 20. Jahrhundert. Ein Briefwechsel*, München 1998.
21 Buonarroti, *Conspiration pour l'égalité, dite de Babeuf*, Paris 1957, S. 203.
22 Das Komitee der Aufständischen hatte fünf Verordnungen vorbereitet: für das Polizeiwesen, das Militär, zur Erziehung, zur Wirtschaft und zu den Nationalfeiertagen. Die Bestimmungen der Militärverordnung sollten wahrscheinlich für die Nationalgarden gelten.
23 Das Komitee hatte eine »Proklamation an die Franzosen« geplant, aber kaum waren die ersten Sätze geschrieben, tauchten am Tagungsort der Verschwörer Polizisten auf ...
24 Proudhon, *Carnets*, Bd. II, Paris 1961, S. 204. Der Text entstand zwischen dem 21. und 23. September 1847.
25 James Mac Pherson, *La Guerre de sécession*, Paris 1991, S. 474 f. Siehe ebenso Ernesto Garcia-Moore III / Rita Moronova, *The Sam O'Gon syndrome*, IIR (Hg.), Victoria 1969.
26 Bis 1880 beschränkte sich das politische Leben weitgehend auf die Eliten. Ein tiefgreifenderer Wandel der politischen Verhältnisse ab Anfang der 80er Jahre des 19. Jahrhunderts führte zu einer stärkeren Politisierung der Massen.
27 Nur Einzelne hatten das Glück, auf einem Bauernhof zu arbeiten. Meistens handelte es sich jedoch um harte Arbeiten, u. a. im Straßenbau oder bei der Aushebung von Kanälen. Zum Themenkomplex der spanischen Gefangenen in Frankreich unter Napoleon siehe Jean-René Aymes, *La déportation sous le premier empire, les Espagnols en France (1808–1814)*, Paris 1983. (Zu den britischen Gefangenen Napoleons siehe die Arbeiten von Odette Viennet und M. Lewis.)
28 Angesichts der Schwierigkeiten in Spanien begann die napoleonische Verwaltung ab 1808 systematisch Geiseln nach Frankreich zu verschleppen.
29 Siehe hierzu *Fédération*, September 1959.
30 Auch der Stamm der Nama wurde Opfer eines deutschen Völkermords.
31 Annette Wievorka, *Déportation et génocide, entre la mémoire et l'oubli*, Paris 1995, S. 8.
32 Jean-Claude Farcy, *Les Camp de concentration français de la Première Guerre mondiale (1914–1920)*, Paris 1995, sowie David Cesarini / David Kushner (Hg.), *The Internment of Aliens in Twentieth Century Britain*, London 1993; Annette Wievorka, »L'expression ›camp de concentration‹«, in: *Vingtième siècle*, April/Mai/Juni 1997.
33 Wie Nicolas Werth hervorhebt, brach sich im Roten Terror vom August 1918 ein geradezu abstrakter Hass der meisten bolschewistischen Führer gegen die »Unterdrücker« Bahn. Sie sollten nicht individuell,

sondern »als Klasse« liquidiert werden. Die »Konzentrationslager« waren Internierungslager für »zwielichtige Elemente«, die dort per einfachen Verwaltungsakt ohne jedes Gerichtsurteil zusammengepfercht werden sollten. Dazu gehörten vor allem die noch in Freiheit befindlichen Führer der Oppositionsparteien. Am 15. August 1918 unterzeichneten Lenin und Dserschinski den Haftbefehl für die wichtigsten Führer der Menschewiki – Martow, Dan, Potressow und Goldman. Ihre Presse war bereits zum Schweigen gebracht und ihre Vertreter aus den Sowjets vertrieben worden. Für die Führungsriege der Bolschewiken waren von nun an die Grenzen zwischen den verschiedenen Kategorien von Opponenten in diesem Bürgerkrieg aufgehoben. Siehe hierzu Nicolas Werth: »Ein Staat gegen sein Volk. Gewalt, Unterdrückung und Terror in der Sowjetunion«, in: Stephan Courtois / Nicolas Werth u. a., *Das Schwarzbuch des Kommunismus. Unterdrückung, Verbrechen und Terror*, München, Zürich 1998, S. 52–199, insbesondere S. 87 f.
34 Siehe hierzu Alexander Solschenizyn, a.a.O., S. 11 ff.
35 Personen, die a priori als schädlich befunden wurden: Seien es burische oder algerische Zivilisten, die als mögliche Unterstützer der Guerilla galten, oder Kulaken und Juden, die als gesellschaftliche Kategorien einem Verdammungsurteil zum Opfer gefallen oder einfach suspekt waren (so die Japaner in den Vereinigten Staaten während des Zweiten Weltkrieges).
36 Siehe hierzu den Artikel von Stéphane d'Audoin-Rouzeau, »L'épreuve du feu«, in: *L'Histoire*, Nr. 225, Oktober 1998.
37 George Mosse, *Fallen Soldiers, Reshaping the memory of the World Wars*, Oxford 1990.
38 Ebenda, S. 73.
39 Hitlers Rede siehe Max Domarus, *Hitler. Reden und Proklamationen, 1932–1945. Kommentiert von einem Zeitgenossen*, Bd. II, *Untergang*, Würzburg 1963, S. 1658; François Bédarida, »Le phénomène concentrationnaire«, in: François Bédarida / Laurent Gervereau (Hg.), *La déportation, le système concentrationnaire nazi*, Nanterre 1995 (BDIC), S. 16.
40 N. Werth, a.a.O., S. 89.
41 Ebenda, S. 89 f.
42 René Rémond, *Introduction à l'histoire de notre temps*, Bd. 2, Le XXe siècle, Paris, o. J., S. 110.
43 Zitiert nach Mao Zedong, *Quatre essais philosophiques*, Peking 1966, S. 100. Siehe auch die deutsche Übersetzung:»Über die richtige Behandlung der Widersprüche im Volke«, in: Mao Zedong, *Vier philosphische Monographien*, Peking 1971, S. 89–149.
44 H. Wu, a.a.O., S. 44. Siehe auch Geneviève Govaerts, *Prisonnier de Kaù Thêk*, Brüssel 1999.
45 Eickes Zitat siehe: Dokumentensammlung *Ursachen und Folgen. Vom deutschen Zusammenbruch 1918 und 1945 bis zur staatlichen Neuord-*

nung Deutschlands in der Gegenwart, hrsg. von Herbert Michaelis und Ernst Schraepler, Berlin 1964, Bd. 9, Dokument 2152.
Hermann Langbein, *Menschen in Auschwitz,* Frankfurt a. M., Berlin und Wien 1980.
46 Hannah Arendt, *Elemente und Ursprünge totaler Herrschaft,* Frankfurt a. M. 1962, S. 644 f.
47 Raymond Aron, a.a.O., S. 211.
48 François Furet, *Das Ende der Illusion. Der Kommunismus im 20. Jahrhundert,* München und Zürich 1998, S. 188.
49 Jean-Jacques Marie, *Le Goulag, Que sais-je?,* Paris 1998, S. 23.
50 Im KZ-System des NS-Staates tauchte produktive Zwangsarbeit erst ziemlich spät auf. In manchen Lagern wurde sie überhaupt nicht praktiziert. So kann beispielsweise Bergen-Belsen, ein Symbol der nationalsozialistischen KZ-Barbarei (am Tag seiner Befreiung am 15. April 1945 entdeckten britische Truppen fast 20 000 Leichen), sicher nicht als Arbeitslager gelten. Als eines der wenigen Lager, die nicht in der Nähe von Steinbrüchen oder eines Industriekomplexes entstanden, wurde es zur Unterbringung von »Austauschjuden« eingerichtet.
51 »Die ›Erziehungsanstalt der Marxisten‹«, in: *Tägliche Rundschau,* Nr. 91, Berlin, 19. April 1933.
52 O. Wormser-Migot, a.a.O., S. 158.
53 Erst dann, so hebt G. Decrop hervor, wurde Arbeit zu einer Finanzierungsquelle, aber ausschließlich für die SS. »Der oberste Chef errichtete sein Reich nach den Regeln des von ihm neu erfundenen Feudalismus: Seine Unternehmen ... gehören in den Bereich des Handwerks, nicht in den der Industrieproduktion« (Geneviève Decrop, *Des camps au génocide, la politique de l'impensable,* Vorwort von Pierre Vidal-Naquet, Grenoble 1995, S. 32.)
54 O. Wormser-Migot, a.a.O., S. 159.
55 Ebenda, S. 145.
56 David Rousset, *L'Univers concentrationnaire,* Paris 1965.
57 Ebenda.
58 Tzvetan Todorov, *Au nom du peuple. Témoignages sur les camps communistes,* o. O. 1992, S. 40.
59 H. Wu, a.a.O., S. 57.
60 Ebenda, S. 51.
61 H. Arendt, a.a.O., S. 653.

1896 – Kuba
1 Andrew C. Ware, *La guerre hispano-américaine à Cuba vue à travers la presse anglaise de 1898,* Magisterarbeit (Universität Paris X), einsehbar in der Bibliothèque de Documentation Internationale Contemporaine (BDIC) in Nanterre. Im Laufe dieser Kämpfe kam José Martí, der »Vater« der nationalen Unabhängigkeit von Kuba, am 19. Mai 1895 ums Leben.

2 Vgl. die Zeitschrift *Bohemia* Nr. 5, Havanna 1997.
3 Francisco Pérez Guzmán, *Herida profunda*, Havanna 1998, S. 26.
4 Philip Sheldon Foner, *The Spanish-Cuban-American War*, Monthly Review Press, New York und London., Bd. 1 (1972), S. 77.
5 F. Pérez Guzmán, a.a.O., S. 15.
6 Pérez Guzmán spricht mit Recht von der »Rekonzentration der Landbevölkerung« und nicht von einer »Bauernrekonzentration«.
7 P. S. Foner, a.a.O., Anm. 36, S. 112.
8 Ebenda, Anm. 37, S. 113.

1900 – Die Buren

1 Conan Doyle ist nicht nur der Autor der Abenteuer des Sherlock Holmes, sondern veröffentlichte auch ein Werk über den Burenkrieg. Arthur Conan Doyle, *The great Boer war*, London 1901, S. 15.
2 Bernard Lugan, *La guerre des Boers*, Paris 1998, S. 194.
3 Ebenda, S. 207.
4 *St. James' Gazette*, 20. August 1900, zitiert nach Emily Hobhouse, *The Brunt of the War and Where it Fell*, London 1902, S. 28.
5 E. Hobhouse, S. 30.
6 Ebenda, S. 31.
7 In den Lagern in Transvaal waren am 30. Juni 1902 insgesamt 43 000 Menschen interniert, davon 10 700 Männer, 15 200 Frauen und 17 000 Kinder. Andere Quellen sprechen von 58 555 zivilen Insassen im September 1901. Vgl. *Further correspondence relating to affairs in South Africa presented to both Houses of Parliament*, London, Juli 1902.
8 Diese Reaktion ist mit unserem heutigen Verständnis von Konzentrationslagern nur schwer vereinbar. Man muss sich aber ins Gedächtnis rufen, dass die Insassen der britischen Lager in Südafrika absolut überzeugt von der natürlichen Überlegenheit der Weißen waren.
9 Gewidmet hat Emily Hobhouse das Buch den Frauen in Südafrika.
10 E. Hobhouse, a.a.O., S. 315.
11 Ebenda.
12 Ebenda, S. 122.
13 In: *Papers relating to the progress of administration in the Transvaal and Orange river colony*, London, April 1903.
14 B. Lugan, a.a.O., S. 207 f.
15 Vgl. *Times*, 8. 11. 1901.
16 A. C. Doyle, a.a.O., S. 370.
17 B. Lugan, a.a.O., S. 192 f.
18 A. C. Doyle, a.a.O., S. 126.
19 Jean-Guy Pelletier, *L'opinion française et la guerre des Boers*, Dissertation, Nanterre 1972, S. 401. Es sei darauf hingewiesen, dass es neben den pro-burischen Gruppierungen in Frankreich auch eine anglophile Strömung gab, die die Buren für antiaufklärerische Reaktionäre im Kampf gegen den Fortschritt hielt.

20 In: *Papers relating to the progress of administration in the Transvaal*, London 1903, S. 4.
21 *Das Konzentrationslager*, Zentralverlag der NSDAP, München 1940.
22 Vgl. vornehmlich *Report on the natives of south-west Africa and their treatment by Germany*, H. M. Stationery Office, London 1918.

1904 – Die Herero

1 Helmut Bley, *Kolonialherrschaft und Sozialstruktur in Deutsch-Südwestafrika*, Hamburg 1968.
2 Sven Lindqvist, *Exterminez toutes ces brutes*, Paris 1998, S. 197 f.
3 Jon Bridgman / Leslie J. Worley, »Genocide of the Hereros«, S. 3–30, in: Samuel Totten, William Parsons, Israel Charny, *Century of Genocide, Eyewitness Accounts and Critical Views*, New York und London 1997, S. 15. Zitiert nach Günther Spraul: »Der Völkermord an den Herero. Untersuchungen zu einer neuen Kontinuitätsthese«, in: *Geschichte in Wissenschaft und Unterricht* 12/1988, S. 713–739, hier S. 728.
4 Jan-Bart Gewald, *Herero heroes*, Oxford, Kapstadt, Athen 1999, S. 173 f. Zitiert nach Horst Drechsler, *Südwestafrika unter deutscher Kolonialherrschaft. Der Kampf der Herero und Nama gegen den deutschen Imperialismus 1884–1915*, Berlin 1966, S. 189 f. und S. 180.
5 J.-B. Gewald, a.a.O., S. 169; zitiert nach H. Drechsler, a.a.O., S. 173.
6 H. Drechsler, a.a.O., S. 190.
7 Vgl. ebenda, S. 183 f.
8 Freilich schrieb er am 23. November an Reichskanzler von Bülow: »Dass er die ganze Nation vernichten oder aus dem Land weisen will, darin kann man ihm beistimmen. Ein Zusammenleben der Schwarzen mit den Weißen wird nach dem, was vorgegangen ist, sehr schwierig sein, wenn nicht erstere dauernd in einem Zustand der Zwangsarbeit, also einer Art von Sklaverei, erhalten werden. Der entbrannte Rassenkampf ist nur durch Vernichtung oder vollständige Knechtung der einen Partei abzuschließen. Das letztere Verfahren ist aber bei den jetzt gültigen Anschauungen auf die Dauer nicht durchzuführen.« (Jon Bridgman / Leslie J. Worley, a.a.O., S. 17 f. Zitiert nach Horst Drechsler, a.a.O., S. 193 f.)
9 J.-B. Gewald, a.a.O., S. 186.
10 Namibian National Archives Windhoek, ZBU 454 D IV 1.3. Bd. 1, Telegramm des Reichskanzlers an das Gouvernement, eingegangen am 14. Januar 1905, in Jan-Bart Gewald, a.a.O., S. 186.
11 Ebenda.
12 H. Drechsler, a.a.O., S. 251.
13 J.-B. Gewald, a.a.O., S. 188.
14 J. Bridgman / L. J. Worley, a.a.O., S. 40.
15 Ebenda, S. 37.
16 Ebenda, S. 38 f.
17 Ebenda, S. 36 f.

18 Ebenda, S. 36.
19 J.-B. Gewald, a.a.O., S. 189.
20 Ebenda.
21 Vgl. Carla Krieger-Hinck, *Über die medizinische Versorgung der ehemaligen Kolonie Deutsch-Südwest-Afrika*, Diss. Univ. München, 1973.
22 Jon Bridgman / Leslie J. Worley, a.a.O., S. 20. Quelle: *Die Kämpfe der deutschen Truppen in Südwestafrika*. Aufgrund amtlichen Materials bearb. von der Kriegsgeschichtlichen Abt. I. des Großen Generalstabs, Berlin 1906–1908.
23 S. Lindqvist, a.a.O., S. 12, siehe auch Hannah Arendt, *Elemente und Ursprünge totaler Herrschaft*, Frankfurt/M. 1955.
24 Paul Rohrbach, *Der deutsche Gedanke in der Welt*, Düsseldorf, Leipzig 1912, S. 143. Vgl. S. Lindqvist, a.a.O., S. 198.
25 Jon Bridgman, *The revolt of the Hereros*. University of California Press, 1981; Donald G. McNeil Jr., »Its Past on Its Sleeve, Tribe Seeks Bonn's Apology«, *New York Times*, 31. 5. 1998; Tom Sanders, »Imperialism and Genocide in Namibia«, *Socialist Action*, April 1999.
26 Von 1926 bis 1941 lehrte er dann an der Münchner Universität Anatomie.
27 Für die Geschichte des KWI (Kaiser-Wilhelm-Institut) und Daten zu Fischers Biographie vgl. Benno Müller-Hill, *Tödliche Wissenschaft: Die Aussonderung von Juden, Zigeunern und Geisteskranken 1933–1945*, Reinbek 1984.
28 B. Müller-Hill, a.a.O., S. 11.
29 Vgl. den Beitrag von Annegret Ehmann, »From colonial Racism to Nazi Population Policy«, S. 115–133, in: Michael Berenbaum / Abraham J. Peck (Hgg.), *The Holocaust and History, the known, the unknown, the disputed and the reexamined*, Indiana University Press, published in association with the USHMM, Washington 1998, S. 119.
30 A. Ehmann, a.a.O., S. 120.
31 Ebenda, S. 194.
32 Zur Medizin im Dritten Reich vgl. auch Yves Ternon / Socrate Helman, *Histoire de la médecine SS ou le Mythe du racisme biologique*, Tournai 1969; Robert J. Lifton, *Ärzte im Dritten Reich*, Stuttgart 1988.
33 B. Müller-Hill, a.a.O., S. 20, datiert dieses Zitat auf Winter 1941 oder auf Frühjahr/Sommer 1942.
34 Ebenda, S. 119 ff. und S. 24.

1914 – Der Erste Weltkrieg

1 Jean-Claude Farcy, *Les camps de concentration français de la Première guerre mondiale (1914–1920)*, Paris 1995, S. 362. Für dieses Kapitel diente diese Abhandlung als Referenzwerk.
2 Ebenda, S. 363.
3 Ebenda, S. 116.
4 Aladar Kuncz, *Le Monastère noir*, Paris 1937.

5 J.-C. Farcy, a.a.O., S. 272.
6 Ebenda, S. 126.
7 A. Kuncz, a.a.O., S. 93.
8 David Cesarani / Tony Kushner, *The Internment of Aliens in 20th century's Britain*, London 1993, S. 53.
9 Ebenda, S. 7.
10 Ebenda, S. 70.
11 Vgl. etwa Denis Peschanski, »1939–1946, Les camps français d'internement«, in: *Hommes et Migrations*, Nr. 1175, April 1994, S. 11.
12 Annette Becker, *Oubliés de la Grande Guerre*, Paris, 1998, S. 13.
13 Ebenda, S. 55.
14 Ebenda, S. 93.
15 Ebenda, S. 90.
16 Ebenda, S. 91.

1915 – Die Armenier

1 Vahakn Dadrian, *The History of the Armenian Genocide*, Providence 1995 (frz.: *Histoire du génocide arménien*, Paris 1996); Gérard Chaliand / Yves Ternon, *Le génocide des Arméniens*, Brüssel 1980; J.-M. Carzou, *Arménie 1915, Un génocide exemplaire*, Paris 1975; Yves Ternon, *Les Arméniens: Histoire d'un génocide*, Paris 1977.
2 Unter dem Eindruck der Niederlage im Balkankrieg von 1912/13 und dem Verlust der osmanischen Territorien in Europa und Afrika steigerte sich dieser Nationalismus noch.
3 Yves Ternon, »Mise à mort d'un peuple«, in: *L'Histoire* Nr. 187, April 1995, S. 26.
4 Bereits weniger als ein Jahr nach der Machtübernahme der Jungtürken waren im April 1909 in der Region um Adana an die 20 000 Armenier umgebracht worden.
5 In einem Schreiben vom 26. Mai 1915 forderte der Innenminister über den Großwesir vom Kabinett ein Sondergesetz zur Ermöglichung von Deportationen. Das Schreiben wurde am 29. Mai vom Großwesir unterzeichnet, aber erst am 30. Mai beraten. Ohne die Armenier direkt zu nennen, erlaubt das Gesetz den Armeechefs, die Deportation von Bevölkerungsteilen anzuordnen, die sich des Verrats oder der Spionage verdächtig gemacht hatten, oder aus militärischen Gründen.
6 V. Dadrian, zitiert nach der frz. Ausgabe, S. 379.
7 Vgl. V. Dadrian, *Autopsie du génocide arménien*, Brüssel 1995, S. 69.
8 Vgl. V. Dadrian, *Histoire ...*, a.a.O., S. 389.
9 Zit. nach *Österreichisches Staatsarchiv*, HHStA PA XL 273, Nr. 327.
10 *Revue d'Histoire arménienne contemporaine*, numéro spécial, tome 2, Annales de la Bibliothèque Nubar, Union générale arménienne de Bienfaisance, Paris 1998, S. 189.
11 Die Angaben über die Gesamtzahl der Todesopfer schwanken zwischen 1,5 Mio., von denen in armenischen Veröffentlichungen die Rede ist,

und 500 000 Opfern, die das türkische Innenministerium im Jahr 1919 anerkannte; diese Zahl bestätigt der türkische Historiker Bayur, und auch Mustafa Kemal erkennt sie an. Mit Ternon sei festgehalten, dass die Proportionen bei den beiden vorgebrachten Opferzahlen in etwa übereinstimmen: Es handelt sich um zwei Drittel [der armenischen Bevölkerung]. Vgl. Yves Ternon, in: *L'Histoire* ..., a.a.O., S. 30.

12 Vgl. das Vorwort von Gérard Chaliand in: Archavir Chiragian, *La Dette de sang: Un Arménien traque les responsables du génocide 1921–1922*, Ramsay, Paris 1982, S. 30.

13 V. Dadrian, *Histoire* ..., a.a.O., S. 83.

14 Ebenda.

15 Raymond Kévorkian, »L'extermination des déportés arméniens ottomans dans les camps de concentration de Syrie-Mésopotamie, la deuxième phase du génocide«, in *Revue d'Histoire* ..., a.a.O., S. 14.

16 Ebenda, S. 188.

17 Ebenda, S. 13–17.

18 Ebenda, S. 17.

19 Für dieses Teilkapitel stützen wir uns überwiegend auf das grundlegende Werk von Raymond Kévorkian, a.a.O.

20 Primäres Ziel war auch nicht die Vernichtung, zumindest nicht die direkte Vernichtung – freilich war der größte Teil der Armenier bereits auf den langen Märschen durch die anatolischen Hochebenen umgekommen.

21 R. Kévorkian, a.a.O., S. 19.

22 Jean-Jacques Becker, »Génocide: du bon usage d'un mot«, in: *L'Histoire*, Nr. 187, April 1995, S. 39.

23 R. Kévorkian, a.a.O., S. 50.

24 Ebenda, S. 39.

25 Ebenda, S. 52.

26 Ebenda, S. 61.

27 Unseres Erachtens läge es im Interesse der türkischen Regierung, den Völkermord an den Armeniern anzuerkennen, zumal die heutige Türkei erst lange nach dem »Armenozid« entstanden ist. Es geht nicht um eine »Gemeinschuld« des Volkes oder der (modernen) Türkei, sondern vielmehr um den Begriff der Verantwortung; eine Verantwortung, die die Türkei gegenüber dem armenischen Volk und gegenüber der Geschichte zu tragen hat. Die historischen Pflichten des Erinnerns sind für die Türkei umso wichtiger, als sie offizieller Beitrittskandidat zur Europäischen Union ist.

28 BNu, Fonds A. Andonian, *Matériaux pour l'histoire du génocide*, PJ.1/3, liasse 59, Ras ul-Aïn, fl: 30–32, in: R. Kévorkian, a.a.O., S. 119 f.

29 Ebenda, liasse 8, Abouharar, ff. 1–2, in: R. Kévorkian, a.a.O., S. 146 ff.

1918 – Der GULag

1 Michel Mourre, *Dictionnaire encyplopédique d'histoire*, Paris 1996, S. 1337.
2 Maurice Rajsfus, *Drancy, un camp de concentration très ordinaire 1941–1944*, Paris 1991, S. 15.
3 Zu den Zahlen der Gefangenen des Gulag siehe Kapitel »Wie viele Gefangene?«, S. 152 ff.
4 In: Paul Barton, *L'institution concentrationnaire en Russie*, Paris 1959, S. 14.
5 Claude Roy in: Dostoïevski, *La Maison des morts*, Paris 1977, S. 9.
6 Alexander Solschenizyn, *Der Archipel Gulag. Folgeband. Arbeit und Ausrottung. Versuch einer künstlerischen Bewältigung*, Bern 1974, S. 25. Zu diesen und folgenden Abkürzungen vergl.: Ralf Stettner, *»Archipel GULag«: Stalins Zwangslager*, Paderborn, München, Wien, Zürich 1996.
7 Siehe das Vorwort zur erwähnten französischen Ausgabe, Dostoïevski, *La maison des morts*, Paris 1977.
8 A. Solschenizyn, a.a.O., S. 189.
9 Ebenda, S. 190.
10 Zitiert nach Soljenitsyne, *L'Archipel du goulag*, Paris 1976, Bd. 2. S. 153 f.
11 Siehe hierzu Jacques Rossi, *Le Manuel du goulag*, Paris 1996, S. 306.
12 Anton Tschechow, *Die Insel Sachalin*, München 1971, insbesondere S. 124.
13 Jocelyne Fenner, *Le goulag des Tzars*, Paris 1986.
14 Ebenda, S. 146.
15 Ebenda, S. 175 f.
16 Fjodor M. Dostojewski, *Aufzeichnungen aus einem Totenhaus*, Sämtliche Werke in zehn Bänden, übertragen von E. K. Rahsin, München 1977/1980, Bd. 1, S. 39.
17 J. Fenner, a.a.O., S. 179.
18 V. I. Lénine, *Œuvres complètes*, Bd. 26, Moskau 1958, S. 410.
19 Andrzej J. Kaminski, *Konzentrationslager 1896 bis heute. Geschichte, Funktion, Typologie*, München 1990.
20 Michel Heller, *Le monde concentrationnaire et la littérature soviétique*, Lausanne 1974, S. 37.
21 Ebenda, S. 9.
22 Bei der Vorgeschichte und Geschichte des GULag beziehen wir uns im folgenden mehrfach auf die ins Französische übersetzte Studie der russischen Organisation Memorial, *Le système des camps de rééducation par le travail en URSS*, Moskau 1998 (russisch).
23 P. Barton, a.a.O., S. 21.
24 A. Solschenizyn, a.a.O., S. 17, S. 21.
25 M. Heller, a.a.O., S. 40.
26 A. Kaminski, a.a.O., S. 96.

27 Zitiert nach M. Heller, a.a.O., S. 26.
28 Memorial, a.a.O., S. 3.
29 Zur Entwicklung der sowjetischen KZs siehe A. Kaminski, a.a.O., S. 86 ff.
30 A. Solschenizyn, a.a.O., S. 54
31 J. Rossi, a.a.O., S. 21.
32 Memorial, a.a.O., S. 3.
33 Galina Ivanova, *GULag und stalinistische Repression nach dem Zweiten Weltkrieg,* Berlin 1999.
34 A. Solschenizyn, a.a.O., S. 23.
35 Memorial, a.a.O., S. 6.
36 Jean-Jacques Marie, *Le Goulag,* Que sais-je?, Paris 1998, S. 33 f.
37 David Dallin / Boris Nicolaievski, *Le Travail forcé en URSS,* Paris 1949. Siehe auch die deutschsprachige Ausgabe David Dallin / Boris Nikolaevski, *Zwangsarbeit in Sowjetrussland,* Wien 1948.
38 J.-J. Marie, a.a.O., S. 36.
39 A. Solschenizyn, a.a.O., S. 69 f.
40 Zitiert nach A. Soljenitsyne, *L'Archipel du goulag,* Paris 1976, Bd. 2. S. 59.
41 Zeugnis von Pierre Broissac in: Pierre Rigoulot, *Des Français au goulag,* Paris 1984, S. 17–50.
42 J.-J. Marie, a.a.O., S. 48.
43 Memorial, a.a.O., S. 27.
44 Zu den Siedlern siehe Nicolas Werth, »La Vérité sur le goulag«, in: *L'Histoire,* September 1993, S. 33.
45 Memorial, a.a.O., S. 20.
46 Ebenda, S. 27.
47 Ralf Stettner, »*Archipel Gulag*«: *Stalins Zwangslager,* Paderborn, München, Wien 1996, S. 109.
48 Memorial, a.a.O., S. 29.
49 J. Rossi, a.a.O, S. 67.
50 P. Barton, a.a.O., S. 302.
51 J.-J. Marie, a.a.O., S. 126.
52 Anatolij Martschenko, *Meine Aussagen: Bericht eines sowjetischen Häftlings 1960–1966,* Frankfurt a. M. 1969 (frz.: Anatoli Martchenko, *Mon témoignage,* Paris 1970).
53 Avraam Shifrin, *URSS, sa seizième république,* Lausanne 1980.
54 Ebenda, S. 34–39.
55 Ebenda, S. 81.
56 Siehe Armand Maloumian, *Les Fils du goulag,* Paris 1976, und Pierre Rigoulot, *Des Français au goulag,* Paris 1984. Siehe ebenso Pére Nicolas, *Onze ans au paradis,* Paris 1958.
57 Margarete Buber-Neumann, *Als Gefangene bei Stalin und Hitler,* München 1949.
58 A. Martschenko, a.a.O., S. 39 f.

59 Sylvestre Mora / Pierre Zwierniak, *La Justice soviétique,* Rom 1945, S. 163.
60 D. Dallin / B. Nicolaievski, a.a.O., S. 9f.
61 Zu diesen Schätzungen siehe W. N. Semskow in der russischen Wochenzeitung *Argumenty et Fakty* (11/11/89 und 1/7/90) sowie in der Zeitschrift *Soziologitscheskije issledowania,* Nr. 6, 1991.
62 Siehe *L'Histoire,* September 1993, a.a.O., S. 50.
63 Edwin Bacon, in: *Revue d'études comparatives Est et Ouest,* 1992, Nr. 2.
64 Zu dieser Diskussion siehe die unterschiedlichen Ansichten von J. Rossi in *Manuel du goulag,* a.a.O., und von J.-J. Marie, *Le Goulag,* a.a.O.
65 Zitiert nach J.-J. Marie, a.a.O., S. 5.
66 Ebenda, S. 51.
67 S. Mora / P. Zwierniak, a.a.O., S. 22, S. 74.
68 A. Martschenko, a.a.O., S. 44f.
69 Siehe Warlam Schalamow, *Kolyma. Insel im Archipel,* Köln 1967, S. 189 ff.
70 Siehe J. Rossi, a.a.O., S. 25.
71 Siehe hierzu ihr bemerkenswertes Buch *Dix-sept ans dans des camps soviétiques,* Paris 1963.
72 Siehe hierzu die Erinnerungen eines Deutschen, dessen Familie vor dem Krieg in Rumänien lebte: Johann Urwich, *Ohne Pass durch die UdSSR,* München, 3 Bde. 1978 u. 1982.
73 Siehe hierzu *Les Français du goulag,* ein Film von Thibault d'Oiron.
74 Siehe P. Rigoulot, a.a.O.
75 Lew Rasgon, *La Vie sans lendemains,* Paris 1991, S. 208.
76 P. Barton, a.a.O., S. 141.
77 Ebenda, S. 51.
78 Ebenda.
79 S. Mora / P. Zwierniak, a.a.O., S. 30.
80 L. Rasgon, a.a.O., S. 12.
81 S. Mora / P. Zwierniak, a.a.O., S. 302.
82 L. Rasgon, a.a.O., S. 151.
83 A. Solschenizyn, a.a.O., S. 429.
84 Jewgenia Ginsburg, *Le Ciel de la Kolyma,* Paris 1980, S. 11
85 Ebenda, S. 18.
86 Ebenda, S. 202.
87 P. Barton, a.a.O., S. 7 und 55.
88 Zur willkürlichen Rehabilitierungspraxis im Sowjetstaat siehe A. Kaminski, a.a.O., S. 212f.
89 J. Rossi, a.a.O., S. 92.
90 S. Mora / P. Zwierniak, a.a.O., S. 275
91 A. Solschenizyn, a.a.O., S. 422 und S. 427.
92 S. Mora / P. Zwierniak, a.a.O., S. 269. Zu den Transporten im Stolypin-Waggon siehe auch A. Martschenko, a.a.O., S. 19ff und A. Kaminski, a.a.O., 221 ff.

93 S. Mora / P. Zwierniak, a.a.O., S. 269.
94 P. Barton, a.a.O., S. 119.
95 Joseph Scholmer, *La grève de Vorkouta*, Paris 1959, S. 57.
96 Siehe hierzu J. Rossi, den Artikel »Zone«, a.a.O.
97 S. Mora / P. Zwierniak, a.a.O., S. 118.
98 J. Rossi, a.a.O., S. 33.
99 A. Solschenizyn, a.a.O., S. 196.
100 J. Rossi, a.a.O., S. 63.
101 Vgl. A. Solschenizyn, a.a.O., S. 162. Das folgende Zitat siehe die frz. Ausgabe, A. Soljenitsyne, a.a.O., Bd. 2, S. 132.
102 J. Rossi, a.a.O., S. 308.
103 Ebenda, S. 112.
104 Ebenda, S. 39.
105 A. Solschenizyn, a.a.O., S. 399.
106 A. Martschenko, a.a.O., S. 67.
107 Elinor Lipper, *Elf Jahre in sowjetischen Gefängnissen und Lagern*, Zürich 1950, S. 118.
108 Ebenda. Siehe auch die Passage in M. Buber-Neumann, a.a.O., S. 83 ff.
109 J.-J. Marie, a.a.O., S. 61.
110 P. Barton, a.a.O., S. 126.
111 J. Scholmer, a.a.O.
112 A. Martschenko, a.a.O., S. 241.
113 M. Heller, a.a.O., S. 106.
114 S. Mora / P. Zwierniak, a.a.O., S. 197.
115 *The Dark Side of the Moon*, London 1946, S. 112. (Anonym), neu aufgelegt New York 1989.
116 Ebenda, S. 112.
117 E. Lipper, a.a.O., S. 203.
118 A. Martschenko, a.a.O., S. 324.
119 M. Heller, a.a.O., S. 208.
120 P. Barton, a.a.O., S. 194.
121 A. Solschenizyn, a.a.O., S. 192 f.
122 Ebenda, S. 48.
123 E. Lipper, a.a.O., S. 175.
124 S. Mora / P. Zwierniak, a.a.O., S. 104.
125 A. Solschenizyn, a.a.O., S. 73
126 E. Lipper, a.a.O., S. 175.
127 P. Barton, a.a.O., S. 225.
128 A. Soljenitsyne, a.a.O., S. 217.
129 E. Lipper, a.a.O., S. 175 f.
130 Varlam Chalamov, *Kolyma*, Paris 1980, S. 140. Siehe auch dt. Warlam Schalamow, a.a.O.
131 A. Martschenko, a.a.O., S. 237.
132 Pierre Rigoulot, *La Tragédie des Malgré-nous*, Paris 1987, S. 170.
133 A. Martschenko, a.a.O., S. 69.

134 Zitiert nach Karlo Stajner, *7000 jours en Sibérie*, Paris 1983. Siehe auch dt. *Siebentausend Tage in Sibirien*, Wien 1975.
135 M. Buber-Neumann, a.a.O., S. 69f.
136 A. Solschenizyn, a.a.O., S. 240f.
137 J. Rossi, a.a.O., S. 180.
138 J. Scholmer, a.a.O., S. 70ff.
139 P. Rigoulot, a.a.O., S. 171.
140 E. Lipper, a.a.O., S. 175.
141 Victor Herman, *Le survivant des glaces*, Paris 1984, S. 253.
142 P. Rigoulot, a.a.O., S. 153.
143 J. Rossi, a.a.O., S. 283.
144 S. Mora / P. Zwierniak, a.a.O., S. 313.
145 Ebenda.
146 E. Lipper, a.a.O., S. 199f.
147 Zitiert nach der frz. Ausg. A. Martchenko, a.a.O., S. 6.
148 J. Ginsburg, a.a.O., S. 33.
149 A. Martschenko, a.a.O., 209.
150 Ebenda. S. 249.
151 D. Dallin / B. Nicolaievski, a.a.O., S. 33.
152 *The Dark Side ...*, a.a.O., S. 152.
153 P. Barton, a.a.O., S. 198.
154 J. Rossi, a.a.O., S. 112.
155 Beispiele für Ausbrüche siehe Francisque Bornet, *Je reviens de Russie*, Paris 1947, S. 143 f.; M. Buber-Neumann, a.a.O., S. 107f.; J. Scholmer, a.a.O., S. 57 f.; Anatole Krakowiecki, *Kolyma, Les Îles d'or*, Paris 1950, S. 146; El Campesino, *La vie et la mort en URSS. Les îles d'or*, Paris 1950, S. 118 (dt. *Leben und Tod in der UdSSR*, Hamburg 1975); A. Martschenko, a.a.O., S. 62ff.
156 Zitiert nach P. Barton, a.a.O., S. 172.
157 S. Mora / S. Zwierniak, a.a.O., S. 303.
158 J. Rossi, a.a.O., S. 34.
159 Gustav Herling, *Un monde à part*, Paris 1985, S. 143.
160 Zitiert nach der frz. Ausg. A. Martchenko, a.a.O., S. 187.
161 S. Mora / P. Zwierniak, S. 274f. und S. 299.
162 J. Rossi, a.a.O., S. 48.
163 Ebenda, S. 55.
164 Zu den Scharaschkas siehe Lucienne Félix, *La Science au gulag*, Paris 1981, insbesondere S. 20 und S. 113. Siehe auch: Kurt Magnus, *Raketensklaven. Deutsche Forscher hinter rotem Stacheldraht*, Stuttgart 1993.
165 A. Soljenitsyne, a.a.O., S. 58.
166 Ebenda.
167 A. Solschenizyn, a.a.O., S. 67f.
168 S. Mora / P. Zwierniak, a.a.O., S. 117. Siehe auch E. Bacon, a.a.O., S. 245.
169 P. Barton, a.a.O., S. 167.

170 Zu diesem Thema siehe die Zeugnisse von Jerzy Glickman, *Tell the West*, National Committee for a free Europe, New York 1948, S. 147 und El Campesino, a.a.O., S. 118.
171 A. Soljenitsyne, a.a.O., S. 105.
172 S. Mora / P. Zwierniak, a.a.O., zu den Lagersystemen und ihren wirtschaftlichen Aufgaben S. 120–124. Siehe auch R. Stettner, a.a.O., ab S. 140 und ab S. 216.
173 S. Mora / P. Zwierniak, a.a.O., S. 98.
174 E. Lipper, a.a.O., S. 132 f.
175 A. Solschenizyn, a.a.O., S. 136.
176 M. Heller, a.a.O., S. 206 f.
177 Ebenda, S. 223. Das Marx-Zitat siehe A. Solschenizyn, a.a.O., S. 135.
178 A. Soljenitsyne, a.a.O., S. 13.
179 Zitiert nach Varlam Chalamow, *Récits de la Kolyma*, Paris 1986; siehe auch die dt. Ausg., Warlam Schalamow, *Geschichten aus Kolyma*, Berlin 1983.
180 A. Soljenitsyne, a.a.O., S. 201.
181 Ebenda, S. 461.
182 Siehe der Untertitel des Folgebandes.
183 A. Solschenizyn, a.a.O., S. 82.
184 A. Solschenizyn, a.a.O., S. 86.
185 A. Soljenitsyne, a.a.O., S. 69.
186 Ebenda, S. 74.
187 P. Barton, a.a.O., S. 68.
188 Ebenda, S. 79.
189 Ebenda, S. 81.
190 Ebenda, S. 78.
191 J. Ginsburg, a.a.O., S. 323.
192 Ebenda. Siehe auch A. Kaminski, a.a.O., S. 233,

1926 – Von Mussolini bis Vichy
Italien
1 Pierre Milza, »Question sur le fascisme italien«, *L'Histoire*, Nr. 235, September 1999, S. 34–37.
2 Pier Giacomo Sottoriva, *Le Isole dietro il Confino, L'ergastole di Stephen. Stefano e le »colonie« di Ponza e Ventotene con gli di qualcuna che ci visse*, Florenz 1997, S. 57.
3 Ebenda, S. 54.
4 Romain H. Rainero, »Les camps de concentration en Italie«, S. 275–281, in François Bédarida / Laurent Gervereau, Hg., *La déportation, le système concentrationnaire nazi*, BDIC, Sammlung unter der Leitung von Joseph Hue, Nanterre 1995.
5 Ebenda, S. 276.
6 *L'Internata n° 6*, Tranchida, Hg., Mailand 1994 (Erstveröffentlichung im Oktober 1944 durch De Luigi).

7 R. H. Rainero, a.a.O., S. 278.
8 Ebenda, S. 44.
9 Vorwort von Liliana Picciotto Fargion zu Carlo Spartaco Capogreco, *Ferramonti*, Florenz 1987, S. 10f.
10 C. S. Capogreco, a.a.O., S. 137.
11 Francesco Folino, *Ferramonti, un lager di Mussolini*, Cosenza 1985.
12 Ebenda.
13 Marie-Anne Matard-Bonucci, »Salo ou les derniers jours du Duce«, *Histoire*, Nr. 235, September 1999, S. 48f.
14 R. H. Rainero, a.a.O., S. 281.
15 P. Milza, a.a.O., S. 36.

Portugal
16 Tarrafal ist das bei weitem bekannteste Lager, doch es gab auf den Kapverdischen Inseln noch das Arbeitslager Santa Catarina, in dem politische Gefangene aus der Region interniert wurden. In Mosambik gab es bereits 1951 unweit der Hauptstadt Lorenço Marques (heute Maputo) das besonders strenge Lager Machava, in dem gefoltert wurde. Allerdings verstand sich das Lager nicht als gewöhnliche Haftanstalt, sondern als »politisch-soziales Wiedereingliederungslager« für Häftlinge, die vom rechten, »vaterländischen« Weg abgekommen waren.
17 Die Seeleute dreier Kriegsschiffe hatten versucht, aus dem Hafen von Lissabon auszulaufen, um sich mit ihren Schiffen der republikanischen spanischen Armee anzuschließen. Die Revolutionäre Organisation der Armee (ORA) hatte die Aktion geleitet. Das Vorhaben scheiterte, nachdem Befehl gegeben worden war, die Schiffe unter Geschützfeuer zu nehmen. Die Matrosen, die dabei nicht umkamen, wurden festgenommen und nach Tarrafal gebracht.
18 Mario Soares, *Le Portugal bâillonné*, Paris 1972, S. 37. Beispiele für Parolen bei einer Demonstration: »Tod der PIDE!«, »Weg mit Tarrafal!« (S. 25) oder »Schließt das Lager Tarrafal!« (S. 49).
19 Diese letzten Informationen sind dem Dossier entnommen, das der Internationale Verband demokratischer Juristen und die belgische Liga für Menschenrechte während des Prozesses gegen Daniel Cabrita im Januar 1972 zusammengestellt haben.

Spanien
20 Die Kommission traf nur mit den Internierten der *destacamentos* von Castillejo (31 Gefangene), Buitrago (110), Sama (81) und Tudela Veguin (222) sowie mit den Insassen des Militärlagers Dos Hermanas (74) zusammen.
21 Internationale Kommission zur Bekämpfung des Konzentrationslagersystems, *Livre blanc sur le système pénitentiaire espagnol*, Paris 1953, S. 175.
22 Robert Belot, *Aux frontières de la liberté*, Paris 1998, S. 277.

23 *Dormimos en el cemento/de cabecera un ladrillo. Y esta es la nueva España/que quiere nuestro caudillo.*
24 Persönliche Mitteilung an die Autoren von Cosme Matarránz, einer ehemaligen Internierten im Lager Avilés.
25 Siehe Joan Llarch, *Campos de concentración an la España de Franco,* Barcelona 1978.
26 Siehe auch Marie-Claude Rafaneau-Boj, *Odyssée pour la liberté. Les camps de prisonniers espagnols 39–45,* Paris 1993, S. 110.

Frankreich
27 René Grando / Jacques Queralt / Xavier Febrès, *Les camps du mépris,* Perpignan 1991, S. 23.
28 Ebenda, S. 31.
29 Gérard Bolet, »La retirada: de l'exode aux camps de la douleur«, in *L'Indépendant,* 4. Februar 1939.
30 Denis Peschanski, *Vichy 1940–1944, contrôle et exclusion,* Brüssel 1997.
31 R. Grando u. a., a.a.O., S. 81.
32 *L'Indépendant,* 4. Februar 1939.
33 Albert Rafael, *Vida bilingue de un refugiado español en Francia,* 1939–33, Madrid 1977.
34 R. Grando u. a., a.a.O., S. 125.
35 Ebenda.
36 Olga Wormser-Migot, *L'Ère des camps,* 10–18, Paris 1973, S. 108.
37 Dieses Lager ist Gegenstand einer Untersuchung von Claude Laharie, der an die verschiedenen Phasen seiner Geschichte erinnert. Im April/Mai 1939 trafen die spanischen Republikaner ein, und innerhalb weniger Tage war das riesige Lager komplett belegt. Siehe Claude Laharie, *Le camp de Gurs, 1939–1945,* Pau 1989.
38 M.-C. Rafaneau-Boj, a.a.O., S. 207.
39 R. Grando, a.a.O., S. 7. Das Vorwort von Bartolomé Benassar beginnt mit den Worten: »Das 20. Jahrhundert wird das Jahrhundert der Lager gewesen sein ...«
40 Ebenda, S. 12.
41 Ebenda, S. 42.
42 Ebenda, S. 135.
43 M.-C. Rafaneau-Boj, a.a.O., S. 138.
44 Roc d'Almenara, *Diari d'un refugiat català,* zitiert in: R. Grando, a.a.O., S. 108.
45 Ebenda, S. 115 f.
46 Claude Depla, *Le Camp du Vernet d'Ariège 1939–1944,* S. 3.
47 M.-C. Rafaneau-Boj, a.a.O., S. 177.
48 David Cesarani / Tony Kushner, *The internment of aliens in 20th century Britain,* London 1993.
49 Elinor Lipper, *Elf Jahre in sowjetischen Gefängnissen und Lagern,* Zürich 1950, S. 118.

50 Jewgenia Ginsburg, *Le Ciel de la Kolyma*, Paris 1980, S. 39.
51 Arthur Koestler, »Abschaum der Erde«, in: *Gesammelte Autobiographische Schriften*, 2 Bände, Wien/München/Zürich 1971, Bd. 2, S. 44.
52 Zitiert in *Le Populaire*, 14. Mai 1939, S. 2, und in Hanna Schramm, *Menschen in Gurs. Erinnerungen an ein französisches Internierungslager (1940–1941)*, mit einem dokumentarischen Beitrag zur französischen Emigrantenpolitik (1933–1944) von Barbara Vormeier, Worms 1977, S. 227 f.
53 Arthur Koestler, *Œuvres*, Paris 1994, S. 956.
54 Lion Feuchtwanger, *Der Teufel in Frankreich*, München/Wien 1983, S. 44. Das Buch erschien erstmalig 1942 unter dem Titel *Unholdes Frankreich*.
55 Ebenda, S. 26.
56 Ebenda, S. 54.
57 Ebenda, S. 81.
58 Ebenda.
59 O. Wormser-Migot, a.a.O., S. 109.
60 A. Koestler, *Abschaum der Erde*, a.a.O., S. 385.
61 L. Feuchtwanger, a.a.O., S. 43 f.
62 Friedel Bohny-Reiter, *Journal de Rivesaltes 1941–1942*, Genf 1993, S. 47.
63 Renée Poznanski, *Être juif en France pendant la Seconde Guerre mondiale. La vie quotidienne*, Paris 1979. S. 32.
64 H. Schramm, a.a.O., S. 32.
65 Ebenda, S. 239.
66 Claude Laharie in: Monique Lise Cohen / Eric Malo, *Les Camps du Sud-Ouest de la France*, Toulouse 1994, S. 87, 109, 121 und 158.
67 C. Laharie, a.a.O., S. 121.
68 H. Schramm, a.a.O., S. 240 f.
69 Ebenda, S. 241.
70 In der Südzone gab es weitere Lager von geringerer Bedeutung wie etwa St. Paul d'Eyjeaux im Limousin, St. Germain-les-Nelles im Dep. Vienne, Auchère en Corrèze, Sisteron (Basses Alpes), Barraux (Isère), Saint Sulpice, La Pointe und Brens (Tarn). Siehe dazu M. L. Cohen / Eric Malo, *Les Camps du Sud-Ouest de la France*, Toulouse 1994, S. 79 ff.
71 R. Poznanski, a.a.O., S. 268.
72 D. Peschanski, a.a.O., S. 90.
73 Eric Conan, *Sans oublier les enfants. Les Camps de Pithiviers et de Beaune-la-Rolande*, Paris 1991, S. 39, und *L'Express* Nr. 2025, 27. April 1990.
74 *La Démocratie*, 11. März 1939, zitiert in R. Grando, a.a.O., S. 59.
75 Gilbert Badia, Hg., *Les Barbelés de l'exil*, Grenoble 1979. S. 103.
76 Bericht Danneckers über die Lager in Südfrankreich vom 20. Juli 1942 (Centre de documentation juive contemporaine, Paris, Akte XXV b-87, S. 3 f.) Zitiert nach Schramm, a.a.O.

77 Wie Eric Conan gezeigt hat, »verlangen die Deutschen zu der Zeit nur die Juden verschiedener ausländischer Nationalitäten, die über 16 Jahre alt sind«. Die französischen Juden waren aufgrund der Übereinkunft zwischen der SS und René Bousquet vom 2. Juli, die Pierre Laval (auf Druck der Deutschen seit 1942 Ministerpräsident) zwei Tage später billigte und bestätigte, vorläufig vor Deportationen sicher.
78 Zitiert nach E. Conan, a.a.O., S. 70. Es gab also einige wenige und offensichtlich überlastete Krankenschwestern und Sozialarbeiterinnen.
79 E. Conan, a.a.O., S. 59.
80 Ebenda, S. 3
81 Adélaïde Hautval, zitiert nach E. Conan, a.a.O., S. 84.
82 Ebenda, S. 104.
83 Laval, so betont Conan, habe Frankreich den Status einer selbstständigen Macht verschaffen wollen, die frei mit den Deutschen zusammenarbeitete. Die Deportation der ausländischen Juden war eine Gelegenheit, es zu beweisen. Jean Leguay, Vertreter des Generalsekretärs der Polizei, ersuchte die Deutschen offiziell, auch die Kinder zu deportieren. Die Deutschen zögerten, aber natürlich nicht aus humanitären Gründen, sondern weil eine solche Maßnahme ihre früheren Entscheidungen in Frage gestellt hätte. Ebenso wenig waren es humanitäre Gründe, die, wie verschiedentlich behauptet, die französischen Verantwortlichen zu Ihrer Forderung bewogen, die Kinder zu deportieren. Sie hatten so schon genug zu tun und wollten sich nicht auch noch mit den 4000 betroffenen Kindern belasten.
84 Im September 1942 ging ein letzter Transport mit 1240 Personen über Drancy in den Osten. Die restlichen 680 Häftlinge wurden in Beaune-la-Rolande zusammengelegt. Bis zum Sommer 1944 zählte das Lager zwischen 1000 und 2000 Insassen, Kommunisten und Widerstandskämpfer. »Einige, die als wenig gefährlich gelten, kommen aus dem Lager Voves. Ein Teil der Häftlinge wird in die Zuckerfabrik geschickt ... Im März 1944 werden 400 von ihnen beim Bau des Atlantikwalls eingesetzt.« Siehe Bernard Valéry, *Jour de peine et jours d'espoir, Chroniques du Pays entre Beauce et Gâtinais pendant la deuxiéme guerre mondiale*, Orléans 1997, S. 54.
85 So der Untertitel des Buchs von Maurice Rajsfus, *Drancy, un camp de concentration très ordinaire 1941–1944*, Paris 1991.
86 Wie M. Rajsfus ausführt, a.a.O., S. 104: »Die im Lager weilenden Gendarmen unterstanden bis dahin der französischen Polizei. Nach der Übernahme des Lagers durch Brunner und seine SS wurde die Polizei zum Gehen aufgefordert, doch die Gendarmen blieben.«
87 Noël Calef, *Camp de représailles*, Paris 1997, S. 97. Calefs Buch ist ein außergewöhnlicher Bericht über seinen Aufenthalt in Drancy. Dieser »Roman« – den etliche mit Arthur Koestlers *Abschaum der Erde* und David Roussets *Jours de notre mort* vergleichen – widerspricht in kei-

nem Punkt den wissenschaftlichen Untersuchungen oder den Berichten Betroffener.
88 N. Calef, a.a.O., die folgenden Zitate sind seinem Buch entnommen.
89 A. Koestler, *Abschaum der Erde*, a.a.O., S. 382.

1933 – Der Nationalsozialismus
Die nationale Periode

1 Dominique Decèze, *L'ésclavage concentrationnaire*, 2. Aufl. Paris 1995 (FNDIRP).
2 Jean Bezaut, *Oranienbourg 1933–1935, Sachsenhausen 1936–1945*, Cholet 1969.
3 Die wahren Absichten des Regimes wurden gleich im ersten Paragraphen deutlich: »Die Artikel 114, 115, 117, 118, 123, 124 und 153 der Verfassung des Deutschen Reiches werden bis auf weiteres außer Kraft gesetzt. Es sind daher Beschränkungen der persönlichen Freiheit [114], des Rechtes der freien Meinungsäußerung [118] einschließlich der Pressefreiheit, des Vereins- und Versammlungsrechts [124], Eingriffe in das Brief-, Post- Telegraphen- und Fernsprechgeheimnis [116, 117], Anordnungen von Haussuchungen [115] und von Beschlagnahmen sowie Beschränkungen des Eigentums auch außerhalb der sonst hierfür bestimmten gesetzlichen Grenzen zulässig.«
4 So wurde der jüdische Schriftsteller Erich Mühsam am 28. Februar, dem Tag der Verkündung der Notverordnung, durch die SA festgenommen, als er versuchte, in die Tschechoslowakei zu entkommen. Im Lager Oranienburg (ab 2. Februar 1934) wurden ihm wie vielen anderen Juden die schlimmsten Aufgaben zugewiesen, etwa die Reinigung der Latrinen mit bloßen Händen. Er wurde in der Nacht zum 10. Juli 1934 von der SS ermordet. Siehe Bezaut, a.a.O., S. 20.
5 Er starb im Mai 1938 an Tuberkulose.
6 Er wurde noch vor den Wahlen vom 5. März 1933 festgenommen. Trotz der Verfolgung und Unterdrückung der Kommunisten verfehlten die Nazis bei den Wahlen die absolute Mehrheit, sie erreichten nur 288 Reichstagsmandate von 648. Den 81 kommunistischen Abgeordneten wurden wenig später ihre Mandate aberkannt, was das Gewicht der Nazis und ihrer konservativen Verbündeten stärkte, aber die 125 sozialistischen Abgeordneten leisteten ungebrochenen Widerstand.
7 J. Bezaut, a.a.O., S. 22.
8 *Der Prozess gegen die Hauptkriegsverbrecher vor dem internationalen Militärtribunal. Nürnberg 14. November 1945–1. Oktober 1946. Amtlicher Text. Deutsche Ausgabe*, Nürnberg 1949, Bd. IX: Verhandlungsniederschriften 8. März 1946–23. März 1946, Verhandlung am 13. März 1946.
9 Hermann Göring, *Reden und Aufsätze*, München 1938 (Zentralverlag der NSDAP), S. 27.
10 *Der Prozess gegen die Hauptkriegsverbrecher*, Bd. IX, Verhandlung am

18. März 1946; siehe auch Guy Richard, *L'Histoire inhumaine*, Paris 1992, S. 135.
11 *Der Prozess gegen die Hauptkriegsverbrecher*, Bd. XXX, Dokument 2472-PS. Am 8. März war die Sache entschieden, und Reichsinnenminister Wilhelm Frick konnte offiziell die Schaffung von Konzentrationslagern verkünden. Die Schleusen waren offen.
12 J. Bezaut, a.a.O., S. 14 f.
13 *La déportation, le système concentrationnaire nazi*, hrsg. von François Bédarida und Laurent Gervereau, Nanterre 1995 (BDIC).
14 Diese Justizlager mit geringer Kapazität (höchstens 1000 Häftlinge) unterstanden weiterhin den Justizbehörden. Dort saßen politische Häftlinge ein, die wegen Landesverrat zu Zwangsarbeit verurteilt worden waren.
15 Der sozialdemokratische Abgeordnete Gerhardt Seger sagte über die Aufseher, es seien ungebildete Menschen gewesen, fast Analphabeten. Sie gehörten der Kriegs- und Nachkriegsgeneration an, die nur kurz zur Schule gegangen war und keine Aussicht hatte, jemals Arbeit zu finden. In die SA zu gehen erschien diesen Arbeiter- und Bauernsöhnen als ein Ausweg aus der Armut. Hinzu kam noch, dass die Uniformen, das Spektakel der Fackelzüge und das Gefühl der Allmacht, weil sie einer »Elite« angehörten, die schlichten Gemüter tief beeindruckte.
16 Eugen Kogon, *Der SS-Staat. Das System der deutschen Konzentrationslager*, 38. Aufl. München 2000, S. 61.
17 Die SS war für Verwaltung (sie fiel in das Ressort der Inspektion der Konzentrationslager, IKL) und Überwachung der Konzentrationslager zuständig.
18 Joseph Billig, *L'hitlérisme et le système concentrationnaire*, Paris 1967, S. 186.
19 Himmler übertreibt den Erfolg seines Widerstands gegen den Kurs der Ministerien 1933. Nach einem NS-feindlichen Werk zu urteilen, das das Leben im KZ Dachau von März bis Oktober 1933 beschreibt, erreichte die Welle der Freilassungen auch dieses KZ. *Der Prozess gegen die Hauptkriegsverbrecher*, Bd. XXIX, Dokument 1992 (A)-PS.
20 *Münchner Neueste Nachrichten*, Dienstag, 21. März 1933, Nr. 79, zitiert nach: Hans-Günter Richardi, *Schule der Gewalt. Die Anfänge des Konzentrationslagers Dachau 1933–1934*, München 1983, S. 36 ff. Siehe auch Jean Manson (Hg.), *Leçons de ténèbres, résistants et déportés*, Paris 1995 (FNDIR/UNADIF), S. 136. Die Eröffnung des Lagers Dachau wurde auch vom *Völkischen Beobachter* begrüßt.
21 Wolfgang Sofsky, *Die Ordnung des Terrors: Das Konzentrationslager*, Frankfurt am Main 1999, S. 11 f.
22 Tatsächlich wurde er erst Ende Juni 1933 zum Leiter des KZ Dachau ernannt als Nachfolger für SS-Oberführer Wäckerle.
23 *Der Prozess gegen die Hauptkriegsverbrecher*, Bd. XXVI, Dokument 778-PS.

24 Siehe Rudolf Höß, *Kommandant in Auschwitz. Autobiographische Aufzeichnungen*, hrsg. von Martin Broszat, 7. Aufl. München 1979, S. 66 f., ferner Joseph Billig, a.a.O., S. 343.
25 Am 1. April 1936 erhielten die *Wachmannschaften* die Bezeichnung *Totenkopfverbände*.
26 Eugen Kogon, a.a.O., S. 57.
27 Ab 1935 bestand die Inspektion der Konzentrationslager (IKL), die neue Kontrollinstanz, mit Sitz zunächst in Berlin in den Räumlichkeiten der Gestapo. Im August 1938 zog Eickes Stab nach Oranienburg, in die Nähe des 1936 eröffneten Lagers Sachsenhausen. Dort blieb die IKL bis 1945.
28 Guy Berben, *Histoire du camp de concentration de Dachau (1933–1945)*, Brüssel 1967 (Internationales Dachau-Komitee), S. 18.
29 Koch wurde 1945 erschossen. Seine Frau wurde zweimal zu lebenslanger Haft verurteilt. Sie beging 1967 in ihrer Zelle Selbstmord.
30 *Völkischer Beobachter*, 18. 9. 1935.
31 Der Schutzhafterlass vom 25. Januar 1938, zitiert bei Hans Buchheim / Martin Broszat / Hans-Adolf Jacobsen / Helmut Krausnick, *Anatomie des SS-Staates. Gutachten des Instituts für Zeitgeschichte*, 2 Bde., Olten und Freiburg i. Br. 1965, Bd. 2, S. 88.
32 Siehe Olga Wormser-Migot, *L'Ère des camps*, Paris 1975.
33 Siehe die hervorragende »Chronologie des Systems der Konzentrationslager«, die Christian Bachelier aufgestellt hat, in: F. Bédarida und L. Gervereau, (BDIC), a.a.O., S. 297–305. Wir stützen uns im Folgenden weitgehend darauf.
34 Jan Valtin, *Tagebuch der Hölle*, Köln, Berlin 1957, S. 439 ff. (Original: *Out of the night*, New York 1941).
35 Erneut sei auf Christian Bachelier verwiesen, a.a.O., S. 297–305.
36 Frank Sparing, »Les camps tsiganes, genèse, caractère et importance d'un instrument de persécution des Tsiganes sous le nazisme«, in: K. Fings, H. Heuss und F. Sparing, *De la »science raciale« aux camps. Les Tsiganes dans la Seconde Guerre mondiale*, Bd. I., Paris 1997 (Centre de Recherches Tsiganes). Siehe auch: K. Fings, F. Sparing, *Nur wenige kamen zurück. Sinti und Roma im Nationalsozialismus. Katalog zur Ausstellung*, Köln 1990.
37 Siehe R. Höß, a.a.O., S. 108.
38 W. Sofsky, a.a.O., S. 47.
39 Zu den Steineklopfern von Buchenwald gehörten eine Zeit lang Dr. Winterstein (60 Jahre) und Baron Duval, der ehemalige österreichische Staatsjugendführer.
40 E. Kogon, a.a.O., S. 115.
41 Claus Drobisch, »Les camps allemands de 1933 à 1939«, in: F. Bédarida und L. Gervereau (BDIC), a.a.O., S. 45.
42 H.-G. Richardi, *Schule der Gewalt*, a.a.O., S. 37.
43 Dokumentensammlung *Ursachen und Folgen. Vom deutschen Zusam-*

menbruch 1918 und 1945 bis zur staatlichen Neuordnung Deutschlands in der Gegenwart, hrsg. von Herbert Michaelis und Ernst Schraepler, Berlin 1964, Bd. 9, Dokument 2152.
44 Kogon, a.a.O., S. 106.
45 Der Prozess gegen die Hauptkriegsverbrecher, Bd. XXIX, Dokument 1992(A)-PS; siehe auch J. Billig, a.a.O., S. 85.
46 Marcel Ruby, Le Livre de la déportation, Paris 1995, S. 137.
47 Siehe Sachso, hrsg. Amicale d'Oranienbourg-Sachsenhausen, Paris 1982.
48 Hermann Langbein, Menschen in Auschwitz, Wien 1972, S. 150 ff.
49 Dem oder den Komponisten wurde sogar ein Honorar von zehn Reichsmark versprochen. Ein Kapo steckte schließlich das Geld ein. Tatsächlich war das Lied von zwei österreichischen Juden geschrieben worden. Der Text stammte von Löhner-Beda, dem Librettisten Franz Lehárs, der später in Auschwitz starb, die Musik von dem Wiener Kabarettsänger Leopoldi. Siehe Eugen Kogon, a.a.O., S. 107.
50 Ebenda, S. 129.
51 Ebenda, S. 104, S. 131.
52 Edgar Kupfer-Koberwitz, Die Mächtigen und die Hilflosen. Als Häftling in Dachau, Bd. 1, Stuttgart 1957, S. 301 ff.
53 H. Langbein, a.a.O., S. 40.
54 R. Höß, a.a.O., S. 65 f.
55 Olga Wormser-Migot, Le Système concentrationnaire nazi (1933–1945), Paris 1968, S. 292.
56 Reimund Schnabel, Macht ohne Moral. Eine Dokumentation über die SS, Frankfurt am Main 1957, Dokument D 30, S. 106.
57 Der Prozess gegen die Hauptkriegsverbrecher, Bd. XXIX, Dokument 1992(A)-PS; siehe auch J. Bezaut, a.a.O., S. 48, sowie O. Wormser-Migot, Le système concentrationnaire, a.a.O., S. 125 f.
58 Rede des Reichsführers SS vor den preußischen Staatsräten, in: Friedrich Zipfel, Gestapo und Sicherheitsdienst, Berlin 1960, S. 19.
59 J. Billig, a.a.O., S. 9.
60 Alfred Rosenberg, Der Mythus des 20. Jahrhunderts, München 1934, S. 580.
61 Im Juni 1938 wurden 500 Juden aus Berlin und Breslau in einem Stall ohne Tische, Bänke, Betten und Wasser untergebracht. Für einen Schluck Wasser mussten sie den »Grünen« bis zu einer Mark zahlen. 150 Tote in zwei Monaten.
62 Siehe Bruno Bettelheim, Aufstand gegen die Masse. Die Chance des Individuums in der modernen Gesellschaft, München 1964.
63 Zitiert bei D. Decèze, a.a.O., S. 38.
64 Ebenso für das 1941 eingerichtete Lager Natzweiler-Struthof.
65 O. Wormser-Migot, Le système concentrationnaire, a.a.O., S. 298.
66 Magnus Hirschfeld beziffert in seinen Untersuchungen die Zahl der Homosexuellen in Deutschland auf mindestens das Doppelte. Hirsch-

feld – Jude, Deutscher und Homosexueller – gilt heute als der geistige Vater der internationalen Homosexuellenbewegung. 1918 gründete er das Institut für Sexualwissenschaft, 1921 organisierte er die erste Weltkonferenz über Sexualreform. Sein Institut wurde unmittelbar nach Machtantritt der Nationalsozialisten verwüstet und geschlossen.

67 Eric Joseph Epstein und Philip Rosen, *Dictionary of the Holocaust, biography, geography and terminology*, S. 126. Allgemeine Werke über die nationalsozialistische Verfolgung beziffern – soweit sie sich überhaupt mit der Behandlung der Homosexuellen befassen – die Zahl der homosexuellen Opfer auf 10 000. Diese Zahl ergibt sich aus der Addition der offiziellen Verurteilungen des Regimes auf der Grundlage des Paragraphen 175.

68 »Gay prisoners in concentration camps as compared with Jehovah's witnesses and political prisoners«, in: *A Mosaic of Victims, Non-Jews Persecuted and Murdered by the Nazis*, hrsg. von Michael Berenbaum und I. B. Tarus, London 1991, S. 200–206.

69 O. Wormser-Migot, *Le système concentrationnaire*, a.a.O., S. 82.

70 Ebenda, S. 95.

Die Internationalisierung der Lager

1 W. Sofsky, a.a.O., S. 48.
2 Ebenda.
3 Vgl. dazu wiederum die Chronologie von Christian Bachelier in. F. Bédarida und L. Gervereau (BDIC), a.a.O., S. 299.
4 Ebenda.
5 Billig, a.a.O., S. 8.
6 Durch die Ermordung der polnischen und sowjetischen Eliten wollten die Nationalsozialisten nicht nur die administrative Struktur der todgeweihten Staaten zerstören, sondern zugleich die Träger einer politischen und nationalen Identität, die keine Existenzberechtigung mehr hatte (Philippe Burrin).
7 Jean-Pierre Azéma, »Les victimes du nazisme«, in: *L'Allemagne de Hitler, 1933–1945*, Paris 1991, S. 308–325, Zitat S. 314.
8 Franciszek Piper, »Le nombre des victimes au KZ d'Auschwitz«, S. 199–214, in: *Auschwitz camp de concentration et d'extermination*, Gedenkstätte Auschwitz-Birkenau, Oswiecim 1994, S. 210. Ebenfalls in Auschwitz wurden Polen im Rahmen der so genannten »Sonderbehandlung« hingerichtet, das heißt ohne vorausgehendes Gerichtsverfahren nur auf Beschluss der Polizei nach Zustimmung des RSHA. Auf diese Weise wurden am 2. Juli 1942 17 Mitglieder des polnischen Widerstands erschossen (F. Piper, S. 164).
9 F. Piper, in: M. Berenbaum / A. Peck, *The Holocaust and History*, Washington (USHMM) und Bloomington 1998, S. 376.
10 O. Wormser-Migot, *Le système concentrationnaire*, a.a.O., S. 457.
11 E. Kogon, a.a.O., S. 187 f.

12 R. Höß, a.a.O., S. 105 ff. Höß verschweigt, dass die sowjetischen Kriegsgefangenen kaum zu essen erhielten.
13 Jean-Claude Pressac, *Die Krematorien von Auschwitz. Die Technik des Massenmordes*, München, Zürich 1994, S. 41 f.
14 Max Nebig war der einzige Überlebende des Transports. Er entging der Verlegung nach Mauthausen, weil er vom Widerstand in Buchenwald versteckt wurde.
15 E. Kogon, a.a.O., S. 234.
16 M. Ruby, a.a.O., S. 162, Zitat aus »Tragédie de la déportation«, S. 398.
17 Über das Lager Mauthausen siehe Gordon J. Horwitz, *In the Shadow of Death. Living Outside the Gates of Mauthausen*, London 1991.
18 Pierre Saint-Macary, »Le camp des Espagnols«, F. Bédarida und L. Gervereau (BDIC), a.a.O., S. 132.
19 Nicht zufällig wurden die meisten der bei »Nacht-und-Nebel-Aktionen« Verhafteten ab 1943 nach Mauthausen deportiert.
20 *Der Prozess gegen die Hauptkriegsverbrecher*, Bd. XXVI, Dokument 669-PS.
21 M. Ruby, a.a.O., S. 21.
22 O. Wormser-Migot schreibt: »Angesichts der Mischung aus ›Verwaltungsrationalität‹, Aberglauben, schlechtem Gewissen und Scharlatanerie, die für die Mentalität der SS-Führer charakteristisch war, kann man sich fragen, ob sie nicht vielleicht den Zigeunern gegenüber eine abergläubische Furcht empfanden, die aus verbreiteten Vorurteilen stammte, ob sie sie nicht ›stillschweigend‹ beseitigen wollten, weil sie keine wissenschaftlichen Argumente für ihre rassische Minderwertigkeit und ihre Schädlichkeit für das deutsche Blut hatten.« in: *Le système concentrationnaire*, a.a.O., S. 449 f.
23 D. Czech, *Auschwitz chronicle 1939–1945*, zusammengestellt aus Unterlagen aus dem Archiv der Gedenkstätte Auschwitz und dem deutschen Bundesarchiv, New York 1990.
24 Diese neuen Zahlen zu den Zigeunern stammen aus einer Untersuchung von Maxime Steinberg und José Gotovitch, die demnächst erscheinen wird.
25 Nach Denis Peschanski, *Les Tsiganes en France 1939–1945*, S. 106, zitiert in der genannten Arbeit von Steinberg und Gotovitch.
26 Zwei Taicon-Brüder waren unter den Zigeunern von Anvers, die ab November 1943 in Auschwitz interniert waren.
27 Gespräch mit P. Galut, vgl. die Untersuchungen von Steinberg und Gotovitch.
28 »Genauso und aus demselben Grund verfuhr man am 25. Mai 1943 mit 1035 Zigeunern, die zu zwei Transporten gehörten, die am 13. Mai angekommen waren und dennoch beide im Lager aufgenommen wurden. Der eine Transport kam aus Bialystok – 971 Nummern wurden vergeben –, und der andere, ein kleiner Transport aus Österreich, erhielt 76 Nummern.« Steinberg und Gotovitch, a.a.O.

29 Pierre Ayçoberry, »Le Struthof«, S. 146–150, in: F. Bédarida und L. Gervereau (BDIC), a.a.O., S. 148.
30 Ernst Klee, *Auschwitz. Die NS-Medizin und ihre Opfer*, Frankfurt am Main 1997.
31 M. Ruby, a.a.O., S. 187, und O. Wormser-Migot, *Le système concentrationnaire*, a.a.O., S. 519.
32 P. Ayçoberry, a.a.O., S. 149.
33 Eine weitere Tragödie war die Ermordung von Kindern in Neuengamme Mitte April 1945, kurz vor der Auflösung des Lagers. Max Pauly, seit November 1943 Lagerkommandant, gab dem SS-Arzt Trzebinski, der nach Kriegsende in Hamburg aussagte, den Befehl, die Kinder umzubringen, an denen im wissenschaftlichen Forschungszentrum des Lagers medizinische Experimente vorgenommen worden waren. Die 20 Kinder – zehn Jungen und zehn Mädchen – kamen aus Auschwitz und wurden in Neuengamme in Block 18 untergebracht. Zur Ermordung führte Trzebinski die Kinder in einen Verschlag im Untergeschoss des Lagers. Wenig später lagen in dem Raum, in dem er die Injektionen vorgenommen hatte, nur noch zwanzig halb aufgeschlagene, wahrscheinlich noch warme Decken und in der Ecke die kleinen Bündel mit den Habseligkeiten der Kinder (M. Ruby, a.a.O., S. 205 f.).
34 Margarete Buber-Neumann, *Als Gefangene bei Hitler und Stalin*, Stuttgart 1968 (erstmals erschienen München 1949), Zweiter Teil: Ravensbrück, S. 222 f.
35 Willy Berler, *Itinéraire dans les ténèbres*, Gerpinne 1999, S. 172.
36 H. Langbein, a.a.O., S. 329.
37 Bruno Weber blieb nach dem Krieg unbehelligt und starb 1956 friedlich in seinem Bett.
38 Filip Müller, *Sonderbehandlung. Drei Jahre in den Krematorien und Gaskammern von Auschwitz*, München 1979, S. 74, und Louis J. Micheels, *Docteur 117.641, une Mémoire d'holocauste*, Paris 1990, S. 153.
39 David Rousset, *L'univers concentrationnaire*, Paris 1965, S. 83.
40 Das WVHA bestand aus fünf Amtsgruppen: A, B, C, D, W. Amtsgruppe A war für alle Angelegenheiten der Truppenwirtschaft zuständig (Personal, Sold, Stationierung). Amtsgruppe B hatte mit Versorgung und Unterkünften zu tun. In die Zuständigkeit von Amtsgruppe C (Bauwesen) fielen der Bau der Kasernen, die SS-Ausbildungseinrichtungen, aber auch der Bau der Konzentrationslager. Amtsgruppe D war für die Aufsicht und Verwaltung der Lager zuständig. Amtsgruppe W, die Pohl persönlich leitete, kümmerte sich um die SS-Unternehmen. Verwaltungsmäßig betrachtet, kamen die Befehle, wie mit den Deportierten zu verfahren war, aus Amtsgruppe D. Zu dieser Dienststelle gehörten: D I – Zentralbüro, D II – Zuweisung von Arbeitskräften, D III – Sanitätswesen, D IV – Verwaltung der Lager. Amtsgruppe D, die die Arbeitskräfte auf die Lager verteilte und die Arbeitsleistung der Häft-

linge überwachte, war in gewisser Weise, wie Olga Wormser-Migot es ausdrückte, »ein Sklavenhändler in Heimarbeit«.
41 *Der Prozess gegen die Hauptkriegsverbrecher,* Bd. XXXVIII, Dokument 129-R.
42 Sofsky, a.a.O., S. 52.
43 Ebenda.
44 E. Kogon, a.a.O., S. 293.
45 Nicolas Weill, »Moscou crée la surprise à la conférence sur les spoliations des Juifs«, *Le Monde,* 5. Dezember 1999. Siehe auch E. Kogon, a.a.O., S. 294–297.
46 Ferdinand Porsche zählte zu seinen engen Freunden nicht nur den Führer selbst, sondern auch Dr. Robert Ley, den Leiter der Arbeitsfront, Heinrich Himmler, den Reichsführer SS, und Fritz Sauckel mit dem pompösen Titel Generalbevollmächtigter für den Arbeitseinsatz. Als Präsident der Panzerkommission zeichnete Porsche für eine ganze Reihe von Erfindungen verantwortlich, die später beim Bau von Panzern umgesetzt wurden, etwa beim »Tiger« und beim Jagdpanzer »Ferdinand«. Zur militärischen Produktion der Porsche-Werke gehörte ferner eine Vielzahl von Flugzeugen, darunter die Junkers 88, der gebräuchliche Bomber der Luftwaffe, und das Jagdflugzeug Focke-Wulf, der Schrecken der alliierten Bomber. Porsche spielte auch eine wichtige Rolle bei Entwicklung und Produktion der Vergeltungswaffen wie der Flugbomben vom Typ Fi 103, die rücksichtslos auch gegen die Zivilbevölkerung eingesetzt wurden. Vgl. Frédéric Clairmont, »Quand Volkswagen exploitait des déportés«, *Le Monde diplomatique,* Januar 1998, S. 28.
47 Hans Mommsen / Manfred Grieger, *Das Volkswagenwerk und seine Arbeiter im Dritten Reich,* Düsseldorf 1996.
48 Primo Levi, *Die Untergegangenen und die Geretteten,* München 1990, S. 142.
49 E. Kogon, a.a.O., S. 291–293.
50 Ebenda, S. 171.
51 Ebenda, S. 213.
52 H. Langbein, a.a.O., S. 450.
53 E. Kogon, a.a.O., S. 213 f.
54 H. Langbein, a.a.O., S. 454.
55 Wie O. Wormser-Migot betont, zeigt die Einrichtung von Bordellen für »privilegierte Gruppen« in allen Lagern auch, dass die SS auf einer zweiten Ebene Macht ausüben wollte: Sie delegierte die Ausführung der Befehle und die niederen Tätigkeiten an andere, über die sie umso mehr Macht hatte, je mehr materielle Vorteile und scheinbare Befugnisse sie ihnen gewährte.
56 Louis Micheels, a.a.O., S. 125.
57 Auch die Pakete des Roten Kreuzes waren eine Hilfe, die man nicht hoch genug schätzen kann. Sie trafen naturgemäß sehr unregelmäßig ein. Die einzelnen Volksgruppen profitierten unterschiedlich davon, die

Juden erhielten keine Pakete, auch nicht die Russen und die Italiener. Muss noch eigens erwähnt werden, dass die SS-Wachen im Durcheinander der letzten Kriegswochen viele Pakete an sich nahmen?
58 H. Langbein, a.a.O., S. 43.
59 G. Berben, a.a.O., S. 11.
60 E. Kogon, a.a.O., S. 156.
61 Ebenda, S. 152.
62 W. Sofsky, a.a.O., S. 175.
63 H. Langbein, a.a.O., S. 155.
64 E. Kogon, a.a.O., S. 297 f.
65 Siehe die grundlegende Untersuchung von André Sellier, *Histoire du camp de Dora*, Paris 1998.
66 François Bédarida, in: F. Bédarida und L. Gervereau (BDIC), a.a.O., S. 25.
67 Danielle Delmaire, »Les Camps des Juifs dans le nord de la France (1942–1944), in: *Memor, Mémoire de l'Occupation et de la Résistance en zone interdite*, Rundbrief Nr. 8, Dezember 1987, S. 47–64.
68 Der Bau der Bunker, Munitionslager und anderen Verteidigungseinrichtungen erforderte enorme Mengen Beton und genauso enormen Arbeitseinsatz. Fast 3000 Juden, 2250 davon aus Belgien, denen nach den Anordnungen aus dem Jahr 1941 jede Arbeit untersagt war, blieb nichts anderes übrig, als auf den Baustellen an der Küste zu arbeiten, wenn sie ihre Familien ernähren wollten.
69 Auf dem Friedhof von Dannes liegen die Gräber von sechs Juden, die zwischen Juli und Dezember 1942 starben.
70 D. Delmaire, a.a.O., S. 51.
71 Wie Primo Levi in seinem Buch *Die Untergegangenen und die Geretteten* (1986, dt. 1990) schreibt, findet dies bis in die zynische Ironie hinein einen Ausdruck in dem russischen Wort *dochodjaga*, wörtlich »am Ende sein«, »fertig sein«, S. 99; vgl. auch H. Langbein, a.a.O., S. 124.
72 P. Levi, a.a.O., S. 99.
73 W. Sofsky, a.a.O., S. 363.
74 Robert Waitz, in: *Témoignages strasbourgeois. De l'université aux camps de concentration*, Veröffentlichung der Philologischen Fakultät der Universität Straßburg, Paris 1947, S. 482.
75 Michel Fabreguet, »Mauthausen«, in: BDIC, S. 126–131, S. 130.
76 H. Langbein, a.a.O., S. 266.
77 W. Berler, a.a.O., S. 123.
78 H. Langbein, a.a.O., S. 130.
79 M. Ruby, a.a.O., S. 256 f.
80 Mit dem Buchstaben Z, dem letzten im Alphabet, bezeichnete die SS die »Station Z«, den Teil des Lagers, wo sich die Krematorien, Gaskammern und Gräben für Erschießungen befanden. Für fast 100 000 Deportierte war Station Z in Sachsenhausen die Endstation.
81 J. Manson, a.a.O., S. 135.

82 Siehe dazu J. Manson, a.a.O., und Jean-Pierre Renouard, »Bergen-Belsen«, S. 141.
83 Im Juni 1944 wurden 222 Juden, die im Besitz eines Palästinazertifikats waren, gegen deutsche Staatsangehörige ausgetauscht, die die Alliierten gefangengenommen hatten. Sie gelangten über Istanbul nach Haifa. Anfang Februar 1944 durften 367 Juden spanischer Abstammung aus Saloniki nach Spanien gehen.
84 J. Manson, a.a.O., S. 142.
85 Ebenda, S. 145.
86 Michael Marrus, *L'Holocauste dans l'histoire*, Paris 1990, S. 197 (englische Originalausgabe: *The Holocaust in History*, London 1988).
87 Zitiert von W. Berler, a.a.O., S. 209.

Leben und Sterben in den Lagern
1 F. Müller, a.a.O., S. 14 f.
2 E. Kogon, a.a.O., S. 83.
3 Siehe Maurice Voutey, *Évolution et rôle du système concentrationnaire*, Dijon 1984.
4 So seltsam es klingen mag, wir haben bereits darauf hingewiesen, dass die Anwesenheit der SS in den Konzentrationslager nicht so selbstverständlich war, wie es scheinen mag. In Neuengamme, teilt uns Rousset mit (a.a.O., S. 68), kamen die Blockführer zwar regelmäßig, aber selten für länger als zehn Minuten. Der Obersturmbannführer und der Sturmbannführer waren nur bei den Appellen anwesend und darüber hinaus nur sehr unregelmäßig.
5 Es versteht sich von selbst, dass der Lagerälteste nicht unbedingt dem Alter nach der Älteste im Lager war, sondern jemand, auf den die SS-Männer sich verlassen konnten. Zeitweilig gab es bis zu drei Lagerälteste – LAI, LAII, LAIII. Siehe Kogon, a.a.O., S. 86.
6 Germaine Tillion, *Frauenkonzentrationslager Ravensbrück*, Lüneburg 1998, S. 172.
7 E. Kogon, a.a.O., S. 110 f.
8 Der Ausdruck Kapo wird manchmal als Abkürzung von *Kameradschaftspolizei* gedeutet. Wenn man dieser Etymologie folgt, würde das bedeuten, dass das Wort von den Häftlingen selbst geprägt wurde. Man muss sich deshalb fragen, ob es sich nicht um eine tendenziöse Ableitung handelt, entstanden aus dem Wunsch, Rache an den Kapos zu nehmen. Nur sehr wenige Kapos konnten die Sympathie der Häftlinge gewinnen, ob sie nun »Grüne« oder »Rote« waren. Einer anderen Ableitung zufolge handelt es sich um eine Abkürzung von französisch/spanisch *caporal* oder italienisch *capo*, Chef. Auffallend ist, dass in den meisten deutschen Augenzeugenberichten und in den meisten deutschen Archiven die Schreibung Kapo verwendet wird, es findet sich gelegentlich allerdings auch Capo.
9 G. Tillion, a.a.O., S. 173.

10 J. Bezaut, a.a.O., S. 45.
11 W. Sofsky, a.a.O., S. 351 f.
12 Ebenda, S. 174.
13 O. Wormser-Migot, *Le système concentrationnaire*, a.a.O., S. 485.
14 Siehe die Ausführungen von O. Wormser-Migot, ebenda, S. 486.
15 R. Waitz, *Témoignages strasbourgeois*, a.a.O., S. 477.
16 P. Levi, a.a.O., S. 50.
17 E. Kogon, a.a.O., S. 115 f.
18 H. Langbein, a.a.O., S. 175.
19 H. Marggraff zitiert bei M. Ruby, a.a.O., S. 133.
20 J. Bezaut, a.a.O., S. 62.
21 H. Langbein, a.a.O., S. 179.
22 Vergleiche auch O. Wormser-Migot, *Le système concentrationnaire*, a.a.O.
23 H. Marsalek, *Die Geschichte des Konzentrationslagers Mauthausen*, Wien 1980.
24 W. Sofsky, a.a.O., S. 173.
25 Stanislaw Taubenschlag (Stanley Townsend), *Être Juif dans la Pologne occupé*, Oswiecim 1997, S. 94.
26 Ebenda, S. 97.
27 H. Langbein, a.a.O., S. 173.
28 P. Levi, a.a.O., S. 34.
29 Ebenda, S. 38.
30 Ebenda, S. 35, S. 39.
31 Hannah Arendt, *Elemente totaler Herrschaft*, Frankfurt am Main 1958, S. 245 f.
32 Olga Lengyel, *Souvenir de l'au-delà*, Paris 1947, S. 74.
33 Edmond Michelet, *Rue de la Liberté*, Paris 1954.
34 R. Höß, a.a.O., S. 105.
35 Im Januar 1941 klassifizierte Heydrich die Konzentrationslager nach der Strenge ihres Regiments. Er unterschied drei Kategorien von Lagern:
1. Dachau, Sachsenhausen, Auschwitz; 2. Buchenwald, Flossenbürg, Neuengamme und Auschwitz II (Birkenau); 3. Mauthausen. Die Lager der ersten Kategorie sollten Häftlinge aufnehmen, die keine besondere Bedrohung für den Staat darstellten und die »besserungsfähig« schienen. Im Prinzip waren die Lebensbedingungen dort am wenigsten schlimm; es wurde hauptsächlich die Arbeitskraft der Insassen ausgebeutet. In den Arbeitslagern der zweiten Kategorie herrschte ein strengeres Regiment, die Lebens- und Arbeitsbedingungen waren härter. Dorthin kamen Häftlinge, die mehr Schuld im Sinne des Dritten Reiches auf sich geladen hatten, bei denen aber noch eine Umerziehung möglich schien. Die Lager der dritten Kategorien waren »Knochenmühlen«, es war nicht vorgesehen, dass sie jemand lebend verließ. Für Olga Wormser-Migot ist Heydrichs Notiz vom 2. Januar 1941 eher ein

Indiz dafür, dass er die wahren Verhältnisse in den Lagern auch vor denen verbergen wollte, die an den Schalthebeln saßen, als dass er eine echte Verbindung zwischen der Schwere des »Verbrechens« und der Härte der Strafe herstellen wollte.

36 H. Langbein, a.a.O., S. 35.
37 Es stimmt natürlich, dass in Dachau General Delestraint hingerichtet wurde und dass dort der »allmächtige Kapo von Block 13«, wie Edmond Michelet ihn nannte, die »Unheilbaren« mit der Giftspritze tötete. Das Regiment war in Dachau vielleicht nicht weniger hart, aber doch weniger grausam als in anderen Lagern – das belegt auch die Todesstatistik.
38 Zitiert bei H. Langbein, a.a.O., S. 35.
39 W. Berler, a.a.O., S. 35.
40 E. Kogon, H. Langbein, A. Rückerl, *Nationalsozialistische Massentötungen durch Giftgas. Eine Dokumentation*, Frankfurt am Main 1983, S. 245.
41 In diesem Zusammenhang ist der Bericht von Robert Antelme aufschlussreich. Antelme war Häftling in Gandersheim, einem Außenkommando von Buchenwald. Die »Mittelsleute«, wie er sie nannte, waren dort hauptsächlich deutsche Kriminelle. Antelme betont den Unterschied zwischen den beiden Welten der Lager: »Wir waren etwa 500 Mann und wir konnten dem Kontakt mit den SS-Leuten nicht ganz ausweichen. Beaufsichtigt wurden wir ... von Mördern, Dieben, Betrügern, Sadisten oder Schwarzmarkthändlern, die unter dem Befehl der SS unsere direkten und absoluten Herren waren ... Unter ihnen konnte nur das nackte Gesetz der SS herrschen. Um zu leben und sogar gut zu leben, mussten sie ganz einfach das Gesetz der SS verschärfen ... Einen Menschen auszuhungern, um ihn dann, wenn er Gemüseabfälle gestohlen hat, strafen zu können und sich dadurch von der SS eine Belohnung zu verdienen, eine zusätzliche Portion Suppe, was wiederum auf Kosten dieses ausgehungerten Menschen geht, das war das Prinzip ihrer Taktik.« Robert Antelme, *Das Menschengeschlecht*, München, Wien 1987, S. 8 f.
42 Siehe André Sellier, *Histoire du camp de Dora*, a.a.O. Siehe ferner Yves Le Maner und André Sellier, *Images de Dora 1943–1945, voyage au coeur du IIIe Reich*, Liévin 1999.
43 Die V-2-Raketen waren im Sommer 1944 einsatzbereit. Im September wurde eine Rakete auf London abgeschossen, weitere auf Anvers und einige andere Städte. In der Öffentlichkeit ist die Geschichte des Lagers Dora wenig bekannt, was mit der Person Wernher von Brauns zusammenhängen mag, dem technischen Leiter des V-2-Raketenprogramms. Er war mehrfach in Dora und sah die Schrecken mit eigenen Augen. Die Amerikaner hüteten sich, etwas darüber verlauten zu lassen, dass sie die Produktionsstätte der V 2 entdeckt hatten, nach der die Alliierten seit langem suchten, denn sie wussten, dass sie nach den Vereinbarungen das

entsprechende Gebiet den Russen überlassen mussten. Die Russen waren auch nicht gesprächiger, nachdem sie das Gebiet besetzt hatten. Erst Linda Hunt hat in ihrem Buch *Secret Agenda. The United States Government, Nazi Scientist and Project Paperclip*, New York 1991, die Rolle Wernher von Brauns aufgedeckt. Die Operation »Paperclip« erlaubte deutschen Wissenschaftlern, unter Umgehung aller gesetzlichen Regelungen nach Amerika zu gelangen, das heißt, ohne Fragen nach ihrer Vergangenheit beantworten zu müssen. Siehe J. Manson, a.a.O., S. 164 ff.

44 P. Levi, a.a.O., S. 38, S. 83.
45 S. Taubenschlag, a.a.O., S. 86.
46 B. Bettelheim, a.a.O., S. 176 f.
47 J. Bezaut, a.a.O., S. 36.
48 Die Errichtung des Lagers Struthof im Elsass 1941 forderte einen entsetzlichen Blutzoll. Die Terrassier- und Bauarbeiten bei diesem hochgelegenen Lager erschöpften und dezimierten den ersten Trupp der Erbauer – Häftlinge aus den Lagern Schirmeck und Sachsenhausen, die bald durch Häftlinge aus Dachau ersetzt wurden.
49 Margarete Buber-Neumann, a.a.O., S. 175.
50 Ebenda, S. 189.
51 F. Bédarida, a.a.O., S. 23.
52 C. Bachelier, a.a.O., S. 87.
53 O. Wormser-Migot, *Le système concentrationnaire*, a.a.O., S. 253.
54 E. Kogon, a.a.O., S. 73.
55 J. Bezaut, a.a.O., S. 38.
56 E. Kogon, a.a.O., S. 285.
57 Konnilyn Fein, »Non-Jewish Victims in the Concentration Camps«, in: *A Mosaic of Victims. Non-Jews Persecuted and Murdered by the Nazis*, hrsg. von Michael Berenbaum und I. B. Tauris, London, New York 1983, S. 168.
58 G. Berben, a.a.O., S. 15.
59 E. Kogon, a.a.O., S. 301.
60 H. Langbein, a.a.O., S. 19.
61 Ebenda, S. 187.
62 Ebenda, S. 18.
63 Ebenda, S. 95; S. 186.
64 Jean Kammerer, *La Baraque des prêtres à Dachau*, Brepols 1995, S. 79.
65 Ebenda.
66 »Der Mensch ist des Menschen Wolf, der Priester des Priesters größerer Wolf.«
Anzumerken ist in diesem Zusammenhang auch, dass die Kapos im Zigeuner-Familienlager in Birkenau in der Regel deutsche Zigeuner waren. Nach den Erinnerungen der wenigen Überlebenden ging die Solidarität selten über den Kreis der Familie hinaus. Anscheinend hat das Lager die traditionellen Beziehungsstrukturen zerstört und an ihrer Stelle das Gesetz des Dschungels gesetzt.

67 J. Manson, a.a.O.
68 Es scheint, dass paradoxerweise die Ukrainer, insbesondere die Westukrainer, obschon sie ebenfalls von »slawischer« Rasse waren (mit der Verwendung dieser Begriffe begeben wir uns auf das Niveau der Nationalsozialisten, selbstverständlich gibt es nur eine menschliche Rasse), besonders privilegiert waren. Auf jeden Fall bildeten sie ein unerschöpfliches Reservoir an KZ-Wärtern und Hilfssoldaten.
69 G. Tillion, a.a.O., 221 f.
70 H. Langbein, a.a.O., S. 96.
71 Ber Marx, *Des voix dans la nuit, la résistance juive à Auschwitz*, Paris 1977, S. 55 f.
72 Ebenda, S. 57.
73 Ebenda.
74 Archiv des jüdischen historischen Instituts in Warschau, Zeugenaussage von Elzbieta Pikut, Nr. 5765.
75 Henry Bulawko, *Les jeux de la mort et de l'espoir*, Freundeskreis jüdischer Deportierter in Frankreich, Paris 1955, Neuausgabe 1980.
76 Annette Wieworka, *Déportation et génocide, entre la mémoire et l'oublie*, Paris 1995, S. 297.
77 S. Taubenschlag, a.a.O., S. 123.
78 Siehe die zahlreichen Aussagen von Zigeunern in dem aufrüttelnden Werk von Christian Bernadac, *L'Holocauste oublié: Le massacre des Tsiganes*, Paris 1979. Siehe auch die Artikel von John Grenville, »Neglected Holocaust Victims: the Mischlinge, the Jüdischversippte, and the gypsies« (S. 315–326) und von Sybil Milton, »Antechamber to Birkenau: The Zigeunerlager after 1933« (S. 387–400) in: M. Berenbaum und A. Peck, *The Holocaust and History*, Washington (USHMM), Bloomington 1998.
79 R. Höß, a.a.O., S. 110.
80 H. Langbein, a.a.O., S. 45.
81 Ebenda, S. 382.
82 Rüdiger Lautmann, »*The Pink Triangle: Homosexuals as enemies of the States*«, in: M. Berenbaum und A. Peck, a.a.O., S. 345–357.
83 Solche Beziehungen waren natürlich verboten, aber trotzdem häufig, sie konnten das Leben erleichtern, es aber auch in höchste Gefahr bringen. Bei der Wahl untergeordneter Funktionshäftlinge spielte, wie Wormser-Migot und Langbein berichten, genauso eine Rolle, ob ein Kapo ein Auge auf einen »hübschen Jungen« geworfen hatte oder eine Blockowa einer bestimmten Frau einen Gefallen tun wollte.
84 In Auschwitz erwarben sich die Zeugen Jehovas oder Bibelforscher Respekt durch ihre Geschlossenheit und ihre moralische Aufrichtigkeit. Die 122 Bibelforscherinnen waren stets als Hausmädchen in SS-Familien im Einsatz: »Sie erhielten einen Lichtbildausweis, mit dem sie sich tagsüber außerhalb des Lagerbereichs frei bewegen durften.« Sie waren »korrekt, hilfsbereit« und unternahmen keine Fluchtversuche. »Höß

schreibt ...: ›Man brauchte für sie keine Aufsicht, keine Posten ... Zumeist waren es ältere deutsche Frauen.‹« Langbein, a.a.O., S. 280, Höß, a.a.O., S. 117.
85 Siehe O. Wormser-Migot, *L'Ère des camps*, a.a.O., S. 476.
86 M. Ruby, a.a.O., S. 130.
87 D. Rousset, a.a.O., S. 32.
88 Ebenda, S. 58.
89 Ebenda, S. 62.
90 *Sachso*, a.a.O., S. 355.
91 D. Rousset, a.a.O., S. 77.
92 E. Kogon, a.a.O., S. 111.
93 S. Taubenschlag, a.a.O., S. 114.
94 Aus diesem Grund kam H. Langbein nach Auschwitz. Ein sozialistischer Kapo stellte für die SS die Namen von Häftlingen zusammen, die nach Auschwitz überstellt werden sollten, wo der Typhus wütete.
95 E. Kogon, a.a.O., S. 282 f.
96 Ebenda, S. 283.
97 M. Buber-Neumann, a.a.O., S. 211 f.
98 J. Kammerer, a.a.O., S. 64.
99 Ebenda, S. 83.
100 Ebenda, S. 78.
101 Arthur Haulot, »Le camp de concentration«, *Synthèse*, Brüssel, August 1946, S. 71–82, Zitat S. 80.
102 J. Kammerer, a.a.O., S. 70.
103 Durch die Nürnberger Gesetze (1935) waren sexuelle Beziehungen zwischen Juden und Ariern verboten.
104 B. Marx, a.a.O., S. 49 f.
105 Ebenda, S. 68.
106 Ber Marx erzählt die Geschichte von »Berger«, Pseudonym für Azriel (Adschka) Grynbaum, einen kommunistischen Aktivisten in Warschau, der aus politischen Gründen nach Frankreich emigrierte. Er kam mit einem Transport aus Frankreich nach Auschwitz und wurde dort Schreiber in Block 9. Das war weder ein Akt der Kollaboration noch des Verrats, ganz im Gegenteil: Hinter ihm stand der antifaschistische Widerstand, der versuchte, die Kriminellen, Übeltäter aller Art, von der Lagerleitung fern zu halten und statt dessen Männer aus dem Widerstand zu installieren, die in ihren Funktionen etwas für ihre Gefährten tun konnten. Berger begann als Schreiber von Block 9 und stieg dann immer weiter auf bis zum Blockältesten von Block 30 in Birkenau. Dort entwickelte er sich schnell zu einem wahren Folterknecht. Als seine Kameraden nach dem Krieg in Paris über ihn urteilten, sagte nicht ein einziger Jude zu seinen Gunsten aus (S. 69 f.).
107 E. Kogon, a.a.O., S. 212.
108 Manca Swalbowa, zitiert bei H. Langbein, a.a.O., S. 167.
109 *Auschwitz. Zeugnisse und Berichte*, Frankfurt am Main 1962, zitiert

bei P. Levi, a.a.O., S. 78; siehe auch E. Lingens-Reiner, *Eine Frau im Konzentrationslager – Monographien zur Zeitgeschichte*, Wien, Frankfurt, Zürich 1966.
110 P. Levi, a.a.O., S. 116 f.
111 Ebenda, S. 96.
112 D. Rousset, a.a.O., S. 41.
113 H. Langbein, a.a.O., S. 125; E. Kogon, a.a.O., S. 110.
114 F. Bédarida, a.a.O., S. 26.
115 Marie-Claude Vaillant-Couturier, zitiert bei Langbein, a.a.O., S. 125. Der hoffnungslos verlorene Gefangene, der lebende Leichnam, der *Muselmann*, ist die wirkliche Verkörperung des KZ-Häftlings. Für Levi sind sie die wahren Konzentrationäre, die Überlebenden können keine wirklichen Zeugen sein. Sie sind eine kleine und unnormale Minderheit, aber die Geschichte der Lager ist nahezu ausschließlich von denen geschrieben worden, die den tiefsten Punkt nicht berührt haben.
116 B. Marx, a.a.O., S. 126.
117 G. Tillion, a.a.O., S. 203.
118 O. Wormser-Migot, *L'Ère des camps*, a.a.O., S. 214.
119 In Annette Wieviorka, *Déportation et génocide, entre la mémoire et l'oubli*, Paris 1995, S. 214.
120 Ebenda S. 215 f. Es bleibt anzumerken, dass Marcel Paul nicht »nur« Kommunisten rettete. Wenige Wochen nach seiner Ankunft im Lager erfolgte die Landung der Alliierten, bald darauf die Befreiung von Paris. In dieser Situation erschien es ihm und seinen Kameraden wichtig, sich Rückhalt auch bei anderen Gruppen zu sichern. Diese Deutung gab Pierre Julitte, ein Mitkämpfer der Befreiung, in »L'arbre de Goethe«.
121 Robert J. Lifton, *Ärzte im Dritten Reich*, Stuttgart 1988, S. XVIII.
122 H. Langbein, a.a.O., S. 539.
123 P. Levi, a.a.O., S. 83 f.

Gehenna

1 W. Laqueur, *Was niemand wissen wollte. Die Unterdrückung der Nachrichten über Hitlers »Endlösung«*, Frankfurt a. M., Berlin, Wien 1981, S. 8.
2 Damit sollen die Verbrechen der Nationalsozialisten am fahrenden Volk weder geleugnet noch bagatellisiert werden. In dem Kapitel über das System der Konzentrationslager wird betont, dass es den Zigeunern unter den »Konzentrationären« ähnlich erging wie den Juden. Die beiden Häftlingskategorien waren unbestreitbar die Parias der Parias. Überdies darf auch nicht vergessen werden, dass die Zigeuner als Einzige mit den Juden das tragische »Privileg« der massenhaften Erschießung in der Sowjetunion und der Vergasung in den polnischen Vernichtungszentren teilten. Allerdings scheint Hitler nie die totale

Vernichtung der Zigeuner angeordnet zu haben. Deshalb wurden sie außerhalb der Grenzen des Großdeutschen Reiches und Kroatiens nur sporadisch und nicht systematisch verfolgt. Insofern können wir sagen, dass der Zigeunertransport (bezeichnet mit dem Buchstaben Z für Zigeuner), der am 15. Januar 1944 von Malines (Belgien) mit Ziel Auschwitz abging, eher eine Ausnahme war. Die 351 Zigeuner, darunter 175 Kinder, die aus dem Zuständigkeitsbereich des Militärkommandanten in Belgien und aus Nordfrankreich kamen, machten zwar nur 1,5 Prozent aller nach Auschwitz deportierten Zigeuner aus, waren aber doch ein beträchtlicher Teil der in den besetzten Ländern und Gebieten festgenommenen Zigeuner. Halten wir in diesem Zusammenhang fest, dass es in Westeuropa nur einen weiteren Transport gab, und zwar am 21. Mai 1944 im niederländischen Vucht mit 246 Männern, Frauen und Kindern. Der Transport aus Malines war der größte aus Westeuropa. Die Tatsache, dass von den belgischen Zigeunern kein einziger gleich nach der Ankunft ins Gas geschickt wurde, zeigt, dass die Nationalsozialisten zögerten. Alle Deportierten einschließlich des jüngsten Kindes, der gerade 34 Tage alten Jacqueline Vadoche, erhielten Häftlingsnummern. Die Tatsache, dass trotzdem nur zwölf zurückkehrten, illustriert, wie gnadenlos die nationalsozialistische Verfolgung war. Schließlich gab es für die westeuropäischen Zigeuner im Gegensatz zu den Juden keine Sondergesetze. (Siehe Maxime Steinberg, »Historique des convois«, Mémorial de la déportation des Juifs de Belgique, in: Ders. und Serge Klarsfeld, *Union des déportés juifs en Belgique, Filles et fils de la déportation*, Brüssel 1982, S. 18).

3 Vgl. die Schriften von Maxime Steinberg, dem belgischen Experten für den Holocaust, insbesondere sein Buch *Un pays occupé et ses Juifs. Belgique entre France et Pays-Bas*, Gerpinne 1999.

4 Die Judenfeindschaft existierte lange vor dem Antisemitismus. Die »Judenphobie« war zunächst religiöser Natur. Die Christen warfen ihnen vor, die Mörder Christi zu sein, und im Mittelalter wurden sie im christlichen Abendland zunehmend als Fremde behandelt. Unsere Analyse stützt sich stark auf Saul Friedländer.

5 Das Schicksal der etwa 24 000 Deutschen afrikanischer Abstammung ist, so schrecklich und tragisch es war, mit dem der Juden nicht vergleichbar. Auf Druck der Nationalsozialisten wurden viele von ihnen sterilisiert. Vgl. die Dokumentation »Hitler's Forgotten Victims« von David Okuefuna, Afro-Wisdom Productions 1997.

6 R. Hilberg, Vorwort zur französischen Ausgabe des Tagebuchs von Adam Czerniakow, Paris 1996, S. XXXIX, und G. Bensoussan, »De la ›zone d'épidémie‹ au ghetto: la mort programmée d'un peuple. Septembre 1939–Mai 1943«, in: H. Seidman, *Du fond de l'abîme, journal du ghetto de Varsovie*, Paris 1998, S. 379.

7 Die Deportation aus Warschau begann am 22. Juli und endete vorläufig am 12. September. In den ersten Tagen der »Aktion« glaubten manche Juden, die Lebensbedingungen an den Orten, in die sie »umgesiedelt«

werden sollten, könnten nicht schlimmer sein als im Ghetto, und strömten zu den Sammelstellen. Aber sehr bald schon sah sich die jüdische Polizei gezwungen, die Juden in Razzien zusammenzutreiben. Oft zerrte sie die Menschen mit brutaler Gewalt aus ihren Verstecken hervor und brachte sie zu den Sammelstellen. Als der Obmann des Judenrates, Adam Czerniakow, begriff, um was es bei den Deportationen ging – als die Deutschen auch die Deportation von Kindern verlangten –, beging er Selbstmord. Angesichts der ungeheuren Zahl der täglich festgenommenen Menschen – 7000 allein im Warschauer Ghetto – endete die »Kooperation«, der Judenrat löste sich auf.

8 Die Gemeinsamkeit von Ghettos und Konzentrationslagern zeigt das untypische Beispiel von Theresienstadt, der nach Kaiserin Maria Theresia benannten tschechischen Garnisonsstadt, die Lager und Ghetto zugleich war. In einem wegweisenden Werk hat G. Adler die Besonderheit von Theresienstadt dargestellt. Nach der Untersuchung der verschiedenen Gruppen im Ghetto bildet er drei Kategorien: Prominenz, Arbeiter und Bettler. Mit anderen Bezeichnungen findet man diese drei Kategorien in allen Lagern: Prominente, »Stücke« und Muselmänner (siehe Olga Wormser-Migot, *L'ère des camps*, a.a.O., S. 95).

9 Natürlich mit Ausnahme der Vernichtungszentren.

10 Dieser Befehl wurde Ende Juni noch durch die Anweisung ergänzt, dass alle Funktionäre der kommunistischen Partei sowie alle kommunistischen »Agitatoren« und »Fanatiker« zu töten seien.

11 Philippe Burrin, *Hitler und die Juden. Die Entscheidung für den Völkermord*, Frankfurt am Main 1993.

12 Hitler formulierte sein Vorhaben, das er seit den 30er Jahren immer wieder verkündete, stets als Bedingungssatz: Wenn Deutschland erneut eine Niederlage erleiden sollte, würde er die Juden teuer dafür bezahlen lassen. Zum ersten Mal öffentlich sagte der Führer das in seiner Reichstagsrede vom 30. Januar 1939, die er selbst eine »Prophezeiung« nannte: »Wenn es dem internationalen Finanzjudentum in- und außerhalb Europas gelingen sollte, die Völker noch einmal in einen Weltkrieg zu stürzen, dann wird das Ergebnis nicht die Bolschewisierung der Erde und damit der Sieg des Judentums sein, sondern die Vernichtung der jüdischen Rasse in Europa.« *Der Prozess gegen die Hauptkriegsverbrecher*; Bd. XXXI, Dokument 2662-PS.

13 R. Hilberg, *Die Vernichtung der europäischen Juden. Die Gesamtgeschichte des Holocaust*, Berlin 1982, S. 237.

14 Kohlenmonoxid ist ein geschmackloses, geruch- und farbloses Gas. Wenn es in einer Konzentration von mindestens einem Prozent in der Luft enthalten ist, verlangsamt es den Puls und die Atmung und führt innerhalb von 20 Minuten zum Tod durch inneres Ersticken.

15 Noch in der Weimarer Republik war in Berlin-Dahlem das »Kaiser-Wilhelm-Institut für Anthropologie, menschliche Erblehre und Eugenik« gegründet worden. Dort beschäftigte man sich intensiv mit Zwil-

lingsforschung. Wie Pressac schreibt, konnte Eugenik je nachdem zu positiven oder negativen Zwecken eingesetzt werden. Positiv wurde sie eingesetzt, wenn Ärzte vor einer Eheschließung die Partner berieten und ihnen von einer Heirat abrieten oder sie verboten, weil sie zu nahe verwandt waren oder eine schwere erbliche Belastung bestand (Geistesschwäche, Alkoholismus, Syphilis, Geisteskrankheit und so weiter). Negativ wurde sie eingesetzt, wenn Menschen sterilisiert oder getötet werden sollten, damit sie bestimmte Erbanlagen nicht an Nachkömmlinge weitergeben konnten. Da die herrschende Moral die Tötung verbot, blieb nur die Sterilisation, die in vielen Ländern von den Vereinigten Staaten über Kanada, Schweiz, Deutschland bis nach Skandinavien angewendet wurde. Von Juli 1933 bis September 1939 ließen die deutschen Behörden fast 400 000 in einem genau festgelegten medizinisch-juristischen Verfahren ausgewählte Personen sterilisieren. Jean-Claude Pressac, »La technique des chambres à gaz«, in: F. Bédarida / L. Gervereau (BDIC), a.a.O., S. 188.

16 Es scheint, dass es aus der Zeit, in der die Tötungsmaschinerie in Chelmno auf Hochtouren lief, nur zwei Überlebende gab. Mitte Januar 1942 gelang Yaakov Grojanowski die Flucht. Er schlug sich nach Warschau durch und informierte den Judenrat des Ghettos über die Vorgänge in Chelmno. Über Mittelsmänner des polnischen Widerstands gelangten diese Informationen aus erster Hand im Juni 1942 nach London.

17 Der Raum hatte eine Fläche von 15 bis 20 m² und einen Rauminhalt von 30 bis 50 m³ und war vom Boden bis in eine Höhe von etwa einem Meter achtzig gekachelt. Zehn Zentimeter über dem Boden lief an einer Wand entlang ein Rohr mit kleinen Löchern. Das Rohr war an eine Flasche mit flüssigem Kohlenmonoxid angeschlossen, die 40 Liter für sechs m³ Gas enthielt und in einem angrenzenden Raum stand. Dort befand sich auch die Lüftung mit Gebläse und Elektromotor. Durch eine Glasscheibe war zu sehen, was in der Gaskammer vor sich ging. Durchschnittlich wurden 30 Personen auf einmal »behandelt«. Die Leichen wurden dann in das Krematorium des Instituts geschafft und dort verbrannt (vgl. Pressac, in: F. Bédarida / L. Gervereau (BDIC), a.a.O., S. 188f).

18 Obwohl das Euthanasieprogramm offiziell ausgesetzt wurde, ging es »wild« weiter mit den bewährten Verfahren: Giftinjektionen oder Gas.

19 Georges Bensoussan, *Génocide pour mémoire*, Paris 1989.

20 Thomas (Toivi) Blatt, *Sobibor, The Forgotten Revolt. A Survivor's Report,* Issaquah 1997, S. 35. Siehe auch die von Vincent Chatel und Chuck Ferree eingerichtete Internetseite zur Erforschung der nationalsozialistischen Konzentrationslager (www.jewish-gen.org/forgottencamps/…)

21 Thomas (Toivi) Blatt, *Sobibor*, a.a.O., S. 36.

22 R. Hilberg, *Die Vernichtung der europäischen Juden*, a.a.O., S. 594.

23 Vorsichtige Schätzung bei M. Steinberg, *Le Génocide*, a.a.O., S. 144.
24 R. Höß, a.a.O., S. 157. Siehe auch F. Piper, »Création du camp d'Auschwitz«, in: *Auschwitz camp de concentration et d'extermination*, a.a.O., S. 15.
25 F. Piper, »Auschwitz Concentration Camp. How it was Used in the Nazi System of Terror and Genocide and in the Economy of the Third Reich«, in: *The Holocaust*, hrsg. von M. Berenbaum / A. Peck, a.a.O., S. 373.
26 Solche Lager hießen Arbeitslager, Außenlager, Zweiglager, Arbeitskommando, Außenkommando. Die nationalsozialistischen KZs einschließlich Auschwitz stellten ein immenses Reservoir billiger Arbeitskräfte dar. 28 der 40 Außenlager wurden in der Nähe von Fabriken errichtet, die direkt mit der Rüstungsindustrie zu tun hatten, neun in der Nähe von Metall verarbeitenden Betrieben, sechs bei Kohlegruben, sechs weitere bei Produktionsstätten der Chemieindustrie, drei in der Nähe von Leichtindustrie, zwei an Baustellen von Kraftwerken, eines bei einer Baustofffabrik und ein Lager bei einem landwirtschaftlichen Betrieb. Siehe F. Piper, »La genèse du camp«, in: *Auschwitz camp de concentration et d'extermination*, a.a.O., S. 37.
27 Ein Plan für die Versorgung mit Nachschub musste aufgestellt werden. Die tödliche Dosis lag bei einem Milligramm pro Kilo Körpergewicht. Hilberg schreibt, die Degesch habe »unerhörte Gewinne« gemacht, *Die Vernichtung der europäischen Juden*, a.a.O., S. 600.
28 So brachte ein Besuch von Kurt Gerstein in Auschwitz Christian Wirth in Belzec in Verlegenheit, und er bat Gerstein, in Berlin keine andere Typen von Gaskammern zu empfehlen als die, in denen Kohlenmonoxid verwendet wurde. Auf diese Weise konnte Wirth sein Vernichtungswerk allein mit Auspuffgasen bis Frühjahr 1943 fortsetzen. In Birkenau entschied man sich definitiv für Zyklon B. Die sechs Gaskammern in Majdanek wurden teils mit Kohlenmonoxid und teils mit Zyklon B betrieben. (Vgl. auch: Pierre Joffroy, *Der Spion Gottes. Kurt Gerstein, ein SS-Offizier im Widerstand?*, Paris 1992, dt. Berlin 1995).
29 In Bunker 1 (dem roten Haus) wurden ab Juni 1942 die »Unheilbaren« ermordet. Seine Lage und genaue Größe sind nicht bekannt. Nach den Aussagen ehemaliger Häftlinge und SS-Angehöriger war der Bunker 60 bis 80 m² groß und konnte 300 bis 400 Opfer aufnehmen. Bunker 2 (das weiße Haus) ging Anfang Juli 1942 in Betrieb. Er war rund 100 m² groß, 500 Menschen konnten auf einmal vergast werden.
30 Maxime Steinberg, *Le Génocide juif, 1941–1944*, 2. Aufl. Brüssel 1997, S. 136.
31 F. Müller, a.a.O., S. 155–160.

Das Paradies
1 Hermann Rauschning, *Gespräche mit Hitler*, Zürich, Wien, New York 1973 (erstmals erschienen 1940), S. 45 f.
2 P. Burrin, »La violence congénital du nazisme«, in: *Stalinisme et nazisme, histoire et memoire comparée*, hrsg. von Henri Rousso, Brüssel 1999, S. 136.
3 P. Levi, a.a.O., S. 39.
4 Ebenda.
5 Siehe R. Höß, a.a.O., S. 169.
6 Georges Wellers, »Essai de détermination du nombre de morts au camp d'Auschwitz«, *Le Monde juif*, Nr. 112, Oktober/Dezember 1983, S. 40.
7 F. Piper, »Le nombre des victimes au KZ d'Auschwitz«, S. 199–214, in: *Auschwitz camp de concentration et d'extermination*, a.a.O., S. 214.
8 A. Wieviorka, a.a.O., S. 31.
9 Die statistischen Spannen stammen hauptsächlich aus Christian Bachelier, »Brève nomenclature des camps«, in: F. Bédarida / L. Gervereau (BDIC), a.a.O., S. 64–77, und aus anderen Quellen.
10 Jüdischer Begriff für die KZ-Insassen (siehe Abraham und Herschel Edelheit, *History of the Holocaust. A Handbook and Dictionary*, Los Angeles 1994, S. 268).
11 Das gilt mit einigen Ausnahmen wie dem Kamarampaka-Stadion in Kamembe, wo die Militärs zunächst täglich mit Listen auftauchten, dann willkürlich eine bestimmte Zahl von Tutsi aus den Tausenden dort zusammengepferchter Menschen auswählten, die dann außerhalb des Stadions erschossen wurden. Als weiteres Beispiel sei noch das Gatwaro-Stadion in Kibuyé genannt, wo fast 8000 Tutsi ermordet wurden. Michel Bührer, *Rwanda, mémoire d'un génocide*, Paris 1996 (UNESCO), S. 68.
12 Die Stoßtrupps, die die Kollektivierungsmaßnahmen durchsetzen und überprüfen sollten, bestanden großenteils aus jungen ukrainischen Kommunisten.
13 Primo Levi, a.a.O., S. 99.

1940 – Amerika und Japan
1 Zitiert bei David Cesarani / Tony Kushner, *The Internment of Aliens in 20th century's Britain*, London 1993, S. 211.
2 Lucio Sponza, »The British Government and the Internment of Italians«, in: D. Cesarani / T. Kushner, a.a.O., S. 125.
3 Margarete Bevege, *Behind Barbed Wire*, Santa Lucia 1993.
4 Die so genannten revisionistischen US-Historiker stellen die Vernichtung der Juden durch die Nationalsozialisten nicht in Frage. Sie vertreten linke, wenn nicht gar linksradikale Positionen, und ihr Revisionismus betrifft im Wesentlichen die Außenpolitik der Vereinigten Staaten vor allem gegenüber der Sowjetunion. Keineswegs leugnen sie den Mord an den Juden.

5 Siehe Ken Adachi, *The Enemy that never was,* Toronto 1991, S. 205.
6 Diese These vertritt Ken Adachi in seinem Buch.
7 Francis Feeley, *The history of an American Concentration Camp,* New York 1995, S. 2.
8 Siehe Yasuko Takezawa, *Breaking the Silence,* Ithaca 1995.
9 F. Feeley, a.a.O., S. 93.
10 Ebenda, S. 57.
11 Feeley setzt die den Japanern auf diese Weise aufgezwungene »Demokratie« bewusst in Anführungszeichen. In der Tat bedeuteten die Anweisungen hinsichtlich Sauberkeit – mit Androhung von Kontrollen – »physische und psychische Unterwerfung unter die Behörden«, S. 62.
12 Insgesamt verzeichnete man in dem Zeitraum 1942–1944 6000 Geburten (gegenüber 1900 Sterbefällen). In den Lagern lebten 219 nicht japanische Ehefrauen, die sich freiwillig hatten internieren lassen.
13 K. Adachi, a.a.O., S. 227.
14 Ebenda, S. 216. Welch ein Sturm der Entrüstung hätte sich erhoben, wenn die japanischen Häftlinge von einer Epidemie erfasst worden wären!
15 Patricia Roy et al., *Mutual Hostages: Canadians and Japanese during the Second World War,* Toronto 1990, S. 194.
16 K. Adachi, *The Enemy that never was,* Toronto 1991.
17 François Bédarida, Laurent Gervereau, BDIC (Hgg.), *La déportation, le système concentrationnaire nazi,* Nanterre 1995, S. 190. Siehe den Beitrag von R. Pritchard.
18 Ebenda, S. 193.
19 Dieuwile Wendelaar Bonga, *Eight Prison Camps. A Dutch Family in Japanese Java,* Athens 1996.
20 Augusta Voltz, *Au son du gamelan,* Paris 1999.
21 Wendelaar, a.a.O., S. 59. Auf Sumatra errichteten die Japaner 14 Lager.
22 Ebenda, S. 191.
23 Ebenda, S. 69.
24 Ebenda, S. 73.
25 Ebenda, S. 149.
26 Ebenda, S. 133.

1945 – Juden und Kollaborateure

1 Annette Wieviorka, *Déportation et génocide, entre la mémoire et l'oubli,* Paris 1995, S. 78. Siehe auch Judah Nadich, *Eisenhower and the Jews,* New York 1953.
2 A. Wieviorka, a.a.O., S. 78.
3 Mark Wyman, *DP: Europe's Displaced Persons, 1945–1951,* Philadelphia 1989; Diana Kay, »The Resettlement of Displaced Persons in Europe, 1946–1951, *Cambridge Survey of World Migration,* hrsg. von Robin Cohen, Cambridge 1995.
4 Michael Marrus, *The Unwanted. European Refugees in the Twentieth Century,* Oxford 1985.

5 Die Überlebenden weigerten sich, den Namen zu benutzen, den die Briten dem Lager gegeben hatten, nämlich Hohne. Sie waren in Bergen-Belsen!
6 Z. Wahrhaftig, *Uprooted: Jewish Refugees and Displaced Persons,* New York 1946; siehe auch Abraham und Herschel Edelheit, *History of the Holocaust: A Handbook and Dictionary,* Los Angeles 1994, S. 221.
7 *Update,* Veröffentlichung des Holocaust-Museums anlässlich der Ausstellung »Life reborn. Jewish displaced persons 1945–1951«, Mai/Juni 2000.
8 »Department of State Bulletin, 30. September 1945«, zitiert bei A. und H. Edelheit, a.a.O., S. 219.
9 Malcolm J. Proudfoot, *European Refugees: 1939–1952: A Study in Forced Population Movement,* Chicago 1956, S. 325. Siehe auch Earl G. Harrison, *The Plight of the Jews in Europe: A Report to President Truman,* Washington D.C. 29. September 1945.
10 Noch 1952 existierte ein Lager für *displaced persons.*
11 Zu Bergen-Belsen siehe: Peter Halban und Jewish Publication Society, 1995; Joanne Reilly / David Cesarani / Tony Kushner / Colin Richmond (Hgg.), *Belsen in History and Memory,* London 1997.
12 Jacques Derogy, *100 000 hommes à la mer,* Paris 1973, S. 61.
13 Allan Rabinowitz, »Atlit. A barbed-wire homecoming«, *Jerusalem Post,* 18. Januar 1998.
14 Auch die Irrfahrt der *Patria* ist wert, erwähnt zu werden. Die Geschichte begann zwei Monate zuvor, am 3. September 1938, in der Slowakei. 600 junge Tschechen und Österreicher, die seit neun Monaten provisorisch in Bratislava einquartiert waren, und 500 Flüchtlinge aus Danzig gingen in der Nacht an Bord des Donau-Schleppers *Helios.* Darunter befanden sich auch mehrere freigelassene ehemalige Häftlinge aus Dachau. Sie gehörten zu einer Gruppe von 600 Juden, die SS-Obersturmführer Adolf Eichmann aus Wien in den Satellitenstaat Slowakei vertrieben hatte. Ihnen folgten noch zwei weitere Gruppen von insgesamt fast 1800 Personen. Nach zahlreichen Schwierigkeiten und einer Irrfahrt durch Ungarn, Jugoslawien, Bulgarien, Rumänien und die Türkei befanden sie sich am 12. November, das heißt mehr als zwei Monate später, an Bord der beiden Schiffe *Pacific* und *Milos,* als sie von zwei britischen Schleppern vor Zypern aufgebracht wurden. Mit der *Patria,* einem französischen Ozeandampfer, der nach der Kapitulation Frankreichs von seiner Mannschaft vor Zypern aufgegeben worden war, hätten sie nach Haifa gebracht werden sollen. Es wurde indes entschieden, die Juden auf die tropische Insel Mauritius zu deportieren. Die Haganah platzierte eine Bombe auf dem Schiff, um es manövrierunfähig zu machen. Die Bombe verursachte einen unerwartet starken Wassereinbruch. Die Fehleinschätzung der Sprengkraft kostete 202 Juden sowie 50 Polizisten und Angehörige der Mannschaft das Leben.
15 Jacques Derogy, a.a.O., S. 91.

16 Wladimir Grigorjew, »L'île Maurice, un lieu de mémoire juive«, *Regards*, Nr. 472, Brüssel Mai 2000, S. 27.
17 Über die heimliche Einwanderung siehe Dalia Ofer, »From Illegal Immigrants to New Immigrants«, in: M. Berenbaum / A. Peck, *The Holocaust and History*, Washington (USHMM) und Bloomington 1998, S. 733–749; Yehuda Bauer, *Flight and Rescue: Bricha*, New York 1970, sowie Ders., *Out of the Ashes*, Oxford 1989.
18 DST-Chef Roger Wybot unterstützte nur zu gern die heimlichen Umtriebe des Mosad, teils aus Sympathie für die Zionisten, teils in der Hoffnung, englische Dokumente zu bekommen, die der Haganah in die Hände gefallen waren und in denen es um Machenschaften ging, die mit der Vertreibung Frankreichs aus der Levante zu tun hatten. Siehe dazu Jacques Derogy / Hesi Carmel, *Histoire secrète d' Israël, 1917–1977*, Paris 1978, S. 104.
19 Ebenda.
20 Nach der Gründung des Staates Israel diente Atlit zunächst als Durchgangslager für Neuankömmlinge und von 1956 bis 1967 als Gefangenenlager. Danach wurde es zu einem Museum umgewandelt.
21 Olivier Nollet, »Les Maapilim à Chypre«, in: *Miroir de l'Histore, les combats d'Israël*, Sonderheft 9, Nr. 283, 1973, S. 200–207.
22 Annie Latour, *La résurrection d'Israël*, Paris 1965.
23 Derogy, a.a.O., S. 175.
24 Ebenda, S. 176f.
25 O. Nollet, »Les Maapilim«, a.a.O., S. 203.
26 Ebenda, S. 208.
27 Annie Latour, a.a.O., S. 245.
28 Ebenda, S. 247.
29 Siehe Bernard Valéry, *Jours de peine et jours d'espoir*, Orléans 1997.
30 Maschinenschriftliches Dokument, Archiv des Instituts für Sozialgeschichte.
31 Ebenda.
32 Ebenda.
33 Siehe die ersten Seiten des Buches von Raymond Muelle, *Le Bataillon des réprouvés*, Presse de la Cité 1990.
34 Denis Peschanski, *Vichy 1940–44, contrôle exclusion*, Paris, Brüssel 1997, S. 199.

1945 – Der Ostblock
Die SBZ
 1 Die Sowjets verwendeten die Bezeichnung »Spezlager«.
 2 Zwei Sammelwerke verdienen besondere Aufmerksamkeit: Das eine wurde von Michael Klonovsky und Jan von Flocken kurz nach der Öffnung der DDR-Archive herausgegeben (*Stalins Lager in Deutschland: 1945–1950*, Berlin 1991); das zweite, im Ansatz sehr viel wissenschaftlichere Werk, verdanken wir einem Team von russischen und deutschen

Historikern (Sergej Mironenko / Alexander von Plato et al., Hgg., *Sowjetische Speziallager in Deutschland 1945 bis 1950*, Bd. 1, Berlin 1998; vgl. S. 32 für obige Tabelle). Des Weiteren beziehen wir uns auf Etienne François, »La postérité des camps en zone soviétique et en Allemagne de l'Est«, in: François Bédarida / Laurent Gervereau (Hgg.), *La déportation: le système concentrationnaire nazi*, BDIC, Nanterre 1995, S. 228–233.

3 *Sowjetische Lager in der ehemaligen sowjetischen Besatzungszone*. Offizielle Presseinformation der Pressekonferenz des Beauftragten des Ministerpräsidenten der DDR und Innenministers Dr. Peter-Michael Diestel, 26. Juli 1990, S. 18. Zit. n. S. Mironenko et al., a.a.O., S. 44.

4 Es handelt sich hierbei um eine Mindestschätzung. Aufgrund anderer Berechnungen kommt man auf 189 000 Gefangene, darunter etwa 35 000 Ausländer – das heißt mehr als ein Fünftel der Lagerinsassen –, meist Sowjetbürger (34 706) und 460 andere Ausländer. Vgl. S. Mironenko et al., a.a.O., S. 35.

5 Ebenda, S. 37. Trotz einer Erhöhung der Kalorienzahl Anfang 1947 stiegen die Todeszahlen sprunghaft an. Vgl. ebenda, S. 39.

6 Ebenda, S. 64 f.

7 Der Befehl zur Auflösung der Speziallager kam vom Innenminister der UdSSR, General Kruglow (Befehl Nr. 0022 vom 6. Januar 1950). Vgl. S. Mironenko et al., a.a.O., S. 19 und S. 43.

8 Etienne François in *La déportation* ..., a.a.O., S. 228.

9 *Saturne* Nr. 1, Dezember 1954, S. 3–11.

10 Anders als die NS-Lager besaßen die Spezlager keine Krematorien. Die Todeskommandos warfen die Leichen in der näheren Umgebung der Lager in Massengräber, die anschließend eingeebnet wurden.

Tschechoslowakei

11 Diese Erklärung stammt vom August 1945.

12 Mecislav Borák / Dusan Janák, *Tábory nucené práce v ČSR: 1948–1954* (Die Zwangsarbeitslager in der Tschechoslowakei), Nakl. Tilia, V Senove 1996, S. 50.

13 Ebenda.

14 T43, einer der großen Pläne der KP-Leitung nach der Machtübernahme, sollte die Städte von »Verdächtigen« säubern. Die Umsetzung begann am 3. Oktober 1949 in Prag. Innerhalb von zehn Tagen wurden 778 Menschen in die Lager abtransportiert.

Polen

15 Alexandra Kwiatkowska-Viatteau, *Staline assassine la Pologne: 1939– 1947*, Paris 1999, S. 271 f.

16 Gregor Soltysiak, »Polski Gulag«, in: *Przeglad Tygodniowy* (eine Warschauer Wochenzeitschrift), 2. Juli 1997.

17 A. Kwiatkowska-Viatteau, a.a.O., S. 275.

18 Ebenda, S. 276.
19 Ebenda, S. 277.
20 Ebenda, S. 268. Kwiatkowska-Viatteau schätzt, dass insgesamt 250 000 Menschen »ohne Verurteilung zur Zwangsarbeit in einem der etwa 300 Lager gezwungen« wurden.

Ungarn
21 György Faludy, *Heitere Tage in der Hölle*, München 1964 (Originalausgabe: *My happy days in hell*, London, 1962; zitiert wird nach der frz. Ausgabe: *Les beaux jours de l'enfer*, Paris 1965).
22 Außer auf dieses hervorragende Dokument stießen wir noch auf zwei weitere Werke: Zunächst Zoltán Benko, ein ehemaliger Widerstandskämpfer, der Verbindungen zur Jugendbewegung der Bauernpartei hatte und 1948 wegen »Verschwörung, Hochverrat und Spionagetätigkeit« verhaftet wurde. Er wurde 1949 in Kistarcsa festgesetzt und 1950 nach Recsk verlegt, wo er drei Jahre lang blieb. Nach seinem Engagement im Volksaufstand von 1956 musste er fliehen und wurde Journalist bei *Radio Free Europe*. Unsere letzte Referenz ist Elemér Földáry-Boér, der 1950 bis 1953 wegen Spionage in Recsk einsaß. Bei gewalttätigen Auseinandersetzungen kam er Ende Oktober 1956 ums Leben.
23 Diese Schätzung bestätigt die von Zoltán Benko. Vgl. Zoltán Benko, *Tortenelmi Kersztutak*, Miskole 1993, S. 107 (auf Ungarisch).
24 G. Faludy, a.a.O., S. 330.
25 Z. Benko, a.a.O., S. 90 und S. 109.
26 Elemér Földáry-Boér, *Akisolgàltatottak*, Budapest 1991, S. 103 (auf Ungarisch).
27 G. Faludy, a.a.O., S. 281.
28 Ebenda, S. 287 f. Die Schätzung auf nur 1000 Kalorien stammt von Földáry-Boér.
29 Ebenda, S. 343.
30 Ebenda.
31 Ebenda, S. 369.
32 E. Földáry-Boér, a.a.O., S. 121.
33 Z. Benko, a.a.O., S. 91–98.
34 E. Földáry-Boér, a.a.O., S. 122.
35 G. Faludy, a.a.O., S. 331.
36 Ebenda, S. 370.
37 Ebenda, S. 371.

Jugoslawien
38 Dragoslav Mihailović hat uns den Text seines Vortrags in Blois aus dem Jahr 1989 freundlicherweise zur Verfügung gestellt.
39 Gennî Lebel, die heute in Israel lebt, hat einige Jahre in NS-Arbeitslagern durchgemacht. Zusammen mit Margarete Buber-Neumann gehört sie zu den wenigen Menschen, die eine doppelte Lagererfahrung haben.

Ihre Erinnerungen wurden in zwei unabhängigen Bänden veröffentlicht: Der erste, der nur auf Hebräisch vorliegt, handelt von der NS-Zeit (Gennî Lebel, *Hâg Amîn û-Berlîn*, [Selbstverl.], Tel-Avîv 1996), der zweite (*Sîggalît hal-levana: senatayim wa-hasî bag-gûlâg hay-yûgôslavî lan-nasîm*, Tel Avîv 1994) von Jugoslawien unter Tito und damit auch von Goli Otok. Dieser zweite Band erschien auch auf Serbokroatisch. Wir hatten das Glück, auf eine maschinengeschriebene Version auf Englisch Zugriff zu haben, die freilich unveröffentlicht ist: *The white violet, My two and a half years in the Yugoslavian gulag for women.*
40 Gennî Lebel, S. 72 der noch unveröffentlichten englischen Übersetzung.
41 Stéphane Courtois u. a. (Hg.), *Das Schwarzbuch des Kommunismus*, München 1998, S. 466.
42 G. Lebel, a.a.O.
43 Miroslav Popović, *Les Vauriens de Tito*, Paris 1991.
44 Dragan Marković, *Josip Broz i Goli otok*, Belgrad 1990.
45 G. Lebel, a.a.O., S. 3.

Rumänien
46 Dieses Kapitel beruht auf den grundlegenden Arbeiten von Octavian Roske, wissenschaftlicher Leiter des Nationalinstituts für die Untersuchung des Totalitarismus in Bukarest (NIST).
47 Doru Novacovici, *En Roumanie derrière les barreaux*, Saint-Maur 1985, S. 26 (Orig.: Doru Novacovici, *În România dupa gratii*, München 1983).
48 Dumitru Bacu, *Pitești, Umerziehungszentrum für Studenten* (auf rumänisch), Vorwort von Gheorghe Calciu, Bukarest [3]1991, S. 19.
49 Cristian Troncota, »Le camp de travail forcé«, in: *Totalitarian archives, international issue*, Bd. IV–V, Nr. 13–14, 4/1996–I/1997, NIST/Romanian Academy, Bukarest, S. 261.
50 Ebenda, S. 269.
51 Dennis Deletant, *Romania under Communist Rule*, The Center for Romanian Studies, in Kooperation mit der Civic Academy Foundation, Iasy/Oxford 1999, S. 75.
52 Ebenda.
53 Ghita Ionescu, *Communism in Rumania*, London 1964.
54 Flori Stanescu, »L'Univers concentrationnaire en Roumanie, Rétrospective d'édition, 1990–1995«, in: *Totalitarian archives*, a.a.O., S. 408.
55 Veröffentlichung der Zeitschrift *La Nouvelle Alternative*, Nr. 2, Juni 1999.
56 F. Stanescu, a.a.O., S. 415.
57 Im April 1964 kam er bei einer Amnestie frei.
58 *La Nouvelle Alternative*, a.a.O., S. 106.
59 C. Troncota, a.a.O., S. 268.
60 Ebenda, S. 269.

Bulgarien
61 Tzvetan Todorov, *Au nom du peuple*, Paris 1992.
62 Stéphane Botchev, *Béléné, Souvenirs du goulag bulgare*, éd. Noir sur blanc, Montricher 1998 (Orig.: Stefan S. Bocev, *Belene, skazanie za konclagerna Balgarija*, Sofia 1990); Ekaterina Bonceva et al., *Svideteli: balgarski GULag* (Der bulgarische GULag – die Zeugen), Sofia 1991.
63 T. Todorov, a.a.O., S. 85–90.
64 S. Botchev, a.a.O., S. 144.
65 T. Todorov, a.a.O, zieht Vergleiche zu Dantes *Inferno*, vgl. S. 173 und S. 182.
66 Vgl. die Magisterarbeit von Mona Foscolo, *La Figure de l'ennemi en Bulgarie 1948–1953*, Institut des Études Politiques, Paris, die hierzu folgenden (bulgarischen) Titel zitiert: Lubomir Ongjanov, *Das institutionelle und politische System Bulgariens 1944–1948*, Sofia 1993.
67 Vgl. M. Foscolo, a.a.O., S. 80.
68 T. Todorov, a.a.O., S. 37.
69 S. Botchev, a.a.O., S. 81.
70 Ebenda, S. 63.
71 Hristo Devedjiev, *Stalinization of the Bulgarian Society 1949–1953*, Philadelphia 1975, S. 133.
72 Georgi N. Vasilev, *Ostrov Persin: pozorat na Balgarija* (Die Insel Persin, Schande Bulgariens), Sofia 1995, S. 142.

Albanien
73 Jusuf Vrioni / Eric Faye, *Mondes effacés*, Paris 1998, S. 168.
74 Ebenda, S. 152.
75 Ebenda, S. 180.
76 Ebenda, S. 167.
77 Ebenda, S. 168 f.
78 Ebenda, S. 188.
79 Ebenda, S. 189.
80 Bashkim Shehu, *L'automne de la peur*, Paris 1993, S. 34.
81 Maks Velo, »Le jour de la mort d'Enver Hoxha au camp de Spaç«, in: *Albanie Utopie, huis clos dans les Balkans*, Paris 1996, S. 169.
82 Sonia Combe, »Les victimes«, in: *Albanie Utopie ...*, a.a.O., S. 104.

1947 – Diktaturen und Kolonien
Griechenland
1 *Le Monde*, 18. Juni 1967.
2 Anonym, *Makronissos, le Dachau grec*, hrsg. von Grèce libre, o.O. 1949, S. 10, S. 13.
3 Basil Davidson, *Greece today*, London 1950, S. 14 f.
4 *Livre blanc sur les camps d'internement en Grèce*, Paris 1953 (C.I.C.R.C.).
5 *Le livre noir de la dictature en Grèce*, Paris 1969, S. 46.

6 Ebenda, S. 54.
7 Ebenda, S. 53.
8 Ebenda, S. 184.
9 J. Hogard, »Le soldat dans la guerre révolutionnaire«, *Revue de défense nationale,* Februar 1957. Weder England noch Spanien werden erwähnt, obwohl Spanien trotz *reconcentración* aus Kuba verjagt wurde. Aber in einem Artikel wird die Zusammenfassung der Bevölkerung gepriesen, weil es dadurch möglich gewesen sei, 1953 die Rebellion in Kambodscha niederzuschlagen, siehe Capt. Souyris in *Revue de la Défense Nationale,* Juni 1956. Ihm zufolge sah »das wahre Problem so aus: den Rebellen die Unterstützung der Bevölkerung entziehen und deshalb die oft über große Entfernungen verstreuten Einwohner geschützt vor Repressalien unterbringen«. Es sei darum gegangen, die Bevölkerung zur Selbstverteidigung zu drängen, und das habe bedeutet, »die Bewohner zusammenzufassen, damit größere Ansiedlungen entstanden an Orten, die durch die Regierungskräfte gut zu überwachen waren«.
10 Ebenda, S. 631.
11 Pierre Bourdieu / Abdelmalek Sayad, *Le Déracinement,* Paris 1964, S. 11.
12 Michel Cornaton, *Les regroupements de la décolonisation en Algérie,* 2. Aufl. Paris 1998 (1. Aufl. 1961), S. 61.
13 *Naissance de mille villages* (offizielle Veröffentlichung der französischen Behörden in Algerien).
14 Zitiert bei P. Bourdieu, a.a.O., S. 27.
15 M. Cornaton, a.a.O., S. 67.
16 Das Lager wurde weiter oben erwähnt, 1939 und dann im Zusammenhang mit der Vichy-Zeit.
17 Henri Alleg in Abdelhamid Benzinz, *Le camp,* Paris 1962, S. 9. Der Autor, schreibt Alleg, sei nach einer Reportagereise in das sowjetische Mittelasien, von der er »begeistert zurückgekommen ist«(!), in die algerische kommunistische Partei eingetreten.
18 Ebenda, S. 13.
19 Kommandant Florentin, Bericht vom 30. November 1960 über das Departement Sétif, ebenda.
20 M. Cornaton, a.a.O., S. 83.
21 Ebenda, S. 100 f.
22 Ebenda, S. 91.
23 *Saturne,* August-September 1957, S. 117.
24 Ebenda.
25 P. Bourdieu, a.a.O., S. 23.
26 Ebenda, S. 26.
27 M. Cornaton, a.a.O.

Vietnam
28 John O'Donnelle, »The Strategic Hamlets Programm in Kien Hoa Province, a Case Study of Counter Insurgency«, in: Peter Kunstadter, *South East Asian Tribes, Minorities and Nations*, Princeton 1967.
29 Zitiert bei Gérard Chaliand, *Stratégies de la guérilla*, Paris 1996, S. 572.
30 Siehe zum Beispiel Milton Osborne, *Strategic Hamlets in South Vietnam, a Survey and a Comparison*, Papier Nr. 55, Cornell University, Ithaca, S. 2.
31 *Vietnam's Strategic Hamlets*, Informationsamt, Saigon, Februar 1963.
32 Ebenda.
33 Neujahrsbotschaft von Präsident Ngo Dinh Diem, 25. Januar 1963.
34 Osborne, a.a.O., S. 22.
35 Meldung in der vietnamesischen Presse, 6. Juni 1962.
36 Osborne, a.a.O., S. 63.

1950 – Asien
China
1 Jean Pasqualini, *Prisonnier de Mao*, Paris 1977. Siehe auch die dt. Ausgabe: Ruo-wang Bao, *Gefangener bei Mao*, Bern, München 1975.
2 Harry Wu, *Laogai, le goulag chinois*, Paris 1996.
3 Siehe hierzu Peter Zhou Bangjin, *Dawn Breaks in the East*, 1992; Liu Zongren, *Hard Time. 30 Month in a Chinese Labor Camp*, 1995; Joseph Shieh, *Dans le jardin des aventuries*, Paris 1995; Wei Jingsheng, *Lettres de prison*, Paris 1997; Lin Xi Ling, *L'Indomptable*, Paris 1998; James Seymour / Richard Anderson, *New Ghosts, Old Ghosts: Prisons and Labor Reform in China*, New York 1998; Noël Mamère / Marie Holzman, *Chine, on ne bâillonne pas la lumière*, Paris 1996.
4 H. Wu, a.a.O., S. 16.
5 Jean-Luc Domenach, *Der vergessene Archipel. Gefängnisse und Lager in der Volksrepublik China*, Hamburg 1995, S. 20.
6 J. Pasqualini, a.a.O., S. 11.
7 H. Wu, a.a.O., S. 38.
8 So bezeichnet Harry Wu in *Laogai*, a.a.O., die Umerziehung durch Arbeit im Laojiao.
9 J. Seymour / R. Anderson, a.a.O., S. 18 ff.
10 H. Wu, a.a.O., S. 104.
11 J.-L. Domenach, a.a.O., S. 126.
12 Ebenda, S. 138.
13 H. Wu, *Vents amers*, Paris 1995, S. 233, und Domenach, a.a.O., S. 99.
14 J. Pasqualini, a.a.O., S. 218; ähnliche Praktiken gab es auch in der UdSSR. Siehe hierzu Mora / Zwierniak, *La Justice soviétique*, Rom 1945, S. 109.
15 J. Pasqualini, a.a.O., S. 106.
16 H. Wu, *Laogai ...*, a.a.O., S. 111.
17 J. Seymour / R. Anderson, a.a.O., S. 190. Nach Seymours Schätzung

beträgt die Anzahl der Freigelassenen, die um die Lager herum arbeiten, höchstens fünf Prozent.
18 H. Wu, a.a.O., S. 142.
19 J. Pasqualini, a.a.O., S. 102.
20 J. Seymour / R. Anderson, a.a.O., S. 21.
21 H. Wu, a.a.O., S. 28.
22 Ebenda, S. 26
23 Constantin Rissov, *Le Dragon enchaîné. De Chinag Kai-shek à Mao Zedong. Trente ans d'intimité avec la Chine,* Paris 1986, S. 273.
24 H. Wu, *Vents amers,* a.a.O., S. 103 (dt. *Nur der Wind ist frei,* siehe ab S. 96).
25 J.-L. Domenach, a.a.O., S. 87 ff., das Zitat siehe S. 88.
26 Ebenda, S. 77.
27 Ebenda, S. 206.
28 Ebenda, S. 210.
29 Siehe Jasper Beker, *La Grande Famine de Mao,* Paris 1998.
30 J.-L. Domenach, a.a.O., S. 213.
31 Ebenda, S. 296.
32 Ebenda, S. 284.
33 Ebenda, S. 311
34 Ebenda, S. 311 f.
35 Ebenda.
36 H. Wu, *Retour au laogai,* Paris 1997, S. 167.
37 H. Wu, *Laogai,* a.a.O., S. 166.
38 Ebenda, S. 163.
39 Ebenda, S. 362.
40 H. Wu, *Retour ...,* a.a.O., S. 231.
41 Siehe hierzu H. Wu, *Vents amers,* a.a.O., S. 12.
42 J.-L. Domenach, a.a.O., S. 16.
43 J. Pasqualini, a.a.O., S. 41.
44 Ebenda.
45 Ebenda. S. 44.
46 Zitiert nach J.-L. Domenach, a.a.O., S. 164.
47 J. Pasqualini, a.a.O., S. 75.
48 Ebenda, S. 160.
49 J.-L. Domenach, a.a.O., S. 166.
50 H. Wu, *Vents amers,* a.a.O., S. 92.
51 H. Wu, *Nur der Wind ist frei,* a.a.O., S. 81.
52 Jean Pasqualini, a.a.O., S. 263.
53 Ebenda, S. 12.
54 Jean-Luc Domenach, S. 143.
55 Deng Huzeng, *Tant que la montagne restera verte,* Lausanne 1987, S. 103–124, und vor allem S. 106. Zu den Lagern in Tibet und ihrer Einbeziehung in den Produktionsapparat siehe Palden Gyatso, *Le Feu sous la neige, mémoires d'un moine tibétain,* Paris 1997, und vor allem Kapitel

9, »La réforme par le travail«. Bezeichnenderweise wurde der Lagerkommandant dem Verfasser zufolge (S. 233) ausschließlich als »*Changszhang*«, Fabrikdirektor, bezeichnet. (Siehe auch die deutsche Ausgabe *Ich, Palden Gyatso, Mönch aus Tibet*, Bergisch Gladbach 1998, Kapitel »Besserung durch Arbeit«.)
56 J.-L. Domenach, a.a.O., S. 92. Die zweite Zahl stammt aus einem Vortrag James Seymours mit dem Titel »Das Arbeitslager: Theorie, Aktualität und fiktive Darstellung« an der University of California, Riverside, vom 15. Januar 2000.
57 J. Pasqualini in *Vents amers*, a.a.O., S. 12.
58 H. Wu, *Retour au laogai*, a.a.O., S. 67.
59 Ebenda.
60 J.-L. Domenach, a.a.O., S. 376.
61 H. Wu, *Retour au laogai*, a.a.O., S. 26.
62 H. Wu, *Laogai*, a.a.O., S. 35–38.
63 In Kapitel 3 über den Gansu, S. 205. Selbst wenn man die Schätzungen von Harry Wu übernehmen würde – und die der neuen Geschichtsschreibung auf Grundlage der russischen Archive –, hätte die Anzahl der Häftlinge in China nur ein Drittel der Häftlinge in der UdSSR betragen – proportional zur Gesamtbevölkerung natürlich.
64 J.-L. Domenach, a.a.O., S. 140.
65 Ebenda, S. 180.
66 H. Wu, *Vents amers*, a.a.O., S. 305 (dt. Ausgabe vgl. ab S. 298).
67 J.-L. Domenach, a.a.O., S. 181.
68 Ebenda, S. 129.
69 H. Wu, *Vents amers*, S. 143, und J. Pasqualini, a.a.O., S. 39.
70 H. Wu, *Laogai*, a.a.O., S. 89.
71 J. Pasqualini, a.a.O., S. 188.
72 Ebenda, S. 208.
73 Ebenda, S. 198.
74 H. Wu, *Vents amers*, a.a.O., S. 306.
75 Ebenda, S. 147.
76 J. Pasqualini, a.a.O., S. 117.
77 H. Wu, *Retour au laogai*, a.a.O., S. 73.
78 J. Pasqualini in: H. Wu, *Vents amers*, a.a.O., S. 13.
79 H. Wu, *Vents amers*, a.a.O., S. 151 (dt. Ausgabe S. 139).
80 J. Pasqualini in: H. Wu, *Vents amers*, a.a.O., S. 11.
81 J.-L. Domenach, a.a.O., S. 190.
82 Ebenda, S. 193.
83 J. Pasqualini, a.a.O., S. 196.
84 H. Wu, *Retour au laogai*, a.a.O., S. 91.
85 Noël Mamère / Marie Holzman, *Chine, on ne bâillonne pas la lumière*, a.a.O., S. 296 f.
86 J. Pasqualini, a.a.O., S. 12.

Vietnam
87 Siehe Robert Bonnafous, *Les prisonniers de guerre du corps expéditionnaire français en Extrême-Orient dans les camps vietminh, 1945–1954*, Paris 2000.
88 René Mary, *Les Bagnards d'Ho Chi Minh*, Paris 1986, S. 133.
89 R. Bonnafous, a.a.O., S. 90.
90 Ebenda, S. 92.
91 Amédée Thévenet, *Goulags indochinois*, Paris 1997.
92 Ebenda, S. 226.
93 Ebenda, S. 232.
94 Ebenda, S. 200–218.
95 Ebenda, S. 236.
96 R. Mary, a.a.O., S. 60–75.
97 A. Thévenet, a.a.O., S. 322 f.
98 Ebenda, S. 370.
99 Siehe *Cohorte*, Juni 1999.
100 Ebenda.
101 Ebenda.
102 Doan Van Toai, *Le Goulag vietnamien*, Paris 1979 (dt. *Der vietnamesische Gulag*, Köln 1980).
103 Ebenda (dt. Ausgabe), S. 18.
104 Nach einem Vortrag von Vo Van Aï, dem Leiter der vietnamesischen Exilzeitschrift *Quê-Mê*, in Freedom House (Washington) vom 30. April 1985.
105 Doan Van Toai (frz. Ausgabe), a.a.O., S. 292.
106 Diese Berichte wurden vom *Comité Vietnam pour la Défense des Droits de l'Homme* ins Französische übersetzt.
107 Ebenda, erschienen in *Quê-Mê*, 1985, S. 41.
108 *Aujourd'hui le Vietnam*, Dossier des *Comité Vietnam* in: *Quê-Mê*, 1985, S. 41.
109 Siehe das Gespräch mit Michel Tauriac, in: *Paris-Match*, 17. Dezember 1998

Laos
110 Bericht vom März 1998
111 Siehe zum Beispiel *Télérama* Nr. 1938.
112 François Corre, »Le supplice du riz«, in: *France Soir*, 21. Juni 1979.
113 Souvannavong Vongprachanh, *La Jeune captive du Pathet-Lao*, Paris 1993, S. 224.
114 Ebenda, S. 103.
115 Ebenda, S. 77.
116 Ebenda, S. 206.
117 Ebenda, S. 109.
118 Ebenda.
119 Ebenda, S. 116.

120 Bericht über die Internierungslager in Laos, maschinengeschriebenes Dokument des *Comité Lao pour la Défense des Droits de l'Homme*, Torcy, März 1998.
121 Siehe Kang Chul Hwang, *Les Aquariums de Pyong Yang, dix ans de goulag nord-coréen*, Paris 2000, S. 703.
122 Souvannavong Vongprachanh, a.a.O., S. 218.
123 Ebenda, S. 99.
124 Bericht von Amnesty International, London 1987.
125 *US State Department Report on Human Rights*, 1987.
126 Französische Sektion von Amnesty International, September 1985.

Kambodscha
127 Siehe Pin Yathay, *L'Utopie meurtrière*, Paris 1980, vor allem Kapitel 6 (»ils administraient la mort avec des mot aimables«) und Kapitel 7 (»La sélection naturelle«). Siehe auch die deutsche Ausgabe *»Du musst überleben, mein Sohn!« Bericht einer Flucht aus dem Inferno Kambodschas*, München 1987.
128 In: *Communisme*, Nr. 47/48 1996, »Le goulag khmer rouge, S. 127.
129 Ebenda, S. 130.
130 Dennoch wütete die Gewalt nicht überall mit gleicher Intensität: In einigen Gefängnissen, an einigen Orten und zu bestimmten Zeiten kam es zu besonderen Exzessen – selbst für die Verhältnisse unter den Roten Khmer. Es sei daran erinnert, dass Totalitarismus ein nie vollständig realisierter Idealtypus ist.
131 Henry Locard in: *Communisme*, Nr. 47/48 1996, S. 136.
132 Y. Pandhara, *Retour à Phnom Penh*, Paris 1982. Pandhara traf im Februar 1978 in Phnom Penh ein.
133 Henry Locard in: *Communisme*, Nr. 47/48 1996, S. 137.

Nordkorea
134 Zu Kang Chul Hwangs Zeugnis siehe Kang Chul Hwang, *Les Aquariums de Pyong Yang, dix ans de goulag nord-coréen*, Paris 2000.
135 Das Zeugnis von An Myung Chul ist zunächst im März 1995 in der südkoreanischen Monatszeitschrift *Chosun* erschienen und wurde dann vom Zentrum für die Förderung der Menschenrechte in Nordkorea im Herbst 1995 verbreitet. Nach seiner Flucht aus Nordkorea am 13. Oktober 1994 beantragte An Myung politisches Asyl in Südkorea. Auszüge seines Zeugnisses sind in den *Cahiers d'histoire sociale*, Nr. 7 (Herbst 1996) erschienen. Seine weitere Verbreitung verdankt es der Citizens' Alliance to Help North Korean Political Prisoners, einer Vereinigung mit Sitz in Seoul. Eine französische Übersetzung erschien in dem zweimal jährlich erscheinenden Blatt *La Lettre de Corée*.
136 Sämtliche Zitate von Kang Chul Hwang siehe die französische Ausgabe, a.a.O.
137 Siehe *La Lettre de Corée*, Nr. 18.

138. Sämtliche Zitate von Kang Chul Hwang siehe die französische Ausgabe, a.a.O.

Indonesien
139 Abkürzung für *Gerakan September Tigapuluh,* »Bewegung des 30. September«.
140 Der 1925 auf Java geborene Pramoedya Ananta Toer ist Verfasser zahlreicher Romane, Novellen und Theaterstücke. Sein historischer Roman *The Buru Quartet* in vier Bänden (*This Earth of Mankind; Child of all Nations; Footsteps* und *House of Glass*) gehört zur Weltliteratur. Wir stützen uns allerdings hier auf *The Mute's soliloquy,* New York 1999. Der Verfasser berichtet darin in kurzen Texten und vor allem in Briefen an seine Kinder unmittelbar von seinen Erfahrungen im Konzentrationslager auf Buru. Als eine treibende Kraft in der indonesischen Nationalbewegung und Wegbegleiter der indonesischen KP war er erstmals während des Unabhängigkeitskriegs von 1947 bis 1949 interniert.
141 Nach Thomas Fuller in: *International Herald Tribune,* 15. März 2000.
142 Pramoedya Toer, a.a.O., S. 19.
143 Ebenda, S. 18.
144 Ebenda, S. 6.
145 Ebenda, S. 38.
146 Ebenda, S. 70.
147 Ebenda, S. 74.
148 Ebenda.

1964 – Lateinamerika
Dieses Kapitel enthält keine Anmerkungen. Es stützt sich auf mündliche Zeugnisse, die direkt im Text und in den Werken in der Bibliographie ausgewiesen sind.

1992 – Ex-Jugoslawien
1 Roy Gutman, *Bosnie, Témoin du génocide,* préface de Véronique Nahoum-Grappe, Paris 1994, S. 126 (dt. *Augenzeuge des Völkermords: Reportagen aus Bosnien,* Göttingen 1994).
2 Wir teilen die Meinung von Ed Vulliamy, einem jener unerschrockenen Journalisten, die die Existenz der serbischen und kroatischen Lager öffentlich machten, in Bezug auf die Verwendung des Begriffs Konzentrationslager – obwohl es im Grunde unerheblich ist, ob man sie nun Konzentrations-, Haft- oder Internierungslager nennt, in jedem Fall handelt es sich um Lager. Vgl. seinen Artikel über die Konzentrationslager im Gemeinschaftsband *Crimes of War. What the public should know,* ed. Roy Gutman and David Rieff, New York, London 1999. (dt. *Kriegsverbrechen: was jeder wissen sollte,* hrsg. von Roy Gutman und David Rieff, Stuttgart, München 2000).

3 Ebenda, S. 99 (engl. Ausgabe).
4 Die Serbische Republik in Bosnien unter Präsident Radovan Karadžić wurde am 7. April 1992 ausgerufen, also zwei Tage nach der Invasion in Bosnien.
5 Diese Parole des 19. Jahrhunderts schrieb sich der nationalistische serbische Schriftsteller Dobrica Ćosić neu auf die Fahnen. In seinen Schriften präsentiert er Serbien als die überlegene slawische Nation auf dem Balkan, glorifiziert die serbischen Siege und bedauert, dass den Serben fortwährend der Friede geraubt wird. Ćosić gilt als geistiger Vater Miloševićs. Vgl. Roy Gutman, a.a.O., S. 84 f.
6 Paul Garde, *Vie et mort de la Yougoslavie*, Paris 1992, S. 346 f.
7 Die ideologischen Grundlagen dieses Staates basierten weitgehend auf katholisch-faschistischen Theorien. Die Ustascha-Bewegung stellte innerhalb des Innenministeriums uniformierte Kräfte, die der SS vergleichbar waren; sie übernahm Polizeifunktionen und war für die Lagerleitung verantwortlich. Am 30. April 1941, also drei Wochen nach seiner Entstehung, wurde im kroatischen Staat das erste antisemitische Gesetz verabschiedet.
8 Raul Hilberg, *Die Vernichtung der europäischen Juden*, Berlin 1982, S. 487.
9 Marco Aurelio Rivelli, *Le génocide occulté. État indépendant de Croatie 1941–1945*, Lausanne 1998, S. 112.
10 Dr. Edmond Paris, *Genocide in Satellite Croatia*, American Institute for Balkan Affairs, Chicago 1961, S. 240.
11 Menahem Selah, »Genocide in Satellite Croatia«, in: Michael Berenbaum, *A mosaic of victims, Non-Jews Persecuted and Murdered by the Nazis*, London 1991, S. 77.
12 Man denke hier an die revisionistischen Bestrebungen des früheren kroatischen Staatspräsidenten Franjo Tudjman, der so weit ging, vom »Mythos Jasenovac« zu sprechen. Vgl. The Wiesenthal Center's World Report, *Response*, August 1990 sowie George Spector, »Dinko Sakic commandant of ›Auschwitz of the Balkans‹«, *Issue Brief*, B'nai B'rith, Center for Public Policy, Washington, Juli 1998.
13 M. A. Rivelli, a.a.O., S. 96.
14 Nach seiner späten Auslieferung durch Argentinien wurde Dinko Sakic im Oktober 1999 von einem kroatischen Gericht zu 20 Jahren Haft verurteilt.
15 Georges Castellan / Gabrijela Vidan, *La Croatie*, PUF (collection »Que sais-je«), Paris 1998, S. 105.
16 Infolgedessen organisierten sich die beiden serbischen Gemeinschaften im Frühjahr 1991 als Serbische Autonome Regionen. Am bekanntesten wurde die bosnische Krajina mit ihrer Hauptstadt Banja Luka.
17 Die Serbische Demokratische Partei, damals unter dem Vorsitz von Radovan Karadžić, dessen geistiger Mentor Dobrica Ćosić als Vater des zeitgenössischen serbischen Nationalismus gilt. Auch Slobodan Milo-

šević und Biljana Plavšić haben ihre Wurzeln in dieser nationalistischen Partei. Zit. n. Laura Silber / Allan Little, *The death of Yugoslavia*, London 1995, S. 209–211. Anlässlich der Wahlen von 1990 war in sämtlichen Teilrepubliken Jugoslawiens ein Aufkommen von Nationalismen festzustellen.
18 Xavier Bougarel, *Bosnie. Anatomie d'un conflit*, (collection »Les Dossiers de l'état du monde«), Paris 1996, S. 60.
19 P. Garde, a.a.O., S. 328.
20 Ebenda, S. 156.
21 Ebenda.
22 R. Gutman, a.a.O., S. 134.
23 Man beachte die besondere geographische Lage Bosniens: Im Westen liegt Kroatien, im Osten Serbien und sein Verbündeter Montenegro.
24 R. Gutman, a.a.O., S. 53.
25 P. Garde, a.a.O., S. 356.
26 Die serbischen Nationalisten griffen den Mythos von der serbischen Niederlage in der Schlacht auf dem Amselfeld gegen das Osmanische Reich auf und stützten darauf ihre Aussage, in Zukunft müsse die serbische Nation sich eben besser verteidigen. Man beachte jedoch, dass diese Schlacht im Jahr 1389 stattfand!
27 *Le Livre noir de l'ex-Yougoslavie. Purification ethnique et crimes de guerre*, Documents rassemblés par le *Nouvel Observateur* et *Reporters sans frontières*, Paris 1993, S. 477–486.
28 Ebenda, S. 97.
29 Laura Silber / Allan Little, a.a.O., S. 250 f.
30 Vgl. u. a. *Le Livre noir de l'ex-Yougoslavie*, a.a.O., sowie *A Staff Report to the Committee on Foreign Relations of the US Senate*, »The Ethnic Cleansing of Bosnia-Herzegovina«, 15. 8. 1992; »Supplemental Report on War Crimes in the Former Yugoslavia«, United States Department of State, *Dispatch*, 2. 11. 1992, Bd. 3, Nr. 44, S. 803.
31 *A Staff Report*, a.a.O.
32 Ebenda.
33 Ebenda, S. 165.
34 Ebenda, S. 122.

Die Konzentrationslager: Das Ende einer unheilvollen Geschichte?
1 Anhang zu *La Nature du totalitarisme*. Arendts Anliegen wurde von Michelle-Irène Brudny in ihrer Dissertation zur jüdisch-deutschen Historikerin hervorgehoben.
2 Hannah Arendt, *La Nature de l'impérialisme*, S. 172.
3 Alain Brossat, *L'Épreuve du désastre, le XXème siècle et les camps*, Paris 1996.
4 Lew Rasgon, *La Vie sans lendemains*, Paris 1998, S. 6.
5 Ebenda, S. 42.
6 Ebenda, S. 43.

7 Einführung von Reynald Secher zu Gracchus Babeuf, *La guerre de Vendée et le système de dépopulation,* Paris 1987, erste Neuausgabe seit 1795, S. 27.
8 Ebenda.
9 Carrier, Mitglied des Nationalkonvents, war federführend an den Massakern an Aufständischen in der Vendée beteiligt; bei so genannten Noyaden wurden unter anderem im Dezember 1793 und Januar 1774 mindestens 3000 Opfer mit Schiffen, deren Böden mit Klappen versehen waren, in der Loire ertränkt.
10 H. Arendt, a.a.O. S. 172.
11 Wo Menschen die bürgerlichen Rechte entzogen werden, ist auch der Tod stets präsent (Pramoedya, *The Mute's Soliloquy,* New York 1999, S. 68).
12 A. Brossat, a.a.O., S. 148.
13 Ebenda, S. 140.
14 Pramoedya, a.a.O., S. 15.

Bibliographie

Allgemeine Werke
Arendt, Hannah, *Elemente und Ursprünge totaler Herrschaft*, Frankfurt a. M. 1962.
Brossat, Alain, *Stalinisme entre Histore et Mémoire*, Paris 1991.
Ferro, M./ Pomian, K. / Kershaw, J., *Communisme et nazisme, deux régimes dans le siècle*, Paris 1999.
Furet, François / Nolte, Ernst, *Feindliche Nächte. Kommunismus und Faschismus im 20. Jahrhundert. Ein Briefwechsel*, München 1998.
Furet, François, *Das Ende der Illusion. Der Kommunismus im 20. Jahrhundert*, München und Zürich 1998.
Kaminski, Andrzej, *Konzentrationslager 1896 bis heute. Eine Analyse*, Stuttgart 1982.
Mosse, George, *De la Grande Guerre au totalitarisme. La brutalisation des sociétés européennes*, Paris 1999.
Rousso, Henri (Hg.), *Stalinisme et nazisme, histoire et mémoire comparées*, Brüssel 1999.
Totten, Samuel / Parson, William / Charny, Israël, *Century of Genocide, Eyewitness Accounts and critical Views*, New York und London 1997.
Todorov, Tzvetan, *Au nom du peuple, témoignages sur les camps communistes*, Paris 1992.

1896 – Kuba
Anonym, *Clara Barton, protectora de los reconcentrados cubanos*, Havanna 1954.
De Diego, Emilio, *Weyler, de la leyenda a la historia*, Madrid 1998.
Foner, Philip Sheldon, *The Spanish-Cuban-American War*, New York und London 1972 (2 Bde.).
Guerra y Sánchez, Ramiro, *Por las veredas del pasado 1880–1902*, Havanna 1957.
Hall, A. D., *Cuba, its past, present and future*, New York 1898.
Hurtado, Martin Duarte, »Un infierno que superó al de Dante« in: *Bohemia* Nr. 5, 1997.
Izquierdo Canosa, Raúl, *La reconcentración 1896–1897*, Havanna 1997.
Miró Argenter, José, *Cuba: Crónicas de la guerra*, Havanna 1945.
Nicholas, Laurence R., *Domestic History of Cuba during the War of Insurrectos 1895–1898*, Doktorarbeit (Duke University, Durham), 1951.
Pérez Guzmán, Francisco, *Herida profunda*, Havanna 1998.

Varona Guerero, Miguel Angel, *La guerra de independencia de Cuba*, Havanna 1946.
Ware, Andrew C., *La guerre hispano-américaine à Cuba vue à travers la presse anglaise de 1898*, Magisterarbeit (Universität Paris X–Nanterre), 1975.
Weyler y Nicolau, Valeriano, *Mi Mando en Cuba*, Madrid 1910.

1900 – Die Buren
Conan Doyle, Arthur, *The Great Boer war*, London 1901.
Hobhouse, Emily, *The Brunt of the War and Where it Fell*, London 1902.
Kröll, Ulrich, *Die internationale Buren-Agitation, 1899–1902*, Münster 1973.
Lugan, Bernard, *La guerre des Boers*, Paris 1998.
Martin, Arthur Clive, *The concentration camps, 1900–1902*, Cape Town 1957.
Pakenham, Thomas, *The Boer War*, London 1979.
Pelletier, Jean-Guy, *L'Opinion française et la guerre des Boers*, Doktorarbeit (Universität Paris X–Nanterre), 1972.
Spies, Stephanus Burridge, *Methods of barbarism? Roberts and Kitchener and civilians in the Boer Republic, January 1900–May 1902*, Cape Town 1977.
Veber, Jean, *Les Camps de reconcentration au Transvaal*, Bad Saarow 1941.

1904 – Die Herero
Bley, Helmut, *Kolonialherrschaft und Sozialstruktur in Deutsch-Südwestafrika*, Hamburg 1968.
Bridgman, Jon / Leslie J. Worley, »Genocide of the Herero«, in: Samuel Totten / William Parsons / Israel Charny, Century of Genocide, *Eyewitness Accounts and Critical Views*, New York und London 1997.
Bridgman, Jon, *The Revolt of the Hereros*, University of California Press 1981.
Drechsler, Horst, *Südwestafrika unter deutscher Kolonialherrschaft. Der Kampf der Herero und Nama gegen den deutschen Imperialismus 1884–1915*, Berlin 1966.
Ehmann, Annegret, »From colonial Racism to Nazi Population Policy«, in: Michael Berenbaum / Abraham J. Peck (Hgg.), *The Holocaust and History, the known, the unknown, the disputed and the reexamined*, Washington und Bloomingtom 1998.
Gewald, Jan-Bart, *Herero heroes*, Oxford, Kapstadt, Athen 1999.
Lindqvist, Sven, *Exterminez toutes ces brutes*, Paris 1998.
Sanders, Tom, »Imperialism and Genocide in Namibia«, in: *Socialist Action*, April 1999.
Spraul, Günther, »Der Völkermord an den Herero. Untersuchungen zu einer neuen Kontinuitätsthese«, in: *Geschichte in Wissenschaft und Unterricht* 12/1988, S. 713–739.

1914 – Der Erste Weltkrieg
Abel, Oddon, »Les prisonniers de la Grande Guerre«, in: *Guerres mondiales et conflits contemporains*, Paris Juli 1987.
Becker, Annette, *Oubliés de la Grande Guerre*, Paris 1998.
Cahen-Salvador, Georges, *Les prisonniers de guerre (1914–1919)*, Paris 1929.
Farcy, Jean-Claude, *Les camps de concentration français de la Première guerre mondiale (1914–1920)*, Paris 1995.
Kuncz, Aladar, *Le Monastère noir*, Paris 1937.

1915 – Die Armenier
Chaliand, Gérard / Ternon, Yves, *Le génocide des Arméniens*, Brüssel 1980.
Chiragian, Archavir, *La Dette de sang: Un Arménien traque les responsables du génocide 1921–1922*, Paris 1982.
Dadrian, Vahakn, *Autopsie du génocide arménien*, Brüssel 1995.
Dadrian, Vahakn, *Histoire du génocide arménien*, Paris 1996 (Orig.: *The History of the Armenian Genocide*, Providence 1995).
Kévorkian, Raymond, »L'extermination des déportés arméniens ottomans dans les camps de concentration de Syrie-Mésopotamie, la deuxième phase du génocide«, in *Revue d'Histoire arménienne contemporaine*, numéro spécial, Bd. 2, Annales de la Bibliothèque Nubar, Paris 1998.
Ternon, Yves, »Mise à mort d'un peuple«, in: *L'Histoire* Nr. 187, April 1995.
Ders., *Les Arméniens: Histoire d'un génocide*, Paris 1977.

1918 – Der GULag
Anonym, *The Dark Side of the Moon*, London 1946.
Bacon, Edwin, »L'importance du travail forcé dans l'Union soviétique de Staline«, in: *Revue d'études comparatives Est et Ouest*, 1992, Nr. 2.
Barton, Paul, *L'Institution concentrationnaire en Russie (1930–1957)*, Paris 1959.
Bezsono, Your, *Les 26 prisons et mon évasion des Solovki*, Paris 1928.
Brossat, Alain (unter Leitung von), *Ozerlag*, Paris 1991.
Buber-Neumann, Margarete, *Als Gefangene bei Stalin und Hitler*, München 1949.
Caubet, Etienne, *Rescapé*, Paris 1958.
Charaguine, *La Charachka des Tupolev ou en prison avec Tupolev*, Paris 1973.
Csikos, Georg, *Katorga*, Paris 1986.
Czapski, Jósef, *Unmenschliche Erde*, Berlin 1967.
Dallin, David / Nikolaievski, Boris, *Zwangsarbeit in Sowjetrussland*, Wien 1948.
Dostojewski, Fjodor M., *Aufzeichnungen aus einem Totenhaus*, Sämtliche Werke in zehn Bänden, Bd. 1, übertragen von E. K. Rahsin, München 1977/1980.
Félix, Lucienne, *La Science au goulag*, Paris 1981.

Fischer, Paul, *Tambow 1988, le camp de la persuasion,* Metz 1952.
Ginsburg, Jewgenia, *Le Ciel de la Kolyma,* Paris 1980.
Heller, Michel, *Le Monde concentrationnaire et la littérature soviétique,* Lausanne 1974 (dt. *Stacheldraht der Revolution. Die Welt der Konzentrationslager in der sowjetischen Literatur,* Stuttgart 1975).
Herling, Gustav, *Un Monde à part,* Paris 1985.
Herman, Victor, *Le Survivant des glaces,* Paris 1984.
Jakowlew, B. *Die Konzentrationslager in der Sowjetunion,* Moskau 1983. (russ.)
Ivanova, G. M., *Le Goulag dans le système de l'État soviétique,* Moskau 1996.
Kaminski, Andrzej J., *Konzentrationslager 1896 bis heute. Geschichte, Funktion, Typologie,* München 1990.
Krakowiecki, Anatole, *Kolyma,* Paris 1952.
Kravchenko, Victor, *L'Épée et le serpent,* Paris 1950.
Leonhard, Susanne, *Gestohlenes Leben,* Frankfurt a. M. 1956.
Lipper, Elinor, *Elf Jahre in sowjetischen Gefängnissen und Lagern,* Zürich 1950.
Maloumian, Armand, *Les Fils du goulag,* Paris 1976.
Margoline, Jules, *La Condition inhumaine,* Paris 1949.
Marie, Jean-Jacques, *Le Goulag,* Paris 1999.
Martschenko, Anatolij, *Meine Aussagen: Bericht eines sowjetischen Häftlings 1960–1966,* Frankfurt a. M. 1969.
Mémorial, *Le Système des camps de rééducation par le travail en URSS,* hrsg. von Zvenia, Moskau 1988.
Mora, Sylvestre / Zwierniak, Pierre, *La Justice soviétique,* Rom 1945.
Nicolas, P., *Onze ans au paradis,* Paris 1958.
Razgon, Lev, *La Vie sans lendemains,* Paris 1991.
Rigoulot, Pierre, *Des Français au goulag,* Paris 1984.
Ders., *Les Paupières lourdes,* Paris 1991.
Rossi, Jacques, *Le Manuel du goulag,* Paris 1997.
Schalamow, Warlam, *Geschichten aus Kolyma,* Berlin 1983.
Scholmer, Joseph, *La Grève de Vorkouta,* Paris 1959.
Sentaurens, Andrée, *Dix-sept ans dans des camps soviétiques,* Paris 1963.
Solschenizyn, Alexander, *Der Archipel Gulag. Folgeband. Arbeit und Ausrottung. Versuch einer künstlerischen Bewältigung,* Bern 1974.
Stettner, Ralf, *»Archipel GULag«: Stalins Zwangslager,* Paderborn, München, Wien, Zürich 1996.
Urwich, Johann, *Ohne Pass durch die UdSSR,* 3 Bde., München 1978 u. 1982.
Vinatrel, Guy, *L'URSS concentrationnaire,* Paris 1949.
Werth, Nicolas / Moullec, Gaël, *Rapports secrets soviétiques (1921–1991),* Paris 1997.
Werth, Nicolas, »La vérité sur le goulag«, in: *L'Histoire,* September 1993, Nr. 169, S. 50.

1926 – Von Mussoliny bis Vichy
Italien
ANED, *San Sabba, instruttoria e processo per il lager della Risiera*, Mailand 1998.
Capogreco, Carlo Spartaco, *Ferramonti*, Florenz 1987.
Eisenstein, *L'Internata n° 6*, Mailand 1994 (Erstveröffentlichung durch De Luigi, Oktober 1944.)
Folino, Francesco, *Ferramonti, un lager di Mussolini*, Cosenza 1985.
Kollektiv, *Pericolosi nelle contingenza belliche*, Rom 1987.
Matard-Bonucci, Marie-Anne, »Salo ou les derniers jours du Duce«, *L'Histoire*, Nr. 235, September 1999.
Milza, Pierre / Berstein, Serge, in Zusammenarbeit mit Catherine Burucoa-Bruandet et al., *Dictionnaire historique des fascismes et du nazisme*, Brüssel 1992.
Milza, Pierre, »Questions sur le fascisme italien«, *L'Histoire*, Nr. 235, September 1999, S. 43.
Milza, Pierre, *Mussolini*, Paris 1999.
Rainero, Romain H., »Les camps de concentration en Italie«, in: *La déportation, le système concentrationnaire nazi*, veröffentlicht unter der Leitung von François Bédarida, Paris 1995.
Sottoriva, Pier Giacomo, *Le Isole dietro il Confino, L'ergastole di S. Stefano e le »colonie« die Ponza e Ventotene con gli di qualcuna che ci visse*, Florenz 1997.

Portugal
Dias, Coelho Jose, *A resistencia em Portugal*, Porto 1974.
Fyer, Peter / Pinheiro, Patricia, *O Portugal de Salazar*, Paris 1962.
Manuel, Alexandre / Carapinha, Rogerio / Dias, Neves, *PIDE, Historia da represao, Jornal do Fundao*, Fundro 1974.
Oliviera, Gilberto de, *Memoria viva do Tarrafal*, Lissabon 1987.
Soares, Mario, *Le Portugal bâillonné*, Paris 1972.
Ventura, Cândida, *Sozialismus, wie ich ihn erlebe: Erfahrungen einer ehemaligen Funktionärin der Kommunistischen Partei Portugals*, Bern 1986.

Spanien
Áviles, Gabriel, *Tribunales rojos*, Barcelona 1939.
Belot, Robert, *Aux frontières de la liberté*, Paris 1998.
Commission Internationale Contre le Régime Concentrationnaire (Internationale Kommission zur Bekämpfung des Konzentrationslagersystems), *Livre blanc sur le système pénitentiaire espagnol*, Paris 1953.
Llarch, Joan, *Campos de concentración en la España de Franco*, Barcelona 1978.
Richards, Michael, *Un tiempo de silencio*, Barcelona 1999.
Sorell, Gabriel Riera, *Cronica d'un prisoner mallorquì als camps de concentraciò*, Palma de Mallorca 1991.

Frankreich
Actes du colloque du 7 mai 1982, »Répression, camps d'internement en France pendant la seconde guerre mondiale. Aspects du phénomène concentrationnaire«, Universität Saint-Etienne 1983.
Alberti, Rafael, *Vida bilingue de un refugiado español en Francia, 1939–1940,* Madrid 1977.
Badia, Gilbert, Hg., *Les barbelés de l'exil,* Grenoble 1979.
Bohny-Reiter, Friedel, *Journal de Rivesaltes 1941–1942,* Genf 1993.
Calef, Noël, *Camps de représailles,* Paris 1997.
Caucanas, Sylvie / Sagnes, Jean, *Les Français et la guerre d'Espagne,* Perpignan 1990.
Cohen, Monique Lise / Malo, Eric, *Les Camps du Sud-Ouest de la France,* Toulouse 1994.
Conan, Eric, *Sans oublier les enfants. Les Camps de Pithiviers et de Beaune-la-Rolande,* Paris 1991.
Ders., in *L'Express,* Nr. 2025, 27. April 1990.
Diamant, David, *Le billet vert,* 1977.
Favez, Jean-Claude, *Une mission impossible? Le CICR, les déportations et les camps nazis,* Lausanne 1988.
Feuchtwanger, Lion, *Der Teufel in Frankreich,* München, Wien 1983.
Fontaine, André / Vormeier, Barbara, *Les Camps en Provence,* Paris 1984.
Grando, René / Queralt, Jacques / Febrès, Xavier, *Camps du mépris,* Perpignan 1991.
Granjonc, Jaques / Grundtner, Theresia, *Zone d'ombres,* Aix-en-Provence 1990.
Ginesta, Jean-Marie, *Plages d'exil. Les camps de réfugiés espagnols en France, 1939,* Nanterre 1989.
Grynberg, Anne, *Les Camps de la honte,* Paris 1991.
Izard, Pierre, *La petite histoire: Argelès-sur-Mer,* Argelès 1974.
Koestler, Arthur, *Œuvres,* Paris 1994.
Ders., *Abschaum der Erde,* in *Gesammelte Autobiographische Schriften,* Bd. 2, Wien, München, Zürich 1971.
Laharie, Claude, *Le Camp de Gurs, 1939–1945,* Pau 1989.
Lipper, Elinor, *Elf Jahre in sowjetischen Gefängnissen und Lagern,* Zürich 1950.
Malo, Eric, *Le Camp de Noé,* Toulouse 1985.
Moine, André, *Résistance et déportation en Afrique du Nord,* Paris 1969.
Peschanski, Denis, *Les Tziganes en France 1939–1946,* Paris 1994.
Dies., *Vichy, 1940–1944, contrôle et exclusion,* Brüssel 1997.
Poznanski, Renée, *Être juif en France pendant la Seconde Guerre mondiale. La vie quotidienne,* Paris 1994, S. 262.
Rafaneau-Boj, Marie-Claude, *Odyssée pour la liberté. Les camps de prisonniers espagnols 39–45,* Paris 1993.
Rajsfus, Maurice, *Jeudi Noir, 16 juillet 1942, l'honneur perdu de la France profonde,* Paris 1988.

Ders., *Drancy. Un Camp de concentration très ordinaire, 1941–1944*, Paris 1991.
Roig, Raymond, *Les Camps de concentration en Roussillon (1939–1944)*, Perpignan 1975.
Santiago, Luis / Lloris, Geronimo / Barrerra, Rafael, *Internamiento y resistencia de los Republicanos españoles en Africa del norte durante la segunda guerra mundial*, San Cugat de Vallés 1981.
Schramm, Hanna, *Menschen in Gurs. Erinnerungen an ein französisches Internierungslager (1940–1941)*, Worms 1977.
Soulignac, Yves, *Les Camps d'internement en Limousin 1939–1945*, Selbstverlag, La Briderie 1995.
Sperber, Manès, *Tiefer als der Abgrund*, Romantrilogie, *Wie eine Träne im Ozean*, Köln 1961.
Stein, Louis, *Par-delá l'exil et la mort. Les Républicains espagnols en France*, Paris 1981.
Valéry, Bernard, *Jours de peine et jours d'espoir*, Orléans 1997.
Villegas, Jean-Claude, Beitrag in *Plages d'exil. Les Camps de réfugies espagnols en France, 1939*, Nanterre 1989.
Weill, Joseph, *Contribution à l'histoire des camps d'internement dans l'antiFrance*, Paris 1946.
Welles, Georges, *De Drancy à Auschwitz*, Paris 1946.

1933 – Der Nationalsozialismus

Antelme, Robert, *Das Menschengeschlecht*, München, Wien 1987.
Arendt, Hannah, *Elemente totaler Herrschaft*, Frankfurt a. M. 1958.
Auschwitz camp de concentration et d'extermination, Oswiecim 1994.
Ayçoberry, Pierre, *L'Allemagne de Hitler. 1933–1945*, Paris 1991.
Bensoussan, Georges, *Génocide pour mémoire*, Oswiecim 1994.
Berben, Guy, *Histoire du camp de concentration de Dachau (1933–1945)*, Brüssel 1967 (Internationales Dachau-Komitee).
Berenbaum, Michael (Hg.), *A Mosaic of Victims. Non-Jews Persecuted and Murdered by the Nazis*, London 1991.
Ders. / Peck, A., *The Holocaust and History*, Washington (USHMM) und Bloomington 1998.
Berler, Willy, *Itinéraire dans les ténèbres*, Gerpinne 1999.
Bettelheim, Bruno, *Aufstand gegen die Masse. Die Chance des Individuums in der modernen Gesellschaft*, München 1964.
Bezaut, Jean, *Oranienbourg 1933–1935, Sachsenhausen 1936–1945*, Cholet 1969.
Billig, Joseph, *L'hitlérisme et le système concentrationnaire*, Paris 1967.
Blatt, Thomas (Toivi), *Sobibor. The Forgotten Revolt. A Survivor's Report*, Issaquah 1997.
Browning, Christopher R., *Ganz normale Männer. Das Reserve-Polizeibataillon 1010 und die »Endlösung« in Polen*, Reinbek bei Hamburg 1993.

Buber-Neumann, Margarete, *Als Gefangene bei Stalin und Hitler*, Stuttgart 1968 (erstmals erschienen München 1949).
Buchheim, Hans / Broszat, Martin / Jacobsen, Hans-Adolf / Krausnick, Helmut, *Anatomie des SS-Staates. Gutachten des Instituts für Zeitgeschichte*, 2 Bände, Olten und Freiburg i. Br. 1965.
Bulawko, Henri, *Les jeux de la mort et de l'espoir*, Paris 1955 (Amicale des anciens déportés juifs de France), Neuausgabe 1980.
Burrin, Philippe, *Hitler und die Juden. Die Entscheidung für den Völkermord*, Frankfurt a. M. 1993.
Czerniakow, Adam, *Das Tagebuch des Adam Czerniakow 1949–1942*, München 1986.
Decèze, Dominique, *L'esclavage concentrationnaire*, 2. Aufl., Paris 1995.
Decrop, Geneviève, *Des camps au génocide, la politique de l'impensable*, Grenoble 1995.
Edelheit, Abraham und Herschel, *History of the Holocaust: A Handbook and Dictionary*, Los Angeles 1994.
Friedländer, Saul, *Das Dritte Reich und die Juden*, München 1998.
Gilbert, Martin, *Endlösung. Die Vertreibung und Vernichtung der Juden. Ein Atlas*, Reinbek bei Hamburg 1982.
Göring, Hermann, *Reden und Aufsätze*, München 1938 (Zentralverlag der NSDAP).
Grigorieff, Vladimir, *Le Judéocide*, Brüssel 1991.
Grosser, Alfred, *Ermordung der Menschheit. Der Genozid im Gedächtnis der Völker*, München 1990.
Hilberg, Raul, *Die Vernichtung der europäischen Juden. Die Gesamtgeschichte des Holocaust*, Berlin 1982.
Horwitz, Gordon J., *In the Shadow of Death. Living Outside the Gates of Mauthausen*, London 1991.
Höß, Rudolf, *Kommandant in Auschwitz. Autobiographische Aufzeichnungen*, hrsg. von Martin Broszat, 7. Aufl. München 1979.
Hunt, Linda, *Secret Agenda. The United States Government, Nazi Scientists and Project Paperclip*, New York 1991.
Jäckel, Eberhard, *Hitlers Weltanschauung. Entwurf einer Herrschaft*, Stuttgart 1981.
Ders., *Hitlers Herrschaft. Vollzug einer Weltanschauung*, Stuttgart 1986.
Kammerer, Jean, *La baraque des prêtres à Dachau*, Brepols 1995.
Klarsfeld, Serge, *Vichy–Auschwitz. Die Zusammenarbeit der deutschen und französischen Behörden bei der »Endlösung der Judenfrage« in Frankreich*, Nördlingen 1989.
Klee, Ernst, *Auschwitz. Die NS-Medizin und ihre Opfer*, Frankfurt a. M. 1997.
Kogon, Eugen, *Der SS-Staat. Das System der deutschen Konzentrationslager*, 38. Aufl. München 2000 (erstmals erschienen 1974).
Ders. / Langbein, Hermann / Rückerl, Adalbert, *Nationalsozialistische Massentötungen durch Giftgas. Eine Dokumentation*, Frankfurt a. M. 1983.

Kupfer-Koberwitz, Edgar, *Die Mächtigen und die Hilflosen. Als Häftling in Dachau*, 2 Bände, Stuttgart 1957.
La déportation, le système concentrationnaire nazi, hrsg. von François Bédarida und Laurent Gervereau, BDIC, Nanterre 1995.
Langbein, Hermann, *Menschen in Auschwitz*, Wien 1972.
Lanzmann, Claude, *Shoah*, Düsseldorf 1986.
Laqueur, Walter, *Was niemand wissen wollte. Die Unterdrückung der Nachrichten über Hitlers »Endlösung«*, Frankfurt a. M. 1981.
Le Maner, Yves / Sellier, André, *Images de Dora 1943–1945, voyage au coeur du IIIe Reich*, Liévin 1999.
Lengyel, Olga, *Souvenir de l'au-delà*, Paris 1947.
Levi, Primo, *Die Untergegangenen und die Geretteten*, München 1990.
Manson, Jean (Hg.), *Leçons de tenèbres, résistants et déportés*, Paris 1995 (FNDIR/UNADIF).
Marrus, Michael, *The Holocaust in History*, London 1988.
Marsalek, Hans, *Die Geschichte des Konzentrationslagers Mauthausen*, Wien 1980.
Marx, Ber, *Des voix dans la nuit. La résistance juive à Auschwitz*, Paris 1977.
Mémorial de la déportation des Juifs de Belgique, hrsg. von Serge Klarsfeld und Maxime Steinberg, Brüssel 1982.
Michelet, Edmont, *Rue de la Liberté*, Paris 1954.
Mommsen, Hans / Grieger, Manfred, *Das Volkswagenwerk und seine Arbeiter im Dritten Reich*, Düsseldorf 1996.
Müller, Filip, *Sonderbehandlung. Drei Jahre in den Krematorien und Gaskammern von Auschwitz*, München 1979.
Müller-Hill, Benno, *Tödliche Wissenschaft. Die Aussonderung von Juden, Zigeunern und Geisteskranken 1933–1945*, Reinbek bei Hamburg 1984.
Peschanski, Denis, *Vichy 1940–1944: Contrôle et exclusion*, Brüssel 1997.
Ders. / Hubert, Marie-Christine / Philippon, Emmanuel, *Les Tsiganes en France 1939–1946*, Paris 1994.
Poliakov, Léon, *Le Bréviaire de la haine*, Paris 1960.
Pollak, Michael, *L'expérience concentrationnaire*, Paris 1990.
Pressac, Jean-Claude, *Die Krematorien von Auschwitz. Die Technik des Massenmordes*, München 1994.
Der Prozess gegen die Hauptkriegsverbrecher vor dem internationalen Militärtribunal. Nürnberg 14. November 1945–1. Oktober 1946. Amtlicher Text. Deutsche Ausgabe, Nürnberg 1949.
Rauschning, Hermann, *Gespräche mit Hitler*, Zürich, Wien, New York 1973 (erstmals erschienen 1940).
Richardi, Hans-Günter, *Schule der Gewalt. Die Anfänge des Konzentrationslagers Dachau 1933–1934*, München 1983.
Rosenberg, Alfred, *Der Mythus des 20. Jahrhunderts*, München 1934.
Rousset, David, *L'univers concentrationnaire*, Paris 1965.
Rousso, Henri (Hg.), *Stalinisme et nazisme, histoire et mémoire comparée*, Brüssel 1999 (IHTP/CNRS).

Ruby, Marcel, *Le livre de la déportation*, Paris 1995.
Sachso, hrsg. Amicale d'Oranienburg-Sachsenhausen, Paris 1982.
Schnabel, Reimund, *Macht ohne Moral. Eine Dokumentation über die SS*, Frankfurt a. M. 1957.
Seidman, Hillel, *Du fond de l'abîme, journal du ghetto de Varsovie*, Paris 1998.
Sellier, André, *Histoire de camp de Dora*, Paris 1998.
Sofsky, Wolfgang, *Die Ordnung des Terrors: Das Konzentrationslager*, Frankfurt a. M. 1999.
Steinberg, Maxime, *Le génocide juif, 1941–1944*, 2. Aufl. Brüssel 1997.
Ders., *Un pays occupé et ses Juifs. Belgique entre France et Pays-Bas*, Gerpinne 1999.
Taubenschlag, Stanislaw (Stanley Townsend), *Être juif dans la Pologne occupée*, Oswiecim 1997.
Témoignages strasbourgeois. De l'université aux camps de concentration, Paris 1947 (Veröffentlichung der Geisteswissenschaftlichen Fakultät der Universität Straßburg).
Tillion, Germaine, *Frauenkonzentrationslager Ravensbrück*, Lüneburg 1998.
Ursachen und Folgen. Vom deutschen Zusammenbruch 1918 und 1945 bis zur staatlichen Neuordnung Deutschlands in der Gegenwart, hrsg. von Herbert Michaelis und Ernst Schraepler, Berlin 1964.
Valtin, Jan, *Tagebuch der Hölle*, Köln, Berlin 1957.
Voutey, Maurice, *Évolution et rôle du système concentrationnaire*, Dijon 1984.
Vrba, Rudolf / Bestic, Alan, *Ich kann nicht vergeben*, München 1964.
Wievorka, Annette, *Déportation et génocide, entre la mémoire et l'oubli*, Paris 1995.
Wormser-Migot, Olga, *L'Ère des camps*, Paris 1975.
Dies., *Le système concentrationnaire nazi (1933–1945)*, Paris 1968.
Zipfel, Friedrich, *Gestapo und Sicherheitsdienst*, Berlin 1960.

1940 – Amerika und Japan
Japanische Lager für holländische Zivilisten
Bonga, Dieuwile Wendelaar, *Eight Prison Camps. A Dutch family in Japanese Java*, Athens 1996.
Pritchard, John R., »Les camps japonais«, in: *La déportation, le sysème concentrationnaire nazi*, Veröffentlichung der Bibliothèque de Documentation Internationale Contemporaine, Nanterre 1999.
Voltz, Augusta, *Au son du gamelan*, Paris 1999.

Amerikanische Lager für japanische Zivilisten
Adachi, Ken, *The Enemy That Never Was*, Toronto 1991.
Daniels, Roger / Taylor, Sandra / Kitano, Harry, *Japanese Americans. From Relocation to Redress*, Salt Lake City 1986.

Feeley, Francis, *The History of an American Concentration Camp*, Saint-James 1995.
Nakano, Ake Ujo, *Within the Barbed Wire Fence*, Toronto 1980.
Roy, Patricia, et al., *Mutual Hostages. Canadians and Japanese During the Second World War*, Toronto 1990.
Takezawa, Yasuko, *Breaking the Silence*, Ithaca 1995.

1945 – Juden und Kollaborateure
Bauer, Yehuda, *Out of the Ashes*, Oxford 1989.
Derogy, Jacques, *100 000 hommes à la mer*, Paris 1973.
Ders. / Hesi, Carmel, *Histoire secrète d'Israël, 1917–1977*, Paris 1978.
Flight and Rescue: Bricha, New York 1970.
Harrison, Earl G., *The Plight of the Jews in Europe: A Report to President Truman*, Washington D. C. 29. September 1945.
Latour, Annie, *La résurrection d'Israël*, Paris 1965.
Marrus, Michael, *The Unwanted. European Refugees in the Twentieth Century*, Oxford 1985.
Nadich, Judah, *Eisenhower and the Jews*, New York 1953.
Proudfoot, Malcolm J., *European Refugees: 1939–1952. A Study in Forced Population Movement*, Chicago 1956.
Reilly, Joanne / Cesarini, David / Kushner, Tony / Richmond, Colin (Hgg.), *Belsen in History and Memory*, London 1997.
Update, Veröffentlichung des Holocaust-Museums anlässlich der Ausstellung »Life Reborn. Jewish Displaced Persons 1945–1951«, Katalog zur Ausstellung Mai/Juni 2000.
Wyman, Mark, *DP: Europe's Displaced Persons, 1945–1951*, Philadelphia 1989.

Kollaborateure
Abel, Jean-Pierre (Pseud. v. René Château), *L'Âge de Caïn*, Paris 1947.
Delmas, André, Maschinenschriftliches Manuskript, Archiv des Instituts für Sozialgeschichte in Nanterre.
Muelle, Raymond, *Le Bataillon des réprouvés*, Paris 1990.
Peschanski, Denis, *Vichy 1940–44: Contrôle et exclusion*, Paris, Brüssel 1997.

1945 – Der Ostblock
Albanien
Amnesty International, *Albanie, l'emprisonnement politique*, Paris 1984.
Combe, Sonia, »Les Victimes«, in: *Albanie Utopie, huis clos dans les Balkans*, Paris 1996.
Shehu, Bashkim, *L'automne de la peur*, Paris 1993.
Velo, Maks, »Le jour de la mort d'Enver Hoxha au camp de Spaç«, in: *Albanie Utopie, huis clos dans les Balkans*, Paris 1996.
Vrioni, Jusuf / Faye, Eric, *Mondes effacés*, Paris 1998.

Bulgarien

Bonceva, Ekaterina et al., *Svideteli: balgarski GULag* (Der bulgarische Gulag – die Zeugen), Sofia 1991.
Botchev, Stéphane, *Béléné, Souvenirs du goulag bulgare*, Montricher 1998 (Orig.: Stefan S. Bocev, *Belene, skazanie za konclagerna Balgarija*, Nauka i Izkustvo, Sofia 1990).
Devedjiev, Hristo, *Stalinization of the Bulgarian Society 1949–1953*, Philadelphia 1975.
Gesev, Nedjalko, *Belene: ostrovat na zabravenite* (Belene, die Insel der Vergessenen), Sofia 1991.
Nenov, Dragomir: *Forced Labor camps and prisons in Bulgaria*, New York 1952.
Foscolo, Freddy, »Le pouvoir communiste face à la société. Contribution à l'étude du cas bulgare«: *Communisme* Nr. 8, 1985, S. 105–114.
Popoff, Haralan, *I was a communist prisoner*, Grand Rapids 1966. (= *Tortured for his faith*, London 1970).
Todorov, Tzvetan (Hg.), *Au nom du peuple. Témoignages sur les camps communistes*, Paris 1992.
Vasilev, Georgi N., *Ostrov Persin: pozorat na Balgarija* (Die Insel Persin, Schande Bulgariens), Sofia 1995.

Jugoslawien

Cirk, Stojan, *Goulag en Yougoslavie aussi*, Paris 1982.
Lebel, Gennî, *The white violet, My two and a half years in the Yugoslavian gulag for women*. Englisches Manuskript, unveröffentlicht. (*Sîggalît hallevana: senatayim wa-hasî bag-gûlâg hay-yûgôslavî lan-nasîm*, Tel Avîv 1994; Serbische Ausgabe Belgrad 1990).
Marković, Dragan, *Josip Broz i Goli otok* (Die Wahrheit über Goli Otok), Belgrad 1990.
Mihailović, Dragoslav, *Goli Otok*, Belgrad 1990.
Ders., *Goli Otok na tragu gulaga i Holokausta*, Manuskript Belgrad 1990.
Popović, Miroslav, *Les Vauriens de Tito*, Paris 1991.

Polen

Jarosz, Dariusz / Wolsza, T. (Hgg.), *Komisja Specjalna do Walki z Naduzyciami i Szkodnictwem Gospodarczym: 1945–1954; wybór dokumentów* (Dokumente der »Spezialkommission zur Bekämpfung von Wirtschaftskriminalität«), Warschau 1995.
Kwiatkowska-Viatteau, Alexandra, *Staline assassine la Pologne: 1939–1947*, Paris 1999.
Sack, John, *An eye for an eye*, New York 1993.
Soltysiak, Gregor, »Polski Gulag«: *Przeglad Tygodniowy* (eine Warschauer Wochenzeitschrift), 2. Juli 1997.

Rumänien

Bacu, Dumitru, *Pitești, centru de reeducare studenteasca* (Pitești, Umerziehungszentrum für Studenten), Vorwort von Gheorghe Calciu, Bukarest ³1991.
Bulletin de *La Nouvelle Alternative*, Nr. 2, Juni 1999.
Cazacu, Matei, »L'expérience de Pitesti«, *La Nouvelle Alternative*, Paris 1988.
Deletant, Dennis, *Romania under Communist Rule*, The Center for Romanian Studies, in cooperation with the Civic Academy Foundation, Iasy/Oxford 1999.
Ierunca, Virgil, *Pitesti, laboratoire concentrationnaire (1949–1952)*, Paris 1996 (Orig.: *Fenomenul Pitești*, Bukarest 1990).
Ionescu, Ghita, *Communism in Rumania*, London et al. 1964.
Novacovici, Doru, *En Roumanie derrière les barreaux*, Saint-Maur 1985 (Orig.: *În România dupa gratii*, München 1983).
Stanescu, Flori, »L'Univers concentrationnaire en Roumanie, Rétrospective d'édition, 1990–1995«, in: *Totalitarian archives, international issue*, Bd. IV-V, Nr. 13–14, 4/1996–I/1997, Bukarest.
Troncota, Cristian, »Le camp de travail forcé«, in: *Totalitarian archives, international issue*, Bd. IV-V, Nr. 13–14, 4/1996–I/1997, Bukarest.

SBZ

François, Etienne, »La postérité des camps en zone soviétique et en Allemagne de l'Est«, in: François Bédarida / Gervereau, Laurent (Hgg.), *La déportation: le système concentrationnaire nazi*, Nanterre 1995.
Klonovsky, Michael / Flocken, Jan von, *Stalins Lager in Deutschland: 1945–1950*, Berlin 1991.
Mironenko, Sergej / Plato, Alexander von, et al. (Hgg.), *Sowjetische Speziallager in Deutschland 1945 bis 1950*, 2 Bde., Berlin 1998.

Tschechoslowakei

Borák, Mecislav / Janák, Dusan, *Tábory nucené práce v ČSR: 1948–1954* (Die Zwangsarbeitslager in der Tschechoslowakei), Senove 1996.
Slezaková, Alena: *Týden* Nr. 36, 1998.
Stanek, Tomás, *Tábory v ceských zemích: 1945–1948* (Die Lager auf tschechischem Boden), Senove 1996.

Ungarn

Benko, Zoltán, *Történelmi Kersztutak* (Historische Spaziergänge), Miskole 1993.
Faludy, György, *Les beaux jours de l'enfer*, Paris 1965 (dt.: *Heitere Tage in der Hölle*, München 1964; Orig.: *My happy days in hell*, London, 1962)
Földáry-Boér, Elemér, *Akisolgàltatottak* (Die Unterdrückten), Budapest 1991.

1947 – Diktaturen und Kolonien
Anonym, *Naissance de mille villages*, Algier 1961.
Bourdieu, Pierre / Sayad, Abdelmalek, *Le Déracinement*, Paris 1964.
Chikh, Slimane, *L'Algérie en armes ou le temps des certitudes*, Paris 1981.
Cornaton, Michel, *Les Regroupements de la décolonisation en Algérie*, Paris 1961 (2. Aufl. Paris 1998).
Informationsministerium der GPRA [Gouvernement provisoire de la République Algérienne], *Les camps de regroupement*, Oktober 1960.
Lacheroy, Colonel, *La guerre révolutionnaire*, Paris 1958.
Pierre, Claude, *L'évolution des centres de regroupement*, Paris 1963.
Planho, Xavier de, *Les nouveaux villages de l'Atlas Blidéen*, Paris 1961.
Thompson, Sir Robert, *Defeating communist insurgency, Malaya and Vietnam*, Chatto and Windus, London 1966.
Trinquier, Roger, *La guerre moderne*, Paris 1961.
Ders., *Guerre, subversion, révolution*, Paris 1968.

Südvietnam
Burchett, Wilfried, *The Furtive War*, New York 1963.
Chaliand, Gérard, *Stratégies de la guérilla*, Paris 1996.
Fall, Bernard, *The Two Vietnams*, überarbeitete Auflage New York 1964.
Kunstadter, Peter, *South Asian Tribes, Minorities, and Nations*, Bd. 2, Princeton 1967.
Osborne, Milton, *Strategic Hamlets in South Vietnam, a Survey and a Comparison*, Papier Nr. 55, Cornell University, Ithaca 1965.
Pye, Lucian, *Lessons from the Malayan Struggle Against Communism*, Cambridge 1957.

1950 – Asien
China
Deng Huzeng, *Tant que la montagne restera verte*, Lausanne 1997.
Domenach, Jean-Luc, *Der vergessene Archipel. Gefängnisse und Lager in der Volksrepublik China*, Hamburg 1995.
Dutton, Michael, *Policing and Punishment in China*, Cambridge 1992.
Mamère, Noël / Holzmann, Marie, *Chine, on ne bâillonne pas la lumière*, Paris 1996.
Palden Gyatso, *Ich, Palden Gyatso, Mönch aus Tibet*, Bergisch Gladbach 1998.
Pasqualini, Jean, *Prisonnier de Mao*, Paris 1977 (dt.: Ruo-wang Bao, *Gefangener bei Mao*, Bern, München 1975).
Seymour, James / Anderson, Richard, *New Ghosts, Old Ghosts: Prisons and Labor Reform in China*, New York 1998.
Wu, Harry, *Vents amers*, Paris 1995 (dt.: *Nur der Wind ist frei. Meine Jahre in Chinas Gulag*, Frankfurt a. M., Berlin 1994).
– *Laogai, le goulag chinois*, Paris 1996.
– *Retour au laogai*, Paris 1997.

Indonesien
Toer, Pramoedya Ananta, *The Mute's Soliloquy,* New York 1999.

Kambodscha
Kiernan, Ben, *Genocide and Democracy in Cambodia: The Khmer Rouge, the United Nations and the International Community,* New Haven 1994.
Locard, Henri, »Le goulag khmer rouge«, in: *Communisme,* Nr. 47/48, 1996.
Moeung, Sonn / Locard, Henri, *Prisonniers de l'Angkar,* Paris 1993.
Pandhara, Y., *Retour à Phnom Penh,* Paris 1982.
Pin Yathay, *L'Utopie meurtrière,* Paris 1980 (dt.: »*Du mußt überleben, mein Sohn!*« *Bericht einer Flucht aus dem Inferno Kambodschas,* München 1987).
Slininski, Marek, *Le Génocide khmer rouge,* Paris 1999.

Laos
Bericht von Amnesty International, Juni 1987, London.
Bericht der französischen Sektion von Amnesty International, September 1985.
Bericht vom März 1998 über die Internierungslager in Laos des *Comité Lao pour la Défense des Droits de l'Homme,* Torcy 1998.
Souvannavong Vongprachanh, *La jeune captive du Pathet-Lao,* Paris 1993.
US State Department Report on Human Rights, Washington 1987.

Nordkorea
An Myung Chul, *Témoignage sur les camps de concentration nordcoréens,* Zentrum für die Förderung der Menschenrechte in Nordkorea, Seoul 1995.
Kang Chul Hwang (gesammelt von Pierre Rigoulot), *Les Aquariums de Pyong Yang, dix ans de goulag nord-coréen,* Paris 2000.
Life and Human Rights in North Korea, dreimal im Jahr erscheinende Zeitschrift, vor allem Bd. 16, Seoul und Tokio, Sommer 2000.
Rigoulot, Pierre, »Un camps, des camps«, in: *Les Cahiers d'Histoire Sociale,* Nr. 7, Herbst/Winter 1996, S. 143.

Vietnam
Baylé, Claude, *Prisonnier au camp 113,* Paris 1991.
Beucler, Jean-Jacques, *Quatre année de guerre du corps expéditionnaire français en Extrême-Orient dans des camps vietminh, 1945–1954,* Montpellier 1985.
Bonnafous, Robert, *Les prisonniers de guerre du corps expéditionnaire français en Extreme-Orient dans les camps vietminh, 1945–1954,* Univ. de Montpellier III, Montpellier 1985.
Doan Van Toai, Le goulag vietnamien, Paris 1979 (dt.: *Der vietnamesische Gulag,* Köln 1980).

Mary, René, *Les Bagnards d'Ho Chi Minh,* Paris 1986.
Moreau, René, *Huit ans otage chez les Viets,* Paris 1983.
Pouget, Jean, *Le manifeste du camps n° 1,* Paris 1996.
Richard, Pierre, *Cinq ans prisonnier des Viets,* Paris 1964.
Thévenet, Amédée, *Goulags indochinois,* Paris 1997.
Ders. in: *La Cohorte,* Juni 1999.

1964 – Lateinamerika
Fuentes, Abel, *Argentine: entre la terreur et l'espérance, témoignage écrit dans uns camp de concentration,* Paris 1977.
Valdés, Hernán, *Diary of a Chilean Concentration Camp,* London 1975.
Valladarés, Armando, *Prisonnier de Castro,* Paris 1973.

1992 – Ex-Jugoslawien
Bougarel, Xavier, *Bosnie. Anatomie d'un conflit,* Paris 1996.
Castellan, Georges / Vidan, Gabrijela, *La Croatie,* Paris 1998.
Garde, Paul, *Vie et mort de la Yougoslavie,* Paris 1992.
Gutman, Roy, *Augenzeuge des Völkermords: Reportagen aus Bosnien,* Göttingen 1994.
Gutman, Roy / Rieff, David (Hgg.), *Crimes of War, What the public should know,* New York/London 1999 (dt.: *Kriegsverbrechen: was jeder wissen sollte,* Stuttgart, München 2000).
Le Livre noir de l'ex-Yougoslavie. Purification ethnique et crimes de guerre, Documents rassemblés par le *Nouvel Observateur* et *Reporters sans frontières,* Paris 1993.
Rivelli, Marco Aurelio, *Le génocide occulté. État indépendant de Croatie 1941–1945,* Lausanne 1998.
Silber, Laura / Little, Allan, *The death of Yougoslavia,* London 1996.

Danksagung

Zahlreiche Personen standen mir in bestimmten Teilbereichen dieser Studie mit ihrem Wissen und ihren Erfahrungen zur Seite: Raquel Ajami (Israel), Vahakn Dadrian (Armenien), Odile Daniel (Albanien), Vincent Decaestecker (China), Julian Dessauer (DDR), Neagu Djuvara (Rumänien), Vladimir Grigoriev (Shoah), Felix Fernández (Kuba), Pascal Fontaine (Kuba), Mona und Freddy Foscolo (Bulgarien), Lazaro Jordana (Kuba), Irène Laub (Griechenland), Jennie Lebel (Jugoslawien), Jacobo Machover (Kuba), Cosme und Felipe Mataranz (Spanien), Briseida Mema (Albanien), Dragoslav Mikhaïlovitsch (Jugoslawien), Rita Mironova (Ukraine), Agim Musta (Albanien), Aniko Palfalvi (Ungarn), Kenty Richardson (Spanien), Sanya Cindric (Bosnien), Jacques Sidos (Frankreich), Danis Tanovic (Bosnien), Yves Ternon (Armenien), Carine van der Plassche (Tschetschenien), Ilios Yannakakis (Tschechoslowakei).

Mit ihren wissenschaftlichen Vorarbeiten hilfreich waren zudem Inna Droznik (GULag), Mirjam Hausherr (DDR), Octavian Roske (Rumänien), Gaëlle Smets (Armenien, Japan, Jugoslawien) und Candida Ventura (Portugal).

Eine willkommene Unterstützung leisteten Jean-François Colosimo sowie Maxime Steinberg, Geneviève Govaerts und Bernard Lecomte mit ihren Ermutigungen und ihrer Kompetenz.

Nicht zu vergessen und allen voran Daniel Kotek für die Anteilnahme an diesem letzten abenteuerlichen Projekt.

Ihnen allen gilt unser besonderer Dank.

Sollten in diesem Werk Fehler enthalten sein, so sind selbstverständlich wir dafür verantwortlich.

Ortsregister

Abbeville 331
Abou Houreira 113–116
Abruzzen 215
Adrianopel (Edirne) 115
Afghanistan 665
Agia Paraskevi (b. Athen) 546
Agios Evstratios (Insel) 543 f.
Ain el Ourak 258
Ain Sefra 258 f.
Aiud 518
Akmolinsk (Karaganda) 141, 169, 177
Aksehir 111
Akutai (Jakubowitsch) 123
Albanien 236, 533–539
Albatera 232 f.
Alcaniz 233
Aleppo 103 f., 108, 110, 115
Aleuten 433
Alexandra Palace 96
Algerien 11, 49, 234, 256, 546–554
Alicante 232
Alicante (Region) 233 f.
Allier (Dept.) 235
Alma Ata 142
Am Stau (b. Lübeck) 466 f.
Amache (Colorado) 438
Ambarawa (Java) 447 f.
Amélie-les-Bains 236
Amherst 17
Amiens 27, 97
Amselfeld (Kosovo) 512
Amur (Fl.) 149
Anatolien 103
Andalusien 232
Andersonville (Georgia) 25 f.
Andorra 235
Andronnikow (Kloster) 131
Angers 23

Angler (Ontario) 441
Angoulême 23
Angra do Heroismo 222
Aranda de Duero 232
Arco Iris (Lager, b. Santiago de las Vegas) 646
Ares (Pyrenäenpass) 235
Argelès(-sur-Mer) 236 f., 239, 241 ff., 251, 254, 256
Argentinien 647 f., 665
Ariège (Dept.) 238
Arles-sur-Tech 236, 239
Armenien 150
Armenien 110
Arsamas 30, 129
Aserbaidschan 150
Asturien 232
Athen 544, 546
Atlit (b. Haifa) 456 ff., 460, 467
Attapeu (Provinz) 604, 611
Auschwitz 18, 33, 221, 250, 261 f., 278, 292, 297, 301, 308, 310–313, 317, 318, 321, 326, 328 f., 331, 334, 338 f., 349–352, 355 ff., 359, 363, 368, 370 ff., 376 f., 380, 383 f., 387, 392, 394, 396 f., 412–415, 423 ff., 451, 461, 590, 653, 666, 669, 671
Australien 431 f., 663
Aveyron (Dept.) 92
Avilés (Asturien) 232
Azaz 107

Babi Jar (b. Kiew) 402
Babice (b. Auschwitz) 351
Bac (Dobrudscha) 519
Bad Dürrheim (Baden) 273
Baden 251 f.
Baikal-See 125, 149

Baitati (b. Athen) 546
Balkan 280
Ballsh (b. Fier) 536
Banja Luka (Bosnien-Herzegowina) 655, 658
Baranja 657
Barat 535
Barcelona 235
Batër 536
Battambang 614
Bautzen 474, 483 f.
Bayern 276
Beau-Bassin 458
Beaune-la-Rolande 254 f., 260 ff.
Beden 536
Beijing s. Peking
Belene 500, 526, 528 ff., 532, 663
Belgien 97
Belgrad 651 f., 654, 660
Belzec 21 f., 389, 393, 405–408, 410, 412, 425
Bergen-Belsen (Lüneburger Heide) 336 ff., 362, 394, 425, 451 f., 454 ff., 461, 590, 654
Berlin 83, 91, 253, 276, 304, 405, 422, 653
Berlin-Hohenschönhausen 474, 484
Berlin-Lichterfelde 326
Berlin-Spandau 326
Berlstedt (b. Buchenwald) 304
Besançon 92
Betschuanaland 59
Bialystok 317, 411
Bicaz 519
Bikin (Ostsibirien) 665
Bileca (Bosnien-Herzegowina) 508, 511
Bilquizë (Bez. Dibër) 536
Bingtan (Sinkiang) 584
Birkenau (Auschwitz II) 21 f., 301, 308, 312 f., 316, 328, 338, 354 ff., 358, 370, 373, 377, 387, 396, 412–419, 423, 653, 660
Blanzy (Dept. Saône-et Loire) 92
Bloemfontein 59, 61, 63, 65, 67, 69
Bobovdol 527

Boeung Trabek (Phnom Penh) 614
Bogdanovdol 527, 530
Boghari 258, 550
Böhmen und Mähren (»Reichsprotektorat«) 301, 316, 487, 493
Bolschewo (b. Moskau) 199
Boniato 641
Börnicke (b. Nauen) 273
Bosnien(-Herzegowina) 511, 654, 655 f., 658
Bossuet 258
Bou Arfa 258
Boulkes 544
Bourg-Madame 235 f.
Bozen 222
Bram 237, 254
Brandenburg (Brandenburg) 275
Braunweiler (b. Köln) 275
Bremen 273
Breslau 83, 273
Bretagne 92
Britisch Kolumbien 441
Brno (Brünn) 493
Buchenwald (b. Weimar) 226, 248, 281 f., 286, 288, 292 f., 294, 297, 301, 312, 314, 325–329, 333, 336, 341, 346, 349, 351, 356 f., 360, 362, 366 f., 375 ff., 379 ff., 385, 387, 391, 425, 451, 485, 490, 590, 654
Buchenwald (b. Weimar; NKWD-Lager Nr. 2) 473 f., 476, 483 ff.
Buenos Aires 648
Buitrago 230
Bukarest 518
Bulgarien
Burepolom 208
Burgos (Prov.) 230
Burrel 534
Buru 16, 632, 634, 636 f., 662
Butchisa 536
Butowo (b. Moskau) 155, 666
Butyrki 199
Bykowna (Ukraine) 155

Calais 331
Camagüey (Prov. Oriente) 49, 646

Camagüey (Provinz) 645
Camiers 331
Camp de la Vierge (Épinal) 468
Can Tho (Region) 554
Caohejing (b. Shanghai) 571
Capul Midia (Dobrudscha) 519
Castillo de Montjuich (Barcelona) 233
Caxias (Lissabon) 222
Cayenne (Frz. Guayana) 259
Cerbère 235
Cerdagne 236
Cernavoda (Dobrudscha) 519, 526
Ceuta 47
Ceylon (heute Sri Lanka) 66
Chabarowsk (Ostsibirien) 666
Chafarinas-Inseln 47
Châlons 17
Champassak (Provinz) 604
Charentes (Dept.) 92, 235
Charkow (Ukraine) 150
Chelmno (Kulmhof, b. Lodz) 21 f., 389, 393, 395 f., 403 f., 406, 425
Chersson (Ukraine) 150
Chile 18, 646 f., 663, 665, 669
China 12, 15, 36, 42, 533, 539, 561–590, 596, 615, 621, 631, 642, 662, 664
Chomolgory 136
Chrusty 496
Clermont 23
Colditz 273
Colomb-Béchar 258 f.
Colombes (Paris) 245
Compiègne 254, 260
Concabella (Katalonien) 234
Cosenza (Kalabrien) 218
Craiova 518
Cuelgamuros (b. Madrid) 232

Dachau 15, 31, 36 f., 226, 267, 273, 275–281, 286, 288 f., 291, 294, 301, 302–305, 307, 323, 327 ff., 333, 336, 350, 356 f., 362, 368 f., 376 f., 381 ff., 385, 391, 393, 395, 425, 441, 452 ff., 473, 490, 546, 654, 663

Dalmatien 216
Dalstroï 203
Damaskus 110
Dannes 331
Danzig 245, 307, 377
Darmstadt 281
Dayr az Zawr 104
Deutsche Demokratische Republik (DDR) 484, 505
Deutschland (Deutsches Reich) 29 f., 41 f., 78, 83 f., 90, 95, 97, 117, 221, 234, 245, 316, 452 f., 457, 460, 473
Deutsch-Südwestafrika (Namibia) 24, 28, 39, 74–86
Devoll-Ebene 534
Dibër (Bezirk) 536
Dibsi 106, 113
Dien Bien Phu 598
Dimitrovo (heute Pernik) 530
Dionysos (b. Athen) 546
Djaltas (Karaganda) 169
Djelfa 256
Djemin Bou Rezg 259
Dnjeprogress 203
Dobrudscha 519, 527
Domnak Trasak 614
Don (Fl.) 142
Dora s. Nordhausen u. Ebensee
Douglas 96
Drancy 120, 250, 254, 260, 262, 264 ff., 469 f.
Dresden 422
Drin (Fl.) 535
Dscheskasgan (Kasachstan) 142, 147, 149, 194 f.
Dunsung 618
Durrës 539
Dürrgoy (b. Breslau) 273
Düsseldorf 271

Ebensee (Oberösterr.) 330, 347, 454
Ekibastus 147, 194
El Capitolio (Lager, b. Palos) 646
El Corbán (b. Santander) 232
El Cortijo de Cáceres 232

El Ferrol (Galizien) 233
El Mambi (Lager, b. Camagüey) 646
Elbasan 536
Elgen (Kolyma) 164, 174, 196
Elmira (New York) 26
Elne 236
Elsass 29, 92, 471
Elsass-Lothringen 90
Emboscada (Lager) 666
Épinal 468
Erraguène s. *Merdj*
Esterwegen (b. Oldenburg) 273, 289
Estland 150
Ettersberg (b. Weimar) 360
Euphrat (Fl.) 103 f., 108, 114

Falkensee (b. Berlin) 326, 378
Falset y Cabeces (Katalonien) 234
Famagusta 461, 463
Feldafing (US-Lager, b. München) 454 f.
Ferramonti-Tarsia (Cosenza) 218–221
Fier 536
Finistère (Dept.) 93
Fleury-en-Bière 92
Florstadt (Hessen) 293
Flossenbürg (b. Weiden/Oberpfalz) 282, 292, 301, 304, 327 f., 350, 366, 375, 376 f., 379, 385
Föhrenwald (US-Lager) 454 f.
Fort Cafarelli 258
Fossoli (Modena) 221
Franche-Comté 369
Frankfurt am Main 272
Frankfurt-Fechenheim 273
Frankreich 11, 27, 29 f., 39, 90–94, 97, 183, 234–267, 364, 441, 460, 466, 468–471, 663
Freiburg 85
Fresnes 469
Frimley 95
Fuhlsbüttel (b. Hamburg) 273, 284 f.
Fünfeichen (b. Neubrandenburg; NKWD-Lager Nr. 9) 474, 483 f.

Fürstenburg (Mecklenburg) 304
Fürstengrube (b. Auschwitz) 357
Fushë-Krujë 535
Fushun 571

Galati 518
Gales Gradinari (Dobrudscha) 519
Genshagen (b. Berlin) 326
Georgien 150
Geretsried (US-Lager, b. München) 454
Gherla 518
Gila River (Arizona) 438, 440
Gleina-Remsdorf 347
Goli Otok (Kroatien) 500, 508, 512 ff., 663
Gomel 150
Gosport 96
Gotha 451
Gotteszell (Württemberg) 273
Goudi-Kaserne (Athen) 546
Gradinari 524
Greenwood 441
Grenoble 23
Grgur (Insel, Kroatien) 510 f.
Griechenland 411, 540–546, 665
Grindu (Dobrudscha) 519
Großbritannien (England) 32, 58, 64, 71, 84, 95 f., 119, 429, 441, 663
Groß-Rosen 301, 304, 308, 356, 377, 379
Grünhainichen (Sachsen) 273
Guanajay 643
Guinea(-Bissau) 228
Gurs (b. Oloron) 240, 243, 247, 251–254, 256, 259, 671
Gusen (b. Linz/Oberösterr.) 304, 315, 329, 374

Hadjerat-M'Guil 258
Haifa 457
Hainewald (b. Zittau) 273
Hajmel 535
Halikarnassos 545
Hamah 110
Hamburg 284, 304, 466

Hartheim 315
Haute-Vienne (Dept.) 235
Haut-Garonne (Dept.) 468
Haut-Vallespir 236
Havanna 52, 641
Havanna (Provinz) 49, 53 f., 643
Havanna, Bucht von (Bahía de La Habana) 55
Hawaii 437
Hay (Lager Nr. 7) 431
Heart Mountain (Wyoming) 438
Hebertshausen 312
Helmstedt 378
Hersbrück (b. Flossenbürg) 375
Hertogenbosch 301
Heuberg (Baden) 273
Hoechung 618
Hoeryung 618
Hohenstein (Schloss, Sachsen) 273
Hohne (Lüneburger Heide) 452
Honoré d'Hyères (Insel) 23
Horoszlány 500
Huaphanh (Provinz) 604, 608, 611
Hui-Staudamm 582

Ialimota 518
Igarka 194
Ighzer Amokrane 550, 552
Île de Groix 94
Île du Diable (Teufelsinsel, Frz. Guayana) 259
Île d'Yeu 94
Île Longue (Brest) 93
Indien 84
Indochina 471
Indonesien 11, 29, 33, 631–637
Irak 104
Irene 67
Irian Jaya 632
Isla de la Juventud 49
Isla de Pinos 640–643
Isle of Man 95 f.
Israel 459, 461, 464, 467
Iswestkowoje (Kolyma) 174
Italien 11, 29 f., 215–222, 453, 460
Itcani 519

Iwanowo (Kloster) 131
Izmit 114

Jáchymov 495
Jakutien 149
Jamlitz (b. Lieberose) 474
Janinagrube (b. Auschwitz) 357
Japan 215, 442–449
Jaros (auch Joura, Insel) 541, 543–546
Jasenovac (Kroatien) 652 ff.
Java 444, 447
Jaworzno 496 f.
Jenissei (Fl.) 149
Jerome (Arkansas) 438
Jerusalem 110
Jerzewo (Weißmeer) 194
Jiangsu 582, 585
Jilava 518
Jogjakarta 447 f.
Johannesburg 59, 65 f.
Jugoslawien 11, 508–515, 649–660, 662, 665

Kaechung 618
Kalabrien 215
Kalahari (Wüste) 78
Kalifornien 434 f., 438, 440
Kambodscha 612–615, 666
Kanada 17, 429, 432, 441 f., 452
Kanton 571
Kapkolonie 58 f., 64
Kapverdische Inseln 222, 227
Karaganda (Kasachstan) 149, 151, 169, 194, 211 f.
Karaolas 461 f,
Karelien 136, 149
Karibib 81
Kasachstan 125, 141 f., 149, 150 f., 195, 496
Kasan 131
Kaslo 441
Kassel 273
Katalonien 232
Katma 107
Katowice (Kattowitz) 310, 499
Katyn (Gebiet Smolensk) 666

Kaukasus 112
Kaukasus 145, 152
Keetmanshoop 81
Kem 136
Kemerowo 149
Kenadza 258
Ketschendorf (b. Fürstenwalde) 474
Khaburtal 109
Kielce 459
Kiew 402
Kilikien 99, 103
Kilo 5 641
Kimberley 59, 64
Kingir 147, 194 f.
Kirgisien 151
Kisslau (b. Bruchsal, Baden) 273
Kistarcsa 500 f.
Km31 (Dobrudscha) 519
Km4 (Dobrudscha) 519
Knockaloe 96
Kobierzyn (Krankenhaus b. Krakau) 311
Kola (Halbinsel) 137
Köln 271
Kolumbien 466
Kolyma 125, 138, 151, 164, 168, 174, 178, 180, 183, 190, 194, 196, 203 f., 662, 669
Kolyma (Fl.) 149, 663
Konstantinopel (Istanbul) 100–103, 108
Korea, Nord 15, 564, 571, 615–631, 663 f.
Korea, Süd 621
Korsika 92
Kosovë (Bez. Elbasan) 536
Kosovo 236, 654
Krajina (Kroatien) 654
Krakau 86, 310 f., 399, 408
Krk (Insel, Kroatien) 510
Kroatien 511, 651–654
Kroonstad 61
Kuba 11, 26, 28, 43, 45–55, 117, 639–646, 662, 664
Kuibyschew 203
Kurapaty (Weißussland) 155

Kutsian 527
Kvarner, Golf von 508
Kwai (Fl.) 589
Kyungsung 618

La Ferté-Macé 92
La Plata 648
La Tour-de-Carol (Haut-Vallespir) 236
Lager 3 (Vietnam) 593, 598
Lager 5 (Sop Hao, Vietnam) 604, 608
Lager 5 (Than Hoa, Vietnam) 594, 603
Lager 5E (Vietnam) 598
Lager 7 (Sop Hao, vietnam) 604, 608 f.
Lager 11 (Kyungsung, Nordkorea) 618
Lager 13 (Onsung, Nordkorea) 618, 622, 624
Lager 14 (Nordkorea) 618, 621, 623, 625, 627
Lager 15 (Yodok) 502, 618, 628, 631
Lager 18 (Nordkorea) 618, 627
Lager 22 (Hoeryung, Nordkorea) 618, 620 f., 623–626
Lager 31/38 (Vietnam) 601
Lager 31/52 (Vietnam) 601
Lager 108 (Tambow, UdSSR) 17
Lager 188 (Tambow) 662
Lager A 20 602
Laheras 232
Laki (auf Leros) 545
Lale 106
Lanciano (Abruzzen) 217
Landsberg (US-Lager) 454
Langen (Hessen) 273
Laos 603–611, 663
Las Illas-Maureillas 235
Las Victorias de las Tunas 646
Las Villas 49
Le Barcarès 236, 239 f., 243, 663
Le Boulou 236
Le Jouguet 93
Le Vernet (Ariège) 238 f., 242 f.,

245, 249, 251, 253 f., 256, 258, 267
Leitmeritz (b. Flossenbürg) 375
Leningrad 193
León 232
Leopoldskron (Salzburg/Österr.) 308
Leros (Insel) 544 f.
Les Haras (Perpignan) 236
Les Milles (Provence) 247, 249, 254
Lettland 150
Lezhë (Bezirk) 536
Lhasa (Tibet) 581
Libiaz 496
Lichtenburg (Sachsen-Anhalt) 283, 304, 360
Lissabon 222
Litauen 150
Litauen 97
Lodz 358, 373, 399, 403 f.
London 64
Los Angeles 437
Lot-et-Garonne (Dept.) 468
Loveday Camp 431
Lowetsch 526, 528 f., 531 f.
Luanda (Angola) 227
Lübeck 467
Lublin 327, 399, 408, 412
Lublin (Bezirk) 406, 411
Luciu (Dobrudscha) 519
Luciu-Giurgeni 523
Lüderitzbucht 81
Lwow (Lemberg) 399, 408

Mâcon 23
Madagaskar 29
Madrid 45, 47, 54, 232, 234
Mafikeng 61 f.
Magadan (Kolyma) 21 f., 142, 149, 151, 168, 174, 178, 181, 194, 203
Magnitogorsk 203
Majana (Bucht) 48
Majdanek 21 f., 377, 377, 395 f., 412 f., 416, 496
Majuba Hill 58
Makronissos (Insel) 541 f., 544

Malaysia 18, 555 f., 559 f.
Maldiak 191
Maliq 533
Manduschrei 584
Manzanar 18 f., 437, 440
Marat 109
Marguerite d'Hyères (Insel) 23
Mariel 48
Marokko 234, 256, 461
Marseilles 71, 254, 458
Marzahn (b. Berlin) 286
Maskanah 113
Matanzas 50, 52
Matanzas (Provinz) 49, 54, 643
Mathildenschlösschen (Gefängnis b. Dresden) 273
Mauritius 457
Mauthausen (b. Linz/Österr.) 21 f., 210, 243, 301, 304, 311, 314, 327 ff., 333, 346, 351, 357, 374, 376 f., 379, 393, 425, 441, 669
Mauzac (Lot-et-Garonne) 468
Mayenne 382
Mazedonien 236, 411
Mazères 236
Mecklenburg 304
Medgidia (Dobrudscha) 519
Melilla 45
Merdj (ehem. Erraguène) 552
Meridja 258
Mesopotamien 103 f., 108
Metz 23
Middleburg 59
Midway 440
Midway (Pazifik) 440
Mielecin 496
Minidoka (Idaho) 434, 438
Minsk 402
Miranda de Ebro (Burgos) 230–232
Modena 221
Moldawien 150
Mong-An (Provinz) 559
Monowitz (Auschwitz III) 326, 328, 330, 338, 348, 356, 370, 374, 384, 414

Montreal 431
Mordwinien 151, 169
Moringen (b. Hannover) 274 f.
Moselle (Dept.) 29, 92, 471
Moskau 150, 155, 195, 244, 666
Moskwa-Wolga-Kanal 142, 144
Mosul 112
Mühlberg (b. Riesa; NKWD-Lager Nr. 1) 474, 483 f.
Mülheim (Rhein) 274
München 276
München-Freimann (US-Lager) 454
Muntilan (Java) 448 f.
Murcia 233
Murom 30, 129
Myanmar (Birma) 664
Mylga (Kolyma) 174, 196
Myslowice 496

Nagaya 234
Nang (Insel, Thalet-See) 604
Na-Po (Phongsaly) 604, 609 f.
Natal 58 f., 64
Natzweiler (Elsass) 317
Nea Ionia (b. Athen) 546
Neuengamme 308, 322, 327, 370, 377 ff.; *nach 1945:* 473
Neuguinea 632
New Denver 441
Newbury 95
Nhan-Vi (Ebene) 558
Niederlande (Holland) 57 f.
Nièvre (Dept.) 235
Nizza 92, 216
Noé (Haut-Garonne) 254, 259, 468
Nogajew, Bucht von 149
Noirmoutier (Insel) 94
Nordhausen (»Dora«) 19, 21, 357, 425
Nord-Pas-de-Calais 331
Norilsk 147, 149, 194 f.
Nové Hodolany 489
Nowaja-Semlja 150
Nowosibirsk 142, 150
Nowospasski (Kloster) 131

Nueva Vida (Lager) 646
Nylstroom 64

Ochotskisches Meer 149
O'Donnel (japan. Lager) 442
Ogern (Katalonien) 234
Ohrdruf (Thüringen) 274, 451
Oléron (Insel) 23
Olomouc (Olmütz) 489
Oloron(-Sainte-Marie) 240
Olympia 95
Omaheke (Kalahari) 78
Omarska (Bosnien) 18, 658–660
Omsk 124, 128, 149
Onsung 618, 622
Ontario 431, 441
Oran 256
Oranienburg (b. Berlin) 274 f., 304, 376 f., 474
Oranje (Fl.) 18, 57 f.
Oranje-Freistaat 58 f., 62, 64
Oregon 438
Orel 150
Oriente (Provinz) 49, 643, 646
Orihuela (b. Alicante) 232
Orléans 255, 469
Oropesa 233
Oropos 546
Ortenstein (Schloss, b. Zwickau) 274
Osong 618
Österreich(-Ungarn) 29, 95, 217; 269, 280, 282, 316, 452 f., 460
Osthofen (Bayern) 274
Ostpreußen 97
Ostrava (Ostrau) 490, 493, 495
Otavi 81
Ovacik 114
Ovidiu (Dobrudscha) 519

Pakan Baru (Sumatra) 444
Palästina 452, 455–459, 463, 467, 665
Palos 646
Papenburg (Ems) 274 f.
Paraguay 647, 666
Paris 234, 458, 469

Partheni (auf Leros) 545
Pearl Harbor 433 ff., 440 f.
Peel Harbour 96
Peking (Beijing) 572
Peniche 222
Peninsula (Dobrudscha) 519
Peralejo 47
Périgueux 94
Periprava (Dobrudscha) 519, 523
Pernik s. *Dimitrovo*
Perpignan 663
Persin (Insel) 528
Perthus (Pyrenäenpass) 235
Petawawa (Ontario) 441
Petrominsk 136
Pfalz 251 f.
Philippinen 89, 434, 442, 444
Phnom Penh 614
Phongsaly (Provinz) 604, 607
Piatra (Dobrudscha) 519
Pietermaritzburg 61, 65
Pinar del Río 49
Pinar del Río (Provinz) 54, 643
Pitesti 518 f., 523
Pithiviers 254 f., 260 ff., 469
Poarta Alba Saivane (Dobrudscha) 519
Polen 105, 221, 364, 452, 461
Pomona 436 f.
Ponza (Insel) 215
Pöppendorf (b. Lübeck) 466 f.
Port d'Envalira 235
Port Elizabeth 64
Port-de-Bouc 466
Port-Louis 458
Porto 222
Portugal 215, 222–228, 251, 663
Poston (Arizona) 438
Potchefstroom 61
Potma (Mordwinien) 151, 182
Potosi 646 (Las Victorias de las Tunas) 646
Pozanti 102
Pozarevac 508
Prag 487, 493
Praia 222
Prats-de-Mollo 235 f., 239

Précigne (Dept. Sarthe) 93
Prégon (Pyrenäenpass) 235
Pretoria 59, 63, 71
Preußen 277
Príbram 495
Pueblo Español (Katalonien) 234
Puente de Vallecas (Madrid) 232
Puerto Principe 49
Pyongyang 620, 625

Qinghai (Prov.) 584
Qinghe (Prov. Hebei) 572, 584, 589

Rab (Insel, Kroatien) 510
Radjou 107
Radom 384, 399, 408, 411
Radostin 536
Rahov 521
Rajsko (Auschwitz) 321
Ra's al 'Ayn 111 ff.
Rastatt (Baden) 274
Ravensbrück (Mecklenburg) 282, 301, 304, 318 f., 327 f., 343, 360 ff., 364, 366, 371, 377, 381, 425, 544, 662
Ré (Insel) 23
Récébédou 254
Recsk 500 f., 504, 507, 536, 663
Renicci di Anghiari 218
Rennes 23
Reus (Katalonien) 232
Rhône (Dept.) 235
Rieucros 236, 254
Rinas (b. Barat) 535 f.
Rivesaltes 243, 254, 259, 663
Rödelheim (b. Frankfurt) 274
Rohwer (Arkansas) 438
Roland-Garros (Tennisstadion, Paris) 245, 267
Rosica 527
Ruanda 666
Rueil 459
Rumänien 515–526
Russland 27, 34, 42, 100, 137, 139, 150 f.
Ruzyne 490

Ryde 96
Rzuchow 404

Saarland 245
Sachalin (Insel) 124 ff., 128
Sachsenburg (Erzgebirge) 274, 304
Sachsenhausen (b. Oranienburg) 209, 281 f., 292, 297, 301, 304, 308, 310, 312, 319, 326 ff., 335 f., 346, 350, 365 f., 378 f., 385, 425, 473 f., 476, 481, 483 ff.
Sahara (Wüste) 259
Saigon 554 f., 598, 600 f., 604, 664
Saint-Cyprien 236 f., 239, 242 f., 254
Saint-Laurent-de-Cerdans (Cerdagne) 235 f.
Saint-Maur 234
Saint-Omer 23
Saint-Sulpice-la-Pointe (b. Toulouse) 468
Salcia (Dobrudscha) 519
Saligny (Dobrudscha) 519
Salisbury (North Carolina) 26
Salò 221
Salomoninseln 440
Saloniki 416, 546
Salzburg 308
Sama 230
San Antonio (Region Valparaiso, Chile) 647
San Francisco (Kalifornien) 434, 436
San Juan de Mozarrifar (b. Saragossa) 232
San Lázaro 640
San Lucas la Mayor (Andalusien) 232
San Marcos (León) 232
San Sabba (b. Triest) 222
San Stefano 215
Sanatorio Portacoeli (b. Valencia) 232
Sancti Spiritus 49
Sandanski s. *Sveti Vrac*
Sandino 1 u. 2 (Lager, Isla de Pinos) 641

Sandon 441
Santa Barbara 434
Santander 232
Santé 469
Santiago de Chile 18, 646 f.
Santiago de Cuba 49
Santiago de las Vegas (Kuba) 646
Santos del Nansa 230
São Tiago 222
Sarajewo (Bosnien) 655
Sarandë 536
Sardinien 217
Sarthe (Dept.) 235
Saudi-Arabien 590
Savanajaya (»Einheit Nr. 4«) 637
Savannakhet (Provinz) 604
Say Sa-At (Insel, Thalet-See) 604, 608
Schirmeck (Elsass) 315, 470
Schlesien 487
Schweiz 263
Seattle 434
Seine (Dept.) 245
Senj 508
Seoul 621
Septfonds 238
Serbien 30, 97, 656
Sered' 339
Sète 466
Shanghai 571, 582
Shenyang 584
Shijing (b. Kanton) 571
Shkodër 537
Shtyllas 536
Sibirien 124, 142, 149 f.
Siboney (Lager, Prov. Oriente) 646
Sierra Leone 665
Sighet 518
Sigüenza 233
Sikawa 496
Singapur 442, 444
Sinkiang 582, 584
Sizern (Pyrenäenpass) 235
Skobów 496
Skofotin (b. Vlorë) 535
Skravena 529
Slavkov 495

Slocan City 441
Slowakei 493
Slowenien 651, 654, 656
Sobibor 21 f., 389, 393, 396, 406, 408, 410 f., 412, 425
Solowezki-Inseln 31, 134, 136 f., 149, 176, 180, 210, 212
Sonnenburg (Preußen) 274 f.
Sop Hao (Hua Phanh) 604, 608
Sounion, Kap 541
Southend 96
Sowjetunion (UdSSR) 11, 41, 43, 595 f., 663 f., 669
Spaç (b. Shkodër) 534, 537 f.
Spanien 11, 27, 33, 49, 54, 61, 119, 160, 228–234, 236, 241 f., 364
Springfontein 61
St. Helena 66
St. Helens 431
Stade Buffalo (Stadion, Paris) 245 f.
Stade Yves-de Manoir (Stadion, Colombes) 246
Stadelheim (b. München) 279
Stalingrad 367
Stanca (Dobrudscha) 519
Stara Gradiška (Kroatien) 511 f., 652
Stettin 273
Stoenesti (Dobrudscha) 519, 524
Stormberg 59
Strahov-Stadion (Prag) 487, 490
Straßburg 317, 663
Stratford 95
Struthof (Elsass) 254, 315, 317 ff., 470 f.
Struthof-Natzweiler (Elsass) 210, 308, 357, 379, 425, 654
Stutthof (b. Danzig) 307 f., 327, 376
Suchdol 488
Südafrika 11, 26, 28, 32, 43, 57–73, 89, 117, 664
Sudetenland 301
Sumatra 444
Sumowono (Java) 445, 447
Šumperk (Mährisch-Schönberg) 488

Suzzoni (b. Boghari) 258
Sveti Grgur 508
Sveti Vrac (heute Sandanski) 527
Swakopmund 81, 83
Swiask 129
Swobodny 211
Syrien 102, 110

Tacotaco (Lager, Isla de Pinos) 641
Tadschikistan 150
Taischet 147, 194
Taischet 149
Tambow 17, 184, 199, 662
Tarancón (Cuenca) 234
Tarovic (Bez. Lezhë) 536
Tarrafal 222–228
Taschkent 142
Tashme 441
Tatarca 519
Tatura (Lager Nr. 10) 431
Tay Ninh (Provinz) 560
Tefridje 106
Tejas Verdes (Lager, b. San Antonio) 647
Temir 203
Teufelsinsel (Frz. Guayana) 259
Thailand 665
Thalet-See 604
Than Hoa 603
Thanh Cam 601
Thao (Insel, Thalet-See) 604
Theresienstadt 411, 417
Thrazien 103
Tibet 581, 584
Timor 665
Tirana 533–536
Tiszalök 500
Topaz (Utah) 438, 440
Torgau (NKWD-Lager Nr. 8 u. 10) 474
Toro 230
Torres del Obispo 233
Totana (Murcia) 233 f.
Toulon 23
Toulouse 23, 468
Tran Hing Dao (Saigon) 600
Transvaal 58 f., 63 f., 67

Travemünde 467
Treblinka 18 f., 21 f., 383, 389, 393, 395 f., 400, 406, 408, 410, 412, 425
Treia 218
Triest 222
Trikeri (Insel) 543
Tschechoslowakei 269, 451, 457, 485–495
Tschetschenien 11, 664 f.
Tuanhe 585
Tule Lake (Kalifornien) 438 f.
Türkei (Osmanisches Reich) 98–116, 652
Turkmenistan 151

Uchta-Petschora 181
Ugljan (Kroatien) 508, 511
Ukraine 31, 105, 150, 409
Ungarn 499–507
Unja (Fl.) 149
Ural (Gebirge) 137, 142, 149 f.
Usbekistan 150 f.
Ustica 215
Ust-Wym 208

Vaal (Fl.) 58
Valence 23
Valencia 232
Valencienne 23
Valmuel (Alcaniz) 233
Várpalota 500
Vechta (Oldenburg) 274
Vélodrome d'Hiver (»Vel' d'Hiv«, Paris) 120, 245, 260 f.
Vendée 92, 668
Ventotene 215
Verdun 31
Vereeniging 59, 61
Vereinigte Staaten von Amerika (USA) 21, 25, 39, 47 f., 87, 432–440, 452, 590, 663
Vichy 43, 244, 259
Vientiane 604
Vietnam 15, 17, 49, 334, 554–560, 590–603, 608, 631, 642, 662 ff., 669
Villa Clara (Provinz) 643

Vinchiaturo 218
Vinh-Long (Provinz) 559
Vlahita 518
Vlorë 535
Vojna (1 und 2, Bergwerke) 495
Vukovar (Kroatien) 651

Wai Apo (Fl.) 636
Waigatsch-Inseln 150
Wanne-Eickel (Westfalen) 274
Warschau 321, 368, 384, 399 f., 410, 499
Washington (US-Bundesstaat) 438
Waterberg 76, 79
Watyk (Karaganda) 169
Weesow 474
Weißmeer-Ostsee-Kanal 142 ff., 203, 205, 209, 212
Weißrussland 105, 150
Westerbork 244
Wien 460
Wilsede (Lüneburger Heide) 274
Winniza (Ukraine) 666
Wittenberg (Sachsen-Anh.) 326
Wladiwostok 666
Wojwodina 544
Workuta 18, 21, 138, 142 f., 147, 149, 151, 165, 176, 180, 182, 186, 193 ff., 203, 205, 536
Wrangel-Insel 197

Xinghua 585
Xylotymvou 461, 464

Yodok 16, 502, 618, 620, 627 f., 630 f., 662
Yungbyung 618

Zabela (b. Pozarevac) 508
Zagreb (Kroatien) 652
Zawr 109
Zelenidol 526
Zentralafrika 665
Zhejiang 582
Zhuanwa Chang (b. Lhasa) 581
Zittau (Sachsen) 274
Zypern 457, 460–467

Personenregister

Abramowitsch, Raphael 34
Acheson, Dean 459
Adachi, Ken 433, 441
Adild Bey 112
Ahn Yuk 618
Alberti, Rafael 238
Albertini, Georges 468
Albrecht von Bayern, Prinz 385
Alexander II., Zar 125
Alleg, Henri 550
Amador Chamizo, Fermín 640
Amendola, Giorgio 215
Amouroux, Henri 591, 598
Amery, Jean (eigtl. Hans Mayer) 356
Anderson, Richard 565, 569 f.
Andrejew, sowj. Oberst 211
Anhalt, Joachim Ernst, Herzog von 477
Ankout, Krikor 113–116
An Myung Chul 618, 620–623, 626, 629
Antonescu, Ion 515
Aragon, Louis 205
Arani-Tassit, Agron 539
Arendt, Hannah 37, 42, 83, 222, 353, 612, 661 f., 670 f.
Aristoteles 204
Armorin, Jean-François 463 f.
Aron, Raymond 19, 38
Astier de la Viegerie, Emmanuel d' 120
Aub, Max 238
Aumeier, Hans 301, 376
Ayçoberry, Pierre 319

Babeuf, Gracchus 23, 668
Bachmeyer (Lageraufseher) 301
Bacon, Edwin 155, 179, 203
Bacu, Dumitru 519
Baer, Richard 301
Baranowski, Hermann 301, 350
Bartlett, Leslie Cruikshank 81
Barton, Paul 121, 148 f., 164, 177, 182, 200, 203, 211 f.
Bartosek, Karel 511
Bartsch, Heinz 379
Baruch 358
Batista, Fulgencio 639, 641
Bauer, Yehuda 338
Baum, Bruno 384
Baumkötter, Heinz 335
Baur, Erwin 86
Beaufort (franz. General) 668
Becker, Annette 97
Becker, Jean-Jacques 104
Bédaria, François 32
Bedicu, Oberst d. Res. 520
Bedjaoui, Mohammed 549, 553
Begu, Gheorghe 523
Benda, Julien 258
Beneš, Edvard 489
Ben Gurion, David 456, 459, 467
Benko, Zoltán 506
Bensoussan, Georges 405
Benzinz, Abdelhamid 550
Berben, Guy 329
Bergson, A. 154
Berija, Lawrenti P. 123, 146 f., 195
Berler, Willy 356
Berliner, Sam 384
Berman (Chef d. GULag-Verwaltg.) 157
Besançon, Just 369
Besonow 192
Bettelheim, Bruno 359
Bevin, Ernest 456, 466 f.
Bezaut, Jean 271, 346, 350, 365

Bickenbach, Otto 318 f.
Biddel, Francis 434
Billig, Joseph 309
Biret, Loius 381
Blaguranow (sowj. Waffenkonstrukteur) 199
Blass, Walter 384
Blatt, Toivi 409
Blum, Léon 385
Blumel, André 459
Bocchini, Arturo 217
Boétie, Étienne de la 348
Bogdanow, Alexander A. 571
Böhm (Kommunist in Sachsenh.) 350
Bonnafous, Robert 591, 594, 596
Borcev (Grundbesitzer, Rumän.) 529 f.
Botha, Louis 60–64
Bouard, Michel de 314
Boudarel, Georges 17
Boué, Jean 514
Bourdieu, Pierre 547, 549
Bracht, Karl 368
Brack, Viktor 403, 405
Bradley, Omar 451
Brandt, Heinz 356
Braun, Wernher von 357
Breanu, Iordache 515
Breitscheid, Rudolf 245, 248, 385
Breschnew, Leonid I. 148, 196, 201
Broad, Pery 321, 387
Brossat, Alain 662, 671
Broszat, Martin 338
Buber-Neumann, Margarete 151, 167, 185, 200, 319, 360, 381
Buffarini Guidi, Guido 217
Bukowski, Wladimir 166
Bulawko, Henry 372
Bülow, Bernhard Heinrich Martin Fürst von 79
Buonarroti, Filippo Michele (Philippe Michel) 23
Burckhardt, Jacob 530
Burrin, Philippe 402

Calef, Noël 266
Calhoun, William J. 50, 52
Campbell-Bannermann, Sir Henry 71
Cánovas del Castillo, Antonio 47 f.
Capogreco, Carlo 220
Capron, Marcel 469
Cardei, Iosif 526
Cârja, Ion 522
Carrasco, Juan 242
Carrier, Jean-Baptiste 668
Carter, Jimmy 666
Casoar, Phil 246
Castro, Fidel 639 ff.
Ceausescu, Nicolae 515
Cesianus, Constantin 522
Chack, Paul 470
Chaloupek, Václav 495
Chamberlain, Joseph 64, 67 f., 72
Chamberlain, Neville 72
Château, René 469
Chauffier, Louis 552
Chehu, Mehmet 238
Choi Dong Chul 618
Chotek, Sophie Gräfin
Chruschtschow, Nikita S. 148, 156, 191, 196, 533, 536
Churchill, Sir Winston 72, 505
Cienfuegos, Camilo 640 f.
Conquest, Robert 153
Conversy, Marcel 391
Coposcu, Corneliu 524
Cornaton, Michel 550 f., 553 f.
Corre, François 605
Cot, Pierre 549
Coudy, René 392
Czapski, Jósef 200, 496

Dahlem, Franz 238
Dähler 347
Daix, Pierre 121
Daladier, Édouard 234, 256, 385
Dallin, David 138, 153 f., 181, 200, 205
Dambach (Lageraufseher) 301
Danisch, Franz 350

Dannecker, Theodor 259
Dante Alighieri 168, 589
Danzas, Pierre 151, 159
Darnard, Robert 322
Déat, Marcel 468
Dedijer, Vladimir 511
Delbrock, Justus 476
Deletant, Dennis 522, 524
Delmaire, Danielle 331 f.
Delmas, André 469 f.
Delouvrier, Paul 549
Deng Huzeng 564, 567
Deng Xiaoping 533, 574
Depreux, franz. Minister 459
De Witt, General 435 f.
Diamant, Leo 388
Diels, Rudolf 272
Dien, Raymonde 594
Dirlewanger, Oskar 367
Djemal Pascha 110
Doan Van Toai 599 f.
Doàn Viêt Hoat 600
Doàn Viêt That 603
Domenach, Jean-Luc 561, 566, 571, 573, 583 f., 589
Dostojewski, Fjodor 122 ff., 128
Doyle, Arthur Conan 66, 69 f.
Dserschinski, Felix 34, 132, 134, 192, 427
Duan Kewen 577
Dubonnet, M. 470
Dulgheru, Oberst 521

École, Jean 382
Eichmann, Adolf 253, 259
Eicke, Theodor 37, 276–280, 289, 292, 308
Einsiedel, Horst von 476
Eisenhower, Dwight D. 195, 451, 454, 505
Eisenhower, Milton 436
Eisenstein, Maria 217

Fabre-Luce, André 470
Faludy, György 500 f., 504
Farcy, Jean-Claude 87, 89, 92 ff.
Feeley, Francis 433, 437

Félix, Lucienne 199
Fenner, Jocelyne 126 f.
Feuchtwanger, Lion 247–250
Finci, Jacob 653
Fischer, Eugen 84 ff.
Földáry-Boér, Elemér 506
Folino, Francesco 220
Foner, Philip Sheldon 51, 54
Foucault, Michel 670 f.
Franco Bahamonde, Francisco 11, 33, 224, 226, 228, 234–237, 249
François, Étienne 484
Frank, Anne 337
Frank, Ilja M. 199
Franz Ferdinand, Erzherzog 385
Fraser, Hendrick 81
Freiberg, Ber 409
Frenkel, Jakow I. 181
Frick, Wilhelm 275, 281 f.
Friedländer, Saul 397
Fritzsch, Karl 311
Furet, François 38

Gajowniezek, Franciscek 311
Galut, Paprika s. Modis, Jeanne
García Oliver, Juan 233
Gaulle, Charles de 561
George, Heinrich 481
Georgescu, Teohari 519, 521
Germe, Barnard 159
Gervereau, Laurent 32
Ghougassian, Zaréh E. 111 ff.
Gide, André 120
Ginsburg, Jewgenia 163, 169, 191, 196, 213, 245
Girard, Georges 560
Glücks, Richard 308, 413
Goebbels, Joseph 72
Goethe, Johann Wolfgang von 530
Gökalp, Ziya 100
Goldberg, Sarah 384
Golubowitsch 211
Gómez, Máximo 54
Gomulka, Wladyslaw 498
Gonçalves, Bento 224
Gorbatschow, Michail S. 148
Gorges 418

Göring, Hermann 32, 270 ff.,
   275 f., 279 ff., 286, 306
Gorki, Maxim 128, 205, 531
Gosniak, Iwan 238
Gotovitch, José 316 f.
Gouraud, General 17
Grabner, Maximilian 376
Gradschy, sowj. Major 211
Grainel, Baron 381
Grashowen, N. W. 156
Grawitz, Ernst Robert 366, 403
Grégoire, Pierre 343
Grieger, Manfred 326
Grigorowitsch (sowj. Bomberkonstrukteur) 199
Grosser, Alfred 426
Gruber, Ruth 465
Grünwald (Lagerkommandant) 301
Grynbaum (alias Berger), Azriel 385
Guerra, Ramiro 53
Guitry, Sacha 470
Günther, Hans 85
Gutman, Roy 649

Haagen, Eugen 319
Hadi, Asmara 635
Hagop çavus 114 f.
Halder, Franz 385
Hämmerle, Albert 351
Harrison, Earl G. 454
Hass, Albert 384
Haulot, Arthur 383
Havel, Václav 495
Hearst, William R. 433
Heimann, Ernst 271
Heller, Michel 129, 132, 177, 180, 193
Heller, Otto 384
Heredia y Heredia, José María 640
Herling, Gustav 194, 496
Heydrich, Reinhard 282, 286 ff., 308, 402
Heyman, Stefan 384
Hilberg, Raul 21, 395, 406, 653
Hilferding, Rudolf 248

Himmler, Heinrich 20, 41, 72, 275 ff., 279–282, 286, 288, 290, 297–300, 303, 306, 308, 316 ff., 323 ff., 327 ff., 333 f., 366 f., 367, 379, 397, 401, 403, 413, 415 f., 419, 421
Hindenburg, Paul von 14, 270
Hinkelman, Hauptscharführer 288
Hirt, August 317 f.
Hitler, Adolf 14, 32, 36, 43, 71, 78, 86, 151, 164, 222, 234, 240, 244, 248, 270, 280–283, 287, 299 f., 303–306, 310, 315, 331, 367 f., 385, 396 ff., 401 f., 413, 420, 465, 494, 498
Hobhouse, Emily 32, 61, 64–67, 69, 71
Hobhouse, Lord 71
Ho Chi Minh 595 f., 600
Hofmann, Franz 301
Hohenberg, Ernst 385
Hohenberg, Max 385
Holzmann, Marie 590
Honecker, Erich 355
Hong Pinmeiu 12
Höß, Rudolf 278 f., 296 f., 301, 308, 312, 353 f., 373, 376, 413 f., 423
Hossu (Bauleiter) 521
Hoxha, Enver 538
Hugo, Victor 596
Humer (Pol.-Präs. München) 20

Ionescu, Ghita 522
Izquierdo, Emilio 644

Jacometti, Alberto 215
Jäckel, Eberhard 426
Jagoda, Genrich G. 144, 157
Jasny, N. 154
Jaurès, Jean 596
Jejow (NKWD) 157
Jesenska, Milena 381
Jiang Qing 12
Jouvenel, Bertrand de 27
Junge, Heinz 343

Kafka, Franz 381, 509
Kaganowitsch, Lasar M. 161
Kaindl, Anton 335
Kaldymow 213
Kalinin, Michail I. 159
Kalinina, Jekaterina 159
Kammerer, Jean 368 f., 383
Kang Chul Hwang 15, 502, 610, 618, 626–630
Karadžić, Radovan 656, 658
Kariko, Samuel 81
Katzenelson, Itzhak 399
Kautsky, Benedikt 327
Kautzky, Karl 130
Keitel, Wilhelm 315
Keller (»Kingkong«, Lagerältester Mauth.) 347
Kerlin (Oberkapo, Babice) 352
Kichalová (Zeugin) 494
Kim Il Sung 619, 626 f., 631, 663
Kim Jong Il 626, 631
Kim Yon 618, 620 f., 623, 627
Kirow, Sergej M. 156
Kiš, Danilo 514
Kitchener, Horatio Herbert, Earl 28, 60 f., 95
Klee, Ernst 318
Klehr, Josef 334
Koch, Ilse 281
Koch, Karl Otto 281
Koestler, Arthur 238, 245 f., 249, 258, 267
Kögel (Lagerkommandant) 301
Kogon, Eugen 274, 279, 293 f., 303, 329 f., 344, 349, 352, 357, 367, 380 ff., 485
Kolbe, Maximilian Raymond 311
Koroljow, Sergej P. 199
Kossozior (sowj. Panzerkonstrukteur) 199
Kotin (sowj. Panzerkonstrukteur) 199
Kozelezik, Jankel 384
Krakowiecki, A. 151, 200
Kramer, Josef 301
Krawtschenko, Viktor 120
Krieger-Hinck, Carla 83

Krikor çavus 115
Krüger, Paulus »Ohm« 58 f., 70
Krutkow (sowj. Atomphysiker) 199
Kuncz, Aladar 91, 93 f.
Kupfer-Koberwitz, Edgar 295
Küsel, Otto 352
Kuttner, Kurt 409

Laharie, Claude 252
Laks, Simon 392
Lamartine, Alphonse de 24
Landau, Lew D. 199
Langbein, Hermann 37, 40, 296, 328, 350, 356 f., 368, 374, 384, 388
Laqueur, Walter 394
Lasarewitsch, Nicolas 238
Lautmann, Rüdiger 306
Lebel, Gennî 508 f., 511–514
Lederer, Hans 384
Lee Son-ok 616
Leitzinger (Lagerschreiber Mauth.) 346
Leloir, Pater 391
Lengyel, Olga 354
Lenin, Wladimir I. 13 f., 37 f., 129, 132, 138 f., 191, 196, 289, 669
Lenz, Fritz 86
Leonhard, Susanne 193, 200
Leroy-Beaulieu, Anatole 127
Leutwein, kais. Gouvr. v. Deutsch-Südwestafrika 77, 79
Levi, Carlo 216
Levi, Primo 353, 358, 387, 392 f., 421, 428
Leyds, Dr. 70
Lifton, Robert Jay 392
Lingens-Reiner, Ella 368, 387
Lipper, Elinor 151, 174, 178, 180, 182, 187, 189, 205, 244
Lippmann, Walter 435
Liu Qing 561, 565
Liu Shaoqi 12
Liu Xiaobo 565
Lloyd George, David 32
Locard, Henri 615

Longo, Luigi 238
Lorska, Dorota (alias Slawa Klein) 384
Luburic, Vjekoslav 652
Lugan, Bernard 61, 67, 69
Lyautey, Louis Hubert 551

Maceo, Antonio 47, 54, 641
Machado, Gerardo 639
MacPherson, James 25
Mafalda von Hessen, Prinzessin 385
Maharero, Samuel 75 f.
Majstorovic, Miroslav Filipovic 653
Majzel, Josef (»Pepi«) 384
Malher, Christian 378
Malik, Jakob 595
Maloumian, Armand 151
Mann, Thomas 485
Mao Zedong 12, 36, 556, 558, 568, 572, 615
Marcos Ans (Antifranquist) 673
Marggraff, H. 292
Marie, Jean-Jacques 39
Mario, José 645
Markovic, Dragan 514
Markowiez, Erich 384
Marsalek, Hans 346
Martí, José Julian 640
Martin, Henri 594 f.
Martínez Campos, Arsenio 45, 47 f.
Martschenko, Anatoli 148, 158, 176, 179, 184, 191, 196
Marx, Ber 371, 389
Marx, Karl 37, 207, 289, 398, 511
Marx, René 318
Mary, René 593, 595 f.
Maxwell, J. G. 63
Maxwell, Lady 71
Mayer, Hans s. Amery, Jean
McKinley, William 54 f.
Medwedew, Roy 153
Mengele, Josef 84, 318, 374
Metaxas, Ioannis 541
Metteoti, Giacomo 215
Micheels, Louis 328

Michel, Hermann 409
Michelet, Edmond 354
Michna, E. 493
Mihailovic, Dragoslaw 508, 511 ff.
Milaikowski, Israel 400
Millis, Walter 53
Milner, Sir Alfred 71
Milošević, Slobodan 651, 654
Milza, Pierre 215, 222
Mink, Emmanuel 384
Moch, franz. Minister 459
Modis, Jeanne (= Paprika Galut) 317
Moll, Otto 419
Mollison, Theodor 84
Molotow, Wjatscheslaw M. 161
Mommsen, Hans 326
Montesquieu, Charles de 20
Mora, Sylvestre 152, 157, 162, 188, 193, 202, 496
Morawa, Mietek 350
Mosse, George 31
Mottet, Armand 385
Moullec, Gaël 202 f.
Mourre, Michel 117
Müller, Filip 338 f., 350, 417
Müller, Heinrich 402
Muquan 381
Mussolini, Benito 215, 218, 220 ff., 239, 319, 457

Nagy, Imre 506
Naman, Lionel 462
Napoleon Bonaparte 25, 27, 89
Nenni, Pietro 215
Neumann, Heinz 151
Neumann, Vera 476
Ngô Dinh Diem 554, 557, 559
Ngô Dinh Nhu 557
Ngô Dinh Nhu, Mme. 558
Nguyen Van Dong 560
Nguyen Van Lien 602
Nicolaievski, Boris 138, 153, 200, 205
Nicolas, Pater (Père) 159, 200
Niculescu, Stelian 519
Niemöller, Martin 287, 385

Nien Cheng 564
Nikolaus I., Zar 99, 127
Noguères, Louis 240
Nolte, Ernst 57
Noothout, Johann 82
Novacovici, Doru 523 f.

Orwell, George 35
Ossietzky, Carl von 271

Pakenham, Thomas 67
Palitzsch, Gerhard 301, 339
Panayi, Panikos 95
Pandhara, Y. 614
Paskus, Albert 339
Pasqualini, Jean 15, 190, 539, 561, 565, 568 ff., 575–578, 580, 583 f., 586 ff., 590, 666
Pattakos, Stylianos 544 f.
Patton, George 451
Pauliat, Louis 70
Paulus, Apostel 398
Pearlman, Maurice 463
Pencev, Dimitar 529
Pérez de la Riva, Juan 53
Pérez Guzmán, Francisco 47, 49 f.
Pertini, Sandro 215
Peschanski, Denis 236, 254, 471
Pétain, Henri Philippe 469
Petkow, Nikola D. 529
Petliakow (sowj. Flugzeugkonstrukteur) 199
Pham Ngoc Thao 554
Pham Van Dong 599
Pham Van Thanh 602
Philipp von Hessen 385
Pic, Roger 605
Pieck, Ewald 477
Pieck, Wilhelm 477
Pietrzykowski, Teddy 329
Piguet, Monseigneur 385
Pijade, Mosa 511
Pikut, Elzbieta 372
Pinochet Ugarte, Augusto 122, 646 f., 663, 669
Pintilie (stellv. Min. Rumän.) 521
Pioro, Maurice 349

Piper, Franciszek 310, 413, 424
Pitsch, Antek 373
Planck, Hauptscharführer 288, 301
Pllumi, Zef 538
Pobeduszew (sowj. Waffenkonstrukteur) 199
Pohl, Oswald 309, 322–325, 328, 341, 413
Polikarpow (sowj. Bomberkonstrukteur) 199
Pol Pot 612
Popescu, Gheorghe 515
Popovic, Miroslav 513 f.
Porsche, Ferdinand 326
Portuondo, Fernando 53
Posener, Curt 384
Poznanski, Renée 250
Proctor, Rodfield 55
Proudhon, Pierre Joseph 24, 668
Pu Yi, Mandschu-Kaiser 12

Quasimodo, Salvatore 645
Quernheim, Gerda 320

Rabin, Yitzhak 460
Rafaneau-Boj, Marie-Claude 237, 242
Rahmeddin çavus 114
Rainero, R. H. 222
Raitaru, Iordan 523
Rajk, Lazlo 238
Rajsfus, Maurice 262
Rankovic, Aleksandar 508
Rasgon, Lew 160, 162, 666 f.
Reale, Eugenio 238
Regler, Gustav 238
Remarque, Erich Maria 245
Remetter, Jean-Jacques 195
Renier, G. J. 429
Renouard, Jean-Pierre 337
Rhodes, Cecil 59
Ringelblum, Emmanuel 399
Riquet, Pater 382
Rissov, Constantin 570
Rivelli, Marco Aurelio 653
Roberts, Frederick Sleigh, 1. Earl 60 f., 63

Rochefort, Henri 70
Rödl, Arthur 292 f.
Röhm, Ernst 279 f.
Rohrbach, Paul 84
Roig, Emilio 53
Rokossowski, Konstantin K. 165
Rommele, Josef 301
Roosevelt, Franklin D. 435 f.
Rosenberg, Alfred 300
Rosenberg, Werner 384
Rosenthal (KZ-Arzt) 319 f.
Rossi, Ernesto 215
Rossi, Jacques 148 f., 153, 156, 166, 188, 192, 194, 196 f.
Rothe, Karl 337
Rousset, David 41, 120 f., 130, 202, 228, 230, 232, 322, 357, 376–379, 485, 543, 551, 561, 576
Roy, Claude 122
Rückerl, Adalbert 357
Ruhnau, Maria 385
Rumer (sowj. Atomphysiker) 199
Russell, Bertrand 560

Sacharow, Andrej D. 153
Sakic, Dinko 653
Sagasta, Práxedes Mateo 54
Sakir, Behaeddin 100, 104
Salazar, António de Oliveira 222, 224, 663
Sarraut, Albert 243
Sartre, Jean-Paul 120, 382, 504
Satunowskaja, Olga 156
Savang Vatthana, laot. König 604
Schacht, Hjalmar 385
Schalamow, Warlam 151, 159, 167, 180, 206, 208
Scharagin (eigtl. Oserow) 199
Schlage (SS-Rottenführer) 339
Schlieffen, Alfred Graf von 77 ff.
Schneider, Berta 384
Scholem, Werner 288
Scholl, Hans 12 f.
Scholl, Sophie 13
Scholmer, Joseph 151, 176, 186, 200, 204
Schtscherbakow, Nikolai 196

Schwarzhuber, Johann 301
Schwernik, Nikolaj M. 159
Sejdow (alias Woinarek), Simo 384
Selah, Menahem 653
Sell, Ulrich Freiherr von 476 f.
Semprun, Jorge 297, 387
Semskow, Igor N. 155 f., 203
Sentaurens, Andrée 159
Settembrini, Luigi 215
Seymour, James 565 f., 569 ff., 582, 584
Sherman, William T. 26
Shifrin, Avraam 150
Shirwindt, E. G. 135
Silva, João da 226
Sinowjew, Grigori 34
Skorzeny, Otto 319
Soares, Mario 226
Sofsky, Wolfgang 18, 37, 297, 346, 351, 365
Solschenizyn, Alexander 13 f., 30, 122 ff., 130, 138, 153, 163, 167, 180 ff., 193, 200 f., 205, 207 ff., 212, 599
Soria, George 259
Souvannavong Vongprachanh 606–610
Souvarine, Boris 120
Spatzenegger (Lageraufseher) 301
Speer, Albert 304, 324
Spinelli, Altiero 215
Spitz, Aimé 315
Stalin, Josef W. 12, 38, 123, 127, 139, 146, 148, 151–161 passim, 166 f., 173, 191 f., 201, 205, 209, 222, 310, 427, 489, 494, 496, 499, 505 f., 508, 533, 580, 595, 663 f.
Stangl, Franz 408
Stark, Hans 301
Starzewski, Stanislaw 496
Staszek 381
Stechícky, A. 493
Steed, William 71
Steinberg, Maxime 316 f., 331, 394 f., 412 f., 415
Steinhoff, Hans 72
Streicher, Julius 37, 367

Stroessner, Alfredo 667
Strzaska 359
Suharto 33, 631 f.
Sükri 103
Szillard, Karl 199
Szmulewski, David 384

Taicon, Kore 316
Talaat, Mehmed 100, 103
Tallgren, Ernst 206
Taubenschlag, Stanislaw 351 f., 359, 373, 380
Taylor-Balfour, General 337
Ter Poorten, General 444
Terracini, Umberto 215
Thälmann, Ernst 271
Thévenet, Amédée 595, 597
Thierack, Otto Georg 325
Thomson, Robert 555, 557, 559
Thongsuk Saysangchi 611
Thyssen, Fritz 248
Timofejew-Ressowski, Nikolai 199
Tillion, Germaine 370, 390
Tinki 159
Tito, Josip »Bros« 508, 519
Tixier, franz. Minister 459
Tjienda, Traugott 81
Tocqueville, Charles Alexis Henri Clérel de 194
Todorov, Tzvetan 529, 531
Todt, Fritz 322, 324
Toer, Pramoedya Ananta 632, 634–637, 661 f., 672
Tolstoi, Leo 123
Tommasi, Guerrino 215
Toussaint 285 f.
Tran Huynh Chau 603
Trelles y Govín, Carlos M. 53
Trotha, Lothar von 29, 76–79
Trotzki, Leo 17, 30, 129, 192, 201
Truman, Harry S. 454
Tschechow, Anton 123 ff., 128
Tuchatschewski, Michail N. 199, 211
Tupolew, Alexej A. 199
Turcanu, Eugen 518

Urwich, Johann 159

Vacek (Kapo) 339
Vaernet, Carl 366
Valdés, Hernán 647 f., 669
Valenci 381
Valtin, Jan 284
Vauchers, Robert 119
Veil, Simone 372
Velázquez, Diego de 45
Velo, Maks 537
Verschuer, Otmar von 85, 318
Viatteau, Alexandra 496, 498
Viviani, René 91
Vo Van Aï 600
Voltz, Augusta 444, 446
Voß, SS-Oberscharführer 417 f.
Vrioni, Jusuf 534, 536, 666

Waitz, Robert 333
Weber, Bruno 321
Wei Jingsheng 12, 569
Weiss, A. 493
Weiß, Jan 334
Weißenborn (Lageraufseher) 301
Wellers, Georges 424
Wendelaar Bonga, Dieuwile 444 f., 448
Werth, Nicolas 153 f., 202 f., 208
Westmoreland, William C. 559
Weyler y Nicolau, Valeriano 48 f., 54, 61, 87
Wheatcroft, S. 154
Wieviorka, Annette 424, 451
Wilhelm II., Kaiser 76, 79
Wilhelmine, Königin 446
Winster, Lord (Gouvr. v. Zypern) 461
Winterstein, Dr. (österr. Justizmin.) 288
Wirth, Christian 368, 406, 414
Wolken, Otto 328
Wolsky, Stanislaw 119
Wormser-Migot, Olga 13, 40, 297, 304 f., 318, 390

Woroschilow, Kliment J. 196
Wu, Harry 36, 190, 561, 564 f.,
 568 ff., 572, 579, 582–585,
 587–590, 662
Wyschinski, Andrej J. 123, 206

Yamasaki, Mas 439

Zalurcaková (Weberin) 494
Zambrowski, Roman 498
Zamorski, Kazimierz 496
Ziereis, Franz 301
Zola, Émile 596
Zöllner (Blockführer) 341
Zwierniak, Pierre 152, 157, 162,
 188, 193, 202, 496